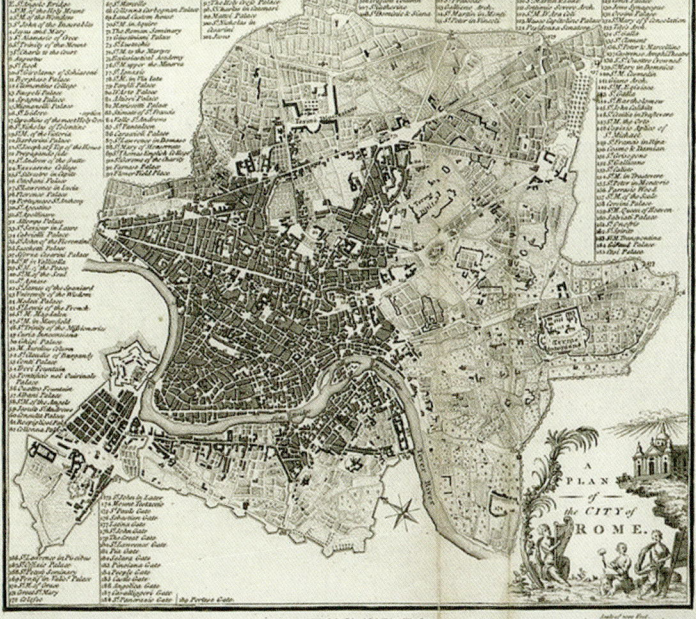

© The Hebrew University of Jerusalem & The Jewish National & University Library

CONTENUTI/CONTENTS

EDITORIALI/EDITORIALS

PAG 8 — Roma, capitale incompiuta del Bel Paese mancato
Editoriale, da una collezione di schegge
Rome, imperfect capital of the failed Bel Paese
Editorial, from a collection of fragments
di/by Pino Scaglione

PAG 13 — R.E.D.S.
di/by Mosè Ricci

PAG 15 — The value of the present and the rights of the future
di/by Manlio Vendittelli

PAG 17 — R.E.D.S. Geografia della ricerca
R.E.D.S. Geography of Research
di/by Stefania Staniscia

SESSIONI/SESSIONS

PAG 22 — **Sessione 1 | OPEN SPACES**
Session 1 | OPEN SPACES
Keynote Speakers
Membri del Comitato Promotore
Full Papers

PAG 182 — **Sessione 2 | OPEN SYSTEMS**
Session 2 | OPEN SYSTEMS
Keynote Speakers
Membri del Comitato Promotore
Full Papers

PAG 254 — **Sessione 3 | OPEN SOURCES**
Session 3 | OPEN SOURCES
Keynote Speakers
Membri del Comitato Promotore
Full Papers

PAG 320 — **Sessione 4 | OPEN SCALES**
Session 4 | OPEN SCALES
Keynote Speakers
Membri del Comitato Promotore
Full Papers

PAG 408 — Abstracts

PAG 434 — Traduzioni
Translations

PHOTOGALLERY

PAG 474 — Roma
di/by Alberto Muciaccia

MUSE / MUSEO DELLE SCIENZE DI TRENTO

Articolo a cura di: Fondazione Promozione Acciaio

Il 13 giugno 2013, il MUSE, progetto di Renzo Piano RPBW, ottiene la certificazione LEED® NC 2.2 Gold, rilasciata dal GBCI (Green Building Certification Institute) di Washington D.C.
Questa attestazione riconosce ed attribuisce una performance d'insieme alle costruzioni ambientalmente sostenibili attraverso un processo aperto e trasparente, dove i criteri tecnici proposti dai comitati LEED vengono pubblicamente rivisti per l'approvazione da più di 10.000 organizzazioni integrate nell' USGBC (United States Green Building Council).
Tale importante riconoscimento conferito al MUSE deriva dalla sinergia di diversi elementi quali l'approccio d'insieme e una strategia integrata nei diversi ambiti di prestazione dell'edificio ed il suo rapporto con l'intorno, la scelta dei materiali impiegati, la modalità di gestione delle attività di costruzione, l'inserimento nel contesto, la riduzione dei consumi energetici ed idrici, la scelta di creare una rete di percorsi pedonali e di servizi di trasporto collettivo.
Infine, va ricordata la collaborazione con Habitech, il distretto tecnologico trentino per l'energia e l'ambiente riconosciuto dal Ministero dell'Università e della Ricerca che ha contribuito al raggiungimento dell'obiettivo finale: l'oro nell'efficienza energetica.
L'edificio è costituito da una successione di spazi e di volumi, di pieni e di vuoti, adagiati su un grande specchio d'acqua sul quale sembrano galleggiare, moltiplicando gli effetti e le vibrazioni della luce e delle ombre. Grande attenzione è stata posta nello sviluppo delle strutture in acciaio e delle facciate, quali immediata presentazione al visitatore e riconoscibilità.
L'edificio quasi completamente in vetro (oltre 21.000 mq), è infatti caratterizzato da una notevole complessità geometrica dovuta ai 4 principali volumi (Blocco Uffici, Lobby, Area Museale e Serra), alle loro intersezioni e ai mutui intrecci. Lo sviluppo costruttivo è stato creato con un unico modello software tridimensionale, che ha consentito di gestire i numerosissimi dettagli complessi e la strettissima integrazione di strutture, facciate e rivestimenti.
I volumi sono caratterizzati dall'utilizzo di diversi materiali, questi ultimi sfruttati ai loro limiti di impiego. L'acciaio è uno di questi: grazie al suo utilizzo è stato possibile coniugare flessibilità e resistenza, riciclabilità e riutilizzo, garantendo al fruitore spazi confortevoli in termini di isolamento termico e acustico e consentendo l'interrelazione con l'ambiente esterno grazie ad una eccellente gestione della luce zenitale.
Le strutture, in legno e acciaio, sono slanciate da sbalzi di eccezionale proporzione mentre le facciate continue presentano dei profili dalla snellezza elevata.
Le tecniche costruttive perseguono la sostenibilità ambientale e il risparmio energetico con un ampio e diversificato ricorso alle fonti rinnovabili e ai sistemi ad alta efficienza: sono presenti pannelli fotovoltaici e sonde geotermiche che lavorano a supporto di un sistema di trigenerazione centralizzato per tutto il quartiere. Il sistema energetico è accompagnato da un'attenta ricerca progettuale sulle stratigrafie, sullo spessore e la tipologia dei coibenti, sui serramenti e i sistemi di ombreggiatura, al fine di innalzarne il più possibile le prestazioni energetiche. Dal punto di vista delle risorse idriche, importante è l'apporto dato dai sistemi per il recupero delle acque piovane.
L'intero progetto, dall'idea alla realizzazione, all'utilizzo è sostenibile: Il MUSE nasce all'interno di un contesto frutto di un'unica visione progettuale che ha l'ambizione di identificarsi come una rilevante riqualificazione urbana per la città di Trento.
La concezione urbanistica dell'intero quartiere aspira a ricreare un vero e proprio frammento di città, con le sue articolazioni, le sue gerarchie e la sua complessità funzionale. Qui trovano spazio funzioni commerciali, residenziali e di terziario, nonché quelle di interesse pubblico delle quali il MUSE costituisce la maggiore espressione. Assieme al parco pubblico di 5 ettari, il museo "abbraccia" fisicamente l'intero nuovo quartiere divenendo allo stesso tempo importante magnete urbano per l'intera città.
Il MUSE rappresenta un progetto pilota per il futuro dell'industria delle costruzioni che deve guardare al futuro cercando di rispondere nel modo più efficace possibile alle richieste di sviluppo delle città, tenendo sempre presente la necessità di limitare l'impatto ambientale attraverso una scelta intelligente di materiali e sistemi.
L'acciaio rappresenta una delle soluzioni in grado di rendere gli edifici sempre più efficienti dal punto di vista energetico, economico e del comfort, puntando alla sostenibilità: il MUSE ne è un chiaro esempio e quello che tutti ci auspichiamo è che non rimanga solo una lungimirante ed apprezzata realizzazione, ma che apra piuttosto le porte al nuovo modo di pensare il building, anche abitativo.

MUSE – Museo delle Scienze di Trento
Trento, Italia, 2013

Committente: Castello S.G.R. spa, Museo Tridentino di Scienze Naturali
Progetto architettonico: Renzo Piano Building Workshop
Progetto strutturale: Favero & Milan Ingegneria srl
Costruttore metallico e facciate: Stahlbau Pichler srl
Impresa: Trento Futura scarl
capogruppo: Colombo Costruzioni spa

MONOGRAPH**.SPONSOR**

Photo credits
Oskar Da Riz

PERCHE' COSTRUIRE IN ACCIAIO?

abitazioni — *power utilities* — *edifici industriali* — *edifici alti e multipiano* — *strutture spaziali* — *edilizia pubblica* — *ponti e passerelle* — *centri commerciali* — *impianti sportivi* — *facciate*

| GRANDI LUCI INGOMBRI RIDOTTI | DURABILITA' E QUALITA' | TECNOLOGIA E INNOVAZIONE | REDDITIVITA' ED ECONOMIA | ARCHITETTURA CONTEMPORANEA | COMPETITIVITA' E RAPIDITA' | RICOSTRUZIONE ED ADEGUAMENTO | SISMORESISTENZA E LEGGEREZZA | SICUREZZA ALL'INCENDIO | SOSTENIBILITA' ED EFFICIENZA |

FONDAZIONE PROMOZIONE ACCIAIO

CONSTRUCTION
ARCHITECTURE
DESIGN
ECONOMY
SUSTAINABILITY

FPA è l'ente no profit per la promozione e lo sviluppo tecnico dell'acciaio nelle costruzioni in Italia.

FPA mette al servizio di progettisti, costruttori, investitori, studenti, tutte le competenze tecniche e scientifiche dei Soci nonchè delle Commissioni Tecniche Fuoco, Sisma, Norme e Sostenibilità, grazie ad una costante azione di comunicazione e formazione sulle possibilità ed i vantaggi del costruire in acciaio.

FPA è anche un Ufficio Tecnico che fornisce assistenza tecnica, scientifica e normativa a chi già sviluppa e progetta costruzioni metalliche o anche solo a chi desidera ampliare le proprie conoscenze professionali.

WWW.PROMOZIONEACCIAIO.IT

teknoring

Il network delle professioni tecniche di Wolters Kluwer Italia

Vuoi un filo diretto con i professionisti tecnici? Contattaci!

Teknoring è l'unico circuito web in Italia in grado di dialogare a 360° con tutti i professionisti tecnici che, nel corso degli ultimi 12 anni, hanno sempre apprezzato l'informazione tempestiva e "su misura" offerta dal network.

3.000.000 pagine viste/mese, 800.000 utenti unici, 325.000 iscritti alla newsletter di aggiornamento e forum attivi con migliaia di utenti sono i numeri di una formula di successo.

Per pubblicità sul circuito Teknoring e per contattare l'ufficio press scrivi a: **advertising@wki.it**

www.teknoring.it

SAIE 2013
BETTER BUILDING & SMART CITIES
Bologna, 16-19 ottobre

Con il Patrocinio di

in collaborazione con

media partner

insieme a  16-18 ottobre

 17-19 ottobre

Smart City Exhibition 16-18 ottobre

www.**saie.bolognafiere.it**

Viale della Fiera, 20 - 40127 Bologna - **Tel.** 051 282111 - **Fax** 051 6374013 - saie@bolognafiere.it - bolognafiere@pec.bolognafiere.it

EDITORIALI EDITORIALS

Roma, capitale incompiuta del Bel Paese mancato
Editoriale, da una collezione di schegge

Pino Scaglione

"... è mezzogiorno, e Roma adesso lo sa. Regna un sole bellissimo, estivo. Pochi spettatori applaudono allo sparo. Svanito il rimbombo del cannone, ecco remota, diegetica, soave, una musica sacra. Appare l'imponente statua di Garibaldi sulla sommità del Gianicolo. Alla base della scultura, un reduce fissa la scritta scolpita: "Roma o morte"... Un giapponese sulla cinquantina si stacca dal gruppo. Richiamato da qualcosa di più interessante, si allontana. Attraversa la strada lentamente, si avvia verso la balaustra che da sulla città... Il giapponese arriva al parapetto e noi con lui, rivelandoci come in un sogno vero, di sotto, in tutta la sua straripante bellezza: Roma... Il giapponese, di fronte a questo panorama straordinario, ha gli occhi illuminati dalla bellezza. Afferra la sua Canon ultratecnologica e prende a scattare come un forsennato. Ma poi si ferma, lascia cadere la Canon che gli pende come un diapason sulla pancia. Si porta una mano al petto. Suda e sbianca. Sposta la mano sotto l'ascella. Gli occhi se ne vanno all'insù. Si chiama infarto. Cade a terra. Davanti a Roma..."(Sorrentino-Contarello, La grande bellezza)

Sono stato per un periodo romano di adozione, ho vissuto per diversi anni nella città eterna (?) e direi che sono quasi contento di non esserne più abitante stabile, se non per la sola mancanza di alcuni luoghi e dei cieli infiniti che solo questa città riesce ancora a regalare a chi sa scrutarli, in alcune stupende occasioni. Ora, tutte le volte che transito dalla capitale, devo confermare con estrema sincerità e con lo sguardo e il disincanto di chi si occupa dei "mali" della città, che trovo Roma sempre più deteriorata, sempre più pericolosamente alla deriva, un pò in tutte le sue complesse direzioni.
R.E.D.S., e questo numero di "monograph.it.research", mi hanno offerto l'occasione per la riflessione di apertura -insieme alla altre che riempiono la pubblicazione- del Simposio che ospita ricercatori e studiosi dei fenomeni del progetto alle sue scale differenti, soprattutto con uno sguardo attento ai temi delle città.
Dunque, quelle che seguono sono schegge che ho collezionato e seguo, in un puzzle scomposto e ricomposto, fatto d'istantanee urbane e sociali, relazionali, estetiche. Sono pezzi di ricerche, di alcuni anni fa e recenti, ma anche di lunghe riflessioni, durate anni, di letture tra le più varie, di un volume fatto da giovane ricercatore con l'editore Savelli, "Roma, come fare una capitale e disfare una città", che si ricompongono in un universo di segni che Roma racchiude, in forma paradigmatica, come capitale di un paese anomalo, sotto diversi profili, incluso quello della progettazione. Sono schegge in cui rientrano tutte le mai nascoste "passioni" –non solo mie, ma di un'intera generazione- per la complessa, "terrificante bellezza della metropoli del XX secolo" con tutte le sue distorsioni e le sue odierne, disperate contraddizioni. Argomento di studio e dibattito, di scritti e progetti per molti anni e, ancora oggi, per Roma come per altre città, di ri-pensamento di un modo di leggere, avvicinarsi, affrontare il tema del progetto che riguarda la trasformazione urbana.
Le schegge sono fatte di tanti frammenti che ho raccolto e che raccolgo tuttora da viaggiatore, osservatore acuto, ricercatore, curioso lettore, ogni qual volta passo da Roma e in altre capitali europee, con le quali spesso il paragone -tra le loro qualità ed efficienza e quelle della nostra capitale- è improponibile.
Un distacco ormai irraggiungibile tra Roma -capitale del Bel Paese che fu- oggi una città provinciale, e le altre vere grandi capitali, città europee: Parigi, Madrid, Berlino, Stoccolma, Helsinky, Barcellona, Londra, tra le altre, sempre ai vertici della qualità della vita nell'originale classifica della rivista Monocle, graduatoria dentro la quale Roma non compare mai da anni.
Così la capitale del Bel Paese mancato, ha oggi la politica, i ministeri, la macchina della burocrazia e delle sue disseminate sedi, che contribuiscono, come mille rivoli, alla confusione quotidiana del traffico e all'uso distorto della città e dei suoi luoghi. Negli anni del dopoguerra, in virtù di una dislocazione geo-economica -già da tempo scritta nel nostro Dna nazionale- dei territori italiani, mentre al nord, tra la Lombardia, il novarese, la Brianza, il Piemonte, e la Olivetti di Ivrea, l'industria, il design, producono il seme buono del miracolo italiano, Roma coltiva il suo limitato sogno di centro del potere e di ripiego e rendita, di luogo del turismo della italica storia.
Un sogno che negli stessi anni in cui la moda, il design, l'architettura e l'industria andavano di pari passo a Milano, in tutto il nord, varcando i confini nazionali, a Roma si produceva "il miracolo" delle palazzine che invadono la periferia, che divorano ettari di campagna, che producono l'industria dell'edilizia spontanea delle innumerevoli borgate, mescolando legalità –apparente- spontaneità e abuso in un modello di crescita anomalo e perennemente precario, che farà di Roma la mancata città capitale, moderna, di un paese moderno(!).
Finivano infatti nel vuoto o raccolti da una ristretta cerchia di personalità, gli appelli di Cederna, di Insolera, di Benevolo sul "sacco di Roma", perché la logica, nazionale e non solo romana, cemento+case+città che cresce=sviluppo economico, era quella adottata e sostenuta da tutta la politica italiana, locale-nazionale e destra e sinistra in questo non facevano alcuna differenza, salvo pochi illuminati casi.
Del resto Roma da anni e anni, e ancora oggi, ha una serie di cantieri infiniti, per costruire pezzi incompleti di una metropolitana precaria e a singhiozzo, che incrocia ruderi e reperti archeologici e che sarebbe potuto essere, al contrario, il vero investimento di modernizzazione da sostenere nei diversi momenti di possibile sviluppo. Ma che veniva, e viene, dopo lo statalismo e le sue esigenze immobiliariste di superficie piuttosto che di sottosuolo.
E dopo il Giubileo del 2000, durante il quale si è potuto rimettere mano, con fondi straordinari, in particolare al sistema di spazi pubblici (dentro la città storica soprattutto) con programmi di una certa ambizione e con risultati a volte di un certo interesse, di nuovo, gli anni dopo, sull'eredità di questo evento il nulla ha ripreso il posto nella realtà urbanistica romana. Se non, tra le pieghe di un accesso dibattito tutto interno alle forze politiche (tra miopia e ignoranza dei veri problemi della dimensione urbana) la questione dell'ultimo PRG, affidato alla regia di Campos Venuti, con ottimi spunti e alcune interessanti sperimentazioni progettuali, ma vecchio e superato nell'impostazione simile a un grande, eterno e infinito piano che deve regolare tutto, mentre la città cambia rapidamente e segue divorando se stessa. E così, quella che sembrava essere l'unica e vera possibile industria di Roma, il turismo, è stata, nel tempo, impoverita dalla crescente caoticità che ha avvolto ogni singola parte di questa metropoli introversa, pregiudicando di fatto la costruzione di una grande area archeologica unitaria e un sistema di grandi contenitori espositivi tra centro e periferia, il recupero del Tevere, dei grandi parchi naturali urbani, di quelli agricoli a cintura della città con quello che resta della bellissima campagna romana.
Roma è dunque una città onnivora, che fagocita, nella ricomposizione delle schegge del mio puzzle, mi sono costruito questa idea, con una sensazione, da tempo confermata dai fatti, dal vissuto quotidiano: Roma città che divora, che riesce a divorare tutto, anche il meglio di se stessa, città che ha conservato i tratti somatici di una antica e straordinaria bellezza, ma mutilata da ferite profonde non credo ormai sanabili, inferte da se medesima.
Roma città che ha fagocitato da sempre il moderno e che ha rifiutato e continua a rifiutare il contemporaneo (il MAXXI è una straordinaria eccezione!) in qualsiasi forma esso si manifesti. Soprattutto parliamo di una città che ha un rapporto distorto con la modernità vera, sia essa l'efficienza, la qualità dei servizi, la qualità della mobilità, dello spazio urbano, dei luoghi della collettività, tutto ciò che per l'appunto fa di una città qualcosa di eccellente, di vivibile, di godibile.
Per questa serie di ferite profonde, insanabili -a volte reversibili se la politica si fosse svegliata e si risveglia ora, tornando ad occuparsi dei problemi veri, tra i quali quelli urbanistici e della qualità dell'architettura- Roma deve un risarcimento enorme all'ambiente e al suo

territorio che in questi anni ha distrutto; al suo paesaggio eccezionale che ha letteralmente trasfigurato, un risarcimento mai avvenuto, e per il quale non si intravede una qualsiasi prospettiva di cambiamento. Persino l'ultimo piano regolatore, come ricordato in precedenza frutto di menti eccelse, è un piano che ha dentro di sé compromessi, confusioni, caos che non aiutano assolutamente a delineare una visione di futuro e un chiaro e netto atto di riequilibrio tra natura e costruito. Non c'è, non era prevista, non era nella cultura dei progettisti l'idea di un percorso che avesse al centro il progetto ecologico come elemento centrale intorno al quale ripensare l'intera città. Piuttosto quest'ultimo piano ancora si poneva (si pone) il problema di organizzare –senza dubbio nella forma più raffinata- la crescita. E in questo, l'altro grande elemento del puzzle, nelle sue ipotetiche ricomposizioni, risiede nella mancanza assoluta -a differenza di altre grandi capitali, di città europee- di un'idea di ciò che sarà nei prossimi vent'anni Roma.

Posso solo citare, ad esempio e raffronto, Parigi e il programma "Parigi 2030", la stessa Berlino degli anni recenti, Amsterdam con i suoi intelligenti brani di progetti urbani tematici. Città in cui il coinvolgimento di gruppi di progettisti stranieri, locali e di una rete di consulenti, ha dato vita ad un lavoro atto a delineare lo scenario futuro, la visione per la città dei prossimi anni, per dare senso e valore, corpo all'idea di una capitale moderna.

A Roma tutto questo non accade e non sembra accadrà, e inspiegabilmente pur tra tante e differenti ricerche, interessanti, autenticamente credibili e fondate su esperienze continue, come quelle delle scuole di progettazione della capitale, non s'intravedono segnali di innovazione e spinte al futuro. Credo che da questo punto di vista la riflessione debba essere molto attenta, molto accurata perché il pericolo è che in qualche maniera l'implosione che Roma vive diventi una realtà cronica, quotidiana alla quale ci si abitua e che rischia di contaminare un'intera nazione, come nei fatti e per molti versi, già avvenuto. Ci si abitua appunto al traffico, all'inefficienza, alla disorganizzazione, alla nevrosi, a tutto quello che in fondo una città che non ha qualità urbane e qualità umane, trasmette a chi la vive e a chi la usa.

Credo che il futuro di questa città sia effettivamente in equilibrio precario e in un momento di transizione; un momento in cui per altro Roma rispecchia il disagio e l'incertezza di un intero paese, così come da sempre, in un dannato gioco di riflessi negativi, il paese è specchio del disagio di Roma. È sempre stato così e sarà così, probabilmente la capitale è la cartina di tornasole di un'intera nazione. E in un momento così delicato, difficile e importante, o c'è uno scatto di reni, collettivo, che coinvolge tutti, non solo gli architetti, i ricercatori, ma tutti gli attori di questa città, e non solo, coloro che tengono a cuore le sorti di quella parte che ancora può rappresentare la bellezza, l'interessante, l'affascinante, unico, di una città che il mondo ancora ci invidia. Credo che senza questo afflato corale e senza uno slancio che arrivi dalla ricerca e dal mondo della produzione al contempo, probabilmente non vi sarà nessun rimedio. L'idea di questo numero di "monograph.it.research" che raccoglie materiali per Roma, intorno all'ecological design, inteso come approccio innovativo per la stagione dei progetti sensibili al paesaggio, al naturale e ambientale, che propone uno sguardo ampio a partire dai quattro macro temi "open scale, open sources, open space, open system" è anche il segnale di un risveglio della ricerca urbanistica e progettuale italiana, a confronto con quella internazionale, che chiede caparbiamente e con ostinazione di contare di più e incidere sulle scelte di costruzione di un nuovo futuro urbano.

È il piccolo seme di una possibile grande ricerca internazionale che chiami a Roma altri studiosi, invitandoli al confronto sui temi delle città, lasciando ricadute positive sul lavoro di quanti si occuperanno di tradurre in azioni questo enorme e prezioso materiale: giovani ricercatori, docenti, architetti, progettisti, esperti di fama internazionale al capezzale di Roma e delle città "malate". Credo che questa sia una formula per provare a cambiare registro e immaginare una visione di futuro più intelligente, che questo numero internazionale di monograph (il primo di una serie) contiene, un numero che illustra tante ricerche e tante posizioni, come in un prezioso scrigno che attende di essere svelato, condiviso, diffuso.

I riferimenti nel testo, le riflessioni e le "schegge" del mosaico in parte ricomposto, provengono soprattutto dalla lettura dei libri, dei film, dei documenti, di seguito elencati:

1. Paolo Sorrentino, Umberto Contarello, La grande Bellezza; Skira;
2. Italo Insolera, Roma moderna, Einaudi;
3. Antonio Cederna, Articoli e saggi su Roma (archivio.eddyburg.it/);
4. Alessandro Baricco, i Barbari, saggio sulla mutazione; Fandango;
5. John Cheever, Il rumore della pioggia a Roma; Fandango;
6. Paolo Pisanelli, Roma, A.D. 999, Fandango, Roma;
7. Massimo Birindelli, Pino Scaglione, Patrizia Leone, Roma, come fare una capitale e disfare una città; Savelli, 1985;
8. Nanni Moretti, Caro Diario; film produzione Sacher Film, 1993;
9. Federico Fellini, Roma, Ultra Film, 1972;
10. Paolo Sorrentino, La grande Bellezza, film produzione Cima/Giuliano, 2013;
11. Massimiliano Fuksas, Il bel paese mancato; Rai Storia, luglio 2013;
12. Maurizio Marcelloni, Pensare la città contemporanea, il nuovo Piano Regolatore di Roma, Laterza;
13. La grand Paris 2030, as post Kyoto Metropolis, www.worldchanging.com;
14. Urban Progress Design-Amsterdam Urban Regeneration, www.urbanprogress.com;
15. Alberto Clementi, Mosè Ricci, Progetto Urbano, Meltemi;
16. Leonardo Benevolo, La fine della città, a cura di Francesco Erbani, Laterza, Roma/Bari;
17. LSD/Landscape Sensitive Design, monograph.it, n.2, List Lab, Barcellona/Trento;
18. Rem Khoolhaas, The terrifying Beauty of the Twentieth Century City, in SMLXL, New York/Rotterdam;
19. Monocle/Global Briefing, international magazine, Monocle edition, media company, London;
20. Lars Lerup, After the City, MIT press, Boston;
21. Lars Lerup, Toxic ecology, in Everything Must Move, Rice University School of Architecture press;

Rome, imperfect capital of the failed *Bel Paese*[1]
Editorial, from a collection of fragments

"... It is noon, and Rome now knows. Reigns a beautiful sun, summer. A few spectators applaud the shot. Gone to the rumble of cannon, here is remote, diegetic, gentle, a sacred music. The awesome monument of Garibaldi appear on the top of the Gianicolo. At the base of the sculpture, a veteran fixes the carved inscription: "Roma o Morte ("Rome or Death") ... A Japanese man in his fifties from the group. Retrieved from something more interesting, he turns away. Cross the road slowly, moves toward the balustrade from the city ... The Japanese get to the railing and we with him, revealing to us as in a dream true, below, in all its beauty overflowing Rome ... The Japanese, in front of this extraordinary panorama, his eyes lit up by the beauty. Grab your Canon hyper technologic and starts to shoot like a madman. But then he stops, drops the Canon that hangs like a tuning fork on his belly. He puts a hand to his chest. Sweat and bleaching. Move your hand under the armpit. The eyes they go upward. It's called a heart attack. Falls to the ground. Before Rome ... "(Sorrentino-Contarello, Big Beauty)

I have been an adopted Roman for a while, I lived for several years in the eternal (?) city and I would say it makes me almost glad not to live there any more, except that I miss some places and the endless, unique, Roman sky, donated in particular wonderful occasions to those who know how to see it. Now, going to Rome every once in a while makes me admit with the utmost honesty and disenchantment of those working with the city "evils" that, to me, Rome is in a bad state: more and more dangerously adrift, in all its complex directions.
R.E.D.S., along with this issue of "monograph.it.research, inspired me for the opening remarks – which add to those comprising the publication – of the Symposium, where researchers and scholars of the project's features at different scales will be present, carefully focusing on city-related topics.
What follows are fragments I have collected in a continuously disassembled and reassembled puzzle, made of urban and social relational and aesthetics snapshots. Some of them are pieces of old and recent researches; others go back to longstanding considerations, among the most diverse readings, even to a volume realized as a young researcher with the publisher Savelli, "Rome, how to make a capital and undo a city[2]". All this is recomposed in a universe of signs that Rome paradigmatically preserves, as the capital of an unusual country, in several respects, planning included.
Therefore, these fragments include the never hidden "passions" – not just mine, but belonging to an entire generation – for the complex "terrifying beauty of the twentieth century" with all its distortions and its present-day, hopeless contradictions. Today, just like yesterday, these are topic of study and debate, object of writings, projects and (this applies to Rome and other cities alike) re-thinking of a way to interpreting, approach and deal with urban transformation projects.
The fragments are made of many pieces I have collected and still collect as traveller, keen observer, researcher, and curious reader whenever I am in Rome and in other European capitals. Today, comparing Rome to the other capitals, their quality and efficiency, is often unconceivable. The gap between Rome - old capital of the *Bel Paese*, which today is more a provincial city – and other proper European cities as Paris, Madrid, Berlin, Stockholm, Helsinki, Barcelona, London, among others, can no longer be bridged. The latter are always at the top of Monocle's quality of life index, in which Rome has never appeared for years.
Thus, the capital of the failed *Bel Paese* relies today on politics, government ministries, red tape and its scattered locations that, as countless streams, contribute to the daily traffic confusion and the distorted use of the city and its surroundings. In the post-war years, by virtue of a geo-economic dislocation of the Italian territories – long since written in the Italian DNA –, the northern regions' industries, including Lombardy, the Novara and Brianza areas, Piedmont and Olivetti's Ivrea produced the good seed of the Italian economic miracle. Rome, on the contrary, cultivated its limited dream of power, fallback and income: tourist destination of the Italic history. While fashion, design, architecture and industry boomed in Milan and in the whole north, crossing national borders, Rome was experiencing the "miracle" of apartment blocks invading the periphery devouring acres of countryside, laying the foundations of the spontaneous construction industry in the countless *borgate*[3], mixing apparent legality, spontaneity and abuse in an abnormal, constantly precarious growth pattern, that will render Rome the failed capital it is today, modern city of a modern country (!).
The appeals made by Cederna, Insolera, and Benevolo against the "sack of Rome" were dismissed, considered only by a small circle. The equation concrete + housing + growing city = economic development was pursued and supported by the entire Italian politics, at the local and national level, by the left and the right wing politics alike, except for a few enlightened cases. Moreover Rome has long had, and still has, a countless number of building sites where incomplete pieces of a precarious and intermittent subway are being built, which crosses ruins and archaeological remains and that would have been, as opposite, the ultimate modernization investment, to be supported at the different stages of its possible development. But that was, and still is, on the back burner whereas statism and its real estate- (rather than underground) requirements are on the front.
The Great Jubilee in 2000 saw the allocation of extra funds, in particular as regards public spaces (inside the historic centre above all) with programs of certain significance and sometimes with results of some interest. Yet, again, years later the Roman urban planning reality has not been able to maintain the momentum of this event, and nothing tangible has taken its place. Except for the last PRG[4], led by Campos Venuti, developed between the folds of a fierce debate within the political forces (short-sighted and ignorant of the real urban problems). It came up with good ideas and some interesting design experiments, yet its settings are old and outdated, like a large, eternal and infinite plan, which must control everything while the city rapidly evolves, devouring itself.
And so, what seemed to be the only real, possible Roman industry, namely tourism, has been hampered by the growing chaos that envelopes every part of this introverted metropolis, actually undermining the construction of a large archaeological single area and an exhibition containers system between the city centre and the periphery; not to mention the recovery of the Tiber, the great urban and agricultural parks surrounding the city and what remains of the beautiful Roman countryside.
Rome is thus an omnivorous phagocytic city: this is the impression I got while recomposing the fragments of my puzzle, having had a feeling, long supported by the facts, originating from everyday life observation: Rome, the all-devouring city, which does not even spare the best of itself, a city that has preserved the features of an ancient and extraordinary beauty, is now crippled by deep incurable, self-inflicted wounds.
Whilst Rome has always absorbed modern inputs, the contemporary have always been refused (the MAXXI is an extraordinary exception!) in any form. Above all, this city has a distorted relationship with the true modernity, be it efficiency, services, mobility, urban and community spaces' quality: to summarize with, all that renders a city excellent, liveable and enjoyable.
For this deep incurable wounds – some could be reversible if politics had cared and if it resolves to care now, deciding to deal with real problems, including those related to

urban planning and the quality of architecture – Rome shall now make good the enormous damage caused to the environment and the territories it destroyed; to the exceptional landscape that has radically altered. This due compensation has never happened, and the situation does not seem likely to change.

Even the last masterplan, as mentioned earlier, though developed by great minds is characterised by compromise, confusion, chaos that undermine the design of a future vision and the possibility of a clear and sharp harmonization of nature with the built environment. The idea of focusing on the ecological project, as central element around which to rethink the entire city, is absent, nor was it expected: it does not belong to the designers' culture. Rather, this plan was (and is) centred on growth, undoubtedly in the best possible way.

And it is precisely in this major element of the puzzle, in its hypothetical reconstructions, that the lack of an idea of what Rome will look like in next twenty years lays, absolutely unlike other major capital cities in Europe.

I am thinking about Paris, for example, and the "Paris 2030" programme, Berlin in recent years, or Amsterdam with its clever thematic urban projects. Cities where the involvement of foreign and local designers together with a network of consultants working on the design of future scenarios, on a vision of the city in the years to come, added meaning and value to the idea of a modern capital.

In Rome this does not happen, nor seems likely to happen. Inexplicably, despite many and different interesting researches, genuinely credible and based on ongoing experiences, such as those carried out by the Roman planning schools, there are no signs of any substantial innovation or farsightedness.

I believe that, from this point of view, our considerations must be very careful and accurate in order to avoid the risk that, somehow, the implosion of Rome becomes a chronic, daily and customary reality, thus affecting the entire nation, as in fact and in many ways, already happened.

One gets used to traffic, inefficiency, disorganization, neurosis: in sum, to all that a city lacking urban and human qualities communicates to those who live and use it.

I believe the future of this city is actually precarious and in a moment of transition: this is a time when Rome reflects the discomfort and uncertainty of an entire country, as always has been: an unfortunate game of negative reflexes where the country, in turn, reflects Rome's miserable state.

It has always been like this, and always will be. Probably Rome is the litmus test of an entire nation. Given the current delicate, difficult and important situation, a collective final spurt is needed, involving everyone: not just architects and researchers, but all the actors in the city, and not only, all those who care about the fate of what can still represent the beauty, the interesting, the charming, the unique features of a city that the world still envies.

My opinion is that, without this joint effort and without a momentum provided jointly by researchers and entrepreneurs, there will probably be no remedy. This issue of "monograph. it.research" collects materials about ecological design, as innovative approach to a new season of projects focused on landscape and natural environment, which offers a comprehensive look based on four major themes: "open scale, open sources, open space, open system". It also aims to show Italian urban research and design's renewed impulse, this time comparable to the international one, stubbornly resolved to have a major importance and influence on the decision to build a new urban future.

It is the small seed of a possible larger international research, attracting other scholars to Rome, inviting them to discuss the issues of the city with a positive impact on the work of those who will endeavour to implement this huge and precious material: young researchers, teachers, architects, planners, international experts at the bedside of the city of Rome and the other "ill" cities.

I believe that this framework can make it viable: changing the tune and imagining a smarter vision for the future. This international issue of monograph (the first in a series) contains a significant number of researches and stances, like a precious treasure waiting to be revealed, shared and disseminated.

The books, movies and documents listed below inspired the references in the text, the considerations and fragments of the partly reconstructed mosaic:

1. Paolo Sorrentino, Umberto Contarello, La grande Bellezza; Skira;
2. Italo Insolera, Roma moderna, Einaudi;
3. Antonio Cederna, Articoli e saggi su Roma (archivio.eddyburg.it/);
4. Alessandro Baricco, i Barbari, saggio sulla mutazione; Fandango;
5. John Cheever, Il rumore della pioggia a Roma; Fandango;
6. Paolo Pisanelli, Roma, A.D. 999, Fandango, Roma;
7. Massimo Birindelli, Pino Scaglione, Patrizia Leone, Roma, come fare una capitale e disfare una città; Savelli, 1985;
8. Nanni Moretti, Caro Diario; film produzione Sacher Film, 1993;
9. Federico Fellini, Roma, Ultra Film, 1972;
10. Paolo Sorrentino, La grande Bellezza, film produzione Cima/Giuliano, 2013;
11. Massimiliano Fuksas, Il bel paese mancato; Rai Storia, luglio 2013;
12. Maurizio Marcelloni, Pensare la città contemporanea, il nuovo Piano Regolatore di Roma, Laterza;
13. La grand Paris 2030, as post Kyoto Metropolis, www.worldchanging.com;
14. Urban Progress Design-Amsterdam Urban Regeneration, www.urbanprogress.com;
15. Alberto Clementi, Mosè Ricci, Progetto Urbano, Meltemi;
16. Leonardo Benevolo, La fine della città, a cura di Francesco Erbani, Laterza, Roma/Bari;
17. LSD/Landscape Sensitive Design, monograph.it, n.2, List Lab, Barcellona/Trento;
18. Rem Khoolhaas, The terrifying Beauty of the Twentieth Century City, in SMLXL, New York/Rotterdam;
19. Monocle/Global Briefing, international magazine, Monocle edition, media company, London;
20. Lars Lerup, After the City, MIT press, Boston;
21. Lars Lerup, Toxic ecology, in Everything Must Move, Rice University School of Architecture press;

1. Beautiful Country, n.d.t.
2. The original title is: "Roma, come fare una capitale e disfare una città", n.d.t.
3. Borgata: Roman suburban areas, n.d.t.
4. The Italian Municipal Master Plan, n.d.t.

R.E.D.S.

Mosè Ricci

In just a few years the crisis has brought about the development of a different understanding of social, environmental and economic values, a point of view that transforms the demand for change. A new geography of desire is modifying the development processes so quickly that it produces crises in the economic and cultural centers that are more inert or more resistant to the change dynamics, making them suddenly seem old and outmoded.

Global warming, carbon dioxide emissions, the cost of oil, renewable energies, the great social migrations, the city's explosion, the fragility of large concentrations before the natural events that turn into catastrophes, the defence of local contexts taken to be bulwarks of identity. The whole world is affected and it is working on these emergencies. Society, Environment and Landscape are the big issues in the debate on the ethics, economics and politics of the post-crisis phase. The urban project culture cannot be numb to these problems, it cannot pretend that it isn't overwhelmed by them, and it is forced to make some profound changes.

It is a transformation of epic proportions that starts from the grassroots. It proceeds by way of goals that concern the quality of life, the self-poietic and tactical practices of survival. And we are the main characters in this cultural undertaking, we the citizens, the consumers, the savers. By means of elementary, physiologically oriented actions, and a pragmatism that rewards lifestyles we are bringing the global economic system to a state of collapse. We eat organic foods and separate our trash. We prefer using public transportation or riding a bike. (In Italy, ridership in Rome alone increased by 40 percent from 2010 to 2011.) We are attracted to electric or low-emission automobiles rather than the big, polluting luxury models. We like bioclimatic homes rather than buildings that consume a lot of energy. We want sustainable public projects that take into consideration the landscape. We look with increasing mistrust at the politics of urban transformation or regeneration made by big name designers from the star system who only increased costs and often facilitated or covered up government corruption.

The crisis is decidedly changing the way we think about the future and the forms it is taking. It is a crucial issue that directly affects the lives of the citizens and sets qualitative targets of a different kind and new paradigms for architectural and city planning.

The end of the 19th Century was characterized by metropolitan competition, or more precisely, by the idea of the metropolis as the target for the quality of urban development. Even the European endless city had to be interpreted in relation to models and to the conditions of metropolitan efficiency. Today it's no longer so. Urban growth is a phenomenon that is turning out to be unsustainable. Demographic expansion is uncontrollable just like the city. For the first time in the history of humanity, most people on the plane live an urban life, a tendency that is likely to extend. (By 2050, almost 80 percent of the global population will be concentrated in cities). The environmental impact of cities is huge, both in terms of the rising demographic weight, and the quantity of natural resources that cities consume: each aspect of urban life heavily influences the planet's overall biological balance. In Europe energy consumption ascribable to buildings has by now risen to more than 40% (after transportation and before industry). More than half of Italy's coastlines are occupied by buildings.

Our way of thinking about the future and its forms changed in a decisive way. Cities started to lose their definition as a physical place and more and more become fields of relationships. Perhaps we no longer need territories to move around in and communicate, but we still need the landscape as a foundation for identify and for quality of life. And I think this has to have an impact on how we do projects.

How can we fail to see that all these processes of economic-building development have produced a substantial change in the Italian environment and landscape, a change that is relentlessly consuming the same yield values that generated them?

The population decreases and the spatial contraction of the cities do not seem to be able to represent a concrete answer to this question over the next few years. And not even a hoped-for strategy at least in the large numbers and outside some of the extreme cases such as the American Rust Belt, or Liverpool or Leipzig in Europe. And yet in some ways the energy crisis is halting the process of the boundless growth of Western cities, and the collapse of the stock and the property markets in the past four years is doing all the rest. Western cities are forced to face up the crisis, and citizens are increasingly expressing a demand that's oriented towards economic and environmental sustainability, ecology, and sensitivity to the values of the landscape.

In Energy Myths and Realities, Vaclav Smil, a Distinguished Professor of environmental science at the University of Manitoba in Canada, supports the idea that Western countries will not be able to achieve the goal of energy reconversion because of the high public debt and the lack of economic growth. For these countries the crisis could be a blessing in disguise that would force the populations of the richer countries to learn how to consume less energy and to save it, and those of the poorer countries to become more efficient energy-wise.

The crisis is probably a blessing in disguise for the cities as well. The influence of non-incremental (and/or anti-metropolitan?) thinking on urban culture has always been considered as important as it is collateral and founded on Utopian grounds. From Jane Jacobs, who 50 years ago had already predicted everything, to Serge Latouche who today juxtaposes good living to well-being and preaches an exit strategy from development. However, never as much as today does happy non-growth represent a realistic hypothesis for the urban communities struggling to survive in this economic and environmental juncture. In the meantime, reduction, reuse and recycle seem to be the only sustainable social strategies capable of expressing innovation, of generating consensus and producing beauty in the crisis.

In the perspective of a decrease in the urban growth such as this the point of view of people dealing in architecture and the city changes radically. Reuse and recycling of the existent are again the main field of design and construction interest, after a long modernist phase in which the construction of new buildings and the conservative restoration seemed to be the most convenient intervention practices. Instead recycle for architecture, urbanism and landscape implicates a sliding of sense trough design that can generate beauty. It is a completely different position about projects concepts, roles and authorship.

The idea of territory that was developed in the past century wanted architecture to deliver stability and persistence in time. Architecture, in the end, fights against time. It wanted authorial projects that could measure the competition between places using the designer's signature. The idea of landscape, on the other hand, asks architecture for undefined time.

It asks for a chance to grow old together, to change continually like the landscape that changes continuously. And it asks a project to be polyarchic (decided by many, shared by many), and to contribute to the construction of the portrait-landscape of the beautiful picture of João Nunes, which is the portrait of a society and not of an author.

Landscape is the synthetic idea of a context that is, at the same time, natural and cultural, ecological and social. It is a point of view about change. If a territory is no longer needed to describe reality, to interpret the condition of our settlements, landscape remains. What I am able to tell about a physical space, inhabited or natural, is what inside my eyes: my culture, my point of view, the way in which I look at it. But at the same time, territory is like physical space and environment is like life space. That's it. Landscape puts these two categories together, and through projects of its continual change, tells us a story about our society and our time.

The movement from a way of measuring (a territory) to a system of values (a landscape) is the conceptual basis and the general goal of the studies and the projects presented in this issue. We see ourselves in the landscape; and when we talk about it, we tell a story about ourselves, about who we are. We give value and sense to things that we do. In this way, in architectural projects and city planning, we continue to interpret the landscape. Landscape is, in some way, the descriptive category within which the shapes of contemporary living become spaces and find meaning.

The projects are devices that interpret and represent a precise place. They are narrative structures that tell about contexts by crystallizing them in fascinatingly characteristic shapes that fix them into a shape of existing spatial values and relationships. What remains is to investigate, to dig, and to add value. The project can only reveal shapes that are already present in the landscape, shapes that often already contain a sense of change.

A project that is ecological, sustainable, and sensitive to the landscape calls into question roles and types. It doesn't express shape itself, rather it shapes processes and meaning, not just of the physical and material elements, but also of how things are done: economies, definitions, stories, and more. Architectural and landscape materials can exchange and/or take on a variety of meanings. It's a question of proposing different goals for transformation, the radical conception of what makes decisions, materials and design actions belong to paradigms of ecology, sustainability and sensitivity. Clearly, in the end, the physicality of a space always comes out. In the reality of construction, it all takes shape. A form that can express ecological performances and new meanings.

Detroit, differenti viste della città, downtown e periferia/
Detroit, a different view of the city centre and downtown

The value of the present and the rights of the future

Manlio Vendittelli

In ancient times, houses were built uniquely to provide shelter, using the available technologies and adapting them to reach the best possible durabilité[1].
Later in time, architecture was born. As an art, it reads, uses and interprets the present while enriching it with aesthetic research. As a science, it has always revolved around a key issue: the future. The future shapes its statute: the purpose of a work of architecture is to remain, to testify to posterity, to last in time as a value and a memory.
The architectural work is a kind of material soul that allows us to survive through time. All the arts have survived the centuries, but among them, architecture has a special feature: it transforms spaces, leaves a human trace that modifies the environmental balance as an evidence of today.
This is a value, as long as the quantitative data are compatible with the carrying capacity of nature. The problem arises when the transformations produced exceed these limits.
The added quality brought about by architecture is not in doubt: many historical cities based their economy on the use of their architectural heritage.
It's because of the quantities, and especially because of the products manufactured by construction activities, that the burden becomes too heavy. The problem arises because of the quantitative excesses resulting from demographic values, and the way we consume.
Without yielding to the Malthusian theories, today the carrying capacity of the planet is put under stress by variables such as consumption, growth models, and generally by current values and social behaviors, including huge local and global inequalities.

How to restore the positive role of architecture by binding the value of the present to the rights of the future?
Today the system in power (with its cultural conditioning) and the economy (with the current distribution of wealth) are the basis of the dispersed city, of the consumption patterns, of the the instability that we read about in the daily news.
For our responsibilities, the answer is simple: we have to change our disciplinary statute introducing those elements that ensure the works of architecture, in accordance with the amount required by the human population, the systemic value and the environmental balance capable of taking up space without subverting the natural order.
Nowadays, democracy is responsible for ensuring the right of those present, but when we see the management of innovations being carried out without verification, we must ask ourselves questions about the future and the rights of the future.
The question is: how can you pursue this rights in the absence of their presence?
This is a very large social and philosophical research; we are confident that our discipline can participate in it, starting from principles of evaluation, and changing paradigms and statutory laws.
It is not only about building for the future, our discipline must learn to build in the future.
It is not only about leaving a testimony of the present to the future: this testimony should increase their level of well-being and should not represent what they will have to demolish or redevelop to regain human and natural balances that have been compromised.
Until now, State Governments have ignored this issue: it is not a coincidence that in conscience and in science, in philosophical and ethical research, absence coincided with political lightness and economic and social permissiveness in the transformations of the territory.
The philosophers and utopians socialists of the nineteenth century that understood the need to build the state for future generations were an exception (just think about the Leninist theories).
In the nineteenth century, the environmental problem gained importance in science and general consciousness: in the United States there was a coincidence in time between the

1. Ambrogio Lorenzetti, Effetti del buon governo in città, Palazzo del Governo Siena 1338-1339.
2. Pablo Picasso: Guernica Museo nacional centro de arte reina Sofia Madrid.
3. Il palio di Siena.

creation of Native American reservations and the establishment of nature reserves. An attempt has been made to ensure the survival of the native (populations and forests) with respect to ethnic and economic transformations of the new world. When the historical times are no longer compatible with the biological times of a change[2], the system enters a crisis and the randomness of the future due to the possible, unverified consequences, is likely to become the rule. Without the systemic knowledge and awareness of the changes we produce, we keep on planning spacial transformations, introducing technologies, tolerating smuggling and illegal waste disposal, inventing eligible quotes of pollution aimed at recycling incompatible technologies, downgrading agriculture to an environmentally unsustainable productive sector with the same complacency with which some years ago we increased the use of asbestos. This involves precise dangers that can be overcome with the evaluation of processes, resources and behavior, with the knowledge and awareness of the consequences, with the social participation in decision making. To establish clear relationships and relational needs between the elements in a given area, it is necessary to know such territory systemically, addressing the issue of relative responsability through theories.

The present, as future of the recent past
Where to start and how to begin. Firstly, relative responsibility (starting from the duties) is the ground where the conditions for a theory on the rights of the future can be established. If we wanted to stay within the field of empirical analysis, we could start by using history counterclockwise, considering the present as the future of the recent past, evaluating the actions that have been taken, correcting the damage, and understanding what principles and what actions led to the violation of our rights. It 'a complicated path but it could be a prerequisite for change. In this process, architecture can not remain isolated; philosophy and morality, politics and democracy based on participation, should be considered codes to interpret institutional measures and seen as 'fellow travelers.' Architecture, as an art and science discipline, and as the cultural organizer of the durable project, should be the institution in charge of evaluation and sustainability. The landscape, as a systemic evaluation of the territorial complexity and of the processes that have been carried out, must play a role of synthesis of the territorial project within the new statute, launching systematic studies on the complexity[3] and systemic planning of the territory.
If we add a more extended life span that will soon bring about the problem of demographic quantities, in moral and physical[4] terms, to this progressive attack to natural balances, we can see that there is obviously a need for a new political, social and scientific attitude. The new statute must therefore plan for the future and heal the present; it should be used as as a criterion to organize the transformations to be implemented and to recover the concept of unsustainable, binding it to the relative concept of sustainable development.
I insist on the relative value of the concept of sustainability, but its main relativity lays in the concept of unsustainability. It's clear that sustainability is related to the laws of the limit.

The actuality of the topic and the importance of a cultural proposal
It is necessary to start a disciplinary definition that covers the systemic planning and the holistic method of operation, according to which it is not enough to divide the territory into areas of use if the systemic rules that define and govern it as a unit are not analysed. Actions and consequences are still the arch where design disciplines move, and this involves a shift (project) and control (management) from one equilibrium to another. It is precisely within the form and substance of this passage that the terms of identity, omologation, balance and waste, exploitation and unequal overlap between local resources, carrying capacity and transformations take shape.
The value of governance and participation is essential to organize the relationship between citizens and institutions, for the decision-making process in matter of changes, and for the control of social conflicts. According to this interpretation, the sustainability of an intervention can be measured on the reproduction of natural and economic capital, and on the enhancement of the human capital. It is an easy concept to understand for our planning culture, but it's more difficult to achieve because it has to be compared with the needs and the carrying capacity, with the value of the form, with the sacrifices implicit in the concept of transformation, with the contradiction between population and environment, productive locations and shapes of the territory. Disciplines, limit, and environment are three key terms in our project: the project represents the rationality in taking action, the limit represents the laws of relative sustainability, the environment represents the structural and aesthetic results of natural and man-made transformations. The environment, as well as the landscape, has mainly a cultural value but, unlike the landscape, its value is tied to physical places, starting conditions and transformations. The territorial system as a unitary and hierarchical place can be taken as reference for the redesign of the territory because it leads to further focus on detail and on the general picture, with the objective of restoring the unity systemic. For this reason, architectural planning must be based on the concepts of system and network: system to achieve balance between the elements, the actions, and different relations and networks seen as specific points of junction between elements aimed at requalifying and restoring degraded, compromised areas. The elements that make up the project of the mobility of the people, of the fauna and flora, with which it is necessary to promote continuity, take networks as references. The relationship between system planning and project for parts can not be ignored and trivialized, it must live in a dialectic without the concept of constraints, but with the consistency of a well-structured, well-oriented path. The first discipline is then connected to a territory no longer divided in parts, but strongly interconnected with its complexity, re-designed in a holistic manner. In this case the systemic planning is no longer just a value to be possessed, but must become a cultural and normative instrument, an instrument of social participation and sharing, and a tool to structure planning and government activities.

Bibliographic note
In addition to the books I mentioned in the notes, I quote as a bibliographic reference the entire "Frankfurt School", as the true cultural matrix of what has been written.

1. The concept of durable expresses precisely our worries about the future.
2. E. Tiezzi, Tempi storici e tempi biologici Garzanti, Milano 1984
3. Cfr Edgard Morin ,2002 I sette saperi, necessari all'educazione del futuro, Milano, Raffaello Cortina Editore.
4. Hans Jonas, Principio di responsabilità: un'etica per la civiltà tecnologica
5. Part of this text can be found in "lectio magistralis" (Department of Architecture Valle Giulia).

R.E.D.S. Geografia della ricerca

Stefania Staniscia

El conflicto ecológico existe. Es una cuestión ética, estética y funcional. Lo que se reconoce hoy en día es, precisamente, su dimensión funcional, y ante ella todo el mundo se va viendo forzado a reconsiderar sus posiciones morales. (...) [se trata] de darse cuenta de que el desarrollo, o mejor el genuino progreso, se basa justamente en la explotación racional de los recursos ecológicos. De unos recursos ecológicos que van mucho mas allá de las meras materias primas, puesto que incluyen el clima, el aire, el agua, el suelo, las redes tróficas, la diversidad genética e incluso la belleza: ser ricos en un mundo feo sería tristísimo. (...) Si «the small is beautiful» pero «the big is powerful»[1], procuremos que, en una desarrollada sociedad postindustrial, «the beautiful» resulte «powerful»: que lo hermoso sea poderoso. Y posible.
Ramon Folch *Que lo hermoso sea poderoso. Sobre ecología, educación y desarrollo*

Il Rome *Ecological Design Symposium* si pone come luogo di discussione dialettica su temi che si sviluppano a partire dall'assunto, ormai incontrovertibile perché quasi unanimemente condiviso dalla comunità scientifica, che se le condizioni nelle quali è nata l'urbanistica sono cambiate e continuano a cambiare è necessaria una radicale revisione degli statuti disciplinari e della prassi urbanistica. Il convegno apre una sorta di arena nella quale vengono chiamati a riflettere ricercatori, studiosi e professionisti che, attraverso il proprio lavoro, affrontano la questione emergente e ineludibile di un necessario cambiamento di paradigma e di un profondo ripensamento dei modelli e degli strumenti operativi dell'urbanistica.

Numerosi autori, con oltre cento saggi, hanno risposto alla call for papers che articolava la riflessione intorno a quattro macro temi: *Open Spaces* – la capacità degli spazi aperti, intesi nel senso più inclusivo del termine, di fornire qualità urbana e di essere una componente fondamentale del ridisegno della città contemporanea –, *Open Systems* – la necessità di aggiornare il sistema delle reti (energetiche, della mobilità, dell'acqua, dei rifiuti, del cibo) in termini ecologici diventa occasione per un ripensamento della struttura urbana e, più in generale, del territorio –, *Open Sources* – la riflessione sull'uso responsabile delle risorse non riproducibili rappresenta l'opportunità per introdurre nuovi dispositivi progettuali che agiscono, a tutte le scale, secondo il principio delle tre R (riduci, riusa, ricicla) – e, infine, *Open Scales* – le potenzialità di una visione del supporto operativo (di architetti, urbanisti e paesaggisti) che è transcalare e multiscalare, che trascende la separazione tra dimensione locale e globale e definisce una prassi progettuale capace di sintesi –.

I singoli contributi, oltre a essere declinati secondo i quattro macro temi, possiedono le molte sfaccettature che la varietà di percorsi professionali, formativi e di ricerca non può che determinare. Tutti, però, hanno un elemento in comune che costituisce, quasi sempre, il punto di partenza dei ragionamenti sviluppati: la consapevolezza degli effetti che la crisi globale – economica, finanziaria, ambientale, sociale – e i rischi derivanti hanno sul nostro ambiente di vita e, come conseguenza, sull'agire urbanistico. «[W]e might consider the impact of the ecological paradigm not only on ourselves and our social actions in relation to the environment, but also on the very methods of thinking that we apply to the development of the disciplines that provide the frameworks for shaping those environments.» sostiene Mostafavi (2010: 26) richiamando tutte le discipline, non solo quella urbanistica, alla responsabilità nei confronti dell'ambiente e delle future generazioni ma anche sottolineando la grande opportunità che questa sfida implica nel ripensare e rinnovare/aggiornare teorie e strumenti operativi che sappiano assumere come componenti fondamentali del proprio agire l'aleatorietà, l'indeterminatezza, la scarsezza di risorse – finanziarie e naturali – l'equità sociale e la solidarietà con i paesi in via di sviluppo, la crisi dello stato sociale e l'emergere di nuovi modelli di benessere centrati su un «nuovo codice morale socioecologico»[2] (Folch 1990: 199).

È sulla scia di questa sfida che si sviluppano i contributi che vengono pubblicati in questo volume; molti autori cercano risposte nel progetto, spesso proponendo una prassi che si fa teoria, altri indagano e/o propongono nuove teorie spesso rintracciando nel passato i segnali e le anticipazioni di quanto, più o meno consapevolmente, la disciplina ha ignorato o sottovalutato. Un passato che può guidarci, però, solo parzialmente nella complessità del mondo contemporaneo che ci costringe ad avere uno sguardo strabico, a guardare, cioè, un fenomeno e contemporaneamente il suo opposto perché altrettanto reale traducendosi in una sorta di schizofrenia della disciplina – molti, per esempio, sono i saggi che affrontano le problematiche dell'inurbamento e della crescita delle metropoli, molti altri sono quelli che prendono in esame i fenomeni di dismissione e/o lo shrinkage che sta interessando le città occidentali –. Non esistono più, quindi, risposte univoche a problemi univoci, bensì risposte continuamente mutevoli, adattive e contestuali – in termini di luoghi e di tempi – a problemi complessi, esito dell'interazione tra molti fattori che non sempre agiscono nel medesimo ambito spaziale.

Ma una risposta univoca, o quasi, almeno per quanto riguarda le riflessioni conclusive dei numerosi saggi pubblicati, c'è ed è quella della sostenibilità. Benché sia un termine abusato al punto da aver quasi perso di senso, di efficacia e di urgenza, riesce ancora a rappresentare un capiente contenitore dentro il quale trovano spazio e coerenza temi emergenti e soluzioni frutto di una reale coscienza ecologica (Morin 2007). Le tre sfere della sostenibilità – ambientale, economica e sociale – costituiscono le chiavi interpretative attraverso le quali organizzare le questioni ricorrenti emerse nei paper senza indugiare in una smania classificatoria e tassonomica – velleitaria data la molteplicità e complessità delle dinamiche di cambiamento e delle possibili risposte cui sopra si è fatto riferimento – ma nel tentativo di ricostruire le principali linee di ricerca e di sperimentazione progettuale in corso.

Alla sfera ambientale fanno sicuramente riferimento le esperienze, soprattutto progettuali, delle pratiche del riuso e del riciclo applicate spesso alle infrastrutture e al patrimonio edilizio, ma, più recentemente e in modo più inclusivo, a tutto ciò che può essere definito come capitale territoriale – dai terrazzamenti agricoli alle cave, dagli edifici incompiuti d'autore degli anni '60 e '80 ai quartieri di edilizia residenziale pubblica, dalle superfici aeroportuali agli spazi produttivi –. Un tema, quello del riuso e del riciclo, strettamente connesso con quelli della dismissione, dello scarto e del rifiuto – frutto della crisi e/o del cambiamento dei modelli di produzione e di sviluppo urbano o dell'esaurimento delle risorse sulle quali alcuni processi produttivi si basano – per i quali si propone come possibile e sostenibile soluzione. A questa stessa sfera appartengono le riflessioni sull'utilizzo delle risorse non rinnovabili e sulle potenzialità progettuali che un intervento di razionalizzazione, ottimizzazione e riduzione del loro impiego può implicare – dal ripensamento delle politiche e delle reti energetiche come generatrici di nuovi modelli di sviluppo della città alle strategie di gestione del ciclo dell'acqua in ambito urbano ed extra urbano per esempio per la prevenzione del rischio –.

R.E.D.S. Geography of Research

Alla sfera economica afferiscono, invece, le considerazioni, sviluppate nei saggi, sulla crisi del welfare e sulla derivante necessità di interventi sulla città e sul territorio che siano micro, low cost e low budget, di facile gestione e manutenzione, che possano essere realizzati per fasi, e che si concentrino sugli spazi pubblici, luoghi in cui poter sperimentare un approccio progettuale ecologico ma soprattutto luoghi per eccellenza in cui la comunità si rappresenta e viene rappresentata e in cui si esprime il diritto alla città.

Temi, questi ultimi, che ci portano alla terza sfera della sostenibilità, quella sociale, alla quale fanno riferimento le riflessioni sui beni comuni e sulla possibilità di una gestione degli stessi condivisa e non eterodiretta invertendo le pratiche top-down che hanno caratterizzato l'urbanistica moderna, attraverso, per esempio, l'aggiornamento di metodi e tecniche di pianificazione partecipata, o rilevando e assecondando le pratiche d'uso – spesso anche informali – che caratterizzano il nostro ambiente di vita conferendogli qualità. Le riflessioni, quindi, ruotano non solo intorno alla necessità di garantire diritti – alla città, all'accessibilità, alla mobilità (Ascher 2007: 41), al paesaggio, alla bellezza – ma anche al bisogno di rafforzare il ruolo della collettività, non più spettatrice inerte ma portatrice di nuove istanze e aspirazioni che devono essere prese a fondamento dell'operare urbanistico. Se il termine sostenibilità riesce, quindi, a mettere tutti d'accordo, non è possibile negare che in nome di questa, fino ad oggi, non è stato prodotto molto e soprattutto che quanto si è prodotto è sempre risultato di scarsa qualità. Secondo Mostafavi (2010: 13), infatti, «[s]ustainable architecture, itself rudimentary, often also meant an alternative lifestyle of renunciation, stripped of much pleasure.» Le ragioni di questa carenza risiedono in un approccio che è più quantitativo che qualitativo, «the emphasis on quantity (...) obscures its relationship with the qualitative value of things.» (Mostafavi 2010: 17) Si apre, quindi, il campo a nuove riflessioni sul tema dell'estetica della sostenibilità, anch'esse rappresentate nei contributi pubblicati. Se la sostenibilità non è oggi caratterizzata da valori estetici e chi opera secondo principi di sostenibilità non è ancora riuscito a elaborare uno specifico linguaggio, sarà impossibile, in futuro, esimersi da questo compito perché bellezza e seduzione non solo sono componenti fondamentali del nostro benessere ma appartengono al processo evolutivo della specie umana.

Non possiamo, quindi, che chiudere la nostra riflessione con il richiamo all'esortazione di Ramon Folch: «[q]ue lo hermoso sea poderoso», auspicando una possibile e necessaria convergenza tra istanze che appaiono conflittuali ma che sono orientate verso uno stesso obiettivo.

Bibliografia
Ascher, François. 2007. "Multimobility, Multispeed Cities: A Challenge for Architects, Town Planners, and Politicians." Places 19 (1).
Folch, Ramon. 1990. Que lo hermoso sea poderoso. Sobre ecología, educación y desarrollo. Barcelona: Editorial Alta Fulla.
Morin, Edgar. 2007. L'anno I dell'era Ecologica. Roma: Armando Editore.
Mostafavi, Mohsen, Doherty Gareth. 2010. Ecological Urbanism. Harvard: Harvard University Graduate School of Design; Baden: Lars Müller Publishers.

1. Si riporta la nota a piè di pagina presente nel testo di Ramon Folch "La divisa ecologista («lo pequeño es hermoso»), contrapuesta a la desarrollista («lo grande es poderoso»)."
2. Traduzione dell'autore.

El conflicto ecológico existe. Es una cuestión ética, estética y funcional. Lo que se reconoce hoy en día es, precisamente, su dimensión funcional, y ante ella todo el mundo se va viendo forzado a reconsiderar sus posiciones morales. (...) [se trata] de darse cuenta de que el desarrollo, o mejor el genuino progreso, se basa justamente en la explotación racional de los recursos ecológicos. De unos recursos ecológicos que van mucho más allá de las meras materias primas, puesto que incluyen el clima, el aire, el agua, el suelo, las redes tróficas, la diversidad genética e incluso la belleza: ser ricos en un mundo feo sería tristísimo. (...) Si «the small is beautiful» pero «the big is powerful»[1], procuremos que, en una desarrollada sociedad postindustrial, «the beautiful» resulte «powerful»: que lo hermoso sea poderoso. Y posible.
Ramon Folch *Que lo hermoso sea poderoso. Sobre ecología, educación y desarrollo*

The *Rome Ecological Design Symposium* fosters dialectic discussion on issues that stem from the incontrovertible assumption, since it is almost unanimously shared by the scientific community, that if the conditions in which urban planning was born have changed and continue to change, a comprehensive revision of its statutes and disciplinary practices is required. During the conference researchers, scholars and professionals are invited to debate these topics, taking their part in the arena. Through their work, they are going to address the emerging, urgent issue of the need for a paradigm shift and a radical rethinking of urban planning patterns and operational instruments.

With over one hundred essays, several authors responded to the call for papers focused on four broad topics: *Open Spaces* – the open spaces' ability, understood in the more inclusive sense of the term, to deliver urban quality and their fundamental role in the contemporary city redesign. *Open Systems* – the need to ecologically upgrade the network systems (energy, mobility, water, waste, food) becomes an opportunity to rethink the urban and, more generally, the territorial structure. *Open Sources* – debating the responsible use of non-renewable resources provides the opportunity to introduce new devices that work at all scales, according to the principle of the three Rs (reduce, reuse, recycle). Eventually, *Open Scales* – the potential of an inter and multiscale operational vision (regarding architects, urban planners and landscape architects) that goes beyond the traditional divide between local and global realms, thus outlining a design practice which is capable of synthesis.

The individual contributions, in addition to being interpreted according to the four main topics, are necessarily multifaceted due to the variety of education, training and researches. However, each and every work here presented stems from the same awareness of the global crisis' consequences at the economic, financial, environmental, social level; the threat they pose on our living environment and, as a consequence, on the urban action planning.
«[W]e might consider the impact of the ecological paradigm not only on ourselves and our social actions in relation to the environment, but also on the very methods of thinking that we apply to the development of the disciplines that provide the frameworks for shaping those environments.» states Mostafavi (2010: 26) reminding all disciplines, not just urban planning, their responsibility towards the environment and future generations, but also emphasizing the great opportunities – that this challenge implies – to rethink and renew / update theoretical and operational instruments. These have to be able to act according to irresolution, uncertainty, lack of financial and natural resources, social equity and solidarity with developing countries, welfare state crisis and new emerging models of well-being centred on a "new socio-environmental moral code"[2]
(Folch 1990: 199).

All the contributions published in this volume stem from the effort to address this challenge. Many authors seek answers in the project, often putting forward practices that become theories; others explore and/or test new theories, usually finding in the past these signals and anticipations that, more or less consciously, the discipline had ignored or downplayed. The past can be a guide indeed; however, the contemporary world's complexity forces us to be cross-eyed, trying to simultaneously see a phenomenon and its equally real opposite. This results in a sort of schizophrenia of the discipline. Many essays address the issues resulting from urbanization and the growth of metropolitan areas. Others focus on the dismissed productive areas and/or the shrinkage affecting western cities today. We can no longer rely on clear answers to unique problems. Answers to complex problems, resulting from the interaction between many factors that do not always share the same spatial realm, are adaptive, contextual - in terms of place and time - and constantly changing.

If an unequivocal answer, or almost, at least as regards the concluding remarks of the several published papers, has to be identified, this is sustainability itself. It may be an abused term, to the point of almost losing its meaning, efficacy and urgency, yet it still manages to be a large container, where emerging issues and solutions generated by a real ecological awareness find space and consistency (Morin 2007).
The three realms of sustainability - environmental, economic and social - are the keys of interpretation through which the recurring issues emerged in the papers can be organised without giving in to a compulsive record and taxonomic mania. Utopian, of course, given the multiplicity and complexity of the dynamics of change and the possible solutions mentioned above, yet useful in an attempt to outline the main ongoing lines of research and planning experiments.

Planning experiences, along with reuse and recycling practices, belong to the environmental realm and are often applied to infrastructures and the built environment but, more recently and in a more inclusive way, to everything that can be defined as territorial capital. Agricultural terraces, quarries, unfinished art buildings of the 1960s and 1980s designed by famous designers, public housing neighbourhoods, airports and industrial areas.
An issue, that of reuse and recycling, which is closely connected with the realm of dismission, waste and scrap resulting from the crisis and/or the changing urban and production development patterns, or the depletion of resources, which is at the basis of certain production processes that are going to benefit from reuse and recycling practices as a possible and sustainable solution.
The reflections on the use of non-renewable resources and design potential that an intervention of rationalization, optimization and reduction of resources' use may involve, belong to the same sphere. Such implications may range from the rethinking of policies and energy networks as generating new models of city development to water cycle management strategies in urban and extra urban realms, i.e. for risk prevention.

Yet, some remarks in the essays belong to the economic realm. These are focused on the welfare state crisis and the resulting need for micro, low cost and low budget territorial and urban actions, whose multi-stages implementation, management and maintenance ought to be uncomplicated. These are intended for public spaces, as places where an eco-friendly approach can be experimented and, above all, places where the community represents and is represented, par excellence, thus expressing the right to the city.

These topics lead us to the third sphere of sustainability, the social, to which the debate on the public goods and their possible shared management refer. It would not be led from outside, thus reversing the top-down practices that have characterized modern urban planning so far, for example by updating methods and techniques of participatory planning, or detecting and favouring use practices - often informal - that characterize our living environment, in addition to enhancing it. Reflections, therefore, not only revolve around the need to ensure rights - to the city, accessibility, mobility (Ascher, 2007: 41), to landscape and beauty - but also around the need to strengthen the community role, no longer inactive spectator but carrier of new instances and aspirations that must be the basis of planning actions

If the term sustainability can get everyone to agree, it is therefore undeniable that so far not much has been implemented in its name and that, above all, what has actually been implemented is not an example of quality. According to Mostafavi (2010: 13), in fact, «[s]ustainable architecture, itself rudimentary, often also meant an alternative lifestyle of renunciation, stripped of much pleasure.» The reasons for this deficiency reside in an approach that is more quantitative than qualitative: "the emphasis on quantity (...) obscures its relationship with the qualitative value of things." (Mostafavi 2010: 17)
This paves the way to new reflections on the aesthetics of sustainability, which is also explored in the published contributions. If sustainability is today characterized by aesthetic values and these who operate according to its principles have not yet been able to develop a specific language, it will be mandatory to commit to this task in the future since beauty and seduction are not only key components of our well-being but belong to the human species evolutionary process.

We can therefore conclude our remarks with the lure of Ramon Folch's exhortation: «[q]ue lo hermoso sea poderoso», hoping for a possible and necessary convergence between apparently conflicting instances which are nevertheless oriented towards the same goal.

Bibliography
Ascher, François. 2007. "Multimobility, Multispeed Cities: A Challenge for Architects, Town Planners, and Politicians." Places 19 (1).
Folch, Ramon. 1990. Que lo hermoso sea poderoso. Sobre ecología, educación y desarrollo. Barcelona: Editorial Alta Fulla.
Morin, Edgar. 2007. L'anno I dell'era Ecologica. Roma: Armando Editore.
Mostafavi, Mohsen, Doherty Gareth. 2010. Ecological Urbanism. Harvard: Harvard University Graduate School of Design; Baden: Lars Müller Publishers.

1. The footnote is taken from Ramon Folch's "La divisa ecologista («lo pequeño es hermoso»), contrapuesta a la desarrollista («lo grande es poderoso»)."
2. Translated into Italian by the author of this text.

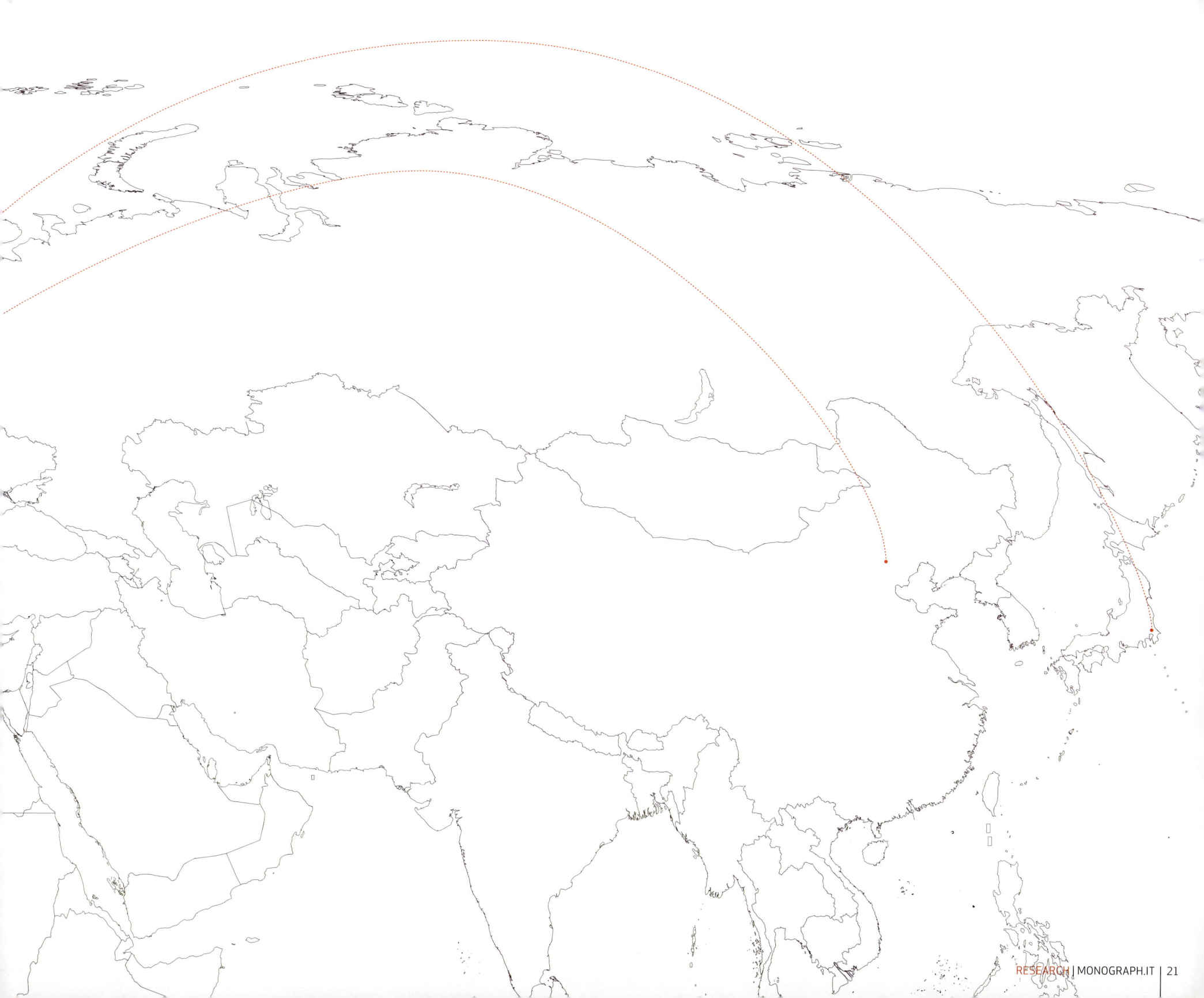

photo © Joao Nunes, PROAP Studio

MONOGRAPH**.RESEARCH**

SESSIONE 1 | OPEN SPACES
SESSION 1 | OPEN SPACES

OPEN SPACES

FROM URBAN PLANNING TO URBANETICS:
FROM RATIOS TO REAL TIME DATA: CYBERNETICS IN CITIES

Willy Müller, Marc Montlleo
Barcelona Regional

CEO of Barcelona Regional/Founder of IAAC and Director of the Advanced Architecture Master/Principal of WM Architects.
Born in Argentina, he obtains his architecture degree in the National University of La Plata. In 1985, he settles in Barcelona where he attended doctorate courses in the Escuela Técnica Superior de Arquitectura de Barcelona (ETSAB).
In 1996, after collaborating with Arata Isozaki Studio on the Palau Sant Jordi project and, afterwards, with Emilio Donato, he founded his independent professional studio in Barcelona, Willy Müller Architects.
In 1997, he founded and directed Metapolis group, along with Vicente Guallart and Manuel Gausa, which in 2000 evolved to Metapolis Institute for Advanced Architecture and its Master Research Program.
In 2003, in collaboration again with Vicente Guallart and Manuel Gausa, he founded IAAC, Institute for Advanced Architecture of Catalonia, where he is, since that time, Development Director. At present, he is directs the Advanced Architecture Master.

Throughout his career, he has obtained several prizes in national and international architecture competitions such as the first prize for the restricted competition of The New MercaBarna Flower Market in Barcelona, the first price for an Urban Resort in Saint Petersburg in Russia and the first prize for the international competition of the Almeria Landing Port, among others.
In 2010, he obtains the Property Award 2010, in London, for Best European Public Services Building for his project of MercaBarna Flor.
From 2006 to 2011, he develops several urban scale projects such as Dream City in the Dominican Republic, Victoria Bay in Brazil or Blau@Ictinea in Barcelona.
In 2006, a monograph concerning his works in Korea was published, DD Series number 11, Occupying Structures, WMA, with an introduction written by the ex-president of the International Union of Architects, Jaime Lerner.
In September 2011, he becomes CEO of Barcelona Regional, Metropolitan Agency for Urban Development and Infrastructures.

In terms of urban planning, the change from an industrial society to an information-based society is one of the biggest challenges facing our civilization today. If we agree that cities are one of the greatest inventions of all time then the way we understand and construct cities is, in fact, the greatest quandary even when compared to the magnitude of the challenges that technological changes represent.
The very concept of Urban Planning, which was defined as a science by Cerdà around the year 1850, is a response to the social and economic organization of industrial society and, in much simpler terms, a practice that was understood as the creation of a spatial and formal layout of the ratios that had been available to those societies up until that moment, whether they were in tune or not with each other, while speculating on different and superimposed indicators that were: economic, productive, identifying, etc.
In recent years we have been observing simultaneous models that appeared to be complimentary where real cities have been defined by the rules of urban development plans that are more and more complicated and redundant while highly-developed companies that provide services for smart cities, cities that are highly-developed and intelligent, are bursting onto the market.
The interconnected nature of these concepts, which include everything from the great debate over what a city should be modeled on to the simple banality of a product that is more appropriate for a television commercial than for scientific debate, have been infiltrated in an abusive way. They are making it readily apparent that this is a challenge of primary importance that we have to face, a challenge that is based on understanding how developed or information-based societies can change the rules to the game and that goes beyond the model of a city based on solely offering a high standard of living, which, up until now, has been considered the ultimate goal of post-industrial cities. This concept, which was created in post-war Europe, will end, at least as it is understood in today's world, with the current European economic crisis.
What is the breaking point and point of no return of these two models that were able to co-exist up until now?
On the one hand, the model of the post-industrial city based on offering a high standard of living according to the complex and manipulative rules of the urban planning game, where the physical allocation of space in the city is still able to control ratios in order to maintain a sense of balance while moving all kinds of decisions from one rung of the ladder to another in the hierarchy.
And on the other hand, the model of Smart Cities, which subversively introduces more efficient, cost-effective, ecological and sustainable management models that are based on exactly the opposite concepts of the former model, in which the introduction of real time data is the scientific foundation for this model.
Are we moving from Urban Planning to Urbanetics?
It is in the field of urban planning where highly-developed businesses' hopes of reaching higher market shares are coming up against challenges of a much larger scope or more radical changes in operating systems.
Nowadays, is it possible to design a street without looking at mobility ratios that are based on long-term information gathering but, in fact, on a small amount of binary information that time lapses every 3 seconds?
Can we imagine a city that is not based on how much memory it can store in order to come up with a standardized answer but, in fact, on information that expires every 3 seconds and that specifically adapts to the immediate circumstances?
Are we capable of designing an urban habitat that evolves from its physical responsibility as an information storage unit to an urban habitat where the responsibility of providing information and finding out information for oneself is found in constantly moving people, capital, values, materials, objects and that is constantly giving out information that makes the prior information obsolete?
One of the most illustrative examples of this change in models can be measured by an object that is as old as the concept of urban planning due to the obvious reason that railways and industrial cities have a common genealogy: the traffic light.
It is clearly evident that in current times we have access to massive and inexpensive technology that makes the basic rules of self-regulating mobility in an urban grid a real possibility. The concept of the traffic light has dissolved into mobility, GPS formats, Bluetooth or Neverlost and

is advancing towards new systems day by day in the same way that intelligence has dissolved into different materials. Or, to paraphrase Neil Gershenfeld from the MIT Media Lab when he was comparing home automation to media-based homes, the sugar dish next to the coffee. This metaphor represents a model based on the concentration of intelligence in an exterior element which has been dissolved into the coffee in miniscule parts. Minimal information but expansive and interconnected.

If this is the challenge we are faced with, how can we organize a research approach that is capable of solving the evident problem of the fixed format of materials, which is inherent to a city and its infrastructures, by coming up with new ways to design cities where intelligence is measured by the capacity of information to be assimilated in small interconnected quantities that expire 3 seconds after they have been emitted?

We are moving towards flexible cities but we do not have the technology available to construct mechanical cities. We have access to technology that increases efficiency but does not change the very model that the way we live is based on. These challenges have evident consequences in the professional field of urban planning in the way problems are set out and when determining which planning tools we are faced with, and, simultaneously, when considering the generic city we inherited from traditional urban planning and the specialized city that the new paradigms of our time are presenting.

We are probably in an era quite similar to when electric power lines were launched into the market when the sophistication of the gas industry to provide light reached its highest levels ever. Almost always, when an operational model is changed, the prior deteriorating model has a spurt of innovation in its final moments that, in fact, lends to and speeds up the transition.

One part of this debate is focused on which part is Smart and which part is City, in order to clearly distinguish between the user or manager of the land, where in the balance we have, on the one hand, business models and their viability and, on the other hand, the determining factors that should be included from the public's point of view: City Protocol, the evaluation criteria for indicators that allow us to self-audit, know ourselves better, determine our aptitudes and handicaps as a city and all as a way to establish selection criteria in the Smart Cities flea market. Another part of the debate centers on a much more productive side since, depending on how far we are able to advance in defining a city's urbanetics, new designs will be developed that need products, materials, construction systems, regulations, software, etc, which will drive a new era of advanced industrial production.

The production lines in industries are becoming more and more technology based, products automatically move along conveyor belt systems and different mechanical arms carry out the organized and orchestrated assembly process. From the conveyor belt system that products move along to the mechanical arms, all of them use sensors to measure distances, colors and identifying marks in order to precisely carry out their functions and make decisions.

This technology, which is widely used in assembly lines, has exported its technology to a wider variety of sectors. For example, in the case of transportation logistics in the Port of Rotterdam, they have applied precise storage logistics technology to goods and transport containers that weigh tons: they have adapted packaging technology to transport containers in the same way they have adapted software used to develop F1 pit stop strategies to emergency rooms in hospitals.

The intelligent transport of containers is based on sensors, color readers that allow platforms to follow lines that have been painted on the floor or reading barcodes. This means that machines have the capability to read, measure and, based on certain information, make decisions. In the closed or controlled system of a storage warehouse, a port or a factory, dependence on an intelligent system in a controlled environment that has been designed so that computers can make decisions according to the input they receive from a certain signal is now a reality.

This type of technology already took the leap into households years ago with robots that clean floors in homes and self-propelled lawn mowers. All of these technologies are based on basic mechanisms of robotic sensors. How do we approach open, complex and dynamic environments?

The speed of the response is the new problem in being able to apply these mechanisms to a city. The majority of robots are being used in households in controlled environments, closed spaces, which is due to their analytical capacity and the signals that they can receive and how many decisions they can make in a short period of time.

Nevertheless, we have already seen with cameras in cars that have distance sensors to tell you the space between your car and another or, even more recently, the successful test that was carried out with the first car that was driven without a driver, something which seemed to be science fiction 20 years ago, but today, is just another accessory that many car models have already incorporated. Or if we look at a different sector of logistics: Who has never lost their luggage in an airport? These systems are related to logistics, the type of package is simply a suitcase, with barcodes, conveyor belts and dividers that send the suitcase in the proper direction. These are reading and IP address mechanisms, continuous minimal information transfers, distributing intelligence into thousands of objects: this is the world that we find ourselves in since urban planning began, but on a scale that will go well beyond the current environments of urban real estate design, fully forming a part of the larger debate on the phenomenon of a City that needs to have zero carbon-dioxide emissions and, at the same time, be self-sufficient and smart.

Modeling tools can be very useful in improving different aspects such as energy efficiency in the urban fabric. We are capable of modeling the thermal comfort zones in public spaces and indoor spaces, modeling the wind patterns in an urban area and designing intelligent buildings. But these systems are relatively new, are still not so widespread and, on the other side of the equation, across the globe there is a large number of people that live in situations of extreme poverty where not even their most basic needs are being met (running water, energy, waste management). Many of these measurement technologies are available in the network, they are even available as an open-source, however, as we said before, they are not being applied on a global scale and it will be very difficult to incorporate them on a grand scale and on all levels. Even though the best technologies on the market are available, the criteria for bioclimatic architecture and designing green neighborhoods is not a panacea, it is a necessary condition but not enough. The behavior of the population can make the most efficient household not so efficient, or, for example, the way a person drives a car can save gas while driving aggressively with the same model of car can use up much more fossil fuel which, in turn, generates more emissions as a result. Behavior and raising awareness are also crucial elements when creating the urban fabric and efficient cities. However, changes in behavior in less tangible aspects have a tendency to be extremely slow. One proof of this is climate change, which has been talked about for the last 25 years. Kyoto was in 1997, when we had just gone over the 400 ppm of CO_2 in the atmosphere, which shows that the changes in models are slow and codependent on the individual even more than on the diffuse realities of noise, atmospheric pollution, greenhouse gas emissions or energy consumption.

Technology is not within everyone's reach for reasons related to the economy, education or the distance of technology, however, without a doubt, thanks to technology we have made enormous progress. In order to come to terms with urban planning of the future we need to put together a recipe with rich ingredients that are based on education, knowledge, social improvement and the dissemination of the best technology available on the market. It would be preferable to think that the real estate model that has accompanied the development of urban planning and that, in the latest large-scale economic crisis, played a fundamental role, along with its alter ego in the banking world, in the creation of the real estate bubble, could be transformed into a new productive business model with a new take on things that also accompanies the development of Urbanetics, where, not only do they investigate new products for a new market but, at the same time, are capable of generating wealth within a city model that manages information and where an important part of business is related to providing services and management in the long term. Pay for use.

OPEN SPACES

CONSTRUCTING LANDSCAPES
URBAN PARK VALDEBEBAS
MADRID, SPAIN, 2009

João Nunes/PROAP

João Nunes nasce em Lisboa, em 1960. Obtém o título de Arquitecto Paisagista no Instituto Superior de Agronomia da Universidade Técnica de Lisboa em 1985, e o título de Mestre em Arquitectura Paisagista na Escola Técnica Superior de Arquitetura de Barcelona, Università Politecnica de Catalunya, em 1996.

Em 1989 funda, em Lisboa, a PROAP: Estudos e Projectos de Arquitectura Paisagista Lda.
Inicia a actividade docente, em 1992, no Instituto Superior de Agronomia da Universidade Técnica de Lisboa. Professor convidado em Barcelona, Turim, Veneza e Alghero, participou em inúmeros seminários e Workshops em Portugal, Itália e Espanha.

Before proposing a specific design and given the awareness that a landscape architectural project shall never correspond to any static and immutable image, what we seek is dynamism backed up by clear strategy. In each project development moment, formalism should leave space for the capacity to contemplate a complex operational metabolism. The objective is not to engrave some image onto the land but rather to understand the characteristics of the place, understand the energies that determine its functioning and placing the will for transformation into the flow defined by these same energies. It is somewhat like sailing a yacht: the energies that modify the state (movement – transformation) are not introduced by man into the systems; they are intrinsic to the system. We retain the responsibility to observe and transform but only to the extent of enabling these forces to build the system desired.

It would be unthinkable to undertake any type of transformation that runs counter to the natural forces of the system itself. This would immediately imply a completely unsustainable power struggle that would result in an enormous and constant waste of energy to ensure its maintenance. Image should emerge out of a dynamic but serene functioning. What we seek with a project is, in fact, an expressed functioning: the introduction of an active principle that drives, over time, the continuous success of different images that the actual landscape sets about building and modifying in accordance with its own needs and conditioning factors.
The research deals with finding a functioning dynamic within which the images, or more precisely the infinite succession of images, emerge. Constructing a landscape, through a landscape architectural project, is to manipulate natural metabolic factors positively, incorporating a poetic, ideological and artistic sense.

It is conveying fertility, productivity and diversity, with the awareness of the cultural importance of this gesture. Intervention in the landscape is no juxtaposition of some agglomeration of objects but rather reinventing that base from which we set off from through the interplay of elements and proportions. Topographic manipulation represents an essential parameter in the transformation of landscapes. Historically, this has been traditionally associated with the conservation of soil and water for agricultural purposes but also with urbanisation processes when establishing infrastructures and points of access. The project effectively ensures the confluence and integrative syntheses of both within the logics of appropriation and transformation: the agricultural, out of the imperative of rationally managing resources, and the urban out of providing access to all citizens and the establishment of comfort and secondarily out of the need to rationalise processes.

CREDITS
Local Madrid, Spain; **Area** 80.000M2; **Colaboradores PROAP:** Ana Henriques, Bernardo Faria, David Sampaio, Ana Bragança, Marta Palha, Rui Sequeira, David Fonseca, Helena Palma, Tiago Campos, Vânia Lopes, Luis Brum, Daniel Reparaz; **Atelier Local** Id-OPERA / Coordenación: Carlos Infantes Bet Figueras; **Promotor** Junta de Compensación Parque de Valdebebas

URBAN PARK VALDEBEBAS – MADRID, SPAIN – 2009

The project for Valdebebas Park defined an area of 2,600 km in width and including and hosting an enormous quantity of facilities, equipment and activities.

This space is fundamentally characterised by its complementary nature as a constant, firmly constructed perimeter frontier. This great border plays an exceptional role both in terms of park identity and in its functionality. For these motives, we set out a park that would be closed at night, which does not imply the materialisation of an established border that abruptly separates the interior and the exterior. The border acts as a space for mediation between the two environments present, the urban and the green, serving as a highly effective filter that interacts with the built urbanised area on the one side and the park on the other, generating a genuine "pre-park" space acting as a catalyser and pole of great attraction given its implementation as an inhabitable wall along whose extent programs, experiences and actions take place.

OPEN SPACES

URBAN PARK VALDEBEBAS
MADRID, SPAIN

OPEN SPACES

LEARNING FROM GEZI PARK

Moira Valeri, Ceyda Sungur

Moira Valeri (BArch/MArch at University of Camerino-School of Architecture and Design; PhD at IUAV University of Venice) is an Architect and Assistant Professor at the Department of Architecture, Faculty of Engineering and Architecture, Yeditepe University.

Ceyda Sungur (Bsc at Middle East Technical University-City and Planning Department; Ongoing Msc at Istanbul Technical University-Interdisciplinary Urban Design Program) is a Research and Teaching Assistant at Istanbul Technical University-Urban and Regional Planning Department.

Over the last ten years, Turkey - and particularly the city of Istanbul - has experienced a period of deep economic, social and urban transformations whose effects still continue.

While many countries haven't been unable to get back to their economic performances because of the recent global financial crisis, the economy of Turkey has gone through an unprecedented growth, leading to a drastic improvement of the social services and infrastructure.

Urbanization and economic growth are intricately linked since economic growth often presupposes the transformation of plots of land to urban uses: institutional changes, including the changing to market-oriented economy, promote a rapid urban economic growth that directly shapes the development of cities and regions.

In Turkey, this urban transformation process concerns above all the big cities - mainly Istanbul, Ankara and Izmir - although it is quite spread all over the country.

Along with the economic growth, the private sector developed rapidly as well, particularly the Turkish construction and contracting sector that is one of the most competitive and driving industries. The Fig.1 points out clearly the quantity of square metres of all registered projects in the country in 2011 at TMMBO - the Chamber of Turkish Architects and Engineers.

In addition to the private construction sector, there is also a powerful public one that reports directly to the office of the Prime Minister, TOKI - the Housing Development Authority of Turkey. The Mass Housing Law[1] allows TOKI not only to build social housing and infrastructure according to the needs but also to draft the guidelines and procedures of urban plans, and in case to change them. Despite this program for mass housing, TOKI has not been able to providing mixed-use or mixed-income areas, and their inhabitants have found the housing complexes far from to their social patterns and lifestyle if not even hostile: TOKI buildings appear as an obsessive and frozen copy/paste, returning a uniform catalog of alienating places and spaces, designed and built to comply with the needs of quantity rather than the quality of the accommodation of the new urbanites (Fig.2).

Furthermore, the Turkish government is carrying out urban transformation through drastic, fast, top-down decision making process that does not adequately take into consideration the socioeconomic and environmental impact and the participation of the citizens, whose requests and needs are mostly disregarded, making it difficult - if not impossible - to encourage and develop a civic consensus on it. Moreover, there is no systematic supervising of urban transformation practices and abuses, apart few national and international NGOs, as it is difficult to access to data and projects because of the lack of public debate about it[2].

This framework is particularly true for Istanbul, whose supremacy is not surprising since it homes almost 20 percent of the country's total population and where it is hard to keep the record of real-estate projects mushrooming all around the city, both privately and publicly run, not to mention those ones that will definitely destroy the environmental resources of the city[3].

In spite of the strenght of the machinery of state bureaucratic administration, there is a chronic lack of planning and (ab)used practices as a tool for gentrification.[4]

This process of growth doesn't mean something new in the urban world scene, since in the past many cities in Europe or the United States have experienced the same issues and implemented techniques, methods and procedures to face the same problems.

What makes it unique to Turkey - and maybe to some of the so-called emerging economies countries - is both the speed which these transformations are taking place without any consultation with citizens and the overwhelming role of the central government in the process of urban design. The protests that started at the end of May 2013 against the demolition of the Gezi Park - part of the "Project of Pedestrianization of Taksim Square" and one of the few green area in Beyoglu district - represented just the last effort by the civil society to criticize the neo-liberal policies and hurried schedules for trying to turn a profit out of many areas in the city, for turning public spaces into controlled ones. In Istanbul it assumes a great importance since the green space per person was only 6,05 sqm in 2010[5] and the trend is decreasing.

Reclaiming the urban commons

To understand why an urban transformation caused a nationwide public reaction to the disappearance of an urban common[6], it is important to focus on the project of Taksim Square, that includes also the Gezi Park's one. Until the mid-19th century what it is called now Taksim Square

---

1. Law No. 2985 adopted in 1984, on 'Public Housing'
2. On July 9, 2013 a bill was passed in the Turkish Parliament and practically the role and function of the main professional Turkish organizations responsible for upholding technical standards, such the Chamber of Architects and Engineers, have been reduced.
3. Both the third Bosphorus bridge and the third airport will be built at the north side of the city. The "Kanal Istanbul" project is a canal linking the Black Sea and the Sea of Marmara that will run in parallel to the Bosphorus. All these projects will have a negative impact on the city since they leads to the destruction of the water basins which represent the life-support systems of the city.
4. In 2005 the Law no. 5366 on the "Preservation by Renovation and Utilization by Revitalizing of Deteriorated Immovable Historical and Cultural Properties" – popularly known as "Urban renewal Act"- has been adopted. Then, urban transformation projects in historic neighborhoods of Istanbul have been carried out, causing a dramatic change to the dynamics of the urban land transformation processes within the old city.
5. Source: Istanbul Büyükşehir Belediyesi (Istanbul Metropolitan Municipality), Report 2010 in http://www.ibb.gov.tr/tr-TR/BilgiHizmetleri/Istatistikler/Documents/bldhizmetleri/2010/parkvebahceler_mud_2004-%202010.pdf
6. The commons stand for the realm of the inhabitants who take part in the production of space. The commons are non-rival (the consumption of a public good does not reduce the goods available for others) and non-excludable (it is not possible to include some while excluding others from this good). Within this context, the aim is to identify the intervention on Gezi Park and the public reaction as a process of disappearance and reclaiming an urban common, as a form of relations rather than as an entity.
7. AKM, Ataturk Kultur Merkezi (Ataturk Cultural Center).
8. It has been mentioned the possibility to use the 'new' Barracks for residences and hotels, or shopping mall or a city museum.
9. Uğur Tanyeli in Kaygı G. (2013), "Güncel Dosya: #geziparkı" in Yapi Magazine, no. 380, pg. 74-85.

was mainly an area of gardens and pastures around the city proper at that time, the actual Historical Peninsula and Galata neighbourhood. With the socio-urban development of the Pera District, the urbanization process has started in the south west of the ridge.

In 1732, by the time elaborate water lines from the north of the city were conducted to the actual Taksim Square and water was collected in a cistern in order to be redistributed for the needs of the growing population in the neighbourhoods such as Pera and Galata, the area gained its name as "Taksim" which is the Arabic-Ottoman word for "distribution" or "division".

Subsequent to the growing population and the westernization period of the Ottoman Empire, Topçu Artillery Barracks were built on the area of a former Armenian Cimitery, as part of a program to modernize the Ottoman army and to create an urban landmark.

After the Ottoman Empire collapsed and the modern Republic of Turkey was established in 1923, Istanbul was almost forgotten for a decade, as Ankara was chosen as the new capital. Then, in the mid-30s the government started to search of a space for representing the new ideologies of the nation-state in order to build the new modern cities of Turkey. For this purpose, a French architect and urbanist Henri Prost had been invited to make a master plan. Prost designed a network of new public spaces for the Republic combined with the secular ideology of the new nation-state. As a significant and symbolic space for power, nation-state and secularism, Taksim Square became a meeting place for the new modern identity and a place for celebrations of the new Republic. The square was expanded; Gezi Park, designed in the '40s, was built on the place of the Artillery Barracks that were demolished; a new public cultural center was constructed[7] (Fig.3).

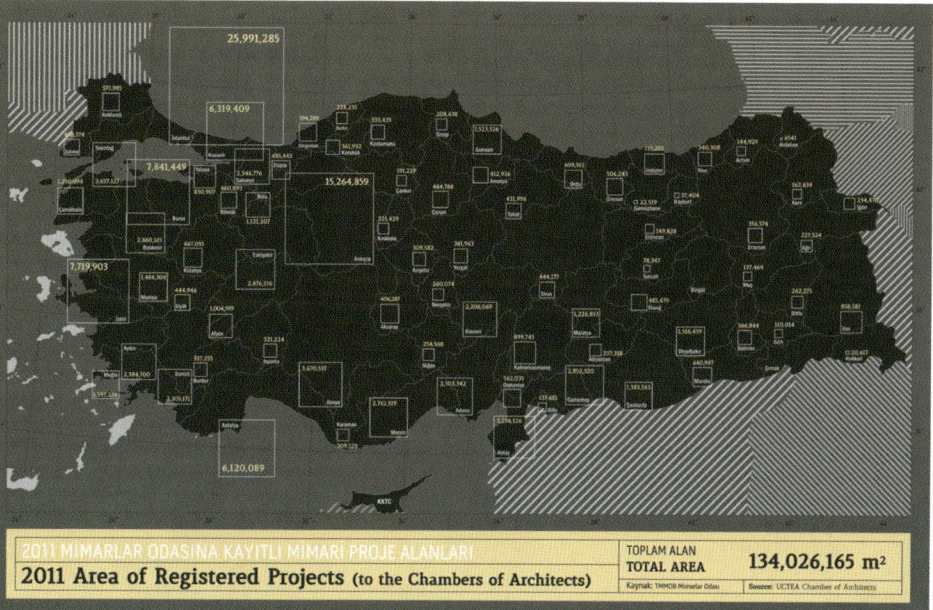

Within the current proposal by the Istanbul Metropolitan Municipality, Taksim Square will be a gigantic pedestrian area, the traffic will be flowed underground through the construction of ramps at the several points around the square in order to direct the traffic to subterranean tunnels and make the square pedestrian-friendly; the Artillery Barracks will be reconstructed in the original Ottoman-Indian design but without a clear idea about the function[8].

Till then, the park has been a hidden common: everyone knows it is there and being used but invisible, due to planning and design mistakes which hides the park from its own surroundings, such as the arrangement of the bus stops on the south border of the park, and the restaurants on the west side, which are the barriers to the integration with Taksim Square and Beyoğlu district. After the protests has started, in Gezi Park a 'new' public space was established, or better still, a mini-city: tents, public libraries, kitchens, places to collect food to park protesters, free charging station, laboratories for kids, yoga lessons, etc (Fig.4).

At this moment, all over the country the debate is much broader than urban transformation: "for the first time in Turkish history, a right to the city demand turned into a national social movement"[9].

Bibliography
Günay B. (2005), "Skyframe (Gökkafes) in Istanbul: An Ontological Assessment", in Journal of Urban Design, no. 10:1, pp. 111-132.
Şarlak, G. (2012), "In the Search of a Public Space, Exploration of the History and the Making of Taksim Square, Istanbul in the perspective of Contemporary Urban Planning", published master thesis to Bauhaus University Berlin.
Akpinar,Y.I. (2012), "Kentsel Çevreye Müdahele ve Büyük Projeler", in Dosya 28 TMMOB Mimarlar Odası Ankara Şubesi, no. 28, pp 1-6.
Arkitera Architecture Center
http://www.arkitera.com/gorus/index/detay/topcu-kislasini-diriltmek-ne-anlama-geliyor_/278

OPEN SPACES

Taksim: the ridge, the barracks and the cistern

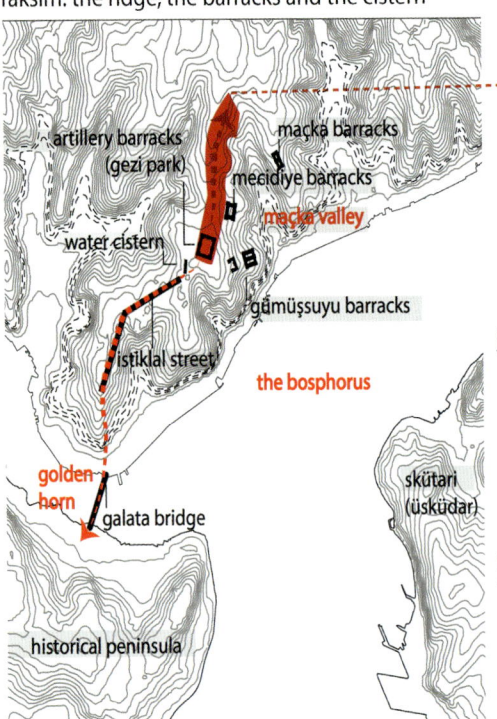

- artillery barracks (gezi park)
- maçka barracks
- mecidiye barracks
- maçka valley
- water cistern
- gümüşsuyu barracks
- istiklal street
- the bosphorus
- golden horn
- galata bridge
- sküdari (üsküdar)
- historical peninsula

Prost's principles for the new modern Republic

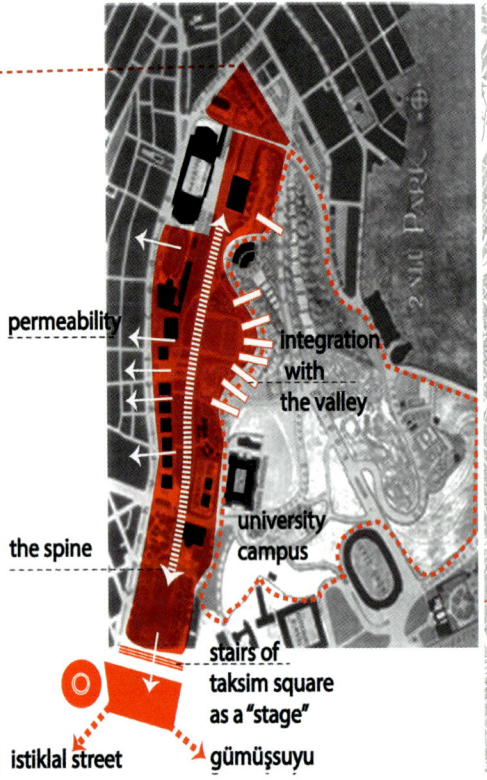

- permeability
- integration with the valley
- the spine
- university campus
- stairs of taksim square as a "stage"
- istiklal street
- gümüşsuyu

The Urban Dispute around Gezipark

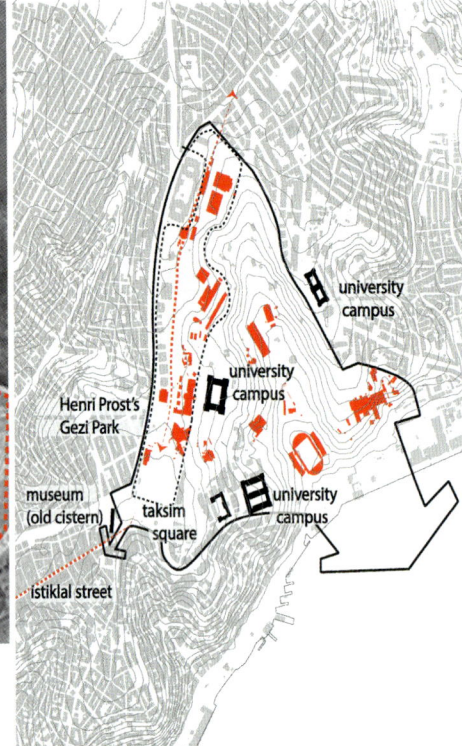

- university campus
- Henri Prost's Gezi Park
- museum (old cistern)
- taksim square
- university campus
- istiklal street

Urban renewal projects in Beyoğlu

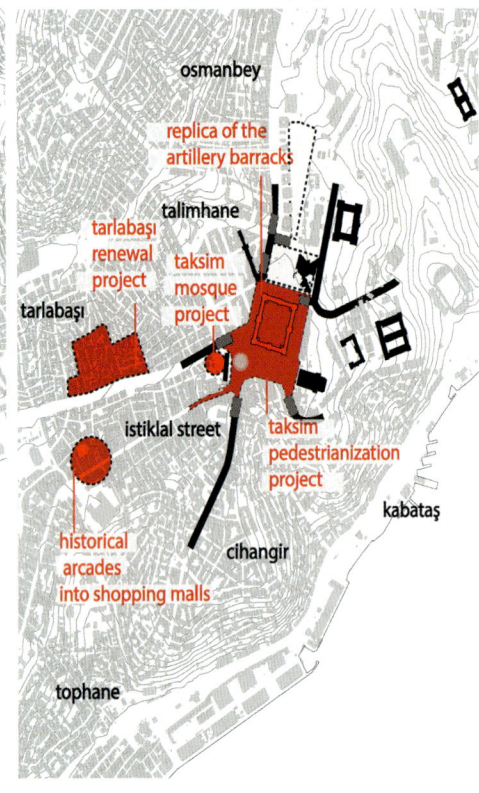

- osmanbey
- replica of the artillery barracks
- talimhane
- tarlabaşı renewal project
- taksim mosque project
- tarlabaşı
- istiklal street
- taksim pedestrianization project
- historical arcades into shopping malls
- cihangir
- kabataş
- tophane

Late Ottoman Period

1732, Water Cistern Constructed

1839, The Rescript of Gülhane Property development rights for non-muslim citizens (Accelerated urbanization)

1806-1861, Establishment of The Barracks (Artillery, Maçka, Mecidiye, Gümüşsuyu Barracks)

1923 Foundation of the Republic

1924, Increased development of transportation infrastructure

1928, Monument of the Republic

1936, Henri Prost, Le Plan Directeur (Master Plan)

1940, Demolition of the Artillery Barracks and Construction of the Gezi Park, İnönü Esplanade

1950 Multi Political Party System

1950's, Early Liberal Policies

1954, Construction of Hilton Hotel and the other Hotels/Cultural Centers

1955, Riots of 6-7 September 1955 against non-muslims Drastic change in the socio-cultural environment

1960, Military Coup

1969, Cultural Palace (Burned in 1974), today's AKM

1960's, Rural and Eastern Immigrants to the former non-muslim neighbourhoods

1971, Military Intervention

1975, Etap Hotel, Taksim Square is being "shaped"

1977, "Bloody May the 1st"

1980 Neo-liberalization

1980 Military Coup

1980's Early Neoliberal Policies

1983, Declaration of Special Tourism Area in Maçka Valley by The Ministry of Culture and Tourism

1985-2000, Continuous Constructions of the Multinational Hotels and Private Companies

2009, The approval of 1/100,000 scaled Istanbul Environmental Plan Maçka Valley Announced as the Cultural Tourism Area

---

Image credits:

1. Area of Registered Projects to the Chamber of Architects, 2011 by Superpool with Pelin Derviş and Didem Ateş Mendi.
2. Number of TOKI Projects, 2011 by Superpool with Pelin Derviş and Didem Ateş Mendi.
3. Work-in-progress timeline of Gezi Park By Ceyda Sungur and Barış Göğüş.
4. "Zaman Kayması Gezi Parkı 1944/2013" (Time shift Gezi Park 1944/2013), Photograph by Engin Irız, Collage by Candan İşcan. Yaşarken Yazılan Tarih Online Magazine, http://www.yasarkenyazilantarih.com pg.64-65

OPEN SPACES

Progetto di eco-Paesaggio: naturalizzare l'artificio è paradigma di *architettura* totale

Pier Paolo Balbo

Ordinario di Architettura del Paesaggio (già urbanistica) alla Sapienza. Direttore del Master Paesaggio Partecipazione, promotore del "Lab Urbanistica Partecipata". Coordinatore del Corso di L Magistrale in Architettura del Paesaggio, Responsabile Scientifico dell'Atlante Informatizzato dei Beni Architettonici e Ambientali della Calabria (1987-90)

Progetto di eco-Paesaggio: naturalizzare l'artificio è paradigma di architettura totale

Un'Architettura sarà "totale", se "parzializzata" da una Ecologia nuova: non più solo Diagnosi e "difesa", ma Progetto e "azione aggressiva". Una eco-Architettura avrà capacità di visione: "penserà al Pianeta" come costruzione. Interiorizzerà il sentimento di risarcimento della natura, rifiutando ogni autoreferenzialità antropocentrica, in una visione empatica di Paesaggio "strumento e fine" che interiorizza il Paese (con dolore e affetto). Riunificherà scienza e cultura, logica ed emozione in un "ordine compensativo totale". La logica eco-sistemica (scientifica) della Terra biosfera impone lo spostamento del baricentro e cambia "fini e strumenti" dell'abitare-trasformare (nuovo statuto trans disciplinare). Pretende una creatività (insediativo ambientale) post normativa (oltre piano e norme) per dirigere il "conflitto insediativo". Postula una nuova forma politica (ecologica e antropologica) della domanda di qualità agli abitanti, naturali presìdi "ecologico culturali" dei territori, contro il declino irrecuperabile della biosfera. L'Occidente deve elaborare il lutto del suo sviluppo economico. Il principio di responsabilità (dell'etica capitalistica Weber) è perso: i mezzi di produzione divengono fini. Il Paesaggio è etica dell'antropologia della resistenza, partendo dalla negatività della paura, averso la forza positiva delle "culture dei luoghi", all'affettività delle culture "primitive" (orientali o selvagge). La Paura del rischio (di devastazione ecologica insediativa: innalzamento del clima, aumento del livello degli Oceani, Tornado e Uragani in crescita, concentrazioni nelle megalopoli di 1 miliardo di abitanti negli slums) apre gli occhi alla gente. La Pietas introietta il mondo e arriva al cuore. Agli ecologi (profeti disarmati) si offre uno strumento di contrappunto: paura ed affetto, bellezza e disastro. Ogni uomo deve poter sentire il quadro schizofrenico del pianeta: lo scontro tra perfezione dei processi naturali di formazione dell'Ecosfera e devastazione indotta dall'uomo. Si deve agire "uomo per uomo", intervenire sulle soggettività. La sfida antropologica si vince sul fattore emozionale del Paesaggio dei soggetti sociali "responsabili di Habitat" (Alain Touraine). La soggettività (il sentimento di sé) sente l'affettività per la propria terra, se ripensa alla storia antica, predatoria e cruenta sin dalle origini, a Caino agricoltore che distrugge le foreste (fautrici dell'atmosfera), Caino assassino di altre civiltà: i Maja, Inca, Atzechi, Indios, i pellerossa del nord; il Caino dello schiavismo in Africa (Jared Diamond), della tecnologia che in soli due secoli inquina l'atmosfera, i mari e le terre, togliendo a Gaia la forza di rigenerarsi. L'insostenibile leggerezza dell'Occidente ("peccato originale" non metabolizzato) richiede un Abele che "elabori il lutto", con un progetto di ascolto dell'intreccio istinto-ragione dei luoghi. Che ripensi le tecniche, le politiche, le filosofie e le sociologie su economie locali (Emanuele Severino), per liberare un sentimento del mondo oppositivo (Michel Beaud) con una teoria post capitalistica, sintesi operativa di razionalità ed emozione (arte e scienza, di cultura e tecnica) per nuovi comportamenti e stili di vita, individuali e sociali.

Il Paesaggio del terzo millennio si articola sui tre livelli: 1. l'azione economica uomo terra mette in sintonia crescita/decrescita, "governando" la sovra popolazione (Rio 1992) e il riequilibrio agro forestale (cioè biodiversità e cambio climatico), con nuovi paesaggi di interdipendenza di comunità locali in cooperazione di consumi (slow food, Carlo Pietrini); 2. l'azione sociale uomo culture fa maturare le coscienze collettive, spostando il senso di colpa (frustrazione etica) dai pochi ai popoli, nell'interdipendenza tra oriente (emergenza) ed occidente (decadenza), con un "progetto di sintesi" planetaria, agendo sui soggetti portatori di sentimenti collettivi (contro la società frammentata); 3. L'azione politica uomo luoghi sospinge i sentimenti di "governance emozionale" verso azioni radicate nei luoghi, per "promuovere il restauro comunitario dei Paesaggi", con azioni di "committenze collettive", antagoniste alla edificazione individualistica. Nelle tre azioni, è centrale la questione "soggetto/democrazia". Contro le politiche delegate (che banalizzano il rapporto tra eros individuale e sociale) si risponde con visioni riunificate (progetti) che antepongono la governance (garanzia di utilità del Piano: Avarello) al piano-progetto. Le visioni paesaggistiche alternative, offerte alla collettività prima del momento negoziale, tramite "laboratori" della governance, vagliano i "valori" positivi locali (opposti a quelli negativi generali), in un'altra idea di vivibilità. Le emozioni verso nuovi stili di vita sono visioni culturali del proprio habitat, che riscoprono le religiosità delle antiche civiltà: tutte radicate, attratte dalla ricchezza autopoietica della Biosfera (Brahma), intrise di sentimento di Pietas (verso le radici, verso i "lari") superiore allo stesso sentimento di sé del singolo individuo. Il luogo aveva più personalità dell'uomo: un'anima, un suo Genius loci archetipo del radicamento, fondamento corale della civitas (più delle mura dell'urbs). Nell'Era della "frammentazione individualistica", la Pietas va cercata in nostalgie positive di paesaggio: intreccio tra perduti paesi e nuovi, tra sentimento di sé e comunità insediata (appiattita sui consumi di massa, in rimozioni singolari. Touraine). Le visioni oppositive (volontà collettive: weltanschauung) sollecitano l'identitario con una "educazione sociale del gusto" (Gillo Dorfles). Le visioni propulsive sono immaginazioni e percezioni estetiche di autorappresentazione (Touraine): "affabulazioni" di artigiani di paesaggi, "curatori creativi che sollecitano emozioni", come "sacerdoti dei luoghi", verso "epifanie di trasfigurazioni" desiderabili. Essi sedimentano esperienze e insegnano a parlare le lingue interattive dei luoghi vissuti.

Gli eco laboratori (dell'Università) sono una Palestra di ri-educazione di habitat, Teatro di parole e gesti delle "compagnie itineranti" (Shakespeare) di: ideazione, traccia, canovaccio, selezione di attori; sono dialettica tra interpretazioni, attenzione al testo; sono, infine, gioco di linguaggio creativo (di invenzione e memoria). Le provocazioni interattive sono opere: iniezioni di paesaggio. Dai tracciati discorsivi (letterari, antropologici, storici, ecologici, insediativi, architettonici) estraggono il filo logico che lega il luogo a memoria e immaginazione. Offrono analisi prognosi (le cartelle cliniche sull'ambiente dello scienziato) e il canovaccio delle interazioni sui valori (paesaggistici) tra attori territoriali. L'artigiano regista del Paesaggio interagisce con la squadra di attori (l'eco ambientale, il designer di marketing, l'artista dei giardini), imbastisce il lavoro sui materiali (macro e micro, strutture e caratteri) estratti dal vocabolario del luogo; propone un Lessico; sceglie i terreni proficui per sperimentare, gli elementi topologici referenti, da esplorare, i "luoghi di valore". La "macchina creativa" diviene un Laboratorio-Museo di Paesaggio, dove le memorie di luoghi vissuti sono canovacci che abbozzano un Teatro dei luoghi e degli abitanti:

"teatro dello sviluppo" che rimette in moto uno Statuto sociale e un marketing territoriale. Il Lessico condiviso del Paesaggio "nomina le cose", come primo atto affettivo, e crea realtà: perché dai sentimenti / luoghi le parole estraggono dalla con-fusione emotiva, per divenire paesaggio consapevole. La selezione teatrale è un processo-progetto. Il Laboratorio è "presidio strategico". Presidiare richiede mosse di attenzione. Le iniezioni di Paesaggio sono gesti protettivi (che accarezzano paesaggi), concentrati di attenzione e cura (della natura /ecologia; della cultura) che segnano il proprio territorio (iscrizioni che perimetrano "ambiti di attenzione"). Lo marcano, come gli animali, e di-segnano lo spazio di vita bio-socio-culturale. Nel passato il territorio era "chiamato" per nome: il monte e la valle si facevano cultura. Il monte Olimpo è Sito e mito: "ri-lega" un popolo su una "conosciuta porzione di mondo". Era una "antropologia programmata" di riti, atti quotidiani del soggetto. Oggi, isolato nella sua indifferenza, va "irretito" con immagini di scenari da scoprire, capire, selezionare: per efficacia euristica (capacità di evidenza), dando forme iconiche alle identità incerte dell'oggi. Le mosse paesaggistiche trasmutano i Paesaggi. Oggi le forme si elidono casualmente. La sovrabbondanza è povertà semantica. Ci restano solo "nostalgie" e "tutele" (sulla carta). Frammenti. Ma contro la casualità, le regole di senso vanno estratte con esattezza dall'Ambiente (ecologia) e dal Palinsesto (storia), selezionate come nuova punteggiatura del discorso resistente: le "forme primarie" dell'ecologia sono le nuove "difficoltà". Se nel passato, la fattibilità costruttiva imponeva precisioni localizzative "adattative" sui vincoli "naturali" del suolo, nel presente l'ecologia richiede adattamenti più profondi, alla dimensione vasta dei danni e dei rischi territoriali. Deve opporsi ai "vizi" della "facilità tecnologica". Alla sintassi gratuita di cemento e acciaio si sostituisce una nuova sintassi eco paesaggistica: un "discorso amoroso" sulla Terra (R. Barthes). La "resistenza concettuale" alla casualità dello sviluppo, alla cancellazione per le scorie accumulate sui territori, di tutta la crosta terrestre, negli ultimi 300 anni, è il Progetto dell'habitat: immane lavoro che ci attende sui due sistemi (insediativo e ambientale). Dovrà procedere per "piccoli passi nel disordine". Piccoli spostamenti mirati, riscattando frammenti, luoghi dimenticati, per correzioni auto generative del "troisième paysage» (Gilles Clement) sulle impronte dell'antropizzazione: sui paesaggi del degrado, dello scarto, dei suoli violati.

Il progetto di paesaggio è ascolto per fisiognomica, cioè emersione del progetto nascosto nelle forme materiali; per mimesi concettuale di culture insediative dei modelli locali (antropologia del progetto); infine, per eco sostenibilità dell'abitare la terra. Ascoltare è aprirsi alla realtà da filtrare, all'opera aperta di materie prime segnate sui luoghi, geo-grafia. La tavolozza iniziale della morfologia dispone materiali territoriali in "partiture" (gradini, gradoni, terrazzi, terrazzamenti, altipiani, vassoi, barriere, quinte, dighe, paratie, gole, bocche, trame, grane, tessiture, ritmi, sequenze, contrappunti, fuochi, sfondi, ...). Le opere d'arte d'ingegneria ambientale erano già ascolto: i tutori premoderni duttili, vegetali, consolidamenti di terra, schermi per il vento, dighe per l'acqua, tutte opere di "naturale esteticità" s'iscrivevano nei gesti strategici di cura conformativa, "innesti di forme" di paesaggio. Erano pietas della terra, come l'arredo urbano (di pietra e ghisa) è pietas insediativa (tutori dello spazio pubblico minerale). Non assordavano. Erano "ascolto di habitat": una "macchina per pensare" l'estetica dell'habitat, mai esibizione. Felicità del gesto riuscito, eleganza che riscatta la mera utilitas. Stilla di qualità, che regala estro, ironia, scarto visuale e di senso, regalo alla leggerezza: lasciavano che la volontà d'arte (kunstwollen) sgorgasse come nelle pitture rupestri (acqua di fonte, rimasta impressa sino ad oggi) per evocarci l'antico spirito delle cose. Oggi il progetto della complessità (di attori e luoghi) è reazione a catena di eventi, navigazione a vista tra elementi e flussi nel "jardin planetarie" (Gilles Clement). Per riconciliare uomo e natura, oltre le parole logore, i gusci concettuali che non dicono, senza i suoi abitanti. I nuovi Artigiani (eco, archeo, antrop, socio logici) del paesaggio, con la techné (cura del Pianeta) risolvono la "schizofrenia" tra tradizione e innovazione. Ascoltano un corpo infinito sofferente, cassa armonica dei suoni dell'antico, scossa dal rumore di un futuro dissonante. Come artisti e medici, psicologi e letterati, scienziati e capopopolo, eremiti e opinion leader, scrivono in poesia e prosa, cercando un gesto artistico e seguendo umili analisi. Disordine ed ambiguità sono iscritte nel loro Statuto. Un diagramma: sull'ordinata Pollock e Fontana, Burri e De Chirico; sull'ascissa, l'estesa geografia dello sguardo, ove ricercare idee e forme di un'opera mobile, che non si conclude, ma innesta una piccola frase, emersa come segno di vita dall'organismo consolidato (da secoli e millenni ed ere geologiche). Di questo Universo concettuale, riflesso delle mille movenze del reale, è necessario darne progressive, pervicaci tracce: per un disegno che, nel fondo, sia semplice e mirato. Approfondiamo le discipline che abbiamo ereditato e trasliamole (nello scontro ambiguo /amoroso tra architettura e paesaggio): architettura verso il paesaggio, urbanistica per il paesaggio, governance e sostenibilità del pianeta (e dei suoi mille luoghi). E auguriamoci che "un centro di gravità permanente" si consolidi tra noi. Lavorando sul balbettio del mondo, troveremo linee lessicali, per un "restauro logico" tra elementi di qualità e scorie, , sintesi dei contrasti tra approcci, tra "estetica e cinestetica".

Rinnovo del lessico: l'Architettura dell'Habitat richiede una nuova "triade", più sensibile, meno arrogante verso la terra. Le categorie vitruviane di Firmitas, utilitas, venustas, per il terzo millennio saranno:
la funzionalità "utilitas" complessiva dell'azione umana, "intelligenza sapiente" storico insediativa ambientale, in sintonia con il rispetto dei valori di "salute" (umana ambientale), delle funzionalità di organismo dell'umanità e geosfera.
- La solidità "firmitas" (durabilità) della Terra "vivente", statica complessa bio minerale dei limiti ambientali e biologici, contro la tecnologia infinita della costruzione artificiale, senso di "finitezza", esprit de finesse della fragilità degli equilibri antropo-ecologici.
- La bellezza "venustas" sentimento radicato, assonanza efficace, sintonia di nuova "Mimesis" con la natura, in forme assonanti coll'ambiente; è abitare con l'intelligenza (senso sentimento) dei luoghi.

Landscape and functionality

Antonio Leone

Full professor of Land Engineering at University of Tuscia. Member of the Teaching College PhD "Land and Urban Planning" at Politecnico di Bari and "Environment and landscape design and planning" at Sapienza University of Rome.

The concept of landscape encompasses more than an area of land with a certain use or function. It can be considered as a synthetic and integrating concept that refers both to a material-physical reality, originating from a continuous dynamic interaction between natural processes and human activity, and to the immaterial existential values and symbols, of which the landscape is the signifier. Exploiting the concise definition of Alexander Von Humboldt, "der Total character einer Erdgegend", Landscape is the total character of a region of the Earth (Zonneveld, 1995).

These concerns are expressed in the European Landscape Convention (ELC), which highlights two fundamental issues, among the others: i) the importance of landscape as an expression of cultural and natural heritage of a population ("… recognize landscapes in law as an essential component of people's surroundings, an expression of the diversity of their shared cultural and natural heritage, and a foundation of their identity": Art. 5, a), and ii) the need of implementing landscape policies "…aimed at protection, management and planning through the adoption of specific measures" (Art. 5, b).

As a consequence, landscape can be interpreted by its three dimensions: biophysical, anthropogenic and perceived (is necessary). The first is strictly connected to the past and landscape evolution: how did present landscapes evolve in terms of their composition, structure and function? The second takes into account the driving forces which can give rise to different landscape patterns and rapid evolution due, for example, either to different technologies of land use or to settlement models. The third aspect involves the perception sphere and the landscape value (Angelstam P., 2013).

Descend from these consideration a reflection on the dynamic character of landscapes which evolve continuously in a more or less chaotic way and reflect social and economic needs of a particular society at a given moment.

Changes in land use and land cover are some of the most evident effects of human activities giving rise to modern landscapes.

Under the pushes of human needs, in many cases, changes occurred very quickly, particularly during the 20th century, often with no connection with past landscapes, but as a result of consecutive land reorganization in order to better adapt its use and spatial structure to the changing societal demands.

History records not only gradual changes in the landscape, but many sudden and complete transformations caused by natural disturbance and human action.

A large number of landscapes are agricultural/cultural; they take origin from agricultural practices, from the existing dialogue between man and environment aimed to the production of primary goods. Mainly the agricultural landscapes showed (and are probably going to show in the future) the far reaching changes which occurred as a result of technological, socio-economic and political developments as well as global environmental change. The intensification of agricultural production, the retreat of agriculture from unfavourable sites, the processes of urbanization but also afforestation and the natural processes of secondary succession of fallow fields, have produced deeply different modern landscapes in terms of structure, functions and patterns from those pre-existing in many areas of our country and in many other European areas (Bouma, 1998; Antrop, 2004; Van Eetvelde, 2004; Bender, 2005; Calvo-Iglesias, 2009).

The development of strategies for sustainable managed landscapes requires a holistic approach in order to understand social, economic and ecological processes, as well as of their mutual dependencies (Mc Laughlin, 1995; Baudry, 2000).

At the landscape level, the main challenge is how to decide on the optimal allocation and management of the many different land use options. Landscape functions (and services) have become an important concept in policy making, as decision makers have to deal with an explicit demand for landscape services from a broad range of stakeholders (De Groot, 2010).

Actually the ELC is aimed "… to promote landscape protection, management and planning, and to organize European co-operation on landscape issues", but does not suggest methods or criteria to be adopted.

A broad awareness exists (many examples can be found in literature), about the concept of landscape services, defined as the benefits that humans obtain from ecosystems which constitutes a landscape and about the importance of including this concept into policy strategies and decision making; nevertheless, the lack of a standardized approach to quantify ecosystem services at the landscape scale has hindered progress inthis direction. Actually, there is an on-going lively debate about methods of evaluation and classification of landscape services; recent study proposes a common international classification of ecosystem goods and services (CICES) includes abiotic elements, such as mineral resources and wind, solar, and hydroelectric energy (Haines-Young, 2010). The demand for ecosystem services is understood as the sum of all ecosystem goods and services that are currently consumed or used in a particular area over a given time period. In contrast to the demand for ecosystem services is their supply, defined as "the capacity of a particular area to provide a specific bundle of ecosystem goods and services within a given time period (Burkhard, (2011). Of course, among the landscapes services, the providing of food and primary goods coming from agriculture towards the urban areas, represents an important component.

Again must be noticed how agriculture plays a key role in the fulfilment of urban regions ecosystem service demands and, at the same time, it plays a key role in modelling and shaping landscape.

Although successful in increasing crop yield, industrialized agriculture has sometimes contributed to the creation of environmental problems in agriculture: soil erosion, fertiliser and pesticide pollution in soil and water, groundwater salinization, loss of biodiversity (Leone, 2011). In many cases, for urban dwellers, intensive agricultural landscapes are perceived as artificial and quite far from the idea of "rural" and from the values of tradition.

On the contrary the natural and extensive agricultural landscapes stands for traditional heritage values and stability and are often associated with qualities such as tranquility, health, ecological soundness and authenticity.

From these observations, an important issue emerges: landscape management in most cases implies agriculture management. Policies, strategies and interventions aimed to build or maintain some landscape characteristics or structures, are likely to be unsuccessful if they do not act on the agricultural activi-

ties that determined them making these activities profitable.
The identification and the implementing of those landscape policies invoked by ELC for landscape protection in a perspective of sustainability could represent the way ahead. Once again the ELC does not give methods and sustainability is a very general concept that cannot be easily implemented.
The main trends of actual landscape change are clear and indicate a polarization between more intensive and more extensive use of land. There is a continuing concentration of people and activities in rather small, highly intensive and densely crowded areas, while vast areas of land become disaffected or even abandoned (Antrop, 2005). Land use and consequently landscape structure change accordingly.
These different trends implies two different strategies. In the first case great care should be taken in defining and designing the use of resources in a sustainable manner mainly from the ecological point of view. In the second case, traditional landscapes should be sustained both preserving ecological functions and enhancing the quality of life of the population in order to prevent land abandonment (Pelorosso et al., 2011).
The rural-urban gradient, which describes the changing relationship between the urban and the rural, is often subjected to sprawl urbanization and stolen to the agricultural use, while it could become the landscape services provider for the these areas if the urban demand for goods and services could be fulfilled by local production as prompted in some current market strategies. Anyway, each strategy is likely to be only an attractive slogan (for example the agricultural 0 km production) if it does not deal with farmers' incomes; it should not be missing the integrated and holistic perspective of the landscape, in particular the integration of economy with ecological and historical heritage values.
Farmers have the fundamental task of preserving the landscape; the maintenance of visual quality and of the aesthetic values of the landscape can be considered among the landscape services. Sustaining ordinary traditional landscapes based upon rural economies such as agriculture, stock raising and forestry requires an adapted policy and supporting actions. Only lively and productive agricultural activities can maintain a desired landscape, because only functional structures in the landscape will persist, sustaining heritage values is often linked to enhancing economic benefit.
Pursuing the objective of sustainable landscapes can represent a convincing strategy, but you should be aware that a holistic approach and shared methods, models, and criteria are needed and still lacking,
and traditional methods in landscape planning are not suitably applicable.

References

Antrop M., (2005), Why landscape of the past are importante for the future, Landscape and Urban Planning 70: 21–34.

Antrop M., (2006), Sustainable landscapes: contradiction, fiction or utopia?, Landscape and Urban Planning 75: 187–197.

Baudry J., Burel F., Thenail C., Le Coeur D., (2000), A holistic landscape ecological study of the interactions between farming activities and ecological patterns in Brittany, France, Landscape and Urban Planning 50: 119-128.

Bolund P, Hunhammar S., (1999), Ecosystem services in urban areas, Ecological Economics 29 (1999) 293–301

Burkhard B., Kroll F., Müller F., Windhorst W., (2009), Landscapes' Capacities to Provide Ecosystem Services – a Concept for Land-Cover Based Assessments, Landscape Online 15: 1-22.

De Groot R.S., R. Alkemade, L. Braat, L. Hein, L. Willemen, (2010), Challenges in integrating the concept of ecosystem services and values in landscape planning, management and decision making, Ecological Complexity 7 (2010) 260–272.

Haines-Young, R., Potschin, M., (2010), Proposal for a Common International Classificationof Ecosystem Goods and Services (CICES) for Integrated Environmentaland Economic Accounting. Report to the European Environmental Agency, Nottingham.

Kroll F., Müller F., Haase D., Fohrer N., (2012), Rural–urban gradient analysis of ecosystem services supply and demand dynamics, Land Use Policy 29: 521-535

Leone A. (2011). Ambiente e pianificazione. Analisi, processi, sostenibilità. Franco Angeli Editore, Collana Urbanistica Territorio governance sostenibilità, 437 pp. ISBN: 978-88-568-3 3277-8.

Mc Laughlin A., Mineau P., (1995), The impact of agricultural practices on biodiversity, Agriculture Ecosystems and Environment 55: 201-212.

Pelorosso R., Della Chiesa S., Tappeiner U., Leone A., Rocchini D. (2011), "Stability analysis for defining management strategies in abandoned mountain landscapes of the Mediterranean basin", Landscape and Urban Planning n. 3-4, vol.103, pp 335–346.

Zonneveld, I.S., 1995. Land Ecology SPB. Academic Publishing, Amsterdam, 199 pp.

The Sardinian Regional Landscape Plan as a problematic participatory process

Corrado Zoppi

Ph.D., Economics; Research Doctor, Regional and Urban Planning DICAAR, University of Cagliari, Coordinator of the First Degree and Magisterial Degree Programs of Territorial and Environmental Engineering Corrado Zoppi, Civil engineer, is Doctor of Philosophy in Economics (USA, 1997), Doctor of Research in Territorial Planning (Italy, 1992), and MSc in Economic Policy and Planning (USA, 1990). He is Associate Professor at the University of Cagliari (Sector ICAR/20). In the past, he taught at the Universities of Rome "La Sapienza" and Sassari-Alghero. He is presently the Official Professor of the Module of Strategic Planning of the Integrated Course of Strategic Environmental Planning and of the Course of Regional and Urban Planning at the Faculty of Engineering of the University of Cagliari. He is presently the Coordinator of the Panel for the Assessment and Evaluation of Public Investments of the Sardinian Regional Administration. people.unica.it/corradozoppi

A Foresterian analysis (Forester, 1999) of a few dialogues which took place between the regional government and the representatives of the coastal municipalities during the cooperative-planning conferences implemented before the adoption of the Regional Landscape Plan (RLP) by the Sardinian regional government (Zoppi and Lai, 2010) puts in evidence that an endless conflict may easily arise since the regional administration and the municipalities not only are uninterested in understanding the other's point of view, but also believe they have to play a role which is intrinsically conflictual with respect to the role played by the other player.

In this drama, the regional administration sees itself as the advocate, the defender of the landscape, with a moral commitment to save natural resources and cultural heritage from the danger of the speculative attack of the municipalities, which are generally prone to the pressures of the local building industry. On the other hand, the municipalities see the regional administration as an external oppressive power which can prevent the effectiveness of whichever planning policy decided by the local authorities. In doing so, they try to understand how they could eventually save up a little bit of their autonomy. So, the dialogues are almost always based on the apodictic statements of the regional administrators and on questions raised by mayors and representatives of towns and villages who would like to be informed about what is left from the good old days when each city was allowed to plan its own territory and decide on land uses, that is residential restoration and expansion zones, service and recreation areas, agricultural and tourist zones, etc.

The conversations show that the attempt to set up a cooperative-planning process results in these clumsy outcomes. There is no real cooperative-planning process, no true participation. But a Foresterian analysis of this pseudo-participatory process indicates that everything could change since the Sardinian local communities generally show a strong attitude towards the protection of nature, natural resources, and cultural heritage.

The results of another study (Zoppi and Lai, 2013) provide evidence that, in general, the investment level for public services and infrastructure in Sardinian coastal municipalities concerning the Sardinian 2000-2006 Regional Operational Programme related to the European Union's Structural Funds (ROP) is influenced by the rules of the Planning Implementation Code (PIC) of the RLP. The results show that the hypothesized depressing influence of the comprehensive RLP's regional planning approach on investment for public services and infrastructure is confirmed by the analysis implemented through a Multinomial Logit model.

Among Sardinian coastal municipalities, in fact, the most attractive are the "most coastal" ones, since the probability of higher levels of investment increases as the amount of a city's coastal land included in coastal landscape units increases, and the probability of lower levels of investment increases as the amount of coastal land decreases. Moreover, the "most coastal" municipalities are more densely populated and have a comparatively larger urban size; therefore, they attract higher levels of investment.

On the other hand, coastal municipalities are less attractive for investment in public services and infrastructure when they have larger land portions and smaller urbanized areas in the coastal strip. Furthermore, since the PIC of the RLP prevents future urbanization in areas included within the coastal strip, it is likely that future investment will flee coastal municipalities and rush to other (inner) locations, with less restrictive rules coming from the PIC of the RLP.

The latter observation is reinforced by the results of a study (Zoppi and Lai, 2011), which shows that Sardinian non-coastal municipalities spent more easily and efficiently than coastal municipalities during the implementation of the 2000-2006 ROP. This is likely to be connected to the fact that since November 2004, when the Regional Law no. 8 was approved, Sardinian coastal municipalities have had to make their planning policies consistent with very strict planning rules, especially for areas included in the coastal strip (Zoppi, 2008). Moreover, the depressing impact of the restrictive rules of the PIC of the RLP on investment in public services and infrastructure could be possibly connected to other negative impacts. Coastal municipalities could suffer from the decline of building expansion rights, since they could not rely any longer on the financial resources for public services and infrastructure that would come from the impact fees paid by the developers. Another problem for the budget of the city would come from the decrease in payments of the communal tax for real estate which includes land property, since the value of land would dramatically drop without development rights. Since in many of the actual tourist coastal zones it would not be possible to build anymore, a crisis of the local construction industry would probably occur. This industry is the most important in terms of income and employment for the local economy, which is characterized by a high unemployment rate. Its crisis would worsen an already difficult economic and social situation (Regione Autonoma della Sardegna, 2006).

The RLP is consistent with the European Landscape Convention,[1] and, from this point of view, it is recommended that the methodological approach used in the Zoppi and Lai's 2013 study be considered as a source of information on the impacts of analogous policies. Policies consistent with the RLP approach are developed in France, through the Conservatoire du Littoral, a public body which implements land-use policies for the protection of threatened natural areas, and in the United Kingdom, through the National Trust, a private charity body having the goal of protecting the coastline, countryside and buildings of England, Wales and Northern Ireland.[2] Both bodies implement proactive conservative policies, based on acquisition, rehabilitation and renewal of coastal areas. These experiences, which are aligned to the provision of the Integrated Coastal Zone Management (ICZM) Protocol, integrate conservation and local economic and social development in coastal areas, by defining and implementing policies based on a case-by-case approach.[3] These policies generally develop a fine-tuned integration of different and sometimes potentially-conflicting land uses. A careful case-by-case approach should be implemented in the RLP in order to overcome the conflict between conservation and local development, which could possibly imply new urbanization, at least to some extent.

This conflict may very possibly arise each time conservative policies, based for example on the European Landscape Convention, are discussed, defined and implemented, not only concerning coastal areas, but also referred to whatever natural or cultural heritage landscape is involved.

References

Forester J. (1999), The Deliberative Practitioner, MIT Press, Cambridge (MA, United States).

Regione Autonoma della Sardegna (Assessorato della Programmazione, Bilancio, Credito e Assetto del Territorio, Centro Regionale di Programmazione, Laboratorio Territoriale della Provincia di Cagliari) [Autonomous Regional Administration of Sardinia (Office for Programming, Budget, Credit and Territorial Organization, Regional Programming Center, Territorial Workshop of the Province of Cagliari], 2006. Progettazione Integrata. Rapporto d'area–Provincia di Cagliari [Integrated Projects. Local Report–Province of Cagliari], available online: http://www.regione.sardegna.it/documenti/1_85_20060531162844.zip [accessed July 13, 2013]

Zoppi C. (2008), "Questioni conflittuali nel processo di adeguamento del Piano urbanistico del Comune di Sinnai al Piano paesaggistico regionale: un caso di studio [Conflicts in the adjustment process to the Regional landscape plan of the Masterplan of the City of Sinnai: a case study]" in Zoppi C. (ed.) Governance, pianificazione e valutazione strategica. Sviluppo sostenibile e governance nella pianificazione urbanistica [Governance, Planning and Strategic Assessment. Sustainable Development and Governance in City and Regional Planning], Gangemi, Rome (Italy), pp. 329–369.

Zoppi C., Lai S. (2010), "Assessment of the Regional Landscape Plan of Sardinia (Italy): A participatory-action-research case study type", in Land Use Policy, no. 3, vol. 27, pp. 690-705.

Zoppi C., Lai S. (2011), "Urban development and expenditure efficiency in the 2000–2006 regional operational program of Sardinia", in Land Use Policy, no. 3, vol. 28, pp. 472-485.

Zoppi C., Lai S. (2013), "Differentials in the regional operational program expenditure for public services and infrastructure in the coastal cities of Sardinia (Italy) analyzed in the ruling context of the Regional Landscape Plan", in Land Use Policy, no. 1, vol. 30, pp. 286-304.

Note
1. European Treaty Series No. 176 (October 20, 2000), implemented in the Italian legislation through the Law enacted by decree No. 2004/42 and through the Law No. 2006/14.
2. See the official websites of the Conservatoire du Littoral and of the National Trust online: http://www.conservatoire-du-littoral.fr/ [accessed July 13, 2013]; http://www.nationaltrust.org.uk/ [accessed July 13, 2013].
3. The Protocol on Integrated Coastal Zone Management in the Mediterranean was adopted during the Conference of Plenipotentiaries held in Madrid on 21 January 2008. The Protocol is available online: http://eur-lex.europa.eu/LexUriServ/LexUriServ.do?uri=OJ:L:2009:034:0019:0028:EN:PDF [accessed July 13, 2013].

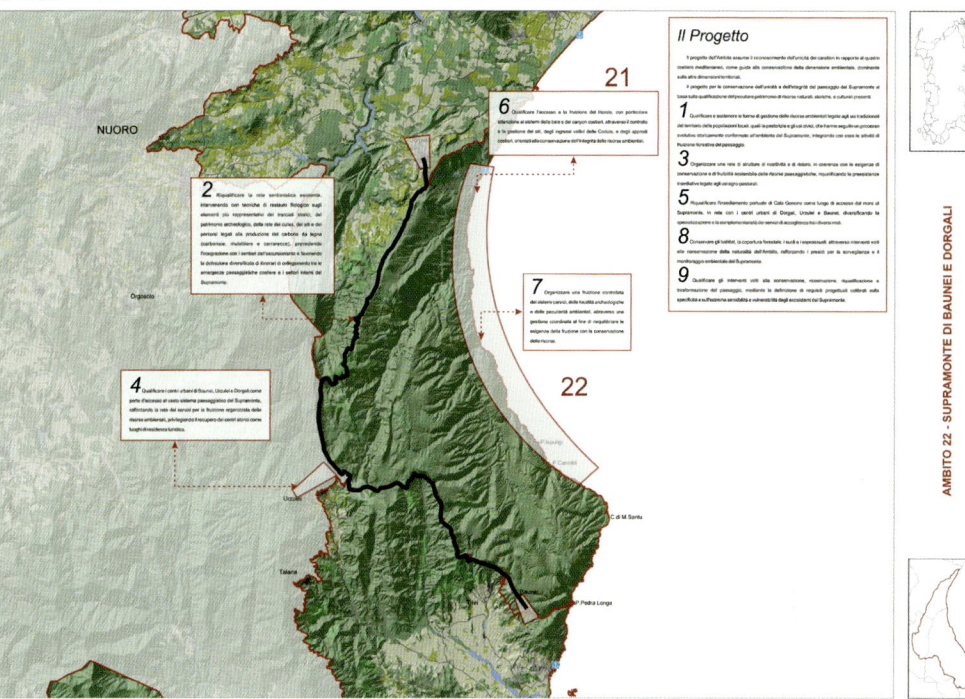

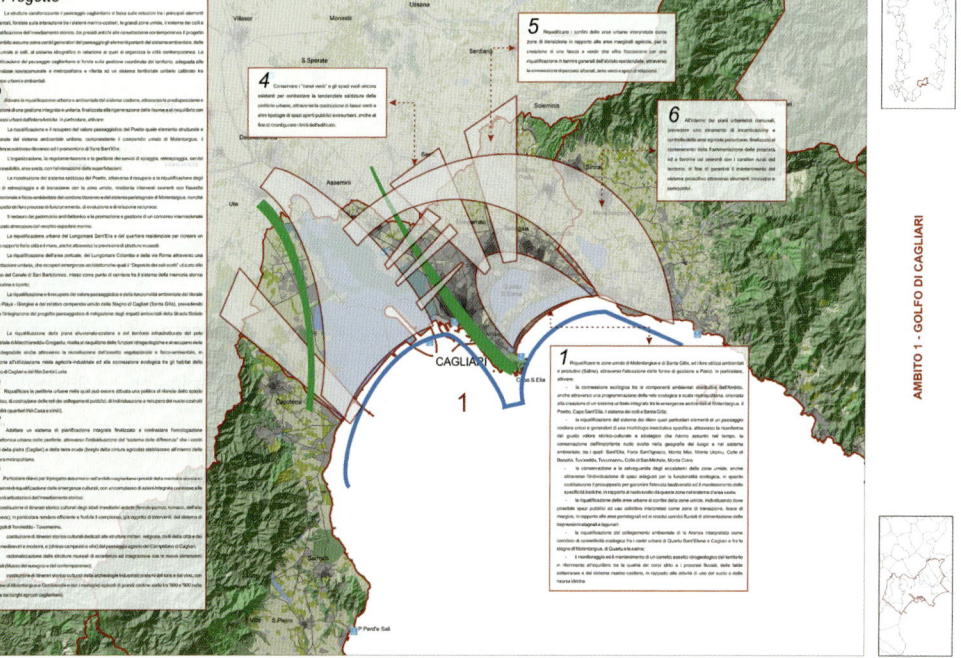

OPEN SPACES

LANDSCAPE ARCHITECTURE.
PROGETTO INTEGRATO DI VALORIZZAZIONE DEL PARCO DELLE MURA DI PIACENZA[1]

Carmen Andriani

Attivo dal 1982, lo studio di Carmen Andriani, con sede a Roma, svolge attività di sperimentazione progettuale nel campo dell'architettura, del progetto urbano, infrastrutturale e di paesaggio, coordinando gruppi interdisciplinari nell'ambito di una progettazione integrata. Architetto, professore di progettazione architettonica, vince nel 2013 il premio alla carriera per l'architettura (ICASTICA_art events, Arezzo)

KEY WORDS: LANDSCAPE, ARCHITETTURA, PROGETTO

1. CONCORSO DI IDEE
(progetto vincitore) dicembre 2012
Carmen Andriani (capogruppo)+ João Nunes (PROAP)con C. Anselmi, C. Bertoli, J.C.Dall'Asta, V. Fortini, V.M. Marinaccio, C. M. Ribas da Silva (PROAP), J. I. Zoilo Sanchez (PROAP) coll. A. Agresta, M. Argiolas, S. S. Basilio do Rosario (PROAP), M.Fea (PROAP), F. Ferlicca, D. Giordanelli, M. Merigo, V. Piacentini, A. Revolti, B.Bagherzadeh Saffarin, C. Tomasi (PROAP),M. Vallicelli; consulenze T. Bertoli (energie rinnovabili) G. Fontana (aspetti agro-ambientali ed eco-paesistici)

Il progetto di valorizzazione del Parco delle mura di Piacenza, nel tratto nord ovest, pone alcune questioni rilevanti quali: il ruolo di centralità territoriale del Parco, il ruolo costruttivo dell'agricolo e degli spazi aperti nella definizione di questa porzione di paesaggio urbano, il ruolo sempre più rilevante dei sistemi infrastrutturali lenti (ciclopedonali) e di quelli ambientali. Nel caso di Piacenza, il tratto delle mura a nord ovest può diventare uno straordinario sistema ambientale, culturale, ludico e turistico (oltre che produttivo) a cavallo fra il centro storico compreso nel cerchio delle mura ed una equivalente porzione di territorio extra moenia fatto di infrastruttura, campagna e fiume. Il progetto che si propone lavora in questo senso, partendo da una riconsiderazione dell'agricolo e delle sue diverse accezioni: dalla grana minuta dell'agricolo urbano alla maglia poderale del territorio extraurbano, attraverso il grande spazio vuoto del vallo. Questa impostazione porta a considerare non solo il sistema longitudinale alle mura ma anche quello trasversale, inteso come sezione territoriale ampia, considerata a tutti gli effetti parte integrante del paesaggio urbano. Il progetto riguarda tutti gli spazi aperti, prevalentemente pubblici e di diversa natura (residuali, dismessi, in bonifica, di percorrenza, ad uso agricolo, sportivo, ludico, di parco verde, ecc). Il progetto lavora su questi spazi, attribuisce ad essi un carattere costruttivo e relazionale mettendoli a sistema, sia nelle funzioni che negli assetti fisici; cerca di incoraggiarne il carattere di spazi della condivisione sociale e dello scambio. Crea nuove funzioni e nuovi usi (la grande volta del 'solaio agricolo' del mercato, la tessitura di serre, orti, campi gioco e servizi nell'area dell'ex fabbrica oggi in via di bonifica). Propone di recuperare a nuovi usi alcuni edifici esistenti, di incrementare la ricettività dell'area di connettere aree dismesse e spazi di risulta in un unico sistema ambientale riqualificato.

La prevalenza di suolo agricolo nel settore nord ovest di Piacenza porta a caratterizzare questo tratto del Parco delle Mura sui temi dell'agricolo e delle colture urbane, anche considerando il valore culturale e sociale che alcune colture tipiche continuano ad avere in questi contesti Il progetto propone una riflessione su come può coesistere l'agricoltura nella dimensione territoriale della città contemporanea, nella doppia veste di porzione di paesaggio urbano ed al tempo stesso di fattore produttivo. La valorizzazione di questo tratto di mura contribuirà ad intaccare la presenza spontanea e frammentaria dell'agricolo ed a modificarla. Si possono immaginare principi di trasformazione (per ibridazione, estrusione, ripensamento della 'grana' dello spazio coltivato) che ne chiariscano i principi di coabitazione con gli spazi edificati, per esempio iscrivendolo in una nozione allargata di 'parco', produttivo, ludico, culturale al tempo stesso, una 'idea di parco (il Parco delle Mura, nel caso specifico) che leghi insieme, in un contesto eterogeneo come questo, città di frangia e territorio agricolo, presenze storiche e fasci infrastrutturali. Il tema dell'agricolo (nel senso di produzione, apprendimento, sperimentazione e gioco) si interseca con quello dell'orto/giardino dedicato alle coltivazioni tipiche quali quelle storiche di piante tessili. Insieme alla valorizzazione delle mura come manufatto storico ed ambientale di pregio, il sistema delle coltivazioni e il circuito ciclopedonale, possono costituire fattori di grande attrattività a scala territoriale. La tessitura di questi campi disegna una trama parallela alle mura ma anche ai fasci infrastrutturali della strada di circonvallazione e della ferrovia. Tutto il progetto asseconda questo insieme di linee che si rincorrono diventando di volta in volta tessiture di campi, di serre, di percorsi, sedute, materiali verdi, orti, parcheggi, piste ciclabili, coperture. Una strategia che consente interventi interstiziali e che dialoga con l'esistente rigenerandolo.

Il progetto suggerisce anche una progressione scalare di queste tessiture, corrispondente a tre diverse 'tipologie' di trattamento del suolo coltivato: gli orti e le serre urbane, gli orti e giardini disposti a fasce lungo il vallo delle mura, il podere agricolo extra moenia che confluisce nella grande maglia poderale. Si determinano così misure differenti ed una diversa dilatazione delle fasce e dei campi, ma non si esclude la possibilità di osmosi fra le due dimensioni. Il circuito del ciclabile ad esempio, trascina fuori le mura alcune tessiture di agricolo urbano a piccola pezzatura lungo il suo tracciato. Entro l'idea di parco c'è quella del trattamento del suolo e della sua modellazione (attraverso spostamenti di terra, scavi, incisioni), c'è anche l'idea di non aggiungere cubature, semmai di ricavarle per differenza, fra gli scarti di quote, lavorando ancora sul suolo e sul suo spessore; c'è infine l'idea della rinaturalizzazione e l'importanza di sostenerla con una adeguata infrastrutturazione ecologica. In questo caso il progetto affida al sistema articolato di un tracciato ciclopedonale complesso il ruolo di legare le diverse aree di intervento e di porsi esso stesso come fil rouge di un nuovo sistema ambientale

DOPPIOGIRO È il tracciato ciclopedonale che connette le due parti. Disegna alla scala vasta un tracciato a forma 'di otto' orientato verso il fiume e verso i poderi agricoli. Doppio giro è un sistema continuo di mobilità lenta e di infrastruttura ambientale, che salda insieme tracciati già esistenti ma non connessi. Ha un'area di influenza ogni volta variabile. Si dilata nel tracciato all'interno delle mura legando insieme le due aree principali di intervento della ex fabbrica e dell'ex caserma; corre a diverse quote, esce all'esterno delle mura, le percorre alla base fiancheggiando il vallo degli orti e giardini. Nel tracciato extra moenia, la pista ciclopedonale salda itinerari interrotti. Attraversa la campagna a nord ovest, recuperando i sentieri interpoderali, fiancheggia per un tratto il fiume, la ferrovia, innescando un processo di valorizzazione dell'ambiente fluviale. rascina nel suo tracciato alcuni orti urbani, piccoli appezzamenti di terra a grana minuta, dati in concessione a privati cittadini. Le due dimensioni dell'urbano e dell'extraurbano, si scambiano e si confondono nella visione territoriale della città e nella nozione onnicomprensiva di paesaggio urbano. Lungo questo tracciato si può sostare, trovare punti di ristoro, di assistenza e di ricambio, si possono affittare biciclette o parcheggiarle. Attraverso il ponte della via Emilia, con una struttura leggera

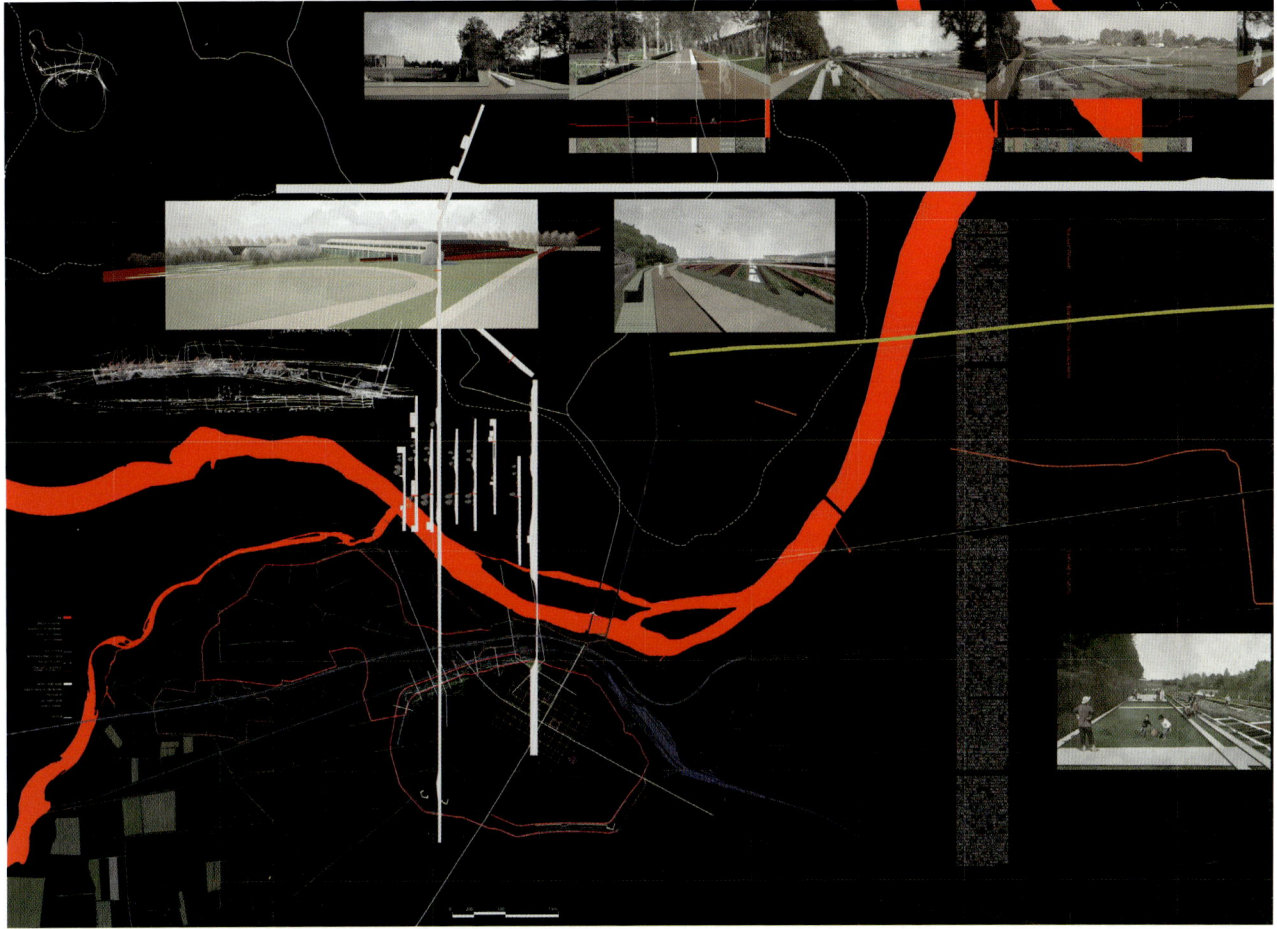

appesa, il tracciato passa dall'altra parte del fiume e si connette con il tracciato della ciclabile **VENTO**, nel tratto mediano fra Venezia e Torino.

Il tracciato ciclopedonale è una infrastruttura ambientale attrezzata che trascina con sé piccoli appezzamenti di 'agricolo urbano'. Può essere in rilevato o in incisione. Usa materiali ecocompatibili. Nei punti in cui ci sono dislivelli o scarpate ed il tracciato corre sul crinale si sistemano su piattaforme lignee i servizi di facile montaggio e smontaggio sistemati alla quota ribassata e raccordata con gradini, piani inclinati, piccoli terrazzamenti sedute: anche in questo caso le strutture provvisorie si impiantano su una differenza di quota; è sempre lasciata libera una veduta ampia sul paesaggio. Si prevedono ombreggiature di gran parte del tracciato prevalentemente con alberi. La presenza di un nodo infrastrutturale importante, il previsto declassamento a metropolitana leggera dell'attuale ferrovia, potenzia l'accessibilità a questo tratto del Parco delle Mura, e rende plausibile sia l'organizzazione di un alto numero di parcheggi che la previsione di una ipotetica fermata della metropolitana a servizio dell'importante nodo di scambio. Questa condizione facilita il carattere di centralità territoriale. Concept - progetto di suolo, le aree di progetto. L'impianto del progetto è organizzato per fasce parallele. Il tratto di mura, la strada, la ferrovia ed infine l'autostrada delimitano campi lunghi fra loro accostati. La direzione prevalente è quella longitudinale.

Lungo le sezioni trasversali sensibili variazioni altimetriche disegnano un suolo di per sé già corrugato. Il progetto accompagna e potenzia alcune di queste condizioni già presenti. Possiamo distinguere alcune aree di intervento prioritarie. Il vallo e l'area dei parcheggi il sistema del vallo esterno alle mura è organizzato per campi lunghi di orti e giardini. È tessuto secondo linee parallele alle infrastrutture esterne ed alla linea delle mura. Il suolo è corrugato da una altimetria variata secondo lo scacchiere degli orti che accentua l'artificio. Si scende per rampe lunghe e molto lente ma anche improvvisando itinerari fra le zolle, con un possibile percorso labirintico. Questa del vallo è la parte del 'giardino/orto' attivo, è la parte ludica, didattica, estetica, cromatica, turistica, espositiva. A valle si ipotiz-

OPEN SPACES

za di scavare sotto la strada per il collegamento ai parcheggi. Questi si distribuiscono da entrambe le parti dell'area del tiro a piattello. Nell'area più estesa si prevede una destinazione funzionale mista che integra il parcheggio con lo spazio fiera/mercato e l'estensione all'interno dell'area di una consistente macchia arborea. Possono essere previste a copertura dei parcheggi lunghe pensiline di pannelli fotovoltaici con la finalità di ridurre se non azzerare i costi della illuminazione pubblica di questo tratto di mura e del vallo. In quest'area, attrezzabile con moduli espositivi temporanei, possono essere allestite fiere/mercato di carattere territoriale. L'ipotesi di declassamento della ferrovia a favore di una metropolitana regionale, renderebbe legittima una fermata in prossimità di quest'area, rinforzerebbe il suo ruolo di nodo di scambio e di collegamento al tracciato Vento. in definitiva potrebbe far decollare l'idea di rendere il Parco delle Mura una centralità territoriale.

L'area dell'ex fabbrica e l'area delle ex caserme con annesso il grande campo ellittico sono aree che in virtù della dismissione sono restituite alla città e devono pertanto rappresentare per questo frangia urbana, una occasione di rigenerazione. Questo processo può avvenire attraverso la importante riqualificazione ambientale che il progetto suggerisce e la valorizzazione degli spazi aperti interclusi intesi come luoghi dello scambio (il mercato nell'area dell'ex caserme) e della condivisione sociale (serre, orti urbani, aree del gioco della sosta e dello sport, servizi alle residenze nell'area dell'ex fabbrica in via di bonifica).

All'interno delle mura il tracciato della ciclopedonale segna un'ampia zona di passeggio attrezzato ed alberato. Comprende i bastioni, le porte di accesso, eventuali locali interni, recuperati all'uso didattico e turistico, destinandoli dunque a efficaci punti informativi, divulgativi, museali disponibili lungo l'itinerario ciclo-pedonale. La riqualificazione delle mura è anzitutto una riqualificazione ambientale.

IL SISTEMA DELLE MURA Il progetto tiene conto sia per il vallo esterno alle mura che per il sistema interno ad esse, della necessaria valorizzazione da dare a tutto l'antico complesso difensivo della città, avvalendosi di un approccio "discreto" e "adattativo" nei confronti della preesistenza. Il tratto nord occidentale delle mura meglio conservato nel tempo, viene a costituire parte integrante di un progetto mirato a ribaltare il significato che questo da sempre ha di elemento "separatore" tra il nucleo più antico della città e il territorio agricolo, per reinterpretarlo oggi come spazio di "soglia" urbana e luogo di riconnessione tra ambiti differenti, disgregati e poco utilizzati. Si propone la rifunzionalizzazione delle aree appartenenti a questo ambito da destinare ad una fruizione al contempo culturale, ricreativa, turistica e produttiva. Non si prevedono inserzioni di importanti strutture da realizzare ex novo di tipo permanente da collocare lungo le mura o all'interno dei bastioni, bensì l'uso di sistemi costruttivi leggeri, reversibili e di basso impatto visivo e ambientale, da integrare all'adeguamento impiantistico delle parti esistenti da conservare e, dove possibile, convertire a nuovo uso. Piccole strutture modulari chiuse, come serre agricole, attrezzature e coperture leggere, pensiline, luo-

ghi per la sosta, nebulizzatori d'acqua, come sprinkler idraulici usati per l'irrigazione dei campi, possono costituire un campionario codificato e ripetibile in più punti dell'area d'intervento, di integrazione "architettonica" al più generale "programma agricolo" connesso al tema della mobilità lenta. Mutuare le tecnologie dell'agricolo significa assumere nel progetto elementi tecnici e dispositivi che anziché essere occultati, divengono parte integrante del progetto, e generano altri elementi aggiunti (passerelle, strutture appese, tratti di raccordo del sistema ciclo pedonale, stand fieristici, piccoli servizi provvisori) a rinforzare l'idea di un nuovo contesto urbano territoriale trasformabile ed adattabile…….

OPEN SPACES

SPAZI DI NUOVO IN GIOCO

Paolo Antonelli

Architetto, Ph.d. con una tesi sulla dimensione economica delle trasformazioni urbane. Dal 2007 fa parte dell'Urban Center Metropolitano. Dal 2011 insegna progettazione architettonica e urbana presso il Politecnico di Torino. Scritti pubblicati da: List-Actar (2013), Marsilio (2010), Ottagono (2011).

Immagini
Fig.1 v.200 I Prefigurazione
Fig.2 v.200 schemi comparativi A
Fig.3 v.200 schemi comparativi B
Fig.4 v.200 II Prefigurazione

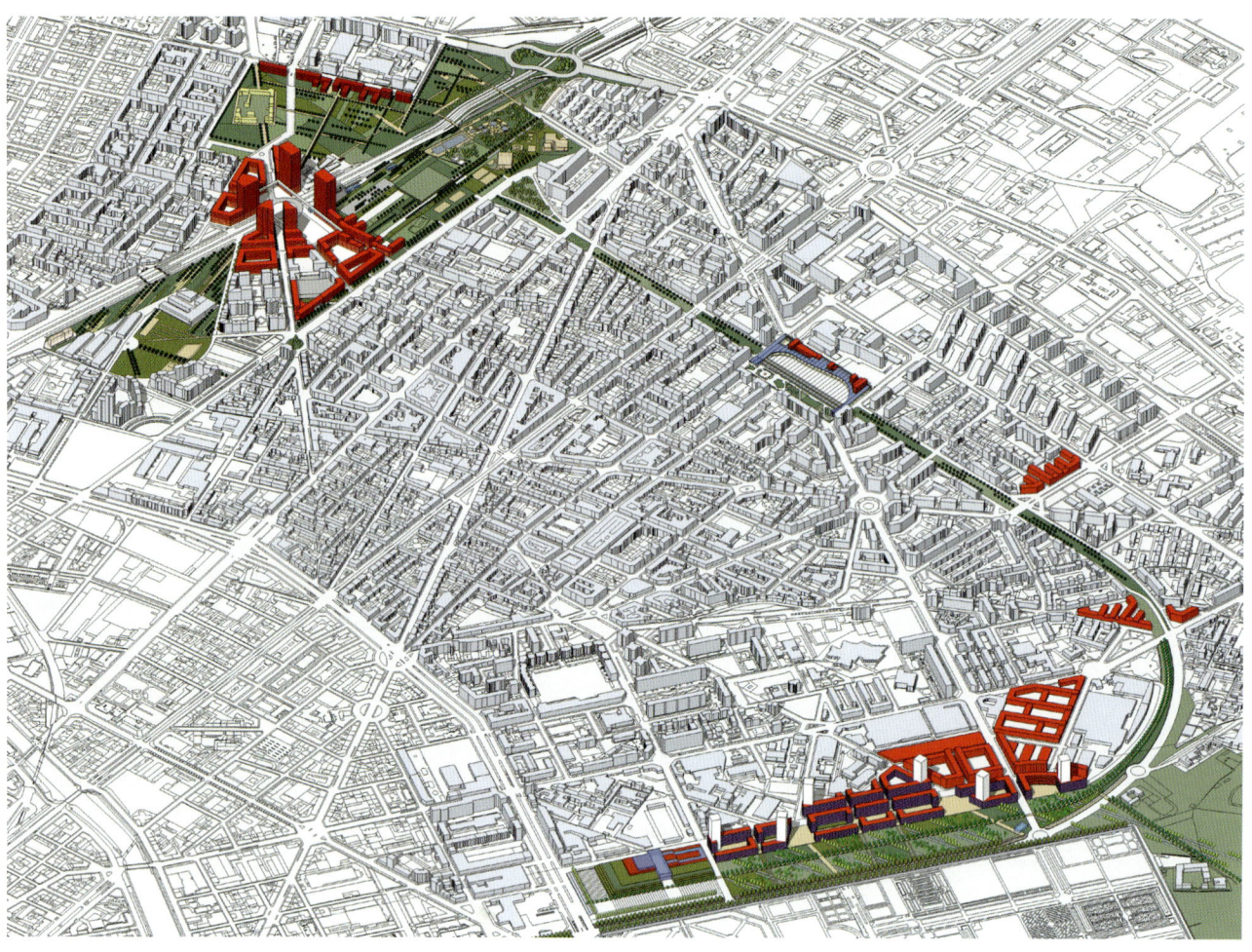

KW: RIUSO, CAPITALE FISSO TERRITORIALE, PROGETTO.

Condizioni che cambiano

L'erosione contemporanea di un sistema basato sul consumo – di occasioni, di risorse, di suolo, … – impone con urgenza un cambio di paradigma anche dal punto di vista delle discipline del progetto. L'ipotesi che qui si vuole discutere è la messa in crisi di una prospettiva della crescita basata sul consumo di risorse, materiali e immateriali.

Nodali sono le relazioni che esistono tra progettualità insediative orientate alla quantità – in primis di metri quadrati realizzati o messi a disposizione – e processi di competizione territoriale che sempre di più invece sono giocati sul piano della qualità dell'abitare. È questo un fenomeno che investe soprattutto la dimensione urbana e che trova nella città la sua scena privilegiata. Pur nelle specificità dei fenomeni e nella diversità dei contesti, ciò che interessa mettere in evidenza sono i limiti di un certo modo tipico della "modernità", ma nei fatti ancora resistente, di intendere le prospettive di sviluppo. I limiti di un approccio così definito sono oggi ben visibili all'interno della dimensione concreta, materiale delle nostre città e territori. Non solo lunghe file di capannoni vuoti o mai finiti che costellano le nostre strade statali, ma anche una grande quantità di case uni/bifamigliari costruite e rimaste invendute. O ancora, grandi interventi residenziali di trasformazione urbana, costruiti sulla logica dei "massimi metri quadri possibili", che hanno immesso sul mercato beni scarsamente appetibili, non producendo altro che "nuove periferie". I limiti di un approccio così definito sono oggi evidenti. Usando e parafrasando le parole del geografo Giuseppe Dematteis "la città (e il territorio, n.d.a.) come risorsa collettiva si costruisce e si distrugge su tempi lunghi: non è un'infrastruttura producibile all'occorrenza" (Dematteis, Segre 1989). Questo passaggio rappresenta una svolta fondamentale tra un certo modo di considerare il territorio all'interno dei paradigmi della modernità e una sua interpretazione capace davvero di guardare alle condizioni proprie della contemporaneità. È nel modello positivista-fordista, che il territorio è tipicamente descritto come un supporto passivo, indifferente, isotropo, ridotto a spazio astratto. La forza dell'azione umana è ritenuta assoluta e sostitutiva della realtà, della natura, dell'esistente. Un approccio culturale che ancora resiste, nonostante sia venuta meno quella linearità che ha contraddistinto un processo "tayloristico" di produzione della città e del territorio: le occasioni si moltiplicano e gli interessi si manifestano in situazioni puntuali, mentre viene a mancare la capacità stessa degli strumenti pianificatori di dare un ordine durevole allo spazio. Viviamo cioè una condizione in cui le occasioni di modificazione si presentano in modo frammentario, discontinuo, distribuite in maniera non uniforme nello spazio e nel tempo. Potremmo dire, quindi, che oggi questo approccio "moderno" stia venendo meno, se non ancora nelle culture certamente nelle economie e nelle pratiche che ruotano intorno alla modificazione di un certo contesto. In questo scenario il territorio, le città assumono potenzialmente una valenza diversa, tornano ad essere interpretati come "individualità e come insieme di giacimenti patrimoniali" (Magnaghi 2003).

Quantità/Qualità
Il peso e l'interesse per la dimensione urbana è negli anni più recenti molto cresciuto, così come crescente è il rilievo che le città assumono nei confronti dei governi nazionali, sempre più diluiti all'interno di una dimensione europea: sono le città ad essere diventate centro attivo di politiche autonome, fino a rappresentare, con le rispettive Regioni di appartenenza, punti di riferimento importanti sulla scena della competizione territoriale (Governa, Salone 2004).
Questo stato, maturato nel corso degli anni più recenti, si misura oggi con un profondo mutamento delle condizioni al contorno, che vede tra le altre cose una riduzione sensibile delle risorse pubbliche disponibili e apre alla crescente necessità di accedere ad altre risorse messe a disposizione da enti pubblici sovranazionali o da organismi privati. Un contesto in cui centrali diventano allora politiche urbane e azioni di marketing attuate nell'ottica di una "città come prodotto", all'interno della quale si muovono non solo i residenti, ma anche turisti, city users, imprese, enti – siano essi centri di formazione, centri di ricerca o agenzie.
È in questo quadro che una visione tradizionale della crescita urbana misura tutti i proprio limiti. È all'interno di una prospettiva che guarda alla competitività di un ambiente urbano, alla sua capacità di garantire un'elevata qualità dell'abitare, che dimostrano la propria inadeguatezza politiche e progettualità urbane tutte orientate al criterio della quantità.

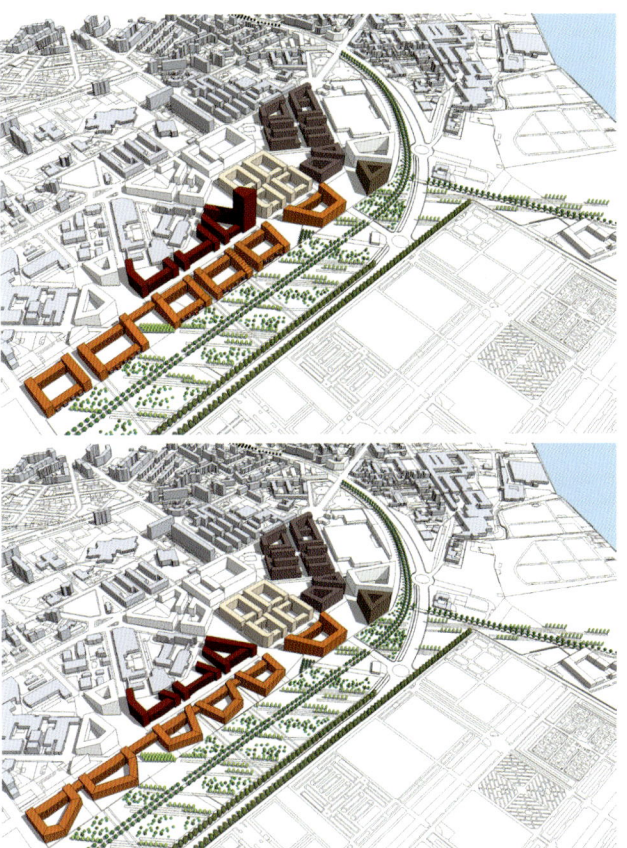

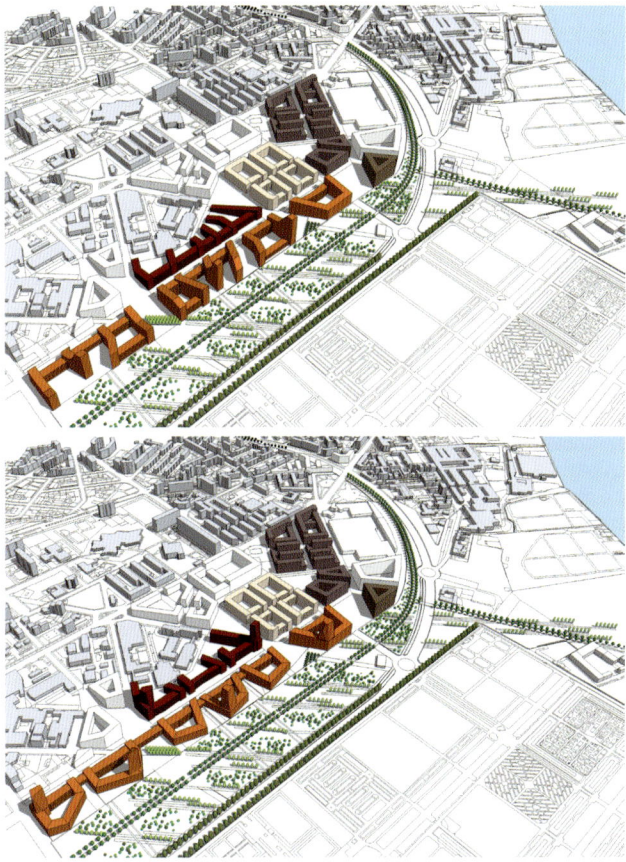

Il tema è nodale: il passaggio da logiche quantitative a logiche qualitative è strettamente connesso ad una visione che vede venire meno un'idea di patrimonio come valore assoluto. Nel quadro di contrazione di risorse evocato in precedenza si sceglie invece di lavorare all'interno di un sistema di relazioni e di scelte da cui la stessa visione di insieme riceve valore. Qui l'idea del riuso sembra assumere un particolare significato non più ignorabile dalla politica. Il lavoro sull'esistente perde la dimensione da "capsula del tempo", di lotta contro la dissipazione del "bene" tramite l'accumulo ed assume una diversa concretezza. Ciò che si conserva non è necessariamente legato alla memoria, non è una testimonianza: serve. Per una motivo o per l'altro è meglio non negarne l'esistenza. Le ragioni per riutilizzare nuove famiglie di oggetti, per renderle nuovo patrimonio sono molte: perché portano con sé una risorsa di volume che in tal modo non va cercata altrove, perché l'essere rimasto ai margini del mercato per molto tempo lo rende più competitivo rispetto ad altri, perché può rispondere ad un'emergenza specifica lavorando a bassi livelli energetici. Siamo di fronte ad un capitale che può essere continuamente e talvolta improvvisamente reinvestito, piuttosto che ad un'eredità di cui godere passivamente i frutti.

Economia/Morfologia. Il progetto è un condensatore
Sappiamo che le dinamiche macroeconomiche tendono a muoversi in modo indifferente al suolo; ciononostante la loro "materialità" è evidente nei depositi che lasciano nei nostri paesaggi. Non solo le politiche ma anche le discipline territoriali, dal canto loro, nel relazionarsi con queste dinamiche mostrano tutti i loro limiti. L'urbanistica è ridotta alla scala topografica, alla definizione di destinazioni d'uso e standard, orientata ad una visione riduzionista che ragiona per singoli recinti normati. La geografia guarda soprattutto alle discipline amorfologiche – la sociologia, l'economia –, tradendo forse quello che è il suo oggetto di indagine originale e cioè la forma del territorio. L'architettura tende a ridursi a esercizio autoreferenziale, chiusa nei propri linguaggi e nelle immagini che è in grado di produrre. Paradossalmente invece, potrebbero essere proprio le discipline del progetto a rivestire un ruolo importante nello scardinare modelli vecchi, ma che ancora resistono nelle pratiche, di pensare e gestire la modificazione. Oggi la carenza di risorse e la riduzione della "capacità di fuoco", rendono stringente l'esigenza di pensare la modificazione del territorio a partire da un'idea di capitale fisso territoriale, in un'ottica di massimizzazione e ottimizzazione dei risultati. Tutto ciò riporta in

OPEN SPACES

primo piano il valore strategico di una riflessione che muove dal dato concreto dei materiali che compongono le nostre città e i nostri paesaggi. Forse i tempi sono maturi, forse davvero la crisi economica che stiamo vivendo – al di là della congiuntura specifica – è l'indizio di un modello di crescita che non è più nelle cose. Quello di cui abbiamo bisogno, forse, è una riflessione (non ideologica) circa il rapporto tra economia e disegno della forma della città e del territorio, come luogo attraverso cui ridefinire un quadro per il governo delle trasformazioni.

Il progetto alle sue diverse scale, la definizione di scenari morfologici alternativi: in una condizione di scarsità delle risorse e di crescente competizione – non solo tra città e territori ma anche tra attori interni al medesimo contesto –, qualsiasi valutazione di tipo politico o economico non può che passare attraverso un'operazione di messa in gerarchia delle priorità e di selezione di quei materiali che possono essere riattivati, reinclusi, reinterpretati all'interno di assetti inediti. Per fare questo, il primo passo da fare è quello di mettere in discussione un approccio che vede nella dimensione morfologica delle trasformazioni il "residuo finale" di processi economici, politici e tecnici che sono invece tutti giocati su un piano riduzionistico e aformale. Proprio il riconoscimento dei limiti di una cornice economica, che appartiene ad un certo contesto e momento, può diventare l'occasione per una ricerca morfologica che non si rinchiude nella sua dimensione autoreferenziale – fatta di campi di battaglia sgombri –, ma che è capace invece di elaborare scenari aperti, strumentali alla discussione.

All'interno di questa dinamica, la dimensione morfologica diventa "evidenza visibile" di un certo progetto di modificazione attraverso cui valutare scelte – sostanzialmente irreversibili – di trasformazione della città e del territorio. Essa non è più "forma autonoma", ma è anzi il luogo intorno al quale si stratificano e si sovrappongono, ritrovando un proprio equilibrio talvolta precario, tensioni contrattuali e depositi materiali, azioni fisiche e visioni astratte. Una dimensione morfologica che non è più esito di linguaggi e processi disciplinarmente lontani, ma che diventa invece condensatore di posizioni e interessi diversi. Qui stanno le potenzialità maggiori del mestiere dell'architettura, nella capacità di costruire progetti capaci di porsi come momento di interpretazione volto a connettere in un processo continuamente attivo tutti gli scambi di forza e le posizioni, convergenti o divergenti, che emergono. In questo senso, la prefigurazione morfologica di scenari futuri all'interno di quadri complessi può ritornare a ricoprire un ruolo necessario, ridivenendo campo di sperimentazione e strumento di grande interesse per il governo della complessità. La morfologia diventa il luogo di un possibile incontro tra attori, portatori di interessi e diritti diversi, che annota e traduce secondo il proprio portato disciplinare le molte dinamiche in campo, prefigurandone gli esiti: il disegno del confronto e del conflitto.

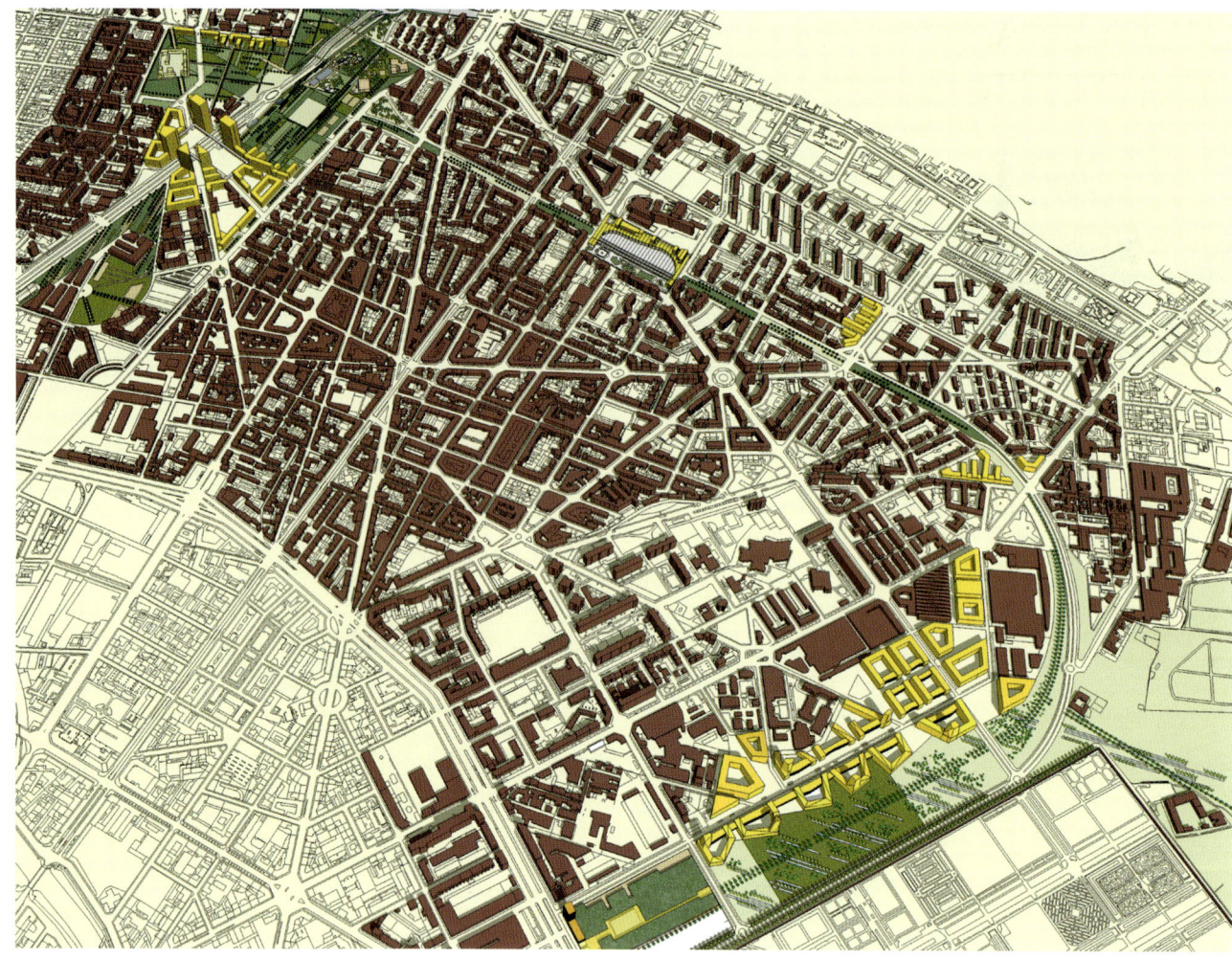

Bibliografia
Antonelli P., Camorali F., Delpiano A., Dini R. (2013), Di nuovo in gioco. Il progetto di architettura a partire dal Capitale Fisso Territoriale, List/Actar, Barcellona-Trento.
Augè M. (2012), Futuro, Bollati Boringhieri, Torino.
Lanzani A. (2011), In cammino nel paesaggio, Carocci, Roma.
Latouche S.(2011), Come si esce dalla società dei consumi. Corsi e percorsi della decrescita, Bollati Boringhieri, Torino.
Andriani C. (2010) (a cura di), Il patrimonio e l'abitare, Donzelli, Roma.
Bagnasco A (2008)., La città si discute, in Bagnasco A., Olmo C. (a cura di), Torino 011. Biografia di una città. Gli ultimi 25 anni di Torino guardando al futuro dell'Italia, Electa, Milano.
Governa f., Salone C., Territories in action, territories for action. Territorial recomposition in Italian urban and territorial policies. International Journal of Urban and Regional Research, Volume 28, Issue 4, December 2004.
Magnaghi A., La rappresentazione identitaria del patrimonio territoriale, in Dematteis G., Ferlaino F. (ed. 2003) (a cura di), Il Mondo e i Luoghi: geografie delle identità e del cambiamento, Ires, Torino.
Munarin S., Tosi M. C. (2001), Tracce di città, Franco Angeli, Milano.
Demattesi G., Segre A.(1989), Da città-fabbrica a città-infrastruttura, dossier "Torino" in Spazio e Società, n.42.
Vattimo G. Rovatti P. (1987), Il pensiero debole, Feltrinelli, Milano.

LO SPAZIO AMBIGUO. PARADIGMI E STRATEGIE DI SOVVERTIMENTO PER I TERRITORI TRANSIZIONALI DELLO SCARTO

Giorgia Aquilar

Giorgia Aquilar, architetto, è Dottore di ricerca in Progettazione Urbana presso l'Università degli Studi di Napoli "Federico II", ove svolge attività di assistenza alla didattica dal 2010. È autrice di articoli e saggi riguardanti i temi del progetto urbano e della tesi di dottorato dal titolo "La città imperfetta. Architetture di sovvertimento urbano".

KW: TERRITORI DI SCARTO/SPAZI TRANSIZIONALI/ARCHITETTURA INTERMEDIA

L'inno all'imperfezione della città contemporanea, ove il declino del paradigma dell'ordine e della bellezza[1] spinge il progetto a confrontarsi sempre più con la dimensione "ambigua" dello spazio, assume un significato emblematico nella "frontiera" delle (molteplici) periferie tra città consolidata e territorio aperto. Progettare in queste "wastelands" (Lynch, 1990), paesaggi di scarto la cui identità risulta compromessa dallo scontro tra la rigidità dei programmi urbani che ricercano un ordine gerarchico (e talvolta geometrico) e la frammentazione derivante dall'incompiutezza e dal non-progetto, richiede una profonda revisione delle tradizionali regole d'ordine, che confermano l'ossimoro delimitare/dilatare.

Il riconoscimento dell'inesorabile trasformazione dei canoni della città in costante metamorfosi impone che il processo di rilettura e risignificazione coinvolga anche gli strumenti con i quali intervenire, ricercando nuovi paradigmi per agire strategicamente entro il "disordine" degli spazi di frontiera. Attraverso la sperimentazione di strategie che attribuiscono all'ambiguità di questi spazi il ruolo "fertile" di potenziale dispositivo di trasformazione, si intendono indagare le potenzialità del progetto, urbano e architettonico, come esperienza spaziale (Maas, 2005) in grado di innescare meccanismi di "sovvertimento" che possano coinvolgere intere porzioni urbane, anche a partire da azioni confinate in alcuni "recinti" più malleabili.

Lo spazio transizionale delle periferie contemporanee, ove l'insieme delle determinazioni spaziali è priva di un quadro strutturato e composto, si configura come luogo della compresenza dell'eterogeneo, simultaneità delle determinazioni, molteplicità di volontà individuali, descrivendo un quadro mobile di figure dinamiche. In questa prospettiva, l'ambiguità che caratterizza i territori al margine tra dimensioni urbane differenti si configura come meccanismo da interpretare e manipolare: che questo carattere, espressione di un'identità mutevole, sia in grado di costituire anche un possibile "qualificante estetico" è un'ipotesi da investigare e verificare.

In questi "drosscapes" (Berger, 2007), brandelli di città in transizione, le tipologie architettoniche tradizionalmente intese e le strutture consolidate dello spazio aperto risultano inadeguate a descrivere la complessità propria dei territori "intermedi". Lo spazio diviene ambiguo, non solo attraverso una commistione di ambienti flessibili ai differenti usi, ma soprattutto mediante la sovrapposizione di spazialità di tipo diverso, che possono stabilire "canali relazionali" (Gausa, 2005) dinamici.

Il sistema di relazioni e connessioni, nella maggior parte dei casi interrotte o "disfunzionanti", diviene elemento complesso essenziale in questi paesaggi urbani e naturali ove la dimensione orizzontale dominante produce disorientamento e il sistema di punti di riferimento è costituito esclusivamente da elementi orografici a scala territoriale. Al tempo stesso, la stratificazione di segni evidenti e latenti consente di individuare un secondo sistema di tracce, spesso negate o celate dalle trasformazioni e dall'abbandono, in cui intervengono dislivelli irrisolti, pendii inaccessibili, giaciture intermittenti. La presenza di questi elementi introduce meccanismi di articolazione delle quote che consentono di configurare una sorta di "topografia

1. Questi concetti sono stati oggetto di un approfondimento specifico a cura dell'autrice, nell'ambito della tesi di dottorato dal titolo La città imperfetta. Architetture di sovvertimento urbano (2013).

2. Si fa riferimento al corso di Laboratorio di Progettazione Architettonica e Urbana IV, tenuto dal Professore Pasquale Miano, presso l'Università degli Studi di Napoli Federico II, nell'a.a. 2011-12, nell'ambito del quale l'autrice ha svolto, in qualità di dottoranda, attività di assistenza alla didattica.

3. Queste disposizioni sono contenute nel documento preliminare alla progettazione del Concorso per la progettazione del nuovo Auditorium Acilia-Dragona, bandito dal "Dipartimento per le Politiche di Riqualificazione delle Periferie" del Comune di Roma.

4. Dalla nascita come borgo agreste di "villae rusticae" all'abbandono, dalla bonifica e rinascita come borgo di casali dell'Agro Romano agli eventi di fondazione dell'"Acilia fascista", fino alle espansioni degli anni Sessanta, con il sorgere della borgata illegale di Dragona.

5. Un'analoga interpretazione è stata elaborata dall'autrice anche per un'area urbana del centro cittadino di Napoli, in cui si definiscono le due alternative antitetiche di "minimo" e "massimo" intervento (Aquilar, 2011).

6. Un'analoga interpretazione è stata elaborata dall'autrice anche per un'area urbana del centro cittadino di Napoli, in cui si definiscono le due alternative antitetiche di "minimo" e "massimo" intervento (Aquilar, 2011).

OPEN SPACES

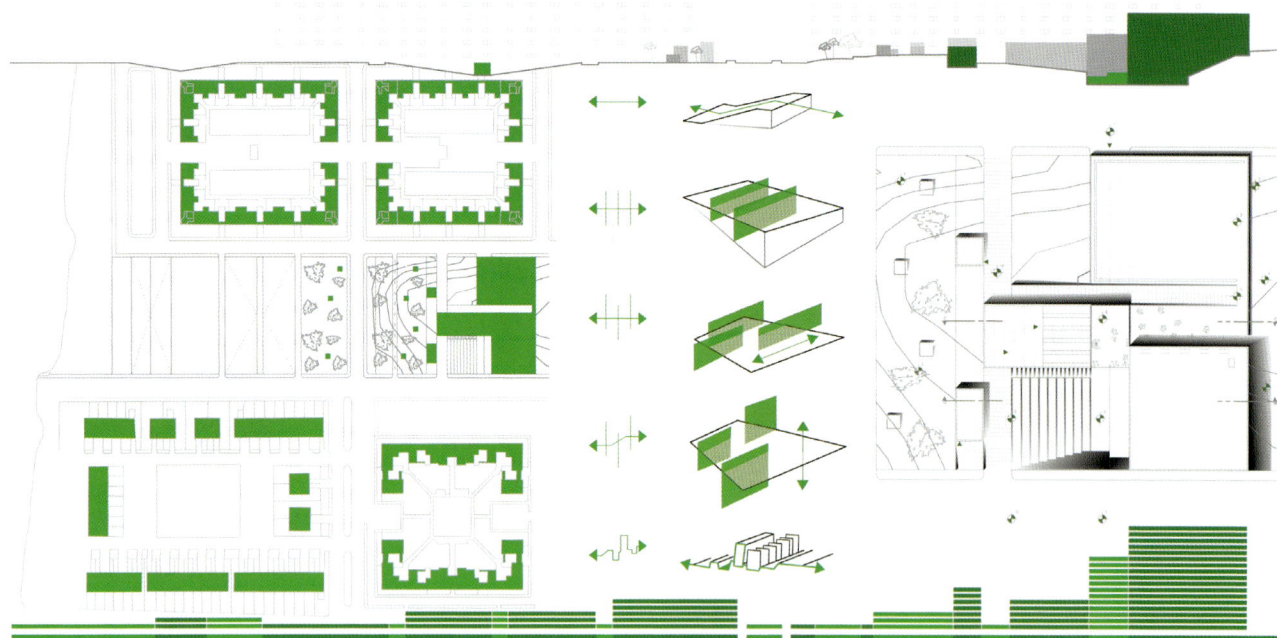

artificiale", interpretando il suolo come dispositivo in grado di resistere alla predeterminazione: operando sulla morfologia e sulla topologia (intesa come "tópos"-"lógos", logica del luogo) è possibile introdurre una sostanziale deformazione del "continuum" (Vidler, 2000) tra architettura e spazio aperto. Ne deriva un'architettura urbana che si libera dalla considerazione dell'oggetto inserito nella "maglia di relazioni e spazi dati geometricamente fondati" (Bocchi, 2009), estendendo le relazioni anche alla vasta scala che comprende i "vuoti" del paesaggio. Ricordando l'idea di "ordine da indovinare" descritta da Edmond Gilliard (Corboz, 1993), il presunto disordine della periferia può quindi trasformarsi in un "ordine complicato" (Friedman, 2008) o "complesso, (...) fatto di movimento e di mutamento" (Jacobs, 1961), ove intervengono esigenze spesso contraddittorie, rispetto alle quali il progetto si pone come dispositivo di mediazione.

Nella ricerca su questi temi, è stata colta un'occasione di sperimentazione e confronto tra strategie progettuali differenti nell'ambito di un'esperienza didattica condotta con gli studenti del Laboratorio di Progettazione[2], della quale si illustrano alcuni risultati. L'ambito e gli obiettivi del progetto sono stati individuati entro le disposizioni fornite dal Bando di Concorso di idee per il nuovo Auditorium di Acilia-Dragona[3], nell'eterogenea periferia sud-ovest di Roma, in un'area interessata da un Programma di Recupero Urbano. La genesi e le trasformazioni del territorio di Acilia[4], configurano oggi un quartiere di edilizia residenziale pubblica e privata di media densità, ove l'as-

senza di spazi pubblici di relazione si pone come uno dei risultati più evidenti dello scontro tra le disposizioni del Piano del 1962 e l'incontrollabilità degli effetti delle azioni di abusivismo. Tra i temi prioritari per la progettazione, il Bando individuava esplicitamente "l'edificio ed il rapporto con il contesto", prefigurando la possibilità di far coesistere i caratteri dell'antico paesaggio della campagna romana con le esigenze contemporanee in termini funzionali e di identità, superando la serialità dell'articolazione volumetrica dell'impianto esistente, ove le rigide griglie geometriche degli edifici a corte e delle villette a schiera si alternano a vuoti indistinti.
Lo spazio di questa "terra di mezzo" (Mancini, 2011) tra la Capitale ed il mare[5] assume un ruolo paradigmatico nell'esemplificare le dinamiche del progetto volte al superamento della separazione tra architettura e spazio aperto "in un paesaggio composto da edifici solitari e vuoti ambigui" (Ingersoll, 2002). Il bando prevedeva, infatti, una distinzione del sito in due lotti, speculari e confinanti, l'uno destinato ad accogliere la struttura per concerti, l'altro da adibire a parco. A partire dalla considerazione che, nello spazio urbano e periurbano contemporaneo, le tipologie tradizionali della piazza, del parco, della strada sono forse non più sufficienti a descrivere l'identità dinamica degli spazi di confine, i risultati di queste sperimentazioni propongono, con soluzioni differenti e talvolta contrapposte, l'infrangimento di questa rigida distinzione e, più in generale, dei confini dettati dai binomi interno/esterno, chiuso/aperto, pubblico/privato: architettura e spazio aperto si intersecano e si compenetrano, e anche i due elementi urbani della piazza e del

parco cessano di risultare separati, lavorando su un'articolata centralità urbana, espressione di esigenze spaziali e funzionali complesse. Di conseguenza, lo spazio concavo staticamente confinato nelle forme chiuse si dilata dinamicamente, piegando e distorcendo i suoi limiti, configurando sezioni articolate: in alcuni casi il paesaggio della periferia romana attraversa lo "spessore" del nuovo edificio divenendone uno degli strati sovrapposti, in altri il volume architettonico stesso si frammenta e si "disperde", colonizzando il territorio e risignificandolo.
Lavorando su un altro aspetto fondamentale messo in luce dal Bando, riguardante il "sistema degli ingressi", i limiti del lotto sono stati reinterpretati come elementi di mediazione, non più recinti ma soglie permeabili. Il lavoro sui bordi è stato, quindi, guidato dalla ricerca di una dimensione intermedia tra una volontà di apertura, indispensabile per superare l'introversione delle strutture circostanti, e la necessità di individuare forme di protezione che garantiscano intimità e sicurezza per l'espletamento delle attività richieste, in alcuni casi anche reinterpretando direttamente la tipologia a corte, che si deforma aprendosi al paesaggio.
Alla luce di questi principali obiettivi e di ulteriori considerazioni relative allo studio di strategie per il progetto urbano contemporaneo, le sperimentazioni sviluppate consentono di delineare, attraverso una schematizzazione dell'ampio spettro di soluzioni, due fondamentali scelte antitetiche, tra le quali si configura una pluralità di alternative intermedie[6]. In alcuni casi, si individuano azioni volte ad intervenire sul suolo come protagonista di una riorganizzazione spaziale in grado di adattarsi alla configurazione del territorio, evitando qualsiasi forma di mimesi ma ricercando una continuità con la conformazione del sito, del quale sfruttare le potenzialità morfologiche. In altri, si è cercato di inserire in di questi paesaggi pianeggianti e sconfinati elementi architettonici esplicitamente configurati al fine di divenire "landmarks" contemporanei volti alla definizione di un nuovo sistema di orientamento.
Alle modalità di manipolazione del suolo, volte alla riscoperta di tracce morfologiche, orografiche ed archeologiche, le sperimentazioni tentano di sovrapporre un ideale sistema di flussi reali e virtuali, che configurano un'ulteriore rete di giaciture potenziali. Riprendendo l'idea di movimento insita nelle logiche di articolazione dei terreni della campagna romana e reinterpretando l'attraversamento degli utenti come processo di definizione di "uno spazio topologico definito" (Serra, 1980), si configura uno spazio pubblico dilatato e dinamico, che si contrappone alla stasi dei lotti circostanti. I concetti di permeabilità e movimento divengono, dunque, espressione di una duplice carica, centripeta e centrifuga, che pone in stretta relazione le limitate dimensioni del lotto e la vastità del paesaggio circostante, ed aprono nuovi scenari: se nel caso specifico della destinazione funzionale prevista, il movimento individua anche un'idea dinamica legata all'espressione in termini architettonici della propagazione del suono, il movimento tende sempre più ad acquisire anche il significato di ciclo ecologico "dalla culla alla culla" (McDonough e Braungart, 2002), in grado di "riciclare" i suoi scarti, in un incessante processo spirale.

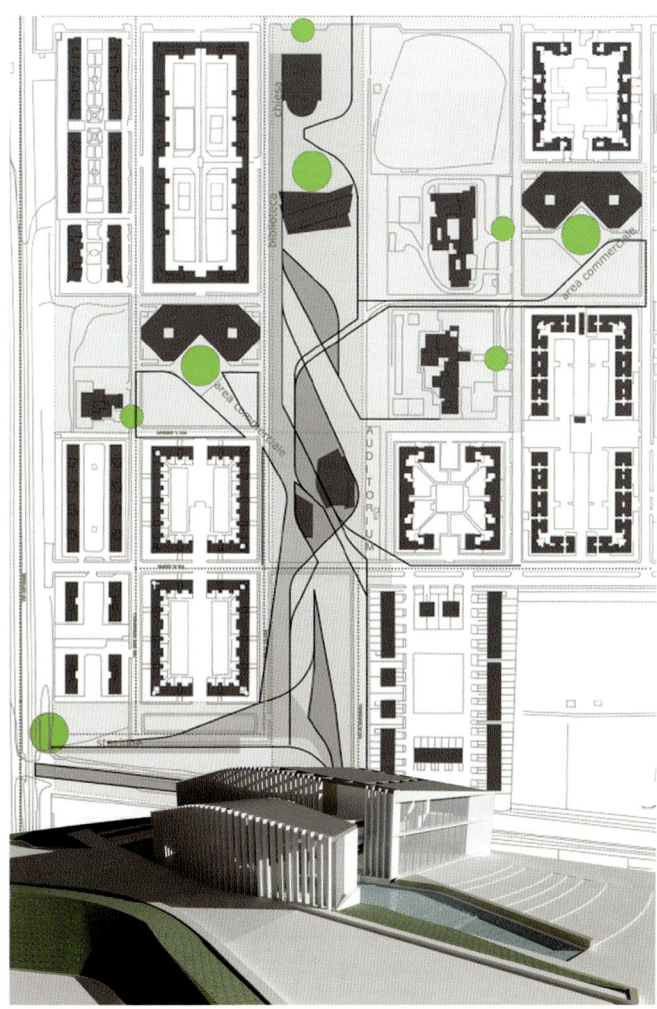
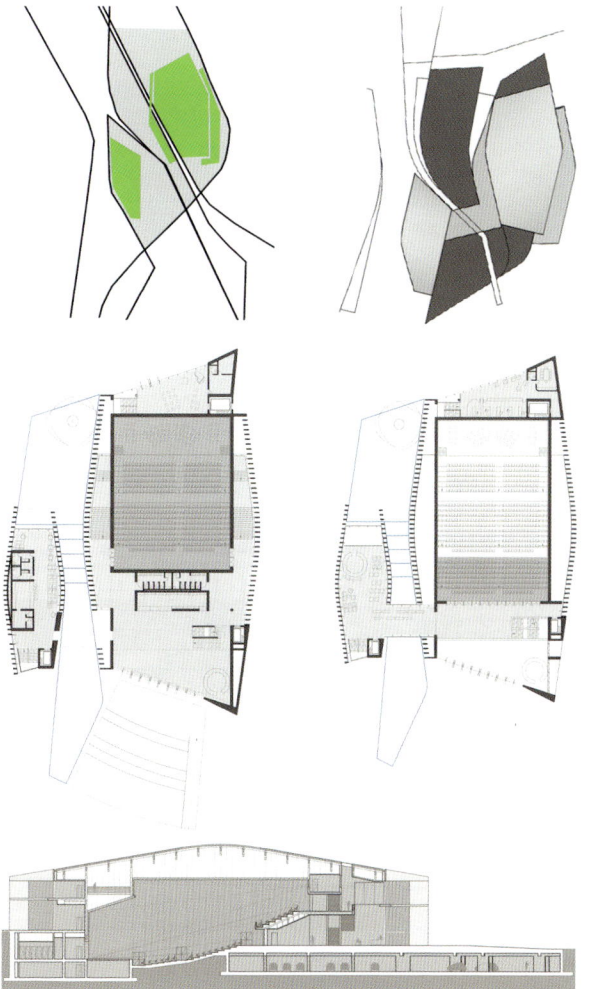

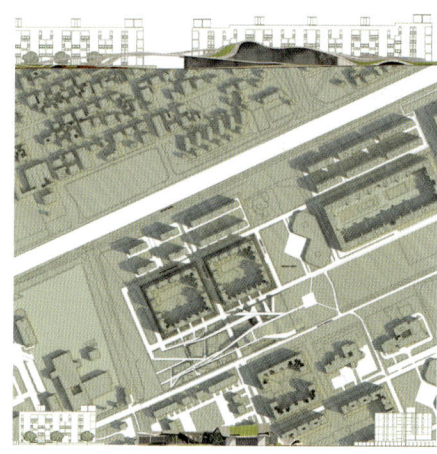

Referencies

Aquilar G. (2011), "Spazi interstiziali e luoghi di margine", in Miano P., Vomero, Storkterrein e altri luoghi. Il progetto didattico come ricerca, Clean, Napoli.

Berger A. (2007), Drosscape: Wasting Land Urban America, Princeton Architectural Press, New York.

Bocchi R. (2009), "Architettura come landmark. Il paesaggio come palinsento", in Bocchi R., Progettare lo spazio e il movimento. Scritti scelti di arte, architettura e paesaggio, Gangemi, Roma.

Corboz A. (1993), "Avete detto spazio?", in Corboz. A., Viganò, P. (a cura di), Ordine sparso: saggi sull'arte, il metodo, la città e il territorio, Franco Angeli, Milano, p. 233.

Friedman, Y. (2008), L'ordre compliqué et autres fragments, Editions de l'éclat, Parigi; trad.it. (2011), L'ordine complicato. Come costruire un'immagine, Quodlibet/Abitare, Macerata.

Gausa M. (2005), "Dispositivi Geourbani - Geo-urban Devices", in Area, n. 79, p. 5.

Ingersoll R. (2002), Sprawltown: Looking for the City on Its Edges, Princeton Architectural Press, New York.

Jacobs J., (1961) The Death and Life of Great American Cities, Randoma House, New York; trad. it. (2000), Vita e morte delle grandi città. Saggio sulla metropoli americana, Edizioni di Comunità, Torino.

Lynch K. (1990), Wasting Away, Sierra Club Books, San Francisco; trad.it. (1992), Deperire. Rifiuti e spreco nella vita di uomini e città, Cuen, Napoli.

Maas W., "Architecture is a Device", in MVRDV (a cura di), KM3. Excursions on Capacities, Actar, Barcellona, pp. 36-45.

Mancini G. (2011), Tra Roma e il Mare. Storie di Acilia e dintorni, Publidea95, Roma.

Marini S. (2010), Nuove terre. Architetture e paesaggi dello scarto, Quodlibet Studio, Macerata.

McDonough W., Braungart M. (2002), Cradle to Cradle. Remaking the Way We Make Things, North Point Press; trad. it. (2003), Dalla culla alla culla. Come conciliare tutela dell'ambiente, equità sociale e sviluppo, Blue Edizioni.

Miano, P. Aquilar, G., Certosino, E. (2012), "New Forms for Transitional Public Spaces. On the Edge between the Historic City and Recent Expansions", in Eurau12: Public Space and Contemporary City. European Symposium on Research in Architecture and Urban Design, Porto.

Serra R. (1980), Interviews, etc. 1970-1980, Yonkers, New York.

Vidler A. (2000), Wraped Space. Art, Architecture and Anxiety in Modern Culture, The MIT Press, Cambridge; trad.it. (2000), La deformazione dello spazio. Arte, architettura e disagio nella cultura moderna, Postmedia Books, Milano.

OPEN SPACES

EAST LONDON AS A MATTER OF SCALE

Anna Attademo

Architetto e Dottore di Ricerca in Urbanistica e Pianificazione Territoriale presso l'Università "Federico II", si occupa di processi di rigenerazione della città contemporanea. Ha partecipato a convegni internazionali, svolgendo un anno di ricerca presso le Università di Liverpool e Londra.

East London: uncovering limits
©copyright Annie Attademo

KW: LIMIT, UNCOVERING, REGENERATION

Notes
1. Berger A. (2006), *Drosscape, Wasting land in urban America*, Princeton Architectural Press, New York.
2. Cameron S., Coaffee J. (2005), "Art, Gentrification and Regeneration, From Artist as Pioneer to Public Arts", in *European Journal of Housing Policy*, vol. 5, n. 1, pp. 39-58.
3. London Legacy Development Corporation (ed. 2012), *Stitching the Fringe*, London.

Contemporary cities grow in space and time, everyday struggling competitively one against the other, crossing spatial and conceptual limits. The metropolitan scale dominates the regional scale: in the global world, limits fade out.

But in the big cities, with the loss of meaning of old industrial developments, rows of brownfield areas emerge. The city once in expansion, starts shrinking to its limits. According to Berger[1] in-between landscapes stood on the margins, waiting to be interpreted by society. They go across various phases of transformations, in experimental transitions, similar to liminality, a concept by the anthropologist Victor Turner, referring to transition rituals. Liminal spaces are like thresholds, surrounded by dissolving boundaries. Limits are spaces of transition between the interior and the exterior of the contemporary city, between inner core and outskirts.

Furthermore, limits are places with disappearing rules, even laws: forgot by city administration and policies; independent from the process of life and growth of city, which is fast and competitive, limits are slow and self-sufficient, almost self-governed. The silences of authorities, the lacks of urban planning, transform fast environment, remains of the production city, into slow landscapes.

The regeneration of limits starts as a spontaneous process. Limits are less glamorous places than the centre, open to immigration of mixed groups. These settled communities usually preserve very hard their inner values, living according to their rules. Furthermore residents, develop a deep sense of belonging, a sort of aspiration for social claim, to preserve their children and homes.

This spontaneous process can be lead by groups of artists too, taking advance in a space without rules, where rents are lower, it's full of empty spaces, the remains of industrial age are inspiring, there is isolation. This creative appropriation of places is the first wave of a double-faced regeneration[2]: it enhances existing values, but artists, as pioneers of regeneration, produce a dislocation of existing values, carried away by further waves of middle-class gentrifiers, attracted by a creative environment. Consequently, there is always the risk of the repetition of old regeneration schemes: transforming limits into creative places bring economical and social changes in land values, but it leads to a generalized absorption of liminal areas into the city moving forward, changing the scale of the city again. Furthermore, in order to preserve local culture, there's the need of new spaces in-between, meaning spaces of coexistence between new and old values. This need produces an extension of limits towards outer lands: moving limits again.

The urban re-birth of East London has started from vacant lands within city limits, spaces of opportunities close to its borders. London unstoppable growth has affected its surroundings, in a gradual inclusion of outer lands. In particular, the eastern areas have seen the concentration of industrial activities, due to a lot of factors, such as the proximity to the Thames estuary, flat lands, waterways, etc. The eastern boundaries became the working machine of the entire city. The industrial pattern expanded, with an hard infrastructural border, affecting for decades the resident population, causing social exclusion and economic deprivation. As in the rest of Europe, after the de-industrialization, the urban growth came to a standstill: the city uncovers its drosscapes. These vacant lands stood as a claim: for ages selective urban policies forgot to address liminal spaces; contemporary era needs to address a wider recognition of the role of liminal spaces: shrinkage is uncovering, an interpretation of spaces of transition, rapidly evolving into spaces of opportunity.

In East London, groups of creative people enlivened abandoned places with a mixture of functions, economic vitality, promotion of culture. This process eventually led to the inclusion into the inner city of its outskirts, showing their peculiar potential as flexible parts of the contemporary city. During the 80s this phenomenon broke out in areas like Hoxton and Shoreditch, nowadays a vibrant leisure district. As a consequence, property prices have started to rise, forcing people to move to nearby cheaper areas (eventually up to the fringe area of the Olympic Park), consequently "uncovering" more eastern limits.

However, in the last 10 years, a peculiar interest grew around the development of ways of accommodating city growth within the existing limits, slowing down urban scale changes. Through the work of public agencies (London Borough Councils, LDA, TFL), private developers and landowners, the focus was immediately put on East London, because of its peculiar potential to absorb growth on previously developed lands. That is why the chosen site for the 2012 Olympic Games was East London, and the event was advertised as "a regeneration tool". What's more, in the official documents[3], eastern limits have been interpreted as the fringe area of the park. Consequently

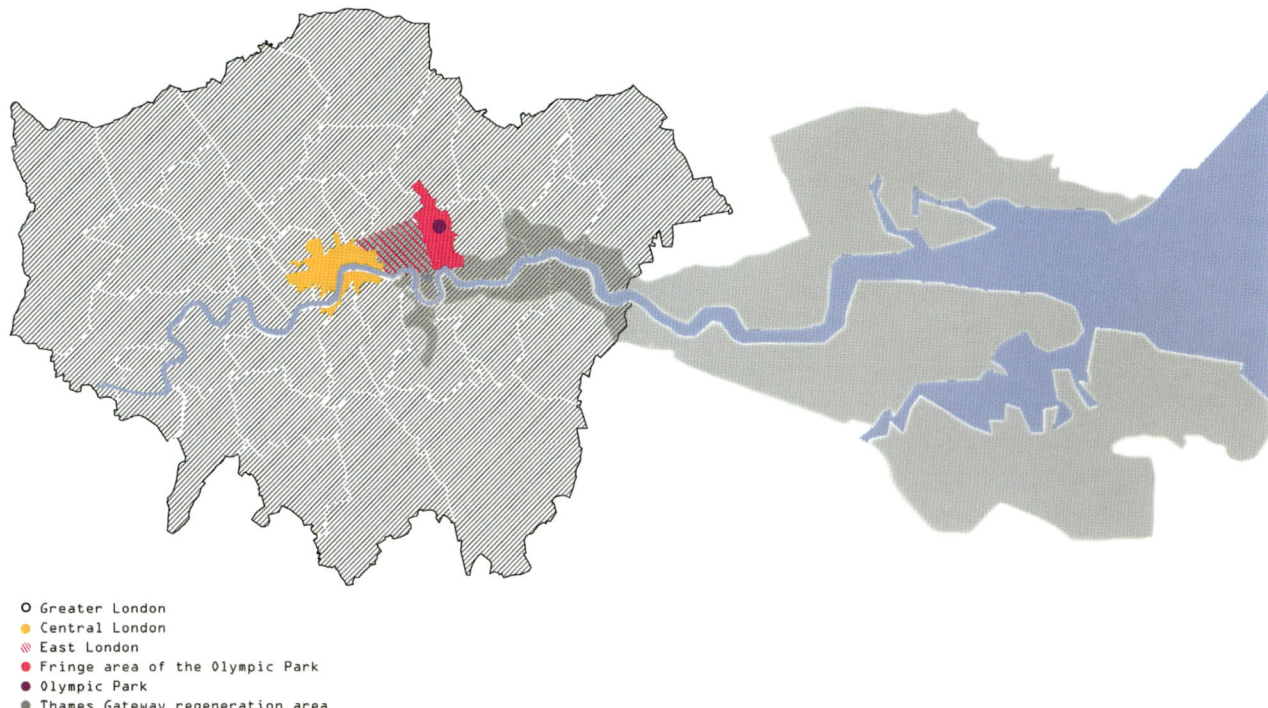

○ Greater London
● Central London
▨ East London
● Fringe area of the Olympic Park
● Olympic Park
● Thames Gateway regeneration area

the project expanded itself to comprehend its fringe area, marking the necessity of re-thinking a wider relationship between liminal areas and the city. A former scheme of regeneration, the Thames Gateway Project (2004), both a redevelopment region and a new growth area, interpreted East London as a whole, preserving its meaning, and tackled the outer limits of London Region in a recycling perspective.

The 3R hierarchy, especially for recycle, was a good way to start reducing land consumption, and limits absorption, not merely to reduce the urban scale, but also to change urban culture and lifestyles. This implies the necessity to re-consider parts of the city which gradually lost their meaning and shape. The reference was a model of smart city, capable of material recovery of existing values and built environment. Consequently, East London regeneration process had its value in:
- first of all, the de-limit-ation, demarcating a specific area (and urban scale) for regeneration;
- secondly, the connection between scales of planning, guaranteeing implementation and continuity with a wider vision of changing;
- lastly, the project, the Olympic legacy masterplan, orienting future development and investment.

As in previous regeneration schemes in East London, there is still the risk of a generalized absorption into the consumption city moving forward.

In order to protect fringes of transition from indiscriminate absorption, there is the need to create closer interrelation between local uses and new coming actions. This will mean to work on focusing on the real potential of local community uses, to work on their leadership and cohesion. Consequently the challenge for further urban regeneration schemes of eastern areas will be to use their capital, preventing the transformation into a limit-less city, eager for indefinite space. Recycling the existing urban scale, means to reduce its footprint, uncovering its existing landscape, and landscapes of limits too. Regenerating limits will start from:
- first of all, its liminality, its peculiar attitude to transition; no use and no development has to be considered as definitive and immutable, in order to save its dynamism, its functions and social mix;
- secondly, it has to stay accessible, moreover its accessibility has to be enhanced, because it is a part of the city, unique but not isolated;
- thirdly, its historical and environmental characteristic need to be correctly evaluated; it doesn't mean to slide into indiscriminate preservation, but to save its individuality through reuse;
- finally, there is the need to preserve existing social values, through a complex variety of activities with the residents, supporting local expressions of creativity through funds and global promotion.

OPEN SPACES

East London: stitching the fringe
©copyright Annie Attademo

East London is a gigantic recycle effort; close future will tell if the effort has been rewarded. However, after about 10 years of urban, social and physical regeneration, the most patent result is the transformation of this outer area into a new efficient and competitive one. In a 12 million city, no area is expected to stay always as it is; that's why the rush for crossing limits, both conceptual and material, will never truly stop -and the effort to manage the urban scale, will be one of the most appealing challenge for future planning.

References
Berger A. (2006), *Drosscape, Wasting land in urban America*, Princeton Architectural Press, New York.
Cameron S., Coaffee J. (2005), "Art, Gentrification and Regeneration, From Artist as Pioneer to Public Arts", in European Journal of Housing Policy, vol. 5, n. 1, pp. 39-58.
Imrie R., Lees L., Raco M. (ed., 2009), *Regenerating London, Governance, sustainability and community in a global city*, Routledge, London, New York.
Ley D. (1996), *The New Middle Classes and the Remaking of the Central City*, Oxford University Press, Oxford.
Raco M., Tunney E. (2010), "Visibilities and Invisibilities in Urban Development, Small Business Communities and the London Olympics 2012", in Urban Studies, vol. 47, n. 10, pp. 2069–2091.
Smith N. (2002), "New globalism, new urbanism, Gentrification as global urban strategy", in Antipode, vol. 34, n. 3, pp. 427–450.
Zukin S. (1991), *Landscapes of power, From Detroit to Disney world*, University of California Press, Berkeley (US).

Olympic Park: regeneration tool
©copyright Annie Attademo

TECNOLOGIE REVERSIBILI PER NUOVI MODELLI DI URBANIZZAZIONE PROVVISORIA

Francesca Balena Arista

Francesca Balena Arista, architetto, ha conseguito nel 2011 il Dottorato in Industrial Design e Comunicazione Multimediale al Politecnico di Milano con Andrea Branzi. Svolge attività critica indipendente nel campo del design e dell'architettura e collabora alla didattica con Andrea Branzi e Michele de Lucchi alla Facoltà del Design del Politecnico di Milano.

KW: REVERSIBILITÀ, INFRASTRUTTURE TEMPORANEE, SOSTENIBILITÀ AMBIENTALE

Questa ricerca si inserisce nel contesto delle problematiche ambientali e indaga la possibilità di utilizzare strutture temporanee per realizzare infrastrutture di collegamento, come ponti e strade, che risultino di basso impatto sul paesaggio.
Il pensiero progettuale ha trascurato negli ultimi anni la progettazione delle infrastrutture, che è stata invece centrale in altre epoche, limitandosi a ripetere sostanzialmente modelli già acquisiti, senza alcuna sostanziale innovazione. In un'ottica di sostenibilità, invece, questa problematica dovrebbe essere considerata come centrale: le strade tradizionali, infatti, sono segni permanenti sul territorio.
Nell'ottica di un progetto che tenga conto delle esigenze ambientali si può procedere o attraverso costruzioni sostenibili perché realizzate con materiali naturali o attraverso costruzioni reversibili, che, pur non utilizzando materiali naturali non lasciano tracce sul territorio perchè sono smontabili, modificabili e riutilizzabili in un altro luogo.
Nel primo caso, quello delle costruzioni "naturali", esiste una vasta e storicizzata bibliografia, a partire da Architecture without architects, scritto nel 1964 da Bernard Rudofsky. Più recentemente Alessandro Rocca, nel suo volume Architettura Naturale, ha raccolto una serie di esperienze a cavallo tra arte, architettura e paesaggio, in cui le antiche tecniche costruttive si affiancano alla pratica artistica e alle installazioni "site specific".
Nel caso delle infrastrutture reversìbili invece, che hanno oggi un utilizzo circoscritto ai cantieri temporanei e all'emergenza -mentre dovrebbero essere usate per affiancare e completare, dove possibile, le reti infrastrutturali esistenti- manca del tutto una ricerca organica e conseguentemente una bibliografia di riferimento.
Nella nostra società in rapida trasformazione, le città modificano di continuo la loro struttura e la loro fisionomia e diventa indispensabile pensare a progetti reversibili e a modelli di urbanizzazione che abbiano il carattere della flessibilità e dell'adattabilità. Si tratta di progettare secondo logiche nuove, che traggano spunto dai principi propri del mondo agricolo, che è un tessuto reversibile, dominato dai cicli della natura.
Da diversi anni oramai le discipline del progetto, dall'urbani-

1. Mostafavi M., Doherty G. 2010, Ecological Urbanism, Lars Muller Publisher, Londra.
2. Clement G. (2008), Il Giardiniere Planetario, 22publishing, Milano.
3. Donadieu P. (2006), Campagne Urbane, Una nuova proposta di paesaggio della città, Donzelli, Roma.
4. Donadieu P. (2006), Campagne Urbane, Una nuova proposta di paesaggio della città, Donzelli, Roma. pag. 45 e seguenti, paragrafo Dalla Ruralità agricola alla ruralità urbana.
5. Branzi A. (2006), Modernità debole e diffusa, il mondo del progetto all'inizio del XXI secolo, Skira Milano.
6. vedi nota n.1
7. Il nuovo insediamento di Camarda è stato costruito all'interno dell'area protetta del Parco Nazionale del Gran Sasso e Monti della Laga.
8. I tratturi sono l'antica viabilità in terra battuta utilizzata dai pastori fin da epoca romana per la transumanza, ovvero lo spostamento stagionale delle greggi. Il più grande e importante d'Italia è il Trattturo Magno, che parte dalla città dell'Aquila e arriva fino a Foggia.

OPEN SPACES

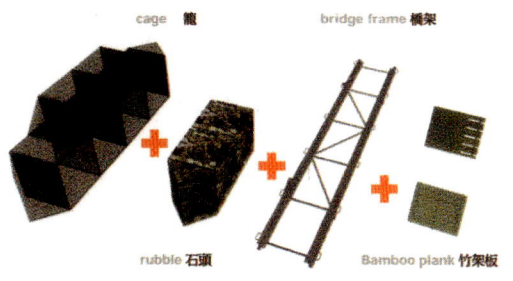

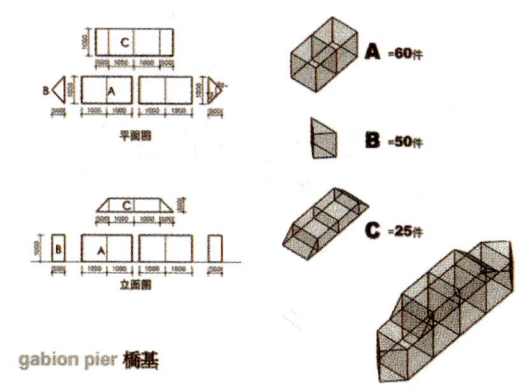
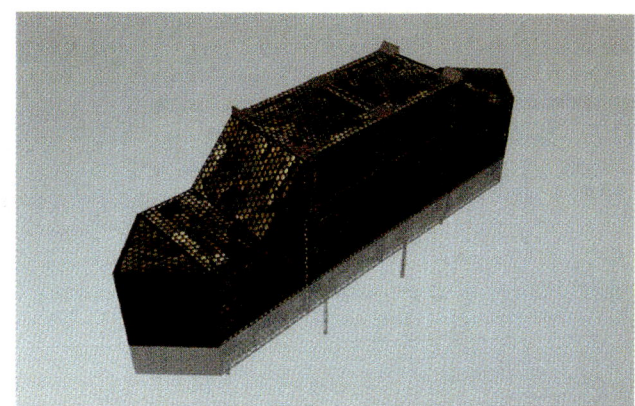
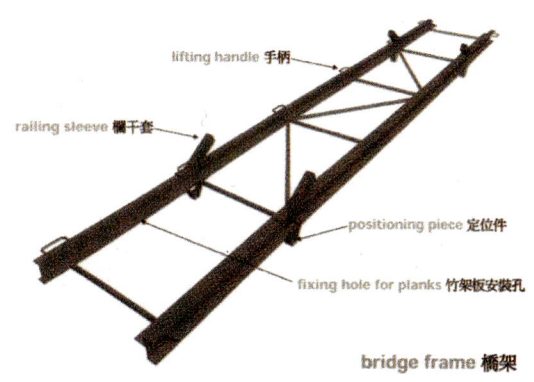

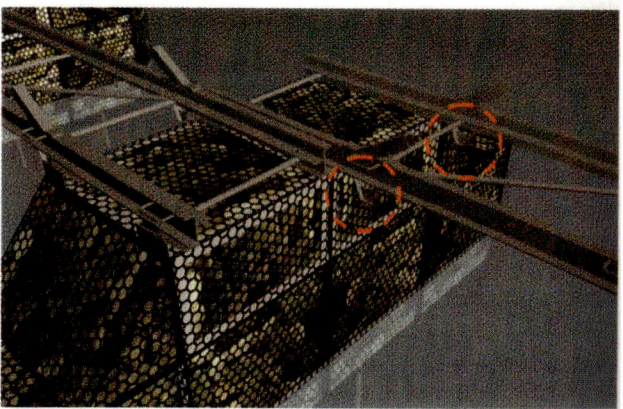
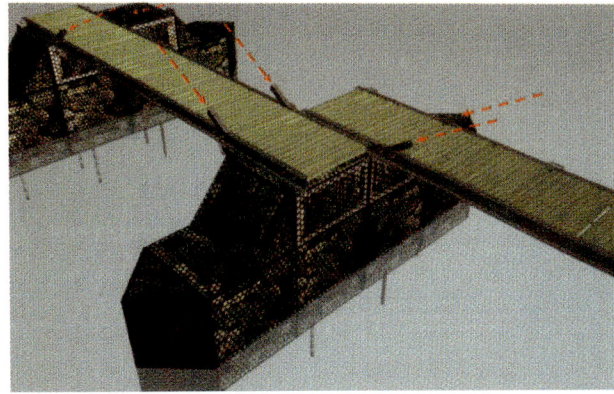

Immagini

1 - Andrea Branzi, Agronica, Modello di urbanizzazione debole, 1995. Per Centro Ricerche Domus Academy e Centro Design Philips.

2 - Edward Ng e Hantony Hunt, costruzione del ponte per il villaggio di Maosi, Cina, 2005. Un esempio di ponte totalmente reversibile. Schema di montaggio.

2 - Edward Ng e Antony Ant, costruzione del ponte per il villaggio di Maosi, Cina, Un esempio di ponte totalmente reversibile. Costruzione del ponte.

stica alla pianificazione territoriale, dal design all'architettura, cercano risposte "sostenibili" alle esigenze dell'uomo, risposte volte alla salvaguardia del pianeta che abita.
La Harvard University Graduate School of Design ha pubblicato nel 2010 un volume dal titolo "Ecological Urbanism"[1], che raccoglie un'ampia serie di progetti che testimoniano come sia vivo l'interesse attorno ad una progettazione dell'ambiente costruito attenta alle tematiche ambientali. Nella sua introduzione al volume Mohsen Mostafavi, rettore della Harvard University Graduate School of Design, sottolinea come in una società come quella contemporanea, caratterizzata da continui e veloci cambiamenti di senso e di funzione, l'urbanistica deve avere la capacità di adattarsi continuamente al nuovo. Mostafavi cita a questo proposito il lavoro di Andrea Branzi: «Il visionario architetto e urbanista italiano Andrea Branzi [...] In una serie di progetti che sfumano deliberatamente i confini tra le discipline (connesse sia alla pratica dell'arte che all'agricoltura e alla rete informatica) [...] ha proposto un'urbanistica adattabile, basata sulle loro relazioni simbiotiche. Un aspetto chiave di questo tipo di urbanistica –come per il territorio agricolo- è la sua capacità di essere reversibile, evolutiva, provvisoria. Queste qualità sono necessarie in risposta ai bisogni che cambiano in una società in stato di riorganizzazione permanente. [...]».
Questa visione di un progetto adattabile, reversibile, evolutivo e provvisorio è certamente una delle strade possibili per un'urbanizzazione sostenibile; diventa fondamentale, quindi, ricercare strumenti e tecnologie adatti alla sua realizzazione.
Un contributo rilevante alla diffusione dell'idea che il progetto debba fare della flessibilità e adattabilità della natura il proprio riferimento viene certamente dagli esponenti dall'École Nationale Supérieure du Paysage (ENSP) di Versailles. Mi riferisco in particolare al lavoro di Gilles Clement che, in uno dei suoi libri più noti, "Il giardiniere planetario"[2], scrive: «Gli etologi, [...] i botanici, [...] gli etnologi e perfino i sociologi lavorano tutti con i dati fluttuanti del mondo vivente. Non gli è mai permesso di descrivere una situazione come stabile o definitiva. Se tenessimo conto [...] della filosofia che ne deriva, immagineremo la pianificazione del territorio in maniera ben diversa. Invece di irrigidire il quadro del giardino o dello spazio pubblico, lo immagineremo flessibile e profondo, suscettibile di assorbire le trasformazioni del mondo vivente.».
Pierre Donadieu, altro importante esponente del pensiero di questa scuola, considerato tra i maggiori esperti europei delle discipline del paesaggio, propone un ripensamento delle discipline dell'urbanistica e della pianificazione territoriale tradizionali e approfondisce, nel suo libro "Campagne Urbane"[3], i meccanismi che governano gli equilibri odierni tra città e campagna, tra necessità dei cittadini di godere della comodità di servizi urbani e desiderio di natura e spazi verdi. Donadieu mette la campagna al centro del progetto, ribaltandone la storica sudditanza nei confronti della città: invece di costruire barriere verdi che arginano l'espansione della città, perchè non costruire il tessuto urbano a partire dagli spazi agricoli e boschivi? Le condizioni di urbanizzazione relative alla città contemporanea hanno portato progressivamente ad una sempre maggiore sfumatura del confine tra città e campagna, con una conseguente crescente attenzione del mondo del progetto intorno alle problematiche relative agli spazi periurbani[4].
Gli spazi periurbani sono spazi intermedi, caratterizzati dalla commistione di caratteri urbani e rurali e, come tali, richiedono progettualità innovative, forme di mediazione tra la rigidità strutturale dell'architettura e della pianificazione urbana e la flessibilità gestionale dell'agricoltura. È a questi spazi in particolare che la ricerca pone attenzione, proponendo la costituzione di territori insieme semi-agricoli e semi-urbani, che per la loro specifica organizzazione possono garantire un'integrazione tra agricoltura e servizi urbani, residenza diffusa e tempo libero, offrendo un contributo alla cultura ambientale in termini di innovazione gestionale del territorio. Il nuovo riferimento proposto è il Modello di Urbanizzazione Provvisorio, mutuato dai Modelli Teorici di Urbanizzazione Debole, come Agronica (1995), proposti da Andrea Branzi[5], e ai quali fa riferimento Mohsen Mostafavi[6].
Nel Modello di Urbanizzazione Provvisorio l'architettura si integra con l'agricoltura attraverso un sistema che garantisce la sopravvivenza del paesaggio agricolo e naturale; i territori agricoli vengono dotati di servizi attraverso l'utilizzo di infrastrutture mobili o comunque temporanee. Queste possono essere realizzate attingendo al campo della logistica leggera, in grado di fornire una base utile per interventi reversibili sul territorio. Questi strumenti logistici sono rimasti fino ad oggi circoscritti al campo militare e dell'emergenza, a causa dell'approccio progettuale predominante, che, storicamente, ha sempre prediletto in campo civile la permanenza e la durevolezza delle infrastrutture, e non la loro reversibilità.
Esiste invece un vasto e inesplorato catalogo che parte dalla tecnologia delle Landing Mat, piastre a incastro create durante la seconda guerra mondiale per realizzare piste di atterraggio provvisorio, e che passa attraverso la vasta offerta attuale di ponti e strade modulari smontabili, utilizzati per realizzare le strade di accesso ai grandi cantieri o le infrastrutture nei paesi in via di sviluppo, e che giunge fino ai brevetti recenti, come Tensairity, innovativa trave pneumatica a bassa pressione, utilizzabile per ponti e strade leggere.
Rileggendo il catalogo dell'offerta esistente sotto la nuova prospettiva dell'ecocompatibilità è quindi possibile rintracciare soluzioni adatte allo scenario che abbiamo illustrato.
Potremmo parlare in questo senso di una sorta di "neo-funzionalismo": se il vecchio funzionalismo cercava infatti la soluzione per organismi perfetti e definitivi, il nuovo si propone di individuare possibilità aperte per organismi mutevoli e, in questo senso, volutamente imperfetti.
Come caso-studio questa ricerca analizza la situazione della città dell'Aquila, colpita nell'aprile 2009 da un grave terremoto. Le soluzioni adottate per la prima emergenza abitativa hanno determinato la creazione di 21 nuovi insediamenti situati in zone precedentemente agricole, con la conseguente creazione di territori misti, in cui coesistono cioè caratteri agricoli e urbani. Si tratta del Piano C.A.S.E (Complessi Antisismici, Sostenibili, Ecocompatibili) e dei M.A.P. (Moduli Abitativi Provvisori),

che si presentano come insediamenti temporanei, per i quali si ipotizza cioè una trasformazione futura. Alcuni insediamenti sono stati realizzati in zone ad alto valore paesaggistico o addirittura all'interno di aree protette[7]. Questi nuovi nuclei abitativi mancano di infrastrutture di collegamento e servizi adeguati, si pone quindi il problema di una ulteriore urbanizzazione. Viene proposta per questo un'integrazione tra le infrastrutture esistenti e nuovi micro-interventi di carattere transitorio permettendo, in questo modo, il recupero del sistema dei tratturi[8], antica ed importante viabilità preesistente. L'utilizzo di infrastrutture leggere risolve i problemi legati alla mobilità e ai servizi senza compromettere ulteriormente l'ambiente, permettendoci un futuro recupero almeno parziale di questi siti all'agricoltura e la salvaguardia dell'agrobiodiversità del territorio.

Bibliografia

Branzi A. (2006), *Modernità debole e diffusa, il mondo del progetto all'inizio del XXI secolo*, Skira, Milano.

Carotti A., Benetti P. (2000), *Ingegneria delle costruzioni smontabili e di emergenza*, Pitagora ed., Bologna.

Clement G. (2008), *Il Giardiniere Planetario*, 22publishing, Milano.

Donadieu P. (2006), *Campagne Urbane, Una nuova proposta di paesaggio della città*, Donzelli, Roma.

Mostafavi M., Doherty G. (2010), *Ecological Urbanism*, Lars Muller Publisher, Londra.

Rocca A. (2006), *Architettura Naturale*, 22 Publishing, Milano.

Rudofsky B. (1964), *Architecture without architects*, Academy Editions, Londra

OPEN SPACES

THE URBAN POTENTIAL OF OPEN SPACES IN LAGOON URBAN AREAS

Giovanni Maria Biddau

Architect and Ph.D. student at the Department of Architecture, Design and Urban Planning of Alghero (University of Sassari), working on research in collaboration with the LEAP International Workshop on Environmental Design; he has recently belonged to planning groups participating in international architecture and urban planning competitions.

1. Lagoon systems are affected by certain factors, including in particular the levels of gradual transition based on fresh water input, morphological difference of the bed and ways of contact with the open sea. They are often subject to physical dynamics, like dystrophic crises, for example, which constitute the most serious level of a long process beginning with high primary and vegetable biomass production, involving high oxygen consumption to the point of reaching complete anoxia with the production of hydrogen sulfide and widespread mortality of the species in all habitats present. In spite of this, lagoons tend to have a high capacity for re-establishing those typical conditions on which the biotypical communities characterising them have evolved.

2. The humid areas chosen include a Sito di Importanza Comunitaria (SIC, Site of Community Importance, singled out pursuant to Directive 92/43/CEE "Habitat"), a Zona di Protezione Speciale (ZPS, Special Protection Zone, designated pursuant to Directive 79/409/CEE "Wild birds"), as well as being a humid zone of international importance pursuant to the Ramsar Convention.

3. Some of the University of Sassari's research is proof of this, in which the input of nutrients into the lagoon has been theoretically estimated as 29 t/year of phosphorous (Sechi, Padedda, Lugliè, 2006) with concentrations of 139 g (Ferrarin, Umgiesser, 2005), values that indicate a state of hypertrophy of the system.

KW: LOW-DENSITY SETTLEMENTS, LAGOONS, PUBLIC SPACE

City design and environmental dimension

The city continues to grow and spread over the territory taking on different forms and spatialities. Urban development needs to unite with the ecological question in order to resist processes of environmental crisis.

The complexity of settlement systems, devoid of an imperative structure, can hardly be traced back to the traditional concept of public space. Cities appear to be more and more difficult to distinguish from the surrounding territory and the difference between the inside and outside of the urban agglomerate has become hard to perceive (Benevolo 2011). New ways of relating between the urban environment and the territory can generate problematic issues linked with the development of a city that can no longer be identified as a compact city. In this case we are referring to problems of an environmental type, but also social and economic, which often foster forms of planning that no longer respect the new requirements referred to and the effective qualities of places. Urban space design needs to oppose ways of expansion – currently degraded with different forms of dispersion and consumption (Salzano, 2002; Camagni, Gibelli, Rigamonti, 2002) – by seeking new spatial references that identify a new direction in the environmental system (Clemente,1974).

Many sensitive territories undergo the unrealistic re-proposal of settlement models typical of the high-density city, calling for reflection on the possibility of structuring these places in a different way (Viganò, 2004). As Fernando Clemente stated, if the city has shown the ability to construct ways of relating with the environment, an ability should be acquired for reading the fundamental elements and relationships that bind them as "indispensable components of enhancement of the "environmental city", on which to further the development of settlement structures so as to achieve a new life environment" (Clemente, 1974).

At the present time the phenomenon of urban dispersion and low-density settlement has involved large parts of the territory in the process of city construction, above all as regards the agricultural and fishing landscapes. They represent territory parts that up until recent times appeared to be external to the consolidated city and were recognised as focal points to which the inhabitants were functionally and culturally tied. It might therefore be interesting to understand how these areas can be included in design for the contemporary city and territory.

In recent times some scholars of the city and natural sciences have emphasised that emergences and traces present on the territory and in the city, such as river courses and gaps between built areas, can constitute reserves of natural features (Corboz, 1998; Cacciari, 2004). They can, however, also become instruments for the spatial composition of new city forms, playing an important role moreover in the linking-up and recentring - in an environmental key - of different forms of urban fabric (Maciocco, 2008). They are places that, if fitted into a coherent overall design for the territory, acquire potential value, as they differentiate from the processes of composition of low-density city forms, which have sometimes been the cause of imbalance in ecological systems as well settlement, economic and social ones. Lagoon ecosystems stand out among these for their high dynamic and productive qualities that configure connections with the continental system and the marine one[1] by means of a complex structure (Lankford, 1977; Barnes, 1980). They may be spaces of environmental excellence, useful for reorganising contemporary forms of settlement. The imbalance in these resources may be caused by pressures of an urban nature, as well as industrial and agricultural. Their functioning is also often conditioned by conflicts of interest between actors not attentive to achieving an ecological equilibrium compatible with the social, economic and cultural development (Eakin, Luers, 2006).

Environmental project of the town of Cabras

The territory of Cabras and the wetlands of the Oristano region in west-central Sardinia are a complex context lending itself to discussion of the specific problem of the urban system/lagoon system relationship. This territory depends socially and economically on two fundamental realities, namely activities linked with fishing and agriculture, which have strong repercussions on the lagoon, subject to SIC, ZPS and Ramsar restrictions.[2] In the past sixty years the lagoon has had to undergo human-induced works, including the reclamation of the Mare Foghe lagoon north of the main lagoon (in the Fifties), creation of the Scolmatore canal to the south at the point where the old Sa Mardini pond links up with the Gulf of Oristano (Seventies), and the construction of the Rio Mare Foghe dam (1995) (Vallerga, 1999). These works considerably modified the water system layout and pointed out the more important issues at a territorial level, such as integrated water cycle management, connected with the problem of agricultural production and the future of the small urban realities.

Lagoon and agriculture appear to be intertwined in unidirectional ways: if the former seems not to affect the agricultural system, the agricultural system, on the contrary, produces important consequences on the lagoon.[3]

As happened at the end of the Nineties during the dystrophic crisis of the Cabras lagoon (1999) caused by problems linked with anthropic interventions, a possible collapse of the lagoon ecosystems of the Oristano region could produce a wide range of effects on the development, social cohesion and economics of the area. For this reason, with the purpose of not surpassing the lagoon system's capacity for resistance, it is useful to redefine an active strategy for territorial resource management. Following these principles, the Cabras lagoon experiment was based on interpretation of the dynamics characterising the wetlands of the Oristano region, the biological conditions of which have been altered by invasive interventions and immissions into the wastewater of nearby villages.

The border space between the wetland system and the surrounding territory can be read as an "intermediate space" (Maciocco, Tagliagambe, 2009) of interface between water and land. At the same time the dynamic system of the wetlands is recognised and acquired as an element of knowledge fundamental for reading the territory and city design (Schauman, Salisbury, 1998).

In this manner the concept of processuality applied to reading territorial relations favours indistinctness between analysis and project (Clemente, 1974; Maciocco, 1991; Steiner, 1993) and becomes an opportunity for exploration of the dynamics and conditions of the actual ecosystem. This inseparability constitutes the environmental orientation of design, enabling the traditional categories to be cast off, such as conservation, protection, control and monitoring, unsuitable for opposing conflict scenarios between the dynamic balances of natural ecosystems and the socio-economic interests of the collectivity (Serreli, 2004, 2011). With a single gesture the project designs the places functional for the purification process and those for public fruition, promoting integration between the natural-environmental dimension and the urban dimension and favouring the dynamic quality of territorial relations. In this situation the designer performs an assessment of the territorial system relations, a task that encompasses at the same time the need to know and the need to act (Marrow, 1977). This is a planning vision that takes into consideration not only ecosystem functioning but also the activities connected with it (Naveh, 2000). Thus the fishing and agricultural landscapes of Cabras are not considered separate elements of the project but, on the contrary, strictly connected via a wide network of relations. These highly significant, fragile spaces constitute entities that can only be safeguarded by structured, organised planning actions (Ruiz Martinez, Romera Garcia, 2005).

Design starts off from these presuppositions and aims to oppose centralisation policies for managing wastewater, considered difficult to resolve, and to foster, on the other hand, polycentric reorganisation of the territory. Rethinking the primary system of wastewater purification and the integrated phyto-purification system allows, in contrast with current wastewater management, reintroduction of waters subjected to different levels of purification into the basin of areas around the lagoon, at the same time favouring polycentric organisation of the urban system. Once purified, the wastewaters become an auxiliary source of water contribution for the lagoon. Purified water is reintroduced into the natural basin around the

1

pond, which, in turn, is connected with the main lagoon. In this way submerged basins of fresh water are created, necessary both for the growth of and increase in typical vegetation. The articulation of these spaces and fruition structures constitutes the organising principle for integrating the phyto-purification system, allowing access to areas of great naturalistic interest and fostering the creation of different forms of public space that adapt to the sensitivity of the area around the lagoon. In this sense the wetlands become the environmental centre of the vast area settlement system and at the same time promote the construction of new spaces for public fruition in which different urban structures (leisure areas, teaching areas, etc.) may be localised.

From the study of the relations between the different landscapes characterising this territory the process of water purification has become an opportunity to replan settlement space, organise public services and provide appropriate answers to the problematic issues linked with outflow in the wetlands.

Edge areas or unplanned ones reveal themselves as places of achievement, of construction of new instances of communication on edge territories not yet occupied by the urban realm (Maciocco, Pittaluga 2006). When design is environmentally-oriented, it can experiment with novel combinations able to facilitate integration between different dimensions, such as, for example, between the environmental and the urban.

Bibliografia

Barnes R.S.K.(1980), "Coastal lagoons. The natural history of a neglected habitat. Cambridge studies" in Modern Biology, n. 1. Cambridge University Press, XI +106 pp.

Benevolo L. (2011), La fine della città, Editori Laterza, Bari.

Cacciari M. (2004), "Nomadi in prigione", in Bonomi A., Abruzzese A. (a cura di), La città infinita, Mondadori, Milano, pp. 51 - 59.

Camagni R., Gibelli M.C., Rigamonti P. (2002), I costi collettivi della città dispersa, Alinea, Firenze.

Clemente F. (1974), I contenuti formativi della città ambientale, Pacini, Pisa.

Corboz A. (1998), "Verso la città territorio", in Viganò P. (a cura di), Ordine sparso. Saggi sull'arte, il metodo, la città e il territorio, FrancoAngeli, Milano, pp. 214 - 218.

Eakin H., Luers A.L.(2006) "Assessing the vulnerability of social-environmental systems", in Annual Review of Environment and Resources, n. 31. pp. 365 - 394.

Ferrarin C., Umgiesser G. (2005), "Hydrodynamic modeling of a coastal lagoon: The Cabras lagoon in Sardinia, Italy", in Ecological Modelling, n. 188, pp. 340-357.

Lankford R.R. (1977), "Coastal Lagoons of Mexico: their origin and classification" in Wiley M. L. (a cura di) Estuarine processes, n.2, Academic Press, Inc., New York, pp. 182 – 215.

Maciocco G. (a cura di) (1991), La pianificazione ambientale del paesaggio, FrancoAngeli, Milano.

Maciocco G. (2008) Fundamental Trends in City Development. Berlin, Heidelberg, New York: Springer-Verlag.

Maciocco G., Pittaluga P. (a cura di) (2006), Il progetto ambientale in aree di bordo, Franco Angeli, Milano.

OPEN SPACES

2

3

4

5

58 | MONOGRAPH.IT | RESEARCH

6

Maciocco G., Tagliagambe S. (2009), *People and space: New forms of interaction in the city project*, Springer-Verlag, Berlin, Heidelberg, New York.
Marrow A.J., (1977), *Kurt Leving tra teoria e pratica*, La Nuova Italia, Firenze.
Naveh Z. (2000), "What Is Holistic Landscape Ecology? A Conceptual Introduction" in *Landscape and UrbanPlanning*, n.50. pp. 7 – 26.
Ruiz Martinez A., Romera Garcia P.N. (2005), *Luz, Agua y Tierra en la Arquitectura*, Imprenta Perez Galdos, Las Palmas de Gran Canaria.
Salzano E. (2011) "Crescita della città e consumo di suolo" in *Network in progress*, n.5, pp. 9 -14.
Schauman S., Salisbury S. (1998), "Restoring nature in the city: Puget Sound Experience", in *Landscape and Urban Planning*, n.42. pp. 287 – 295.
Serreli S. (2004), *Dimensioni Plurali della città ambientale. Prospettive di integrazione ambientale nel progetto del territorio*, FrancoAngeli, Milano.
Serreli S. (2011), "External territories and environmental city project" in Maciocco G., Sanna G., Serreli S. (a cura di), *The Urban Potential of External Territories*, FrancoAngeli, Milano, pp. 80 – 141.
Sechi N., Padedda B., Lugliè A. (2006), "Gestione ecologica e territoriale di ambienti di transizione: lo Stagno di Cabras" in Maciocco G., Pittaluga P. (a cura di) *Il progetto ambientale in aree di bordo*, FrancoAngeli, Milano, pp. 207 - 237.
Steiner F. (1993), *Costruire il paesaggio*, MacGraw-Hill, New York.
Vallerga et al., (1999), *Controllo Ambientale dello Stagno di Cabras*, ICB / CNR, IMC, Oristano.
Viganò P. (a cura di)(2004), *New Territories*, Officina, Roma.

Images
1. Elements of the lagoon, photo by Pepe Peralta
2. Oristano region city territory of wetlands
3. Cabras, fishing landscape, photo by Pepe Peralta
4. Elements of disuse on the territory, photo by Pepe Peralta
5. The urban centre and relations with the lagoon, photo by Pepe Peralta
6. Cabras, seen from the wooden structures and platforms

OPEN SPACES

A REPRESENTATIONAL PUBLIC SPACE: TAKSIM SQUARE

Birge Yildirim

Birge Yıldırım is a PhD candidate and research assistant in Department of Landscape Architecture at Istanbul Technical University. She is currently a visiting student at Harvard University, Graduate School of Design. Her research and teaching interests include urban history, urban transformations and design. She is currently writing a dissertation considering production of public space in Istanbul.

1. Prost., H., "Les Transformations d'İstanbul,(vol.VIII) ,Pera-Galata, 3.

Images
1. Construction of the Taksim Pedesstranization Project.
2. Figure : Taksim Square and Artillary Barracks, 1925.

At the "2023 Vision of Turkey" meeting held in June 1, 2011, Prime Minister of Turkish Republic Recep Tayyip Erdoğan announced a new project for the pedestrianization of Taksim Square. Presented with a set of visuals, the project proposed a pedestrian zone in the middle of the square circumscribed by Ataturk Cultural Center, Istiklal Street, Gezi Park and Marmara Hotel by creating high-speed underground tunnels transferring boulevards below ground. Besides the new circulation system, the proposal also included the reconstruction of Taksim Artillery Barracks, which were demolished to create an open public space in Taksim, during the period of mayor Lütfü Kırdar in 1940. The Project was criticized in public, private sectors and turned into a hot debate, questioning the feasibility and the benefits of the transformation. Professionals such as authors, critics, architects, planners, artists, lawyers, activists, academics, politicians and concerned citizens have condemned the project. In October 14, 2012 one thousand people gathered in Taksim Square to protest the project. Despite of all the oppositions Istanbul Metropolitan Municipality Assembly started the construction of the project in November 5, 2012. The premise of this paper is that this top-down project should not be seen in isolation, but rather as part of a historical framework of a symbolical, political, ideological and socio-economical process of a broader and complex relation. As in the case of other global cities worldwide, in the last century, Istanbul has undergone an uneven development both in terms of social justice and urban form. Urban landscape became a medium of material and representational space in which different ideologies are transformed into concrete forms to produce cultural, national meanings or political control. In Taksim Square, the urban landscape has been a state apparatus, where the ideologies like nationalism, secularism, and cosmopolitanism found their spatial forms. Urbanism has been a tool for governing citizens through space, a tool to shape order and prevent or control revolution. The question of governing the city through spatial interventions is and has always been an important aspect for governments, those holding political power since cities are the chaotic environments, as threats for the governments, carrying the tensions of proletariat or the contradictory groups. When we take urban space as a dispositive or a regulatory apparatus mediating between heterogeneous elements, the space itself becomes a political medium, which produces the social through space. On November 5th, 2012, a new project has started to be constructed at Taksim Square which threatens both the square and Gezi Park. The aim of the project is to pedestrianize the square, by relocating major traffic routes, including Tarlabaşı and Cumhuriyet Boulevards, underground. The Project proposes the construction of 10m deep subterranean tunnels one at Tarlabaşı-Harbiye direction, 400meters long, and the other one at Harbiye-Tarlabaşı direction, 320 meters long. After the constructon of the projects, it will be very difficult as a pedestrian to reach the square since the existing sidewalks along the boulevards will be transformed into service roads. The government projected to complete the first phase of the construction, that is the relocation of traffic routes underground, in 240 days and the new traffic-free public area will be 100 thousand square meters when completed (Figure1).

A grand scaled similar project, reconstruction of Taksim Artillery Barracks functioning as a shopping mall is about to be implemented to emphasize the Ottoman image of the square while serving as a consumption space for tourism. Taksim Artillery Barracks was built in 1806 as a part of Ottoman military reforms under the reign of Selim III (Atabeyoğlu, 1995) (Figure 2). After its construction, the barracks were restored and renovated many times to accommodate diverse social activities. At the turn of 20th century the Taksim area and especially the Barracks were important factors in the rise of property values (Üzümkesici, 2011). With the expansion of the city, the Barracks became an attraction point for the Beyoğlu District with Taksim Square hosting diverse social activities. Starting officially from 1921 the Barracks were renamed Taksim Stadium. During the stadium years, other sports such as athletics, boxing and wrestling were also performed and the building prepared the ground for large groups of people (Atabeyoğlu, 1995) as a social, public ground, contributing the everyday life of the city. In the period when Lütfü Kırdar was the mayor, the demolition of Taksim Artillery Barracks to build İnönü Esplanade was planned by Henri Prost, for Taksim Square. The esplanade was defined as Boulogne Woods of İstanbul. Now called Gezi Park, İnönü Esplanade was designed as a starting spot of the second park, which was thought to be the lungs[1] of the planned residential area. In this respect the demolition of the barracks was one of the essential decisions for the master plan of Istanbul. Looking back to that time from today, it is also very interesting that there were no reactions for the demolition of Taksim Artillery Barracks regarding it is historic monumental structure. As it is today, in 1940s, critical discussions for the planning of Istanbul was disregarded and many historic monuments carrying the public memory have been demolished in which many metropolises like Istanbul, lost the local information, trying to improve the human condition, with modernist ideologies. The imposition of nationalism as a top down role of the state for the process of identity construction creates an imaginary history while erasing the shared memory of the past from the urban and socio spatial landscape.

The project for the reconstruction of the Artillary Barracks is a part of the Islamist ideology which uses replica images from Ottoman to create a global, nostalgic, touristic, Disney image. The remade past will create an alienating landscape for the city. It is also a reflection of the capital-oriented ideological content of urban transformation. As Adanalı states 'urban transformation as 'a process of market fetishism that makes references to concepts such as privatization, flexible labor markets, non-producing state, small bureaucracy, good governance; while, on the other hand, economic policies facilitate capital accumulation for the sake of big capital directly through the use of state and public resources' (Adanalı, 2011). Despite being a public initiative, the Metropolitan government has not provided any means for

public discussion, while ignoring the voices of various groups and individuals who have the expertise to evaluate the effects the project on the urban fabric of Taksim.

Besides the representational meaning of the clandestine project and construction, the project also aims to narrow the field of politics, with a top down implementation on public space. Although the demolition of Gezi Park and Taksim Artillery Barracks are the main discussion point of the project, which were done for improving the profit of the space by privatizing the public space, the project has a broader impact on space politics. The project is rehearsal of the new constitution of the government in which the passwords are hidden in the history of the public sphere. Although being a global touristic stage of the event city today, Taksim still is carrying the memory of May 1st, labor days, which was a tacit knowledge of the left wing, DISK or the socialists as a representational space. The mass demonstrations of the left wing marked and owned the square with a hegemonic sovereignty. Even today with its marginalized state, Taksim still carries the traces of mass demonstrations. The new project surrounds the square with underground tunnels that are defining the boundaries of the square. The project is a new language of state to control public by transforming space. The state actually prevents the social or political movements by blocking the pedestrian access to the square with the underground tunnels. The project is a new language for the representation of the hegemony of the government over citizens without being violent such as using police barricades, panzers or cops. The project itself creates a panopticon by narrowing (or bordering) the politics of space. Taksim as an urban landscape, is not just a representation or commemoration of the memory but also is the stage for each individual to perform urban memory (Mills, 2010). Accordingly, as Harvey argues, the inhabitants have the right to shape the memory, to decide in which urban environment they want to live, and in parallel to this argument, to have the right to transform their city (Harvey, 2012). The image making efforts taking place at Taksim square simply represents the relationship between space power and justice. The urban image construction has become not only a package of urban products serving the dominant elite group and tourism but also a tool to manipulate public opinion and control social behavior. On a large scale, the public has been removed from the decision making process. From this point, looking at the top-down implementations of urban revitalizations in Taksim Square, it is questioned according to what decision makers decide on the transformations in urban landscape and in parallel to that, who decided on how people want to live.

Lowenthal observes the recreated pasts as follows; 'Less idiosyncratically encountered, the remade past is more monolithically interpreted: the restorers and guides through whose eyes we see it fit us all with the same distorting lense.'(Lowenthal, 1985). The decision under the reconstruction of Taksim Artillery Barracks is to create a consumption space for tourism that looks ethnic, authentic enough to recapture the lost cultural heritage from Ottoman Dynasty. However creating replicas or imaginaries from the past will not preserve it. As Nazer Alsayyad claims such image making fabricated planning actions or large scaled projects are simple solutions of governments towards political necessity and economic expediency (Alsayad, 2001). Remaking Taksim Square as a tourist object for city marketing and image making reduced the square into an authentic landscape of visual consumption. Using historical images and remaking or reconstructing them to create an authentic, dream landscape where all cultural aspects are reduced to their basic representations as icons of manufactured culture for commercial consumption has become a trend for the development and spread of tourism. The shaping and reshaping processes of public space is a tool to understand the framework of reinforcing ideologies of different actors and power relations. As Lefebvre claims 'Urbanism is a mask and a tool: a mask for the state and political action, a tool of interest that dissimulated within a strategy and a socio-logic. Urbanism does not try to model space as a work of art. It does not even try to do so in keeping with its technological imperatives. The space it creates is political' (Lefebvre, 1970). The politics of identity reflected within the state hegemony and media as its representative forms through the urban landscape, play an integral role in the production of urban imaginaries. In other words, it is a way of seeing in which the state hegemony and the nation building, intertwines with society, and shapes the forgotten and re-created cultural memory. The nostalgia derived from imaginary cultural memories is an apparatus to obscure difficult tensions of the past. Lowenthal delineates the past has became a foreign country for the locals. 'The past is a foreign country whose features are shaped by today's predilections, it is strangeness domesticates by our own preservation of its vestiges '(Lowenthal, 1985).

Bibliography

Adanalı, Y., A. (2011) *De-spatialized Space as Neoliberal Utopia: Gentrified İstiklal Street and Commercialized Urban Spaces*, Red Threats, vol.3.

Alsayad, N. (2011) *Global Norms and Urban Forms in the Age of Toursim:Manufacturing Heritage, Consuming Tradition*, (ed.) Nezar Alsayyad in Consuming Tradition: Manufacuring Heritage, Routledge, London, pp.1-34.

Atabeyoğlu, C., (1995) "Taksim Stadyumu", Dünden Bugüne İstanbul Ansiklopedisi, vol.7, İstanbul.

Harvey, D. (2012) *Rebel Cities:From the Right to the City to Urban Revolution*, Verso, New York, pp. 3-27.

Lefebvre, H.(1970) *Urban Revolution*, University of Minnesota Press, Minneapolis.

Lowenthal, D. (1985) *The Past is a Foreign Country*, Cambridge University Press, Cambridge.

Mills, A. (2010) *Streets of Memory: Landscape, Tolerance, and National Identity in Istanbul*, University of Georgia Press, Athens.

Üzümkesici, T. (2011) "Taksim ArtilleryBarracks", in Ünal, I., Kozar, C., Saner, T.,Ghost Buildings, Şan Ofset Matbaacılık, pp.102-112.

OPEN SPACES

CITTÀ DI TERRA

Daniela Buonanno

Daniela Buonanno è Dottoranda di Ricerca in Progettazione Urbana presso il DiArch di Napoli, dove svolge anche attività didattica come cultore della materia ICAR14. Lavora sul tema dell'integrazione di aree agricole in città (Ruralurbanism), per la costruzione di spazi insieme abitabili e coltivabili.

I temi affrontati fanno parte di una ricerca di Dottorato ancora in corso presso il Dottorato in Progettazione Urbana e in Urbanistica del DiARCH di Napoli "Federico II", dal titolo "Ruralurbanism. Produrre terra in città".

1. Il 27% del territorio italiano, secondo alcuni fonti il 30%, è a rischio desertificazione, il 7% è dichiarato sterile e il 4% è già deserto. Da Fonti Desertec 2010, Enea 2010.
2. Il lavoro presentato è stato svolto in occasione del Seminario-Workshop "Paesaggi dell'archeologia. Regioni e città metropolitane", organizzato dal corso di Dottorato in Progettazione Urbana e Urbanistica di Napoli, coordinato dal prof. Pasquale Miano, nel 2012.

KW: RURALURBANISM, SPAZIO PRODUTTIVO, CITTÀ FERTILE

L'integrazione di aree agricole in ambito urbano (ruralurbanism) costituisce una tematica di grande attualità, in un momento di crisi economica, sociale e ambientale come quello che stiamo vivendo. Sono ormai noti i dati secondo cui nel 2050 circa il 75% della popolazione mondiale vivrà nelle città, e per quella data il pianeta sarà abitato da circa 9 miliardi di persone, che in termini alimentari vorrà dire circa un terzo in più di bocche da sfamare rispetto ad oggi (dati FAO del 2009). La domanda di cibo e di beni alimentari continuerà ad aumentare, mentre le terre fertili da poter coltivare saranno sempre di meno, a causa di nuove edificazioni e di un uso estremamente intensivo delle aree agricole che saranno destinate ad impoverirsi, al punto da diventare aride, sterili, dei veri e propri deserti[1] (Piscopo, 2010). Il progetto contemporaneo si trova quindi a dover decifrare, per poterli davvero prevenire, attraverso una risposta concreta in termini progettuali, gli effetti di un cambiamento radicale, che è già in atto, e che trasformerà completamente il modo di vivere e di percepire lo spazio urbano. Da queste premesse, vi è la necessità di ritornare a lavorare con un antico materiale di progetto, la terra, per trasformare le aree urbane, potenzialmente fertili, in spazi produttivi tanto in termini alimentari, quanto economici, sociali e culturali. Il concetto di rinaturalizzazione di un territorio urbano ha quindi il valore di una ri-nascita, di una possibile seconda vita, che attraverso interventi di riattivazione naturale può essere concessa a tutti quei luoghi compromessi o ai suoli divenuti aridi che lo compongono. L'obiettivo del futuro sarà quello di sottrarre i vuoti urbani ai processi di urbanizzazione tradizionali [...] per farne dei paesaggi abitabili e coltivabili, spazio pubblico e produttivo allo stesso tempo (Ciorra, 2011). Ecco allora il bisogno di un'inversione del senso di alcuni valori e di alcune pratiche, per provare ad accogliere le figure del cambiamento, secondo un gioco di possibili annessioni che dismette antiche opposizioni, per aprirsi a una condizione in grado di produrre terra. Le relazioni, insieme simboliche e fisiche, tra la città e la campagna, nel corso dei secoli, sono diventate sempre più fitte, e le distinzioni tra queste due "realtà" sempre meno percepibili immediatamente. Le mura, che un tempo definivano la forma della città e la separavano dal "resto", sono oggi solo uno dei tanti segni di un territorio urbano più ampio e senza confini. La città contemporanea, svincolandosi dai suoi limiti amministrativi, diventa area metropolitana, che contiene tanto il centro antico quanto le sue nuove espansioni. La "decomposizione" di questo sistema, inseguito all'esplosione (Indovina, 2005) della città nel territorio, può essere letta in chiave positiva, se presentata come terreno fertile per nuovi spunti progettuali, capaci di esplorare le possibilità di un progetto di territorio che valorizzi la condizione d'intreccio tra spazio agrario e spazio urbanizzato, e in cui coltivare e abitare sono azioni vicendevolmente compatibili, che possono avvenire sul piano della prossimità e della mescolanza piuttosto che su quello della separazione e della distinzione (Ferrario, 2011). L'ipotesi di una "integrazione insediativa" di questi territori sembra essere allora la vera scommessa per la pianificazione di un futuro nel quale la relazione dello spazio rurale con la città sia considerata in senso profondo, in modo che il "vuoto" agricolo e il "pieno" costruito siano associati in un progetto che li unisca per sempre (Donadieu, 1998). Un interessante esempio di proposta progettuale legato a questi temi proviene dal mondo anglosassone, che ha tradizionalmente riconosciuto l'importanza di una corona di spazi verdi (le green belts) intorno all'urbanizzato, quale sorta di nuovo recinto naturale, utile a contrastare la crescita urbana. Com'è noto, le rigide politiche di protezione applicate a questi terreni se da un lato ne hanno garantito per molto tempo l'esistenza, dall'altro rischiano oggi di non riuscire a far fronte alla mutate esigenze della popolazione locale, sia in termini alimentari che abitativi. I progetti difensivi, orientati alla conservazione (Secchi, 1988) hanno generato politiche del "non fare" che, talvolta, sono state più deleteri del fare stesso; how the 'preserved' could stay alive, and yet evolve? (Koolhaas, 2010) è dunque l'interrogativo a cui presto si dovrà trovare un'adeguata risposta per il futuro. In questo clima fortemente dinamico e di messa in discussione dei valori tradizionali, sono nate esperienze progettuali di estremo interesse, come è il caso del Continous Productive Urban Landscapes (CPULs), elaborato dai progettisti Bohn e Viljoen, dove è stato ipotizzato un nuovo concetto di paesaggio alla scala urbana. I CPULs, letteralmente Paesaggi Urbani Produttivi Continui, rappresentano una nuova infrastruttura, intesa nel senso etimologico del termine, che connette fisicamente, senza soluzione di continuità, sia gli spazi verdi esistenti nei centri urbani, sia quelli abbandonati o dismessi. A differenza di quanto osservato in alcune esperienze, anche italiane (Milano, Pavia, Torino), di cinture di corone verdi, i CPULs non propongono la costruzione di un unitario "sistema del verde", in cui cioè il meccanismo di annessione degli spazi avviene in maniera indifferenziata, al solo scopo di aumentare il dato quantitativo dello spazio naturale, all'interno o intorno il nucleo urbano. I differenti caratteri morfologici, dimensionali, di posizione delle aree annesse non vengono annullati dalla loro riconnessione fisica, ma sono anzi valorizzati da una integrazione reale (interlinked) che sappia coinvolgere, da un punto di vista qualitativo, le diverse componenti urbane, anche quelle tra loro più distanti. La caratteristica della continuità spaziale diventa quindi un modo per poter attraversare con una nuova velocità "lenta" la città, a piedi, in bicicletta o con veicoli privi di motore per evitare inquinamenti atmosferici e acustici. In stretta relazione con il tessuto costruito urbano adiacente, i CPULs si pongono come spazio di supporto alla città, con funzioni di tipo ricreativo, con spazi verdi per la vita all'aperto, con aree destinate all'agricoltura e alla vendita diretta dei prodotti etc…È possibile in questo modo poter defini-

Immaggini
1. Rappresentazione schematica dell'area storica di Pozzuoli, inserita all'interno della caratteristica cornice dei Campi Flegrei, ad Ovest di Napoli, con la quale è collegata da una rete di fasci infrastrutturali che la attraversano longitudinalmente. Sono evidenziati i reperti archeologici rinvenuti (in rosso) e le aree di vegetazione spontanea e/o progettata che li contengono (in verde). A destra, alcune immagini rivelano lo stato di abbandono e di inaccessibilità di alcune di loro.

re una nuova forma di spazio pubblico urbano, lo spazio produttivo, la cui componente fondamentale è rappresentata dalla terra e dal valore multifunzionale che ad essa si riconosce. Ogni vuoto urbano di qualsiasi forma, dimensione o posizione, grande, piccolo, inclinato, verticale, triangolare, rettangolare, irregolare, abbandonato o vissuto può diven-tare produttivo e generare nuove forme di identità, comunità oltre che di economia. La coltivazione di un'area agricola richiede la partecipazione attiva dei cittadini, e questa partecipazione rende più "urbano" ogni spazio perché crea legami sociali, può rispondere a un fabbisogno locale e può coinvolgere le parti più deboli delle società. Il rinnovato interesse della popolazione urbana nei confronti dell'agricoltura e delle nuove forme di socialità adesso collegate (Il desiderio di spazi aperti e coltivabili in città è diventato un fattore principalmente culturale, Ingersoll, 2007) ha generato, in tutto il mondo, azioni sociali spontanee, che hanno dato vita a forme alternative di sviluppo urbano e di ruralizzazione: orti, fattorie urbane, ecosistemi agricoli, microurbanità etc…Le caratteristiche e le qualità proprie di uno spazio produttivo continuo, così come è stato descritto, consentono la sua realizzazione in ogni contesto e in ogni città. Una sperimentazione teorica, volutamente spinta del concetto, è stata applicata all'area archeologica del centro di Pozzuoli[2], in Campania. In un'area dove la terra conserva i segni e le memorie di un glorioso passato, è stato ipotizzato un CPULs, che fosse in grado di ridare vita e forza economica alla diffusa "monumentalità minore" esistente. Aldilà di testimonianze di inestimabile valore, famose in tutto il mondo, come l'anfiteatro Flavio e il Tempio di Serapide, l'area del nucleo storico di Pozzuoli è costellata da numerosi piccoli frammenti (tracce di muri, resti di ambienti..) che, come le prove di una "scena del crimine", sono stati recintati e isolati dal contesto in cui sono inseriti (fig.1). Le aree, dove sono state rinvenute queste testimonianze, non sono fruibili dal pubblico, a causa di recinzioni continue e di una folta e spontanea vegetazione, che ne ostacolano l'accesso e anche la vista. Si tratta di vere e proprie riserve

OPEN SPACES

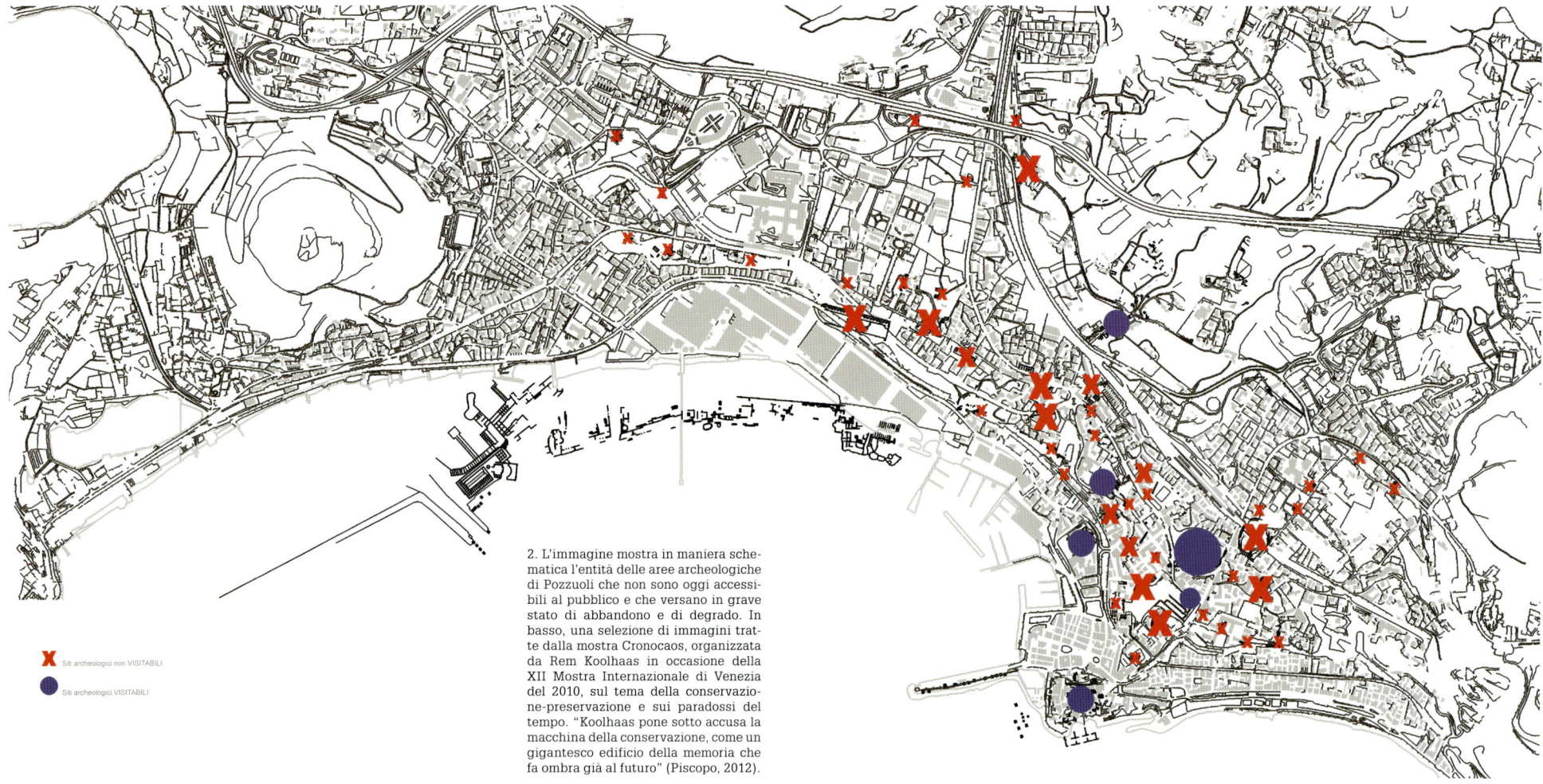

2. L'immagine mostra in maniera schematica l'entità delle aree archeologiche di Pozzuoli che non sono oggi accessibili al pubblico e che versano in grave stato di abbandono e di degrado. In basso, una selezione di immagini tratte dalla mostra Cronocaos, organizzata da Rem Koolhaas in occasione della XII Mostra Internazionale di Venezia del 2010, sul tema della conservazione-preservazione e sui paradossi del tempo. "Koolhaas pone sotto accusa la macchina della conservazione, come un gigantesco edificio della memoria che fa ombra già al futuro" (Piscopo, 2012).

✗ Siti archeologici non VISITABILI
● Siti archeologici VISITABILI

(Clèment, 2005) pianificate, inaccessibili, costose e per tanto destinate a ingangrenirsi come ferite aperte nel territorio (fig.2). La progettazione di spazi produttivi potrebbe allora provare a riattivare, anche economicamente, queste aree collegandole con il sistema dei Parchi Archeologici dei Campi Flegrei, così da garantire in maniera più efficace la loro conservazione e preservazione, secondo quanto stabilito dai vincoli archeologici a cui sono sottoposte. Agricoltura tridimensionale (capace di convivere con il reperto archeologico e valorizzarlo), orti, attività culturali ed educative potrebbero dar luogo a nuove e più consolidate forme di socialità, ipotizzabili per la costruzione di un nuovo tessuto connettivo. Sarebbe in questo modo possibile creare un territorio enzimatico (Branzi, 2006), semi-archeologico/urbano e semi-agricolo in cui il ruolo dell'architettura per la costruzione di questi spazi, da forte e dominante segno della città moderna, può diventare elemento flessibile, adattabile, e reversibile nelle sue funzioni d'uso. Il progetto dello spazio pubblico produttivo, attraverso la possibilità di autorigenerarsi, si presenta come un sistema attivo e dinamico, che può creare nuove connessioni e relazioni, anche virtuali, il tutto senza però smentire o rinnegare l'identità del luogo a cui appartiene.

Bibliography

Branzi A., (2006), *Modernità debole e diffusa. Il mondo del progetto all'inizio del XXI secolo*, Skira, Milano.
Ciorra P. (2011), *Senza architettura. Le ragioni di una crisi*, Laterza, Roma-Bari.
Clèment G. (2005), *Manifesto del terzo paesaggio*, Quodlibet, Macerata.
D'Andrea L., Quaranta G., Quinti G. (2000), *Il ritorno della città. La base urbana della globalizzazione*, Officina, Roma.
Donadieu P. (1998), *Campagnes urbaines*, Actes sud; Mininni M. V. (ed. it., 2006) *Campagne Urbane. Una nuova proposta di paesaggio della città*, Donzelli, Roma.
Ferrario V. (2011), "Governare i territori della dispersione. Il ruolo dello spazio agrario" in *Abitare L'Italia. Territori, Economie, Diseguaglianze*. XIV Conferenza SIU, Planum Magazine, Torino.
Indovina F. (2005), a cura di, *L'esplosione della città*, Ed. Compositori, Bologna.
Ingersoll R., Fucci B., Sassatelli M. (2007), a cura di, *AGRICivismo. Agricoltura urbana per la riqualificazione del paesaggio*. (Linee guida e buone pratiche per l'agricoltura urbana, Progetto pays.doc, Regione Emilia Romagna.
Oliva F. (1993), "Urbanistica ed ecologia", in Campos Venuti G., Oliva F. (a cura di), *Cinquant'anni di urbanistica in Italia 1942-1992*, Laterza Roma-Bari.
Piscopo C. (2010), "Deserti", in Molinari L., *Ailati. Riflessi dal futuro*, XIIa Biennale di Venezia, Skira, Milano.
Piscopo C. (2012), "Preservare il cambiamento", in *Dromos*, n.02, Il Melangolo, Genova.
Secchi B. (1988), "Grandi spazi aperti", in *Casabella* n. 549, Electa.

WHY NOT WITH THE WILDFLOWERS? -REINVENTION OF DISUSED INFRASTRUCTURES-

KW: REGENERATION, "LOW COST", GREEN TECHNOLOGIES

Patrizia Burlando

Architetto con specializzazione in architettura del paesaggio nel 2009 diventa dottore di ricerca in architettura del paesaggio e nel 2013 ricercatore ICAR 15 presso il DSA della Scuola Politecnica, UNIGE.
Associato dello Studio Manfroni & ass. srl dal 1993 e fino al 2013 anche direttore tecnico.

Theme

The theme of the transformation of a disused and abandoned infrastructure can be considered an interesting opportunity for a design intervention, transforming the critical due to the discontinuity in the territory with an opportunity to produce innovative values.

The infrastructures, which are no longer used, constructed in a strategic position, are linear elements important in the landscape, although very often they are the main cause of the fragmentation of the same, because they triggered a multitude of isolated areas, separating the areas of historical landscapes.

The former can be identified as a modern infrastructure 'ruins' (M. Augé), recesses of a past world but not old, which, however, still have the ability to awaken in man the consciousness of time through new images to old industrial places.

Today the conversion of a former infrastructure can become the unifying element, the connection between the existing lacerations, it is necessary to invent these functions while at the same time revitalize and to restore to them a renewed character, without deleting the history.

In the process of retraining a possible strategy is inspired by Lassus, which invites the designer to use the 'poetic reinvention' through which evokes the forgotten sense of a place to recharacterise in the perception of residents and visitors, providing them with a new identity, in which elements of the past can still be seen along with new interpretations based on different needs.

Some of the innovative methods to be followed are:
- Provide a "moving" landscape, flexible and able to adapt to change, without losing sight of the original idea of general regeneration,
- Address the recovery of the places through sustainable landscape projects and "low cost"
- Experiment with new green technologies for landscape architecture, using techniques such as phytoremediation and wildflowers.

In particular, this study began as an application of innovative methodologies and new 'green' technologies of former infrastructures along the Ligurian coast or close to it, especially in urban areas. Four case studies were chosen based on a strong idea, which have allowed difficult situations to be dealt with, often characterized by lack of money and political consensus, to offer several suggestions on how to operate, to compare the processes associated with different phases from experimentation to realization.

Experimental field of wildflowers in Genoa-Certosa

The project to transform a former railway embankment in Genoa-Certosa into a public park was an opportunity for some students of the laboratory for upgrading of cultural landscapes (LM3 Unige) to test the recovery of brownfield sites through new green technologies.

In the initial phase the methods of remediation of a contaminated soil with its regeneration through innovative green techniques was studied, which was followed by a proposed public park, as a collective space of aggregation, in many cases 'low cost', energy independent through the use of advanced technology systems and materials, with optimization of surfaces and volumes to promote energy efficiency. In one case, for example, a part of the park has become an experimental eco-efficient pole, wherein the test fields for phytoremediation techniques, short forest rotation, wildflowers represent the innovative character for use in other situations. In particular a thorough research on wildflowers has been conducted, with the aim of adapting spontaneous species chosen among those most interesting from the ornamental point of view to the different soil conditions. Operationally, the project provides for the functional testing of the flower beds, where the biological responses of three mixtures of herbaceous spontaneous species can be studied, able to respond to 3 different management needs. Each parcel is also characterized by the use of a different substrate: a mix of highways, a low urban mix and a high urban mix.

Redevelopment of the railway embankment in Alassio

The theme of the linear park as part of redevelopment of the town of Alassio has been studied in the context of research between the City of Alassio and the University of Genoa aimed at identifying guidelines for a new green system, understood as a key factor in reviving forms of "green" tourism.

Among the topics introduced there is the recycling of the railway embankment as a new green axis of the connection between the system of open hilly, coastal and urban spaces, in accordance with the provisions of planning.

The once scrapped railway embankment is transformed into a linear park, connecting elements of the coastal hills of the villas and English gardens and fragmented public spaces; the linear park becomes a new tourist attraction to highlight and enhance the identity of Alassio as a historic resort town, renowned for the richness of exotic vegetation with rare species. A number of botanical themes of cultural and touristic significance wind along the slope of the embankment and form a succession of gardens:
- An arid garden of cacti and succulents,
- A Mediterranean garden,
- An exotic garden.

The other perspective of the port in La Spezia

The guidelines for the realization of the right of way between the port and the city of La Spezia, (edited by Patrizia Burlando on behalf of the Port Authority of La Spezia) indicate yet another direction for the redevelopment of disused infrastructure, offering a great opportunity for urban revitalization.

The Customs fence which is a necessary separation between the city and the port becomes a green wall thread throughout the whole project, both in the narrowest part, where at most it reaches 10 m, and in the wider part where it develops a linear park.

The wall, on which low-maintenance climbing plants grow, has ecological and sustainable characteristics and plays different functions:
- Noise reducing screen between the port and the city,
- Adjustment of the local microclimate and retention of fine particles,
- Opening visuals between the city and the sea with a renewed perception of water,
- Production of energy through a photovoltaic system on the top of the wall for the lighting and irrigation needed along the promenade.
- Variety of colours and scents with the changing of the seasons.

The new park runs through the length of the buffer zone, which is between Via Valdilocchi and the new dock, where you have the possibility to extend further towards the harbour. Here, in addition to the pedestrian and cycle path lined with hackberry, you happen upon many squares and open spaces with different activities: shows, children's playgrounds, bowling, places to rest, etc ...

The new Levanto waterfront

The recovery and the transformation of the railway viaduct in the locality Vallesanta in Levanto, the first stage already being inaugurated and the second stage being in progress, has provided an opportunity to kick-start redevelopment of a broader positive effect not only for residents but also for tourists.
The most significant actions of change and renewal were the following:
- Design of a new waterfront for the city, inviting the population to reclaim the sea coast,
- Creation of a linear park promenade with rest areas and a cycle track to replace the parking lot, realized in the underlying structure,
- Implementation of a quick pedestrian and cycle link between the towns of Levanto and Bonassola reusing existing abandoned train tunnels,
- Integration between coastal and inland landscape, creating a new path on the sea in addition to the existing extensive network of historic paths with the introduction of alternative routes, useful for soft tourism.

The urban linear park is characterized by three distinct bands parallel to the coastline:
- One upstream occupied by the bike path,
- A place to rest,
- A balcony towards the sea.

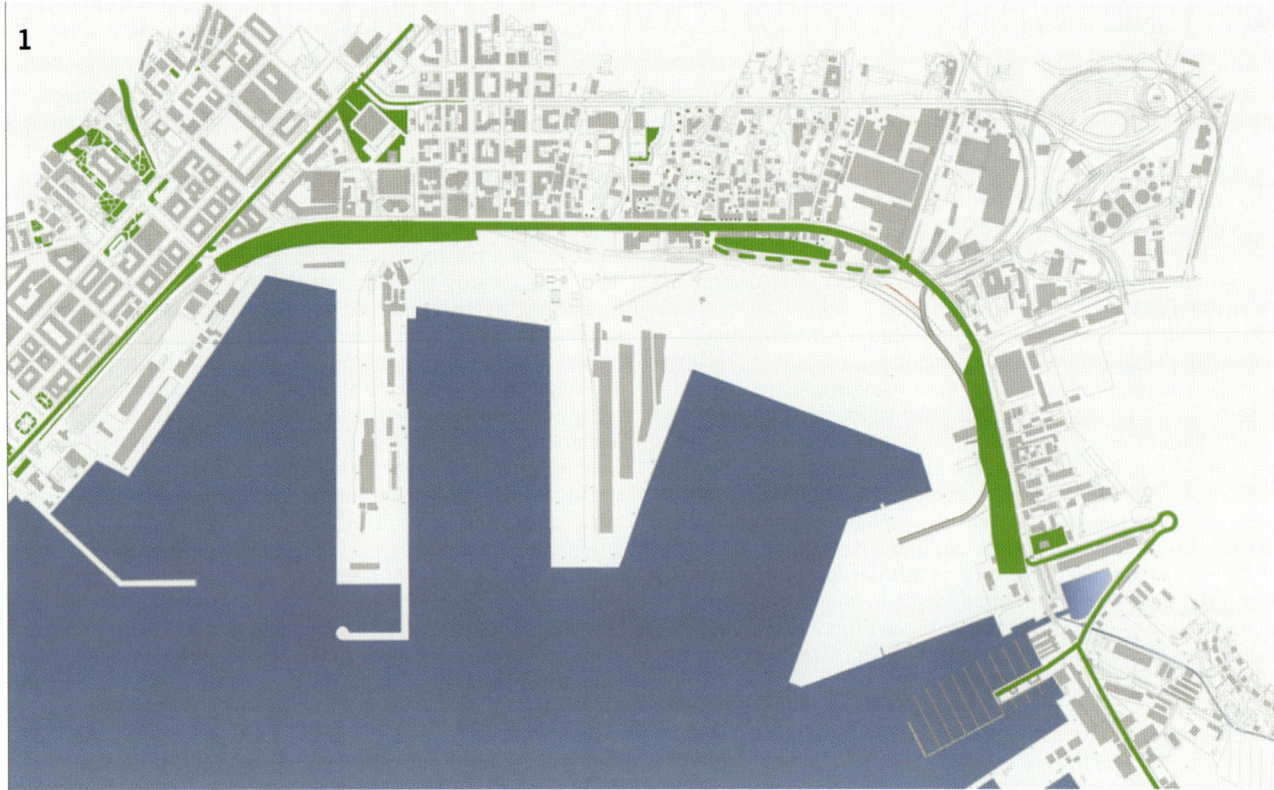

1

Several basins with vegetation are the elements that separate the three bands: those towards the sea are lower and contain ground cover plants and small Mediterranean shrubs, those upstream are higher to host trees of third magnitude, especially bitter orange and Judas trees.

Conclusions

The case studies analyzed, different from each other, point out that the conversion of disused infrastructures work if you adopt new strategies and imagine alternative usage patterns, reinterpreting and rearranging the existing with the minimum work necessary for the construction of new multifunctional public spaces.
In this regard, there are now several embodiments, understood as international and cultural references, characterized by low cost, low CO_2 consumption and in principle without large movements of soil. Generally in the elaboration of their design process, the existing signs, empty buildings, abandoned infrastructure are reused in an intelligent way, adapting them, reinterpreting them to meet the needs of the present (Zoch, 2010) and integrating them into a new design of open spaces (High Line New York, new waterfront Jaffa-Tel Aviv).

Bibliography

Appenzeller, M., & Gietema, R. (2010). 'City regeneration today', City regeneration-Topos 73, pp.18-20

Burlando, P. (2011). Nuovo Waterfront (Levanto-Sp), in Monti, A. L., & Villa, P.. Architettura del Paesaggio in Italia, Modena:Logos, p.212

Locardi, C., & Occhipinti, F., & Perrotti, D. (2009-May). Note sul seminario « Bernard Lassus e Gilles Clément. Dibattito sul Paesaggio » DIAP, Politecnico di Milano, DIAP from http://www.projetsdepaysage.fr/fr/

Mazzino, F., & Burlando, P. (2011). Mass tourism or landscape conservation on the Liguria Riviera. The case study of Alassio, ECLAS 2011 Sheffield, from www.sheffield.ac.uk/lanscape

Shafer, R. (2009). Editorial, Reuse-Topos 69, p.3

Zoch, P. (2010). Editorial, City regeneration-Topos 73, p.3

2

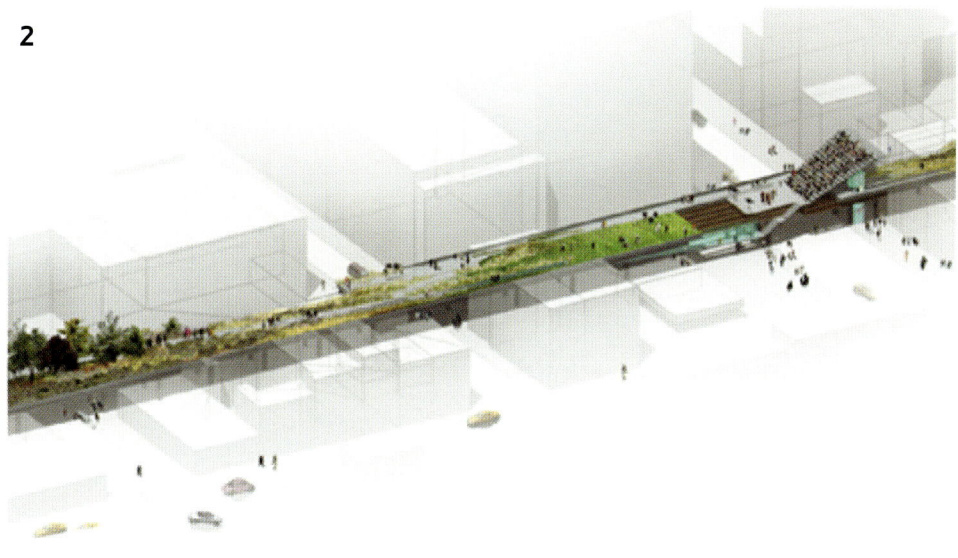
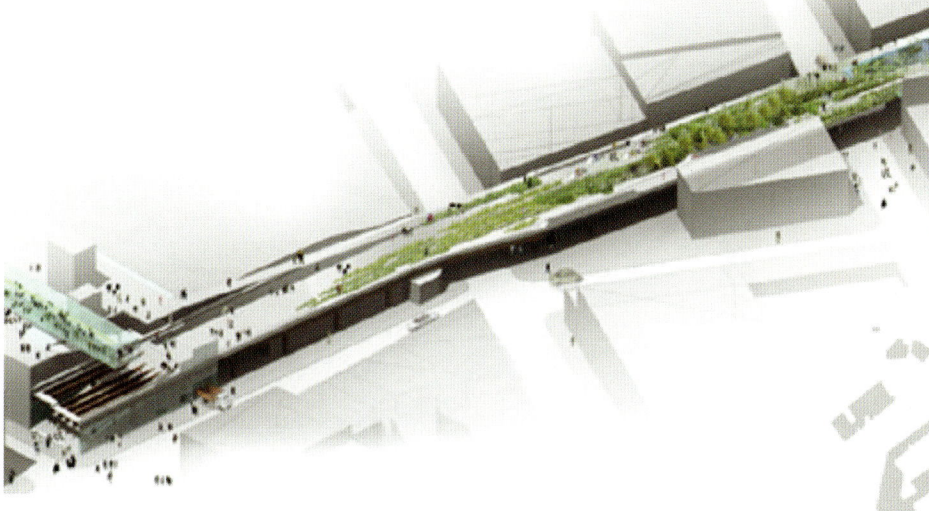
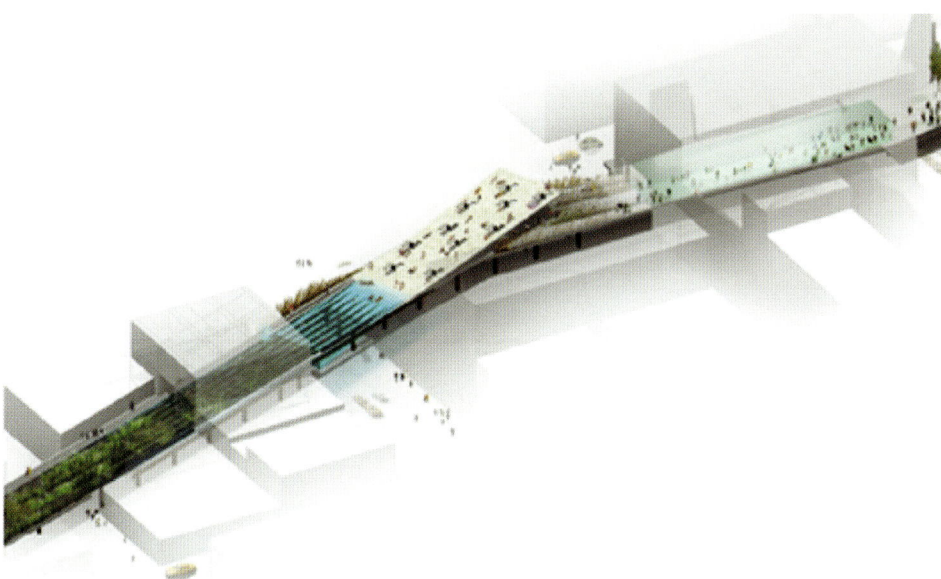
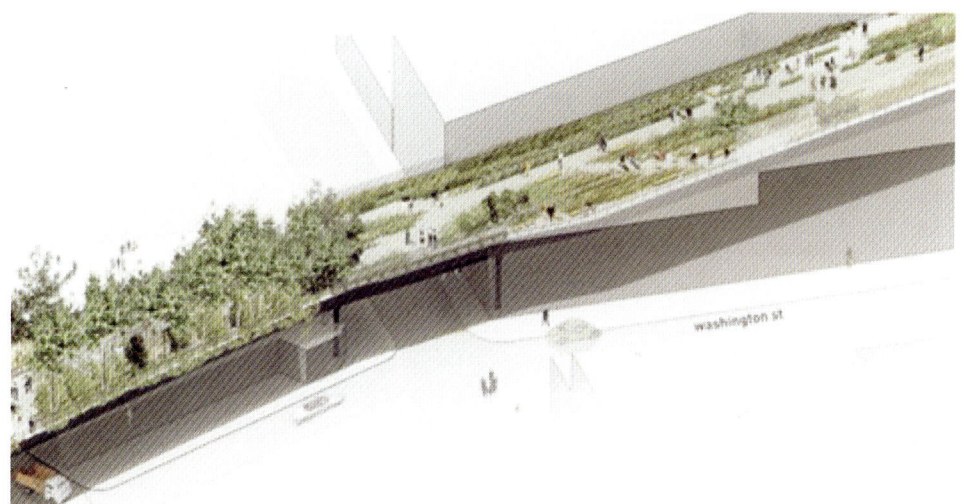

Images
1. La Spezia buffer zone between the port and the city - a new green belt.
2. Alassio: redevelopment of the embankment reference design.
3. La Spezia buffer zone between the port and the city - and diagram of a bird's eye view
4. La Spezia buffer zone between the port and the city - the green wall.
5/6. Levanto: view of the new waterfront.

OPEN SPACES

3

5

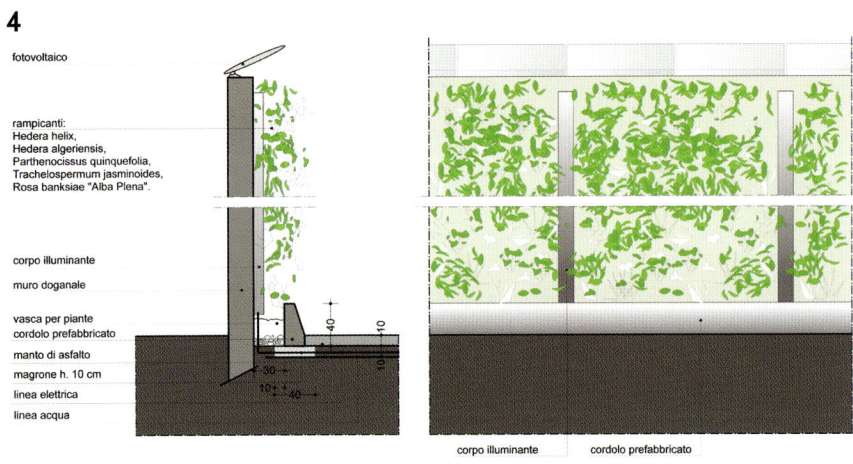

4

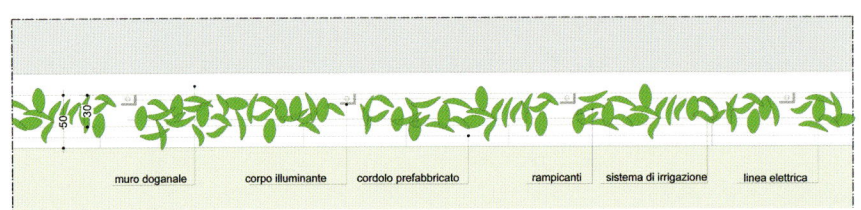

6

MICRO LUOGHI URBANI E ARCHITETTURE DI AGGREGAZIONE NEI MODI DI ABITARE DEI "VILLAGGI DI CITTÀ" NELLA CINA MERIDIONALE

Marianna Calia

Nata a Foggia il 21.05.1982. Architetto. Laureata presso il Politecnico di Bari (febbraio 2007). PhD in "Architecture and Urban Phenomenology" (marzo 2011). Vincitrice di borse di ricerca in Europa ed in Cina, ha trascorso diversi mesi a Guangzhou, presso la SCUT ed il GUP&RC ed a Madrid presso la ETSAM. Attualmente è docente a contratto presso il Corso di Studi in Architettura di Matera, dell'Università degli Studi della Basilicata.

KW: LUOGHI URBANI, CONOSCENZA, ABITARE

Stato dell'arte
Il cambiamento sociale ed urbano registrato in Europa nell'arco di più di un secolo, in Cina sta accadendo con molta più rapidità e con ripercussioni non poco gravi sullo sviluppo delle forme urbane ed architettoniche. Un progredire incontrollato delle moderne tecnologie e delle economie senza scrupoli, portano spesso all'abbattimento di interi "pezzi di città storica" per fare posto a enormi grattacieli privi di identità. I nuovi insediamenti urbani sono un mare di uniformi costruzioni, punteggiato qua e là da edifici dalle inverosimili forme e facciate. Lo sviluppo produttivo è sempre più diffuso, con i terreni agricoli che diventano industria, i contadini che diventano operai, i villaggi che diventano città.

Tesi sostenuta
Vista dal satellite la città di Guangzhou (Canton) è suddivisa in tratti o parti di città molto compatte, con canali, strade e grossi borghi fitti. Oltre la rete di canali, di particolare importanza per l'impianto urbano cinese, è la rete di vicoli e slarghi, in cui si svolgeva gran parte della vita urbana. Il succedersi di spazi pubblici e privati (vicoli e corti interne), dava alla forma urbana un impianto articolato e ben fruibile sia dal punto di vista sociale, che architettonico e climatico.
La millenaria continuità culturale cinese si è oggi interrotta con l'affermarsi di idee, materiali e tecniche nuove. La sostituzione è oggi sinonimo di distruzione di testimonianze storiche e di alterazioni inaccettabili dell'ambiente preesistente. Di questo

OPEN SPACES

modo di operare ho avuto modo di verificare personalmente gli esiti distruttivi ottenuti a Pechino, Shanghai, Canton, Xi'an ed in altre città meno popolari, ma ugualmente ricche di storia[1].
A Canton, il passaggio da corte o da casa unifamiliare a plurifamiliare e la sostituzione integrale di pezzi di città storica, hanno portato alla creazione di un "micro tessuto", sovrapposto a quello preesistente ed alla formazione di spazi di aggregazione pubblica, come micro piazze e giardini, che oggi vanno a sostituire lo spazio di relazione delle vecchie corti private.
In Cina l'espansione industriale e urbana degli ultimi decenni, ha provocato profondi cambiamenti nelle campagne e nelle città. I villaggi e le città fluviali, fino a pochi anni fa erano costellati da canali, fiumi e sentieri utilizzati spesso come principale via di comunicazione, ogni casa aveva la propria piccola imbarcazione ormeggiata nelle vicinanze ma, con l'incredibile sviluppo dell'automobile, i canali vengono tramutati in strade asfaltate e l'intero sistema fluviale cittadino e agricolo viene completamente distrutto.

Campo di indagine

Il campo di indagine si articola nelle città della Cina meridionale e costiera, con particolare attenzione al caso studio della città di Guangzhou. Il mondo discontinuo e multiforme dei villaggi e dei quartieri della città, è caratterizzato dalla compresenza tra il vuoto (residuale e progettato) e il costruito (case di antica tradizione cinese e moderni grattacieli).
Nel tempo la città ha mutato sé stessa attraverso ampliamenti, demolizioni, sostituzioni e trasformazioni dimensionali, formali e funzionali degli edifici che la compongono, variando di conseguenza percorsi, luoghi di aggregazione e paesaggio.
Guangzhou è la più grande città costiera del sud della Cina, tuttora in grande espansione, capoluogo della provincia del Guangdong. È la terza città cinese in ordine d'importanza e per numero di abitanti, dopo Pechino e Shanghai, grazie anche alla sua vicinanza con Hong Kong. La città è da sempre stata meta e punto di approdo di numerose rotte commerciali, che continuarono per ogni dinastia e che tuttora fanno della città di Guangzhou uno dei maggiori porti internazionali, assieme a quello di Hong Kong, Shenzhen e Macao. Prima del grande sviluppo commerciale a seguito dell'apertura con l'Occidente, Canton era circondata da piccoli villaggi rurali autonomi rispetto al centro amministrativo della città circondata da una doppia cinta muraria. Nei primi anni del XIX secolo, i sobborghi rurali vennero rapidamente trasformati in fiorenti aree commerciali, in cui lavoravano sarti, pittori, orafi e lavoratori di pietre dure. Intorno al 1850, si registrò una rapidissima esplosione demografica della città fuori le mura, che durò circa 40/50 anni. In questi anni, dunque, si verificano i fenomeni di occupazione dello spazio lasciato libero a ridosso dei templi e addirittura all'interno delle corti stesse.
Negli anni '20 del Novecento, la struttura urbana è quasi definita. A fronte delle pressanti richieste di residenze, vengono ridotti gli spazi urbani pubblici e le sezioni stradali, con conseguenze negative anche dal punto di vista dei servizi e delle condizioni igienico-sanitarie, che non erano più sufficienti di fronte ad un incremento smisurato della popolazione. Le antiche mura della città iniziarono a diventare un ostacolo per la moderna espansione economica e urbana. Le demolizioni della cinta muraria e delle imponenti porte urbane, ebbero inizio nel 1912, su ordine del governo militare del Guangdong. Intorno al 1930, le mura vengono abbattute definitivamente, per far posto a moderni assi di viabilità. Inizia la terribile fase di "intasamento" dei vuoti urbani e di distruzione dei caratteri architettonici della tradizione cinese, che negli ultimi anni del '900 ha visto la sua massima esplosione, e che continua fino ai giorni nostri.
Le riforme di Deng Xiaoping, portarono ad una rapida crescita economica grazie alla vicinanza della città con Hong Kong e l'accesso al Fiume delle Perle. Dato che li i costi del lavoro crebbero, le aziende manifatturiere aprirono nuove industrie nelle città del Guangdong, inclusa Canton, che attrae contadini dalla campagna che cercano lavoro nelle industrie e nei cantieri edili di cui ormai la città è piena.
Il "villaggio di città" è apparso per la prima volta nel Pearl River Delta, area che si trova nella parte meridionale della Cina e che compete con la vitalità economica di Shanghai e di Pechino. La differenza è che il Pearl River Delta è una "regione di rete", nel senso che una sola città di questa rete, non è paragonabile a Shanghai o Pechino, ma l'insieme dei centri urbani che insistono sul PRD, le possono anche superare in diversi settori. Quando si visita un villaggio di città si viene assorbiti dalla sua vitalità, ci si trova di fronte a moltissima gente, piccoli negozi,

strade strette, case pluriplani densamente costruite. Se non si è mai visitato un "villaggio all'interno della città" in precedenza, alla prima visita non si riuscirà ad avere una chiara idea di quello che realmente è: se si tratta di una forma di speculazione, di un prodotto di un concetto di architettura, o se è solo un "incidente urbano".

Tutti i villaggi di città erano una volta villaggi agricoli; in poco tempo, l'urbanizzazione selvaggia ha sostituito ed inglobato i terreni agricoli circostanti, i contadini diventano cittadini e attraggono altri lavoratori in città proventi della campagna per lavorare nelle fabbriche. Il punto di partenza di questo fenomeno è stato la creazione delle ZES (Zone Economiche Speciali) nel 1978 ad opera di Deng Xiaoping. Per citare uno degli esempi più significativi di questo fenomeno, si pensi che la città di Shenzhen, fino ad allora era un piccolo villaggio di pescatori (Caiwuwei), ed è ora destinata a diventare la più grande città cinese. In pochissimi anni il piccolo villaggio è stato inglobato nella vorticosa crescita urbana di Shenzhen ed è così che è nato il primo villaggio di città.

Guangzhou è una delle più antiche città della Cina, circondata da molti villaggi agricoli, che attualmente conta quasi 140 villaggi all'interno della città, numero destinato ad aumentare in relazione alla costante crescita della città stessa. I contadini, ovvero quelli che possiedono un hukou agricolo o rurale, possono costruire autonomamente la propria casa, a seconda delle loro possibilità economiche, senza limiti se non quello di non oltrepassare i confini sui quali insisteva la precedente residenza. I cittadini, invece, coloro che possiedono un hukou urbano, non hanno le stesse libertà di edificazione e possono affidarsi solo alle imprese edili, che progettano per lo più senza affidarsi ad un'equipe progettuale qualificata, causando quindi il proliferare di enormi grattacieli privi di identità.

La sempre crescente richiesta di residenze è stata la maggiore causa dell'espansione incontrollata delle grandi città cinesi e del formarsi dei villaggi di città. I villaggi urbani forniscono edifici residenziali a basso costo in zone centrali per lavoratori nel settore dei servizi, consentono l'attività agricola locale e riforniscono le popolazioni urbane di generi alimentari freschi; fanno in modo che parti di città funzionino ventiquattro ore su ventiquattro, perché l'attività nelle strade del villaggio urbano è frenetica notte e giorno; nei villaggi vengono eletti i capi interni, che quindi provvedono anche alla democrazia a livello locale. Il villaggio urbano offre i servizi e la manodopera specializzati che colmano la scarsità dell'offerta e determinano l'andamento dell'economia urbana. Essi sono i luoghi in cui in genere si insediano le attività artistiche, luoghi in cui possono risiedere i tassisti e le aziende da cui dipendono, sono il terreno fertile degli imprenditori e operano da promotori di crescita economica e sociale per gli abitanti, che diventano ricchi proprietari, ma anche per gli immigrati, che trovano solo qui alloggi a basso costo vicino al luogo di lavoro in città.

La struttura morfologica dei villaggi era scandita dai canali, dai vicoli, dalla religione, dal commercio e dal modello sociale. Anche la direzione del vento che passa nei vicoli, l'ombra, il sole e la posizione delle corti ancestrali, hanno un'influenza importante sulla morfologia urbana. Si parla dunque di "sistema degli spazi pubblici", intendendo i canali ed i margini degli stessi, come spazi pubblici di incontro e aggregazione.

Negli ultimi anni, i villaggi di città stanno però scomparendo, per cedere il posto a moderni quartieri residenziali e centri direzionali.

Linee di ricerca future e risultati attesi

La ricerca si propone di indagare ed approfondire le ragioni della sempre più frequente scomparsa di questi "villaggi di città" e dei luoghi urbani di aggregazione sociale, che rischiano di scomparire sotto tutte le ruspe governate dai cantieri delle nuove moderne espansioni urbane.

Questi obiettivi si ottengono attraverso strategie generali di progetto che, a livello urbano e architettonico, comportano il mantenimento del micro tessuto urbano, della vegetazione e della proporzione tra l'altezza degli edifici e l'ampiezza delle strade, delle tradizionali tipologie abitative, della qualità dello spazio di interazione tra pubblico e privato e la valorizzazione del patrimonio storico. Lo scopo del progetto è quello di favorire lo scambio di informazioni tra le amministrazioni europee e quelle cinesi, col fine di elaborare un programma di recupero che integri conservazione, valorizzazione, e riqualificazione architettonica attraverso una rigenerazione dell'area.

Bibliografia

De Rubertis R. (2002), *La città rimossa. Strumenti e criteri per l'analisi e la riqualificazione dei margini urbani degradati*, Officina Edizioni, Roma;
A.A. V.V. (2002), *Views of the Pearl River Delta. Macau, Canton and Hong Kong*, Hong Kong Museum of Art;
Rampini F. (2005), *Il secolo cinese. Storie di uomini, città e denaro dalla fabbrica del mondo*, Mondadori, Milano.
Rowe P. G., Kuan S. (2005), *Essenza e forma. L'architettura in Cina dal 1840 ad oggi*, Postmedia, Milano.
AA. VV. (2008), *Archivio di studi urbani e regionali, Rivista quadrimestrale, anno XXXIX n° 92*, Franco Angeli, Milano;
Cagnardi A. (2008), *Ritorni da Shanghai. Cronache di un architetto italiano in Cina*, Allemandi, Torino.

1. Nell'ambito degli accordi internazionali tra il Governo Cinese e le Facoltà di Architettura italiane sui temi della Qualità Urbana (MOU firmato nel 2008) e grazie ad una borsa di ricerca bandita dal MIUR (SAF-CHINA), ho trascorso diversi mesi di ricerca e progetto a Guangzhou presso il GUP&RC (Guangzhou Urban Planning and Research Center) e presso la SCUT (South China University of Technology).

Immagini
1. Canton. Il canale tra la città e l'isola di Shameen nel 1880-'90.
2. Vista dall'alto di uno dei quartieri storici di Canton, circondato da grattacieli di scarsa qualità. (Foto M. Calia 2010)
3. Shipai cun, Canton. Vitalità notturna di uno dei villaggi di città. (Foto M. Calia 2010)
4. Sanyanli cun, Canton. Antica casa tradizionale rimasta integra all'interno di un villaggio di città. (Foto M. Calia 2010)
5. Yianji cun, Canton. Demolizione del villaggio. (Foto M. Calia 2011)

OPEN SPACES NEI CENTRI STORICI.
UN'OCCASIONE DI RIGENERAZIONE TRA TRADIZIONE E INNOVAZIONE*

**Antonietta Canta, Pierangela Loconte
Claudia Piscitelli, Francesco Selicato**

Antonietta Canta, 25 anni, laureata in Ingegneria Edile-Architettura nel 2012 con una tesi sulla rigenerazione del lungomare di Bari dal titolo "Sewing up the tear: the waterfront of Bari", attualmente svolge attività professionale, di ricerca e sostegno alla didattica presso il Politecnico di Bari.

Claudia Piscitelli, 26 anni, laureata in Ing. Edile-Architettura nel 2011. Svolge attività professionale e di ricerca nel campo della pianificazione e dell'urbanistica; dal 2012 è Dottoranda di ricerca in Urbanistica presso il Politecnico di Bari. È attualmente membro del progetto internazionale VIVA_EASTPART, finanziato dalla UE.

Francesco Selicato, professore ordinario di Tecnica e Pianificazione Urbanistica nel Politecnico di Bari, svolge attività di ricerca su tematiche inerenti alla progettazione urbana e alla pianificazione ambientale. Coordinatore di progetti di ricerca nazionali ed europei, autore di numerose pubblicazioni nazionali e internazionali. Presidente del Corso di Laurea di Ingegneria Edile - Architettura dal 2009, Pro-Rettore del Politecnico di Bari dal 2012.

* Il presente contributo è frutto di un lavoro comune coordinato da Francesco Selicato, pur dovendosi attribuire ad Antonietta Canta il paragrafo 2, a Pierangela Loconte il paragrafo 3 e a Claudia Piscitelli i paragrafi 1 e 4.

KW: SPAZIO PUBBLICO, CENTRO STORICO, RIGENERAZIONE URBANA

1. Introduzione
Nell'ambito delle operazioni di rigenerazione dei centri storici, la riqualificazione degli spazi aperti è sempre più vero e proprio volano dello sviluppo economico, sociale e fisico. Luoghi dedicati al commercio ed alla vita economica, fulcro dell'identità locale storica e culturale, gli "open spaces" si configurano come nodi energetici, punti di partenza della linfa vitale che va a permeare l'intero contesto urbano. I casi di Bari e Taranto presentano alcuni punti in comune, ma anche talune discordanze, tanto nel contesto quanto nelle strategie di rigenerazione: tramite un confronto tra le due emergono similitudini e differenze che fanno riflettere sul ruolo dei centri storici e dei loro "open spaces" oggi, alla luce di successi e insuccessi dei diversi tentativi di rivitalizzazione.

2. Il caso di Taranto: patrimonio e tradizione
Il centro storico di Taranto si presenta come un'isola urbana chiusa ed autonoma. L'inevitabile ed inarrestabile incremento della densità edilizia ed abitativa, non potendo trovare sfogo altrove, arrivò a soprassaturare lo spazio urbano fino a raggiungere, tra riempimenti e sopraelevazioni, i 1400 ab/ha con una popolazione totale di oltre 32000 abitanti (De Vincentis, 1983).
A partire dagli anni '30, un esodo talvolta forzato della popolazione verso le periferie ha comportato una riduzione drastica del numero di abitanti, cosicché il centro storico è divenuto una sorta di "ghetto proletario": il tessuto edilizio, abbandonato dagli stessi proprietari, è rimasto cristallizzato nel suo stato di degrado e nella sua conformazione compatta ed impenetrabile, che assai di rado lascia il posto a spazi aperti, dove la viabilità pedonale è resa ardua dalle condizioni precarie delle costruzioni e quella carrabile sfrutta il lungomare dell'isola per collegare la città "nuova" da un lato e l'area assai critica dell'industria siderurgica dell'Ilva dall'altro, divenuta tristemente il simbolo di una città ormai famosa più per il suo inquinamento ambientale che per il suo valore storico.
Il degrado dell'edificato nel centro storico di Taranto ha da sempre rappresentato un punto nevralgico della pianificazione dell'intera città. Sin dai piani ottocenteschi l'amministrazione e i tecnici si sono interrogati sulle modalità di risanamento - talvolta interpretato anche come sventramento - del centro antico. L'edificato è stato il grande protagonista della stagione del recupero del centro storico della città, in netto contrasto con la scarsa attenzione riposta sugli spazi pubblici e sulla loro funzione sociale e di volano economico; perfino i numerosi affacci sul mare sono stati quasi sempre sottovalutati o addirittura ignorati. Da una lettura critica dei diversi interventi di recupero succedutisi - dal nuovo "decoro borghese" degli anni '30 alle riqualificazioni di spazi aperti del Piano Blandino (Blandino, 1974) - risalta, tuttavia, un grande rispetto delle tradizioni ed uno sguardo attento alla funzione residenziale, negli stessi anni in cui molti centri storici italiani erano soggetti a musealizzazione turistica o all'insediamento di attività per lo svago e il tempo libero che di tradizionale avevano ben poco. Nella stessa direzione si sono mosse anche le strategie di matrice più recente (Comune di Taranto, 2006) che però, sebbene abbiano puntato all'innalzamento della qualità della vita dei suoi abitanti, insediando funzioni pubbliche in alcuni edifici e mettendo in sicurezza una parte del patrimonio residenziale, non si sono dimostrati capaci di assicurare una frequenza d'uso estesa a tutte le ore del giorno tale da rendere l'area vitale, sicura e attrattiva dal punto di vista economico e finanziario. Nel Documento Preliminare di Rigenerazione Urbana del 2011 (Comune di Taranto, 2011) - seguìto alla candidatura della Città Vecchia di Taranto a sito UNESCO - si rintraccia una sezione dedicata agli spazi aperti, con la previsione di un "giardino lineare" sul salto di quota longitudinale della Città Vecchia. La sua messa in atto è, tuttavia, posta a valle dell'acquisizione da parte della pubblica amministrazione degli immobili privati attigui da destinare a social housing e delle opere di presidio da effettuare su tutto il patrimonio edificato pubblico e acquisito. Ancora una volta, dunque, la priorità è stata circoscritta all'edificato e c'è da chiedersi se le risorse finanziarie e quelle temporali consentiranno di giungere nel concreto alla fase di azione relativa agli spazi aperti.

3. Il caso di Bari: spazi aperti e innovazione
Il borgo antico di Bari è uno scenario urbano connotato da elevata concentrazione di valori e funzioni in uno spazio limitato di grande valenza simbolica (Barbanente, Tedesco, 2002a) e rappresenta oggi il cuore della città, il risultato di un processo complesso che è stato capace di unire la riqualificazione dello spazio fisico, con particolare attenzione allo spazio pubblico, alla rivitalizzazione economica dell'area. Non ci si trova di fronte a un processo di rigenerazione di carattere spontaneo, ma prevalentemente indotto da piani e politiche pubbliche che nel corso degli anni si sono susseguite ingenerando, spesso, non poche criticità legate alle tipologie d'interventi proposti, agli attori coinvolti, agli obiettivi da perseguire ed alle azioni messe in campo per la loro realizzazione.
Segnato da un profondo degrado sociale e fisico, in concomitanza con lo sviluppo dei nuovi quartieri residenziali periferici, agli inizi degli anni '60 il quartiere fu totalmente abbandonato. Il processo di riqualificazione ha idealmente la sua origine con il progetto generale di risanamento igienico urbanistico della Città vecchia di Bari approvato nel 1967: il recupero di alcuni

isolati degradati rappresenta l'inizio di un percorso di rinnovamento non solo edilizio ma anche culturale che prosegue nel tempo e ha il suo apice alla fine degli anni novanta con le iniziative messe in campo nell'ambito del Programma di Iniziativa Comunitaria Urban. La rigenerazione del Programma Urban non ha coinvolto solo le piazze, le strade o gli edifici pubblici e privati ma, coerentemente con quanto previsto dalla Comunità Europea, ha promosso il territorio e i suoi saperi incentivando l'avvio di nuove attività economiche e nuove forme di imprenditorialità e di ricettività, nell'ottica di un'azione integrata che conducesse a processi di ri-significazione dello spazio connessi a relazioni dialettiche fra estetizzazione dei luoghi storici, valori simbolici a questi attribuiti, strategie di inclusione ed esclusione (Harvey, 1989; Bourdieu, 1993; Lash, Urry, 1994; Barbanente, Tedesco, 2002b). La scelta strategica di attuare interventi in luoghi nodali del Centro Storico come Piazza del Ferrarese, Piazza Mercantile e la Muraglia, carichi di tradizione e identità culturale, ha incoraggiato residenti e cityusers alla riscoperta del borgo ed allo stesso tempo ha potenziato l'imprenditorialità locale, aumentando l'attrattività della città vecchia come luogo di svago e di ritrovo soprattutto per i giovani.

Questo processo non è esente da criticità leggibili ancora oggi come l'accentuarsi dei fenomeni di espulsione della popolazione locale, fortemente connessi alla crescita del valore immobiliare ed al cambiamento dello stile di vita nella città vecchia per la presenza di numerosi locali notturni, nonché alla necessità di individuare alloggi per la residenzialità turistica in continua crescita. Benché le azioni messe in atto siano partite da una visione unitaria ed integrata di interventi convergenti verso un unico obiettivo, non sempre i risultati sono stati quelli attesi. Di certo Urban ha contribuito al mutamento della percezione del centro storico di Bari, sia in termini di valorizzazione degli spazio della storia che in termini d'inclusione sociale e sicurezza; tuttavia l'incentivazione degli investimenti privati nel settore imprenditoriale hanno incoraggiato molto lo sviluppo delle attività di ristorazione e meno il rilancio delle attività legate all'artigianato e alla cultura locale.

4. Conclusioni

Sebbene gli attuali processi di rigenerazione dei centri storici si fondino quasi sempre su principi consolidati e condivisi – valorizzazione dell'identità locale, creazione di un mix funzionale, recupero delle aree dismesse, incremento dell'occupazione, miglioramento delle condizioni socio-economiche della popolazione –, non sempre essi portano ad una effettiva e totale reintegrazione della città storica nel più ampio contesto urbano di cui è parte. Tali operazioni si differenziano spesso da un caso all'altro in maniera sostanziale nelle strategie messe in atto, tanto quanto nei risultati ottenuti, talvolta drasticamente differenti, non solo in ragione della diversità di contesto, ma piuttosto di precise scelte tecniche e politiche.

Nella città di Taranto, non risulta, ad oggi, in atto alcun processo di rigenerazione tale da mettere in moto meccanismi di rinascita economica e sociale. Nonostante l'attuazione di alcuni interventi che miravano alla salvaguardia dell'identità locale, lo

spazio pubblico della Città Vecchia ad oggi sembra non avere né luogo né valore, se non per quei pochi spazi dedicati ancora alla tradizionale attività della pesca: la città pubblica sembra non esistere, mentre quella privata prosegue inesorabilmente sulla strada del declino e dell'abbandono.

A Bari, invece, non è possibile dire che il processo di rigenerazione e rivitalizzazione del centro storico si sia concluso: questo percorso continua, attraverso la lettura dei bisogni della popolazione e dell'utenza, ponendo attenzione sulle nuove modalità d'uso dello spazio pubblico, sulla ricerca di nuovi equilibri tra tradizione e spazi della contemporaneità, cultura e vocazione turistica. Il centro storico si configura come una "centralità dinamica" con differenti livelli di vitalità, più accentuata nelle fasce esterne al nucleo antico, e tali comunque da indurre processi di rigenerazione nel più ampio contesto urbano (Selicato, 2012), benché non manchino le contraddizioni legate alla disomogeneità delle azioni, alla difficoltà di coinvolgimento della popolazione nei processi di costruzione e produzione della città, alla "disattenzione" verso alcuni bisogni dei residenti, alle difficoltà di gestione "politica" dei processi.

I due casi analizzati portano in luce due differenti strategie, conseguenze di diverse priorità: il recupero – lungo, complesso, costoso, comunque difficile e con esiti ancora deludenti – di un patrimonio edilizio degradato, con un'attenzione rivolta prevalentemente ai residenti, nel caso di Taranto; la valorizzazione – strategica quanto a funzioni e agli effetti indotti, con risultati da subito evidenti quanto a vitalità ed attrattività, pur con alcune contraddizioni dovute alla scarsa attenzione verso le istanze dei residenti – di alcuni spazi pubblici, affidata per lo più all'inserimento di nuove attività ricreative, nel caso di Bari.

C'è ancora da riflettere, dunque, su quale sia il giusto compromesso - o il giusto mix - di identità dei luoghi e nuove attività, tradizione e innovazione. Se una delle prerogative della rigenerazione di un centro storico è senza dubbio la tutela della sua storicità, forse bisogna anche accettare che lo sia altrettanto il suo adeguamento alla contemporaneità, pur nei limiti di quelle sue contraddizioni che riflettono i modelli e i comportamenti della società odierna.

Bibliografia

AA.VV. (1985), *Taranto-topografia e toponomastica*, Coop Punto Zero e ACI Taranto, Taranto.

Barbanente, A., Tedesco, C. (2002a) "Bari. Un nuovo volto per il Borgo Antico" in Palermo, P.C., Savoldi, P. *Il programma Urban e l'innovazione delle politiche urbane. Esperienze locali: contesti, programmi, azioni*, Angeli, Milano, (II quaderno)

Barbanente, A., Tedesco, C. (2002b) "La promozione di attività economiche a Bari" in Pasqui, G., Valsecchi, E. *Il programma Urban e l'innovazione delle politiche urbane. Apprendere dall'esperienza: pratiche, riflessioni, suggerimenti*, Angeli, Milano, (III quaderno)

Blandino F. (1974), *La Città Vecchia di Taranto - Il piano per il risanamento e il restauro conservativo*, Edigraf, Roma.

Bourdieu, P. (1993) *The Field of Cultural Production*, Polity Press, Cambridge.

Comune di Taranto (2006), *Programma di iniziativa comunitaria Urban II Italia*, Urban Taranto, Taranto.

Comune di Taranto (2011), *Relazione Tecnica Illustrativa del Documento Preliminare di Rigenerazione Urbana*, Taranto.

De Vincentis D.L. (1983), *Storia di Taranto*, Mandese Editore, Taranto.

Farella V. (1988), *La città vecchia di Taranto - L'esperienza di risanamento e restauro conservativo*, Samarcanda Editrice, Brindisi - Taranto.

Harvey, D. (1989), *The Condition of Postmodernity*, Basis Blackwell, Oxford.

Lash, S. and Urry, J. (1994), *Economies of Signs and Spaces*, Sage, London.

Petrignani, M; Porsia, F. (1982), *Le città nella storia d'Italia. Bari.*, Editori Laterza, Bari.

Selicato, F.; Selicato, M., (2012), "I caratteri del Contesto. Nuove opportunità per rigenerare i luoghi", in Selicato, F.; Beccu, M; Carullo, R.; *bariwaterfront. Pedonalizzazione del lungomare e somministrazione di cibo da strada*, Adda Editore, Bari

OPEN SPACES

TARANTO BARI

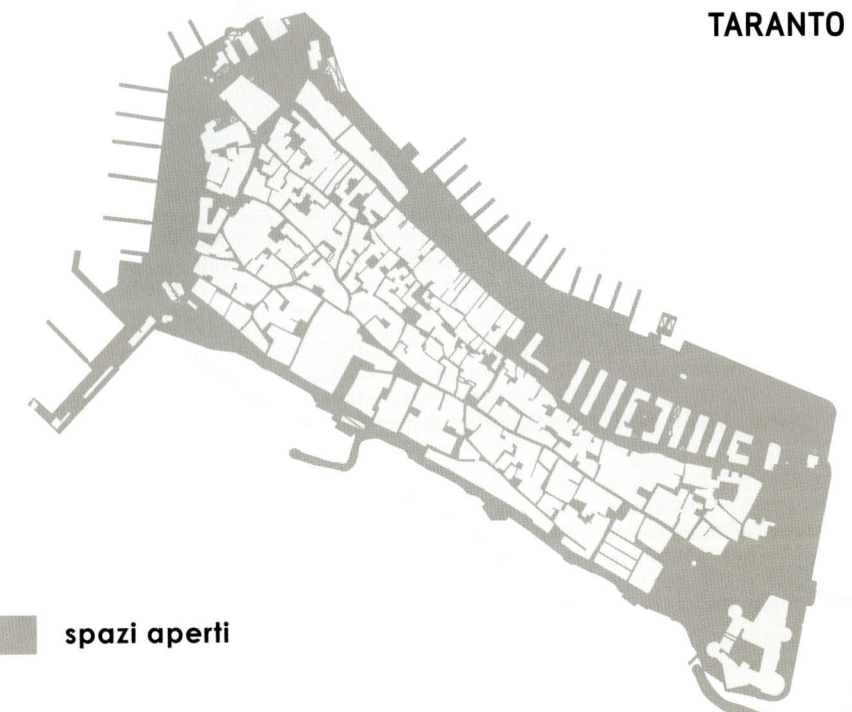

■ spazi aperti

1. Riprese aeree dei centri storici di Taranto e Bari.
2. Immagini attuali del centro storico di Taranto.
3. Immagini attuali del centro storico di Bari.
4. Rappresentazione degli spazi aperti dei centri storici di Taranto e Bari.

MAPPING CHANGE: AN ECOLOGICAL FRAME FOR CAIRO

Antonia Chiesa

Architect and Ph.D. in Architecture and urban design and Visiting Scholar at Harvard GSD, she is part of MSLab, DAStU, Politecnico di Milano where she taught as Junior Professor. She is focusing on landscape urbanism and agro-urbanism within informal urban contexts. She published several papers and a book on landscape urbanism.

Paolo Patelli

Architect and PhD candidate at DAStU, Politecnico di Milano, consultant for a EU-funded project Urban Sensing, he teaches at NABA and was Visiting Student at MIT. His design-based research focuses on the reciprocal interactions and adaptations shaping the conjunctions between urban space, behaviors and (new) media.

KW: URBAN GEOGRAPHY, INFORMAL URBAN DYNAMICS, LANDSCAPE URBANISM, NETWORKS, MEDIA

This paper reports the early, but promising stage of a theoretical research and experimental project initiated within the Misura & Scala Lab at the Politecnico di Milano, which investigates informal processes of urbanization in Cairo's western outskirts. The 17.3 million-inhabitant population of the Greater Cairo Region, increasing at a 2% yearly rate, is by the 63% living in the informal settlements (Sims et al. 2008). Peri-urban agriculture, whose millennium-long practice is so tightly connected to Egyptian history, has been dramatically involved in dynamics of real estate speculation, and what has not been yet built it is basically waiting to be turned into buildings (Sims, 2003 and 2010): such trend of transformation from agriculture to residential land use started in the 50s and 60s, and has been extremely accelerated in the last decades, filling at a strong peace the gap between the city and the ancient villages and small towns once structuring larger extensions of the rural landscape (Séjourné, 2009). The research investigates such recent urban development producing a highly hybridized and fragmented space, where mixed patterns of agriculture and residential fabric co-exist. In such context the traditional separation between rural and urban becomes obsolete since the once-encompassed limits of the city turned into blurring and unclear (Sabry, 2009): compact built areas, productive landscape, old rural towns, open terrain vagues and even military colonies in the desert form urbanization.

It is clear that, given its extended dimensions, durability and target-differentiation, any negative definition of informality does not fit properly such character of contemporary urbanism, which needs to be spatially re-evaluated and re-considered in urban transformation management (Davis, 2006). A performative approach to the use of space rather investigates as informal and spontaneous the numerous processes shaping the territory. The whole city is therefore an exchange network system, where "fluxes of infrastructures, information technologies, energetic supply chains –such as water, power and fuel-, people and goods" (Corner, 2005) are traceable (Belanger, 2012). Different trajectories and dynamic processes of exchange define Cairo's subtle, but constant transformation so that more than as a static system it can be considered ecologically as an evolving process. No longer understood as a tabula rasa upon which built forms are displaced, the broader urban context is indeed a multi-dimensional system engaging integrated and hybridized cultural-natural ecologies. Space, intended as praxis rather than as a static concept, is understood as something that is produced through social practices (Lefebvre, 1974); it shaped by mobility, including physical movement as well as imaginative, virtual and communicative travel; it is structured by different speeds and timings; it is articulated by hierarchies of accumulation and finally may be navigated and represented by malleable but recurrent mental maps.

When valuable to the larger metropolis, such ecological interpretation may be properly applied to the specificity of the informal city, especially in consideration of its complex relational nature, multiplicity and multi-layer state of continuous, various and even subversive transformation. Howbeit on the one hand unplanned processes of urbanization, whose self-regulating, non-linear behavior may be observed and acknowledged as ide-

OPEN SPACES

ally highly resilient to disturbances, they show some reluctance to be approached traditionally, detected and mapped. On the other hand a huge need for an actual knowledge of such dynamics is driven by thorny concerns sustainability of urban growth and scarcity of resources as fresh water and soil.

In the field of urban geography, Landscape Urbanism and Ecological Urbanism (Waldheim, 2006; Mostafavi, 2010) focus on an appropriate description of the interactions transforming the urbanism. In particular landscape urbanism overcomes the traditional urban/rural opposition, considering the urbanization of "nature" as an opportunity to investigate highly hybridized spaces as the given context of contemporary urbanism. Besides being a background, landscape becomes therefore the medium for the construction of the expanded city, as a layered multidimensional process influenced by social-cultural and political-economic dynamics. In particular, landscape play an active role within a performative urbanism (Shane, 2004), whose exchange network systems articulate space beyond boundaries, no matter any differentiation among the planned city, the informal urbanized areas on agricultural land, and the cultivated soil outside and within the settlements. The Misura & Scala Lab, researching since years the extended dimensions of the contemporary metropolis, is currently experimenting new languages to approach urban transformation: in this sense landscape urbanism works as a remarkable international reference.

Still it is well known that the contemporary experience of material public space has been radically transformed with the proliferation of mobile and pervasive media technologies, which are hints and strategies for the investigations of such transforming context. Besides, the use of new media and IT for research in developing countries is utterly promising, as development-related issues are highly complex and local levels of information are extremely intricate. Since processes of informal development and unplanned land use are elusively refractory to any attempt of formalization, especially in Cairo, trajectories of urban ecologies may be alternatively mapped as endemic outcomes of spatial practices, which populate and rearrange urban field of action on an everyday basis, negotiating meanings, imageries, mental maps, social and spatial representations.

On such premises, the Misura & Scala Lab is developing a flexible operational method to adapt design to the multi-scale nature of the contemporary urban landscape. Cairo Refracted is an experiment initiated in collaboration with Cairo University, where Locast - an open source technological platform developed by the MIT Mobile Experience Lab – has been adapted to a web and mobile application. Counter-mapping has been adopted as a tool for detecting processes of urban change, unplanned hierarchies of negotiations, space hybridization and accumulated interactions. Locast represents therefore a useful and appropriate design-oriented tool for the observation and interpretation of Cairo informal processes of urbanization: it may improve the knowledge of the small scale and mapping the most intimate urban fabric and highlights the resilience of informal day-to-day practice, which spontaneously filled the lack of provided services.

Even if primarily intended as an informational tool for the production of interactive geo-referenced maps and structural images of a territory, Locast may be further used in a subsequent phase of self-implementation as social network, information database, and economic stimulator. Such networks can be excellent forums for the exchange of information and experience and can only enrich media with a self-adjusting and self-improving coverage. Moreover, according to first surveys on site, the desire for some sort of acknowledgment of this part of the city has been highly manifested by its inhabitants, who suffer from a lack of accessibility to primary services and energy infrastructures.

The first phase of the research project, consisting in source instruction and on-site survey, will be followed by selected interviews on a considerable sample of citizens. The data mining, organized by targets, categories and timing is meant to explore the ecological functioning of the city as layout of terminal plug-ins of infrastructures. Intensive, extensive and comparative use of resources may be ideally mapped through Locast by gathering and interpreting information of, among others, water drainage points, food distribution and conservation/refrigeration/cooking systems, animal breeding within residential spaces, waste collection, cultural patterns...

As a result, the attention will be driven to a bunch of selected urban spaces recurrently mentioned, and which will be object of a second selective survey. Photo, video and information material will be uploaded on the Locast platform, and contents divulgated thanks to the help of local associations and academic partners. A following phase includes the possibility of a self-implementation, with access to software by city users themself. The elaboration of Geo-referenced data is meant to inform the design project by mapping realistic and dynamic scenarios of the urban landscape and therefore by illustrating the structural image of the city in its relational nature.

Even if the research is affected by some inherent risks and issues, mostly due to the unsecure political conditions of the site currently decelerating the implementation of the project, some reluctance to share information by research subjects -in consideration of the legal implications of exposing informal activities- and eventually the self-selection of research sample population in relation to undiffused access to social media, the potential of methods based on new technologies in any fast developing context is remarkable.

The intent of the research is therefore descriptive, strategic and disseminative at one time. As described, its aims span therefore from informing the design project by a real representation and contextualization of urban vibrancy, to the strengthening of integration strategies between informal efficiencies and the rest of the city, to the monitoring of natural resources' exploitation, to finally revealing unexpected configurations of local lifestyle. Such a re-evaluation of the status of the informal city is meant to support a change of perspective towards it in favor of a more integral blending of its efficiencies and a smart, long-time and actual management of public space within the city.

Bibliography

Belangèr P. (2010), "Redefining infrastructure", in: Mostafavi M, Doherty G (eds.), Ecological Urbanism, University Graduate School Of Design Cambridge, Mass., Lars Müller Publishers, Baden, Switzerland, pp: 332-349

Canevacci, M. (1993), La città polifonica: saggio sull'antropologia della comunicazione urbana, Seam, Roma.

Corner J. (2006), "Terra fluxus", in: Waldheim C (ed.), The landscape urbanism reader, Princeton Architectural Press, New York, pp: 21-33

Davis M. (2006), Planet of Slums, Verso, London, New York

De Certeau M. (1984), The practice of everyday life, University of California Press, Berkeley.

El Batran M., Arandel C. (1998), "A shelter of their own: informal settlement expansion in Greater Cairo and government responses", in: Environment and Urbanization, Vol. 10 No. 1, April 1998, pp 217–232

Lynch K. (1960), The Image Of The City, MIT Press, Cambridge MA.

Feynman R. P., Leighton R., Hutchings E. (1997) "Surely you're Joking, Mr. Feynman!" : Adventures of a curious character, W.W. Norton, New York.

Foucault M. (1975), Surveiller et punir. Naissance de la prison, Gallimard, Paris.

Grossman D., Berg L.V.D., Ajaegbu,H.I. (1999), Urban and peri-urban agriculture in Africa: proceedings of a workshop, Netanya, Israel, 23-27 June 1996, Ashgate, Brookfield, Usa.

Lefebvre H. (2000), La production de l'espace. Anthropos, Paris.

Lister NM. (2010), "Insurgent ecologies: (re)claiming ground in landscape and urbanism", in: Mostafavi M, Doherty G (eds.), Ecological Urbanism, University Graduate School Of Design Cambridge, Mass., Lars Müller Publishers, Baden, Switzerland, pp: 508-521

Mostafavi, M., Doherty, G. (eds., 2010) Ecological Urbanism, Harvard University Graduate School Of Design, Lars Müller Publishers, Baden, Switzerland.

Nyamwanza A.M. (2012), "Livelihood resilience and adaptive capacity: A critical conceptual review", in: Jàmbá: Journal of Disaster Risk Studies 4(1), Art. #55, 6 pages

Séjourné M. (2012), "Inhabitants' daily practices to obtain legal status for their homes and security of tenure: Egypt", in: Ababsa M, Dupret B, Denis E (eds.), Popular housing and urban land tenure in the middle east: case studies from Egypt, Syria, Jordan, Lebanon, and Turkey, The American University in Cairo Press, Cairo & New York.

Singerman D., Amar P. (2006), Cairo cosmopolitan: politics, culture, and urban space in the new globalized Middle East, American University in Cairo Press, Cairo & New York.

Sims D. (2010), Understanding Cairo: the logic of a city out of control, American University in Cairo Press, Cairo & New York.

Sims D., Séjourné M. (2008), The dynamics of peri-urban areas around Greater Cairo: concept note. Egypt Urban Sector Update, World Bank ESW, March 2008

Varnelis K. (2011), "Space after the Casbah", in Domus, April 2011

Waldheim C. (2006), "Landscape as urbanism", in: Waldheim C (ed.), The landscape urbanism reader, New York, Princeton Architectural Press, pp: 35-53

OPEN SPACES

NUOVI SPAZI PUBBLICI - POLITICHE E PROGETTI NELLA CONTEMPORANEITÀ

Daniela Corsini

Daniela Corsini, architetto, dottoranda in Progettazione della Città, del Territorio e del Paesaggio all'Università di Firenze con una tesi sulla pianificazione dello spazio aperto urbano. Partecipa all'attività didattica presso la Facoltà di Architettura e Società del Politecnico di Milano.

1

2

KW: GESTIONE DEGLI SPAZI PUBBLICI, CRISI DEL WELFARE, PROGETTI INNOVATIVI

Lo spazio pubblico è sempre stato soggetto a rinnovamento. Negli ultimi anni la crisi del welfare ha reso più incerte le traiettorie relative alla strutturazione e gestione degli spazi pubblici nelle nostre città. In questo contesto assumono un peso sempre più rilevante le politiche relative alla gestione dello spazio pubblico, che ne possono favorire o limitare l'utilizzo. Si delineano così due approcci operativi per il progetto dello spazio pubblico:
1. lavorare per integrare nella dimensione fisica della città lo spazio pubblico, che può contribuire a migliorare sostenibilità ambientale, sicurezza urbana, vitalità dei luoghi, presenza di aree marginali e allo stesso tempo ri-definire una struttura urbana e contribuire alla qualità della città in termini estetici e culturali.
2. ampliare lo spazio del progetto fino a includere gli aspetti immateriali capaci di trasformare uno spazio in un luogo. Il progetto deve farsi carico di prevedere una fase di gestione e di manutenzione degli spazi, che permetta loro di essere utilizzabili e funzionali nel tempo.

Interventi light e low-cost

In questo contesto di risorse scarse diviene ancora più importante lo studio degli esempi virtuosi a cui fare riferimento.
Una prima gamma è quella degli interventi "low-cost". In Spagna numerose città hanno avviato interventi su lotti inutilizzati: in attesa della ripresa dell'attività edilizia questi spazi sono stati "ripuliti", aperti al pubblico e talvolta attrezzati per facilitare lo svolgimento di svariate funzioni. Un caso particolarmente interessante è "Estonoesunsolar" ("questo non è un lotto abbandonato") a Saragozza (immagine 1). Questo programma per la prima volta coniuga un alto contenuto sociale (nasce come Piano di occupazione) con la rigenerazione dello spazio pubblico. Il programma viene avviato nel 2009 con la riqualificazione di 14 lotti in disuso e prosegue nel 2010 con altri 14 siti. La scelta dei lotti è frutto di un'attenta analisi dei luoghi degradati della città, di proprietà pubblica o privata, per i quali sono stati stipulati accordi di cessione temporanea degli spazi. Il programma ha previsto un processo di ascolto che ha coinvolto le associazioni di quartiere, le scuole e i centri anziani. Il risultato sono parchi, giardini, orti urbani, aree attrezzate con giochi per bambini, luoghi di ritrovo, aree per praticare attività sportive e molto ancora, con una spesa media di 25 euro al mq.

Negli ultimi anni si stanno molto diffondendo le esperienze di autocostruzione, che spesso si abbinano all'utilizzo di materiali riciclabili o riutilizzabili (pallet, cassette della frutta, tubi corrugati, ecc.). Si hanno esempi di questo in tutta Europa: tra gli esempi più noti il progetto "Eco-box" nel 2001 a La Chapelle in Francia, "La Grada" nel 2008 a Valdemingòmez (Madrid), l'intervento sul porto cittadino di Aarhus in Danimarca nel 2007, "Parchetto Feronia" nel quartiere di Pietralata a Roma (2013) (immagine 3) e il progetto "Millegomme" che dal 2006 attrezza gli spazi pubblici di molte città riutilizzando le gomme dei tir.

Un terzo catalogo di esempi è fornito da microinterventi destinati talvolta a rispondere a esigenze temporanee, anche di brevissima durata. Il park(ing) day, nato a San Francisco nel 2005, ora è diffuso in tutto il mondo: per un giorno gli spazi a parcheggio vengono invasi dai pedoni e divengono parchi, piazze e aree gioco. Su questa linea anche "lieux possibles" a Bordeaux (F); "skip conversions" a Londra e il public design festival a Milano (immagine 2). Si offre ai cittadini un'esperienza assolutamente diversa della città, con un'implicita riflessione sui modi di viverla. Vedere la città con occhi differenti, invadere gli spazi destinati a parcheggio o al traffico veicolare e utilizzarli in modo differente, attrezzarli con piccoli arredi anche autocostruiti, possono essere i primi step di un percorso maggiormente strutturato. Gli interventi, anche di brevissima durata, che si strutturano mettendo in gioco risorse rinnovabili e poco costose, hanno un carattere di sperimentazione che permette la verifica dell'appropriazione degli spazi da parte della popolazione senza esborso di cifre rilevanti di denaro pubblico. Se l'esperimento è accolto di buon grado, si può pensare di avviare un progetto più strutturato, avendo però minimizzato il rischio d'insuccesso dell'operazione.

Dall'effimero al permanente: il processo "Lighter, Quicker, Cheaper"

Project for Public Spaces (PPS) è un'organizzazione americana no-profit sulla pianificazione, il progetto e l'educazione allo spazio pubblico, nata nel 1975 e impegnata ad aiutare le comunità a costruire e mantenere spazi pubblici che rafforzino il senso di appartenenza. La PPS ha fatto proprio il motto "Lighter, Quicker, Cheaper" (LQC) di Eric Reynolds, Founding Director dell'Urban Space Management (USM).

Le città vorrebbero fare di più con sempre meno risorse, le persone vorrebbero posti pieni di significato ed esteticamente soddisfacenti: partendo da queste esigenze, PPS si è posta l'obiettivo di trovare soluzioni veloci, creative ed efficaci per rendere lo spazio pubblico un luogo prezioso per la comunità. PPS lavora per supportare le comunità a costruire importanti polarità attraverso il processo LQC. Si tratta di una strategia rivoluzionaria, a basso costo e basso rischio ma ad alto impatto, che capitalizza l'energia creativa della comunità per generare efficientemente nuovi usi dello spazio. Le amministrazioni sanno che devono reagire più velocemente alle diverse popolazioni e alle condizioni mutevoli, ora più che mai; e questo richiede resilienza, adattabilità e capacità di risposta. Le sperimentazioni fin ora condotte mostrano come le risorse locali e le persone abbiano trasformato spazi urbani sottoutilizzati in laboratori che premiano i cittadini con spazi pubblici genuini. Questa strategia di sviluppo locale ha già prodotto molti spazi pubblici di successo[1].

L'iter del LQC inizia solitamente con un intervento artistico, seguito da interventi light (sedute amovibili, chioschi per libri e per giochi, arte interattiva, ecc.). Usi adattabili e strutture temporanee permettono trasformazioni significative dello spazio con costi relativamente contenuti. La trasformazione può anche attrarre nuovi partner che finanzino o coadiuvino una trasformazione di medio-lungo periodo. Le idee possono essere efficientemente implementate, valutate, aggiustate e personalizzate in base alla risposta della cittadinanza. LQC può prendere forme differenti, richiedere vari gradi di tempo, denaro e impegno e lo spettro degli interventi deve essere visto come un mezzo iterativo per costruire cambiamento duraturo.

Questi progetti di piccola scala possono essere sviluppati in una grande varietà di ambienti, incluse strade, piazze, waterfront e parchi, sebbene non vadano bene in tutte le situazioni. Una buona applicazione del processo LQC è stata fatta a New York, dove nel 2005 è nata la campagna "Streets Renaissance" per raggiungere un miglior equilibrio tra veicoli a motore, pedoni, ciclisti e mezzi pubblici. Uno dei primi cambiamenti ha riguardato Time Square, che soffriva di mancanza di spazio per i pedoni. Dopo un'attenta analisi dei movimenti si è messo in atto un esperimento temporaneo in cui lo spazio è stato convertito per uso pedonale, attrezzato per sedersi, aspettare e incontrarsi. L'esperimento è stato poi allargato a un ampio tratto di Broadway Boulevard, attraverso l'utilizzo di pittura, barriere e arredo per rallentare il traffico e cambiare il modo in cui gli utenti hanno esperienza dello spazio. Sono state messe a disposizione di pedoni e ciclisti più aree, attrezzate con sedie amovibili, tavoli, ombrelloni e altre amenità. I miglioramenti in termini di sicurezza e traffico furono così di successo che il Sindaco Bloomberg decise di renderli permanenti. Il Dipartimento dei Trasporti di NY ha quindi intrapreso un percorso di pianificazione e progettazione di piazze e strade con materiali di alta qualità destinati a essere permanenti. Uno dei più grossi cambiamenti del progetto temporaneo è stato il modo in cui vengono percepite le strade della città (immagine 4).

Conclusioni

Questi esempi dimostrano che in un contesto di risorse limitate non siamo costretti all'immobilismo, ma è possibile operare utilizzando più idee e meno risorse, in un'ottica di sostenibilità ambientale, sociale ed economica. Con questa modalità non è sempre possibile avviare operazioni di una certa complessità così come intraprendere processi di monitoraggio strutturati. Emerge la necessità di coniugare pratiche spontanee e disciplina urbanistica, due modus operandi che possono anche coesistere. Gli interventi light e low-cost possono infatti accompagnare interventi più strutturali, per abbreviare i lunghi tempi di realizzazione (una sorta di pianificazione a breve termine che accompagna una pianificazione a lungo termine), anticipare certe soluzioni e verificare il loro impatto sulla popolazione. Si minimizza in questo modo il rischio d'insuccesso dell'operazione, permettendo l'effettivo coinvolgimento della popolazione che può sperimentare la nuova conformazione degli spazi, evidenziando disagi effettivi e osservando quanto e come il luogo è frequentato e utilizzato.

OPEN SPACES

1. lotto 05, San Agustin N/25, Saragozza, Spagna.
2. Park(ing) day a San Francisco, 2005.
3. "Stazione Feronia", Parchetto Feronia, Quartiere di Pietralata, Roma
4. @nycstreets. Configurazione di uno degli ambiti di intervento prima e dopo l'operazione temporanea, New York.

Note
1. Tra i progetti realizzati dall'USM: Camden Lock, Gabriel's Wharf, e Chelsea Farmers Market a Londra. Tra i progetti realizzati con i contributi del PPS: Cannery Row a San Francisco; Bryant Park; Brooklyn's Pier 1 Pop-Up Park; Brooklyn Bridge Park (parco temporaneo); Buffalo, New York, waterfront.

Bibliografia
Giancotti A. (2012), *Autocostruzione o degli ultimi spazi del progetto*, Prospettive Edizioni, Roma.
di Monte P., Grávalos I. (2012), "Estonoesunsolar", in *Architettura del paesaggio*, n. 26, pp. 92 - 95.
(2010), "Low cost" [Special Issue], *Paisea*, n. 12.
http://www.livingurbanscape.org/pics.workshop.html Sito web del workshop internazionale PICS, organizzato dal LUS - Living Urban Scape.
http://estonoesunsolar.wordpress.com Blog del progetto "Estonoesunsolar", Saragozza, Spagna.
http://nycsr.org/ Sito web del programma "New York City Streets Renaissance"
www.pps.org Sito internet dell'associazione Project for Public Spaces.
http://www.publicdesignfestival.org Sito internet del Public Design Festival, manifestazione che si svolge annualmente a Milano in concomitanza con il Salone del Mobile.

IL GRANDE DISEGNO DEL TERRITORIO: NUOVE ALLEANZE

Pietro Currò, architetto, si occupa del progetto come processo ecologicamente sostenibile e dei linguaggi trans-disciplinari per l'analisi sistemica. Su tali temi ha prodotto diverse pubblicazioni e ha tenuto corsi e lezioni presso l'Università Mediterranea di Reggio Calabria e La Sapienza di Roma.

KW: COMPLEMENTARIETÀ DEI SAPERI, SISTEMA DI RETI, CREATIVITÀ

Il saggio vuole porsi all'interno dei nuovi paradigmi che stanno ripensando in termini olistici i concetti di società, territorio, paesaggio e sviluppo.
La disciplina del territorio negli ultimi decenni si è evoluta, sia per lo studio sui nuovi valori del paesaggio e della sostenibilità nel governo del territorio, sia per i nuovi strumenti informatici utilizzati per le analisi e per l'interpretazione della realtà. Alcuni di questi ambiti di ricerca hanno concentrato sempre più la loro attenzione sulle valutazione delle misurazioni qualitative affrontando il tema dei nuovi indicatori, relazionati alla qualità dell'abitare. Studiosi e professionisti assumono, i parametri e gli indicatori della sostenibilità, quali elementi strutturali su cui costruire gli impalcati teorici dei progetti.
Oggi, nel dibattito sui temi del territorio e del paesaggio, prende sempre più consistenza, l'esplorazione dei modelli di sostenibilità legati alla agricoltura urbana, all'orto urbano, al parco agricolo, al recupero dell'aree di frangia e periurbane, al riutilizzo della cosiddetta terra di mezzo, ovvero tutto ciò che accade nell'urbano e tra l'urbano e il rurale.
È proprio del ruolo dell'agricoltura, all'interno dei valori del paesaggio e in relazione al territorio di connessione, che intendo trattare in questo breve saggio.
Nel disegno del territorio il ruolo dell'agricoltura tende a legarsi non tanto al sistema di misure della geometria euclidea, quanto al paesaggio come sistema di valori, immaginando integrazioni strutturali e formali nei paesaggi della città e territorio (Cervellati, 2000). Serve una rilettura della tessitura del territorio agricolo e degli spazi aperti, che congiunga la città con la campagna in nuove estetiche. Qui assumono un ruolo rilevante quelle "permanenze" che costituiscono la struttura della narrazione e i segni dell'identità locale. Invarianti territoriali per ripensare i valori del paesaggio sui principi della Convenzione Europea sul Paesaggio.
Non si possono spiegare principi come sviluppo, risparmio energetico e minor consumo di suolo, in discontinuità con il passato, se non si accetta una reinterpretazione dello sviluppo rivalorizzando la cultura della terra, invalidata nella progressiva crisi dei saperi, e dei mestieri.
Il punto è cambiare l'ordine dei valori costruendo una nuova democrazia che sostituisca la delega con la partecipazione, una nuova alleanza con la zolla e la cultura umanistica; va ridefinito il rapporto con la città come luogo in cui si consumano le risorse, si definiscono i comportamenti e le tendenze, si producono scienza e ricchezza. La città con le sue diramazioni filiformi e reticolari, è nelle condizioni di compromettere aree agricole e aree naturali, spiagge, montagne e bacini fluviali ed è sempre di più soggetto della complessità del territorio e al contempo l'elemento di riduzione della diversità biologica e naturale.
Il modello di crescita dell'ultimo trentennio ha portato alla crisi attuale: decadenza delle città (frammenti e diffusione) e distruzione del paesaggio; disastro del traffico e depauperamento delle risorse; sfilacciamento dell'urbanizzato e abbandono di molte attività produttive che hanno lasciato spazio a nuove realizzazioni residenziali e infrastrutturali con un totale disinteresse dell'agricoltura e conseguente impoverimento dell'ambiente (Donolo, 2011).
La perdita d'identità e appartenenza ai luoghi, ha condotto ad una decadenza che prima di essere economica è stata di democrazia e di civiltà. La separazione tra tutela dei paesaggi e crescita delle

città ha lasciato aperta la speculazione fondiaria, intaccando quella sutura fra città e campagna, quella mutua integrazione per cui Goethe poté dire che in Italia le architetture sono una seconda natura, indirizzata a fini civili.

Quello che è stato il punto di forza del paesaggio italiano, è divenuto una "zona grigia" in cui sorgono le infelici periferie. Ma è proprio in questi contesti che si debbono creare le condizioni per una virtuosa sinergia fra agro-ecosistema residuo e ambiente urbano.

La civiltà rurale è l'unica compiuta, perché fa riferimento alla casa comune. Il ritorno culturale e sociale ai valori dell'agricoltura non significherà solo evitare disastri, smottamenti e frane causate dall'abbandono, ma farà scaturire fonti innovative di investimento e di occupazione. L'applicazione di energie rinnovabili, come l'energia solare, le "biomasse" prodotte dal bosco e la "terziarizzazione" degli addetti in agricoltura potranno portare benefici occupazionali e ambientali. L'attività produttiva dell'uomo, nello spazio rurale, può essere l'elemento di convergenza tra i valori ambientali, sociali, economici ma anche urbanistici e architettonici (la valorizzazione e la riscoperta delle architetture tipiche rurali), oltre che storico culturali. Si pensi al paesaggio dell'olivo, della vite, della sughera, dei frutteti, e si comprende come si tratti di sistemi complessi, di microcosmi in cui le valenze produttive si associano a quelle culturali, a quelle ambientali, a quelle sociali.

Il recente sviluppo del turismo rurale e dell'agriturismo nascono proprio dalla consapevolezza del significato e del valore della cultura e del paesaggio nello spazio rurale. La presenza dell'attività agricola sul territorio diventa una delle funzioni chiave nell'ottica di una multifunzionalità che riesca ad andare oltre le funzioni ambientali, sociali e culturali. Promuovere la multifunzionalità degli ambiti agricoli, significa ridurre il processo di abbandono dei suoli attraverso la creazione di possibilità di impiego in nuovi settori, mantenere la pluralità delle produzioni rurali, con il recupero di molte aree di frangia urbana e la possibilità dell'ampliamento del campo urbano da utilizzare per il mantenimento della biodiversità nella zona di coltivazione. Occorre allora creare centri di comunicazione e di trasferimento creativo per una radicale presa di conoscenza e coscienza delle trasformazioni delle filiere culturali e dello sviluppo.

Lo sviluppo sostenibile, è il fondamento della riproducibilità del capitale naturale e il presupposto dello sviluppo economico e umano. In questa prospettiva diviene centrale la possibilità di una azione di governance in grado di affrontare in maniera integrata il tema dello spazio aperto sollecitando ed accompagnando processi e progetti di sviluppo locale incentrati su forme pattizie fra imprenditori agricoli, abitanti, terzo settore ed altri operatori economici. Significa, pure, coinvolgere le minoranze attive, le imprese innovative, i luoghi e le istituzioni della cultura, cercare il contagio amichevole e l'imitazione dei buoni esempi per creare reti condivise di valori. Sono convinto che oggi sono queste le nuove frontiere della ricerca sul territorio come sistema unitario sul quale definire i nuovi equilibri tra carico umano e capacità ambientale[1].

È inevitabile, in un'epoca di disastrosi mutamenti economici e culturali, cercare nuove riflessioni sulla complessità della conoscenza e sulla necessità di ridefinire la cultura e i paradigmi disciplinari nella complementarietà dei saperi. È un problema di politica di civilizzazione. La domanda è se l'umanità sarà in grado di utilizzare le risorse della globalizzazione per migliorare il modello di società oppure se l'entropia derivante dal maggiore e cattivo consumo di risorse raggiungerà un punto di non ritorno provocando una regressione della capacità di condivisioni tra individui. Spetta a tutti gli operatori della società facilitare e sostenere la costruzione del nuovo processo formativo nella direzione della testa ben fatta verso un nuovo umanesimo su scala planetaria. Sono queste le condizioni per accedere alla comprensione dell'unità aperta del mondo, dalla micro-realtà locale alla macro-realtà planetaria (Morin, 2002).

È solo quando la conoscenza ritorna ad essere conoscenza sociale che possiamo pensare ad avviare processi reali e decisionali. La sfida per questa democrazia cognitiva è accentuata da internet che ha formato una sorta di gigantesco sistema neuro-cerebrale semi-artificiale.

La complessità sta nell'intrigo, formato dalle connessioni tra mente e linguaggi, cultura e realtà, ecologia e filosofia, storia e psicologia, geografia e cosmologia, congiunto allo sviluppo della tecnoscienza e della società dell'informazione.

È indispensabile non solo raccogliere e verificare i dati disponibili, che sono troppi, ma anche metterli in correlazione esplicita fra loro, facendone strumento di conoscenza e di governo. Nella circolazione dei dati, si parla solo in termini di quantità assolute, e non di qualità. La sovrabbondanza dell'informazione non favorisce la conoscenza, la ostacola; la grande muraglia dei dati è una diga insormontabile per chi voglia tentare di capire. La responsabilità per poter avviare tali processi sta nel sistema della conoscenza nell'imparare a conoscere e a produrre conoscenza, per tradurla in informazione e comunicazione, identificando le strategie e le buone pratiche.

Bisogna ritrovare la capacità creativa coadiuvandola con gli strumenti tridimensionali per generare scenari territoriali e paesaggistici immaginati ed anche verificabili. Si deve porre l'attenzione sulla possibilità di conoscere dettagliatamente e in modo geo-referenziato il territorio prima di agire e soprattutto di osservare, le trasformazioni sistemiche introdotte, con gli effetti che produrranno. Il nuovo disegno del territorio per nuove alleanze non può che articolarsi sul concetto di sistema e di rete: sistema, come equilibrio tra elementi, azioni e relazioni diverse; reti, come elementi di giunzione specifica che tentano di restituire al territorio (anche compromesso) un ruolo di connessione attraverso processi ristrutturativi e di riqualificazione (Vendittelli, 2000).

La trans-scalarità e la trans-disciplinarietà delle politiche ambientali, territoriali e soprattutto del paesaggio come valore e narrazione devono inevitabilmente fondarsi sull'interazione dinamica.

Il territorio, l'ambiente e il paesaggio rappresentano un "bene comune" e sono espressioni di un disegno unitario del quadro conoscitivo di valori per la sostenibilità progettuale.

Bibliografia

Cervellati P.L. (2000), *L'arte di curare la città*, Bologna, Il Mulino

Donolo C. (2011), *Italia sperduta: la sindrome del declino e le chiavi per uscirne*, Roma, Donzelli

Morin E. (2002), *I sette saperi, necessari all'educazione del futuro*, Milano, Raffaello Cortina

Vendittelli M. (2000), *La sostenibilità da chimera a paradigma*, Milano, FrancoAngeli

1. *Alcuni di questi aspetti sono stati trattati e approfonditi nell'ambito di due ricerche PRIN (Università Mediterranea di Reggio Calabria 2005 e Sapienza Roma 2008), alle quali ho partecipato, riguardanti i processi di governance nella pianificazione e nella sostenibilità ambientale.*

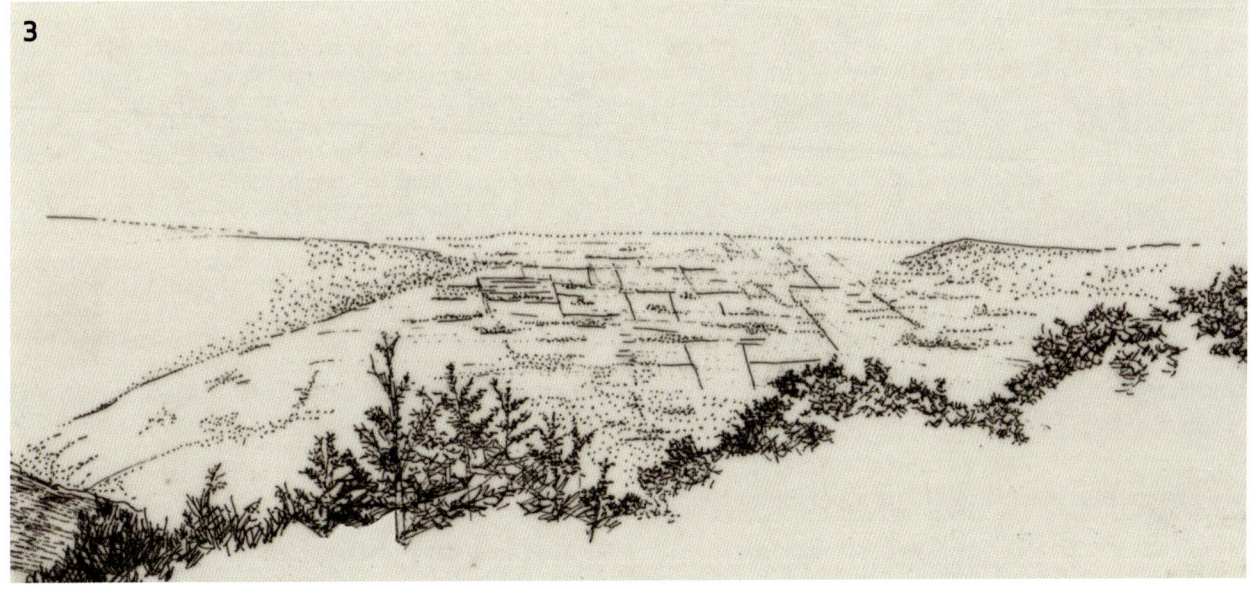

1. Il paese dei coltivi: Bagaladi (RC).
2. Nella valle dell'uliveto storico un grande patrimonio culturale sopravvissuto a 1000 anni di incuria: Gerace.
3. L'agricoltura nella cintura antropizzata dell'area aspromontana (RC).
4. I terrazzamenti della Costa Viola in area antropizzata. Foto di Piero Currò.

1/2/3 schizzi eseguiti dall'autore Arch. Piero Currò.

OPEN SPACES

VALLADOLID COME PUNTO D'INCONTRO DI PAESAGGI: DALLE LETTURE A SCALA INTERMEDIA ALLA PIANIFICAZIONE DEL TERRITORIO

Juan Luis de las Rivas Sanz

Juan Luis de las Rivas Sanz, achitetto e Ph.D. Professore nella ETSAValladolid, della quale è anche direttore del Dipartimento di Urbanismo y Representación de la Arquitectura. É cofondatore del Instituto Universitario de Urbanística, ed é direttore del suo Taller. (mail: insur@uva.es)

Mario Paris

Mario Paris, achitetto (Politecnico di Milano) e Ph.D. Candidate (Universidad de Valladolid). Titolare di una Beca FPI della UVa. Svolge attività di ricerca collaborando con l'Instituto Universitario de Urbanística ed altri centri europei (Urb&Com, YAP!, ecc.). (mail: mario@institutourbanistica.com)

KW: SCALA INTERMEDIA, APPROCCIO PAESAGGISTICO, VALLADOLID

Inefficienza di alcune letture territoriali convenzionali

Alcune delle categorie concettuali e delle scale di riferimento con cui si lavora convenzionalmente in urbanistica risultano poco efficaci per studiare i fenomeni che caratterizzano la condizione urbana contemporanea. Il modello amministrativo attuale con le sue suddivisioni (Comune, Provincia, Regione, Stato nazionale, UE, ecc.) non riesce a descrivere e gestire dinamiche territoriali sempre più complesse, instabili e transitorie. Diversi autori (Garreau, 1991; Ascher, 1995; Monclús, 1998; Graham & Marvin, 2001; Amin & Thrift 2002; Nel·lo, 2002; Bagnasco, 2003; Indovina, 2004; Portas, & al., 2011) hanno messo in luce la rigidità degli approcci legati a questa scala di analisi. Nel caso delle medium cities, per esempio, si nota una certa difficoltà nello spiegare la natura complessa del loro ruolo territoriale, frutto dell'adattamento alle condizioni di un ambito geografico concreto e di un contesto sociale ed economico specifico. L'obiettivo di questo paper è quello di dimostrare che l'approccio di tipo paesaggistico e la lettura del territorio legata alle scale intermedie possono essere la chiave per interpretare alcuni di questi fenomeni urbani. Questi nuovi approcci possono servire a superare i limiti delle spiegazioni convenzionali legate esclusivamente alla scala locale ed a mettere "a sistema" le realtà urbane contemporanee (la metapolis, la metropolizzazione del territorio, ecc.) con le strutture ecologiche regionali. Quest'operazione può essere il primo passo per spiegare la realtà urbana attuale, capirne la reale dimensione metropolitana e poter lavorare con essa, soprattutto oggi nell'eccezionale contesto di crisi economica ed istituzionale che caratterizza la realtà sud-europea. L'esempio dell'approccio dell'Instituto Universitario de Urbanística nei lavori di pianificazione (realizzati ed in corso) per la città di Valladolid (E) può essere utile per spiegare questa idea.

La scala intermedia come chiave di un approccio paesaggistico

Attraverso una visione convenzionale –focalizzata cioé sui caratteri amministrativi e materiali della città- non si riesce a descrivere quel processo che F. Indovina (2004) ha definito la "metropolizzazione del territorio". Per questa ragione è necessario introdurre una visione innovativa, legata all'ecologia del sistema urbano e al suo ruolo nel territorio poichè senza capire questa struttura sarebbe impossibile analizzare le cause ed i processi di crescita della città ed il suo ruolo territoriale a diverse scale. L'approccio di tipo paesaggistico che proponiamo ha il doppio vantaggio di (i) fornire uno sguardo trasversale sulla realtà di un territorio e, allo stesso tempo, di (ii) poter considerare –o a volte, ri-considerare- il ruolo della scala intermedia (quella che permette di collegare e mettere in relazione i diversi elementi di un sistema). La difficoltà di questo approccio sta nel fatto che si fonda su una complessa interazione fra elementi diversi ed analizza il risultato spaziale della loro interazione. Questo modo di studiare la città analizza dinamiche urbane che non corrispondono a precisi limiti amministrativi o modelli di analisi consolidati ma che, al contrario, includono la città ed i suoi bordi, i nuclei storici disseminati nel suo intorno ed le aree frutto dell'urbanizzazione recente. Nelle città medie tutto ciò si domostra particolarmente utile, poichè la complessità delle dinamiche urbane è influenzata da logiche sopra-locali (di scala regionale o sub-regionale) che interferiscono ed influenzano la realtà municipale. D'altra parte non è possibile spiegare le trasformazioni locali usando la sola scala regionale d'analisi che risulta indaguata.

Capire le relazioni trans-scalari nell'esempio di Valladolid (E)

Valladolid è la città più grande di Castilla y León, una vasta regione (94.225 km2) localizzata al centro della meseta spagnola e caratterizzata dal fatto di essere il punto di incontro di diversi elementi geografici e numerose infrastrutture[1]. L'identità della città dipende dalla sovrapposizione di questi fattori: essa è, da un lato, la capitale storica della regione e dall'altro un moderno centro industriale. Nella città le funzioni della produzione manifatturiera ed agro-alimentare coesistono con un'importante univeristà e diversi centri di ricerca (EU, 2007; De las Rivas, 2010). Per questo Valladolid occupa una posizione strategica nel territorio ed è una delle più grandi città non-costiere del paese. Questi elementi –uno dimensionale e l'altro posizionale- sono la chiave per creare uno spazio urbano/metropolitano eterogeneo e complesso. La lettura per scale intermedie è quella più efficace per comprendere, nel doppio significato di capire e tenere insieme (Governa e Memoli, 2011), quegli elementi che attivano un mosaico urbano-rurale complesso. Questa é, secondo noi, la strategia che può permettere alla città di esprimere tutto il suo potenziale come polo territoriale e ambito caratterizzato da un alto livello di qualità della vita per gli abitanti.

I vuoti ed i bordi della città compatta

Nel caso di Valladolid le recenti trasformazioni urbane (aumento di popolazione, il ruolo di capitale regionale, rafforzamento di un ricco settore industriale, sviluppo di un importante terziario urbano, ecc.) hanno portato alla crescita dimensionale della città senza un reale controllo complessivo (v. fig. 2). Tutto ciò é coinciso con l'apparizione di numerose situazioni poco definite o irrisolte sia dentro che fuori della città compatta. Negli ultimi dieci anni la città ha tratto vantaggio da alcune importanti novità (l'arrivo del treno AV/AC, per esempio) che ne hanno rafforzato il ruolo economico ed industriale, ma non ha saputo dotarsi di una strategia per recuperare i numerosi vuoti interni e per fronteggiare il fenomeno dei brownfield (dismissioni industriali, quartieri incompleti, ecc.) ai bordi del nucleo compatto. Si tratta quindi di ripensare un sistema (di pieni svuotati e vuoti significativi) che ha contribuito all'organizzazione della città ma che oggi giace abbandonato (Berger, 2006).

La relazione fra la città compatta ed il sistema polcentrico
La realtá urbana di Valladolid (313.000 ab., 2013) è incomprensibile se non si considera la città nel suo ruolo di centro di un'area urbana emergente[2] (De las Rivas & al., 1995). In realtà negli ultimi 15 anni si puó dire che alcune delle dinamiche urbane della città centrale sono nate come reazione alle trasformazioni dell'area peri-urbana. Si è trattato di un processo spontaneo (non guidato da strumenti urbanistici di scala sovralocale) di localizzazione dispersa di aree industriali, funzioni publiche e residenza che ha portato ad una commistione fra rurale ed urbano. Dagli anni '90 l'effetto città si è fatto piú intenso intorno alla città centrale mentre nuclei urbani tradizionali e spazi della nuova urbanizzazione (v. fig. 1) interrompono lo spazio agricolo come tracce discontinue di questo processo, e sono connessi tra loro dalle infrastrutture del traffico automobilistico. Ció che marca lo spazio è questa indipendenza tra spazi di lavoro e residenza, carattere che rende questo spazio un "bacino di vita e lavoro" (Ascher, 1995).

Il paesaggio della città-regione
La città di Valladolid svolge un ruolo di centralità multipla: essa è il centro di uno spazio urbano e metropolitano, ma anche di una vasta regione. Parte della sua importanza é dovuta alla sua posizione, all'incrocio di due corridoi produttivi. Il primo è il corridoio industriale est-ovest che segue l'asse di trasporto combinato (De las Rivas & al., 2013) dell'autostrada E-80.
Si tratta del piú importante spazio produttivo della Comunidad (v. fig. 4). uno spazio dei flussi che attrae e accumula funzioni produttive e della logistica, polarità commerciali e del terziario ma che mostra minor influenza sui processi di insediamento residenziale[3]. Il secondo è il corridoio agricolo legato al bacino del fiume Duero, marcato dal caratteristico paesaggio dei vigneti e delle produzioni agricole d'eccellenza. Si tratta di uno spazio vitivinicolo d'eccellenza, che connette luoghi ed insediamenti di valore (v. fig. 3), mostra una profonda connessione fra spazi produttivi e naturali e da forma a un territorio con una forte identità e dal grande potenziale turistico, produttivo e del patrimonio culturale[4].

Pianificare un territorio intermedio
Una delle proposte contenute nel nuovo PGOU della città è basata su questi riflessioni ed in essa si considera la geografia del luogo, che per Valladolid è supra-municipale e inter-provinciale che puó essere spiegata solo dal punto di vista ecologico: si tratta di un mosaico urbano-rurale-naturale di scala subregionale.
In essa si cerca di utilizzare le occasioni giá presenti sul territorio per mettere insieme le diverse scale di lavoro attraverso il sistema degli spazi aperti, delle protezioni ambientali e dell'acqua: nella città compatta (anello interno) si cerca di ricucire i parchi esistenti e di recuperare i vuoti presenti; nell'area urbana semi-vuota (anello esterno) con il progetto si cerca di costruire un'interazione nuova con l'intorno, gestendo con esso la mobilità, il tema dell'urbano disperso e della relazione urbano-rurale.

Conclusioni
L'obiettivo di questo paper è dimostrare che la corretta comprensione della dimensione locale dei fenomeni urbani puó essere la chiave strategica per conoscere e pianificare il territorio contemporaneo. Capire il luogo con le sue condizioni specifiche e le sue dinamiche é l'unica via per poter superare i limiti attuali[5] e riconnettere le diverse scale che devono essere, di volta in volta, tenute in considerazione. Per lavorare nella città di Valladolid come tecnici e pianificatori (PGOU, 2012 e DOTVaEnt, 1998 e rev. 2006) abbiamo dovuto creare nuove strategie sia per la città che per la sua area metropolitana, tenendo in considerazione la scala intermedia, come unica dimensione dove possono coesistere interpretazioni e progetti diversi.

Bibliografia
Amin A., Thrift N. (2002), *Cities: Reimagining the urban*, Polity Press, Cambridge.
Ascher F. (1995), *Métapolis ou l'avenir des villes*, Ed. Odile Jacob, Paris.
Bagnasco A. (2003), *Società fuori squadra: Come cambia l'organizzazione sociale*, Il Mulino, Bologna.
Berger A. (2006), *Drosscape: Wasting land in urban America*, Princeton Architectural Press, New York.
De las Rivas J.L., Paris M. (2013), "Strengthening the territorial position of Valladolid through planning strategies: Networks, patterns, centralities" in IAUS (ed.), *RESPAG 2013 Conference proceedings*, IAUS, Belgrado, pp. 578 - 590.
De las Rivas J.L., Álvarez A., Paris, M. (2013), "El corredor industrial Valladolid-Palencia: conurbación emergente entre dos polos urbanos consolidados" in *Ciudad y Territorio–Estudios Territoriales*, no. 176, pp. 1 - 15.
De las Rivas J.L. (2010), *Estado de las ciudades de Castilla y Léon*, Junta de Castilla y León, Valladolid.
De las Rivas Sanz J.L. (2010), "La ordenación de los procesos metropolitanos. Las Directrices de Ordenación del Territorio de Valladolid y Entorno" in Galiana L., Vinuesa J. (eds.), *Teoría y práctica para una ordenación racional del territorio*, Editorial Síntesis S.A., Madrid, pp. 301 – 319.
De las Rivas J.L. (Ed.), (1998), *Avance de Directrices de Ordenación Territorial de Valladolid y Entorno*, Consejería de Medio Ambiente y Ordenación del Territorio - Junta de Castilla y León, Valladolid.
De las Rivas J.L., Calvo A., Cortés S. (1995), "Competitividad Industrial y Medio Urbano: El caso de Valladolid" in *Ciudad y Territorio–Estudios Territoriales*, no. 106, pp. 793-824.
European Union (2011), *White paper: Roadmap to a Single European Transport Area – Towards a competitive and resource efficient transport system*, European Union Regional Policy, Brussels.
European Union (1993), *Growth, competitiveness, employment. The challenges and ways forward into the 21st century*. Brussels: European Union Regional Policy.
European Union (2007), *State of European cities report: Adding value to the European Urban Audit*, European Union Regional Policy, Brussels.
Forman R.T.T. (1995), *Land mosaics: The ecology of landscapes and regions*, Cambridge University Press, Cambridge (Mass.)
Garcia J. (2000), *Valladolid, de la ciudad a la aglomeración*, Editoral Ariel, Barcelona.
Garreau J. (1991), *Edge city: Life on the new frontier*, Doubleday, New York.
Gobierno de España (Ed.), (2011), *Capitales&Ciudades+100. Información estadística de las ciudades españolas 2010*, Ministerio de Fomento, Madrid.
Governa F., Memoli M. (2011), *Geografie dell'urbano: Spazi, politiche, pratiche della città*, Carocci, Roma.
Graham S., Marvin S. (2001), *Splintering urbanism: Networked infra-structures, technolo-gical mobilities and the urban condition*, Routledge, London.
Indovina F. (2004), "La metropolización del territorio: Nuevas jerarquías territoriales" in Font A. & al. (eds.) *La explosión de la ciudad*, Ministerio de Vivienda, Madrid, pp. 20 -47.
Lefebvre H. (1968), *Le droit a la ville*, Anthropos, Paris.
Monclús F.J. (1998), *La ciudad dispersa: Suburbanización y nuevas periferias*. Barcelona: Centre de Cultura Contemporània de Barcelona.
Nel·lo O. (2002), *Cataluña, ciudad de ciudades*, Milenio, Lleida.
Paris M. (2013), "De los centros urbanos consolidados a los lugares de centralidad: una propuesta metodologica para su estudio" in *Ciudades*, no. 16, pp. 47 – 69.
Portas N., Domingues A., Cabral J. (2011), *Politicas urbanas II: Transformações, Regulação e Projectos*, Fundação Calouste Gulbenkian, Lisboa.
Steiner F.R. (2008), *The living landscape: An ecological approach to landscape planning*, Island Press, Washington.
Piani urbanistici e strumenti attuativi citati
DOTVaEnt, *Directrices de Ordenación Territorial de Valladolid y su Entorno, revisión 2010 / Plan for the Valladolid's Metropolitan Area*, 2010 http://bit.ly/10caWc9
PGOU *Plan General de Ordenación Urbana de Valladolid, Avance 2012 / Valladolid Local Plan - 2012* (accessed 30th january, 2013) http://bit.ly/X3iikz

1. Nell'area urbana di Valladolid si incontrano tre importante fiumi (l'Esgueva, il Pisuerga e il Duero) e la città sorge nell'incrocio di due valli. Allo stesso tempo questo spazio è situato all'incrocio di due importante infrastrutture: l'autostrada A6, che collega Madrid ai porti del nord, e il corridoio europeo Lisbona-Helsinki, che nel territorio di Valladolid forma quello che la UE (1993) ha definito un asse combinato di trasporto. Allo stesso tempo la città, grazie al collegamento del treno AV/AC con la capitale recita il ruolo di porta per il settore nord-occidentale del paese.
2. Circa altri 100.000 abitanti vivono in un'area di 951 km2 suddivisa in 22 municipi diversi che dipendono funzionalmente dalla città centrale.
3. In altre parole questo corridoio ha un importante ruolo infrastrutturale (a scala regionale e supra-regionale) ma è anche un asse metropolitano che collega Valladolid alla città di Palencia, città capitale della provincia vicina (situata a circa 45 km di distanza, piú di 80.000 abitanti nel 2013). In realtà il corridoio non crea una reale continuità lungo il suo tracciato ma rende possibili "episodi di centralità" dispersi che sarebbero incomprensibili senza considerare il ruolo di questa infrastruttura. Il resto del territorio fuori dal corridoio rimane un paesaggio intermedio, diverso ed interessante che, allontanandosi da esso, torna ad essere esclusivamente agricolo.
4. Secondo la Junta de Castilla y León (2010) il corridoio del fiume Duero puó essere un asse di sviluppo equilibrato, competitivo ed esemplare, grazie alla profonda identificazione che si è creata fra lo spazio fisico della regione e il bacino del fiume. Il fiume recita un importante ruolo territoriale, economico e strategico per molti campi diversi: l'agricoltura, la produzione di energia, la conservazione dell'ambiente e i valori culturali per cui è in atto un processo di innovazione e sviluppo tecnologico di economie e processi produttivi tradizionali.
5. Come ha affermato L. Mumford, "Il primo passo per pianficare è quello di capire".

OPEN SPACES

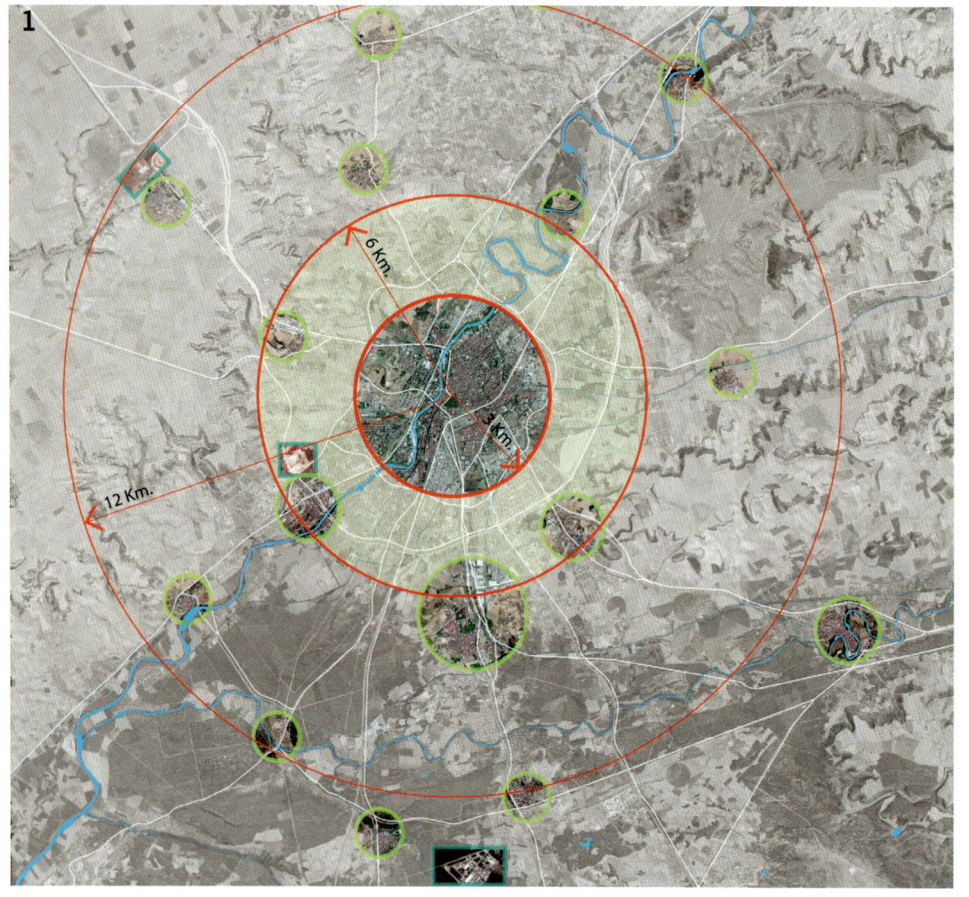

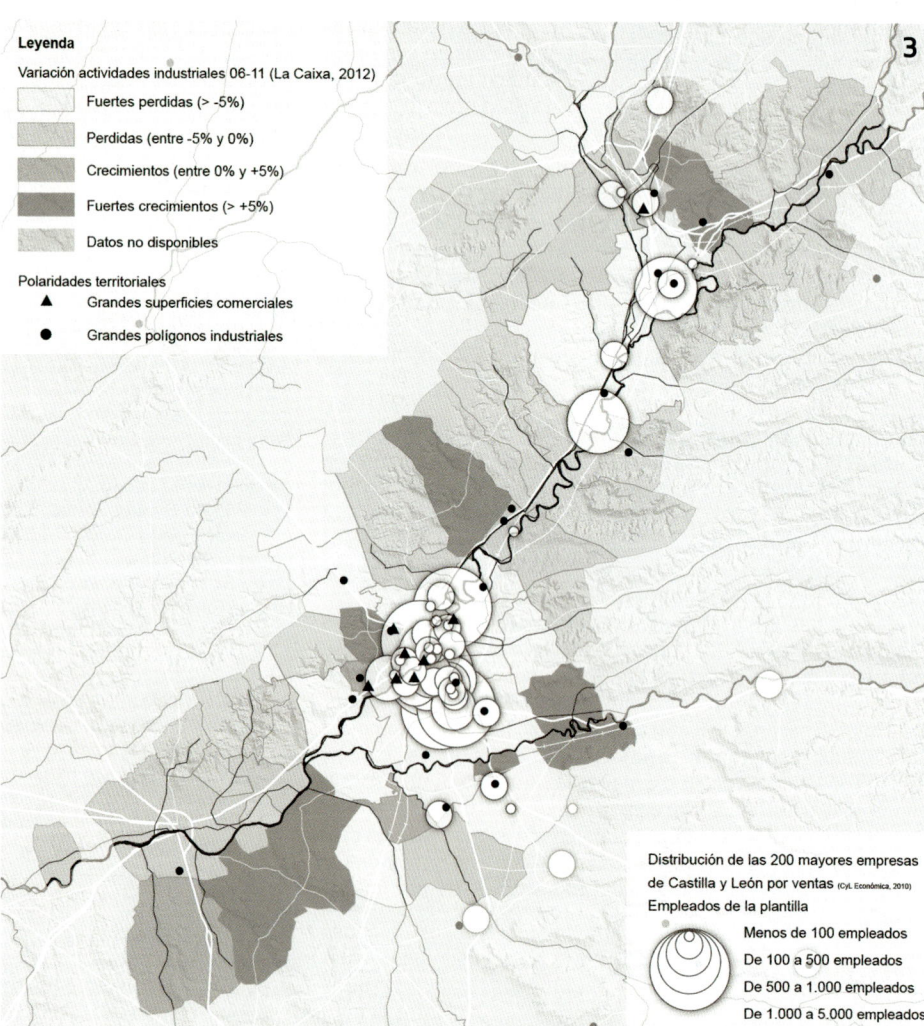

1. Spazio urbano di Valladolid come gradiente. (Fonte IUU – Instituto Universitario de Urbanística).
2. Residenza unifamiliare nell'area urbana di Valladolid – un processo incontrollato (incontrollabile?). (Fonte IUU – Instituto Universitario de Urbanística).
3. Il corridoio industriale Valladolid-Palencia come accumulatore di spazio produttivi e polarità commerciali. (Fonte IUU – Instituto Universitario de Urbanística).
4. Il paesaggio della Ribera del Duero: vigneti e produzioni agricole d'eccellenza. (Fonte fotografia di Mario Paris).

DALL'AGRICOLTURA SALVA-PAESAGGIO AL PAESAGGIO SALVA-AGRICOLTURA.
IL PROGETTO PER UNA VIA DEL VINO SULL'ISOLA DI PANTELLERIA

KW: AGRICOLTURA, TERRAZZAMENTI, STRADA

Giorgia De Pasquale

Architetto, svolge ricerca ed attività professionale attorno alle diverse tematiche legate al paesaggio mediterraneo. Formatasi tra le facoltà di Roma Tre, l'Escuela Tècnica Superior di Barcellona e l'Escuela Tecnica de Arquitectura di Valladolid, nel 2011 è dottore di ricerca in Architettura presso lo Iuav di Venezia.

"Il piacere degli occhi e della bellezza delle cose nascondono i tradimenti della geologia e del clima, e fanno dimenticare che il Mediterraneo non è mai stato un paradiso offerto gratuitamente al diletto dell'umanità. Qui tutto ha dovuto essere costruito, spesso più faticosamente che altrove. L'antico aratro di legno riesce a malapena a graffiare il terreno friabile e privo di spessore. Basta che piova più della norma perché il suolo, instabile, scivoli giù per i pendii. La montagna tronca la circolazione, sottrae abusivamente spazio, limita le pianure ed i campi spesso ridotti a poche strisce, a miseri pugni di terra; al di là iniziano i sentieri in ripida salita, ardui per uomini e animali". (Braudel, 2007)

Il paesaggio nel Mediterraneo è sintesi di un processo storico nel quale natura e costruzione si sono continuamente intrecciati nei secoli convergendo in un equilibrio molto delicato. Un equilibrio tra esigenze dell'uomo di sostentamento ed ambiente impervio spesso inospitale, strutturato da una geologia dura fatta di corrugamenti violenti, di montagne che si affacciano a strapiombo sul mare, pietra nuda, rocce profonde.

Ma quando questo equilibrio viene meno, quando una società perde il legame più solido con la terra, quando il cibo non si coniuga con il territorio di appartenenza e le relative pratiche agricole tradizionali, quali sono le conseguenza paesaggistiche della crisi contemporanea dell'agricoltura?

L'Isola di Pantelleria è una terra emersa nel canale di Sicilia, che presenta uno dei paesaggi più ricorrenti del Mediterraneo, laddove il dato orografico è protagonista: collocata sul rift tra il continente europeo e quello africano, tra il mondo cristiano e il mondo islamico, i versanti scoscesi che proseguono anche fuori dalle acque sono stati nel tempo addomesticati in terrazzamenti fertili, utile fonte di sostentamento e condizione necessaria per il commercio del cotone prima e dell'uva zibibbo poi, da esportare nel resto del continente sotto forma di uva passa o vino da taglio. L'importanza di questa fonte economica e l'esigenza di riportare il pendio al piano hanno modificato per interi fronti la geometria dei rilievi, materializzandone le curve di livello attraverso l'uso dei muretti a secco. Da quasi mezzo secolo sull'isola si assiste al progressivo abbandono delle coltivazioni, a causa dei costi elevati e dei bassi profitti di quella che viene chiamata agricoltura eroica, ed al conseguente deterioramento del sistema paesaggistico tradizionale basato sui terrazzamenti. Braudel (Braudel, 2003) ci aveva avvertito: "(...) è un paesaggio fragile, interamente creato dalla mano dell'uomo: colture a terrazza, muretti che devono essere ricostruiti continuamente, pietre che devono essere portate su a dorso d'asino prima di essere sistemate e consolidate, terra che bisogna trasportare in alto per accumularla alle spalle dei bastioni. Un'ulteriore difficoltà è costituita dal fatto che né traini, né carretti possono risalire le ripide chine: la raccolta delle olive e la vendemmia si fanno a mano, ed il prodotto viene portato a valle a forza di braccia."

Insieme all'inesorabile crollo delle pietre di ciascun muretto a secco perdiamo condizioni ambientali ed ecologiche favorevoli. Aumentano, per esempio, le aree a rischio desertificazione: i terrazzamenti, infatti, hanno protetto per secoli i pendii dall'azione erosiva delle piogge. Il loro abbandono determina seri rischi idrogeologici ed il ripristino di una situazione di declivio che rende il suolo meno fertile. Il pendio, esposto a piogge dagli andamenti alterni con scrosci improvvisi e stagioni completamente aride, se non protetto dai sistemi di raccolta e regimazione delle acque, risulta eroso nei momenti umidi e arido nei mesi secchi. Il suolo sparisce completamente e la vegetazione si riduce a macchie residuali nella parte più profonda dell'alveo, dove l'originaria ricchezza di biodiversità lascia il posto alla monocoltura di quelle specie più pervicaci nelle situazioni di degrado.

I muretti a secco fungono anche da captatori di umidità (Cantelli, 1994) nelle stagioni estive utilizzando la condensazione provocata dalla differenza di temperatura tra le pietre interne e l'atmosfera: le pareti intercettano i venti e l'umidità, le pietre trattengono l'acqua e l'ombra la protegge dall'evaporazione. Un sistema che permette alle specie vegetali di sopravvivere a numerosi mesi senza piogge e che ha portato W. Keller (Keller, 1957) ad una nuova interpretazione delle parole dell'ultimo canto che Mosè dedica ad Israele "una terra elevata dove è possibile succhiare il miele dalla rupe e l' olio dai ciottoli della roccia".

I muretti proteggono dal vento i terreni appena seminati e le piante giovani. I muretti limitano e regolano le proprietà catastali. Questi segni di pietra nel paesaggio determinano la vera identità dei luoghi, smascherando la natura geologica della terra e l'organizzazione sociale del territorio.

Eppure ogni giorno sull'isola di Pantelleria si assiste alla perdita di questo prezioso patrimonio paesaggistico, pietra dopo pietra, i muri iniziano a dissolversi, la vegetazione spontanea prende il sopravvento: dei 5,700 ettari di superficie agraria degli anni '70, oggi ne sono rimasti poco più di 1,000.

L'abbandono della terra ha provocato una sostanziale modifica dell'economia locale che ha virato quasi integralmente verso il turismo, lasciando una coltivazione costosa e faticosa come quella della vite su territorio vulcanico a poche elitarie realtà, che necessitano di una promozione efficace per affrontare gli alti costi delle loro piccole produzioni di vino passito. Il progetto della via del vino a Pantelleria affronta questo problema ribaltando il punto di vista con il quale generalmente lo si è affrontato negli ultimi anni: non più proporre alle amministrazioni locali un sovvenzionamento alle piccole imprese per il recupero dei terreni e le pratiche agricole, quanto piuttosto fare in modo che questo patrimonio paesaggistico torni a suscitare interesse verso fasce sempre più ampie di popolazione, diffondendo la consa-

OPEN SPACES

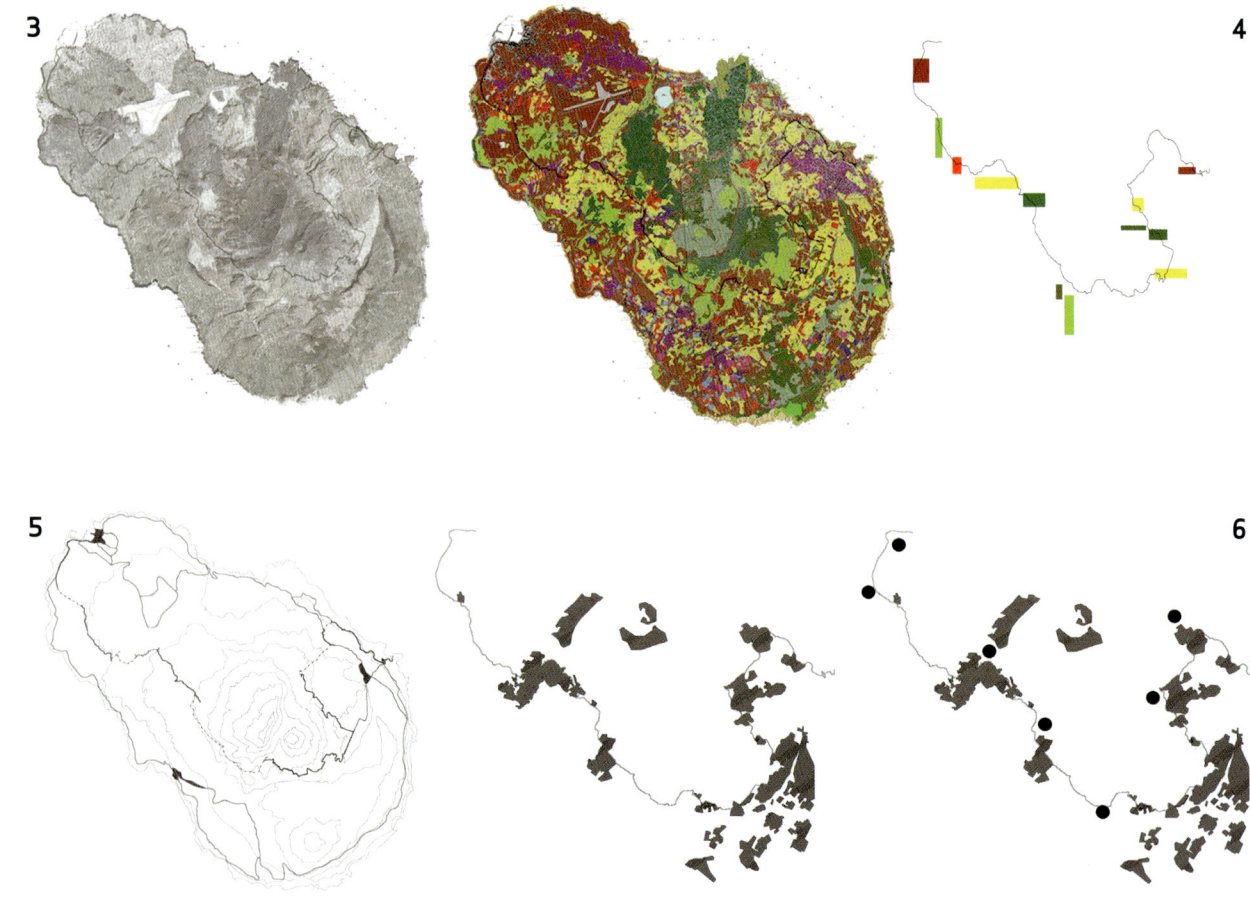

pevolezza della preziosità del territorio, sfruttando la vocazione turistica dell'isola. Affidare dunque al Paesaggio il salvataggio dell'agricoltura e non viceversa. Se l'agricoltura, infatti, ha perso quel ruolo strutturale che le ha sempre riconosciuto la società, il paesaggio è considerato già da tempo universalmente un bene comune da tutelare, ri-conoscere, goderne. Attraverso questa ritrovata consapevolezza è possibile dunque risaldare il rapporto con la terra, far ripartire l'agricoltura promuovendo l'interesse turistico verso il paesaggio agricolo. Attraverso il lavoro di connessione culturale tra paesaggio, costruzione del territorio e pratiche agricole è possibile promuovere l'economia vinicola locale e contemporaneamente determinare una possibilità concreta e capillare di recupero paesaggistico. La via del vino promuove la conoscenza della viticoltura isolana configurandosi come un parco lineare che collega tracciati esistenti, offrendo una varia mappatura delle nature geologiche presenti e configurandosi anche come possibile alternativa alla viabilità attuale, tutta dirottata sulla strada perimetrale. È un percorso ciclo-pedonale che dà la possibilità di comprendere come varia la vegetazione (steppa, macchia mediterranea, bosco, colture etc.) rispetto alla diversa natura dei terreni (alluvionali, tufacei etc.), come variano le tecniche di viticoltura (ad alberello, pergole, protezione con le canne etc.), come variano i prodotti finali in base alle diverse esposizioni solari (dolcezza del vino, alcolicità, acidità, mineralità etc.). Il percorso, da compiere su diverse velocità in funzione delle caratteristiche paesaggistiche specifiche, propone la riscoperta del forte legame tra territorio ed economia, tra paesaggio ed identità culturale, tra clima e colture, tra vino e pietra, tra raccolta dell'acqua e lotta all'erosione. Oltre al suo intento didattico, mettendo in comunicazione tutte le aziende agricole presenti sul territorio, il nuovo tracciato funge da mezzo di connessione e promozione delle imprese locali, nell'obiettivo comune di rendere più realistici i futuri investimenti sul territorio. Attraverso la sovrapposizione tra la carta geomorfologica, la carta vegetazionale, la viabilità attuale e la localizzazione di tutte le aziende vinicole presenti sull'isola, la via del vino definisce il suo tracciato partendo dal centro urbano, addentrandosi verso le zone più interne e terminando sul lato nord dell'Isola, nella Cala Tramontana, lì dove un tempo partivano, alla volta di Napoli e dell'Italia intera, i velieri carichi d'uva zibibbo, l'oro -(quasi) disperso- dell'Isola.

1/2. Paesaggi a confronto sull'isola di Pantelleria, nel 1970 circa (sotto) e oggi.
3. carta geomorfologica con individuazione del tracciato della via del vino.
4. carta della vegetazione esistente con individuazione del tracciato della via del vino.
5. mappatura dei tracciati esistenti
6. mappatura dei terreni coltivati a vite più caratteristici ed individuazione delle aziende agricole presenti sul territorio.

Bibliografia
Braudel F. (2003), *Il Mediterraneo*, Bompiani, Milano.
Braudel F. (1999), *Vedere il mare*, Bompiani, Milano.
Cantelli C. (1994), "Misconosciute funzioni dei muretti a secco", in *Umanesimo della pietra*, n. 9.
Giancuzzi L. (1999), *Vegetazione e Bioclimatologia dell'Isola di Pantelleria*, Braun-Blanquetia, vol. 22, Camerino.
Keller W. (1957), *La Bibbia aveva ragione*, Garzanti, Milano.
Nicod J. (1992), "Muretti e terrazze di coltura nelle regioni carsiche mediterranee", in *Itinerari speleologici*, n. 6
Laureano P. (2001), *Atlante d'acqua*, Bollati Boringhieri, Torino.
Ribeiro O. (1972), *Il Mediterraneo. Ambiente e tradizione*, Mursia, Milano.
Sereni E. (1996), *Storia del paesaggio agrario*, Laterza, Bari.

PAESAGGIO URBANO E RURALE NELLA CITTÀ DI NAPOLI: IL CASO STUDIO DEL PARCO METROPOLITANO DELLE COLLINE DI NAPOLI

KW: AGRO URBANO, GREENBELT, INFORMALE

Cecilia Di Marco

Cecilia Di Marco laureata in Architettura svolge il Dottorato di Ricerca in Progettazione Urbana e Urbanistica presso l'Università "Federico II" di Napoli, partecipa al Progetto di Ricerca di Interesse Nazionale Re-cycle Italy, collabora con UAPstudio.

Le dinamiche evolutive dei sistemi insediativi urbani, in particolare nel territorio europeo, determinano forti impatti dal punto di vista ambientale e residenziale, dovuti soprattutto allo sprawl e al consumo di suolo. Tali dinamiche pongono la necessità di una riflessione intorno alla tutela degli ambiti agricoli di prossimità, colti non solo come fattori di sostenibilità della forma insediativa, ma anche come ambiti in cui la relazione urbano-rurale può generare forme di sviluppo locale innovative ed auto sostenibili.

Le aree di transizione tra il paesaggio urbano e quello rurale possono produrre nuove forme sia di cura del patrimonio che di economie sociali, attraverso strategie progettuali sperimentali che portino alla riscoperta di una relazione tra città e campagna e alla creazione di un nuovo equilibrio tra lo spazio abitato e agricolo.

A partire da questa interpretazione il contributo si propone di esplorare come caso studio il campo della green belt che circonda la città di Napoli, nello specifico le aree rurali del Parco Metropolitano delle Colline di Napoli. Il parco copre una superficie di 2.200 ettari pari ad un quinto del territorio cittadino, normato sia dalla legge regionale n. 17/2003, che istituisce un sistema di parchi urbani di interesse regionale, sia dalla Variante al PRG di Napoli del 2004, nella quale si prevede all'art. XXX "la tutela e il ripristino dell'integrità fisica e dell'identità culturale del territorio, mediante il recupero della città storica e la valorizzazione del territorio di interesse ambientale e paesistico, anche promuovendo la costituzione dei parchi regionali delle Colline di Napoli e della valle del Sebeto, la ripresa dell'agricoltura urbana e periurbana; e la tutela e l'incremento del patrimonio arboreo."

Secondo le previsioni del PRG, il Parco delle colline di Napoli, insieme ai suoli ricavati dalla dismissione dell'aeroporto di Capodichino, ai parchi di nuovi impianto nelle aree industriali dismesse dell'area est e i pochi terreni ancora ad uso agricolo posti lungo la parte orientale del confine comunale, dovrebbe costituire una corona verde che circondi la città e che faccia da filtro tra essa e i comuni circostanti, una nuova parte della città destinata all'agricoltura e al tempo libero. (fig. 3)

Il Parco è situato negli spazi interstiziali tra la città storica consolidata, gli insediamenti di edilizia residenziale, quelli periferici di edilizia economica e popolare, la dispersione insediativa dei comuni limitrofi (Quarto, Marano di Napoli, Mugnano di Napoli) e il cluster della zona ospedaliera, ed è composto da frange di città compatta, porzioni più o meno ristrette di territorio che nella maggior parte dei casi si sono salvaguardate solo grazie alla loro morfologia disagevole e impenetrabile.(fig. 4)

Topograficamente il territorio è costituito da quello che rimane delle colline che circondavano la città (Camaldoli, Vomero, Capodimonte) (fig. 1) distrutte dalla pianificazione speculativa degli anni Sessanta la quale, non tenendo in conto la morfologia dei luoghi, ha colmato e rettificato i dislivelli, ostacolando il regolare deflusso delle acque meteoriche e interrompendo il naturale corso d'acqua che attraversava le valli oggi visibile solo nella zona di S. Rocco.

Nonostante la sua frammentarietà e ampiezza all'interno del parco si rilevano alcune aree ad elevato interesse naturalistico come i castagneti di pregio della Selva e sulle pendici della collina dei Camaldoli, gli arboreti e i vigneti della zona di Pianura (fig. 5), gli orti di Chiaiano, ma anche numerosi terreni agricoli incolti e cave di tufo dismesse. (fig. 7)

L'istituzione di questo parco ha avuto come unico esito l'arresto del consumo di suolo e di risorse e il controllo delle pratiche abusive che più facilmente si sviluppavano in queste zone al margine della città, predisponendo solo delle norme di salvaguardia e non riuscendo ad avviare una vera strategia integrata di recupero e valorizzazione delle risorse naturali ed edilizie.

La ricerca, che si è svolta a partire dalla ricerca della tesi si laurea, si propone di individuare delle strategie per la rigenerazione e rifunzionalizzazione delle aree sopra descritte, attraverso un progetto per territori lenti che non si limiti ad una conservazione passiva degli elementi territoriali e ambientali, ma che inneschi un processo di rivitalizzazione capace di ricostruire relazioni tra le diverse parti della città, di promuovere nuovi cicli di produzione partendo dalle risorse del territorio, di costituire nuovi circuiti di economia capaci di coinvolgere un'ampia e diffusa partecipazione sociale, presupposto per la condivisione di un progetto, in grado di produrre forme di appropriazione capaci di rigenerare il territorio producendo natura e paesaggio.

Tre sono le strategie indicate dal progetto: la strategia ecologica della messa a sistema delle aree a maggior rilevanza paesaggistica attraverso la valorizzazione delle aree di verde residuali e la riconversione ad usi agricoli dei terreni incolti; la strategia infrastrutturale legata al potenziamento del accessibilità al parco in prossimità dei tre nodi intermodali e la creazione di una sentieristica ciclopedonale che renda possibile l'attraversamento del parco e il collegamento con la città storica, sfruttando anche i percorsi storici di ridiscesa a valle oggi in stato di degrado e abbandono; la strategia insediativa con la creazione di tre parchi urbani attrezzati, con l'inserimento di strutture ricettive dedicate allo svago e allo sport e la rifunzionalizzazione delle masserie dismesse per usi agricoli,

turistico-recettivi o didattici. Le tre strategie possono essere implementate attraverso una serie di progetti pilota nei luoghi strategici del Parco.
Ad esempio, un primo progetto pilota ipotizzato è quello del Vallone San Rocco, per il quale si prevede la realizzazione di un parco agricolo, un parco attrezzato e una sentieristica di collegamento con le altre parti del Parco. (fig. 5-6)

Il Parco Metropolitano delle Colline di Napoli costituisce un grande potenziale per i residenti delle aree urbane limitrofe, ma anche un'opportunità per l'intera area metropolitana, che potrebbe trovare e proporre nuovi modelli insediativi, strategie orientate alla multifunzionalità del parco e dirette alla costruzione di una greenbelt destinata al leisure, ma anche ad esperienze didattiche e alla produzione agricola per la città attraverso la vendita di prodotti alimentari a chilometro zero.
Queste aree di margine tra urbano e periurbano hanno la capacità di innescare nuove relazioni economiche e sociali, basate sul valore paesaggistico ambientale dei territori e sulla salvaguardia della loro stessa identità poiché è solo attraverso un territorio vivo e produttivo, gestito in maniera sostenibile, che si può avere il mantenimento dei corridoi verdi e delle aree naturali e la salvaguardia delle biodiversità.

Bibliografia
Boeri S. (2011) Biomilano. Glossraio di idee per una metropoli della biodiversità, Corraini Edizioni
Clèment G. (2005) Manifesto del terzo paesaggio, Quodlibet
Clementi A. (2012) Paesaggi interrotti. Territorio e pianificazione nel Mezzogiorno, Donzelli Editore Corboz A. (1985), "Il territorio come palinsesto", in Casabella, no. 515, pp. 22-27
Donadieu P.(2006) Campagne urbane. Una nuova proposta di paesaggio della città, Donzelli Editore
Jakob M. (2009) Il paesaggio, Società editrice il Mulino
Lanzani A. (2003) I paesaggi Italiani, Maltermi, Roma
Mininni M. (2005), "Dallo spazio agricolo alla campagna urbana, in Urbanistica, n. 128, pp. 7-14.
Mininni M. (2012) Approssimiazioni alla città, Donzelli Editori
Mininni M. (a cura di, 2007), "Le sfide del progetto urbanistico nelle campagne urbane, in Urbanistica, n. 132,
Recchia L. Ruotolo R. (2009) Parco Metropolitano delle colline di Napoli. Guida agli aspetti naturalistici storici ed artistici, Regione Campania
Waldheim C.(2006) The landscape urbanism reader, Princenton Architectural Press,New York

3

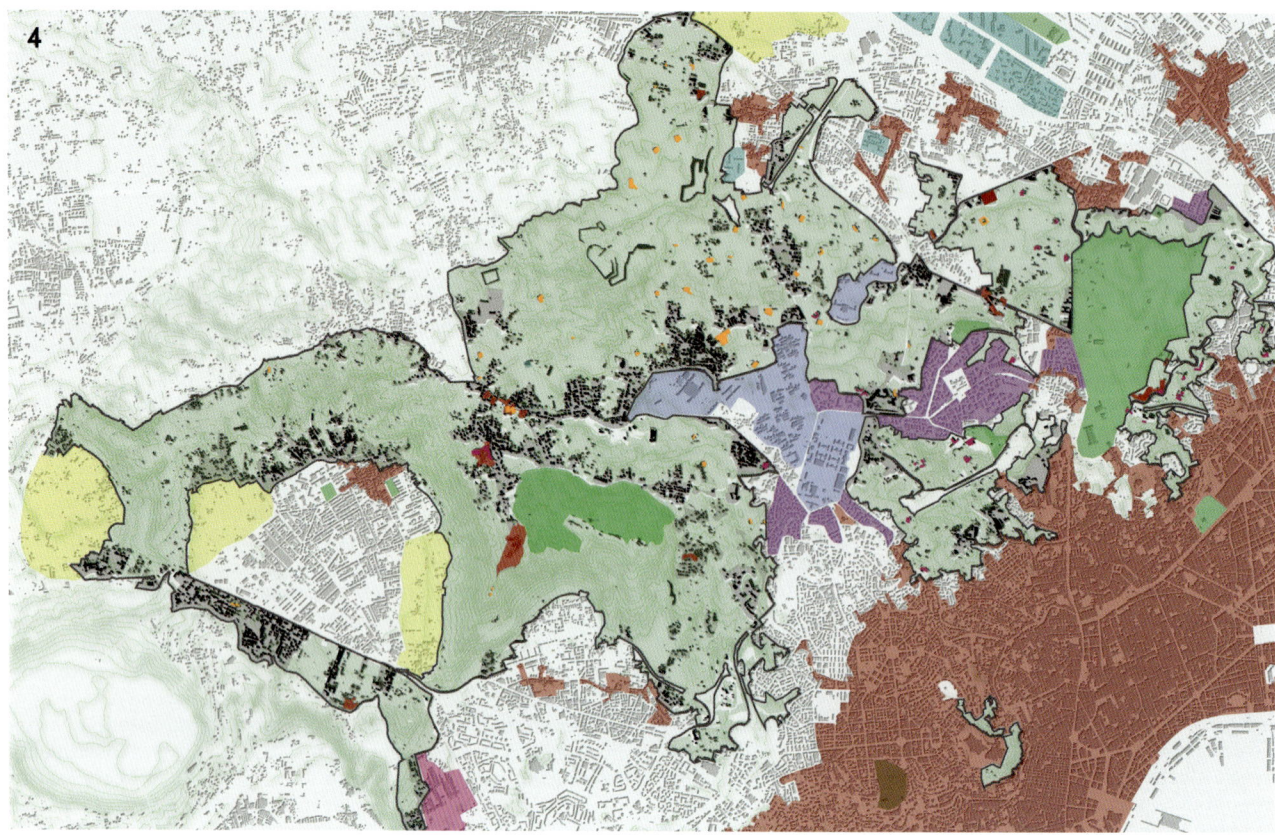

4

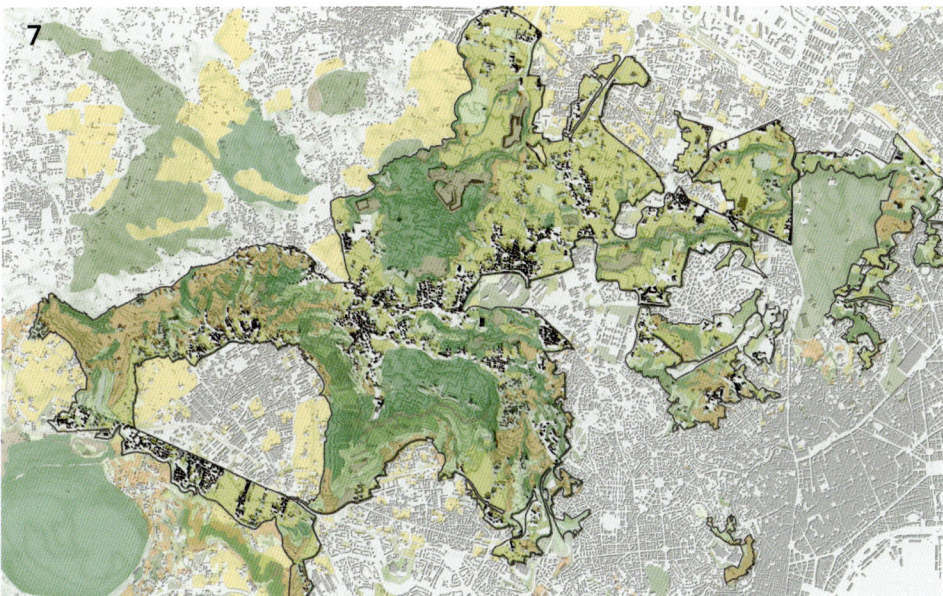

OPEN SPACES

VUOTI "ESSENZIALI". SPERIMENTAZIONI NEL PROGETTO "GRAND PARIS"

Orfina Fatigato

Architetto e Dottore di ricerca in progettazione urbana. Assegnista di ricerca presso il DiArc dell'Università degli Studi di Napoli, Federico II. Attualmente borsista post-doc della Ville de Paris sta sviluppando una ricerca dal titolo La "beauté" del vuoto nel progetto del Grand Paris, all'interno del Laboratoire A.C.S. dell'Ecole Nationale Supérieure d'Architecture Paris Malaquais.

1. Cfr Beguin F. (1997), " Vagues, Vides, verts " in, le Visiteur, n. 3, pp. 56-69.
2. La banlieue – afferma Doisenau - est maintenant un endroit fait pour obéir, et pas pour jouer. C'est devenu comme une glissière, un tuyau lisse : il faut que ca coule. Avant c'était plein d'écailles, on pouvait s'arrêter. In Beguin F. (1997), " Vagues, Vides, verts " in, le Visiteur, n. 3, pp. 58.
3. La riflessione sul rapporto tra Parigi intra muros e la sua banlieue ha radici lontane; risale al 1989 l'esperimento di Banlieues 89, associazione fondata da R. Castro e M. Cantal-Dupart, che si poneva l'obiettivo di riqualificare una centinaia di Grands Ensambles, affermando il diritto alla "bellezza" della città come primo strumento di possibile coesione sociale.
4. Il comité de pilotage è costituito dai principali attori politici coinvolti dal progetto, lo Stato, la regione Ile de France, la Mairie de Paris. Mentre le quindici equipes, attualmente coinvolte in ulteriori studi e approfondimenti, fanno parte del Conseil scientifique del Grand Paris (l'Atelier international du Grand Paris).
5. Transformation (Dedans), Surélévation (Dessus), Sous-élévation (Dessous), Colonisation (Insérés), Insérer (Autour), Adjonction (Autour), Inclusion (Couverture des espaces extérieurs), Remplissage (entre) in Pari(s) Plus Petit. Série II: études 2: Habiter le grand paris, p. 246, 2013 www.ateliergrandparis.fr/.
6. Portzamparc C., p. 103 Consultation internationale pour l'avenir du paris metropolitain. Livre Chantier 2, p. 62, 2008. www.ateliergrandparis.fr/.
7. Aujourd'hui, la césure entre le territoire urbain et agricole présente un développé gigantesque. (...) Nous n'allons pas inventer une ceinture, ou un rempart à la ville, mais une structure de lieux ouverts, une porosité nouvelle capable d'accueillir de nouveaux développements tout en donnant de la qualité aux habitations existantes. Desvigne M., Épaissier les lisières, in Nouvel J.,Consultation internationale pour l'avenir du paris metropolitain. Livre chantier 2, 2008, p. 24. www.ateliergrandparis.fr/.
8. Lo SDRIF del 1999 (Schéma directeur région Ile-de-France) aveva già previsto la costruzione ad Achères di un porto, ma non nelle stesse dimensioni e posizione di quello previsto dal Grand Paris. L'ipotesi della attuale localizzazione è stata avanzata, durante la consultazione internazionale del 2009, dal gruppo coordinato da Grumbach.

KW: SCARTO, VUOTO, MATERIALE

Il filosofo e geografo F. Béguin[1] per sostanziare la necessità di un cambiamento terminologico, in riferimento agli spazi abbandonati del paesaggio contemporaneo, che sancisca la differenza tra i terrains vagues e i vides, fa riferimento alle differenti fotografie della periferia parigina di Doisneau del 1932, 1945 e 1985 che raccontato della trasformazione del paesaggio soggetto nel tempo a un progressivo depauperamento. Dalle fotografie dei paesaggi della periferia degli anni '30 ancora ricca di terrains vagues, luoghi "incerti" in grado di accogliere, per la loro stessa indefinitezza, numerose e differenti attività, agli spazi vuoti della banlieue alle soglie degli anni '90[2]. Sono i vuoti che disegnano i paesaggi dello scarto, drosscape, di cui parla Berger, differenti per natura ed estensione ma accomunati dalla medesima condizione di essere "spazi in attesa". Sono i vuoti, gli spazi bianchi indagati e osservati da P. Vasset nella région parisienne, macchie bianche e informi che nella cartografia ufficiale appaiono come dei "buchi", ma che nel loro apparente palesarsi quali "assenze" celano in realtà storie e identità insospettabili. Sono i vides matière dell'urbano al pari del bâti, oggetto della ricerca di D. Perrault per Metropolis? da cui emerge la necessità di preservarne la condizione privilegiata di essere liberi, aperti, non decodificati e dunque disponibili a nuove contemporanee contaminazioni. I vuoti dei paesaggi contemporanei sono le rovine e macerie contemporanee, che raccontano della perdita di potere dell'Uomo sul proprio territorio (Gilles Clément 2012) e che, cariche della loro storia interrotta o incompiuta, si offrono come occasioni per sperimentare significati e potenzialità del progetto nella contemporaneità. Il protocollo di Kyoto ha radicalmente trasformato a livello mondiale il significato di sviluppo sostenibile e nello scenario culturale che ne è scaturito, i vuoti sembrano aver acquisito "globalmente" un nuovo valore per la loro possibilità di contribuire alla necessaria riduzione del consumo di suolo, attraverso la loro "bonifica" e riutilizzazione, e all'abbassamento della concentrazione di gas serra attraverso la loro possibile rinaturalizzazione. La Francia attraverso il progetto del Grand Paris, ha avviato a partire dal 2008 una importante riflessione su come coniugare i temi "globali" del post-kyoto con i caratteri "locali" della capitale francese. Il progetto del Grand Paris é un articolato processo che aspira alla modificazione del rapporto tra Parigi e la sua banlieue[3], ed alla trasformazione della capitale in metropoli "solidale" ed "sostenibile". Dopo la fase della diffusione e dispersione delle metropoli di fine XX secolo, in cui sembrava inevitabile il processo di espansione incontrollata dei territori metropolitani alla continua conquista di nuovi suoli da occupare, il progetto del Grand Paris esprime, tra antica fiducia di matrice illuminista e utopia di inizio secolo, la volontà di pensare nuovamente la trasformazione urbana come espressione di una più generale e strategica "idea di città" imprescindibilmente legata oggi ai temi della qualità sostenibile dell'abitare. Tra le cinque domande che

l'Atelier international du grand Paris pone alla base del lungo processo avviato nel 2008 e che terminerà nel 2030, ve ne è una - Les espaces ouvertes sont-ils l'avenir du Grand Paris? - che allude all'interesse del progetto per lo spazio aperto come strumento di costruzione di nuove relazioni urbane. Dal 2009 dieci equipes pluridisciplinari, divenute attualmente quindici, su invito del Comité de pilotage[4], hanno restituito differenti scenari sulla possibile trasformazione della dimensione metropolitana della capitale. La forte ambizione del progetto del Grand Paris e il suo portato innovativo stanno nella aspirazione a costruire l'"immagine" identitaria della Metropoli sostenibile del XXI secolo attraverso la ottimizzazione delle risorse esistenti: terreni da riconvertire, quartieri da densificare, suoli da preservare e rimettere a sistema, relazioni urbane da intensificare. Nel progetto del Grand Paris, il tema della trasformazione del vuoto, da scarto a materiale urbano attivo, viene variamente interpretato e declinato e l'aggiornamento dei termini di definizione del suo valore estetico contribuiscono a diffondere una nuova "idea di bellezza" per gli open spaces nella metropoli del XXI secolo. Tra le diverse progettualità in corso, senza la velleità di fornirne una sintesi esaustiva, si propongono a seguire degli spunti di riflessione su alcuni scenari progettuali, elaborati da diverse equipes coinvolte, in cui la necessità di riduzione del consumo di suolo si sta traducendo nella riassunzione di spazi vuoti sottoutilizzati come atto di esplorazione, riattivazione e riconquista.

Esplorazioni. Gli spazi inattesi del périphérique.
Balard nel suo romanzo L'île de béton racconta le epiche gesta di un uomo che, rimasto intrappolato con la sua macchina in un groviglio di infrastrutture stradali, esplora questo paesaggio sconosciuto e ostile, metafora della foresta minacciosa, cercando di conquistare e addomesticare i luoghi ameni. A Parigi il Boulevard périphérique, lungo 35 km e costruito negli anni '70 sulla traccia della antiche fortificazioni di Thiers, cinge la Parigi intra muros e recide oggi drasticamente la sua relazione con i luoghi "esterni" che si sono nel tempo, a partire dagli anni settanta, fortemente estesi e sviluppati. Nella logica di costruzione di nuove relazioni tra Parigi e la sua banlieue, che ha inizio esattamente al di là del périphérique, divengono strategici proprio quegli spazi abbandonati o sottoutilizzati a ridosso della infrastruttura da ripensare come occasioni per stabilire nuove possibili connessioni. Non si tratta solo di grandi spazi dismessi ma anche di una trama più minuta di vuoti generati come "scarti" della costruzione del périphérique: spazi che contribuiscono a segnare il limite tra l'infrastruttura e i luoghi abitati a ridosso. Tutti vuoti che scompaiono alla scala ampia delle connessioni infrastrutturali e che possono essere individuati e esplorati ad una scala più ravvicinata. Leclercq-Lion in Repenser l'habitabilité des territoires a travers l'évolution des réseaux invita a ripensare tutti i sistemi infrastrutturali diffusi nella region parisienne come elementi del paesaggio e propone una serie di interventi che ne medino la relazione con l'intorno.

In particolare costruisce alcuni scenari in cui gli spazi vuoti tra il Périphérique e i centri commerciali ad esso adiacenti vengano ripensati come piattaforme di mobilità e servizi. Il gruppo MVRDV+ACS in Pari(s) plus petit tra le otto azioni[v] fissate come strategie per intervenire, individua quella di Adjonction (autour) come operazione di densificazione lungo le grandi infrastrutture. Analogamente l'equipe FGP-TER, nel suo lavoro intitolato Habiter le périphérique. La ville sans limite suggerisce una serie di scenari possibili a partire dalla densificazione lungo i bordi della infrastruttura.

Riattivazioni. La "mise en scene" del vuoto.
L'idea di ottimizzare e sfruttare il vuoto come risorsa per la trasformazione del paesaggio urbano si palesa in alcune proposte in cui esso viene pensato, piuttosto che come spazio da "riempire", come spazio da "estetizzare". Si tratta di guardare in questo caso al vuoto come "materiale attivo" in grado di produrre relazioni proprio a partire dalla condizione di assenza del costruito. Per l'equipe Portzamparc l'appropriation sensorielle de la grande dimension est un thème majeur pour la périphérie: voir le panorama immense, voir de loin, sont des qualités essentielles pour les grands territoires urbains; l'equipe individua nelle Balises gli strumenti attraverso cui attivare tali relazioni visive e percettive a distanza. Si immagina la riattivazione di vuoti come belvedere naturali e artificiali, in grado di costruire nuovi sguardi sull'esistente: Depuis Montmartre, Beaubourg, Le mont Valérien, la terrasse de Saint-Germain-en-Laye on « embrasse » Paris[6]. M. Desvigne nell'ambito del lavoro dell'equipe J. Nouvel / M. Cantal-Dupart / J.M. Duthilleul propone alcuni interessanti scenari a partire dal tema di épaissir les lisières, ossia dare forma e architettura agli spazi del limite tra città e campagna, segnare quel limite e trasformarlo in un sistema di spazi pubblici aperti e di strutture agricole produttive[7].

Riconquiste. La plaine d'Achères: il nuovo paesaggio per il Porto del Grand Paris.
Il suolo della ampia plaine d'Achéres, a ovest di Parigi, è una della ampie aree investite dalle ambizioni del Grand Paris; si è individuato in essa il sito per la localizzazione del futuro Porto fluviale di Parigi che dovrebbe contribuire alla costruzione del nuovo asse commerciale Canail Seine-Nord Europe, con il conseguente decongestionamento del porto terminale di Le Havre[8]. La plaine d'Achères è una vasta area, compresa tra la Forêt de Saint Germain en Laye e la Senna, che si estende per circa 6 km. I terreni della plaine per lungo tempo e fino a circa una decina di anni fa, sono stati destinati allo sversamento, delle eau d'egouts della città di Parigi, epurate nello stabilimento situato ai confini del comune di Achères. La prima proposta è stata avanzata dalla equipe coordinata da Grumbach che, a partire dalla proposta del 2008 Seine Métropole. Paris Rouen Le Havre, ha continuato ad approfondire il progetto. Alla base del progetto l'idea di costruire il nuovo paesaggio fluviale per poi procedere all'inserimento del porto. Un paysage en mouvement da ridisegnare attraverso fasi successive, in cui il progetto di suolo e la sua rinaturalizzazione costruiscano la nuova relazione tra la foresta di Saint Germain en Laye e la Senna. Il vuoto naturale viene pensato come spazio aperto che, attraverso "l'intensità" delle differenti distanze dalle nuove costruzioni, possa contribuire a favorire l'inserimento del porto nel paysage étendu della plaine. Il progetto della plaine, nel suo complesso, ha l'ambizione di divenire dunque un atto di riconquista nel tempo di un suolo "vuoto" e compromesso, attraverso una urbanité faible - come definita da M. Lussault – che sappia misurarsi con la "temporalità" del progetto, che reinterpreti il carattere eterogeneo del territorio, rinunciando al perseguimento di un progetto globale hic et nunc, e che sia piuttosto capace di guardare al territorio come un laboratorio di continua sperimentazione, capace di riempire di significato le parole chiave - adattabilità, reversibilità, sobrietà - nel progetto dei "nuovi" suoli faticosamente riconquistati.

Riferimenti bibliografici
Augé M. (2004), Rovine e macerie. Il senso del tempo, Bollati Boringhieri,Torino
AA.VV (2008), Verb Crisis, Actar, Barcelona.
Beger A. (2007), Drosscape: Wasting Land in Urban America, Princeton Architectural Press.
Ciorra P. Marini S. (2011), Re-cycle. Strategie per l'architettura, la città, il pianeta, Electa, Milano.
Clément G. (2012), Rovina, in «Abitare» 522
Donzelot J. (2006), Quand la ville se défait, Seuil, Paris.
Latouche S. (2011), Urbanismo ecocompatibile e decrescita, Congresso Eurosolar, Roma.
Marini S. (2010), Nuove Terre. Architetture e paesaggi dello scarto, Quodlibet Studio, Macerata.
Perrault D. (2011), Metropolis?, Dominique Carré éditeur/Institut français, Paris.
Vasset P. (2007), Un livre blanc, Fayard, Paris.

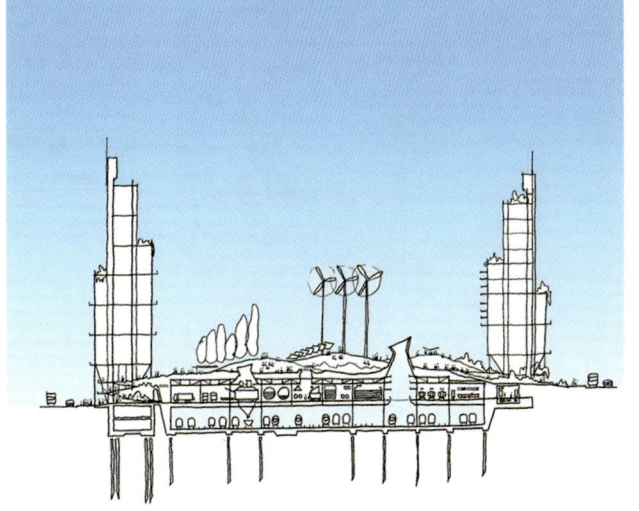

OPEN SPACES

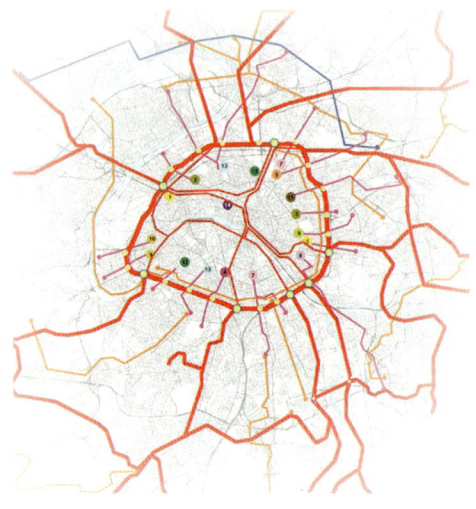

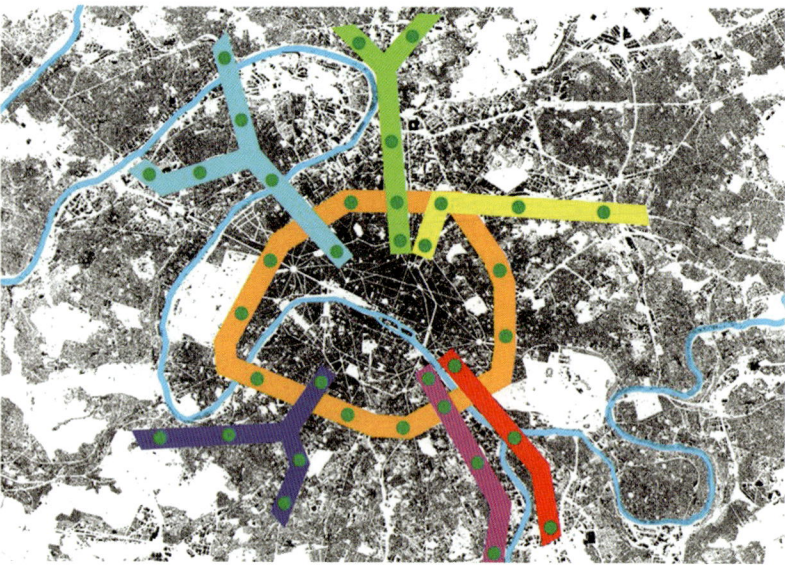
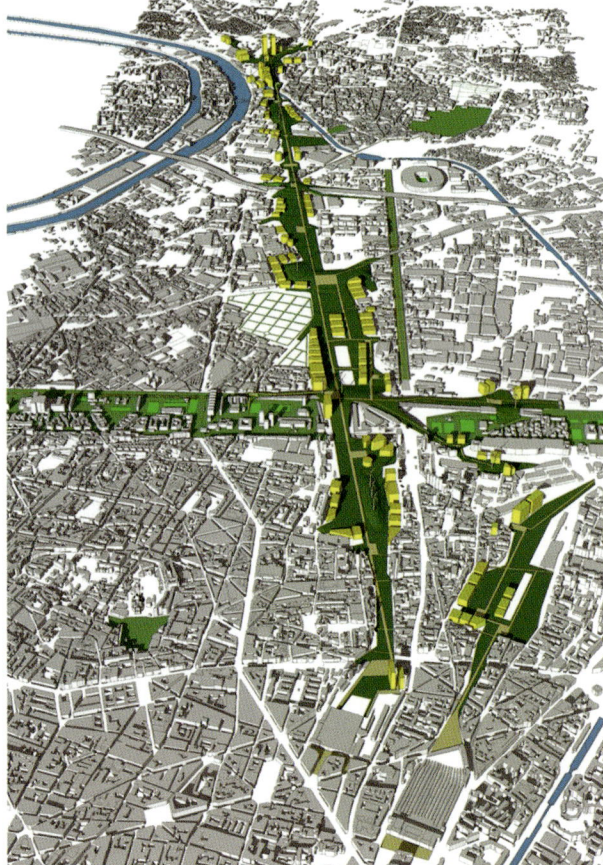

immagini
[10/09/13 18.56.27] Gioia Marana: "Le Grand Paris de l'agglomeration parisienne", progetti di: Yves Lion (Groupe Descartes), Djamel Klouche (AUC), Christian de Portzamparc, Antoine Grumbach, Jean Nouvel - Michel Cantal - Dupart - Jean-Marie Duthilleul e Antoine Grumbach sono i 6 atelier francesi protagonisti dell'evento assieme ai 4 team stranieri composti da MVRDV - ACS + AAF; Lin Finn Geipel; Studio 09, Rogers Stirk Harbour & partners.
[10/09/13 18.56.57] Gioia Marana: (da Archiportale 2013)

LAND STOCKS. RICICLARE PER LA CITTÀ FUTURA

KW: LAND STOCKS, SPAZIO APERTO, RICICLARE

L'ultimo rapporto Ance-Censis ha evidenziato che in Italia, tra il 2001 e il 2010, il consumo di suolo è stato in media pari a 53,2 ha/giorno[1]. Anche in linea con gli obiettivi di Horizon 2020 e Europa 2020, l'urgenza attuale è quindi riciclare, che significa dare una nuova identità a un materiale urbano esistente, rimettendolo in circolazione.

Land stocks - aree di riserva - è il nome che descrive il nuovo contesto operativo dell'urbanistica e dell'architettura contemporanee, fatto di spazi aperti, paesaggi residuali, materiali di scarto. Essi sono la figura (Ricci, 1996) della città del dopo-crisi ed esprimono la necessità di indagare strategie alternative in risposta alla nuova domanda di qualità ambientale e sociale. I land stocks non si inventano oggi. I terrains vagues di Solà Morales e i drosscapes di Berger[2] sono le due categorie spaziali di riferimento. Ma, diversamente dai terrains vagues - che racchiudono in sé una trasformazione in potenza - e dai drosscapes - frutto di una dinamica positiva di crescita urbana - i land stocks sono spazi rimasti fermi, rappresentazione di una città che si arresta. Una shrinking city, che si contrae di fronte alla contingenza economica del nuovo millennio[3].

Eppure è proprio il carattere d'indeterminatezza temporale e spaziale che conferisce valore strategico ai land stocks[4]. Tutti questi contesti sono una risorsa importante per la trasformazione della città secondo i nuovi paradigmi di ecologia, sostenibilità e sensibilità al paesaggio (Ricci, 2012 A). Le nuove teorie urbanistiche[v] e le loro prime applicazioni suggeriscono alcuni nuovi strumenti per l'intervento sugli spazi aperti che ruotano intorno a quattro concetti: produrre cibo biologico in città, creare energia pulita, abbattere le emissioni di CO_2, privatizzare lo spazio pubblico per consentire un uso collettivo diverso dello spazio aperto. Questi strumenti non cancellano né modificano gli strumenti classici dell'urbanistica. Sono altri strumenti. I land stocks sono il contesto per ospitare questi nuovi usi.

L'implementazione di usi temporanei è diventata infatti una pratica efficace nelle riconversioni urbane. Con la crisi economica si è ampliata la necessità di progetti flessibili, di processi più che di master plan fissi e determinati. L'agricoltura urbana ad esempio è uno strumento urbanistico ormai consolidato dal punto di vista ecologico, sociale ed economico. Lo dimostrano alcuni recenti esempi di riciclo dei land stocks che - in genere sfruttando un periodo di inutilizzo delle aree - trasformano temporaneamente lo spazio aperto in luogo di produzione agricola. A Berlino, in vari quartieri della città, residenti, associazioni, ONG si sono fatti promotori di numerose iniziative di questo tipo. A Lichtenberg nel 2004 un lotto pubblico inutilizzato di 6.500 mq è stato trasformato in un labirinto di girasoli, che oltre al valore produttivo, ha un importante valore sociale per il quartiere. A Neukölln nel 2002 un'associazione di residenti ha riciclato un'area pubblica di 3.000 mq in un giardino educativo e produttivo per bambini che ospita anche eventi culturali. A Marzahn nel 2000 l'ufficio Urbanistica del Comune insieme alle scuole ha installato degli orti in un'area abbandonata di 2.000 mq, mettendo a disposizione di ogni abitante una parcella coltivabile di 200 mq. A Lichterfelde-Süd un ex campo di addestramento militare di 30 ha è stato convertito in un area naturale protetta. L'iniziativa è partita da un'associazione equestre che utilizza l'area come pascolo per i propri animali e allo stesso tempo ha reso possibile la fruizione da parte dei residenti[6].

I land stocks sono anche una riserva di spazio per le nuove dotazioni infrastrutturali della città ecologica. Le eco-fabbriche sono infrastrutture pulite all'interno del tessuto costruito o nelle aree di margine della città diffusa. Ad Amburgo nel quartiere di Wilhelmsburg ha avuto sede, dal 2007 al 2013, l'ultimo International Building Exhibition. In origine area portuale e industriale, nel primo '900 questo quartiere a sud del centro è stato interessato dalla costruzione intensiva di case popolari. L'IBA in sette anni ha permesso la trasformazione dell'intera area in un nuovo distretto ecologico. L'Energy bunker è la centrale che fornirà calore ed energia pulita a tutto il quartiere. Costruito nel 1943, questo manufatto è rimasto senza uso per 60 anni. Oggi viene trasformato in un generatore simultaneo di elettricità e calore che sarà in grado di produrre 22.500 Mwatt/ora di calore e 3.000 Mwatt/ora di elettricità, grazie alla copertura solare e al riciclo dei rifiuti della vicina industria manifatturiera. Il bunker ospiterà anche uno spazio espositivo, una caffetteria e una terrazza panoramica[7].

La rinaturalizzazione è un altro efficace strumento di riciclo dei land stocks, come dimostrano numerosi recenti progetti di riconversione. Considerando l'attuale crisi ambientale, il tema dell'abbattimento delle emissioni acquisisce infatti un valore cruciale e ripopolare le città di alberi e vegetazione può garantire un'utile riserva di aree produttrici di ossigeno. È il caso del Jardin de l'Ile Seguin, a Boulogne Billancourt vicino Parigi. Negli anni '20 quest'isola artificiale lungo la Senna era la sede della fabbrica Renault. Dismessa nel 1992, l'isola e l'intero quartiere industriale sono stati oggetto di un'imponente operazione di recupero tutt'ora in corso. Molti lotti sono già in fase di cantiere, mentre i due nuovi parchi sono già aperti al pubblico. L'intervento di rinaturalizzazione, progettato dal paesaggista Michel Desvigne, ha avuto anche una funzione sociale. Anticipando lo sviluppo dell'area e riconvertendo da subito una vasta porzione dell'isola in un giardino pubblico, il parco ha funzionato da acceleratore per la riappropriazione da parte dei residenti di questo land stock abbandonato. Costruito con materiali economici e tradizionali sapientemente assemblati, il giardino rappresenta una sorta di natura intermedia in un grande processo di trasformazione che ha come obiettivo il riciclo ecologico di un'area industriale dismessa[8].

Con piccoli interventi e azioni anche la città diffusa può essere adattata ai nuovi principi ecologici, senza stravolgerne la natura di paesaggio ibrido che la connota. Riciclare gli spazi aperti in questo caso significa inserire nel tessuto peri-urbano

Arch. Maddalena Ferretti Ph. D. (Ancona, 1979). Researcher and lecturer in Urban Design, LU Hannover. Dottorato Internazionale "Villard d'Honnecourt", 2011. Master "Architettura I Storia I Progetto", Roma Tre ed Escuela Tecnica Superior de Valladolid, 2005. Junior Associate della Riccispaini Architetti Associati srl, 2006-oggi.

OPEN SPACES

1. L'area naturale protetta di Holderhof nel quartiere di Lichterfelde-Süd a Berlino. (fonte: Senatsverwaltung für Stadtentwicklung Berlin (ed., 2007), Urban Pioneers. Temporary Use and Urban Develpopment in Berlin, Jovis Verlag, Berlin)
2. Il Jardin de l'Ile Seguin di Michel Desvigne, Boulogne Billancourt, Parigi. (fonte: www.lescarnetsdemarion.com)
3. Il progetto dell'Energy bunker nel nuovo eco-distretto di Wilhelmsburg, ad Amburgo. (fonte: www.wingsch.net).
4. Progetto di ricerca Hinterland, FKL Architects, Dublino. (fonte: www.fklarchitects.com)

1 Ance, Censis (ed., 2012), Un piano per le città: trasformazione urbana e sviluppo sostenibile. Materiali per una riflessione a tutto campo. Fonte: http://www.comune.urbino.ps.it/piano_strategico/osservazioni/Confindustria-RAPPORTO%20ANCE-CENSIS.pdf
2 Si veda a questo proposito rispettivamente: Solà-Morales I. (2002), Territorios, Editorial Gustavo Gili, Barcellona; Berger A. (2006), Drosscape. Wasting land in Urban America, Princeton Architectural Press, New York.
3 Oswalt P. (ed., 2005), Shrinking cities, Vol.1, International Research, Hatje Cantz Verlag, Germania.
Si veda inoltre a questo proposito Less is future, l'International Building Exhibition svoltosi in Saxony-Anhalt dal 2002 al 2010. Fonte: http://www.iba-stadtumbau.de/index.php?iba2010-en
4 Come afferma Rem Koolhaas, "the Generic City is held together .. by the residual" (Koolhaas 1994, p. 1253), lo scarto è il tessuto connettivo che tiene insieme oggetti altrimenti slegati su un piano senza significato.
5 Come ad esempio il sustainable urbanism, l'ecological urbanism, il landscape urbanism.
6 Senatsverwaltung für Stadtentwicklung Berlin (ed., 2007), Urban Pioneers. Temporary Use and Urban Develpopment in Berlin, Jovis Verlag, Berlin.
7 Fonte: www.iba-hamburg.de
8. Fonte: http://www.ileseguin-rivesdeseine.fr
9 Fonte: www.fklarchitects.com

disperso servizi, dotazioni e spazi pubblici che lo rendano più funzionale ed efficiente. Nuove forme dell'abitare sostenibile sono possibili. Nel progetto Hinterland gli irlandesi FKL architects propongono un nuovo sistema residenziale per abitare la campagna diffusa mantenendo il collegamento con la città e i servizi. La proposta implementa il progetto di sviluppo della rete infrastrutturale nazionale che prevede entro il 2030 la costruzione di nuove superstrade. L'ossessione nazionale di possedere una casa e un pezzo di terra e la dipendenza dalla cultura dell'automobile hanno generato, secondo i progettisti, insediamenti residenziali insostenibili. Una rivalutazione del valore della terra, allontanandosi dalla concezione di agricoltura estensiva per evolversi verso quella di paesaggio produttivo, rende possibile l'interdipendenza di un hinterland rurale ripopolato e di una rete stradale che connetta l'Irlanda ai suoi centri urbani. Il sistema proposto è basato su una serie di lotti individuali di circa 1.5 ettari nel raggio di 3.3 Km di superstrada. Un lotto supporterebbe una casa, la coltivazione di verdure per il sostentamento della famiglia, e le coltivazioni di bio-carburante per permettere la circolazione locale di auto. I nodi di interscambio del trasporto collettivo, che collegano alle città, sarebbero raggiungibili con il sistema locale di circolazione[9].

I nuovi strumenti di riciclo sono utilizzati in molti altri progetti che in forme e in luoghi diversi rispondono in maniera differente alle sfide della società. Essi non propongono linee guida da seguire come una ricetta contro i mali della città, ma piuttosto tattiche che si adattano ai diversi contesti. Tuttavia, se diversi sono gli obiettivi a breve termine, tutti questi progetti operano sui land stocks secondo uno stesso paradigma, quello ecologico. Allora forse gli strumenti possono definire insieme una strategia generale di intervento, flessibile e implementabile, capace di rispondere a situazioni complesse e molteplici. Una strategia adattiva, che sappia trasformarsi in presenza di luoghi e identità differenti, che sottenda processi e concetti esportabili in altri contesti, in altre città. In altri land stocks, che sono il capitale a disposizione per il cambiamento ecologico della città contemporanea.

Bibliografia

Ance, Censis (ed., 2012), Un piano per le città: trasformazione urbana e sviluppo sostenibile. Materiali per una riflessione a tutto campo. Fonte: http://www.comune.urbino.ps.it/piano_strategico/osservazioni/Confindustria-RAPPORTO%20ANCE-CENSIS.pdf
Ciorra P., Marini S. (eds, 2012), Re-Cycle. Strategies for Architecture, City and Planet, Electa, Milano.
Desvigne M., Tiberghien G. A. (2009), Intermediate Natures. The landscapes of Michel Desvigne, Birkhauser, Basel.
Farr D. (2008), Sustainable Urbanism. Urban Design with Nature, John Wiley & Sons, Hoboken.
Koolhaas R. (1995), "The Generic City", in S,M,L,XL, O.M.A., Koolhaas R., Mau B. (a cura di), 010 Publishers, Rotterdam, pp.1238-1264.
LOTUS INTERNATIONAL n. 149, 2012, Lotus in the fields.
Mostafavi M, Doerty G. (eds., 2010), Ecological Urbanism, Lars Muller Publishers, Zurigo.
Oswalt P., Overmeyer K., Misselwitz P. (eds., 2013), Urban catalyst. The power of temporary use, DOM publishers, Berlin.
Ricci M. (ed. 1996), Figure della trasformazione, Ed'A Edizioni di Architettura, Pescara.
Ricci M. (ed. 2012 A), New Paradigms, List, Trento.
Ricci M. (ed. 2012 B), Nuovi Paradigmi, List, Trento.
Senatsverwaltung für Stadtentwicklung Berlin (ed., 2007), Urban Pioneers. Temporary Use and Urban Develpopment in Berlin, Jovis Verlag, Berlin.
Waldheim C. (ed., 2006). The Landscape Urbanism Reader. Princeton Architectural Press, New York.

Sitografia:
Ile Seguin-Rive de Seine, sito ufficiale
http://www.ileseguin-rivesdeseine.fr
Fkl Architects, Dublino, sito ufficiale
www.fklarchitects.com
IBA HAMBURG 2013, sito ufficiale
www.iba-hamburg.de

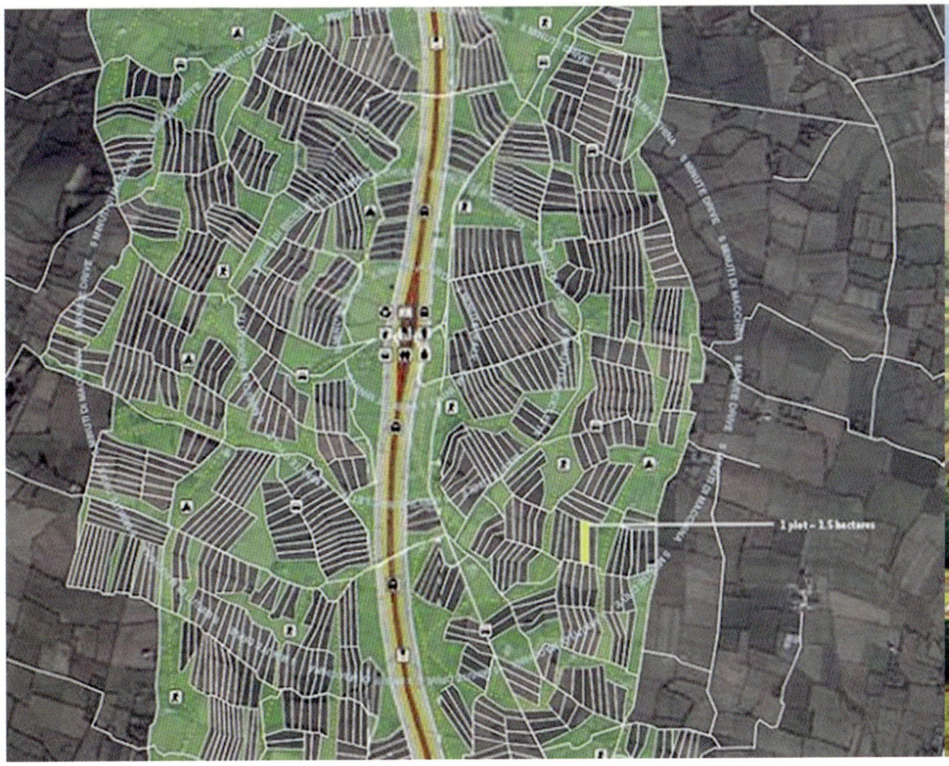

RESEARCH | MONOGRAPH.IT | 97

OPEN SPACES

GUINAW RAIL, SENEGAL. ECOLOGIA DI UN VILLAGGIO URBANO

Roberto Filippetti

(Roma, 1979), ingegnere/architetto, vive e lavora a Roma. Nel 2011 consegue un dottorato in "Architettura. Teorie e progetto" presso il Dipartimento di Architettura e Progetto dell'Università La Sapienza di Roma, dove attualmente collabora ad attività di ricerca e didattica.

1. Emery N. (2007), *L'architettura difficile*, Christian Marinotti Edizioni, Milano.
2. Navarro R. (1998), *Irrégularité urbaine et invention de la ville africaine au Cap-Vert* in "Tiers-Monde" n. 116, Éditions Armand Colin, Nogent-sur-Marne.
3. Piga A. (2000), *Dakar e gli ordini Sufi. Processi socioculturali e sviluppo urbano nel Senegal contemporaneo*, Bagatto Libri, Roma

KW: URBANISTICA INFORMALE, SVILUPPO SOSTENIBILE, RIGENERAZIONE URBANA

Se, come ci ricorda Nicola Emery, "alla lettera l'ecologia (dal greco oikos, casa, abitazione) è la disciplina o la scienza o la conoscenza dell'abitare"[1], possiamo affermare che poche volte tale concetto, applicato alla progettazione degli insediamenti umani, ha avuto un significato così ampio e ricco di risonanze come nei villaggi africani. In questi insediamenti, tanto la struttura fisica riflette i materiali e la particolare condizione climatica di un dato sito, quanto l'organizzazione spaziale è modellata sul tessuto economico e sociale, sui modi di vita specifici delle comunità che li abitano. Lo sviluppo delle moderne città, in Africa, ha alterato quella particolare unità materiale e spirituale che, nel corso dei secoli, si era sviluppata tra le popolazioni locali e i loro ambienti; è tuttavia interessante notare come alcune caratteristiche tipiche dei villaggi tradizionali riemergano oggi, talvolta, in alcuni dei tanti insediamenti spontanei che popolano le metropoli africane contemporanee. Questo aspetto è evidente, ad esempio, in un quartiere come Guinaw Rail a Dakar, uno dei tanti distretti informali che formano la cintura periferica più esterna della capitale del Senegal. Quest'area è una delle realtà più povere della città; qui, in un fazzoletto di terra di appena 200 ettari, vivono oltre settantamila persone, una popolazione costituita, soprattutto, da contadini e villageoises recentemente immigrati dalle campagne. Il suo nome significa, semplicemente, "oltre la ferrovia": un toponimo che individua chiaramente un territorio "altro" rispetto alla città circostante. Al suo interno, in effetti, il paesaggio urbano cambia radicalmente aspetto. La povertà ha compattato gli abitanti oltre ogni limite immaginabile. Le case, semplici ripari messi insieme con mezzi poverissimi o di riciclo, sono pigiate le une contro le altre a formare un piastra continua, un "cretto" solcato da una rete di stradine non asfaltate, senza nome, strette e tortuose come cunicoli. È difficile descrivere le sensazioni che questo quartiere offre; le condizioni estreme in cui i suoi abitanti sono costretti a vivere sono qualcosa che disturba e disorienta. Poiché sorge in un territorio paludoso, caratterizzato da continui avvallamenti e depressioni, molte aree sono perennemente allagate; i punti più bassi della zona si trovano ad un altezza prossima o in alcuni casi anche inferiore a quella del mare e sono costantemente soggetti a inondazioni durante la stagione umida. Carenti o inadeguate sono le strutture pubbliche nell'intera zona. Del tutto assenti risultano dispensari medici e centri sanitari; mentre le poche scuole presenti sono insufficienti ad ospitare tutti i bambini del quartiere. In queste condizioni sopravvivere è un esercizio di reinvenzione quotidiana; un'impresa possibile solo grazie ai forti vincoli di solidarietà che uniscono tra loro gli abitanti ed agli aiuti esterni, statali o legati alla cooperazione internazionale.

Come spesso avviene, tuttavia, invece di costituire un limite, la mancanza di risorse con cui gli abitanti del quartiere si sono dovuti confrontare si è rivelata uno stimolo nello sviluppo di soluzioni urbane originali. Come negli antichi villaggi, il sistema di spazi aperti dell'insediamento è il vero fulcro della vita del quartiere. Cortili, patii e giardini, come strade, slarghi, piazze, sono vere e proprie stanze a cielo aperto, piene di attività in ogni momento della giornata. La sabbia per terra rallenta i movimenti e facilita gli incontri; la dimensione frammentaria degli spazi prima disorienta, poi accoglie. Non c'è traccia di zonizzazione funzionale all'interno; dietro il vitale disordine che si percepisce per le strade, tuttavia, il quartiere rivela una struttura originale e coerente: "l'irregolarità di Guinaw Rail" concetto che riguarda al tempo stesso la dimensione spaziale, economica e sociale dell'insediamento *"non è un segno di sotto-integrazione ma il modo di organizzazione specifico messo in atto dai suoi abi-*

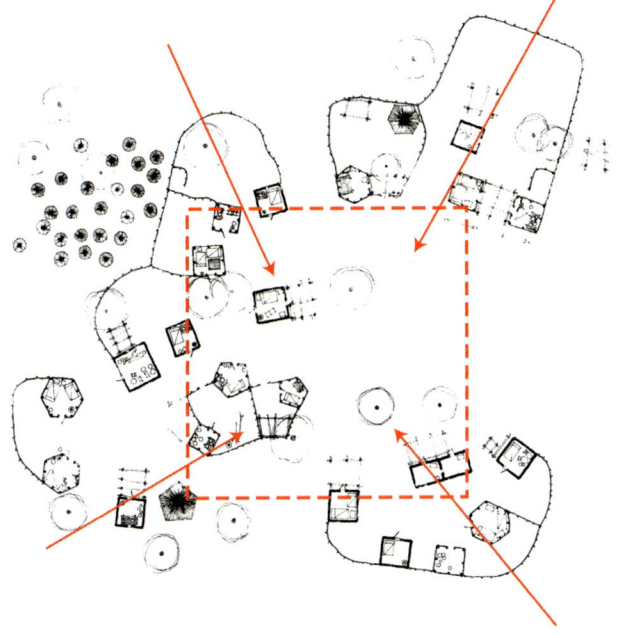

tanti"². Ad uno sguardo ravvicinato, allora, il quartiere si rivela un ecosistema urbano complesso e vitale, seppur fragile. L'economia di questo insediamento si regge su varie forme di autosussistenza, agricoltura, pastorizia e piccoli commerci, che gli abitanti mettono in atto a ogni angolo di strada: strategie informali *"mediante le quali i cittadini costruiscono ed elaborano nuove attività sulla base di istituzioni tradizionali, che assumono nel contesto urbano nuove forme e nuove funzioni più coerenti con la logica della situazione urbana"³*. Nonostante le difficoltà, tuttavia, gli abitanti sembrano felici del loro ambiente, in cui possono mantenere i propri stili di vita tradizionali: nel quartiere convivono pacificamente diciassette etnie differenti, il tasso di coesione sociale è molto elevato e la criminalità quasi inesistente.
Di fronte agli insuccessi di molti quartieri pianificati a Dakar, spesso disegnati su modelli urbani importati, rivelatisi però poco adatti ai modi di vita dei locali, insediamenti come Guinaw Rail appaiono oggi, paradossalmente, tra i contesti tra i più vitali della città. Qui i suoi abitanti sono riusciti a organizzare, in maniera autonoma, un tessuto urbano modellato a misura della comunità che la abita. Se dall'interno il quartiere sembra realizzare l'utopia di un vero e proprio villaggio urbano, fatica tuttavia a trovare riconoscimenti ufficiali dal governo. La contingenza che l'amministrazione locale ha pianificato, in un immediato futuro, la realizzazione di un'autostrada passante per questo sito, ha fornito allora lo spunto per provare a ripensare l'identità dell'insediamento, attraverso una proposta teorica di intervento volta a trovare una soluzione per alcuni dei suoi annosi problemi.
Per rimarginare lo strappo creato dalla nuova infrastruttura, si propone una serie coordinata di azioni progettuali. Invece di trasferire all'esterno, fuori città come vorrebbe il Governo, le circa 10.000 persone sfollate per fare posto al nuovo tracciato, si propone di ricollocarle dentro lo stesso quartiere, in nuovi volumi che sostituiranno gli edifici più degradati dell'area, già abbandonati. Il loro disegno aumenterà la dimensione verticale dell'insediamento, liberando suolo per attività pubbliche. I nuovi volumi, più alti e snelli dei precedenti, occuperanno solo un terzo dei lotti; la superficie rimanente formerà un sistema di vuoti scavati nel tessuto urbano. Alcuni potranno ospitare servizi pubblici (una biblioteca, un centro sanitario, un mercato, spazi per il gioco); i loro involucri, realizzati con mattoni di terra stabilizzata, costituiranno dei segni verticali utili per orientarsi nel quartiere. Per migliorare le drammatiche condizioni igieniche del sito, si propone inoltre l'introduzione di "infrastrutture verdi" integrate ai nuovi spazi pubblici; orti urbani e pascoli mitigheranno l'impatto dell'autostrada, mentre impianti di fitodepurazione potranno essere istallati nelle aree più svantaggiate.
Il progetto rimarca così la natura ibrida del quartiere, cercando di rinforzare le caratteristiche spaziali tipiche dei villaggi (permeabilità e apertura degli spazi) in un moderno paesaggio urbano. La sua realizzazione potrà essere applicata in fasi differenti, coordinando il lavoro di professionisti e degli stessi abitanti. In realtà il disegno complessivo è un sistema aperto, che può essere replicato a scale ed in contesti differenti. In quest'ottica, gli strumenti tradizionali della progettazione architettonica e urbana si intrecciano con interventi di ingegneria ambientale per cercare di migliorare, con un impatto minimo, la funzionalità di un ambiente complesso, prendendo in considerazione alcune delle forze invisibili che lo hanno formato: la politica, l'economia, i rapporti sociali, ma anche la cultura, le memorie e i sogni dei suoi abitanti.

OPEN SPACES

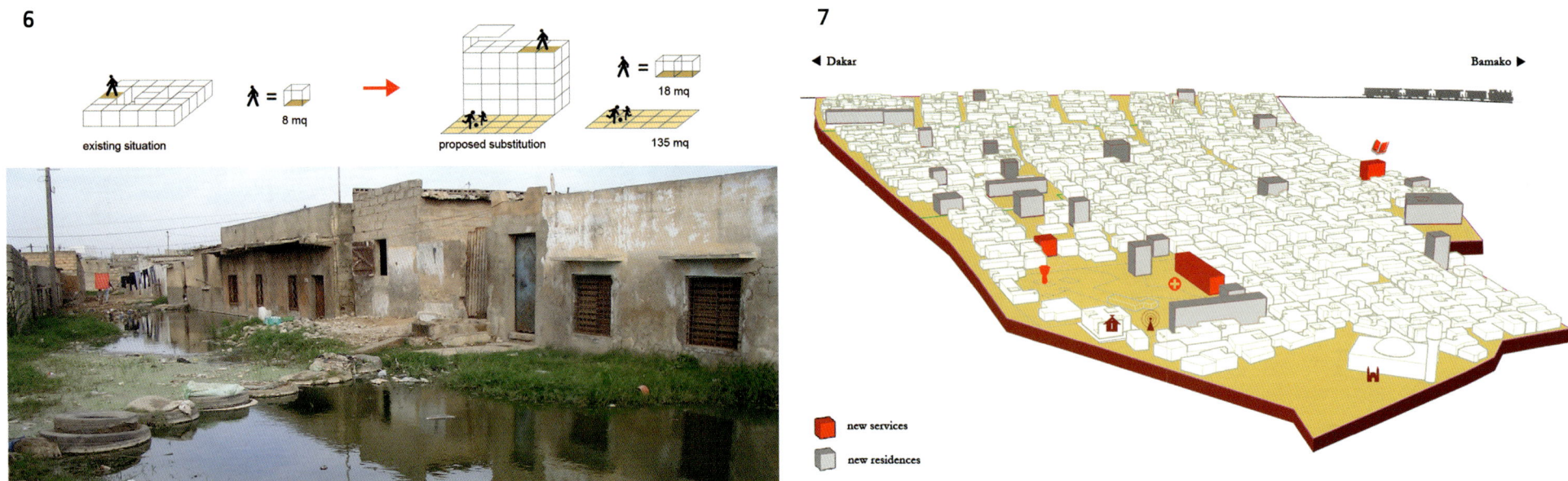

1. La ferrovia, limite settentrionale del quartiere: a destra, la periferia pianificata, a sinistra quella informale

2. Lo skyline del quartiere

3. La conformazione delle cellule residenziali è un adattamento dello schema del villaggio ad una più densa condizione urbana

4. Uno degli spazi pubblici centrali

5. Masterplan di progetto (gruppo di progettazione: Roberto Filippetti, Francesco Alessandrelli, Emanuele Ceresoni, Daria Giura, Andrea Pelella, Fabio Sorriga, coll. Katherina Pazienza Gelmetti)

6. Il concept: sostituzione delle case più degradate e ricostruzione in altezza

7. Il nuovo distretto centrale

8. Orti urbani e spazi pubblici coperti come elementi per la rigenerazione urbana. Il progetto ha ricevuto la menzione d'onore al concorso internazionale "Aree urbane sperimentali in Africa" promosso nel 2011 dal Banco di Sicilia e Ambrosetti – The European House

DAR SMART. ECO-ARMATURES FOR EXPLODING AFRICAN METROPOLIS.

KW: EXPLOSIVE GROWTH, LANDSCAPE URBANISM, ECO-ARMATURES

Dar es Salaam, when intended as an urban region of 3 million inhabitants, has an exploding population whose yearly growth is about 4-5% in the last decade. Besides, about 80% of the population live in "informal" settlements. On the one hand, Dar's fortunate geopolitical conditions attract economic investments from a worldwide system; on the other hand international organizations like UN-habitat and World Bank are increasingly concerned (UN-HABITAT report, 2010) about the ecological and social sustainability of such accelerated urban development. In particular, thorny issues of illegal dwellings, collapsing mobility and infrastructural system, vulnerable urban agriculture –producing though 30% of the food consumed in the city, lacks in energy distribution and access, increasing intensity in natural hazard due to climate change (Sakijege et al., 2012) are some of the challenges Dar has to face.

When considered within a broader and more comprehensive scale with respect to the geographic development of the city, such elements may be addressed to the delicate interaction of natural and cultural –both formal and informal- environments on a distinct topography resulting in extremely hybrid urban conditions. In fact, as landscape urbanism highlights (Waldheim, 2006), even if originally referred to the American suburban context, any urban/rural opposition is no longer traceable neither noteworthy, and the urbanization of "nature" is the given context of contemporary urbanism. The immediate consequence is that landscape becomes the medium for the construction of the expanded city as a layered multidimensional process influenced by social-cultural and political-economic dynamics. Seen through an ecological approach, the built and the un-built environments form a unique background representing the matter of urbanism.

From a representational point of view such theoretical shift inform the production of environmental images as an evolution of Lynch's concept and therefore referred to the identity, structure and meaning of any urban landscape (1960). Representing an attempt towards an accurate description of the city, maps and projects elaborated by the Laboratorio Misura&Scala (MSLab) –the research group within the DASTU, Politecnico of Milan- frame urban transformation in a comprehensive multi-scalar approach and suggest possible paths for an ecological approach of urban design.

The geographical structure of Dar urban region is deeply characterized by the hydrologic system: water carves topography in different ways. Various alluvial river basins run through the city towards the coastline –its main geographical reference -, setting an archipelago of formal and informal settlements kept together by the mobility system. The main rivers and the linked network of canals represent an extraordinary aquatic system setting an ever-changing ecological landscape: regular tides and seasonal monsoons influence the quantity and quality of water in the basins. But infrastructural lacks and uncontrolled densification make heavy rainfalls a great risk, especially where informal settlement disorder invades the riverbeds. Moreover the hydro-geological fragility, together with an inadequate or absent waste management, impacts severely health conditions (Sakijege et al., 2012). On one side water harvesting benefits of the high level of water table, but on the other side such water gets rapidly infected by waste left-overs so that, also due to a seasonal phenomenon of waterlogging, malaria illnesses proliferates. Even if fresh water has always been abundant and accessible within the city, so to determine Dar's fortune as a desirable location the increasing severity of pollution and natural hazard risk are unfortunately determining urban decline.

In 1992 the Sustainable Dar es Salaam project was established under the auspices of the Global Sustainable Cities Programme of the United Nations Centre for Human Settlements. It recognized that the deteriorating environmental conditions in Dar es Salaam presented major constraints to achieving a sustainable and equitable socio-economic development. The city than defined as a priority the management of open spaces, recreational areas, hazard lands, greenbelts and urban agricultural potential. However the institutional planning and management of the environment is still weak and the relevant actors are unable to cope with the environmental conditions.

According to the urban analysis by Pedro Ortiz (2011) the structure of Dar Es Salaam can be dually read as an orbital-radial structure or as a reticular one. The radial structure confirms the actual trends of urban growth along the extensions of road infrastructure: new settlements are naturally developing on such centrifugal directions. In this sense, even the implementation of the Bus Rapid Transport System (BRT) provides service according to such radial understanding and endorsement of urban development.

Unfortunately, Dar es Salaam is today experiencing the collapse of such radial model, with inter-fingers spaces being filled by informal settlements, alluvial river basins invaded by solid-waste and uncontrolled sprawl and a demand for public services and space overcoming the urban capability.

On the contrary, a matrix reticular pattern based on public and slow mobility, ecological improvement and nodes enhancement seems to better respond to pressing needs towards a new urban scale. Such multiple layered net shows in fact high urban potential, thanks to a more flexible and multi-centred system which better apply to the geographical context. The structure would be therefore based on an evolving system of ARMATURES articulated according to a grey net of technological interconnected infrastructures and a green net of topographical ecological corridors, as a re-evaluation of the neglected river basins; multi-scalar NODES (D'Alfonso, 2006) would be developed as alternative centralities activating densification and controlled formalization phenomena; SPONGY PATTERNS

Alessandro Frigerio

Architect, since 2007 he's part of the MSLab, DAStU, Politecnico di Milano carrying out teaching and research activities on sustainable urban development, focusing on explosive growth issues affecting developing metropolis and smart growth. In 2013 he founded UP! – Urban Perpsectives Lab.

Antonia Chiesa

Ph.D. in Architecture and urban design and Visiting Scholar at Harvard GSD, she is part of MSLab, DAStU, Politecnico di Milano where she taught as Junior Professor. She is focusing on landscape urbanism and agro-urbanism within informal urban contexts. She published several papers and a book on landscape urbanism.

with green/green gradient for the archipelago settlements preserving and enhancing porosity, managing informal urbanity, welfare equipments, urban farming.

The highlighted spatial elements describe various grains, densities and porosity within the urban landscape, whereas formal, "informal" or natural, informing the environmental image of the city to be controlled by designing and managing informality gradients patterns (Frigerio, 2011) related to local geography. Specifically, green armatures represent a fundamental theme for a sustainable urban growth, setting an ecological-economical porosity at the metropolitan scale and providing the opportunity for water management and remediation through low-tech techniques. Historically, rivers and water systems have served as ecological and economical backbones of the communities that border them. In Dar es Salaam the complex and ever changing water system has never gained a role at the metropolitan scale. But the explosive growth of the city and natural hazard linked to climate change are transforming it in a problematic issue generating conflicts. MSLab vision intends to explore the metropolitan role of this kind of green-infrastructure as ecological balance devices and characteristic landscapes. Overcoming the modern idea of linear park these eco-armatures will embody a multiplicity of meanings and values, from energy production to environmental protection, from public appropriation to wilderness. The green armatures strategy needs the definition of an overall envisioning plan, the fixing of a set of governance tools and an ecological-economical manifesto able to guide specific interventions. The design and development of the banks of the alluvial basin will transform them in an original public-realm giving a locally fitted answer to slow mobility porosity, urban farming, sustainable infrastructure and renewable energy production, water treatment and natural hazard, ecological protection for carbon credits management, welfare and leisure issues.

Strategies of landscape urbanism (culture+nature+ecology), as applied to the fast developing city of Dar, frame the strategic role of a synergic network of eco-armatures within the urban fabric. Landscape urbanism synthesizes cultural and ecological issues overcoming a merely engineering approach about eco-armatures, providing landscape as memorable image of the logic structure of its territory. In this perspective, in Dar es Salaam, a virtuous management of water, energy and farming resources may become the distinctive element of a conscious far-sighted vision for the city, transforming neglected flood areas in an economical and cultural resource. This can be made possible through a multi-scalar synergic approach working on the interdependence between explosive informal metabolism and evolutive formal metabolism. An appropriate balance of urban ecosystem through flexible innovative solutions which structure the urban landscape could be the specific know-how and branding identity for the African green metropolis and its sustainable urban metabolism. This vision is effective in making the urban region more resilient, gaining more robustness to face ecological, economical, social changes and setting a smart growth framework.

Bibliography

Baresi A., La Placa S. (2012), *Dar Smart. Mtoni, Project for a new centrality*. MSLab – DAStU, Politecnico di Milano, Master Thesis, Milano.

Corner J. (2006), "Terra fluxus", in: Waldheim C (ed.), *The landscape urbanism reader*, Princeton Architectural Press, New York, pp: 21-33

F.A.O. (2012), *Growing greener cities in Africa. First status report on urban and peri-urban horticulture in Africa*, Rome, Food and Agriculture Organization of the United Nations.

Frigerio A., Guffanti Pesenti F. (2011), *Dar Smart. Sustainability of identity. An evolving urban model based on a formality gradient*, in Forum "Developing the regions of Africa and Europe-Experimental urban area in Africa", Taormina, The European House, Ambrosetti.

Lynch K. (1960), *The image of the city*, Cambridge, MIT Press

Ortiz P. (2011), *Document of the World bank – D4D – Documents for Debate - Metropolitan model - Sub-Saharan Africa - Finance, Economics and Urban Department, Urban Unit. DAR ES SALAAM, United Republic of Tanzania*, Washington, WB.

Sakijege T., Lupala J., Sheuya S. (2012), "Flooding, flood risks and coping strategies in urban informal residential areas: the case of Keko Machungwa, Dar es Salaam, Tanzania", in: Jamba: Journal of Disaster Risk Studies 4(1), Art. 46, 10 pages

Shane D.G. (2011), *Urban design since 1945. A global perspective*, London, Wiley.

UN-HABITAT (2010), *Informal settlements and finance in Dar es Salaam, Tanzania*.

UN-HABITAT, 2010), *The state of African cities. Governance, inequalities and urban land markets*.

UN-HABITAT (2009), *Dar es Salaam City Profile*.

Waldheim C. (2006), "Landscape as urbanism", in: Waldheim C (ed.), *The landscape urbanism reader*, New York, Princeton Architectural Press, pp: 35-53

1. DARSMART - Mtoni Aerial
2. DARSMART - DAR Aerial View
3. DARSMART - Mtoni Project

OPEN SPACES

GREY TO GREEN.
IL RICICLO DEI RELITTI DELLA A3 NEL PARCO LINEARE DELLA COSTA VIOLA*

Vincenzo Gioffrè

Ricercatore e Docente in Architettura del Paesaggio, è Responsabile Scientifico dell'Unita di Ricerca della Mediterranea di Reggio Calabria per il Progetto PRIN 2011 "RE-CYCLE Italy. Nuovi cicli di vita per architetture, infrastrutture della città e del paesaggio". È autore di oltre sessanta pubblicazioni scientifiche inerenti il progetto di paesaggio, di cui quattro monografie e diversi articoli in riviste di settore. Sue ricerche e progetti sono stati presentati e esposti: Biennale del giardino mediterraneo (Grottammare 2013), Festival del verde e del paesaggio (Roma 2011), Urbanpromo (Bologna 2011), Biennale di Architettura di Venezia (2010, 2000), Biennale Europea del Paesaggio di Barcellona (2010, 2006, 2003), Biennale del Paesaggio della Provincia di Rieti (2009), Biennale di Architettura, Arte e Paesaggio delle Isole Canarie (Las Palmas 2009), Biennale del Paesaggio della Provincia di Reggio Emilia (2008), EUROPAN 8 progetti premiati (Latina 2005), Biennale giovani artisti dell'Europa e del Mediterraneo sezione Architettura (Roma 1999).

* Il riciclo dei relitti dell'Autostrada A3 nel Parco lineare della Costa Viola" è uno dei casi studio affrontati dall'Unità di ricerca della Mediterranea di Reggio Calabria nel progetto di ricerca PRIN (cofinanziato dal MIUR per gli anni 2013/2016): "RE-CYCLE Italy. Nuovi cicli di vita per architetture, infrastrutture della città e del paesaggio".

KW: INFRASTRUTTURE, RICICLO, PAESAGGIO

L'inarrestabile sviluppo umano si ripercuote nel paesaggio determinando spesso traumatiche trasformazioni. L'espansione urbana e la costruzione di infrastrutture stradali, ferroviarie, navali ed energetiche, hanno provocato una generalizzata perdita dei caratteri identitari, di qualità figurativa, percettiva, spaziale e funzionale dei paesaggi; una frammentazione e compromissione delle qualità ambientali ed ecologiche con una drastica riduzione di biodiversità. Oggi buona parte delle infrastrutture costruite nel novecento, soprattutto nei territori del Sud Italia, sono già obsolete, sottoutilizzate, a volte incomplete, spesso in totale o parziale abbandono. Sono simulacro di spreco, causa di degrado ambientale e sociale; monumenti di una modernità incompiuta, inseguita ma mai pienamente realizzata.

L'ipotesi di progetto qui esposta consiste nell'applicare la pratica del riciclo alle infrastrutture grigie (dismesse, obsolete, abbandonate), per reinterpretarle in infrastrutture verdi. Si tratta di utilizzare il dispositivo progettuale del riciclo per attuare una radicale inversione di significato funzionale ma soprattutto simbolico e convertire i luoghi del degrado o dell'abbandono in nuovi paesaggi portatori di una dichiarata vocazione ecologica ed un messaggio eticamente e socialmente positivo.

Le "Infrastrutture verdi" sono uno strumento efficace per rispondere alle criticità della condizione contemporanea. Consistono nella definizione di una rete integrata di aree naturali e seminaturali efficace per contrastare frammentazione e conseguente degrado dei territori antropizzati, ricostituire condizioni di continuità spaziale e figurativa del paesaggio e salvaguardare gli aspetti ecosistemici e la biodiversità. Trova campo di applicazione nei bacini idrici, boschi, sistemi agricoli, aree costiere, ma anche e soprattutto in spazi pubblici e vuoti urbani messi a sistema; la finalità è conciliare le attività umane con l'ambiente naturale per creare maggiori opportunità di sviluppo socioeconomico delle comunità locali in chiave sostenibile. L'Unione Europea punta sull'adozione delle Infrastrutture Verdi per raggiungere obiettivi concreti in risposta a cambiamenti climatici, miglioramento della qualità della vita in aree suburbane, protezione da calamità naturali (alluvioni, frane, siccità). Per questi motivi sono di fatto menzionate specificamente nei documenti comunitari come una delle priorità di investimento per il sostegno delle politiche regionali, trovano ampio spazio nel fondo di coesione e nel fondo europeo di sviluppo regionale (FESR) e nei prossimi programmi Life, Horizon 2020, soprattutto in merito alle politiche di contenimento di consumo di suolo e alle pratiche di riciclo dell'esistente.

Nuovi cicli di vita per le infrastrutture abbandonate
Il riciclo delle infrastrutture in abbandono è una strategia efficace per produrre nuovo spazio pubblico di qualità senza ulteriore consumo di suolo; evitare i costi ambientali delle demolizioni; assegnare alla lentezza un valore positivo per misurare i tempi della natura; svelare la bellezza del paesaggio; riscoprire una dimensione ecologica di vita quotidiana. È il caso di due progetti simbolo della contemporaneità: la Promenade Plantée a Parigi e la High Line a New York. Due tracciati ferroviari obsoleti non demoliti ma reinterpretati in chiave contemporanea, con percorsi pedonali aerei per guadagnare punti di vista privilegiati e vedute inedite dei quartieri attraversati. La struttura originaria permane in entrambi i casi come memoria di un passato recente ma la vegetazione colonizza gli spazi, quasi a risarcimento di città dense e minerali. Nel primo caso una sequenza convenzionale di aiuole e panchine esalta una dimensione quasi intima della passeggiata per spazi accoglienti e rassicuranti; nel secondo un design sofisticato interpreta le teorie del terzo paesaggio di Gilles Clément ed esalta il valore della biodiversità nello spazio pubblico urbano. In entrambi i casi la comunità gioca un ruolo determinante, attraverso una partecipazione attiva fin dalla fase progettuale, che ne assicura una vivace fruizione ad opere realizzate.

Il principio del riciclo di infrastrutture dismesse si diffonde rapidamente anche in Italia; tra gli altri è il caso della ciclabile realizzata nell'ex tracciato della ferrovia Caltagirone-Piazza Armerina in Sicilia, un intervento a basso costo con l'inserimento di pochi materiali come un nastro di asfalto colorato, espediente narrativo per commentare il paesaggio dell'entroterra siciliano attraversato dalle biciclette. Il sedime del tracciato ferroviario dismesso Levanto – Frammura è riscritto con nuovi materiali e segnaletica orizzontale, per una ciclabile utile e piacevole attraverso il paesaggio costiero ligure. Ancora il Museo Storico del Trentino è realizzato all'interno di due tunnel inutilizzati lunghi 300 metri, convertiti in percorsi pedonali attrezzati con spazi espositivi e itinerari didattici.

Il parco lineare della Costa Viola
Facendo riferimento al vasto repertorio di esperienze sul tema della risignificazione di infrastrutture dismesse, il progetto di ricerca qui esposto propone il riciclo dei relitti dell'autostrada A3 nel tratto Bagnara/Scilla (Reggio Calabria). Si tratta del tracciato del percorso originario degli anni settanta, oggi dismesso ed in parte non demolito, costituito anche da manufatti di assoluto pregio come il monumentale Viadotto Costa Viola, opera di Riccardo Morandi, che sovrasta il borgo di Scilla.
Le comunità locali e gli enti preposti al governo del territorio si

sono fatti promotori da anni di una serie di iniziative (consultazioni pubbliche, concorsi di idee, proposte progettuali) per impedire la demolizione dei tratti autostradali dismessi e proporre il loro riutilizzo semplicemente per una mobilità carrabile secondaria a carattere locale. È comunque interessante constatare come dalla società civile arrivano stimoli lungimiranti che intravedono i benefici del riciclare piuttosto che del demolire. Ad oggi sono state avanzate diverse soluzioni ma parziali, mancano infatti proposte complessive in grado di prendere in considerazioni aspetti di carattere sociale, ambientale ed economico. È quindi necessario stimolare ulteriormente un dibattito nella comunità tutta per rinnovare l'immaginario collettivo circa le potenzialità dell'intera Costa Viola, per definire un'ipotesi credibile di progetto in grado di innescare un nuovo ciclo di vita per i relitti dismessi dell'A3 e prefigurare scenari futuri sostenibili che associano mobilità lenta e tutela delle risorse ecologiche.

In questa direzione il progetto qui proposto consiste nell'utilizzazione dell'asse stradale dismesso di circa 20 Km, che corre parallelo la costa, come filo conduttore di un Parco Lineare al quale si agganciano le attuali strade e le aree di cantiere riciclate per definire un reticolo continuo di itinerari da percorrere a piedi, in bicicletta, a cavallo ed un sistema di spazi pubblici per comprare prodotti Km0, incontrare la comunità di abitanti, scoprire il paesaggio, godere di attrezzature e servizi ricreativi per il loisir, il tempo libero e lo svago nella natura. Dall'asse principale si dipartono infatti i percorsi che risalgono i crinali dell'Aspromonte fino ai boschi di querce e castagni; verso mare conducono alle terrazze in muri di pietra coltivate a zibibbo e agrumi; ancora sui crinali, lungo i sentieri dei pastori, fino alle fiumare Favazzina e Sfalassà, per incontrare reperti di antichi mulini, centrali idroelettriche abbandonate e tutta quell'edilizia rurale minima ma di grande suggestione.

Per la bellezza dei luoghi attraversati e la ricchezza del programma di attività esperibili, l'itinerario può entrare a far parte di circuiti internazionali cicloamatoriali ed intercettare forme di turismo, oggi in crescita esponenziale, legate all'escursionismo in aree di pregio naturalistico. Inoltre la complessiva valorizzazione dell'intera area attiva nuove economie di filiera corta (prodotti tipici di qualità e accoglienza diffusa); consente la manutenzione ordinaria del territorio per prevenire frane, discariche, abbandono, incuria; facilita la fruizione alle comunità di abitanti che possono per primi tornare a godere della bellezza del proprio paesaggio.

Il Parco Lineare della Costa Viola, in questa accezione di Infrastruttura Verde, acquisisce quella carica simbolica necessaria che lo rende più convincente e credibile per l'accesso ai canali di finanziamento dei programmi comunitari (che privilegiano progetti integrati multifunzionali) e dei programmi regionali per i piani di sviluppo locale. Gli interventi progettuali proposti nel tracciato panoramico dell'autostrada dismessa sono minimali: colorazioni del manto e operazione di lettering informativo; sistemi di comunicazione con tecnologie avanzate di

realtà aumentata, reti wi-fi e web-cam; demolizioni puntuali con rinaturalizzazioni; collocazione di manufatti leggeri di arredo in materiali riciclati; sistemi di mobilità meccanizzata con monorotaie e piccole teleferiche per attraversare le scarpate e le terrazze coltivate. L'itinerario, per la sua privilegiata collocazione a mezzacosta, offre una sequenza spettacolare di fotogrammi; così il progetto prevede affacci e punti panoramici che consentono di godere della vista dello Stretto, la rupe di Scilla, lo skyline delle Eolie, le falesie, le pendici dell'Aspromonte, i Gorghi di Cariddi; nei mesi primaverili il passaggio di rapaci, pescespada, tonni, cetacei. È la riscoperta di un paesaggio palinsesto, esito della stratificazione, cancellazione, sovrapposizione, di tracce di civiltà che si sono succedute nei secoli. Un paesaggio in attesa di essere raccontato e vissuto con azioni misurate ma incisive ed emblematiche, per mettere in valore i segni di antiche bellezze, i caratteri di una natura aspra e selvaggia, i racconti persistenti di miti e leggende.

OPEN SPACES

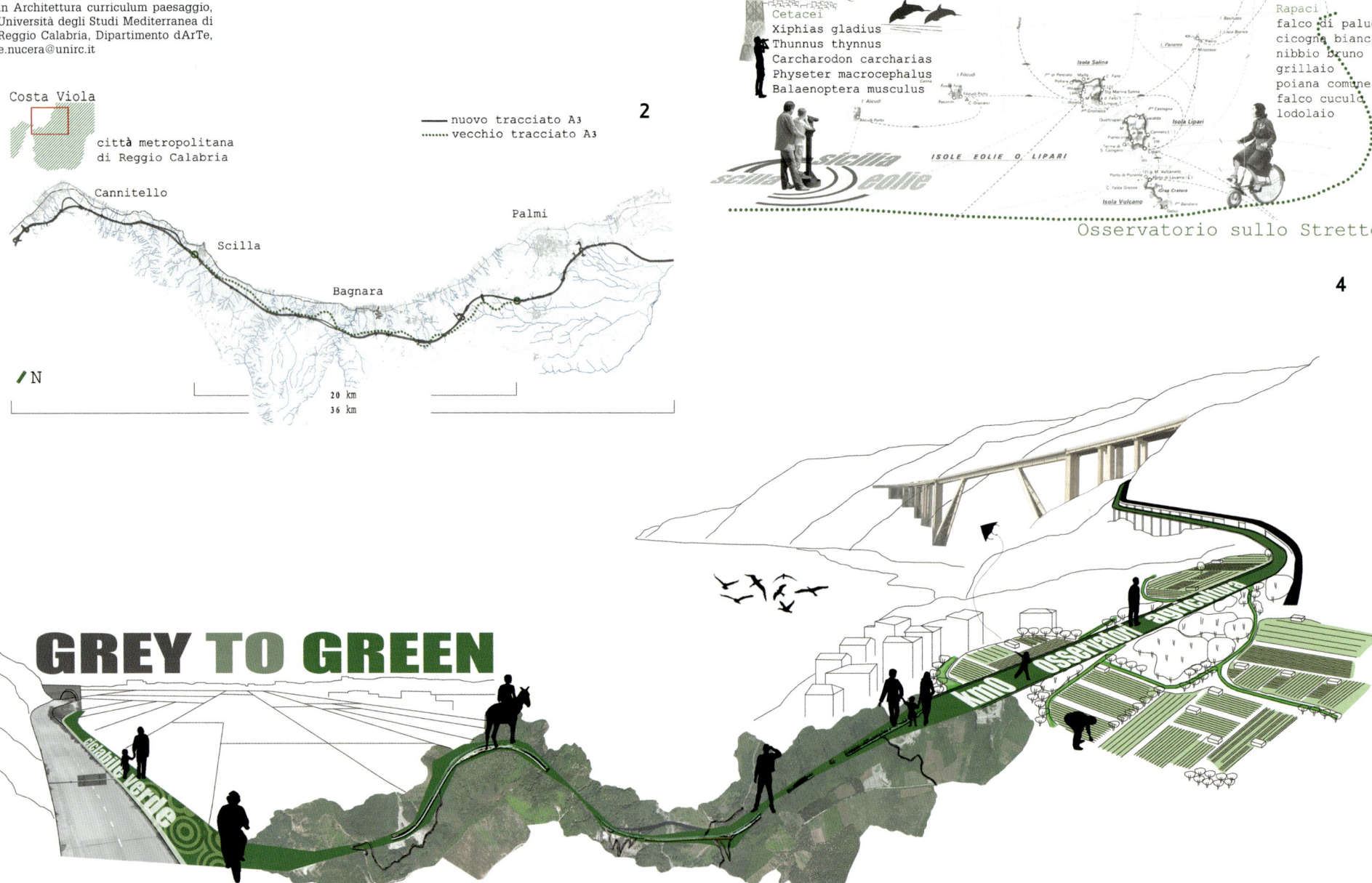

Immagini
1. "Atlante fotografico della Costa Viola", Stefano Mileto Fotografo, sm@stefanomileto.com

2-4. "Il riciclo dei relitti dell'Autostrada A3 nel Parco lineare della Costa Viola". Elisabetta Nucera – Dottoranda in Architettura curriculum paesaggio, Università degli Studi Mediterranea di Reggio Calabria, Dipartimento dArTe, e.nucera@unirc.it

DISCOVERING INFRASTRUCTURAL PATTERNS: A PLANNING METHOD FOR SPATIAL DEVELOPMENT OF MACEDONIA

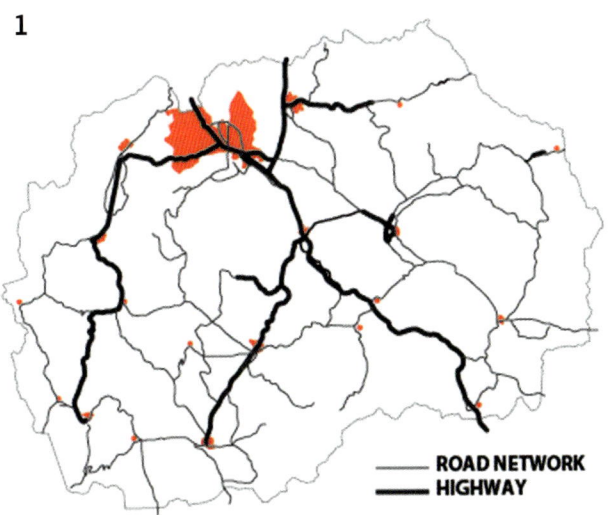

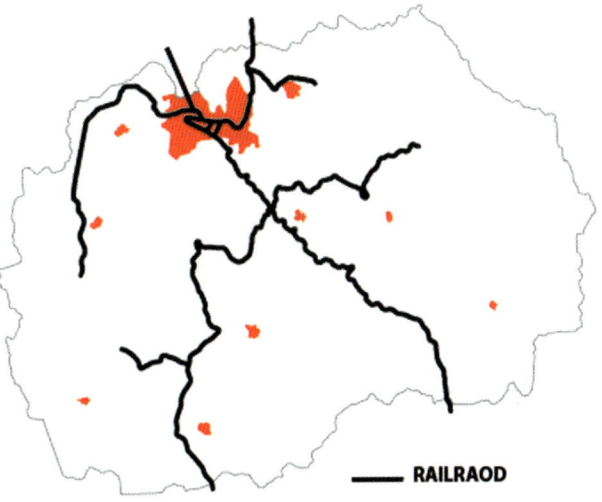

Irina Grcheva is an Assistant at the School of Architecture and Design (University American College – Skopje). Currently, her research is focused on urban and spatial planning, infrastructures and rural development. She also works as a researcher within different Macedonian based NGOs.

KW: SPATIAL DEVELOPMENT, MACEDONIA, INFRASTRUCTURE

Introduction
During the last twenty years the spatial planning and development of Macedonia has been mainly focused in the Skopje region (with Skopje being the capital of the country). This urban region accumulates one-third of the population, produces one-half of the total GDP, two-thirds of the total profit, employs one-half of the working population, and is, without any doubt, the strongest economic, financial, and cultural center in the country (State Statistical Office, 2013). On the other side, the rest of the country remained spatially underdevelopment on account of the growth of Skopje. The regional development of Macedonia is considered as one of the biggest obstacles towards future economic prosperity. There are many reasons that led to forming of today's monocentric Macedonia, but the major one is the rudimentary state of the infrastructural systems. Although the infrastructural problem is well known of, not much in terms of research or planning activities is done to change it. The paper will examine the existing infrastructural systems in Macedonia in order to discover the spatial patterns they form, and how those patterns could lead to positive future spatial development of the country. The research method is based on Pierre Belanger's understandings of the infrastructure as "the basic system of essential services that support a city, a region, or a nation" (Belanger, 2010). In his essay Redefining Infrastructure he states that the system of infrastructure is consisted of: transport infrastructure, waste management, energy production, water supply, and food production, and that a functional region is one where these five infrastructures are inseparable on any scale (Belanger, 2010).

Historic Background
In one of the few books addressing the socialist urbanization, Transformation of Cities in Central and Eastern Europe towards Globalization, Ivan Szelen stated that "socialism was anti-infrastructure and this caused damage both to cities and to the countryside, though, ironically, the countryside could cope with the problem somewhat more efficiently" (Hamilton, Dimitrovska and Pichler-Milanovic, 2005). Although Macedonia belongs to the East-Central European post-socialist region, its spatial development followed bit different pattern than the one Szelen described. Before joining the Yugoslavian Federation in 1945, Macedonia almost did not have infrastructural networks, which made the planned industrial development impossible. Therefore, before the industrialization started - roads, highways, energy plants, and water supply systems were built across the country. A contrary to other post-socialist countries Macedonia attained infrastructure during the industrialization. But that was the only infrastructure built in the following 45 years. In 1991 Macedonia declared independence and entered the transition phase from socialist to market-orientated democratic society. Due the slow transition followed by economic and political instabilities, no large scale projects of any kind were accomplished. Hence, twenty years later, the infrastructural systems in Macedonia remained almost in the same state as they were in the Yugoslavian period.

The Infrastructure of Macedonia: Current Situation
For the purpose of further analysis of the infrastructures of transport, energy, waste, water, and food, their current situation will be introduced trough statistical data and maps.
1. Transport infrastructure: The transport infrastructure of

1. Macedonia is connected by railroad to Serbia and Kosovo on the North, and to Greece on the South. Rails that should link the country to Albania on the West and Bulgaria on the East were never built.
2. From 2003-2009 the average was 95 million Euros. The pick was in 2008 when 235 million Euros worth electrical energy was imported. For comparison the total GDP of Macedonia for 2011 was 16.19 billion Euros.
3. Because there is not enough available statistical data on liquid waste disposal, the paper will address only the solid waste disposal network.
4. The spatial plans consider that the combination of 280 sunny days and fertile soil on which almost various agricultural products can be grown, make the agricultural land one of greatest assets the country has.
5. On the maps the urban areas are presented with red color, where the biggest red area is Skopje.

Macedonia is composed of railroads, highways, roads and airports. The railroad network was built in the beginning of the twentieth century, and it remained unchanged ever since. On an international scale it connects the country with two out of the five neighbor countries[1], and on a regional level, it links only larger towns and Skopje (Fig. 1a). Similar to the railroad network, a highway that connects Macedonia to east and west neighbor countries - does not exist (Fig. 1b). Unlike the highway and railroad, the road network is not deficient - it interconnects the towns and villages. But unfortunately, it is in a very poor state: the quality of the roads in Macedonia varies from usable (between the towns) to highly deprived and live threatening (between villages and settlements in the mountains). The airport network is composed of two international airports (one in Skopje and one in Ohrid), out of which the Skopje airport is fully operational.

2. Energy Infrastructure: The energy infrastructure is consisted of energy plants and distribution network (Fig. 2a). The main producers of electrical energy in Macedonia are the seven hydropower plants and five thermalpower plants (ELEM, 2013). The major problem of the energy infrastructure is that the domestic production does not meet the demands of the consumers. For instance, in 2011, the generated energy was 6.39 billion kWh, while the consumed was 9.024 billion kWh. That year 2.634 billion kWh were imported for the approximate cost of 131.700 million Euros[2]. As a result of the continuous shortages of electrical energy followed by constant rise of the electricity prices, in the early 2012 the Macedonian government officially declared energy crises (Time.mk, 2013). At the same time, alternative sources such as, wind, soil, waste and sun have not been used as energy generators.

3. Waste Infrastructure: The waste infrastructure is a network for distribution and disposal of liquid and solid waste[3]. This infrastructure in Macedonia is on the verge of nonexistence: the spatial planning document mentions fifty-two legal wastesheds, out of which only one satisfies minimal standards for waste disposal (Fig. 2b) (Agency for Spatial and Urban Planning of the Republic of Macedonia, 2002). Furthermore, it is known that there are numerous illegal wastesheds.

4. Water Infrastructure: The water infrastructure in Macedonia is based on artificial water reservoirs and natural springs, which supply water for drinking, industry, and for irrigation of agricultural land. The network for drinking water is mostly organized and spread in the inhabited places, contrary to the irrigation systems where from the total amount of 6.120 km^2 of agricultural land (one fourth of the total area of Macedonia), only 500 – 600 km2 are irrigated. Fig. 3a shows the disposition of water sources, along with the largest urban centers.

5. Food Infrastructure: The food infrastructure involves production and distribution of food in Macedonia. Even though, as stated before, one fourth of the country is agricultural land[4], the imports of food exceed the exports: the trade value of the exported agricultural products in 2010 was 423.7 million Euros, and of the imported 532.2 million Euros (Agency for Foreign Investments and Export Promotion of the Republic of Macedonia, 2012). In the last twenty years, the agricultural sector is in a continuous decline: it produces 9.5% from the total GDP, and employs 19.9% from the total working population (Agency for Spatial and Urban Planning of the Republic of Macedonia, 2002). Fig. 3b shows the agricultural land in Macedonia.

Discovering Infrastructural Patterns

The analyzing of the congruency of the infrastructural networks will be done by laterally placing the maps of the five infrastructural systems on top of each other.[5] Although the current situation of the infrastructure is well known of, and stated as such in the Spatial Plan of the Republic of Macedonia 2002-2020, their patterns were never analyzed together. When the networks of road, highway and railroad are examined together, it can be seen that they connect only the larger towns and Skopje, skipping the rural parts (Fig. 4a). The road network is more distributed in the rural areas, but at that point the quality degrades from normal to poor. If the transport and energy infrastructures are compared, a similar pattern is noticeable - they are again concentrated around the urban cores (Fig. 4b). The waste infrastructure, on first look has no specific pattern of itself (Fig. 4c), however, compared to the other infrastructures, it can be seen that the wastesheds are grouped near urban areas, power plants or near roads (Fig. 4d). Maybe the most interesting analyze is the one of the water and food infrastructure. When the water and the food infrastructural networks are compared, it could be seen that the water infrastructure that supplies the larger towns and Skopje is the same one used for irrigation of the agricultural land, by that, clearly limiting the amount of land that could produce food (Fig. 4f). The analysis of the five infrastructures show one pattern: the infrastructures of transport, energy, waste, water and food function inseparable only in the larger urban areas, underlining the Skopje Region. In the rest of the Macedonian territory they are highly insufficient. This pattern points out that on an overall scale the regions of Macedonia are not functional. The current state of all of the five infrastructures could only increase the monocentric regional development of Macedonia and its consequences, such as downgraded overall level of mobility, and disabled economic and cultural exchange between Macedonia and the surrounding regions.

Conclusion

From this research it could be seen that Macedonia has a serious deficit of the most fundamental infrastructural links. Although predominantly negative, this situation could be also from a positive angle - the scarce of large-scale projects left behind large portions of unused recourses in terms of agricultural and natural land. In The Post-Socialist City, Kiril Stanilov stated that many of the post-socialist countries during the fast transition period carried out large-scale projects (mostly infrastructural) that did not include any sustainability politics, making their adaptation towards sustainable much harder than if they were build as such in the first place (Stanilov, 2007). Macedonia never accomplished large spatial projects, and somehow jumped over the trend of fast building unsustainable infrastructure systems. It is fair to state that this maybe happened because the transition happened in a much slower pace than in other countries, and that the fast building of infrastructure is yet to come. But also, the opportunity to embed sustainable policies into the planning processes is the biggest opportunity that the country has. The integration of sustainably built infrastructures of transport, energy, food, water and waste in one system, and their equal spatial distribution based on economic factors should be the foundation of a long-term strategy for overcoming the existing spatial monocentricity.

Bibliography

Agency for Spatial and Urban Planning of the Republic of Macedonia, (2002), Spatial Plan of the Republic of Macedonia 2002-2020, Skopje, Macedonia.
Agency for Foreign Investments and Export Promotion of the Republic of Macedonia, (2012),
Agriculture and Agroprocessing Industry in the Republic of Macedonia, Skopje, Macedonia.
Belanger, P., (2010) Redefining Infrastructure, Ecological Urbanism. Eds. Mostafavi, M., G. Doherty, et al., New York, Lars Müller Publishers, pp. 332.
Hamilton, F. E. I., K. D. Andrews, et al., Eds., (2005), Transformation of Cities in Central and Eastern Europe towards Globalization. New York, United Nations University Press.
Stanilov, K, Ed., (2007), The Post-Social City: Urban Form and Space Transformation in Central and Eastern Europe after Socialism, Dordrecht, the Netherlands, Springer.

Web pages and internet retrieved material

ELEM, Macedonia power plants, http://www.elem.com.mk/en, accessed on Apr. 5, 2013
Local newspaper, Time.mk,
http://www.time.mk/cluster/66089f3276/energetska-kriza-makedonija-ke-stedi-struja.html, accessed on Apr. 7, 2013
State Statistical Office, The Statistical Office of Republic of Macedonia, http://www.stat.gov.mk/, accessed on Apr. 8, 2013

1. a.Road/highway, b.Railroad network
2. a.Energy infrastructure, b.Waste infrastructure.
3. a.Water infrastructure, b.Food infrastructure.
4. a.Pattern of the road, highway and railroad networks, b.Pattern of energy and transport infrastructure, c.Pattern of the waste and energy infrastructure, d.Pattern of waste and transport infrastructure, e.Pattern of the water and energy infrastructure, f.Pattern of water and food infrastructure

Fig. 1-4, Source: personal drawing by author according to information from the Spatial Plan of the Republic of Macedonia 2002-2020, Agency for Spatial and Urban Planning of the Republic of Macedonia, Spatial Plan of the Republic of Macedonia 2002-2020, 2002

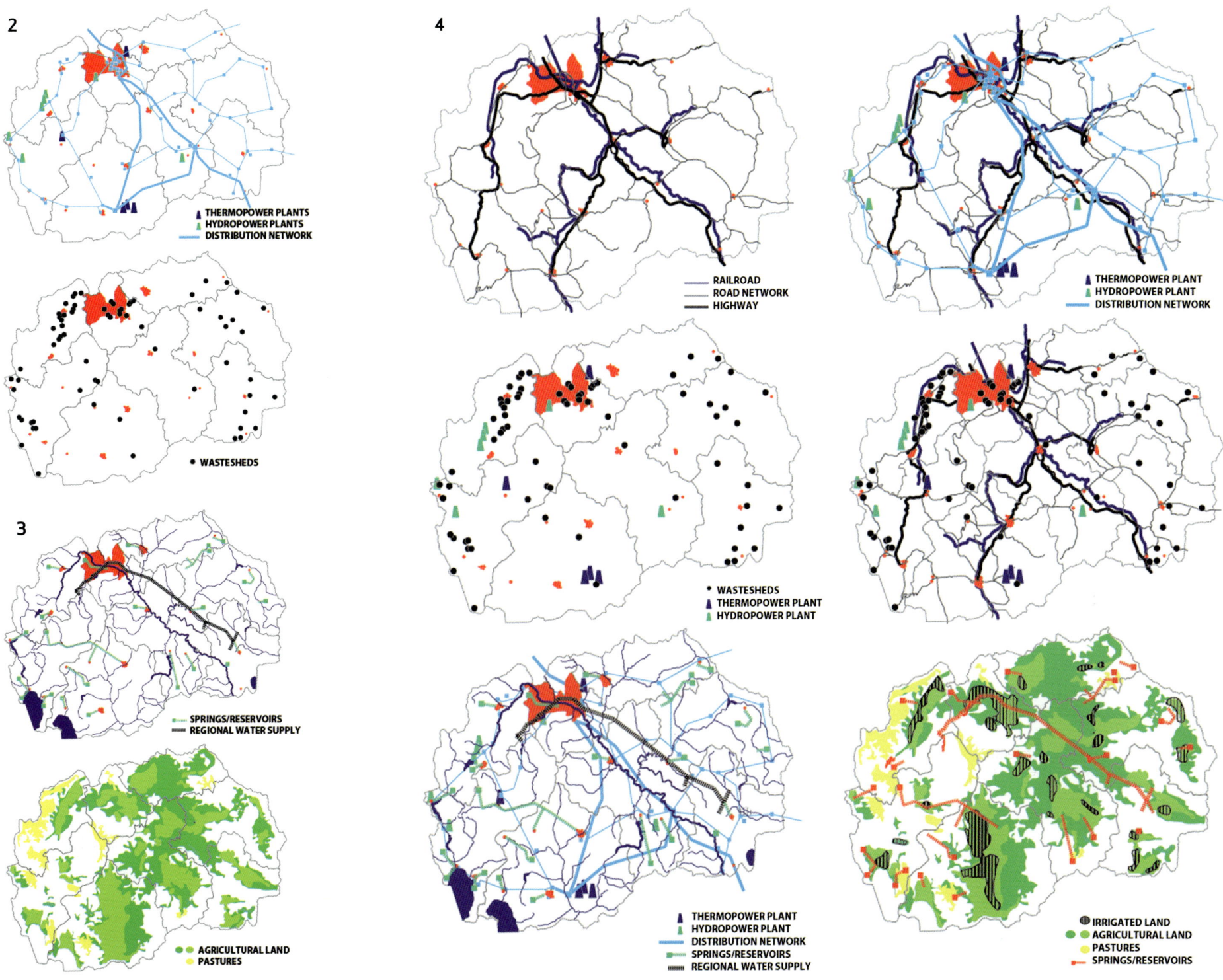

APPROPRIATE ASSESSMENT OF MUNICIPAL PLANS: AN ONTOLOGY RELATED TO SARDINIA, ITALY

Corrado Zoppi

Civil engineer, is Doctor of Philosophy in Economics (USA, 1997), Doctor of Research in Territorial Planning (Italy, 1992), and MSc in Economic Policy and Planning (USA, 1990). He is Associate Professor at the University of Cagliari (Sector ICAR/20). In the past, he taught at the Universities of Rome "La Sapienza" and Sassari-Alghero. He is presently the Official Professor of the Module of Strategic Planning of the Integrated Course of Strategic Environmental Planning and of the Course of Regional and Urban Planning at the Faculty of Engineering of the University of Cagliari.
He is presently the Coordinator of the Panel for the Assessment and Evaluation of Public Investments of the Sardinian Regional Administration.

Sabrina Lai

Civil engineer, is Research Doctor in Regional and Urban Planning (Italy, 2009) and MSc in International Planning & Development (UK, 2007). She is presently research fellow at the University of Cagliari, editor of the journal "Regional Insights", and consultant for the Department of the Environment of the Sardinian Regional Administration.

KW: ONTOLOGIES, URBAN PLANNING, APPROPRIATE ASSESSMENT

Introduction

A very important issue concerning the adjustment process of a municipal Masterplan (MMP) to the Regional Landscape Plan of Sardinia (RLP) is represented by the Appropriate Assessment (AA) of the impacts of MMP's on Natura 2000 sites[1]. The discussion proposed in this paper focuses on the implementation of AA's within MMP's processes.

There are three main normative points of reference for the assessment of the impact of the adjustment process of the MMP's of Sardinian municipalities to the RLP on Natura 2000 sites: i. the Methodological guidance on the provisions of Article 6(3) and (4) of the Habitats Directive (European Commission, 2001); ii. the Guidance document on Article 6(4) of the Habitats Directive (European Commission, 2012); iii. the provisions of Annex D of the Annex to the Deliberation of the Regional Government of Sardinia no. 44/51 of 2010, entirely related to the assessment of the impacts of MMP's on Natura 2000 sites. We develop the ontology on these normative standpoints, and implement its construction through Protégé. This paper discusses some key points concerning the ontology of the AA procedure applied to MMP's, using sustainability as a reference point (third section), after a discourse on the semantics of the term "ontology" (second section). This discussion takes the implementation process defined by the methodological guidance of the European Commission as an experimental context, with the objective of proposing the AA ontology as an important contribution to the improvement of AA effectiveness in plan-making (fourth section).

The semantics of the term "ontology"

Formal ontologies are not connected to substance or to essence, but to the essence of representations, or definitions; that is, they propose an agreement on cognitive contents, rather than the substance analysis of an object. According to Smith (2003), ontologies are descriptions of domains of objects as closed data models whose nodes define concepts. These concepts are strategically identified and make sense only in the context of the universe they try to model. Moreover, Smith illustrates that, historically, the use of formal ontologies comes from the fact that several disciplines are experiencing a dramatic Tower of Babel syndrome which needs to be addressed somehow. Those who deal with complex systems of data and knowledge have peculiar frameworks for representing information. The semantics used for the same term may vary, or the semantics for different terms could take the same meanings. Formal ontologies could make it easier to deal with this syndrome.

Also according to Guarino (1998), as quoted by Pretorius (2004), a formal ontology is a projected representation which consists of a specific agreed-upon set of words which describe concepts belonging to a knowledge domain and a set of agreed-upon propositions concerning the meanings of these word as well. Pretorius agrees with Smith as, in his view, the concept of ontology originated in the field of artificial intelligence.

The appropriate assessment of municipal masterplans

The AA, according to the European Commission (European Commission, 2001) (paragraphs 3.2.5, 3.3 and 3.4), has to define and make available to planners, public officials, decision-makers and local communities a set of possible policies to: i. mitigate negative impacts of the on-going land-use developments and transformations; ii. delineate possible future scenarios alternative to the present which is generating negative impacts on habitats and species; and, iii. address situations characterized by lack of alternatives and persistence of negative impacts. From this perspective, the AA report is quite similar to an environmental report of the Strategic Environmental Assessment of an MMP, which should include measures that somehow address the issue of negative impacts on environmental resources (Lai and Zoppi, 2011). As in the case of the environmental report, the key question is how and by how much the implemented MMP affects (and impacts on) the ecological requirements and the conservation objectives of the Site. Hence, not only is it fundamental to understand and design a proper framework concerning the Site and its characteristics, requirements and objectives, but it is also decisive to build a proper conceptual model of the interaction between the plan implementation, particularly in the Site overlapping area (SOVLA), and the habitats and species of the Site.

The fundamentals of the ontology of AA processes concerning MMP should entail: i. analysis and interpretation of the Site, that is the characterization of the Site in terms of habitats, species, ecological requirements and conservation objectives; ii. definition of the implementation code of the MMP concerning the SOVLA; and, iii. conceptualization of the interaction between MMP and Site. In the following section, we propose tentatively an ontology having these features.

An ontology of the appropriate assessment of city masterplans

The ontology of the domain "Appropriate Assessment of city Masterplans" was developed in accordance with guidance documents issued by the Ordnance Survey, which comprise three main steps: identification of the purpose of the ontology and of its scope; construction of a knowledge glossary; formal specification of the ontology. With reference to purpose and scope, this ontology must explain key concepts of the AA in the context of land-use planning and provide a framework for the identification of likely impacts of plans on the integrity of Natura 2000 sites. The knowledge glossary comprises two tables, one listing concepts together with their definitions and related sources, and one listing relationships between concepts. A part of the table of concepts, built on documentary sources only. For the computational aspects, the software program Protégé[2] was used; concepts were arranged hierarchically, grouped into classes and subclasses on the basis of the "is a" relationship. For each class and subclass, appropriate slots were next created, either to describe the elements of a class, or to define the relationships between instances (that is, the lowest elements in a hierarchy). As an example, the slots assigned to the class "Site", while the relationship between this class and the others.

The construction of the ontology ends with the creation of instances, after which the ontology is formally defined, although it can be continually adjusted; moreover, the ontology can be represented graphically as a graph tree (in which classes, subclasses and instances are represented as nodes and relations as arches), which can also be navigated.

Conclusions

This paper has attempted to build an ontological representation of the AA of an MMP, useful for at least two reasons.

First, this approach provides all the participants involved in the AA process with a better understanding of the domain of interest (Uschold and Gruninger, 1996), through an iterative learning process that can continually be refined; this learning process is, in principle, inclusive, because the construction of the glossary can be improved by integrating the definition of concepts, relations, and descriptive attributes by including, for instance, experts in the domains of ecology, botany and zoology. Such a collective conceptualization of the domain would also improve the chances of reusing the ontology in the domain field.Second, since the ontology here proposed is a domain ontology, therefore aimed at structuring, representing and communicating knowledge on a specific area of interest irrespective of potential applications, the ontology of the AA of MMP's can be updated, refined and reused in the given domain (Agarwal, 2005), and it can lay the bases for more detailed, task-dependent ontologies in the same domain, for instance focusing on administrative and procedural tasks.

A strong point of this paper is that the ontological approach here utilized can be readily exported throughout the countries where an AA of MMP's is required in compliance with the Habitats Directive; however, the domain ontology here developed is grounded on the normative framework that regulates MMP's in Italy, and, as a consequence, some adjustments would be necessary so as to reuse this ontology to describe the AA procedure in other Member states of the European Union. Another important limitation to exportability of the ontology in other contexts lies in the fact that some definitions of concepts are based on Italian laws and documents; for this reason, the table of concepts was first partially built in Italian, and next translated into English, which can cause some issues of semantic precision in English.

1. The Natura 2000 network is established under the Habitats Directive.
2. Protégé is a software program developed by the Stanford University and freely available at: http://protege.stanford.edu/. Version 3.4.7 (frame oriented) was here used.

References

Agarwal P. (2005), "Ontological considerations in GIScience", in International Journal of Geographical Information Science, no. 19, vol. 5, pp. 501–536.

European Commission (2001), Assessment of plans and projects significantly affecting Natura 2000 Sites. Methodological guidance on the provisions of article 6(3) and (4) of the Habitats Directive 92/43/EEC, available online: http://ec.europa.eu/environment/nature/natura2000/management/docs/art6/natura_2000_assess_en.pdf [accessed June 10, 2013].

European Commission (2012), Guidance document on Article 6(4) of the "Habitats Directive" 92/43/EEC. Clarification of the concepts of: alternative solutions, imperative reasons of overriding public interest, compensatory measures, overall coherence, opinion of the Commission, available online: http://ec.europa.eu/environment/nature/natura2000/management/docs/art6/new_guidance_art6_4_en.pdf [accessed June 10, 2013].

Guarino N. (1998), "Formal ontology in information systems", in Guarino N. (ed.) Formal Ontology in Information Systems. Proceedings of FOIS'98, IOS Press, Amsterdam (The Netherlands), pp. 3–15.

Lai S., Zoppi C. (2011), "An ontology of the Strategic Environmental Assessment procedure of City Masterplans", Future Internet, no. 3, vol. 4, pp. 362–378.

Pretorius A.J. (2004), "Ontologies. Introduction and overview", adapted from: Pretorius A.J., Lexon visualisation: visualising binary fact types in ontology bases, Unpublished MSc Thesis, Vrije Universiteit Brussel, Brussels (Belgium), available online: http://www.starlab.vub.ac.be/teaching/Ontologies_Intr_Overv.pdf [accessed June 10, 2013].

Smith B. (2003), "Ontology", in Floridi L. (ed.) Blackwell guide to the philosophy of computing and information, Blackwell: Oxford (UK), pp. 155–166, available online: http://ontology.buffalo.edu/smith/articles/ontology_pic.pdf [accessed June 10, 2013].

Uschold M., Gruninger M. (1996), "Ontologies: principles, methods and applications", Knowledge Engineering Review, no. 11, vol. 2, pp. 93–155.

OPEN SPACES

POTENZIALE RELAZIONALE E PROGETTO DEGLI SPAZI COLLETTIVI APERTI

Sabrina Leone

È assegnista di ricerca sul tema L'architettura per l'abitare contemporaneo: progetto urbano e sostenibilità (2012-'14) presso il DiAP, Facoltà di Architettura, Sapienza Università di Roma dove ha conseguito il dottorato di ricerca in Composizione Architettonica-Teorie dell'Architettura (2006).

KW: TRASFORMAZIONE QUALITATIVA, RELAZIONALITÀ, SUPERFICI OPERATIVE

Nel paesaggio urbano lo spazio aperto collettivo è costruito sui rapporti, le attività e gli scambi, di cui costituisce storicamente lo scenario o il supporto, come anche sulle relazioni fra uomo, suo comportamento e intorno costruito-naturale.[1]

Nuovi spazi. Gli spazi tradizionali quali fondamentalmente le strade, le piazze, i parchi, i giardini (e tutta quella varietà sviluppatasi nel Moderno, positivamente funzionale al concetto di welfare[2]) sono implementati, nel comune sentire e percepire, da tutti quelli che a partire dai nonluoghi, le atopie, arrivano fino agli spazi altri delle eterotopie – dalle dimensioni più grandi degli aeroporti, villaggi vacanze, outlet, theme park, ecc. fino a quelli più minuti inseriti negli edifici dell'intrattenimento, consumo, cultura, ricettivi, ecc. -[3] e delle e-topie[4]; spazi fisici, quindi, che si combinano poi a quelli immateriali di un urbano inserito in un reale-virtuale continuum metropolitano interconnesso dalle reti (sviluppatosi nel contemporaneo). Spazi sempre più difficilmente catalogabili, riconoscibili e individuabili anche fisicamente.[5] La città dilatata sul territorio alloggia le molte declinazioni di questi spazi pubblici polverizzandole in una dimensione paesaggistico-territoriale senza precedenti; questo processo però, da un lato, tralascia troppo spesso di porsi l'obiettivo di operare una valorizzazione e un incremento della qualità dell'habitat in cui si inseriscono (alla grande scala); dall'altro, a fronte di tale moltiplicazione, non opera uno sviluppo adeguato di nuove strategie di progetto funzionali a renderli componenti attive[6] del paesaggio urbano (scala architettonico-urbana). Infatti il quasi sistematico, e talvolta acritico, reimpiego di modelli consolidati, come la tendenza ad omologarli genericamente e banalizzarli, fa registrare come essi rispondano ad una logica quantitativa piuttosto che qualitativa, alla logica di realizzazioni puntuali, avulse dell'intorno, piuttosto che a quella di ingranaggi di un intervento più ampio, in sinergia con gli obiettivi strategici di scala maggiore.

Nuovi ruoli. Gli spazi pubblici sono chiamati sempre più a svolgere, e misurarsi, con nuovi ruoli poiché si ritiene abbiano potenzialmente tutte le caratteristiche per poter contribuire a dare risposte adeguate all'urbano nella sua complessità e criticità. Innanzitutto possono considerarsi i nuovi motori di trasformazione urbana, un ruolo finora prevalentemente affidato a progetti del pieno edilizio, poiché mostrano una maggiore flessibilità, porosità, capacità di accrescere qualitativamente l'intorno in una dinamica che – meglio di altri interventi - tiene più facilmente il passo con quella fisica e sociale della realtà urbana in cui si ineriscono, sono infatti più informali (meno strutturati nella forma e meno convenzionali); il loro progetto, se intesi ad esempio quali nuove trame ecologiche di livello territoriale, non tralascia gli aspetti ambientali e consente implicitamente di operare una rigenerazione su più livelli: fisica, sociale, economica, energetica/sostenibile/ecologica, ecc..

Inoltre si prestano anche a svolgere il ruolo di contrasto da un lato alla polverizzazione nel territorio di episodi progettuali isolati e, dall'altro, allo stemperarsi delle relazioni urbane di vario tipo con le conseguenze che ne derivano. Il loro ruolo è infatti strategico nella distribuzione più equa del benessere nel momento in cui si è passati da un'idea di welfare collettivo (positivamente moderna) a quella di un'esasperazione del benessere individuale, un fenomeno che oggi alimenta un regresso in termini di equità e qualità della vita urbana e, parallelamente, aumenta quel malessere derivato dall'incremento delle diseguaglianze sociali e la mancata integrazione[7]. In sintesi il ruolo cui è chiamato lo spazio pubblico oggi è, in particolare, quello di sviluppare il suo potenziale di riconnessione fisica, ambientale, sociale nelle sue molte declinazioni e sfumature; di promuovere e produrre una riattivazione dell'urbano e del territorio nel suo complesso.[8] Nuovi potenziali. Oggi si registra il passaggio dallo scambio che si pratica all'interno di uno spazio fisico come concepito fino all'era industriale, a quello di uno spazio anche immateriale nato a partire dall'era delle reti informatiche, dei media della comunicazione, ecc.; uno scambio questo - del tempo reale e dimensione mondiale – attualmente imploso nei pc, internet tablet, o nei dispositivi internet mobile, difficilmente individuabile/collocabile spazialmente, dove il passaggio tra pubblico e privato è ancora complicato da definire.[9] In tal senso il potenziale relazionale (relazione fra uomo, comportamento e intorno) è uno di quelli che maggiormente si presta ad aprire quelle prospettive di sviluppo reali e operative che, nel contemporaneo, possono conferire nuova vita e significato allo spazio collettivo del nostro paesaggio, nelle sue possibili declinazioni. Se ne può fare una descrizione a partire dalla considerazione di alcune riflessioni di Branzi.[10] Ovvero, superato il progetto di strutture che si impongono sull'intorno (icone, landmark, grandi 'contenitori' ibridi, ecc.) si passa a quello di dispositivi, di superfici/volumi disponibili all'uso, pensati principalmente per essere utilizzati anche in modo inatteso, che si ibridano con l'intorno - ad esempio con la natura[11]-, che fanno coincidere strategia di progetto di micro e macro scala; sono dispositivi formalmente espressi non tanto da un linguaggio architettonico, ma da un'integrazione fra progetto e uomo – viene meno la distanza di lettura, prevale l'interazione -, l'estetica è piuttosto intesa come il risultato di un processo di rielaborazione del programma funzionale, sono in tal senso dispositivi d'uso, superfici prestazionali; è centrale il tema delle relazioni che stabiliscono con l'uomo e che sono in grado di mettere in forma per l'uomo (producendo un'espansione dell'io[12]); le possibilità offerte dalle tecnologie nel contemporaneo consentono non solo concettualmente, ma fisicamente, una continuità (a-scalarità) e commistione[13] che supera le dicotomie tradizionalmente intese dell'architettura.[14] Tali aspetti portano a circoscrivere elementi sufficienti per definire uno spazio pubblico rinnovato nei contenuti e capacità prestazionali, in termini di offerta d'uso multipla come di una maggiore umanizzazione dell'ambiente costruito e democratizzazione dello spazio collettivo in sintonia con la contemporaneità e le sue necessità; un intorno capace anche di essere disponibile ad utilizzi creativi, ludici, per il tempo libero, di una comunicazione a più livelli, in sostanza di mettere in forma l'espansione delle possibilità dell'uomo, proprio attraverso questi dispositivi di uso comunicativi-creativi, oltre quanto propongono i tradizionali spazi pubblici.

Dove possiamo immaginare questi spazi di relazione? nei nuovi ambiti/costruzioni (ampie superfici come nuove piazze, coperture-suoli restituiti all'uso pubblico ad es.), nella modificazione di quelli esistenti (gli attuali spazi pubblici, parchi, playground, ecc.) anche piccolissimi polverizzati nel paesaggio urbano (ogni spazio anche irrisolto in between o di interstizio) o nelle infrastrutture (strade, sedimi ferroviari, sopraelevate[15]). Quindi una rete di nuovi spazi pubblici (potenzialmente ecologica) che innerva i tessuti urbani avente la capacità di accrescerne la qualità.

Sintetizzando ulteriormente. Il potenziale relazionale è dunque da intendersi come la possibilità di scambio fra differenti luoghi, culture, stati, flussi e di progetto di spazi di partecipazione che integrano, coinvolgono, inducono, stimolano l'azione sociale anche nella sua espressione ludica, comunicativa, creativa, ecc.[16]; esso include le possibilità del dispositivo multistrato, la simultaneità delle attività e usi (non una sintesi, ma compresenza) anche riferita a soddisfare positivamente le crescenti necessità di accesso[17]; fa riferimento ai concetti di intorno, luogo o mezzo più che di spazio circoscritto e definito (ad esempio dalle architetture che lo circondano); superando le note dicotomie dell'architettura, ambisce a formulare una progettualità dal carattere a-scalare, una strategia valida a prescindere dal carattere dimensionale dell'intervento; propone configurazioni ibride (come natura-costruito, ecc.) per contribuire a ri-significare positivamente il nostro paesaggio; infine tende ad essere maggiormente rappresentativo della società nella sua democraticità, pluralità e libertà.[18] Pensare dunque lo spazio pubblico come la possibilità di dare luogo ad un intorno di espansione[19] per l'uomo (non solo di scambio) attraverso le possibilità offerte dal contemporaneo e dalla realtà urbana.[20]

In tal senso è chiaro che non si tratta dell'ennesima ricerca estetica[21], ma che certamente è implicita anche la proposta di nuove configurazioni che: contemplino la sintesi del programma funzionale come processo di induzione progettuale e che fagocitino/metabolizzino i metodi utilizzati in altri ambiti (informatica ad esempio, ma anche design, arte, ecc.); considerino le possibilità comunicative dell'interconnessione (oltre quelle esplorate dai media building[22]) o di figure capaci di rimandi, o in grado di trasferire messaggi decifrabili o comunemente deducibili, ispirate dal nostro intorno reale; producano un nuovo repertorio di forme che trae ispirazione dall'intorno naturale, o dalla volontà di un coinvolgimento tattile, emozionale e fisico, attraverso superfici operative dove, superata l'idea di uso predefinito e/o veicolato, si possano esplorare le potenzialità di ambiti a vocazione multipla, creativa, inattesa. I progettisti infatti sono chiamati a proporre creativamente nuovi spazi collettivi, a rompere la schematizzazione dei confini disciplinari e di una riproposizione sterile di modelli consolidati, a misurarsi con la sfida di formalizzazioni che non siano strutture/scenari da guardare, ma dispositivi che coinvolgano emozionalmente ad interagire.

Bibliografia

Augé, M. (1992), *Non-Lieux. Introduction à une anthropologie de la surmodernité*, Edition du Seuil, Parigi.
Augé, M. (1997), *L'impossible voyage: le tourisme et ses images*, Edition Payot et Rivages, Parigi.
Augé, M.(2008), *Ou est passé l'avenir?*, Edition Panama, Parigi.
Aymonino, A., Mosco, V.P. (2006), *Spazi pubblici contemporanei. Architettura a volume Zero*, Skira, Milano.
Betsky, A. (1998), "El paisaje y la arquitectura del yo", in Quaderns, n.220.
Branzi, A. (1996), "Dalle Avanguardie storiche alle Avanguardie permanenti", in Domus, n.783.
Boeri, S. (2011), *L'anticittà*, Laterza, Bari.
Foucault, M. (1986), *Spazi altri. I principi dell'eterotopia*, in Lotus, n.48-49.
Gargiani, R., Lampariello, B. (2010), *Superstudio*, Laterza, Roma-Bari.
Gausa, M. (2005), *Optimismo operativo en arquitectura: Op Op!*, Actar, Barcellona.
Gausa, M. (2009), *Multi-Barcellona Hiper-Catalunya. Strategie per una nuova Geo-urbanità*, List, Trento.
Gausa, M. (2010), *OPEN Espacio, Tiempo, Información*, Actar, Barcellona.
Gausa, M., Guallard, M., Müller, V., Soriano, W., Porras, F., Morales, J.(2011), *Diccionario Metapolis de Arquitectura Avanzada*, Actar, Barcellona.
Leone, S.(2012), *Oggetti architettonici, architettura, città, trasformazione*, Palombi Editore, Roma.
Mc Guirk, J., Agutoli, D. (2013), "Extraterreno. Ultramundane", in Domus, n.968.
Mitchell, W.J. (1999), *E-topia. Urban Life, jim-but not as we know it*, The MIT Press, Cambridge, Massachusetts.
Ricci, M. (2013), *Nuovi Paradigmi*, List, Trento.
Rifkin, J. (2000), *The age of access*, Peguing book, Londra.
Secchi, B. (2005), *La città del ventesimo secolo*, Laterza, Bari.
Secchi, B. (2013), *La città dei ricchi e la città dei poveri*, Laterza, Bari.

---

1. Il passaggio fra i due aspetti è quello che inizia ad individuare la relazionalità del progetto, è il passaggio dalla concezione tradizionale dello spazio pubblico cui si somma, a partire dal Moderno, la considerazione di tale spazio associata all'uomo e al suo movimento nello spazio stesso; dall'idea di sfondo, fondale, scenario a quella di spazio di azione che introduce al potenziale relazionale, così come inteso in questo testo.
2. Cfr. Secchi, B., La città del ventesimo secolo, Laterza, Bari 2005, pagg.120-121. La città moderna dilata e mette in forma 'ex novo una serie di pratiche sociali prima inesistenti, solamente abbozzate o riservate ad una sparuta minoranza' e nel farlo ha concepito, re-interpretato e differenziato i caratteri di ciascuna come ad es. giardini, parchi, viali, passeggiate o terreni per lo sport, per il riposo per il divertimento'.
3. Cfr. Boeri, S., L'anti città, Laterza, Bari 2011, pagg.12-15. In queste pagine si trova una breve descrizione degli spazi introdotti e di alcuni meccanismi di funzionamento ad essi associati. Inoltre, un ulteriore e recente esempio di spazio collettivo (di grandi dimensioni) è costituito dalla sequenza di scenari paralleli, che ospitano attività specifiche, inseriti in uno stesso ambito aperto, si tratta del Playa vista Park, di Michael Maltzan (Los Angeles, 2011), Cfr. «Domus», n.952/2011, Pagg. 40-47.
4. Cfr. Augé, M., Nonluoghi. Introduzione ad una antropologia della Surmodernità, Elèuthera, Como, 2010 (prima edizione 1992); Augé, M., Disneyland e altri nonluoghi, Bollati Boringhieri, Torino 1999; Foucault, M., Spazi altri. I principi dell'eterotopia, in «Lotus», n.48-49/1986; Mitchell, W. J., E-topia. Urban Life, jim-but not as we know it, The MIT Press, Cambridge, Massachusetts 1999.
5. Nel passato, nei progetti tradizionali, ogni spazio risulta riconoscibile, anche oggi gli spazi della città storica sono, ad esempio, facilmente individuabili e volendo catalogabili.
6. Si intende che contribuiscono attivamente, operativamente, secondo i reali potenziali, a sviluppare un ambiente di qualità.
7. Cfr. Secchi, B., La città dei ricchi e la città dei poveri, Editori Laterza, Bari 2013; Boeri, S., L'anti città, op.cit.
8. Per chiarire il concetto di riattivazione, così come inteso in questo testo, si veda: «Quaderns», n.217/1997; intervista a Manuel Gausa di Sabrina Leone pubblicata integralmente in Leone, S., Oggetti architettonici, architettura, città, trasformazione, Palombi Editore, Roma 2012, pagg. 219-239; Gausa, M., Guallard, M., Müller, V., Soriano, W., Porras, F., Morales, J., Diccionario Metapolis de Arquitectura Avanzada, Actar, Barcellona 2001.
9. Cfr. Augé, M., Che fine ha fatto il futuro? Dai nonluoghi al nontempo, Elèuthera, Como 2010.
10. Cfr. Branzi, A., "Dalle Avanguardie storiche alle Avanguardie permanenti", «Domus», n.783/1996, pagg. 4-9. Il numero della rivista che contiene il saggio di Branzi è incentrato sul tema della relazionalità.
11. Si confondono col territorio, come in alcune proposte Radicali di Superstudio o Archizoom.
12. Cfr. Betsky, A., El paisaje y la arquitectura del yo, in «Quaderns», n.220/1998.
13. Si considerino come precedenti storici ad esempio la Supersuperficie o il Monumento Continuo di Superstudio.
14. Come quantità-qualità, dentro-fuori, figura-fondo, naturale-artificiale, chiuso-aperto, privato-pubblico, ecc.
15. Si considerino in tal senso il progetto di Barcelona Multi-String City (Gausa+Raveau Actararquitectura et alii) e, fuori dall'Europa, il precedente dell'High Line di New York (Corne Field Operation, DIller Scofidio + Renfro, P. Oudolf). Si veda anche: Gausa, M., 'Rinaturalizzare la multi-città', in Ricci, M., Nuovi Paradigmi, List, Trento 2013; Ricci, M., 'Infrastrutture osmotiche', in Ricci, M., Nuovi Paradigmi, List, Trento 2013; Aymonino, A., Mosco, V.P., Spazi pubblici contemporanei. Architettura a volume Zero, Skira, Milano 2006; «Area», n. 111/2010, numero monografico dal tiolo: Zero volume.
16. Si considerino anche le possibilità ad esempio di giardini sonori come il Sonic Garden di Bill e Mary Buchen (New York, 1996) oppure le proposte dove al riduzionismo formale, che sembra seguire e sviluppare in autonomia l'idea degli Istogrammi di Superstudio, produce dispositivi di uso multiplo e creativo per interagire, in tal senso si consideri la proposta di quest'anno per la Serpentine Gallery (Londra) di Sou Fujimoto.
17. Cfr. Rifkin, J., L'era dell'accesso, Mondadori Editore, Milano 2000; Mc Guirk, J., Agutoli, D., 'Extraterreno. Ultramundane', in «Domus», n.968/2013, Pagg. 90-99.
18. Cfr. S. Leone Intervista a M. Gausa pubblicata in «Metamorfosi. Quaderni di Architettura», n.54/2005 e in Gausa, M., Multi-Barcellona Hiper-Catalunya. Strategie per una nuova Geo-urbanità, LISt, Trento 2009; Leone, S., Oggetti architettonici. Architettura, città, trasformazione, op.cit.; Gausa, M., OPEN Espacio, Tiempo, Información, Actar, Barcellona 2010.
19. Cfr. Betsky, A., El paisaje y la arquitectura del yo, Op. Cit.
20. Oltre che prefigurate già nel Monumento continuo o nella Supersuperficie grazie alla tecnologia. Cfr. Gargiani, R., Lampariello, B., Superstudio, Laterza, Roma-Bari 2010.
21. Come già suggerito da Branzi nel saggio pubblicato in «Domus», n.783/1996, ma si veda anche Gausa, M., Optimismo operativo en arquitectura: Op Op!, Actar, Barcellona 2005.
22. Cfr. «Crossing», n.1/2000.

TRA FORMALE E INFORMALE. "URBAN COMMONS", NUOVO PROGETTO DI SPAZIO PUBBLICO E SENSO CONDIVISO DI CULTURA COLLETTIVA URBANA

Barbara Lino

Architetto, PhD, è stata assegnista di ricerca presso il Dipartimento di Architettura di Palermo. Conduce studi e ricerche sui temi dei paesaggi dell'abitare contemporaneo, delle periferie e dei waterfront urbani. Ha scritto saggi e articoli, partecipato a ricerche nazionali e internazionali e condotto ricerca applicata per le pubbliche amministrazioni.

1. Così come descritto da Schmelzkopf (1995), l'esperienza dei giardini comuni di New York ha ormai origini anche molto in là nel tempo collocandosi addirittura negli anni '70.

2. Le considerazioni relative alle analisi di alcune pratiche dei quartieri pubblici della città di Palermo (Borgo Ulivia, Bonagia, Santa Rosali) si sono alimentate della partecipazione di chi scrive alla Ricerca PRIN 2005 dal titolo "La "città pubblica" come laboratorio di progettualità. La produzione di Linee guida per la riqualificazione sostenibile delle periferie urbane" coordinata da Paola Di Biagi (Università di Trieste). Chi scrive è stata componente dell'Unità di Ricerca locale coordinata dal prof. Maurizio Carta (Università degli studi di Palermo).

KW: URBAN COMMONS, SPAZIO PUBBLICO, CURA

Nuovi paradigmi disciplinari

Mentre la crisi delle potenze occidentali determina un fenomeno di "contrazione" e svuotamento di popolazione, funzioni e attività, esito di un dilagante processo di declino che comprende città, parti di città, o intere aree metropolitane (Oswalt, 2006), la rottura del patto di finanza pubblica provocato dalla crisi, in una prospettiva temporale medio-lunga, rende stabile la drastica riduzione degli investimenti pubblici in settori quali l'ambiente, il paesaggio e gli spazi collettivi e, proprio lo spazio pubblico, elemento strutturante del tessuto urbano ed elemento di connessione tra dimensione pubblica e privata dell'abitare contemporaneo è l'elemento maggiormente sottoposto al declino e all'abbandono. In un tale scenario i dibattiti sull'opposizione tra processi "formali" e "informali" di trasformazione spaziale tendono al superamento dell'associazione tra "informale" e "caotico" e tra "formale" e processi pianificati e razionali di natura istituzionale e ad un organico bilanciamento di queste componenti (Ostrom et. al, 2006): la crisi planetaria mette la disciplina di fronte alla necessità di modificare gli strumenti a sua disposizione imponendo un'urbanistica low cost non più dopata da fondi pubblici (Carta, 2012) e alimentata dall'immagine di una città "adattiva" e resiliente nel generale mutamento dei quadri cognitivi e concettuali che impongono di ricondurre ogni scelta ai temi dell'ecologia, della sostenibilità e della sensibilità al paesaggio (Ricci, 2013). In sostituzione al vuoto di welfare pubblico si diffondono esperienze di gestione locale delle risorse comuni che appaiono come nuove forme del progetto e direzioni possibili di cambiamento degli stili di vita e di uso degli spazi comuni in disuso o sotto utilizzati, prove di resilienza, tattiche incrementali di adattamento e pratiche di "resistenza all'estinzione" che si ispirano a paradigmi concettuali emergenti e che generano spazi urbani flessibili, in alcuni casi in origine temporanei e a basso costo.

Città adattiva e resilienza urbana

A Parigi, come a New York[1], nei quartieri più centrali o periferici delle città, si diffondono operazioni di micro-trasformazione promosse dal basso con l'idea di portare giardini e spazi a gestione condivisa all'interno della città, tra i palazzi, nei quartieri della periferia, luoghi terzi, spazi intermedi tra la famiglia e il lavoro, aperti ad una socialità informale. Dal fenomeno dei guerrilla gardening a quello degli orti urbani o dei tetti dei palazzi delle grandi città trasformati in orti o arene estive, ai play ground ricavati con operazioni a bassissimo costo da associazioni di quartiere che si riappropriano di spazi in disuso per farne luoghi di comunità, trasformazioni più o meno spontanee di riappropriazione stanno facendo strada a una nuova cultura del progetto urbano inteso come pratica relazionale e del progetto dello spazio pubblico quale coagulatore di senso, spazio infra, occasione di densificazione e archetipo culturale rimesso al centro dei ragionamenti sulle periferie e i quartieri.

Nel 2001, il Comune di Parigi lancia il programma Charte Main Verte, un progetto che rientra in un programma più vasto di "végétalisation de la ville" e che ha l'obiettivo di regolare, sostenere e promuovere i giardini comunitari all'interno del territorio parigino, nel tentativo di dare una cornice istituzionale al fenomeno della creazione spontanea di orti su terreni pubblici occupati dagli abitanti. Formalmente, anche se le istituzioni continuano a tenere le redini della regolamentazione, in pratica si assiste ad un allontanamento del pubblico da un ruolo di governo centralizzato verso una sorta di "abilitazione" in base alla quale le istituzioni offrono incentivi e prestano sostegno ad attori privati che sono in grado di superare autonomamente i problemi di gestione delle risorse collettive (Foster, 2011). È come se la domanda di una città futura più vivibile sia di gran lungo in anticipo sull'offerta: l'immagine di una città futura più accogliente ed equa sta dilagando pare proprio a partire dal basso, dalla gente che sta cambiando mettendo in campo nuove aspirazioni e desideri. Associazioni internazionali, studi di architettura e designer, ma soprattutto guerriglieri urbani sono promotori di trasformazioni alla piccola scala, in molti casi anticonvenzionali e provocatorie: piste ciclabili pirata, spazi multifunzionali improvvisati nei vuoti urbani, arredatori urbani temporanei. A New Orleans i designer G.K. Darby, Rob Walker e la fotografa Ellen Susan con il loro Hypothetical Development progettano nuove configurazioni per spazi abbandonati e marginali. A Dallas il Better Block Project organizza squadre di arredatori urbani temporanei che trasformano spazi disagiati irrompendo nei luoghi e riempiendoli di servizi, caffetterie e vegetazione. Sono solo alcune delle molte pratiche micro-spaziali di cura di spazi interstiziali comuni che introducono nuove temporalità e dinamiche promosse da soggetti che non sono i soliti attori del processo di pianificazione e che provano ad assumere il controllo degli spazi dei quartieri in cui vivono prendendosene cura e promuovendo processi collettivi di ri-assemblaggio attraverso la ri-appropriazione e la re-invenzione di significati d'uso: attori privati che portano avanti autonomamente soluzioni a problemi collettivi dando il loro sostegno per mantenere e gestire risorse comuni (Foster, 2011).

Pratiche embrionali di cura nei quartieri della "città pubblica"

È soprattutto nei quartieri pubblici delle periferie che si possono trovare riserve di spazi aperti ancora trasformabili, esito della mancata realizzazione dei servizi da standard e che possono essere considerate come opportunità di trasformazione. Nei quartieri pubblici il senso identitario delle comunità insediate è in alcuni casi ancora molto forte e in cui il recupero degli spazi

urbani aperti pubblici di relazione può assumere una valenza strategica molto importante diventando elemento cruciale di coesione sociale, innovazione locale, elemento "strutturante", di regola e riconoscibilità. Se i modelli progettuali e gli standard hanno fallito lasciando numerosi vuoti urbani, si possono osservare pratiche di cura e riappropriazione spontanea in forma più o meno "embrionale" ma che possono considerarsi "scintille" di trasformazione che se alimentate potrebbero contribuire alla costruzione di un nuovo concetto di abitare sociale. A Palermo, in alcuni quartieri della città pubblica, attraverso un'operazione di close reading effettuata nell'ambito di un programma di ricerca di interesse nazionale sui temi della rigenerazione sostenibile delle periferie pubbliche[2] sono state osservate micro-trasformazioni, forme di autogestione degli spazi comuni da parte degli abitanti che hanno organizzato forme di cura degli spazi verdi interne ai quartieri, pratiche di appropriazione attraverso usi "impropri", recuperi e riparazioni autogestite, proiettando negli spazi dell'abitare collettivo le esigenze individuali di privacy, sicurezza, aggregazione, riconoscimento e contatto con la natura. Alcune aiuole a ridosso dei piani terra sono state recintate e trasformate in orti privati, le corti comuni vengono curate in base a un accordo di collaborazione tra gli abitanti, le aiuole sparti-traffico proliferano di cappelle votive attorno alle quali le comunità si incontrano in assenza di luoghi di socializzazione interni al quartiere in cui i servizi comuni non sono stati mai completati e in cui gli spazi tra le residenze sono per la maggior parte abbandonati all'incuria pubblica.

Integrare informale e formale: slow urbanism, spazio infra, trasformazioni piccole e lente

Se l'attuale crisi economica globale indica la necessità di mezzi adattabili e flessibili alle mutevoli condizioni globali e locali, la disciplina dovrebbe riconsiderare il proprio atteggiamento nei confronti delle pratiche informali alimentate da un senso di comunità, cogliendone la sfida nel riconoscimento della diversità che i sistemi informali ci pongono, superando la dualistica opposizione tra processi istituzionali e pratiche informali (Ostrom et. al, 2006) e piuttosto integrandone le differenti qualità negli strumenti di progetto. In un'era di azzeramento del budget pubblico soluzioni piccole e lente sono più facili da mantenere rispetto a quelle grosse e veloci e l'Urbanistica è chiamata a ricollocarne il senso in chiave disciplinare. Da un lato, le pratiche sollecitano temi di progetto tanto nella necessità di favorire modalità di trasformazione dello spazio "a basso impatto" e minimali, alimentate da atteggiamenti di "cura" e da un rafforzato e condiviso senso di cultura collettiva dell'abitare, quanto nella contrapposizione tra uno spazio pubblico "disegnato" inteso quale veicolo di rappresentazione etero-diretta ed egemonica e uno spazio "vissuto", modificato dagli usi e dalle pratiche di vita e capace di offrire spunti e indirizzi per un progetto più sostenibile. Dall'altro, le riflessioni emerse pongono a urbanisti e pianificatori sollecitazioni e interrogativi attorno alla dicotomica interazione tra pubblico-privato, attorno alla necessità di regolazione e al tempo stesso di empowerment e protezione delle pratiche di gestione auto-organizzata degli spazi comuni in rapporto alle relazioni tra autorità locali, comunità e strumenti di pianificazione. Appare importante elaborare dispositivi in grado di integrare le pratiche nell'ambito degli strumenti, mettendone a valore la carica di trasformazione senza imbrigliarla o cristallizzarla ma trasformandola in una componente essenziale di una più olistica visione di progetto di cui il Piano deve farsi promotore: azioni di sensibilizzazione dei cittadini alla gestione e riorganizzazione dello spazio pubblico a loro prossimo, gestione di processi informali di riappropriazione dello spazio pubblico organizzando degli incontri e discussioni accompagnati da attività di progettazione condivisa e momenti estemporanei di reinvenzione degli spazi pubblici a partire da punti di vista alternativi.

Bibliografia

Carta M. (2012), "Reload: riattivare il capitale territoriale per re-immaginarelo sviluppo", in Marini S., Bertagna . Gastaldi F. (a cura di), L'architettura degli spazi del lavoro. Nuovi compiti e nuovi luoghi del progetto, Quodilibet, Macerata, pp. 72-81.

Foster S. R. (2011), "Collective action and the urban commons", Notre Dame Law Review, no.1, vol. 87, p. 57.

Ostrom E., Guha-Khasnobis B., Ravi K. (ed, 2006), Beyond formality and informality, Oxford Scholarship Online Monographs.

Oswalt P. (2006), "Shrinking cities", in International research, n. 1, p. 735.

Ricci M. (2012), "Nuovi paradigmi", in Ricci M. (a cura di), New paradigms, List, Barcelona, pp. 7-17.

Schmelzkopf K. (1995), "Urban Community Gardens as Contested Space", Geographical Review, no. 3, vol. 85, pp. 364-381 (available at: http://www.jstor.org/stable/215279)

Immagini
1. Boston, Rutland/Washington Community Garden.
2, 3. Palermo, quartiere Santa Rosalia, trasformazioni temporanee e informali dello spazio pubblico.
4. Boston, Egleston Community Orchard, orto urbano sperimentale.

OPEN SPACES

LA FERROVIA COME DISPOSITIVO PROGETTUALE PER LA TRASFORMAZIONE DELLE ARMATURE TERRITORIALI E LA NARRAZIONE DI SCENARI E SEQUENZE DI PAESAGGIO. IL CASO DEL SERVIZIO FERROVIARIO METROPOLITANO DI TORINO

Danilo Marcuzzo

Nato nel 1987, laureato in Architettura al Politecnico di Torino nel 2011, Dottorando presso il Dottorato in Architettura e Progettazione edilizia (DAPe) del Politecnico di Torino, si occupa di temi relativi al rapporto tra infrastrutture su ferro e Paesaggio, osservazione e percezione.

KW: ARMATURE TERRITORIALI, RIUSO, NARRAZIONI

La crisi economica rende inevitabile una riflessione sui modelli di sviluppo, che hanno determinato processi di crescita sempre più schizofrenici. Le discipline progettuali non sono state in grado di superare il paradigma di 'logica incrementale', sebbene sia chiara da tempo la consapevolezza dei limiti di tale situazione e spesso si sia agito per stigmatizzarla. Architetti e urbanisti, cioè, non sembrano possedere gli strumenti per uscire da questa impasse, paralizzati nella regola implicita per cui non siano possibili trasformazioni senza aggiunta di parti. La crisi, però, può essere l'occasione per rivolgere lo sguardo verso quegli elementi esclusi dai processi di trasformazione: "capitali fissi territoriali", le cui condizioni ontologiche di "permanenza" e di ciclo di vita continuo concedono possibili strategie progettuali di riciclo. Si tratta di elementi geografici e strutture ambientali e "armature territoriali", depositi che concorrono alla riscrittura dei palinsesti dei paesaggi in un processo metamorfico continuo (Corboz, 1985). Un ripensamento in chiave sostenibile alla prassi del progetto infrastrutturale apre ad ampie potenzialità progettuali, in uno scenario a lungo termine in cui le reti di trasporto integrate andranno inevitabilmente a surrogare gli spazi della mobilità individuale. Un approccio di riciclo «cradle to cradle» (McDonough W., Braungart M., 2009) si pone come caposaldo per una riduzione dei costi e degli impatti delle trasformazioni, per avvicinare gli obiettivi di Horizon 2020: miglioramento delle condizioni di vita, sostenibilità energetica ed economica in rapporto ai limiti nell'approvvigionamento delle risorse, sviluppo di una società inclusiva. Verosimilmente sarà necessario un nuovo contatto tra il mondo delle discipline progettuali e quello dei processi decisionali, che tenti una ricomposizione tra due sfere spesso separate da limiti concettuali e operativi - che tendono a relegare le proposte nell'autoreferenzialità di ambiti settoriali specifici, confini politici o amministrativi: sottrarre la progettazione dei sistemi a rete a logiche esclusivamente tecniche o funzionaliste – adottando una simultaneità di sguardo in grado di ricomporre i singoli episodi all'interno di un quadro di insieme. Una mutazione dello statuto del progetto e del mandato sociale del progettista (Armando, Durbiano, 2009), per cui il progetto agisca come 'tavolo' attorno al quale ricercare soluzioni condivise, mettendo in gioco gli strumenti delle diverse discipline: un'interpretazione che rimanda alla figura di «tecnico intellettuale» e «operatore tra altri operatori» di Roberto Gabetti (Gabetti, 1983). Ridurne la dimensione autolegittimante di prefigurazione formale, a favore della valenza strategica e relazionale, in cui prevalga il dato interpretativo su quello costruttivo (De Rossi, 2009).

La pianificazione strategica in atto su Torino; Sistema Ferroviario Metropolitano e strategie progettuali alla Grande Scala

La mostra «Venti progetti per il futuro del Lingotto» del 1984 (Aulenti G. [et al], 1984), rappresenta il primo atto formale della fase di ricerca di nuovi ruoli e vocazioni da parte della città di Torino (De Rossi, Durbiano, 2007), nel tentativo di mutare la propria figurazione di città industriale in città dell'innovazione e della cultura. Un'immagine che va a condensarsi nell'idea di "sistema metropolitano torinese", «città di città» (Torino Internazionale, 2006), in cui il progetto del Servizio Ferroviario Metropolitano rappresenta un caposaldo fondamentale per la mobilità e gli sviluppi dei prossimi decenni, anche in una prospettiva di integrazione in un sistema di "metropolitana regionale". Dal punto di vista fisico, l'area torinese possiede intrinsecamente una dimensione metropolitana, con un insieme di strutture territoriali ed elementi geografici che hanno influenzato lo sviluppo urbano, fungendo da elementi di strutturazione alla Grande Scala, e non permettendo la definizione di un territorio «torinocentrico» (Antonelli, Armando, Camorali, 2009).

Il progetto infrastrutturale è stato per Torino il vettore che ha convogliato le trasformazioni fino a oggi, nel complesso di progettualità attuate a partire dalle tre centralità lineari del Piano Gregotti-Cagnardi (1995). Il Passante ferroviario ha permesso la ricucitura delle parti di città separate della ferrovia, con la realizzazione della Spina Centrale, nuovo sistema di spazi pubblici e centralità urbane. Il potenziale del progetto consiste proprio nel travalicare la sua natura infrastrutturale, coniugando le questioni di mobilità con quelle di matrice insediativa e ambientale.

In questo quadro, SFM si offre come potenziale dispositivo progettuale su un vasto quadro di trasformazioni territoriali e insediative, riorganizzando la rete ferroviaria locale agendo su linee e stazioni esistenti (prima in disuso o sottoutilizzate), per valorizzare e rendere operativo il patrimonio delle armature territoriali, con una "messa a sistema" dei servizi per favorire la mobilità a medio-corto raggio, ottimizzando i collegamenti da e per Torino, con l'aeroporto e con i vari centri dell'area metropolitana torinese. Inoltre, affianca la linea 1 del Metro, per gli spostamenti all'interno della città come ferrovia metropolitana (analogamente ad altre metropoli europee come Parigi, Berlino, Zurigo e Vienna), con linee passanti e coordinate e orari cadenzati per agevolare l'interscambio con gli altri sistemi di trasporto pubblico, in un'ottica di integrazione tra diverse modalità di trasporto e diverse velocità.

L'infrastruttura come narrazione: "archivio" per l'interpretazione, il controllo e la prefigurazione delle trasformazioni

Sovrapponendo i temi precedenti, è palese come le infrastrutture possano assumere la funzione di 'lente' per la narrazione delle realtà fisiche dei paesaggi, ma anche di fenomeni, scenari e progettualità. Un presupposto fondamentale è la "specificità" delle infrastrutture, che da «non luoghi» (Augé, 1993) potrebbero rivelarsi portatrici di identità, nel concepire la rappresentazione di nodi e sequenze in una dimensione narrativa. Coniugare regole compositive e costruttive, la qualità degli elementi ripetuti - riconoscibili da una regola unitaria - alla dimensione che valorizzi il rapporto tra infrastruttura e territorio, mettendo in scena le sequenze e i ritmi del paesaggio percepibile dall'infrastruttura (Lanzani, 2011). Un ruolo "paesaggistico" per la ferrovia, strumento per leggere e interpretare - come una sezione territoriale (Rolfo, 2011) – le mutazioni e le potenzialità dei paesaggi attraversati tramite un quadro territoriale d'insieme; una vista privilegiata, in cui l'esclusività del tracciato offre uno sguardo "oggettivo" e consente di identificare la struttura delle matrici territoriali e insediative (Giordano, Marcuzzo, Mellano, Rovera, 2011), in un "archivio" che raffiguri i valori in campo sul territorio, registri gli sviluppi dell'area metropolitana e verifichi gli scenari di progetto a lungo termine.

Il paesaggio legato a una forma di trasporto contiene approcci da identificare e studiare, per comprendere il ruolo delle tecniche nella formazione dei paesaggi e dello spazio contemporaneo (Desportes, 2008). La "visione ferroviaria" si svolge come una registrazione, proiezione geometrica e "scientifica"- come il Diorama di Daguerre o le fotografie di Marville dei Grands Travaux di Haussman. Ciò rimanda all'affinità della "genealogia tecnica" tra fotografia e ferrovia (camera oscura e i prodotti chimici fotosensibili; macchina a vapore e il binario); ma anche delle modalità di visione (direzione vincolata dalla tratta, visione "dal treno in poi"). La cornice del finestrino è un medium unico per percepire e delimitare un paesaggio e l'analogia con il fotogramma di un film e il suo scorrimento a velocità omogenea contribuiscono all'intensità di attenzione che portiamo a ciò che si vede attraverso la ferrovia (Orlandi P., Tozzi Fontana M., 2011). Nell'800 la dimensione descrittiva della ferrovia in relazione con il paesaggio travalica la dimensione tecnica, collocandosi a cavallo tra la rappresentazione artistica, come le vedute di Carlo Bossoli sulla Torino-Genova (Bossoli, 1853) e le opere del Touring Club Italiano (Marcarini, 2009) o dell'Hachette in Francia (Desportes, 2008), in cui il treno è lo strumento privilegiato per la scoperta degli itinerari.

In ambito progettuale, le stesse rappresentazioni tecniche dei percorsi ferroviari dell'800 si configurano come "sezioni trasversali" del territorio, coniugando sullo stesso dispositivo la rappresentazione di elementi geografici e componenti tecniche, concepiti in un sistema di assonanze e differenze, regole e variazioni sul tema (Fadda, 1887). Nel '900, da The view from the road (Lynch, Appleyard, Meyer, 1963); al progetto sulle linee TGV in Francia negli anni '80 (Claverie 2000; Derouineau 2000); al più attuale caso della Biennale di Rotterdam Mobility, A room with a view (Houben, Calabrese, 2003), costituiscono esperienze rilevanti sulla rappresentazione di nodi e sequenze di paesaggio.

Nei recenti progetti Vu du RER C (Boudot, Monrigal, 2012) e View from the Train of Scottish Natural Heritage, il treno ritorna ad essere il mezzo privilegiato per la scoperta e la valorizzazione del patrimonio, spesso in combinazione con le modalità di trasporto "dolci"; il progetto del film Torino-Milano e ritorno, il treno come belvedere mobile (Giriodi, 2011) ripropone il tema della visione orizzontale dal treno come strumento per la conoscenza del paesaggio, tramite un film continuo con camera fissa, per costruire un 'archivio' per la lettura dei valori in campo e la registrazione degli scenari a lungo termine.

Si tratta di punti di partenza stimolanti - seppur eterogenei dal punto di vista cronologico e tecnico - per l'elaborazione (tuttora in corso) di una metodologia per la rappresentazione della percezione del paesaggio dall'infrastruttura su ferro.

Bibliografia

Antonelli P., Armando A., Camorali F. (2009), "Gran Torino", in De Rossi A. (a cura di), GrandeScala. Architettura Politica Forma, LISt Laboratorio Internazionale Editoriale, Barcellona/Trento.

Armando A., Durbiano G. (2009), "Davanti ai valori degli altri", in De Rossi A. (a cura di), GrandeScala. Architettura Politica Forma, LISt Laboratorio Internazionale Editoriale", Barcellona/Trento.

Aulenti G. [et al] (1984), Venti progetti per il futuro del Lingotto, Etas libri, Milano, 1984

Bossoli C. (1853), Views on the railway between Turin and Genoa, Day and son, London

Boudot O., Monrigal A. (2012), Vu du RER C, Marsilio & SNCF, Paris.

Claverie G. (2000), "Le costruzioni di nuovi paesaggi lungo il percorso del TGV", in Architettura del Paesaggio, Inserimento delle infrastrutture nel paesaggio francese, Quaderno 1, Alinea Editrice.

Corboz A. (1985), "Il territorio come palinsesto", in Casabella n. 516.

De Rossi A., Durbiano G. (2007), Torino 1980-2011. Le trasformazioni e le sue immagini, Allemandi, Torino

De Rossi A. (2009). GrandeScala. Architettura Politica Forma, LISt Laboratorio Internazionale Editoriale, Barcellona/Trento.

Derouineau C. (2000), "La percezione del paesaggio ad Alta Velocità", in Architettura del Paesaggio, Inserimento delle infrastrutture nel paesaggio francese, Quaderno 1, Alinea Editrice.

Desportes M. (2008), Paesaggi in movimento, Libri Scheiwiller, Milano

Fadda S. (1887), Costruzione ed esercizio delle strade ferrate, Utet, Torino

Gabetti R. (1983), "Progettazione architettonica e ricerca tecnico-scientifica nella costruzione della città", in AA VV, Storia e progetto, vol. 6, Franco Angeli, Milano.

Giordano A., Marcuzzo D., Mellano A., Rovera F. (2011), "Il video dal finestrino del treno. Uno sguardo fisso per catturare e condividere frammenti di esperienze", in Atti e rassegna tecnica della Società degli Ingegneri e degli Architetti in Torino, n. LXV-3-4.

Giriodi S. (2011), "Guardare dal treno. Note su un film dal treno Torino-Milano e ritorno", in Atti e rassegna tecnica della Società degli Ingegneri e degli Architetti in Torino, n. LXV-3-4.

Lanzani A. In cammino nel paesaggio. Questioni di geografia e urbanistica, Carocci editore, Roma, 2011

McDonough W., Braungart M (2009)., Cradle to Cradle. Remaking the Way we Make Things, Vintage, London.

Orlandi P., Tozzi Fontana M. (2011), Ferrovie dell'Emilia Romagna. Paesaggio, natura, storia, Editrice Compositori, Bologna

Rolfo D. (2011), "La vista ferroviaria come sezione territoriale", in Atti e rassegna tecnica della Società degli Ingegneri e degli Architetti in Torino, n. LXV-3-4.

Torino Internazionale (2006), 2° Piano strategico dell'area metropolitana di Torino. Direzioni e obiettivi, Associazione Torino Internazionale, Torino.

Sitografia

www.sfmtorino.it

www.mtm.torino.it/it/sfm

I siti internet relativi al Servizio Ferroviario Metropolitano di Torino, con informazioni sul progetto, le linee e gli orari.

www.anabole.com/vudutrain/

Il progetto francese "Vu du Train", che include le esperienze di "Vu du train de Paris à Lyon" e "Vu du RER C"

www.snh.gov.uk/enjoying-the-outdoors/year-of-natural-scotland-2013/view-from-the-train/

Il progetto delle audioguide per la valorizzazione del patrimonio paesaggistico e artistico scozzese dal treno.

OPEN SPACES

LA POTENZIALITÀ DEI "RESIDUI" NELLA CITTÀ CONTEMPORANEA: IL PROGETTO DI RICONVERSIONE FUNZIONALE DELLA EX FIERA DI ROMA

Carmela Mariano

Ricercatore in Urbanistica, Dipartimento Pianificazione, Design, Tecnologia dell'Architettura, Sapienza Roma. Ha pubblicato "Governare la dimensione metropolitana", Franco Angeli 2011 e "Progettare e gestire lo spazio pubblico", Aracne 2012, oltre a saggi su volumi e riviste specializzate, esito di una forte interconnessione tra ricerca, didattica e sperimentazione, sui temi principali della "dimensione metropolitana" della città contemporanea e sul tema del "Progetto urbano" e della qualità dello spazio aperto.

KW: PROGETTO URBANO, INTEGRAZIONE, RIGENERAZIONE

I processi di metropolizzazione e le dinamiche legate allo sprawl urbano hanno lasciato in eredità alla città una quantità di luoghi marginali variamente definiti (terrain vague, drosscapes, junkspace), che oggi rappresentano, in virtù della loro presenza diffusa sul territorio metropolitano e della possibilità di ripensarsi in una rete territoriale di spazi aperti, delle grandi potenzialità nel processo, inverso alla dispersione, di rigenerazione urbana e di compattazione dei tessuti della città contemporanea.

A differenza di molte altre città italiane ed europee Roma non possiede un vasto e diffuso territorio di attività produttive dismesse. Tuttavia le poche aree di questo tipo a disposizione hanno una rilevanza strategica dal punto di vista localizzativo davvero eccezionale: sia perché all'interno di quell'ampio contesto che il nuovo piano regolatore ha definito come il "tessuto della città storica e consolidata", sia perché tale contesto è spesso caratterizzato dallo sviluppo caotico del secondo dopoguerra, carente di infrastrutturazioni adeguate. Una contraddizione dunque con forte carattere di 'provocazione' per chi deve oggi intervenire: un contesto storicamente qualificato che il corso degli anni '50 e '60 ha in parte dequalificato sul piano formale e funzionale.

Il progetto urbano per il complesso della ex Fiera di Roma si colloca all'interno delle politiche di riconversione funzionale dei siti di attività dismesse.

Le ipotesi di riconversione funzionale per il complesso della ex Fiera, proposte dalle due amministrazioni che si sono avvicendate nel governo della città negli ultimi anni, hanno evidenziato, seppure nella loro diversità, alcuni obiettivi comuni che oggi possono essere letti in maniera critica.

L'area della ex Fiera ha una superficie fondiaria di circa sette ettari e una capacità insediativa di circa 200.000 metri cubi (generata dalla volumetria dei padiglioni esistenti) per circa 65.000 mq di Superficie Utile Lorda (SUL). La prima proposta di variante urbanistica approvata dalla giunta di centrosinistra nel 2007 ipotizzava nell'area la localizzazione di un' importante polarità urbana quale la città dei bambini, per un totale di Sul di circa 20.000 mq, e un mix funzionale di residenza, funzioni turistico-ricettive e servizi sulla restante quota di Sul per circa 45.000 mq. La nuova proposta presentata dalla giunta insediatasi nel 2008 prevede invece la destinazione del 65% della SUL a residenza (con la possibilità di un ulteriore aumento grazie al 15% di quota flessibile) e la restante quota destinata a funzioni non residenziali.

La funzione residenziale, ipotizzata in entrambe le proposte, appare sovradimensionata in termini di peso insediativo rispetto alla mixité funzionale auspicabile in un progetto urbano. L'area di progetto infatti è un'enclave all'interno di un tessuto urbano consolidato prevalentemente residenziale, dove l'analisi della domanda locale non evidenzia, soprattutto in base agli ultimi dati sull'andamento del mercato immobiliare (CRESME, 2013), una richiesta di funzioni residenziali.

La dimensione strategica di questo tipo di progetti urbani sta nel coniugare la dimensione global con la dimensione local. Essi in sostanza debbono da un lato rispondere alla esigenza di una riqualificazione generale, di scala urbana, destinata a migliorare la qualità complessiva e l'immagine della città e dall'altro rispondere ad una domanda locale di miglioramento degli standard di vita, con la presenza di servizi, di spazi verdi e attrezzati e soprattutto di superamento delle barriere che molto spesso separano l'area dalle situazioni circostanti e dai punti nevralgici della città. In sostanza obiettivo del progetto è quello di rompere i recinti urbani tipici della città contemporanea e ridare coerenza, continuità e permeabilità alle diverse parti urbane.

Manuel Sola Morales (1989) definisce il progetto urbano come «strumento che deve promuovere effetti territoriali oltre la sua area di intervento, deve presentare un carattere complesso e interdipendente, mescolanze di usi, avere una scala intermedia da completarsi in un limite massimo di pochi anni, deve presentare una componente pubblica negli investimenti del programma».

Il tema dominante di ogni nuovo progetto urbano è dunque quello della 'contestualizzazione'. Non solo per gli evidenti motivi sociali che devono caratterizzare ogni progetto urbano che intervenga in situazioni edificate e vissute, ma anche perché si sovrappongono aspetti legati al confronto con un territorio ed un paesaggio urbano costantemente contraddittorio in cui il progetto è chiamato a «localizzare ed inserire nel palinsesto urbano…una triangolazione di nodi e direzioni invarianti dotati di significato urbano e di forte leggibilità» (Spigai, 1999).

L'area della ex Fiera ben si presta a queste considerazioni ed offre una grande sfida progettuale che deve necessariamente affrontare alcune principali questioni di contesto.

- il tema della accessibilità e delle relazioni fra i diversi livelli della mobilità.

La via Cristoforo Colombo, una delle arterie a più elevato traffico della città per i diversi tipi di mobilità che vi si sovrappongono e per l'assenza di un razionale sistema della mobilità pubblica, costituisce un'asse di separazione fra parti importanti della città. Inoltre essa attraversa un vasto settore urbano in piena trasformazione con i progetti di piazza dei Navigatori e delle due centralità locali di Giustiniano Imperatore e della Montagnola. C'è dunque un complesso di azioni all'intorno di cui il progetto dovrà tenere conto e porsi in coerente relazione. Una frattura 'urbana' che il progetto è chiamato a risolvere. L'originario progetto per il completamento e la sistemazione della Piazza dei Navigatori ne prevedeva l'interramento approfittando del suo andamento prima e dopo la piazza con la possibilità di separare i diversi tipi di traffico. Il venir meno di tale ipotesi comporta ora un approccio più aderente alla situazione esistente e all'andamento della via Cristoforo Colombo nel tratto che fronteggia l'area della ex Fiera. Il tema della connessione tra l'area di progetto e il futuro grande parco sull'area posta dalla parte opposta della via Cristoforo Colombo appare uno dei temi progettualmente più interessanti.

- il tema della presenza della storia, probabilmente il tema più contraddetto sia dallo sviluppo edilizio del secondo dopoguerra, sia da alcune più recenti iniziative private. Da questo punto di vista non a caso la via Cristoforo Colombo rientra nell'Ambito di Programmazione Strategica Flaminio- Fori-Eur proposto dal nuovo piano regolatore. Definito anche come "l'asse degli anni '30" esso costituisce uno dei cinque Ambiti che strutturano la città dal punto di vista delle sue vicende storiche (il Tevere, le Mura, il parco dell'Appia antica e dei Fori Imperiali, l'asse degli anni '30 e l'anello ferroviario che separa la città compatta dallo sviluppo del secondo dopoguerra) e presenta proprio nel tratto della via Cristoforo Colombo che dalle Mura Aureliane giunge all'Eur passando dinanzi all'area della ex Fiera di Roma, andamenti, presenze e prospettive specifiche che impongono una particolare attenzione progettuale.

- il tema della qualità dello spazio libero (Tsiomis, 2007) che nel caso specifico si materializza non solo nel disegno degli spazi interni all'area di progetto (verde, piazze, percorsi) ma nelle relazioni con gli spazi liberi circostanti in primo luogo sia con la vasta area libera e ancora separata che fronteggia l'area dell'ex Fiera di Roma sia con la piazza dei Navigatori in corso di trasformazione. Perché obiettivo del progetto urbano è quello di «sapere costruire la città ordinaria e una città ordinata. La città ordinaria è tessuto, è articolazione e complessità dell'offerta di spazio pubblico e di funzioni. La città ordinata è ragionato rapporto tra pieno e vuoto, è gerarchia di spazi e gerarchia di funzioni, è chiarezza di accessibilità e facilità di spostamenti» (Ferretti, 2012). Occorre rovesciare la concezione del vuoto urbano come negazione del tessuto urbano, «come possibile fattore di distruzione del suo ordine consolidato» (Purini, 2001), come assenza del rapporto con il pieno, per riconsiderare il valore potenziale degli spazi aperti della città contemporanea come 'spazi del possibile'.

«La relazione tra l'assenza di utilizzazione e il sentimento di libertà è fondamentale per cogliere tutta la potenza evocatrice e paradossale del terrain vague nella percezione della città contemporanea. Il vuoto è l'assenza, ma è anche la speranza, lo spazio del possibile. L'indefinito, l'incerto è anche l'assenza di limiti…La presenza del potere invita alla fuga dalla sua impresa totalizzante, il conforto sedentario chiama il nomadismo non protetto, l'ordine urbano chiama l'indefinito del terrain vague, vero indice territoriale delle questioni estetiche ed etiche che sollevano le problematiche della vita sociale contemporanea». (Sola Morales, 1995)

Bibliografia
Monografie
Berger A. (2006), *Drosscape: Wasting Land in Urban America*, Princeton Architectural Press.
Ferretti L.V. (2012), *L'architettura del progetto urbano. Procedure e strumenti per la costruzione del paesaggio urbano*, FrancoAngeli, Milano.
Gasparrini C., a cura di (1999), *Il progetto urbano. Una frontiera ambigua tra Urbanistica e Architettura*, Liguori editore.
Koolhaas R. (2006), *Junkspace. Per un ripensamento radicale dello spazio urbano*, Quodlibet.
Mariano C. (2012), *Progettare e gestire lo spazio pubblico*, Aracne editrice.
Marcelloni M. (2005), *Questioni della città contemporanea*, collana Studi urbani e regionali, FrancoAngeli, Milano.
Tsiomis Y., Ziegler V. (2007), *Anatomie de Projets Urbains*, Editions de la Villette, Paris.
Saggi su volume
Spigai V. (1999), "Quale forma per il progetto urbano?" in *Il progetto urbano. Una frontiera ambigua tra urbanistica e architettura*, C.Gasparrini (a cura di), Liguori ed., Napoli.
Articoli su rivista
Sola Morales M. (1989), "Un'altra tradizione moderna: dalla rottura dell'anno trenta al progetto urbano", in *Lotus International* n. 64.
Solà Morales de I. (1995), "Urbanitè Intersticielle", in *Inter Art Actuel*, 61, Québec.
Sola-Morales de I. (2002), "Terrain Vague", in *Territórios*, Editorial Gustavo Gili, SA, Barcelona.
Purini F. (2001), *Gomorra n. 2, Alterazioni*, Meltemi Editore.
Rapporti di ricerca
(2013), ACER, Camera di Commercio, CRESME, *I cicli del mercato della città di Roma: verso la ripartenza*

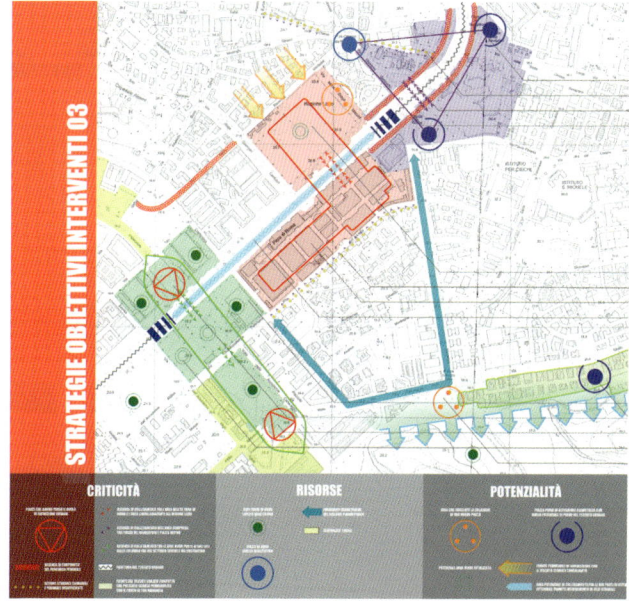

Immagini:
1. Strategie, obiettivi, interventi. Riccardo Buonpane, Matteo Fiani, Fabrizio Ferraro, Marco Graziani. Laboratorio di Urbanistica (a.a. 2011/12). Prof.ssa Carmen Mariano
2. Proposta progettuale. Giulia Artusa, Chiara Belcastro, Cristina Moccia, Lorena Petrungaro. Laboratorio di Urbanistica (a.a. 2011/12). Prof.ssa Carmen Mariano

OPEN SPACES

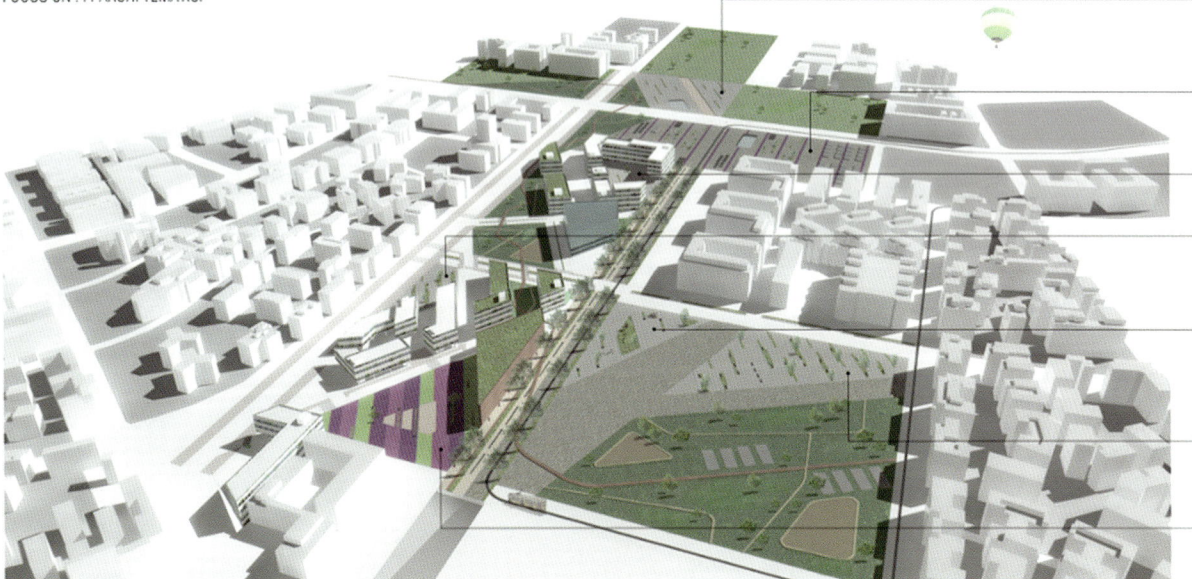

FOCUS ON : LA CITTA' DEI BAMBINI

FOCUS ON : I PARCHI TEMATICI

RELAX

PIAZZA POLIFUNZIONALE

COMUNICAZIONE

COLTURA DI ERBE OFFICINALI

CULTURA

FRUTTETO

CITTA' DEI BAMBINI

PAESAGGI ESTRATTIVI E DROSSCAPES: UN'OPPORTUNITÀ DI RICICLO E TRASFORMAZIONE PAESAGGISTICA

KW: DROSSCAPES, PAESAGGIO ESTRATTIVO, RICICLO

1. I paesaggi estrattivi come Drosscapes

Il tema del Recupero dei paesaggi estrattivi, intesi come infrastrutture primarie, ha avuto negli anni più recenti un incremento d'interesse tanto da parte degli specialisti quanto della collettività all'interno del tema più generale del Riciclo di edifici, città e paesaggi alle cui attività di ricerca questo contributo è dedicato (Ciorra, Marini, 2011; Petzet, Heilmeyer, 2012). Peraltro, nel settore delle attività estrattive di materiale lapideo si è andato progressivamente affermando un nuovo e condiviso sistema di valori che ha esteso il concetto di "sostenibilità ambientale" dal mero recupero delle cave dismesse, alla definizione di criteri "sostenibili" inerenti all'intero processo gestionale dell'attività estrattiva, dall'apertura della cava al suo riciclo per nuove funzioni pubbliche[1].

Se l'ipotesi di lavoro dell'Unità del Politecnico di Bari è quella di sperimentare gli approcci e le tecniche del Riciclo ai paesaggi estrattivi della Puglia alla cui consistenza e valore economico si oppongono una ampia serie di problematiche, il contesto è invece quello della recente e innovativa stagione riformista della Puglia le politiche per il governo del territorio. Queste ultime hanno anche rinsaldato la necessità di contemperare la riqualificazione del paesaggio e la valorizzazione di un'attività produttiva primaria quale quella estrattiva, superando la condizione tradizionale e poco virtuosa di una settorializzazione dei due aspetti per competenze, procedure autorizzative e strategie[2]. Inoltre, il Distretto Produttivo Lapideo sembra costituire il luogo nel quale poter intercettare la domanda regionale di innovazione in un settore fortemente arretrato nelle dinamiche di processo e di prodotto, promuovendo in sinergia con Università e Centri di Ricerca la sperimentazione di forme di progettualità sostenibile, generando un riverbero positivo sull'export del materiale e la creazione di un brand "Pietre di Puglia" che sia anche fortemente integrato ai processi di riqualificazione dei paesaggi dell'estrazione[3]. I paesaggi estrattivi che da Drosscapes (Berger, 2010) si riqualificano e si riconvertono anche attraverso processi di riciclo dei materiali di scarto dall'estrazione e dalla lavorazione (blocchi abbandonati, "scorza" di pietra-marmettole, fanghi...) possono costituire il valore aggiunto per il prodotto lapideo pugliese, ripercorrendo peraltro in Puglia il percorso di valorizzazione attuatosi per le produzioni vitivinicole pugliesi negli ultimi due decenni.

2. Dalla qualità dei progetti alla qualità dei processi

Spesso nelle strategie di intervento sul recupero dei paesaggi estrattivi ci si è avvalsi del ricorso alla consultazione di Buone pratiche, che avessero brillantemente, ancorché puntualmente, risolto la questione della riqualificazione di una cava dismessa (Holden, 2003)[4] con un gesto creativo di grande suggestione[5].

Tuttavia proprio la natura di questi progetti, vincolati all'individualità dei loro autori, ha dato vita a un pericoloso fenomeno di fraintendimento delle Buone pratiche che negli anni ha generato sui territori estrattivi un proliferare di cattivi progetti che provassero a imitare le soluzioni esemplari, senza essere in grado di mantenerne la qualità (Marocco, Greco, 2009)[6].

È bene quindi cercare un nuovo significato al termine Buone pratiche, interrogandosi sul senso della consultazione di casi analoghi e sulle effettive ricadute sul territorio di una qualsivoglia selezione di esempi. È per questo che il presente studio cerca di spostare l'attenzione dalla qualità dei progetti alla qualità dei processi proposti. Non è più tempo per guardare ai progetti per la genialità delle soluzioni proposte, ma si rende necessario investigare quali sono le modalità, gli attori coinvolti, le azioni, le strategie, le visioni integrate all'interno delle quali i progetti si collocano, per decretarne il successo e trasferire su un altro contesto la processualità virtuosa così riconosciuta. All'interno della ricerca Prin Re-cycle si sono quindi scelti una serie di casi ritenuti interessanti (figura 1), ancor più che per gli esiti progettuali, per la qualità e complessità dei processi, la rapidità di realizzazione e per la natura degli enti coinvolti nelle operazioni di Recycling and Re(Land)scaping, che porta a riconoscere un ruolo fondamentale all'azione congiunta di enti pubblici e attori privati e che, spesso, vede il coinvolgimento di veri e propri enti dedicati. Un altro motivo di interesse risiede nella visione strategica dell'azione di riqualificazione, per la quale gli interventi sono sempre integrati all'interno di una visione (territoriale, ambientale, economica) più ampia. Una terza caratteristica che accomuna gli interventi selezionati è il valore paesaggistico dell'intorno nel quale i drosscapes estrattivi sono inseriti. Si tratta in tutti i casi di località di rilevante pregio ambientale, storico e, in taluni casi, anche monumentale. Ancora, gli esempi sono accomunati da una rapidità di esecuzione e dalla pertinenza tecnica e tecnologica delle operazioni di riqualificazione. Un'ultima fondamentale questione che tiene assieme gli esempi selezionati è che tutti interpretano il Paesaggio come un valore aggiunto del territorio estrattivo, capace di innescare nuove energie economiche, ambientali e culturali. La vicenda della cava di Sagunto, Valencia, risulta interessante per l'integrazione del sito della cava tra le risorse che, collegate da un anello circolare che si dipana lungo la montagna del Castello, offrono l'occasione per compiere un percorso naturalistico in un sito dagli altissimi valori storici, monumentali e paesaggistici. Il progetto di riqualificazione della Cava del Vulcano del Croscat di Olot ubicato nel Parco Naturale de la Garrotxa, da un lato offre una contrapposizione tra il paesaggio circostante e il fronte di coltivazione volutamente lasciato scoperto, dall'altro lato permette la possibilità di utilizzare la circolazione legata all'attività estrattiva come un percorso didattico sul parco naturale e sulle stesse fasi di coltivazione e recupero della cava (Figueras

Nicola Martinelli, Federica Greco, Francesco Marocco, Michele Mundo

Associato di urbanistica presso il Dipartimento Dicar del Politecnico di Bari, di cui è Prorettore con delega al Diritto allo Studio dal 2010. Svolge ricerche nel settore della pianificazione territoriale con particolare interesse per il paesaggio costiero, la rigenerazione delle periferie e della Smart City.

Laurea in Architettura presso il Politecnico di Bari. Specializzazione in Architettura del Paesaggio presso l'Università Politecnica di Catalogna. Attualmente è funzionaria presso il Servizio Urbanistica della Regione Puglia.

Architetto paesaggista, International PhD in Architecture & Urban Phenomenology, all'Università della Basilicata, insegna Progettazione dei Giardini al Master di Paesaggismo dell'Università di Valencia. Svolge ricerche sui temi del paesaggio, in particolare dei paesaggi costieri, periurbani ed estrattivi.

Laurea in Architettura presso il Politecnico di Bari, dove collabora con il Dipartimento Dicar, alla redazione dei piani urbanistici generali e delle coste di alcuni comuni pugliesi. Collabora a progetti di architettura, urbanistica e paesaggio con lo studio "Ricerca&Progetto" e come borsista, per il CNA - Puglia

OPEN SPACES

Feixas, 1995)[7]. Il recupero della Cava della Vallensana a Badalona riveste interesse soprattutto grazie al coinvolgimento di un ente di gestione pubblico (la Gestora Metropolitana de Runes), che si occupa di redigere direttamente i piani di recupero e disciplina le diverse fasi e modalità di riqualificazione del sito. Tanto il Parco delle Cave a Fantiano, Grottaglie (TA) quanto il Parco dei Suoni a Oristano, aldilà dell'indubitabile qualità architettonica, si propongono come esempi virtuosi per la loro capacità di diventare il fattore trainante di un progetto di valorizzazione integrato dell'intorno allargato del drosscape, divenendo parte di un sistema di risorse naturali e storico culturali delle rispettive zone. In ultimo, l'Hotel Cave Bianche a Favignana sembra poter abbattere un pregiudizio sulle riqualificazione delle cave circa l'inedificabilità di nuovi volumi all'interno dei perimetri coltivati. La creazione di strutture ricettive ben integrate all'interno dei paesaggi estrattivi può ancora una volta diventare motore di crescita economica e culturale.

3. Un drosscape in via di riqualificazione: il bacino estrattivo di Apricena, Lesina e Poggio Imperiale

Beneficiato dal coinvolgimento all'interno di una stagione di rinnovamento urbanistico transcalare e intersettoriale[8], il bacino estrattivo di Apricena, Lesina e Poggio Imperiale si presenta oggi come il luogo ideale nel quale poter trasferire processualità di riqualificazione, recupero e riuso, riconosciute nelle Buone pratiche succitate, una volta adeguata detta processualità alla fattibilità garantita dagli strumenti urbanistici pugliesi. L'obiettivo è quello di integrare la riqualificazione del Paesaggio dei Drosscapes con l'innesco di nuove economie sul territorio, attraverso una razionalizzazione della filiera estrazione-lavorazione-commercializzazione del materiale lapideo e il coinvolgimento di tutti gli attori del paesaggio estrattivo, dai cavatori ai buyers passando dai trasformatori del prodotto e i progettisti. In tal senso, il Piano Particolareggiato delle Attività estrattive riveste un ruolo centrale, disciplinando in maniera esecutiva:

(i) l'ottimizzazione dei giacimenti con indicazione delle aree di potenziale estrazione; (ii) la tutela della circolazione idrica sotterranea; (iii) la mitigazione del forte impatto ambientale e gestione dei cumuli di materiale di scarto (ravaneti); (iv) il riutilizzo del materiale come risorse per il recupero dei vuoti di cava; (v) l'incentivazione a liberare le aree occupate dai grandi cumuli, (vi) l'individuazione di aree nelle quali è totalmente preclusa l'attività estrattiva.

Un attento studio delle sezioni di cava (figura 2) e dei problemi connessi all'attività di coltivazione (figura 3), permetterà successivamente di individuare soluzioni innovative di riqualificazione che permettano di alloggiare nuove destinazioni d'uso all'interno di alcune parti del bacino, contemplando tra le varie soluzioni possibili anche l'installazione di fonti di energia rinnovabile[9], o la creazione di infrastrutture legate alla commercializzazione dei materiali estratti[10].

Bibliografia

Berger A. (2010), *Drosscape: Wasting Land in Urban America*, Ed. Princeton Architectural Press

Ciorra P., Marini S. (2011), a cura di, *Re-Cycle. Strategie per l'architettura, la città ed il pianeta*, Mondatori Electa

Figueras Feixas M. (1995), «Restauració volcà Croscat », in ON Diseño, n. 164

Greco F., Marocco F. (2009), *Il paesaggio estrattivo, da ferita del territorio a luogo delle opportunità*, in AA.VV., *Il progetto dell'urbanistica per il paesaggio*, XII Conferenza Nazionale Società Italiana degli Urbanisti, Mario Adda Editore, Bari, p.76

Holden R. (2003), *Nueva arquitectura del paisaje*, Gustavo Gili, Barcellona

Petzet M., Heilmeyer F. (2012), a cura di *Reduce Reuse Recycle: Architecture as Resource*, German Pavilion 13th International Architecture Exhibition La Biennale di Venezia 2012, Ed. Hatje Cantz

Note

Per quanto il presente contributo rappresenti l'esito di una riflessione comune degli autori, si devono a Nicola Martinelli la redazione del paragrafo 1, a Francesco Marocco il 2, a Francesco Marocco con Federica Greco il 3, e a Michele Mundo con Federica Greco la selezione, elaborazione e cura delle immagini.

1. Si vedano a tal proposito le risultanze dell'Expo Medistone, la tre giorni di studi e riflessioni dedicata al settore Lapideo, tenutasi presso la Fiera del Levante dal 15 al 18 maggio 2013, all'interno della quale l'Unità di Ricerca Prin Re-cycle del Politecnico di Bari ha organizzato la mostra "Il paesaggio delle cave pugliesi come drosscapes - Un approccio multidisciplinare ai paesaggi estrattivi". Maggiori informazioni su www.medistoneexpo.com

2. Tanto il nuovo Piano Paesaggistico Territoriale Regionale (PPTR), in corso d'adozione, quanto il Piano Regionale per Attività Estrattive (PRAE), entrato in vigore nel 2007, cercano per la prima volta di combinare produttività e sostenibilità nello sfruttamento dei bacini estrattivi, individuando zone particolarmente compromesse dall'attività di cava, sulle quali sperimentare nuovi strumenti di pianificazione, come i Piani Particolareggiati per gli otto grandi bacini estrattivi pugliesi.

3. La situazione pugliese del paesaggio estrattivo della pietra, infatti, presenta nei tre grandi bacini regionali più di 2000 cave inutilizzate (a fronte delle circa 600 attive), spesso oggetto di abbandono e discarica abusiva; crateri affiancati da alti rilevati di inerti scartati dall'estrazione, elementi che costituiscono un forte detrimento per l'immagine del paesaggio regionale e uno stigma per il settore produttivo lapideo.

4. Holden R. (2003), *Nueva arquitectura del paisaje*, Gustavo Gili, Barcellona.

5. Dai progetti della Barcellona preolimpica, la Creueta del Coll di Oriol Bohigas, il Fossar de la Pedrera e il Parque del Sot del Migdia di Beth Galì, allo Stadio di Braga realizzato da Souto de Moura, passando per il recupero delle cave di Crazannes di Bernard Lassus, alla riqualificazione delle miniere di fosfato nel deserto del Negev a opera di Shlomo Aronson, o di Ferropolis a Dessau, su progetto del Buro Kiefer: la casistica è ampia e ha costruito negli anni un vero e proprio immaginario stratificato, che vien naturale associare al recupero stesso dei paesaggi estrattivi.

6. Greco F., Marocco F. (2009), *Il paesaggio estrattivo, da ferita del territorio a luogo delle opportunità*, in AA.VV., *Il progetto dell'urbanistica per il paesaggio*, XII Conferenza Nazionale Società Italiana degli Urbanisti, Mario Adda Editore, Bari, p.76

7. Figueras Feixas M. (1995), «Restauració volcà Croscat », in ON Diseño, n. 164.

8. Come si è detto, sull'importanza strategica del bacino estrattivo di Apricena, Lesina e Poggio Imperiale convergono infatti molti degli strumenti urbanistici che nell'attualità sono in via di rinnovamento o di nuova redazione, tanto a livello regionale (Piano Paesaggistico Territoriale Regionale – PPTR, Piano Regionale delle Attività Estrattive – PRAE), quanto a livello comunale (Piano Urbanistico Generale – PUG) o di settore (lo stesso PRAE, oltre al Piano Particolareggiato delle Attività Estrattive del Bacino di Apricena, Lesina e Poggio Imperiale).

9. La questione delle energie rinnovabili ha assunto negli ultimi due mandati elettorali del Governo Regionale una centralità all'interno delle politiche ambientali ed economiche, e conseguentemente un ruolo assai dibattuto e cruciale circa il governo del territorio e la cura del paesaggio pugliese. In tal senso, la possibilità di allocare impianti di produzione di energia da fonti rinnovabili all'interno di talune zone del bacino estrattivo opportunamente individuate, adeguando le soluzioni tecnologiche alle altimetrie di scavo e a uno studio dei parametri ambientali, potrebbe costituire una risorsa per lo sviluppo del territorio di Apricena.

10. Uno dei fattori che caratterizzano il contesto di Apricena è la penuria di attività ricettive, unita alla mancanza di infrastrutture dedicate alla lavorazione o alla commercializzazione dei prodotti, come pure alla divulgazione delle eccellenze che contraddistinguono la filiera estrattiva dei marmi di Apricena. In tal senso, l'idea di creare un vero e proprio polo ricettivo, congressuale e tecnologico che supplisca a queste carenze ubicato nella stessa area estrattiva, potrebbe avviare delle operazioni di marketing e di branding capaci di rivitalizzare l'intera area insistente sul bacino.

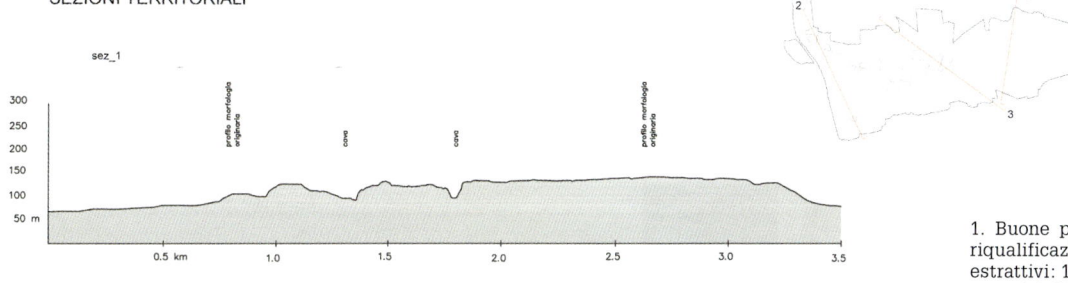

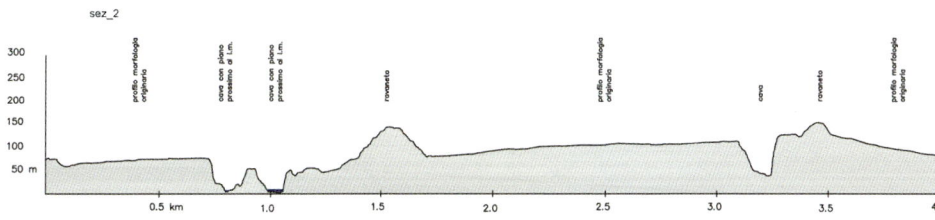

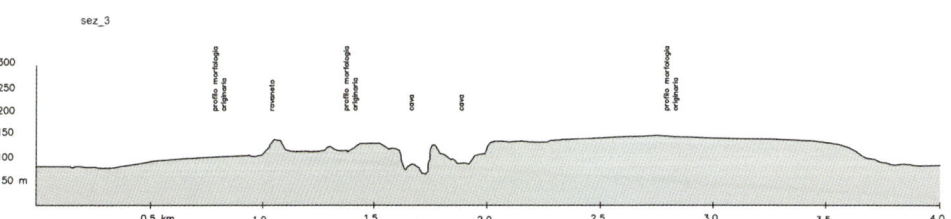

SEZIONI TERRITORIALI

1. Buone pratiche processuali di riqualificazione dei Drosscapes estrattivi: 1. Riqualificazione della cava del Castello di Sagunto (ph. F. Marocco); 2. Riqualificazione del vulcano del Croscat (fonte: ON Diseño, n. 164); 3 Riqualificazione della cava della Vallensana (ph. I. Jansana); 4. Cave bianche Hotel a Favignana (ph. Studio Cusenza+Salvo); 5. Parco dei Suoni a Oristano (ph. G. e S. Cireddu); Parco delle cave a Fantiano (ph. F. D'Elia, fonte www.teatropubblicopugliese.it)

2. Sezioni territoriali del bacino estrattivo di Apricena, Lesina e Poggio Imperiale. Elaborazione del gruppo di ricerca Prin Re-cycle, Unità del Politecnico di Bari.

3. Fattori di rischio legati alla filiera di estrazione e lavorazione dei marmi di Apricena. Elaborazione del gruppo di ricerca Prin Re-cycle, Unità del Politecnico di Bari.

OPEN SPACES

DAL PANORAMA AL PAESAGGIO: IL PARCO TURISTICO DI PUNTA CORONA AD AGEROLA

Pasquale Miano, Eugenio Certosino, Giuseppe Ruocco, Bruna Di Palma, Felice De Silva

Pasquale Miano, architetto, docente di Progettazione Architettonica presso l'Università di Napoli "Federico II", coordinatore del Dottorato in Progettazione Urbana e Urbanistica, autore di numerose pubblicazioni sul progetto urbano e di realizzazioni di opere pubbliche, vincitore di diversi concorsi di progettazione architettonica e paesaggistica.

Eugenio Certosino, architetto, dottore di Ricerca in Progettazione Urbana presso l'Università di Napoli "Federico II", è assistente alla didattica, autore di numerose realizzazioni di opere pubbliche, partecipa a convegni, workshop e concorsi nazionali ed internazionali alcuni dei quali premiati.

Giuseppe Ruocco, architetto, si laurea in Composizione Urbana e Architettonica presso l'Università degli Studi di Napoli "Federico II", si occupa di progettazione architettonica di opere pubbliche e di pianificazione urbanistica, con particolare riferimento al tema della rigenerazione urbana e del rapporto tra architettura e paesaggio.

Bruna Di Palma, architetto, dottoranda in Progettazione Urbana presso l'Università di Napoli "Federico II", dove si è laureata ed ha frequentato il Master in Progettazione per la città storica. Affianca all' attività progettuale l'attività di ricerca sui temi del progetto architettonico ed urbano.

Felice De Silva, architetto, si laurea a Napoli dove consegue il Master in Progettazione per la città storica. È dottorando in Ingegneria delle Strutture e del Recupero Edilizio ed Urbano presso il DICIV (Università di Salerno). Svolge attività di ricerca sui temi del progetto urbano in stretta relazione all'attività progettuale.

KW: PAESAGGIO-PALINSESTO, PARCO, CONTINUITÀ

Sono molti i progetti che perseguono la messa in scena del territorio in quanto panorama. Sono numerosi naturalmente i progetti concepiti con questo fine, a partire da alcune magnifiche strade panoramiche e corniches, ai luoghi dell'abitare che si aprono con grandi finestre sul paesaggio (...). Sono invece le relazioni tra le forme del territorio, paesaggio, loro rappresentazioni fotografiche e progetti ad indicare suggestive piste di ricerca. Il paesaggio non è solo panorama, le fotografie alludono, rappresentano i suoi caratteri sensibili e aprono ad una interpretazione del progetto come loro descrizione (Viganò, 2010).

Il progetto del Parco Turistico di Punta Corona, elaborato nell'ambito del concorso di progettazione bandito dal Comune di Agerola, si incentra proprio su questo aspetto evidenziato da Paola Viganò: Punta Corona è un punto di osservazione di un panorama di grande fascino, ma è anche e soprattutto paesaggio interessante e articolato, da riconfigurare attraverso il progetto.

L'area di intervento è infatti caratterizzata da una specifica morfologia e da una configurazione paesaggistica che deriva dalla particolare conformazione della vallata, coronata su tre lati dai Monti Lattari, e che assume un enorme valore posizionale di straordinaria "terrazza" sulla costiera amalfitana. Il rapporto tra Agerola e la costiera si struttura storicamente su scorci e vedute straordinarie ed è rafforzato dal sistema dei sentieri, vie di comunicazione tra montagna e costa, percorsi caratterizzati da notevoli qualità panoramiche, che delineano condizioni di continuità, spesso sottovalutate.

La realizzazione del Parco di Punta Corona si pone emblematicamente l'obiettivo di cogliere le due potenzialità: la valorizzazione di un'area intera di Agerola, in parte pianeggiante a vocazione agricola ed in parte più accidentata caratterizzata da un antico castagneto selvatico, e nello stesso tempo la valorizzazione di un punto panoramico privilegiato a strapiombo tra Conca dei Marini e Praiano, parte integrante di un paesaggio vario e articolato. Qualunque ipotesi progettuale per questa area deve tener conto di questi obiettivi intrecciati e inscindibili, ma anche della situazione di vincolo di protezione integrale che caratterizza l'intera area di intervento, una situazione che di fatto ha determinato una condizione di blocco e di cristallizzazione e per alcuni versi ha anche favorito l'abbandono.

Per queste motivazioni, il progetto di questo paesaggio, in cui si rintracciano elementi naturali e storico-culturali, immobilizzati dal regime vincolistico, è stato strutturato come un'indagine sui caratteri che lo contraddistinguono, sui modi dell'artificializzazione degli elementi naturali, reinterpretando il concetto di panorama.

In quest'ottica si sono individuate tre componenti del paesaggio, ognuna rappresentativa di una parte dell'intervento del Parco di Punta Corona:

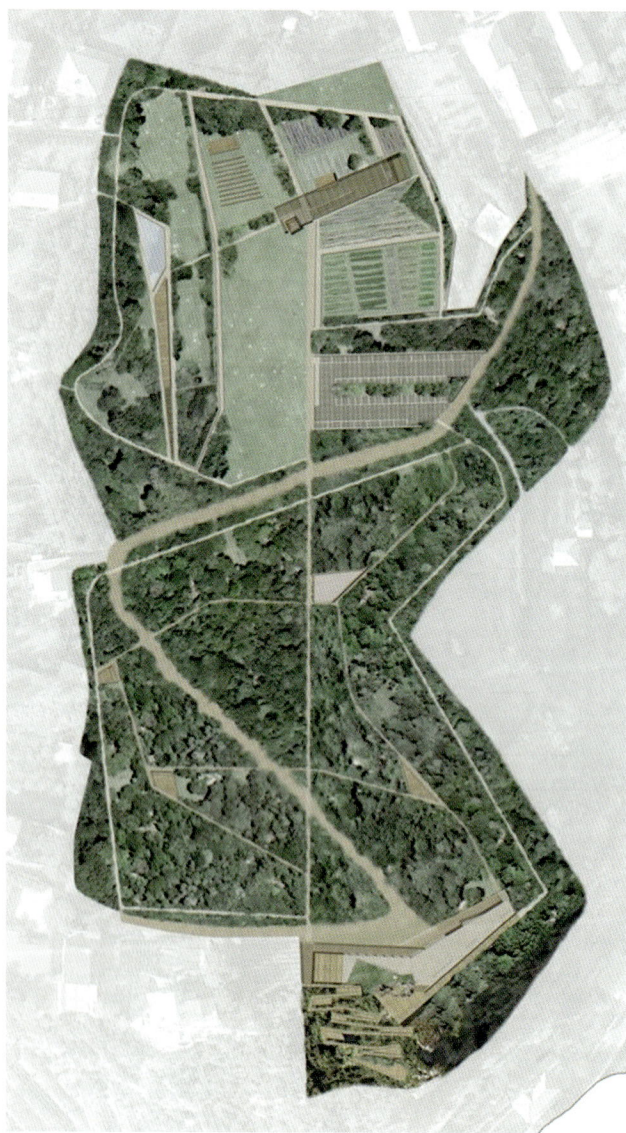

- il terrazzamento, come sistema di antropizzazione dei versanti scoscesi verso la costa, realizzato con le macere a secco in pietra locale, reso accessibile attraverso scale e percorsi in pietra, lavorando in parte la stessa roccia in situ;
- il sentiero, come sistema di attraversamento dei boschi, dove le vie meno impervie si sono consolidate attraverso i continui passaggi degli uomini che si tramandavano, di generazione in generazione, la localizzazione dei percorsi sicuri;
- l'ager, ovvero il campo coltivato di media dimensione, inserito in un sistema prevalentemente pianeggiante a livelli leggermente sfalsati e sistemati con muretti contro terra a secco.

Come dice Paola Viganò, si tratta di materiali non tanto poveri, quanto consueti e modesti, ordinari, in un certo senso banali, ripresi fedelmente dal vero e ricomposti come se attraverso di essi si declinasse il contesto contemporaneo, non nel senso del mimetismo, ma della rappresentazione e della conoscenza. Sul fondo sta la possibile autonomia del singolo elemento, l'idea di eterogeneità come valore (posizione già sostenuta dal Laugier) e quindi la possibilità offerta dalla decostruzione (Viganò, 2010). In questa direzione le tre componenti individuate sono diventate, opportunamente ricomposte, gli elementi di costruzione del progetto del parco.

Esiste una tradizione lunga e consolidata della formazione dei parchi nella città contemporanea, che non riguarda solo l'urbano in senso stretto e che rappresenta un riferimento preciso e concreto. Punta Corona rientra potenzialmente nel discorso della formazione dei grandi parchi territoriali, di livello regionale, ma presenta anche una situazione, i caratteri e le potenzialità di un vero e proprio parco urbano: una unità sotto il profilo percettivo di circa trecento metri di lunghezza e duecento di larghezza, facilmente percorribile in un tempo limitato, anche se articolata e variegata.

Riferendosi allora all'abate Laugier e alla sua idea di parco come unità e varietà, risulta possibile descrivere Punta Corona come parco, riferendosi alle tre aree individuate e alle loro diverse caratterizzazioni.

Per il belvedere si è lavorato sul tema del terrazzamento, ovvero dell'artificializzazione dello sperone roccioso. In questa ottica ha assunto particolare importanza la sistemazione della parte sottostante del piano esistente: il rafforzamento dei muri di contenimento, l'ispezione e la messa in sicurezza del coronamento della parte rocciosa rappresentano l'occasione per poter attrezzare opportunamente questo importante camminamento perimetrale, guadagnando un ulteriore punto avanzato di vista sul panorama costiero.

Questa possibilità viene ulteriormente colta prevedendo un nuovo punto belvedere attraverso la realizzazione di un terrazzo poggiato sulla piastra rocciosa sottostante il piano dell'attuale belvedere, sfruttando le opere murarie di contenimento esistenti. Tale intervento consente di realizzare un ulteriore punto di vista con una prospettiva molto più avanzata, e nello stesso tempo un "landmark", un elemento di riconoscibilità visibile da chi proviene dal versante amalfitano della costiera.

Tale ultimo aspetto risulta molto rilevante in considerazione del fatto che il Parco turistico di Punta Corona si pone come elemen-

to di valenza territoriale tale da richiamare l'attenzione dell'ingente flusso turistico relativo alla costiera Amalfitana. Un elemento, visibile già dai tornanti della Statale 366, strettamente integrato alle componenti naturalistiche e paesaggistiche, può contribuire ad attirare la curiosità di chi non conosce Agerola e Punta Corona, senza in alcun modo costituire un ostacolo o un "disturbo", anzi rafforzandone la peculiarità e l'eccezionalità.

Il belvedere ed il suo ampliamento sono racchiusi e tenuti insieme da un unico segno di bordo che si configura come un elemento di riconoscibilità all'interno del parco. Si tratta di un pergolato in legno, un elemento lineare delimitato superiormente e lateralmente da un susseguirsi di lamelle lungo le quali è possibile sistemare rampicanti locali. Tale elemento perimetrale rende maggiormente raccolta ed identificabile l'area del belvedere, intesa come spazio collettivo del parco e accoglie l'ingresso stesso al belvedere, che assume i connotati di una artificializzazione dell'elemento naturale ancora perfettamente riconoscibile. Accedendo al terrazzo panoramico, si proviene infatti da un contesto spaziale molto diverso: alberi, ombra, raggi visuali brevi caratterizzano via Casalone e l'area del castagne-

to. Attraverso il filtro del pergolato si percepisce la dirompente luminosità dello spazio libero del belvedere, ma non se ne disvela immediatamente la natura. La percezione del terrazzo, piano libero sospeso verso l'orizzonte è, in definitiva, accuratamente dosata, aumentando l'effetto scenografico e sorprendente della vista finale.

Il belvedere risulta connesso alle varie aree di intervento attraverso la rete di percorsi interna al castagneto, che si collega sia al piano esistente, sia al nuovo percorso belvedere, senza scale ed altri ostacoli.

Per il castagneto, si è organizzato l'attraversamento a partire dalla caratterizzazione dei percorsi interni intesi come sentieri attraverso i quali si accede a diverse aree con varie specializzazioni funzionali, organizzati intorno a piccoli slarghi, semplici punti di allargamento dei sentieri. In questa parte prevale nettamente il bosco, con pochissimi elementi artificiali, intesi come rafforzamento e sottolineatura di tratti peculiari della morfologia esistente.

Per l'area più ampia, disposta verso uno dei centri abitati di Agerola, si è ripreso l'andamento delle zolle di terra a quote sfalsate,

OPEN SPACES

gli "ager", assegnando ad esse specifiche funzioni. Questa logica progettuale è descritta da Sara Marini allorchè afferma: Tra gli strati esistenti si cercano nuove terre, si guarda a prodotti che non hanno più senso non per recuperarli, ma per accogliere la prospettiva che pongono. Nuovi temi sono la messa a sistema di sguardi obliqui sullo scarto […]. Se infatti quotidianamente si sceglie e si getta o si abbandona qualche cosa, questi brandelli di storia, anche personale vengono selezionati per arricchire liste, elenchi: forse allora questa seconda vita, queste nuove terre che si dispiegano, […] pongono il dubbio che il problema, la nuova opportunità, non sia negli oggetti, ma nel modo in cui questi vengono disposti (Marini, 2010).

I piani verdi abbandonati sono sistemati in maniera tale da accogliere a sud - est l'area di parcheggio e ad una quota superiore gli orti botanici di piante aromatiche, ampie aiuole caratterizzate dai variopinti accostamenti di essenze; ad ovest, al dì sotto di querce rosse di nuovo impianto, è stata disposta l'area campeggio e, in continuità, i campi da gioco.

La fascia centrale, spina dell'intero parco, disposta lungo il percorso principale nord – sud, è prevalentemente libera e si configura come parterre erboso destinato all'organizzazione di sagre, fiere, ed eventi all'aperto. La parte più a nord di tale fascia è infatti attrezzata per spettacoli, con panche e palco removibili. A partire da tale fascia centrale sono disposti i due padiglioni a servizio dell'intero parco che completano, definiscono e identificano i luoghi aperti del parco, configurandosi come architetture definite in relazione al sistema generale, ovvero in altri termini come elementi strutturanti dello spazio aperto.

Bibliografia
Viganò P. (2010), I territori dell'urbanistica. Il progetto come produttore di conoscenza, Officina Edizioni, Roma
Marini S. (2010), Nuove terre, Architetture e paesaggi dello scarto, Quodlibet, Macerata

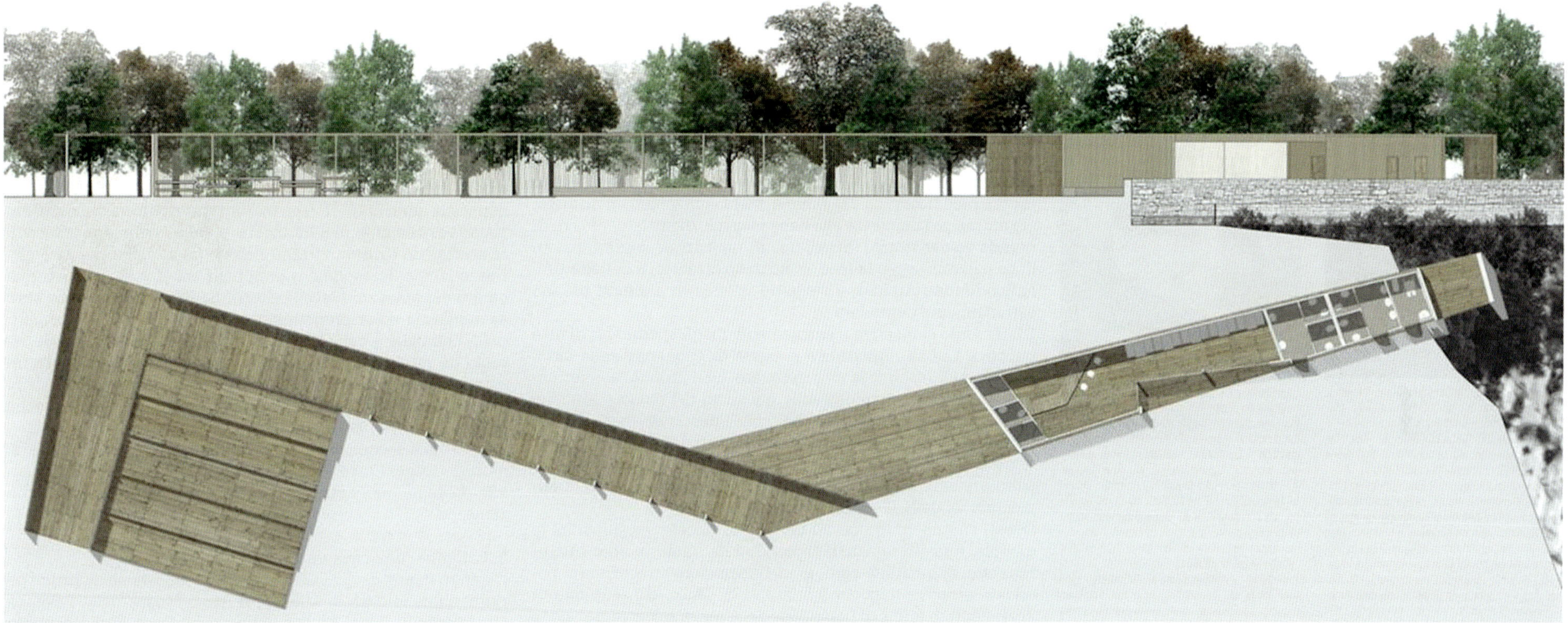

IL PARCO DELLA PALOMBA A MATERA TRA ARTE URBANA E MISE EN PAYSAGE

Mariavaleria Mininni, Cristina Dicillo, Rosanna Rizzi

Mariavaleria Mininni, architetto, specializzata in architettura del paesaggio, ricercatrice di ecologia, è professore di urbanistica al DiCEM (Dipartimento delle Culture Europee e del Mediterrano: Architettura, Ambiente, Patrimoni culturali) presso l'Università degli Studi della Basilicata. Lavora sulla nozione e sul progetto di paesaggio sia nella sua declinazione di landscape e urban ecology sia nella dimensione dell'abitare contemporaneo. È nell'editorial board di «Urbanistica» e cura con Pierre Donadieu la collana "Le culture del progetto del paesaggio" per i tipi della Donzelli.

Laureata in Architettura nel 2009 presso la Facoltà di Architettura del Politecnico di Bari, e iscritta all'Ordine degli Architetti, PP.PP.CC. di Bari, risulta vincitrice nello stesso anno, per meriti accademici, di una borsa di studio per studenti laureandi. Dopo la laurea, tra il 2010 e il 2013, si dedica alla ricerca e al progetto sui temi dell'urbanistica e del progetto di paesaggio collaborando con il Dip. ICAR - Politecnico di Bari.
Dal 2010 è dottoranda dell'International PhD in 'Architecture and Urban phenomenology' dell'Università degli Studi della Basilicata.

Laureata in Architettura nel 2008 presso il Politecnico di Bari, è iscritta all'Ordine degli Architetti, PP.PP.CC. della Provincia BAT. Vincitrice di Borsa Leonardo, dal 2009 al 2011 lavora a progetti di paesaggio e territorio a Barcellona e frequenta il Master di II livello in Architettura del Paesaggio presso la ETSAB UPC; dal 2011 ad oggi collabora con il DICAR del Politecnico di Bari per la redazione di piani urbanistici. Da settembre 2012 è assistente a corsi di Urbanistica presso il DICEM dell'Università degli Studi della Basilicata.

KW: RIUSI, ARTE E SFERA PUBBLICA, MISE EN PAYSAGE, MATERA

1. Paesaggi e arte pubblica

Il Parco della Palomba si inserisce all'interno del sistema di grandi cave di tufo scavate nell'altopiano murgico che si articolano a ridosso della Via Appia, intercettando un paesaggio di eccezionale ricchezza dal punto di vista ambientale ed un sistema antropico complesso che tiene insieme, da un lato, presidi di grande valore storico (insediamenti rupestri risalenti al paleolitico e in una seconda fase occupati da bizantini e benedettini, antico Mulino Alvino), e dall'altro un'area di periferia urbana estremamente degradata.

L'intervento si inscrive pienamente in quegli sperimenti di arte pubblica i quali, utilizzando la cassa di risonanza della città, sempre più bisognosa di esprimere una propria soggettività e una propria opinione sulle questioni del mondo, fungono da piattaforme di osservazione, consentendo di sperimentare nuove forme di sensibilità e comprensione dello spazio da parte della collettività. Forme artistiche e artisti che, collocandosi culturalmente e spazialmente, si danno la possibilità di sperimentare modelli alternativi a quelli esistenti.

Questi enormi vuoti ricavati nei banchi calcarei racchiusi fra le gravine, quasi lacerazioni impossibili da rimarginare e rinaturalizzare, si prestano oggi, in virtù della loro straordinaria poeticità, a nuove funzioni e orizzonti di senso, consentendo di sperimentare forme di percezione della realtà e di comprensione dello spazio: gli scarti dell'attività estrattiva grazie all'intervento pubblico (Cava del Sole) o privato (come nel caso della Palomba), vengono reinventati attraverso l'espressione artistica e l'intervento paesaggista, coniugando identità e memoria della tradizione estrattiva, tutt'ora leggibile nella tessitura delle pareti scavate a mano dai cavamonti per portarla ad una nuova missione culturale.

La morfologia di questi luoghi, ritagliati da pareti alte fino a 40 metri e incise verticalmente e orizzontalmente dai segni dei tagli delle seghe dette "carrasse" che estraevano i blocchi di tufo, genera spazi vigorosi, grandi fondazioni senza edifici, un senso di vuoto assoluto, uno spazio di disorientamento perché non si ha più la percezione della geografia data e voluta, il rumore del lavoro umano immobilizzato nelle trame incise, i processi di riappropriazione della natura che si insinua lentamente dalle macchie di licheni sui banchi calcarei mentre le macchie vegetali di timo, malva e menta selvatica attecchiscono sui terreni giovani in fase di formazione. In questo contesto dove è in atto una messa in scena darwiniana della natura si inseriscono le opere di Antonio Paradiso che con altri scultori interpretano criticamente il contesto, ci obbligano a vedere oltre l'apparenza delle cose. Oggetti altissimi che misurano la profondità, oggetti in bilico sulle scarpate per misurare le pendenze e l'instabilità, voli di uccelli fissati sulle immense pareti seghettate, le stele poggiate sui nuovi cigli, tuti questi oggetti che ci obbligano a uno sforzo continuo di messa a fuoco tra figura e sfondo, tra gravina, cava, e opera d'arte, cogliendo volta per volta una visuale inedita, accompagnando pensieri che nascono da questi inediti accostamenti. L'ipotesi da cui muove il progetto artistico non vuole ammonire. Non ha intento correttivo ma dimostrativo, passa velocemente dall'intuizione e dalla sperimentazione alla realizzazione (Scardi, 2011), in analogia a quello che avveniva con lo studio dei modelli urbani nella più duttile maquette vegetale del giardino (Secchi, 2001). Se il landscaping è stata avanguardia della progettazione urbanistica per molta parte della definizione della nuova città europea del XIX secolo, un ruolo di catalizzatori di energie può essere affidato all'agire estetico come pratica, politica e poetica, di un'opera sensibile, rinnovando il progetto della città contemporanea così come era avvenuto con le esperienze psico-geografiche sviluppate a partire dalla seconda metà degli anni cinquanta nell'ambito del Situazionismo. L'arte può così investirsi del compito di indicare alle politiche pubbliche le direzioni verso cui orientare l'attenzione.

2. Palomba: una cava museo

Ospitato in una cava di tufo in disuso collocata nel margine periurbano della città di Matera, il Parco Museo della Palomba, che prende il nome dall'omonimo complesso ecclesiastico di Santa Maria posto lungo il fronte della gravina che attraversa Matera, raccoglie all'interno di una suggestiva struttura espositiva all'aria aperta la collezione permanente dell'artista lucano Antonio Paradiso, studioso di antropologia e professionista raffinato. Ricavato nel negativo dell'imponente scavo e a ridosso di un complesso di insediamenti rupestri situati sulla parete della gravina, lo spazio museale si inserisce come una sorta di contrappunto in un progetto culturale più ampio che attiene alla missione dell'intera città dei Sassi, intercettando contestualmente il sistema paesaggistico del carsismo che appartiene alla scala vasta della Murgia materana e la rete dei parchi urbani e regionali (Parco Archeologico Storico Naturale delle Chiese Rupestri, Parco Terra delle Gravine e dell'Alta Murgia).

La missione del Parco Museo ben si colloca, difatti, nell'ambito di quelle strategie di valorizzazione del patrimonio identitario che esplicitano la vocazione culturale e turistica della Matera città dei Sassi e Sito Unesco, oggi candidata capitale della Cultura 2019. Il carattere di questo luogo, che non solo concretizza un progetto di riuso di spazi e materiali sottoprodotti della Matera città-fabbrica, senza stravolgerne l'autenticità bensì accordando la nuova vocazione di presidio culturale alla memoria della tradizione della lavorazione lapidea, declina quell'ipotesi di museo all'aperto che considera il capoluogo lucano come dispositivo museale della stratificazione storica urbana nella sua

01. MdP e territorio murgiano
Museo della Palomba

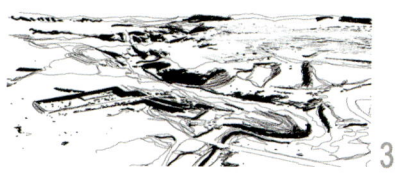

MdP - Museo della Palomba
1. La Via Appia a ridosso delle cave settecentesche di Matera
2. Il complesso di Santa Maria della Palomba sul bordo della Gravina di Matera
3. Orografia del paesaggio
4. Oggetti altissimi misurano la profondità
5. Il Parco delle Sculture nella Cava della Palomba
6. L'area di accesso al Museo della Palomba e le sculture di Antonio Paradiso
7. La città di Matera e il sistema delle Cave

OPEN SPACES

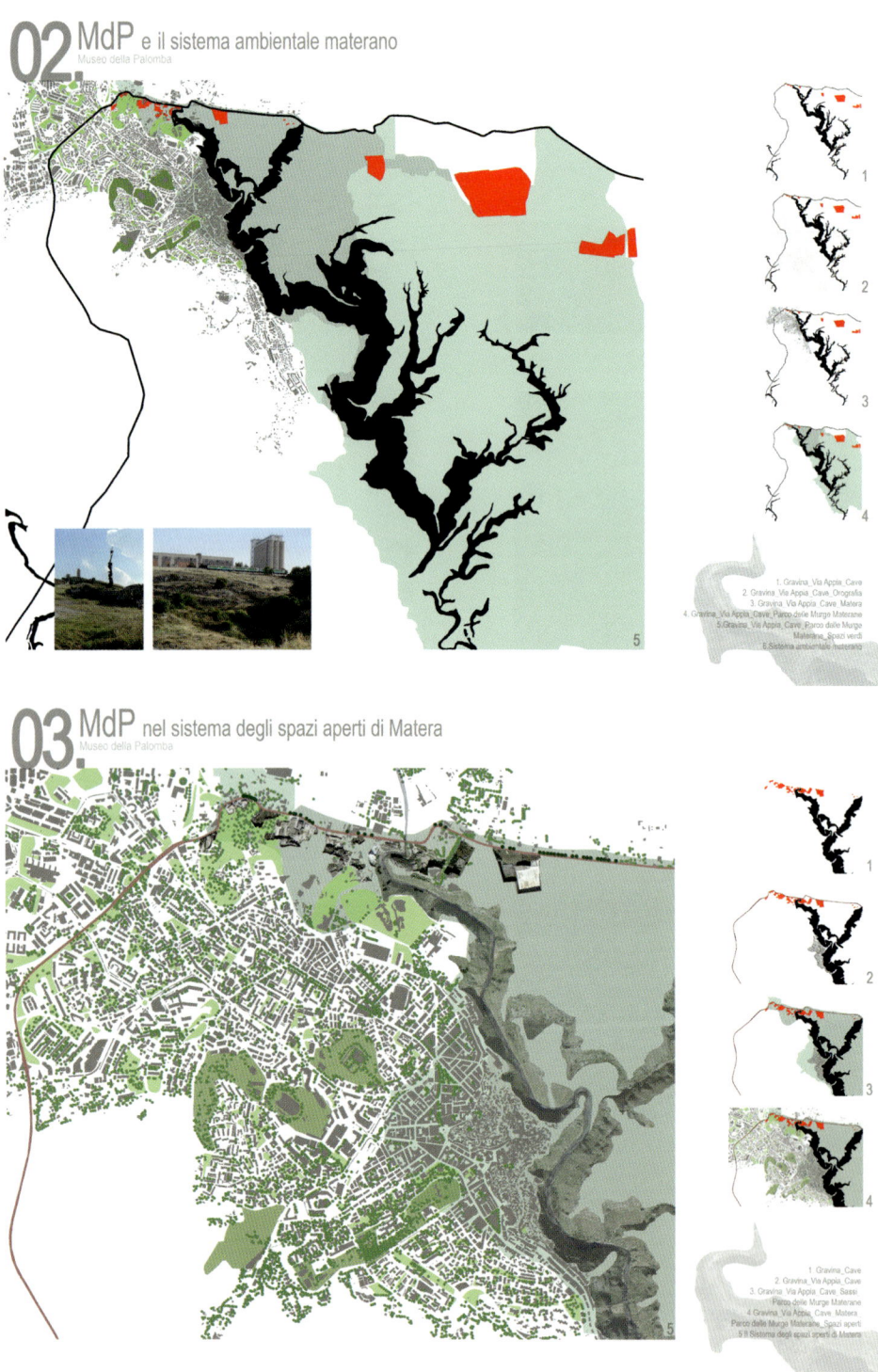

02. MdP e il sistema ambientale materano
Museo della Palomba

03. MdP nel sistema degli spazi aperti di Matera
Museo della Palomba

interezza. Diversamente dalla Cava del Sole, ancora oggi oggetto di dibattito presso l'Amministrazione Comunale per problemi legati l'individuazione della destinazione d'uso e all'inefficacia della bonifica condotta, la cava della Palomba si propone come esempio virtuoso di rigenerazione e risignificazione di presidi urbani sottoutilizzati. Un'operazione sofisticata di mise en paysage trasforma il negativo della ex cava, scavata nella roccia per un'estensione complessiva di 6 ettari, in un luogo dedicato all'arte e alla cultura, valorizzato da un progetto di sculture e installazioni che concretizzano la missione antropologica del suo fondatore, enfatizzando contestualmente la valenza storica, geologica e ambientale del sito: la carica poetica ed evocativa di questo spazio e la coerenza dell'allestimento museale che vi trova sede, hanno trovato riscontro anche a livello internazionale, tanto da meritare nel 2010 la candidatura tra i progetti finalisti del Premio Mediterraneo del Paesaggio da parte del Comitato Transnazionale di Selezione. Gli interventi di ripulitura hanno restituito il volume della cava nella sua autenticità fatta di totem calcarenitici e pareti verticali, laddove l'articolazione di incisioni antropiche e fratturazioni naturali creano una partitura di straordinaria suggestione. In questo contesto Paradiso ha voluto collocare la sua esposizione permanente di sculture in acciaio Corten e pietra, che si articola nelle collezioni "Trascrizioni", "Ascensioni" e "Ultima cena globalizzata", rispettivamente costituite da pentagrammi di Corten rielaborati sulla struttura dei "Capricci" di Nicolò Paganini, e dalle sculture realizzate con l'acciaio delle putrelle di Ground Zero donate ad Antonio Paradiso dalla Port Authority di New York.

Il complesso di installazioni custodite nel Parco non solo non interferiscono con l'integrità del sito, ma sembrano esaltare l'autorevolezza di uno spazio muto che, paradossalmente, sembra nato per la contemplazione ed il racconto: un'operazione di recupero e trasformazione che consente di rilanciare, oltre all'allestimento di mostre d'arte, l'organizzazione di eventi musicali e iniziative culturali capaci di definire una tassonomia di spazi verdi collocati tra i parchi urbani e il grande parco territoriale della murgia materana più capaci di restituire all'idea di una attrezzatura urbana, la forza evocativa del racconto.

Bibliografia

Scardi G. (2011), "Introduzione. Itinerari sensibili. L'arte incontra la società", in Scardi G., (a cura di), Paesaggi con figure, Arte, sfera pubblica e trasformazione sociale. Umberto Allemandi, e C. con Susa Sculture project. Torino.

Rogers A, (1997), Court traité du paysage, tr. Breve trattato del Paesaggio, 2011, Sellerio, Palermo.

De Certau M. (2001), L'invenzione del quotidiano, trad. M. Baccianini, Edizioni Lavoro, 2001,

Secchi B. (2001), La prima lezione di urbanistica, Laterza ed., Bari

Abate A., Mazza A. (a cura di),(2010), Progetti e Paesaggi. Pays. med urban. Esperienze di buone pratiche in Basilicata. Parco scultura la Palomba.

04. MdP tra arte urbana e mise en paysage
Museo della Palomba

STRUMENTI PER L'INDAGINE FENOMENOLOGICA DELLO SPAZIO PERIURBANO: IL RACCONTO E IL ROMANZO

Francesco Marocco

Architetto paesaggista, International PhD in Architecture & Urban Phenomenology, all'Università della Basilicata, insegna Progettazione dei Giardini al Master di Paesaggismo dell'Università di Valencia. Svolge ricerche sui temi del paesaggio, in particolare dei paesaggi costieri, periurbani ed estrattivi.

Mariavaleria Mininni

Ecologa e urbanista, è professore al DiCEM (Dipartimento delle Culture Europee e del Mediterraneo: Architettura, Ambiente, Patrimoni culturali) presso l'Università degli Studi della Basilicata. Lavora sulla nozione e sul progetto di paesaggio sia nella sua declinazione di landscape e urban ecology sia nella dimensione dell'abitare contemporaneo. È nell'editorial board di «Urbanistica».

1. Giuliana Bruno, nel suo Atlante delle emozioni, edito da Bruno Mondadori nel 2006, sottolinea in particolare la validità degli atlanti delle emozioni, mappe in movimento in grado di collegare gli affetti ai luoghi, di connettere "topografie esterne ed interne" fatte di itinerari potenziali, di traiettorie vissute, di narrazioni situate in cui possa essere espresso, rimettendo insieme visibile ed invisibile, il caleidoscopio delle diverse esperienze percettive che marcano di significati e di senso gli spazi delle città. La geografia emozionale si affianca e integra i dati della geografia fisica per comprendere appieno lo spirito e l'identità dei luoghi.
2. Non solo, per dirla con Gilles Clement, "ogni luogo sulla terra [...] accetta una leggenda che associa in modo durevole l'uomo al suo territorio", ma questa leggenda è parte insostituibile in tutti i processi di modificazione che ogni luogo subisce.
3. È questo il titolo di una serie di seminari avviati dagli autori sul tema del racconto delle città, ed è anche il titolo della tesi di dottorato di Francesco Marocco, di cui Mariavaleria Mininni è stata tutor e relatore.
4. Le riflessioni che gli autori portano avanti sul tema dello spazio periurbano e in particolare della centralità della questione della rappresentazione, sono già state occasione di dibattito all'interno della Conferenza SIU di Torino del 2011, di quella di Pescara del 2012 e di quella di Napoli nel 2013. È di recente pubblicazione, inoltre, il testo di Mariavaleria Mininni, Approssimazioni alla città, per Donzelli, che racchiude e sistematizza molte delle riflessioni che si addensano attorno al contesto periurbano.
5. Per una rassegna completa dei romanzi e delle raccolte di racconti degli autori citati si rimanda alla bibliografia.
6. La definizione di periurbano a cui si fa riferimento è quella di Pierre Donadieu: "Il periurbano è lo spazio intorno alle città costituito dalle aree agricole di prossimità nelle quali le infrastrutture, i grandi nuclei accentrati delle piastre commerciali e produttive, il tessuto pulviscolare della dispersione abitativa concorrono a disegnare una nuova figura che insorge come un tipico territorio della contemporaneità", Donadieu P. (1998), Campagnes urbaines, Actes Sud, Paris.
7. Mininni M. (2012), Approssimazioni alla città. Urbano, Rurale, Ecologia, Donzelli, Roma.
8. Berque A. (1995), Les Raisons du paysage. De la Chine antique aux environments de synthèse, Hazan, Paris.
9. È il caso dei romanzi di Lagioia e Argentina, del romanzo di Niccolò Ammaniti e soprattutto dei romanzi di Tom-

KW: PERIURBANO, ROMANZO, GEOGRAFIA EMOZIONALE

1. Geografia e Romanzo

Il moltiplicarsi delle tassonomie della dispersione della città contemporanea ha generato negli ultimi decenni l'insorgere di veri e propri spazi inediti, esito di un progetto senza autore, davanti ai quali l'urbanistica ha perso il primato nella capacità di raccontare i luoghi. Per avvicinarsi alla comprensione di questi paesaggi, per la maggior parte spazi aperti, non è più sufficiente osservare la consistenza fisica degli stessi, ma diventa necessario anche porre l'accento sulla loro ricchezza di dimensioni immateriali e invisibili che la logica della rappresentazione cartografica non riesce a cogliere. Gli sguardi maggiormente "indisciplinati", del cinema, della fotografia, delle arti visive (figure 1-2) e della letteratura, mostrano una capacità di portare alla luce questa dimensione emozionale dei luoghi: tutte quelle immagini stratificate che sono espressione del bagaglio culturale e dell'immaginario della gente che lo abita, lo osserva, lo attraversa. Accanto alla geografia fisica, la geografia emozionale reclama la sua validità epistemologica (Bruno, 2002)[1]. La posizione su cui si fonda il contributo di questo studio è che le istanze emotive e culturali che pullulano negli spazi della città contemporanea sono indissociabili dall'evidenza fisica dei luoghi e sono determinanti tanto nella costruzione di un'identità degli stessi luoghi, quanto nelle trasformazioni materiali e immateriali che su di essi sono attive (Clement, 2009)[2]. Questa visione paesaggista riconosce come le pratiche e le azioni viste dentro i racconti concorrano alla traduzione spaziale dello spirito di un luogo. Un luogo esiste solo se raccontato[3], perché un luogo inizia ad esistere nell'immaginario di chi lo abita o lo nomina solo nel momento in cui esso inizia a essere rappresentato. I romanzi, in particolare, riescono ad avvicinare la messa a fuoco sul pulviscolo di pratiche che affollano i paesaggi della contemporaneità in maniera arguta e calzante ed esprimono anche un valore progettuale perché illustrano il carico di sogni, desideri, paure, immaginari che gli abitanti riversano su di esso. Ne vengono fuori inedite mappature di quei fenomeni urbani che, pure sotto gli occhi di tutti, solo la letteratura riesce a cogliere, nella consapevolezza che il romanzo aiuta a veder meglio.

2. Il periurbano nella letteratura: la centralità degli spazi aperti nel progetto urbanistico[4]

Il presente studio indaga il contributo che alcuni romanzi italiani degli ultimi trent'anni (Celati, 1985 e 1989; Fruttero e Lucentini, 1979; Ammaniti, 2007; Argentina, 2009; Desiati, 2008; Giagni, 2012; Lagioia 2001 e 2009; Siti, 2008)[5] hanno dato alla descrizione dello spazio periurbano in quanto luogo di maggiore dinamicità, criticità, vitalità tra i paesaggi del contemporaneo (Donadieu, 1998)[6], e quindi spazio privilegiato per un nuovo modo di pensare e rigenerare le città e il paesaggio, attraverso il progetto del vuoto e della natura (Mininni, 2012)[7].

Per modificare e governare il cambiamento dello spazio periurbano, per sfruttare appieno il potenziale dei suoi spazi aperti, è necessario mettere a punto un'immagine del modo in cui esso viene percepito (Berque, 1995)[8], construendo una mappa cognitiva aperta, che possa penetrare nella maglia minutissima di materiali, pratiche e storie che affollano questo spazio.

In tal senso è possibile riconoscere al romanzo un valore utilissimo data la sua capacità di concorrere alla descrizione e al riconoscimento di una spazialità quale quella periurbana, nella quale ogni esercizio di visione e di descrizione contiene già in sé il seme di un progetto implicito.

L'idea che emerge dalla rilettura spaziale di molti di questi romanzi, guarda al periurbano come al luogo dell'avventura, dell'iniziazione, della scoperta: un'intuizione assolutamente progettuale, perché coglie appieno il senso di una tensione tra città e campagna, che si manifesta con il desiderio di una nuova maniera di abitare il territorio di mezzo. Il periurbano è uno spazio dall'enorme forza gravitazionale, spiegano i romanzi, un paesaggio da inventare, un paesaggio per reinventarsi (figura 3). Molti dei romanzi analizzati condividono una visione cruda e degradata di questi luoghi[9]: al degrado dello spazio fisico corrisponde sempre lo sgretolamento dell'utopia di un vivere urbano soddisfacente e comunitario. La chiave suggerita per esplicitare questa strategia di riqualificazione sembra passare per la risignificazione e la centralità degli spazi aperti, trascurati, irrisolti, mai progettati. In nessuno dei romanzi presi in considerazione viene mai portata in scena la nostalgia bucolica di una riattivazione della produzione agricola. Emerge invece la necessità di una presa di coscienza della dimensione aggregativa e comunitaria del progetto di paesaggio che è progetto della natura, del giardino. Nelle borgate romane, nella periferia barese, nei grandi distretti produttivi a bassa densità abitativa della pianura padana si rinsalda la necessità di spazi di aggregazione alternativi alle nuove cattedrali del periurbano: i centri commerciali, i solarium, le palestre, le sale scommesse. Spazi nei quali ritrovare il contatto con la dimensione naturale, con una natura non selvaggia, ma progettata.

Un'altra istanza progettuale emersa è la necessità di realizzare una connessione tra i tessuti dispersi del periurbano e i nuclei originari dai quali essi sono stati gemmati. Si tratta innanzitutto di una connessione culturale che punti a stigmatizzare la dicotomia tra abitanti privilegiati del centro e abitanti reietti confinati in periferia attraverso una serie di politiche, piani, programmi e interventi che lavorino nel tentativo di riconciliare le forme frammentate della città dispersa con un riferimento identitario nel quale riconoscersi. Ma si tratta anche di una riconnessione fisica, tra centro e periferia, da attuare potenziando la mobilità, le infrastrutture, il trasporto pubblico e altre nuove forme di spostamento[10].

Al termine dell'indagine lo studio propone una strategia progettuale che si sostanzia fondamentalmente di tre azioni: (i) riportare le istanze progettuali emerse dalla lettura dei romanzi sul periurbano, all'interno del dibattito delle scienze dell'Urbanistica, come una cassetta di attrezzi, da impiegare nel progetto del paesaggio; (ii) attingere a piene mani da quella mappa cognitiva aperta che si sostanzia di dati fisici e dati percepiti; (iii) utilizzare i dispositivi narrativi per la rappresentazione e la comunicazione del progetto, intendendo il racconto come uno strumento di progetto, immaginando e costruendo nuove azioni e nuove storie, che uno spazio modificato da un progetto di trasformazione "poetico e sensibile" potrebbe in futuro contenere.

Bibliografia
Ammaniti N. (2007), Come Dio comanda, Mondadori
Argentina C. (2009), Cuore di cuoio, Fandango, Roma
Berque A. (1995), Les Raisons du paysage. De la Chine antique aux environments de syntèse, Hazan, Paris
Bruno G. (2002), Atlas of Emotion. Journeys in Art, Architecture, and Film, Verso, New York; trad. it. Atlante delle emozioni, in viaggio tra arte, architettura e cinema, Bruno Mondadori, Milano
Celati G. (1989), Verso la foce, Feltrinelli, Milano
Celati G. (1985), Narratori delle pianure, Feltrinelli, Milano
Clement G. (2011), Il giardino in movimento, Quodlibet, Macerata
Desiati M. (2008), Il paese delle spose infelici, Mondadori, Milano
Donadieu P. (1998), Campagnes urbaines, Actes Sud
Fruttero C., Lucentini F. (1979(, A che punto è la notte, Mondadori, Milano
Giagni T. (2012), L'estraneo, Einaudi, Torino
Lagioia N. (2001), Tre sistemi per sbarazzarsi di Tolstoj (senza risparmiare se stessi), minimum fax, Roma
Lagioia N. (2009), Riportando tutto a casa, Einaudi, Torino
Mininni M. (2012), Approssimazioni alla città. Urbano, Rurale, Ecologia, Donzelli, Roma
Mininni M., (2005) Introduzione in Donadieu P., Campagne urbane. Una proposta di paesaggio per la città, Donzelli, Roma
Mininni M., Cera M., Marocco F., Lubisco G. (2011), L'invenzione del periurbano. Atti della XIV Conferenza SIU Abitare l'Italia. Territori, economie, diseguaglianze, Torino
Mininni M., Cera M., Marocco F., Lubisco G. (2011), Immaginari e politiche del periurbano, in Paesaggio 150 – Sguardi sul paesaggio italiano tra conservazione, trasformazione e progetto in 150 anni di storia, Università degli Studi Mediterranea di Reggio Calabria
Siti W. (2008), Il contagio, Mondadori, Milano

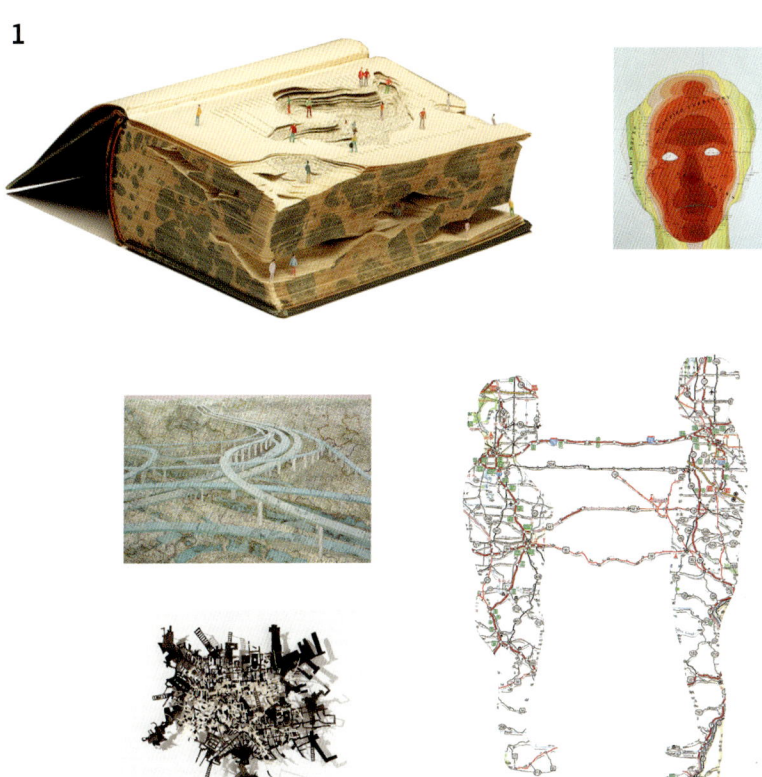

1. Esempi di cartografie emozionali interpretate dagli sguardi artistici. Dall'alto a sinistra, in senso orario: Kyle Kirkpatrick, Fictional Landscapes; Michael Druks, Druksland – Physical and social; Nikki Rosato, Untitled; Heidi Whitman - Invisible cities/Brain Terrain ; Matthew Cusick, Many Rivers. Fonte delle immagini: http://ma-pof.tumblr.com.

2. Il paesaggio della Valle d'Itria in una foto di scena del film Le spose infelici di Pippo Mezzapesa, tratto dall'omonimo romanzo di Mario Desiati. Sullo sfondo, il fungo velenoso dell'Ilva di Taranto.

3. Ipotesi metodologica di rappresentazione delle istanze emozionali, dal romanzo Un giorno questo dolore ti sarà utile, di Peter Cameron.

maso Giagni e di Walter Siti, ambientati nelle estreme periferie di Roma, nel punto in cui spazio naturale e spazio costruito vengono a contatto.

10. È singolare notare, per esempio, come la sensazione di ansia e di generica attesa che i personaggi che attraversano il periurbano vivono, si attenua, si risolve, in taluni casi scompare, quando essi riconoscono una fermata dell'autobus, l'unico gesto di una sintassi urbanistica, che funga da linguaggio di riconnessione di territori altrimenti incapaci di comunicare tra loro. La riconnessione fisica con il centro, emerge dai romanzi, deve diventare una delle strategie progettuali vincenti nel disegno del paesaggio periurbano.

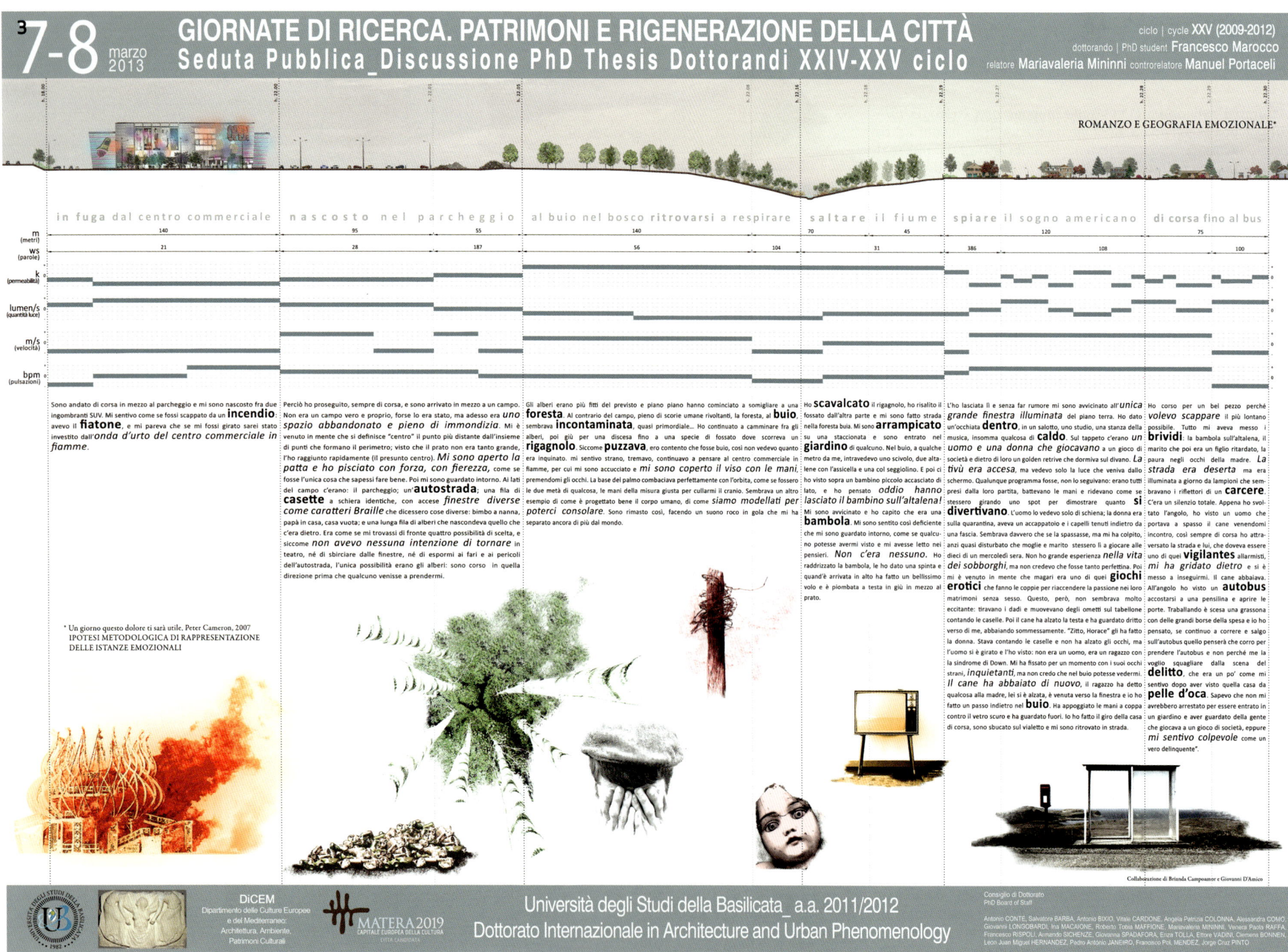

LO SPAZIO PUBBLICO NELL'ETÀ DELL'I_PAD

KW: SPAZIO PUBBLICO, CITTÀ, TECNOLOGIA

In merito al crescente uso della tecnologia nei contesti urbani e alle sue relative potenzialità, con particolare riferimento ai dispositivi che tendono ad affermare un affrancamento dalla localizzazione di persone e attività, pare utile verificare la "tenuta" dello spazio pubblico consolidato. Le trasformazioni della società contemporanea hanno infatti indotto a interrogarsi circa la resistenza di alcuni modelli consolidati della vita urbana e ad esplorare pratiche e stili di vita nuovi[1]. A fianco di letture sociologiche e antropologiche del mutamento[2], si affina un pensiero disciplinare che si propone di indagare come il progetto urbano possa interpretare i rinnovati bisogni, mantenendosi portatore di valori irrinunciabili di civiltà[3]. Ciò che si intende esplorare è la serrata relazione tra la configurazione fisica dello spazio e le pratiche sociali, accordando al disegno urbano potenzialità frequentemente negate nella prassi urbanistica corrente, spesso non attenta alla qualità dei luoghi.

Non solo smart, più che mai smart

La nozione di smart city[4] e le strategie ad essa connesse hanno occupato in modo pervasivo il dibattito disciplinare e le politiche urbane recenti. Tuttavia, alla crescente diffusione e fortuna critica dell'espressione spesso non ha corrisposto né una precisa definizione degli obiettivi, né una profonda e aggiornata riflessione sul futuro della città. Cosa si deve intendere dunque oggi con "città intelligente"?

Sebbene non si intenda affatto negare le straordinaria potenzialità offerta dalle ICT[5] per una vita urbana più confortevole, ricca e semplice, pare forzato attribuire "poteri magici" alla loro sistematica adozione; come se un uso assennato e oculato delle risorse, una strategia sulla mobilità alternativa, la disposizione di sensori e l'estensione della rete WiFi fossero, da soli, in grado di rilanciare una città o renderla attrattiva nell'ambito della competizione mondiale tra sistemi urbani. Uno studio e un'osservazione attenta delle ricadute di tali dispositivi nelle città può sorprendentemente indicare come non solo l'informatizzazione non affranchi dalla localizzazione e dalle relazioni di prossimità[6], rendendo di fatto superato il paradigma dello spazio pubblico tradizionale della città consolidata, ma – al contrario – ne riaffermi potenzialità e importanza.

Tecnologia versus tradizione: un luogo comune

La qualità dello spazio pubblico nell'età dell'Ipad è quanto mai cruciale: non abbandonato dai cittadini, non declassato a mero supporto tecnologico, lo spazio urbano risulta invece cruciale anche nell'era dell'informazione. Non si può altresì ignorare che molte indagini sociologiche e antropologiche continuino ad affermare la resilienza di bisogni arcaici, resistenti anche alle numerosi mutazioni che la nostra specie e le sue pratiche hanno attraversato negli ultimi 120 anni, da quando l'impatto della tecnica ha offerto possibilità inimmaginabili prima e ha trasformato in modo irreversibile la nostra sensibilità. Come scriveva Walter Benjamin, non è mai sopito nell'uomo il bisogno di abitare, dove «abitare significa lasciare tracce»[7]. E se, di norma, la dimensione dell'abitare e del lasciare tracce (o impronte) viene interpretata in riferimento allo spazio domestico, Michele de Certau ci suggerisce e ci descrive come i nostri corpi «scrivano» lo spazio urbano, usando una suggestiva analogia con la linguistica e la retorica[8].

Polisemico, complesso, flessibile: lo spazio pubblico contemporaneo

È perciò legittimo affermare che oggi lo spazio pubblico, tutt'altro che impoverito o deprivato delle sue prerogative storiche, è teatro di un numero sempre superiore di pratiche e modi d'uso: alla più tradizionale funzione di scena sociale e delle sue numerose implicazioni – rappresentazione, scambio, commercio, socialità, flânerie, ecc. – si aggiungono altre inattese attività, nuove e inaspettate, informali o organizzate, quali ad esempio quelle legate al lavoro[9], con buona pace di coloro che durante gli anni Novanta affermavano il superamento dello spazio pubblico e la morte della città[10].

Per queste ragioni, oggi più che mai, l'urbanistica e l'architettura devono tornare a interrogarsi sui requisiti tecnici, formali e simbolici che le nuove pratiche implicano o richiedono per gli spazi della città consolidata e sugli strumenti progettuali, normativi, disciplinari per affrontare il tema, a partire dalla riaffermazione della centralità dello spazio pubblico, quale luogo privilegiato della complessità urbana, e della sua cura.

Il progetto, chiamato Escale Numérique, ovvero "Pausa digitale", è una proposta di arredo urbano utile e funzionale, del designer francese Mathieu Lehanneur, in collaborazione con JC-Decaux

Laura Montedoro

Architetto, urbanista e storico dell'arte, è Ricercatore confermato in Urbanistica presso il Dipartimento di Architettura e Studi Urbani del Politecnico di Milano, dove insegna Progettazione Urbanistica. Lo studio del disegno urbano e del paesaggio, nella storia e nell'attualità, è al centro delle sue attività di ricerca.

1. In particolare, l'elettronica ha mutato la quotidianità di gran parte della popolazione mondiale, pervadendo ogni remota abitudine sociale. Studi e teorie hanno sviluppato ora alcuni aspetti, ora tal'tari, ma tutti hanno rilevato come l'esperienza del corpo sia radicalmente modificata da tali strumenti. In questo senso, sembra particolarmente proficua e feconda di riflessioni l'attività saggistica di Umberto Galimberti che si è occupato sia del corpo sia della tecnica (Galimberti, 1983; Galimberti 1999). Tali modificazioni dell'esperienza del mondo e della fisicità intrattengono, con tutta evidenza, un dialogo assai serrato con l'ambiente e hanno pertanto ricadute significative anche nell'uso degli spazi urbani. Proprio su questo versante la riflessione di studiosi come Richard Sennett (Sennett, 1991; Sennett, 1998; Sennett, 2006), Zygmunt Baumann (Bauman, 2002; Bauman, 2010) o Neil Leach (Leach, 2002; Leach, 2009) hanno dato contributi significativi all'interpretazione dei mutamenti recenti.

2. Specie in relazione all'«era dell'informazione», una importante produzione di ricerche, a partire dalla metà degli anni Novanta, ha cercato di misurare e descrivere l'impatto dell'innovazione tecnologica sulla vita urbana. Si ricordano in particolare i fondamentali studi di Manuel Castells (Castells, 1996; Castells 1997; Castells, 1998) e di William Mitchell (Mitchell, 1995; Mitchell, 1999).

3. Un malinteso senso di "modernità" ha portato alcuni studiosi urbani a ritenere la città, così come ci è stata consegnata da una storia millenaria, del tutto desueta, con uno spostamento di esclusivo interesse al tema delle reti. In una geografia molto varia di posizioni rispetto al tema, si ritiene importante il contributo di Giancarlo Consonni circa la strenua affermazione della "resistenza" della città quale luogo privilegiato per la convivenza civile, fondata sul riconoscimento dei valori (spaziali, sociali ed economici) che lì, e solo lì, si esprimono (Consonni, 2000; Consonni 2008).

4. Smart City, com'è noto, è la espressione entrata nell'uso comune per indicare una città "intelligente, digitale e inclusiva". Ricchissima la produzione di contributi sul tema. Per una interpretazione estensiva riferita al contesto italiano, qui si rimanda all'indagine Città e Infrastrutture per la Crescita, a cura di Cittalia-Anci Ricerche e Siemens Italia, e al rapporto Smart Cities in Italia: un'opportunità nello spirito del Rinascimento per una nuova qualità della vita, ricerca promossa e condotta da The European House-Ambrosetti (www.abb.it e www.ambrosetti.eu).

5. Acronimo di "Information and Communication Technology".

6. Il riferimento è qui alle considerazioni di William J. Mitchell che, se ne primo testo dedicato al tema, E-topia (Mitchell, 1999), sembrava alludere al completo affrancamento dai luoghi fisici che il telelavoro avrebbe favorito, nel contributo successivo riflessioni peraltro confortate anche dall'osservazione diretta. oltre che all'osservazione diretta, City of Bits (Mitchell, 1995) afferma che «libertà di localizzazione non significa indifferenza insediativa».

7. Non a caso il filosofo della "Scuola di Francoforte" fu tra i primi a interrogarsi sulle modificazioni delle strutture profonde ad opera delle nuove possibilità offerte dalla scienza. Memorabile e a tutt'oggi feconda è la lettura del celebre saggio L'opera d'arte nell'epoca della sua riproducibilità tecnica (Benjamin, 1955).

6. Il lungo saggio di Michel De Certau, L'invenzione del quotidiano, restituisce centralità al corpo e alla sua esperienza, nonché alla sua potenzialità di modificare lo spazio attraverso le sue pratiche (De Certau, 1990). Il rapporto tra l'uomo e la tecnica è anche al centro di un ricco saggio di Umberto Galimberti (Galimberti, 1999), che qualche anno prima aveva dedicato un importante studio al corpo nella cultura occidentale (Galimberti, 1983).

9. Su questo tema è stato osservato come usi "impropri", nel senso di non previsti e non strettamente conformi alla vocazione degli spazi pubblici, possano rappresentare una ricchezza o un problema. Nel caso delle attività lavorative che possono essere espletate ormai ovunque (dai mezzi di trasporto pubblico alle piazze), Paolo Mazzoleni una la nozione di «pratiche disfunzionali» e osserva: «un progetto architettonico e gestionale dei luoghi che favorisca questi usi è facilmente perseguibile, anche se implica una disponibilità agli usi disfunzionali in generale, spesso in controtendenza con la privatizzazione e sovra-protezione degli spazi che ha caratterizzato gli ultimi decenni della vita urbana occidentale» (Mazzoleni, 2012).

10. Come ricorda Carlo Ratti: «The recent history of urbanization has evolved quite contrary to common expectations. In the 1990s, scholars speculated about the impact of the ongoing digital revolution on the viability of cities. The mainstream view was that, as digital media and the Internet had killed distance, they would also kill cities. Technology writer George Gilder proclaimed that "cities are leftover baggage from the industrial era" and concluded that, due to the continued growth of personal computing, telecommunications and distributed production, "we are headed for the death of cities."» (Ratti, 2013).

Bibliografia

BAUMAN Z., Modernità liquida, Laterza, Roma-Bari 2002.
BAUMAN Z., La società individualizzata, Il Mulino, Bologna 2010.
BENJAMIN W., L'opera d'arte nell'epoca della sua riproducibilità tecnica, tr. di Enrico Filippini, Einaudi, Torino, 2000 [1955].
CASTELLS M., The rise of the Network Society. In the information age: economy, society and culture, volume I, Blackwell, Oxford, 1996.
CASTELLS M., The Power of Identity. In the information age: economy, society and culture, volume II, Blackwell, Oxford, 1997.
CASTELLS M.; BORJA J., Local and global: the management of cities in the information age, Earthscan, London, 1997.
CASTELLS M., End of Milennium. In the information age: economy, society and culture, volume III. Blackwell, Oxford, 1998.
CASTELLS M., The Internet Galaxy. Reflections on the Internet, Business, and Society, Oxford University Press, Oxford, 2001.
CASTELLS M., La città delle reti, Marsilio, Venezia 2004.
CHOAY F., Del destino della città, a cura di A. Magnaghi, Alinea, Firenze 2008.
CONSONNI G., Dalla Radura alla Rete. Inutilità e necessità della città, Edizioni Unicopli, Milano 2000.
CONSONNI G., La difficile arte. Fare città nell'era della metropoli, Maggiore Editore, Santarcangelo di Romagna 2008.
DAVIS M., City of Quartz.: Excavating the future in Los Angeles, Verso, London, 1990.
DE CERTEAU M., L'invention du quotidien. Arts de faire, Gallimard, Paris 1990, traduzione italiana: L'invenzione del quotidiano, Edizioni Lavoro, Roma 2001.
FLORIDA R. e TINAGLI I., Europe in the creative age, Demos, London, 2004.
GALIMBERTI U., Il corpo. Antropologia, psicoanalisi, fenomenologia, Milano, Feltrinelli, 1983.
GALIMBERTI U., Psiche e techne. L'uomo nell'età della tecnica, Milano, Feltrinelli, 1999.
GLAESER E., Triumph of the City. How our greatest invention makes us richer, smarter, greener, healthier, and happier, The Penguin Press, London, 2011.
GOTTMANN, J., Since Megalopolis. The urban writings of Jean Gottmann, John Hopkins University Press, Baltimore, 1990.
GRAHAM, S. (a cura di), The cybercities reader, Routledge, London, 2004.
HABERMAS, J., The structural transformation of the public sphere, MIT Press, Cambridge, 1989.
HAMPTON K. N. e GUPTA N., Community and social interaction in the wireless city: wi-fi use in public and semi-public spaces, New Media & Society December 2008, vol. 10, n. 6, pp. 831-850.
HAMPTON K.N. et al., The Social Life of Wireless Urban Spaces: Internet Use, Social Networks, and the Public Realm, Journal of Communication Volume 60, Issue 4, December 2010, pp. 701-722.
HILLMAN J., Il codice dell'anima. Carattere, vocazione, destino, Adelphi, Milano 1997.
KRAUT R. E., Telecommuting: The Trade-offs of Home Work, Journal of Communication, Volume 39, Issue 3, September 1989, pp. 19-47.,
LANDRY C., The creative city: a toolkit for urban innovators. Sterling: Earthscan, London, 2000.
LEACH N. (a cura di), Designing for a Digital World, Wiley, London 2002.
LEACH N. (a cura di), Digital Cities, Wiley, London 2009.
LEE, S. (1999) Private uses in public spaces. A study of internet cafe, New Media & Society, vol. 1, no. 3, pp. 331-350.
MAZZOLENI P., Work is in the air (everywhere I look around), in Marini S., Bertagna A., Gastaldi F. (a cura di), Architettura, città, società. Il progetto degli spazi del lavoro, Università Iuav di Venezia 2012, pp. 38-44.
MITCHELL W. J., City of bits: space, place, and the infobahn, MIT Press, Cambridge, 1995.
MITCHELL W. J., E-topia: urban life, Jim–but not as we know it, MIT Press, Cambridge, 1999.
OLDENBURG, R. The Great Good Place: Cafes, Coffee Shops, Community Centers, Beauty Parlors, General Stores, Bars, Hangout, and How They Get You Through the Day, Paragon House, New York, 1989.
RAMSOWER R. M., Telecommuting: The organizational and behavioral effects of working at home, UMI Research Press, Ann Arbor, Mich, 1984.
RATTI C., The Digitalization of Cities. Sketching a future urban scenario, The Houffington Post, 9 maggio 2013.
SALOMON I. e SALOMON M., Telecommuting. The employee's perspective, technological forecasting and social change, Volume 25, Issue 1, February 1984, Elsevier, 1984, pp. 15-28.
SENNETT R., The conscience of the eye. The design and social life of cities, Faber&Faber, London 1991.
SENNETT R., The Corrosion of Character, The Personal Consequences Of Work In the New Capitalism, Norton 1998.
SENNETT R., The Culture of the New Capitalism, Yale University Press, 2006.
SHEPARD M., Sentient City. Ubiquitous computing, architecture and the future of urban space, MIT Press, Cambridge Ma, 2011.

IL FENOMENO DELL'ABUSIVISMO NEL PARCO REGIONALE DELL'APPIA ANTICA

Federica Morgia

Architetto e dottore di ricerca in Composizione Architettonica e svolge attività di ricerca e didattica nella Facoltà di Architettura Sapienza di Roma. Si perfeziona in Spagna con Navarro Baldeweg e costituisce lo studio Officina5_Architetti Associati. Ha pubblicato libri, saggi e progetti sul tema della Catastrofe nell'architettura contemporanea.

KW: CONFLITTO, FRUIZIONE, TUTELA

Il territorio dell'Appia, cresce e si struttura in rapporto con la città di Roma dalle sue origini alla creazione del Parco Regionale dell'Appia Antica che viene istituito nel 1998, dopo una trentennale opera di sensibilizzazione delle istituzioni e dell'opinione pubblica da parte di tanti intellettuali, archeologi e architetti la cui figura emblematica è rappresentata dal giornalista Antonio Cederna. Studiare il parco dell'Appia oggi, a chi vi si avvicini con occhio esercitato e senza pregiudizi, appare come una vera e propria "biopsia urbana" con problemi che, partendo dall'Agro Romano, oggi periurbano di una metropoli occidentale di media-grande dimensione, arrivano a lambire il cuore di uno dei centri archeologico-monumentali più importanti del pianeta.

Ai suoi lati, sui bordi dei suoi confini, vivono, lavorano e abitano centinaia di migliaia di individui, e l'estensione del parco, pari a 3.500 ettari, di cui l'85% appartiene a proprietà privata, impone un comportamento disciplinare che deve andare oltre la doverosa necessità di preservare e tutelare le presenze archeologiche, per trasformarsi in una visione estremamente articolata di come usare un cospicuo tratto di territorio, per trasformarlo in un vero e proprio paesaggio della contemporaneità, sia pure a statuto speciale, con le sue molte luci e le sue ombre.

Il fenomeno dell'abusivismo edilizio nasce dopo il primo conflitto mondiale in diversi paesi europei tra cui la Francia e l'Italia. Nel primo paese la risposta dello Stato è forte e chiara. A Parigi nel 1928, il governo sancisce provvedimenti legislativi per isolare il fenomeno e in cinque anni realizza 260.000 alloggi pubblici e oltre 60.000 abitazioni a canone concordato e in breve l'abusivismo viene definitivamente debellato. Viceversa in Italia, nello stesso periodo, il Piano Regolatore di Roma del 1931 prevede, come risposta alla crescita esponenziale della domanda, la possibilità di costruire nuovi "nuclei edilizi" fuori dai perimetri del piano. Per fornire alloggi agli abitanti vittime degli sventramenti nel centro della città vengono edificate dieci nuove borgate a di cui sei fuori piano (Val Melaina, Tufello, San Basilio, Quarticciolo, Acilia, Trullo) che si configurano come teste di ponte per ulteriori espansioni. Con la stessa logica si avvia la realizzazione di grandi progetti al di fuori dalle previsioni urbanistiche: l'EUR sorge due chilometri dopo il limite della basilica di San Paolo, la Città del Cinema e l'Istituto Luce sull'area agricola della tenuta Torlonia e la fabbrica d'armi Breda lungo la via Casilina.

Per circa vent'anni, a causa delle forti ondate migratorie interne al paese, il numero di abitanti della città cresce di 55.000 persone ogni anno. Tra il 1950 e il 1978, vengono costruite, a Roma, altre ottantaquattro borgate abusive per sopperire alla mancanza di alloggi. Vengono consumati così 4.700 ettari di suolo destinati, dal piano del 1961, per lo più ad uso agricolo e vi si insediano complessivamente circa 200.000 persone.

Nel 1985 viene varata la prima legge nazionale di condono e ad essa fa seguito un'ulteriore ondata di borgate realizzate abusivamente. A Roma, tra il 1985 e il 1998, nella fascia temporale tra il primo e il secondo condono del 1994 proposto dal governo Berlusconi, si costruiscono altre cinquantasei lottizzazioni abusive su altri 2.400 ettari di terreni agricoli. La seconda generazione di piani per queste zone ex abusive prende il nome di "toponimi". Questi ambiti rappresentano in gran parte la crescita dell'edilizia abusiva che si è sviluppata per i dieci anni successivi. Di queste, ventisette ricadono nell'anello verde disegnato dal piano delle certezze (NPRG, 2004) mentre le restanti ventinove sorgono in aree limitrofe alle aree protette. Ed è questo è il dato più significativo in quegli anni: l'abusivismo ha abbandonato le periferie, luogo di incubazione storico del fenomeno, tentando lo sfondamento dentro le aree dei parchi. Tale cambiamento è spiegabile non solo a causa della saturazione delle periferie ma anche dal surplus di valorizzazione fondiaria e immobiliare (40% in più) che si aggiunge al valore di una casa che sorge ai limiti di un'area protetta.

Nel 2003, il II governo Berlusconi, vara un terzo condono, spacciandolo come un provvedimento a favore dello sviluppo economico. È grazie a questa legge che vengono edificati senza alcun criterio dimensionale né quantitativo i capannoni, oggi per la maggior parte dismessi nella Pianura Padana. L'abusivismo cambia ulteriormente i suoi connotati e a gestire il fenomeno non sono più gli speculatori latifondisti ma le grandi società finanziarie e la destinazione d'uso prevalente è per lo più di tipo commerciale e terziario. In questo scenario le caratteristiche dell'abusivismo nel Parco dell'Appia Antica presentano una serie di anomalie rispetto al panorama romano. Secondo un rapporto del 1998 elaborato da Legambiente Lazio, nell'ultimo decennio degli anni '90 si assiste ad una drastica riduzione del fenomeno fatta eccezione che per le aree protette. Mentre fino alla fine degli anni '80 l'abusivismo nel parco è sempre stato sinonimo di ville lussuose, in questo periodo nel Parco viene realizzato solo un frazionamento rispetto alle cinquantasei lottizzazioni abusive di cui sopra. La maggior parte degli illeciti rilevati non ha destinazione d'uso abitativa ma commerciale e terziaria. Vengono edificati nel Parco capannoni, plateatici per il deposito merci, movimentazioni di terra, tettoie, serre, manufatti per l'agricoltura, attrezzature per lo sport, campi da tennis, calcio, bocce, piazzole per il tiro con l'arco, etc. Il cambiamento morfogenetico subito dall'abusivismo si spiega molto semplicemente attraverso l'uso che la città fa del parco. Questo territorio, che si configura come un immenso cuneo verde che dai Castelli Romani attraverso i comuni di Marino e Ciampino, raggiunge il cuore della città è una grande smagliatura nel denso tessuto romano che si presta a molteplici attraversamenti trasversali. Uno dei luoghi più significativi del nostro patrimonio culturale e ambientale proprio perché svuotato di relazioni e funzioni pianificate, progettate e condivise, è preda di chi se ne serve a fini utilitaristici sancendo ancora di più una separazione netta tra il parco e la città contemporanea. Esso si attraversa perché rappresenta la via più breve e meno trafficata per raggiungere altre parti della città e di conseguenza diventa molto strategico collocare lungo un asse di attraversamento veloce e praticato attività commerciali o terziarie, non più perché il collocarsi nel parco rappresenta di per sé una valorizzazione immobiliare del manufatto, ma perché l'infrastruttura su cui l'edificio insiste ne incrementa la rendita. L'Ente Regionale Parco dell'Appia Antica, assieme agli Uffici dell'Area di Vigilanza Urbanistica e Edilizia del Comune di Roma e della Regione Lazio che costituiscono gli enti di controllo e di vigilanza contro l'abusivismo, hanno lanciato proposte e intrapreso iniziative per combattere il fenomeno. Dal 1994 ad oggi sono sati demoliti in questi luoghi oltre 200.000 metri cubi di edifici costruiti illegalmente. Si può fare di più, come ad esempio fare in modo che ogni abuso in area protetta sia sanzionato, come prevede l'art. 4 della legge 47/85, con demolizione e ripristino, o istituire un tavolo di concertazione composto dalle autorità di vigilanza (nucleo ecologico dei carabinieri, prefetto, etc.) oppure un accordo di programma intercomunale per le demolizioni all'interno del territorio. La politica amministrativa e normativa prevede una doppia strategia per i casi particolarmente eclatanti come ad esempio per la Villa di Capo di Bove, oggi diventata Archivio Cederna. Da una parte individua le attività incompatibili con le vocazioni archeologica e ambientale e ne determina la delocalizzazione, che risolve il problema in un luogo spostandolo subito fuori dai suoi confini, dall'altra procede alla demolizione dell'illecito e al ripristino delle preesistenze. Questa seconda strategia, pur necessaria, non affronta però un tema più complesso e più diffuso nel territorio che è quello della riprogettazione delle aree compromesse da illeciti ormai condonati che sono diventati parte integrante del paesaggio stesso. Riguardo alle delocalizzazioni sarebbe necessario valutare caso per caso la natura della funzione da trasferire. Mentre appare evidente che alcune di queste (come ad esempio i depositi giudiziari o di materiali edili) sono incompatibili rispetto alle vocazioni del parco, viceversa le attività sportive possono trovare spazio in un contesto simile se opportunamente riconfigurate. Le attività produttive potrebbero essere rilocalizzate ai bordi del parco stesso, ad esempio, sul margine sud orientale al confine tra Roma e Ciampino dove già esiste, seppur slabbrato e senza qualità, un settore legato alla produzione che potrebbe, a partire da queste nuove attività, essere riprogettato per acquistare un aspetto più definito e al tempo stesso costituire un margine di protezione al parco perché meno permeabile. È necessario considerare la progettazione di un sistema di connessioni ampio e inclusivo tra i beni archeologici, i paesaggi agricoli e i tessuti urbani ai bordi che ne consenta una fruizione maggiore, lavorando per esempio nelle pieghe tra le rovine e il costruito. Lasciare che il parco dell'Appia sia semplicemente un'area verde ma impraticabile, un vuoto all'interno della città e di cui la città stessa non ne sia consapevole, non ne percepisca i limiti né le dimensioni, né le caratteristiche costituisce di per sé il vero rischio nei confronti del degrado e dell'abbandono. Risignificare questi luoghi serve a contenere e sconfiggere il degrado e l'abusivismo. È possibile farlo a partire dalla valorizzazione e dalla messa in rete delle risorse del parco stesso. Per ottenere questo risultato è necessario consentirne fruizione e accessibilità. È necessario, ad esempio, regolamentarne gli accessi attraverso dei nodi di scambio, sarebbe necessario che i percorsi ciclopedonali fossero messi in connessione con le fermate delle metropolitane e delle stazioni ferroviarie e, soprattutto, che al suo interno sia possibile fruire del prezioso patrimonio archeologico senza esso che debba diventare un baluardo da difendere anche a costo di renderlo inaccessibile. Occorre tracciare una serie di narrazioni che si dispieghino tra le vocazioni del parco: il paesaggio naturale dell'agro, il paesaggio evocativo del palinsesto e il paesaggio artificiale delle infrastrutture. Un patrimonio condiviso e goduto dai più diventa un imprescindibile bene comune da difendere, da amare, da tramandare e in cui riconoscersi.

Bibliografia

Oriani R., *Pompei: scene da un patrimonio.* Reset editore. Milano, 1998

Berdini P., *Breve storia dell'abuso edilizio in Italia. Dal ventennio fascista al prossimo futuro.* Donzelli Editore. Roma, 2010

"Scusate si può dare una mano?" Intervista a Andrea Carandini in Reset, Febbraio 1997

Ilardi M., Scandurra E., a cura di, *Ricominciamo dalle periferie.* Manifesto Libri Roma, 2009

De Lucia V., *Se questa è una città. La condizione urbana nell'Italia contemporanea.* Donzelli Editore. Roma, 2006

Cederna A., Insolera I., Pratesi F., *La difesa del territorio. Testi per Italia Nostra.* Mondadori, Milano, 1976.

Cemento audere semper? Primo rapporto sull'abusivismo edilizio nel Parco dell'Appia Antica. Ente Regionale Parco dell'Appia Antica. Roma, 1999

4

1. Una casa abusiva Parco dell'Appia Antica. Foto di A. Lanzetta
2. La Villa dei Quintili con il quartiere Quarto Miglio di sfondo. Foto di F. Morgia
3. Demolizione di un supermercato in via Appia Nuova. Foto Ente Regionale Parco Appia Antica
4. Orto nel Parco degli Appia Antica. Foto di F. Morgia

OPEN SPACES

URBAN TACTICS AS ECOLOGY IN THE PRACTICE OF AAA (ATELIER D'ARCHITECTURE AUTOGÉRÉE). ETHNOGRAPHIC FIELD STUDY OF R-URBAN PROJECT

Jose Maria Ortiz Cotro

Jose Maria Ortiz Cotro is Associate Professor in IE School of Architecture, Master of Design Studies in Urbanism, Landscape and Ecology for Harvard University-GSD, Research Associate in Harvard-GSD, Architect and Urbanist ETSAM-UPMadrid, and Rafael Escolá Foundation former Researcher.

1. Harvey, David, 1935-. 2012. Rebel cities: From the right to the city to the urban revolution. London; New York: Verso.
2. r-urban.net/en/.
3. Heynen, Nik, 1973-, Maria Kaika, and E. Swyngedouw. 2006. In the nature of cities: Urban political ecology and the politics of urban metabolism. London; New York: Routledge.
4. Maturana, Humberto R., 1928-, and Francisco J. Varela 1946-. 2004. De máquinas y seres vivos : Autopoiesis: La organización de lo vivo. 6a ed. Santiago de Chile: Editorial Universitaria, Grupo Editorial Lumen.
5. Waltner-Toews, David, James J. Kay, and Nina-Marie E. Lister. 2008. The ecosystem approach: Complexity, uncertainty, and managing for sustainability. Complexity in ecological systems series. New York: Columbia University Press.
6. Varela, Francisco J., 1946-, Evan Thompson, and Eleanor Rosch. 1991. The embodied mind: Cognitive science and human experience. Cambridge, Mass.: MIT Press.
7. Harvey, p.3
8. Petcou, Constantin, and Doina Petrescu. 0620. Agir l'espace. Inter (108): 2-7.
9. Merleau-Ponty, Maurice. 2002. Phenomenology of perception. London; New York: Routledge.
10. Giddens, Anthony. 1984. The constitution of society: Outline of the theory of structuration. Cambridge, Cambridgeshire]: Polity Press.
11. Certeau, Michel de. 1984. The practice of everyday life. Berkeley: University of California Press.

KW: LEFTOVER SPACES, URBAN TACTICS, APPROPRIATION, AUTOPOIESIS, ETHNOGRAPHIC MAPPING

The practice and discourse of AAA (Atelier d'Architecture Autogérée) represents one of the most consistent attempts to open new spaces and methodologies for reading the city as an ecological landscape; for practicing the right to the city, and for redefining the disciplinary practices of architecture, urbanism, and landscape design. In contrast with the ANRU (Agence Nationale pour la Renovation Urbaine), which large-scale, imposing material transformations of the urban fabric and landscape only give chance to adaptation, AAA efforts focus carefully and patiently on incubating urban coupling. AAA develops slow-paced, low-budget, and relatively small projects inserted in urban and suburban communities, integrating disciplinary practice into a comprehensive ecological, cultural, and political agenda. Their work consists of creating a mutual engagement between inhabitants and their environment, so that the urban landscape turns into a landscape of assets, and inhabitants into resilient and active agents of its transformation. Both inhabitants and landscape intertwine in a single entity that deals with the rest of the city, which is part subjectivity and part material layout. Their work tools are bodily and cognitively engaging materials and experiences, as well as alternative cultural practices and parallel circuits of social interactions. Managing to use temporarily available pieces of terrains vagues that are off the market or waiting for institutional development, they work with local people, international students, practitioners, researchers, and artists to implement practices of urban gardening, self-construction, and recycling workshops. The relevance of their work has been recognized with a Curry Stone Prize in 2011 and the Zumtobel Group Award 2012, acknowledging Ecobox and Passage 56, both of which were developed in Paris and are already completed.

Currently, AAA is the involved in R-Urban project, where they expand the original ambition of opening single, self-managed spaces to a more strategic network that extends the scope of influence to the city where it is located, and to the larger cultural community of practitioners, researchers, artists, and students. In their own words, R-Urban aims to be a pilot project with the vocation of extension as rhizome, a model of practice with the potential for reproduction as a network of similar practices around Europe. R-Urban has been already exhibited in Venice Bienalle 2012 and Re.Architecture in Paris, and the rising relevance and influence of AAA both in their regional and in academic contexts deserves disciplinary attention. In order to understand and explain their work, I spent one month in Colombes (Paris) undertaking an ethnographic mapping fieldwork of the R-Urban project, studying it both discursively and experimentally.

There are three aspects of R-Urban that I will briefly cover here. Each is related to a contemporary discussion of urbanism, ecology, and landscape, and they are intimately interconnected. The first aspect refers to the ecological dimension of the project, its performance as an autopoietic and metabolic organism, and the implicit understanding of the city as an ecosystem in which resilience is achieved by the proliferation and diversity of those landscape-organisms. The second is its relation with the so-called right to the city, the specific way in which AAA responds to the Lefebvrian "cry and demand,"[1] differentiating it from other tactical practices both in strategic and tactical terms. And the third is the reading of its work in disciplinary terms, as a possible professional program for new teams of practitioners.

1. In terms of material ecology, R-Urban is based in a circular metabolic system with three catalytic nodes of activity: Agrocité, acting as the center of food-production and an organic recycling digester; Recyclab, a center for the reception, storage, and production of inorganic goods; and Ecohab, self-managed social housing that hosts inhabitants who make a living running Recyclab and Agrocité.[2] R-Urban acts as ecological whirl in the neighborhood, absorbing its human, inorganic, and organic matter, transforming it by using localized material resources and skills, and re-delivering to the city it in a renovated way. Leftover coffee produced in nearby cafeterias; discarded furniture from homes and local business; debris from urban-renewal operations in the surrounding area, or time wasted by unemployed inhabitants, housekeepers, adolescents, and elders on watching TV or gaming, are all collected as local materials, transforming them in those nodes into local food, new goods, and renovated social activity. The system has neither the power nor the aim to fully replace the current dynamics of the city, but instead seeks to create a parallel and self-sufficient dynamic as a seed of change whose scope and extension is not controlled, but catalyzed by the team. Ecology is not understood as a metaphor, but as the actual framework for urban practice.[3] R-Urban is autopoietic in the literal notion outlined by Maturana and Varela:[4] it is an autonomous system that, once constituted as such, transforms the surrounding conditions of its environment in order to maintain its own existence, extending its influence as a condition of survival. Looking inward, the project acts as a centripetal autonomous system, but looking outward, it performs centrifugally in the wider urban scope. As J.J. Kay and Varela show using notions of SOHO[5] and structural coupling[6], autopoietic systems in association with others nest larger sys-

tems, rendering the urban landscape as an emergent network of species of landscapes seeded by relatively small-scale projects. Framed by this ecological reading, R-Urban contributes as one of those organisms seeking to thrive in the larger ecosystem of the city, using its resources, but inaugurating a new ecological modality of change.

2. In Rebel Cities, David Harvey frames the Lefebvrian right to the city as a "cry and demand." The cry is as a "response to the existential pain or a withering crises of everyday life in the city" and the demand is the need to "create an alternative urban life that is less alienated, more meaningful and playful but (…) open to conflictual and dialectical, to becoming, to encounters and to the perceptual pursuit of unknowable novelty."[7] Since the Situationists, artistic interventions, socio-political activists, and protestors are exercising the cry. Likewise, the approach of so-called tactical urbanism, everyday urbanism, guerrilla urbanism, DIY urbanism, or urban gardening already faces the demand. In their writings and explicit affiliation with political philosophers as Foucault, Deleuze, and Negri[8], AAA openly incorporates this cry, addressing the demand in their practice by sharing two basic techniques of spatial production with those other manifestations. The first is material coupling, meaning the use of soft materials, such as wood pallets, and bricolage techniques, such as small demolitions, gardening and painting to couple with the affordances of the body, as well as everyday practices like cooking. The second is mental coupling, meaning affordable complexity and a scale of strategy and tactics that can be phenomenologically grasped.[9] Both techniques are key in the consecution of engagement and autopoietic spatial production. The difference is that, if most of those practices focus on disrupting existent urban structures but refuse to actually recreate them on a long-term basis, AAA does so. If the former, in order to avoid the imposition of new structures, operates through short-term-impact actions, AAA avoids that imposition by producing modalities[10], an alternative mean of operation that

combines the dynamism, openness, and interactivity of actions with capacity of consolidation. Following the celebrated distinction between strategy and tactics of M. de Certeau[11], if traditional disciplinary practice erased tactics when directly moving from design (strategy) to object (structure), and most of tactical groups restrict action to performing construction of what has already been designed, AAA uses design to strategize a good-enough framework where tactics can enact independently to define structure. This creates a framework that is weak enough to evolve, but strong enough to provide a minimum of material stability that will not dissolve in the course of tactical actions. The result is that if most practices of tactical urbanism become mechanistic, impeding the Lefebvrian demand to flourish after initial implementation, and without the constant fuelling of a professional team, the AAA approach seeds that demand with life, giving it the opportunity for independent further development.

3. Thus, the disciplinary proposal of AAA transforms the work of design and implementation into the incubation of an urban autopoietic system that, once reaching sufficient constitution and autonomy, is able to interact with the city without this initial incubational nursing. This shift opens up multiple opportunities: first, to relatively small-scale professional teams which, working hands-on with communities in a more balanced power relationship than in market and institutional settings, may push their own visions of urban transformation. Second, for institutions that, losing contact, legitimacy, and effectiveness when interacting with the citizenship, can find support to recover it through the visions, commitment, and direct engagement of educated professional teams, shifting their role from controlling to supporting citizen action. And finally, it provides opportunity to communities that, acquiring a state of self-constitution, autonomy, and resilience, may really participate in the creation of the urban landscape.

DELLA STRA-ORDINARIA ARCHITETTURA DELLE STRADE. PRINCIPI DI RIGENERAZIONE DELLO SPAZIO PUBBLICO A ROMA

Caterina Padoa Schioppa

Laurea in Architettura a Roma Tre, Master in Landscape Urbanism all'Architectural Association e PhD dal 2009, è attualmente Docente a contratto in Architectural Design presso il Politecnico di Milano. Svolge attività di ricerca a livello teorico e sperimentale, approfondendo temi di architettura di sistemi complessi. Partecipa come relatore a numerosi convegni internazionali, ed è regolarmente invitata come lecturer in Italia e all'estero. Dal 2004 è direttore di padoak studio.

KW: HIGH STREETS, CORRIDORS OF POWER, ECOLOGICAL CORRIDORS

"Il nostro linguaggio può essere considerato come una vecchia città: un dedalo di stradine e di piazze, di case vecchie e nuove, e di case con parti aggiunte in tempi diversi; e il tutto circondato da una rete di nuovi sobborghi con strade diritte e regolari, e case uniformi." Ludwig Josef Johann Wittgenstein Ricerche Filosofiche, Parte I, ∫ 18 (1953)

Strategia e Scrittura

Nel 1934 Le Corbusier, di ritorno da un viaggio a Roma, scrive la sua formula modernista per la città eterna che sta colpevolmente divorando le sue magnifiche periferie e "perde così, poco per volta, tutto il fascino che le deriva dallo splendido sito[1]". La soluzione corbuseriana, che Rem Koolhaas definisce gesto anti-urbano[2], ora lo sappiamo, non avrebbe funzionato. Tra gli errori c'era un'interpretazione del paesaggio come fondo neutrale, liscio, su cui l'architettura semplicemente galleggia.

La logica della separazione tra architettura e paesaggio e insieme il mito della tecnologia - che non necessariamente si oppone alla fantasia, anzi per Le Corbusier, come per tanti altri, la tecnologia è fantastica in sé - sono tra le cause conclamate della crisi economica ed ecologica che minaccia oggi il nostro pianeta. La nozione di rigenerazione travalica senza dubbio i tradizionali confini disciplinari. Eppure è ancora prospettabile un contributo specifico delle discipline dello spazio che, oltre ad esplorare i limiti e le contraddizioni del rapporto tra l'uomo e l'ambiente, unendo responsabilità e immaginazione, possono tradurre in forme, in regole geometriche e scenografiche le visioni di un mondo che insistentemente si vuole alternativo.

In tal senso il paesaggio - con il suo modello concettuale evolutivo, facendo interagire più registri spazio-temporali, costruisce scenari di breve-medio-lungo periodo, adattabili ma non generici – è divenuto negli ultimi anni "lo" strumento metodologico più adottato per leggere ed interpretare la natura complessa dei fenomeni urbani. Tale strumento ha permesso da un lato di inventare nuove strategie ecologiche, talvolta attraverso colossali operazioni di rimedio e di rinaturalizzazione, dall'altro di recuperare il piacere della scrittura come gesto disinteressato carico invece di significati ideali.

Il progetto HiStreet[3] nasce come tentativo di esplorare tale strumento di strategia e di scrittura nelle strade di Roma, e nel mosaico composto di spazi intermedi, dai confini labili, che costituiscono il paesaggio pubblico cittadino.

Rigenerare relazioni mitologiche

Economia ed ecologia condividono la radice greca oikos, casa: gestione (nomos) la prima e riflessione, dialogo con la casa-Terra (logos) la seconda. Gestione e dialogo sono accomunati, non a caso, dalla parola crisi, dalla quale, sembrerebbe, usciremo se, insieme alle tante spiegazioni possibili - teologiche, naturalistiche, filosofiche, perfino matematiche[4] –, riconosceremo nell' "amore verso i più lontani[5]" - i lontani per genere, nello spazio e nel tempo – il movente principale di un radicale mutamento, basato prima di tutto sull'auto-disciplina. La responsabilità verso il lontano ha regolato per secoli, in tutte le civiltà, la relazione rituale dell'uomo con la sua casa-Terra[6], almeno fintanto che ha attribuito all'economia una veste "materiale", e alla scienza e alla tecnica una funzione ausiliaria, cioè non unicamente deputata al dominio sulla natura per accrescere un presunto benessere. Rigenerare significa dunque ripensare quella relazione in termini politici, antropologici, e mitologici. Di gesto mitico che rimanda all'infanzia parla Marc Augé nel suo breve saggio Il bello della bicicletta[7]. Il "nuovo umanesimo dei ciclisti" è solo uno dei tanti modi di interpretare quel viaggio di riscoperta del legame poetico e simbolico dell'uomo con il paesaggio più prossimo e che preannuncia l'opera di sovra-scrittura di un'idea di casa. Non a caso proprio Augé parla di parallelismo tra ciclismo e scrittura, parallelismo che possiamo estendere a tutti quei dispositivi – anche meno concreti - che rendono possibile una percezione lenta e affrancata della città. Di mito si era ugualmente parlato alla fine degli anni '50, quando si impiantava la civiltà dell'automobile che, come prevedibile, generò in pochi decenni una profonda metamorfosi dei paesaggi urbani, anche italiani. Come la maggior parte delle infrastrutture del territorio, anche le strade urbane hanno progressivamente radicalizzato il proprio carattere segregante e perso la propria feconda funzione sociale[8]. Questo territorio di nessuno è col tempo diventato un trofeo di banalità che neanche Robert Venturi saprebbe creativamente catalogare per svelarci la chiave di un ordinario che può farsi architettura.

Come aveva intuito l'Italia del dopoguerra, le infrastrutture per le automobili - strade, viadotti, stazioni di servizio, parcheggi multipiano – vanno invece intese come temi di paesaggio e di architettura, materia di ricerca e di sperimentazione[9], tanto più se, come si prevede, risolta l'emergenza ambientale con la produzione di bio-carburi, il mezzo privato continuerà nei prossimi decenni a pervadere i nostri paesaggi.

Quel che è certo è che la rigenerazione riguarderà tanto imponenti manufatti industriali, la cui dismissione ha già prodotto un'intelligente cultura del riciclo che ha trasformato la loro riconversione in occasione di ricerca estetica, quanto il patrimonio ordinario[10]. Si dovranno formulare nuovi paradigmi che sostituiscano il primato dell'ottimizzazione tecnologica con criteri più durevoli, come la sostenibilità ecologica e sociale, ma anche la qualità spaziale, e si dovranno inventare, come già nell'Italia degli anni '50, nuovi generi architettonici più ibridi.

1. Progetto HiStreet (2012): Rigenerazione delle strade a Roma combinando criteri ecologici, connettivi e scenografici.

Autop(s)ia di Roma

Roma ha attribuito alla propria conformazione orizzontale rapsodica e policentrica e al proprio tessuto verticale stratificatissimo, che si estende per molti metri sotto il manto stradale, le ragioni dell'impossibilità di un adeguamento infrastrutturale all'assunto moderno di ottimizzazione dei flussi e degli spostamenti, misurato in termini temporali, strettamente quantitativi. A ben vedere, il ritardo e l'ambiguità hanno caratterizzato tutti i processi di pianificazione post-unitaria per molteplici, complesse e contrastanti ragioni[11], ma forse più di ogni altra per quel comportamento umano – il cinismo - che nel suo discorso profetico Giacomo Leopardi[12] attribuisce agli italiani tutti, colpa il "clima" che induce alla negligenza e alla pigrizia. Se parliamo di accidia invece dobbiamo immaginare tale immobilità non solo come "abito del male" ma anche come risveglio dei sensi, e capacità di contemplazione del bello e del sublime[13]. È di questo ingrediente che ci si può nutrire oggi quando si guarda al potenziale trasformativo delle periferie e delle infrastrutture cittadine. Furono episodi isolati, dunque, i progetti di infrastrutture adibite all'automobile, come l'autorimessa di via Magna Grecia progettata da Riccardo Morandi nel 1956 che rappresenta non solo uno straordinario esempio di razionalismo costruttivo italiano, ma anche un autorevole modello di edificio ibrido – un parcheggio/mercato – che, ancorché troppo poco imitato, ha fatto scuola[14].

Più frequente l'insensata progettazione di quartieri, popolari e densissimi, che erroneamente non prevedeva la rapida "democratizzazione" dell'automobile, come il quartiere Don Bosco edificato in quegli stessi anni (fine anni '50) a poche centinaia di metri dalla roccaforte del cinema Cinecittà, e raccontato con ineffabile dolcezza da Pier Paolo Pasolini in Mamma Roma. Don Bosco, con il suo impianto scenografico, con le sue regole geometriche, rappresenta un caso esemplare di periferia romana che serba materiale architettonico e sociale "emergente" capace di innescare e accogliere cambiamenti progressivi e radicali. È il privilegio di quei territori esitanti, che hanno una storia ma che non sono stati sufficientemente valorizzati.
Questo materiale a ben vedere suggerisce non solo pratiche d'uso ma anche organizzazioni dello spazio.

Il Progetto HiStreet

Lo sguardo rivolto ai precedenti storici – dalla struttura urbana cinquecentesca di Sisto V a quella razionalista novecentesca, ma anche a casi meno noti come l'impianto di Don Bosco – HiStreet vuole celebrare l'identità dei centri minori della città attraverso la rigenerazione di un patrimonio solitamente considerato "ordinario". Combinando la tradizionale visione zenitale, dalla quale si deducono relazioni di contiguità, di reciprocità, di dipendenza dei grandi sistemi territoriali, insieme con una visione orizzontale, che permette di indagare le relazioni fisico-spaziali e le consuetudini funzionali di ogni singola realtà, HiStreet propone un sistema di strategie programmatiche multiscalari che, integrando l'apparato scenografico con le necessità infrastrutturali, convertono progressivamente i "corridoi del potere[15]" in corridoi ecologici. Su scala territoriale tale rete funziona come dispositivo per riconnettere il ricchissimo

OPEN SPACES

2. Progetto HiStreet (2012): Roma policentrica e rapsodica (sinistra) e sistema di corridoi ecologici che interconnette i vuoti urbani (destra)

patrimonio di vuoti (residui di agro, parchi, riserve etc.) e per incentivare le percorrenze lente. A scala domestica la ricerca di una leggibilità del disegno urbano definisce una gamma di tattiche - da trasformare poi in singoli temi di progettazione – che mentre svelano la logica (esistente o da inventare) tra lo spazio della strada e le sue architetture, siano anche occasioni per riorganizzare le funzioni, sia temporanee che permanenti. HiStreet vuole essere un manifesto che reclama alle strade il diritto di un pensiero architettonico. Alla celebrazione discriminante del "tempo reale strutturato dalla tecnologia e dai media, che non tollera nessun progetto, nessun ricordo" (Settis, 2012) HiStreet risponde con l'elogio dello spazio cinetico a velocità variabili. In questo mondo altrettanto reale si può riportare la congestione ad un fatto sociale e creativo.

1 - Gli edifici sviluppati in altezza, a grande distanza l'uno dall'altro e che lasciano libera una grande superficie di campagna, sono la formula della Ville Radieuse. In Tamborrino R. (a cura di) (2003), Le Corbusier Scritti, Einaudi Editore, Torino.
2 – Koolhaas R. (ed. 2001), Delirious New York, Electa, Milano.
3 – Ricerca sperimentale di un gruppo di architetti coordinati dall'autrice. Iniziata nell'estate del 2011 per iniziativa Provincia di Roma e conclusasi nel dicembre 2012, scopo della ricerca è contribuire allo sviluppo di una cultura che, senza mistificare l'architettura, riporti in una posizione nodale la questione della rigenerazione dello spazio pubblico nell'agenda urbanistica romana. Nella molteplicità delle linee programmatiche proposte dal nuovo PRG esiste un'indicazione per quei centri minori, che con diversa vocazione costituiscono l'ossatura della città contemporanea. Sono le cosiddette "Centralità Locali". Si tratta nella maggior parte dei casi di strade con funzione di centralità di quartiere. Il progetto HiStreet ha studiato 8 Centralità Locali (delle 62 totali) distribuite nei Municipi più popolosi e periferici della città (Conca d'Oro, San Basilio, Torre Angela, Cinecittà, Laurentina, Corviale, Primavalle, Labaro).
4 - Coniato nel 1866 dal biologo tedesco Ernst Haeckel il termine ecologia indica lo studio dell'economia della natura e del rapporto fra ambiente e uomo. Come spiega nel suo libro Settis S. (2012), Azione Popolare. Cittadini per il bene comune, Einaudi Editori, Torino nel tempo si sono delineati diversi approcci all'ecologia: quello "teologico" di White che rileva nella visione antropocentrica la crisi ecologica del mondo attuale; quello "naturalistico" di Lovelock che con l'ipotesi Gaia mette in luce i meccanismi di autocompensazione che un sistema integrato, come quello del pianeta Terra, dovrebbe naturalmente innescare; quello "filosofico" di Scruton che parla di ecofilia, amore per la propria casa in senso planetario come movente che potrebbe generare comportamenti di responsabilità; infine quello "matematico" di Haldane e Hamilton che dall'osservazione del comportamento cooperativo delle specie eusociali – come api e formiche - costruiscono un neo-darwinismo basato sul naturale altruismo tra individui di una stessa famiglia.
5 - Questa espressione di Nietzsche è adottata da Settis (2012) per motivare la dimensione spazio-temporale complessa della crisi politica e antropologica di cui l'emergenza ambientale è la conseguenza.
6 - Per approfondire questo tema si consiglia Serres M. (1993), Les origines de la géometrie, Flammarion, Paris; Rykwert J. (ed. 2002), L'idea di città, Adelphi Edizioni, Milano.
7 - Augé M. (2009), Il bello della bicicletta, Bollati Boringhieri, Torino.
8 - La riflessione sulla strada come elemento generatore di città è antica. "Le strade sono il più autentico portato della cultura urbana" recitano molti teorici della città, da Georg Simmel a Richard Sennett. Erano terzo spazio tra due fronti: luogo di contestazioni, di colonizzazioni spontanee, di improvvisazioni e di feconda entropia. Sono divenute spazio conteso, insicuro, espressione di un potere invisibile, che bene descrive Rosalind Williams quando parla di "corridoi del potere", dandone un'interpretazione politica e tecnologica. Per approfondire il tema si consiglia Padoa Schioppa C. (2012), Il riscatto nelle strade, in NIP, n.612, pp. 11-17
9 - Come documenta la mostra Energy (2013) a cura di Pippo Ciorra esposta a Roma al MAXXI, in quegli anni l'Italia, investendo molte delle proprie energie materiali e creative nell'invenzione di generi funzionali ed estetici che univano innovazione tecnica e figurativa, ha occupato a lungo una posizione di avanguardia architettonica.
10 - Come argomenta il paesaggista Pierre Bélanger nello studio "Redefining Infrastructure in Ecological Infrastructure" (http://www.youtube.com/watch?v=BLQkslziVEY) la caducità funzionale riguarda tutte le infrastrutture - dagli aeroporti alle stazioni idroelettriche, dai ponti ai pannelli solari, dagli inceneritori alle dighe. In media esse rimangono attive generalmente solo qualche decennio.
11 - Per approfondire il tema si consiglia Pasolini Pier Paolo, Mamma Roma, film 1962; Insolera I. (1993), Roma Moderna, Einaudi, Torino; Rossi P.O. (ed. 2012), Roma guida all'architettura moderna 1909-2011, Laterza, Bari; Marcelloni M., (2003) Pensare la città contemporanea, Laterza, Bari; Vidotto V. (2001), Roma Contemporanea, Laterza, Bari.
12 - Nel 1824 Giacomo Leopardi scriveva "il clima che s'inclina a vivere gran parte del dì allo scoperto, e quindi a' passeggi e cose tali, la vivacità del carattere italiano che fa loro preferire i piaceri degli spettacoli e gli altri diletti de' sensi a quelli più particolarmente propri dello spirito, e che lo spinge all'assoluto divertimento scompagnato da ogni fatica dell'animo e alla negligenza e pigrizia [...]". Leopardi G. (ed. 2007), Discorso sopra lo stato presente dei costumi degl'italiani, Feltrinelli, Roma
13 - Di Roma, della bellezza del suo paesaggio e delle sue architetture che tolgono il fiato, delle sue periferie cariche di umanità, del carattere dei romani che per ragioni misteriose sono attanagliati dall'accidia* hanno scritto imperatori, filosofi, poeti, architetti e cineasti. Paolo Sorrentino ne ha fatto il suo ultimo film La Grande Bellezza (2012).
14 - Si pensi al 1111 Lincoln Road di Herzog & de Meuron a Miami Beach, parcheggio multipiano con spazi pubblici pensati per programmi ed eventi temporanei.
15 - Si veda Rosalind Williams, Keynote Lecture "Landscape Infrastructure. Systems & Strategies for Contemporary Urbanization" - Symposium "Landscape Infrastructures", 23 marzo 2012, Graduate School of Design, Harvard University (http://www.youtube.com/watch?v=MfjkQjwoVHs)

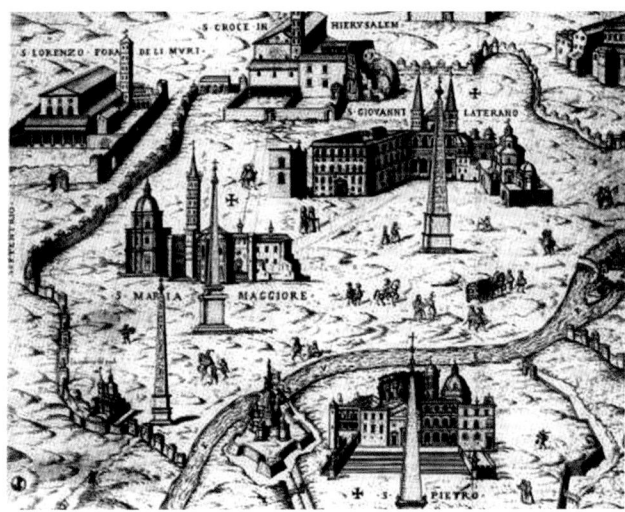

3. Roma: il Metronio, autorimessa /mercato di Riccardo Morandi (1956) (sinistra); Miami Beach: 1111 Lincoln Road, parcheggio misto ad altre funzioni di Herzog & de Meuron (2012) (destra).

4. Leggibilità del disegno urbano precedenti storici: la Roma cinquecentesca di Sisto V (sinistra); Quartiere Don Bosco (destra)

L'INFRASTRUTTURA DELL'ACQUA NEL XXI SECOLO

Carlo Pavan, Nicola Pavan

Carlo e Nicola Pavan si laureano con il massimo dei voti in architettura allo IUAV. Nel 2008 partecipano all'11 Biennale di Architettura di Venezia. La loro ricerca è legata ai temi dell'innovazione e della sostenibilità sia nel settore urbanistico che architettonico. Fondano laboratorio 120grammi.

KW: WATER INFRASTRUCTURE, URBAN WASTEWATER, FLOODS

Il Bacino Scolante della Laguna di Venezia rappresenta una realtà idrogeologica unitaria estremamente delicata per la complessità della sua rete idrografica frutto di una secolare interazione tra l'uomo e la natura; in questo contesto variazioni anche minime della piovosità vengono amplificate dal sistema di gestione delle acque che versa in uno stato critico. In particolare la riduzione della complessità della rete idrogeologica, l'inefficienza del sistema fognario, che ha sostituito la rete idrologica in ambito urbano, così come l'abbondante impermeabilizzazione del suolo, hanno ridotto la resilienza complessiva della "città diffusa". È evidente la necessità di un ripensamento della gestione idrica che parta dall'affrontare in modo preciso ciascuna criticità del territorio. A tale scopo, l'aggiornamento della mappatura delle aree a rischio di allagamenti (img1) ci rivela come la loro disposizione geografica non coinvolga solo le depressioni naturali della pianura alluvionale ma interessi ormai ampie zone dello spazio urbano.
Possiamo quindi facilmente immaginare gli effetti del cambiamento climatico in corso, che sta concentrando le piogge stagionali in pochi e intensi eventi precipitosi (Ferrara, 2003), su questi delicati meccanismi.

Come si adatterà la città a queste mutate condizioni ambientali?

Immaginiamo soluzioni adhocratiche che operano su tre assi principali:
- il 1° si concentra sull'edificazione lineare e sparsa sviluppatasi lungo i dossi fluviali in corrispondenza delle principali arterie storiche di comunicazione configurando porzioni di territorio agricolo intercluso che potrebbero oggi essere adibite all'assorbimento degli impatti dell'edificazione sulle risorse idriche e alla prevenzione del rischio di alluvioni;
- il 2° e 3° in aree ad elevata impermeabilizzazione del suolo dove, per mancanza di ricettori naturali superficiali, gli interventi di gestione del runoff devono essere intesi come azioni sulle infrastrutture o direttamente sugli edifici; in questo secondo caso si ipotizzano interventi diffusi di tipo bottom-up ("2") o interventi di entità più rilevante ("3").

Gli obiettivi che sottostanno alle strategie che proponiamo sono:
- la diminuzione del rischio di allagamenti dovuto alla riduzione della permeabilità del suolo e della capacità di invaso dei ricettori superficiali;
- l'impedimento delle infiltrazioni di acqua meteorica nella rete fognaria -mista vetusta e pesantemente sottodimensionata- al fine di evitare che, in concomitanza di eventi precipitosi significativi, essa tracimi ed emetta reflui misti nella rete idrografica superficiale inquinando quindi l'ecosistema lagunare.

Questo approccio potrebbe essere di per se considerato ormai una pratica condivisa ma bisogna far leva su un punto fondamentale: cercare di sfruttare queste occasioni progettuali per intervenire non solo sull'emergenza, ma per ripensare il ciclo dell'acqua nella città e nel territorio trasformando gli spazi dell'acqua da meri ricettori ad elementi attivi del sistema.

Strategie di mitigazione del rischio idraulico in ambito extra-urbano (ovvero le potenzialità sostenibili della città diffusa)

La 'città diffusa' è un territorio pervasivamente insediato e pesantemente infrastrutturato; se da un lato la costituzione di filamenti edificati in corrispondenza delle arterie viabilistiche consolidate ha fatto sì che venissero impermeabilizzate quelle porzioni di territorio (i dossi fluviali) più permeabili e salubri (perchè di quota più elevata e costituite da terreni più sabbiosi), dall'altra la porosità di questo tessuto insediativo ed il suo aver inglobato porzioni di territorio rurale apre nuove possibilità nella gestione integrata della risorsa idrica.
Immaginiamo che porzioni di territorio agricolo, in corrispondenza dei ricettori superficiali principali dei sottobacini scolanti a monte della città di Mestre, che non presentano più caratteristiche tali da essere utilizzate con profitto per le colture estensive tradizionali, possano venire destinate alla costruzione di vasche di espansione piantumate con colture idrofile e che siano allo stesso tempo in grado di funzionare da aree di fitodepurazione per il 'runoff' urbano delle zone adiacenti; il trattamento locale del 'runoff' urbano è altamente consigliato, specie in un territorio in cui le pendenze bassissime rendono molto oneroso il trasporto a grandi distanze (in condotte) di notevoli quantità di acqua (sono necessari diversi sollevamenti per raggiungere il depuratore più vicino). La costruzione di vasche di laminazione si rivela essere molto efficace nella riduzione del rischio di allagamenti non solo nelle zone dove vengono realizzate, ma soprattutto delle zone a valle.
Questi paesaggi ibridi, aree di lagunaggio che portano il suggestivo paesaggio lagunare a contaminare anche la terraferma, rappresentano, con il variare del loro utilizzo nell'arco dell'anno, una simbolica presa di coscienza della convivenza dell'uomo con un territorio che è per sua stessa natura mutevole.

Strategie di mitigazione del rischio idraulico in ambito urbano

La logica sottesa è quella di aumentare l'inerzia idraulica del sistema urbano invece di incrementare la sua capacità di drenaggio catturando e ritenendo l'acqua prima che venga immessa nella rete fognaria.
Immaginiamo quindi interventi che costruiscano artificialmente quelle funzioni che in un ecosistema naturale vengono offerte dalla complessità sistemica, in particolare la capacità di ritenere, depurare ed infiltrare l'acqua, di regolare il 'runoff' e addirittura di produrre biomassa.
Gli interventi di ridisegno delle arterie urbane principali (coin-

cidenti con le più importanti arterie della rete fognaria) si potrebbero definire in una rete di invasi profondi e superficiali; le loro sembianze muterebbero al variare del regime pluviometrico ed esse adatterebbero la propria capacità di invaso per regolare l'acqua immessa nella rete di deflusso.

Si dovrebbero parallelamente promuovere interventi diffusi, come serre, orti urbani e giardini pensili, dei quali è stato stimato il contributo alla riduzione del 'runoff'. Questi interventi 'verdi', data l'impossibilità di riconversione totale delle coperture da impermeabili a tetti giardino, potranno essere viste come un ibrido tra il giardino pensile e il vaso di gerani al balcone e a loro volta potranno essere distinti a seconda dell'utilizzo di sistemi a verde intensivo o verde estensivo prevedendo forme di depurazione e fitodepurazione sia delle acque reflue che delle acque meteoriche al fine di ridurre il carico ora completamente gestito dalla rete fognaria.

Un approccio integrato alla gestione del ciclo dell'acqua in ambito urbano

Il vero cambiamento si avrà comunque solo quando il modello infrastrutturale corrente, (appartenente ad un paradigma ottocentesco in cui l'ingegnere sapeva coordinare campi del sapere diversi ma più limitati rispetto a quelli che ora sono necessari padroneggiare) si evolverà in modo da non ricevere e smaltire passivamente i reflui della città, ma sarà un elemento attivo in grado di restituire servizi all'ecosistema urbano.

Il nostro prototipo di infrastuttura attiva è collocata nella parte più depressa, sia morfologicamente che socialmente, della città di Mestre: il nodo ferroviario, nodo mai risolto e sempre trascurato della città. L'intervento si caratterizza come infrastruttura che convoglia sia i flussi viari per lo spostamento dalla e nella città, sia i flussi idrici (oggi interrotti) di collegamento tra il bacino scolante e laguna veneziana attraverso i canali di Mestre. Questo modello di infrastruttura interviene sulla città puntando alla chiusura dei cicli ecologici ricalcando un modello chiuso che si rifà alla "Spaceship Earth" (Boulding, 1666) con l'obiettivo di rimettere in gioco sistematicamente tutti gli input e gli output del sistema urbano.

Attraverso oggetti architettonici a metà tra il congegno tecnico-ecologico, il disegno di paesaggio e l'opera di architettura, sarà possibile immaginare spazi urbani per il 'loisir' e il tempo libero rappresentati da teatri, giardini, parchi e orti che offriranno ai cittadini la possibilità di interagire con il ciclo urbano dell'acqua nella sua interezza e di trarne come benefici non solo la consapevolezza della sua esistenza ma anche cibo prodotto in serre (Todd, 2003), che fanno uso di acque depurate. Questa nuova "banca del tempo libero" offre così la possibilità di riappropriarsi di spazi urbani attualmente proibiti ed evitati dalla cittadinanza – aree a margine, parcheggi, cavalcavia e tutte quelle aree che vengono identificate come fortemente sensibili al degrado urbano. Per avviare questo processo sarà quindi necessario introdurre nuovi materiali di progetto negli spazi urbani, materiali che appartengono probabilmente a discipline quali l'ecologia, l'agraria, l'ingegneria idraulica.

Spazi ibridi, essenzialmente opere di modellazione del terreno per ridare complessità al suolo e distinguere zone allagabili da zone invece sicure, ricordandoci che gli spazi allagabili presenteranno sempre una moltitudine di possibilità di utilizzo. Il paesaggio sarà costellato da una serie di dispositivi quali serre e giardini d'inverno che connetteranno il sistema degli spazi privati all'infrastruttura offrendo servizi di depurazione delle acque e potenziando artificialmente i servizi ecosistemici indeboliti dalle pressioni degli spazi urbani.

Monografie
Rusconi, A., 1991, *Evoluzione della rete idrografica di ieri e di oggi attraverso il confronto delle osservazioni in Trasformazioni del territorio e rete idrica del Veneto. Venezia, Istituto Veneto di Scienze, Lettere e Arti.*
Dreiseitl, H., Grau, D., (2009). *Recent Waterscapes - planning, building and designing with water. Basilea, Birkhauser Basel.*
Viganò, P., et. al., 2009, *Landscapes of water, paesaggi dell'acqua. Pordenone, Risma Edizioni.*

Saggi su Volume
Albrecht, B., Frate, M., (2008). *Disegno Urbano Sostenibile e Adattativo. In: L'architettura e le sue declinazioni, pp. 223-232, Verona, Ipertesto Edizioni.*
Boulding, K. (1965). *Earth as a Space Ship. Washington State University, Committee on Space Sciences. Kenneth E. Boulding Papers, Archives (Box # 38), University of Colorado at Boulder Libraries.*
Piovene, G. (1962). *Introduzione al Veneto. In: TUTTITALIA, Istituto Geografico De Agostini Novara, Firenze, Edizioni Sadea Sansoni.*

Articoli
Ferrara, V. (2003). *I problemi di impatto ambientale dei cambiamenti climatici in Italia. In: La risposta al cambiamento climatico in Italia. Roma, ENEA Progetto Speciale Clima Globale.*
Bixio, V., Fiume, A., a cura di, (2002). *Caratterizzazione delle piogge intense sul bacino scolante nella laguna di Venezia. ARPAV Agenzia Regionale per la Prevenzione e Protezione Ambientale in Veneto.*
Tjallingii, S.P., (1988). *Strategies In Urban Water Design. In: Hydrological Processes and Water Management in Urban Areas (Proceedings of the Duisberg Symposium, April 1988), pp. 323-330, IAHS Publ. no. 198, 1990.*
Todd, J., Brown, E.J.G., Wells, E., (2003). *Ecological design applied. In: Ecological Engineering 20, pp. 421-440, Elsevier B.V., 2003.*
Zaragoza, G., Buchholz, M., Jochum, P., Pérez-Parra, J., (2006). *Watergy project: Towards a rational use of water in greenhouse agriculture and sustainable architecture. In: Desalination 211, pp. 296-303, Elsevier B.V., 2007.*
Speetjens, S.L., (2008), *Towards Model Based Adaptive Control for the Watergy Greenhouse - Design and Implementation. Ph.D. Thesis Wageningen Universiteit, Wageningen, The Netherlands.*

2

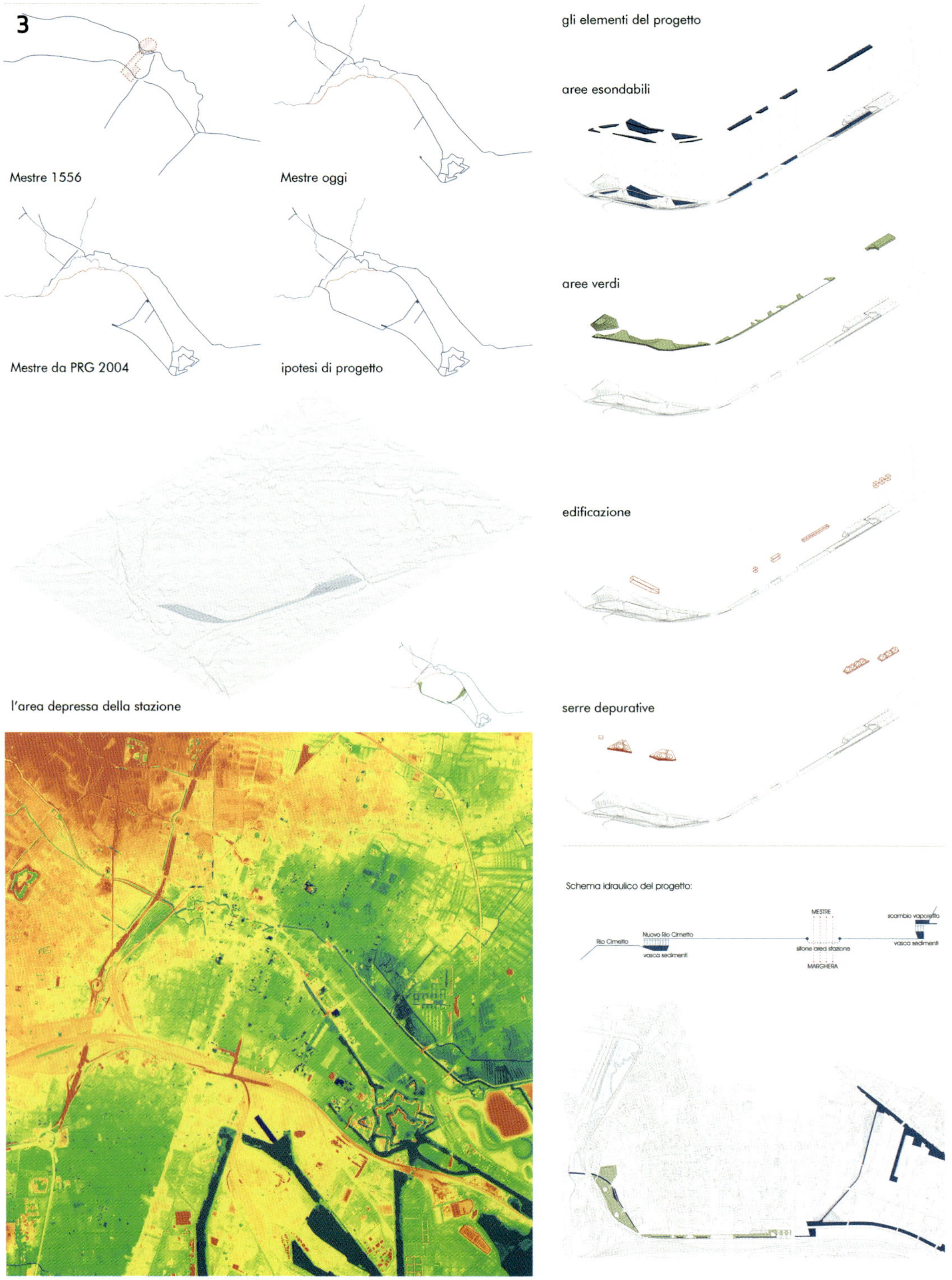
3
Mestre 1556
Mestre oggi
Mestre da PRG 2004
ipotesi di progetto
l'area depressa della stazione
gli elementi del progetto
aree esondabili
aree verdi
edificazione
serre depurative
Schema idraulico del progetto:
Rio Cimetto
Nuovo Rio Cimetto
vasca sedimenti
MESTRE
sifone area stazione
MARGHERA
scambio vaporetto
vasca sedimenti

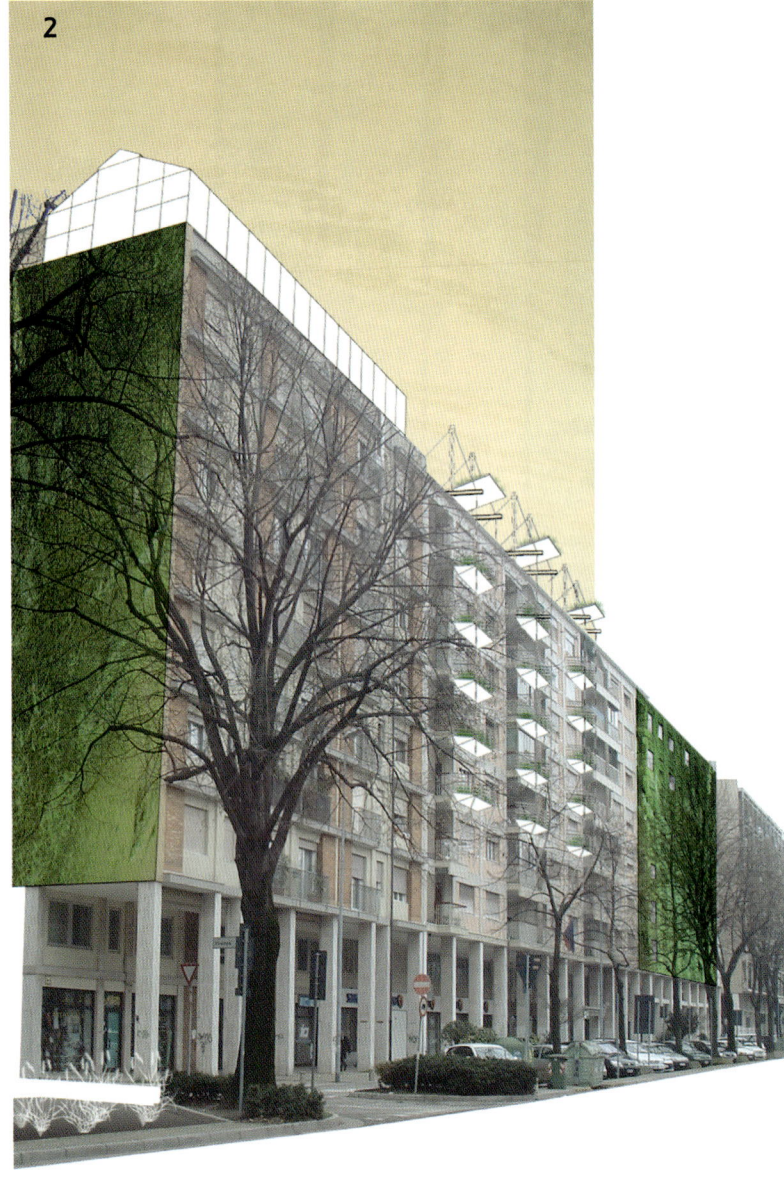

Immagini:
1. Le criticità ed opportunità del bacino scolante della laguna di Venezia.
2. Alcuni dispositivi in ambito urbano.
3. Una nuova via d'acqua per Mestre.

THE REGENERATION OF PUBLIC SPACES: INNOVATIVE TOOLS FOR AN INTEGRATED APPROACH TO THE BIOCLIMATIC DESIGN IN THE URBAN CONTEXT

KW: MEMORY, PARTECIPATION, WELLNESS

The contemporary city is involved in deep transformations affecting places that always used to house the civil functions of the classical ideal of polis and civitas typical of historical cities, marked by a common life's model based on dialogue and participation.

Reduced first to technical spaces serving industry, then in homogeneous spaces deprived of their vital mix of functions, these places become problematical areas. The development of urban centers and their transformation into metropolis, moreover, have definitely contributed to the crisis of the idea of civil public space.

Also crucial is the role of the information technology, which brings to light the immaterial aspects of space. The time-space compression and the acceleration of life's rhythms are, indeed, the reason of the individual and collective experience's displacement within the city: in addition to non-places of cultural anthropology (Augé, 1992), the contemporary sociology also identifies places "emic" and "phage"[1] (Bauman, 2002) and "blanks" (Kociatkiewicz-Kostera, 1999), characterized by inhospitality and consumption and that are experienced mainly in the vacuum, especially political, in which seem to have vanished dialogue and negotiation, involvement and commitment to one another.

Growing forms of discomfort show that the public spaces' degradation is the sign of a deeper disease. Such decay is often triggered by problems of management and maintenance by the government, but also from a design careless to the demand for quality and comfort.

Hence the need for an approach to the design in the urban context marked by integrated action's strategies for the identification of new elements of spatial, functional and environmental reconfiguration, as public spaces are not "empty", but a connected set of networks that feed and shape the dynamics of the local microclimate.

So far, the bioclimatic approach to architecture has mainly affected building design, relegating to the background the study of open environments, which in temperate zones are the areas where activities and social relationships take place for a long period of the year.

The requalification's project[2] of Piazza Caduti XXVI Giugno in the town of Sannicandro di Bari in the region Puglia[3] is based on the theme relating to the commemoration of the fallen civilians in the bombing on 26 June 1943. The celebration of the 60° anniversary in June 2003 provided an opportunity to celebrate the event in a solemn way, with the construction of a monument in the requalified square.

With an agreement protocol, a rare form of public-private collaboration and first kind experience for the involved community, it was accomplished a public work with funding of a private client, the Club Marconi of Sannicandro di Bari's citizens immigrated in New York.

The project allowed not only the functional recovery of the area, but especially that of the historical sense and collective memory of the place. The design choices taken are an expression of the recognition of its exceptional nature.

The destroyed block on which stands the square had, indeed, an original conformation L-reverse, closing on the inside an open space, recovered in the project with a conceptual action that turns it from landlocked open place into public place.

The square becomes the place that receives the monument, a large unsteady fragment of wall, which is based on what there was before and still stands, the "traces" of the memory, and holds itself eleven stone fragments, the collapsed blocks, and four bronze fragments, the cross's arms of S. Maria del Carmine's Church, also destroyed with the church.

The fountain reminds the continuous time's flow with the flowing water. Vegetation, instead, becomes an integral part of the project: the treetops recall the ancient fathers and rise up to protect what must not be forgotten, the colors of the flowers are those of life, returning always to reborn.

Other distinctive features of the project were the design's team interdisciplinary, the residents' active participation to the care of the square after its opening, the recovery of beauty and memory's values, which significantly reduced the problem of vandalism, but also of sociality for cultural-educational purposes, religious ones (celebrations of the nearby church) and civil ones (commemoration of the bombing's event, cultural associations' meetings for participate assemblies), and finally the care to the choice of local materials, environmentally sound technologies and native plant species to improve the use and livability of the area.

In the ecological perspective, the aims pursued in this project focus on the improvement of the local microclimate with reduction of urban heat islands, considering the orientation of the urban texture, also respect to the winds, the use of local materials, the planting of green, the pursuit of sustainable mobility, the elimination of exposure to sources of pollution.

The environmental parameters that affect outdoors thermal comfort conditions, although similar to those relating to indoors, are more and more characterized by mutability. Therefore, due to this complexity in terms of spatial-temporal variability and to the wide range of activities in which people are engaged, there have been very few attempts to understand the conditions of outdoor comfort, because, besides its physiological aspect, there is also a psychological one, difficult to quantify and

1. Zygmunt Bauman derives the definitions from a work by C. Levy-Strauss (Tristes Tropiques, 1955), in which the French anthropologist asserts that the antropoemica and anthropophagic strategies were the only ones used by man throughout his history to address and solve the problems of the other than itself and of the stranger.
2. Team: ATELIER 31 | laura pavia (architectural design, construction management, design monument), V. Mondelli (structures, security), Iusco N. (lighting), Sansiviero F. C. (Environment), Edil2000 S.A.S. Schiavone P. & C. (construction company).
3. Selection for the Architecture's Award "The City for the Green" - IX Edition, 2008 - II Category: towns from 5.000 to 15.000 inhabitants, promoted by the magazine Il Verde Editoriale.

Laura Pavia

(Torino, 1969), architetto e docente, esperto in bioarchitettura e color-design. International PhD Student presso l'UNIBAS (Matera). Si occupa principalmente di progettazione, spazi urbani, verde pubblico, paesaggio. Selezione per il Premio di Architettura "La città per il verde" (2008).

Tiziana Cardinale

(Bari 1985), ingegnere-architetto, esperto in architettura bioclimatica e valutazioni energetiche, in particolare nell'ambito del recupero del patrimonio storico tradizionale. International PhD Student presso l'UNIBAS (Matera), con stage formativo in corso presso l'ETSAM (Madrid).

Immagini:
1. Vista dall'alto di Piazza Caduti XXVI Giugno
2. Monumento ai caduti civili del 26 giugno 1943 (Sullo sfondo Chiesa Spirito Santo)
3. I materiali e il verde

configured. As the town is a space where private problems are connected to public ones, it is necessary to prefer a not technocratic vision, but another one careful to differences in the quality of places and people, starting from the least protected in their concrete needs. For these reasons, planning cannot be expressed in the only form of the urban plan, but must take into account the need for interaction among all social actors and the plurality of demands, objectives, ways and opportunities. In this sense, the local government must make a connection between planning and urban regeneration and more complex social and environmental dynamics. From the analysis of the site's energy and natural factors derive elements and data that can be directly used in the drawing of plans and projects and directions to impose safeguard and mitigation measures.

The comparison between the climatic and environmental factors and the system of urban and environmental invariants, the overlapping and the cross-evaluation of informations excludes some areas and at the same time identify the location of some functions rather than others and underline the lack of services and infrastructures.

The responses to the microclimate may be unconscious, but very often result in a different use of the open space according to the different climatic conditions. For this reason, it is essential to understand its richness in open urban spaces and the implications in terms of comfort for people.

In this case, the sun orientation determined the lay of the monument, so that it could always be in light. The thick foliage of the trees, as well as encourage the improvement of air quality, noise absorption and conservation of biodiversity, allow an alternation of sunny and shaded areas in which to stop depending on the seasons, and a reduction of the sunny area, with a consequent increase of summer cooling.

Special attention was given to the choice of tree species (Robinia), shrubs (Boxwood, Lavender, Poligala) and ground cover (Ivy, Festuca, Gazania, Iris, Rose, Thyme), plants typical of the Mediterranean area or acclimatized to the local climate, for ensure the less maintenance cost over time, and to the choice of the materials used (limestone from a local quarry) in line with the tradition of the Puglia's historical centers. The lights provide light emissions in compliance with light pollution.

The Envi-Met model can be used to define several scenarios relating to the microclimate of local areas with the presence of buildings. The results of the calculations can be spent both in the monitoring and control phase of the architectural and energy redevelopment project, both in the central one of processing to enter corrective measures, through an increase in volumes and a better arrangement of green and an adequate choice of materials and finishes. In this way, it can be evaluated in terms of performance the solutions developed in design, recovery and redevelopment of open spaces.

Piazza Caduti is an example of successful enhancement in terms of sustainability of a degraded public space, which thanks to a process of purposes' sharing and active participation opens the way to similar future actions.

Monographs
Auge M. (1996), *Non luoghi. Introduzione a una antropologia della surmodernità*, Elèuthera, Milano.
Bauman Z. (2002), *Modernità liquida*, Laterza, Roma-Bari.
Capolongo S. (2009), *Qualità urbana, stili di vita, salute*, Hoepli, Milano.
Choay F. (2003), *Espacements. Figura di spazi urbani nel tempo*, Skira, Milano.
Cicalò E. (2009), *Spazi pubblici. Progettare la dimensione pubblica della città contemporanea*, Franco Angeli, Milano.
Dessi V. (2007), *Progettare il comfort urbano*, Sistemi Editoriali SE, Napoli.
Grosso M., Peretti G., Piardi S., Scudo G. (2005), *Progettazione ecocompatibile dell'architettura*, Esselibri, Napoli.
Innerarity D. (2008), *Il nuovo spazio pubblico*, Meltemi, Roma.
Mandich G., (2010), *Culture quotidiane. Addomesticare lo spazio e il tempo*, Carocci, Roma.
Perulli P. (2009), *Visioni di città. Le forme del mondo spaziale*, Einaudi, Torino.
Scudo G., Ochoa de la Torre J.M. (2003), *Spazi verdi urbani*, Sistemi Editoriali SE, Napoli.
Zukin S. (1995), *The culture of the city*, Oxford University Press, USA.
Zukin S. (2009), *Naked City. The death and life of Authentic Urban Places*, Oxford University Press, USA.

Journal papers
Ali-Toudert F., Mayer H. (2007), "Effects of asymmetry, galleries, overhanging facades and vegetation on thermal comfort in urban street canyons", in *Solar Energy*, n.81, pp. 742–754.
Bruse M., Fleer H. (1998), "Simulating surface–plant–air interactions inside urban environments with a threedimensional numerical model", in *Environmental Modelling&Software*, n.13, pp. 373–384.
Ga T., Unger J. (2009), "Detection of ventilation paths using high-resolution roughness parameter mapping in a larger urban area", in *Building and Environment*, n. 44, pp. 198–206.
Lahme E., Bruse M. (2003), "Microclimatic effects of a small urban park in a densely build up area: meassurements and model simulations" in *Proceedings of ICUC5*, Lodz.
Yu C., Hien W. N. (2006), "Thermal benefits of city parks", in *Energy and Buildings*, n. 38, pp. 105–120.

ABITARE LA CITTÀ CONTEMPORANEA: COMPLEMENTARIETÀ E OSMOSI TRA SPAZIO PUBBLICO E RESIDENZA

KW: PUBBLICO, RESIDENZA, INNOVAZIONE

Matilde Plastina, ingegnere, PhD in Ingegneria edile-architettura. Attualmente partecipa alle attività di ricerca del Dipartimento di Ingegneria Civile, Edile ed Industriale della "Sapienza", Università di Roma e collabora come tutor alle attività didattiche dei corsi di Architettura e Composizione Architettonica 2 e Progettazione Architettonica e Urbana.

Omologazione, ripetizione, alienazione, perdita di identità urbana sono solo alcuni dei caratteri che spesso emergono dall'analisi delle nostre periferie urbane obbligandoci, di fronte al crescere dell'emergenza abitativa, ad una riflessione sul rapporto tra la residenza ad alta densità e lo spazio della città. Per troppo tempo, nelle attività di pianificazione urbanistica e di progettazione dell'abitazione si è consolidata una crescente sottovalutazione della sfera comune in favore di una malintesa prevalenza di quella individuale, peraltro spesso ridotta al minimo. Lo spazio pubblico, considerato così vitale nei modelli della città storica, si è estremamente ridotto, fino ad essere a volte assente o sostituito dallo spazio residuale, ricavato dalla somma dei vuoti interstiziali tra i blocchi che si stagliano distanti, secondo l'esempio della città diffusa. La dispersione urbana indotta da questi modelli genera non solo un elevato consumo di suolo, ma è anche causa dello "sradicamento" dell'abitante da un tessuto di relazioni e luoghi in grado di garantire socialità. Nel corso degli anni si è progressivamente smarrita, anche a causa di una speculazione economica sempre crescente, quella dimensione urbana, che faceva riferimento alle unità di vicinato e ai piccoli brani di città, in cui l'abitazione era connessa agli spazi pubblici favorendo un maggiore scambio sociale e restituendo riconoscibilità ai luoghi. Anche l'esperienza degli edifici collettivi ad alta densità moderni e tardo-moderni è entrata in crisi a causa proprio dell'incapacità di questi di divenire città. Affascinanti e persino poetici nella loro immagine architettonica, questi complessi adagiati, isolati, nelle aree peri-urbane sono risultati incapaci di generare quel senso comunità anelata, oggi, come riparo dalle "turbolenze" a cui si è sottoposti in una società sempre più instabile[1]. Solo l'appartenenza condivisa a una comunità, che vi si riconosce e lo coltiva come luogo di una bellezza condivisa rende significativi anziché ansiogeni i vuoti delle nostre città. Ma i vuoti, appunto, vanno progettati per non divenire l'abisso in cui precipita la mancanza di identità. E questo assunto base pone a sua volta numerosi interrogativi. Nel progetto del "vuoto" cosa si dovrebbe condividere, quali potrebbero essere i significati da attribuire agli spazi aperti della città, quale la relazione da stabilire con gli edifici residenziali e con la comunità sempre più differenziata negli usi e nelle esigenze? Condividere, oggi, non ha più lo stesso valore che aveva per gli abitanti dell'Unità di Abitazione, del Familisterio o del Narkomfin. Assume significati diversi, che seppure lontani da quella finalità maieutica e utopica, tesa a formare l'uomo nuovo, che aveva caratterizzato i modelli del passato (figli di granitici ideali socio-politici che si sono sgretolati proprio per la terribile fragilità dell'utopia), sono comunque orientati alla qualità dei modi dell'abitare, e sorretti dalla convinzione che la deregulation e l'individualismo esasperato non risolvono il problema dello sradicamento, semmai semplicemente lo capovolgono. Solo recuperando il concetto di comunità si può tornare ad immaginare un'architettura attenta al contesto socio-culturale, alle esigenze degli abitanti e alle nuove dinamiche abitative[2], non solo nella definizione dei tipi edilizi, ma anche nella previsione degli spazi ad uso pubblico. Abitazione ad alta densità e spazio pubblico si configurano così come due elementi in stretta connessione, da un lato perché inversamente proporzionali, dall'altro per il significato differente assunto dalla residenza a seconda del tipo di rapporto che essa instaura con lo spazio della città. Le nuove politiche di housing in Europa, e ultimamente anche in Italia, promuovono interventi residenziali capaci di restituire alla collettività non più vuoti di risulta in un "mare" di ripetizione e livellamento progettuale, ma spazi urbani di qualità inglobati e "innestati" al loro interno. Se la memoria del passato serve a scoprire ciò che non cambia, e che permanendo mantiene la propria validità e attualità, ecco apparire allora in maniera evidente le linee di continuità tra alcuni progetti e realizzazioni relativi alla residenza sociale del Novecento e la maniera contemporanea di comporre, soprattutto per quanto riguarda il rapporto con lo spazio pubblico. In questo quadro, tra le strategie progettuali che mettono in stretta relazione spazio pubblico e residenze, in un rapporto di diretta complementarietà, emerge quella del cosiddetto "Fuori-scala". Nella sua Unità di abitazione progettata per Marsiglia nel 1946, Le Corbusier introdusse infatti un elemento innovativo. Qui il "Fuori-scala" prevede la presenza di uno spazio comune, pubblico, riconoscibile ed evidente anche dall'esterno, un'eccezione alla regola che rompe la banalità della replicazione seriale. A circa metà del volume, un segno asimmetrico, un'incisione orizzontale ricucita da una vetrata continua dietro cui è posta una galleria di servizi comuni, interrompe la fitta trama di abitazioni duplex incasellate con ritmo ossessivamente uguale. Lo stesso tema è ripreso ed è evidente anche in progetti visionari mega-strutturali sviluppati a cavallo degli anni Sessanta e Settanta. Il "fuori-scala" identifica gli spazi pubblici anche di livello urbano e ritorna ad essere l'elemento di rottura nell'incalzante sovrapposizione delle cellule abitative prefabbricate come nella Triton City ideata da Fuller nel 1966 per la baia di Tokyo. L'elemento d'eccezione, oggi, spesso si configura attraverso ampie forature passanti nel blocco residenziale. Tra gli interventi più recenti, forse, quello più emblematico in tale ambito è Celosia. L'edificio, progettato dallo studio olandese MVRDV e dal gruppo Blanca Lleó Asociados e completato nel 2009, fa parte dei grandi interventi di edilizia popolare che la municipalità madrilena sta commissionando per incentivare lo sviluppo nel quartiere periferico di Sanchinarro. I progettisti hanno voluto fornire una risposta alla richiesta di identità degli ambiti abitativi graduando il passaggio dallo spazio pubblico a quello privato. Celosia

OPEN SPACES

SCHEMI DI EDIFICI RESIDENZIALI E SPAZI DI CONDIVISIONE SOCIALE

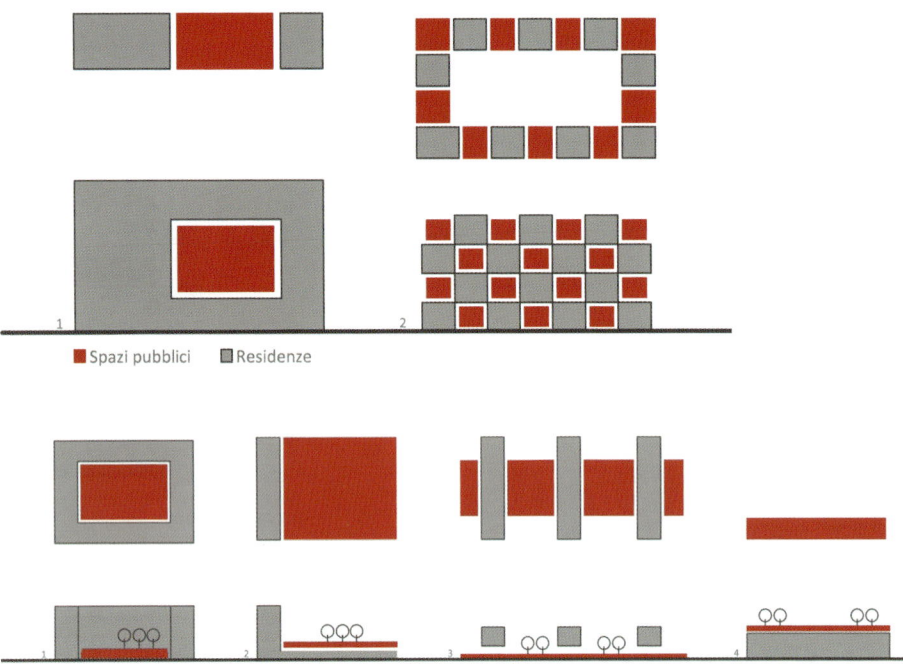

Spazi pubblici ■ Residenze

LE CORTI INTERNE NELLA PROGETTAZIONE DELLA RESIDENZA CONTEMPORANEA

IL FUORI SCALA NELLA PROGETTAZIONE DELLA RESIDENZA CONTEMPORANEA

significa reticolo. I pieni e vuoti si alternano a formare una trama tridimensionale che reinterpreta il tipo edilizio tradizionale della residenza a corte per sconvolgerla e ottenere un risultato del tutto innovativo. Un progetto in cui i "vuoti", sovrapposti in verticale, vogliono assumere le stesse funzioni delle piazze e degli slarghi all'interno del tessuto compatto della città, concedendo delle pause di sole, aria, vento, gioco e socializzazione. Si tratta di un modello che affonda le radici nelle note sperimentazioni corbuseriane dell'Immeuble Villas e dei Nuovi Quartieri Frugès a Bordeaux, ma se ne distacca proponendo un livello di densificazione differente. Trenta blocchi residenziali di cemento armato grigio, ognuno di due piani e contenente da quattro a sei alloggi, si incastrano tra i solai di colore bianco, sovrapponendosi in maniera sfalsata per dar luogo ad altrettanti svuotamenti in cui si alternano scale, passaggi sospesi e ballatoi per l'accesso agli alloggi. Le relazioni sociali avvengono su due livelli: quello relativo al vicinato, rappresentato dai patii a doppia altezza di pertinenza delle abitazioni, l'altro rappresentato dal cortile pubblico al piano terra che è connesso con la città attraverso sei ampi varchi. Sempre nello stesso quartiere, è stato concepito dagli stessi progettisti il blocco residenziale Mirador (2005), che per alcuni versi evoca l'immagine visionaria delle megastrutture anni '60. Infatti, un ampio vuoto fuori-scala lo attraversa trasversalmente, per cinque livelli, all'altezza del dodicesimo piano. In questo varco è collocata una piazza belvedere a cui tutti avrebbero dovuto avere libero accesso, secondo la visione progettuale, per mezzo di una scala mobile dal livello terra. Quest'ultima, in realtà, non è stata mai posta in opera e la piazza è diventata di uso esclusivamente condominiale. Accanto alla strategia del fuori-scala che alterna in quota alle abitazioni piazze e giardini si colloca un'altra operazione progettuale, più tradizionale, che permette la valorizzazione delle corti residenziali attraverso l'inserimento di luoghi di sosta e spazi verdi che si pongono in continuità con lo spazio urbano circostante. Il noto Karl Marx-Hof di Vienna è ancora oggi un modello da cui poter raccogliere spunti nel disegno della città reinterpretato e reso più dinamico negli esempi più recenti. Sono emblematici gli spazi racchiusi, ad esempio, dal blocco di abitazioni sociali a Rota progettate da Vasquez Consuegra (2004) o dalla corte di residenze sociali a Mieres in Spagna ad opera dello studio Zizzag Arquitectura (2011). La ricerca attuale, come analizzato, spesso affonda le radici nel passato e allo stesso tempo rivive di nuovi significati e valori; strategie e modelli consolidati vengono reinterpretati in base alle istanze e alle esigenze di una rinnovata società al fine di restituire spazi residenziali di qualità che interagiscano con spazi pubblici in cui l'odierna società complessa, multietnica e trasversale, sia in grado di riconoscersi.

Bibliografia
Argenti M. (2010), "Edificio Celosia", in Materia, n. 67, pp. 118 – 129.
Bauman Z. (ed. 2009), Voglia di comunità, trad. it. S. Minucci, VI ed., Laterza, Bari.
Gottmann J. (1983), Le nuove dinamiche abitative in La città invincibile. Una configurazione dell'urbanistica negativa, Franco Angeli, Milano.

1. Cfr. Bauman Z. (2009), Voglia di comunità, trad. it. S. Minucci, VI ed., Laterza, Bari.
2. Cfr. Gottmann J. (1983), Le nuove dinamiche abitative in La città invincibile. Una configurazione dell'urbanistica negativa, Franco Angeli, Milano.

FOURTH LANDSCAPE, A PROPOSAL FOR THE URBAN ECOSYSTEMS

KW: LANDSCAPE, ECOLOGY, CITY

Fourth landscape relates to fourth world (conflict), fourth power[1] (communication) and fourth country (militancy). Conflict as a driver of social and cultural innovation, to escape "sad passions" (M. Benasayag, 2008); communication as the condition of modern landscape, which is also phenomenon and representation (M. Jakob, 2009); militancy as action, which is capacity to act suddenly and unexpectedly (H. Arendt, 1958).

Fourth Landscape

Unlike G. Clément's third landscape, the fourth is an action paradigm. It has the capacity to contain and hybridize natural and artificial entities alike, by activating a process of induced autopoiesis. Whereas tactics replace patterns (F. Ippolito, 2004), the concept of repeatability is replaced by context "susceptibility". The project reacquires its original meaning, that of a future projected action. Restoration, mitigation and compensation are the three tactics of the Fourth landscape. Their implementation may differ, yet they share the same adaptive and process-based approach. The Guidelines for Developing and Managing Ecological Restoration Projects issued by the Society for Ecological Restoration (SER) state that ecological restoration is "the process of assisting the recovery of an ecosystem that has been degraded, damaged, or destroyed. It is an intentional activity that initiates or accelerates ecosystem recovery with respect to its health (functional processes), integrity (species composition and community structure), and sustainability (resistance to disturbance and resilience)". Unlike building restoration, the ecological is based on a process, meaning it analyses the ecosystem's history considering the possibility that an altered environment could no longer support the previously occurring type of ecosystem.

Mutatis mutandis, ecological restoration's characteristics can also be applied to ecological mitigation and compensation.

If mitigation means acting to minimise the ecological impact (Forman et al., 2003), to turn the transformation into a "benign" one (Pileri, 2007), then it is necessarily part of the landscape project itself, rather than being an addition to it.

Mitigation brings about a new DNA for the landscape project, belonging to the above-described categories.

Compensation employs the same categories, yet it involves project, planning and strategies all at the same time, in a game of ever changing scales. Given that ecological compensation requires a prior choice, health, integrity and sustainability depend on an assessment, which has to be necessarily carried out before the transformation phase, thus influencing its path from the very start. To summarise, restoration, mitigation and compensation are linked with three different actions: restore, heal and prevent. All aim at meeting the same goal and can be implemented through a number of different devices, even unexpected and unusual. In this sense, restoration mitigation and compensation may be called tactics. This renders the fourth landscape not only "susceptible" to the context: it is actually a proper device that adds knowledge and know-how to the project.

The new ecological paradigm and the city

The 2012 report issued by the Convention on Biological Diversity (CBD), in cooperation with the Stockholm Resilience Centre (Src) and the Local Governments for Sustainability (Iclei) – Cities and Biodiversity Outlook, Action and Policy. A Global Assessment of the Links between Urbanization, Biodiversity and Ecosystem Services – confirms the global urbanization scenario already emerged in prior reports, among which the State of the world population, published in 2007 by the United Nations Population Fund. Today, more than one half of the world population lives in urban areas; if the rate in which the planet is urbanizing remains steady in the years to come, by 2030 the percentage is expected to stand at 60%. The total urban world population will swell to 5 billion people out of a total world population of 8 billion. (J.Véron, 2008).

Urban areas occupy the 6% of the global surface only (Dinetti, 2009). Yet, they consume the 75% of global natural resources and are accountable for the 80% of greenhouse gas emission. (Sustainable Cities Report, 2010).

Urbanization, other than being a social and economic fact, is also an ecological one. Urban expansion, both in terms of land occupation and dwelling density, brings about primary ecosystems' transformation. On the other hand, it determines secondary ecosystems production, such as agroecosystems, natural forests and "urban ecosystems"(Blasi et al., 2005).

Challenging the assumption of "human free" ecosystems, a new ecological paradigm (Alberti et al., 2003) recognizes that humans are components of the ecosystems, thus allowing to consider urbanization an highly dynamic, complex and multifactorial issue. The central paradigm for urban ecology is that cities are emergent phenomena of local-scale, dynamic interactions among socioeconomic and biophysical forces. These complex interactions give rise to a distinctive ecology and to distinctive ecological forcing functions (Dinetti, 2009)

They have complex mosaic heterogeneity and are characterised by soil sealing, other than being energy and resources-intensive, generating high levels of waste.

Undoubtedly, urbanisation has a negative impact on plants and animals, as fragmentation, habitat isolation or the edge effect. Yet, the urban habitats are highly differentiated and can contribute to global biological diversity (McNeely, 1995; Tucker et al., 2005). To summarise with, urban biodiversity is defined as follows: "the variety and richness of living organisms (including genetic variation) and habitat diversity found in and on the edge of human settlements. This biodiversity ranges from the rural fringe to the urban core. At the landscape and habitat level it includes: remnants of natural landscapes (e.g.

1. The Italian translation of Orson Wells' notorious Citizen Kane is, literally, Fourth Power (Quarto Potere), n.d.t.

Chiara Rizzi

Chiara Rizzi, international PhD architect, is research fellow (2011-2014) and lecturer (AY 2011-2014) at the University of Trento. Ecological restoration, mitigation and compensation in landscape are the main themes of her research. Since 2002 she is collaborating to researches and projects and gives lectures in national and international seminars.

1. Fourth landscape _ Emergency device for different species of tit. Photo by M. Pellegrini

2. Fourth landscape_ Salotto Verde, urban insatallation by M. la Torre, C.Rizzi, A. Ulisse with L.Cefaratti, M. D'Ignazio, L. Mattioli, M.Rizzi and T. Sciullo. Rovereto (IT), 1 giugno 2013. A juvenile blackbird takes refuge among the plants.

3. Fourth landscape_ Salotto Verde, urban insatallation by M. la Torre, C.Rizzi, A. Ulisse with L.Cefaratti, M. D'Ignazio, L. Mattioli, M.Rizzi and T. Sciullo. Rovereto (IT), June 1th, 2013. It was used as a place for walking and study, a playground for children, a place for rest and concert.

4. Fourth landscape_ Talvera river park, Bolzano (IT). The park is one of the most important area in RIE procedure. A tool of compensation and mitigation by means of which the city administration strongly influences the city development. Photo by C. Rizzi

leftovers of primeval forests); traditional agricultural landscapes (e.g. meadows, areas of arable land) and urban–industrial landscapes (e.g. city centres, residential areas, industrial parks, railway areas, formal parks and gardens, brownfields). (Cities and Biodiversity Outlook). Moreover, at global level, the 25% of protected areas are located within 17 km of urban areas (Elmqvist in AA.VV., 2008) and the 20% of bird species and the 5% of vascular plants are located in cities. Clearly, urban areas can play a strategic role both as regards biological diversity protection and urban ecosystems enhancement.

Fourth landscape and urban ecosystems

The issue of the Green Paper on the Urban Environment (Commission of the European Communities, 1990) has significantly raised common awareness as far as protection and implementation of urban biodiversity is concerned. It is now a key factor for all the disciplines and stakeholders who deal with city-related issues. Of significant importance are the Urban Environmental Accords – Green Cities Declaration, signed by more than fifty mayors at global level, in the framework of the United Nations Environment Programme (UNEP). The Accords identify seven priorities and the corresponding actions to be taken. Other than waste reduction, energy saving and transportation, urban nature was among the main concerns. Interestingly, the actions proposed originate from ecological, social and economic considerations. In particular, the first two actions are based on quantitative criteria – ensure that there is an accessible public park within half a kilometre of every city resident; plant and maintain canopy coverage in not less than 50% of all available sidewalk planting sites – whereas the third identifies the need to protect critical habitat corridors, not only as ecosystem services providers but also by virtue of their urban condition.
According to the Millennium Ecosystem Assessment (MA, 2005) definition, ecosystem services are the benefits supplied by ecosystems and are grouped into four categories: supporting, provisioning, regulating (such as the control of climate), and cultural.
According to the new ecological paradigm, this is an inadequate definition inasmuch it is based on a clear distinction between nature and man and subjects the latter to the former's needs. By overcoming contrasts and subordination of natural elements to man's needs, the fourth landscape becomes the paradigm of city, seen as an ecosystem. Given an energy and resource-intensive city, generating high levels of waste, anthropogenic by-products, any material that has lost its value and meaning , the fourth landscape's tactics acquire a strategic meaning. As a matter of fact, the urban ecosystem may be considered as dominated by man-induced hypertrophic processes, as opposed and to the detriment of those occurring in natural environments. In an eco-city scenario, the fourth landscape's tactics reduce anthropogenic effects (mitigation), recycle waste (restoration) and redevelop future transformations' paths (preventive ecological compensation).

1

Bibliography

AA.VV. (2008), Mayors Conference 2008, Local Action for Biodiversity (Bonn, 26-28 maggio 2008). InWEnt, Bonn
Alberti M., Marzluff J.M., Shulenberger E., et al. (2003), Integrating humans into ecology: opportunities and challenges for studying urban ecosystems. BioScience 53 (12): 1169-1179
Arendt H. (1994), Vita Activa, Bompiani, Milano
Benasayag M., Del Rey A. (2008), Elogio del conflitto, Giangiacomo Feltrinelli editore, Milano
Blasi C., Boitani L., La Posta S., et al. (2005), Stato della biodiversità in Italia. Ministero dell'Ambiente e della Tutela del Territorio, Roma
Dinetti M. (2009), Biodiversità urbana. Conoscere e gestire habita, piante e animali nelle città. Bandecchi & Vivaldi, Pontedera
Forman, R.T.T., Sperling D., Bissonette J.A., et. al (2003) Road Ecology; Science and Solutions. Island Press, Washington DC.
Ippolito F. (2008), Telling stories. Urban Tactics beneath the Volcano, in Urban Makers. Parallel Narratives of Grassroots Practices and Tensions. Edited by Emanuele Guidi B_books, Berlin (pp. 58-75)

Jakob M. (2009), Il paesaggio, il Mulino, Bologna
McNeely J.A. (1995), Protected areas and biodiversity in urban environments. In: II Symposium sobre espais naturals en àrees metropolitanes i periurbanes (Barcelona 25-27 ottobre 1995), Parc de Collserola, Barcelona (pp.17-35)
Pileri P. (2007), Compensazione ecologica preventiva. Principi strumenti e casi, Carocci, Roma
Tucker G., Ash H., Plant C. (2005). Review of the coverage of urban habitats and species within the UK Biodiversity Action Plan. English Nature Reports Number 651. English Nature, Peterborough
Veron J.(2008), L'urbanizzazione del mondo, il Mulino, Bologna

OPEN SPACES

UNO STUDIO COMPARATO SUI PAESAGGI DELLA CONTEMPORANEITÀ; "FULL FATHOM FIVE" DI JACKSON POLLOCK: INDIVIDUAZIONE DI UN PAESAGGIO CONTEMPORANEO. APPROFONDIMENTI SUI TERMINI. "W LE PERIFERIE"

Stefan Rühle

Arch. Stefan Rühle, nato a Roma nel 1955. Docente a contratto e collaboratore ai corsi dei Proff. Antonio Albano, Pier Paolo Balbo, Manlio Vendittelli, Paolo de Pascali e nel corso ASPROT (sociologia+architettura). Dirigente ufficio tecnico di Mazzano Romano. Svolge anche libera attività professionale.

immagine
Full Fathom Five, 1947, Jackson Pollock

KW: CONTEMPORANEO, PAESAGGIO, BELLEZZA

Con il testo di Emilio Sereni, "Storia del paesaggio agrario italiano" si sperimenta una nuova metodologia d'indagine che si basa sull'utilizzo dello studio iconografico di opere pittoriche. I paesaggi rappresentativi delle varie epoche vengono esplorati attraverso le tele, che ne rilevano tipologie e metodologie di trasformazione.

Paesaggio e sua rappresentazione

Poniamo due domande:
qual'è la rappresentazione pittorica contemporanea da cui desumere elementi d'indagine dei paesaggi attuali e contemporanei?
È possibile oggi indagare sui paesaggi della contemporaneità partendo da una tela e dal suo autore, orientando la ricerca su una doppia lettura comparativa che segua sia l'indagine iconografica del dipinto, che i significati della parola "paesaggio" contemporaneo?
Ma in queste brevi note non voglio descrivere, né accertare dati scientificamente sperimentati, ma solo alludere, suggerire percorsi da approfondire.
L'autore, oggetto della sperimentazione, è Jackson Pollock, e l'opera indagata e sezionata in una indagine anatomo-patologica è "Full Fathom Five", opera realizzata nel 1947.
Il filo del ragionamento procederà su ambiti di approfondimenti alternati e binati tra tecniche pittoriche e pratiche allusive di individuazione dei paesaggi.
Primi temi:

- l'opera di Pollock viene realizzata e dipinta in piano, parallela alla crosta terrestre come una carta, un elaborato di approfondimento territoriale, progetto manipolato nelle varie stratificazioni, risultato dei diversi processi consapevoli o spontanei; la memoria nella accezione di Paul Ricoeur: "Il passaggio dalla memoria al racconto si realizza in questo modo: ricordarsi, sia privatamente che pubblicamente, equivale a dichiarare che "io era là". Pollock è là, le comunità sono là.

- la tela, coperta di colore, nasconde una figura; indagando il quadro con tecnologie ai raggi x, rivela una sagoma in piedi, con un braccio alzato; a cinque braccia dal fondo: "Full Fathom Five". Shakespeare nella "Tempesta":
" A cinque intiere tese giace tuo padre,e le sue ossa son diventate corallo.
Quelli che erano i suoi occhi ora son perle;

non c'è di lui nessuna parte destinata a perire
che non subisca per opera del mare
una trasformazione in qualche cosa di ricco e di
[meraviglioso]
Le Ninfe marine ad ogni ora suonano per lui a
[mortorio]
Din,don

Nei paesaggi urbani o rurali niente è "destinato a perire", ma ogni cosa diventa altro: "le sue ossa son diventate corallo…..i suoi occhi ora son perle;"…
L'autore per dipingere le sue opere "entra" nel quadro, ci cammina sopra, lo contamina, è cittadino e proprietario del suo paesaggio. Nella stessa maniera le comunità insediate contaminano il paesaggio, lo calpestano, lo "sporcano" e si appropriano dei propri spazi: occupano e creano inconsapevolmente (ma non solo) nuovi paesaggi. Le periferie urbane generano "nuove" bellezze del degrado, categorie diverse, la cui evoluzione futura nel solco di beltà "diverse" è ancora oggi di difficile prenotazione e comprensione. Sono belle le "favelas"?
Camminando e utilizzando il suo quadro, il suo spazio/ paesaggio Pollock lascia tracce: tappi, mozziconi di sigaretta, bottoni, fiammiferi, puntine, tappi di tubetti di colore; sono incastrati, di difficile individuazione: la rimozione modificherebbe l'opera. Così come le comunità insediate ai margini della "grande bellezza" delle città contemporanee, lasciano tracce diverse con il difficile compito di esaltarne alcune e mettere la sordina ad altre, e decidere loro (non i pianificatori) quali sono veramente identitarie: meglio il "pulito" o lo "sporco"?, il "nuovo" o l'usato"?.
L'atelier di Francis Bacon, grande pittore della contemporaneità, viene gelosamente conservato in tutte le sue parti: la polvere così preziosa che impastava le sue tele, gli stracci, il disordine; meglio il "pulito" o lo "sporco"? Città asettica e disinfettata o polvere e contaminazioni?
I mozziconi di sigaretta nell'opera di Pollock, così lo spazio tra i rumori ed il silenzio nella musica contemporanea (Cage), ed anche il degrado consapevole e "progettato" dai residenti dei margini delle città, sono messaggi della contemporaneità. È la nuova bellezza della sovrapposizione degli elementi non omogenei, la comunità, anche violenta, contro le consuetudini del giardino curato, la terra contro il prato.
E poi le tecniche di esecuzione, che sono varie: lo sgocciolamento (il "dripping"), che lascia tracce, gocce, linee e filamenti. L'Action Painting (l'azione) dell'autore, come anche l'Action civitas, le azioni consapevoli, ma anche quelle inconsapevoli

(antropologia) delle comunità insediate.

Piccole traduzioni e traslazioni: da Pollock al paesaggio urbano. Lo sgocciolamento

Tracce: gocce, linee e filamenti.
Possiamo utilizzare il "dripping" come termine evocativo di azioni di cui la pianificazione può e deve tener conto.
Le comunità insediate lasciano tracce " tappi, mozziconi di sigaretta, bottoni, fiammiferi, puntine, tappi di tubetti di colore", ma anche altre orme e impronte vengono dimenticate: percorsi inconsapevoli, oggetti modificati e riprogettati con umorismo, scritte, insegne, murales, ferri d'attesa ed ogni gesto della modificazione nella contemporaneità inconscia delle periferie, che restano segni indelebili nel territorio.
Sono segni lineari come filamenti: strade, file di alberi, passaggi, stecche di residenze ed ogni altro elemento con andamento filamentoso; ma anche gocce puntuali di oggetti progettati, di preesistenze storiche o archeologiche, di emergenze identitarie non prestabilite, ma puntualmente ed accanitamente scelte dalle comunità.
La stratificazione del territorio, il palinsesto, così come magistralmente descritto da Andrè Corboz in "Ordine sparso" richiama per assonanza musicale il "dripping", lo sgocciolamento di processi ed azioni consapevoli solo nello svolgimento del quotidiano, disvelate nelle tracce degli oggetti abbandonati o modificati.
Non solo filamenti, ma anche "pieni": le tele di Mark Rothko sono muri stratificati, sono pareti non rasate, sono tramezzi di periferie la cui storia è nascosta sotto le varie mani di pittura.
Se rimuoviamo strato per strato, con rabbia o con pazienza, troviamo le storie dialoganti e la memoria del "io ero là".
La sinfonia delle periferie, musica di tracce e nastri preregistrati (Cage), piste di note sovrapposte, rumori da scomporre e ricomporre, riconoscibili dalle comunità, ma misteriose per le tranquille vite dei tessuti storici
"Il territorio non è un dato, ma il risultato di diversi processi"(Corboz), ed i territori sono filamenti che si toccano ed interagiscono tra loro: decine, centinaia di filamenti, di gocce, di oggetti dimenticati. C'è la vita, c'è la scienza. Come in Moby Dick: nelle sublimi parole di Melville (e sublime traduzione di Cesare Pavese): si va a caccia della balena bianca con tutti i caratteri nascosti e da disvelare, ma ci sono anche le pagine di descrizione scientifica (i fanoni, le ossa, le parti molli): sono tutti filamenti, è il dripping e il racconto procede sgocciolando, perdendo ed acquisendo parti, sommando le storie delle comunità.
(nota: Moby Dick è una tela di Jackson Pollock del 1943 esposta all' Ohara Museum of Art)
Nella pianificazione, nello studio del territori non c'è epilogo finale: Moby Dick continua a vagare nei mari e la Pequod continua a navigare.
"Se identifico su una mappa questi profili il cui contrasto o accordo seduce, se vi trovo i piani, le masse e le macchie che lo costituiscono sinfonicamente, non ottengo che linee e aree inarticolate"

"Il paesaggio come unità, esiste soltanto nella mia coscienza" (Raymond Bloch)
"Non è una scultura, uscita da un atto di organizzazione di spazi e di volumi e come tale offerta, ma una raccolta fortuita di frammenti topografici accostati..."

Così è "Full Fathom Five":
"....non c'è di lui nessuna parte destinata a perire
che non subisca per opera del mare
una trasformazione in qualche cosa di ricco e di
[meraviglioso]
Così il paesaggio: " ..raccolta fortuita di frammenti topografici accostati..." – "trasformazione in qualche cosa di ricco e di [meraviglioso]"

L'action paintig

Abbiamo attraverso queste note alluso, origliato e spiato le tracce inconsapevoli/consapevoli delle comunità, delle periferie. Abbiamo seguito le tracce ed i percorsi aperti e mai richiusi. Ma chi deve ricostruire le comunità, le loro parti edificate, le identità?.
Nessuna parte è destinata a perire, ma la città modifica, incamera, assorbe e risputa regole e irregole.
Per sgocciolare il colore sulla tela occorre compiere l'azione, il gesto: poi la pittura cade, spontaneamente, e si distribuisce, forma i filamenti.
Il quadro si forma: c'è il gesto
Jackson Pollock:
"Non dipingo sul cavalletto. Preferisco fissare le tele sul muro o sul pavimento. Ho bisogno dell'opposizione che mi dà una superficie dura. Sul pavimento mi trovo più a mio agio. Mi sento più vicino al dipinto, quasi come fossi parte di lui, perché in questo modo posso camminarci attorno, lavorarci da tutti e quattro i lati ed essere letteralmente "dentro" al dipinto"
"Continuo ad allontanarmi dai tradizionali strumenti del pittore come cavalletto, tavolozza, pennelli ecc. Preferisco bastoncini, cazzuole, coltelli e lasciar colare il colore oppure un impasto fatto anche con sabbia, frammenti di vetro o altri materiali."
È un mastro muratore che costruisce la sua casa, dall'interno, ma senza i muri esterni, senza la cornice.
È trasparente, è l'action painting, azione dall'interno, sul territorio.
È una azione che lascia tracce per altri "in altri termini, si tratta di incrociare lo spazio e il tempo attraverso il costruire ed il raccontare" (Paul Ricoeur).
Nell'attualità esiste e resiste l'Action? è ancora un dato su cui riflettere e su cui aggregare le comunità?, è un dato irrinunciabile della contemporaneità?.
Occorre attendere, avere fiducia, e lasciare tracce, filamenti, e la Pequod continua a navigare.

Bibliografia
Emilio Sereni (1961), Paesaggio agrario italiano, Editori Laterza, Bari
André Corboz (1998), Ordine sparso – saggi sull'arte, il metodo, la città e il territorio, Franco Angeli, Milano
Paul Ricoeur (2013), Leggere la città – quattro testi di Paul Ricoeur, Castelvecchi, Roma
Melania Mazzucco "Quella figura misteriosa sepolta sotto le gocce di colore di Pollock" su La Repubblica del 3 febbraio 2013 pag. 54

OPEN SPACES

RICICLARE IL PAESAGGIO COME STRATEGIA: IL CASO DEGLI EX MAGAZZINI FERROVIARI A NAPOLI EST

Michelangelo Russo, Enrico Formato

Enrico Formato, dottore di ricerca in urbanistica, è assegnista di ricerca presso il Dipartimento di Architettura dell'Università di Napoli Federico II. Lavora sui temi dello spazio pubblico e del paesaggio. È redattore della rivista Crios, Critica degli ordinamenti spaziali.

Michelangelo Russo è professore straordinario di urbanistica presso il Dipartimento di Architettura dell'Università di Napoli Federico II. Svolge attività di ricerca sulla città contemporanea, il paesaggio e il progetto urbanistico. È membro del direttivo della Società Italiana degli Urbanisti e redattore della rivista Crios, Critica degli ordinamenti spaziali.

KW: RIGENERAZIONE, ECOLOGIA, PAESAGGIO, SPAZI-SCARTO

Il tema delle aree dismesse rappresenta un tema che, a partire dai primi anni 80, ha richiesto di ripensare le forme del progetto urbanistico contemporaneo intorno alle opportunità offerte dalla progressiva ritrazione delle funzioni produttive, nelle grandi aree industriali consolidate nel Novecento. È un tema ancora attuale, anche se cambiano le modalità con cui il fenomeno configura lo spazio urbano contemporaneo. Gli spazi-scarto della dismissione costituiscono occasioni che richiedono di innovare i modi di conoscere e trattare i fenomeni, di considerare il ruolo dei soggetti attuatori e delle amministrazioni, di formulare i principi e le forme del progetto contemporaneo.

Tra le nuove forme di trattamento del tema del recupero delle aree dismesse esiste una dimensione concettuale del paesaggio non retorica, che appare ricca di potenzialità e che non è limitata solo ai casi in cui il paesaggio è il carattere o la memoria di un sito. Si tratta di un'idea di paesaggio che vale ad individuare la specificità del rapporto tra produzione e territorio e nel definire la dismissione come figura di una nuova identità: il paesaggio in questo caso è una forma di progetto che deriva dall'esplorazione di materiali per costruire un'idea di città dove la forma non è definita solo dallo spazio, ma da un sistema di relazioni ecologiche, funzionali, infrastrutturali che definiscono, a diverse scale, reti potenziali. Secondo questa idea l'area dismessa non può essere trattata come oggetto, ma come un'area di potenziale reticolazione ecologica, che richiede strategie di valorizzazione di risorse, non ultima la memoria materiale dell'architettura. Le risorse di questa strategia sono il suolo e la sua stratigrafia; il sistema delle acque; l'agricoltura, la vegetazione, le colture; gli spazi di relazione con la città. Sono risorse che richiedono (e orientano) azioni specifiche: le tecniche di bonifica e di compatibilità urbanistica e funzionale; la conservazione degli ecosistemi; la permeabilità dei suoli, la raccolta delle acque e il drenaggio urbano; la conservazione delle preesistenze vegetazionali; l'attenzione ai "nuclei" di alta valenza ecologica. I siti dismessi rappresentano spesso ambiti in mutazione, spazi in attesa che moltiplicano le potenzialità di rigenerazione urbana dello spazio e dell'economia del territorio. Il loro paesaggio non deve considerarsi come valore fisso e cristallizzato ma come multifunctional landscape, in ordine alla dimensione economica legata all'utilizzabilità di uno spazio che, per le sue caratteristiche paesaggistiche, diviene attrattivo e rafforza sue potenzialità d'uso. Le aree abbandonate dunque, consentono il ridisegno dei paesaggi urbani, di nuove forme di ecologia e di costruzione dello spazio pubblico, come morfologia complessa che consente di promuovere la sostenibilità, di migliorare la compatibilità tra funzioni e ambiente, favorendo la crescita economica e la creazione di centralità, dunque le occasioni di sviluppo, di inclusione sociale, e di abitabilità della città. Il paesaggio è un ecosistema da reinventare riciclando le componenti ambientali presenti e latenti: vuol dire recuperare la forma del suolo, la vegetazione e le acque che caratterizzano il sistema ecologico dei luoghi e che ne definiscono le logiche stratificate di inserimento nel contesto urbano.

Paesaggio come spazio pubblico e riciclo in chiave ecologica delle componenti ambientali dei siti dismessi sono dunque – in estrema sintesi – i temi attorno a cui è possibile ripensare i modi di affrontare un tema che ha costituito un topos della riflessione disciplinare dell'urbanistica degli ultimi decenni e che richiede un profondo ripensamento nel contesto attuale.

Il progetto degli Ex Magazzini Ferroviari, che costituiscono una parte importante dell'Ambito attuativo 43 del PRG di Napoli (elaborato da Uap Studio tra il 2011 e il 2013), è un caso di studio in cui si incrociano questi temi, che vengono trattati per costruire un quartiere integrato di funzioni miste (residenza, commercio, terziario e parco urbano) finalizzato ad una nuova abitabilità dello spazio interno ed al miglioramento delle forme di inserimento del quartiere nel contesto urbano. Le riflessioni su quest'area – un frammento di paesaggio in cui s'inseriscono storiche architetture industriali – hanno mostrato la necessità di ripensare il quadro urbanistico vigente e le funzioni previste (grande distribuzione ed opifici): l'area orientale di Napoli non può continuare ad essere immaginata come una riserva di funzioni specializzate e settoriali, indipendentemente dai fenomeni di sviluppo dell'area metropolitana e delle variazioni delle economie globali e locali. La sua centralità, la contiguità con quartieri di residenza pubblica, la ricchezza delle risorse ecologiche, richiedono un complessivo ripensamento di Napoli Est come città potenziale, sorretta dal mix di funzioni, attrezzature e parchi, dove sia possibile recuperare una nuova qualità dell'abitare. L'area di progetto di 25 ettari interessa un sito dismesso già utilizzato come Magazzini Ferroviari, un tempo di proprietà delle Ferrovie dello Stato, realizzato nei primi anni del '900. Il sedime attuale è stato ricavato dallo sbancamento di una collina tufacea, di cui permane una formazione che fa da quinta ai capannoni disposti linearmente per accogliere i treni. Questa sequenza di shed, abbandonati ormai da più di trent'anni, costituisce un micro-tessuto urbano attualmente invaso da una vegetazione che fa di questo sito un frammento compiuto di terzo paesaggio. Il progetto rilancia l'idea del riciclo di paesaggi di scarto, attraverso la cura delle risorse che costituiscono l'identità dei luoghi: la riconfigurazione delle architetture novecentesche (che erano ridotta a tabula rasa dalle previsioni urbanistiche precedenti) e del paesaggio residuo e interstiziale, ne caratterizzano la consistenza. La parte commerciale viene organizzata nei vecchi capannoni, sostituendo la tipologia della piastra tipo IKEA (prevista dal previgente piano attuativo), in un'idea di micro-città con strade, giardini e orti. I parcheggi sono organizzati in un "suolo artificiale" che riconfigura parzialmente la collina. Le case nel parco sono disegnate in rapporto con l'acqua e con gli spazi aperti pubblici, privilegiando continuità ed accessibilità: sono aggregate in cluster, grappoli di edifici a blocco di diversa altezza disposti intorno a piccole corti aperte (urban villas) come mediazione con le aree verdi del parco. Le diverse funzioni sono integrate da dorsali pubbliche trasversali che rendono le parti del quartiere continue e polarizzate intorno alla presenza delle piazze e dello spazio pubblico aperto. Questa trama di relazioni poggia su due criteri-sfondo che sorreggono il sistema - accessibilità e continuità ecologica – e tre layer, sovrapponibili e interagenti: l'ecological landscape, il layer del verde e dell'acqua, l'open spaces landscape, il layer della porosità e dello spazio aperto, e infine l'infrastructural landscape, il layer dell'accessibilità e della percorribilità degli spazi.

Ecological landscape: il verde e l'acqua

Il sistema del verde è caratterizzato da una rete di fasce naturali, che, partendo dalla quota zero del progetto, risalgono verso la collina, ricollegandosi alla macchia verde che riveste il banco tufaceo. Il paesaggio naturale si è conservato nel tempo come un sistema di variegata natura, con alcune aree di notevole pregio e un'estesa capacità di resilienza rispetto all'antropizzazione presente: ha mostrato la capacità di conservare i propri caratteri ed è considerato come l'elemento prevalente di progetto, che dà forma alle aree e ne definisce l'alternanza funzionale. Aggrappandosi al flusso continuo di naturalità, viene disegnata una matrice ordinata di natura: il parco e i giardini pertinenziali, le fasce boscate e i percorsi alberati, i corridoi verdi, le filter strips, gli orti urbani e le aree di alta naturalità. A fare da corona a questo sistema complesso e diramato, una matrice naturale primaria: le aree collinari a nord e ad ovest, i cui costoni sono costituiti da aree naturaliformi esistenti e di progetto, elemento propulsivo di tutta la rete ecologica funzionale. Ad integrazione di queste due matrici, è prevista una matrice tecnologica, costituita da elementi volti al riciclo delle acque meteoriche ed alla fitodepurazione delle stesse per uso irriguo e di servizio, essenziale per aumentare il potenziale biotico a sostegno della continuità ecologica e per promuovere i principi del risparmio energetico.

Open spaces landscape: la porosità e lo spazio aperto

La trasformazione è in continuità con le tracce del paesaggio esistente, che, salvaguardando il patrimonio architettonico dei manufatti esistenti, consente di assemblare nuove realizzazioni sulla base della struttura rilevata. In questo sistema la porosità dello spazio aperto diviene continua e complementare con il patrimonio vegetale che si estende verso il salto di quota: vengono così definiti tutti gli spazi aperti, pubblici e di pertinenza. Al loro interno questi spazi restituiscono la complessità funzionale dell'insieme, con particolare riferimento al parco, a cui corrispondono i sentieri naturali; alle residenze, con le piastre/piazza e i percorsi alberati; al centro commerciale ed al terziario, funzioni private, ma di uso rigorosamente pubblico, a cui corrisponde infine un doppio asse di percorsi pedonali, mettendo in comunicazione le diverse funzioni da ovest ad est e conducendo i visitatori dalla piazza d'ingresso dell'area a sud, attraverso una serie di spazi e di edifici scambiatori, sino al grande parco urbano della collina a nord, al cui ingresso è realizzata una piazza per eventi.

Infrastructural landscape: l'accessibilità e la percorribilità

Il sistema di spazi pedonali è basato su una croce di percorsi: un asse nord-sud che, utilizzando il viale esistente tra i Magazzini, collega la stazione della circumvesuviana con la Via Nazionale delle Puglie; un asse est-ovest che costruisce la spina di integrazione tra le funzioni produttive e quelle residenziali, da insediare nell'area del vecchio parco-binari.
Questo sistema di percorsi pedonali è integrato con il sistema di accessibilità e di percorribilità carrabile, e con i parcheggi pubblici e pertinenziali dedicati alle singole funzioni. La maggior parte dei flussi carrabili è distribuita lungo l'anello di viabilità intorno all'area; due strade est-ovest attraversano l'ambito e collegano tra loro le diverse funzioni.
Il recinto industriale si trasforma in un luogo aperto, ricco e attrattivo e facilmente accessibile, in grado di polarizzare i flussi provenienti dalla città attorno alle nuove centralità; è massimizzata la funzione del parco come contesto entro cui far sviluppare il quartiere: un parco che non si limita al perimetro delle aree in cessione (standard) poiché gran parte delle aree private sono previste ad uso pubblico; tutto lo spazio di relazione tra gli edifici recuperati e di progetto avrà il carattere pedonale di un sistema pubblico disegnato con i materiali del paesaggio e dell'ecologia.

La connessione alle reti multi scalari e multidimensionali (ecologica, infrastrutturale, dello spazio pubblico e delle attrezzature) rompe la fissità dell'oggetto e la delimitazione del recinto specializzato: lo spazio scarto della dismissione muta il suo statuto attraverso una strategia di rigenerazione improntata sul riciclo dei valori esistenti, ecologici, architettonici e ambientali, attraverso un progetto che configura uno spazio continuo, aperto e accessibile che estende le sue relazioni al contesto urbano come centralità produttrice di nuovo welfare.

Bibliografia

AA.VV. (2004), "Planning for the rehabilitation of brownfield sites: a landscape ecological perspective", in Donati A., Rossi C., Brebbia A., Brownfield sites II, WIT Press
Clément G. (2004), Manifesto del Terzo Paesaggio, Quodlibet, Macerata, 2005.
Clementi A. (2012), "Landscape Sensitive Urbanism. Prove di innovazione", in Piano Progetto Città, n. 25/26, pp. 120 - 131.
Coccia L., D'Annuntiis M. (2008), Paesaggi postindustriali, Quodlibet, Macerata
Forman R.T.T. (1995), Land Mosaics: The Ecology of Landscapes and Regions, Cambridge University Press, Cambridge (UK).
Lovell Sarah T., Douglas M. J. (2009), "Creating multifunctional landscapes: how can the field of ecology inform the design of the landscape?" in Frontiers in Ecology and Environment, Vol. 7, n. 4, 2009
Panagopoulos T. (2009), "From Industrial to postindustrial landscapes – brownfield regeneration in shrinking cities", Proceedings of the 2nd WSEAS International Conference of Urban Planning and Transportation.
Ricci M. (2011), "Nuovi paradigmi: ridurre riusare riciclare la città", in Ciorra P., Marini M. (ed.), Re-cycle. Strategie per l'architettura, la città e il pianeta, Electa, Milano
Russo M. (1998), Aree dismesse. Forma e risorsa della città esistente, Esi 1998

OPEN SPACES

Matrice ordinata

Matrice tecnologica

Matrice ecologica

Ecological landscape

Open spaces landscape

Infrastructural landscape

OPEN SPACES

CIDADE E SOCIEDADE: L'ESPERIENZA DI SAN PAOLO IN BRASILE

Francesca Sarno

Ingegnere, Ph.D candidate, dottorato in Architettura. Teorie e Progetto, argomento della ricerca: "L'architettura della Scuola di San Paolo in Brasile. Necessidade e Desejo". Ha svolto un periodo di studio presso la Faculdade de Arquitetura e Urbanismo da Universidade de São Paulo.

KW: SCUOLA PAULISTA, CONTINUITÀ, SOCIETÀ

San Paolo è una città priva di orizzonti. Non ha le visuali prospettiche dei nostri tessuti urbani seicenteschi o ottocenteschi: i grandi viali che culminano nelle piazze o nell'elemento monumentale, sul quale posare e riposare lo sguardo. La vastità visiva è interrotta in modo casuale e caotico; neanche dai suoi grattacieli, come l'Edifício Italia, il quale offre uno dei panorami più belli della città, si è in grado di percepirne la fine, coglierne un orizzonte, sempre lontanissimo. L'occhio umano, per le vie di San Paolo, soggiace ad una realtà che arriva dall'alto dei suoi edifici, il più delle volte privi di qualità architettonica. In controtendenza con una città che, seppur si estenda su un piano orizzontale, è percepita soprattutto su quello verticale, l'architettura della Scuola Paulista riporta lo sguardo al livello dell'osservatore, alla ricerca di inquadrature visive. Quando esse mancano gli architetti della Scuola ne definiscono di nuove; rendono così l'abitante partecipe del luogo, guidandolo a cogliere aspetti urbani o naturali. Si disegna «un paesaggio in una città senza paesaggio» (Telles, 1990), scrive Sophia Telles in riferimento al MuBE di Paulo Mendes da Rocha, ma la riflessione si può estendere a molta architettura della Scuola. Nelle opere pauliste il ricorso frequente al patio interno e al piano libero a livello della strada esprime la ricerca di un continuum spaziale e visivo, ottenuto relazionando, senza alcuna interruzione, la parte esterna, pubblica, con quella interna, maggiormente privata. Il ricorso al patio trova diverse declinazioni, ma è soprattutto la consuetudine di lasciare libero il piano alla quota d'accesso che risulta una costante nell'architettura paulista: un'operazione talmente frequente e diffusa, da essere istituzionalizzata. Il piano vuoto, infatti, non viene calcolato come area costruita e questo invoglia gli architetti a realizzarlo. I presupposti ideologici hanno, pertanto, un riscontro pratico e funzionale, oltre a possedere un'utilità reale: è una zona d'ombra, adatta per un Paese tropicale, con precipitazioni improvvise, è un'area flessibile, che assolve scopi molteplici, rappresenta sempre un filtro tra l'edificio e la strada e, infine, consente di esaltare e distinguere, nel contesto urbano, la nuova costruzione. Di ragioni, quindi, ve ne sono molte, ma analizzando i progetti e osservando le opere si percepisce il desiderio di riappropriarsi dello spazio pubblico, anche per quegli edifici commissionati da privati: restituire alla città luoghi che altrimenti le sarebbero sottratti. I vasti vuoti, in continuità col tessuto urbano, esprimono un desiderio di libertà, che si realizza in spazi privi di suddivisioni, in grandi luci strutturali ininterrotte, al fine di creare luoghi in cui si avverte una sensazione di libertà: libertà diviene in tal modo sinonimo di collettività. C'è il desiderio di integrare coerentemente la costruzione nel contesto che la accoglie, in piena armonia, come spiega Martin Corullon[1]. Una volumetria appoggiata al suolo, dice, è un oggetto imposto nella città. Quando la si distacca da esso, sollevandola, si crea un piano di connessione fisica e visiva tra edificio e contesto, da cui scaturisce un'architettura fatta meno di oggetti e più di relazioni. Gli edifici riconducibili alla Scuola caratterizzano, arricchiscono e, a volte, definiscono il luogo, senza mai porsi in contrasto con esso. La costruzione pubblica diventa spazio urbano, quella privata non oppone resistenza al paesaggio che la attraversa; si vuole creare una continuità tra architettura e ambiente – sia esso urbano o naturale – un continuum spaziale e visivo che si ritrova anche nell'articolazione interna, divenendo uno degli elementi distintivi di questa architettura. Tali aspetti si colgono chiaramente in numerosi progetti, come nel Museo e Teatro Cais das Artes di Mendes da Rocha e METRO Arquitetos, dove l'edificio è sollevato dal suolo e, sostenuto da soli tre appoggi per lato, lascia penetrare il paesaggio circostante, la suggestiva baia di Vitória.

Approcci analoghi si riscontrano in progetti calati nella realtà paulistana: le scuole FDE, Fundação para o Desenvolvimento da Educação, offrono ai giovani studi di San Paolo la possibilità di intervenire in aree il più delle volte disagiate della città. Questi edifici diventano un luogo non solo per l'insegnamento, ma anche di scambio e relazioni comunitarie. Esse si ottengono sollevando dal suolo l'edificio, in continuità visiva col tessuto urbano circostante, al fine di definire un grande spazio pubblico coperto e privo di porte, nel quale scuola e comunità si riconciliano.

Tali scelte sono riconducibili ai principi ispiratori della Scuola, che, con un approccio idealista e a volte utopico, attribuisce all'architettura l'arduo compito di contribuire allo sviluppo sociale del Paese e di affrontare, con il medesimo spirito, i vari livelli della scala urbana. È questo un atteggiamento etico e politico che dagli anni '60 ancora permane, ma con delle diffe-

1. Si fa riferimento alla conversazione tenuta con l'architetto Martin Corullon a San Paolo nel maggio 2012.
2. «Dico ai giovani architetti: abbiate la sensibilità di far sì che i vostri edifici abbiano qualcosa da dire».

renze: non rileva l'appartenenza di partito, ma esercita un'azione politica nel senso pieno della parola, perché diretta alle questioni attinenti alla città. *«Digo aos jovens arquitetos: tenham a sensibilidade de fazer com que seus edifícios tenham alguma coisa a dizer»*[2] (Artigas, 2004), diceva Vilanova Artigas, fondatore della Scuola. Il Maestro attribuiva all'architettura un alto valore sociale ed esso si concretizza ancora oggi in progetti nei quali lo spazio è inteso come democratico, flessibile, collettivo, interno o esterno che sia. Le architetture riconducibili alla Scuola Paulista possono essere attraversate senza entrarvi: la strada diventa piazza ed è l'edificio a definirla, a sovrastarla senza invaderla; l'architettura si solleva dal suolo, diviene la grande copertura che delimita, ma non chiude. Questi elementi si ritrovano anche in progetti di natura prettamente urbana, come avviene per la riqualificazione di Praça do Patriarca a San Paolo, ad opera di Mendes da Rocha. Lo spazio pubblico della piazza – a ridosso del centro storico della città – viene incorniciato dal portale d'acciaio, i cui due appoggi distano tra loro quaranta metri; ad esso è appesa la grande copertura leggermente curva e sempre in acciaio. Non si avverte tensione statica, essa appare come un foglio piegato con semplicità e disinvoltura. È «un vuoto coperto, spazio aperto ma costruito. Un rifugio, un'ombra – sarà questa la piazza della scuola paulista?» (Serapião, 2002) si chiede Fernando Serapião. Lo è, perché esprime il desiderio di rivitalizzare il centro, la volontà di costruire una città migliore, e non solo. Come in molte zone di San Paolo, anche qui la realtà quotidiana è estremamente caotica; questa struttura riesce però a mettere ordine, a non confondere l'osservatore, poiché risponde alle diverse visuali e porta a soffermarsi sulla sua totalità, da lontano, e sui suoi particolari, da vicino. L'opera riesce a catturare e a unificare i diversi linguaggi della piazza, è capace di rispondere a diverse scale architettoniche – edificio e città, cidade antica e nuova – e a diverse inquadrature visive: la piazza è percepibile da lontano, dall'alto degli edifici e da chi la costeggia o la attraversa, a piedi o in macchina.

Individuare problematiche e offrire soluzioni per la definizione dello spazio urbano è preoccupazione diffusa nell'architettura contemporanea, ma in Brasile, in America Latina, lo è in modo particolare, il che accomuna diverse generazioni di progettisti. A San Paolo non può essere altrimenti. La città raggiunge quasi i venti milioni di abitanti; circa tre milioni vivono negli insediamenti "informali", le favelas; la maglia urbana si estende in maniera incontrollata, apparendo con margini sempre più incerti e indefiniti; grandi arterie viarie creano brusche e insormontabili cesure nel tessuto. La città appare totalmente ostile ai suoi abitanti, "mostruosa" secondo alcuni. Il tentativo è pertanto quello di alleviare tale sensazione e ricercare soluzioni progettuali capaci di esprimere ed affermare con forza una dimensione collettiva degli spazi urbani, connaturata alle esigenze degli abitanti. Gli architetti della Scuola mirano a realizzare opere che siano un bene per tutti e non solo per alcuni, perché, come dice Mendes da Rocha, bisogna desiderare di progettare «A cidade para todos» (Rocha, 2007).

OPEN SPACES

1. P. Mendes da Rocha con METRO Arquitetos, Museo e Teatro Cais das Artes, Vitória, in costruzione.
2. SPBR, A. Puntoni, M. I. Imbronito, Scuola FDE Jardim Ataliba Leonel, São Paulo, 2003.
3. MMBB, Scuola FDE f1-Campinas, Campinas, 2003.
4. P. Mendes da Rocha, Copertura di Praça do Patriarca, São Paulo, 2002.

Bibliografia

Artigas J. B. Vilanova (2004), "Quarta argüição, A função social do arquiteto", in Artigas R., Correira de Lira J. Tavares (a cura di), Vilanova Artigas, Caminhos da Arquitetura, Cosac Naify, São Paulo, pp. 223 – 225.

Rocha P. Mendes da (2007), "The city for all", in Artigas R. (a cura di), Paulo Mendes da Rocha: projects 1957-2007, Rizzoli, New York, pp. 171 – 177.

Serapião F. (2002), "No tabuleiro da cidade, jogadas precisas dão xeque-mate na degradação", in Projeto Design, n. 273, pp. 36 – 43.

Telles S. S. (1990), "Museu da Escultura", in AU – Arquitetura e Urbanismo, n. 32, pp. 44 – 51.

I NUOVI PAESAGGI DELL'ENERGIA.
STRATEGIE DI VALORIZZAZIONE DELLE RISORSE PAESAGGISTICHE

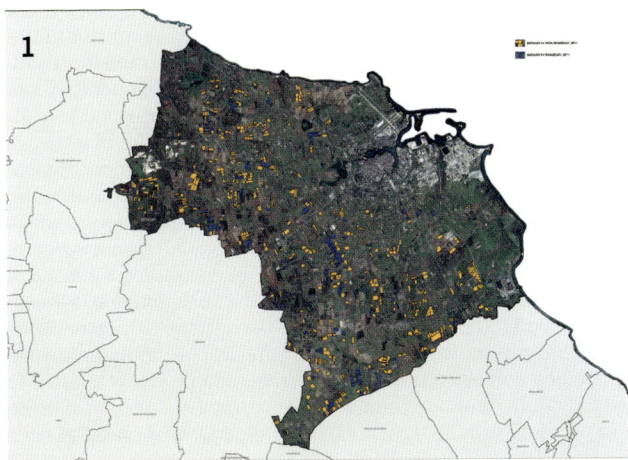
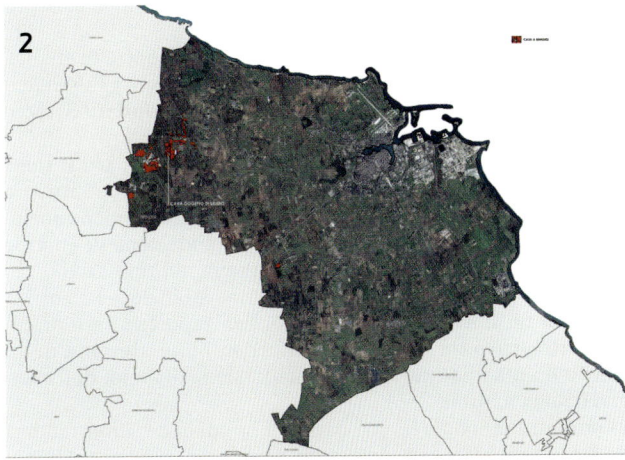

Francesco Selicato

Francesco Selicato, professore ordinario di Tecnica e Pianificazione Urbanistica nel Politecnico di Bari, svolge attività di ricerca su tematiche inerenti alla progettazione urbana e alla pianificazione ambientale. Coordinatore di progetti di ricerca nazionali ed europei, autore di numerose pubblicazioni nazionali e internazionali. Presidente del Corso di Laurea di Ingegneria Edile - Architettura dal 2009, Pro-Rettore del Politecnico di Bari dal 2012.

Giovanna Mangialardi

Giovanna Mangialardi, laureata in Ingegneria Edile-Architettura con lode, possiede ampie conoscenze sui temi delle fonti rinnovabili e del loro inserimento a scala territoriale e urbana. Ha lavorato nel Progetto di Ricerca Strategico Regionale ECOURB, sul fenomeno dell'isola di calore, e attualmente collabora alla redazione di strumenti urbanistici e ad attività di progettazione paesaggistica.

KW: PAESAGGIO, FONTI RINNOVABILI, CAVE

Concepire nuovi paesaggi dell'energia[1]. Energia fotovoltaica e paesaggio agricolo

La trasformazione del territorio secondo nuovi paesaggi rappresentativi della contemporaneità e dei nuovi modi di produrre energia può qualificare gli spazi secondo una nuova declinazione di "paesaggi energetici". Nel presente contributo, mediante l'analisi delle metodologie di inserimento delle nuove fonti di produzione di energia pulita[2] nel territorio, si propone un progetto di integrazione territoriale e architettonica delle fonti rinnovabili in una cava, territorio agricolo abbandonato, dismesso e deteriorato dall'azione dell'uomo. Una progettazione sostenibile può divenire esempio di idee e di progetti, dove spazi e valori possono assumere un ruolo centrale, perseguendo il duplice scopo di riqualificare e produrre energia, classificando e contestualizzando i più diversificati interventi. L'idea di integrare dei moduli fotovoltaici in architettura è ormai nota e praticata, più difficile è invece l'integrazione di tale tecnologia su larga scala e nel territorio.

Si propone una progettazione attenta e innovativa che possa avere come principio l'individuazione di quei territori definiti da Alan Berger(2007) come "drosscape" per l'inserimento di fonti rinnovabili e la creazione di nuovi paesaggi dell'energia. Grandi perplessità sono oggi sollevate se si parla di fonti rinnovabili e inserimento di esse nel territorio per perseguire gli obiettivi fissati a scala europea e nazionale. Lo sviluppo delle fonti rinnovabili, si è trasformato, in alcuni contesti soprattutto pugliesi, nell'occupazione impropria, per un periodo medio - lungo, di vaste superfici di territorio, modificando i suoli agricoli in superfici a destinazione produttiva. Le fonti rinnovabili, come il sole e il vento, sono per eccellenza "fonti distribuite", ma a causa di normative[3] a maglia troppo larga e forti sistemi di incentivazione[4], l'installazione si è sottratta a qualsiasi gestione del fenomeno, investendo ampie superfici fertili e introducendo nuovi scenari dell'energia non compatibili con il paesaggio. La Puglia, detiene il primato[5] sia di regione con maggiore potenza installata, che di minore integrazione architettonica, avendo il più alto valore di grandi impianti a terra[6] secondo i dati del GSE[7]. Alla luce della perdita di suolo fertile del paesaggio agricolo pugliese[8], e delle conseguenze a lungo termine sul territorio a seguito della dismissione degli impianti[9], è necessario ed urgente un deciso cambiamento nelle politiche energetiche, che punti su un modello decentrato, di basso impatto, e che comporti un maggiore impulso e protagonismo dello sviluppo locale. Per un impiego intelligente dell'energia, il governo del territorio locale e di area vasta, deve prevedere spazi, politiche e tecnologie avanzate per un approccio di mitigazione e adattamento che si trasformi in guide con chiari riferimenti ai temi di inserimento delle fonti rinnovabili nel paesaggio.

Impianto fotovoltaico integrato architettonicamente e paesaggisticamente in una cava dismessa a brindisi

I paesaggi delle cave rappresentano per il territorio trasformazioni del suolo e della morfologia del paesaggio. L'industria estrattiva, attiva fortemente in Puglia[10], ha determinato, e continua a farlo, vere e proprie "amputazioni" del territorio ed il recupero di tali superfici, laddove previsto, non può ripristinare lo stato naturale e originario di questi luoghi.
Il recupero ambientale delle cave e la relativa riconversione in un diverso "organismo produttivo" (De Crescenzo et al., 2011), consente da una parte di mettere in sicurezza lo stato dei luo-

Il presente lavoro è stato svolto congiuntamente da entrambi gli autori, pur dovendosi attribuire a F. Selicato il primo paragrafo e le conclusioni e a G. Mangialardi il paragrafo centrale.
1. Denominazione utilizzata da autori quali: I. Colonnello, A. Battistella e M. Magoni
2. FER Fonti Energetiche Rinnovabili, tra cui si citano le principali: fotovoltaico, termico, termodinamico, eolico e geotermico.
3. D.L. 387/2003; D.M. 10/09/2010 "Linee Guida per l'autorizzazione degli impianti da fonti rinnovabili"; R.R. n. 24/2010 recante l'individuazione delle aree non idonee. Le linee guida per l'inserimento delle fonti rinnovabili del PPTR della regione Puglia (Piano Paesaggistico Territoriale Regionale) prevedono, in modo chiaro, una reale integrazione delle fonti rinnovabili nel territorio urbano o in aree dismesse (come le cave e le discariche esaurite) disincentivando il fotovoltaico sul suolo agricolo.
4. Conto Energia, programma europeo di incentivazione ventennale della produzione di elettricità da fonte solare mediante impianti fotovoltaici connessi permanentemente alla rete elettrica. Il I Conto Energia risale al biennio 2005/2007. Oggi è vigente il V Conto Energia DM 5-07-2012.
5. Dati Giugno 2013 del GSE-Atlasole, con circa 2.471 MW per 36.883 impianti in esercizio.
6. Impianti integrati pari al 6%, impianti a terra pari all'87%.
7. Rapporto Statistico del GSE Gestore dei Servizi Energetici.
8. La provincia di Brindisi ha i maggiori valori di potenza fotovoltaica installata su suolo agricolo a causa di un territorio pianeggiante, fortemente soleggiato e con una forte infrastrutturazione energetica.
9. Vita utile impianti fotovoltaici 25-30 anni. Conseguenze di desertificazione sul suolo agricolo come riportato nel documento dell'ARPA Puglia "Linee guida per la valutazione della compatibilità ambientale di impianti di produzione a energia fotovoltaica", Aprile 2010.
10. La Puglia è la quarta regione in Italia per numero di cave autorizzate, un volume di 14.362.109 m3 di materiale estratto nel 2009, con 9.005 ha occupati da cave, di cui 4.048 attive.
11. PRIN dal titolo "Re-cycle Italy_nuovi cicli di vita per architettura e infrastrutture di città e paesaggio". Bando Regione Puglia DD n. 80 del 12 luglio 2010, P.O. FESR 2007-2013 - Asse II - Linea di Intervento 2.3 - Azione 2.3.4 "Risanamento e riutilizzo ecosostenibile delle aree estrattive".
12. Nel 2010 la Regione Puglia ha approvato il PRAE "Piano Regionale delle Attività Estrattive".
13. La cava è stata scelta dal bacino estrattivo del comune di Brindisi, in quanto il comune risulta avere un'alta occupazione di suolo agricolo da impianti fotovoltaici.
14. Web-GIS Catasto Cave della Regione Puglia.

ghi, dall'altra di conservare la loro potenzialità di risorsa economica, trasformandole da produttrici di materiali edili a produttrici di energia rinnovabile.

Si propone un'alternativa di recupero come nuovo concetto di ricomposizione ambientale, attraverso l'interazione delle tre tematiche architettura, tecnologia e natura, secondo alcuni criteri che attengono all'integrazione, alla sostenibilità e al ripristino della naturalità.

Il riuso dei paesaggi estrattivi risulta essere al centro di analisi, bandi e progetti di ricerca[11], dove emerge la volontà di rendere fruibili questi siti, a mezzo delle iniziative più svariate di recupero e riqualificazione, anche in chiave energetica.

Ai fini del PRAE[12], tra le destinazioni ammissibili per il riuso dei siti di cava, oltre alle categorie di recupero produttivo e recupero urbanistico è incluso pure il recupero tecnico-funzionale in cui il riuso è inteso anche come produzione di energie alternative. Le cave dismesse si prestano, ad uno studio più attento, per la localizzazione di fonti rinnovabili dove l'obiettivo è creare un impatto percettivo e visivo, rappresentato da un rapporto attivo tra uomo e natura per stabilire i termini di un nuovo linguaggio: quello della integrazione dei temi dell'energia e della natura.

Il progetto proposto in una cava del brindisino[13], integrandosi in modo organico e armonioso nel paesaggio, si basa sull'innesto tra la natura alterata dal processo produttivo e le tecnologie innovative e sostenibili, incorporando un elemento nuovo in un insieme, completandolo e migliorandone l'efficienza e la funzionalità. È come ridare vita a qualcosa di abbandonato e dismesso attraverso una rifunzionalizzazione appropriata e compatibile. I siti estrattivi tornano ad avere una nuova identità produttiva che può essere vissuta anche per altre funzioni sociali e ricreative.

Tra le cave presenti nel comune di Brindisi si è approfondito lo studio su una di esse che fosse dismessa e abbandonata e risultasse, dal catasto cave[14] della Regione Puglia, con decreto autorizzativo scaduto. La sua superficie è di 3,5 ha ed ha una profondità massima di circa 30 mt, di facile accesso dalla strada provinciale che collega Brindisi a san Vito dei Normanni. La morfologia del sito risponde in modo ottimale alle caratteristiche di un riuso in chiave energetica; la cava di inerti, infatti, è orientata secondo l'asse nord-sud. I moduli fotovoltaici per la produzione di energia rinnovabile non sono banalmente localizzati sulla parete della cava esposta a sud, ma il progetto prevede la realizzazione di superfici pannellabili su un telaio in c.a. addossato alle pareti della cava, creando una struttura che alterni moduli fotovoltaici inclinati a 30° a vasche orizzontali di vegetazione locale medio-bassa, seguendo il principio di massima integrazione.

Tale scelta progettuale è dettata dall'ottimizzare della superficie utile di captazione di energia solare e dall'integrazione nel territorio naturale di componenti artificiali, quali i pannelli fotovoltaici, garantendo l'alternanza ricorrente di zone naturali di vegetazione a zone di pannelli.

Per evidenziare la valenza peasaggistica, tecnologica e architettonica del progetto, unitamente allo studio di altri casi simili di integrazione delle fonti rinnovabili nei siti estrattivi (De Crescenzo et al., 2011), si sono elaborati degli indicatori che classifichino metodologicamente i criteri da rispettare per far si che tale progetto possa considerarsi una buona pratica all'interno dei nuovi paesaggi dell'energia pulita.

L'individuazione degli indicatori deriva da un processo ex post di deduzione dal progetto e ha lo scopo di fornire una traccia da seguire qualora si intendano proporre altri progetti di integrazione territoriale delle fonti rinnovabili. Gli indicatori proposti hanno l'obiettivo di stabilire uno strumento operativo per la valutazione qualitativa dei progetti di integrazione territoriale delle fonti rinnovabili che possano perseguire obiettivi di qualità e, laddove necessario, individuare azioni di compensazione e mitigazione paesaggistica. Le quattro macro-aree degli indicatori riferiti ai paesaggi estrattivi delle cave sono: la classe degli indicatori paesaggistico-territoriali, la classe degli indicatori di progetto e di tecnologia, la classe degli indicatori della sostenibilità ivi inclusi gli indicatori economici e infine la classe degli indicatori sociologici, e per ognuna di queste classi sono riportati indicatori quali-quantitativi con valori definiti da un codice numerico crescente, corrispondente rispettivamente ad un valore di indicatore nullo, basso, medio o alto. Di seguito si riporta, in tabella, la sintesi degli indicatori applicati al caso di studio della cava a Brindisi, progettata secondo i criteri di massima integrazione naturalistica e architettonica, nell'ottica dei criteri della sostenibilità e del ritorno economico.

Conclusioni e strategie future

Le fonti rinnovabili rappresentano un'opportunità di cambiamento importante ma spesso sono state causa di stravolgimenti della geomorfologia del territorio rurale. Si propone, dunque, un'alternativa di uso e riuso dei paesaggi estrattivi ai fini energetici e paesaggistici (da estendere, come processo, ad altri contesti extraurbani come le discariche esaurite, i siti inquinati o prossimi alle aree industriali), definendo indirizzi progettuali e scenari possibili, mediante la definizione di indicatori di qualità, per "ri-valutare" le potenzialità di interazione tra le fonti rinnovabili e il territorio agricolo, secondo una nuova interpretazione che ben si discosta da ciò che è accaduto negli ultimi anni sul territorio pugliese. La possibilità di strutturare e classificare i "nuovi paesaggi dell'energia", mediante l'uso degli indicatori su riportati, può divenire uno strumento utile per le amministrazioni locali e sovraordinate. Indicazioni e strategie per una migliore integrazione delle strutture energetiche potranno essere contenute nei Regolamenti Edilizi; l'individuazione delle cave o di altri siti dismessi, potenzialmente utilizzabili a questo scopo, potranno essere individuati dagli strumenti urbanistici comunali di nuova generazione secondo i criteri morfologici e tecnologici riportati negli indicatori, per garantire una regolamentazione dell'inserimento di fonti di energia pulita nel territorio.

Immagini
1. Impianti fotovoltaici installati e di progetto a Brindisi.
2. Siti estrattivi presenti a Brindisi.
3. Stato di fatto della cava di progetto a Brindisi.
4. Vista del progetto della cava a Brindisi

Bibliografia
Battistella A. (2010),Trasformare il paesaggio. Energia eolica e nuova estetica del territorio, Edizione Ambiente, Milano
Berger A.(2007), Drosscape. Wasting land in urban America, Princeton Architectural Press, New York
Colonnello I. (1999), I Paesaggi dell'energia, Mazzotta Editore, Milano
De Crescenzo E., Mariniello A. (2009), Integrazione fotovoltaica nel territorio. Progetti integrati in due contesti paesistici: cava a mezza costa e a fossa, Gruppo editoriale Aracne Editrice, Roma
Magoni M. (2013), "Energia e paesaggio al tempo dei cambiamenti climatici", REAL CORP 2013: PLANNING TIMES, pp. 1169 – 1176
Reho M. (2009), Fonti Energetiche Rinnovabili, Ambiente e paesaggio rurale, Franco Angeli, Milano.
Rifkin J. (2011), The Third Industrial Revolution: How Lateral Power is Transforming Energy, the Economy, and the World, Palgrave Macmillan, New York
ARPA Puglia (2010), Linee guida per la valutazione della compatibilità ambientale di impianti di produzione a energia fotovoltaica, Regione Puglia
GSE (2011), Guida alle applicazioni innovative finalizzate all'integrazione architettonica del fotovoltaico. Quarto Conto Energia, DM, Gazzetta Ufficiale
Regione Puglia, Servizio Attività Estrattive (2009), Rapporto sullo stato delle attività estrattive in Puglia, Regione Puglia
Regione Puglia (2010), Norme Tecniche di attuazione del Piano Paesaggistico Territoriale Regionale, Regione Puglia
Regione Puglia (2012), Aggiornamento Linee guida sulla progettazione e localizzazione di impianti di energia rinnovabile. 4.4.1 PPTR, Regione Puglia

OPEN SPACES

URBAN AGRICULTURE: NEW STRATEGIES FOR CITY RESILIENCE

Emanuele Sommariva

Emanuele Sommariva, Architect, Ph.D. Candidate in Urban Design at the University of Genoa, focuses his research interests on urban/landscape evolution and the relationship between agriculture and the city, collaborating since 2009 to different courses and urban design studio classes, led by Prof. Arch. Mosè Ricci.
Visiting student of the Graduate School of Architecture at the Technische Universität München (European Ph.D. Label), since 2012 he's also research and lecturer at the Leibniz Universität Hannover at the Department of Urban Design and Planning led by Prof. Arch. Jörg Schröder.

1. Walter Hedden describes the economic forces that influence where foods are produced/consumed and how they are transported with the term 'foodshed' as the «dikes and dams controlling the flows of food from the producer to consumer». His vision contrasts foodsheds with watersheds by noting that «the barriers which deflect raindrops into one river basin rather than into another natural land elevations [...] while the barriers which guide and control movements of foodstuffs are more often economic than physical...». In order to provide a more detailed image how food systems work and must be protected see also GETZ A. (1991) Urban Foodsheds, Permaculture Activist Journal, vol.1.

2. Today the general approach on resilience applied on urban development and territorial studies sectors is quickly expanding and including the following research lines: mitigation and adaptation to climate change, disaster planning, management and recovery, energy and environmental security, resilience as socio-ecological systems and urban design and planning (Colding, 2007; Pickett et al. 2004; Scotti-Petrillo and Prosperi, 2011; Wilkinson, 2011).

3. For a more extensive definition of Urban and Periurban Agriculture see NASR J., KOMISAR J., GORGOLEWSKI M. (2009) Designing for Food and Agriculture: Recent Explorations at Ryerson University, Open House International: Toronto; NASR J., L'émergence des réseaux d'agriculture urbaine hors de l'Europe, la Multifonctionnalité de l'agriculture périurbaine: vers une agriculture du projet urbain (ed.) FLEURY A., Cahiers de la multifonctionalité

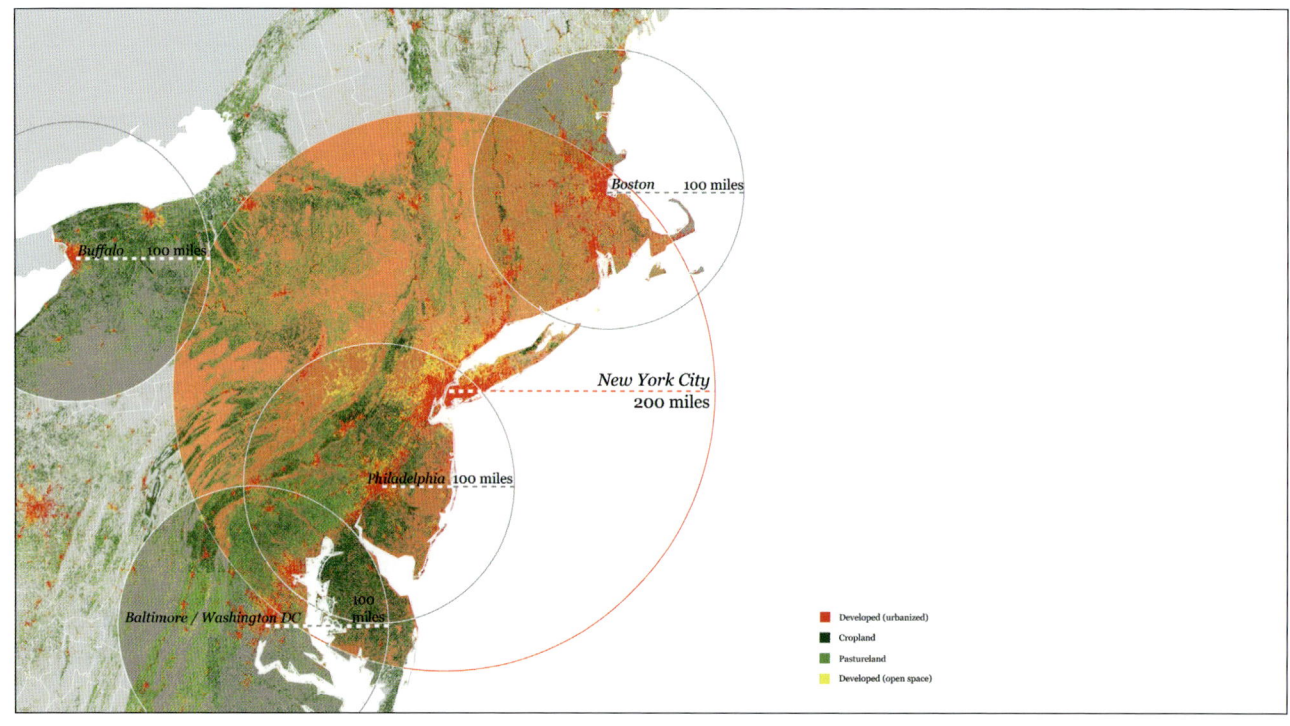

KW: EDIBLE LANDSCAPES, REGIONAL FOODSHED, URBAN RESILIENCE

Agriculture and the city: searching for self-sufficiency

Over the last decades, the term resilience became predominant in many disciplines, technical papers and political documents deals in particularly with sustainability, adaptation and territorial risks. In the discipline of ecology, from which the agreed term used here is taken, describes the capacity of complex systems to react to stress phenomena by activating response and adaptation strategies in order to restore the mechanisms by which they function. (Gunderson, Hollig, 2002)
According to these theories, a resilient system under stress regenerates the functionality by restoring its components through change and adaptation in order to achieve a state of new equilibrium (Odum 1963; Bettini 2004).

One of the most significant fields in which the resilience of terrestrial ecosystems should be considered is agriculture. The organic matter in soil, which is supposed to be self-recharged by multiple plants and animals, is the main source of nutrients for crop growth. At the same time, intensive agriculture practices, in response to global food demand and shortages, involves the removal of weeds and the application of fertilizers to increase food production. (Matson et al., 1997)

Modern agro-industries, contribute to maximize production and to minimize the cost of food with little regard to impacts on the environment and the services it provides to society. However as a result of agricultural intensification, plant biodiversity is reduced as is the supply of organic matter to replenish soil nutrients and prevent run-off. This leads to a reduction in soil fertility and productivity. Ecological principles suggest, in fact, that monocultures land organization combined with a "more of the same" approach for strengthening the food production will have significant environmental costs (Tilman, 1999). More sustainable agricultural practices would take into account, estimating the real food demand on local scale, comparing the resilience of the different systems, monitoring and balancing the input and output of energy/production flows, according to the concept of regional foodshed. With the term Foodshed, coined by W.P. Hedden in the book 'How great cities are fed' (1929), it's described a geographic entity in which food is produced/transformed and distributed for a particular population[1]. According to this concept, food supply can still be considered as an important "material" on which built up territorial strategies and city development programs.If the food systems have organized the territories for centuries, then «the relationship between cities and agriculture are as old as the city itself» (Bonnefoy, 2005); and these networks concern both the extensive agricultural regions, as well as the peri-urban areas more directly influenced by the dynamics and the evolution process between space and society. Different studies[2] on human ecosystems show how the structural weakness of contemporary metropolitan areas (especially in term of food, energy and water supply) are closely related to the limits of development of society. (White 2011) Moreover, if the material metabolism of cities is founded on the redeployment of the natural energy through the construction of hybridized forms - for instance, the infrastructures of modern cities combine human dynamics and natural streams for adapting contexts to the societal transformations - this phenomenon, relaying on massive injections of fossil fuels, can help us understand why the crisis of cities is so profound. Today, the global city scale emerges from its agreement with local orders, defining new forms of complexity, at the territorial level, that never before has been taken into consideration. In term of food supply, the more cities cut themselves off from countryside - as well as their regional market systems - the more they become fragile ecosystems. In other terms, contemporary cities have internalized the most destructive dynamics of being global consumers without learning how to regulate their capacity of self-sufficiency.

Towards Resilient Cities
The paper addresses the question of how a new green infrastructure can be integrated into an existing and complex city. Urban agriculture[3] is one emerging integrative factor for city resilience and is used as a key theme to re-think new potentials of open space systems. In this sense the principle of multifunctionality applied to urban landscapes can become a tactic to react the specific challenges of demands of the contemporary city, in terms of living space, services, food.

Challenge 1 _ Informal space flexibility and the geography of open spaces
Nowadays, the classic approach of providing open space in the form of parks reveals its limitations when confronted with modern urban agglomerations and the city sprawl. On a larger scale, the open space model of green belts of forests, pastures and grasslands that surround cities in different radial ring systems, is today reconsidered in the urban planning debate not only for its environmental function but also for being an organizing landscape infrastructure. The more network-oriented regional parks (especially the agricultural ones) developed in many metropolitan peri-urban areas are a contemporary extension of this concept – for example the Continuous Productive Urban Landscapes (CPULs) – including the idea of productive open space. The main ecological idea is to reconsider all urban left overs as well as vacant lots or other portion of lands potential area in which is possible to grow food within an urban rather than exclusively rural environment, serving also as references to show how agricultural land can still shape the city and become part of its iconic body in the future.

Challenge 2 _ Dual-track-urbanism for the city and its landscape
With regard to contemporary metropolitan areas, agriculture or more general the peri-urban/rural contexts will become a significant component of the city; within the sense of dual-track urbanism both components could be developed parallel to one another. This mutual relationship enhance also the interaction of individuals and urban social forces into place-making process, using urban agricultural practices as one of the possible devices for reorganizing the neglected parts of the city or its surroundings. Some questions must therefore always be asked planning with urban agriculture: What makes it attractive to an operator and what effect does it have on the city? What is the possible additional value for the city and its residents? How can agriculture profit by being part to the city, by its proximity to producers, consumers, and urban resources such as waste and wastewater? How can micro-actors/interventions be empowered to help build a macro landscape? This kind of approach generates many urban policies paradigm shift on suitable open spaces, adaptive planning tools, new economical and social balance based on local foodshed, both on a territorial and urban design level.

Challenge 3 _ Multifunctional ecosystem services
The demands placed on systemic resilience make today's requirements on sustainable urban development more complex. If peri-urban agricultural practices are constantly under threat of being absorbed in speculative land consumption processes and a qualitative tactic for urban development can be created from these, then new synergies between urban and rural contexts should be rethought. In order to contribute to a less global market's dependence and a more climate-optimized urban planning the role of open-spaces, as well as greenbelts or urban countryside, at regional level should be as multifunctional as possible, according to a number subsidiary concepts, such as:
- contributing to the supply of urban food, especially if combined with necessary precautions (in term of soil, water and site control) with organic productions
- providing recreational leisure opportunities
- implementing resource efficiency and urban recycling management (especially biomass associated)
- defining ecosystem services, as well as land use preservation or reactivation
- integrating private residential functions with public open space for social inclusivity
- enhancing urban quality, regenerating neglected, underused or vacant lands.

References
Bettini V. (2004) *Ecologia urbana. L'uomo e la città*, UTET Libreria, Torino
Bonnefoy S. (2005) "Agricoltura e diritto di cittadinanza", in *Urbanistica*, vol. 128, p. 24
Colding J. (2007) "Ecological Land-use Complementation for Building Resilience in Urban Ecosystems", in *Landscape and Urban Planning*, vol. 81, pp. 46-55.
Coyle S., ed. (2011) *Sustainable and resilient communities. A comprehensive Action Plan for Towns, Cities and Regions*, Hoboken, John Wiley & Sons Inc..
Donadieu P. (1998) *Campagnes Urbaines*, Actes Sud, Ecole Nationale Superiore du Paysage, Paris
Gunderson, L., Holling C.S, Lance, H. (2002) "Resilience and Adaptive Cycles", in Gunderson, L., Holling C.S., eds (2002) *Panarchy: understanding transformations in human and natural systems*, Island Press, Washington, D.C.
Hedden W. P. (1929) *How great cities are fed*, Heath and Company Press, Boston
Matson P., Parton W., Swift M. (1997) "Agricultural Intensification and Ecosystem Properties", in *Science*, no.25, Vol. 277, pp. 504-509
Odum E. P. (1963) *Ecologia*, Zanichelli, Roma
Pickett S., Cadenasso M., Grove M. (2004) "Resilient Cities: Meaning, Models, and Metaphor for Integrating the Ecological, Socioeconomic and Planning Realms", in *Landscape and Urban Planning*, vol. 69, pp. 369–384, Elsevier B.V.
Ricci M. (2012) *New Paradigms*, Actar-List, Barcellona
Schröder J., Weigert K. (2010) *Landraum beyond rural design*, Berlin, Jovis
Scotti-Petrillo A., Prosperi, D. (2011) "Metaphors from the Resilience Literature: Guidance for Planners", in Schrenk M. et al. *Proceedings of REAL CORP 2011*, pp. 601-611
Smit J., Nasr J., Ratta A. (2001) *Urban Agriculture: Food, Jobs and Sustainable Cities*, United Nations Development Programme, The Urban Agriculture Network.Inc, New York
Steel C. (2009) *Hungry City. How food shapes our lives*, Random House, London
Tilman D. (1999) "Global environmental impacts of agricultural expansion: The need of sustainable and efficient practices" in *Proceedings of the National Academy of Sciences of the United States of America*, no. 11, vol. 96, pp. 599-604
Van Der Sande B. (2012) *Food for the City: A Future for the Metropolis*, Nai010 publishers, Rotterdam
Viljoen A., Bohn K., Howe J. (2005) *Continuous Productive Urban Landscapes: designing Urban Agriculture for sustainable cities*, Architectural Press: Oxford
White A. (2010) *Water and the city. Risk, Resilience and planning for a sustainable future*, Routledge, Abingdon
Wilkinson C. (2011) "Social-ecological resilience: Insights and issues for planning theory", in *Planning Theory*, no. 12, vol. 4, pp.1–22.

OPEN SPACES

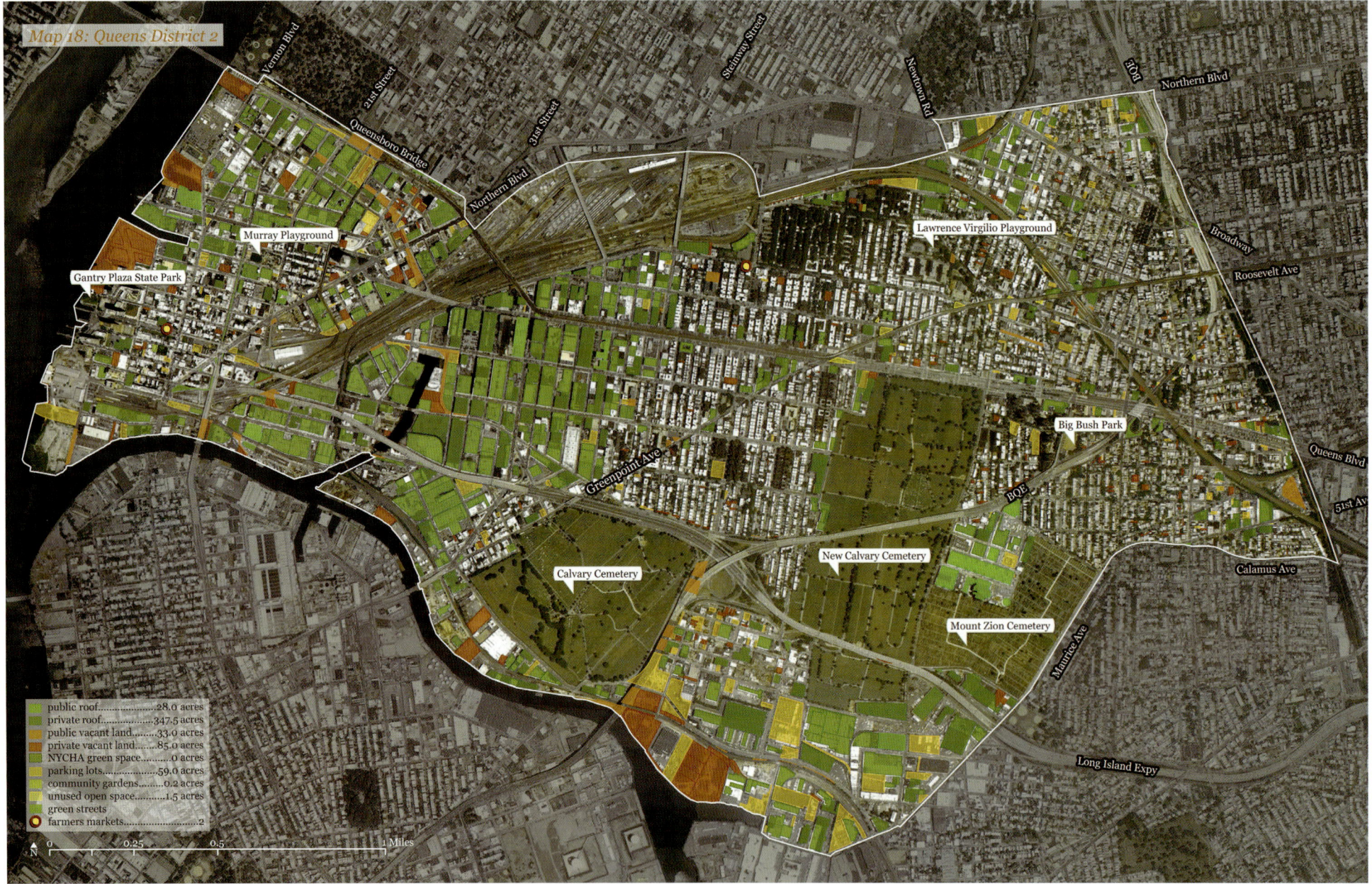

Immagini
1. NYRegion Foodshed
2. Queens map Urban Agriculture

REGIONAL CAMOUFLAGE AS LANDSCAPE RE-CONNECTOR

KW: REGIONAL CAMOUFLAGE, IN-BETWEEN, BEES

Introduction
A rapidly changing social and economical environment characterizes the beginning of XXI Century. The decentralization and delocalization of the industrial infrastructures, the tendency to an individualist, scattered urban development generates a decrease of the density in the urban environment.
Several scholars, everyone by his own perspective, point to the generation of these dystopias. Rem Koolhaas (2001) wrote about the concept of "junkspace"[1]. Gilles Clement calls those spaces Tiers Paysage, (Clement, 2004). Alan Berger points deindustrialization as a generator of "waste spaces" (Berger, 2006). Lars Lerup defines the result of this process "the middle landscape" (Lerup, 2011). In all these visions, fragments are the "in between" spaces left on the land after superimposing infrastructures, zones, projects, strategies. They are un-programmed, un-functional, isolated, dystopias, fragments, brownfields, and contaminated lands. The aim of this paper is to investigate the unexpressed potential of these fragments and possible adaptive relationships between them. For this reason, I propose to re-use some of them in a regional scale landscape infrastructure called "Regional Camouflage" (Sturla, 2011). The project is both a methodological prototype and a design proposal to avoid the catastrophic prediction contained in Koolhaas' sentence. The case studio of the Region of North Milano (Italy) will be a synthetic test ground.

About Dystopias
We focus on a specific typology of space, the abandoned leftovers of development. Those spaces are located in the generic landscape, the diffuse surroundings of cities. They are margins, technical spaces, backsides, abandoned spots of urban wilderness, abandoned building sites. They are perceived as depressive, dirty, dangerous. Nowadays, those spaces are un-named, un-programmed, un-used. For this reason is so difficult to define and describe them. Those spaces are the result of modern planning, and characterize the generic diffused urban landscape. Intricate layers of land ownership, administrative and physical boundaries shape them.
How to work with those spaces? While it is easy to understand the aesthetical problems of those areas, it seems more difficult to imagine a radical tabula rasa operation, which erases and rebuilt residential developments, industries and what has contributed to shape this landscape. All those installations were conceived following zoning regulations, respecting land ownership, administrative and physical boundaries. Moreover, the context of a depressed economy and worldwide financial crisis makes the reconstruction even harder to imagine. Consequently, a landscape infrastructure that deals with the post-industrial diffused city should be interstitial, and coexist with the surrounding environment. At the same time, it might contribute to change the way people use and perceive it. By quoting Andrea Branzi, this infrastructure should be "weak and diffuse" (2011). Following JB Jackson, this installation should be "as natural as possible" (1970) considering that humans not only perceive nature, but they are nature, and humans installations are part of nature as well.

Regional Camouflage
According to the Gestalt, "Camouflage is the deliberate alteration of figure-ground so that the figure blends into the ground" through inserting a visual disturbance. The Regional Camouflage is a bottom up landscape planning method in which, at the regional scale, disturbance will be the insertion of an element in the planning strategy that apparently does not belong to the traditional design of a territorio.
The disturbance might be selected into a non-human category of land inhabitation: for example, ecological succession process, biological invasion process, and pollination process. The blending of the figure into the ground happens by inserting a disturbance, something that breaks the established way to see that specific form, or planning strategy. Disturbances might operate over time, as the fragmented lens of a kaleidoscope while rotating brakes the images into a potentially infinite set of variations. Disturbance might be any phenomenon, space, micro scale interventions designed to infiltrate the generic landscape, colonize the dystopias and generate attraction to modify the way the land is perceived and used by inhabitants, and the local ecology.
Regional Camouflage implies an initial amount of designed top down interventions (disturbances) to activate the site, but it is not a deterministic strategy. It is informal, interstitial, and allows a great level of chaos to happen. Because of the low level of human control on the most part of the strategy (a non-human re-colonization or "invasion"), it is not possible to make a prediction.
Regional Camouflage works on the idea that, by taking advantage of fragmentation, it is possible to make apparently not compatible elements to coexist within the same space, or system, by working parametrically to determinate reciprocal minimum distances.
As a provocation, in this proposal, disturbances are bees and beehives.
Regional Camouflage is the combination of soft and interstitial strategies. At the same time, this planning method is an adaptive strategy, which operates in three different levels:
 - Connections, by inserting a disturbance in the way the planner see the land to modify the way the land is commonly colonized.
- Ecology, by inserting an invasive plant community that can spread in the land, and alter the local ecology.
- Visual, by breaking the views of the dystopias to change the perception of the space.

Paola Sturla

P. Sturla is an architect and a landscape designer. She owns an MArch from Politecnico di Milano, and an MLA from Harvard University.
She investigates relationships between open spaces, infrastructures, ecology and resilient design strategies. She developed her professional experience by practicing and teaching in Italy, China and United States.

---

1. According to the author: "a new gospel of ugliness, there is already more junkspace under construction during the 21st century than survived from the 20th" (Koolhaas, 2001).
2. Bees are disappearing. During 2006, Italy lost almost half of the bees population because of colony collapse disorder. The same phenomenon is happening on a global scale. Bees are the main pollinators. Those data show how something, which is commonly not considered while planning a territory, in fact plays an important role for human survival.
3. Regional Camouflage might be the physical space for those Web 3.0 bottom up planning/augmented reality experiments to happen. At the same time, because of the need of beehives, RC can relate with the digital fabrication / makers community.

OPEN SPACES

Case studio: reconnecting a dystopias' archipelago

The case studio is the metropolitan region located in the North of the city of Milano, Italy. The definition of generic landscape fits this area because of the high level of fragmentation and boundaries layering. In this area, boundaries reflect two main categories: physical and administrative. Physical boundaries such as streets, highways, and fences are evident, as objects, in the built environment. Administrative boundaries are less evident; they are the "in between" of patches, which programmed in different ways. These boundaries design a pattern of islands. The disturbance, the bees[2] and the beehives, are light and have low impact. Bees are an interesting metaphor for two main reasons. At first, since they fly, they can overcome the main limitation shown in the analysis: landscape fragmentation. Secondly, they play an important ecological role as pollinators, contributing to the health of the ecosystem and the growth of biodiversity. (Img 1 and 2).

At the same time, it is true that cohabitation between humans and insects in the city might be problematic because of a diffused prejudice on bees' stings danger. RC aims to make the cohabitation possible by defining parametrically reciprocal distances. The result works on three different levels of camouflage (Connections, Ecologic and Visual).

Connections camouflage results
After locating the disturbances, a pattern of points is now on the land. They suggest a network of connections that infiltrates the existing environment. Those points, if overlapped with the old network of decommissioned agricultural roads helps in seeing those connections, and a set of additional links between them will quickly open ways for people to cross those areas.

Ecology camouflage results
Selected plants are a mixture of native species already present on site, and invasive species that, when inserted, can adapt well to the local conditions. Plant set include vines to colonize screens, nets, and vertical surfaces. The outcome would be an improved biodiversity on site.

Visual camouflage results
Visual camouflage is a consequence of both strategic and ecological camouflages. Because of the new cross lines through the landscape, and because of the new plant community, people perceive the same landscape in a regenerated way.

Considering, as Lars Lerup, the urbanized landscape as an open, indeterminate biological system (Lerup, 2011), the Regional Camouflage strategy operates in a wide range of potential degree of success. The grade zero would provide artificially designed new public spaces. The maximum grade would provide also an increased biodiversity and beautification of the site, generating a hybrid (Latour, 1991), weak (Branzi, 2006), Landscape Urbanism (Waldheim, 2006) strategy.

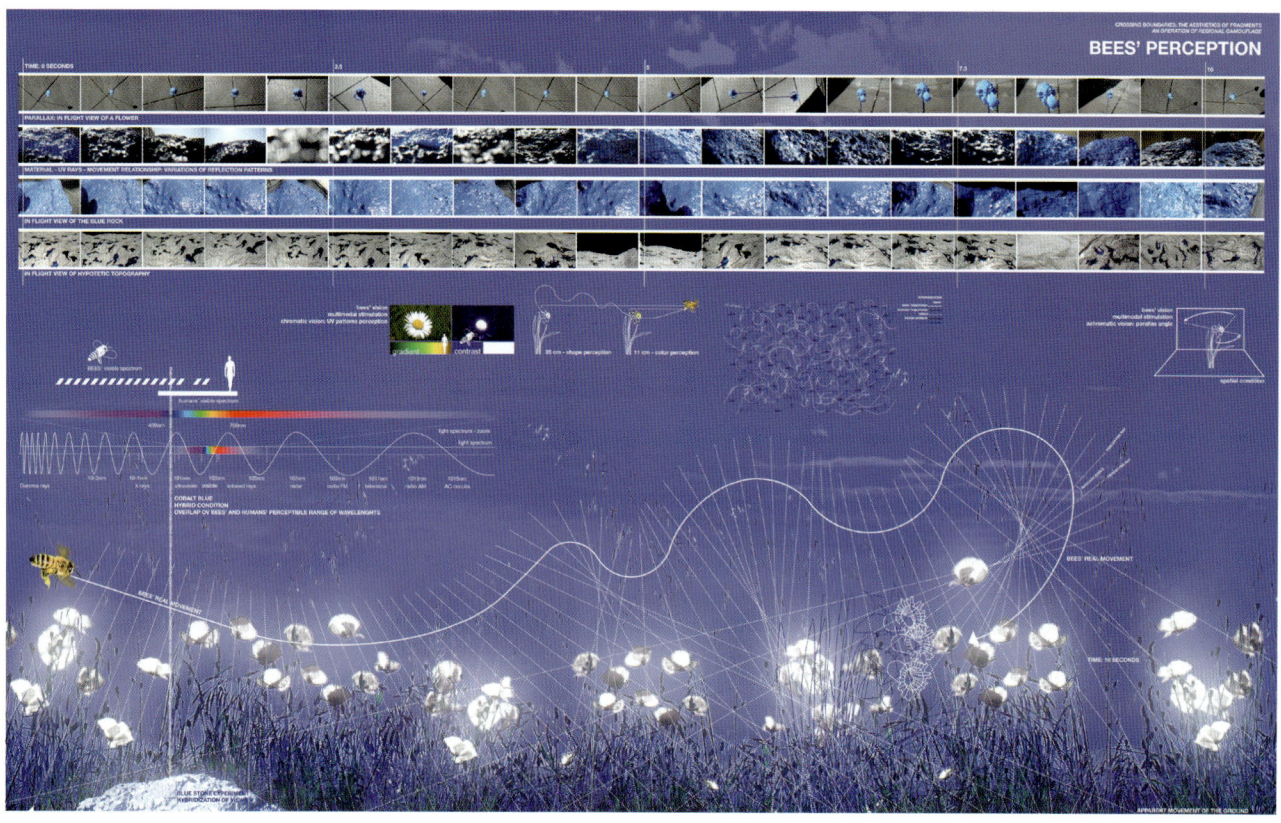

Conclusions

Regional Camouflage is now a theoretical proposal, so every single potential result still need to de tested and demonstrated. Besides that, it is possible to argue that Regional Camouflage might induce a multiplicity of outcomes, from both an ecological, social, and economic point of view. It produces an ecological outcome, by increasing local biodiversity. It produces a social outcome, by opening new spaces for public use. Those spaces infiltrate an existing community. The program designed for these areas depends on the context. It is also possible to use social networks and crowd sourcing as tools to include stakeholders in the decision-making and founding processes[3]. It produces an economical outcome, by allowing an interstitial shift on land values patterns. In this sense, Regional Camouflage by providing accessibility and beauty would use the emptiness of the new public space (not anymore a building block) as an attractor of urban renovation forces. Going back to Lars Lerup, the bees' strategy might be part of that "degree of chaos" (Lerup, 2011), that makes the self organizing systems so efficient, generating an un-expected imbalance, opening opportunities and breaking old established rules and boundaries that often paralyze development. What could someone do, having a new public space right in front of his backyard?

Sources

Berger, A. (2006), *Drosscape: Wasting land in urban America*, Princeton Architectural Press, New York.

Branzi, A. (2006), *Weak and Diffuse Modernity.The World of Projects at the Beginning of XXI Century*, Skira, Milano.

Clement, G. (2004), *Manifeste du Tiers Paysage*, Sujet-Object, Montreuil.

Jackson, E.H.Z. (ed), (1970), *Landscape, selected writings by JB Jackson*, University of Massachussetts Press, Amherst, MA, USA, p.79.

Koolhaas, R. (2001) "Junkspace" in *Harvard Design School Guide to Shopping*, Taschen, Köln; Harvard Design School, Cambridge, USA, pp 408 - 409.

Latour, B (1991), *Nous n'avons jamais été modernes : essai d'anthropologie symétrique*, Edition La Decouverte, Paris; Italian translation : Non Siamo Mai Stati Moderni, Eleuthera, Milano (1995), pp 22-23.

Lerup, L. (2011), *One Million Acres & No Zoning*, Architectural Association, London.

Sturla, P. (2011), "Crossing Boundaries: the Aesthetics of Fragments (an Operation of Regional Camouflage)". *Harvard GSD MLA Thesis 2011* published in Howeler, E. (ed.), GSD Platform 4, Actar, Barcelona, pp. 346-350.

Waldheim, C. (2006), "A Reference Manifesto" in *The Landscape Urbanism Reader*, Princeton Architectural Press, Princeton, pp. 15-20.

Waldheim, C. (2006), "Landscape as Urbanism" in *The Landscape Urbanism Reader*, Princeton Architectural Press, Princeton, pp. 35-55.

Images Sources:
Images have been published in: Sturla, P. (2011), "Crossing Boundaries: the Aesthetics of Fragments (an Operation of Regional Camouflage)". Harvard GSD MLA Thesis 2011 published in Howeler, E. (ed.), GSD Platform 4, Actar, Barcelona, pp. 346-350.

OPEN SPACES

MICRO-PROGETTI DI TRASFORMAZIONE URBANA NELLE PERIFERIE: LE ESPERIENZE DI RICONQUISTA DEI CORTILI SCOLASTICI A SASSARI

TaMaLaCà - Francesca Arras, Elisa Ghisu, Paola Idini, Valentina Talu

TaMaLaCà - Tutta Mia La Città
È un gruppo multidisciplinare di ricerca e azione per la città dei diritti Dipartimento di Architettura, Design, Urbanistica dell'Università di Sassari. Dal 2005 si occupa di ideare e gestire progetti per la promozione delle capacità urbane di tutti e di ciascuno. Dal 2012 è spin off sostenuto dall'Università di Sassari.

KW: MICROINTERVENTO, LOW COST, EMPOWERMENT

Le periferie sono luoghi caratterizzati da un lato da penuria, dall'altro da occasioni inedite di rigenerazione, in quanto "generatori di gradiente urbano": qui infatti hanno luogo le pratiche di sopravvivenza e le azioni di resistenza, individuali e collettive, degli abitanti, che sono fondamentali per innescare percorsi veri, durevoli e partecipati di empowerment e per promuovere la qualità della vita urbana della città nel suo complesso. In quanto generatrici di "gradiente urbano", possono produrre energia, un'energia che può essere utilizzata per trasformarle e trasformare con esse l'intera città.
Si potrebbe pensare che il modo più efficace di agire in questi contesti sia attraverso grandi progetti di riqualificazione urbana. Noi siamo convinte che un approccio legato alla dimensione "micro" e "low cost" degli interventi, sia più efficace, pertinente e garantisca risultati più efficienti nel breve-medio periodo, anche grazie al fatto che consente di accogliere, comprendere ed incanalare positivamente quell'energia, spesso dissipata.
Nell'articolo spieghiamo quali sono le qualità di un progetto a scala "micro", anche attraverso il breve racconto di due significative esperienze progettuali in due cortili scolatici della città di Sassari: il progetto del Portacolori e de Il Giardino che non c'è. Si tratta di microinterventi differenti negli esiti ma che hanno l'obiettivo comune di ripensare collettivamente gli spazi di pertinenza della scuola: li offrono alla città, incoraggiano usi molteplici dello spazio e, pur essendo progetti compiuti, aprono la strada a nuove possibilità di riconquista, rigenerazione e risignificazione. Sono interventi che influiscono in modo immediato e mirato sulla qualità della vita urbana di quartiere, ma non solo: se concepiti in relazione tra loro, possono offrire molte e diverse occasioni di riconquista della dimensione pubblica nell'intera città.

Trasformare le periferie attraverso micro-progetti

Le città sono fatte anche (in alcuni casi esclusivamente) di periferie. Di luoghi contraddistinti e rappresentati, da un lato, dalla penuria: di spazi e servizi rilevanti e attrattivi, di qualità urbana e architettonica, di occasioni economiche e culturali, di opportunità e di prospettive di riscatto sociale (Belli, 2006; Cecchini, 2007; Cecchini e Talu, 2012; Maciocco, 2007); dall'altro di occasioni, in quanto luoghi "generatori di gradiente urbano" (Paba, 2009, 2003) per eccellenza. Al loro interno, infatti, si formano e prendono corpo le inedite pratiche di sopravvivenza e azioni di resistenza, individuali e collettive, degli abitanti; azioni e pratiche che sono fondamentali per innescare percorsi veri, durevoli e partecipati di empowerment e per promuovere la qualità della vita urbana della città nel suo complesso (Sandercock, 1999; Paba, 2003). In quanto generatrici di "gradiente urbano", possono produrre energia, un'energia che può essere utilizzata per trasformarle e trasformare con esse l'intera città (Maciocco, 2007): se in meglio o in peggio, se efficientemente o con un'elevata dissipazione dipende molto da quali progetti e quali politiche accompagnano il trasferimento di questa energia. Oltre e accanto alle politiche e ai programmi di riqualificazione a scala urbana, regionale e nazionale, riteniamo che siano particolarmente importanti le trasformazioni a "scala di quartiere", le micro-trasformazioni.
Esse comprendono, ad esempio, il miglioramento della accessibilità "minuta" del quartiere, con particolare attenzione alle modalità pedonale e ciclabile e ai luoghi sensibili e quotidiani, come scuole, giardini e aree verdi, piazze, strutture sportive, servizi collettivi; la riqualificazione degli spazi pubblici e degli spazi "ibridi" (semi-pubblici o privati ad uso collettivo), anche e soprattutto di quelli più marginali, meno visibili, dimenticati come i cortili scolastici, i cortili condominiali, i marciapiedi delle strade secondarie e dei vicoli ciechi, gli "scampoli" di terra circondati da strade ed edifici.
La dimensione "micro" delle trasformazioni ci sembra particolarmente efficace per diverse ragioni, in particolare:
- perché rende più semplice l'attivazione di percorsi di coinvolgimento degli abitanti veri (non solo formali o "di facciata") e inclusivi, in quanto consente di "sintonizzarsi in modo sottile" (Paba, 2007) sulle specificità dei luoghi e degli individui che li abitano;
- perché consente di procedere "per piccoli passi", facilitando la rimodulazione del progetto sulla base del dilatarsi e contrarsi delle aspettative e delle richieste dei soggetti coinvolti, delle difficoltà di ordine tecnico o politico, delle opportunità esterne;
- perché rende più semplice e più rilevante per i progettisti prestare attenzione ai dettagli progettuali e assicura così una maggiore qualità architettonica e urbana anche dei luoghi "minori" (Gehl, 1987);
- perché è low cost e rende dunque i progetti più capaci di farsi spazio all'interno delle agende degli enti locali, altrimenti non disposti o non interessati ad impegnarsi in un'opera ad alto rischio di insuccesso e impopolarità come quella del recupero delle periferie (Arras et al. 2012, Talu, 2012).
Interventi alla scala "micro" possono essere gestiti in maniera più libera rispetto alla troppo rigida regimentazione imposta da norme e regolamenti, soprattutto quando si tratta di autocostruzione. Aspetto che permette, da un lato, di realizzare (e di realizzare in tempi ragionevoli) interventi che altrimenti rimarrebbero imbrigliati nei percorsi burocratici per l'ottenimento dei permessi e, dall'altro lato, investe il progettista di una maggiore responsabilità nei confronti degli esiti.
Ma soprattutto consente di agire in modo mirato sulla città di prossimità e sugli spazi del vivere quotidiano, che rappresentano spesso gli unici spazi urbani vivibili autonomamente da alcune categorie di abitanti "svantaggiati": bambini, anziani,

persone con disabilità, ma anche pedoni, ciclisti, ecc (Talu, 2012). La dimensione del vicinato è –per tutti questi soggetti, ma soprattutto per i bambini- quella che definisce gli spazi di autonomia reale, di incontro con il diverso e con l'ignoto, di scoperta e di conquista quotidiana del proprio ambiente di vita (Jacobs, 1961).
"Sia per i bambini che per gli adolescenti, è ovvio che il punto focale delle preoccupazioni degli urbanisti debba essere l'ambiente locale. (…)Colin Buchanan ha detto che la libertà di movimento è un segnale della qualità di civilizzazione di un'area urbana. Per i bambini è ancora di più: la libertà di muoversi definisce i limiti del loro mondo." (Ward, 1978).
Se l'obiettivo di un buon urbanista-architetto-progettista è migliorare le condizioni generali della qualità della vita urbana di tutti e di ciascuno (Talu, in stampa), allora diventa prioritario intervenire sugli spazi di prossimità e sui percorsi prevalenti di connessione tra questi. Pensiamo che ogni periferia abbia almeno un luogo da cui partire per promuovere in modo efficiente e completo tali micro-trasformazioni: la scuola pubblica (Idini, 2012; Talu, 2012). Per questa ragione presentiamo due micro-progetti differenti in due cortili scolastici molto diversi della città di Sassari. Gli spazi offerti dai cortili scolastici ci interessano particolarmente perché per la loro conformazione possono essere lo spazio di "innesco", da cui far partire un ragionamento più ampio su tutto il quartiere e sulla città. Si configurano infatti come spazi intermedi, dove la sfera pubblica più rispettata e rassicurante (quella dell'edificio scuola) si sovrappone a quella più incontrollata e "minacciosa" (quella delle strade, del traffico, degli sconosciuti). Sono spazi che hanno la capacità di garantire libertà d'uso in sicurezza e tranquillità. Percezione valida sia per i bambini sia per gli adulti: un cortile o una porzione di esso può contenere al suo interno da un lato molti e diversi punti di riferimento "sicuri", e dall'altro lato molti e diversi input "avventurosi" e giocosi[1]. Inoltre, questa condizione di spazio intermedio consente di stimolare il senso di responsabilità, di creare le condizioni per una interazione "quasi intima" con lo spazio, incoraggiando il passaggio non banale da utente ad abitante (Herzberger,1999). Tale passaggio è interessante di per sé, ma diventa fondamentale in un periodo di scarsità di risorse economiche anche per la riduzione dei costi di manutenzione e gestione dello spazio.

Esperienze di riconquista dei cortili scolastici a Sassari[2]
I due micro-progetti che presentiamo molto brevemente condividono gli stessi presupposti, ma si sono sviluppati ed evoluti in modi molto diversi: il primo è Il PortaColori[3] (fig. 1), il secondo Il giardino che non c'è[4] (fig. 2,3). Entrambi rappresentano occasioni di riconquista di una porzione dell'intero cortile scolastico di riferimento, e sono i risultati di percorsi progettuali partecipati che hanno coinvolto in modi diversi l'intera comunità-scuola, e non solo[5]. Non è possibile in questa sede restituire la complessità del processo partecipativo che ha dato origine ai progetti, ciò che ci preme sottolineare è che entrambi gli interventi sono il frutto di una ricerca del compromesso e di una mediazione continua tra numerosi istanze e bisogni degli abitanti coinvolti nel processo: il nostro non è mai stato solo un ruolo da progettiste (Arras et al, 2013b). Gestire le mediazioni, ascoltare, discutere ogni scelta progettuale, esaminare con tutti i soggetti coinvolti i vincoli di natura economica, tecnica e logistica, ed infine elaborare -e lavorare nel- progetto esecutivo senza mai porsi al di sopra delle parti e senza mai prendere decisioni non condivise, sono stati i nostri compiti.

I risultati di tali processi sono spazi colorati, illuminati, visibili, accoglienti ed aperti, ciascuno con le proprie caratteristiche e la propria identità.
In misure diverse sono piccoli anfiteatri, spazi per prendere il sole, luoghi protetti per i più piccoli, adatti alle riunioni scolastiche, alle lezioni o alle rappresentazioni all'aperto, sono spazi pensati per giocare, ma non solo, sono soprattutto pensati per accogliere ed incoraggiare anche usi "altri", non previsti in fase di progetto. Sono spazi che volutamente comunicano apertura, in tutti i modi: attraverso il superamento delle barriere sia fisiche che percettive, attraverso l'uso del colore, le forme, i materiali scelti. In particolare l'uso del colore conferisce identità visuali forti e rafforza il senso di appartenenza a spazi che ora tutti conoscono, sentono propri e frequentano assiduamente. Il colore evidenzia il carattere pubblico e "popolare" dei luoghi e li fa emergere in maniera allegra e creativa dal diffuso grigiore circostante. Non solo: il colore in questo caso è anche uno strumento di contagio gioioso, attrae gli sguardi, incoraggia i giochi e le attività del tempo libero, li riporta nella dimensione degli spazi pubblici di quartiere (Arras et al, 2013a).
Il concetto di "apertura" ha guidato tutte le fasi dei processi-progetti, comprese quelle esecutive: pur essendo interventi compiuti, sono al contempo "contagiosi", capaci cioè di accogliere "innesti" successivi e di aprire la strada a ulteriori interventi di riconquista dell'intero cortile scolastico e degli spazi pubblici di immediata pertinenza.
In questo senso sono anche spazi mentali, che mostrano come tutti e ciascuno possano contribuire a produrre miglioramenti effettivi nella città, e come questo sia realmente possibile.

Micro-progetti come questi possono aumentare esponenzialmente le proprie potenzialità se concepiti in relazione tra loro, avendo come obiettivo la creazione di una rete capillare di spazi pubblici, anche piccoli, ma "sintonizzati" sulle esigenze specifiche. Una rete così costruita potrebbe offrire molte e diverse occasioni di riconquista della dimensione pubblica nei quartieri prima, e della città intera poi.

OPEN SPACES

Immagini
1. Il giorno dell'inaugurazione, l'atto del colorare insieme le pareti del Portacolori (grazie anche alla presenza di un'associazione di writers invitata per l'occasione) ha reso possibile il coinvolgimento di tutta la comunità.
2. Alcuni momenti della realizzazione del micro-intervento, in auto-costruzione.
3. Lo spazio del cortile scolastico di Prunizzedda prima del micro-intervento.

1. Crediamo che questa condizione dei cortili scolastici sia assimilabile al concetto di In-between teorizzato da Hertzberger (1991).
2. I micro-progetti presentati sono ideati, gestiti e realizzati dal gruppo TaMaLaCà.
TaMaLaCà (originale acronimo di 'Tutta Mia La Città') è un laboratorio di ricerca e azione per la promozione della città dei diritti che fa capo al Dipartimento di Architettura, Design, Urbanistica - Architettura ad Alghero dell'Università degli Studi di Sassari. Per maggiori informazioni: www.tamalaca.uniss.it.
3. Il PortaColori è uno spazio multiuso nel cortile della scuola primaria del quartiere periferico di Monte Rosello (Sassari) realizzato nell'ambito del più ampio progetto Periferie al Centro. L'intervento è costato in tutto 80.000 euro. Per approfondimenti si rimanda agli articoli in bibliografia, al sito internet http://www.tamalaca.uniss.it/ e alla pagina facebook "Il PortaColori del quartiere di Monte Rosello".
4 Il Giardino che non c'è è uno spazio multiuso strutturato attraverso piccoli giardini mobili nel cortile della scuola primaria del quartiere di Prunizzedda (Sassari). Realizzato in auto-costruzione, è costato 500 euro. Per approfondimenti, si veda la pagina facebook "Il Giardino che non c'è".
5. Nel caso de Il PortaColori, hanno partecipato attivamente ai laboratori di progettazione partecipata bambini, insegnanti e genitori delle scuole infanzia, primaria e secondaria di primo grado. Nel caso de Il Giardino che non c'è, hanno partecipato attivamente ai laboratori e alla realizzazione finale tutti i bambini e le insegnanti della scuola primaria e un gruppo di anziani della casa di riposo che si trova di fronte alla scuola.

Bibliografia

Arras F., Cannaos C., Cecchini A., Ghisu E., Idini P., Talu V. (2012), "Micro-progetti di rigenerazione urbana nelle periferie: l'esperienza del Portacolori a Sassari", Atti della Giornata Nazionale di Studi INU La città sobria, Napoli.

Arras F., Ghisu E., Idini P., Talu V. (2013a), "Rendere straordinario l'ordinario. Il colore come strumento di rivendicazione, riconquista, risignificazione e trasformazione urbana", in 10 Anni di AAA – Architettura ad Alghero, in stampa.

Arras F., Ghisu E., Idini P., Talu V. (2013b), "TaMaLaCà - Tutta Mia La Città. 'Suffragette' dei diritti urbani negati", Atti della XVI Conferenza Nazionale SIU Urbanistica per una diversa crescita. Aporie dello sviluppo, uscita dalla crisi e progetto del territorio contemporaneo, Napoli.

Belli A. (ed, 2006), Oltre la città. Pensare la periferia, Cronopio, Napoli.

Cecchini A. (2007), "Dieci considerazioni per il governo della città ovvero la questione delle periferie", in Cecchini A. (a cura di), Al centro le periferie. Il ruolo degli spazi pubblici e dell'attivazione delle energie sociali in un'esperienza didattica per la riqualificazione urbana, FrancoAngeli pp. 19-39.

Cecchini A., Talu V. (2012), "Contro la sparizione della città", in Il Calendario del Popolo, 757, pp. 48-51.

Gehl J. (1987), Life between buildings: using public space, Van Nostrand Reinhold, New York.

Hertzberger H. (1991), Lessons for Students in Architecture, 010 Publishers, Rotterdam.

Idini P. (2012), "Small participated steps to urban micro-regeneration", in AAVV, Planning Support Tools: Policy Analysis, Implementation and Evaluation. Proceedings of the Seventh International Conference on Informatics and Urban and Regional Planning INPUT2012 – Section 18, Sustainable Development, Franco Angeli, pp 141-153.

Jacobs J. (1961), Death and Life of Great American Cities, Vintage Books, New York.

Maciocco G. (2007), "La dissoluzione della città duale ovvero il nuovo suburbanesimo", in Cecchini A. (a cura di), Al centro le periferie. Il ruolo degli spazi pubblici e dell'attivazione delle energie sociali in un'esperienza didattica per la riqualificazione urbana, FrancoAngeli, pp. 7-15.

Paba G. (2009), "Bambini, donne, migranti e altri animali. Come cambiano le città", in Il Barrito del Mammut, Periodico del Centro Territoriale a Scampia, 2, 3.

Paba G. (2007), "Interazioni e pratiche sociali auto-organizzate nella trasformazione della città", in Balducci A., Fedeli V. (a cura di) I territori della città in trasformazione: tattiche e percorsi di ricerca, FrancoAngeli, Milano.

Paba G. (2003), Movimenti urbani. Pratiche di costruzione sociale della città, FrancoAngeli, Milano.

Sandercock L. (1999), "Knowledge practices: toward an epistemology of multiplicity for insurgent planning", in Insurgent planning practices, Plurimondi, 2, Dedalo, Bari, pp. 169-178.

Talu V. (in stampa), "Qualità della vita urbana e approccio delle capacità", in Archivio di Studi Urbani e Regionali, Franco Angeli, Milano.

Talu V. (2012), "Qualità della vita urbana e promozione delle «capacità urbane» delle popolazioni al margine", in Bellomo M. et al. (a cura di), Abitare il nuovo/abitare di nuovo ai tempi della crisi, Atti delle Giornate Internazionali di Studio "Abitare il Futuro" 2a Edizione, Napoli, 12-13 dicembre 2012, Clean, Napoli.

Ward C. (1978), The child in the city, Architectural Press, London.

OPEN SPACES AND MICROPLANNING: HYPOTHESIS AND TECNHICS FOR THE *CIDADE FAVELADA*. A STUDY CASE IN PORTO ALEGRE[1]

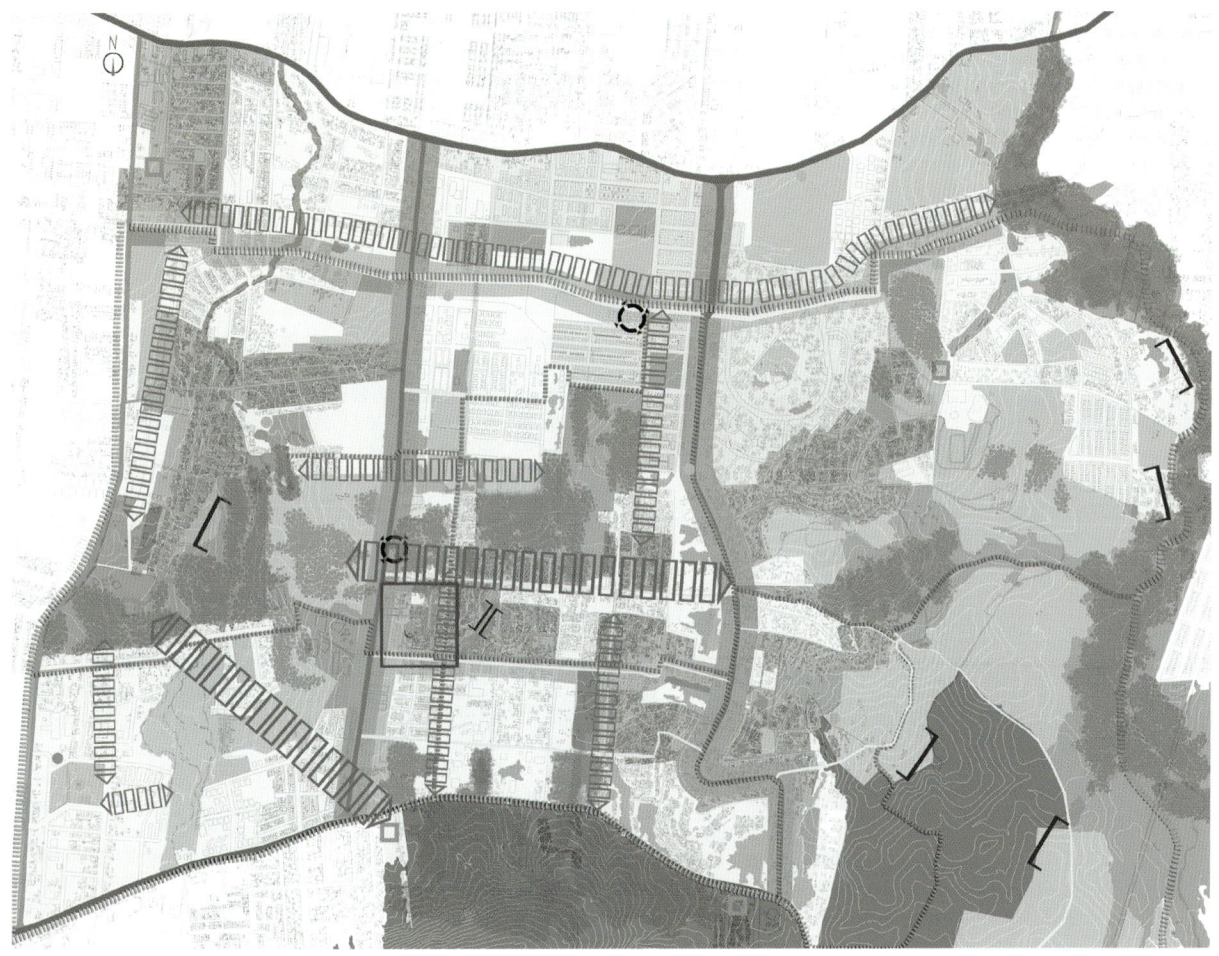

Elio Trusiani, Livia Salomao Piccinini, Decio Rigatti

Elio Trusiani, architect/urban planner, Ph.D. in Town Planning, researcher and docent of Urban Planning and Landscape Planning at Sapienza University of Rome, Italy

Livia Salomao Piccinini, architect/urban planner, Ph.D. in Urban Planning - Housing, vice-head of department of Urbanism and professor of Urban Planning at Universidade Federal do Rio Grande do Sul (UFRGS) in Porto Alegre, Brazil

Decio Rigatti, architect/urban planner, Ph.D. in Architecture and Urban Planning, retired professor of UFRGS/Brazil, actually professor of Urban Planning at UniRitter Laureate International Universities in Porto Alegre, Brazil

KW: INTEGRATION, TRANSITION, FRUITION

Justification and theory context of research

In the last few years, in Brazil and Latin America, it has been installed a debate about the established forms adopted by urban housing policies starting from 2000 onwards. It has been questioned if those acclaimed solutions are the best possibilities for housing the poor, and also if they are good for the all the citizens and for the whole city. The debate tends to identify in the programs and policies some characteristics that make impossible to built comprehensive and relevant effects to the inhabitants, to the city as a whole, and point that those solutions engrave the difference in the urban space.

There is a rich literature under different perspectives, that criticizes the late urban public policies as imposing programs and plans that exacerbate the disadvantages suffered by low income people: Fiori (Fiori 2007) criticizes wider plans that can act over the whole city; Smolka points out that the costs for reurbanizing the favelas are higher than the costs of building in new areas (Smolka 2003); Mascaro calls attention to the decisions that based upon pattern flexibilization create non funtional spaces with potential to generate negative effects in the spatial relations and only generate low cost-benefit out-puts (Mascaro 2004); Clichevsky demonstrates that the important role of social housing policies in fighting poverty should be present in social housing plans and programs (Clichevsky 2003);

1. The paper, a partial result of a research between UFRGS/Brazil and Sapienza Università di Roma/Italy, is a new elaboration and integration of the paper presented in International Seminar of Urban Form 2012 in Delft.

researches from many different backgrounds discuss housing policies as part of the economic process and as so they should be associated to health, educatioan and infrastructure investments (WHO 2009), and all authors agree in that urbanizing favelas does not reduce the urban violence.

Thus, a critical reflection about the implications of those policies and the provision of categories, or the establishment of principles concerning what should the public action be, assume important role, both in the political level as well as in searching for the materiality of rights and social justice. This research advances the discussion for this theme under Harvey´s "new patterns of debate" (Harvey 1989) and Salingaros´s concepts of "urban complex dynamics" to interpret and understand this particular urban situation characterized by social segregation and growing urbanization, in the case study of Vila Santana II. The work examines the possibility of generating a panorama for identifying the compositive rules and the complex structure of the social-spatial relations present through (i) the use of the morpho-typology as an instrument and method for urban project and urban theory development; (ii) the utilization of the morpho-typology as a technical way for spatial reading and orientation for urban design; (iii) the results involving the relations urban-environment-inclusion are interpreted.

The analysis is articulated based on two levels: the first, of morphological nature is concerned with organizing the critical reading of the vila´s space and of its surroundings, and the second is related to project implementation and validation. The methodology itself consists of a critical analysis of the present elements (morphological, environmental and perceptive) with the purpose to understand the structuring capabilities of this particular landscape in answering to the social-spatial needs of the poor population. The objective is to develop an explanation and to work toward an integration within the formal city based upon public, open, green spaces.

Vila Santana II: methodology and technical design approach
Vila Santana II is an "occupation" that emerged in 2001, in a plot of land belonging to the housing municipal department (Demhab). According to the municipal legislation, the area is called AEIS, acronym for Area Especial de Interesse Social (area of special social interest). This designation means basically that it can be developed according to special urban codes and criteria to resolve demands for uses or needs for housing the poor. The Vila is situated at the Northest Region of the Participative Budget (Região Nordeste do Orçamento Participativo) and needs the intervention of public policies integrated to social policies of housing, health, education and social assistance to boost improvements and solve urgent needs. The place is well linked to urban transportation and infrastructure networks of potable water, power eletricity (home and public), sewage drainage, telephone and internet webs. Its population is about 400 dwellers (in 100 house units), and includes a small amount of rooms for commerce and services, a football field and an open, empty area designed for a nursery.

The proposed methodology, experimented in other informal settlements in Porto Alegre by the same team of research, can through a critical lecturing of specific morphologic-landscape-perception components put in the centre of the question the open space, as the way to restore the structural landscape of the transformation/development and to identify the structuring force related to the potential for "creating city" or, yet, to propose it as an element for renewal and continuity along with the existing urban tissue. The aim is to individualize in the morphological-perceptive component detail the thematic scope acknowledged as "emergent" (and fundamental) in the individualization of the "scenic" value and in the "structuring force" present in consolidated urban landscapes, apart from the informal and transforming landscape. In sequence, in the context, the morphologic and phenomenological related aspects are deepened and it is intended to individualize those places that constitute the structural elements of the place and as such should not be undermined in their role.

In the case of Vila Santana II the role attributed to the open space becomes dominant in both research and proposal. In synthesis the proposal is to work on a pathway which can identify and read the rules of the open space, proposing transformation and assessing the degree of completeness with respect to the continuity of the existing city. The objective is to operate by reading the implicit rules of the informal and neighbourhood space, planned, and/or at the implementation stage, putting them in a critical dialog with the reality. A reality that does not create areas of segregation limited through its own interventions but suggests the rule of the project for the restoration/transformation through a proposal involving the open space in its multiscalar validity of neighbourhood, district, city and make it a protagonist and vehicle of the integration of the different scales of intervention.

The investigation of research/design is based on the integration between the technical-qualitative aspects and in the spatial aesthetic sensitivity: it appears as a design challenge in a context of great degradation by putting in place a spatial pre-figuration that know how to combines empty/full spaces and allows the physical space to become a place through the fruition and use of its inhabitants. The key word is abandoned as concept of open space, but it is understood as a design category: this is the departure point for the experience at Vila Santana II.

The morphological-spatial criticism that emerged from the evaluation of the projects for Vila Planetário, Pincesa Isabel e Teresina were born the key words guide for the open space project for Vila Santana II: connection, transition, fruition and transformation-substitution. Connection as the connection through the system into the urban-territory scale allowing the inclusion of portion of the informal city in the strategy systemic: environment/landscape, infrastructure/technology, settlement/production. Transition as a moment of access and articulation amongst singular parts of the city and then as denial of the local concept of connection, but seen as an opportunity for contact/exchange/flux between both sides (formal/informal). Fruition understood as the social use of the open space taken as incubator of the material/non-material activities and actions to take place. Transformation/substitution: is taken here as the reconfiguration of the inside/outside space of the vila/favela, what includes the building intervention as well as the reconfiguration of the open space as centrality. These considerations allow going beyond the physical limit of the intervention: from the vila/favela until de neighbourhood, and yet beyond, to the whole urban/metropolitan territory.

Open spaces as a resource for different scales of the project/design regard the different scales with different, but with many common elements, technical approaches to the design: from acopuntura urbana to microplanning.

References
ABRAMO,P.2003. A Cidade da Informalidade:o desafio das cidades latino-americanas, Rio de Janeiro, Ed. Sette Letras-FAPERJ.
CLICHEVSKY,N.2003. Pobreza y acesso al suelo urbano. Chile,Meio Ambinente y Desarrollo,n.°75.
MORAES,A.& ANTON,F.(2005).Mapa da Irregularidade Fundiária, Porto Alegre, Demhab.
HARVEY,D.1999.Social justice, pos-modernism and the city. In: CAMPBEL,S (1999). Readings in urban theory, England, Blackwell Publishers.
THOMPSON, H. & PETTICREW, M.2005 Is Housing improvement a potential health improvement strategy? In: WHO Regional Office for Europe´s Health Evidence Network (HEN), Bonn.
PICCININI, L. S. 2011 Avaliação da política pública urbana: a relação entre padrões habitacionais e urbanísticos e inclusão sócio-espacial. In: Anais da Enanpur,Rio de Janeiro.
SMOLKA, M. 2003 Regularização de ocupação do solo: a solução que ´e parte do problema e o problema que é parte da solução. Rio de Janeiro, Sette Letras.
TRUSIANI,E.&PICCININI,L.2010b. A análise espacial e a paisagem urbana: transformações da cidade favelada.Um estudo em Porto Alegre. In: Actas-PLURIS,2010 "The challenges of planning in a web wide world",Faro, Portugal.

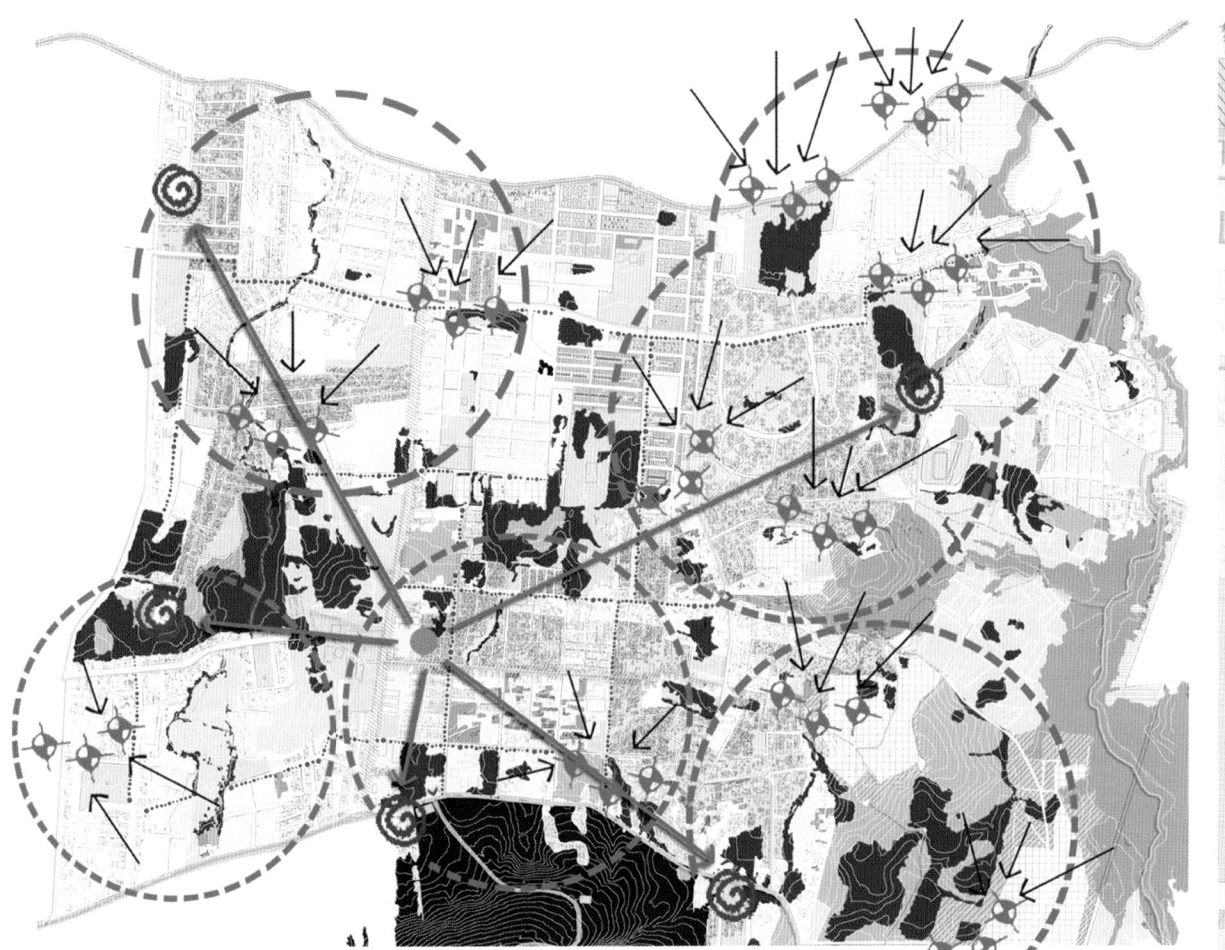
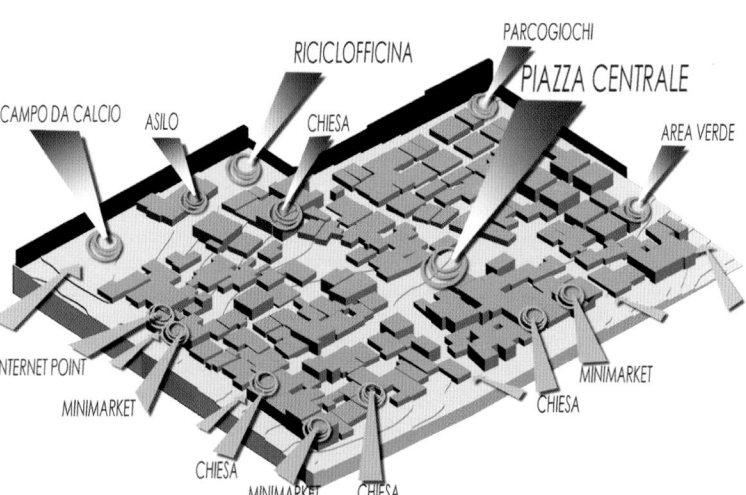

Images 1, 2, 3, 4
Territorial and urban design proposal for Vila Santana II (images taken from the thesis of N. Del Re, S. Pacifici, E. Penna with tutoring of prof. E. Trusiani, L. Salomao Piccinini, D. Rigatti)

RESEARCH | MONOGRAPH.IT | 179

OPEN SPACES

IL PAESAGGIO NELL'INNOVAZIONE DEI PARADIGMI PER IL TERRITORIO: "NUOVA BRETELLA AUTOSTRADALE SUD DI ROMA: TOR DE' CENCI - SAN CESAREO"

Carlo Valorani

Carlo Valorani, Architetto e paesaggista, è Ricercatore Universitario (ICAR/21). La sua attività scientifica è stata sviluppata attorno ad un unico filo conduttore costituito dal concetto di Paesaggio che è stato esplorato nei suoi aspetti teorici così come nei suoi aspetti applicativi a scala locale e territoriale.

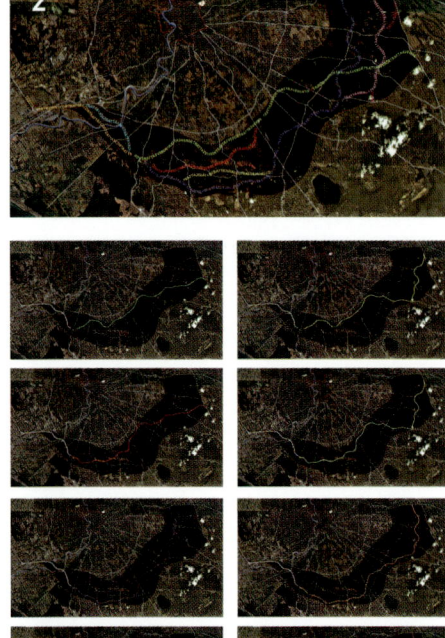

KW: PAESAGGIO, PARADIGMA, INFRASTRUTTURE, INDICATORI

Introduzione

Oltre un decennio ci separa dall'irruzione della questione ambientale nei "Piani regolatori sostenibili" (OLIVA F.) ma i temi dell'eccessivo consumo di suolo, dell'omologazione dei luoghi (TURRI E.), dell'inadeguata qualità abitativa restano all'ordine del giorno. Ancora oggi la chiamata ad usi urbani dei territori della campagna profonda (DONADIEU P.) è spesso vissuta come l'unica possibilità di sviluppo locale. In questo quadro generale, il tema dell'inserimento di nuove infrastrutture si configura come una problematica particolare che spinge ad esplorare specifici nuovi modelli di territorializzazione (AVERARDI M.). La nostra proposta operativa sviluppa una riflessione proprio a partire da quelle che riteniamo ormai invarianti condivise: limitazione del consumo di suolo, autosostenibilità finanziaria delle azioni locali di riqualificazione, tutela delle aree di presidio paesaggistico ed ambientale, tutela del diritto all'accessibilità.

Caso di studio

Presentiamo una ricerca che propone, e verifica, un cambiamento di paradigma per l'ideazione di corridoi di mobilità caratterizzati dall'assunzione prioritaria degli obiettivi di "minimizzazione delle alterazioni irreversibili e di tutela delle aree integre". La ricerca è parte integrante dell'attività di progetto di una nuova infrastruttura prevista da Anas, il "Collegamento autostradale tra la nuova pontina (tor dè cenci) e la A1 Milano – Napoli", ed affronta il côté paesaggistico-ambientale dell'attività di "progettazione congiunta dell'infrastruttura stradale e del suo inserimento paesaggistico".

L'ambito di studio si mostra estremamente complesso: aree caratterizzate da alta naturalità ed aree con elevato valore paesistico, identitario o archeologico, si alternano, in un mosaico che appare non avere alcun criterio, a nuclei urbani densi spesso saldati da insediamenti dispersi ed omologanti. A tutti i livelli della mobilità, da quello transregionale fino a quello più locale, il diritto all'accessibilità è gravemente compromesso da livelli di servizio trasportistico assolutamente inadeguati.

L'attività di progetto dell'inserimento paesaggistico è stata articolata in tre momenti di ricerca focalizzati attorno ai seguenti obiettivi principali: (I) comprensione delle caratteristiche dei luoghi; (II) confronto tra diverse strategie di tracciamento di corridoi infrastrutturali; (III) applicazione di innovative modalità di territorializzazione dell'infrastruttura.

Il primo momento di (I) "studio del paesaggio" (VALORANI C.), condotto in area vasta, si è concluso con il conseguimento di una classificazione multidisciplinare delle parti del territorio:

a) sulla base della lettura della realtà fisica sono state determinate le tassonomie morfologica, ecosistemica, culturale, geografica; b) sulla base della lettura della realtà percepita sono state determinate una tassonomia delle specificità locali come pure una tassonomia dei territori come percepiti dalla Comunità insediata.

Il secondo momento (II) di "inserimento paesaggistico" dell'infrastruttura, vista come "generatore di nuovi assetti territoriali", si articola attorno a due passaggi principali: l'individuazione (a) di corridoi alternativi e il confronto differenziale (b) tra essi al fine di giungere alla determinazione del corridoio preferenziale.

L'attività di progetto (a), condotta da più gruppi di lavoro, è giunta a selezionare otto "composizioni" tra loro alternative (vedi fig. 1). La "composizione" è una combinazione di tre di tratte funzionali afferenti ciascuna a corridoi espressione di paradigmi di tracciamento tra loro anche molto diversi. Tra questi, alcuni corridoi sono stati tracciati proprio seguendo il modello che abbiamo chiamato della "alternativa di strategia prossima" ovvero secondo un obiettivo di "minimizzazione delle alterazioni irreversibili e di tutela delle aree integre".

Siamo pervenuti alla nostra proposta di paradigma attraverso quattro passaggi logici.

La prima considerazione nasce dalle condizioni concrete in cui siamo stati chiamati ad operare. I complessi caratteri del territorio e la difficile situazione socio-economica del Paese, hanno infatti reso da subito evidente l'inapplicabilità della strategia tradizionale di tracciamento (step1: alternativa di strategia "disturbi in aree remote") che presuppone una grande disponibilità di aree agricole e importanti risorse di finanziamento pubblico (opzione: "che non c'è").

Lo stato dell'arte in fatto di grandi infrastrutture (cfr. "Quadrilatero delle Marche") prevede di fatto di articolare la strategia tradizionale di tracciamento (in regime di project financing) associando al asse principale alcune aree aggiuntive necessarie al suo sostegno economico. Nella prassi queste aree vengono cercate in "aree remote" dove la disponibilità di ampie aree agricole ed alta naturalità consente di tenere una distanza tale da evitare che gli isolati nuclei insediativi compatti (nuclei insediati densi) siano interessati da impatti eccessivi, (step2: alternativa di strategia "disturbi contenuti verso nuclei insediati densi "). Questa alternativa di strategia comporta evidentemente una maggiore accessibilità alle zone remote e dunque la chiamata ad usi urbani della campagna profonda (opzione: "verso la nuova espansione"). È stata quindi ritenuta uno dei modelli da considerare ma non di certo esaustivo della gamma dei diversi possibili rapporti tra infrastruttura e territorio.

Alla ricerca di un approccio più sostenibile sul piano paesaggistico ed ambientale si è provato ad evolvere il modello della "cattura di valore" provando a ricollocare le aree aggiuntive ai margini delle zone peri-urbane (step 3: alternativa di strategia "contenimento dei cambiamenti irreversibili nelle aree intatte"). Con questa variante la campagna profonda viene interessata dal solo sedime dell'infrastruttura mentre le opere connesse possono contribuire ai processi di densificazione (opzione: "densificare gli insediamenti").

L'esigenza di perseguire una più compiuta sostenibilità del modello ha suggerito infine di esplorare la possibilità di collocare il sedime della infrastruttura stessa immediatamente ai margini delle aree periubane (step 4: alternativa di strategia "prossima" ovvero "minimizzazione delle alterazioni irreversibili e tutela delle aree integre"). Questo consente di rendere disponibile il suolo espropriato per il tracciato anche per obiettivi di riqualificazione urbana da collocarsi sulla stessa area di sedime dell'infrastruttura stradale (su diversi livelli). In questo modo l'area dell'infrastruttura può essere valorizzata sul piano fondiario (opzione: "minimizzare l'impatto permanente") (vedi fig. 2). Definita la collocazione logica del paradigma si è proceduto alla sua definizione operativa che è stata ottenuta attraverso l'esplicitazione di regole di tracciamento. Di seguito il sistema di priorità che, in area vasta, caratterizza l'alternativa di strategia "prossima": 1) minimo sviluppo di tracciato; 2) contenimento dei dislivelli; 3) minimo consumo di suolo pregiato; 4) minima interferenza con unità ambientali ad alto livello di naturalità effettiva o potenziale; 5) minima insorgenza di rendita fondiaria in aree non controllate dal concessionario; 6) contenimento degli impatti nelle aree insediate; 7) valorizzazione di aree dal basso valore fondiario ante operam; 8) minimizzazione delle difficoltà tecniche di esecuzione.

Alla fase di ricognizione dei possibili corridoi alternativi è seguita la valutazione multicriteria. La valutazione (b), che si è ampliata a considerare aspetti programmatici, progettuali, ambientali, paesaggistici (VALLEGA A.) ha restituito, nel merito, come più sostenibili sul piano paesaggistico-ambientale, e complessivamente preferibili, i corridoi espressione dell'alternativa "prossima" (vedi fig.3).

La ricerca ha così acquisito un modello che si distingue in modo strutturale dai paradigmi tradizionali proprio in ragione delle caratteristiche delle aree che tende ad impegnare (aree già urbanizzate collocate in zone periurbane). Questo modello riferito all'area vasta deve ora arricchirsi di una dimensione multiscalare che è intrinseca al percorso logico che, dalla metafora del "tubo chiuso", ci porta ad un rapporto infrastruttura/territorio che preveda una maggior valorizzazione del sedime dell'infrastuttura. L'attuale fase di ricerca (III), ancora in corso, si confronta dunque con la scala locale del progetto di infrastruttura e sta evidenziando come le modalità di territorializzazione dell'infrastruttura potranno declinarsi in modo molto diverso: dalla semplice previsione di misure mitigative, all'ottimizzazione dei frazionamenti fondiari, fino alla previsione di sovrapposizioni finalizzate all'incremento di dotazioni sociali (standard urbanistici) ed ancora, ove necessario e con l'obiettivo della autosostenibilità finanziaria, di operazioni di densificazione.

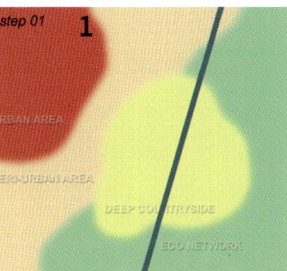 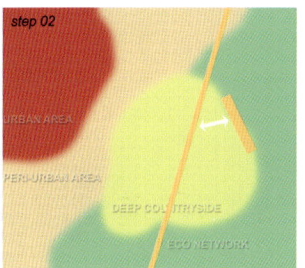 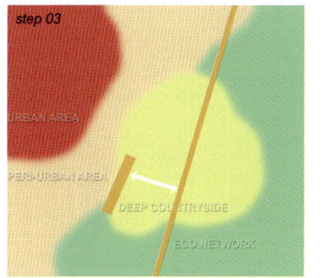 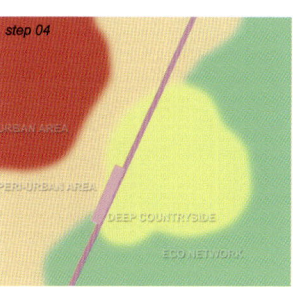

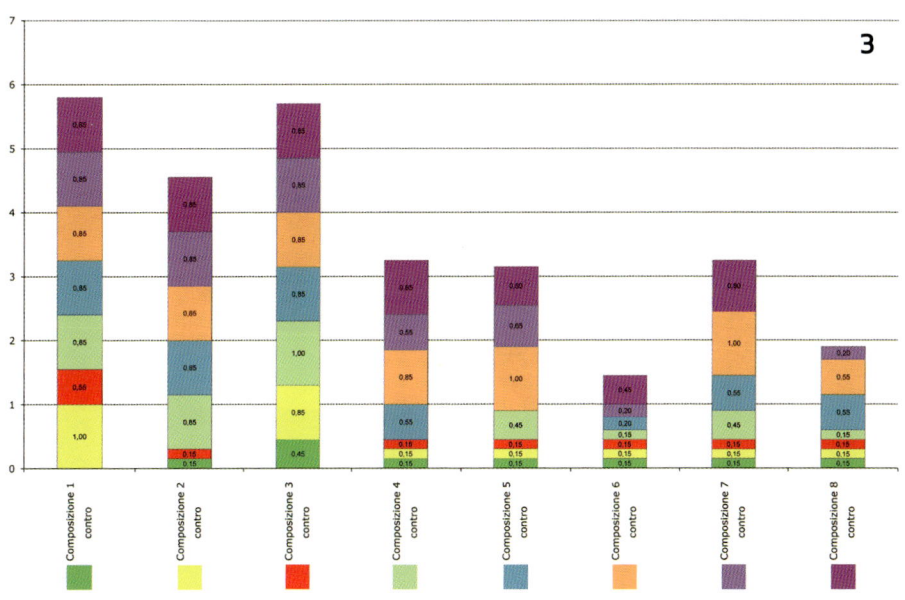

Conclusioni

In conclusione attraverso il conseguimento della (1) formulazione del paradigma di tracciamento del corridoio "prossimo", della (2) verifica della sua applicabilità, basata sulla (3) formalizzazione e verifica di indicatori specifici di paesaggio, sul piano applicato (4) la ricerca ha condotto al tracciamento del corridoio infrastrutturale che è risultato preferibile, sul quale è in corso, oggi, la fase di concertazione. Possiamo quindi affermare che è stata avviata una nuova generazione di tracciati espressi secondo il paradigma dell'alternativa di strategia prossima.

Crediti

Gruppo di supporto paesaggio-ambiente (Dip. Pianificazione, Design, Teconologia dell' Architettura - ex Dip. DATA): Resp scientifico: Prof. C. Valorani; Comitato scientifico: Proff. P.P. Balbo, G. Carbonara, L. Carbonara, M. Vendittelli, D. Esposito; Gruppo di lavoro Paesaggio: M.E. Cattaruzza; V. Vancheri; S. Greco; L. Valdarnini, L. Mauriello; Collaboratori: C. De Bois; L.L. Pettine;

Gruppo di progettazione infrastruttura (ANAS SpA): Responsabile: Ing. I. Coppa; Gruppo di lavoro: Ing. P.G. D'Armini, Ing. E. Luzziatelli, Ing. M. Mancinetti (progettista), Ing. M. Panebianco, Sig. ra A.M. D'Aversa;

Bibliografia

Oliva F. (1999), "Integrare urbanistica ed ecologia", in Urbanistica 112, INU edizioni, Roma;
Turri E. (1990), "Semiologia del paesaggio italiano", Longanesi;
Donadieu P. (2006), "Campagne urbane. una nuova proposta di paesaggio della città", Donzelli;
Averardi M. (2010),"Anas: italian highways il paesaggio si fa strada" in "Architettura del Paesaggio" n 22 gennaio/giugno 2010;
Valorani C. (2012), "Studiare il paesaggio. letture integrate del territorio per il progetto", Aracne, Roma;
Vallega A. (2008), "Gli indicatori per il paesaggio", FrancoAngeli, Milano.

Immagini
1. schemi delle alternative di strategia: step1: alternativa di strategia "disturbi in aree remote" - opzione: "che non c'è"; step2: alternativa di strategia "disturbi contenuti verso nuclei insediati densi " - opzione: "verso la nuova espansione"; step 3: alternativa di strategia "contenimento dei cambiamenti irreversibili nelle aree intatte" - opzione: "densificare gli insediamenti"; step 4: alternativa di strategia "prossima" ovvero "minimizzazione delle alterazioni irreversibili e tutela delle aree integre" - (opzione: "minimizzare l'impatto permanente");
2. alternative di corridoio:
- (in alto) i corridoi di progetto articolati in "tratte";
- (in basso) le "composizioni" poste in valutazione (verde - composizione 1, giallo - composizione 2, rosso - composizione 3, verde chiaro - composizione 4, blu - composizione 5, arancio - composizione 6, lilla - composizione 7, viola - composizione 8).
3. confronto multicriteria tra "composizioni" - istogramma degli scontri vinti.

photo © Joao Nunes, PROAP Studio

MONOGRAPH**.**RESEARCH

SESSIONE 2 | OPEN SYSTEMS
SESSION 2 | OPEN SYSTEMS

OPEN SYSTEMS

THE GROUNDS OF A RENEWED PRACTICE

Eva Castro, Director Groundlab and Plasma studio, Beijing – London
Alfredo Ramirez, Eduardo Rico

Eva Castro has been teaching at the AA since 2003 and studied at the Universidad Central de Venezuela and completed the AA Graduate Design programme. She is cofounder of Plasma Studio and Groundlab. She is winner of the Next Generation Architects Award, the Young Architect of the Year Award, the ContractWorld Award and the HotDip Galvanising Award. She has taught at Tsinghua University and Hong Kong University among other institutions.

Alfredo Ramirez studied architecture in Mexico and is graduated from the AA's Landscape Urbanism. He is founder/director of Groundlab where he has won and developed several competitions, workshops, exhibitions and projects. Alfredo directs the AA Mexico City Visiting School and co-directs the Landscape Urbanism MA at the Architectural Association. He has given workshops and lectured internationally on the topic of Landscape Urbanism and the work of Groundlab.

Eduardo Rico studied civil engineering in Spain and graduated from the AA's Landscape Urbanism programme. He has been a consultant and researcher in the fields of infrastructure and landscape in Spain and the UK. Currently he is working within the Arup Engineering team as well as being part of Groundlab. Eduardo co-directs the Landscape Urbanism MA at the Architectural Association and has taught at Harvard GSD and the Berlage Institute.

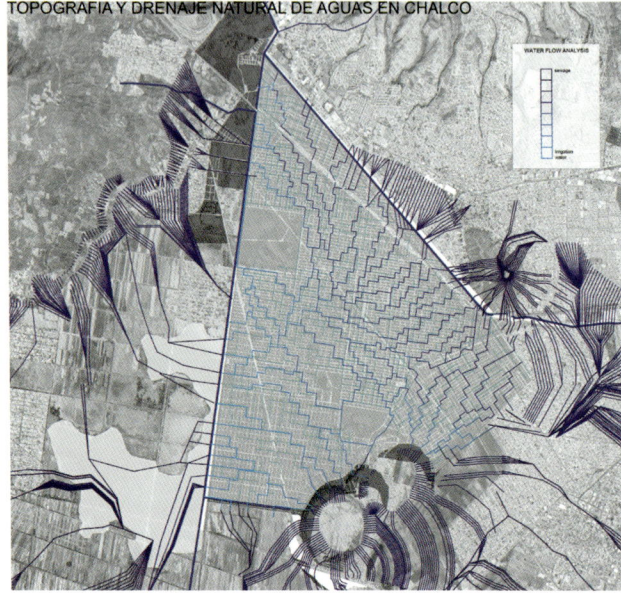

In the context of today's generic urban developments and the eradication of public space by market forces and power structures, what is the role of landscape in order to challenge those mechanisms that produce contemporary urbanization as opposed to its conventional role in producing their aesthetic component? Groundlab sets out to develop a mode of practice that directly engages with these conditions and the way in which they continuously reconfigure the city and its environment through the expanded meaning of the ground as its main concept as well as a design tool. The ground here is understood as a medium materially capable to embody the qualities that the emergent discipline of Landscape Urbanism puts forward as design principles. Trans-disciplinarity, processes within larger ecological systems, performance-oriented design, to name a few, are explored through the use and understanding of landscape and engineering techniques as constructing and building the environment beyond a remedial or problem-solving approach. The ground caters for an urbanism able to intrinsically integrate other disciplines and scales within the design process, thus an urbanism engaged with larger territorial systems as well as materially and formally tied up to its transformations.

Infrastructural landscapes

Emergent design disciplines are beginning to consider ecological infrastructure as the basis of design concepts, which inform urban and architectural character. In doing so, these practices dwell on the heritage of the Olmsted project that is based on the integration of engineering systems within the design of metropolitan landscapes –Emerald Necklace being the seminal project of this approach. Along those lines, Bronx River Parkway becomes paradigmatic of this shift and the attention of landscape architects to performative concepts to such an extent, that a new urban typology –the parkway- is born out of the constraints linked to smooth driving –smooth curvature and grade separated junctions- and landscape embellishment principles. Such was the success of this project and comfort in driving, that it became the norm, further mutating into what we know as motorway. Nonetheless, the landscape principles which served to generate the project cannot be further applied to today's contemporary and pressing conditions of highly urbanised contexts. These places are susceptible to high migration rates and huge developmental pressure; therefore, demanding immediate responses to urban sprawl, rapid urbanisation, post-industrialization, and natural disasters. In this context, Groundlab works actively to propose alternative models of urbanisation: rethinking organisational structures, diagramming new urban networks, indexing sensitive territorial readings and exploring the generative potential of landscape as infrastructure through material techniques in the manipulation of the ground. Along these lines, in Groundlab's work, the ground becomes a paradigm to position ourselves as designers in relation to infrastructure capable to enhance the capacity of these strategies in articulating new structures and territories and confronting them within specific frameworks, as well as critically addressing its viability and pertinence within contemporary urban milieus. Two projects that apply ground remediation and water infrastructure techniques in Jia Ding and Chalco put forward an idea of landscape infrastructure beyond a question of remedial or problem solving tools. Both projects situated in China and Mexico respectively, take advantage of contemporary urban conditions such as rapid urbanization, de-industrialization or infrastructural deficiency in informal settlements. In the former, the pilling up of soil for its treatment in a former industrial site generates a series of voids in which it is not possible to build, therefore, deprived from function and programme. The spatial definition of this artificial ground drives morphologically an urban discourse that caters for local identity and triggers alternative typologies in response to this new ground condition. Moreover, these abstract topographies become a new form of public space that fosters the unfolding of activities, led by individual initiatives, regardless programme. Thus, by means of a soil remediation technique, this project claims space for the people in the context of a country like China, in which the subject of public space is non-existent. The latter, Chalco Valley, in Mexico City, faces the conditions of an under infrastructured, generic grid which suffers from flooding issues, undifferentiated fabric and the lack of open spaces. In this case, a network of green fingers protruding the urban fabric serves as a mechanism to store and clean water as well as a network of public spaces which encompasses a spatial richness in the form of affiliations and synergies between existing and new activities, such as the local and temporary markets called Tianguis. This network introduces tactical appropriations of the grid that enhance social exchanges and furthermore, specific local identities.

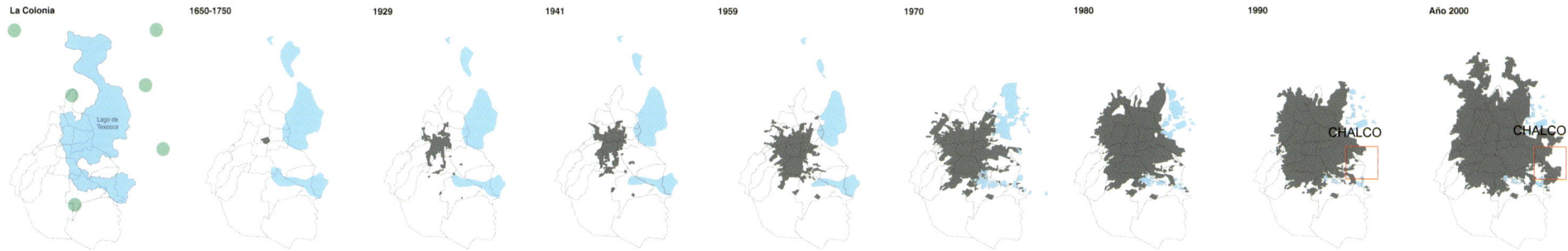

LA CIUDAD DE MÉXICO Y SUS LAGOS A LO LARGO DEL TIEMPO

Paisajes latentes: valle de chalco solidaridad, Groundlab

"Paisajes Latentes" is located in the municipality of Chalco Solidaridad in an area that once belonged to the former lake Chalco in the east side of Mexico City's metropolitan area. During the first decades of the 20th century the former lake was consistently drained to give way to a productive agricultural land. In the second half of the century the pressure for developable land and the pollution caused by the nearby industrial zone provoked the cessation of agricultural production, making Chalco an ideal location for informal development. Linked by a major infrastructural facility, the Mexico-Puebla Highway, Chalco is located in one of the main entry points to Mexico City which has prompted the informal settlement of workers and inmigrants, causing its rapid urbanisation in the past decades

These conditions shaped and in many ways continue to shape its urban fabric and the way it is being used by its inhabitants. Chalco has been developed as a continuous and homogeneous urban grid that due to its rapid and in some ways unplanned growth lacks of any public facility for its mainly residential areas. On the one hand, the lack of parks, plazas or any form of gathering spaces has been substituted by the intense use of the street by its inhabitants in the form of weekly markets and/or commercial streets that people use on a daily basis as its primary form of public space. On the other hand, its geographical condition as a former lake and its surrounding water infrastructures-canals and open air waste water canals- provoke flooding events mainly during the rainy season, failing to drain the excess of water in the surrounding developments.

The project –latent landscapes- has been developed along the idea of recovering water landscapes as its main driving force, both from a social and geographical point of view. Regarding the latter, it understands Mexico City as a megalopolis intrinsically related to its geographic and ecologic condition in an endorheic basin, where water plays a fundamental role, viewing Chalco as part of a wider system at a territorial scale. Socially speaking, it acknowledges Chalco's street networks as the grounds from where to explore the material potentials of its own particular urbanism. In other words, the project sees Chalco as part of a larger, natural-water and social-street territorial system with the capacity to permeate into the design process at a smaller scale. To this end, water performs as its main device, capable to sustain, create and organize the public realm of Chalco in order to produce the grounds of a socially infrastructured public space.

Through the understanding of natural drainage, flooding risks, existing public markets and commercial corridors, the project 'Paisajes Latentes' proposes to generate a manifold water infrastructure that can serve as a spine or anchor for the social spaces of Chalco. In this way, Groundlab seeks to explore infrastructures through the research on landscape and engineering techniques, aiming at their integration within the urban design process. In doing so, they produce water management systems, water cleansing treatments and earthwork strategies, to name a few, that become the medium through which the potentials and constrains of Chalco's streets enhance a new social and spatial structure. 'Paisaje Latentes' uses infrastructures as a raw material with which to articulate the networks for movement, communication and social exchange through the manipulation of water and ground. The intertwining of both, public space and infrastructure, results in an alternative material model of organisation, in which infrastructure and flooding simulation data is utilized beyond a remedial device, triggering a new spatial understanding of its role within the city, programmes and activities. By intensifying social interactions, they create new realignments of programmes and functions; in short, they provide a fertile ground to rethink new urban configurations, challenging existing notions and current trends of public, private, and semiprivate space in the city.

We understand the street/water network as a ground condition, an artificial construct that although generated by simple operations derived primarily from pragmatic approaches to address technical demands, it soon expands from the purely utilitarian state to acquire a further spatial specificity. The objective is to create diversity, identity, and place: a fertile environment capable of fostering a more complex set of interactions among infrastructural, cultural and social conditions, thus triggering an alternative model of urbanization that favours the public realm over the private one and relates to the existing assets of the street network. This may foster a synthesis between landscape infrastructure and architecture, promoting new spatial arrangements and adjacencies.

Ground ecologies: jiading masterplan, Groundlab

'Ground Ecologies' won the first prize in the Jia Ding Urban Design Master Planning International Competition in 2010. The site is located in a post industrial area in one of Shanghai's suburbs which is bound to become yet another gentrified development due to the extension of Shanghai's Metro as part of the 2010 international Expo upgrade program. It is meant to become a new 500Ha CBD, mixed use redevelopment, potentially hosting up to 25,000 workers and 200,000 inhabitants. The existing layout scheme determines the scale and spatial definition for a great part of the proposal, with defined superblocks of 300mx300m as a fundamental piece. These large blocks end up becoming gated areas, resulting in an urbanism, which too commonly brings fragmentation and division to the social fabric. The project seeks to address the lack of intermediate urban scale between the domesticity linked to urban villages and the monumental scale of the superbloks, linked to a large top-down highway system.

Soil remediation and water treatment systems are utilized as a mechanism to generate an in-between ground which engenders a series of artificial topographies, knitting the various areas of the site, providing urban diversity and giving an overall character to the city. A map of existing industries is used as an index of potential sources of pollution. An initial process of digging and capping layout an artificial remedial topography with elongated mounds and ponds oriented towards the summer prevailing winds. This topography forms the basis of the spatial proposal in terms of built mass but also serving as a way of bringing down the huge scale of the primary road system –already approved and partially built at the time of the competition. A series of secondary roads was threaded through the plan, alongside an enhancement of the canal system as a means of attenuating storm water.

The generation of an artificial topography becomes central in the way in which the city is thought and ultimately proposed. Whether it takes place in the smaller scale or it is projected into the metropolitan realm, questions emerge as to what are the consequences of embracing the results of an engineering process of soil remediation as a mode of interpreting spatial reality. In this project, it is assumed that the basic technique is that of cutting and capping. In the cases where pollutants in the ground may take too long to reduce its toxicity, the most economic option for dealing with pollution on site is that of concentrating polluted land in certain spots which then become covered

OPEN SYSTEMS

with an impermeable liner -—clay or polypropylene membrane. These large pockets of contaminated soil remain as artificial topographies, which in effect are isolated from the groundwater in order to prevent migration of pollutants and remain unbuildable. As previously mentioned, this condition serves as an opportunity to claim open and free spaces for people to develop their own activities.

The process of dealing with heavy contaminated land leaves a whole range of interrelated topographies of varying sizes, which can potentially be used as a source of ecological connectors while providing a coherent image for the city. Furthermore, small-scale modifications to the ground form the basis of an organizational system which further affects the definition of building typologies. In 'Ground Ecologies', these small artificial topographies work as an extended semi naturalized plinth in which buildings are plugged, acting as a spatial infrastructure defining architectural massing according to environmental parameters.

The ultimate ambition of 'Ground Ecologies' would be to mobilize the idea of a thickened ground towards a flowing built form that incorporates a new sensibility towards infrastructure that caters for a new form of open spaces. An activated ground form engages with the roadworks and stormwater retention systems, reinterpreting its interstices and adjacent spaces to form a network of uncharted urbanity waiting to be reinvented. Along these lines, the main orientation of artificial topographies was defined aligning the main direction of the earth mounds in order to funnel the south eastern summer winds to provide a greater degree of natural cooling. Conversely, predominant winter winds from the north were blocked in order to provide comfort during this season.

Ground as new source of urbanity

The ideas developed through the praxis of Groundlab represent a paradigm in the construction of our own political position not only in respect to questions of identity and public space but in the construction of our own approach towards nature. As it has being argued, nature and ecology are beginning to serve as a mechanism of de-politicizing discourses linked to territorial planning and design as an effect of the mainstream ecological urbanism related practices. This professional shift towards pretended neutrality both in terms of its social and political context, further reaches the domain of spatial design. As a counterargument, beyond the romanticist, a-politic, altruist, protectionist or mimetic conceptions of nature of the so-called ecologic or sustainable urbanism, we understand nature as an artifice, along the lines of an artificial construct that reinforces rather than minimize its political power.

In these terms, the use and identification of spaces linked to urban infrastructure, the so-called spaces "in between", can have the potential of breeding new spatial qualities. It is only through experimentation with performance, scales and hybridizations, that these spaces can be the source of new modes of urban identity. The work with the ecological grounds of these infrastructural terrains pushes a conception of "landscape" to the centre of the spatial definition of the city, both in terms of its scenery but more importantly, in its infrastructural functioning and architectural definition. Landscape, in this sense, ceases to be an afterthought or a discipline linked to postproduction of a given masterplan. In this type of projects, one cannot talk about "landscaping" the proposal once the built form is set, on the contrary, one could talk, if at all, about "architecturing" an urban topographical infrastructure.

Masterplan programme proposal 1:12000

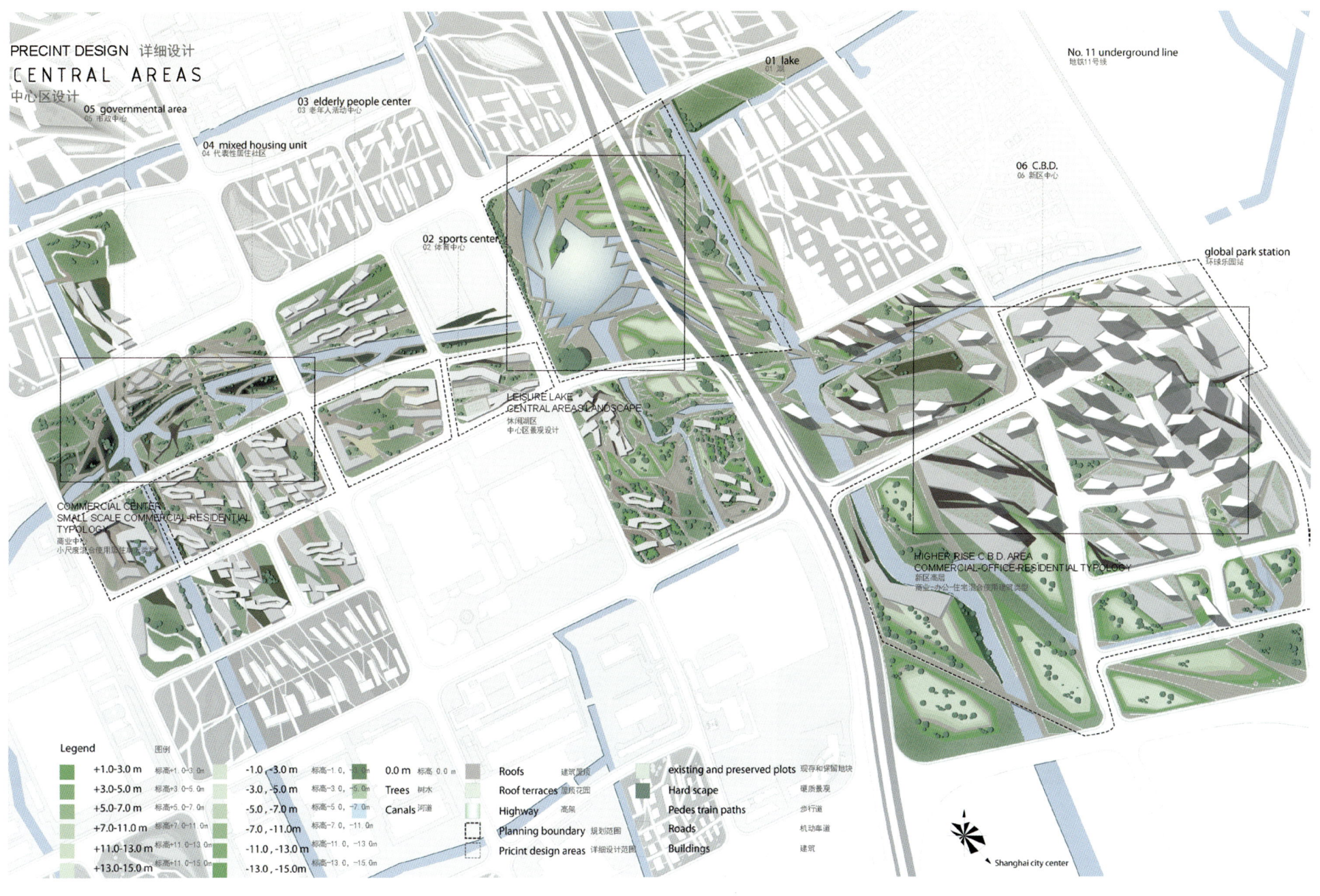

OPEN SYSTEMS

Images
1. Xian
2. Astana
3. Sungang

OPEN SYSTEMS

RECYCLING COLUMBUS WITH THE FOOD DISTRICT @ WEINLAND PARK:
NEW FOOD STRUCTURES IN OLD CITIES

Kay Bea Jones
Knowlton School of Architecture

Education
1982 Master of Architecture Yale University
Advanced studios with James Stirling and William Turnbull
Eero Saarinen Memorial Award
Wendy Elizabeth Blanning Award
American Association of University Women Fellowship
1979 Bachelor of Arts St. Olaf College
Studio Arts and Mathematics with Departmental Distinction
International studies + Magna Cum Laude + Phi Beta Kappa
1978 Certificate University of Oslo, Norway
Urban and Regional Planning
Sons of Norway Scholarship

Current Design Research
Food District and Urban Revitalization for Weinland Park, Columbus, Ohio—as part of a grant received by MORPC [Mid-Ohio Regional Planning Commission] from the US Department of Housing and Urban Development for 2011-2013, [$895,000] the Knowlton Design Team, lead by Prof. Jones, has published four volumes titled "ReVisioning Weinlnad Park" (3 studios and a research precedence study).

ReVisioning WP --engaged physical design to enrich Weinland Park: funded research [two grants of $50,000] for 2010-2012 led by Prof. Jones has involved ten faculty researchers from Ohio State University's Knowlton School of Architecture, along with colleagues in OSU's medical school, human ecology, geology, and urban design centers at the University of Cincinnati and Kent State University.

Buckeye Village Community Center, 2005. Research began in 1996 with Dr. Beverly Toomey (Social Work) and Prof. Kay Bea Jones (Architecture) to apply models of co-housing as a market rate alternative to serve the needs of low-income single parent women in higher education institutions.

The historic urban neighborhood of Weinland Park in Columbus, Ohio has undergone changes over the last three decades that are characteristic of many Midwestern American cities. Columbus is the 16th largest city in the US, the capital of its state government, and with a major research university serving over 50,000 students. Weinland Park, home to about 5000 residents, is adjacent to the university campus, just a few kilometers north of the downtown business district and state capital plaza. Two major factories that once provided jobs to local residents have shut down, leaving high unemployment, polluted landscapes, and buildings that require demolition. In their wake follow abandoned and burned out homes, thriving drug activity, and concentrated poverty.

In America, poverty is accompanied by poor diets; chronic health problems; including diabetes, asthma and obesity; gun violence; and high rates of incarceration. Single parents on government aid reside in the 400 units of public housing in Columbus' Weinland Park; most are women with several children and without high school educations. Degradation of the urban fabric and lack of green space is notable as historic low-rise densely organized homes, urban infrastructure, transportation, and public spaces all suffer from neglect. Data show that for those individuals with jobs, more than 20% are employed in food industries. For those seeking employment, personal health or that of a child is cited as the greatest barrier to keeping a job.

The scene appears bleak, and it is an all too familiar one in the U.S., but the terrain vague of abandoned land and factories also presents opportunities to improve the social, cultural, and economic values of neighborhoods like Weinland Park. This is the story of a project envisioned by a team of university researchers and city planners from the disciplines of architecture, urban zoning, landscape design, agriculture, soils research, along with a social service agency, aimed at revitalizing the residential quarter while making it more attractive to all citizens. Using available tax credits, public/private financing, creative programing of buildings and activities, and allied professionals with specializations in new land use and design innovations, the Food District @ Weinland Park is taking shape. But what does it mean for urban revitalization to focus on food?

Urban agriculture, Agricivismo, or Civic agriculture has been promoted as a panacea for shrinking cities like Detroit, suggesting that revised land use would increase property values or keep land from speculative development while providing local jobs. Certainly activated landscapes are preferable to abandoned ones, but such optimism about economic assets may have been oversold. Some urban dwellers are just a generation away from sharecropper families and are not prepared to farm. Most urban lands are not fertile. The ground and ground water will not produce edible products without amending the soil and harvesting rainwater. Education about how and what to grow is essential, and lack of education is no easier to overcome than other urban blight. It is not surprising that urban community gardens have not proved to be an economic miracle in blighted poverty-stricken areas. Using food to revive cities requires other alternatives, those that address more complex physical and environmental problems that consider the long-term reconstruction of the city's and the region's infrastructure. Rebuilding must be comprehensive—economically viable, socially realistic, and environmentally sound—while considering the triple bottom line.

Everybody eats. But unfortunately, not everyone in America eats well, and health issues associated with poor diets, unemployment and lack of exercise have exploded as poverty has risen, especially among children. Many who live in urban centers do not have access to good affordable food, resulting in "food deserts" and raising public concerns about food security. The opportunity to recreate a food system with local production, processing, distribution and consumption of healthy fresh food can offer residents higher quality affordable meals, jobs in a variety of food based industries, direct exposure to food sources, and education about nutrition. Ideally, everyone should eat well, enjoy good food, and have affordable choices.

In 2011, the Ohio State University research team and collaborators under the leadership of MORPC [Mid-Ohio Regional Planning Commission] received a 2-year planning grant to develop an "Agrarian Urbanist Overlay" for Weinland Park. The concept began by clearing any zoning obstacles to producing, not just growing, food in the urban center. While there were no overriding legal limits in place, neither was there any incentive to grow or produce food among a population with little knowledge about farming, few resources, and no way to access enough land. While

abattoirs, chicken coops, and garden plots were all possible, it appeared unlikely that individuals would begin to earn a living in their own food production industries.
With almost $1 million from the U.S. Department of Housing and Urban Development under the Obama administration, a significant investment was made in discovering the means to design and fund the kind of food-based revitalization that would change the lives of residents and the future of a neighborhood. A team of faculty and students from the Knowlton School of Architecture[1] with two professional studios[2] has recently completed the proposal for a 3.5 acre brownfield site currently in the process of being environmentally remediated.[3]
During the planning process, time was spent listening to the needs of residents. They identified their greatest lack of assets not as food or health or education, but as a critical absence of jobs and places for the community to gather. The process of writing the program of uses and designing the project has also served as a process of education to support and empower community members, both current residents and agents of change in government, agencies and development. Jobs, education and better health will come to them through redesigning infrastructure centered around food. The resulting program of required spaces and facilities includes public plazas for food carts, demonstration roof top gardens, rainwater harvesting and ample new gathering places, including safe-serve certified kitchens to incubate new businesses, produce food products, train chefs and teach cooking classes. Urban spaces are conceived with social activities as a priority and on-site parking is also an energy producer with solar panels covering the lot. The project includes cold storage for locally produced food and distribution logistics to deliver fresh, organic and local foods, while maintaining their quality. The food co-op and café facing the main streets will provide affordable access to neighbors. The business center located above will provide office space and incentivize start-up companies among entrepreneurs that share needs and synergies. Events spaces on the third floor will maximize views downtown, connect to rooftop gardens, and provide a source of income for the Food District facilities.
The Food District @ Weinland Park includes 3 phases of development to provide integrated places of Education, Employment, and Community. The first phase includes a new 3-story 54,000 square foot structure fronting the south end of the site on the two most highly trafficked streets. The second phase continues the urban front on the west in a two-story commercial structure with green houses and classrooms for university master gardener and master farmer classes. The final phase involves revitalization of an existing social service agency called the Godman Guild on the adjacent 3.5 acre site and will link public landscapes with the Food District.[4] The Guild has CDC [community development corporation] status providing access to tax credits and the financial structure to access investments for redevelopment of buildings and grounds. By working with the city to develop "road diets," bike lanes and bike sharing nodes, and safer streets, the social activities inspired by the new commercial center will revitalize the life of the neighborhood. An expanded community will be drawn to the scent of fresh food and new restaurants inspired by the growth in the area. Phase 1 of The Food District @ Weinland Park is expected to be completed by 2015.

Notes
1. *Professors Kay Bea Jones, principal investigator, with Jacob Ross Boswell, Katherine Bennett, and Charisma Acey from Architecture, Landscape Architecture and City and Regional Planning with research by Knowlton School students.*
2. *Design Group and MKSK are Columbus-based architecture and land planning studios.*
3. *Wagenbrenner Companies, a local land developer, received $3 million from the state of Ohio to remediate the grounds of the former 3M metallurgy factory where neighbors had been employed until the plant closed in 1980.*
4. *The Godman Guild began in Columbus as a settlement house in 1898 helping immigrant and other new families find housing, learn English, and secure jobs and education. Their first programs included community gardens to provide food and employment.*

OPEN SYSTEMS

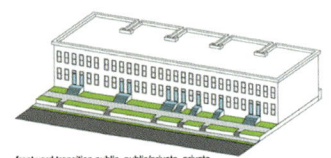
front yard transition public, public/private, private

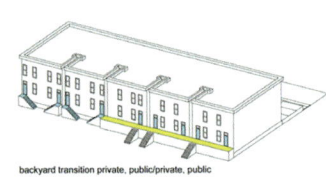
backyard transition private, public/private, public

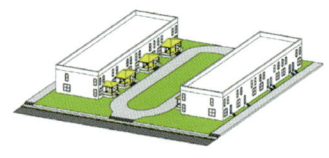
front yard transition public, public/private, private

backyard transition private, public/private, public

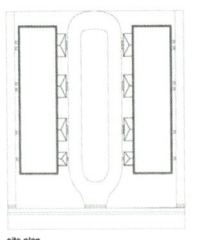
site plan
1/32" = 1'-0"

floor plan
1/16" = 1'-0"

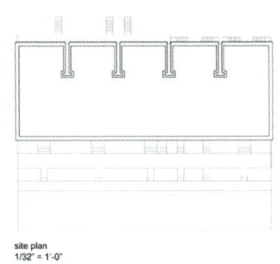
site plan
1/32" = 1'-0"

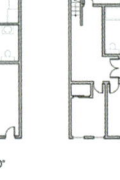
floor plan
1/16" = 1'-0"

front yard transition public, public/private, private

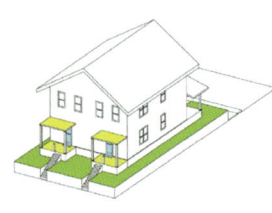
backyard transition private, public/private, public

front yard transition public, public/private, private

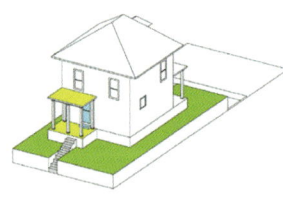
backyard transition private, public/private, public

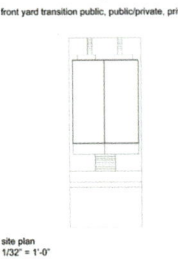
site plan
1/32" = 1'-0"

floor plan
1/16" = 1'-0"

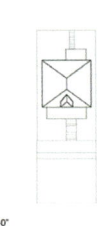
site plan
1/32" = 1'-0"

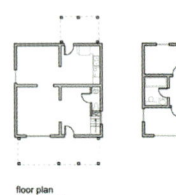
floor plan
1/16" = 1'-0"

distribution and manufactoring facility

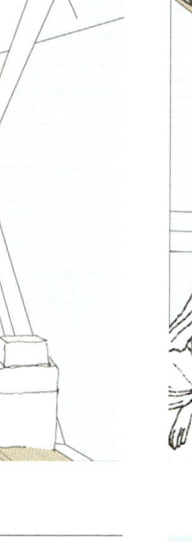

test garden

training kitchen

community plaza

Images
1. "Exposure" proposal for FD@WP by Jonathan Grubb, Carrie Moradi, Alex Ruiz, and Miles Suer
2. Overview of Weinland Park, Columbus, Ohio with proposed Food District @ WP in foreground
3. Weinland Park housing types rendered by Emma Cuciurean-Zapan
4. Views of "Exposure"

OPEN SYSTEMS

NEW! ORIGINAL, ICON CULT, UNIQUE, RETRO...

Winy Maas

Prof. Ir. Ing FRIBA HAIA (1959, Schijndel, The Netherlands) is one of the co-founding directors of the globally operating architecture and urban planning firm MVRDV, based in Rotterdam, Netherlands, known for projects such as the Expo 2000 and the vision for greater Paris, Grand Paris Plus Petit. He is furthermore professor at and director of The Why Factory, a research institute for the future city, he founded in 2008 at TU Delft. Since 2012 he is Visiting Professor at ETH Zurich, before this he was among others Professor at Berlage Institute, MIT, Ohio State and Yale University. In addition he designs stage sets, objects and was curator of Indesem 2007. He curates exhibitions, lectures throughout the world and takes part in international juries. Recently Winy Maas joined the Economic Development Board of Rotterdam (EDBR). In 2012 he was appointed urban supervisor for the city of Almere and since 2003 he has been supervising the Bjorvika urban development in Oslo. With both MVRDV and The Why Factory he has published a series of research projects.
Photo Credit: Rob 't Hart

NEW!
New is a cult: A new face! A new style! Renewal! In our compulsion to miss nothing in life we all follow the new, even in architecture. We use it to distinguish ourselves and to get attention. The novelty cult is considered an engine of innovation; it provides a platform for younger generations… Well. Let's hope so, because older architects can be quite protectionist and often lack generosity with their ideas!

ORIGINAL
It raises the question about the definition of new. What is the new? And how new is it? Something original is expected from architects in order to stand out. To create something authentic and special; to create a greater value.
It has lead to a cult of the original; there is a strong desire to see the hand of the master in the work. Architects are trademarks, and cities buy a real Zaha Hadid blob, a real Frank Gehry curve … These two internationally renowned architects have an authentic approach, but there are countless copycats who blob and curve away and never quite reach the level of sophistication of the original. And if one asks these originals for a building, it is guaranteed to be designed in their style. But does one want that everywhere? At what point is it no longer unique? Is the next building in the series still a real icon? Or did the mayor just add a piece to his collection, like an art collector; in the same way that every museum wants to own a Picasso. Are you nothing without a Zaha? But if every city owns a Zaha, will that make us happy?

ICON CULT
In conjunction with this, a certain cult of the iconic can be registered. A realised icon can generate attention and more visitors. This is called the Bilbao effect, named after an unknown port in the north of Spain which became famous due to the local Guggenheim branch built by Frank Gehry.
Many of the icons realised by this generation of architects are stunning, but at the same time are incredibly expensive without always delivering the expected effect. The sheer number of iconic buildings has decreased their exclusivity and with it, their desired appeal.
But does this mean that we cannot use the word 'icon' anymore? Has it become a dirty word as claimed by the critics? To not stand out is a desire that many express, particularly in times of crisis.
But is this smart? Don't we need new examples to provide us with new directions? Do we not need a certain leadership, embodied by extraordinary buildings that stand out? The questions now are 'in what way do these buildings need to stand out?' and 'what should be their message?'. We should focus on these questions right now, and evaluate icons in this way, rather than by their economic effect. It would be a real progress to create a culture which supports this. But one wonders, what is a contemporary icon? What building would amaze the world for the right reasons?

UNIQUE
Architects are supposed to be original. Anonymous critics on Dezeen immediately find any trace of a copy. In the Netherlands, the well-respected architecture critic Bernard Hulsman often writes in his columns in the financial newspaper NRC about whether he has seen a certain design before. He discusses what a design adds to the existing, and how original it is. Questions about the architect's motivation are raised, and the solutions found.

RETRO
At the very same moment, one can see a trend towards the opposite direction. In the Netherlands and other European countries we have recently seen a boom in retro buildings. Nostalgic housing estates such as Poundbury or Brandevoort promise a life style from the good old times. But on an even larger scale, in suburbia's all over Europe, nostalgic architecture is being built. It is quite shocking to see in a way. Retro is everywhere; can it be called a disease? Is it supported by critics, in an incomprehensible battle against the architectural experimentation of the nineties? One might say that in times of turmoil and uncertainty, the desire for retro increases. There seems to be a belief that a building in a historic style represents a greater and more stable value,

OPEN SYSTEMS

as the style has proven itself already. Millions seem to think that these homes will be more valuable when they reach pension age.

PROGRESS
This retro fashion kills the experiment. Retro kills the curiosity. Without experiment there is no progress.

RE-
Retro architecture coincides with a boom of words with the prefix 'rÈ. In universities 'rÈ is the fashionable subject of academic discourse: Re-usage instead of usage; retrospective instead of perspective; renovation instead of innovation; revolution instead of evolution; reinterpretation instead of interpretation; reaction instead of action… re, re, re… …backward instead of forward. There is nothing against a slower pace and more contemplation, certainly not in the current age of introspection, and certainly not if we must recover from the opulence of the previous era. But why do we have to go back? Could we not ban the prefix 'rÈ and all it symbolizes for a little while?

SCARCITY
Eventually, if so many retro homes are built, their value will decrease simply because of their numbers, which create a glut. Following the rules of economics their price will consequently drop and suddenly the value of a quirky – modern – house will rise, due to sheer scarcity…

EVOLUTION
In the natural sciences originality is measured in a different way: whether it adds to the existing body of knowledge. Scientists use previous studies by others and refer to them. They discover an addition, a gap in the knowledge and as a result science evolves as a whole. Such an attitude seems to be a taboo in architecture. Why? Does it block the desire for originality?
When it comes to engineering and general knowledge, architects do refer to knowledge generated before. Could we expand this attitude? Could we not make literal references and then discuss what has been improved on from the original?

EXAMPLES
There are several buildings that have a whole in their heart. CCTV in Beijing for example, the Mirador in Madrid. There seems to be a shared value, a collective public space as a generous and general idea. Where CCTV is an evolved skyscraper with a loop the Mirador is a collection of neighbourhoods around the hole.
There are buildings which try to connect floors with smooth lines, creating seamless transitions with the ambition to dissolve the separation between floors. The design for the Bibliotheques de Jussieu by OMA was the starting point. Villa VPRO is a further development, and the cruise terminal in Yokohama by FOA did the same but without pillars – and in this way was even more intelligent. So what is the next step?

THE GENERATOR
Yes. What's next?
In an experiment at Delft University, The Why Factory will explore the possible genealogy of developments in architecture. The research puts the current pixel movement in perspective. It follows the history of the undulating floor as described above in more detail. It follows the rise and fall of irony in architecture. It shows what architects share and how they are different. The history of conceptual architecture. It shows what happened to Le Corbusier's idea of the Pilotis, or his Modulator which adjusted to the human being. It shows Le Corbusier's 1922 plan for the Immeuble-Villa, and why it could only be realised 90 years later by MVRDV in Madrid.
And then? Can we parameterize it? Are there laws?
Can we imagine an 'advanced softwarÈ, which, based on the current architecture, analyzes what steps are conceivable after an architectural invention and further optimizes it?
Can we compare this study to the investigations of an evolutionary biologist, which describes how a species adapts to new circumstances? Or in molecular biology, where crops adapt over time?

OPEN SYSTEMS

Progettare città nel tempo della metamorfosi

Maurizio Carta

Professore ordinario di Urbanistica e Direttore Vicario del Dipartimento di Architettura, dell'Università di Palermo. È stato Assessore al piano strategico e centro storico del Comune di Palermo. Ha redatto numerosi piani urbanistici, paesaggistici e strategici. È autore di più di 200 pubblicazioni e l'ultima, Reimagining Urbanism (2013) propone un ripensamento dei paradigmi e delle visioni urbanistiche. Membro di numerosi comitati scientifici di riviste e istituzioni culturali.

This is the dawning of the age of Aquarius/ The age of Aquarius/ Aquarius! Aquarius!
Harmony and understanding/ Sympathy and trust abounding/
No more falsehoods or derisions/ Golden living dreams of visions/
Mystic crystal revelation/ And the mind's true liberation/
Aquarius! Aquarius!
(Aquarius, Hair)

Metamorfosi è una potente parola-guida della contemporaneità. È un impegno di cui numerosi segni ci facevano intravedere la necessità durante gli anni propulsivi della globalizzazione e molteplici indizi tracciavano la strada da percorrere. Ma, anestezziati dalle aporie dello sviluppo, li abbiamo ignorati, emarginandoli nella ecosofia o reagendo in modo impulsivo con seducenti inni alla decrescita felice. Oggi invece gli anni recessivi di una crisi che non è una semplice stagione di attraversamento ci chiedono la responsabilità di un mutamento di paradigma che conduca alla metamorfosi ecologica, culturale, economica, sociale e politica.

Ma il mutamento sarà soprattutto urbano, perché viviamo nella Urban Age in cui le città, forma prevalente dell'abitare, producono più del 50% del Pil globale, ma consumano anche il 90% delle risorse, producono l'80% delle emissioni di CO_2 e domandano quasi l'80% del fabbisogno energetico nazionale dei paesi Ocse. La città al tempo della metamorfosi non solo dovrà essere una rinnovata growth machine, ma ha la responsabilità di essere generatrice di stili di vita più sostenibili, perché più intelligenti e creativi. Le città del futuro se vorranno rinnovare il patto sociale tra popolazione, territorio e sviluppo dovranno essere creative, smart and green ripensando il proprio ruolo di propulsori del mutamento.

Progettare città nel tempo della metamorfosi, significa ripensare il loro ruolo di attrattrici di flussi fisici e digitali e di talenti umani e monetari nell'era delle reti globali di cui le città sono i potenti hub. Esaurita la fase in cui il dinamismo urbano è stato identificato con l'insediamento della classe creativa o con la localizzazione di magneti di flussi finanziari (spesso sospinti dai venti della globalizzazione), oggi è necessaria un'evoluzione verso i i fattori reali che permettano alla identità, alla creatività ed alla innovazione di diventare da semplici attrattori di risorse intellettuali ad intelligenti generatori di nuove economie, sapienti produttori di nuova città e potenti alimentatori di una migliore qualità della vita. In Europa le città con il più alto tasso di mutamento non sono più solo le megalopolis ma ad esse si affianca la rete delle mesopolis, le città di secondo livello capaci di essere i nuovi motori dello sviluppo non solo attraverso politiche di attrattività, ma soprattutto attraverso la produzione di nuovo capitale sociale. Ed in Italia ripensare le politiche urbane e reimmaginare il progetto urbanistico richiede sia nuove capacità di attrarre risorse materiali e immateriali, sia capacità di conciliare le performances competitive di natura economica con quelle coesive nel dominio sociale, ed anche nuove sensibilità al paesaggio e rinnovati paradigmi di governo, attivando la metamorfosi per non rimanere eterna crisalide.

La città contemporanea è sempre più spesso anche "anti-città": la sua nemesi produttrice del consumo di risorse (finanziarie, sociali, territoriali) e di energie (materiali e immateriali) a fronte della scarsità della qualità dei luoghi e della vita. Tuttavia constatiamo che nelle stesse città dissipative le qualità culturali intrinseche sono ancora elevate (centri storici e patrimonio culturale, paesaggi costieri e campagne periurbane), i valori sociali sono intatti (prestigio e notorietà, associazionismo sociale e vitalità politica), i talenti sono attivi (università, attività culturali e brand) e le relazioni sono fluide ed ampie (porti ed aeroporti, connessioni infrastrutturali e digitali). Allora l'accettazione del declino e la gestione della contrazione non sono l'unica soluzione, ma dobbiamo impegnarci a "ricaricare il sistema operativo" (**Re-load the city**) per far ripartire la città in forme più sostenibili.

Già nel 2007 nel libro "Creative City" ho segnalato la necessità di un mutamento da una visione delle politiche urbane basate sull'uso illimitato di risorse pubbliche per stimolare l'attivazione di economie che a loro volta avrebbero rigenerato gli spazi urbani, verso un nuovo paradigma che guidi politiche urbane che a partire dagli spazi urbani "riattivino i capitali territoriali" per rigenerare l'economia, passando quindi da un sistema urbano dissipativo ad uno creativo (**Re-create the city**). Oggi con maggiore urgenza e responsabilità, la città deve orientare la sua creatività verso la produzione di nuova identità, di rinnovata sostenibilità ecologica ed energetica, di nuove economie della conoscenza ma anche di nuove geografie sociali nella società meticcia. Dovremmo progettare una nuova "città eco-creativa", capace di generare soluzioni innovative, di catalizzare culture diverse e di alimentare economie sostenibili, come mostra l'IBA di Hamburg del 2013 riflettendo e sperimentando sulla eco-creatività.

La città eco-creativa potrà contribuire alla riattivazione dei capitali urbani, territoriali e paesaggistici stimolando una nuova intelligenza urbana fondata sulla interazione tra assi strategici: l'approccio transcalare, l'equilibrio tra identità e innovazione, il valore delle diversità, le sfide della green economy e la porosità progettuale dei waterfront.

Naturalmente non basta l'individuazione di nuove politiche urbane, ma dovranno essere messi in campo strumenti utilizzabili per la loro attuazione. Tra cui l'introduzione di una nuova partnership pubblico/privato proattiva per gli interventi di manutenzione e riciclo urbano attraverso la regolazione di compensazioni territoriali, incentivazioni volumetriche e fiscalità differenziata in base a criteri di compatibilità ambientale, risparmio energetico, sicurezza sismica o idrogeologica, nonché a soluzioni integrate del ciclo dei rifiuti.

Riciclare le città in metamorfosi

Pianificare città più sostenibili per generare comunità più intelligenti postula modelli di pianificazione e gestionali capaci di ridurre la pressione urbana sugli ecosistemi e diminuire le diseconomie di scala. Agire sulle nuove eco-comunità urbane, sulle loro interazioni con i sistemi sociali, sul loro ruolo nel ripensare l'economia e sulle nuove domande di welfare può trovare una risposta efficace nel "riciclo creativo" dei materiali urbani (**Re-cycle the city**). Riciclare le città per sperimentare una crescita intelligente, sostenibile e inclusiva, richiede sia l'utilizzo del potenziale delle "miniere delle città" (edifici, luoghi e infrastrutture dismessi dalla metamorfosi in atto) sia un'azione consapevole sulla

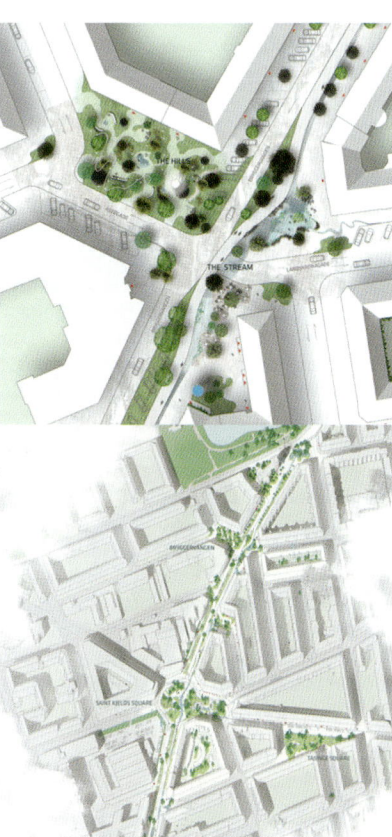

Currently
Available space for pedestrians without car or bike traffic: 2.539 m2

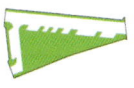
Proposal
Available space for pedestrians without car or bike traffic: 3.428 m2

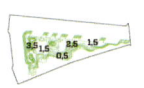
A new urban cliff
The terrain is over an existing bunker. The cliff is 3.5m high.

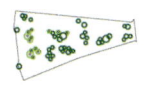
Three times more trees
13 out of the 15 existing trees are kept.
40 new trees will be planted.

Room between cliff and premises

Meeting areas
The new square allows spontaneous meetings around different programs.

270.000 m2
street area today. The space dedicated to car traffic is overly generous, and the street generally characterized by emptiness and transit traffic.

Current pavement

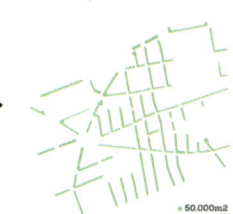

50.000 m2
gained if street area is optimized according to current standards

Space for climate adaptation and green street spaces for residents!

Freedom...!
Is given back to the residents! Residents engage themselves in their neighborhood and the city is climate adapted.

20% pavement reduction

Terrain!
The terrain of St. Kjeld space is optimized; currently it is a completely flat surface of 8.000 m2 and it's turned into a hilly surface of 16.500 m2.

CURRENT SURFACE
8.000 m2

FUTURE SURFACE
16.500 m2

206%
More space, for example, to absorb and evaporate rainwater, to create biodiversity and the opportunity of living and moving in the terrain.

Urban space is optimazed
206%

   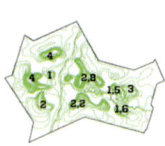

Currently
Available space for pedestrians without car or bike traffic: 2.560 m2

Proposal
Available space for pedestrians without car or bike traffic: 5.050 m2

Clear defined room
A new vertical garden creates social life, green structure and it outlines the urban space around the square.

Hilly urban landscape
The hills are between 0,5 and 4 meter high. The highest point is located far from sourranding buildings.

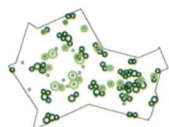 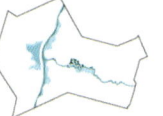 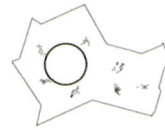 

Five times more trees
22 out of the 35 existing trees are kept. Potentially 175 new trees will be planted.

Rainfall
The square is shaped by rain water which is collected, retained and led away.

Illumination
A central light circle lights the square, together with small forest of light fiber.

Natural value
The city and nature together creates climate, social and economic value.

OPEN SYSTEMS

innovazione degli stili di vita, dei comportamenti sociali e dei valori economici sostenibili e soprattutto sulle modalità di regolazione, progettazione e controllo degli insediamenti.

La questione non riguarda tanto il riutilizzo dei materiali, degli spazi, degli edifici o delle infrastrutture, quanto il "rinnovo dei cicli", cioè la metamorfosi – architettonica, sociale ed economica – degli insediamenti urbani attraverso una immissione in nuovi cicli di vita dei complessi urbani, dei tessuti insediativi e delle reti infrastrutturali in dismissione, in mutamento o in riduzione funzionale. Nella crisi ecologica ed economica le città decrescono, si contraggono e si densificano, producendo "lacerti urbani", "trucioli funzionali" e "rottami di sviluppo" che solo attraverso un processo metamorfico di riciclo possono tornare ad essere le componenti di nuovi cicli di vita capaci di generare rinnovati paesaggi urbani o gli attivatori di cicli interrotti, o ancora possono contribuire a potenziare alcuni micro-cicli ormai inefficienti. Il Padiglione Olandese della Biennale di Architettura di Venezia del 2010 curato da Rietveld Landscape segnalava la moltiplicazione di esperienze di generazione di nuove parti di città fondate sul riuso creativo dell'abbandono, sulla innovazione della dismissione, sulla rottamazione del declassamento o sulla modificazione d'uso dei tessuti insediativi tradizionali.

Pianificare nell'era del riciclo urbano significa saper riconnettere "sette cicli di vita urbani" da utilizzare come indirizzi meta-progettuali di una città che voglia riattivare il suo metabolismo urbano:

a) **Il ciclo della resilienza** nel quale la flessibilità delle funzioni, la permeabilità degli spazi e l'adattabilità degli insediamenti non si pongono più come problemi puramente concettuali e spaziali, ma vengono messe in relazione a tutto il portato sociale, economico e tecnologico che fa parte della costruzione della città, diventando temi/strumenti/norme del progetto della città del futuro. A Copenhagen il Saint-Kjelds Climate Adaptation District sta ridisegnando un quartiere capace di gestire meglio le inondazioni prodotte dai cambiamenti climatici producendo nuova forma urbana soprattutto degli spazi pubblici.

b) **Il ciclo dell'identità** capace di aumentare l'attrattività attraverso la reputazione urbana come fondamento di una maggiore identificazione di abitanti ed users. La città torna ad essere occasione di conoscenza e formazione ed impegna urbanisti ed architetti ad elaborare nuove forme, luoghi e relazioni che contengano e connettano i flussi relazionali locali/globali che la città genera con sempre maggiore frequenza, portata e velocità. Marseille da venti anni sta investendo risorse in progetti di rigenerazione urbana per la infrastrutturazione culturale e la localizzazione di grandi attrattori iconici mirati a ridefinire la "reputazione" della città per essere Capitale Europea del nuovo Mediterraneo.

c) **Il ciclo della conoscenza** in grado di agire sulla democratizzazione della comunicazione urbana, pianificando occasioni e progettando luoghi in cui la conoscenza del sistema urbano esca dalle torri degli specialisti e diventi materiale concreto per il patto di convivenza delle popolazioni urbane e per il conseguente patto di sviluppo. A Parigi il Centquatre è un incubatore di imprese nato come punto di incontro e creatività per sostenere l'emergere di idee, la sperimentazione e la diffusione di progetti innovativi e nuovo propulsore del quartiere.

d) **Il ciclo della partecipazione** in grado di alimentare il miglioramento della democrazia ed efficienza dei piani e dei progetti, promuovendo ambienti diffusi di cognizione/azione più adeguati ai bisogni sociali e ambientali contemporanei. La rinnovata etica argomentativa della pianificazione diventa attivatore di mobilitazione delle intelligenze collettive attorno al progetto della qualità urbana, anche attraverso la diffusione di living lab. L'Universitat Politècnica de Catalunya ha realizzato LOW3, un edificio energeticamente auto-sostenibile che funge da laboratorio per la popolazione locale dedicato alla sperimentazione di edilizia bioclimatica ed al ripensamento del modello insediativo.

e) **Il ciclo digitale** chiede un'elevata sinergia tra centralità di servizi, struttura edilizia ed offerta tecnologica. I nuovi tessuti urbani dovranno essere sempre più permeati da componenti digitali che ricompongono il rapporto tra producer e consumer intercettando le domande dei cittadini, le loro percezioni e le loro esigenze di funzionalità e di comfort, ed arricchendole con le domande di conoscenza, esperienza, democrazia e responsabilità. Siamo di fronte alle prime forme di open urbanism per città più senzienti e dialogiche.

f) **Il ciclo del policentrismo** ci impegna ad inserire nell'armatura urbana ormai cristallizzata nuovi nodi di aggregazione sociale che la fluidifichino, utilizzando luoghi dell'architettura intercettati nel loro mutamento e riutilizzati per occasioni di socialità come nuovi attivatori urbani. La rete mittel-europea Culburb (Cultural Acupuncture Treatment for Suburb) sta sperimentando nelle periferie di Bratislava, Budapest, Ljubljana, Praga, Vienna e Varsavia tattiche di micro-urbanistica relazionale basate sull'inserimento di attività artistiche partecipate nel tessuto sociale dei cittadini, alimentando la connessione del progetto urbano con il sistema educativo e della formazione.

g) **Il ciclo della creatività** e dei nuovi mestieri urbani che affiancano quelli tradizionali, rivitalizzandoli, modificandoli ed adeguandoli a mutate domande. La città pubblica richiederà sempre più spesso non solo l'esercizio della creatività, della visione strategica e del progetto ecologico, ma richiede anche progetti integrati di spazio pubblico, tattiche lillipuziane di riconquista dei luoghi. A Saint-Nazaire Gilles Clément ha avviato il rinascimento della vecchia base dei sottomarini introducendo piante tra gli interstizi murari: il Jardin du Tiers Paysage produce un seducente reticolo verde percorribile e che connette le nuove funzioni museali, educative e turistiche assegnate dal programma di rigenerazione urbana.

Ripensare, ricaricare e riciclare le città, quindi, richiede un rigoroso esercizio della volontà politica, della responsabilità sociale e delle competenze tecniche fondate su una governance delle trasformazioni basata su un pensiero differente ed una filiera di azioni per i tempi nuovi, capaci di re-immaginare il progetto urbano. Dobbiamo tornare a guardare il territorio come risorsa generativa e non solo come spazio di consumo, attingendo alle energie del nuovo magma partecipativo in cui i talenti dei giovani, i lavoratori della conoscenza e le economie della sostenibilità si miscelano producendo un nuovo territorio che dobbiamo imparare ad esplorare, ad interpretare, a regolare ed a progettare, affrontando i nuovi conflitti – sociali, culturali, etnici, ecologici, funzionali e sempre più spesso economici – che trovano nella città genesi ed eruzione.

L'impatto dei nuovi paradigmi ecologico, tecnologico e creativo non produce effetti solo sull'impronta ecologica delle azioni, ma interviene profondamente sul modo di pensare, sui metodi e sugli strumenti delle discipline che forniscono i principi e gli strumenti per governare e modellare l'ambiente in cui viviamo: la pianificazione territoriale, l'urbanistica ed il progetto urbano. Ogni disciplina ha la responsabilità di creare costantemente le proprie condizioni di progresso ed oggi dobbiamo capire che abbiamo un'opportunità unica per riconsiderare il nucleo epistemologico delle scienze che concorrono a guidare l'evoluzione delle città.

Perché i poeti nel tempo del bisogno? Si chiedeva Hölderlin in una delle sue elegie. Perché gli urbanisti nel tempo della metamorfosi? Ci domandiamo noi con l'obbligo di una risposta convincente.

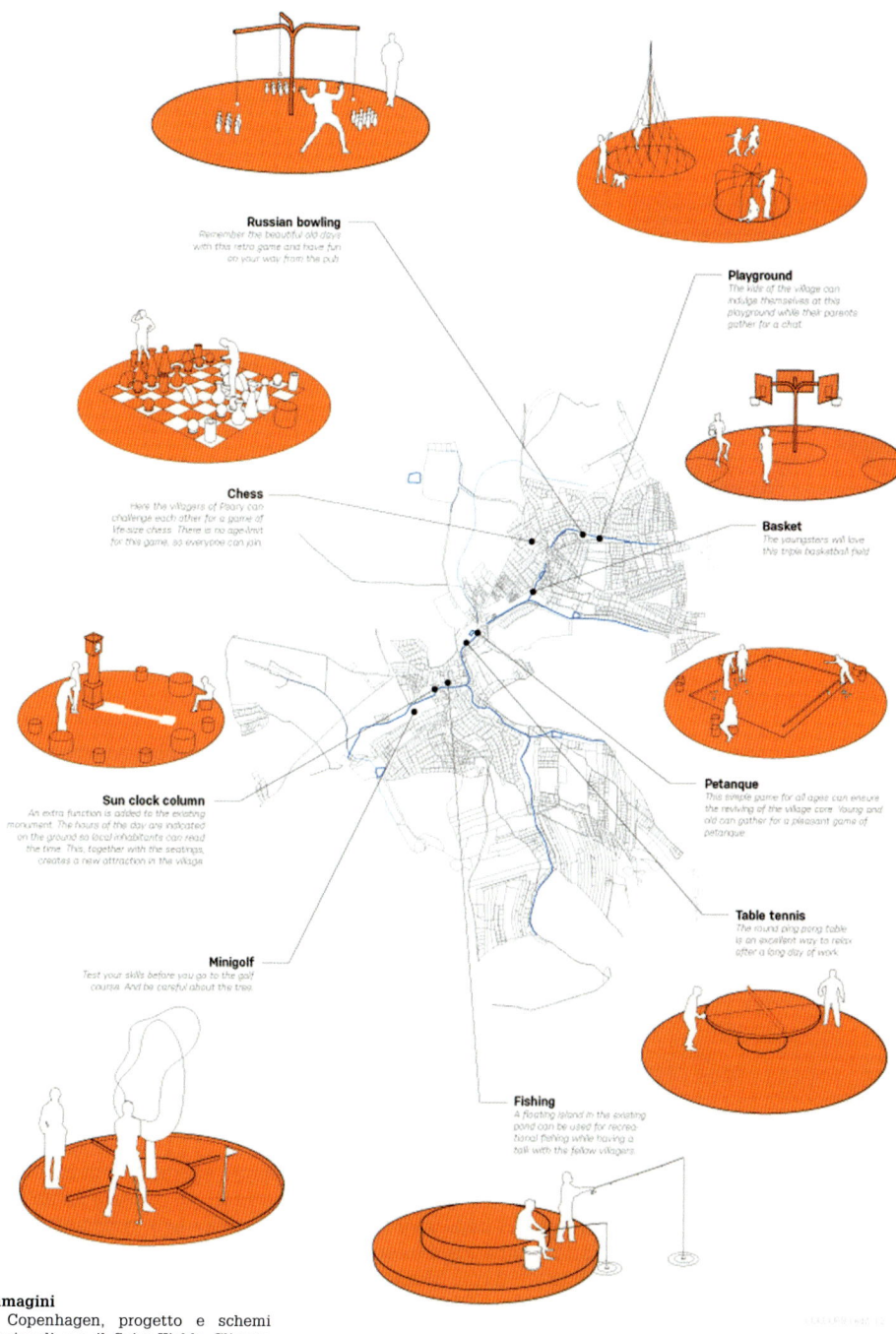

Immagini
1. Copenhagen, progetto e schemi funzionali per il Saint-Kjelds Climate Adaptation District.
2. Barcelona, il Living Lab LOW3 nel Campus di Sant Cugat.
3. Praga, il reticolo di tattiche di micro-urbanistica relazionale promosse dalla rete Culburb.

OPEN SYSTEMS

BCN-GOA. RECYTING
(Fattori <ri>: verso una città <ri>attivata, verso un'urbanistica <ri>attiva)

Manuel Gausa

Manuel Gausa is Professor of Architecture and Director of the ADD (Scuola de Dottorato in Architettura e Design - Università degli Studi di Genova - PHD Program) of the Faculty of Architecture of Genoa, and Principal Partner of Gausa+Raveau actarquitectura, office of architecture, landscape and urban design. From 1991 to 2000 he director the magazine "Quaderns d'Arquitectura i Urbanisme". Since 1994 Founding Member of Actar Architecture and Actar Projects Editorials. Honoured with the Médaille de l'Académie d'Architecture de France in 2000.
From 2006 to 2008, Director of the Master Program "Intelligent Coast" hosted by Fundació Politècnica de Catalunya. 2008- 2012 Vice-president of the Advisory Council for the Sustainable Development (CADS), Generalitat de Catalunya. Since January 2009 he is Director of the GIC-Lab (Genoa Intelligent Contexts Laboratory), Urban and Territorial Research Laboratory - DSA-FA-UNIGE- Università degli Studi di Genova. Since 2011 Member of the Consell Consultiu de l'Hàbitat Urbà, Ajuntament de Barcelona and Member of the Scientific Technical Committee of CRUIE,"Centro di Ricerca per l'Urbanistica, le Infrastrutture e l'Ecologia" - UNIGE - Università degli Studi di Genova. From 1998 to 2003 he was President of Metapolis and President of the Scientific Committee at the Institute for Advanced Architecture of Catalonia. Author of various articles and published works, such as "Housing, new alternatives, new systems", "Metapolis Dictionary of Advanced Architecture", "HiperCatalunya: Research Territories", "Operative Optimism" among others. In July 2012 he was appointed Dean at the Institute for Advanced Architecture of Catalonia.

I– Nuove regole

Faccio parte di una generazione d'idee che ha voluto anche creare proposte, che ha voluto conciliare il rigore con l'entusiasmo, il senso comune con la scommessa creativa…
Che ha creduto meno nel "less is more" che nel "more with less".
Nonostante le attuali difficoltà economiche, e a partire da un nuovo pensiero urbano, civico e transdisciplinare, adesso può iniziare una nuova fase per la città contemporanea e la sua (ri)dimensione metropolitana, in base ad una nuova equazione tra "sviluppo economico (innovativo) + qualità urbana (interattiva) + spinta socio-culturale (interattiva)".
Il progetto urbano, associato ad una dinamica strategica e trasversale per – e da – la città, è in grado di ristabilire, in questo senso, possibili orizzonti condivisi attraverso processi di scambio aperti, positivi e propositivi, al di là della guida di un unico leader (magistrale o reverenziale) e superando campi disciplinari unidirezionali (scuole, ideologie e gruppi di potere).
Non si tratta di imporre nuove regole d'azione, ma di proporre nuove regole di gioco, nuove complicità condivise.
Le regole – e i regolamenti – si sfidano.
Le regole di gioco si condividono.
Permettono di lavorare con criteri d'azione e, al contempo, si aprono a processi di condivisione plurali e variabili.
Il nuovo sviluppo urbano della città dovrebbe essere incoraggiato in squadra (con squadre efficienti), a partire da criteri chiari e da uno spirito generoso e positivo e, allo stesso tempo, attento al patrimonio attivo della città (persone, luoghi, esperienze, riferimenti) e all'energia dei nuovi talenti e delle nuove scommesse.[1]

II– Fattori <ri>: <ri>attivare la città.

Negli ultimi decenni la città postmoderna ha sviluppato una serie di modelli basati sulla ricostruzione (revisionista), sull'arredo (estetizzante), sulla gestione (tecnicista) e sul marketing (economicista), sostenuti da un design formale, da un catalogo puntuale di franchise commerciale, da immagini glamour, da un fascino terziario e da un collezionismo iconico d'importazione.
Alcuni "assaggi" (e alcuni passaggi) sono stati particolarmente fortunati, altri meno. Non si tratta solo di ricostruire, di disegnare o di gestire, ma di <ri>vitalizzare.
Di <ri>attivare la città.
Di incoraggiare stimoli e riferimenti: energie produttive e illusioni collettive, economiche, spaziali, sociali e culturali. Di passare da un modello ricostruttivo ad uno ri-impulsivo (volto a ri-dare impulso), associato ad una nuova urbanistica empatica e interattiva: un'urbanistica che interagisca positivamente con i cittadini (più coinvolta), con l'ambiente (più sostenibile) e con il contesto (più sensibile), ma anche con la stessa cultura contemporanea (cioè con una nuova società dell'informazione, dello scambio e dell'innovazione).
Un'urbanistica <ri-attiva> (e <ri>attivatrice) definitivamente integrativa ed integratrice: un'urbanistica delle **7RI+**.

1– **<Ri>ciclo urbano**: rilettura orientata della città, riabilitazione e rigenerazione dei manufatti, ridefinizione e ristrutturazione strategica del/dei tessuto/i. Rivalutazione identitaria (valorizzazione, tutela e conservazione del patrimonio culturale, sociale e ambientale, attenzione agli elementi identitari, ai contesti e agli aspetti sensibili, alle eccezionalità ed alle potenzialità, in definitiva, alla memoria urbana); ma anche necessaria reversibilità di determinati scenari deficitariamente concepiti, progettati e/o realizzati.

2– **<Ri>connessione locale e globale**: connettività trasversale e interazione, "multi-appartenenza" tra quartieri e nuclei urbani. Gerarchizzazione e razionalizzazione della mobilità (intensificazione e/o limitazione-riconversione viaria). Ri-articolazione territoriale: supporto alle reti intercomunali e alle dinamiche multi-centrali (superamento delle endogamie locali e delle dinamiche unifocali e centripete); affermazione di una dimensione intermedia della/delle città come un tutto e, al contempo, come parte di un nuovo tipo di multi-città-regione – o geourbanità – diversificata e interconnessa.

3– **<Ri>equilibrio funzionale (e residenziale)**: mixitè programmatica, varietà tipologica diversità di usi e attività. Riutilizzo edilizio e reinvenzione formale. Generazione di nuove operazione di spinta e induzione urbana. Vecchi tessuti riabilitati e nuovi paesaggi abitati come scenari collettivi, misti, di vita e di scambio.

4– **<Ri>naturalizzazione centrale (e rispetto ambientale)**: fattore verde, nuovi "paesaggi" interni, trattamento attivo e spugnoso dello spazio pubblico come spazio relazionale; recupero di alcune strade e viali come parchi lineari (linear squares) o come assi civici di connessione trasversale.
Ri-efficienza energetica (emissioni 0, Agenda 21, eco-efficienza globale), riconquista dei bordi e dei margini urbani attraverso il potenziamento delle propaggini verdi "esterne-interne", interpretate come strutture eco e agro attive (promozione degli orti comunali, dei Klein-Garden e degli orti urbani), così come attraverso l'eventuale riqualificazione dei waterfront – recupero di banchine portuali, progettazione di nuovi eco-distretti litoranei/costieri, affermazione del concetto di spiaggia urbana (urban beach) – intesi come grandi paesaggi di frontiera "acqua-terra"

5– **<Ri>affermazione collettiva e sociale (relazionalità)**, rafforzamento di una nuova coscienza sociale ed etica, interattiva (aumento dei legami civici, scommessa per una cultura impegnata attiva e interattiva, relazionale, sensibile agli scenari di coesistenza, alla poetica urbana, al benessere e al piacere di vivere, all'immaginazione e alla fantasia, ai sensi e i sentimenti, ad una etica proiettata e a una estetica fresca e spontanea.

6– **<Ri>spinta economica e imprenditoriale**: scommessa generazionale, la quale implica supporto alla creatività aziendale – alla piccola e alla grande scala –, sostegno alla visibilità e alla promozione all'estero – incoraggiando i cluster innovativi e le sinergie tra aziende e gruppi creativi –, ausilio al talento attraverso incentivi, patrocini e nuove forme di filantropia; non solo capacità di

Barcelona Multi-Rambles, Studio per la ristrutturazione urbana della Barcelona Mar. Intelligent Coast + GR actarquitectura, 2009

OPEN SYSTEMS

1. Vedi RICCI, M., *Nuovi Paradigmi*, Ed. List Laboratorio Editoriale Internazionale, Trento 2012.
2. GAUSA, M., "Rinaturalizzare la multi-città. Verso una nuova centralità eco-a(tra)ttiva" in RICCI, Mosé: *Nuovi Paradigmi*, Ed. List Laboratorio Editoriale Internazionale, Trento 2012, pagg.50-57. Vedi i testi dello stesso Mosé RICCI in *Nuovi Paradigmi*, op. cit.
3. Vedi GAUSA, M., *BCN-GOA Genova-Barcellona new multistring centralities* e anche GAUSA, M., *Multi-Barcelona, Hiper-Catalunya. Estrategias para una nueva Geo-Urbanidad*, op. cit.

attrarre investimenti, ma attenzione ad essi: non solo gestione economica, ma "generazione" economica.

7– <Ri>cerca investigazione, innovazione, informazione: fiducia nella ricerca e nell'esplorazione, supporto alla sperimentazione, ai progetti pilota e ai modelli avanzati di eccellenza. Appoggio all'innovazione e rispetto per la memoria e la tradizione.

Re-invenzione creativa e proattiva (proiezione e celebrazione comunicativa e partecipativa, locale e globale, di un nuovo "spirito urbano" creativo ed intraprendente).

Ri-informazione intelligente: gestione qualitativa ed efficace dell'informazione attraverso una nuova "sensorizzazione" – e interazione – ambientale (smart-environment).[2]

III – NUOVE DINAMICHE

La città, le città, hanno sviluppato negli ultimi anni una serie di modelli basati successivamente nell'"arredo" urbano, nell'"abbellimento" ambientale o il fascino "trademark". Nella nostalgia del antico spazio civico di desiderio armonico (ricreato da piccole estetiche domestiche, evocatrici) o nel fascino collezionista di importazione, attraverso l'opportuno catalogo ufficiale di "brevetti" o "firme" internazionali collegati alla momentanea fortuna di un "tardo-urbanismo" fin de siecle fatto di "para-architetture" commerciali, glamour "vedettista", tentazione terziaria e tatticismo di marketing.

In ogni caso, oggi non si tratta solo di costruire o di ricostruire, di disegnare o di gestire, ma di rivitalizzare e di riattivare la città. Di promuovere – e integrare – incentivi e riferimenti, energie produttive e "proiezioni collettive", economiche e spaziali, sociali e culturali.

Oggi si tratta di passare da un modello ricostruttivo ad un modello ri-impulsivo. Integrativo. Chiamato proprio ad integrare, proiettare – e riattivare – la città per farne un vero e proprio intorno, generatore, in grado di promuovere il passaggio da una logica meramente figurativa, o produttiva, ad una logica decisivamente relazionale: generatrice di rapporti di convivenza tra la città e il suo territorio, ma anche, tra la città e i suoi cittadini (stabili e visitatori), i loro desideri, le loro attività, i loro spazi di vita e le loro interazioni con il mezzo.

Si potrebbe quindi parlare di un nuovo tipo di urbanistica: un'urbanistica più empatica, precisamente, più integratrice, in interazione con l'ambiente (più sostenibile) con il contesto (più sensibile), ma anche con l'individuo (più coinvolto) e con la stessa cultura contemporanea (cioè con una nuova società dell'informazione, dello scambio ludico e dell'innovazione creativa).

La città europea contemporanea, grazie all'energia su cui conta, può diventare un vero e proprio polarizzatore di energie; un autentico e ricco nodo generatore di stimoli e scambi – economici, intellettuali, (inter)culturali, turistici e scientifici – più che un semplice "tavolo da gioco e di opportunità", o un puro scenario di moda o fashion e di iconografia oggettuale.

Questa sfida imprenditoriale e innovativa, sostenibile ed energetica, non può essere affrontata solo con criteri tecnocratici o tecnologici… ma deve coesistere con la poesia urbana, con la cordialità e il benessere, con il piacere di vivere in spazi aperti all'immaginazione e all'immaginario, ai sensi e ai sentimenti, ad un'estetica disegnata e a un'estetica fresca e spontanea.

Questa sensibilità integrale e integrativa dovrebbe essere non solo una condizione, ma soprattutto un'occasione per lo sviluppo economico e la creatività condivisa. Si tratta di creare sinergie civiche e operative, di rafforzare la fiducia e la capacità di creare processi chiamati a combinare la famosa triade delle "3 T" di Richard Florida (Talento, Tecnologia e Tolleranza, cioè creatività e innovazione, benessere ed equilibrio sociale) con un'altra triade (Turismo-Territorio-Tempo) e una trasversalità proiettiva non meno importante.

Usufruendo e interconnettendo – fisicamente e relazionalmente – le infrastrutture già esistenti (legate al patrimonio e alla cultura, alla memoria e alla sensibilità ambientale, ma anche alla ricerca e alla capacità imprenditoriale) e sostenendo, a sua volta, nuovi spazi emergenti, associati alla creazione, con criteri destinati a coinvolgere non solo un apprezzamento rispettoso degli attivi esistenti, ma anche un'ambiziosa volontà di scommessa, di innovazione e proiezione referenziale.

La città europea dovrebbe favorire questo potenziale, e quindi favorire lei stessa, come un autentico intorno imprenditoriale in tutte le declinazioni economiche, innovative e culturali: interpretando, in ogni caso, l'innovazione e la creatività, come autentici motori di energie produttive, generatori di stimolo e di conoscenza, ma anche di autostima propositiva.

In questo senso è necessario puntare sulla qualità di campi competitivi generatori di conoscenza, con una base sufficientemente ancorata nella tradizione locale, attraverso programmi d'incentivazione correttamente formulati dagli enti pubblici.

I cluster scientifici e creativi metropolitani hanno bisogno, a questo proposito, di una riformulazione creativa e qualitativa delle proprie strutture urbane di riferimento.

Ciò implica anche un rinnovamento complementare delle attuali strutture accademiche e culturali, attraverso la promozione di centri di eccellenza e l'incorporazione di nuove energie e di nuovi responsabilità proattive.

La combinazione di un'offerta produttiva (chiara e variata), di una presenza attrattiva e di una spazialità qualitativa nell'immaginario collettivo, definisce l'autentica capacità di attrazione di una città ed il successo di una certa idea di "marchio urbano" positivo.

Infatti, molte delle più importanti città contemporanee cercano di rendersi identificabili attraverso questa volontà di essere considerate come "marchi visibili", in un processo di posizionamento della città come meta attrattiva e attraente – inter-scambiatrice turistica, culturale, di merci, etc. – ; un posizionamento completato oggi da un nuovo ruolo "da e verso" il territorio.

Ma la vera "rilevanza" internazionale di un paese o di una città non si configura soltanto per mezzo della semplice idea di "marchio", ma attraverso una particolare combinazione di qualità ambientale e qualità relazionale, qualità spaziale e qualità infrastrutturale, qualità culturale e qualità sociale, qualità creativa e qualità generativa.

Le città cercano, anche loro, di proiettarsi, a livello internazionale, come marchi riconosciuti e come ambienti di qualità e benessere al stesso tempo.

Dovrebbero anche farlo come contesti imprenditoriali, creativi, produttivi e generativi, in grado di creare autentici riferimenti per una nuova società del tempo libero e della conoscenza, attraverso un'interazione positiva (con l'ambiente, la società, la cultura e la tecnologia) e una nuova sensibilità più innovativa, empatica e sostenibile.[3]

Questo è l'autentico plusvalore da condividere per un futuro competitivo.

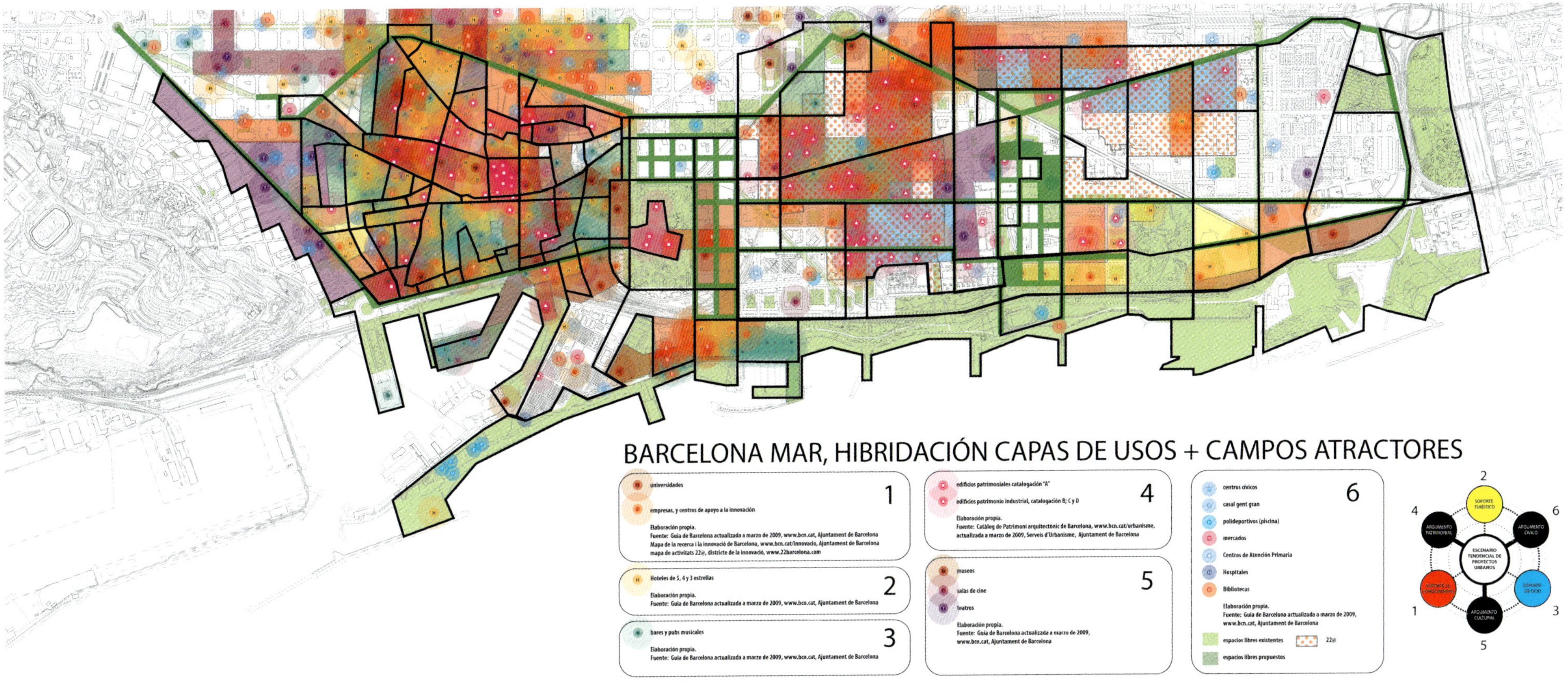

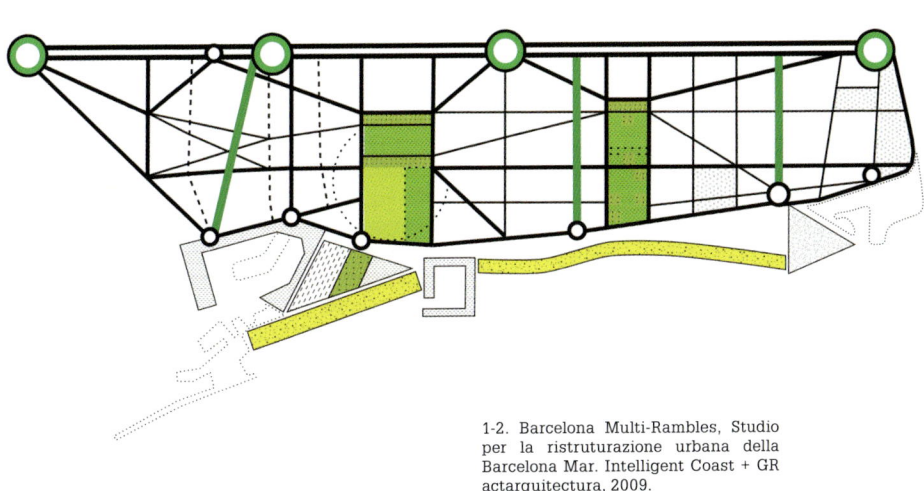

1-2. Barcelona Multi-Rambles, Studio per la ristrutturazione urbana della Barcelona Mar. Intelligent Coast + GR actarquitectura, 2009.
3. Barcelona Eixample Multi-String Centrality, Studio per la ristrutturazione verde della Barcelona Centrale. GR actarquitectura + GIC Lab-UNIGE 2011-2013

OPEN SYSTEMS

OP (OSSERVATORE PROGETTUALE): ECOLOGIA

Alberto Bertagna

Alberto Bertagna, architetto, PhD, è ricercatore e docente di Urbanistica presso l'Università degli Studi di Genova. Ha pubblicato tra gli altri La città tragica (Diabasis, 2006) e Il controllo dell'indeterminato (Quodlibet 2010) e, con Sara Marini, The Landscape of Waste (Skira 2011) e In teoria (Quodlibet 2012).

KEY WORDS: SOSTITUTIVITÀ, DIZIONARIO, TEORIA

Nell'agosto di mezzo secolo fa Ennio Flaiano firma un articolo su Panorama, allora un mensile, in cui il litorale romano (nello specifico il tratto prossimo alla foce dell'Arrone) viene presentato come il paradigma di un Paese che si va, parole sue, «sgretolando»[1]. È l'anno, quello, il 1963, solo come esempio e per contestualizzare il pezzo in questione, dell'uscita del film di Rosi, Le mani sulla città. Nulla di particolarmente originale anche allora, dunque, in questa denuncia di Flaiano; e nemmeno nella multiforme attività del pescarese (giornalista, sceneggiatore, critico teatrale e cinematografico, romanziere...), anzi solo la prosecuzione di una sua linea critica già iniziata. Basti pensare al famoso articolo apparso sul settimanale Il Mondo in cui, anticipando una certa prosa corsara (per quanto il Nostro fosse lontano da certi ambienti, non potendo permetterseli, come da suo celebre aforisma), stigmatizzava, descrivendo la nascita del quartiere Talenti, l'espansione della città capitolina verso la campagna.

Su Panorama, rispetto al periodico fondato e diretto da Mario Pannunzio, il ragionamento si fa, potremmo dire, "territorialista" ante-litteram, e oggetto d'attenzione diventa la scomparsa della macchia mediterranea (rilevata, nel racconto, dalle finestre di una trattoria di pescatori posta sulla spiaggia): «Noi la ricordavamo un tempo arcadica e solenne, proprio adatta a uno sbarco di Enea, fitta di tamerici, di cardi, di ciliegi selvatici, di ginepri... ispidi e verdi grovigli che proteggevano dalla salsedine i giovani lecci e questi, a loro volta, proteggevano i vecchi pini del bosco. Quella macchia che sfumava sin verso la riva coi suoi aghi, i suoi fiori violetti, le sue grasse diramazioni, e modellava dune sempre più possenti e invalicabili, sulle quali libeccio e maestrale non facevano presa, ora è scomparsa».

I punti di osservazione e di fuga convergono, nello sguardo critico di Flaiano, che si chiede come è stato possibile che quegli stessi pescatori che vivono nella e della natura non abbiano sentito la necessità di conservare l'ordine vegetale stratificatosi nel tempo e abbiamo invece trasformato quella costa «in una landa piatta, bruciata, polverosa, distruggendo quasi tutte le quarantasette specie di piante che formano la macchia mediterranea e che sono interdipendenti». E la risposta, che offre prima di tutto a se stesso (risposta in parte assolutoria), è inserita nel contesto di quegli anni, e inizia quella scomposizione che costruisce la struttura dell'articolo: «Davanti ad un paesaggio l'italiano "povero" non si commuove, non lo vede cioè come un fatto armonico e intangibile (suscitatore di varie emozioni e presidio della memoria, se si vuole) ma lo scompone nei suoi singoli elementi utilitari. Quel che gli serve, se lo prende, il resto lo distrugge. Agisce infine come un essere talmente inserito nella natura da non avere la capacità di ammirarla, ma soltanto quella di servirsene».

Esiste insomma secondo Flaiano una scissione "di classe" nelle espressioni e nelle condotte dell'italiano nei confronti della natura che, vedremo poi, comunque confluiscono in una stessa direzione: quella della sua distruzione. Subito dopo infatti afferma che «l'italiano "ricco" è forse qualcosa di peggio [del povero]». Se il povero strappa al paesaggio qualità per approvvigionarsi, per riuscire a rifornirsi e dunque conservarsi; se il pescatore polverizza la macchia mediterranea, la distrugge per servirsene; se il povero, il pescatore come esempio ma per traslato le classi meno istruite, agisce secondo le leggi naturali della sopravvivenza, e dunque arriva, in primis per incapacità di comprendere, a cancellare quello che non gli sembra rilevante per soddisfare urgenze e bisogni basilari; se insomma il povero agisce, essendo pienamente «inserito nella natura», come operatore naturale, il ricco si comporta – e maggiore è l'atto d'accusa perché maggiore è la "colpa" rilevata – come operato-

Note
1. L'articolo è ora in Ennio Flaiano, La solitudine del satiro, Adelphi, Milano 1996 (or. Rizzoli, Milano 1973).
2. Aldo Duro, Vocabolario della lingua italiana, vol. II, D – L, Istituto della Enciclopedia Italiana, Roma 1987.
3. Quello proposto è primo frammento di un nuovo dizionario attivo, un vettore di trasformazione instabile che nel ridefinire quelle modificazioni continue che avvengono nei territori ne diventa contemporaneamente parte: non solo come agente di consapevolezza ma come operatore logico di intervento. Come ogni teoria "tentativa" (che muove per tentativi), che partecipi al tempo su cui interviene alla ricerca finalizzata di chiavi di categorizzazione, non può che disegnarsi in forma notazionale esatta ma precaria, proponendo nel modo del proprio disporsi il senso stesso di quanto sostiene: la sostitutività degli elementi. Un operatore che rileva e nel rilevare proietta. Un Osservatore Progettuale, che si fa riflesso di quel che il divenire rappresenta nella e per la città. Ogni voce e ogni locuzione ammessa possono essere superate da quel che ogni sistema aperto consente e prevede: l'arrivo di ciò che si renderà necessario, di ciò che la cultura nel proprio modificarsi richiederà, di ciò che il paesaggio quale proprio contesto di verità relativa diventerà. Ogni dizionario si addiziona o si sottrae di termini incidentalmente e temporaneamente presenti nel linguaggio, dopo aver individuato la ragione di senso o d'uso per farlo. Ogni dizionario aggiorna le proprie definizioni. Ogni dizionario per fare questo e nel fare questo osserva e allo stesso tempo influenza. Ogni suo lemma, come in Bataille, può anche avere più definizioni, ridondanti o contraddittorie. Ogni suo lemma, parafrasando Frege, ha significato solo nel contesto del dizionario stesso, o delle sue estensioni, o del suo credito.

re culturale. Secondo Flaiano, «Il "ricco" capisce il paesaggio come ornamento di ciò che possiede e riesce persino a dividerlo in due categorie: paesaggio di rappresentanza e paesaggio di servizio. Per ottenere questi paesaggi, indispensabili al suo prestigio, il ricco agisce da guastatore, spiana le dune che gli occludono la vista del mare (…), scava, riempie, livella, squadra, sradica i cespugli e pianta alberi che non attecchiscono, erge muretti e cancellate, le adorna, sbatte la sua casa a un palmo dalla riva o la ficca nel folto del bosco, facendovi ammirare un tronco che attraversa dall'alto in basso la sua stanza di soggiorno; insomma, modifica anch'egli il paesaggio originale, che gli sembra non elegante, non ordinato, soprattutto non moderno». Il ricco, privo di esigenze vitali, di bisogni primari, e dotato degli strumenti debiti per una comprensione del paesaggio, lo denota però come mera quinta della rappresentazione di sé, e pertanto lo altera in modo comunque improprio, modellandolo a proprio piacimento, più che, come il povero, a propria utilità.
C'è, al fondo di questa critica, un'idea di paesaggio che non è certo quella attuale, una posizione che non ammette, ad essere "paesaggio", i processi di trasformazione dell'ambiente quali che siano, che non accetta infine il paesaggio come processo; un'idea che rifiuta i "nocivi" interventi antropici di fatto estromettendo l'uomo (che non sia quello "virtuoso" che preserva la macchia mediterranea, possiamo immaginare) dalla dimensione stessa del paesaggio. Ma se la scomparsa delle lucciole darà l'occasione a Pasolini per un'accusa politica, e se del resto nel succitato pezzo sul quartiere Talenti lo stesso Flaiano sembra muoversi con le stesse finalità; qui – attraverso il racconto della scomparsa della macchia mediterranea e soprattutto attraverso l'individuazione delle sue cause – viene fissata precisamente l'immagine di una "ecologia critica" che oggi è sempre più di attualità.

È insomma un articolo esclusivamente ecologista, questo in oggetto, non nel senso derivato di un ecologismo come movimentismo, ma quasi come, da vero principio, puro scientismo. Perché se ecologia è quella «parte della biologia che studia le relazioni tra organismi o gruppi di organismi e il loro ambiente naturale, inteso sia come l'insieme dei fattori chimico-fisici (clima, tipo di suolo, luce, nutrimento, ecc.) sia come l'insieme dei fattori biologici (parassitismo, competizione, simbiosi, ecc.), che influiscono o possono influire sulla vita degli organismi stessi»[2], ovvero lo studio della relazione tra organismi e loro contesto di esistenza, Flaiano tratta proprio di questo: di ciò che ambiente e persone, messi in relazione tra loro, producono, cioè in ultima istanza di come interagiscono. Qui sta tutto il senso di quel che di questo articolo interessa: la relazionalità di allora tra uomo e ambiente, da comparare a quella di oggi attraversando quei cinquant'anni trascorsi che hanno segnato una così forte evoluzione del territorio, delle sue economie e delle sue culture.

Per misurare questa distanza scomodiamo, strumentalmente, traslandolo dalla linguistica, Friedrich Ludwig Gottlob Frege, forzandolo ovviamente entro quanto qui interessa. Il suo principio di contestualità in fondo può essere utile per aggiornare l'analisi di Flaiano: se un termine ha significato solo nel contesto di un enunciato, forse ad esempio "ricco" e "povero" nel nostro tempo vanno riconnotati. Oggi, direbbe Frege, le due espressioni "ricco" e "povero" sono co-referenziali di fronte al paesaggio, sostituibili tra loro senza alterazioni del valore di verità di un enunciato che li comprende. Del resto, già il valore di verità dell'articolo di Flaiano, il paesaggio "sgretolato" dall'intervento umano, riassorbe come detto la sua distinzione: «Come conclusione – e tutta la costa laziale sta diventando la prova di questo dramma – sia il "povero" che il "ricco" distruggono la natura: l'uno perché ne fa parte, l'altro perché vuole farla a sua immagine e somiglianza». Ma è altro l'effetto della sostitutività dei due termini, oggi: possiamo forse avvicendare anche alcuni contenuti cognitivi oggettivi, all'interno delle due locuzioni. Il principio di composizionalità ci dice che il significato di un enunciato è funzione del significato delle sue parti e delle sue regole di composizione. Il povero, nell'articolo, è un "roditore", e il ricco un "guastatore": entrambi riducono il paesaggio per un proprio fine, che per il primo è materiale, per il secondo culturale. Lavorando entro le parti del testo di Flaiano, trattandolo quasi fosse un enunciato composto, possiamo forse arrivare ad esporre un nostro significato per il termine "ecologia", ovvero possiamo appunto aggiornare il tipo di rapporti che oggi devono istituirsi tra l'uomo, sia esso ricco o povero, e l'ambiente naturale. Oggi forse siamo di fronte ad una ecologia di nuovo tipo. Oggi forse, senza che questo sia da intendere come provocazione politicamente scorretta, abbiamo bisogno di tornare a sfruttare l'ambiente materialmente, pur agendo culturalmente. Dobbiamo fondere le due espressioni di Flaiano ricomponendo quella sua distinzione dalle conseguenze convergenti. Dobbiamo saldare la "legge naturale" del povero che si prende ciò che serve con la "legge estetica" del ricco che comprende (seppure "erroneamente") il paesaggio. Oggi, pienamente consapevoli di quanto il sistema naturale influisca sui nostri organismi, non dobbiamo preservare l'ambiente per etica o morale, per decenza, per rispetto; ma trasformarlo per soddisfare le necessità della contemporaneità, che attengono prima di tutto, ecologicamente parlando, alla difesa di ciò che può influire positivamente sulla vita dell'organismo umano. Oggi dobbiamo soddisfare insomma un nuovo bisogno, impostando una legge naturale-culturale: dobbiamo salvare quella macchia mediterranea esclusivamente per la sua utilità, come bene primario del ricco-povero che abita il 2013.
Questo elaborato non termina qui: questa fine è un inizio[3].

OPEN SYSTEMS

iimmagini: 1, 2, 3
Sissi Cesira Roselli, Casa Nera, Urbania 2013 (progetto: Alberto Bertagna, Sara Marini)

CREATIVE + SMART CITIES. ABITARE IN CITTÀ TURISTICHE

KW: SMART CITY, TURISMO, CREATIVE CITY

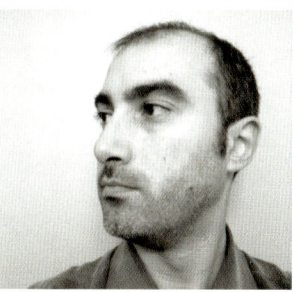

Nicola Valentino Canessa

Dottore di Ricerca in Architettura presso la Scuola di Dottorato ADDgenova. Tema della tesi è "La Città Mediterraneo", analisi sulle trasformazioni in atto sulle coste mediterranee e i fattori che condizionano l'abitare del territorio costiero intercontinentale. Partner dello studio di architettura goagroup.

Nei tempi della crisi post-globalizzazione il rapporto tra i concetti di spazio, cultura e movimento è sempre più mutevole, le stesse idee di dimensione e di tempo richiedono città nuove in grado di assorbire e farsi assorbire dalle persone che le vivono e le percorrono.

Parlare di città oggi vuol dire parlare di un organismo in grado di sapersi rapportare sia a scala locale che globale con persone e/o utenti, sempre più differenziati e specializzati, che cercano nel territorio nuovi riferimenti, seduzioni ed esperienze.

Una città nuova è probabilmente quella che dopo aver elaborato la propria storia è in grado di riconvertirla in una nuova lettura dei propri spazi, in modi inediti, in cui gli utenti di oggi sappiano riconfigurarsi e vedere il territorio non solo come una catena di eventi ma come un insieme di cluster o livelli specializzati che si vanno a sovrapporre rendendo ricca la trama urbana e fluido il muoversi al suo interno.

Le grandi metropoli si sono arricchite di inedite valenze, acquisendo una nuova produttività economica ed iniziando ad affermarsi anche nelle arene politiche. Tuttavia, ciò ha determinato un'aperta concorrenza tra le città per l'accesso ai mercati ed alle attività globali che sembra aver dato vita a sistemi gerarchici relazionali composti da città per così dire vincenti e/o in ritardo sistematico di sviluppo.

Le città rappresentano, dunque, momenti cardine dei processi culturali, sociali ed economici entro le quali si è manifestata nel tempo la crescita degli insediamenti abitativi e sono esplose le diversità territoriali ed economiche. Le stime indicano, infatti, che la popolazione urbana delle città è aumentata progressivamente nell'arco di tempo che va dal 1960 al 2012, sul totale della popolazione mediterranea, determinando fenomeni di concentrazione abitativa e di "prodotto urbano lordo".

Le città si devono sempre più riconvertire, o meglio ripartire in una nuova accezione Smart, in quest'ottica le città europee possono contare su impianto strutturale comune, anche facilitato dai programmi della Comunità Europea come Smart Cities e Creative Cities.

La chiave di lettura può essere quella del turismo come una "fonte non rinnovabile", intesa come la necessità di individuare nuove strategie di mantenimento urbano e modalità di intervento, col fine di poter gestire, e qualitativamente orientare e valorizzare, lo sviluppo dei nuovi scenari che si propongono ai fruitori delle città.

Il Mediterraneo è la regione turistica principale del mondo. Il turismo è una grande industria in termini di occupazione e di reddito nella regione e costituita principalmente da un mare di stagione il modello risorsa. La forte concorrenza tra le destinazioni turistiche è aggravata dalle pratiche commerciali dei principali tour operator e la mancanza di capacità a livello locale per controllare le tendenze non sostenibili per lo sviluppo del turismo. Questo ha portato ad una certa standardizzazione nella fornitura di strutture turistiche, lo sviluppo non sufficientemente controllato e una perdita di qualità in diverse destinazioni stabilite o in rapido sviluppo. Questa situazione è stata incoraggiata da politiche pubbliche che enfatizzano il numero dei turisti e lo sviluppo delle relative infrastrutture, piuttosto che un valore aggiunto, la valorizzazione della diversità del Mediterraneo e dello sviluppo culturale e sociale. Mentre il turismo è importante per l'economia di molti paesi, i benefici non sono distribuiti equamente e gli impatti ambientali negativi in settori quali i trasporti, il rumore, la produzione di rifiuti, il consumo di spazio, e il degrado dei paesaggi, delle coste e degli ecosistemi non sono contabilizzati nelle statistiche economiche nazionali in materia di turismo.

Circa 637 milioni di turisti (internazionali e nazionali) sono attesi nella regione entro il 2025, il che significa un incremento di 270 milioni rispetto al 2000. Circa la metà di loro rimarrà nelle regioni costiere. Anticipando questi flussi, vi è una reale opportunità di influenzare il turismo internazionale e nazionale e di incoraggiare uno sviluppo verso un turismo più culturale rurale e responsabile, che favorirebbe le zone interne e le città, le preoccupazioni ambientali e la protezione delle coste e dei siti culturali e storici.

Una città nuova è probabilmente quella che dopo aver elaborato la propria storia è in grado di riconvertirla in una nuova lettura dei propri spazi, in modi inediti, in cui gli utenti di oggi sappiano riconfigurarsi e vedere il territorio non solo come una catena di eventi ma come un insieme di cluster o livelli specializzati che si vanno a sovrapporre rendendo ricca la trama urbana e fluido il muoversi al suo interno. In alcuni contesti specifici la configurazione territoriale e delle città vari a maggiormente rispetto ai parametri precedenti, e il Mediterraneo è uno di questi contesti privilegiati, per la sua condizione storica di "mare di mezzo", di ponte di rapporti tra le culture.

Questo "mare di mezzo" è sempre stato l'elemento di connessione tra le culture situate sulle sue sponde, e come tutte le "terre emerse" è stato scenario di rotte commerciali, guerre, storie e migrazioni; è l'elemento che unisce le sponde più che quello che le divide, nonostante a seconda degli argomenti in cui rientra, viene letto come quello spazio bianco di alcuni, ma non di tutti. Oggi il Mediterraneo è un territorio solcato da rotte predeterminate e automatiche, da confini insuperabili, suddiviso in bande d'acqua specializzate e rigidamente normate, che si riflettono sulle città che scavalcano la linea di frontiera tra terra e mare, che creano il confine tra il continente Mediterraneo e l'Europa, l'Africa e l'Est Asiatico.

Sempre di più questa linea di confine si sta solidificando, non in spazi cristallizzati, ma mutevoli, che cercano di mantenere le identità locali, ma di massificare i propri apporti economici. In primo luogo occorre soffermarsi sullo stesso concetto di urbano, poiché la città, la città moderna non esiste più, al suo posto un arcipelago di configurazioni urbane, in massima parte, periferie, slums, insediamenti transitori hanno preso il suo posto.

OPEN SYSTEMS

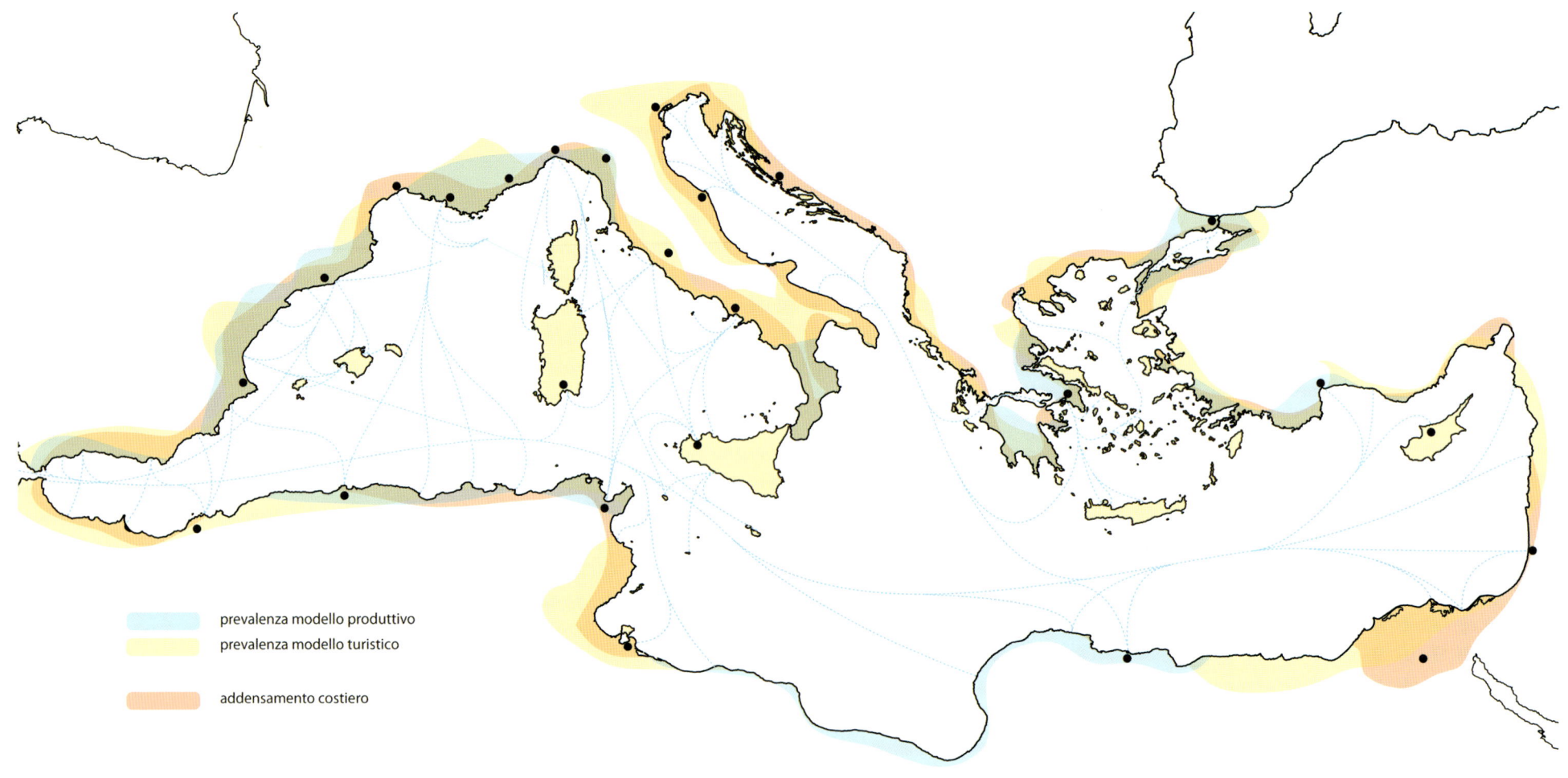

prevalenza modello produttivo
prevalenza modello turistico
addensamento costiero

Soffermarsi su alcuni dati può agevolare la considerazione di questo fenomeno che velocizza, in modo impressionante, la trasformazione e la vocazione dei territori.
Questo passando quindi da una classica similitudine biologica, che vedeva le città come insieme di cellule, neuroni o comunque parte di un organismo, a nuova visione sociologica dei territori, dove le singole parti come singoli individui, si posizionano, si direzionano, si confrontano e mutano in base alle scelte degli altri elementi (questo è ad esempio facilmente riscontrabile confrontando diverse fotografie di Margaret Bourke-White con ortofoto di territori urbanizzati).
Si tratta comunque di una realtà in divenire, che può essere considerata nella sua estensione "transnazionale" o "iperterritoriale", sottolineata negli ultimi anni da molti geografi, partendo dal principio che lo stesso Mediterraneo costituisce un fattore che accomuna per motivi storici, culturali, geografici, climatici, etc.. le coste che lo lambiscono.
Negli ultimi anni coloro che hanno studiato i processi di crescita e declino delle città non si sono limitati ad una prospettiva esclusivamente urbana, analizzandone le influenze sugli spazi urbani e respingendo l'abusato paradigma tecnologico innovazione-globalizzazione-indifferenza allocativa-non città.
Questo porta alla necessità di individuare con quali modalità tutti i fattori di trasformazione del territorio e dei flussi coinvolti, possano essere utilizzati in una progettazione sostenibile della Città Mediterraneo, mantenendo intatte le identità del territorio.
Molti di questi elementi si ritrovano in studi fatti sulla costa mediterraneo e principalmente italiana, infatti i vari studi sulla città adriatica (Ciorra, Aymonino, Barbieri, Clementi, ecc.) che è un prototipo italiano della città lineare costiera, in quanto trovano maggiormente espressi le caratteristiche di un'area urbanizzata, stretta tra le infrastrutture viarie e ferroviarie, limite statico e irremovibile, e il limite labile e imprevedibile che è la linea costiera; il progetto Pic-City (Prati-Ricci-Peluffo); Hipercatalunya (Gausa, Muller, Guallart); studiano il sistema dispositivo delle città e degli utenti nel territorio e come questo posizionamento generi nuove configurazioni e nuovi sistemi di abitare al costa.
Nel momento in cui è possibile configurare la città consolidata del Mediterraneo, è possibile vederne anche il suo processo evolutivo, rendendo così possibile tagliare il tema, nelle prime fasi di analisi e processi, ad un sottoinsieme del tessuto, per poi applicarne i dati (debitamente corretti dai fattori univoci) agli altri sottoinsiemi territoriali.
Gli ambiti che costituiscono la città mediterranea sono , ai quali è possibile dare delle prevalenze:
- la città/multicittà dell'Arco (da Gibilterra a Palermo), porta

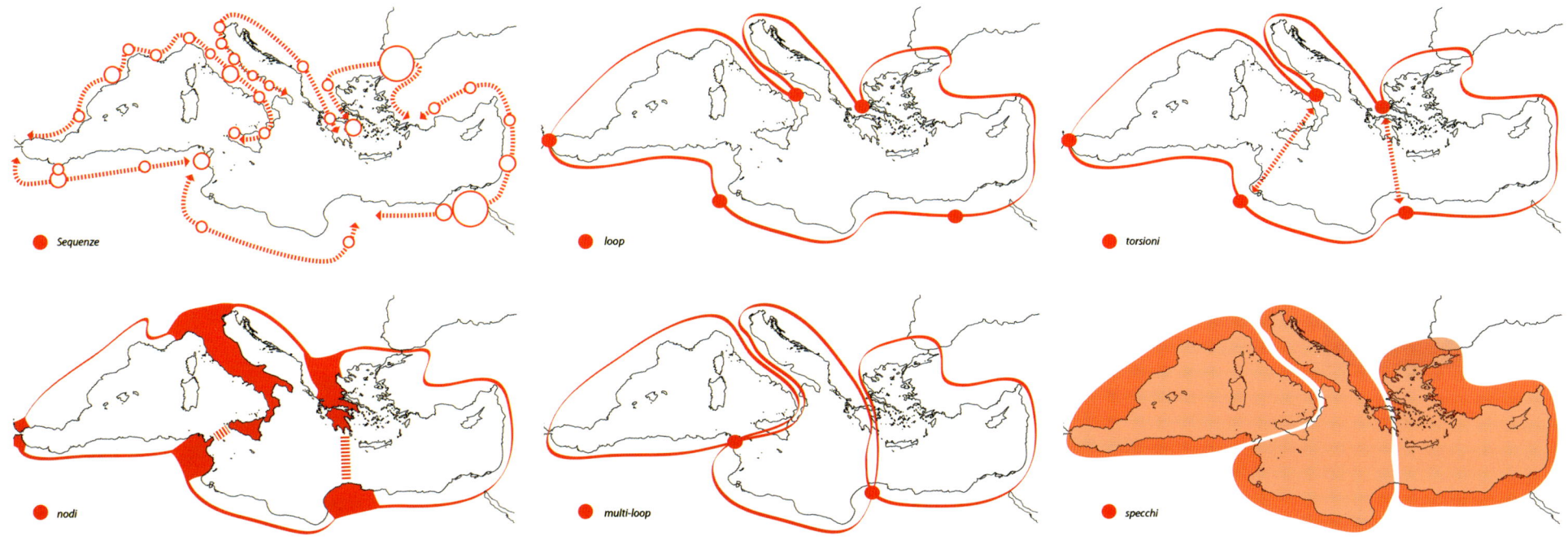

d'Europa, città della cultura, del lavoro, della tecnologia, ecc.
- la città/multicittà Adriatica e la città/multicittà Egea (da Lecce a Salonicco), città del leisure, declinata in due sistemi ben distinti
- la città/multicittà del Mare Bianco o città/multicittà dell'Est (da Istanbul a Derna), porta Araba, la città conosciuta per punti, la città lontana.
- la città/multicittà della Sponda Sud o città/multicittà Magrebina (da Tripoli a Tangeri), porta dell'Africa, specchio delle città europee.

In conclusione la Città Mediterraneo è un fenomeno in via di formazione, una realtà in parte già esistente e che si sta velocemente concretizzando. Dipenderà dalle capacità delle governance saper leggere i segnali in atto e riuscire a mettere la "Città" in una posizione centrale per lo sviluppo sostenibile del Mediterraneo. Infatti forse solo lo scenario di una rete di città capaci di essere direttamente in relazione costante e realmente interpolate tra di loro, può portare tutto il sistema Mediterraneo nel nuovo millennio, preservando le caratteristiche di questo territorio, aumentando la crescita economica, e soprattutto aumentando la qualità della vita.

FIG.1 - Prevalenze della "Città Mediterraneo", tra strutture di addensamento urbano, prevalenze turistiche e prevalenze produttive (principali aree deputate a sviluppo SMART).

FIG.2 – Strutturazione territoriale del sistema Mediterraneo con individuazione delle sequenze territoriali contemporanee, e le modificazioni percettive territoriali: loop, torsioni, nodi, multi-loop, specchi.

OPEN SYSTEMS

SUL BELLO A PARTIRE DALLA SOCIETÀ.
UN POSSIBILE CAMPO DI DIBATTITO TRA ARTI E ARCHITETTURA

Fabio Ciaravella

Archittetto e artista (co-fondatore di Studio ++), è dottorando in Architecture and Urban Phenomenology dell'Università della Basilicata, visiting student nel programma in Art, Culture e Technology del MIT di Boston, collabora con il gruppo di Sociologia Urbana dell'Università di Firenze.

KW: ARTE PUBBLICA, ARCHITETTURA, PARTECIPAZIONE

Un filosofo che ancora credesse al nesso bellezza-verità meriterebbe di essere preso a bastonate.
F. Nietzsche

Sulla bellezza

Al contrario di quanto energicamente sostiene Nietzsche, in questa breve trattazione, si intenderà per bellezza proprio quella proprietà, ineffabile, a tratti soggettiva e poco descrivibile se non per esempi, la cui esperienza spiega il senso più profondo delle cose. Senso che qualcuno potrebbe anche, e senza troppe forzature, prendere per verità. E che cosa deve essere la bellezza se non rivelazione di verità, e cioè di un senso altrimenti destinato a sfuggirci, senso inoggettivabile, enigmatico, ma non per questo meno prezioso" (Givone, 2003).

Ma senza arrivare a tanto, qui s'intenderà per bellezza uno strumento di comprensione/riflessione profonda del/sul mondo che viviamo, e allo stesso tempo veicolo eccellente d'affermazione/trasmissione per il sistema di valori culturali, etici ed estetici che guidano un'epoca. L'arte e l'architettura hanno da sempre visto la bellezza come tensione verso la quale dirigere la definizione dell'opera, e nel passare del tempo ne hanno cambiato gradualmente (o drasticamente) i modi d'intenderla, i sistemi di riferimento e i principi estetici di trasmissione. Generalmente questa tensione alla bellezza viene riferita alle regole della natura, alla perfetta armonia matematica che prende forma nell'ordine naturale, come per esempio nei riferimenti alla sezione aurea che è base per la cultura occidentale. In altri casi la bellezza è stata legata all'estetica della macchina, come nel futurismo, o della produzione industriale, come nelle teorie lecorbuseriane.

Alla luce della condivisa posizione del dibattito internazionale sul rapporto tra teorie e pratiche espressivo-progettuali e contesto sociale, sembra utile chiedersi allora se può esistere oggi, un analogo riferimento che considera le regole profonde della società come principio generatore di bellezza.

Poiché, come si dimostrerà l'arte contemporanea, specie quella definita socially engaged e community based lo ha già fatto e continua a farlo, la questione è se anche l'architettura oggi, possa trovare o abbia trovato nei suoi modelli di bellezza, riferimenti a partire dal sociale in grado di rendere esteticamente e tipologicamente manifesta l'attenzione verso il coinvolgimento attivo delle comunità nei processi decisionali che interessano il progetto. Le risposte dell'arte: Art after individualism (Gablik, 1995). Vista l'ampiezza del tema è legittimo chiedersi se abbia senso farsi queste domande. La risposta, certo non esaustiva, può essere avviata osservando quel percorso dell'arte iniziato negli anni '70, successivo alla collocazione dei linguaggi artistici nel Campo Espanso (Krauss, 1970), che ha trasformato l'attenzione verso i temi sociali e la partecipazione attiva della comunità nella definizione formale e di contenuto dell'opera.

Suzi Gablik, citando nel celebre saggio "Connective Aesthetic: art after individualism (1995)" l'artista Linda Frye Burnham, mette in evidenza il coinvolgimento dell'arte nel mondo come una necessità: "La vita vera ci sta chiamando. Io [la Burnham] non posso più ignorare il clamore del disastro economico, spirituale, ambientale e politico, del mondo in cui mi muovo". Un'affermazione finalizzata a chiarire la profonda critica della Gablik verso "[…] un'autonomia dell'arte, che l'ha condannata ad un'impotenza sociale[…]" (Gablik, 1995), il cui modello è attribuito dalla critica alla concezione modernista, vista come elitaria ed autoreferenziale, in cui "[…] la professionalizzazione dell'arte, non rende propenso l'artista ad accettare il suo ruolo morale[…]" (Gablik, 1984).

Condividendo questi presupposti, una parte dell'arte (in particolare americana) iniziò ad intervenire direttamente sulle questioni sociali e portare avanti un discorso "[…]che assomiglia a quello politico e sociale ma che si distingue da questo per la sua peculiare sensibilità estetica […]" (Lacy, 1995). Un tipo di arte "[…] prodotta in modo collaborativo o anonimo, ; processuale; che usa media non tradizionali per l'arte; che può essere identificata con un altro campo del sapere (ad esempio la scienza) o con la stessa vita quotidiana […] (Jacob, 1995).

Esempi ne sono le opere sulla condizione della donna in America di Suzanne Lacy come Three weeks in May, 1977, di carattere più relazionale e processuale, i celeberrimi lavori di Joseph Beyus come 7.000 oaks in cui si manifestano le attenzioni verso le relazioni tra uomo e ambiente naturale del 1982-1987, o la più recente installazione Freedoom of Expression National Monument, 2004, di Laurie Hawkinson (architetto), John Malpede (performer), Erika Rothenberg (artista) di carattere più scultoreo ma che non rinuncia alla sua sostanza partecipativa.

L'arte cosidetta del New Genre Public Art (Lacy, 1995) attiva una tensione verso la bellezza che parte da considerazioni di carattere principalmente sociale. La società, considerata non solo nelle sue accezioni problematiche, diventa sistema di riferimento dal quale attingere regole profonde per l'articolazione di un linguaggio espressivo.

Olafur Eliasson: l'ideale democratico si formalizza in un linguaggio estetico.

Anche oggi, una parte dell'arte contemporanea sta raccogliendo questa eredità nella produzione di un linguaggio che, sembra, stia facendo del rapporto con il fruitore dell'opera d'arte, e delle sue implicazioni sui concetti di democrazia e partecipazione, un tema centrale per la produzione di bellezza.

Esempio rilevante per il tema che si sta affrontando è l'opera di Olafur Eliasson in quanto, sempre con maggiore insistenza, l'artista tocca scale e temi progettuali finora propri dell'architettura.

In Eliasson sembra essere prevalente un senso di partecipazione dell'osservatore per il completamento dell'opera. Nei suoi dispositivi di percezione, che si basano su regole fondamentali della fisica come la rifrazione (Beauty, 1993) o i cambiamenti di stato della materia (Very large ice floor, 1998), la bellezza dei fenomeni naturali, indotta da artifici espressivi, sembra nascere solo in funzione di solo in un processo di confronto tra osservatore e opera, e quasi mai la definizione formale esiste senza la relatività di chi osserva e prende parte dell'occasione espositiva. Tuttavia questo tipo di partecipazione si svolge al limite tra una dimensione pubblica, in cui quel fenomeno è visibile da tutti, ed una comprensione personale, intima, attraverso la quale il singolo cogliendo precise sfumature dell'opera, approfondisce soggettivamente quel senso collettivo.

In tale passaggio pubblico-intimo si concentra a pieno una visione che possiede l'artista sulla democrazia; visione che si evince chiaramente quando dice: "a mio avviso si ottiene una situazione davvero democratica quando si crea un'identità fondata dalle diversità e i disaccordi; le diversità sono un elemento costitutivo delle comunità. È essenziale mantenere un equilibrio tra individuale e collettivo, che potremmo definire anche tra singolare e plurale. Queste due entità devono essere valutate e riproposte in continuazione." (Eliasson, 2012)

I suoi caleidoscopi, gli esperimenti sulla percezione cromatica, le grandi installazioni "ambientali" chiamano l'osservatore ad una responsabilità interpretativa. Non è un caso che l'artista usi spesso il termine "your" per intitolare le opere e stabilire un sistema di relazioni dirette con l'osservatore "[…] quando dico "your" questo o quello, sto semplicemente suggerendo che tu sei il responsabile della performatività che l'opera stessa offre come potenzialità. La tua partecipazione nella situazione artistica è necessaria. Inoltre credo che "tuo" indichi un coinvolgimento proattivo dell'utente […] Ciò che mi interessa nel riferirmi all'osservatore o utente è rivalutarne lo status, perché il rapporto mittente destinatario è rimasto fisso così a lungo, e si è detto così poco della responsabilità reciproca. (Eliasson, 2012) Ed infine, nella sempre più assidua scala architettonica, alla quale Eliasson si accinge, il trattamento delle superfici che definiscono il volume, determina una rifrazione complessa la quale sembra metafora della pluralità di prospettive della sua visione della società contemporanea come presupposto per l'affermazione dei valori democratici (The blind pavillon, 50th biennale di venezia, padiglione della Danimarca, 2003).

Riferimenti per l'architettura: gli Smithson e i Cluster

L'architettura possiede modelli recenti a cui fare riferimento e che hanno fatto della loro attenzione alle dinamiche sociali, il principio teorico dell'attività progettuale: un principio in grado di affrontare dall'interno l'ideologia modernista. È il caso dei progetti del gruppo di Allison e Peter Smithson i quali mettono in luce "l'essenza etica del Brutalismo" (Biraghi, 2008) facendo emergere "la volontà di declinare l'architettura in senso più sociale che estetico" (Biraghi, 2008).

Come nel "[…] progetto di concorso per il complesso Golden Lane (1951-51) […] [che] sviluppa il principio della ruè interieur delle Unité lecorbuseiane, trasformandolo in un vero e proprio spazio di socializzazione, nel punto di connessione effettivo tra strada pubblica e dimensione privata.

O ancora nelle strategie di Urban Re-identification che usano il concetto della forma concreta, del cluster (grappolo), in cui si sviluppano relazioni umane ed urbane di genere nuovo e diverso. Da questa configurazione complessa, apparentemente caotica, sensibile ai flussi (di persone e di traffico) più che alla fissità dei fenomeni, scaturisce un'organizzazione comunitaria che, secondo le intenzioni dei suoi teorizzatori, dovrebbe dare spazio a molteplici stili di vita." (Biraghi, 2008).

Riflessioni che sembrano straordinariamente attuali nell'attenzione contemporanea verso gli insediamenti informali dove "[…] la necessità di rimettere in discussione alcune idee della modernità sta portando a convergere le impostazioni diverse verso l'osservazione del patrimonio storico "informale" come modello per la contemporaneità in quanto maggiormente in grado di riassorbire in maniera dinamica il cambiamento e l'ottimizzazione delle risorse. (Hernandez F., Kellet P.Allen L.K, 2010).

Conclusioni: direzioni verso le quali guardare.

Poiché sembra che per l'architettura contemporanea, i processi di partecipazione e/o le idee democratiche non abbiano ancora trovato dei filoni espressivi in grado di trasformare l'attenzione al sociale in presupposto di bellezza, può essere utile pensare a quanto qui brevemente esposto, come direzioni possibili da seguire per raggiungere lo scopo. Un'apertura verso un dibattito concreto con l'arte, e un'attenzione verso i processi informali di creazione di spazio, verso cioè quei processi di costruzione spontanea dell'architettura che formalizzano equilibri sociali, potrebbero essere una prima strada da battere per cercare una bellezza a partire dal sociale.

OPEN SYSTEMS

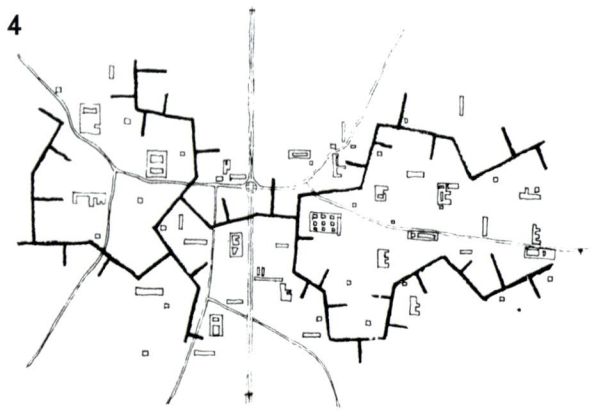

Immagini
1. Hawkinson, Malpede, Rothenberg, Freedom of Expression National Monument, 2004
2. Olafur Eliasson, Your Body of Work, 2011
3. Olafur Eliasson, The Blind Pavillon, 2003
4. Allison e Peter Smithson, Golden Lane, 1952

Bibliografia
M. Biraghi, Storia dell'architettura contemporanea II: 1945-2008, Einaudi, Torino, 2008

B. Brorman Jensen (2012), Move On!. An interview with Olafur Eliasson, Conditions, no.11e12, pp. 212-220

O. Eliasson e A. Engberg-Pedersen (2012), Studio Olafur Eliasson: an Encyclopedia, Taschen, Koln

S. Gablik (1984), Has Modernism Failed?, in New York and London: Thames and Hudson

S. Givone(2003), Prima lezione di estetica, Laterza, Bari, 2003

Hernandez F., Kellet P.Allen L.K (2010) Rethink the informal City, Berghahn Books, New York

S. Lacy (ed. 1995), Mapping the terrain New Genre Public Art, Bay Press, Seattle, Washington

R. Krauss (1970), Sculpture in the Expanded Field, in October, Vol. 8, Cambridge

SISTEMI URBANI IN TRANSIZIONE: LA CRISI, GLI EFFETTI, LE VISIONI

KW: POLICENTRISMO, CITY NETWORKS, GATEWAY CITY

Annalisa Contato

Laureata in Architettura (2006) e in Ingegneria Edile Architettura (2008), consegue il Master di II livello Valorizzazione e gestione dei centri storici minori (2009). Dal 2011 è dottoranda in Pianificazione urbana e territoriale, presso il Dipartimento di Architettura dell'Università di Palermo.

Nell'Europa odierna, il modello sociale, elemento fondamentale del sistema di valori, è entrato in crisi a causa delle forze esterne associate alla globalizzazione, provocando un processo di indebolimento. L'identità dell'Unione Europea sta cambiando dopo la caduta del muro di Berlino, la fine del keynesismi in occidente e il crollo del comunismo sovietico, l'evoluzione informatica, la contrazione dell'industria, e si sta assistendo ad un processo di globalizzazione accelerata, in cui l'Europa si trova in forte ritardo. (Giddens, 2007). Gli effetti della globalizzazione sono molteplici e in continua progressione: se da un lato hanno favorito la riduzione del senso di isolamento percepito soprattutto dai paesi in via di sviluppo, dall'altro gli sviluppi prodotti stanno influenzando gli aspetti della vita socioeconomica, in quanto, sebbene gli aiuti dall'estero hanno creato benefici a milioni di persone, questi non hanno portato i vantaggi economici sperati (Stiglits, 2002). E proprio nella crisi che sta investendo l'intero sistema mondiale si può osservare la transizione dall'economia fordista all'economia della conoscenza globalizzata (Bonomi, 2010), che chiede la costruzione di nuove reti trans-territoriali e multi-localizzate. La produzione non è più concentrata nel luogo del macchinario, ma è distribuita sul territorio, comportando un variazione dei sistemi in competizione: se prima erano le imprese a competere fra loro, oggi la competizione riguarda i sistemi territoriali. Sta, dunque, avvenendo il passaggio da un capitalismo molecolare a un capitalismo delle reti: il periodo post-fordista vede l'affermarsi di nuove economie, come l'economia dell'informazione e della conoscenza, che pongono al centro uno specifico attore, detentore delle risorse collettive per lo sviluppo, e le transazioni degli assetti proprietari delle reti dei servizi richiedono un confronto tra i detentori delle risorse strategiche per lo sviluppo e i soggetti locali, e la necessità di strutturare lo spazio dove sperimentare l'incontro tra flussi e luoghi (Bonomi, 2006). E proprio nella sperimentazione di questi spazi, di questi luoghi dove le dinamiche globali si territorializzano, si riconoscono gli effetti sull'assetto dei sistemi urbani, proiezione spaziale dei rapporti economici e sociali delle città, da cui dipendono le logiche delle localizzazioni, dei modelli abitativi, della mobilità e dello stile di vita. «Globalisation takes place in cities and cities embody and reflect globalisation. Global processes lead to changes in the city and cities rework and situate globalisation. Contemporary global dynamics are the spatial expression of globalisation, while urban changes reshape and reform the processes of globalisation» (Short, Kim, 1999, 9).

Anche se i continui sviluppi nel settore delle comunicazioni e l'espansione dell'industria dell'informazione producono la dispersione territoriale delle attività economiche, si osserva una contrapposta tendenza, data dalla concentrazione territoriale di attività altamente specializzate, di funzioni superiori di controllo, che generano nodi territoriali centralizzati, caratterizzati da una iper-concentrazione di strutture materiali, che li rendono luoghi strategici globali delle città (Sassen, 2010) e che, interconnessi fra loro, tracciano nuove geografie e disegnano le reti dell'economia mondiale. Cambia, allora, il concetto di posizione geografica «non più riferita alla griglia dei meridiani e dei paralleli (posizione assoluta) ma a una griglia assai più complessa disegnata sulla faccia della Terra dai flussi di persone, beni materiali, informazioni, decisioni, ecc., corrispondenti a tutti i tipi di scambi: economici, politici, culturali» (Dematteis, 1985, 52), lo spazio geografico assume un nuovo significato in termini relazionali (Castells, 2002), non essendo più la contiguità spaziale il punto di riferimento nei processi di sviluppo, e i sistemi territoriali si riconfigurano attraverso la 'geografia dei flussi' e la 'geografia delle reti', dove la prima è disegnata dalle dinamiche dell'economia globale, dall'information processing e dalle funzioni manageriali dominanti, che devono essere intercettate dalle città, mentre la seconda è la geografia disegnata dai processi di networking attivo che le città instaurano fra loro.

Se, dunque, le forme e i processi spaziali sono espressione delle strutture economiche e sociali globali, la società odierna è costruita intorno a flussi che creano una nuova logica spaziale: lo spazio dei flussi. I flussi, come espressione dei processi che dominano la vita economica e politica, come forma materiale di supporto delle funzioni principali nella società dell'informazione, sono la nuova dimensione spaziale entro cui le città si ricollocano nella geometria globale attraverso le reti e lo spazio dei flussi diventa «la manifestazione spaziale di potere e funzione nelle nostre società» (Castells, 2002, 437): tutti i processi economici e i servizi avanzati possono essere ricondotti a flussi di informazioni, i cui nuclei principali si localizzano in determinati centri secondo le logiche della gerarchia tra i centri urbani. La città torna così ad essere un luogo denso di importanza, in cui si territorializzano le dinamiche globali e grazie alla struttura reticolare avviene l'interazione tra i contesti locali e globali: «nel denso territorio europeo emergono nuovi fenomeni urbani: la città-nodo, le città-regioni, le città-rete sono forme di irradiamento e di innovazione» (Perulli, 2007, 14). Si osserva, infatti, che i processi sociali ed economici si stanno riorganizzando secondo logiche di rete, ritenendo queste ultime fondamentali per l'esistenza della città stessa, ripensando i centri delle città in un'ottica globale, in cui diventano nodi di sistemi reticolari (Perulli, 1998). Le reti di città, pertanto, esprimono la convinzione crescente che accanto alla cooperazione verticale, anche la cooperazione orizzontale e i collegamenti tra le città sono importanti, e la presenza di disponibilità di risorse umane, di corridoi transnazionali di trasporto e di comunicazione di elevata qualità diventano prerogative importanti (Houtum H. van, Lagendijk A., 2001). In questo scenario, dove il modello insediativo va ripensato, e dove gli attuali strumenti di sviluppo non sono adatti alle nuove forme di organizzazione spaziale del territorio, si sta elaborando - in una ricerca in corso - un nuovo modello di sviluppo e di governo delle città, con l'obiettivo di riconfigu-

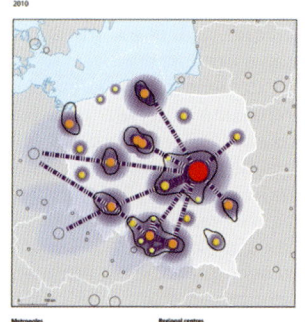

OPEN SYSTEMS

rare il territorio per creare spazi competitivi multi-livello in cui i territori possono interagire e relazionarsi, dove il paradigma della "rete" diventa il modo con cui interpretare e intercettare la nuova logica spaziale dei flussi. Particolare importanza assume, nella ricerca, il modello insediativo di tipo policentrico. Nonostante le differenti opinioni in merito alla presenza o meno di una città dominante all'interno del sistema (Kloosterman, Musterd, 2001) o la presenza di più città, con dimensioni fisiche simili, dove nessuna ha una posizione dominante (Meijers, Sandberg, 2006), quello che in questa tesi assume rilievo è la presenza di specializzazioni funzionali, elevato grado di interazione, relazioni intra e inter urbane (cooperazione orizzontale) e la condivisione della conoscenza, componenti che aumentano il potenziale del territorio, che raggiunge, così, massa critica, capacità competitive e strutturazione delle risorse tale da poter rispondere meglio ai processi globali. Due diversi livelli di organizzazione spaziale si riscontrano in questi territori: uno che riguarda l'organizzazione interna, dove le strategie di sviluppo intervengono nella direzione dell'integrazione e cooperazione funzionale al fine di evitare fenomeni di competizione interna che annullerebbero i vantaggi del sistema stesso; l'altro che riguarda l'oltrepassare i confini geografici attraverso il processo di poly-decentricity (Cattan, 2007), intrecciando il modello policentrico a livello regionale con le logiche di rete per favorire le relazioni fra più sistemi policentrici. In entrambi i livelli spaziali, al fine di diffondere a tutto il territorio i flussi provenienti dall'esterno e di riversare i flussi interni nelle reti esterne, per estendere i vantaggi all'intero sistema policentrico, si evidenzia la necessità di configurare un nodo strategico di interfaccia, una gateway city che svolga il ruolo di 'commutatore di flussi e servizi' per far relazionare il sistema locale con quello globale. L'intero sistema policentrico non sarà dipendente dalla gateway city, ma interdipendente da essa: la gateway city esisterà solo perché intrattiene relazioni di interdipendenti con un sistema territoriale in cui le città sono funzionalmente interconnesse fra loro e possiedono elevate specializzazioni. Per le gateway cities, fondamentali saranno le strategie di sviluppo territoriale in termini logistico/infrastrutturali, che migliorare le connessioni tra i vari nodi del sistema regionale policentrico e tra le gateway cities degli altri sistemi policentrici. In quest'ottica, la nuova programmazione dei corridoi europei avrà notevoli riflessi sulla pianificazione strategica di quei nodi che si troveranno geograficamente ad intercettare più corridoi.

Proponendo, quindi, un "modello di policentrismo reticolare multi-livello", che intreccia le potenzialità di un territorio policentrico funzionalmente specializzato con i vantaggi che offre la rete (operatore spazio-temporale flessibile e capace di connettere situazioni eterogenee), e individuando nella figura della gateway city il nodo strategico in cui avvengono le connessioni tra il locale e il globale, si auspica di implementare le capacità competitive dei territori e le reciproche potenzialità attraverso processi di cooperazione fra specializzazioni funzionali simili, fornire esternalità che si avvantaggino le une dalle altre, e di trasformare la competizione regionale in motore di sviluppo.

Immagini

1. Directions of spatial integration an cohesion in Poland 2010 and 2030: esempio di strategie di sviluppo policentrico a livello nazionale. Fonte: Ministry of Regional Development (2012), NSDC National Spatial Development Concept 2030, Warsaw.

2. Prospettiva di sviluppo spaziale della Randstad: esempio di strategie di sviluppo policentrico a livello regionale. Fonte: Randstad 2040 Structuurvisie (2008). http://ifou.org/summerschool/2009delft/downloads/Randstad_2040_Structuurvisie.pdf

Bibliografia

Bonomi A. (2006), "Liberalizzazioni, capitalismo delle reti, territorio", in Il Mulino, n.5, pp.831-841.
Bonomi A. (2010), La città che sente e pensa. Creatività e piattaforme produttive nella città infinita, Electa, Milano.
Castells M. (2002), La nascita della società in rete, Università Bocconi, Milano.
Cattan N. (ed, 2007), Cities and Networks in Europe. A Critical Approach of Polycentrism, John Libbey Eurotext, Paris.
Dematteis G. (1985), Le metafore della terra. La geografia umana tra mito e scienza, Feltrinelli, Milano.
Giddens A. (2007), L'Europa nell'età globale, Laterza, Bari.
Houtum, H. van, Lagendijk A. (2001), "Contextualising Regional Identity and Imagination in the Construction of Polycentric Urban Regions: The Cases of the Ruhr Area and the Basque Country", in Urban Studies, vol.38, no. 4, pp. 747-767.
Kloosterman R.C., Musterd S. (2001), "The Polycentric Urban region: Towards a Research Agenda", in Urban Studies, vol. 38, n. 4, pp. 623-633.
Meijers E., Sandberg K. (2006), "Polycentric development to combat regional disparities? The relation between polycentricity and regional disparities in European countries", Proceedings of the 46th Congress of the European Regional Science Association, pp. 1-20, Greece, Volos.
Perulli P. (ed, 1998), Neoregionalismo. L'economia-arcipelago, Bollati Boringhieri, Torino.
Perulli P. (2007), La città. La società europea nello spazio globale, Mondadori, Milano.
Sassen S. (2010), Le città nell'economia mondiale, Il Mulino, Bologna
Short J. R., Kim Y. H. (1999), Globalization and the City, Longman, London.
Stiglits J. E. (2002), La globalizzazione e i suoi oppositori, Einaudi, Torino.

REVEALING THE SIGNIFICANCE OF THE GROUND IN THE CITY: UNEARTHING CONTEMPORARY URBAN GEOLOGIC FORCES

KW: GROUND, GEOLOGIC, CATANIA

Nadia D'Agnone

Nadia D'Agnone was born in Toronto, Canada and is now based in Venice, Italy. She has an Honours Bachelor's of Arts in Fine Art and Architecture and a Master's of Landscape Architecture from the University of Toronto. She is now completing her Ph.D. Research at the Universita IUAV di Venezia.

"Somehow to have something physical that generates ideas is more interesting to me than just an idea that might generate something physical."[i] *[Robert Smithson, Conversation in Salt Lake City, 1972]*

The main topic of investigation of this research is 'the ground'. The contemporary urban ground as we see and understand it presently is a mere instant of a much larger material process that has evolved over the 4.6 billion year history of the earth.

According to the Oxford Dictionary of English, the term ground |groʊnd| is a noun describing [a] "the bottom; the lowest part or downward limit of anything", [b] "a base, or foundation", [c] "the surface of the earth, or a part of it", [d] "the soil of the earth, or variety of soils".[2] The origin of the word comes from the Old English grund of Germanic origin, and is related to the German grund and boden which share similar meanings with its English translation.[3] However, the translation the Romance languages highlights an important difference. The Latin origin of the word for ground is terra, meaning 'earth'. This definition shifts the meaning of to a more terrestrial definition of the word that link to land, territory and region. The inquiry into the etymological origins of the word highlights a difference in the possible meanings of the ground working on both urban and earthly scales.

The dynamic geological processes of the Earth work very slowly. The Earth is estimated to be about 4.56 billion years old. Geologic time is a way of contextualizing the physical material and dynamic processes of the Earth within its long history. While the physical, chemical, and biological laws that govern the Earth today have changed over this geologic history, they have been in operation for extremely long periods of time.[4] Essentially, this means that seemingly insignificant forces can produce significant effects over long periods of time. Although we cannot see it, over millions of years, ocean basins have been opened and closed, continents have moved and changed shape, mountains have been pushed up and eroded away, islands have been formed, and entire glacial sheets have been frozen and melted away. Such dynamic processes continually reshape the surface of the Earth that then become the contemporary urban ground where we build our cities in important ways.

Geologic time can be hard to understand because it goes beyond the human scale of time. In everyday life, humans are most familiar with time as delineated by mechanical clocks, internal biological clocks, and the psychological experience and perception of time.[5] However, these human traits for understanding time operate at a scale much smaller than those of geologic time. They operate on a scale of seconds, minutes, hours, days, weeks, months, years, decades, and possibly even centuries. In the geological time scale, something one hundred thousand times that would not account to even a quarter of the earth's cumulative history.

To investigate this further, I have come up with two categories of the ground: terrestrial ground and constructed ground. The terrestrial ground is the material process that evolves over the deep time the surface of the earth, the greater environmental context of the earth in geologic time. The terrestrial ground comprises of anything that has to do with the physical forms of the earth including terrain, topography, landforms, soil physiography and stratification, and the abstract geomorphological processes of water, wind and sun that work together to continuously sculpt and shape the land gradually and over very long periods of time. The constructed ground is the material process that encompasses the contemporary urban ground, the lowest part urban form, the base, foundation, and the surface where all urbanization takes place. The constructed ground collectively forms the fabric and grain of the city that operate over relatively over very short periods of time.

This research holds the position that the terrestrial and constructed ground are two parts of one much larger system. The hypothesis is that the terrestrial ground is a fundamental interdependent, symbiotic and reciprocal counterpart of the constructed world, a dynamic physical and conceptual force that is as much present in as it is autonomous from urban form. The constructed ground is therefore understood as contemporary geologic condition, the newest layer within the geological stratification of the terrestrial ground evolving over a billion-year time scale. Although fundamentally unknowable in empirical terms, the presence of the terrestrial ground can be tested through visual representation and exploratory drawing of its visible physical traces as seen in the contemporary constructed ground. Using Catania, Sicily as a case study site, the research aims to reveal the presence of the terrestrial ground through experimental mapping, orthographic drawing, and physical and digital modeling techniques that will be develop as the research develops.

Catania is the largest commune and capital city of the Province of Catania, located on the east coast of the Mediterranean island region of Sicily, Italy. The city of Catania is situated on the foot of Mount Etna in the Plain of Catania facing the Gulf of Catania and the Ionian Sea. Located near the boundary of the Eurasian and African tectonic plates, a zone of subduction, and

OPEN SYSTEMS

the largest active volcano in Europe[6], the Etnean region where Catania lies is one of the most seismic areas in all of Italy, is changing both rapidly and slowly, and thus an interesting case study for this research.

On a regional level, the Plain of Catania has had an important geological history and relationship to the terrestrial ground, being subject to both the alluvial deposits of the Dittaino, Gornalunga and Simeto rivers and their tributaries and the volcanic eruptions of Mount Etna. Mount Etna is a stratovolcano, being composed by various composite layers of its own hardened lava that form the layers of the contemporary urban ground of Catania today. The contemporary constructed ground of Catania is a thus palimpsest of pre-historical, historical and contemporary archaeologies, with many strata hidden within the sedimentation and residual traces of the ground. What is visible today is but one layer of a much larger succession of strata superimposed on top of one another from various periods of time.

Ironically, this special relationship encompassing the Etnean landscape has both been the cause for catastrophic events devastating the city while at the same time creating the fertile grounds and mineral rich soils that have sustained it's development and growth. For better or worse, the terrestrial ground encompassing Catania has had a fundamental influence on its constructed ground. For example, the famous volcanic eruption of 1669 and earthquake of 1693 are most noted as they destroyed and covered large parts of the historical city centre with molten lava flows reaching all the way to the Gulf of Catania. Under Catania is the famous subterranean river, the Amenano that was completely buried after the 1669 volcanic eruption. These are but two instances in a much larger geologic process that continues to shape the ground of Catania.

The research aims to understand the importance of deep time by breaking down the system into constituent taxonomical parts congruent to both processes of the terrestrial and constructed ground. At the highest level, these taxonomical categories include material, ephemeral, and abstract. This first layer then gets subdivided into matter, form, metaphor, image, place, nomenclature, function, and network. Each category will be used as a framework to investigate strategically chosen cardinal points within Catania's historical city centre and periphery. In doing so, I hope to engage human processes within the non-human processes of the geological, biological, and physical environments they inhabit and exploit.

1. Robert Smithson, "Conversation in Salt Lake City (1972)," interview with Gianni Pettena, in: Flam, J. (1996), Robert Smithson: the Collected Writings, University of California Press, Berkley, pp. 297-300.
2. "ground". The Oxford English Dictionary. Second Edition. (1989), Clarendon Press, Oxford.
3. Onions, C.T.(1966), "ground". The Oxford Dictionary of English Etymology. Clarendon Press, Oxford.
4. Lutgens, F. K., (2012), Essentials of Geology. Pearson Education, Inc., New Jersey, pp. 5. It was physician James Hutton in 1795 that in his publication Theory of the Earth first theorized that the forces and processes shaping the earth today are a part of a much longer process than the understanding of the age of the earth at the time permitted. In his theory of uniformitarianism, he stated that the physical, chemical, and biological laws operating today are the same as those operating in the past. This went against the accepted values of the time which stated that the earth was 6,000 years old and that geologic features were created by sudden catastrophic events such as floods or earthquakes. Rather, Hutton explained how seemingly irrelevant forces, could produce significant effects over long periods of time. For example, he explained how mountains could be sculpted by the weathering effects of running water which effects could be observed through the sediment flow of rivers. It meant for him nothing merely than closely perceiving the world in front of him and understanding that the effects of these changes were nothing but an effect of "time".
5. Callender, C., Edney, R., (2001), Introducing Time: A Graphic Guide. Totem Books, London. pp. 8.
6. Mount Etna. (2013, June 16). In Wikipedia, The Free Encyclopedia. Retrieved 09:01, June 16, 2013, from [http://en.wikipedia.org/w/index.php?title=Mount_Etna&oldid=560217519]

OPEN SYSTEMS

INVENTARE PERCORSI DI RIGENERAZIONE IN PERIODO DI CRISI.
IL CASO DI RAIBOSOLA A COMACCHIO

Milena De Matteis

Milena De Matteis, architetto e PhD in Progetto Urbano Sostenibile, è ricercatore in Urbanistica presso l'Università IUAV di Venezia, Dipartimento Culture del Progetto. È coordinatore nazionale della ricerca Firb "Living Urban Scape", sulla rigenerazione delle periferie pubbliche attraverso gli spazi aperti e la partecipazione.

Alessandra Marin

Alessandra Marin, architetto e PhD in Pianificazione territoriale e Sviluppo locale, è ricercatrice confermata ICAR/21 presso il Dipartimento di Ingegneria e Architettura dell'Università di Trieste. Si occupa di strumenti e progetti per la rigenerazione urbana, con particolare attenzione all'approccio partecipativo.

KW: RIGENERAZIONE URBANA, SPAZI APERTI, PERCORSI PARTECIPATI

Nella città che ha tentato di dare forma alle idee del Moderno, i cui esiti sono stati sovente deludenti, le relazioni tra densità insediativa, morfologia urbana, qualità dello spazio pubblico e dotazioni di welfare, sono elementi centrali in riflessioni che oggi perseguono il nuovo modello di sostenibilità, o meglio, di "prosperità" urbana (Ellin, 2012).

È soprattutto nei quartieri pubblici realizzati nella seconda metà del secolo scorso con intento di autosufficienza rispetto alla città esistente, che in Italia si vedono gli effetti del sovradimensionamento dello spazio aperto, che ha più volte sollevato l'ipotesi di essere di fronte ad uno "spreco urbano" (Bevivino, 1999). Oggi queste riserve di spazi aperti ancora trasformabili sono da più parti considerate come un "serbatoio" di opportunità da cogliere, e la "città pubblica" (Di Biagi, 1986) è vista come terreno fertile per l'applicazione e la sperimentazione di teorie urbanistiche, idee progettuali, politiche urbane e sociali; come risorsa potenziale per attivare pratiche concrete capaci di migliorare la qualità urbana, nello slittamento dall'idea di riqualificazione a quella di rigenerazione urbana.

Come possono le aree urbane vuote e "trasformabili" nei quartieri pubblici, fornire risposta alle istanze poste dalla contemporaneità, sia sul versante della sostenibilità ambientale, sia sul versante dell'inclusione sociale? Come attrezzare parti urbane depresse, ma ricche di spazi fisicamente valorizzabili per nuove dotazioni di welfare e socialità? Quali possibili sinergie tra chi applica il "fai da te" e chi governa i territori, che valore e opportunità per i processi partecipativi?

Negli ultimi anni, a livello europeo, diverse politiche di rigenerazione urbana hanno favorito una necessaria propensione verso la "crescita zero" delle città, con interventi di densificazione, dotazione di servizi, rimodellamento anche incisivo degli insediamenti, che ne hanno valorizzato gli spazi "sprecati". Talvolta però l'inerzia e l'abbandono tuttora prevalgono sulla rigenerazione di città e spazi aperti: "è la sospensione della decisione ciò che definisce uno spazio come spazio vuoto" (Ilardi, 1999), ma spesso sono iniziative "dal basso" a caratterizzare e "riempire" questi spazi dimenticati: pratiche d'uso ed appropriazioni spontanee diventano un fenomeno sociale sempre più riconoscibile, in un tentativo di autogestione di servizi mancanti.

Il caso studio del quartiere Peep di Raibosola presso Comacchio (Marin and De Matteis, 2013) della ricerca FIRB Living Urban Scape (Università IUAV di Venezia con Roma Tre), si inserisce in questo ragionamento, proponendosi di contribuire ad individuare valide strategie di rigenerazione urbana per i quartieri pubblici realizzati in Italia tra gli anni '60 e '80 (De Matteis, 2012).

L'idea sottesa è quella di realizzare trasformazioni urbane che definiscano per questi quartieri nuovi ruoli e relazioni all'interno della città, valorizzando le risorse già presenti in tali contesti: a livello fisico, dove gli ampi spazi aperti progettati nel rispetto degli standard urbanistici previsti, poi solo in parte realizzati, sono oggi divenuti "vuoti urbani"; alla scala sociale, dove gli abitanti sono spesso interessati ad essere coinvolti in percorsi partecipati e introducono pratiche d'uso spontanee migliorative di tali spazi.

La ricerca si concentra quindi non solo sul progetto degli spazi aperti, importanti indicatori di qualità urbana troppo spesso trascurati nelle politiche gestionali delle amministrazioni, ma anche sulla definizione di reali processi attivabili. Questi, in un periodo di crisi economica e culturale, devono considerare l'inclusività, la partecipazione e la negoziazione come strategie basilari della rigenerazione, mentre coesione sociale e attivazione di partnership economiche pubblico-privato sono requisiti essenziali per perseguire la sostenibilità urbana (German EU Council Presidency, 2007).

La scelta del caso studio del quartiere Raibosola a Comacchio (FE), nasce da un'occasione: il Programma di Edilizia Residenziale Sociale 2010 della Regione Emilia-Romagna, che porta con sé dei fondi per rigenerare – in parte – lo spazio urbano del quartiere.

Il quartiere Raibosola, realizzato nei primi anni '80, è esito di un progetto di espansione della città verso il mare proposto dal PRG del 1974 attraverso una grande area Peep, ed è ricco di problematiche fisiche e sociali (Cernuschi Salkoff, 1981).

Nel costruire un percorso partecipato creativo e sperimentale, si è lavorato dal duplice punto di vista del progetto e del processo. Il percorso ideato e condotto dal gruppo di ricerca LUS (www.livingurbanscape.org) è articolato in 3 fasi:

- l'ascolto attivo, realizzato con interviste, organizzazione di eventi come la camminata di quartiere "4 passi insieme" e la redazione di un'analisi SWOT (aprile - giugno 2012);

- il workshop progettuale partecipato "Idee per un quartiere che cresce", che ha coinvolto diverse università (Iuav, Trieste, Roma Tre e Ferrara), finalizzato alla redazione delle linee guida per la riqualificazione degli spazi aperti del quartiere e la sua riconnessione al centro (settembre 2012), con le tecniche partecipative del Visioning e del Planning for Real;

- la mostra degli esiti intermedi "Comacchio si progetta" ed il concorso di idee, "Raibosola contest", dedicato a dare forma al progetto degli spazi pubblici e alla definizione di idee per l'accompagnamento del cantiere e per il coinvolgimento della popolazione nella gestione degli spazi collettivi (aprile - luglio 2013, in corso).

VIA GHIRARDELLI _ VIA PAISOLO ✗
Asse centrale estremamente ampio, privo di marciapiedi, senza servizi di alcun tipo, pericoloso per la velocità delle auto.

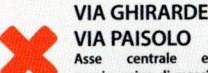

LA VALLE ❓
L'argine sopraelevato impedisce la visuale sulla valle. Assenza di un legame con il quartiere.

RESIDUO VALLIVO ❓
Residuo vallivo insalubre e pericoloso, edificabile secondo il PRG ma potenzialmente valorizzabile come area naturale

LO SCHELETRO ✗
Simbolo del degrado e dell'abbandono delle istituzioni. Necessità di recuperarlo o demolirlo

PARCHEGGI ❓
Assenza di una organizzazione dei parcheggi, aree a volte sovradimensionate dispersive e poco progettate.

IL BRONX ✗
Indicato come il luogo più problematico del quartiere dal punto di vista sociale.

AREE VERDI ❓
Diverse aree destinate a verde non utilizzate e abbandonate. Il carattere "verde" risulta gradevole ma non pienamente fruibile.

IL BAR ✗
Luogo contraddittorio e percepito come conflittuale, ma unico servizio commerciale nel quartiere.

LA PARROCCHIA ❗
Unico luogo aggregativo e vitale del quartiere, per adulti e soprattutto bambini. Lo spazio antistante la chiesa non è valorizzato, è sporco e trascurato,

LE NUOVE COSTRUZIONI ❗
Oltre alla costruzione di nuovi alloggi è vista positivamente la costruzione di nuovi servizi.

PISTA CICLABILE ❗
Molto usata, comoda per sport e spostamenti, arriva fino a Porto Garibaldi. Pericoloso il tratto terminale verso il centro storico, dove si interrompe all'improvviso.

SPAZI PER ATTIVITA' ❓
Mancanza di luoghi d'aggregazione per svolgere attività collettive. Necessità di creare spazi adatti alla socializzazione, sia all'aperto che al chiuso, dove svolgere attività, incontri, e creare vita locale.

IL PARCO GIOCHI ❗
Nodo positivo del quartiere che attrae abitanti di tutta Comacchio. Problematiche: atti vandalici, necessità di chiudere cancelli in modo autogestito

LO STADIO ❓
Necessità di potenziare l'area dello stadio anche per un uso dei ragazzi del quartiere.

Nel percorso condotto la scelta del concorso di idee valorizza la trasparenza e la possibilità di attrarre soluzioni di progetto di qualità per la trasformazione di alcuni spazi aperti del quartiere; ma soprattutto si basa sulla convinzione che l'efficacia del percorso partecipativo vada oltre il definire il quadro dei bisogni ed uno scenario di massima, e che si debba costruire con i cittadini un quadro di coerenze più ampio, che dia input anche sulle ipotesi progettuali.
Sono quindi emersi diversi temi progettuali: rigenerazione fisica e socioeconomica; connessione con la città; valorizzazione ambientale; recupero degli ampi spazi inutilizzati; creazione di luoghi aggregativi e nuovi servizi; densificazione residenziale; pratiche sociali e coinvolgimento. Le indicazioni recepite attraverso il percorso partecipato e trasformate in prime ipotesi di progetto, testimoniano la correttezza dell'ipotesi di impostare sugli spazi aperti e sulla risorsa sociale, più che sul patrimonio già costruito, la rigenerazione di questi quartieri.
A Comacchio, porre in valore le relazioni tra paesaggio urbano e naturale, caratteri specifici del quartiere, porta a definire le dotazioni di spazi verdi come risorsa per l'intera città, in quanto spazi verdi (attrezzati o meno) mancano del tutto nel centro storico e sono carenti nel resto della città.

È fondamentale dunque ripensare le connessioni tra centro storico e quartiere Peep, in particolare caratterizzando diversamente le due attuali strade di collegamento (quella lungo il canale come strada panoramica a scorrimento medio; quella interna, ridimensionata come strada residenziale sicura ed asse di riferimento per i servizi locali). Così come riorganizzare le connessioni interne al quartiere, sia carrabili che ciclopedonali, oggi disarticolate, in un ridisegno che garantisca una maggiore complessità urbana e minore frammentazione.
È necessario anche realizzare nuove ed opportune dotazioni funzionali, partendo da due "aree chiave", centrali per gli abitanti del quartiere, nel bene e nel male: la chiesa, attuale centro più dinamico per la vita sociale, e lo "scheletro" (la struttura di un edificio mai terminato per motivi burocratici) attuale simbolo di degrado da trasformare in centralità, per impostare delle dinamiche virtuose di riqualificazione spaziale e sociale.
Infine, condizione sine qua non è sviluppare dinamiche d'uso che puntino allo sviluppo ed alla coesione della comunità locale, a partire dagli spazi pubblici a disposizione e dalle opportunità di creare microeconomie locali condivise, modificando con opportunità di auto-gestione ed auto-produzione gli atteggiamenti sociali di chiusura, valorizzando alcuni fenomeni già pre-

1. Nell'ambito degli accordi internazionali tra il Governo Cinese e le Facoltà di Architettura italiane sui temi della Qualità Urbana (MOU firmato nel 2008) e grazie ad una borsa di ricerca bandita dal MIUR (SAF-CHINA), ho trascorso diversi mesi di ricerca e progetto a Guangzhou presso il GUP&RC (Guangzhou Urban Planning and Research Center) e presso la SCUT (South China University of Technology).

Immagini
1. Problematiche, potenzialità ed incertezze emerse dalla fase di ascolto.
2. Immagini ed elaborati dalla camminata di quartiere e dalla sessione di Planning for Real.
3. Alcuni esiti progettuali del Workshop: linee guida ed ipotesi di masterplan e di riconversione dello "scheletro".

OPEN SYSTEMS

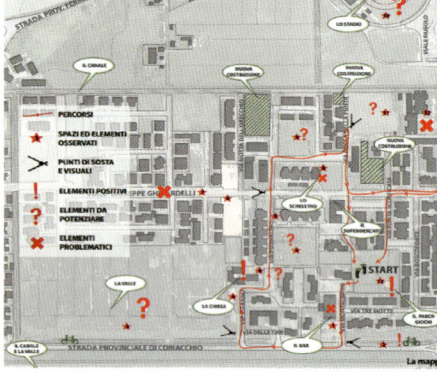

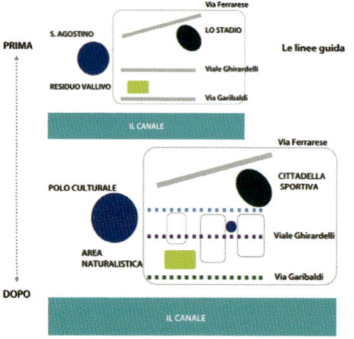
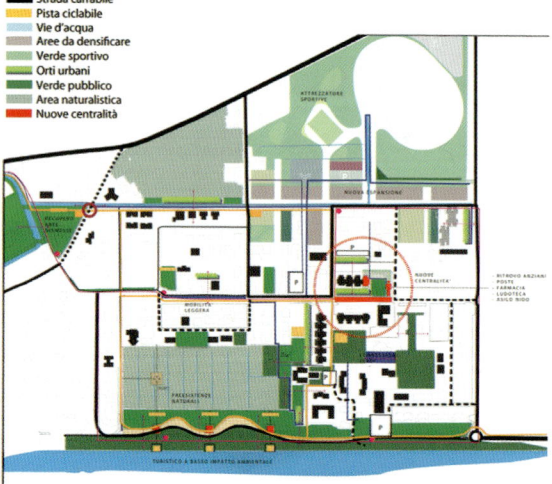

senti (orti urbani, aree barbecue, cucine condivise nei garages, altari votivi, sport informali…).

Attraverso casi studio come quello di Raibosola, la ricerca LUS sta sperimentando sul campo concetti in parte già focalizzati dalle ricerche svolte negli ultimi anni sulla "città pubblica", confrontandosi, ad esempio, con le Linee guida esito della ricerca PRIN coordinata dall'Università degli Studi di Trieste La "città pubblica" come laboratorio di progettualità. La produzione di Linee guida per la riqualificazione sostenibile delle periferie urbane (LaboratorioCittàPubblica, 2009).

Il complesso del caso studio conferma la correttezza delle strategie ivi individuate per orientare il progetto – dalla necessità di puntare sulle centralità dei e nei quartieri, a quella di investire sulla creatività, alla possibilità di investire sui sistemi ambientali e del paesaggio per dare nuova qualità allo spazio di vita – e mette in luce al contempo alcuni aspetti peculiari, nel complesso forse generalizzabili ai contesti di città pubblica dei piccoli e medi centri urbani:
- la necessità di attivare percorsi di riconoscimento e appropriazione degli spazi del quartiere anche da parte degli abitanti della città che non vi risiedono;
- l'importanza della riconnessione a livello urbano e territoriale del sistema infrastrutturale, delle acque e della mobilità dolce, specialmente quando si è alla presenza di conflitti tra "utenti deboli" e "forti" della strada;
- la necessità che la rigenerazione si concentri non solo sul quartiere pubblico, ma preveda concomitanti interventi in aree limitrofe e connesse, immaginati come sistema strutturante di una nuova idea di città.

Bibliografia
Bevivino T. (1999), Lo spreco urbano. Città moderna: standards urbanistici e spazio pubblico, Bonacci, Roma.
Cernuschi Salkoff S. (1981), La città senza tempo. Studio socio-antropologico di Comacchio e le sue Valli, Il Mulino, Bologna.
De Matteis, M. (2012), "Quartieri sulla strada (della rigenerazione)", in: Bellomo M. et al. Abitare il nuovo/abitare di nuovo ai tempi della crisi. CLEAN Edizioni, Napoli.
Di Biagi P. (1986), "La costruzione della città pubblica", in Urbanistica, n. 85, 8-25.
Ellin, N. (2012), Good Urbanism: Six Steps to Creating Prosperous Places, Island Press, Washington.
German EU Council Presidency (2007), Leipzig Charter on Sustainable European Cities.
Ilardi M. (1999), Negli spazi vuoti della metropoli: distruzione, disordine, tradimento dell'ultimo uomo, Bollati Boringhieri, Torino.
LABORATORIOCITTÀPUBBLICA (2009), Città pubbliche: linee guida per la riqualificazione urbana, Bruno Mondadori, Torino.
Marin A., De Matteis M. (2013), "Percorsi partecipati di rigenerazione urbana in tempi di crisi", in PLANUM, The European Journal of Planning on-line, Urbanistica per una diversa crescita. Aporie dello sviluppo, uscita dalla crisi e progetto del territorio contemporaneo. XVI Conferenza SIU.

OPEN SYSTEM E RIQUALIFICAZIONE AMBIENTALE: SMART MATERIALS PER NUOVE FACCIATE MEDIATICHE

KW: SMART MATERIALS, INVOLUCRI, RIQUALIFICAZIONE

Veronica Brustolon, Roberta De Monte

Nel dibattito culturale odierno dominano questioni come la sostenibilità, il risparmio energetico e la cementificazione del territorio. Una soluzione per limitare i danni da espansione indiscriminata e speculativa delle aree edificate potrebbe essere una attenta e puntuale pianificazione degli interventi di riqualificazione architettonica e funzionale dei manufatti esistenti nel tessuto urbano. Si tratta di intervenire e normare non solo edifici già vincolati dal Codice dei Beni Culturali e del Paesaggio (Dlgs 42/2004), ma anche di tutti gli edifici del settore terziario e industriale sparsi nel territorio, tanto in aree industriali degradate e abbandonate, quanto in aree di notevole valore paesaggistico. La riqualificazione di questi fabbricati, per un perseguimento di una maggiore qualità ambientale, può essere ottenuta anche con poche operazioni mirate alla valorizzazione della pelle esterna, ovvero quella superficie che comunica con il paesaggio.

Le operazioni si possono riassumere in interventi di valorizzazione, di ricostruzione o riqualificazione del sistema involucro, utilizzando sistemi e tecnologie a basso impatto ambientale ed energetico, ma utili a perseguirne obiettivi di visibilità e di integrazione con l'ambiente. E possibile, quindi, riadattare edifici in disuso, con gravi carenze costruttive ed energetiche, ai bisogni della società contemporanea. A strutture esistenti, realizzate con tecniche costruttive convenzionali, vengono, quindi, applicati nuovi layer che trasmettono luci, colori, suoni e sensazioni. Una recente ricerca svolta all'interno dell'UdR "Colore e luce in Architettura" dell'Università Iuav di Venezia, ha indagato la tematica della riqualificazione funzionale e ambientale dell'involucro architettonico, utilizzando smart materials e sistemi zero Energy. L'analisi, condotta dalla schedatura di 50 casi studio ha portato in luce alcuni dati interessanti in merito agli interventi sul costruito. Gran parte delle superfici mediatiche contemporanee possano essere realizzate senza ricorrere ad un elevato consumo di energia proveniente da fonti non rinnovabili. Anzi, in taluni casi, risulta possibile produrre più energia del dovuto così da rifornire altri apparati dell'edificio stesso. Questo risultato può essere raggiunto, ad esempio, integrando moduli fotovoltaici all'interno dell'involucro architettonico. I componenti fotovoltaici possono, infatti, essere inseriti all'interno di vetri stratificati o applicati a lastre metalliche così da generare un gioco di forme e colori differenti. Un sistema molto più innovativo per produrre energia risulta essere l'utilizzo di fotobioreattori ad alghe che, grazie all'attività svolta dai microrganismi fotosintetici, si presentano come dei pannelli multicolorati utilizzati sia come schermature solari sia come rivestimento esterno (Addington M., Schodek D., 2005). Un altro modo per raggiungere effetti mediatici, anche di tipo dinamico, senza ricorrere all'energia elettrica può essere rappresentato dalla concomitanza e interazione tra superficie architettonica e luce ambientale circostante. Utilizzando lastre di vetro o di metallo, eventualmente lavorate per accentuarne le caratteristiche ottiche (serigrafia, acidatura, verniciatura, pellicole etc.) è possibile restituire all'intorno una varietà mutevole di colori e luci, grazie ai giochi di riflessione e rifrazione propri della radiazione solare (Delsante I., 2007).

In molti casi-studio si è notato, tuttavia, un largo utilizzo di superfici mediatiche elettroniche, che necessitano di un apporto energetico in fase di gestione. Tale necessità viene ovviata, però, ricorrendo a energie rinnovabili, quali la radiazione solare o l'energia eolica.

Un forte contributo al risparmio energetico e alla riduzione degli spessori dei componenti di facciata pare sia dato dallo sviluppo dei cosiddetti smart materials (Claudi de Saint Mihiel A., 2007). Tali materiali sono in grado di risolvere molti problemi di isolamento e di adattamento dinamico all'ambiente, cambiando le proprie condizioni e il proprio aspetto a seconda delle esigenze e in base alle condizioni climatiche esterne. Tra i più utilizzati si ricordano i materiali foto-termo-elettrocromici, i materiali a cambiamento di fase e i materiali a memoria di forma, che modificano alcune proprietà (chimiche, meccaniche, ottiche, termiche) in risposta al cambiamento delle condizioni ambientali, senza la necessità di un sistema di controllo esterno (Della Mura C., Simonato E., 2012).

La peculiarità fondamentale che accomuna tutti questi interventi con finalità comunicative è rappresentata dal rapporto instauratosi tra il rivestimento architettonico e l'intorno (ambiente e utente), caratterizzato sia dal dialogo che dal contrasto: ci si trova davanti ad una incessante metamorfosi degli aspetti visivi, cromatici, luminosi, i quali creano un legame con il contesto e risaltano le peculiarità dell'involucro. Il fruitore assume, così, il ruolo di spettatore indiretto, catturato dall'atmosfera che emana il nuovo involucro mediatico e in alcuni casi vi partecipa attivamente.

Sono stati questi i concetti che hanno dato vita alla progettazione del nuovo involucro della d'Ancap srl, azienda produttrice di porcellane a livello internazionale.

L'idea progettuale prevede la realizzazione di un nuovo involucro esterno e di una barriera acustica e anti-polveri per limitare il suono generato dal passaggio dei treni ad alta velocità.

Analizzando il contesto circostante, caratterizzato da un paesaggio collinare, si è voluto riportare sui prospetti dell'azienda tale andamento curvilineo, in modo da legare il progetto a ciò che gli sta attorno. Pertanto, l'intero edificio è stato avvolto da un velo in ceramica, interrotto solamente in prossimità di porte, portoni e finestre così da garantire un adeguato livello di illuminazione naturale.

In corrispondenza delle finestre è stato, infatti, realizzato un filtro che consente il passaggio della luce, attraverso una ma-

Veronica Brustolon
Nata a Francoforte nel 1987. Nel 2012 si laurea presso l'Università IUAV di Venezia con una tesi sulle facciate mediatiche; nel 2010 lavora presso lo studio di architettura Ceschia&Mentil, a Venezia; collabora alla didattica presso il Politecnico di Milano; collabora con la rivista internazionale "Screencity".

Roberta De Monte
Nata nel 1988 a Valdobbiandene (Treviso), si è laureata nel 2012 presso l'Università IUAV di Venezia con una tesi sulle facciate mediatiche. Nel 2010 ha lavorato presso lo studio TAMassociati (Venezia). Ha partecipato a due viaggi studio a New York e in Olanda. Collabora con la rivista Screencity.

glia forata, costituita dall'unione di coni in ceramica. Ogni cono presenta delle alette laterali in cui viene fato passare un cavo metallico fissato alle mensole che sostengono i pannelli in ceramica. All'interno di ogni elemento conico è stata inoltre installata una striscia LED RGB, così da assicurare una maggiore visibilità all'azienda nelle ore serali. Il sistema luminoso elettronico è programmabile attraverso un software dedicato per consentire la realizzazione di giochi di luce colorata, grafismi o testi. Questo sistema elettronico viene alimentato grazie alla disposizione di pannelli solari in telluluro di cadmio, posti in copertura.

In prossimità di porte e portoni, per consentire il passaggio di persone, mezzi e per la movimentazione delle merci, il rivestimento curvo si "frantuma", formando dei grandi frammenti in ceramica.

Per quanto riguarda la progettazione della barriera acustica, si è optato per una parete realizzata in un doppio strato di vetro a cui è stato interposto un intercalare fonoassorbente, su cui è stato stampato un motivo grafico colorato. La grafica è ispirata alle opere dell' optical art, nella fattispecie di questo progetto da un'opera di Marcello Morandini. La scelta è ricaduta su questa corrente artistica in quanto essa si basa principalmente sulla creazione di illusioni ottiche, attraverso l'accostamento opportuno di particolari soggetti astratti o sfruttando il colore. Lo scopo è quello di creare un doppio effetto percettivo di dinamismo cromatico fra il movimento del treno (la percezione della parte dal treno in movimento) e l'effetto optical della grafica.

Davanti alla barriera in vetro è stata collocata un'altra struttura costituita da una griglia metallica, su cui sono stati appesi degli elementi quadrati in plastica opaca, che oscillano grazie allo spostamento d'aria provocato dal passaggio dei treni.

Questi due interventi possono essere considerati, dunque, di grande impatto mediatico/comunicativo, poiché hanno la capacità di trasmettere messaggi, informazioni, emozioni, utilizzando, da un lato, l'efficienza della tecnologia LED, dall'altro, l'indubbia espressività del colore.

Bibliografia

Addington M., Schodek D. (2005), *Smart materials and technologies: for the Architecture and Design Professional*, Elsevier, Oxford

Claudi de Saint Mihiel A. (2007), "Superfici mutevoli. Tecnologie innovative per involucri trasparenti a prestazioni variabili", CLEAN Edizioni, Napoli

Della Mura C., Simonato E. (2012), "Architettura e nanotecnologie. Small sizes, high performance", liberiauniversitaria.it edizioni, Roma

Delsante I. (2007), "Innovazione tecnologica e Architettura", Maggioli Editore, Milano, 2007

Scalisi F. (2010), "Nanotecnologie in edilizia", Maggioli Editore

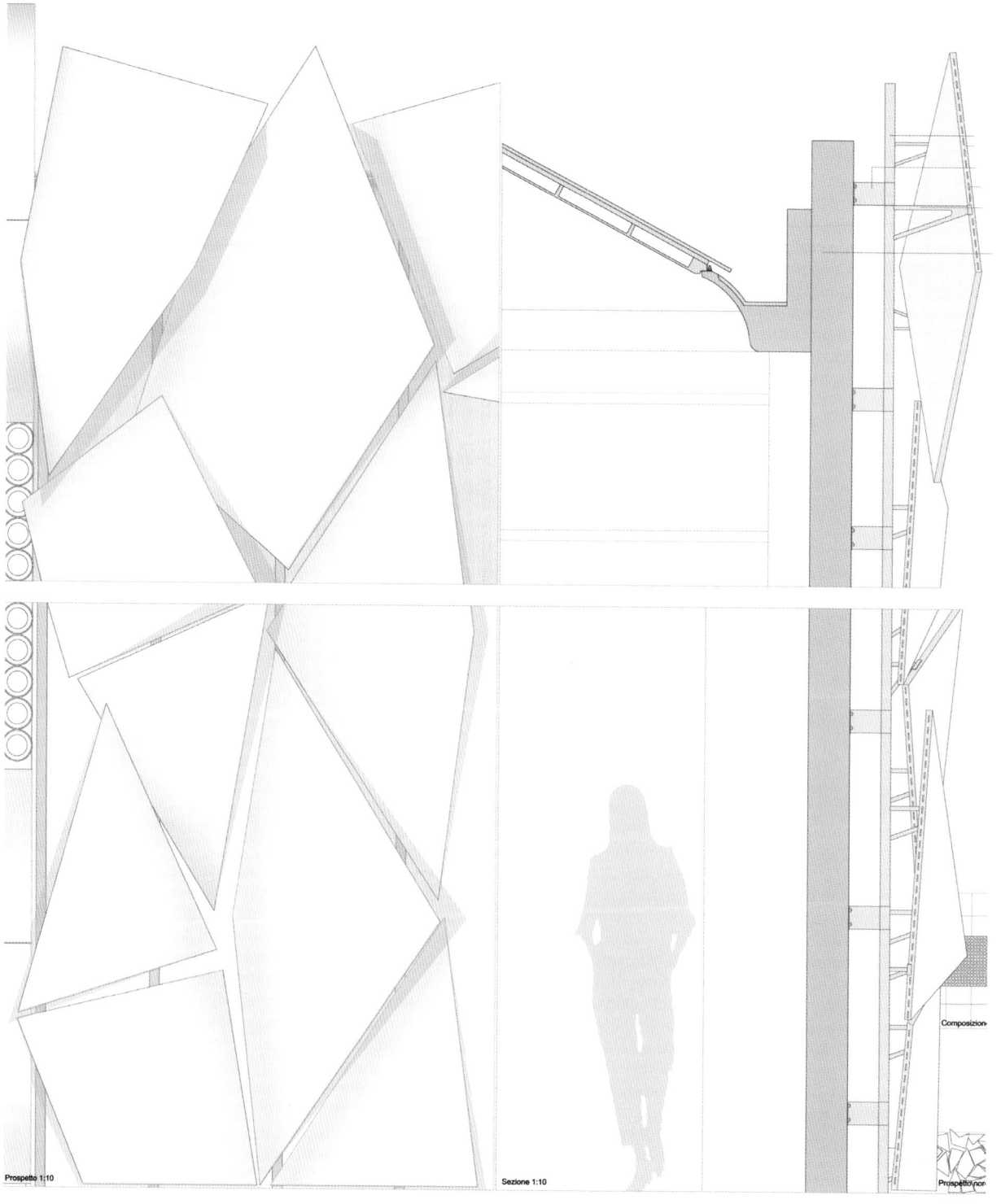

[IN]AZIONE. THE DESIGN WAYS

spazi urbani RICREATI

Reinventare Identità Collettive | Riprogettare Esperienze | Attivare Territori e Idee

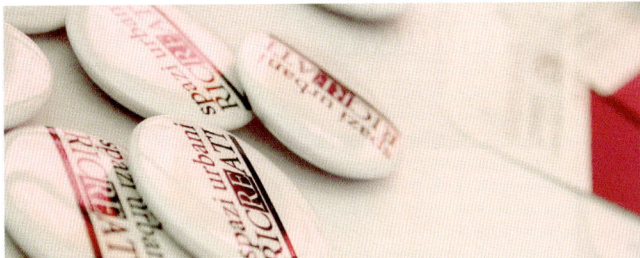

Raffaella Fagnoni

Professore Associato in Design presso il Dipartimento di Scienze per l'Architettura dell'Università di Genova, e docente di Composizione presso ISIA, Scuola Statale di Design del MIUR, sede di Firenze. L'attività di ricerca ha come ambito il progetto di ambienti, prodotti e servizi con finalità sociale.

KW: DESIGN SOCIALE, ATTIVISMO SENSIBILE, ETICA DEL CONSUMO

Il testo, attraverso una scansione in episodi, come fotogrammi congelati di una cultura in rapido movimento, illustra l'approccio al progetto di un futuro-presente in azione: progettisti, attivisti e creativi, paladini delle pratiche sociali, delle forme radicali di produzione, capaci di manipolare materiali e dati, sono impegnati in ogni campo, spesso oltre i confini della [in]disciplina. Attraverso l'analisi di esperienze dirette e indirette emergono possibili criteri, strumenti, strategie, focalizzando uno spostamento del paradigma dello sviluppo che attribuisce maggiore importanza ai modelli di vita, ai valori, ai processi, piuttosto che agli artefatti.

"Guardiamo il presente in uno specchietto retrovisore." "Arretriamo nel futuro."[1] L'immagine suggerisce un'età dell'ansia, in sospeso fra scenari possibili e visioni catastrofiche, frutto dei tentativi messi in atto per affrontare temi di oggi con strumenti e concetti di ieri. Se da una parte scienza, governi, innovatori sociali propongono un futuro per far fronte in maniera efficace ai nuovi bisogni, condividendo conoscenza e lavorando in rete, scambiando idee e progetti, beni e servizi, informazioni ed emozioni, dall'altra si contrappongono società e culture impermeabili, che ripongono nelle tecnologie pensate per mondi migliori le cause di mali apocalittici, come nelle distopie delle prime società digitali.

#era del consumismo

All'integralismo dei conservatori rispondono le voci di una comunità aperta, in azione, che sovrappone alla dimensione verticale delle cose quella orizzontale. I modi collaborativi portano a sfumare le distinzioni fra produzione e consumo, fra materiale e virtuale, fra processo e prodotto. Le nuove generazioni, quelle "cresciute senza tracce di religione" descritte da Douglas Coupland nel suo libro "La vita dopo Dio" (1996), si sono trovate immerse nel consumismo di massa senza pregiudizio né atteggiamento moralizzante, piuttosto con una libertà senza confini, con i media come riferimento esistenziale. Il consumismo è nel nostro tempo "l'unica energia di trasformazione esistente", "l'unica corrente elettrica a disposizione in tutto il mondo", "l'unico modello di benessere finora elaborato per il quale il mondo è disposto a ribaltarsi pur di ottenerlo" (Branzi, 1996) e ciò anche con le alternative locali e le culture regionali. Anche se questo non ha senso, appartiene al senso e al quotidiano. Ancora oggi, in una scena politica, economica, culturale mutata da quella di vent'anni fa, concetti come autenticità, lentezza, cura, connettività, portano a interpretare il consumo sotto una luce diversa, sganciandolo dall'esaltazione forzata del possesso verso nuovi rapporti con le cose, fra individui, con la coscienza degli obblighi che essi comportano.

#ricerca del senso

"Abolita la profondità, il senso si stava spostando ad abitare la superficie delle evidenze e delle cose. Non spariva, si spostava. La reinvenzione della superficialità come luogo del senso è una delle imprese che abbiamo compiuto: un lavoretto d'artigianato spirituale che passerà alla storia." Così Baricco ne "I barbari", (2006) offre una sua interpretazione sulle nuove generazioni. Lo "smantellamento sistematico di tutto l'armamentario mentale

1. La frase è di Marshall McLuhan, riportata da Coupland, D. (2011) Marshall McLuhan, Isbn Ed. Milano.
2. Close, Closer is a series of exhibitions and public programmes which aims to challenge and question the role of the architect in contemporary society. We are initiating a discussion around this fast-changing landscape and your input is critical. How can we get closer? It's over to you! (Close, closer, 2013, http://www.close-closer.com/en/#).
3. Latour, B., (2008) Un Prometeo cauto? Primi passi verso una filosofia del design, Design History Society, Networks of Design, 3.09.2008, Falmouth, Cornovaglia, G.B. (http://www.bruno-latour.fr/articles/article/112-DESIG-IT.pdf).
4. cfr. Mau, B. 1998, Voce 3 In: Incomplete Manifesto for Growth, Bruce Mau. Il testo definisce convinzioni articolate, strategie e motivazioni del processo di progettazione dello studio BMD. (http://www.brucemaudesign.com).

Immagini

1. Spazi Urbani Ricreati, Genova, 2012. Ripensare lo spazio pubblico come teatro della vita collettiva, dando rilevanza ai paesaggi ordinari, della vita quotidiana. Convenzione Dipartimento di Scienze per l'Architettura, Università degli Studi di Genova e Comune di Genova, Resp. Raffaella Fagnoni, con Silvia Pericu, Andrea Vian, Clarissa Sabeto, Cristina Gorzanelli, Francesca Bruzzo, Jacopo Avenoso.
2. be.Cycle, © 2013, Firenze. La bici e il benessere di una città, essere parte di un nuovo ciclo. Progetto realizzato da ISIA Firenze, Marco Beni, Francesca Filippini, Daniele Dominici. Doc. Resp. Raffaella Fagnoni, Francesco Fumelli, in collaborazione con Comune di Firenze, http://www.cycle.altervista.org/becycle/index.html
3. Design Activities. Progetti all'interno di attività del DSA. Dall'alto: La via dell'Orto, 2011, Annalisa Rossi; Design per i Cantieri, 2012, Silvia Pericu; Cantieri attivi, 2011, G. Dadas, S. Yavuzoglou; Introverso, Padiglione con cassette della frutta, 2011, G. Dadas, S. Yavuzoglou; Un treno per Ansaldo Breda, Raffaella Fagnoni, Ivan Zignego, Valentina Solera, Paolo Nazzaro, Carmelo Cascino, Convenzione con Ansaldo Breda, 2009-12, resp. Scient. M.B. Spadolini.

OPEN SYSTEMS

beCycle

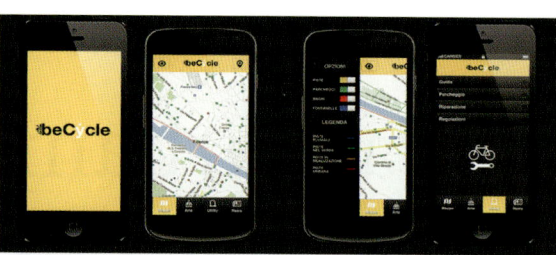

ereditato dalla cultura ottocentesca, romantica e borghese", la crisi dei modelli culturali del passato, sono percepiti come un'invasione barbarica, ma in realtà non possono che essere accettati come una mutazione, abbandonando il paradigma dello scontro di civiltà per non rinunciare alla possibilità di governabilità di essa. È un'idea diversa di esperienza, una dislocazione del senso nel tessuto dell'esistenza. "La superficie è tutto, e in essa è scritto il senso. Meglio: in essa siamo capaci di tracciare un senso."

#connettività
Se nella cultura del passato la conoscenza era nelle mani di pochi, le fonti di sapere erano chiari punti di riferimento, gli strumenti di oggi portano a vivere un sapere di relazioni, di collegamenti, di connettività. L'accesso libero alle informazioni aspira a creare ponti piuttosto che a innalzare muri, con un processo di costruzione collettivo che si esplicita nella contaminazione di informazioni e di idee, e nella cultura del ri: ri-uso ri-sparmio, ri-edizione ri-ciclo di nozioni e visioni, oltre che di materiali.

#attivismo sensibile
L'attivismo è un carattere del progetto contemporaneo, dà forma al senso con l'azione, con un'aspirazione morale: inventare o sperimentare cose per creare cultura, per influire sui comportamenti, per vivere meglio. Il progetto non può dirsi virtuoso o malvagio in sé, si definisce attraverso logos (dialettica) pathos (incisività) e ethos (credibilità). Creare qualcosa — da un prodotto immateriale a un complesso urbano — è interrogare se stessi sul valore del lavoro, la natura della proprietà intellettuale, l'etica del consumo, i limiti della tecnica, l'input del potere. Il progetto è l'azione di osservare, interiorizzare, interrogarsi e ripensare soluzioni, sfruttando la capacità di dare forma alla vita quotidiana e agli spazi collettivi, senza ridurre il tutto solo a una questione di forma.

#processi che emergono dal basso
La dimensione autoriale non è più l'ambito esclusivo del singolo ma uno spazio collettivo di condivisione alternativo all'approccio top-down dell'industrialismo gerarchico: auto-organizzazione, reti di produzione che coinvolgono gli utenti stessi nella progressiva definizione del prodotto finale, piattaforme di collaborazione, sistemi aperti. L'approccio ad-hoc, introdotto dalla contro-cultura americana degli anni sessanta, (Bennis e Slater 1968) si propone come flessibile e reattivo, non burocratico, in antitesi ai principi classici del management e della cultura di impresa, e si estende alle pratiche progettuali (Toffler,1970, C. Jenks,1972). Grima nel 2012 intitola "Adhocracy" la mostra che cura per la Biennale del Design di Instambul, "Design is on the move: it is migrating from the rigid domain of bureaucracy towards the rhizomatic realm of adhocracy", riproposta al Moma di NY nel 2013. Sulla stessa lunghezza d'onda, Beatrice Galilee, curatrice della prossima Triennale di Architettura di Lisbona (settembre 2013) chiama a raccolta "Tactics, not systems", architettura come azione e non come prodotto, "a living, social, and artistic force, charting cultural, political, scientific and aesthetic territories"[2].

#Do It Yourself
Le pratiche DIY si configurano non solo come esercizio professio-

nale, moda radicale, ma come necessità, azioni di sopravvivenza, reazioni alle crisi. Una sorta di rivoluzione tecnologica ma anche ecologica, culturale e sociale, le cui origini escono dai confini della comunità del progetto, entrando nella cultura di massa. Crescono i gruppi di Makers, Dreamers, FabLab, Design Farm, emerge l'esigenza di recuperare il controllo e la consapevolezza su ciò che si fa e si consuma, auto-responsabilizzazione. Una dimensione che supera l'artigianalità del fare e diviene approccio al lavoro, all'impegno sociale, condivisione, consapevolezza, in un periodo in cui tutto sembra smaterializzato. Si affronta l'intero ciclo di vita di un oggetto, di uno spazio, di una relazione, ampliato fino a raggiungere il proprio esaurirsi, coinvolgendo tutti coloro che interagiscono con esso.

#path dependence
Le scelte da compiere sono vincolate alle decisioni prese in passato. E non c'è tempo per aspettare. Cogli l'attimo diviene un imperativo impellente, una via d'uscita da un ciclo che si fonda sulle abitudini, confidando nel fatto che solo il tempo possa cambiare qualcosa. La scelta se cambiare spetta a ciascuno, e il tempo in cui si decide è l'attimo che sancisce la grandezza del cambiamento. Il tempo del fare spinge verso una direzione di concretezza e di miglior utilizzo di ciò che abbiamo, ritrovando qualcosa da cui partire, poiché il progetto non è creazione ex-nihilo.[3] All'approccio tradizionale, di tipo convergente eliminando progressivamente le alternative, si sovrappongono percorsi di tipo divergente, esplorando varie soluzioni e aprendosi a nuove opportunità. Cambia il punto di vista, il modo di formulare il problema. Si tratta di saper formulare nuove domande, sviluppare strutture aperte. Non è una rivoluzione, è una trasformazione progressiva con reazioni a catena.

#direzione
Il percorso verso nuove direzioni procede con piccoli passi, ad esempio dando priorità agli interventi a carattere sociale, riducendo al minimo materiali, energia, superfici, pensando a restituire il massimo in termini di patrimonio. Le azioni possibili sfruttano la capacità di organizzare modelli che utilizzano il senso per guidare le persone all'auto attivazione; la capacità di oltrepassare i confini – collaborare (pubblico/privato, grande impresa/piccola impresa, scuola/ territorio); co-progettare - trasformare un contesto di problemi in un ecosistema di opportunità; utilizzare il progetto come veicolo di diffusione culturale. Il processo è più importante del risultato. Se è il risultato a guidare il processo, si andrà sempre e solamente dove siamo già stati. Se è il processo a guidare l'esito, non si conoscerà la direzione verso cui staremo andando, ma sapremo di volerci arrivare.[4]

#Gente che fa cose
Sono molti i soggetti attivi, alla ricerca di una consapevolezza sull'essere o meno un tassello essenziale dell'attuale sistema. Portatori di una sensibilità eclettica, guardano al progetto con uno spirito fatto di performance più che di forma, vivono il progetto come un'evoluzione in rapporto con la convivialità, con la visione ecologica, con il prendersi cura. Si propongono sulla

DE SI GN
activities

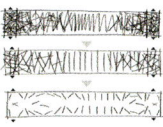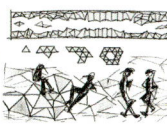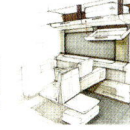

scena come fenomeno la cui forza è rilevante, coinvolgendo un numero sempre maggiore di persone. Lo scenario emerge dalle esperienze di molti paesi, divulgate su siti, piattaforme, blog, interfacce di comunicazione capaci di governare una mole enorme di informazioni. Fra i volumi, quello di Rory Hide (2012), attraverso un indagine fra professionisti ed esperti, propone una riflessione incentrata su due questioni: il ruolo marginale in cui si trova l'architettura, e il nuovo modo di concepire il mestiere e i contorni del progetto, sempre meno oggettuale e sempre più processuale, allargato all'intero ciclo di vita, materiale e sociale. Sarà questa la strada per salvare un'intera generazione di creativi, e insieme la nostra economia, il nostro ambiente? Non c'è un assetto e non ci sono confini, in un mondo che è più grande e più complesso, ma che allo stesso tempo è più raggiungibile e visitabile. La maggior parte delle esperienze vede la tecnologia sopra ogni cosa, trasmette il messaggio di una rivoluzione culturale, fatta di umanità, oltre che di intelligenza.

Bibliografia
Baricco, A. (2006), I Barbari. Saggio sulla mutazione, Fandango, Roma.
Bennis, W., Slater, P., (1968) The Temporary Society, N.Y.: Harper & Row Publishers In.
Boria De Mozota, B., (2011) Design Economics-Microeconomics and Macroeconomics: exploring the value of Designers's skills in Our 21st Century Economy in Symposium Proceedings Researching Design Education, 1st International Symposium for Design Education Researchers Cumulus Association//DRS SIG on Design Pedagogy Paris, May 18–19, 2011, Editors Erik Bohemia Brigitte Borja de Mozota Luisa Collina, © Cumulus Association, 286 pp.
Branzi, A. (1996) "Il design dopo Dio (e la poetica dei gommini)", in Domus 787, 1996, pag. 58-59
Coupland, D. (2011) Marshall Mcluhan, Isbn Ed. Milano
Fagnoni, R. (2009). Design and new behaviours: Project responsibility, social and cultural connectivity. [Three case studies]. Strategic Design Research Journal, 2(2), pag. 45-55
Fagnoni, R. (2010). Orizzonti disciplinari del Design, Progetto Valore Responsabilità, Comportamenti. in Falcidieno, M. Le scienze per l'architettura. Frammenti di sapere. Firenze: Alinea, pag. 290-321.
Fagnoni, R., Puri, G., Sabeto C., (2012) Design Activities, Formazione e produzione. Esperienze di ricerca in 50 storie, GUP, Genova University Press.
Fagnoni, R. (2013) Dare forma ai processi. Ri-ciclo, nuova vita negli spazi aperti, in Pericu, S., Design for City life. Riuso urbano intelligente, Alinea, Firenze, pag. 4-9
Galilee, B. (2012) Gente che fa cose, in Wired, n. 46, dicembre 2012, pag. 134-137
Jencks, C. (1968) "Adhocism on the South Bank" in Architectural Review Vol. 144, London.
Jenks, C., Silver, N., (1972) Adhocism: The Case for Improvisation. Architectural Design, 42 (10) pp. 604-7.
Rory Hide, (2012) Future Practice, Conversations from the Edge of Architecture, Routledge, Taylor&Francis Group, New York and London
Toffler, A., (1970) Future Shock. New York: Random House.
Twilley, N. Adhocracy, (2013) La terza rivoluzione industriale, in Domusweb, 20.05.2013 http://www.domusweb.it/it/design/2013/05/17/adhocracy_la_terza_rivoluzione_industriale.html

OPEN SYSTEMS

TRACCE DI GOVERNANCE NELLA CITTÀ DEL NORD-EST ITALIANO: PER UN APPROCCIO DI PLACE-MAKING AL PAESAGGIO URBANO

Claudia Faraone

Claudia Faraone architetto (2004, IUAV Venezia) e dottore di ricerca in Politiche territoriali e progetto locale (2011, RomaTre, LAA|Paris Villette), specializzata in urbanistica joint program europeo EMU (2007, UPC Barcellona, TU Delft e KU Leuven). Attualmente è assegnista di ricerca FIRB2008|LUS-Living Urban Scape|Venezia.

Elisa Polo

Dottoressa in Sociologia urbana (2006, Università degli Studi di Urbino "Carlo Bo"). Si specializza in Governance dei sistemi territoriali (2008, Master dell'Università di Udine) e nella gestione di percorsi partecipativi (2011, Università IUAV di Venezia). Collabora nella ricerca triennale Firb2008 "Living Urban Scape" dello IUAV di Venezia.

KW: RIGENERAZIONE URBANA, QUARTIERI PUBBLICI, POLITICHE SOCIALI

Prospettive di governance tra politiche sociali e abitare collettivo.

Il paper presenta una parte della ricerca in fieri[1] sulla città pubblica (Di Biagi, 1986) del Triveneto condotto dall'unità di ricerca dell'Università di Architettura IUAV di Venezia, nell'ambito del progetto FIRB 2008 finanziato dal MIUR. In particolare descrive il caso studio sul quartiere P.E.E.P di Chirignago, cosiddetto Circus e affronta ciò che è stato ritenuto uno dei più gravi problemi delle periferie italiane – gli spazi aperti indeterminati e degradati – attuando un cambiamento di prospettiva per il quale ne diventa invece la principale risorsa strategica per la rigenerazione (De Matteis, in press). Come ben spiegato altrove, la geografia dell'azione fisica e sociale nel contesto della rigenerazione urbana non può prescindere dall'esistente, ovvero qualsiasi azione si deve misurare costruendo "nella" città (Caudo, 2006). Gli "spazi e occasioni residuali" che ricadono nell'iniziativa pubblica possono essere lo strumento delle amministrazioni per migliorare il confort e benessere dei propri cittadini. Inoltre lavorare su questi interventi pubblici è l'occasione per ripensare gli spazi aperti collettivi a una scala più ampia e pensare in termini di paesaggio urbano (Zagari, 2006). Il Circus e la sua pertinenza pubblica, la piazza Vittorino da Feltre, sono uno dei casi studio approfonditi. Situato ai margini occidentali dell'area comunale di Venezia terraferma, l'intervento è un progetto di edilizia economica popolare realizzato tra il 1984 e il 1997, su progetto di Cappai-Mainardis con Valeriano Pastor, contenuto all'interno del P.E.E.P.[2]. Sin dall'inizio considerato uno spazio problematico, è stato oggetto di molti progetti e politiche di trasformazione[3], non sempre efficaci, e questo l'ha tenuto all'ordine del giorno dell'agenda istituzionale degli ultimi 15 anni. Questo percorso da parte della municipalità attraverso i suoi organi istituzionali ha portato a politiche di attivazione sociale e consapevolezza da parte dei cittadini, assistendo quindi a degli interventi in cui l'azione istituzionale ha supportato le esigenze degli abitanti[4]. Questo ha permesso l'affermarsi di diversi attori che assieme alle politiche pubbliche hanno favorito la costituzione di una "nuova" governance territoriale, integrando e dando forma agli interessi singoli e collettivi, alle organizzazioni, ai gruppi sociali locali[5] (Le Galès, 1998). Stiamo parlando di reti tra soggetti che hanno formato dei veri e propri sistemi sociali (Luhmann, 2001) identificati con un preciso spazio collettivo[6]. Questo processo di consolidamento avviato negli anni ha però bisogno di essere mantenuto sempre vivo, soprattutto nel contesto di crisi attuale, in funzione di una visione condivisa e futura del territorio abitato. Dal punto di vista fisico-spaziale, recentemente la consapevolezza dell'attivismo sociale e la capacità istituzionale di restare in contatto con il territorio e le sue realtà diversificate,

si sono materializzati in due progetti di recupero urbano pubblico (tuttora in corso) e negli standard di una trasformazione urbana privata. I primi sono gli interventi sull'edificio stesso del Circus e la riqualificazione dell'ex-ferrovia Valsugana[7]; il secondo è la realizzazione di un'area di espansione residenziale alla quale si agganciano le aree a standard che forniranno un nuovo parco a ridosso della suddetta ex-ferrovia e un pezzo di pista ciclabile di connessione con gli spazi aperti del PEEP, creando una sinergia tra progetto privato e progetto pubblico di riqualificazione[8]. La presenza di una governance che riesca a coordinare progetti urbani di differente natura (pubblica-privata) a partire dal riconoscimento di bisogni materiali, diventa lo spunto per una migliore urbanistica in condizioni di scarsità di risorse economiche. Questa trasversalità negli interventi infatti, compensa la suddetta scarsità facendo interagire i servizi privati - come nel caso del Circus la galleria commerciale o l'idea del mercato settimanale - le funzioni urbane e le funzioni sociali, e al contempo genera attività permanenti e non eventi di forte carattere mediatico, che spesso però risultano essere molto fragili e transitori (Mela, 1996).

Place-making e costruzione di nuovi significati per lo spazio pubblico diffuso

Tutto questo ci porta a ritenere la risorsa sociale importante all'interno delle politiche urbane che hanno l'obiettivo di ottenere un riscontro fisico e che si confronti con l'elemento spaziale del paesaggio urbano. In questa prospettiva, una maggiore interazione tra queste reti precedentemente menzionate potrebbe mettere in relazione nuove iniziative che rispondano a diverse esigenze e contribuiscano alla rigenerazione spaziale di un territorio urbano più ampio (Mela, 1996). È fondamentale riconsiderare gli spazi aperti pubblici a seguito di un'attenta osservazione degli attori sociali in un territorio allargato, in modo da utilizzare le connessioni come punto di partenza per nuove pratiche d'uso, e riuso, dello spazio. Questo approccio è fondamentale per ripensare piazza Vittorino da Feltre in un'ottica di rigenerazione, non solo per limitare fenomeni di disagio sociale ed economico, ma per contribuire al sistema urbano con una prospettiva più ampia (Munarin, in press). Attraverso un approccio di place-making quindi, che sfrutta le risorse in gioco per la produzione di un paesaggio urbano condiviso, questo contributo mira a produrre delle immagini per un paesaggio che tenga conto di più fattori, integrando attori, risorse e spazi (IRS, 2009). Mutuiamo la definizione e l'approccio di place-making da Patsy Healey, che lo definisce come un processo in cui si considerano gli strumenti per attivare strategie di sviluppo proattivo, basato su accordi su come i luoghi – places - dovrebbero essere e i limiti e le opportunità per trasformarli (Van Kempen et al., 2005). A partire da una condizione del presente, immaginare il futuro di questo frammento di territorio (Munarin, Tosi, 2001) diventa infatti molto difficile se non lo si fa cercando di cogliere le occasioni che si presentano: in questo senso, la strategia di ricomposizione e ricucitura degli spazi del PEEP di Chirignago si attua attraverso una serie di tattiche[9] che trasformano lo spazio del quotidiano dell'abitare. Queste guardano a ciò che accade intorno in termini di progetto territoriale (Lanzani, 2011) come la rivendicazione del patrimonio paesaggistico da parte delle associazioni e dei singoli cittadini o la costruzione di social housing nelle aree limitrofe (per esempio a Nord in Via Mattuglie) e in termini di empowerment tra politiche urbane e sociali. Le iniziative supportate dalle politiche sociali del Comune hanno favorito il costituirsi e l'attivazione di gruppi che nel tempo si sono occupati di offrire servizi socio-educativi e culturali negli edifici e spazi pubblici a ciò deputati, oltre ad occuparsi dei problemi edilizi dell'edificio Circus. Tali iniziative si sono moltiplicate nel tempo per arrivare a veri e propri gruppi di lavoro nel "Forum delle Associazioni" costituitosi nel gennaio 2013[10]. I gruppi si occupano di iniziative "di strada" per riconquistare la citta' e i suoi luoghi; valorizzare le iniziative nei contenitori culturali della municipalita' e in quelli a gestione privata; percorsi di cittadinanza attiva; iniziative in ambito sportivo[11]. D'altro canto guardano alle azioni di attenuazione di disagio sociale messe in campo dall'amministrazione, esse sono diventate spesso l'occasione per un possibile riverbero sullo spazio fisico[12]; anche se rimane carente la possibilità e capacità di questi attori locali di trasferire le loro conoscenze e il loro potenziale in un contesto fisico, che non sia marginale. Il futuro della riqualificazione di piazza Vittorino da Feltre risiede quindi in una prospettiva di collaborative planning[13] di un ambito più ampio, sia territoriale che politico-sociale e con uno sguardo diverso, allargato e multidisciplinare. Queste sono delle condizioni sine-qua-non per rigenerare pezzi periurbani - "prosaici" (Zancan, 2009) – di territorio, e tengono conto del fatto che i quartieri e loro città sono percepiti e vissuti in modi diversi da persone diverse (Van Kempen et al., 2005). A volte queste esperienze creano immagini differenti di cosa la città potrebbe essere, a volte anche in conflitto tra loro (Healey 1997, 2002). Il progetto urbano diventa quindi l'insieme degli attori che si "fanno forma" e il suo paesaggio diventa ambito in cui è possibile esercitare una resistenza alle tendenze di uno sviluppo di crescita urbana incoerente, sconnesso e poco vivibile. (Shannon, 2006). L'inserimento della piazza Vittorino nel contesto di un paesaggio urbano, tiene conto non solo degli spazi "reclamati" dai cittadini, ma anche di quelli già connotati da funzioni di welfare, come scuole, parchi attrezzati, impianti sportivi, spazi aperti della residenza pubblica (Officina Welfare space, 2011) che possono costruire una rete di spazi del quotidiano (De Certeau, 2010) con l'obiettivo di far emergere immagini di altri paesaggi possibili e sostenibili economicamente. In conclusione, nell'ottica in cui le politiche sociali proiettano i loro effetti sullo spazio, la prospettiva collaborativa prende forma all'interno della pianificazione e aiuta a "mettere insieme le forze" e tenere coordinate le diverse "decisioni pubbliche" sullo spazio. La riqualificazione degli spazi aperti pubblici del PEEP si re-inserisce all'interno di un contesto più ampio, non solo territoriale e fisico, ma anche decisionale, dove le risorse sociali e le politiche urbane interagiscono fornendoli di nuovi significati e prospettive. Reinterpretare la funzionalità dello spazio e la possibilità di creare nuove reti tra attori pubblici e privati può far scaturire potenzialità inaspettate e imprevedibili del territorio.

Bibliografia

Monografie

De Certeau Michel (2010), *L'invenzione del quotidiano*. Edizioni Lavoro.

Healey Patsy (1997), *Collaborative planning: Shaping places in fragmented societies*, Basingstoke: Macmillan

Lanzani Arturo (2011), *In cammino nel paesaggio: questioni di geografia e urbanistica*, Carocci,

Luhmann Niklas (2001), *Sistemi sociali. Fondamenti di una teoria generale*.
Bologna, Il Mulino, (Collezione di testi e di studi), pp. 761, Euro 36,15, ISBN 88-15-08358-8.

Mela Alfredo (1996), *Sociologia delle città*, Carocci Editore S.p.a. 166-168

Munarin Stefano, Tosi Maria Chiara, «Case nuove»: biografia di un frammento nel territorio veneto in Biagi, Paola Di (2001): *La grande ricostruzione: il piano Ina-Casa e l'Italia degli anni Cinquanta*. Donzelli Editore. —

Van Kempen Ronald; Dekker, Karien; Hall, Stephen; Tosics, Iván (2005): *Restructuring large housing estates in Europe*, University of Bristol: The Policy Press

Zagari Franco (2006), *Questo è paesaggio. 48 definizioni*. Mancosu Editore.— ISBN: 9788887017755

Curatele

De Matteis Milena (a cura di) (on press), *Nuove qualità del vivere in periferia. Percorsi di rigenerazione nei quartieri residenziali pubblici*. Gorizia: EDICOM.

IRS; Cottino Paolo (a cura di) (2009), *Attivare risorse nelle periferie. Guida alla promozione di interventi nei quartieri difficili di alcune città italiane*. Milano: FrancoAngeli.

Saggi su volume

Caudo Giovanni, *Costruire nella città*, X Conferenza Nazionale della Società Italiana degli Urbanisti, Milano, 18-19 Maggio 2006, Urbanistica ed azione pubblica: riformismo al plurale, Sessione: Qualità urbana: abitabilità, bisogni e opportunità.

Munarin Stefano, *I quartieri pubblici come semi di urbanità* in De Matteis, idem

Shannon, Kelly *Place as Resistance; Landscape Urbanism in Europe*, in Waldheim, Charles (2006): *The landscape urbanism reader*. Princeton Architectural Press. — ISBN: 9781568984391

Zancan, Roberto (2009): *Per una coscienza del paesaggio prosaico*. In Pellegrini, Paola (a cura di) *Periferia Interiore*. Quodlibet, S. 71–74.

Articoli su rivista

Di Biagi Paola (1986): *La costruzione della città pubblica*. In: Urbanistica. (85), S. 8–25. (?)

Le Galès, P. (1998) *La nuova political economy delle città e delle regioni*, in Stato e Mercato, n°52, aprile

Healey Patsy (2002) *On creating the city as a collective resource*, Urban Studies, vol.39 n. 10, pp 1777-92

---

1. LUS è un progetto di ricerca nazionale finanziato dal MIUR che si propone di esplorare nuove forme di progetto, di azione e di vita negli spazi aperti delle periferie residenziali pubbliche, nelle sedi di Roma e Venezia. Il gruppo Iuav di Venezia si propone di individuare principi e strategie di progetto-processo per la rigenerazione negli insediamenti pubblici, che contemplano l'utilizzo e la valorizzazione di risorse fisiche e socio-politiche. L'unità Roma Tre lavora sul paesaggio come componente essenziale da cui partire per scoprire temi, metodi e forme di progetto adatti alla riqualificazione degli insediamenti ERP degli anni '60 -'80. http://www.livingurbanscape.org/pages/home.html

2. Il quartiere è stato analizzato da un punto di vista fisico e spaziale all'interno di una ricerca più ampia e ne ha portato il suo contributo alla SIU 2013, nel quale si è voluto approfondire un percorso politico isituzionale, ma anche architettonico, progettuale, dove il progetto pubblico si è inserito all'interno di un contesto privato non portando sempre risultati i risultati auspicati. Per una biografia dell'intervento PEEP-Circus fare riferimento al suddetto paper, autrici: Claudia Faraone, Valeria Leoni.

3. La scarsa qualità edilizia dell'edificio "Circus" e l'incompiutezza degli interventi relativi agli spazi aperti sono stati motivo di conflitti e il mancato uso di questi ultimi sin da subito. Il campetto da calcio informale nella corte dell'edificio semi-circolare è stato sostituito dalla piazza Vittorino da Feltre, diventata subito simbolo di degrado e abbandono.

4. Gli interventi delle politiche sociali del comune hanno favorito il formarsi di diversi gruppi auto-organizzati tra i quali quello degli inquilini del Circus "Gruppo Piazza Vittorino da Feltre", l'associazione di mamme "La Matita" o l'associazione culturale "Arcobaleno". Si è data voce alla piazza anche attraverso feste organizzate, incontri con gli amministratori del comune e attraverso la promozione di eventi temporanei artistici con la prospettiva di ridare senso allo spazio, come l'evento di arte urbana "Citying" di Marcello Maloberti.

5. Le Galès definisce la governance urbana come «capacità di integrare e di dare forma agli interessi locali, alle organizzazioni, ai gruppi sociali e, d'altra parte, in termini di capacità di rappresentarli all'esterno, di sviluppare strategie più o meno unificate di relazione al mercato, allo stato, alle altre città e agli altri livelli di government».

6. 6 L'osservazione e le pratiche d'uso degli spazi pubblici intorno al PEEP e l'individuazione di spazi di relazione e socialità divenuti poi sede di associazioni, sono state approfondite in un contributo presentato al Convegno PICS -Public Identity and Common Space- organizzato dall'unità LUS di Roma Tre. Autrici: Claudia Faraone, Elisa Polo.

7. Si tratta di un percorso di riciclo urbano per il quale il comune ha stanziato delle risorse destinate alla realizzazione di una pista ciclabile che congiungerà il centro di Asseggiano alla località Valsugana in via Miranese.

8. Intervista all'ing. Roberto Di Bussolo, Responsabile del Servizio Mobilità Sostenibile, Direzione Mobilità e Trasporti Comune di Venezia - Chirignago, 29 aprile 2013

9. Definizione di tattica come "azione calcolata che determina l'assenza di un luogo proprio" in contrapposizione a quella di strategia come "calcolo (o la manipolazione) dei rapporti di forza che divengono possibili dal momento in cui un soggetto dotato di una propria volontà e di un proprio potere [...] è isolabile "De Certeau, Michel (2010): L'invenzione del quotidiano. Edizioni Lavoro".

10. La Municipalità di Chirignago-Zelarino istituisce il Forum delle Associazioni per consolidare forme di integrazione e consultazione nel mondo dell'associazionismo con l'obiettivo di formulare proposte su specifiche tematiche del territorio. Tra queste L'associazione Sportiva Dilettantistica San Giorgio, Ass. Cult. L'arcobaleno, Gruppo Culturale "A. Luciani", l'Auser Aps Montessori, e molte altre situate in zona Gazzera e Mestre.

11. Dal sito della municipalità Chirignago-Zelarino http://www.comune.venezia.it/flex/cm/pages/ServeBLOB.php/L/IT/IDPagina/63080

12. Progetti e programmi di attenuazione del disagio sociale passati e in corso al momento della scrittura di questo contributo (Dicembre 2012) : Il comune attraverso il suo servizio di promozione e inclusione sociale E.T.A.M. - Equipe di aggregazione giovanile (Fioretti, Savaris, 2004) ha supportato l'organizzazione degli inquilini nel costituirsi come forza collettiva e successivamente gruppo organico, il gruppo di mamme "la Matita" che si occupa di organizzare attività ricreative per bambini e ragazzi, l'associazione culturale "l'Arcobaleno" che ha portato avanti alcune iniziative di animazione territoriale, e ha mediato nello scontro tra gli abitanti e le famiglie rom e sinti. Un'altra iniziativa portata avanti da ETAM è stata la diffusione di un "manuale di sopravvivenza" contenente piccole strategie per far fronte ai disagi quotidiani, chiamato ironicamente Circus Trophy.

13. Esempio di teoria del communicative planning, il collaborative planning proposto e studiato da Patsy Healy ha come obiettivo quello di impostare un'agenda per la pianificazione di una città che sia inclusiva (in cui si riconosce a tutti i portatori di interessi una voce nel processo decisionale), sensibile a livello ambientale e accetta la nozione di economia mista (riconosce la mutua interdipendenza tra stato e mercato. (da Housing large estates in Europe)

GOVERNARE LE TRASFORMAZIONI: VERSO UN MODELLO DI PIANIFICAZIONE TERRITORIALE PARTECIPATA

Maurizio Imperio

Architetto e dottore di ricerca in pianificazione territoriale, si occupa del progetto di paesaggio e della costruzione e gestione partecipata dei processi di pianificazione territoriale. Sul tema ha prodotto svariate pubblicazioni e ha tenuto corsi di insegnamento presso l'Università Mediterranea di Reggio Calabria e La Sapienza di Roma.

KW: PARTECIPAZIONE, GOVERNANCE URBANA, LABORATORI TERRITORIALI

Introduzione

La disciplina urbanistica in questi ultimi anni si è evoluta sia sul piano delle metodologie di analisi (grazie all'introduzione dei valori ambientali e dei moderni strumenti tecnici di supporto) sia per quanto riguarda gli aspetti procedurali.
Questo contributo vuole collocarsi nello specifico ambito disciplinare che si occupa delle nuove forme del fare urbanistica, compendiate dal moderno concetto di governance urbana e territoriale. Specificamente viene riportata una riflessione sull'introduzione della partecipazione sociale nella pratica urbanistica; di come e quanto queste procedure incidano concretamente nella pratica disciplinare, tentando di fornire dei riferimenti teorico-pratici alla ricerca di procedure di governo delle trasformazioni territoriali realmente inclusive.

La partecipazione ai processi di governo del territorio

La necessità di coinvolgere concretamente i diversi attori sociali è ormai riconosciuta, da più parti e a livello internazionale, come elemento fondante delle strategie di sviluppo sostenibile. Leggi di settore, direttive e convenzioni europee impongono l'uso della partecipazione soprattutto in campo ambientale e di gestione del paesaggio, raccomandando la ricerca dell'inclusione sociale e della coesione territoriale.
Già nella Carta di Aalborg[1] veniva sancita l'impossibilità di arrivare ad un modello di vita sostenibile in assenza di collettività locali che si ispirino ai principi della sostenibilità. Affinché ciò possa avvenire è fondamentale il cambiamento dell'approccio culturale e la condivisione dei processi sul territorio; come affermato del resto nella convenzione di Aarhus[2] si può, quindi, decisamente sostenere che il raggiungimento di un equilibrato sviluppo territoriale può essere ottenuto solo attraverso una forte relazione fra il perseguimento di obiettivi di sostenibilità ambientale e il raggiungimento di un buon livello di partecipazione sociale, riconosciuto come diritto fondamentale delle comunità. Oggi la partecipazione è accettata genericamente in termini culturali e viene proposta in termini normativi sia in campo paesaggistico-ambientale sia in campo urbanistico (cfr. le leggi regionali di ultima generazione) ma rimane priva di procedure attuative certe che producano atti cogenti per le amministrazioni interessate.
Se la partecipazione attiva è autopromossa rischia di rimanere inascoltata (diventando al limite movimento di protesta), viceversa se viene utilizzata per obbligo normativo (quindi imposta dall'alto) rischia di essere usata strumentalmente.
La partecipazione non può essere solo informazione del pubblico e acquisizione di pareri. Ciò accentua la disaffezione verso la gestione della cosa pubblica, rafforza il distacco sociale e di conseguenza la perdita di interesse alla partecipazione.
Esiste una certa resistenza delle istituzioni ad utilizzare pratiche partecipative vere, viste erroneamente come perdita di ruolo da parte dei rappresentanti eletti. Non si può dimenticare che l'attuale assetto politico istituzionale è centrato sulla democrazia rappresentativa, quindi in contrasto con l'esigenza di nuove modalità operative che favoriscano la partecipazione. Non vi è dubbio che bisogna ridefinire i nuovi assetti degli enti locali alla luce della necessità di una diversa rappresentanza sociale e bisogna ancora ridefinire come questa venga legittimata a partecipare e intervenire nel processo di governance urbana e territoriale: dalla valutazione degli interventi proposti alla partecipazione alle decisioni, per garantire un rapporto equilibrato tra gruppi di interessi e istanze sociali.

La governance urbana e territoriale

Il concetto di governance urbana ha implicazioni significative per la disciplina urbanistica che deve essere reinterpretata secondo questa nuova chiave di lettura, se vuole efficacemente governare i processi di trasformazione territoriale.
Gli enti locali si delineano sempre più come attori capaci di stimolare e attivare processi di partecipazione e negoziazione fra i diversi interessi economici e sociali; in quest'ottica la governance urbana è intesa come la capacità di integrare e di dare forma agli interessi locali, alle organizzazioni e ai gruppi sociali (Le Galès, 1998), nella garanzia del rispetto delle procedure e delle regole democratiche.
Il motivo di interesse verso la governance urbana riguarda la sua potenzialità nel cogliere e interpretare alcune importanti questioni nei moderni processi di rappresentazione delle città verso l'esterno e del nuovo ruolo, assunto dagli enti locali, di coordinare i soggetti interessati alle trasformazioni territoriali.
La partecipazione a tali processi sarà tanto più incisiva quanto maggiore sarà la trasparenza delle regole su cui si basa il processo decisionale, considerate le disparità di potere contrattuale e di risorse di cui dispongono i diversi attori locali (Papadopoulos, 2003); in tale direzione bisogna chiarire le modalità di riconoscimento dei vari soggetti quali protagonisti legittimi dell'intero processo decisionale e definire procedure che superino inequivocabilmente l'attuale incertezza tra formalità e informalità dei processi stessi.
La governance urbana viene recepita quindi come procedura di accrescimento del livello democratico di una società, secondo un approccio partecipativo alla democrazia.
È evidente come in questo processo le fasce più deboli e i cittadini in genere, se non ben organizzati, rischiano di soccombere rispetto alle organizzazioni economiche e alle imprese che detengono comunque il potere economico e finanziario.
Questa nuova visione dell'urbanistica è rintracciabile nell'impalcato delle moderne leggi urbanistiche regionali, fondate

sul concetto di piano strutturale quale strumento urbanistico generale di indirizzo delle scelte di governo del territorio, da attuare con successivi strumenti operativi e di attuazione molto flessibili, spesso con valenza temporale legata alla durata di una amministrazione.

Questa evoluzione normativa è dettata dall'esperienza maturata con i piani regolatori di vecchia generazione, troppo spesso rimasti sulla carta per decenni fino a essere superati dalle nuove esigenze di un territorio in continua evoluzione; l'attuazione di quei piani è avvenuta quindi con un susseguirsi di varianti funzionali alla disponibilità di risorse finanziarie.

A prescindere dalla possibilità di redigere piani operativi temporali (cfr. il cosiddetto piano del sindaco), di fatto le trasformazioni dei territori a partire dagli anni '90 si sono realizzate per mezzo dei programmi complessi: strumenti con dotazione finanziaria di immediata disponibilità, spesso mista pubblico-privata, con capacità di incidere significativamente sul governo del territorio e in alcuni casi con l'obbligo del coinvolgimento dei cittadini.

Un esempio emblematico è rappresentato dall'esperienza dei Contratti di Quartiere. La maggior parte delle amministrazioni comunali che aderirono al bando di gara non erano strutturate, né politicamente né tecnicamente, per costruire programmi di riqualificazione urbana in maniera partecipata; pertanto hanno dovuto approntare processi partecipativi ad hoc per rispondere alla richiesta cogente di dimostrazione della partecipazione realizzata.

L'assenza di regole certe e la carenza di abitudine alla partecipazione, sia da parte dei cittadini sia da parte degli amministratori, non hanno garantito i migliori risultati.

I laboratori territoriali: modello di pianificazione partecipata
Ma come è possibile recepire le istanze della gente? L'accento va posto sulla possibilità e sulla capacità di ascolto reale delle comunità interessate. La partecipazione consapevole non è qualcosa che si può praticare saltuariamente. Mancano pratiche consolidate e luoghi dove costruire ed esercitare la partecipazione.

Rispetto a questi ultimi, detto che la democrazia rappresentativa è entrata in crisi e pensare al pieno coinvolgimento dei cittadini in impegnative azioni di gestione partecipata è impresa ardua proprio per la scarsa fiducia nel sistema politico-amministrativo, bisogna puntare a strutture stabili dove:
- avviare un lento processo di sensibilizzazione, educazione e formazione;
- formare la conoscenza sociale e praticare la valutazione delle alternative di sviluppo;
- sviluppare la necessaria sensibilità individuale e collettiva rispetto alle questioni globali e alle specifiche problematiche del proprio territorio.

Bisogna procedere localmente all'istituzione di laboratori territoriali dove praticare stabilmente la partecipazione per il governo del territorio; luoghi deputati a gestire i processi sul piano tecnico ma, grazie al coinvolgimento di attori sociali ed economici, con modalità socialmente partecipate.

Nei laboratori si possono praticare azioni di vero e progressivo coinvolgimento delle comunità locali nel processo di re-identificazione dei luoghi e delle opportune scelte di trasformazione territoriale, matrice ed essenza di ogni paesaggio. Il laboratorio può organizzare e gestire le conoscenze relative alla complessità dei territori esaminati, mediante l'uso di Sistemi Informativi Territoriali (SIT).

Conoscere significa descrivere e gestire socialmente l'identità del luogo come presupposto del suo sviluppo nella teoria del valore della diversità e del ruolo di questa all'interno del sistema e al suo esterno.

Esiste ormai un'ampia letteratura su metodi e tecniche di pianificazione partecipata e l'introduzione delle moderne tecnologie di informazione e comunicazione (Information and Communication Technology - ICT) nei laboratori per la governance territoriale può rappresentare un valido supporto che potrebbe facilitare in molti casi la partecipazione delle reti di famiglie (Ginsborg, 2006) alle attività dei laboratori territoriali.

Si tratta di definire una metodologia congrua rispetto alle realtà locali e di contestualizzare le diverse tecniche in presenza e on-line, secondo lo schema organizzativo e di funzionamento proposto.

L'introduzione di procedure on-line può fornire un contributo notevole alla partecipazione soprattutto (ma non solo) in termini di trasparenza, nella consapevolezza che non tutta la popolazione è raggiungibile in rete. Non si vogliono sostituire, quindi, le attività di partecipazione in presenza con attività basate su strumenti di eGovernance; ma, con la coscienza che le attività in rete possono essere di grande ausilio e che il digital divide nella popolazione va sempre più riducendosi, si vogliono cogliere in pieno le opportunità e le potenzialità offerte dalle ICT.

In una recente ricerca PRIN[3] abbiamo esaminato diverse esperienze di eGovernence applicata alla pianificazione fisica nel panorama italiano, classificando le diverse tecnologie con nostre elaborazioni sulla base delle linee guida per la promozione della cittadinanza digitale (Formez, 2004).

Bibliografia
AA.VV. (2004), *Linee guida per la promozione della cittadinanza digitale: e-democracy*, Formez, Roma
Ginsborg P. (2006), *La democrazia che non c'è*, Einaudi, Torino
Le Galès P. (1998), "La nuova political economy delle città e delle regioni", in *Stato e Mercato*, n. 52, pp. 53-91
Papadopoulos Y. (2003), "Cooperative Forms of Governance: Problems of Democratic Accountability in Complex Environments" in *European Journal of Political Research*, n. 42, pp. 473-501

1. La Carta delle città europee per uno sviluppo durevole e sostenibile siglata durante la Conferenza europea che si è svolta ad Aalborg, in Danimarca, dal 24 al 27 maggio 1994.
2. Convenzione di Aarhus (25 giugno 1998) sull'accesso alle informazioni, la partecipazione del pubblico ai processi decisionali e l'accesso alla giustizia in materia ambientale.
3. Ricerca PRIN 2008 dal titolo "Sostenibilità urbana ed e-Governance nella pianificazione fisica" il cui coordinatore nazionale è Manlio Vendittelli.

THE CRISIS OF PARTICIPATORY PRACTICES: THE CASE STUDY OF THE SARDINIAN REGIONAL LANDSCAPE PLAN

Federica Leone

Federica Leone had a PhD in March 2013 in Planning at the University of Cagliari (Italy). Her thesis focuses on participatory approaches in support of the decision-making processes. She obtained a Masters in International Planning and Development at the Cardiff University.

KW: LANDSCAPE PLANNING, PARTICIPATION, PLANNING PROCESS

Abstract
The paper concerns the analysis of participatory practices in support of decision-making processes. In particular, the case study of Sardinian Regional Landscape Plan is examined in order to understand the difficulties to translate theoretical concepts about participation into practice. Indeed, at any level, governments sometimes use the term of participation in an improper way. In other words, politicians emphasize the concept of participation without a profound comprehension of its real meaning. In particular, in the Sardinian case study, political issues have negatively influenced the outcomes of participatory processes.

Introduction
Current society is characterized by a growing complexity, deriving from a somewhat forced coexistence between various interests and positions, represented by the ongoing social transformations. As a consequence, participation and the participatory processes remain central elements of the modern society, representing a prerequisite and a democratic right in the Western nations. However, although their importance is underlined at the international level, the implementation of participatory practices puts in evidence some criticisms and problematic aspects due to the ambivalent nature of the concept of participation. Indeed, although it represents theoretically a democratic right, governments sometimes implement the inclusive processes in order to reinforce the existing power relations (Cooke and Kothari, 2001). From this conceptual framework, the paper focuses on the main implications and repercussions of participatory and planning processes in order to understand the effects of policies and strategies on the physical space.

The crisis of participatory processes
The concept of participation is in a continuous progress, representing a form of protest or a critique of modern society in the late 1960s (Van Tatenhove and Lerroy, 2003; Reed, 2008) becoming a prerequisite in the sustainable development agenda in 1990s (United Nations, 1992).
However, nowadays, as Innes and Booher (2004, p. 419) argue: "It is time to face facts we know, but prefer to ignore. Legally required methods of public participation in government decision-making...do not work...". Indeed, society is characterized by a dichotomy between the public administrations and citizens that has determined a widespread crisis concerning regional and urban planning in terms of peoplÈs needs fulfilment, and the incapacity to communicate in a constructive way.
Moreover, in this conceptual framework, entailing direct implications on future social and political developments of an area, planning discipline is firmly bound up with political science. Indeed, each planning act is a political action for two reasons. First of all, who takes decisions in the planning processes is a public authority. Secondly, plans, based on zoning, entail the definition of values in the community through their physical space. Indeed, defining an area as residential rather than as agricultural changes the qualitative and quantitative value of the zone (Chiodelli, 2009). From this perspective, planning is subordinated to political constraints and, at the same time, it is shaped by the political system (Scott, 1972). As a consequence, participation represents the link between politics and planning.
In this conceptual framework, participation is currently analysed and interpreted either as a democratic right (Arnstein, 1969) or as an instrument to achieve specific goals (Michener, 1998). As a result, the dichotomy, between theory and practice, acquires an increasing importance within the international debate.

The case study of the Sardinian RLP
Sardinia, one of the main Italian islands, elaborated its RLP in 2005 and its elaboration was imposed by the national government, establishing that landscape protection was competence of the regional government. However, different problems entailed the necessity for a revision.
Indeed, the research work emphasises a guiding theme within this process that concerns the reciprocal influences between the political system and the planning and participatory processes. This situation is clearly traceable in the elaboration phase; meanwhile, in the revision phase political influences seem less important. Indeed, in the elaboration phase the participatory process was essentially top-down and the regional government had a fairly managerial role. As a result, the participatory and planning process represent a kind of failure for different issues. First of all, the inclusive process did not influence the contents and the objectives of the RLP. Secondly, only few local municipalities have implemented their local plan in relation to the RLP. On the other hand, in the revision phase, the regional government had an opposite attitude with respect to the local municipalities. However, an increased attention and awareness of the importance of participatory practices could be ensued by a specific idea. Indeed, the RLP established in the first phase, was elaborated by a regional government which belong to an opposite political alignment. Therefore, this increased awareness may conceal a specific political aim to represent itself as a forward-looking administration in order to increase consensus

among municipalities without establishing a real and constructive dialogue where also the regional government's viewpoints could be argued and discussed.
Finally, the participatory processes used during the elaboration and revisions phases of RLP show two important aspects. The first concerns the difficulty to translate theoretical concepts about participation into practice. Meanwhile, the second emphasizes the implications of planning decisions on the physical space. Indeed, the lack of implementation of the RLP at the local level has had serious repercussions on the local developments.

Conclusions

In conclusion, the divergences between theory and practice could be partially addressed through the elaboration of a methodological framework. It should aims at relating the planning and participatory processes within an integrated system, where, despite the complementation, the two decision spheres are independent. Indeed, going beyond the analysis of the main problems, the research intends to minimize the gap between theoretical and practical issues. This consideration arises from the fact, proved through the analysis of the Sardinian RLP, that theoretical and practical concepts are deeply connected to participation. So, not only is their coexistence undeniable, but the effectiveness of the integrated system "participatory and planning processes" is strongly connected to their equilibrium.
Moreover, as the case study has emphasised, the political decisions can influence the processes. As a result, a certain degree of independency is necessary. Indeed, the participatory processes should be elaborated and implemented by an authority that should be different from the administration that implements the planning processes. Moreover, the two processes should be cooperative and interactive continuously, guaranteeing the transparency of the integrated system. Secondly, the concepts of flexibility and circularity are fundamental. The former concerns the possibility to adapt the processes to different external variables' behaviour. Indeed, the effectiveness of the participatory and planning processes is linked to the reference contexts that are characterised by specific economic, political and social aspects. The second concept is connected to the idea that the integrated system is not a sequence of phases and steps. As a result, within the integrated system different non-linear relations exist.. Indeed, the circularity entails a continuous assessment of the two processes, allowing correcting possible mistakes. On the other hand, the participatory process should be conceived parallel to the planning process of the elaboration, implementation and monitoring of the RLP. In this way, it could be possible to guarantee a real participation and also a continuous monitoring of the planning processes.
In conclusion, from this conceptual perspective, "learning from failing" represents an important lesson of the research work. Indeed, despite the undeniable failures that characterise the current participatory practices, participation remains a significant aspect that could give a decisive contribution to the effectiveness of planning decisions.

Reference

Arnstein, S. R. (1969), "A ladder of Citizen Participation" in Journal of the American Planning Association no. 35 vol. 4, pp. 216-224.
Chiodelli, F. 2009. Riflettendo sul nesso tra urbanistica e politica a partire da Henri Lefebvre. In: V Giornata di Studi INU, Urbanistica e Politica. Napoli, 23 Ottobre 2009.
Cooke, B. and Kothari, U. (2001), Participation: the New Tyranny?, Zed Books, London.
Innes, J. E. And Booher, D. E. (2004), "Reframing Public Participation: Strategies for the 21st Century" in Planning Theory & Practice no. 5, vol. 4, pp. 419-436
Michener, V. (1998) "The Participatory Approach: contradiction and co-option in Burkina Faso" in World Development, no. 26, pp. 2105–2118.
Reed, M. S. (2008), "Stakeholder Participation for Environmental Management: a literature review" in Biological Conservation, no. 141, pp. 2417-2431.
Scott, R. D. (1972), "Political Science, Planning and Participation" in Planning Outlook, no. 12, vol. 1, pp. 17-27.
United Nation, 1992. The Rio declaration on Environment and Development [Online]. Available at: http://www.c-fam.org/docLib/20080625_Rio_Declaration_on_Environment.pdf [Accessed: June 10 2013]
Van Tatenhove, J. P.M. and Leroy, P. (2003), "Environment and Participation in a Context of Political Modernisation" in Environmental Values, no. 12, pp. 155–74.

OPEN SYSTEMS

PATRIMONI URBANI COME BENE COMUNE. PROGETTAZIONE PARTECIPATA VS. PROJECT FINANCING A FORTE MARGHERA, VENEZIA

Alessandra Marin

architetto e PhD in Pianificazione territoriale e Sviluppo locale, è ricercatrice confermata ICAR/21 presso il Dipartimento di Ingegneria e Architettura dell'Università di Trieste. Si occupa di strumenti e progetti per la rigenerazione urbana, con particolare attenzione all'approccio partecipativo.

Sergio Pratali Maffei

Sergio Pratali Maffei, architetto e PhD in Conservazione dei beni architettonici, è stato ricercatore all'Università Iuav di Venezia ed è attualmente professore associato di restauro all'Università degli Studi di Trieste. Partecipa a ricerche e a progetti di cooperazione internazionale nel campo della valorizzazione del patrimonio architettonico.

KW: RIUSO AREE DISMESSE, PROGETTAZIONE PARTECIPATA, BENI COMUNI

Forte Marghera da oggetto speculativo a patrimonio urbano
Il campo trincerato di Mestre è un sistema difensivo costruito nel XIX secolo a difesa di Venezia. Composto di 12 forti – il più antico ed importante dei quali è Forte Marghera, realizzato tra Mestre e la laguna da Francesi e Austriaci a inizio '800 – il campo trincerato costituisce un rilevante patrimonio storico e ambientale, che caratterizza la terraferma veneziana, oggetto di attenzione di studiosi e associazioni dedicate al suo recupero fin dai primi anni '80 (Zanlorenzi, 1997).
Un'attenzione che viene "dal basso" e che è caratterizzata dall'impegno per l'uso sociale di queste strutture, che porta l'amministrazione veneziana a occuparsi di questi beni, sollecitandone la restituzione alla collettività da parte del Demanio, e che mobilita da subito le associazioni di cittadini nel loro recupero e nella gestione.
In questo quadro, il Forte Marghera costituisce l'elemento più rilevante per storia, localizzazione e dimensioni; il cuore del sistema, il suo elemento di articolazione con la laguna e la città di Venezia. Una rilevanza testimoniata anche dai vincoli posti, già nel 1980, dal Ministero per i beni culturali e ambientali: uno di tipo monumentale e un secondo di tipo ambientale, poiché "elemento di rilevantissimo interesse ambientale e paesaggistico facente parte dell'eco-sistema lagunare".
Fino al concorso internazionale "Un Parco per San Giuliano" del 1989, il Forte non viene considerato una potenziale risorsa per la città. Il Piano Guida per il Parco redatto dal vincitore, Antonio di Mambro, viene approvato dal Comune nel 1996, pochi mesi prima che il Forte venga abbandonato dall'esercito. È in questo documento che troviamo una fondamentale affermazione, che per 15 anni ha guidato l'azione dei cittadini mobilitati intorno al futuro del Forte:
"Poiché la sua attuazione richiederà tempi lunghi, durante i quali potrebbero succedersi diverse amministrazioni cittadine, una chiara visione del suo futuro dovrà essere condivisa da tutti i membri della comunità" (Di Mambro, 2005, p. 52)[1].
Si apre una fase transitoria, il Comune di Venezia è designato dal Ministero della Difesa quale concessionario provvisorio e gestore. Nel 2000 viene costituita ad hoc la società Marco Polo System geie (MPS), dal 2004 incaricata di gestire il Forte[2], che verrà acquistato dal Comune nel febbraio 2009, per 9.554.000 euro; la sua gestione provvisoria permane a MPS, caratteriz-

zata da un'organizzazione a dir poco verticistica, con amministratore unico.
A cavallo tra assegnazione provvisoria e acquisizione, da MPS vengono selezionate proposte per la sperimentazione del riutilizzo del campo trincerato, con particolare attenzione a Forte Marghera, attraverso la realizzazione di attività di produzione culturale; vengono prodotti studi di fattibilità, linee guida al piano per il riuso e la valorizzazione del campo trincerato di Mestre, un piano di marketing territoriale per il Forte e un masterplan per il suo riuso; tutte azioni orientate al consolidamento della posizione di MPS come gestore unico.
Al contempo e per contro, un gruppo di 14 associazioni presenti sul territorio si autorganizza per realizzare la prima proposta organica e complessiva per il riutilizzo del Forte: il Laboratorio di Progettazione Collettiva per Forte Marghera FASE1 presenta il progetto "Sprivatizzare i beni pubblici: per una progettazione e gestione partecipata dei beni comuni. Per un Forte Aperto, Solidale e Sostenibile" (marzo 2008).
Ma il Comune in vista dell'acquisto promuove (giugno 2008) un avviso di gara per la ricerca di soggetti interessati a concessioni d'uso dell' ex Forte Marghera. L'avviso stima un costo complessivo di recupero di circa 60 milioni di euro e prevede la concessione d'uso (senza oneri) per 40 anni[3].
Tra le 12 proposte presentate, il Comune chiede di approfondire (ottobre 2009) quella dall'Associazione Eduka onlus – Impregilo S.p.A., finalizzata alla realizzazione in project financing di una "Città del bambino" che prevede ingenti aumenti di cubatura, per una sostanziale riconversione del Forte in outlet tematico e polo di attrazione turistica.
In risposta al bando del Comune di Venezia già l'8 settembre 2008 viene presentato e sottoscritto da varie associazioni e migliaia di cittadini un "Manifesto in difesa di Forte Marghera e per la sua riprogettazione in forma partecipata". A più riprese, tra 2008 e 2011, la cittadinanza si mobilita, organizzando eventi, raccogliendo firme e bloccando di fatto l'amministrazione, che infine pone il Forte tra i progetti di recupero collegati alla Legge Speciale, dichiarando alla stampa che "si arriverà presto una consultazione partecipata per verificare le proposte di recupero e gestione".
Consultazione organizzata nell'estate 2011 da MPS, che ha già però prodotto un "Masterplan per il recupero urbanistico di Forte Marghera", dove si sostiene che solo l'azzeramento degli usi pubblici e il raddoppio della superficie costruita consentano una "debole" fattibilità economico-finanziaria (MPS, 2010).

Il Gruppo di Lavoro per Forte Marghera e la costruzione di un percorso di difesa del Forte come Bene Comune

Con tali premesse, il percorso di progettazione partecipata promosso da MPS viene in breve ad abortire, anche per la scelta fatta di non definire regole aperte di confronto[4]. Ma è a questo punto che un gruppo di cittadini dà vita a un altro percorso, che si vuole realmente inclusivo, costruito dal basso e autofinanziato, e si aggrega sotto il nome di "Gruppo di Lavoro per Forte Marghera ... stella d'acqua" (GdLFM).
Il Gruppo raccoglie rappresentanti di associazioni e semplici

cittadini, per la gran parte privi di interessi economici e diretti sul Forte, oltre ad alcuni dei cosiddetti "residenti" di Forte Marghera, ovvero le associazioni e attività (artistiche, artigianali, culturali, ricreative) che negli anni di gestione MPS hanno ottenuto di poter utilizzare parte degli spazi del Forte, provvedendo alla loro manutenzione, ma sempre con intese precarie e quindi senza possibilità di investire nella stessa.
Il Gruppo si propone di definire Linee guida e uno o più progetti di fattibilità per il Forte in tempi compatibili con quelli indicati dall'amministrazione comunale, che intende decidere che fare di Forte Marghera entro i primi mesi del 2012.
Aprendosi progressivamente ad altri soggetti, organizzandosi in gruppi lavoro, per occuparsi di tutte di tematiche che è necessario affrontare, il Gruppo promuove alcuni incontri di sensibilizzazione riferiti a singole tematiche e al contempo inizia il percorso di coinvolgimento dei cittadini.
La scelta di promuovere prima un incontro che utilizzi l'Open Space Technology (OST) (Garramone, Aicardi, 2010) e poi una serie di appuntamenti ispirati al Confronto Creativo (Sclavi, Susskind, 2011) corrisponde alla volontà di dare voce a componenti diverse e numerose della popolazione, di raccogliere e porre a confronto il maggior numero di idee possibili e esaminarle nei tavoli di lavoro, dove verificare i caratteri di fattibilità delle diverse proposte emerse dall'OST[5].
Anche l'Assessorato all'Ambiente e la Municipalità di Mestre patrocinano e partecipano all'outreach e agli incontri di preparazione all'OST: un percorso che persegue l'inclusività, a volte limando distanze non indifferenti nelle visioni poste a confronto, ma evitando sempre le strumentalizzazioni, e che si rivolge anche alle scuole medie e superiori della città, per avvicinare i giovani alla democrazia partecipata; in una di queste scuole si terrà, il 5 febbraio 2012, l'OST "Che forte...decido anch'io!"

Forte Marghera: patrimonio unico e bene di tutti

"Quali idee per il futuro di Forte Marghera, patrimonio unico e bene di tutti?" A questa domanda sono state chiamate a dare risposta le circa 350 persone che hanno partecipato all'OST.
I partecipanti hanno avanzato proposte di discussione, dando forma al programma dei lavori, organizzato in tre sessioni per un totale di 20 tavoli di confronto, che hanno riguardato argomenti diversi: dal Forte come oasi naturalistica alle modalità di gestione, dalla presenza di artisti e artigiani al restauro degli edifici.
Il quadro emerso a fine giornata dall'instant report[6] consegnato ai partecipanti è quello di una pluralità di idee, spesso mature e ben articolate, caratterizzate nella gran parte da alcune parole chiave e da un atteggiamento di fondo: quello di garantire una piena fruibilità del Forte, sentito come bene comune della città, e di tutelarne molti degli aspetti già presenti, rifiutando radicali modificazioni e operando per una flessibilità nei modi e tempi d'uso dei suoi spazi.
Da questo esito si sono avviati i tavoli di confronto creativo, organizzati per temi. Dall'accessibilità e relazioni del Forte con il contesto urbano, agli usi degli spazi, alle modalità, tecniche e costi nel recupero, e infine ai criteri di finanziamento e gestione. Il confronto ai tavoli tematici ha visto impegnate molte persone – molte non già presenti all'OST ma richiamate ai tavoli dal successo dell'iniziativa – in relazione a interessi e competenze che potevano mettere in gioco nel progetto; ci sono stati momenti di difficoltà, anche per la presenza in alcuni casi di partecipanti poco inclini a rimettere in discussione le proprie idee di partenza, ma si è comunque cercata una soluzione condivisa anche per gli argomenti oggetto di contrasti. Il lavoro finale di scrittura delle "Linee guida partecipate e condivise per il futuro di Forte Marghera" è stato poi svolto da alcuni componenti del GdLFM, e verificato/emendato in sede di assemblea plenaria.
La presentazione delle Linee Guida il 16 marzo 2012, in un'affollata sala concessa (per la prima volta gratuitamente!) dalla Municipalità di Mestre, ha costituito un momento importante, ma non la chiusura del lavoro: si è infatti proseguito nel lavoro di pressione sull'amministrazione per l'effettiva presa in considerazione di quanto emerso dal percorso partecipativo.
Nel corso del 2012 all'orizzonte del Forte si sono presentati vecchi e nuovi "convitati", con varie proposte: una variante più "accattivante" del project financing di Impregilo, un'ipotesi di incubatore culturale e polo turistico-residenziale della società immobiliare tedesca MIB-AG, un nuovo Masterplan di MPS, meno "impattante" del primo ma sempre teso a una sostanziale monofunzionalità. Ipotesi accomunate dalla richiesta di concessione, per lunghi periodi di tempo, a privati o attori pubblici "specialistici" come l'Accademia di Belle Arti (con minimi spazi conservati ad uso pubblico) di un bene di proprietà pubblica e di uso comune di straordinario rilievo.
Non c'è qui la possibilità di descrivere le vicende, spesso contrastate, degli ultimi 15 mesi, ma si può accennare in conclusio-

OPEN SYSTEMS

Immagini
1. La "stella" di Forte Marghera nel contesto del waterfront lagunare veneziano: a sud, l'area del parco scientifico e tecnologico Vega e le aree industriali ancora in via di riconversione, a est il Parco di San Giuliano
2. Gli spazi del Forte
3. Tavola esplicativa di parte delle Linee Guida partecipate e condivise per il futuro di Forte Marghera. Vi vengono definiti le principali azioni proposte e gli ambiti interessati dagli interventi sull'accessibilità e sugli spazi aperti e acquei.

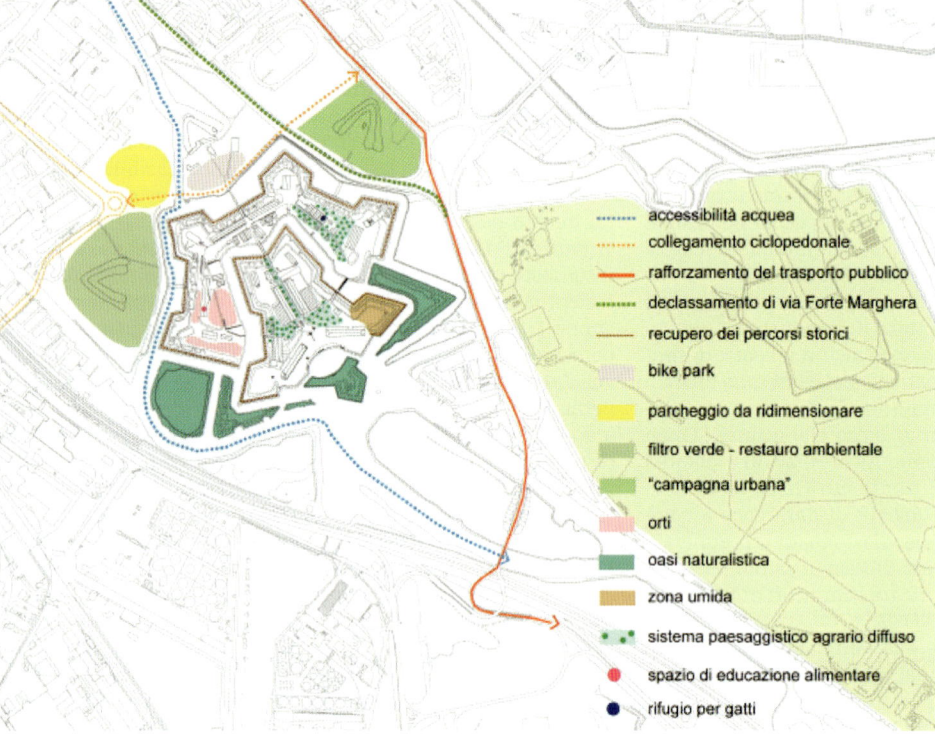

ne allo stato attuale della situazione, che vede il Comune alla fase di adozione di un Piano di Recupero di iniziativa pubblica[7], che ha finalmente sostituito le ipotesi di project financing e nelle cui ipotesi di intervento molti degli esiti del percorso partecipativo, mai prima accennati dagli attori già in campo, hanno trovato spazio.

Il passaggio successivo sarà quello del bando per l'assegnazione degli spazi, ma è chiaro che un parziale esito positivo è stato raggiunto; a meno di escamotages dell'ultima ora, i criteri di intervento sul patrimonio costruito e vegetale, l'impatto sul paesaggio e la difesa dell'apertura del Forte a tutta la cittadinanza sembrano acquisite.

Restano le criticità relative alla gestione, ai rapporti tra decisori e shareholders che la costruzione di un progetto partecipato "dal basso" raramente scalfisce. In questi casi, non resta che continuare a monitorare e informare, tenendo viva la capacità di molti di rendersi responsabili di sempre nuovi, e adeguati alle diverse situazioni, percorsi di difesa di un bene comune.

Bibliografia
Comune di Venezia (1992), *Un parco per San Giuliano*, Tip. Armena, Venezia.
Di Mambro A. (2005), "San Giuliano: un progetto per ricucire la città", in AA.VV., *Tra la terra e l'acqua. Il parco di San Giuliano a Mestre*, Marsilio, Venezia.
Garramone V., Aicardi M. (eds, 2010), *Paradise l'OST?: spunti per l'uso e l'analisi dell'Open Space technology*, Milano, Franco Angeli.
Hedorfer M. (ed, 2010), *Masterplan per il recupero urbanistico di Forte Marghera a Venezia-Mestre*, Marco Polo System, Venezia.
Sclavi M., Susskind L.E. (2011), *Confronto creativo. Dal diritto di parola al diritto di essere ascoltati*, et al. edizioni, Milano.
Vio G. (ed, 2009), *Stella d'acqua. Politiche e riflessioni per il recupero di Forte Marghera a Venezia*, Cleup, Padova.
Zanlorenzi C. (ed, 1997), *I forti di Mestre : storia di un campo trincerato*, Coordinamento per il recupero del campo trincerato di Mestre, Associazione storiAmestre, Venezia.

Siti web
http://www.fortemarghera.it/
Il sito contiene la documentazione relativa al lavoro di raccolta dati sul Forte Marghera e al percorso di progettazione partecipata promosso dal Gruppo di Lavoro per Forte Marghera.

1. E ancora: "Per essere usufruito ed avere successo, il parco necessiterà, infatti, di riflettere appieno le aspirazioni dei suoi utenti. In altri termini, esso sarà espressione di una progettazione dal basso, partecipata e condivisa dal pubblico, non il frutto della convinzione di pochi individui".
2. Costituita tra Comune di Venezia e Associazione Centrale dei Comuni e delle Comunità della Grecia, con l'adesione successiva della Provincia di Venezia nell'ottobre 2006, poi ritirata a giugno 2010 (comunque dopo aver garantito un impegno economico a favore della MPS pari a 501.782 euro nel triennio 2007/2009).
3. Restano a carico del Comune, ovvero della collettività, quelli che sono considerati gli oneri maggiori, ovvero quelli per l'acquisto, la bonifica dei terreni e per il restauro di rive e marginamenti (che data la forma del Forte, si estendono per 11 chilometri).
4. La scelta è funzionale al fatto di organizzare gli incontri come semplice presentazione dei progetti che erano supportati o ben accetti a MPS, come ad es. il "Parco del Contemporaneo", escludendo la possibilità di produrre invece un dialogo ampio e creativo sulle scelte future da proporre agli amministratori.
5. Un esperimento di democrazia partecipativa, che viene non a caso supportato da realtà come il Coordinamento Io Decido, che nel 2010 si è costituito tra numerose associazioni veneziane (con una spiccata presenza di donne), sollecitando l'amministrazione comunale a coinvolgere i cittadini nei processi decisionali che riguardano le scelte strategiche dell'amministrazione.
6. Posto a disposizione anche al resto della cittadinanza, in quanto scaricabile dal sito del GdLFM, in bibliografia. Lo stesso può dirsi per gli altri materiali di lavoro, fotografie, video.
7. Al quale il GdLFM ha presentato alcune osservazioni, finalizzate a rendere le indicazioni sul trattamento degli spazi più aderenti a quanto condiviso dal percorso partecipato.

4 NOTES FOR PERIPHERY AS A NEW SPATIAL FORM

Alona Martinez Perez

She is a Spanish architect and educator. She has taught at the ETSAB, Universities of Edinburgh, Ulster, Dundee and is a Fellow of the Geddes Institute. She is doing her PhD about architectural Peripheries, and has written extensively for publications such as Domus and Urbanistica.

KW: PERIPHERY, CRISIS, CRITICAL THINKING

"We have lived the past few decades regarding the peripheries of the city with a certain fascination. The idea that the centre was something complete, needing only a few finishing touches, protection and integrated intervention, led to several generation of architects, from the 80s on, to view the peripheries as a deregulated zone in which they could rehearse a new scale, typology and programmes, and activate new types of public spaces."
Juan Herreros[1]

The periphery as a spatial form

By two thousand and fifty seventy five per cent of the world's population will live in cities.[2] Spatial policies today focus on the idea of a centrality, looking at the development of city centres on one hand, but on the other hand ignoring that there are new centralities emerging in most European cities; the periphery. As defined by the architect Rafael Moneo: "The dispersion due to mobility in the city, promotes the predisposition towards firstly a trivialised garden city and secondly the concentration of consolidated residential areas, the two most frequent forms of residential development".[3] As we observe an increase in the use of cars, and the expansion of residential areas in the outskirts of the cities in Europe, the architecture of these spaces is not necessarily a well-designed garden city like Howard envisaged in England, but a trivialised American suburb. The concentrated areas are connected through the infrastructure, dispersed in pockets of residential uses without public services. Families are moving out to the suburbs for fresh air and more space. It is Reyner Banhman's LA in Europe, we can embrace it and love it, or maybe we can just disguise it. Whatever we do the periphery is present emerging as a new spatial form. The connotations are connected with our fascination about the pastoral idea of the romantic house, placed in a beautiful landscape (where the individual freedom can develop and find its enlightenment). Peter G. Rowe writes: "Whenever possible regardless of style, the single family house tends to be embraced by a landscape that is both pastoral and romantic in appearance. Surprisingly, perhaps given such an otherwise individualistic emphasis, there is often a strong commitment to a larger, common landscape in into which specific houses are placed".[4] The proliferation of this kind of landscape is often associated with a certain desire for freedom (typical of the American pastoralism and psyche). That concept of the American dream, of the suburban detached house with the perfect lawn, the idea of Do It Yourself is here translated from the success of individual achievement to the dwelling. Somehow what is seductive about this approach is not what we see in the emerging landscape of trivialised periphery that is proliferating in Europe. This cultural concept of the American suburb is trans-

1. Herreros, J,. (2009) "Madrid in times of crisis, from the periphery to the centre through the inner suburbs" in Cantis, A.J. & Jaque, A. Piensa Madrid = Think Madrid: [José María Ezquiaga, Juan Herreros, Fabio Casiroli ...]. In [Madrid]: Caja Madrid: La Casa Encendida. p.285.
2. Burdett, Ricky et al, (2007). The endless city : the urban age project, London, New York : Phaidon press.
3. Moneo, R. "Seis apuntes discontinuos sobre la ciudad" in Azúa, F., 2004. La arquitectura de la no-ciudad, Pamplona: Universidad Pública de Navarra. p. 116. (Author's translation).
4. Rowe P., (1992), "Poetics of an American Landscape", in, UR9-10 Proyectar la periferia. p.18 Available at: http://issuu.com/lub.upc.edu/docs/ur9_10_digital?mode=embed&layout=http%3A%2F%2Fskin.issuu.com%2Fv%2Flight%2Flayout.xml&showFlipBtn=true [Accessed February 16, 2013]. This number of the journal UR discusses the project of the periphery.
5. Ibid p. 14
6. Boeri, S., (2011). L'anticittà (1. ed.), Roma: Laterza pp.29-30. (Author's translation).
7. Rossi, A. (July 1961) "La città e la periferia, la continuità", in Casabella 253.

ported as a cultural conquest translated into our cities, into the architecture where most Europeans now live. A new spatial form of cultural colonisation of the Middle American urban landscape transported to Europe. The idea of the early form of American suburbia is explained by Rowe: "Shortly after World War II, between 1950 and 1955 to be more precise, America became a nation of suburban dwellers. […] Today, the suburban and ex-urban proportion of metropolitan development stands above sixty-five per cent".[5] Stefano Boeri writes: "Today 60% of the European urban population live outside the limits of the city that was built and consolidated by the end of the second-half of the last century".[6] If we refer to the earlier quote by Peter G. Rowe and we compare these statistics with what Stefano Boeri mentions about the European periphery is turning into an American landscape with more than 50% of the urban population living in these areas. The cultural conquest of the peripheral development so typical of the American suburb, is invading the European city. The traditional European compact city is becoming a peripheral one. The conquest of the outskirts of the cities is not just the representation of dispersed spatial forms but also the acquisition of cultural values that are represented through this new emerging landscape. The critical reading of this new spatial form opens up questions, often being met with negativity, or seducing us or fascination as it is mainly in these deregulated areas that creativity can be exploited. This is connected with impunity as the peripheries are no man's land, a land without rules. If the rules are there, they are difficult to decipher. We can look at it, we can ignore it, and we can re-visit the old cities to feel that we are in Europe but the reality is that out there, where the border ends, where the centre disappear a new amalgam of something that we are unwilling to define. With its seductive weaponry the periphery smiles at the old centre, growing into the emerging European landscape.

Re-reading the periphery

The design processes active in these new peripheries take on a critical importance in the discourse for a new ecology of these vast areas as set out by architects- such Abalos and Herreros. The book L'architettura della città by Aldo Rossi looks at the development of the traditional cities.. Rossi tried to explain the elements that constitute the European city. For him the city is a manmade object. His critique of Functionalism came out in a moment of change in the 1960's, today with a change of values and the economic crisis we experience also a sudden impulse to explain some concepts that we need to re-read, re-visit and understand. He wrote about Milano's periphery for the journal Casabella[7] before writing his book. This shows some of his earlier concerns about understanding this phenomenon that after re-emerging at the conclusion of his book where he refers to the value of understanding these vast peripheral areas (this is somehow illuminating if we see where we are today): "[…] But if this the most sensational case of increased urban scale, no less important instances of expansion exist in the large European cities. These expansions constitute phenomena in themselves and must be studied as such; the various hypotheses

of the megalopolis have brought to light interesting material which will undoubtedly be useful for further studies of the city. In these terms, the hypothesis of the city-region may truly become a working hypothesis, and it will become increasingly valuable the more it serves to illuminate situations that preceding hypotheses have been unable to explain completely".[8] This poses the importance of the periphery in the creation of new systems focusing on the positive aspects of these new emerging territories, the possibility of re-reading the periphery as new areas opened to be explored. These areas which are often rejected in planning policies, emerge as interesting spatial forms. The Catalan architect Manuel de Sola-Morales explains this process "We are interested in a new concept of urbanity, precisely as something that contemporary (global, territorial, hybrid, and scattered) urbanization regards as its major resource. It is the new urbanity of distances and silences of the incipient peripheries, the internal brilliance in intersections, in wastelands of the mute presence of industrialized construction and of banal architecture."[9]

Crisis of ideas, re-thinking of concepts

The critical discourse for these new vast areas in the background of a crisis is not just essential for re-thinking these concepts but also for architects today. But is also necessary as we can see a crisis of ideas inside this theme that has focused the architectural discourse in the last few years. Josep Maria Montaner writes about this: "Architectural critique, so influential a few decades ago, today has an irrelevant role. In the case of architectural criticism we can add two crises, the cultural and within architecture itself. […] In the field of architecture, the poor health is perceived much more in contrast with its Golden period, between the sixties and the eighties, with figures such as Manfredo Tafuri, Aldo Rossi or Kenneth Frampton […] Today architecture and urbanism are subservient to financial and real estate objectives, and there are limited initiatives to propose alternatives to what is imposed by the dominant interests"[10]. The crises he refers to are on the one hand the cultural one, where the periphery is becoming the predominant form of landscape where Europeans live, often subject to deregulatory processes and financial and real state growth. On the other hand the crisis of thoughts that at the aftermath of construction boom is suddenly leaving the profession a moment of reflection in which to consider the importance of developing a critical discourse that refers to both moments of cultural crisis both in society and also in architecture.

Some suggestions and thoughts

Josep Ramoneda suggests that "The aesthetics of the periphery can never be docile aesthetics. The urbanism of the periphery can never be conformist urbanism".[11] The importance to develop critical approaches to understand how to intervene in these areas, will allow the emphasis that is needed for a critical review of the project that is responsive to the culture that we are living in, to the crisis that we can see as an opportunity to develop an open system of intervention that is not docile, that is not subservient and that poses interesting questions to develop a new discourse.

8. Rossi, A. et al., (1988). *The architecture of the city*, Cambridge, Mass.: published for the Graham Foundation for Advanced Studies in the Fine Arts and the Institute for Architecture and Urban Studies by MIT. p. 160.

9. Solà-Morales i Rubió, M., (2008). *A matter of things*, Rotterdam: NAi Publishers pp. 147-53.

10. Montaner, J. M., "La extraña muerte de la crítica de arquitectura" | Cataluña | EL PAÍS. Available at: http://ccaa.elpais.com/ccaa/2012/04/11/catalunya/1334177235_734555.html [Accessed June 14, 2013]. (Author's translation). This article by Catalan critic and architect Josep Maria Montaner discusses the phenomenon of the death of critique in architecture.

11. Ramoneda J., 1992, The Periphery, in, UR9-10 Proyectar la periferia. p.1 Available at: http://issuu.com/lub.upc.edu/docs/ur9_10_digital?mode=embed&layout=http%3A%2F%2Fskin.issuu.com%2Fv%2Flight%2Flayout.xml&showFlipBtn=true [Accessed February 16, 2013]. This number of the journal UR discusses the project of the periphery

1. Madrid periphery
2. Madrid periphery (Nuevo Vallecas) Public Space Eco Boulevard designed for encouraging human interaction after the construction of the blocks of flats
3. Madrid periphery (Nuevo Vallecas), unfinished urban block due to the economic crisis.
4. Madrid periphery, resident's banner complaining about the quality of the housing.

OPEN SYSTEMS

DESIGN AS ADAPTIVE AND PROVISIONAL PRACTICE

Annalisa Metta

Dottore di ricerca in Architettura dei Parchi, Giardini e Assetto del Territorio, è ricercatore in Architettura del Paesaggio all'Università Roma Tre, ove coordina la didattica del Corso di Perfezionamento in Progettazione dei Parchi e dello Spazio Pubblico OPEN ed è parte del gruppo di ricerca Living Urban Scape (FIRB-MIUR). È tra i fondatori e partner di Osaarchitettura e paesaggio (Roma).

Maria Livia Olivetti

Architetto e dottore di ricerca in Progetto urbano sostenibile, lavora presso l'Università Roma Tre dove coordina il progetto di ricerca nazionale finanziato dal MIUR Living Urban Scape. Ha pubblicato una monografia e diversi saggi sul rapporto tra architetture sistemi vegetali. Nel 2013 ha fondato la piattaforma di ricerca e azione PICS – Public Identity and Common Space.

---

1. Living Urban Scape is a research program for young researchers funded by Italian Ministry of School, University and Research and hinged at the IUAV of Venice and the Department of Architecture of Roma Tre University. The LUS-Roma Tre team is currently composed by: Francesco Careri, Francesco Ghio, Anna Lambertini, Annalisa Metta, Luca Montuori and Maria Livia Olivetti (Unit Coordinator). The workshop Valle Aurelia in Progress (VAP) was conceived and led for LUS by Annalisa Metta and Maria Livia Olivetti.
2. Osa architettura e paesaggio is Massimo Acito, Marco Burrascano, Luca Catalano, Annalisa Metta, Luca Reale e Caterina Rogai. Co-authors with Osa for this project: Mario Leonori, Lorenzo Senni, Marta Spadaro.
3. Orizzontale is composed by: Jacopo Ammendola, Juan Lopez Cano, Giuseppe Grant, Margherita Manfra, Nasrin Mohiti Asli, Roberto Pantaleoni, Stefano Ragazzo

---

KW: ORDINARY LANDSCAPES, ACTION RESEARCH, DESIGN

Ecoweek is an international, roving, no-profit program - coordinated by Elias Messinas - which gathers every year, in a different European city, architects, landscape architects and designers with students and recent graduates for a week of creative workshops, meetings and dialogues on issues of sustainable urban design. The seventh edition of Ecoweek was held in Rome in September, 2012. Among the initiatives, there was the workshop Valle Aurelia in Progress - VAP, conceived and directed by the research group LUS-Living Urban Scape of Roma Tre University[1], the design office OSA architettura e paesaggio[2] and the architecture collective Orizzontale[3], at the Valle Aurelia Borghetto, in Rome.

The Borghetto is located at the gates of Pineto Park, between the dense districts of the first periphery (Primavalle, Torrevecchia, Aurelio) and the city laying over Monte Mario slopes (Balduina, Trionfale). The entire area is historically known as Valle dell'Inferno (Hell Valley) and is marked by the presence of clay banks. These give the opportunity to establish here - in the decades straddling the nineteenth and twentieth century - several furnaces for bricks production, used to nourish the fast building growth of the post-Unification capital city. The Borghetto was created around one of the first furnaces, the Torlonia, to house the workers and their families. Between the beginning and early 80s of the twentieth century, the village got progressively denser, even with illegal building works, often in great hardship housing conditions, for the extreme poverty of construction techniques and the recurrent flooding of the creek (Fosso della Sposata) in the valley. Meanwhile, a clear cultural and social identity of kilns community got steady. In 1976, the City Administration launched the recovery plan for the Roman suburbs, also comprising Valle Aurelia. At the same time, plans for economic and popular housing (Piani di zona, i.e. PdZ) are drawn up and realized; among them, there was the Valle Aurelia PdZ, built along the homonymous road and completed in 1981. In the summer of the same year, the demolition of Borghetto was approved, relocating by force the residents in the new PdZ buildings, against their will.

Among the few buildings still there for the strong defense of the occupants, today there are several lots left empty by demolitions, soon reconquered by spontaneous vegetation. Still thirty years later, demolitions were never followed by any rehabilitation and retraining. This is therefore an unsolved area, with interrupted history and identity, suspended in terms of space and meaning.

Most of actual inhabitants keep alive the memory of the violent demolition and see in the abandoned lots the ghost of the vitality of the past and the symbol of the amnesia of present time. So, it's on the empty spaces, today prevailing over the built, we have to operate in order to overcome the stigma and the impasse, finding there a resource to start a general regeneration of the district.

This is the starting point of VAP: transforming the absence produced by demolition in opportunity for new precence of urban quality. Through temporary and reversible, microscale and low-cost interventions, vacant lots are transformed into chance for socializing and sharing common life, for playing and meeting. This kind of work highlights the potential of underutilized or residual spaces and makes them "present" as active part in the social and spatial relationships of the neighborhood.

VAP is an action of temporary urban transformation entirely self-financed and self-built, in five days with twelve students from five different nationalities[4], with a budget of € 1.000,00. It is organized into four sets of actions:

1. To inhabit. One of the lots once built and today spontaneously used as a garden by the inhabitants, but much below its potential - the Giardino del Maresciallo (Marshal Garden) - is transformed in a cozy living space and works as a prototype of the changing possibilities of the many unused open spaces in the Borghetto.
2. To connect. A graphic code painted on the road links up the Borghetto with the PdZ district and is the trace of a joyful musical passacalle[5].
3. To narrate. An open-air exhibition of photographs tells the Borghetto today and its history[6].
4. To share. A party in the Garden, as the closing event, welcomes locals and visitors.

VAP exemplifies a way of operation that replies to the conditions of immobility - such as the chronic absence or shortage of financial resources, omissions or negligence of the public partner - that make it difficult, sometimes impossible, to proceed according to the ordinary project protocol. It is a response not without a demonstrative value, making sure that you can do, then you must do. But it would be a thoughtlessness if we believed that this and other similar experiences[7] are only the inescapable answer to the inertia and inefficiency, since it is, on the contrary, first of all a conscious and purposeful choice to work on ordinary landscapes with different tools than the usual practice of public project, focusing on the value of the intentional attitude to provisional adaptive design.

Intensity vs. Persistence

This kind of action, in fact, more or less light, more or less long-lasting, determines "provisional landscapes" not because poor and scraped up, but because they're architectures of uncertain relationships, unstable and therefore fertile, which are not solved in the construction of an artifact, but seek to build spatial, cultural and affective reciprocity. Working on the intensity of meaning and experience, rather than on the permanence, they're open space architectures available and willing to be soon transformed, to become something else through continuous reinvention by users, who become custodians and creators. This requires us to renew the project paradigms of perception and interpretation: actions such as changing the color of the flooring, introducing new road markings, leaning a staircase against a wall to look beyond… arise first of all from a new gaze hypothesis that captures the potential opportunities in the microscale, in widespread small size and low cost interventions inserted in a coordinate system. The result is not visible if not for the time of their short duration, nor is calculable according to quantitative parameters, however it is discernible in the forms of new interaction between people and places.

Imagination

The outcome of these interventions are spaces and devices designed as supports for potential uses perhaps even not predictable, that suggest - not impose - possibilities and solutions, not unique nor prescriptive. These are devices that invite to imagination in a non-authoritarian way[8]; some of them are almost magical items and it would be foolish to overlook their dreamy and symbolic value. VAP develops an open idea of landscape design, joyful and curious. It tries out an attitude to project as creative, adaptive and playful practice, as proved by the suspension from the real, the unexpected juxtaposition of meanings, the free sharing of rules, hardly lending to the traditional protocols of urban project. Design finds its highly civic contents stimulating contact between people, objects and places, so giving back thickness and depth to public space, turning to playful aggregation practices: to produce surprise, overcome habits, suggesting unusual possibilities, working on odd combinations of elements, spaces and meanings.

Real places in real time. New urban chronologies

The socio-economic implications of the global financial crisis of the past five years have made clear to everyone the foolishness of long term plans and programs inable to be truly flexible and resilient according to the fast and often unpredictable ongoing of urban realm changes. The project time line, from the masterplan to construction, usually measured in multiples of decades (in Italy with a peculiar languor), suffers from a state of constant delay compared to real time, much faster, of urban phenomena. Interventions such as VAP fit into the size of the real time. When measured with the usual clock that marks the times of urban transformation, they're instant projects, almost ready-mades, which allow us to "test" the city, quickly trying the potential and problems of places, working as prototype for methods and practices to be reported within wide-ranging strategies, provided that not static, and not hindering processes of continuous rewriting of the urban text.

The community at the center of the stage. That is, the need for design.

Open space cannot be imagined as a static and accomplished configuration, but as a support for the interaction and the invention, whereas citizen is an active agent and not just a customer recipient of the final product. At the same time, putting community at the center of the scene cannot mean, nor for designers or for administrators, to abdicate their duty of planning - whether spotting or strategic, short or long term - delegating to the inhabitants choices and action. It would be dangerous and misleading to interpret interventions as VAP as a waiver of design. On the contrary, they reclaim the importance and necessity of design with its skills: that of the eye (knowing how to see) and that of the hands (knowing how to make), provided that they show a non-deterministic, joyful, inclusive, not rhetorical professionalism, which uses irony and perhaps even poetry to add meaning and value to the space or to make emerge dense meanings already present but dusty, with practices of reuse, re-appropriation, re-composition.

1. GUIDING PATH
significative stops proposing spatial transformations

2. STAIRS
connecting via di valle aurelia with the giardino del maresciallo [about 2 m higher than the street]

3. GIARDINO DEL MARESCIALLO
equiped public space with events and photograph exhibition

4. Students who took part to VAP: Edward Joseph Allgood, Malgorzata Anna Golabek, Selen Gor, Irem Halis, Giulia Marino, Seda Sevilay Onat, Beril Poroy, Kenneth Roposh, Ayse Savas, Alessandra Schmid, Gamze Unlu, Melanie Whedon.
5. The pasacalle was livened up by Stradabanda.
6. It was a contemporary and historic portrait of Borghetto, realized by Fotografi Roma Amor, leaded by Fabiana De Rossi.
7. LUS research team, for example, in April and May 2013 realized PICS Workshop, an application of action/ research in Rome, in the Pietralata neighbourhood, based on assumptions similar to those of VAP. LUS worked with 40 among students and young italian and foreign graduates and with: Master Architettura Arti Città of Roma Tre University, LAC-Laboratorio Arte Civica (Rome), Associazione Culturale Feronia (Rome), Gravalos Di Monte Arquitectos (Zaragoza), Francisco Guynot de Boismenu (École nationale supérieure d'architecture de Paris-La Villette), German Valenzuela (Universidad de Talca, Chile), Wagon Landscaping (Paris) with Emanuela De Felice, Benedetta Di Donato, Mario Leonori, Florian Loesch, Maria Rocco, Eliana Saracino and with Monica Bertolino (Universidad Nacional de Córdoba, Argentina).
8. Bernard Lassus, interviewed by Donatella Pennini in Rivista. Ricerche per la progettazione del paesaggio, Firenze University Press, anno 3, numero 4, luglio-dicembre 2005.

OPEN SYSTEMS

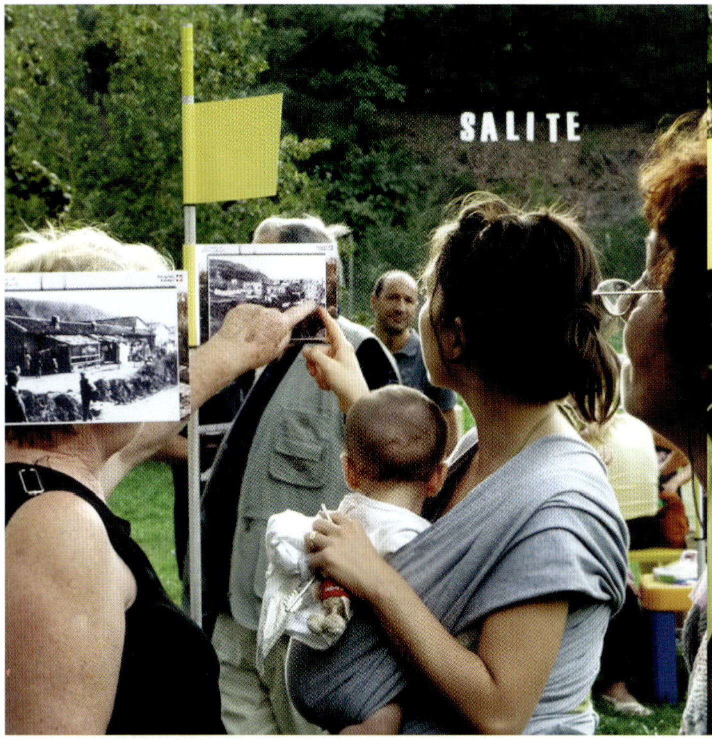
SALITE

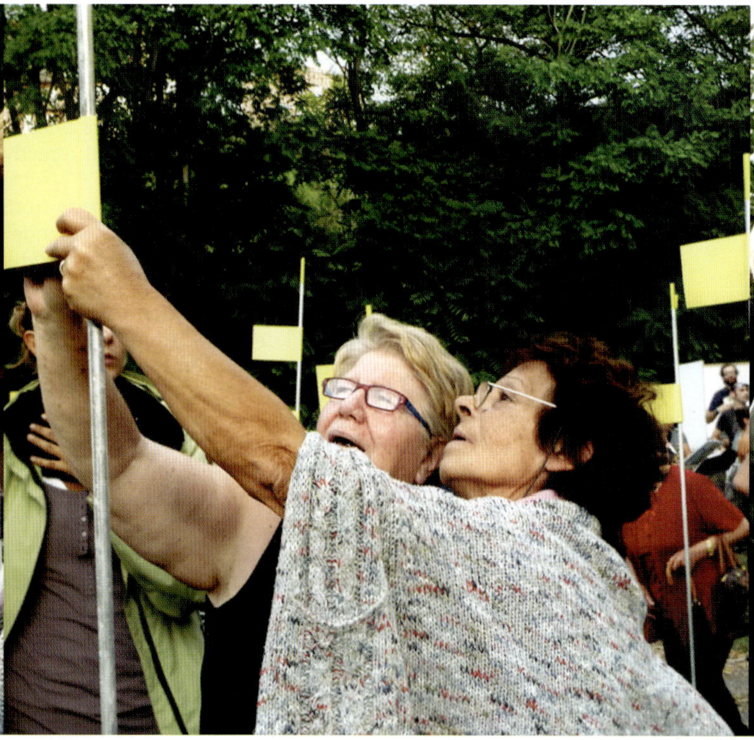

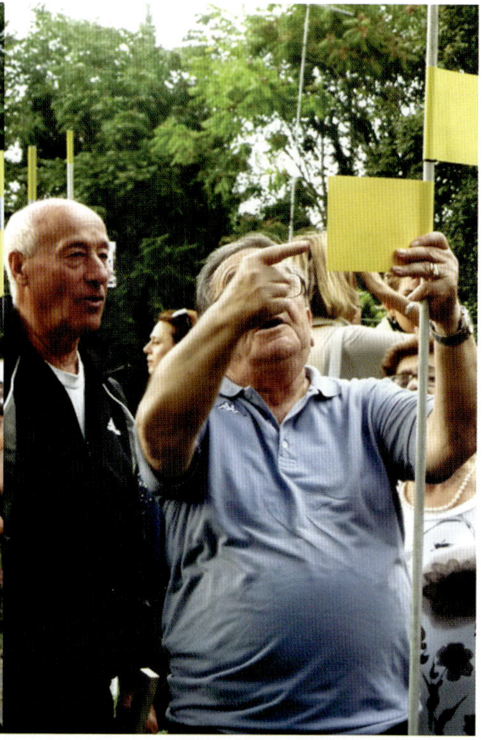

GIOCA

SALITE
GIOCA

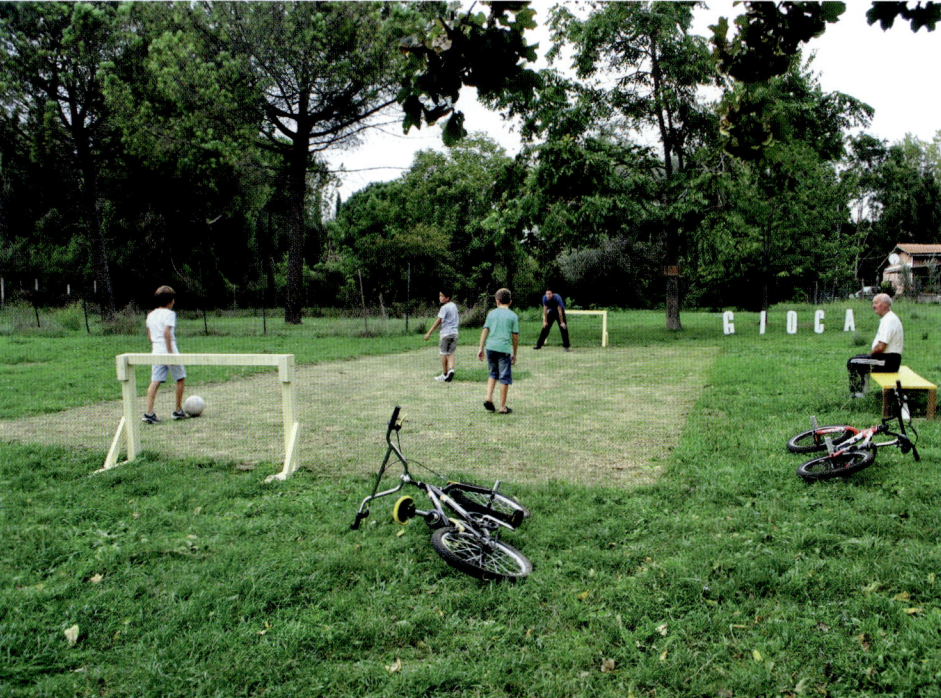

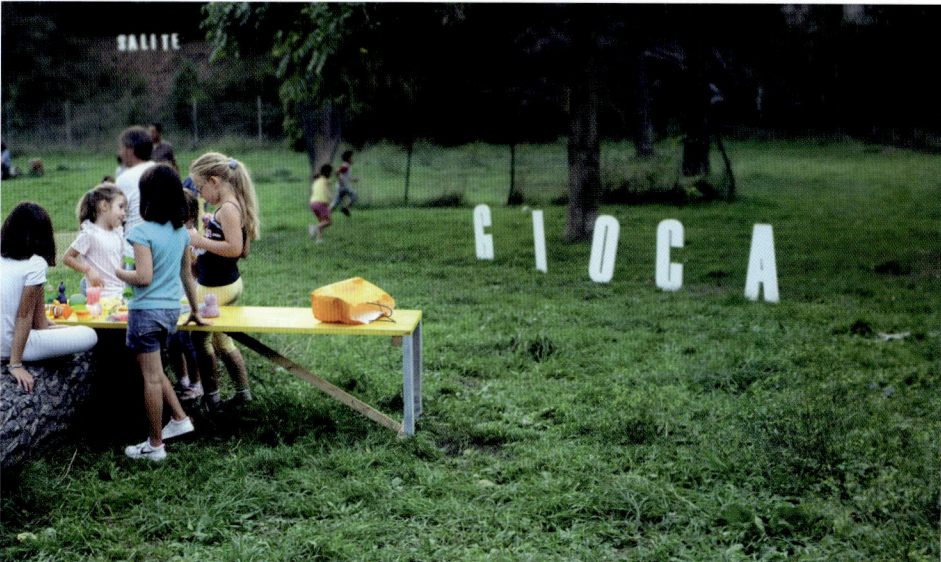

OPEN SYSTEMS

LANDSCAPE AS PHARMACON

Rosario Pavia

È professore ordinario di Teoria dell'Urbanistica presso la Facoltà di Architettura di Pescara e direttore della rivista Piano Progetto Città. Tra le sue pubblicazioni: L'idea di città (1994), Paesaggi elettrici (1998), Babele (2002), Le paure dell'urbanistica (2005), Sea Bridge (2007), L'ultimo miglio (2011). È stato consulente del Ministero delle Infrastrutture e dei Trasporti e visiting research associate presso la Northeastern University of Boston e visiting professor presso la GSD di Harvard. Per il Consiglio Superiore dei Lavori Pubblici ha seguito la predisposizione delle Linee guida per la redazione dei piani regolatori portuali (2003). Negli anni più recenti ha svolto attività di ricerca e di pianificazione per la riqualificazione dei waterfront di città portuali (Napoli, Marina di Carrara, Taranto, Pescara, Tenerife)

In his now classic The Rule and the Model, François Choay examines the role of architecture and the city as pharmacon, giving the term a twofold meaning of medicinal remedy and poison.

Only design and political utopia can offer a remedy to the illness inherent to urban space. The entire history of modern urbanism can be read through the constant rhetoric of intervention by the medical sciences: the city as a sick body in need of assistance from the urban planner-surgeon returns time and time again in the writings of Ildefonso Cerdà, Le Corbusier and the hygienist engineers of the nineteenth and twentieth centuries.

The model cities of the Modern Movement, the Ville Contemporaine and Broadacre City, were seen as medicines, as remedies against the poison and disorder of the processes of urbanisation. This orientation continues to operate to this day. Even today, large cities are a source of fear and seen as a body in decay. The remedy for contrasting this dissolution was identified in the past, in landscape urbanism [in English in the original text – TN]. It is no accident that Charles Waldheim, in his inaugural text, quotes Kenneth Frampton when the latter affirmed that, to oppose the dystopia of the metropolis, "we need to conceive of a remedial landscape". If we look closely, the landscape as pharmacon, as salvation, has profound roots: at the dawn of the Enlightenment, the Abbé Laugier, faced with the decline of Paris, invoked a new theory for the city: "we must consider the city as if it were a forest". The variety of the forest was used as the foundation of the park of Versailles, a true model of the modern city.

While Versailles paved the way for vast interventions in the continental European city, the English garden, with its narrative continuity and its seemingly endless extension, represents another important contribution to urban planning. The vital presence of large parks, their role with regards to the health and form of the city is very present in the work of Frederick Law Olmstead, the theories of Patrick Geddes, and the realisations of Raymond Unwin and Patrick Ambercrombie.

There is a diverse orientation between the positions of the CIAM and those of the IFHP (International Federation for Housing and Planning). During the CIAM Congresses, due to the strong presence of Le Corbusier, the landscape was seen as a natural need, essential for the life of the city and its inhabitants, though substantially a backdrop. What is more, in the Ville Radieuse, where the park was developed in continuity with the city, penetrating beneath its pilotis, the buildings, the solids, dominated and constructed the city. For the urbanists of the IFHP, the landscape coincides with the need to re-establish a strong integration between city and countryside. For Marinus J. Grandpré Molière, the architect-urban planner "will bring the city into the countryside and the countryside into the city". Of the members of the IFHP, perhaps Fritz Schumacher is the most influential exponent in theoretical and operative terms. The importance given to open spaces in the configuration of the city, the role assigned to the natural environment that must "cross the residential fabrics of large cities like a network of relations of green ribbons similar to a large system of canals that favours the circulation of air between buildings", are important passages in the development of numerous plans, from that for Cologne by Schumacher himself, though developed after the War by Rudolf Schwarz (in which he used the notion of the Stadtlandshaft, the landscape city), to the plan for Copenhagen by Steen Eiler Rasmussen that, using the figure of the hand with five fingers, immediately evokes the co-penetration between the urban and the agricultural. Schumacher, with significant anticipation, introduced a determinant element with regards to the role assigned to the system of natural spaces "that must be intended as a large technical system, integrated within the city and capable of establishing an organic connection with the surrounding environment". This vision of the ground and its vegetal covering as an infrastructure serving the city is one of the major points of interest in the positions adopted by James Corner who, through his activities of landscaping and theory has strongly contributed to clarifying the cultural significance of landscape urbanisme.

During the second half of the twentieth century, the innovative drive related to the role of the system of natural spaces and voids in the formation of the city was redimensioned: on the one hand the public ownership of land became a legal obstacle difficult to overcome, on the other hand the discipline of urban planning was articulated in urban design [in English in the original text – TN], its attention for solids and the built fabric clearly prevailing over the structuring function of voids and the landscape, and in planning [in English – TN], where the demand for green and natural spaces increasingly became an administrative issue and a question of standards. New urbanism [in English – TN] restores attention to nature and the countryside, though the landscape, like architecture and the city what is more, is viewed historically. There is a prevalence of conservation, choreography, and the search for a world that is abstractly without conflicts. If we look closely, the landscape of new urbanism is a nature of surfaces: the ground is not understood in its diverse dimensions; preserving natural space against the arrival of infrastructure and technology, it is not converted into a complex tool for the transformation of the environment and the city. The landscape becomes something for the élite, a film set, an abstract and standardised binding agent that colours and unifies a reality that is disconnected and fragmented (the "pantone" landscape described by Francesc Muñoz). The experiments of new urbanism contain very little of the ecological, they do not capture the drama, the complexity, the profound correlation between the networks of ecosystems. The territories of the contemporary are not landscapes; they must become landscapes. The landscape is the result of a cure, a pharmacon, a policy and a process of individual and collective recognition. Caring for the landscape now means much more than what was established in the European Landscape Convention in 2000. It is not sufficient to classify it, to identify it, to finally understand it as a product of anthropic transformation; it is not enough to protect it; we must care for and support it through interventions of consolidation, rehabilitation and infrastructural development; we must connect it with other networks, with other landscapes. The levels of intervention feature different degrees of intensity, and differentiated temporal dimensions. Even conservation and safeguarding require works of infrastructural development, both in order to create future reserves of urban space, as well as to increase their ecological capacity to absorb carbon.

Cultivated territories, inserted within a programme of transformation, become landscapes; once we would have stated that they belong to the country, to the community that inhabits and recognises them, that cares for them; today we say they belong to the world, to the planet, given that everything, in the end, is interrelated. The landscape is a "dialect", it cannot be anything but local, though at the same time it is part of a language that crosses sites, regions and countries, becoming increasingly more global. With Agronica, Andrea Branzi approached this dimension. Ecology is global; perhaps for this reason landscapes, forests, agricultural lands, urban parks, protected reserves and uncultivated terrains represent the environmental-infrastructures capable of contributing to the salvation of the planet.

Their care conceals the ethic and tension of a new modern project.

OPEN SYSTEMS

URBAN GREEN, SOIL PERMEABILITY AND MULTIFUNCTIONAL LANDSCAPES

Raffaele Pelorosso, Federica Gobattoni, Antonio Leone

R. Pelorosso. Researcher in Landscape and Urban Planning at the University of Tuscia. He holds a PhD in "Science and Technology for the Forest and Environmental Management" at University of Tuscia.

F. Gobattoni. Post-doctoral researcher at University of Tuscia. She has a Master Degree in Environmental Engineering at University of Perugia, PhD in "Science and Technology for the Forest and Environmental Management".

A. Leone. Full professor of Land Engineering at University of Tuscia. Member of the Teaching College PhD "Land and Urban Planning" at Politecnico di Bari and "Environment and landscape design and planning" at Sapienza University of Rome.

KW: MULTIFUNCTIONAL URBAN GREEN, SOIL PERMEABILITY, URBAN SUSTAINABILITY

Introduction

Urbanization phenomena, associated with soil sealing, can alter the hydrological status of a system leading to surface runoff increase and to consequent environmental pollution. Climate change can add further risk to these systems already vulnerable to critical rainfall events. The resulting degradation of ecosystems together with risks to human health and economic losses by floods, have recently led to a review of urban development strategies and land management models. The European Union Water Framework Directive (2000) acknowledges these needs, requiring Member States to draw up efficient measures to prevent deterioration of water quality and quantity, to improve quality state of water bodies and, finally, to ensure sustainable use of water resources. Several Best Management Practices (BMPs) were developed to control pollution, runoff and, in general, to ensure a sustainable urban water management. BMPs are usually multifunctional structures (e.g. wetland and green roofs) and they can supply many services : they can act as a filter for pollutants (e.g. nitrogen and phosphorous dissolved in the water) and regulate the surface runoff, they can provide suitable Habitat for species and bring to the maintenance of biodiversity, allow climate regulation by evaporation and adsorption of solar radiation. Moreover, aesthetic/amenity, recreational and educational benefits can be obtained by such BMPs when they are able to enhance the urban quality of life and social interaction. Multifunctional BMPs (as urban green-blue spaces), where ecosystem service provisions "designed-in", can therefore help the transition of social-ecological systems to more sustainable environments which are more resilient to changing future conditions . In this view, urban BMPs can act as the natural and semi-natural structures present in the environment (analogous to these of cultural landscapes) furnishing similar provisioning, regulating, supporting and cultural functions and services.

The understanding and identification of such multifunctional capabilities of urban green and blue areas and other BMPs has been internationally pointed out but, above all in Italy, the full integration of them in the territorial planning and in the urban (re-) design is not fully realized yet. Indeed, such holistic approach requires a transdisciplinary collaboration of experts and the abandon of old-fashioned view of urban green as islands placed in remnant/marginal non-edified areas. Consequently, the control of water quality and quantity has often been realized through isolated and localized interventions (e.g. detention/infiltration basins) without a "smart" and systemic project based on a wider environmental sustainability concept. In this work, we present a systemic approach to plan Best Management Practices (BMPs) for the reduction of surface runoff in a pilot area in Bari city . Such an urban greening experience mainly aims at the increase of urban soil permeability and decrease of the hydraulic risk, by land use and landscape organization, instead of structural approach.

Study Area

The study area corresponds to the urban centre of Bari city (fig.1, about 655 ha) with a drainage network for rainwater that periodically exceeds its water flow capacity polluting onshore sea just in front of the city. Due to its particular morphology, Bari is characterized by the convergence of several creeks of karst formation (known as "lame") that, from the inland hills (Murge plateau) flow into the Adriatic Sea crossing the whole city. "Lame" are water courses that are typical of semi-arid zones: flows are ephemeral, often null, but, during some rare flood events, they can have catastrophic effects also because the long (even years) periods of time with dry river beds attenuate the real risk perception.

The urban context is characterized by three main types of buildings: courtyard buildings, buildings in line and tower. The former are found in neighbourhoods (now historical) linked to the expansion of the city occurred between 1813 (the year of foundation of the rationalist village) and early 900. The court was generally destined to green allotments and private gardens, some of which survived. In the districts of latest development, in-line or tower buildings appear, where the appurtenances are mostly used for parking. The result is the complete soil sealing of the entire historic urban fabric, which, on a regional scale, did not significantly affect the hydrology, but that has compromised the rainwater drainage network.

In this context, that maybe will tend to worsen with climate change in place, the classic structural intervention is obviously insufficient and must be integrated following a "smart" and systemic project based on a wider environmental sustainability concept.

Materials and methods

In order to pursue the objectives set out in this work, the territorial permeability was initially assessed, through the synthetic index RIE (Riduzione dell'Impatto Edilizio). RIE index has been developed by Bolzano Municipality to regulate construction activity, pursuing the greater permeability of the soils and energy saving. Subsequently, the analyzed area was divided into three sub-areas, in function of the presence and type of the stormwater sewerage. For each area, considering the location of critical areas and the potential to reduce the load on the urban drainage network, different applications of BMPs have been hypothesized. Three requalification strategies (permeable parking lots; greening of public services areas; greening of urban voids) have been suggested taking into account the territory specificities and the hydrologic network derived from a digital surface model at high resolution. The requalification actions through green roofs were not considered because this type of intervention does not strictly depend on the river network.

Results and discussion

In this first phase of the study, to have an objective guide for design, the algorithm RIE has been calculated. The obtained value, equal to 2.4, should be increased considering that the minimum required by Bolzano Municipality for new allotments is 4. This increase could be reached through an opportune design of urban green spaces and the introduction of appropriate BMPs.

Green roofs in the compact city are the most effective BMP in terms of runoff reduction, given the modest space available in the consolidated city. This type of intervention, if widespread over the territory, would greatly enhance the overall conditions in terms of runoff and potential positive impact on the quality of urban life . The choice of where to better promote the requalification, depends on several factors, one of which is the difficulty to intervene with BMPs that occupy ground surfaces in densely urbanised areas. For this study case, the most suitable areas for the proposed BMPs are the zones 1 and 2. The particularly dense texture of these edified areas allows to recur only to few common interventions such as grassy bumps or permeable pavements.

The requalification of urban voids does not generate a substantial increase in total RIE index. However, the rehabilitation of degraded areas stands as a good strategy for the improvement of the study area, generating an overall improvement of urban quality. The re-use of brownfield sites and the so-called "urban voids" not only allows to return significant portions of the urbanized territory, but to make them contribute to the realization of real ecological ganglia, which contribute to the realization of more complex ecological urban and environmental networks.

Conclusions

The presence of multifunctional structures able to furnish multiple goods and services enhance the resilience of social-ecological system e.i. its capacity to absorb the changing fluxes of energy and matter in terms of quantity (e.g increased amount of rainfall or solar radiation), quality (e.g. increased amount of pollution into runoff due to traffic roads), spatial distribution (e.g. localized critical meteorological events) and time scale (e.g. short and intense rainfalls after long dry periods).

In the current historical moment, where conflicts between man and nature are becoming more evident and where the conservation of natural resources (water, soil, air) needs, now more and more peremptorily, to identify an effective action plan, the design and management of multifunctional urban green areas, such as the one described in this work, it is essential to achieve sustainable development of cities . These are the guiding principles of the Aalborg Charter (1994), the European Landscape Convention (2000) and the European Territorial Strategy.

The research presented in this article, aims to experience more resilient territorial organizations implementing the principles of environmental sustainability through the land use, recurring to the concept of prevention. The study is then addressed to the rediscovery of the multifunctional landscape which is one of the milestones of environmental sustainability and economy, overcoming the logic (also untenable) to solve problems only with expensive infrastructural works. However, further studies are still needed to define design strategies that maximize the effectiveness of BMPs, such as through the use of simulation runoff models and through the analysis of the cost-effectiveness of possible combinations of BMPs in terms of ecosystem services.

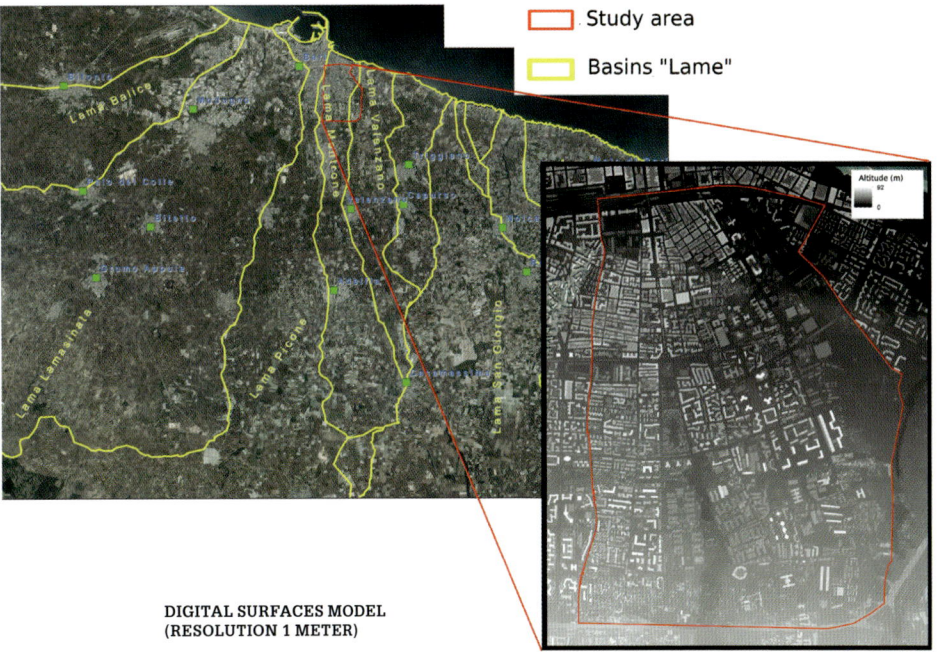

DIGITAL SURFACES MODEL
(RESOLUTION 1 METER)

1. Catchments areas for "Lame" in the city of Bari and study area with a DSM at high resolution.

References

Collier, M. J., Nedović-Budić, Z., Aerts, J., Connop, S., Foley, D., Foley, K., Newport, D., et al. (2013). Transitioning to resilience and sustainability in urban communities. Cities. doi:10.1016/j.cities.2013.03.010

Dahlenburg, J., & Birtles, P. (2012). All roads lead to WSUD: exploring the biodiversity, human health and social benefits of WSUD. 7th International Conference on Water Sensitive Urban Design.

Lundy, L., & Wade, R. (2011). Integrating sciences to sustain urban ecosystem services. Progress in Physical Geography, 35(5), 653–669.

Pelorosso, R., Gobattoni, F., Lopez, N., & Leone, A. (2013). Verde urbano e processi ambientali: per una progettazione di paesaggio multifunzionale. Journal of Land Use, Mobility and Environment, 6(1), 95–111.

Speak, a F., Rothwell, J. J., Lindley, S. J., & Smith, C. L. (2013). Rainwater runoff retention on an aged intensive green roof. The Science of the total environment, 461-462C, 28–38. doi:10.1016/j.scitotenv.2013.04.085

OPEN SYSTEMS

"MATERIAL SYSTEMS"

Federico Ruberto

Federico Ruberto is co-founder of re-MIX Studio and a PhD researcher at the European Graduate School. He has graduated in Architecture and received his Master in Urban and Landscape Design at the Polytechnic of Milan in 2008.
He is currently assistant professor in the Landscape Urbanism unit at Tsinghua University and tutor at Beijing LCD (Laboratory for Computational Design).

KW: COMPLEX SYSTEMS, MATERIAL CARTOGRAPHIES, LANDSCAPE URBANISM

"The city embodies produced socio-ecological processes and, consequently, the process of urbanization is an integral part of the production of new environments and new natures in which socio-natural processes combine to produce historically specific geographical configurations."[i]

Since computing – from the moment in which Charles Babbage introduced his machinery[2], has broadly been accepted as the prominent agent and driver in the contemporary cultural, social and economical paradigm shift, a pertinent question might be needed: what is or should be, the designer role in this ever evolving ungraspable mathematical apparatus of rules and norms? Has every aspect of our life really been subsumed by overruling, processual, logical, mathematical operators? These agents of our globalized society are actually redefining - our - political boundaries and future scopes, going toward and shaping a system that tends constantly to maximize performances, elevating efficiency to a new sanctifying canon. Such managerial, mathematical and ultimately bureaucratic procedures are in constant expansive phagocytizing hunger, in-forming with their indeterminate, oblivious and a-critical performative logics, every aspect of the naively so called, "old good" architectural discipline. If we are not able to graft our theoretical and professionals practices into these impermanent codified material systems with the understanding of their functioning layers, we will definitely not be able to speculate and design other possible future scenarios. It is the energetic discrepancy between the physical reality of a system - formed by its material possibilities - and the vague sustainability of certain speculations that makes the coexistence of the two layers impossible, that renders their hybridization and their becoming real and - critical of the - actual unfeasible. The modes in which today computing is imagined and embodied at the very core and in every aspect of our practice, lack that sort of Will or agency which was before keeping us tied to the actuality of the site, its materiality, the context, the terrain... we are today unable to embody the ground. It is not a call for a naive, superficial and historical re-consideration of the context what is needed but the embodiment of the structures, the functional logics and the material qualities of certain undiscovered landscapes that could serve as starting planes, as a fertile sub-strata for further explorative, speculative ventures. Our expertise, developed as a conjunction of professional practice and academic theory, travels from architecture to landscape and urban design; it is in the critical fusion of these three environments, that we base our methodological approach. The understanding of the territory and its constitutive and constantly evolving metabolic networks and systems of power relations allows us to re-define specific scales of intervention that span between natural/artificial and local/global dichotomies[3] to envision hybrid social assemblages.

In our systemic praxis we propose an eco-sustainable approach and in order to achieve a systematic control of the energetic functionality and the spatial quality of the built environment we aim for a redefinition and local integration of architecture and landscape that models a synthetic and modern urban hybrid[4]. Traditional urbanism designs cities through static master(ing)plans; on the contrary, we aim to generate a dynamic relational system that reacts to changes in time, allowing multiple potential outputs as a result of the control over the processes. The methodology, which follows the structure developed by the LU Master Program at the Architectural Association[5], is essentially based on three steps: indexing, meshing, prototyping. Indexing[6] is the tool through which we are able to read, to analyze the hidden forces that shape and affect the functionality of a site, the layers which inform what we call a deep material structure. Differently from mapping, indexing is an intentional reading that whilst spatially descriptive, it is shaped by a design-oriented focus. Indexing helps uncover complex relationships between physical (ecological and infrastructural) and non-physical conditions (economic, social and political) and establishes the parameters that will inform the design. Parametric operations and software, enhance such process, allowing the simultaneous integration of multiple layers in a quasi-objective, quantifiable system. Meshing is the process that creates the site future geometric structure, framing and connecting all the complex relationships between the different parts of the system. It allows designing specific areas without losing the overall formal and functional coherence. Through the definition of the mesh one can operate simultaneously at the local and the general scale. Prototyping defines a system through the multiple spatial configurations of its parts and their logic of aggregation. A prototypical approach allows testing different solutions; visualizing, evaluating and readjusting the design outcomes in a continuous feedback loop that provides a greater flexibility in the design process.

The next part of the text introduces two different lines of experimentation, which are spanning between the professional practice and the academic environment. The two paths are complementary since they are both sustained by the same methodological approach. In the first part I will discuss a project that was born as a consultancy for a governmental development in China. The other part of the text brings forward one project from the three courses developed in the last two years at Tsinghua University in Beijing. The same techniques under different conditions could serve as testing beds for further investigations, helping us to understand what elements are defining lines of divergence and discrepancy between the two fields and what could define a plane of consistency, the plane of activism, between theory and practice.

The first project[7] is the result of a collaboration with the Design and Research Institute of Hunan University. The Institute had been working for several months on the masterplan of Jianshi,

---

1. See Swyngedouw, E. "Circulations and Metabolisms: (Hybrid) Natures and (Cyborgs) Cities." In Technonatures: Environments, Technologies, Spaces and Places in the Twenty First Century, ed. White, D. & Wilbert, C, 61 - 84. Waterloo, ON: Wilfred Laurier University Press, 2009.
2. it has been written extensively on this argument but Babbage remains the precursor of modern Cybernetics and Computing. C. "BabbagEs Calculating Engines - Being a Collection of Papers Relating to Them; Their History, and Construction", Ed. Cambridge University Press, First published 1889, digitally printed version 2010.
3. See Swyngedouw, E. "Glocalisation" and the Contested Politics of Scale: Scalar Reconfiguration, Autocratic Governance and Contested Citizenship." In Rethinking Radical Spatial Approaches – 20 Years Seminars of the Aegean, ed. Delladetsima P., Hadjimichalis C., Hastaoglou V., Matouvalou M., and Vaiou D, Harokopio University, Athens/Thessaloniki, 2005.
4. refer to the notion of hybridity developed by Bruno Latour and the constant effort we need to place to define at each time what a name, a category is. There is neither real essence nor a pure mixture of hybrids but it is our duty to discover at each time what constitute temporal-social-cultural assemblages. Check Latour B. "We have never been modern", Cambridge, Mass. : Harvard University Press, 1993.
5. our methodology has been developed initially by the branch of Landscape Urbanism at the Architectural Association in London (http://landscapeurbanism.aaschool.ac.uk/).
6. the term Indexing in the Architectural field has been coined by AA Landscape Urbanism practitioners and stands for a type of representation that does not use symbolic signs in drawings but instead indexical graphemes which show intensities, qualities. The word comes from the Theory of Signs of Carles S. Pierce and explanatory passages of the term "Index" could be found in Atkin, A., 2005. "Peirce On The Index and Indexical Reference". Transactions of The Charles S. Peirce Society. 161–188.
7. "Janshi", (2012) reMIX Studio Beijing, (www.remixstudio.org), Jianshi, Hubei, China, 20skm masterplan analysis.
8. "Landscape Urbanism Beijing", Academic Courses 3, (Fall Semester 2012), Tsinghua University, Beijing, China, students: "branching": Bian Simin, Liao Lingyun, Nafise Faghihi, Melissa Widjaja, Harry Leuter - "clustering": Zhu Yijun, Jorge Valcarcel, Diana Thamrin, Emmanueloroh Ukoh, Anhtea Du - "tiling": Lu Hui, Vivien Halim, Eugenia Wang, Nela Suman, Nicolas Bouisson - "boundling": Ma Xinran, Anja Riedinger, Rosita Samsudin, Jiayang Du, Virginia Cucchi - "weaving": Di Lina, Yun Chung Huang, Carolina Setiawan, Linda Ganzert, Eleni Papadima, course director: Eva Castro, assistants: Libny Pacheco, Federico Ruberto, Nicola Saladino.

a small city located in a mountainous area of the Hubei province. Our task was to analyze and assess the potentials and weaknesses of the existing proposal and provide possible alternatives. The city is planned to expand from 50.000 to 200.000 inhabitants in the next 10 years, practically occupying the totality of the available flat land that is currently used for agricultural production. As a result of such expansion the economy of the city is also meant to evolve from primary to secondary and tertiary industry, generating an important and potentially violent rupture with its traditional identity. Although within the original master plan, the infrastructure and the urban fabric have been carefully designed, taking into account the particular morphology of the terrain, and the functional distribution avoids most of the typical problems related to mono-functional zoning, it seems to lack a clear phasing strategy and does not take full advantage of the potentials of the natural context.

Thus we have developed a scheme that is in-formed by the site actual performances, constituting an energetic material assemblage that can build-up a dialogue between the topography, the soil and the hydrology on the one hand and the functionality and quality of the urban space on the other. We propose a system of synergies in which the urban fabric is spatially and symbiotically articulated over the natural environment, actively enhancing its potentials. Within an integrated system of green corridors, the productive landscape then becomes an important element of the public space. By analyzing the quality and productivity of the landscape, we were able to create a sequence of spatial transformations that preserves the most valuable natural elements and allows a smoother transition from the rural to the new urban economy. Through indexing, we produced a more comprehensive and holistic reading of the sitÈs diverse layers, and most importantly, we gained a spatial knowledge of the territory. The soil productivity is evaluated through the combination of slope analysis, accessibility and developable areas; water run-off, possible water collection systems and potential hazards; soil quality and solar radiation levels. The configuration of the green corridors is then mediated by the existing vegetation, the main infrastructure and a logic of spatial sequences related to the public space. Finally the road network is punctually redesigned in order to generate loops that allow an easier implementation of the public transportation system. This second project[8] was part of an academic course that focused on an area of 300 ha located in Northwest Beijing, next to the Summer Palace. The site was formerly occupied by set of rural villages that have been mostly demolished to provide space for a future water reservoir, directly connected to the new South-North Canal. The rest of the site is planned to become a public park, as part of the new city's greenbelt.

The artificial lake will be a crucial element of Beijing water system, but its location in the very centre of the site and its geometric configuration, with a wide protective buffer zone surrounding it, practically cut the future park in two poorly connected parts.

The proposals aim to reorganize the water infrastructure in order to achieve the same quantitative goals of the original masterplan through a more functional spatial layout for the rest of the site. The exploration of five different systems of material organization gave the students a geometric base to support their design proposal.

The students developed a big variety of design agendas that derive from their understanding of the site intrinsic potentials and its relationship with the Summer Palace and the surrounding neighborhoods.

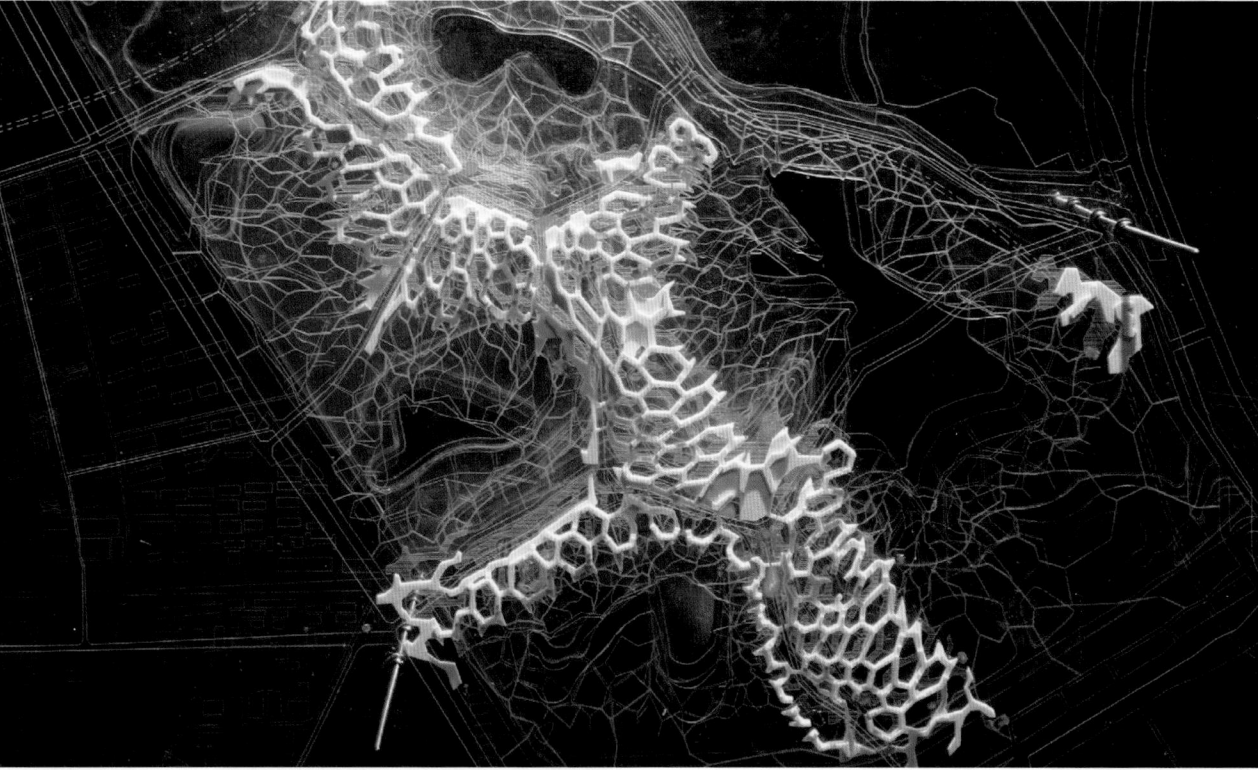

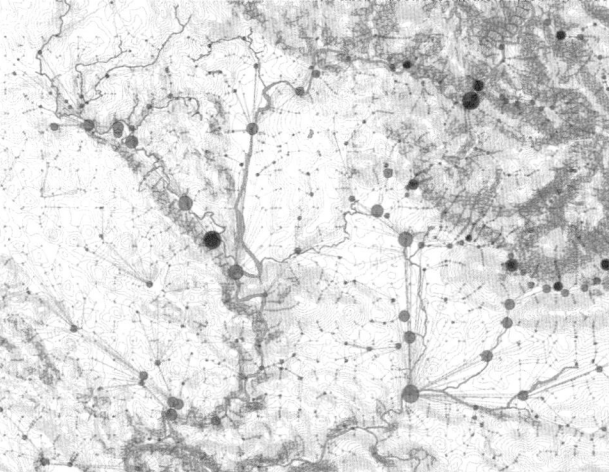

Image Captions
Figure 1: "Landscape Urbanism Beijing", Academic Courses 3, Group Tiling, physical model of final spatial intervention
Figure 2: "Landscape Urbanism Beijing", Academic Courses 3, Group Clustering, physical model of the different infrastructural layers

photo © Joao Nunes, PROAP Studio

MONOGRAPH**.**RESEARCH

SESSIONE 3 | OPEN SOURCES
SESSION 3 | OPEN SOURCES

OPEN SOURCES

VALLDAURA SELF-SUFFICIENT LABS

Nuria Díaz

Graduate in Fine Arts in Valencia (1987), she is one of the pioneers in Interaction design in Spain. In 1993 she was director of the first Master of Interactive Multimedia and Telematics of Spain, conducted at the University of Barcelona.
For 15 years at the Elisava School, she has led the Masters programs 'Digital Media Design' and 'Web Projects'. In 1994 she founded the NEWMEDIA company, award-winning for the "Best Spanish CD Rom" in the years 1995 and 1999 and premiered at the Milia d'Or in Cannes.

Her art work related to nature and light has been exhibited in Barcelona, Valencia and Seoul.
Art Director on several interactive installations, she was the content director of the Media House project, along with the IAAC and MIT in 2001. She is Co-Founder of Fab Lab Kids program in the Fab Lab Barcelona.
In 2011 she was the curator of the exhibition "Interaction Lab, The senses of the machines" at DHUB, Design Museum of Barcelona. Since 2012 is a director from Valldaura labs in Iaac.

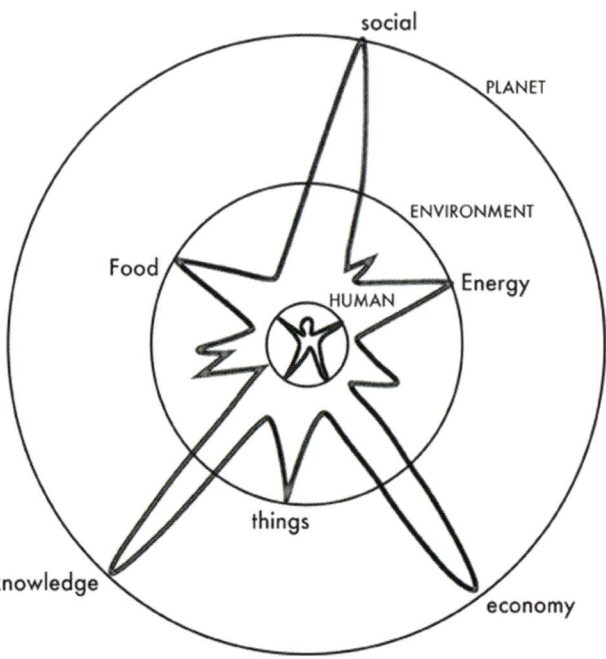

Valldaura Labs is a project promoted by IaaC (Institute for Advanced Architecture of Catalonia) for the creation of a self-sufficient habitat research centre. Located in the Collserola Natural Park, in the heart of the metropolitan area of Barcelona, it has laboratories for the production of energy, food and things, and develops projects and academic programmes in association with leading research centres around the world.

IaaC 'Learning from nature to change the world'.
As part of IaaC's commitment to promoting and advancing habitability in the world on the basis of ecological principles and to making the fullest use of all available technologies and resources, we have created a research centre focused on the idea of self-sufficiency, with a view to providing a worldwide point of reference. Valldaura Labs is an opportunity to learn directly from nature in order to bring that understanding to the regeneration of 21st-century cities.
IaaC was founded in 2001, and its first academic initiative was the Master in Advanced Architecture, a programme which remains true to its origins, reflected in such projects as the Dictionary of Advanced Architecture, Media House (in collaboration with MIT in Boston), the exhibition Hypercatalunya, the Hyperhabitat exhibition at the Venice Biennale and the FabLab House as part of the Solar Decathlon programme. Many of these ideas and principles have already been taken up by various departments and agencies of Barcelona City Council with a view to the transformation of the city in the 21st century. Valldaura Labs is a cutting-edge venture actively engaged in developing a new concept of people-focused habitability the engine of all actions, in which local self-sufficiency and the transaction of knowledge through global information networks facilitate sharing and generate progress. A networked Self-sufficiency.Valldaura Labs has the support of the Avanza programme of Spain's Ministry of Science and Technology, and works with partner companies such as Endesa, Roca and Santa & Cole, and with the collaboration of various centres of higher learning — the Massachusetts Institute of Technology, the Universitat Politècnica de Catalunya, the Universitat Autònoma de Barcelona — and the Generalitat de Catalunya.

LOCATION

'Five minutes from Barcelona'.
Covering 130 hectares (320 acres), the Valldaura estate has three nuclei: (a) Can Valldaura Nou, the farmhouse around which the main agricultural settlement grew up in the late 19th century; (b) Can Valldaura Vell, the original site of the first Cistercian monastery in Catalonia, subsequently a palace of the kings of the Crown of Aragon, and (c) a third complex, adjacent to the BV-1415 road from Horta to Cerdanyola, which includes the Can Valldaura restaurant and its service area.
The Valldaura estate is located in the municipality of Cerdanyola, on the flank of the Collserola Natural Park that looks towards the Vallès Occidental, with Turó de Valldaura, Pas del Rei and Forat del Vent on the Barcelona side, and Turó de Sant Medir on the Sant Cugat side. Passing through the north side of the estate is the Carretera de les Aigües, over 20 km long, which runs at the same height across the entire range of hills at the back of Barcelona, from Turó de Sant Pere Martir to Torre Baró, offering splendid views of the city and the surrounding area.
Valldaura Labs embodies IaaC's contribution to the management of natural systems and structures and the promotion of diversity, and works in close cooperation with the Collserola Natural Park Consortium, Cerdanyola Town Council and the Barcelona Metropolitan Area in establishing a conservation plan for the environment and the landscape.

Collserola Natural Park
'The park needs managers for its protection and conservation'.
Valldaura Labs contributes to the protection and conservation of the Collserola Natural Park through its forest management plan and its agricultural plan, which promotes biodiversity, the re-introduction of traditional species, the restoration of historic agricultural structures and an archaeological programme, all in collaboration with the Collserola Natural Park Consortium.

Cerdanyola
'A university and research town'.
Cerdanyola is the site of the Universitat Autònoma de Barcelona's main campus, the Parc de l'Alba

development project, the Synchrotron, and now Valldaura Labs, which brings together scientists and researchers from around the world to generate knowledge about the self-sufficient habitat. IaaC and Cerdanyola Town Council are working together in the excavations around the royal palace of Valldaura.

Barcelona
'A research centre in the heart of the Barcelona Metropolitan Area'.
The city of the World Mobile Congress and Smart Cities, where 150 years ago Ildefons Cerdà coined the word 'urbanism' now used in almost every language, a capital of cutting-edge design and architecture, the new cuisine and cultural tourism, Barcelona is decisively oriented towards the naturalist regeneration of its presence in the territory — a city that wants to be productive, clean, self-sufficient, connected, open and a generator of value.

HISTORY

'More than 850 years of history'.
Valldaura is a magical place, a land where the telluric forces have entered into resonance with time and weather and human history, with over 850 years of settlement by the monks, kings, knights and citizens who built this place.
The history of Valldaura is one of successive periods of progress and decline since the 12th century. A Cistercian monastery in 1150, a royal palace of the Crown of Aragon in 1297, a district of Barcelona from 1517, a farm since 1888 and now a research centre (2010).
Valldaura is about connecting age-old ancestral knowledge with the most advanced technologies.

Chronology
1150. Monks from the monastery of La Grande Forêt, in Toulouse, established the first Cistercian settlement and built a monastery in Valldaura.
1169. With the founding of the monastery of Santes Creus, in Tarragona, Valldaura became a linked property.
1297. James II, grandson of James I, creates a hunting palace. Valldaura belonged to the Crown of Aragon until 1475, but the exact date of its acquisition is not known.
1326. James II gave the land to Queen Elisenda, who wished to found a monastery, but she finally decided to establish it in Pedralbes.
1327. Valldaura became a hunting ground of Alfonso III (1327-1336), Peter III (1336-1387) and John I (1380-1396). In 1351 the king purchased a piece of land from Pere Desmàs to expand the estate.
1376. The Crown purchased the house from the Marimón family, sold it in 1380 and purchased it again in 1398.
1396. In his will, John I attempted to make Valldaura a Carthusian monastery.
1396. King Martin the Elder spent long periods in Valldaura and made major extensions to the palace, but from 1406 on built another palace, Bellesguard, where he died in 1410.
1410. Ferdinand I (1413-1416) and Alfonso V (1416-1458) of the house of Castile paid little attention to Valldaura. Peter IV of Portugal, grandson of James II, Count of Urgell (the loser in the Compromise of Caspe), enthroned by the Generalitat during the War of the Remences (1464-1466), ceded more land to Valldaura.
1475. John II (1458-1479) gave Valldaura to Fernando Girón de Rebolledo, viceroy of Cerdanyola from 1508 to 1514.
1517. A claim by Monsignor Perot Miquel results in the Valldaura house being awarded to the priest and Dr. Joan Pasqual, in respective shares of one third and two thirds.
1549. The Barcelona notary Joan Llorenç Calça, who had inherited from his uncle the lawyer Joan Pasqual, passes the Valldaura estate to his son Francesc Calça on his wedding with Anna d'Ager.
1549-1601. Valldaura is owned by Francesc Calça, professor at the University of Barcelona, poet, administrator of the Drassanes royal shipyards and Councillor in Chief of the Consell de Cent (1582), who wrote the first history of Catalonia (1570-1586) and died a priest.
1553. In the census of the provinces and possessions of the Crown of Castile, Valldaura is listed as an independent entity consisting of three 'homes'.
1601. The Hospital of Sant Pau i la Santa Creu, at that time located in carrer Hospital in Barcelona,

OPEN SOURCES

receives the property in inheritance and administers it until the Ecclesiastical Confiscations of Mendizábal (ca. 1720). In the Catalan population statistics, Valldaura is listed as a district, with 3 homes and 13 residents, in the first decade of the 18th century.
1724. Valldaura becomes part of the township of Mataró, as registered in El Corregidor en Catalunya.
1787. In the Census of the Count of Floridablanca, Valldaura is listed as a district with 23 inhabitants.
1827. Valldaura has 3 homes, 14 inhabitants and a parish church.
1833. In the territorial division of Spain, Valldaura is assigned to Barcelona.
1836. In the Ecclesiastical Confiscations of Mendizábal the Church lost most of its properties; Valldaura was probably divided up and sold, and became part of the municipality of Cerdanyola. The present-day division and the boundary stones in the northern part of the property are almost certainly from this time.
1854. Ramón Salvador is listed as the owner of Valldaura according to the millage or property tax entry in the Cerdanyola municipal of. The entry refers to woodland.
1888. The new house of Valldaura is constructed on the basis of the old stone structure by the wealthy miller Francesc Guardiola from the Sant Andreu district of Barcelona. Guardiola also builds a kiln to make bricks for the estate.
1894. An article in La Vanguardia claims that Valldaura was where Wilfred the Hairy was wounded, though this assertion is rejected by other authorities.
1902. The Valldaura house is extended.
1913. On the death of Francisco Jubany Guardiola the house is inherited by his children.
1932. The millage or property tax entry lists Valldaura, with its vines, woodland and irrigation, as owned by Francesc Guardiola (son), and names the current tenant farmers.
1936. The estate was confiscated until February 1937
1975 (approx). New tenant farmers took over the lease.
2008. IaaC commences activities in Valldaura and subsequently purchases the estate in 2010

The 8 cardinal principles of Valldaura

1. We want to learn from nature what we should never have forgotten. We like cities. We like Barcelona. But we want to imagine a new future for our cities that embraces the challenges and indus-opportunities of the times we live in. We have gone back to nature to learn from its processes, in order to learn from the essence of life.
2. We want a self-sufficient life. We want to create a place in which to make and do all that is necessary for human life in the most efficient way; to be able to produce food, energy and artifacts locally, connected to the world with which we share knowledge and interest. A laboratory of laboratories. We want to learn from nature in order to act in the world naturally.
3. We want to learn by doing, transforming our everyday environment, sharing experiences with others, accumulating knowledge from a wide range of disciplines, with people of all ages, reinventing what it means to live. Defining an environment for learning and experience. Closing circles so that everything helps everything and everything is part of the cycle of life.
4. At the centre of the project are human beings who need to learn to know themselves, and learn from everything around them. Forgetting the automatic responses of industrial society and being the centre of their own self-sufficient lives, and thereby strengthening communities and building on the basis of trust and the generosity of the future.
5. We want to achieve a holistic vision of the environment with which we interact and learn to transform ourselves together with it. Because we care about the earth, the place, the reality and what lives in it. We want to have a more conscious and tranquil temporal dimension of the transformation and construction of reality, in step with the time of nature.
6. In so doing we want to create an open, independent and global community, a self-sufficient connected community in which to invent the future of our cities on the basis of a new humanism. We want to make Valldaura a magical place. And make living this experience an essential part of our lives.
7. We want to make a meaningful contribution to the conservation of the Collserola Natural Park, where we have established our centre, and promote biodiversity and connection with the immediate network of natural systems. And we want to contribute to the renaturation of our cities and address the change of scale of the world's habitability that is a characteristic of our time.
8. The project is the way, the process of transforming Valldaura into a new reality. Valldaura has always been a fertile place that invites us to recover the original founding spirit in creating a setting for research, production and knowledge. We are a link in the long chain of Valldaura's history.

VISION MISSION VALUES

Vision
To be an international centre of education and research on the self-sufficient human habitat in order to bring influential technologies and solutions to bear on the production of energy, food and things and contribute our territorial vision to the transformation of Barcelona and the cities of the world.

Mission
Make a centre financially self-sufficient, from educational, research, and events, developing the full potential of the property functional related to the core of the farmhouse, the restaurant, the palace and the whole natural system.

Values
We want to learn from nature what we should never have forgotten. To get back to nature in order to learn from it.
Humanism, with human beings as the centre of a networked society of strivers.
Multidisciplinarity as a basis for creating new knowledge.
Learning by doing, deriving knowledge and the discipline for progress from experience.
A healthy self-sufficient living environment in which almost anything can produced from local resources.
Globalization in the exchange of knowledge and the impact of the natural message.

Model
We are facing a change of model, a paradigm shift in our way of life in the transition from industrial society to information society. In light of a situation in which the human subject is essentially a worker-consumer, we want to construct a model in which people are the centre of interest and live together in a network: people with a multidisciplinary education, able to producing what they need to live by making good use of the resources of their environment, sharing knowledge through information networks.
People capable of producing energy, food and things in their immediate environment, connected to global social, economic and knowledge networks: revitalized human beings, creating communities of people who add value to their environment through their daily work.
A typical Valldaura working day begins with the care of the individual through the preparation of body, mind and spirit as the basis for a productive morning spent working the land to obtain food and obtaining energy from forest management and other renewable sources. The afternoon is devoted to researching the machines for fabricating objects, and the end of the day is spent connecting to the global community to expand the sum of creativity, knowledge and experience acquired and developed during the day.

Laboratories
'Valldaura has a group of laboratories researching into self-sufficiency that aims to be self-sufficient in the next few years' The group comprises three laboratories — Food Lab, Energy Lab and Green FabLab — which produce the three things we need to be self-sufficient: food, energy and many of the things essential to the good life, combining the age-old ancestral knowledge that connects us to nature with the latest advanced technology. The laboratories are geared to investigating the processes involved in the production of energy, food and things locally, using the resources of the immediate environment, and developing technologies and knowledge that can be employed in the construction of a new global human habitat.

Food lab

We need the energy we get from food. Valldaura was agricultural land in the first part of the 20th century, and we are now recovering an activity that is not only productive but also generates biodiversity in the Collserola Natural Park. Food production is based on various forms of cultivation including organic gardens, orchards, edible forests and farm animals, all managed by researchers and students.

In the field of food management we are associated with the international Slow Food organization, whose headquarters are in Italy, and with its partner universities. We are creating a Bio-gastronomy School with top-class chefs who follow the principles of organic production and the zero-mile diet. We close the cycle of food production all the way to human consumption and the subsequent production of energy and new nutrients for the soil, researching technologies for both large- and small-scale food production.

There will be parallel benefits in waste management, effectively closing the circle of nutrient management by way of a transformation process with implications for energy and the economy.

Energy lab

Valldaura aims to be a self-sufficient environment capable of meet its needs by means of renewables. The keystone of the whole system is the Energrid research project, developed by IaaC for Endesa, in collaboration with the i2Cat Foundation, and being implemented for the first time at Valldaura Labs. Energrid is a kind of energy Internet, a system in which the various Valldaura buildings produce and consume, store or share energy according to strict principles of efficiency. Each electrical node (switch or power point) has a microcomputer (developed in the project) that monitors individual consumption and can avoid demand peaks by actively managing consumption. It is intended to introduce this model in the urban environment over the next few years. At Valldaura, energy comes from a biomass plant that uses local resources, as well as solar panels and mini wind-turbine systems.

At Valldaura we are also developing the HydroGrid project in order to ensure efficient water management, based on the principle of having five different tanks to allow the most appropriate kind of water to be used for each purpose. Clean water, roof rainwater, surface runoff from the plazas, greywater and sewage are recycled for maximum water saving.

Valldaura is also developing the Global Traceability of Matter project, in order to extend our awareness of all the materials and transformation processes involved in the production of any object, including residues and re-use.

Green fablab

As part of the production cycle we have created the Green FabLab, a digital fabrication lab that uses natural resources and is a partner in the international network of FabLabs led by MIT in Boston, and part of the Plan Avanza national network of laboratories in Spain.

One of our lines of research is centred on the development of new materials from natural ingredients such as wood, earth or minerals for building, to make bricks, glass and resins using simple ancestral technologies and modern high-tech processes.

At Valldaura we can carry out the complete cycle of matter transformation, from a sustainably managed tree in the forest which gives us wood that is dried, designed, and cut on machines running on renewable energy to produce furniture and structural elements.

The laboratory has several traditional bòvila brickyard kilns of the type traditionally found on large rural estates in Catalonia; at Valldaura the brickyard was located in what is now the restaurant area.

Activities

Valldaura as a research center on the Self-Sufficient Habitat aims to produce knowledge about self-sufficiency through educational programs, research projects and events.

Education

'Learning by doing in an immersive environment'

Valldaura Labs is a research centre for self-sufficiency in the human habitat. Its aim is to develop knowledge, technologies and processes that enable people to produce as many as possible of the resources they need to live in their own environment. The educational approach is based on hands-on 'learning by doing'.

IaaC is running three Master programmes at Valldaura from September 2013.

- Master in Design for Self-sufficiency. September 2013-September 2014. (twelve months)
- Master in Environment and Landscape Projects. October 2013-January 2014 (nine months)
- Master in Permaculture. March-June 2013 (three months)

The three laboratories will be the basis for a number of schools running specific courses on science, gastronomy, design, etc:
School of bio-gastronomy
School of inventors
School of the senses (self-sufficient kids)
School of design

IaaC also organizes workshops of various lengths — one-day, weekend, week or month — plus summer courses and other educational programes for people of all ages.

Research

The primary objective of Valldaura Labs, as a centre of research on the Self-Sufficient Habitat, is to provide itself with the necessary structures to produce in situ most of the resources its students and researchers need to live. Our aim is to generate all of our energy through renewable systems, to produce the greater part of the food we consume, and to fabricate objects using traditional techniques and high-tech processes with resources obtained from our immediate environment. The research is organized on the basis of Laboratories and Programmes.

The FOOD LAB is geared to producing food with ecological processes and developing a high-level bio-gastronomic culture using age-old techniques and processes.

The ENERGY LAB aims to develop a new model for the distributed management of a building's energy from renewable sources (biomass, solar, wind and other) based on the Energrid model developed for Endesa. It also runs the HydroGrid water management project and the Global Traceability of Matter project.

The GREEN FABLAB is centred on fabricating objects from materials drawn from the immediate environment, especially wood and clay. The carpentry makes furniture and structural elements from the wood provided by the sustainable management of the forest, and the kilns produce ceramics in the tradition of the estate's own bòvila brickyard.

The centre also runs the following programmes.

- Forest Management Programme (approved as sustainable forest management by the Generalitat de Catalunya)
- Environment Programme, providing an integral understanding of the natural cycles that take place in the forests of Valldaura and the surrounding Serra de Collserola range
- Archaeology Programme, centred on excavations in the historic site of the royal palace of Valldaura and the recovery of historic agricultural structures
- Global Traceability of Matter Programme

Events

At Valldaura Labs we are happy to host events for individuals and organizations that share the values and principles we are actively fostering here.

The Centre has a number of different spaces ideally suited to accommodating a variety of activities such as talks, conferences, presentations, celebrations and festivals.

OPEN SOURCES

SELVIKA, NATIONAL TOURIST ROUTE HAVØYSUND, NORWAY

Reiulf Ramstad

Reiulf Ramstad received Dottorato in Architettura from Instituto Universitario di Architettura di Venezia, Venice, Italy. He established Reiulf Ramstad Architects (RRA) in 1995 in order to create an architectural practice that would turn conceptual research and practical knowledge into driving forces of sustainable design. RRA has earned a reputation for innovative architecture, displaying deep understanding of the uniqueness of every site and program and rejecting standardized solutions. Reiulf has worked with various types of project as both design architect as well as project leader.
Apart from professional work as an architect, Reiulf are also involved in academic activities. He has earned professorship from Arkitekthøgskolen in Oslo and was a regular thesis advisor and juror in the Faculty of Architecture. Reiulf was acclaimed professionally as board member of NAL, the National Association of Norwegian Architects, in the period between 1997 and 2000, where he became vice president between 2000-2002. He has served as a jury member for many architectural competitions both domestically and internationally. In the recent years, following numerous awards and publicity of RRA's projects, he has been invited to give lectures at various institutions around the world.

The roadside stop is a part of the development of the National Tourist Route between Kokelv and Havøysund. The route follows the Arctic Ocean and meanders through a rugged landscape of cliffs and untamed nature where the bare mountains touch the ocean's edge.
The project's starting point is a fascination of the nature and landscape of Selvika, in Måsøy Municipality. This was the home of people for five thousand years, until 1944. Their settlements always consisted entirely of turf huts, and its traces may be found in pits for processing whale oil dating back to 100 BC. The location emerges like an oasis in an otherwise barren landscape. The distinctive rock formations, the green turf, the sandy beach and the ocean. The roadside stop invites the visitor to a slow wander in the beautiful, open and rough landscape. The meandering walkway from the road towards the beach, provide the framework to experience the nature and location from different viewpoints. The walk ends at a focal point and gathering place with fireplace, outdoor kitchen and benches. At the car park, the project includes sheltered bicycle racks and an information point, as well as a small service building with toilet facilities. The project sits gently in the terrain and far away from the listed turf huts of the area. The whole construction is cast in-situ with light grey concrete which fits the character of its surrounding landscape. The roadside stop is intended as a new architectural element in the powerful landscape that may enhance the experience further. Careful site surveys were conducted to ensure that the structure is adapted to its location in terms of heights, design and extent.

Background and design: The design will enhance the experience of moving from the road to the beach and water at this particular place. A major challenge is to slow the pace of the movement and use the pathway as a means to create awareness of the surrounding by opening up new sightlines and experiences for the visitor. The primary functional focus was disabled access. As opposed to proposing a solution consisting of both stairs and a ramp, we made the ramp a joint walkway for a holistic project character. The walkway meanders through the natural terrain from the car park by the road to the beach. The sculptural structure is based on a study of the organic forms of seashells. A series of radii of different dimensions were joined into a geometrical sequence for the project.

Usage: Selvika is located in a sheltered bay and frequented by the population of Havøysund during the summer season. At the same time, the project invites travelers to stop and rest. The project therefore encompass a wide range of uses with car park, sheltered bicycle racks, public toilet facilities, disabled accessible ramp with seating, and a gathering place with fireplace, grill and preparation table.

Material selection and construction: The location is characterized by a harsh climate where the sea thrash against the land for large parts of the year. Concrete is chosen as primary construction material for its plasticity in design, as well as its solidity and ability to weather well over time. The entire project is joined together by a continuous structure of in-situ concrete with vertical timber formwork. Supplementary materials include prefabricated elements of wood, steel and glass.

In advance of the construction period, we conducted a course for the construction crew focusing on the execution of in-situ concrete, including themes concerning:
the composition and desired mix of concrete, reinforcement and consequences of mistakes, approach to formwork, casting and finishing of concrete, cold weather concreting, casting in-situ joints and casting of trial panels.

The concrete uses locally sourced aggregate and is white pigmented with titanium dioxide.
Following careful examination of in-situ test and considerations of the conditions for casting, we decided to use standing vertical timber formwork for all the vertical surfaces of the design. 35mm timbers with trapezoidal profile were positioned accurately to minimize the gap between boards and make the winding effect as even and dynamic as possible.
The boards were chamfered in the inner curves to be positioned edge to edge without gaps. The outer curves and straight corners had boards edge to edge without chamfers.

Prior to casting the formwork was moisture-treated to avoid gaps. The formwork used as few as possible tie holes, which were positioned by the architect. The holes were made using sections of industrial pipes and placed according to direction and position.

The flooring of the walkway is finished in washed concrete exposing the finer particles of the aggregate to secure a tactile and slip resistant surface, without revealing the coarse aggregate below. The flooring of toilet facilities is polished concrete treated with pore sealant, while its ceiling was smoothly cast with sheet formwork. The concrete seating and benches are very lightly washed in order to achieve a nicely textured surface.

OPEN SOURCES

CREDITS

location Havøysund, Finnmark, Norway; **program** Architectonic multipurpose landscape structure; **client** Norwegian public roads administration; **size** Landscape area 10.000 m2; **commission type** Direct Commission (2007); **status** Constructed; **year** 2012
architect Reiulf Ramstad Arkitekter AS; **engineering** Dr. Techn. Kristoffer Apeland; **entrepreneur** T. Johansen Drift AS, Alta Rør AS and Elektro Nord AS; **manufacturers** Arnesen Betong AS, Alta Stål & CNC Maskinering AS; **concrete consultant** T. Noason; **construction cost** 11 million NOK; **photography** Reiulf Ramstad Arkitekter AS

REGION CITY, GOTHENBURG

A complex and unstructured part of the city, is being transformed into a more inviting urban space, with user-friendly functions and areas. The project's aim is to give more back to the city, than today's terminals for bus and trains. The base of the project, literally speaking, is today's large infrastructural functions of public, private and commercial areas, bound together by an overhead structure of the bus and train terminals. It will include everything from public squares and urban spaces, with areas for sports and leisure, offices, shops, hotels and living – A new town within the city.

CREDITS
type: Commercial; **location**: The Central Station, Gothenburgh, Sweden; **program**: A new city within the city; terminals for public transportation, commercial programs and public parks and areas for leisure; **client**: Jernhusen (SE); **size**: 200.000 m²; **commission type**: Direct commission (2011); **status**: Under development; **photo credits**: Reiulf Ramstad Arkitekter

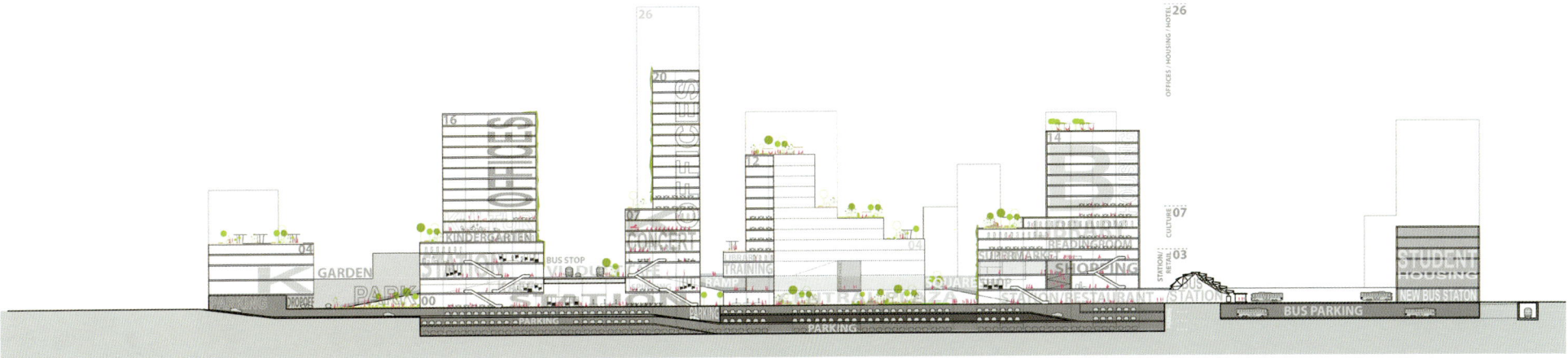

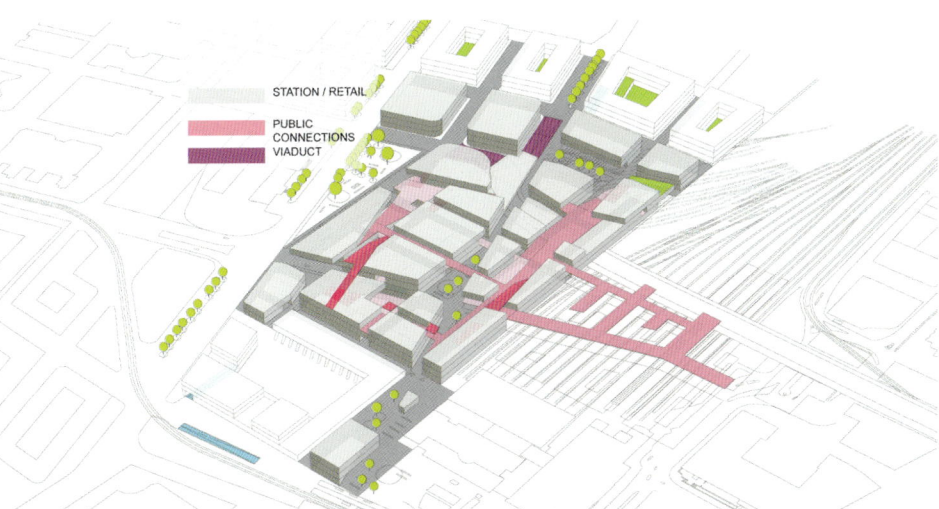

OPEN SOURCES

OPEN SOURCE & CREATIVE COMMONS: MODELS FOR FUTURE URBANISM

Kelly Shannon

Kelly Shannon is Professor at the Institute of Urbanism and Landscape, Oslo School of Architecture and Design (Norway) and part-time Professor at the Department of Architecture, Urbanism and Planning, University of Leuven (Belgium). Her research is at the intersection of analysis, interpretative mapping and new cartographies and design. Most of her work focuses on the evolving relation of landscape, infrastructure and urbanization in Asia. A particular interested focuses development of landscape urbanism strategies that work with water and topography. She has been a guest professor at University of Colorado in Denver, ESARQ in Barcelona, Peking University in Beijing and the GSD, Harvard University in Cambridge. She received her first professional architecture degree from Carnegie-Mellon University (1988) and post-graduate masters from the Berlage Institute (1994). Her Phd (University of Leuven, 2004) was titled 'Rhetorics & Realities. Addressing Landscape Urbanism. Three Cites in Vietnam'. Before entering academia, Shannon worked with Hunt Thompson (London), Mitchell Giurgola Architects (New York), Renzo Piano Building Workshop (Genoa) and Gigantes Zenghelis (Athens). She has led major urban design projects including the new masterplan for Ca Mau (in progress, Vietnam), Cantho (2010, Vietnam), Banjamarsin (2009, Indonesia), Hiep Phuoc (2008, HCMC, Vietnam) and Vinh (2004, Vietnam). She is co-editor (with Bruno De Meulder) of Explorations of/ in Urbanism and UFO, two book series previously published with SUN (Amsterdam) and which are now one series, UFO: Explorations of Urbanism, published by Park Books (Zurich). In 2010, she co-authored (with Marcel Smets) The Contemporary Landscape of Infrastructure, published by NAi Rotterdam. She is also one of the article editors of JoLA (Journal of Landscape Architetcure) since 2010.

1. Taksim Gezi Park, one of the few green spaces remaining in central Istanbul, rose to the world's attention on 28 May 2013 when peaceful protests began against the plans of replacing the park with a shopping mall and possible residence. Protestors claim that access to the square will become increasingly controlled, giving pedestrians only two entry points; there was also complaints that the decision to go ahead with the redevelopment was made too fast and without proper public and media debate [BBC 2013]. The protests escalated into riots, left five persons dead and initiated wide-spread protests across Turkey concerning broader issues of governance. As of mid-July 2013, the protests were still on-going.

"Open Source" is part of our mediated world's vocabulary; it addresses the free sharing of technology and revolves around the discourse of intellectual property (IP) rights. Open-source culture concerns, as Robert Merges of Berkeley Law wrote in 2004, 'the inherent flexibility of intellectual property rights arguing that they can be used to enhance the public domain as well as detract from it. By creating an intellectual easement of sorts, owner-creators can effectively deploy property rights to prevent excessive restrictions on the uses of their works' [Merges 2004:202]. Merges' article, 'A New Dynamism in the Public Realm' is about the massive growth in private initiatives to expand the public domain by way of property preemptive investments—he uses examples from pharmaceutical firms in public domain gene sequences, to IBM's "open source" LINUX software. He also discusses the more entrepreneurial advent of the "Creative Commons". Merges point is that in the Internet era, the regime of property rights, intellectual property rights (copy-rights), is being recast with 'private re-engineering of the entitlement structure' [Merges 2004:203]. Property rights are deployed to dedicate works to the public.

There is, of course, something spectacular in this notion, even if it is not new. The dilemma of "the commons" has been debated in economics, political science, environmental science and human ecology for decades. The 1968 seminal, yet controversial essay of Garrett Hardin, 'Tragedy of the Commons' has long been used as an over-simplified and deterministic metaphor for the overuse, exploitation and degradation of natural resources and the environment. Hardin concluded that "freedom of the commons brings ruins to all" [Hardin 1968:1244] and suggested that resource degradation was inevitable unless common property was converted to private property or placed under strict government regulation. However, starting already in the late 1970s, common-property/ common-pool resources or more generally "common ground" research harvested another line of thinking, much in-line with the contemporary IP discourse. Several academics argued that resource management is part-and-parcel of self- and complex adaptive systems [Ostrom 1999] and societies of past and present had/ have more creative ways to manage and govern their commons—from the medieval English commons to Turkish coastal fisheries [Feeny et al. 1990:10]. The resurgent interest of "the commons" in architecture, landscape architecture and urbanism is evident in an emerging discourse and exemplified in the theme of the 2012 Venice Architecture Biennale, "Common Ground". The renewed interest parallels a revival in grass-roots democracy, public participation, and local-level planning [Feeny et al. 1990:13], as well as more general concerns to protect critical commons such as the oceans and the climate in an era when the human footprint on the Earth enlarges [Dietz 2003:1910]. In the contemporary design of territories, cities and urban projects, the emphasis of the common good, environments of inclusion, and expansion of the public realm can/ must be a frame for development, whether projects are financed and/ or governed by the government or private enterprise or simply, what as a lot of commons historically were, the coproduction of groups with common interests (in having a fenced area for the cattle yesterday, in having a place of exchange, a platform, a space of production today). As such, they are neither public (in the sense of state controlled), nor privately owned, but belong to another realm. The right to the city, open access to public spaces, natural resources and the availability of public transportation are partially design questions. In rapidly urbanizing contexts, landscape and infrastructure can be a structuring device to guide urbanization. In urbanized areas, intelligent densification and renewal demands spatial and socio-economic innovation. The on-going battle of the future of Taksim Gezi Park in Istanbul[1] is important not only for democracy, but also for the right to the city and the commons and for urbanism. "Open source" and "creative commons" are clearly the future for intellectual property rights; top-down planning is slowly but surely also running its course as "the commons" are now battlegrounds the everyday citizen is more and more willing to fight for.

Bibliography

BBC (2013) 'Turkey clashed: Why are Gezi Park and Taksim Square so important?' http://www.bbc.co.uk/news/world-europe-22753752 (accessed 11 July 2013)

Dietz, Thomas, Ostrom, Elinor, Stern, Paul (2003) 'The Struggle to Govern the Commons' in Science, 302, pp. 1907-1912.

Feeny, David, Berkes, Fikret, McCay, Bonnie, Acheson, James (1990) 'The Tragedy of the Commons: Twenty-Two Years Later' in Human Ecology, Vol 18, No. 1, pp. 1-19.

Hardin, Garrett (1968) 'The Tragedy of the Commons' in Science, 162, pp. 1243-1248.

Merges, Robert (2004) 'A New Dynamism in the Public Realm' in The University of Chicago Law Review, A, 71, pp. 183-203.

Ostrom, Elinor (1999) 'Coping with Tragedies of the Commons' in Annual Review of Political Science 2, pp. 493-535.

1a/1b Hiep Phuoc (HCMC), Vietnam. 2007. (RUA/ WIT/ PROAP)
Land_structure + Infra_scape. Highland platforms, public transportation and water purification structure the territory and port, urban, and village urbanization co-exist.

2 Ca Mau (Mekong Delta), Vietnam. 2013. (RUA/P.F. Blom)
From planning to planting. The proposed land development strategy reverses the systematic deforestation into a plantation scheme that installs a new ecologic and economic balance.

OPEN SOURCES

3. Hoog Kortrijk. 2012. (OSA/RUA workshop). Green & blue requalification. Forests, boulevards, water basins and storm water management (re)structure the diffuse car-based territory while "smart" densification (re)qualifies the region to a "knowledge axis".

4. Øvre Årdal (Sognefjord) Norway. 2013. (P. Perkiewicz, AHO student/ guidance K. Shannon). Ebb & flow. A new collective common is created by regenerating the polluted landscapes of an aluminum production site through adaptive reuse and a new productive wetland landscape.

5a/5b. Beveren, Begium. 2007. (RUA) De-poldering as nature compensation. Expansion of Antwerp's port mandates "new nature" creation and a new interplay of dykes, water qualities and levels, and hamlet structures.

6. Retie, Belgium. 2009. (RUA/ Station C23). Dryland & wetland + slowroutes & platforms. The landscape urbanism strategy for Retie accentuates and differentiates existing qualities of the territory and marries ecological restoration to new programming. New development (industry and housing) goes hand-in-hand with environmental elements (water treatment and afforestation).

4

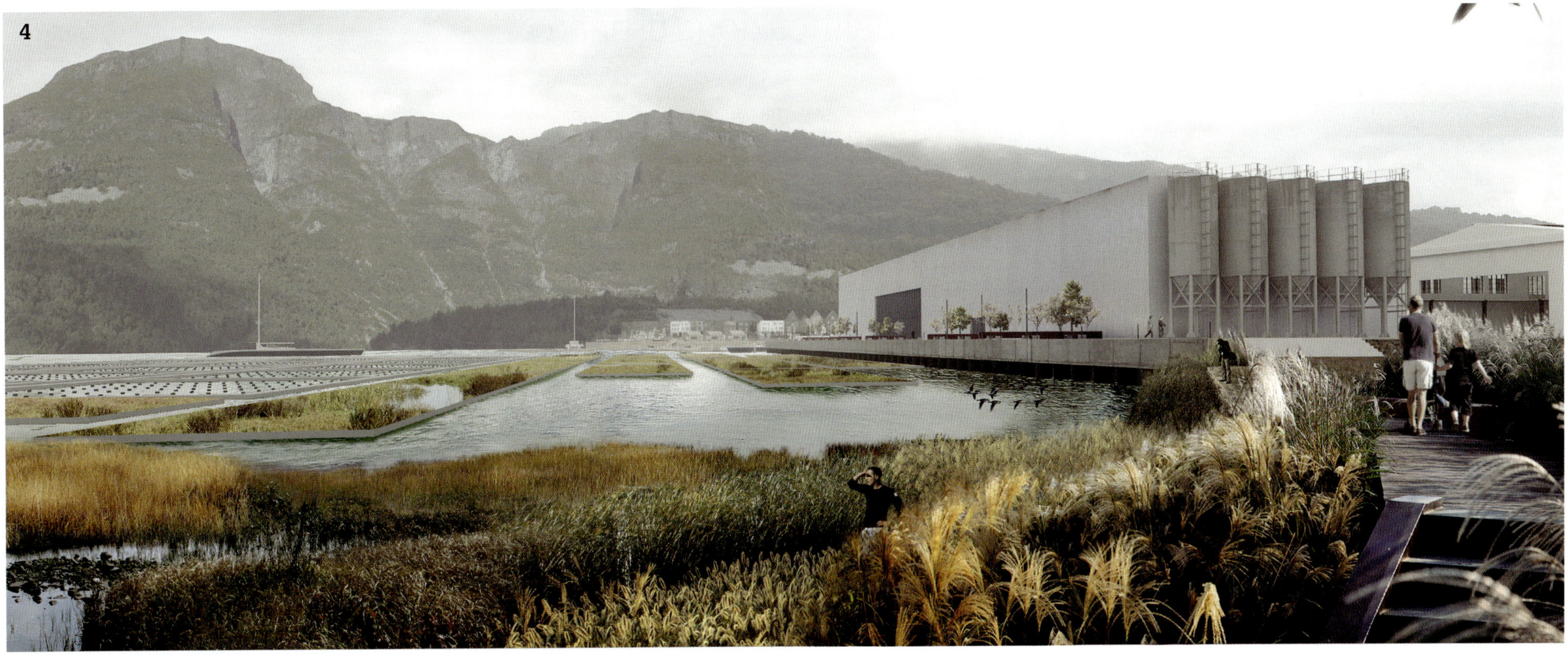

5a

0
1
2km
Land van Saeftinghe
THE NETHERLANDS
BELGIUM
De Schelde
OUDEN DOEL
PROSPERPOLDER
DOEL

5b

0
1
2km
Land van Saeftinghe
THE NETHERLANDS
BELGIUM
De Schelde
Landscape 1
OUDEN DOEL
Landscape 2
Polder
PROSPERPOLDER
Landscape 3
DOEL
Polder
Polder

6

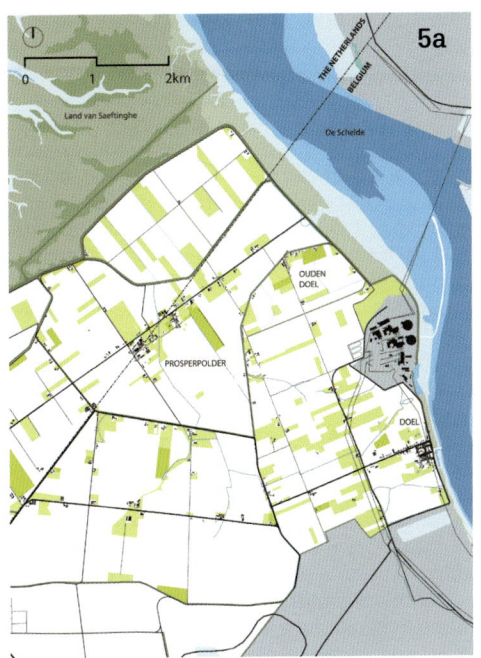

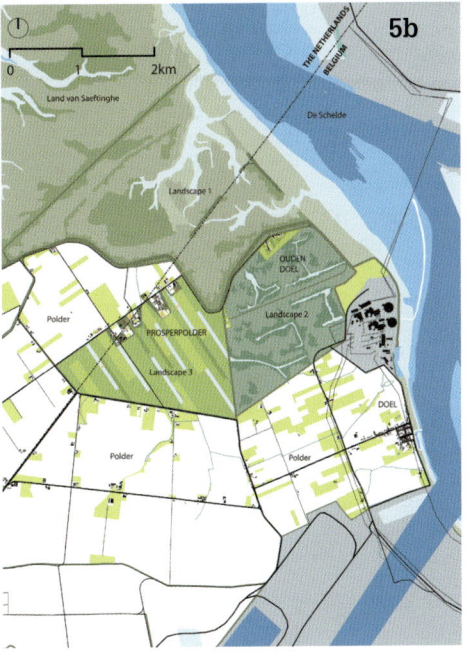

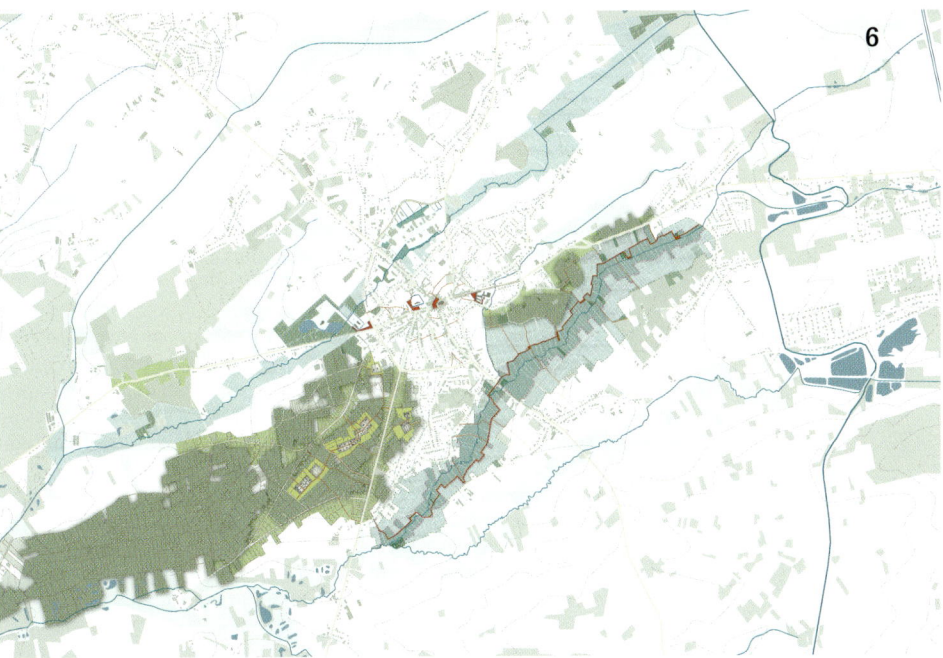

OPEN SOURCES

L'energia muoverà la riqualificazione urbana

Paolo De Pascali

Associate Professor in Urban Planning, Dipartimento di Pianificazione Design Tecnologia dell'architettura, Sapienza Università di Roma;
Qualified to full professor;
Responsible of the Laurea Magistrale ASPROT (Social analysis and territorial planning);
Since 1983 Director of research institutes, responsible for research & innovation projects in national and Community programs in the field of energy and settlements, member of committees and working groups.

Il tanto, e da lungo tempo, preconizzato cambio di direzione delle trasformazioni insediative da modelli a carattere espansivo a processi di riqualificazione dell'esistente non ha trovato finora applicazione consistente e significativamente incisiva sulle strutture urbane. L'attuale situazione di intensa crisi economica, i cui effetti si allungheranno presumibilmente ancora per il prossimo futuro, sembra poi non aiutare a creare nemmeno le condizioni socio culturali, direi antropologiche, oltre che economico finanziarie, per piani/programmi diffusi ed importanti di rigenerazione urbana. Anzi, come ognuno di noi ha modo di riscontrare direttamente, finora sembra solo aprire la strada verso il declino urbano, fino al degrado sia fisico che sociale.

Anche scendendo a scala più ridotta, quindi più operativamente praticabile, e considerando gli interventi di recupero/riqualificazione delle decantate aree dismesse, sui quali interventi vengono universalmente riposte da sempre grandi aspettative di rilancio della qualità urbana, non si può non riscontrare il grande divario tra il limitato numero degli interventi effettuati o in corso e l'enorme fabbisogno/potenzialità esistente nelle nostre città, specialmente nelle ampie periferie metropolitane.

Le meritevoli caratterizzazioni trasformative della terza generazione dell'urbanistica sono sostanzialmente rimaste sulla carta, dovendosi in realtà principalmente registrare nel corso degli anni l'ininterrotto incremento delle superfici edificate, che, paradossalmente, continua anche nei tempi della crisi, seppur con ridotta intensità. Da questo punto di osservazione il quadro complessivo passato e per il prossimo futuro appare abbastanza negativo.

Risulta evidente cioè come la parte pubblica non abbia avuto e tantomeno avrà mai le risorse finanziarie necessarie per condurre autonomamente tali processi di rigenerazione, ed in molti casi nemmeno le intenzioni, vista la scarsa rimuneratività in termini politici di tali operazioni; d'altro canto la parte privata, che non si è particolarmente distinta nell'attivare tali processi nel passato preferendo i più semplici interventi espansivi e che almeno a parole ora si dichiara interessata a invertire la rotta, non potrà non confrontarsi prima o poi con il notevole indebolimento intervenuto nella creazione di valore di tali interventi, se considerati, come si continua a fare, secondo i vecchi canoni imprenditoriali come mere operazioni immobiliari.

Ciò si inquadra nel più complessivo declino del settore edilizio e più in generale del settore delle costruzioni che perdono progressivamente e, sembrerebbe, irreversibilmente ruolo nel traino economico, non solo a livello generale ma spesso anche nei contesti locali.

Rimandando ad altra sede più consona l'approfondimento di tali aspetti complessi, quello che emerge e che ci interessa evidenziare è che appare necessario, e per certi versi indifferibile, seguire altri motori di spinta per la riqualificazione urbana che rafforzino e indirizzino su canoni più efficaci e più aderenti alla contemporaneità quelli oramai sfiatati e vetusti del settore edilizio. Con ciò occorrerà naturalmente considerare anche il grande cambiamento che comporterà nel modo di operare della disciplina urbanistica l'interlocuzione con nuovi settori e attori economici entranti sulla scena urbana, portatori di culture fondate sulla ricerca, l'innovazione tecnologica e la competitività globale, molto lontane da quelle dei costruttori nostrani che sono stati e sono tuttora i principali se non unici interlocutori imprenditoriali degli urbanisti. Anche questo tema dei cambiamenti strutturali ed inevitabili nella disciplina meriterebbe un approfondimento e confronto riguardante anche gli effetti radicali delle pressioni comunitarie e degli accordi internazionali verso l'adozione di politiche di uso efficiente delle risorse e di inclusività sociale, che purtroppo qui non risulta possibile effettuare.

Almeno un indirizzo di lavoro appare però delineabile.

Sulla scia delle ricerche e delle esperienze di studio condotte in questi anni dal gruppo di giovani ricercatori (V. Alberti, D. De Ioris, G. Di Pasqua, M. Reginaldi) che coordino sul tema "Energy in urban planning" appare evidente come il settore dell'energia possa diventare uno dei motori suddetti.

Due potenti processi in atto tendono infatti a convergere verso la valorizzazione del localismo energetico e del ruolo di questo nei percorsi di riorganizzazione insediativa.

Da una parte il processo di decentramento delle competenze nel governo del territorio si apre sempre più la strada verso l'ambiente e l'energia, rafforzato anche dalle disposizioni in merito alla distribuzione territoriale degli impegni a non inquinare (burden sharing), oltre che, e soprattutto, dalla crescita della coscienza ambientalista negli abitanti; dall'altra lo sviluppo del processo di privatizzazione/liberalizzazione del mercato dell'energia, nella sua lenta ma inesorabile attuazione, viene a contrastare il tradizionale modello monopolistico-centralistico in vigore da molti anni, per perseguire sistemi più allargati e diffusi, tendenti a promuovere contesti locali di pianificazione e quindi a modificare radicalmente il rapporto energia territorio.

Questi due percorsi convergenti creano le condizioni per perseguire la sinergia di competenze al livello locale tra programmazione energetica e trasformazioni territoriali, che nel modello centralistico viene ad essere sostanzialmente negata. Si aprono cioè grandi potenzialità e ampie direttrici di sviluppo finora non percorse per la pianificazione locale, purtroppo ancora non ben percepite da parte dalle comunità locali specialmente per il ruolo importante che esse stesse potrebbero ricoprire all'interno di questo nuovo sistema.

Innanzitutto si evidenzia la potenzialità della progressiva redistribuzione territoriale del grande valore aggiunto connesso al settore dell'energia, il possibile motore economico di cui si accennava in precedenza. Riguarda la valorizzazione della produzione diffusa dell'energia, specialmente per quella di origine endogena e rinnovabile (biomassa, rifiuti, solare, geotermica, idraulica, eolica, ...); quindi non più o non solo produzione del valore legato ai grandi impianti e alle grandi reti, destinato ai grandi organismi proprietari e gestori centrali, ma anche sistemi locali autopromossi che portano ad una seppur parziale distribuzione del valore aggiunto prodotto dal settore energetico e quindi con effetti diretti sul reddito e sull'occupazione locale. Il settore energetico è ad alto valore economico, quindi, avere la possibilità di produrre e vendere energia, o anche di utilizzarla per propri usi, significa anche avere la possibilità di incamerare risorse economiche in sede locale e di aumentare la propria competitività e la capacità autonoma di investimento.

La gestione energetica locale porta poi quasi fisiologicamente alla promozione e valorizzazione della produzione di beni e servizi collegati e quindi in sostanza allo sviluppo della cosiddetta Green Economy, con in più la possibilità che questo avvenga in forma diffusa e radicata sul territorio, con la crescita anche delle competenze e professionalità locali e la riduzione della dipendenza energetica, tecnologica e culturale delle comunità e dell'insieme. Ad un'energia di prossimità può corrispondere un'economia di prossimità e viceversa, con in più la possibile attivazione di una dialettica tra le due per l'attuazione di processi virtuosi di sviluppo quantomeno basati sull'efficienza. Ma la potenzialità più importante, in quanto ci riguarda più da vicino, in questo cambio di registro da centrale a locale è data dalle possibili ricadute progettuali per il miglioramento della qualità insediativa in termini di eco efficienza.

Il perseguimento della collimazione tra domanda ed offerta di energia con anche la valorizzazione delle risorse endogene può portare ad una differente impostazione progettuale nelle trasformazioni del territorio e degli insediamenti, in cui la valenza energetica assume importanza primaria nella determinazione di tali trasformazioni anche per gli aspetti fisico spaziali in termini di dimensioni, funzioni e destinazioni d'uso, volumetrie, tecnologie impiegate, modelli di trasporto, attrezzature collettive e spazi pubblici, etc.

Si può, infatti, pensare di adottare un rapporto più intenso di quello correntemente in uso tra pianificazione insediativa e programmazione energetica valorizzando l'aspetto energy driven nelle ipotesi trasformative degli insediamenti, cercando cioè di pilotare maggiormente il percorso progettuale dal côté energia.

La componente energetica può essere l'elemento che tira le fila nel progetto e nel piano per la sua valenza sistemica al fine del raggiungimento di output di qualità insediativa in quanto a risparmio di risorse esauribili, riduzione dell'inquinamento, impiego e ottimizzazione delle prestazioni delle tecnologie e dei materiali edilizi, confort termo igrometrico urbano, dotazione di servizi e di verde, inclusione sociale e non ultimi modelli di economia di prossimità che, come detto in precedenza, fanno pendant con energia di prossimità.

Ad una direttrice propositiva del piano di tipo top down che miri al controllo complessivo dell'organizzazione insediativa, appare necessario affiancarne un'altra di tipo bottom up che consideri la determinazione e l'ottimizzazione delle parti urbane. In tale contesto il punto di partenza appare essere il concetto di Distretto energetico, la cui considerazione risulta essenziale per procedere ad una pianificazione urbana trainata dall'energia e la cui definizione congruente è quella di ambito territoriale di coniugazione della domanda e dell'offerta locali di energia. Tale definizione appare come l'essenza del localismo energetico e apre un interessante campo di ricerca progettuale finora per nulla battuto che riguarda la definizione dei caratteri spaziali - organizzativi delle parti urbane (distretti o bacini energetici), intese non solo come fattori di consumo ma anche di produzione, in cui sia possibile collimare localmente le due componenti della domanda e dell'offerta di energia. Tale collimazione oltre ad essere perseguita in termini adattivi limitando le modifiche alla situazione insediativa esistente mediante l'adattamento dell'offerta alla domanda, può essere adottata in termini trasformativi per riqualificare la parte urbana al fine di ottenere i maggiori livelli di efficienza energetico ambientale e di comfort lungo la direzione di adattamento della domanda all'offerta.

Tali processi di sviluppo locale allargati legati all'energia possono essere a loro volta motore di processi partecipativi che vanno a connotare la produzione del piano.

La direttrice più avanzata è quella di creare situazioni di tipo aziendale – collettivo (delle specie di public companies, società cooperative o crowdfunding) in cui partecipa direttamente la cittadinanza.

Ciò si configura come il più alto livello di inclusività, nel quale la partecipazione dei cittadini assume la forma di gestione di impianti, infrastrutture, centralità, ... connessi a quartieri e parti urbane.

Il cittadino svolge così in pari tempo i ruoli di abitante, proprietario, utente, fino ad incidere in maniera diretta sulla gestione del servizio e del relativo bilancio economico che può raggiungere anche valori considerevoli. Nei ricavi ottenuti dalla attività di produzione energetica possono essere ricompresi anche quelli derivanti dalla vendita dei crediti (bianchi e verdi) acquisiti dalla realizzazione di opere e impianti a basso impatto.

Le nuove tecnologie energetiche dirette all'uso razionale ed alle fonti rinnovabili, coniugate con sistemi di Information Technologies, ben si prestano a tali impieghi locali per contribure a costituire modelli sociali di tipo partecipativo ed inclusivo. Al riguardo si evidenziano almeno tre evenienze importanti per il piano – processo energy driven:

- I cittadini contribuiscono direttamente alla modifica dei propri comportamenti verso la sostenibilità urbana, in ciò indirizzati dalla conformazione stessa della città progettata cui hanno contribuito; il riferimento è verso forme di behavioural planning in cui l'organizzazione fisica indirizza i comportamenti;
- La cittadinanza può partecipare alla progettazione e realizzazione della città stessa o di parti di essa anche in termini finanziari diretti, in parte nella fase di avvio con proprio capitale ma soprattutto nella fase a regime in quanto può destinare a questo fine i proventi derivanti dalla vendita di energia e di servizi connessi, per interventi diretti al miglioramento e sviluppo della qualità urbana al di fuori della logica della massimizzazione immediata del profitto;
- L'efficienza energetica e la compatibilità ambientale di tali sistemi tecnologici applicativi possono essere considerati come nervatura del piano urbano, cioè come valenze strutturali per perseguire la riqualificazione insediativa; possono venire presi, fin dalla fase di impostazione del piano stesso, come basi su cui determinare il bacino/distretto, il mix funzionale ottimale, le dimensioni dell'intervento, il sistema infrastrutturale e degli spostamenti, in termini generali la stessa organizzazione fisico funzionale della città.

Evidenziarlo appare anche un'offesa all'intelligenza del lettore, ma per dovere di precisione mi corre l'obbligo di specificare che il titolo di questo contributo e la visione leggermente ottimistica che traspare nel testo vanno interpretati come segni di buon auspicio e di indirizzo per uscire dalla situazione non proprio favorevole in cui ci troviamo.

Bibliografia
Una bibliografia esauriente sul tema sarebbe più lunga dell'articolo stesso e non congruente con le norme redazionali, per cui si rimanda alle bibliografie dei seguenti volumi:

AA. VV., Le dimensioni dell'energia nella pianificazione del territorio, Orienta Edizioni 2012; scaricabile dal sito:

http://www.paesaggioeambiente.com/ricerca/ricerche-concluse-e-pubblicazioni.html?id=15

De Pascali P., Città ed energia. La valenza energetica dell'organizzazione insediativa, Franco Angeli Editore 2008;

De Pascali P, Alberti V., De Ioris D., Di Pasqua G., Reginaldi M., Temi di sostenibilità eco – energetica per la riqualificazione urbana, Orienta Edizioni 2013 (in corso di stampa);sarà scaricabile dal sito:

http://www.paesaggioeambiente.com/ricerca/ricerche-concluse-e-pubblicazioni.html

OPEN SOURCES

The urban planning project for a *different growth*

Michelangelo Russo

Michelangelo Russo is Full Professor of Urbanism at University of Studies of Naples Federico II, teaches at laboratory of Urban Planning at the Course of Architecture and at the Course of Urban and Territorial Planning, at University of Naples.
He studies the contemporary urban planning and urban design in relation with the mutations of contemporary city. He is member of the Board of professors at Ph.D. in Urban Project and Urbanism, and at the Master "Masterneapolis. Planning for the historical city", at the Faculty of Architecture of Naples. He works and has worked in national and international research groups and is member of the Board of SIU (Italian Society of Urbanists), and of editorial Committee of major Journal in architecture and urban planning. Among his publications, Città Mosaico. Il progetto contemporaneo oltre la settorialità, Clean Napoli 2011, Aree dismesse. Forma e risorsa della 'città esistente', Edizioni Scientifiche Italiane, Napoli 1998; "The metropolitan area of Naples within the context of regional planning in Campania", in The Explosion of City, COAC Publicacions, Barcellona, 2004; "Urbanistica della mobilità", in A. Belli (a cura di), Non è così facile. Politiche a Napoli negli anni '90, FrancoAngeli, Milano 2007.

If growth in a common language means something unquestionably linked to the process of actual development owing to its ambivalence, in a specialized language it is a word which deserves a careful reflection.

In biology growth refers to the primary meaning of life and to its safeguard.; from an economic, social, political, territorial point of view it becomes a metaphor of development and identifies those processes which produce activity, employment, wealth and comfort, namely the conditions which nourish the survival and the continuity of society and communities.

The problem of the consideration of the effects is another side which implies a careful reflection on the concept of limit.

The limits of growth are represented by the effects of the economic growth: a mainly quantitative and material growth which has altered the finished size of the environment and of the ecosystem, forcing irremediably the physical earth limits (Jackson, 2009).

The unlimited growth of the economists is in contrast with the banal law of physics according to which "no finished subsystem can endlessly grow" so that an incessantly growing economic system cannot be contained within a finished ecological system. The economic growth – when it goes beyond these limits that is it becomes unlimited – is in contrast with the features of the environmental context in which it is: it causes a crisis in the biodiversity of the planet and the complex dynamic balance of the climatic system, it threatens the natural systems, the ground, the water cycles, the nitrogen, carbon and phosphorus biogenetic cycles. The responsibilities toward the environment and the risks of the overcoming of its limits are tenets which have been put in evidence since 1972 by The limits of the development, the extraordinary work by a group of researchers of the MIT who gathered in a club in Rome around Aurelio Peccei: 40 years went by and the theories of ecological economics have by now reinforced in our society the awareness about the limits of the interconnections between the natural systems and the social, technological and economics ones and about their perspectives of future evolution (Randers, 2012).

However, this awareness has not fully resulted in lasting principles of politics and transformation practices of the environment yet.

In the cities planning learning ideal vision, the city changes in a cyclic alternate of growth and dissolution, expansion and its halt, development and shrinkage. The shadow line between expansion and shrinkage still today represents a border wherewith the urban question has to measure itself with large economic, social and settlement implications in relationship with the models of concentration and dispersion.

The appearance of sub-urbanization and shrinkage processes which concern large urban areas in the different geopolitical situation is the effect of the economic crisis, of the de-industrialization, of the demographic drop and of the political shift, and deeply transforms the cities' space and the form of the urbanization (Oswalt, 2005). It is essential in these territories to reformulate a strategy of growth not only in extensive terms but also in the form of regeneration of the spaces and housing models, as the experience of Detroit is showing us today (Gallagher, 2010).

In this sense the topic about the growth gets a double meaning: from one point of view it distances from a traditional quantitative concept asserting the need to produce a growth which respects the limits of the ecosystem; from another point of view it affirms the shared necessity to restore the economy of shrinking areas in a period of crisis. That is to say, it is asserted the need of thinking about the growth in a different way from that one which changed the territory in the second half of '90s, under the pressure of the leading economic areas (Lanzani, 2012).

The transformations linked to the development, the modernization, the building expansion, the increase of the economic and welfare levels which we usually identify with the unrestrainable growth of the period of "economic miracle", especially in Italy, have caused an aggressive expansion, free from whatever ethic of responsibility which since the post-war period till today, has changed the space conditions of our cities and in many places the form and the nature itself of our landscape.

The growth has got a meaning of negative value when it has provoked an indiscriminate expansion, without quality, free from a collective and sustainable project, from sensibility towards the future generations, from a search of an idea of continuity. A continuous growth which has just changed in its form and intensity.

Even when in Italy in the middle of '80s it was thought the urban expansion was interrupted, the data have then showed that the halt was limited to a specific model of growth: that model nourished by the big speculative pushes, the settlement diffusion and the building of the big areas of public initiative. Rather than a halt it was a latent continuous expansion in the more undefended spaces of our country, in the areas around the cities, in rural areas, filling the empty spaces and the interstices of well-established structures, urbanizing the more fragile forms, the inshore areas, the inner sectors, the ridges areas, the big plains (Russo, 2011). The settlement dispersion away from a collective territory project and from shared views of development has continued to produce expansion, ground consumption, dispersion of urban and landscape values. A growth which has provoked devastating effects in particular in the more crucial overlapping of different sectors which creates in all the Italian territory lots of single splinters, for few people advantage and because of the absence of a design and administrative culture able to sustain the integration and compatibility values: many cases, even nowadays, concerns the passage of the infrastructures or the production areas in some of the more fragile sector of our country.

It is necessary to think again about the topic of growth assigning to city planning a new role of making possible a development, a regeneration and an improvement of house quality in those territories where this is necessary. In other words, to solve its problems of sharing and communication, to speak again to people and society, to propose visions of the future, assigning to itself the main role in the processes of running of the territory, this discipline needs to restore the meaning of growth as continuity, reorienting its institutional role, but also its cognitive, technical and operative instruments.

The city planning can offer itself to build a project for the country and for local territories, proposing new materials for the project, managing the ecological subject on the base of a renewed social dialogue and the consolidation of the cooperation networks between people.

The "prosperity without the growth", referred by Tim Jackson, does not tell about decrease, neither backing nor shrinkage: it means to think about our

habitat and its transformation through a project aware of the limits of our ecosystem, the time of its transformation and the distributive equity of its effects.
A lasting growth can be directed towards development models aimed not to consume the resources faster than they can renew themselves and not to produce wastes faster than they can be absorbed.
It is a cultural, social, economic and political project as well as a learning one which concerns the territories forms and the spaces where we live.
The city planning with its practice and its knowledge as project discipline, as way of thinking able to give a meaning and a substance (technical as well as political) to common daily practices, linked to the management of the macrosets, but also of the tinier subjects of local scale linked to people's life, has now to be re-directed towards values, techniques and objectives aimed to reformulate the notion of growth as territory development, to its care and to the conditions to improve its habitability.
The reference is as a matter of fact to a growth which has got the meaning of regeneration of the territory, able to give prominence to the increasingly pressing request of welfare and well-being, outstretched forward a prosperity as usefulness whose measure is not defined by the GDP but by the satisfaction, that to say by a notion of happiness linked to those goods and services which allow to develop identity, experience, sense of belonging and maybe even hope. "The economic crisis gives us an unrepeatable opportunity to invest in the change" (Jackson, 2010) and shows a potential innovative emotional spur which goes across the contemporary society (Magatti, 2012): that implies the necessity to relaunch Keynesian policies able to combine the growth and the redistribution effects which sustain the challenge of a new economy of supportability linked to the climate change, the resilience, the energetic safety and the regeneration, by new public investments in what appears to be a big potential "green new deal".
That also means to relaunch a new culture of the urban project viewed as a complex action, interpretative and visionary too, able to produce knowledge and visions of the change. A plural device sensitive to the listening and to the participation, plunged in the interaction with the faceless citizens and at the same time with the people who have more interests and economic resources, essential to start processes.
It means to confirm the centrality of common goods, of symbolic and real spaces where it can be possible to materialize the alliance, the solidarity and common values in a transition able to overcome together (Sennet, 2012) the aporias of the individualistic mobilization and its threats to the social fabric.
The city planning project which is a complex interlacement of technical learning skill and cognitive awareness at present has the fundamental duty to select materials then to reassemble them without a specific "dimensional scale" of reference, but for all the scales in which the life, the working, the role of that material has significance and produces development. This is true, for example, for the materials of ecology, the ground, waters, the biodiversity of the ecosystems, the energy whose handling allows to reform the quality of community's life and to design the space of the cities. The project of those materials concerns all the scales and all the dimensional relationships in which the reticular systems which link those elements are able to show a material, urban and social significance.

Therefore, the notion of ecology too linked to the current project contributes to make obsolete the schematic rituals of division between city planning and territorial plans, urban projects and sector plans and so on: each representation is valid, in a tight mutual relationship, to specify the system of organic and spatial connections which say something about the identity of a territory as it happens in a landscape and ecologic field.
A different growth can be the result of such a way of thinking a project, affirming the centrality of the city spaces and of its quality, of the public space as space of inclusion and of integration of social, ecological and environmental values for the continuity of our landscapes; it is a growth imprinted on a different mobility, able to pledge accessibility, to multiply the opportunities of the territories, on the base of a concept of infrastructure networks as porous and intersectorial components of the territory.
A different growth requires a new sensibility for the landscape and for the ecology of the cities and has to limit the depauperation of the resources not reproducible, first of all the ground; a different growth means to look at the existing city in a selective way, to regenerate and recycling its structures, the fabrics and the landscapes of the abandonment and of the waste and it means to assert a notion of relational, adaptive and contextual project able to understand the cyclicity of territories' life and to regenerate the meaning of it; a different growth concerns the urban ecosystem and its resilience, as resistance to the climate changes, to the pollution and to the consumption of the resources.
The territory, the cities, the rural spaces, the high value landscapes, the environments and the heritages, need to be again the core of a civil, social, cultural, economic and environmental growth project of the contemporary city, and the city planning has the potentialities to produce ideas, plans, projects showing that this is the way for a possible development.

Bibliography
Bologna G., "Dall'economia della crescita all'economia della sostenibilità", in T. Jackson (2011)
Daly H., Beyond Growth: The Economics of Sustainable Development, Beacon Press, Boston 1966.
Gallagher J., Reimagining Detroit: Opportunities for Redefining an American City, Wayne State University Press, Detroit 2010
Jackson T., Prosperità senza crescita. Economia per il pianeta reale, Edizioni Ambiente, Milano 2011; or. ed. Prosperity without Growth: Economics for a Finite Planet, Earthscan/Routledge, London 2009
Lanzani A., "L'urbanizzazione diffusa dopo la stagione della crescita" in Papa Cristina (editor), Letture di paesaggi, Guerini Associati, Milano 2012
Magatti M., La grande contrazione. I fallimenti della libertà e le vie del suo riscatto, Feltrinelli, Milano 2013
Oswalt P., Shrinking Cities: International research, volume 1, Hatje Cantz Verlag, Ostfildern-Ruit, 2005
Randers J., 2052-A Global Forecast for the Next Forty Years, Chelsea Green Publishing, Vermont, 2012.
Russo M., Introduction, XVI Siu Conference, Naples, May 9-10 ,2013
Russo M., "Specificità della dispersione", in M. Russo, Città Mosaico. Il progetto contemporaneo oltre la settorialità, Clean Edizioni, Napoli 2011
Sennet R., Together. The Rituals, Pleasures and Politic of Cooperation, New Haven: Yale University Press, 2012

OPEN SOURCES

RIDUCI/RIUSA/RICICLA. NUOVI PARADIGMI DEL PROGETTO URBANISTICO?

Massimo Angrilli

Ricercatore di Urbanistica presso il Dipartimento di Architettura di Pescara. Membro del Consiglio Direttivo della SIU e caporedattore della rivista on-line EcoWebTown. Curatore di diversi volumi, tra cui "L'urbanistica che cambia" per FrancoAngeli (2013) e "Progetto e Paesaggio" per Maggioli Editori (2011).

Note
1. Secondo la descrizione classica elaborata negli anni Trenta, le singole industrie, o i singoli prodotti industriali, passano attraverso quattro fasi: "a period of experimentation, a period of rapid growth, a period of diminished growth, and a period of stability or decline", in Norton, R.D., (1979) City LifeCycles and American Urban Policy, Academic Press New York, S. Francisco, London.

KEY WORDS: RICICLO, CICLO DI VITA, BRICOLEUR

La regola delle 3R, adottata nelle politiche ecologiche che interessano soprattutto il ciclo dei rifiuti ed il mondo della produzione industriale, sembra aver contagiato positivamente l'urbanistica. I recenti progetti per il Parco Olimpico di Londra, il Padiglione tedesco alla 13a Biennale di Venezia, la Mostra Recycle al MAXXI e sempre più spesso le ricerche delle nostre discipline (vedi il PRIN 2013/16 Re-Cycle Italy) si propongono di indagare le possibilità connesse a queste nuove e non convenzionali pratiche di trasformazione urbana.

I ragionamenti qui contenuti cercano di circoscrivere i significati che assumono i concetti di riciclo e ciclo di vita nelle discipline progettuali dell'architettura, dell'urbanistica e del paesaggio e contestualmente di coglierne i nessi specifici con i territori fragili, quei contesti territoriali cioè caratterizzati da condizioni di fragilità economica e sociale.

Trasferire gli approcci teorici e progettuali consolidati in altri ambiti disciplinari, come ad esempio in quello delle politiche di marketing del prodotto (in cui il progetto del prodotto non è mai disgiunto da una attenta valutazione del suo ciclo di vita), al mondo del progetto architettonico/urbanistico/paesaggistico non è né semplice né sempre appropriato. Le complessità di un singolo manufatto architettonico o infrastrutturale, per non parlare poi di un territorio, sono tali da rendere molto difficile l'importazione, senza gli opportuni adattamenti, delle metodologie e delle prassi maturate altrove.

La prima domanda che ci si pone è: come cambia il progetto di architettura e urbanistica se si assume un approccio life cycle thinking, basato cioè sul ciclo di vita di un'opera architettonica, di una infrastruttura o di un ambito urbano?
Può aiutarci a circoscrivere meglio i concetti più pertinenti per le strategie progettuali nei campi dell'architettura, dell'urbanistica e del paesaggio, l'avvio di una ricerca empirica da svolgersi sulle best practices che provengano dal nostro stesso mondo, tra quelle esperienze di progetto cioè che, più o meno consapevolmente, si siano misurate con i concetti di riciclo e di ciclo di vita.

Un progetto preso in esame è quello della sistemazione dello spazio aperto e dei parcheggi delle usines Thomson a Guyancourt (1991-92) ad opera dei paesaggisti Desvigne & Dalnoky. Il programma di impianto della grande fabbrica (disegnata da Renzo Piano), prevedeva un parcheggio per un migliaio di autovetture il cui impianto vegetazionale viene organizzato secondo una successione di due fasi: nella prima un impianto di filari di salici e pioppi garantisce il "pronto effetto" al parcheggio, oltre che la sua ombreggiatura; la seconda, che prevede l'introduzione di specie a lento accrescimento (querce e faggi) pone le basi per la costruzione di un parco destinato a subentrare alla fabbrica quando a termine del suo ciclo di vita questa sarà dismessa, insieme al suo vasto parcheggio. La coincidenza tra i tempi medi di obsolescenza di un'industria e i tempi di sviluppo di un parco ha consentito di progettare contestualmente il primo ed il secondo ciclo di vita del sito, rispettivamente un parcheggio alberato ed un bosco urbano, da destinarsi a parco per le generazioni future. Questo caso illustra con chiarezza il significato che la categoria progettuale cosiddetta cradle to cradle (C2C) può assumere nelle nostre discipline e che potrebbe dare luogo ad un approccio definibile con l'espressione multi-cycle design. Si intende alludere alla opportunità, non del tutto nuova peraltro, di ipotizzare, già in fase di progetto, gli ulteriori usi che di uno spazio o di un manufatto si potranno fare in futuro per assicurarne l'inclusione in un nuovo ciclo di vita dopo che sarà giunto a conclusione il primo.

Se nel caso del parcheggio/bosco urbano di Desvigne e Dalnoky il tema del mutamento di ciclo di vita copre un arco di tempo molto ampio (circa quaranta anni) il caso recente del Parco Olimpico di Londra, cha ha fatto sua la regola ecologica delle 3R Riduci/Riusa/Ricicla in tutte le attività di progettazione, dal master plan fino alla scelta dei materiali, l'arco di tempo coperto dalle previsioni progettuali è molto più breve e si riferisce sostanzialmente al passaggio dal primo ciclo di vita, che ha inizio e conclusione entro i tempi di svolgimento dei giochi olimpici, al secondo, quello che si presume essere molto più lungo, in cui il parco e le attrezzature sportive assumeranno il ruolo di attrezzature urbane e di quartiere.

La piena consapevolezza di questa singolare quanto rapida mutazione ha spinto l'Olympic Delivery Authority (ODA), l'ente cioè incaricato della gestione del Parco Olimpico nonché del processo di adattamento del sito alle future esigenze della città, ad elaborare un complesso master plan di tutto il Parco improntato alla definizione di aree e attrezzature "mutanti" in rapporto ai rispettivi ruoli e funzioni durante e dopo i giochi. Il progetto dei Giochi è stato pertanto articolato in tre Masterplan: il primo riferito ai Giochi Olimpici; il secondo alla fase cosiddetta di Transizione ed il terzo alla fase definite della Legacy (eredità). Il primo si occupava delle Olimpiadi vere e proprie, dettando i tempi e gli spazi legati al periodo di svolgimento dei giochi. Il secondo si occupava della "mutazione" (fase di transizione) da Parco Olimpico a zona urbana dotata di residenze, uffici, negozi, esercizi commerciali, laboratori industriali, alberghi. Il terzo - il Masterplan della Legacy - si poneva obiettivi di lungo periodo, per la trasformazione dell'area della Lower Lea Valley nell'East London (una tra le più degradate del Regno Unito) in una zona urbana verde ad elevata qualità. Il tema dell'adattamento al mutare di ruolo e del passaggio da un ciclo di vita all'altro ha interessato anche le singole attrezzature sportive, tutte con un comune obiettivo, quello di conciliare la domanda immediata, legata allo svolgimento dell'evento di breve durata (meno di un mese), con la domanda di lungo periodo, quella della Legacy, quando cioè gli impianti sportivi assumeranno il ruolo di attrezzature urbane. Questa doppia modalità ha imposto ai progettisti un approccio inusuale al progetto, costringendoli a pensare contemporaneamente alle prestazioni dell'edificio durante la fase dei giochi ed in quella ordinaria.

Il più noto e patinato delle venues, l'Aquatics Centre disegnato da Zaha Hadid, è stato progettato per avere due configurazioni, quella adeguata alle esigenze dell'evento (17.500 posti a sedere) e quella per la fase post-olimpiade, quando parte dell'edificio, le ali laterali, saranno smantellate e riciclate in altri impianti e l'edificio raggiungerà la sua forma climax, per avere una capienza di soli 2.500 posti, quelli cioè effettivamente necessari allo svolgimento di eventi sportivi ordinari. Oltre alla metamorfosi fisica l'edificio è stato predisposto per subire anche mutamenti funzionali, divenendo un centro sportivo per la comunità locale con clubs e scuole di nuoto.

La seconda domanda è: perché adottare le strategie del riciclo nei territori fragili?

Le condizioni di marginalità (geografica, fisica, sociale, ecc.) che determinano la fragilità di un territorio sono condizioni che impediscono alle comunità di disegnare le proprie traiettorie di sviluppo secondo modalità convenzionali, attraverso cioè strategie di programmazione e pianificazione sostenute e finanziate nei modi e nei tempi tipici dell'intervento pubblico. Conclusa, oramai da tempo, la stagione dei grandi progetti per le aree arretrate o marginali, finalizzati a sostenerne le deboli economie ed a fornire le infrastrutture o le opere indispensabili al loro sviluppo (si pensi alle bonifiche o alla riforma agraria) la condizione di marginalità si è acuita e, complici le difficoltà congiunturali della crisi, difficilmente sarà possibile immaginare una nuova stagione di rilancio basata su investimenti pubblici, fatta eccezione per i finanziamenti straordinari disposti in occasione di calamità naturali. Accettando di poter applicare alcuni paradigmi interpretativi in uso nell'economia urbana per spiegare l'arresto della crescita demografica e manifatturiera delle grandi aree urbane, in particolare quello che lega il ciclo di vita delle città al ciclo di vita dei suoi prodotti industriali (modello "degli stadi di sviluppo" o del "ciclo di vita urbano") si potrebbe affermare, anche per le aree interne, che il ciclo di vita della "industria di base", quella delle produzioni agricola e della pastorizia, è ormai da tempo giunto all'ultimo stadio del suo ciclo di vita, quello del declino[1], e con esso si è chiuso anche il ciclo di vita del territorio inteso come macchina per la produzione.

Dunque le chance per avviarne uno nuovo sono legate alla capacità di "inventare", in assenza del supporto tradizionalmente svolto dal governo centrale nelle campagne di rilancio economico, un nuovo "prodotto", e con esso far ripartire il territorio.

É allora utile riscoprire l'atteggiamento mentale del bricoleur, che di fronte ad un problema elabora la soluzione rivolgendosi "ad un insieme già costituito di utensili e di materiali, [...] per impegnare con esso una sorta di dialogo per inventariare, prima di sceglierne una, tutte le risposte possibili che può offrire

al problema che gli viene posto" (Claude Lévi-Strauss, 1962). Come per il bricoleur la regola del gioco per progettare nuovi cicli di vita per i territori fragili consiste nell'adattarsi alla situazione che ci si trova di fronte, risolvendo il problema senza subordinarne la soluzione all'applicazione di modelli precostituiti, ma rielaborando continuamente ciò che ci offre il contesto ed escogitando sempre nuove possibilità combinatorie e creative. Gli approcci connotati dal riciclo e dalla reinterpretazione dei manufatti e dei territori sono dunque particolarmente pertinenti, se non gli unici possibili, in contesti in cui sono da escludersi interventi assistiti nella classica formula top down.

Bibliografia

Ciorra P., Marini S. (ed, 2012), *Re-cycle. Strategie per l'architettura, la città e il pianeta*, Electa, Milano.

Lévi-Strauss C. (1962), *La pensée sauvage*, Plon, Paris, trad. *Il pensiero selvaggio*, Il saggiatore, Milano 1964.

Marot S. (1996), *Desvigne e Dalnoky. Il ritorno del Paesaggio*, Federico Motta Editore, Milano.

Ricci M. (2012), "Ridurre/Riusare/Riciclare la città (e i paesaggi)", in Ricci M. *Nuovi paradigmi*, List, Trento.

OPEN SOURCES

CITTÀ APERTA, CITTÀ DEI CUM-CIVES, CITTÀ ECOLOGICA

KW: CITTÀ ECOLOGIA, CITTADINI, PIANO/PROGETTO

Stefano Aragona

Stefano Aragona, ingegnere civile edile, ricercatore in Urbanistica, Dip. Patrimonio, Architettura, Urbanistica. Svolge attività scientifica e didattica ed ha pubblicato in varie sedi prevalentemente sul rapporto tra processi di antropizzazione ed innovazione tecnologica, sviluppo socioeconomico ed identità locale. Temi di ricerca delle borse di studio svolte presso il Politecnico di Delft, Paesi Bassi, l'IPIGeT - CNR di Napoli e la Northeastern University di Boston, USA, dove ha conseguito il Master in Economy Policy and Planning.

Abstract

E' ormai evidente che la teoria urbanistica richiede assetti urbani, quindi funzionamento del territorio e della città coerente ed integrato. Quindi forme, cioè morfologia del costruito e della natura, i processi antropici, alleati e le caratteristiche locali come suggerimenti progettuali. Minimizzare le risorse naturali utilizzate - innanzitutto il suolo - privilegiare la trasformazione dell'esistente; considerare le condizioni di rischio - funzione della pericolosità che è anche a micro oltre che macro scala, della vulnerabilità ovvero di come si costruisce e della esposizione, cioè di quante persone, beni (storico-artistici, servizi, infrastrutture, etc.) - in opportunità di proposta. Tenendo conto della gestione del territorio e della città, da un lato ispirandosi al km.0 nella fruizione dello spazio e, dall'altro, nella scelta dei materiali per realizzarlo. Mirando alla costruzione di Comunità inclusive come detto in Smart City (Ue, 2012). Il paper suggerisce strategie di intervento finalizzate a correggere la discrasia tra "necessità" teoriche ed i "fatti" che invece dominano le dinamiche di urbanizzazione: un percorso per costruire un'urbanistica ecologica, cioè l'urbanistica per la contemporaneità. Urbanistica che proponga e si fondi su una condivisione di civitas quindi dei cittadini, ovvero dei cum-cives, fondata sui presupposti della sostenibilità.

1. Perché occorre andare oltre il territorio, la città, attuale

L'attuale momento di crisi, dal greco κρίσις - decisione, svolta - è una grande occasione per un nuovo modello di sviluppo: forme e spazio da un lato; fattori di produzione cioè forza lavoro e materie prime dall'altro. Partire dal contesto, individuarne le opportunità quindi gli obiettivi che esso può consentire, puntando su cultura/beni culturali, ricerca scientifica, ambiente e green economy[1]. La finalità è innescare virtuosi meccanismi sinergici grazie a politiche di pianificazione, progettazione, realizzazione ecologiche (Appold, Kasarda, 1990) con strategie coerenti ed integrate del territorio urbano e rurale (Carta di Lipsia, 2007). Un modello sociale, culturale, economico come proposta di identità locale con la filosofia place-based (Barca, 2009, p.28) utile anche per i nuovi Paesi emergenti del cosiddetto BRIC (Fig.1) e non solo (Aragona, 2012b).

Avvio del ribaltamento della filosofia della società industriale i cui limiti stanno sempre più emergendo in termini di danni sociali - salute[2], disoccupazione, uso improprio e rischioso del territorio - ed economici. Approccio complesso basato sulla alleanza tra uomo e natura proposta da Scandurra (1995) e sulla tecnologia colta (Del Nord, 1991, p.V) che eviti inique soluzioni tecnocratiche. Costruzione di linkages orizzontali (Dematteis 1985, 1986, 1990, 2005), reticoli territoriali tra i soggetti locali. Enfasi sulle loro potenzialità progettuali e definizione semantica (Magnaghi, 2003; 2005): tra le basi del cosiddetto approccio territorialista[3]. Essi, così forti della loro coesione e cooperazione, possono aprirsi all'economia globale: è il modello Think Global, Act Local che i Paesi Bassi seguono dal 1985, IV Rapporto Nazionale (Aragona, 1993; cap.3). Slogan nato con I limiti dello Sviluppo (Club di Roma - MIT, 1972) ora parola d'ordine della globalizzazione. Fino a giungere a Smart Cities Ue che coniuga flussi di comunicazione con quelli d'energia per costruire scenari possibili in Horizon 2020 di Comunità inclusive e sostenibili socialmente e fisicamente. Con la consapevolezza che il nuovo approccio, più che paradigma (Khun, 1962), richiederà tempo per affermarsi confrontandosi con quello che si è imposto per oltre tre secoli.

2. Politiche per nuovi processi di antropizzazione ecologici

Vi sono due diversi percorsi, rette parallele, che devono entrambe puntare al costruire una migliore qualità della vita e quindi dello spazio tra i contenitori, le reti, ed il comportamento, elementi chiave dell'approccio ecologico (Sch. 1). Una consiste nello spiegare ed avviare radicali, nuove, logiche di sviluppo, scenari, basati sulle risorse locali attraverso l'uso della ricordata tecnologia colta e non scelte tecnocratiche che costringano contesti e società a forzare i propri limiti[4]. L'altra è il progressivo ricorso alle good pratices: dall'energia (produzione e risparmio) fino dall'abbandono delle attività nocive od una minimizzazione del rischio così come accaduto in molti impianti siderurgici in Germania ma non in Italia e di cui l'Ilva di Taranto è la situazione più emblematica. La VIA o la VAS sono strumenti utili di controllo o verifica di congruenza ma se non muta la filosofia di fondo esse avranno una utilizzazione solo difensiva di diritti delle persone e/o della natura.

Quindi studio, applicazione e sperimentazione che sono altra cosa dalla proposizione di modelli a-contestuali, soluzioni ripetibili indipendentemente dai luoghi. L'essere modello esportabile e riproducibile - che in sede comunitaria è da sempre elemento positivo di un progetto - va ripensato attentamente poiché determinanti sono le condizioni al contorno, le caratteristiche specifiche del luogo, ovvero della società e della natura di esso.

Visione integrata come grande sfida per costruire un mondo - materiale e sociale - diverso. La priorità non sono le grandi opere ma tanti cantieri diffusi sul territorio coniugando il recupero dell'esistente sia per finalità legate alla messa in sicurezza del territorio sia per la tutela e valorizzazione dei beni culturali e del paesaggio: è stata la piattaforma politica di alcuni partiti nella competizione elettorale del 2013[5]. Paesaggio sempre più devastato tanto che l'Italia sta retrocedendo come meta turistica mondiale. Il tanto discusso Mezzogiorno ha praticato quelle che oggi chiameremmo politiche integrate del territorio quando, utilizzando miniere nel cuore della Calabria a Mongiana e Ferdinandea dal 1700 al 1861, produceva manufatti ferrosi; pro-

teggeva la indispensabile risorsa energetica boschiva, avendo l'associato vantaggio di aumentare la stabilità dei territori riducendo il rischio idrogeologico con ingegneria naturalistica; realizzava collegamenti per facilitare l'accessibilità tra queste aree produttive ed il mare (il porto di Pizzo) aumentando la concorrenzialità dei beni prodotti riducendo i costi di trasporto. Queste scelte politiche costruirono nel medio-lungo periodo una vocazione territoriale[6] poi distrutta.
L'Italia non ha una politica industriale di supporto a tutto ciò. L'unica fu avviata nella breve esperienza del Governo Prodi con interventi per la green economy. Essa può innescare moltiplicatori sociali ed economici molto rilevanti però deve andare oltre i soli atteggiamenti del risparmio, proponendo un nuovo modo di vivere, di città e territorio, di produrre (Sch. 2). Senza di essa lo sviluppo di tecnologie, tecniche e produzione legati al fotovoltaico, all'eolico, etc. rafforza il paradosso che mentre si è tra i primi per installazione di pannelli fotovoltaici questo peggiora i conti del commercio estero poiché la massima parte delle apparecchiature sono di importazione.

3. Elementi per politiche di pianificazione ecologica come spunti di chiusura

Alcune scelte strategiche, fatte secondo una filosofia solo economica e tecnocratica, hanno peggiorato la situazione. Dal 1993 il taglio dei cosiddetti rami secchi delle ferrovie poi l'alta velocità hanno allontanato chi è vicino ed avvicinato chi è lontano; tra le altre cose con evidente disparità tra il centronord e il centrosud. Incentivato ulteriore abbandono di territori ed attività economiche nelle "aree minori" (ca. l'80% del territorio) e rinforzato l'inurbamento nelle principali città (o nelle loro aree più o meno metropolitane), accresciuto i vari inquinamenti e la richiesta di servizi in esse. La visione "integrata" dello sviluppo deve essere basata su valutazioni "multicriteria" finalizzate al miglioramento delle condizioni di vita, quantitative e qualitative (beni senza prezzo di mercato), considerando le esternalità negative (Aragona, 2000, cap.4). La strada è integrare l'ecologia umana con la massimizzazione del rientro di capitale (Appold e Kasarda, 1990) e coniugare il modello reticolare con quello gerarchico classico (Camagni, 1996).
La densificazione minimizza l'uso del suolo, la richiesta di infrastrutture e di energia però va sempre contestualizzata sia in termini fisici che sociali. Crea nuova rendita urbana o la incrementa: occorrono meccanismi che assicurino alla collettività locale gran parte di tale plus-valore, similmente a quanto previsto nei PRINT del Nuovo PRG di Roma., servono Osservatori pubblici di controllo della fase gestionale/attuativa[7].
A scala urbana il caso esemplare del PRiU Giustiniano Imperatore, XI Municipio della Capitale - dove si è realizzato un progetto di demolizione-sostituzione-ricostruzione per motivi di sicurezza ed adeguamento alle esigenze della sostenibilità energetica - evidenzia vari elementi indispensabili alla fattibilità di tali operazioni (Fig.2). Tra i principali si citano la disponibilità di suoli di proprietà pubbliche, la capacità gestionale, l'ascolto alle esigenze dei cittadini, la trasparenza dei vantaggi e gli obblighi che si stabiliscono tra l'ente pubblico ed il soggetto

2. Il progetto riqualificazione urbana "Giustiniano Imperatore". Layers d'identità. (fonte formazione.ilsole24ore.com/st/ediliziaeterritorio/atti/Desideri.pdf)

privato. Tutto ciò offre grandi opportunità per la formazione di competenze e capacità lavorative, una filiera produttiva nuova, alle imprese edili garantendo loro giusto profitto.
Scelte e meccanismi di perequazione devono essere sistematizzati in uno scenario complessivo proposto dall'attore pubblico, il Comune, per evitare interventi spot[8] che rischiano sia di stravolgere piani ed assetti ipotizzati ma anche di non essere congruenti con le necessità ed i requisiti legati alle componenti ecologiche naturali e sociali[9]. Requisiti che solo la visione integrata della città e del territorio, espressa dal piano, può avere e che ha gli spazi pubblici collettivi come elemento cardine, motivo stesso, dell'idea di città[10]. Piano che soprattutto nella sua attuazione va condiviso dai cum-cives, poiché solo in tal modo le loro esigenze - sempre più anziani, sempre più attento agli ultimi, sempre più aperto alle esigenze dei diversamente abili[11], - può proporre una città ecologica L'indicazione recente (2013) del il Ministro dell'Ambiente Orlando di estendere a scala di quartiere i benefici energetici sembra un buon segnale in tal senso.

Bibliografia

Appold. S.J, Kasarda J.D. (1990), "Concetti fondamentali per la reinterpretazione dei modelli e dei processi urbani", in A. Gasparini, P. Guidicini (a cura di) Innovazione tecnologica e nuovo ordine urbano, F. Angeli, Milano

Aragona S. (1993), La città virtuale. Trasformazioni urbane e nuove tecnologie dell'informazione, Gangemi, Roma - Reggio Calabria, cap.3

Aragona S. (2000), Ambiente urbano e innovazione. La città globale tra identità locale e sostenibilità, Gangemi, Roma - Reggio Calabria, cap.4

Aragona S. (2011), "Progettare città senza petrolio significa riprogettare la città 'tout-court'" in Moccia F.D. (a cura di) Città senza petrolio, Atti VI Giornata di Studi INU 2011, Sess. "Il progetto urbano", ESI, Napoli

Aragona S., (2012a), Costruire un senso del territorio Spunti, riflessioni, indicazioni di pianificazione e progettazione, Gangemi, Reggio Calabria - Roma, cap.1

Aragona S., (2012b), The integrated City as renewable common good, paper presentato al Pechino Forum 2012 The Harmony of Civilizations and Prosperity for All, Challenges and Opportunities: New Thinking in New Reality, The 5th International Workshop of RSAI in China, Sez. Inheritance of the World Cities Spirit: Experience and Innovation, Pechino, Cina,

Barca F., (2010), UN'AGENDA PER LA RIFORMA DELLA POLITICA DI COESIONE. Una politica di sviluppo rivolta ai luoghi per rispondere alle sfide e alle aspettative dell'Unione Europea. Rapporto indipendente su richiesta di D. Hübner, Commissario europeo alla politica regionale, Sintesi e di Introduzione, capp. I e V del Rapporto An Agenda for a Reformed Cohesion Policy, 2009

Belfiore E- (2013), Lo spazio pubblico. La contrazione del dominio pubblico nella città contemporanea e i modelli e i principi per la sua ricostruzione, 6° Lecture, Dip. di Pianificazione, Design, Tecnologia dell'Architettura

Bersani M. (2013), Catastroika. Le privatizzazioni che hanno ucciso la società, Edizioni Alegre

Camagni, R. (1996), Sviluppo Sostenibile Urbano, F. Angeli, Milano

Dematteis G.(1985), "Controurbanizzazione e strutture urbane reticolari", in (a cura di) Bianchi, G.,

Dematteis G.(1986), L'ambiente come categoria e il mondo come rete, in Urbanistica n. 85

Dematteis G.,(1990), "Modelli Urbani a Rete: Considerazioni Preliminari", in Curti F., Diappi L. (a cura di) Gerarchie e Reti di Città, F. Angeli, Milano

Dematteis G (2005), "Verso un policentrismo europeo: metropoli, città reticolari, reti di città", in

Moccia D., De Leo D., Sepe, M., (a cura di) Urbanistica Dossier n.75 Metropoli In-Transizione, Innovazioni, pianificazioni e governance per lo sviluppo delle grandi aree urbane del Mezzogiorno, INU Edizioni

Del Nord R.,(1991), "Presentazione", in Mucci E., Rizzoli P., (a cura di) L'immaginario tecnologico metropolitano, F. Angeli, Milano

Faludi A. (2012a), "Lezione Scientifica", Sess. Plenaria, XXX Conf. Annuale AISRe Istituzioni, Reti Territoriali e Sistema Paese: la governance delle relazioni locali - nazionali, Roma

Florida R. (2003), L' ascesa della nuova classe creativa. Stile di vita, valori e professioni, Mondadori, Milano

Khun,T. S. (1962, 1970), The Structure of Scientific Revolutions, Chicago University Press, Chicago, tr. it della II ed.,(1979) La struttura delle rivoluzioni scientifiche, Einaudi, Torino

Magnaghi A. (2003), Il progetto locale, Bollati Boringhieri, Torino

Magnaghi A. (2005), La rappresentazione identitaria del territorio: atlanti, codici, figure, paradigmi per il progetto locale, Alinea, Firenze

Meadows H.D. (et al.) (1972), I limiti dello sviluppo, Club di Roma, Mondadori, Milano

Nijkamp P. (2012), "Lezione Scientifica", Sess. Plenaria XXX Conf. Annuale 'AISRe Istituzioni Reti Territoriali e Sistema Paese: la governance delle relazioni locali - nazionali, Roma

Orlando A. (2013), "Intervento" al Convegno Il futuro dell'Italia ha un cuore verde, Ecodem, Roma, 6 giugno

Scandurra E. (1995), L'ambiente dell'uomo. Verso il progetto della città sostenibile, Etas Libri, Milano

UE (2007), Carta di Lipsia sulle Città Europee Sostenibil.

UE (2011), Smart Cities, Horizon 2020 Asse II del Programma - azioni integrate per lo sviluppo sostenibile e lo sviluppo della società dell'informazione

http://www.ekistics.org/ (ultima consultazione 30 aprile)

http://www.federica.unina.it/economia/tecnologia-dei-processi-produttivi/lavorazioni-pericolose-petrolchimico-porto-marghera/ (ultima consultazione 5 giugno 2013)

http://www.formazione.ilsole24ore.com/st/ediliziaeterritorio/atti/Desideri.pdf
(ultima consultazione 30 maggio 2013)

---

1. Di tutto ciò il Mezzogiorno può essere grande Laboratorio di sperimentazione come già lo fu in passato (Aragona, 2012°, cap.1).

2. La vicinanza alle materie prime e/o agli impianti di produzione può essere un grande rischio per la salute dei lavoratori: esempi che si sono citati come "illuminati" e favorevoli per la qualità della vita degli operai od impiegati vanno riletti secondo una chiave nuova, ormai da tempo disponibile, capace di porre in evidenza le situazioni di rischio emerse. Spesso con non "buona fede" dei soggetti implicati come nel caso del petrolchimico di Porto Marghera (http://www.federica.unina.it/economia/tecnologia-dei-processi-produttivi/lavorazioni-pericolose-petrolchimico-porto-marghera/).

3. Nijkcamp e soprattutto Faludi hanno incentrato su tali questioni le loro relazioni introduttive della Conferenza Annuale (2012) dell'AISRe Istituzioni, Reti Territoriali e Sistema Paese: la governance delle relazioni locali nazionali. Il tentativo del già citato Barca (2010) si inserisce e rafforza tale linea di pensiero.

4. Ispirandosi alla logica della "carrying capacity".

5. Tra i principali sostenitori di questa linea di pensiero si cita il Partito Democratico.

6. Il Si veda (Aragona S., 2012°, cap.1) Costruire un senso del il territorio. Tra le altre cose il Regolamento (allora fatto eccezionale) stabiliva la giornata lavorativa di 8 ore (a fronte delle 11 ca. delle altre realtà europee dell'epoca), non vi era lavoro femminile in fabbrica, i minori erano esclusi dalle mansioni pesanti e non vi erano casi di alcolismo.

7. Elementi evidenziati anche dai cittadini nell'incontro di presentazione del PRINT Tor Fiscale, Roma il 23.04.2013, Casa dell'Architettura.

8. Basti pensare ai rischi introdotti con il cosiddetto "Piano Casa".

9. Supporto a questa linea di pensiero è stata data dal nuovo Assessore alla Trasformazione urbana del Comune di Roma, prof. G. Caudo, nell'incontro svoltosi alla Festa dell'Unità il 23 luglio 2013.

10. Può darsi, come sostiene la Belfiore nella Lecture (2013) Lo spazio pubblico. La contrazione del dominio pubblico nella città contemporanea e i modelli ei principi per la sua ricostruzione, che queste riflessioni ci possano condurre ad una critica radicale di molti presupposti dell'Urbanistica moderna, laddove essa sembra essere indifferente ai contesti ed attenta all'individuo invece che alla collettività.

11. Come già scritto in altre sedi da anni esistono strumenti più o meno formali attenti a considerare questi elementi, basti citare il Piano Regolatore Sociale od il Piano Regolatore delle bambine e dei bambini. In molti casi si tratta di implementare e quindi gestire l'applicazione.

OPEN SOURCES

IL PAESAGGIO DELLE CAVE: VALORIZZAZIONE PRODUTTIVA E AMBIENTALE TRA ESTRAZIONE E COSTRUZIONE

Vincenzo Bagnato, Spartaco Paris

Architetto, laureato nel 1999 presso la Facoltà di Architettura del Politecnico di Bari, Professore a contratto di Progettazione Esecutiva dell'Architettura presso il DICAR del Politecnico di Bari.

Architetto, Dottore di Ricerca in Tecnologie Energetiche e Ambientali per lo Sviluppo, Professore Associato di Tecnologia dell'Architettura presso il Dip. DISG dell'Università degli Studi di Roma La Sapienza.

KW: VALORIZZAZIONE AMBIENTALE, CAVE, MATERIAL RECYCLING

1. Riqualificazione e riciclaggio ambientale

Il tema del riciclaggio delle cave s'inquadra in un più ampio e condiviso cambiamento di paradigma sulle modalità di pianificazione e gestione del territorio che consiste nel riconoscimento di un valore delle cave in quanto risorse appartenenti allo stesso metabolismo dell'intero ambiente antropizzato[1].

Il passaggio dal termine "riqualificazione", consolidato nella letteratura e nella prassi urbanistico-architettonica, a quello di "riciclaggio", mutuato invece dal campo ambientale, rappresenta una scelta assolutamente non neutra che tende a legarsi ai concetti di rifiuto, riduzione, consumo, i quali, se applicati alla scala del territorio, pongono una serie di questioni aperte ma anche di opportunità; essi rappresentano, infatti, da un lato l'accettazione di un ciclo di vita per il paesaggio, dall'altro la necessità di un suo uso/esercizio/smaltimento (Latouche, 2009). Di qui deriva la necessità di definire nuove strategie di ri-uso, recupero e riduzione del consumo delle risorse materiali del territorio, interpretando quindi il "riciclaggio" come insieme complesso ed articolato di forme e usi diversi in grado di attivare nuove capacità di "durata" e di "sostenibilità" nel ciclo economico e materiale di un intero contesto territoriale.

2. Le cave tra paesaggi primari e infrastrutture produttive

Le cave (sia attive che dismesse) hanno mutato nel corso dei decenni passati il loro rapporto con l'attività dell'uomo e hanno trasformato il loro legame con la dimensione "costruttiva" del territorio, configurandosi sempre più come sistemi autonomi e diventando delle vere e proprie infrastrutture produttive dotate di un proprio ciclo di vita. I paesaggi estrattivi, nella loro condizione di continua trasformazione che li configura come forme in divenire in un arco temporale dilatato, si trovano in una dimensione di limbo interpretativo che li pone a metà tra paesaggi legati all'economia primaria e luoghi dell'economia secondaria. Quando poi si esaurisce il loro ciclo di estrazione, le cave tendono a diventare luoghi-rifiuto, drosscapes, fino a confluire nell'arcipelago delle brownfields e delle waste areas, spazi degradati dagli scarti del metabolismo urbano e industriale, inquinati da processi intensivi di modificazione ambientale (Berger, 2007). Il tema del riciclaggio delle cave è stato oggetto negli ultimi anni di un aumento d'interesse sia da parte degli specialisti sia della collettività in virtù dell'affermarsi di un nuovo sistema di valori che ha esteso il concetto di "sostenibilità ambientale" dal mero recupero delle cave dismesse alla definizione di criteri "sostenibili" inerenti all'intero processo di gestione dell'attività estrattiva, e che ha portato a spostare il baricentro dell'investigazione, sia in ambito economico/gestionale che urbanistico/architettonico, sulle modalità di una loro reintegrazione nella rete degli spazi pubblici urbani ed extraurbani (Fig. 1).

Le strategie di trasformazione dei territori caratterizzati dalla presenza delle cave hanno attualmente un indirizzo che si traduce in due chiavi metodologiche contrapposte: da un lato la disciplina della gestione produttiva attraverso azioni di regolamentazione, che include i bacini di estrazione lapidea all'interno di distretti produttivi con un'attenzione prioritaria alle questioni inerenti le modalità del loro sfruttamento rispetto a quelle del ripristino dei bacini esauriti; dall'altro lato la cultura di matrice paesaggistica che indirizza l'attenzione prevalentemente alla valorizzazione estetica dei bacini non più attivi, attraverso il riconoscimento del soggetto pubblico quale attore principale delle operazioni di bonifica o rinaturalizzazione. In questo quadro, un ruolo fondamentale e particolarmente significativo può assumerlo la revisione del sistema di strategie di trasformazione del territorio, secondo un approccio ecologico basato su operazioni di Riduzione, Riuso e Riciclo dei territori e della materia prima (strategia delle 3R)[2].

3. Il Paesaggio delle cave in Puglia

Una regione che rappresenta un ambito di elevato interesse quale territorio che dalla pietra deriva una parte rilevante della sua economia regionale è la Puglia: un'economia che in questo momento, in controtendenza positiva rispetto ad altri settori, registra una continua crescita dell'esportazione di materiale lapideo, anche se prevalentemente basata sull'estrazione-commercializzazione del materiale estratto (blocco) verso mercati su scala globale piuttosto che sulla trasformazione della materia prima in prodotto finito[3].

L'attività estrattiva in Puglia è legata a diversi ambiti che vanno dall'edilizia all'industria dell'acciaio, dalla cosmesi alle coltivazioni agricole e si articola in maniera differenziata su tutto il territorio regionale; ogni provincia ha le sue coltivazioni e ogni territorio le sue modalità di estrazione con relative ripercussioni sul paesaggio. All'interno del distretto pugliese, che occupa una superficie totale di 9.000 ettari, il complesso più esteso è rappresentato dal bacino estrattivo di Apricena (FG), ai margini del promontorio del Gargano tra i comuni di Apricena, Poggio Imperiale e Lesina, su una superficie di 14,24 kmq. Il suo valore economico è molto elevato, soprattutto se si considera la costante crescita del trend di esportazioni del materiale che produce; ma è anche culturalmente e socialmente strategico per l'alto livello di professionalità e specializzazione del personale cavatore, vero e proprio patrimonio immateriale per l'intero territorio.

Dal punto di vista morfologico quest'area estrattiva è articolata in arcipelaghi di cave di differenti dimensioni che possono raggiungere fino a 100 metri di profondità, distinti in tre sottosistemi: l'area di San Sabino – Tre Fossi, costituita da cave

Fig. 1: Parco dei Suoni nelle cave di arenaria dismesse del Sinis (Oristano) di P. Perra e A. Loche, foto di Giorgio e Simone Cireddu.

Fig. 2: Progetto di riuso della cava dismessa del Morlungo (Carrara) di Paolo Cannata e Linda Roncaglia (Studio dAM).

di piccola dimensione; l'area di Masseria del Campo, a Sud Est dell'abitato di Apricena (più antica e con un maggiore valore identitario); l'area Canali, ubicata tra l'autostrada e la linea ferroviaria (di grande estensione e con elevato un numero di cave), segnata dalla presenza dei ravaneti, grandi montagne di materiale di scarto accumulato ai margini delle cave (Fig. 2). La necessità più che mai attuale di legare la trasformazione del territorio a criteri di compatibilità ambientale impone una riflessione che preveda di ottimizzare e specializzare i processi "produttivi" con tecniche estrattive sostenibili e con l'innovazione della filiera produttiva del materiale da costruzione. Le strategie, nell'ipotesi di tradursi in un primo abaco di nuove metodologie operative, possono riguardare: la ricostruzione dei "percorsi" e dei cicli di vita dei materiali estratti e la successiva revisione delle attuali metodologie operative per dimostrare la possibilità di utilizzare in modo più razionale i materiali estratti preservando così le emergenze ambientali; l'individuazione di nuovi approcci operativi per rendere disponibile il "materiale" a prezzo contenuto per la costruzione di abitazioni collettive (social housing) o costruzioni a carattere pubblico nel contesto regionale; l'analisi preventiva delle ricadute sul territorio delle scelte infrastrutturali (territoriali e produttive), della gestione del territorio e del materiale; l'integrazione delle cave nella rete degli spazi pubblici, attraverso la definizione di metodologie progettuali capaci di definire strumenti e modalità di valorizzazione compatibili con il loro intero ciclo di vita (Fig. 3).

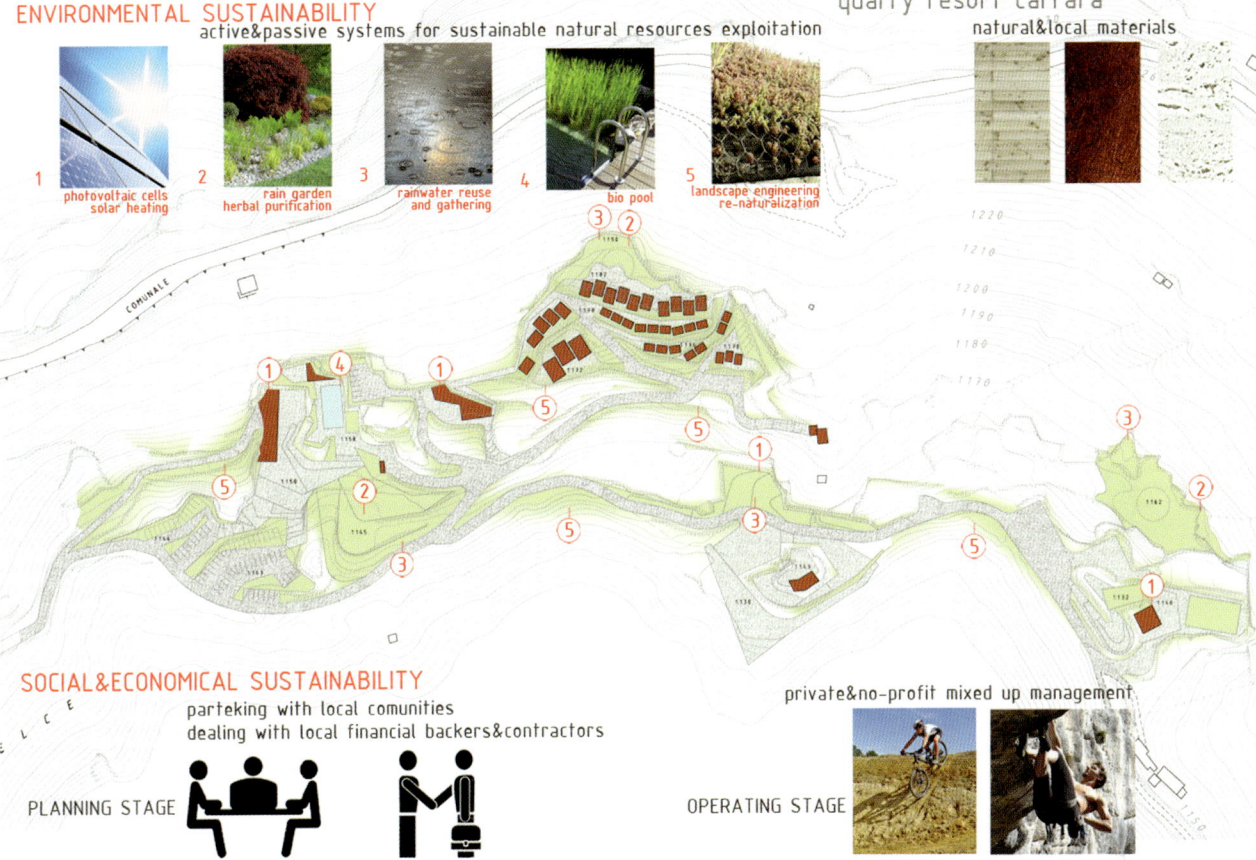

1. Il contributo è una testimonianza degli autori sugli aspetti tecnologici e ambientali del riciclo delle cave, nell'ambito di una ricerca in corso al Politecnico di Bari come unità associata all'Università Federico II di Napoli all'interno del progetto di ricerca finanziato d'interesse nazionale PRIN 2010-11 "Re-cycle Italy. Nuovi cicli di vita per architetture e infrastrutture della città e del paesaggio".
2. In particolare, sulle cave attive: Reduce: riduzione degli areali estrattivi e del materiale estratto, ottimizzazione delle estrazioni con l'impiego di tecnologie innovative, riduzione della quantità di scarti di estrazione e loro reimpiego nella produzione di inerti, riduzione dei costi economici e ambientali del trasporto e incentivazione per la realizzazione di filiere di trasformazione a "km zero"; Reuse: strategie di riuso degli scarti di estrazione e loro impiego come materie prime seconde (scorze); Recycle: dispositivi e metodologie tecnologiche e progettuali transcalari che, muovendo dalla necessità di riciclare il materiale di scarto, ripensino gli elementi di degrimento del paesaggio (ravaneti). Sulle cave dismesse: Reduce: mitigazione dell'impatto ambientale attraverso incentivi al riempimento dei bacini estrattivi con materiali compatibili (es. scarti dell'estrazione); Reuse: dispositivi e metodologie progettuali per la valorizzazione economica e la compensazione ambientale dei bacini con agevolazioni per la conversione della produzione energetica da fonti rinnovabili (impianti di fotovoltaico, secondo politiche di localizzazione razionale e consapevole) o per uso agrario, a seconda della "vocazione" di ciascuna cava e del rapporto con il suo territorio.
3. In Puglia la disciplina dell'attività estrattiva è regolata dalla L.R. 37 del 22/05/1985 e, nel quadro nazionale, dal R.D. n. 1443 del 29 luglio 1927, dall'art. 117 della Costituzione e dal DPR n. 620 del 28/06/1955, oltre ai decreti D.P.R. del 14/01/1972 e n. 616 del 24/07/1977 relativi al trasferimento delle competenze a livello regionale. Nel 2010, con il D.G.R. n. 445 del 23/02/2010, la Regione Puglia ha approvato il P.R.A.E. (Piano Regionale Attività Estrattive), attraverso cui ha individuato le aree nelle quali vincolare l'attività estrattiva all'approvazione preventiva di un Piano Particolareggiato (tra queste vi è il "giacimento marmifero di Apricena") al fine di una maggiore tutela dell'ambiente e del paesaggio.

Bibliografia
Battaino C. (2010), Extrascapes. Oltre le cave, Edizioni Della Laguna, Gorizia;
Berger A. (2007), Drosscape: Wasting Land in Urban America, Princeton Architectural Press, New York;
Latouche S. (2009), La scommessa della decrescita, Feltrinelli, Milano;
Pavan V. (2010), Architetture di cava, Motta Architettura, Milano;
Pizzi R. (2013), Terre e rocce da scavo. Manuale pratico per l'utilizzo dopo il D.M. 161/2012, Procedure operative, modulistica, normativa, Maggioli Editore, Rimini;
Regione Puglia – Assessorato Sviluppo Economico e Innovazione Tecnologica (2008), Oltre la pietra, Federico Motta Editore, Milano;
Viale G. (1999), Governare i rifiuti, Ed. Bollati Boringhieri, Torino;
Viale G. (2000), Un mondo usa e getta. La civiltà dei rifiuti e i rifiuti della civiltà, Ed. Feltrinelli, Milano;

FAVELA CALLING. IL MORRO DA PROVIDÊNCIA

Francesca Borrelli

Nata a Napoli nel 1986, dove vive e lavora. Si forma presso le facoltà di Architettura Federico II di Napoli e PUC di Rio de Janeiro con una tesi finale sugli slum urbani. Attualmente svolge un percorso di ricerca sui progetti infrastrutturali dei megaeventi sportivi di Rio in relazione agli insediamenti informali.

KW: FAVELA, MOBILITÀ, SPAZIO PUBBLICO

Il Morro da Providência è la favela più antica del Brasile. È stata edificata nell'area portuale di Rio de Janeiro alla fine del secolo XIX dagli ex combattenti di ritorno dalla guerra dei Canudos (Bahia 1896-97).

La favela da Providência è una comunità costituita da circa 4000 abitanti che cresce e si trasforma con i suoi propri meccanismi, costituendo a tutti gli effetti una società a sé. Una città nella città.

La favela costituisce un agglomerato denso di edificazioni giustapposte senza una logica precostituita se non quella della sopravvivenza. Arroccata sulla cima del Morro, la favela appare come un'entità autonoma composta da frammenti eterogenei. Tale microurbanistica spaziale è un sistema complesso innervato su angusti percorsi che rappresentano i condotti comuni, le vie di transito, di sosta e di scambio e quindi i luoghi della vita comunitaria e delle tensioni sociali. Le abitazioni sono densamente affiancate con l'ingresso rivolto verso gli stretti vicoli. In origine erano estremamente precarie e costruite con materiali poveri, resti e scarti eterogenei (pezzi di legno, lamiera, plastica, pietre) provenienti dalla città. Questi primi rifugi sono stati la base di un'evoluzione ottenuta da un continuo lavorio di miglioramento e ampliamento ancora in uno stato di continua incompiutezza. Oggi la quasi totalità delle abitazioni è costruita con pilastri di cemento e tompagnature in mattoni, distinguendosi in questo modo come insediamenti permanenti. Gli spazi pubblici, molto carenti, coincidono con quelli destinati alla circolazione o con piccoli slarghi, spazi residuali esistenti intorno alla chiesa di N.S. da Penha e alla Capela do Cruzeiro, edificati agli inizi del '900.

Il Morro da Providência, come gli altri insediamenti informali cittadini, è una parte costitutiva di Rio de Janeiro. È possibile un'integrazione tra la città convenzionale e i quartieri informali? E attraverso quali pratiche progettuali?

I provvedimenti pubblici adottati in passato sono tuttora motivo di un acceso dibattito.

Negli anni '50 e '60 del XX secolo, quando la popolazione delle favelas subì un forte incremento, le politiche urbane conseguirono sgomberi forzati e la ricollocazione della popolazione in edifici di edilizia economica e popolare situati in aree periferiche a nord e ad est della città, in zone carenti di urbanizzazione primaria, prive di scuole, di strutture commerciali e socio-sanitarie adeguate e mal collegate al centro. Tali soluzioni sono risultate fallimentari, di fatto hanno trasferito gli slums da un luogo all'altro, accrescendo le difficoltà e cancellando identità comunitarie, le cui situazioni avrebbero meritato un graduale miglioramento, invece che la distruzione.

Più efficaci si sono dimostrate alcune esperienze recenti che hanno contribuito a diminuire le diseguaglianze sociali e le segregazioni spaziali, focalizzando la riflessione sull'accettazione dei tessuti informali come parte della morfologia della città.

Questa consapevolezza ha aperto la strada a un nuovo modo di concepire lo sviluppo urbano di Rio. Il programma Favela Bairro, coinvolgendo più di 160 comunità carenti di Rio, è la prima politica pubblica di neighborhood upgrading nelle favelas. Iniziato nel 1997 ha agito sulle favelas di piccola e media dimensione nel rispetto delle caratteristiche simboliche e spaziali dei luoghi. Il programma, mettendo al centro degli interventi lo spazio pubblico, ha come obiettivo fornire quanto manca in termini di strutture urbane. Nel 2005 Favela Bairro è intervenuto nel Morro da Providência con l'intento di trasformare la favela più antica della città in un museo a cielo aperto realizzando un itinerario turistico sulla cima del Morro. La strategia urbana di Lu Petersen, autrice del progetto insieme a Dietmar Starke, parte dall'assunto che una favela di antica fondazione è un luogo fondamentale della storia e della cultura di Rio.

Nonostante una differente sensibilità dimostrata dal programma Favela Bairro, le politiche di esproprio rappresentano il modus operandi dell'amministrazione pubblica. Oggi il rinnovamento urbano di Rio ha come motore primario due Grandi Eventi sportivi: i Mondiali di Calcio 2014 e le Olimpiadi 2016.

Un grande progetto di trasformazione urbana interessa la zona portuale, ex area industriale e di traffici commerciali, dove è situata la favela da Providência. Il Consiglio Comunale, con l'appoggio del Ministero del Turismo, ha iniziato un ambizioso piano di rinnovamento: il progetto Porto Maravilha. L'intervento interessa un'area di circa cinque milioni di metri quadrati. Recentemente le autorità pubbliche insieme al COI (Comitato Olimpico Internazionale) hanno inserito il progetto del Porto Olimpico nell'ambito di Porto Maravilha. L'obiettivo è la sinergia tra politiche di sviluppo locale e i Grandi Eventi, nello sforzo di risolvere uno dei nodi metropolitani più critici. Il Porto Olimpico prevede la costruzione di un nuovo tessuto cittadino: un'ampia area ex-industriale sarà completamente trasformata per ospitare le funzioni di supporto ai Giochi Olimpici e di accoglienza di giornalisti, media e arbitri in più di settemila nuovi alloggi. Le trasformazioni comporteranno un incremento del valore economico del suolo e l'interessamento dei grandi mercati. I rischi sono l'ingerenza di nuovi circuiti speculativi e l'allontanamento dei gruppi sociali più deboli, proprio nel momento in cui il territorio potrebbe offrire un miglioramento delle loro condizioni di vita, attivando un processo di gentrification e modificando la composizione sociale.

Il programma Morar Carioca, che dal 2010 interessa la favela da Providência, prevede la costruzione di una teleferica, di una funivia, l'apertura di nuove strade e la dotazione di alcuni spazi pubblici. Tuttavia questo progetto, imponendosi in maniera autoritaria, prevede la rimozione di 800 abitazioni. La segnalazione di alcune case con la sigla SHM (Secretaria Municipal de Habitação), che ne annunciava l'abbattimento coatto, ha innescato negli abitanti una protesta contro le demolizioni e di fatto la costruzione della funivia è stata bloccata.

Se è vero che la favela è un parte della città come le altre, bisogna rispettare la sua identità frutto di un' urbanistica spontanea, costruita giorno dopo giorno dai suoi abitanti. Affinché questi ampi programmi di trasformazione siano condivisi e risultino efficaci, dovrebbero comprendere un'ampia componente di partecipazione sociale e il rispetto del preesistente. In questa direzione una strategia adottata recentemente è l'agopuntura urbana che consiste nella progettazione di micro-interventi. Secondo questa strategia la città è paragonata ad un organismo vivente per cui è possibile individuare delle aree critiche che esigono operazioni di riqualificazione. Tali punti divengono terreno fertile per l'innesto di progetti, il cui scopo, come gli aghi utilizzati in medicina nella pratica dell'agopuntura, è quello di apportare benessere all'intero organismo una volta guarite le parti.

Gli interventi più urgenti riguardano la dotazione di infrastrutture di carattere primario e la progettazione di contenitori spaziali destinati ad uso collettivo, attualmente inesistenti o carenti. Bisogna fornire tutte quelle dotazione che mancano e intorno a cui, in un normale processo di urbanizzazione, si costruisce una città. Contemporaneamente è necessario studiare un nuovo circuito di mobilità che tenga conto della peculiare orografia del luogo: all'interno si rende necessario il miglioramento della permeabilità e l'abbattimento di barriere, dall'esterno si deve garantire l'accessibilità anche nei punti più impervi con la collocazione di scale mobili, funicolari e ascensori. Altro aspetto essenziale e la costruzione di nuovi edifici che sopperisca alla mancanza di scuole, mercati, centri di primo soccorso collocandoli in luoghi strategici e facilmente raggiungibili dalla popolazione locale. Infine la creazione di centri culturali, turistici e aree di sosta panoramiche, che potrebbero innescare un processo di integrazione economica e sociale.

Il Morro da Providência presenta già alcune caratteristiche di uno slum in corso di autorisanamento (Jacombs, 1961) in cui la popolazione si identifica in una vita sociale collettiva, attivando circuiti virtuosi e di miglioramento della qualità degli spazi, come dimostrano il continuo lavoro autonomo di manutenzione e ammodernamento delle abitazioni. Alcune esperienze artistiche, come l'installazione Woman are Heros del fotografo francese JR, ispirata alla forma urbana della favela, hanno attivato nella comunità un sentimento di maggiore appartenenza al luogo e consapevolezza del suo valore storico e culturale.

In conclusione si può, con uno sguardo differente, considerare la città informale nella sua complessità morfologica e sociale come generatrice di nuovi valori e di contemporaneità?

Bisogna tener presente che questi insediamenti sono la testimonianza di una parte della popolazione emergente sul territorio e l'affermazione di un'organizzazione sociale e spaziale che si adatta alle circostanze. Esiste e si sta sempre di più consolidando nell'immaginario collettivo l'idea di città costituita anche da quartieri informali. Lo slum è indispensabile per spiegare il funzionamento della megacittà e come siano possibili forme altre di governabilità attraverso le quali le persone possano conquistare i propri diritti nei confronti della città. La favela deve essere intesa come una fonte di nuovi circuiti creativi che, dall'attivazione di piccole azioni progettuali, lascia anche alla spontaneità la trasformazione dello spazio. In ultima analisi quello che dall'esterno potrebbe apparire come il luogo più critico della città contemporanea, può diventare una risorsa per la città stessa e la sua immagine. È proprio in questi luoghi, che attraverso un continuo laboratorio spontaneo, si conserva un'identità culturale locale a fronte di in un sistema globale che tende ad uniformare luoghi, città e individui.

Bibliografia

Berenstein Jacques P. (2001), Estética da ginga: a arquitetura das favelas através da obra de Hélio Oiticica, Casa
da Palavra, Rio de Janeiro
Conde L. P., Magalhães S. (2010), "Favela-Bairro: riscrivere la storiadi Rio", in Lotus. Favelas, learning from,
n.143, Milano.
Davis M. (2006), The Planet of Slums. Urban Involution and the Informal Proletariat, Verso, London.
do Prado ValladaresL. (2005), A invenção da favela. Do Mito de Origem a Favela, FGV Editora, Rio de Janeiro.
Jacobs J. (1961), The death and life of great American cities, Random House, New York.
Jacques P. B. (2001), Estetica da Ginga. A Arquitetura das Falevals Através da Obra de Hélio Oiticica, Casa da
Palavra, Rio de Janeiro.
Koolhaas R. (2010), Singapore songlines. Ritratto di una metropoli Potemkin…O trent'anni di tabula rasa,
Quodlibet
Koolhaas R., Boeri S., Kwinter S., Tazi N., Obrist H. (2000), Mutations, ACTAR, University of Michigan
UN-Habitat (2003),The Challenge of Slums. Global Report on Human Settlement, Earthscan Publications Ldt,
London and Sterling.
Zaluar A., Alvito M. (2004), Um século de favela, FGV Editora, Rio de Janeiro.

Sitografia

Dati del progetto Porto Maravilha, disponibile su Porto Maravihla Rio de Janeiro, Operação Urbana, Projetos
Basicos
http://portomaravilha.com.br/
Statistiche sulla Crescita demografica delle Favelas di Rio, disponibile su IBGE Istututo Brasileiro de Geografia
e Estatistica, Banco de dados, Cidades
http://www.ibge.gov.br/home/
Report di ricerca Navarro A. (2010) "Follow the Yellow BrickRoad: Morro da Providência's Open Air
Museum", Disponibile in Favelissues
http://favelissues.com/2010/05/06/"follow-the-yellow-brick-road"-morro-da-providencia's-open-air-museum/
Dati demografici e cartografici sulla favela Morro da Proviência di Rio de Janeiro,Consultabili in IIP (Istituto
Municipal de Urbanismo Pereira Passos), UPP Social, Territorios, Providência
http://www.rio.rj.gov.br/web/ipp/
Statistiche e dati relativi alla popolazione mondiale nelle città, disponibili su CIA (Central Intellingence
Agency), Library, the world factbook
http://data.worldbank.org/indicator/SP.POP.TOTL
Dati relativi agli interventi del programma Favela Bairro, disponibile su SMH (Secretaria Municipal de
Habitação), Favela Bairro
http://www0.rio.rj.gov.br/habitacao/favela_bairro

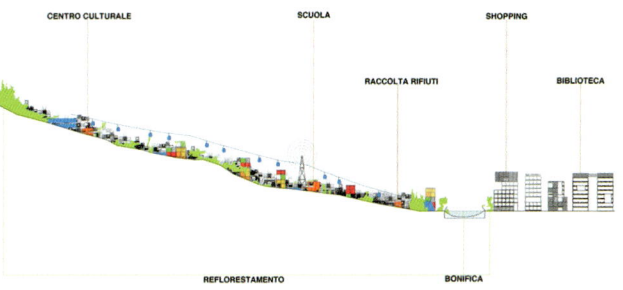

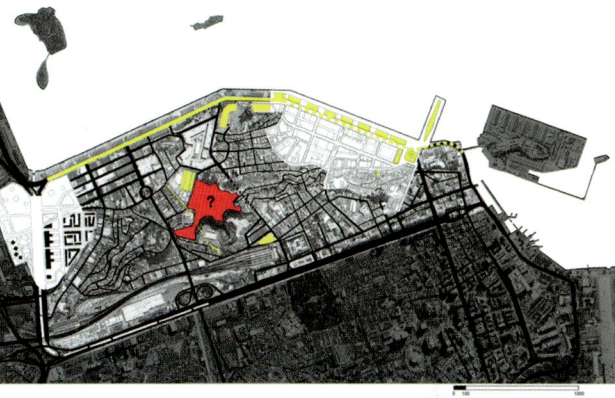

1. Il Morro da Providência fotografato durante l'installazione Woman are Heros del fotografo francese JR, 2010.

2. Diagramma rappresentativo di alcuni possibili microinterventi attuabili nelle favelas.

3. Area Portuale di Rio de Janeiro. In bianco sono individuate le zone in cui intervengono le trasformazioni: a destra il progetto Porto Maravilha, a sinistra il progetto Porto Olimpico. In rosso, al centro, il Morro da Providência.

OPEN SOURCES

INFRASTRUTTURA PAESAGGIO, NUOVE ECOLOGIE URBANE PER UN TERRITORIO DI QUALITÀ

Paola Cannavò

Paola Cannavò è Professore Associato presso l'Università della Calabria, Benemerita della Suola della Cultura e dell'Arte della Repubblica Italiana. È stata visiting professor presso la Harvard Graduate School of Design, l'Universite de Montreal, la Fachhochschule Lausitz e la Brandenburgische Technische Universität.

KW: INFRASTRUTTURA PAESAGGIO, ECOLOGIE URBANE, ADATTAMENTO

La città, espressione più alta della capacità di adattamento del genere umano e della sua abilità organizzativa e gestionale, ha stimolato, fin dai tempi antichi, la necessità di sviluppare e sperimentare soluzioni sempre più evolute per poter risolvere tutti i problemi che l'aggregazione di più individui in uno spazio ristretto determina.

Oggi le aree urbane sono il luogo che maggiormente contribuisce al cambiamento climatico ed allo stesso tempo il luogo che principalmente ne subirà le conseguenze negative: l'inquinamento continuerà ad aumentare, il traffico sarà sempre più congestionato e le isole di calore saranno sempre più insopportabili[1]. I cittadini, ed in particolare quelli che abitano nelle aree più povere e vulnerabili della terra, non sono solo i principali responsabili per le emissioni di gas serra nell'atmosfera, ma sono anche tra coloro che maggiormente subiscono gli effetti negativi dei cambiamenti climatici causati dal surriscaldamento globale.

La sfida attuale per la città è di attivare politiche e progetti mirati sia a ridurre le emissioni delle aree urbane che ad aumentarne la resilienza. Le città dovranno contribuire a "mitigare" il cambiamento climatico e allo stesso tempo "adattarsi" al cambiamento climatico. Mentre la mitigazione è un'azione globale che richiede sostanziali cambiamenti del comportamento individuale ed importanti innovazioni tecnologiche, l'adattamento ha un impatto principalmente alla scala locale ed è legato allo specifico contesto di intervento. Una politica efficace per la città dovrà necessariamente includere sia la mitigazione che l'adattamento, affrontando le due problematiche in maniera integrata.

Come dovrà essere la forma della città per affrontare le nuove condizioni che inevitabilmente il cambiamento climatico determinerà? Quale spazio urbano potrà contribuire a mitigare gli effetti sgradevoli e a volte disastrosi dell'innalzamento della temperatura?

I flussi di vento, l'assorbimento della radiazione solare e il ciclo dell'acqua sono gli elementi su cui agire per migliorare la resilienza degli spazi dell'abitare alle conseguenze del cambiamento climatico.

ARIA_ L'aria, in forma di vento, è il miglior mezzo naturale per regolare la temperatura nello spazio urbano, oltre ad essere una delle fonti primarie di energia rinnovabile.

Già Camillo Sitte nell'Ottocento rilevava come la forma della città dovesse essere progettata in modo da evitare la canalizzazione delle correnti fredde, evitando le lunghe strade rettilinee e gli edifici troppo alti[2].

Proprio l'altezza degli edifici è oggi uno dei problemi nelle downtown nord americane, la forza del vento arriva infatti anche a raddoppiarsi nei piani alti dei grattacieli ed in caso di uragani, oggi sempre più frequenti, questo fenomeno crea condizioni elevate di pericolo ai piedi degli edifici.

La forma urbana può influenzare notevolmente gli effetti del vento ed attraverso essi regolare la temperatura dello spazio urbano. Orientando in maniera opportuna le strade si possono selezionare i venti che penetrano all'interno della città, favorendo quelli miti e proteggendo da quelli più freddi. Il progetto, definendo le altezze degli edifici, l'ampiezza delle strade e il loro orientamento, la collocazione dei vuoti delle piazze, può controllare il microclima urbano. Mentre in condizioni di temperatura e umidità elevate è necessario favorire il passaggio del vento per rendere le condizioni termiche all'interno dello spazio urbano più confortevoli, nei climi rigidi il vento contribuisce ad abbassare la temperatura ed è quindi necessario studiare la forma dello spazio urbano in modo da abbattere la velocità del vento e disperdere i flussi d'aria fredda.

SOLE_ Il sole è fonte primaria di vita e di energia, ma gli effetti che il calore del sole può causare nelle aree urbane possono essere devastanti. L'onda di calore che ha colpito l'Italia nell'estate 2003 è stato, tra i disastri naturali, quello che ha causato il maggior danno economico al nostro paese nell'ultimo decennio (pari a ca. 3.4mld di Euro), in Francia, durante la stessa estate, furono 20.000 i decessi causati dalla temperatura eccessiva[3].

Il pericolo, durante le andate anomale di calore, è maggiore negli spazi urbani, nelle aree edificate si creano infatti le così dette "isole di calore". La città assorbe infatti più calore, è stato rilevato che nei periodi caldi la temperatura è mediamente di 0,5 - 3,00 °C maggiore nelle aree urbane rispetto a quella delle campagne circostanti. Tra i molteplici fattori che contribuiscono a questo fenomeno, i principali sono l'impermealizzazione delle superfici e la capacità di assorbimento del calore dei materiali utilizzati per le costruzioni.

Le superfici assorbono la radiazione solare e la immettono nuovamente nello spazio urbano sotto forma di calore, maggiore è la quantità di radiazione assorbita maggiore sarà quindi il calore emesso. Sono quindi le distese di superficii asfaltate, le facciate intonacate degli edifici, i tetti e le terrazze impermealizzate con il bitume a contribuire in maniera determinante all'aumento della temperatura negli spazi urbanizzati.

Gli edifici, le strade ed i parcheggi accumulano calore durante le ore più calde e lo rilasciano poi lentamente determinando un notevole innalzamento della temperatura, a questo bisogna aggiungere il calore emesso all'esterno degli edifici dagli impianti di condizionamento dell'aria, la dissipazione di tutto questo calore accumulato viene poi ostacolata dalla cappa cre-

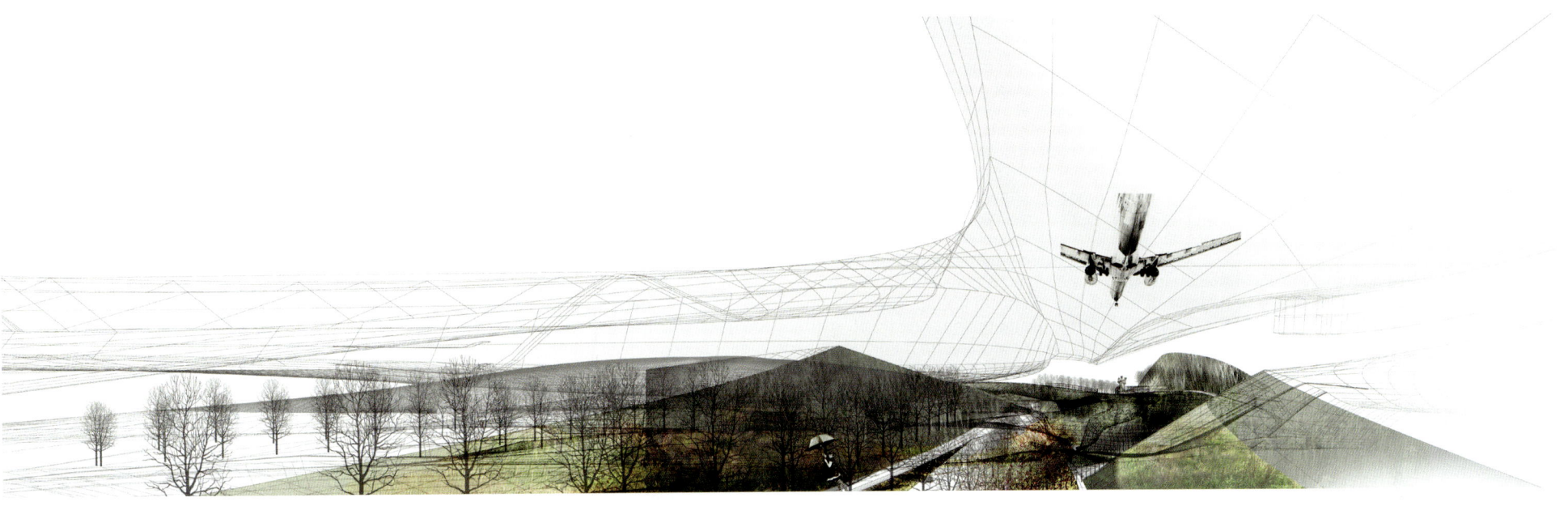

1/2. "Roman Water_gate" di Mi Yang - il progetto, sviluppato nell'ambito dall'Option Studio 1402 presso la Harvard Graduate School of Design nel 2010, dimostra come sia possibile progettare nuove infrastrutture paesaggistiche capaci di risolvere i problemi ambientali propri dei contesti di intervento. In un'area ad alto rischio inondazione, il progetto propone una topografia che definisce un corridoio in grado di convogliare le acque meteoriche e di assorbire le acque di esondazione in caso di piena. Questo spazio è un vero e proprio parco lineare, corridoio ecologico a scala regionale, spazio pubblico di qualità alla scala urbana.

3. La ri-naturalizzazione del fiume Isar (2002-2013) a Monaco di Baviera ha restituito ai cittadini uno spazio di qualità ed allo stesso tempo, restituendo al fiume gli spazi naturali per l'esondazione delle acque in caso di piena, ha reso la città più sicura.

ata dall'inquinamento dovuto al traffico veicolare, il risultato è l'isola di calore urbana con un innalzamento notevole delle temperature rispetto alle zone agricole.
Ridurre la quantità di radiazione assorbita dall'ambiente urbano è uno degli accorgimenti fondamentali per evitare le isole di calore, questo obiettivo può essere raggiunto attraverso una maggiore attenzione per i materiali utilizzati negli edifici, ma sopratutto inserendo ampie superfici verdi e sterrate, tetti verdi e piantumazioni. La presenza delle alberature crea inoltre ampie zone d'ombra e le aree verdi contribuiscono anche alla mitigazione termica regolando l'umidità dell'aria.

ACQUA_ Elemento fondante degli insediamenti umani, l'acqua ha determinato nei secoli il fiorire e la disfatta di grandi civiltà. Oggi, grazie al cambiamento climatico, sono moltissime le realtà urbane che soffrono per i continui allagamenti o per la scarsità delle risorse idriche.
I corsi d'acqua che attraversano le città storiche si trasformano sempre più spesso in pericolosi invasori superando gli alti argini che fino a qualche decennio fa si pensava avessero potuto mettere fine per sempre alla violenza rovinosa degli straripamenti.
L'aumento di intensità delle precipitazioni mette ormai regolarmente in crisi i sistemi di raccolta delle acque piovane la cui realizzazione risale ad epoche in cui la quantità di acqua da convogliare era notevolmente inferiore rispetto ad oggi e questo non solo perchè le precipitazioni sono notevolmente aumentate di intensità e quantità come effetto del cambiamento climatico, ma anche perchè la percentuale di superfici impermeabilizzate negli spazi urbani é quasi raddoppiata nell'ultimo secolo. È necessario intervenire per riequilibrare il rapporto tra superfici drenanti e impermeabilizzate favorendo dove possibile la riattivazione dei processi naturali del ciclo dell'acqua. Questo può avvenire aumentando le superfici verdi creando aree in cui convogliare l'acqua piovana e zone di filtro ai bordi delle strade, inserendo tetti verdi sugli edifici che contribuiscano, assorbendo una buona percentuale di acqua piovana, a diminuire il carico convogliato nelle canalizzazioni.
I corsi d'acqua, cementificati negli argini nell'illusione di addomesticarli, possono oggi essere rinaturalizzati ricreando l'equilibrio perduto col territorio, in alcune zone gli argini potrebbero essere rimossi creando in prossimità aree predisposte per l'esondazione delle acque in caso di piena.
L'acqua contribuisce inoltre a regolare il microclima urbano, le piazze storiche sono spesso caratterizzate dalla presenza di fontane che contribuiscono a rendere il clima più gradevole durante i mesi caldi. Molti progetti contemporanei hanno recuperato questa tradizione inserendo negli spazi pubblici fontane a getto e nebulizzatori che hanno un effetto immediato sui livelli di temperatura e di umidità dell'aria.

Vegetazione, acqua e superfici sono quindi i principali fattori di riequilibrio ambientale, intervenendo su di essi si possono mitigare gli effetti dell'isola di calore e migliorare la resilienza dello spazio urbano in caso di eventi naturali estremi.

È necessario quindi intervenire sui vuoti urbani (strade, piazze, aree verdi) attraverso un progetto paesaggistico-ambientale che inserendo superfici verdi e pavimentazioni drenanti, tetti verdi e alberature e riattivando dove possibile i processi naturali del ciclo dell'acqua, trasformi i luoghi funzionali all'attraversamento e alla sosta in una infrastruttura paesaggistica che contribuisca a regolare la temperatura e ad assorbire l'acqua piovana.
L'intervento sulla città, finalizzato all'adattamento agli effetti dei cambiamenti climatici, può essere concepito con un duplice scopo paesaggistico-ambientale determinando così un notevole incremento della tanto auspicata qualità dello spazio urbano. Alcune città si stanno già orientando in questa direzione, i pochi esempi realizzati dimostrano come un progetto mirato alla mitigazione ed all'adattamento al cambiamento climatico determina un miglioramento della qualità degli spazi urbani e rende le città più sostenibili.

Note
1. Urban Development Series Knowledge Papers - Cities and Clima Change: an urgent Agenda, December 2010, Vol. 10 - The World Bank, Washington 2010
2. SITTE C., Der Städte-Bau nach seinen Künstlerischen Grundsätzen, Vienna 1889
3. Fonte: EM-DAT the International Disaster Database (www.emdat.be)

BONIFICA COME PROGETTO DI TERRITORIO: LO SCENARIO *BUFFER*

KW: BUFFER ZONE, BONIFICA, IBRIDO

Davide di Martino

Laureato in Architettura e Città allo IUAV di Venezia nel 2007. Ho intrapreso il dottorato in Progettazione Urbanistica presso la Federico II di Napoli nel 2010, con una ricerca sull'inquinamento della Piana Campana. Ho vissuto, studiato e lavorato in Spagna, Inghilterra, Danimarca e Stati Uniti.

La Pianura ad Oriente di Napoli si è strutturata attraverso la sovrapposizione nel tempo di ordini spaziali, interventi per lo sviluppo economico, sistemi di produzione e pratiche dell'abitare, in un complesso di conflitti, frammentazioni e crisi socio-ecologiche interconnesse. Attraverso la ricostruzione di queste successioni e delle loro ripercussioni sugli equilibri idraulici e lo stato qualitativo della falda che attraversa la Piana, è possibile ricostruire la natura ibrida - sociale, tecnologica ed ecologica - di questo territorio, e definire una cornice di azione complessa per la sua ristrutturazione. La falda acquifera è utilizzata come dispositivo di lettura delle evoluzioni socio-economiche ed emerge come un attore fondamentale: le sue oscillazioni altimetriche e la sua qualità chimica condizionano la qualità della vita, la vocazione e gli scenari di sviluppo futuri di questo territorio.

Contesto.

La Piana ad oriente di Napoli appartiene al sistema di terre delle piane alluvionali costiere della Campania (di Gennaro, Innamorato 2005): punto di raccolta delle acque provenienti dal Vesuvio e dalle colline napoletane; la falda acquifera, molto estesa e superficiale, determina fenomeni risorgivi diffusi, il più importante dei quali aveva dato origine all'acquedotto "della Bolla" che ha servito la città di Napoli dall'età classica (Viparelli, 1978). Il confluire di due sistemi idraulici, quello superficiale e quello profondo, in un'area depressa ha determinato la storica caratterizzazione dell'area: una zona umida attraversata da piccoli corpi idrici che costituivano il sistema del Sebeto. Nel corso dei secoli le acque superficiali sono state progressivamente irregimentate, le aree umide bonificate attraverso un vasto sistema di canalizzazioni, che ancora proseguiva dopo l'Unità d'Italia.

Tra la seconda metà dell'Ottocento e la prima metà del Novecento, la Piana viene ristrutturata a conformare il principale polo industriale napoletano: l'ordine spaziale della città industriale si impone attraverso sistemi infrastrutturali, impianti di emungimento delle acque, distretti industriali e, a seguire, un'estesa urbanizzazione, che cancellano i tracciati dei canali storici e modificano i naturali flussi di idrologici.[1] A partire dal secondo dopoguerra, quando una serie di campi pozzi furono installati per sopperire ai bisogni idrici della città, gli emungimenti dalla falda sono costantemente incrementati, sia a fini potabili, sia per l'espansione degli insediamenti industriali. (Corniello et al, 2003). Il ritmo degli emungimenti ha determinato, già a partire dagli anni '70 del Novecento, la totale scomparsa delle acque superficiali nella Piana, e artificialmente abbassato la quota di falda per decine di metri.[2]

All'inizio degli anni '90 la combinazione tra crisi industriale, e peggioramento dell'acqua estratta a fini potabili ha determinato la brusca riduzione degli emungimenti e, conseguentemente, la risalita della quota di falda. La combinazione di questi processi con gli effetti dei cambiamenti climatici hanno determinato l'attuale condizione di crisi idraulica dell'area, caratterizzata da allagamenti cronici e frequenti alluvioni (Corniello et al, 2003). A questa crisi idraulica si sommano la crisi sociale dovuta alla dismissione, ed una diffusa condizione di degrado qualitativo dei suoli, delle acque superficiali e della falda stessa, riconducibile sia al lascito industriale sia a pratiche semi-legali o illegali di urbanizzazione e di produzione agricola. I rilevamenti sullo stato chimico della falda mostrano, infatti, alte concentrazioni di nitrati che superano, all'inizio del percorso che dalle falde montuose porta l'acqua fino al Golfo di Napoli, i 250 ppm.[3] Progredendo verso sud, la concentrazione diminuisce per la diffusione degli inquinanti, fino a quando intercetta la zona industriale a est di Napoli, dove altissime concentrazioni tetracloroetilene e idrocarburi (IPA) inquinano la falda poco prima del recapito in mare.

Rischio e adattamento: due possibili strategie.

Nel 2007, un Accordo Quadro[4] stabilisce che l'acqua sotterranea inquinata deve essere confinata e trattata prima di poter raggiungere il mare, attraverso l'installazione di una barriera idraulica lungo il tratto di costa corrispondente all'area industriale e la costruzione di un impianto di depurazione. Il progetto di bonifica segue quindi una logica di azione settoriale, intervenendo a valle del problema, calcolando il fabbisogno, quindi dimensionando la soluzione. Risponde ai due obiettivi fondamentali della bonifica – messa in sicurezza e decontaminazione – secondo una razionalità riduzionista. La decontaminazione avviene attraverso dispositivi meccanici; la messa in sicurezza viene attuata definendo matrici di incompatibilità (tra aree inquinate e persone, tra acqua inquinata e il mare), e si traduce nella costruzione di una barriera. La costruzione del nuovo impianto solleva problemi di spazio, data l'ubicazione in un contesto già saturo e frammentato, mentre la barriera idraulica impermeabile o semi-permeabile già inasprisce gli effetti della risalita della quota di falda. Infine, la grande maggioranza dell'investimento per la bonifica è destinato ad esaurirsi nei costi di costruzione e gestione della macchina[5], mentre il territorio circostante dovrà adattarsi, a proprie spese, ai cambiamenti dei flussi idraulici.

Buffer zones.

Entro un contesto di messa in discussione delle premesse concettuali e delle conseguenze socio-spaziali su cui si fonda il progetto moderno (Latour 1991), la disciplina urbanistica è da lungo tempo impegnata nella riformulazione delle proprie prerogative, alla luce dell'emergere di nuove questioni urbane (Secchi 2011). Tra queste, il riscontro dei nessi inscindibili tra degrado ambientale, qualità della vita, sviluppo economico e giustizia sociale (Soja 2010), che risultano evidenti nel caso appena descritto. Lungo questo percorso di riformulazione, sono state sperimentate razionalità e strumenti (concettuali e spaziali) alternativi a quelli moderni. Nel campo alla deconta-

---

1. Nel secondo dopoguerra I processi di agglomerazione urbana si verificano in proporzioni rilevanti in quest'area, che diviene bacino occupazionale delle industrie installatisi dall'inizio del Novecento e dei nuovi grandi impianti dell'Alfa Romeo e della Montefibre, l'insediamento petrolchimico di Napoli Est, un'area di circa 800 ettari con una struttura reticolare regolare al centro della quale sono ubicati i depositi petroliferi, e sulla quale si è polarizzato un sistema di connessioni che ha permesso l'attraversamento dei differenti flussi che l'alimentano. Il vicino porto è collegato con un sistema di connessioni stradali e su ferro, che attraversano i tessuti edilizi interstiziali attraverso viadotti o percorsi in trincea, ed un oleodotto che collega i depositi con il mare. A questi si sono sommati i collegamenti autostradali che si raccolgono nell'area prima di penetrare nel tessuto urbano.
2. L'urbanizzazione estensiva della Piana è avvenuta quindi senza tenere conto del problema, apparentemente superato, dell'acqua sotterranea affiorante; al contrario ha contribuito alla irregimentazione delle acque superficiali in una rigida rete di collettori misti di acque bianche superficiali e scarichi fognari.
3. Il limite di legge è 50 ppm in Italia.
4. Nel 2007 un Accordo di Programma Quadro stabilisce quanto segue: Il progetto... dovrà assicurare il confinamento delle acque di falda ... evitandone il trasferimento alle aree... esterne al sito". Nell'allegato tecnico si specifica che "È in corso un'azione di coordinamento per assicurare la continuità dei tratti di diaframma.. che coprono una lunghezza complessiva di 2,2 km sui 3,3 km di linea di costa totale del SIN. [...] Preso atto che la soluzione più adatta è costituita dal confinamento fisico."

minazione, tecnologie biologiche e paesaggistiche contendono il campo ai tradizionali impianti meccanici, dimostrandosi competitive in termini di costi e impatti ecologici (Berger 2006, Kirkwood 2001). L'intero edificio culturale dell'ingegneria idraulica è in corso di ridefinizione alla luce della possibilità di concepire sistemi di gestione delle acque meno rigidi (soft engineering) e quindi più adattivi ed efficaci rispetto alle in condizioni di incertezza e rischio che caratterizzano il territorio contemporaneo (Picon 2005, Bélanger 2009).

In questa sede si propone di mettere alla prova un dispositivo concettuale, il buffer, o la buffer zone, allo scopo di sperimentare un approccio alternativo ai rischi deriva-nti sia dall'inquinamento sia alle dinamiche idrauliche. Il buffer è un sistema che mitiga le influenze negative del rischio: una fascia o superficie di transizione caratterizzata da statuti legali o configurata secondo modelli spaziali che ne permettano l'attraversamento e l'abitabilità. È un'ampliamento nello spazio e nel tempo del dispositivo separatore (la barriera), il luogo attraverso il quale fenomeni, attori o processi apparentemente incompatibili cercano un incontro, evitando le reciproche influenze negative.[6]

Il bacino idrografico come area buffer.

Lo scenario qui proposto si fonda sull'idea di estendere l'effetto della barriera tra terra e mare, falda e acque marino costiere, all'intero bacino idrografico della Piana ad Oriente di Napoli, così da distribuire i costi energetici ed economici su un territorio vasto, aprendo alla possibilità di definire dispositivi multifunzionali di ristrutturazione spaziale. In questo modo, la decontaminazione potrà essere "socializzata" e "democratizzata", andando ad intercettare le diverse istanze che il territorio e i cittadini esprimono. La riattivazione del dismesso campo pozzi di Lufrano, permette di ridurre la portata dell'acqua di falda sulla costa (ridimensionando l'eventuale impianto di depurazione), abbassarne la quota ed evitare che molti agenti inquinanti entrino in contatto con l'acqua sotterranea. Ha quindi come primo scopo quello di costruire una finestra temporale (un buffer) di sospensione della crisi idraulica. Il sollevamento di ingenti quantità di acqua inquinata con concentrazioni di nitrati superiori ai limiti di legge, richiede la definizione di dispositivi di trattamento puntuali o diffusi. Il pump and treat - emungimento e trattamento delle acque di falda – può essere combinato con sistemi di aree umide artificiali concepiti appositamente per la denitrificazione; queste ultime, dimensionate in funzione della portata e della concentrazione di inquinanti, si sviluppano su superfici molto estese, andando così a coinvolgere l'intero bacino idrografico oggetto di studio.[7]

Il campo pozzi si trova in posizione baricentrica rispetto al bacino, a monte del sistema dei canali di bonifica storici. L'acqua emunta e trattata può quindi essere immessa direttamente nel sistema di canali esistenti, che a loro volta guadagnano la linea di costa attraversando diversi punti critici. Lungo il percorso è possibile individuare una sequenza di drosscapes (Berger 2006): l'insieme dei tracciati infrastrutturali disegna delle isole segregate dal territorio circostante che progressivamente degradano e rischiano di essere utilizzate come discariche informali o urbanizzate, aree abbandonate o utilizzate come discariche di automobili, parcheggi, infrastrutture mai completate punteggiano il percorso. Lo scenario prevede che l'area umida artificiale occupi in maniera diffusa questi spazi, definendo un insieme di luoghi della bonifica potenzialmente aperti allo svago, alla colonizzazione biologica, all'attraversamento.

L'insieme delle aree umide, dei canali e delle aree abbandonate disegnano un sistema di relazioni cui è possibile intrecciare collegamenti (pedonali, ciclabili, di trasporto collettivo) che dalla linea di costa, attraverso l'area industriale dismessa, i fasci infrastrutturali, e la miriade di diverse condizioni urbane, raggiunge la campagna periurbana e si estende verso la Piana Campana e le pendici del Vesuvio.

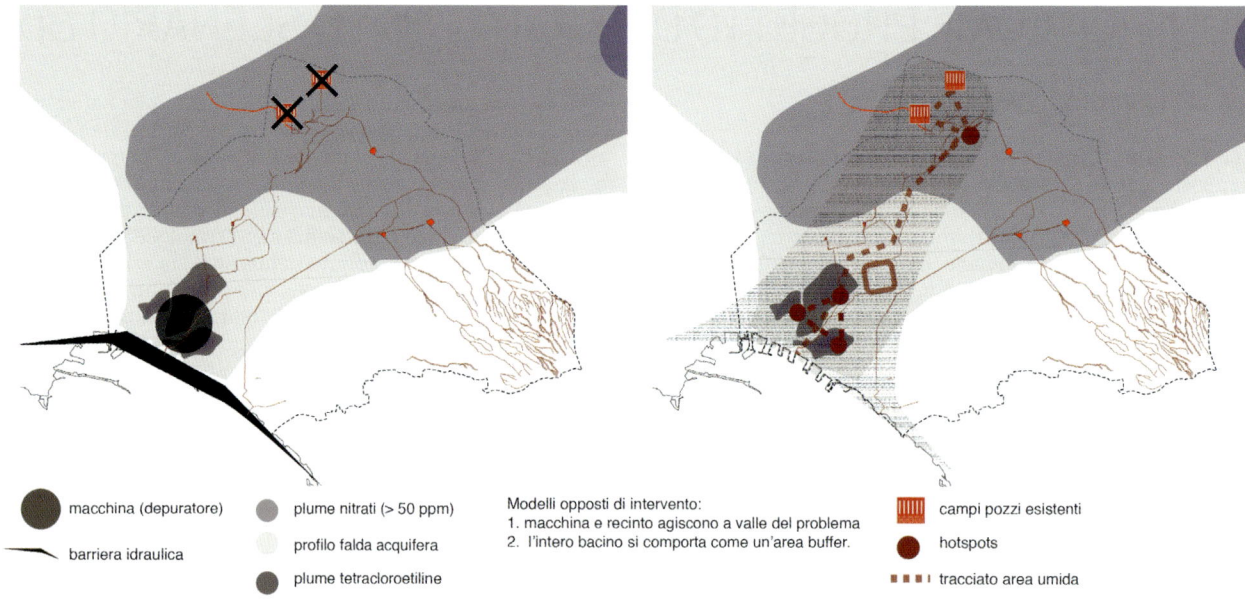

Modelli opposti di intervento:
1. macchina e recinto agiscono a valle del problema
2. l'intero bacino si comporta come un'area buffer.

Bibliografia

Beck, U. (2001), *La società globale del rischio*, Trieste: Asterios Editore

Bélanger P. (2009), "Landscape as Infrastructure", in *Landscape Journal* 28

Berger A. (2006), *Drosscape. Wasting Land in Urban America*, Princeton Architectural Press, New York

Berger A. (2008), *Designing the Reclaimed Landscape*, Taylor and Francis, New York

Bevilacqua P. (1996), *Tra natura e storia. Ambiente economia e risorse in Italia*, Donzelli, Roma

Corniello, A. et al. (2003), "Variazioni piezometriche nella zona orientale della città di Napoli", in *Quaderni di Geologia* 10, n. 2.

Corniello, A. et al. (2007), "Areal Identification of groundwater nitrate contamination sources in periurban areas", in *Journal of Soils and Sediments* 7 : 159 – 166.

Gasparrini C. (2012), "Drosscape, spazi aperti e progetto urbano nell'area orientale di Napoli", in L. V. Ferretti (ed.), *L'architettura del Progetto Urbano . Procedure e strumenti per la costruzione del paesaggio urbano*, Franco Angeli

Kirkwood N. (ed. 2001), *Manufactured Sites*, Taylor & Francis, New York

Latour B., (1991) *Non siamo mai stati moderni*, Eleuthera, Milano (ed. orig. 1991)

Regione Campania, (2003), *Piano di Tutela delle Acque. Adeguamento al D.Lgs 152/2006 e s.m.i.*, Convenzione Regione Campania - Sogesid S.p.A. Rep. n.13360 del 26 marzo .

Regione Campania, (2005), *Piano Regionale di Bonifica dei siti inquinati della Regione Campania*, Napoli

Regione Campania, Autorità di Bacino Nordoccidentale. (2010), *Piano Stralcio per la Tutela del Suolo e delle Risorse Idriche*, Napoli.

Secchi B. (2011), "La nuova questione urbana", in *Crios* 1/2011

Soja E. (2010), *Seeking Spatial Justice*, University of Minnesota Press, Minneapolis

Viganò P. (2010), *I Territori dell'urbanistica*, Officina, Roma 2010

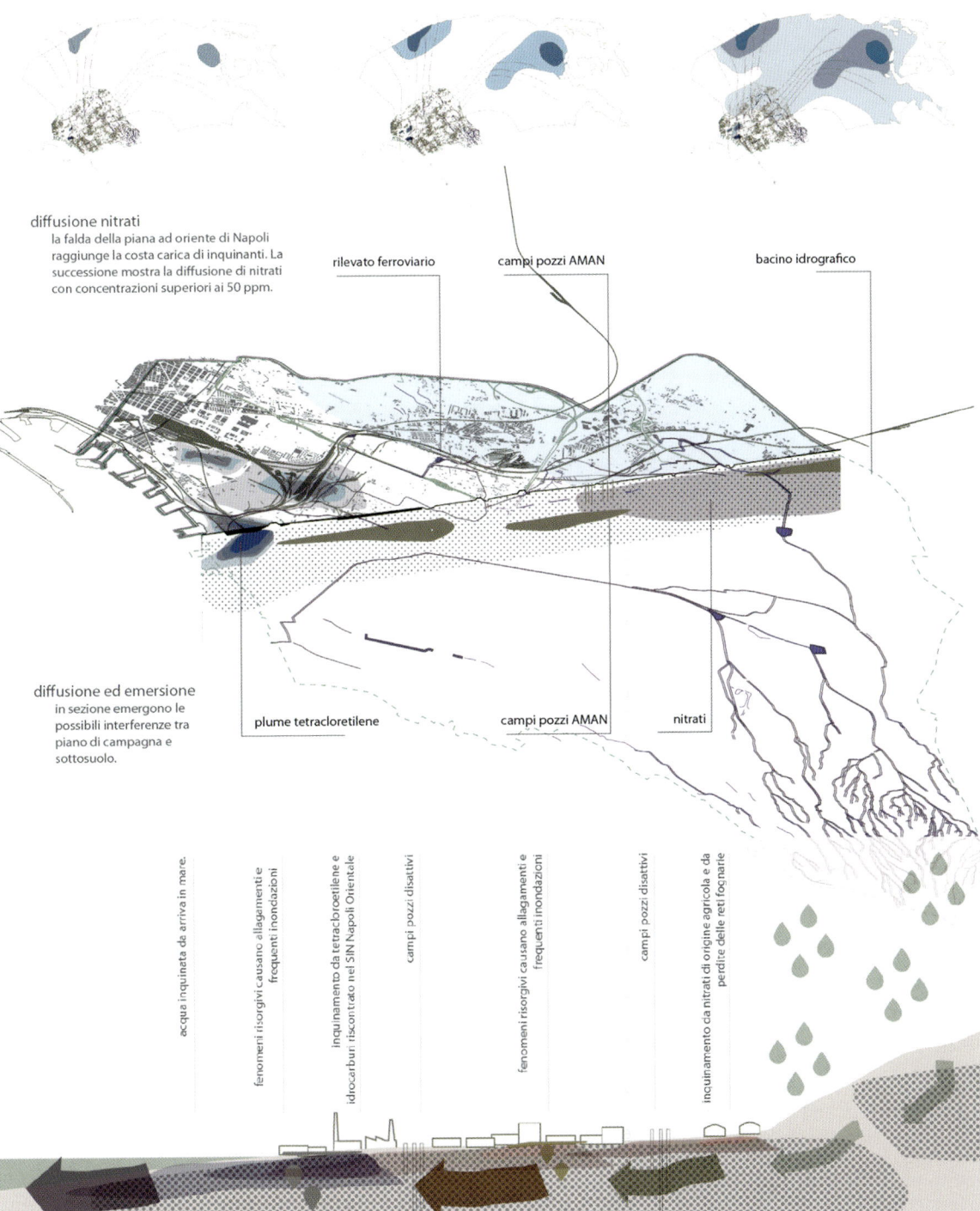

5. La scelta si rivela di difficile giustificazione anche da un punto di vista economico: il costo di costruzione e gestione dell'impianto è calcolato in circa 350 milioni di euro su un arco temporale di 30 anni; inoltre, la linea di costa ad oriente di Napoli, dove l'impianto andrebbe ubicato, è una delle risorse socio-economiche ed ecologiche a più alto potenziale della regione.

6. In ambito geo-politico il buffer definisce quelle zone cuscinetto interposte tra soggetti conflittuali per evitarne ilLa scelta si rivela di difficile giustificazione anche da un punto di vista economico: il costo di costruzione e gestione dell'impianto è calcolato in circa 350 milioni di euro su un arco temporale di 30 anni; inoltre, la linea di costa ad oriente di Napoli, dove l'impianto andrebbe ubicato, è una delle risorse socio-economiche ed ecologiche a più alto potenziale della regione. contatto: può quindi rappresentare l'arena del dibattito ed il luogo della risoluzione dei conflitti. In ecologia del paesaggio le aree di buffer sono aree filtro tra i bordi urbani e naturali: sistemi spaziali progettati e dotati di uno statuto adeguato alla riduzione degli effetti di disturbo. L'accento posto sull'interfaccia urbana-naturale e sulla mitigazione del disturbo li distingue dagli ecotoni. Una seconda caratteristica, che attiene all'ambito dell'ingegneria idraulica, definisce il buffer come un dispositivo elastico, che accoglie le oscillazioni ed evita le rotture: ha sia una connotazione spaziale, che indica generosità volumetrica e elasticità, sia una connotazione temporale che indica impermanenza, adattabilità alle oscillazioni e alle fasi di picco. La dimensione temporale si riscontra anche nella definizione dei processi di accumulazione di informazioni che precede e sopravanza le effettive necessità del momento costruendo un margine di sicurezza.

7. La principale caratteristica delle aree umide costruite per il trattamento di nitrati consiste nella combinazione di vasche di diverse profondità, che permettono di innescare i processi di nitrificazione e denitrificazione necessari alla depurazione. L'efficacia della depurazione dipende inoltre dalle condizioni climatiche e morfologiche del sito.

Fonti immagini:
I dati riferiti all'inquinamento da nitrati nella Piana Campana, come mostrati nelle immgini 2 e 3, sono stati estrapolati da Corniello et al. (2007). I dati riferiti all'inquinamento da tetracloroetilene sono stati desunti da Regione Campania, Piano Regionale di Bonifica (2005) e successivi aggiornamenti (2011), nonché attraverso il confronto con tecnici del Commissariato alle Bonifiche della Regione Campania.
I tracciati dei sistemi idrografici superficiali sono stati ricalcati da Regione Campania (2010).
Tutte le immagini sono state elaborate dall'autore.

OPEN SOURCES

AIRPORTS *ON-HOLD*. THE CHANCES OF INFRASTRUCTURE RECYCLE*

Sara Favargiotti

Sara Favargiotti is architect, guitarist and PhD candidate in the International Doctorate "Villard de Honnecourt" at IUAV. She is member of European research team at the School of Architecture in Genoa (DSA), currently she benefits of a research grant to work on her PhD research at Universitad Autonoma de Barcelona (UAB) in Barcelona.

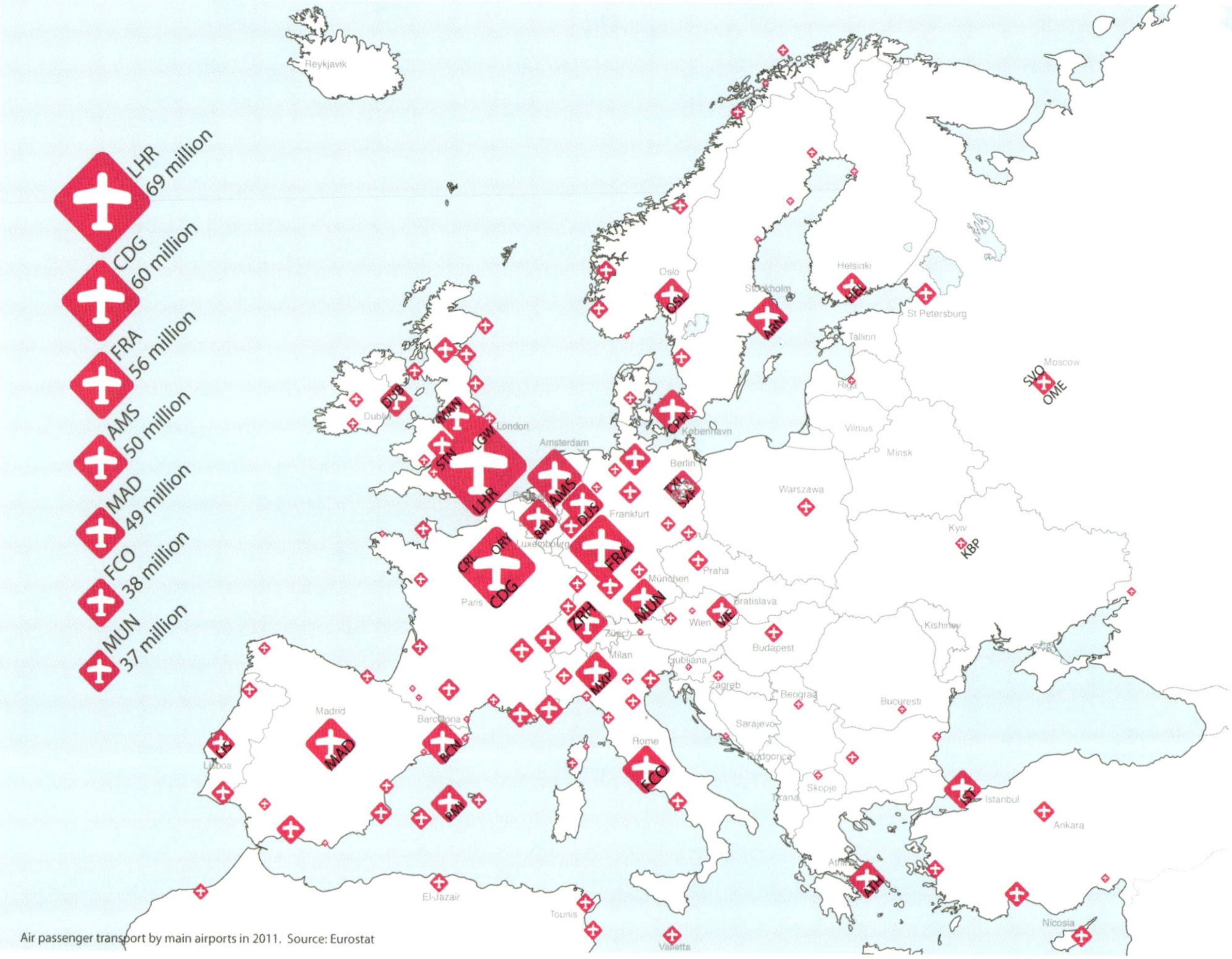

Air passenger transport by main airports in 2011. Source: Eurostat

KW: ACCESSIBILITY, REGIONAL AIRPORTS, RECYCLED INFRASTRUCTURE

*This paper is material of my PhD investigation titled "Airports on-hold. The chances of infrastructure recycle". The research investigates the alternatives to the construction of super-infrastructure with particular attention to airports. It also wants update the investigation on the relation between small and medium airports and the territory in specific areas.

1. Already the European Commission's White Paper in 2001 indicates that it is absolutely necessary to interrupt the connection between increased mobility and economic growth. White Paper: "European transport policy for 2010: time to decide", COM(2001) 370. Reviewed in 2006 by the Council Commission Communication and the European Parliament.

2. Of the 112 airports, 90 are civilian airports (43 opened to commercial traffic and 47 with non-scheduled flights); 11 are military airports opened to civil traffic (3 opened to commercial traffic and 8 opened to civil traffic with non-scheduled flights); 11 are used only for military operations. So that, there are 46 airports open to commercial traffic. Source data: Assaeroporti, 2013; ENAC, 2013; Bartoloni M. (2013), "Come cambia la mappa degli aeroporti italiani", in Il sole 24 ore.

3. Cipriani L. (2012), "The airport landscape of Italy" in Ecological Airport Urbanism. Airports and landscapes in the North East, published by Università degli studi di Trento, Trento, pp. 27-37.

4. This ESPON project "Airports as drivers of economic success in peripheral regions" (ADES) started in November 2011 and ended in January 2013. It was elaborated by the Department of Sciences for Architecture – University of Genoa - Italy (Lead partner), BAK Basel Economics AG - Switzerland, KiNNO Consulting LTD – Greece, and Jyväskylä University School of Business and Economics – Finland.
The project is specifically targeted to the situation and needs of three stakeholder regions: Province of Savona – Italy, Region of Western Greece – Greece and the City of Jyväskylä – Finland.

5. The infrastructure is considered as a place of permanence and not just a transition, a biological material originating from the surrounding area and an integral part of the new housing situation. This is the definition of osmotic infrastructure: an infrastructure in osmosis with the surrounding area. These new infrastructure generates trade with landscapes but also allows us to see new landscapes. Ricci M. (2012), New Paradigms, LISt Lab, Barcellona/Trento.

Since late Nineties, the development of physical infrastructure networks immediately accelerated the changing of urban structure, thus changing landscape, city and territories' interpretation. Infrastructure networks, high speed transport and migration flows have redefined the relationship between space and time as well as changing Europeans' habits and human relationship. Italian modern and pre-modern infrastructures' history, coincides with the urgent need to connect different places and territories in a country, influenced by a complex geography, and to enhance their condition, characterised by isolation and marginalization. In fact, through the construction of new infrastructures, marginal areas became less peripheral and more connected to the commonly recognized centrality (at geographic, economical, territorial level). Accessibility has generally been accepted as a major factor of economic attractiveness of cities and regions. With growing globalisation, accessibility has changed dramatically. Whereas for many centuries it had been fundamental to ensure connections with large cities or neighbouring regions, now it is fundamental to be connected to the whole world, which is why airports are playing an increasingly important role. To have a regional airport is an asset, which may be the decisive factor for attracting investors or retaining talents in the region.

Yet, things are changing. The persistence of a global crisis changes the nature of the phenomena, their speed and priority -affecting local communities- and the acceleration of globalization at the regional level, as well as increasing vulnerability to 'external shocks'. In some cases, prosperity, stability and sustainability of cities and regions are also endangered. The crisis, however, offers the opportunity for a transition to efficient structures and for a more sustainable development of economic resources, land and energy. In this framework, the infrastructure becomes one of the main topics: focusing infrastructure-related issues in a context of development is different from doing it in a state of constant slowdown or at a deadlock.

Furthermore there is a widespread reality of underused infrastructures that have never reached their full potential or have lost their central role. They partially or totally lost their uses and brought about negative economic consequences on their surrounding contexts. In this socio-economic framework, what is the meaning of transforming airports' infrastructures into urban re-activators?

This research aims to offer alternatives to the excessive construction of new infrastructures, exploring the leverage effect of existing infrastructures in boosting local economies. Considering sustainability as a general aim in relation to social and territorial changes[1], building new infrastructures today, in this moment of crisis, is not the most sustainable strategy. The research explores the alternatives to the construction of *super*-infrastructures with particular emphasis on airports. A sensitive assessment is needed, in order to ensure that such interventions are sustainable for cities and territories, preventing post-airports to become problematic black holes instead of enhancing the potential of the airport itself as a catalyst agent, generator of a new image for itself and for the surrounding territory. Recycling and re-use of obsolete existing airports infrastructure become the operative strategies to recalibrate their fundamental function in the physical relevant contexts.

Recycled airports infrastructure: *a place to live, before a place to leave!*
An analysis of the Italian airport landscape reveals a substantial irrational logic in the way civilian airports are positioned. There are 112 airports open but only 31 of these are identified as airports of national interest, according to the Italian Ministry of Infrastructure and Transports[2]. Furthermore, there are hundreds airfield and heliports suitable for landing. This picture shows the enormous proliferation of airports and the offer's fragmentation, concerning not just the geographical location of the airports, but also their management[3]. Questioning the nature of the infrastructure, with particular attention to airport infrastructure, becomes therefore a key consideration in the approach to this research topic. Airport infrastructures can function as a catalytic agents and activators of contexts owing to their dimension and relations with the territory.

In particular, the re-use of secondary airports, projecting the territory in the European mobility network, offers interesting development opportunities. Land use management becomes a fundamental issue since airports operating at the international level attract other functions and activities, not strictly related to air traffic that could foster local economies. It is therefore necessary to understand the nature of these transformations in order to manage their development context. Consequently the presence of a regional airport constitutes a positive energy for territorial development and for the community itself, preventing negative externalities. More attention has to be paid to the structure of the airport complex. In particular, the locations of new enterprises, service facilities, transport infrastructures, pollution consequences, agricultural land, natural areas protection and related dynamics have to be carefully assessed.

At the global level, there are many, examples of *Re-cycled airports*. After their decommission, many former military airports have not been re-used and remained in an abandoned state for years. But, due to the growing population and the high demand for new dwellings, many of these airports have been redeveloped as a new part of the city. The transformation has first concerned the air connection infrastructures (runway, technical street) into urban main roads and street, and then the urban development's implementation has focused on houses, public services, commercial and business areas. This is the case of *Stapleton City* in Colorado or *München Riem* in Germany. In other cases, many problematic airports can no longer be subjected to potential urban expansion. These airports, which were once peripheral, have now been engulfed in the urban context, becoming physically central to the city. This simplifies their re-conversation into urban park spaces, as clearly shown by *Tempelhof* in Berlin or *Downsview Park* in Canada. The proliferation of low-cost companies started to promote the revitalization of secondary airports. After the post war decommissions of many small and medium airports, these remained unused for years until local municipalities focused their attention on these airfields to find alternative use solutions. The fundamental role of these airports as strategic hubs in the new low-cost strategies and their moderate, but well connected, dimensions make them crucial airport infrastructures on the local and European scale. They generate a rapid transformation of land use and of the infrastructure network relating to land transportation. *Stockholm-Skavsta Airport* in Sweden or *Liege Airport* in Belgium clearly shown how the integration of new economic, cultural and leisure activities of these airports contributed to render the surrounding territory more dynamic and improved local businesses. In this sense, the secondary low-cost airports became a landmark in the territory and an important element for the local economy.

The ADES Target Analysis[4] contributed significantly to the European debate on transport policy in particular as regards airport renewal. The project gives a comprehensive and detailed view of the problems that European peripheral regions are faced with when trying to keep up or develop their competitiveness in the era of declining resources and generally poor economic development. The research stresses the idea of the airport as a resource and investigates the role of regional airports in the regional economic development in European peripheral regions. ADES research findings support an innovate point of view: the construction of a new infrastructure is not always efficient per se and should be supported by innovative actions outlined by the REnewal strategies. These strategies outline different scenarios that increase airport efficiency and provide financial growth for local communities. The three basic alternatives (REload, REuse, REcycle) recommend the future development of peripheral airports' vitality and functions. ADES findings and results should constitute a source of inspiration to other local and regional authorities in charge of planning, managing and/or monitoring plans and strategies that acknowledge the positive effects of transport infrastructures in revitalising local economies.

Therefore, recycling and re-using obsolete existing infrastructure in order to optimize their potential become, in several cases, the most sustainable and desirable solution. We need to consider the infrastructure as a place of permanence and not just a transition, as a biological material[5] originating from the surrounding area and as an integral part of the new housing situation. The airport becomes a place to live in and not only a door to cross while going to another destination. In that sense, the airport infrastructure becomes *a place to live before a place to leave*. It is organized to satisfy more than one specific sector (flight operation) since it could adapt itself and its efficiency in relation to the surrounding context and business, and could exchange fluxes (physical and immaterial) with the surrounding territory accommodating multiple functions

OPEN SOURCES

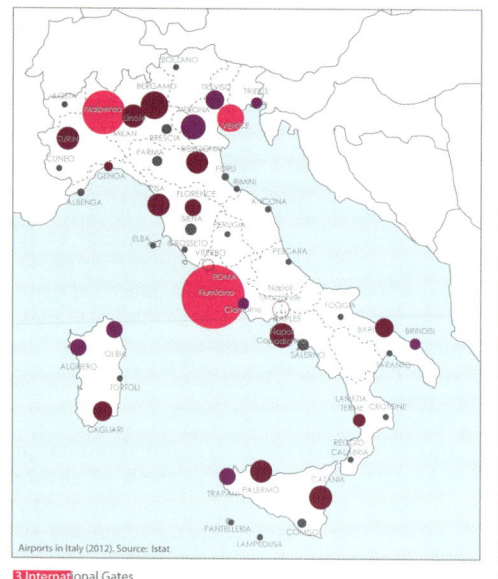
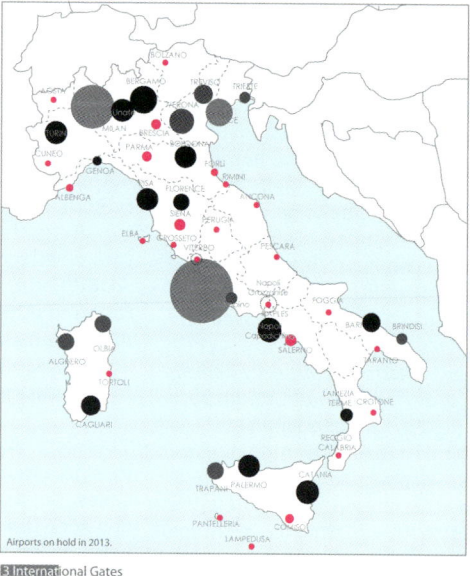

1. Mayor airports in Europe. Air passenger transport by main airports in 2011. Source Eurostat. Drawing by Sara Favargiotti, 2013.

2. Airport on-hold in Italy. Drawing by Sara Favargiotti, 2013.

3. Lleida-Alguaire Airport. Photo by Enric Seres.

Image 04. Flughafen Berlin-Tempelhof. Photo by Gertrud K. | CC Flickr, 2010

Bibliografia

A.A.V.V. (2008), Piccoli aeroporti. Infrastruttura, città e paesaggio nel territorio italiano, Marsilio.

A.A.V.V. (2011), Reinventing A22,ecoboulevard, verso infrastrutture osmotiche, ListLab Barcellona/Trento.

Bartoloni M. (2013), "Come cambia la mappa degli aeroporti italiani", in Il sole 24 ore.

Ciorra P., Marini S. (eds., 2011), Recycle. Strategie per l'architettura, la città e il pianeta, Electa, Milano.

Cipriani L. (2012), Ecological Airport Urbanism. Airports and landscapes in the North East, published by Università degli studi di Trento, Trento.

Ferlenga A., Biraghi M., Benno A., (eds., 2012), L'architettura del mondo. Infrastrutture, mobilità nuovi paesaggi, Editrice Compositori, Bologna.

Guaralda M. (2006), Le infrastrutture viarie dismesse o declassate ed il progetto di paesaggio, Libreria CLUP Soc. Coop., Segrate, Milano.

Livini E. (2013), "Aero flop Italia. La sprecopoli dei mini aeroporti: 150 milioni bruciati in tre anni", in Il sole 24 ore.

Muñoz F.(2007), "Geografie low cost. L'Europa dei paesaggi suburbani", in Agnoletti M., Delpiano A., Guerzoni M. (eds.), La civiltà dei superluoghi. Notizie dalla metropoli quotidiana, Damiani Editore, Bologna, pp. 160 - 165.

Ricci M. (2009), iSpace, Meltemi (collana Babele).

Ricci M. (2012), New Paradigms, LISt Lab, Barcellona/Trento.
Territorial Agenda of the European Union 2020. Towards an Inclusive, Smart and Sustainable Europe of Diverse Regions, agreed at the Informal Ministerial Meeting of Ministers responsible for Spatial Planning and Territorial Development, Gödöllő, Hungary, 19th May 2011.

The ESPON 2013 Programme, Airports as drivers of economic success in peripheral regions (ADES), European Union part-financed by the European Regional Development Fund INVESTING IN YOUR FUTURE, Final report, 28th February 2013.

White Paper: "European transport policy for 2010: time to decide", COM(2001) 370. Reviewed in 2006 by the Council Commission Communication and the European Parliament.

Website

Enac - the Italian Civil Aviation Authority - was established on 25th July 1997 by Legislative Decree no.250/97 as the National Authority committed to oversee the technical regulation, the surveillance and the control in the civil aviation field: http://www.enac.gov.it/Home/

Assaeroporti is the official association of italian airports management. It represents 39 airports in Italian and European institutions: http://www.assaeroporti.it/

OPEN SOURCES

PLANNING GOMORRA. STRATEGIE URBANISTICHE E TATTICHE DI RIUSO DEL PAESAGGIO NELLA METROPOLI CAMPANA

Giuseppe Guida

Giuseppe Guida è architetto e docente di Urbanistica al Dipartimento di Architettura della Seconda Università di Napoli. È autore di numerosi saggi e volumi sul rapporto tra urbanistica, architettura e paesaggio contemporaneo. Tra le sue pubblicazioni Immaginare città. Metafore ed immagini per la dispersione insediativa (FrancoAngeli) e Punto, linea, città. Schizzi, schemi e mappe nel progetto urbanistico (Clean).

KW: DROSSCAPES, NUOVI PARADIGMI, INFRASTRUTTURE, LANDSCAPE

Nel sud dell'Italia c'è un solo sistema urbano accostabile per dimensioni, potenzialità e soprattutto, criticità, alle grandi metropoli occidentali: la conurbazione napoletano-casertana, un continuum urbanizzato, precario, spontaneo ma anche in parte pianificato, infrastrutturato ma smembrato nelle sue diverse parti, dove sono situate tutte le questioni centrali e le possibili sfide dell'urbanistica e del progetto urbano contemporanei. Paesaggi del drosscape, dell'abusivismo, delle crisi ambientali, sociali e criminali e, contemporaneamente, di stridule eccellenze culturali e paesaggistiche ed un palinsesto del territorio le cui tracce (come la rete centuriale, l'acquedotto del Carmignano, i Regi Lagni, la Reggia di Caserta, il reticolo viario romano) dettano ancora parte della forma della trasformazione. In questi luoghi i margini di manovra delle discipline del progetto e della pianificazione sono ridotti, ma non annullati, e comunque necessitano di mutamenti di paradigma non ancora rinvenibili nelle attuali normative, nelle leggi urbanistiche nazionali e regionali, negli esiti concreti dei tanti processi di pianificazione che pure vengono continuamente messi in campo. In questo contesto metropolitano "dell'eccezione", i dispositivi progettuali non possono che far leva sulle questioni della densificazione, del consumo di suolo zero, del recupero degli enormi frammenti territoriali del "rifiuto" e di un rinnovato rapporto con le infrastrutture. Tutti temi ancora marginali, sia nelle politiche e nelle tante "agende" pubbliche, sia nelle normative vigenti e negli strumenti di pianificazione messi in campo. In questo senso, il paper traccerà gli elementi di criticità essenziali di questo grande contesto metropolitano, evidenziandone le potenzialità, delineando i limiti delle politiche e delle modalità di alcune pratiche pianificatorie in corso. La sintesi e la verifica di alcune questioni emerse, sono alla base di alcune sperimentazioni progettuali proposte su un frammento significativo di territorio, elaborate all'interno del Laboratorio di Progettazione Urbanistica nella Facoltà di Architettura di Aversa.

Alcuni dati

Gomorra, per utilizzare una fortunata nominazione di tipo narrativo, non è una città. È un territorio, città ed anticittà insieme. Palinsesto fortemente radicato e insediamenti spontanei. Bellezza, fertilità e terrore. Un territorio peraltro ben circoscritto da emergenze insediative ed orografiche. A sud è delimitato dalle colline della città di Napoli, ad est da territori propriamente irpini, a nord dai Monti Tifatini, ad ovest dal famigerato Litorale Domitio, un'interfaccia terra-mare simbolo del degrado sociale, dello sviluppo mancato a fronte di potenzialità incredibili, dell'abusivismo e di una generale anomia. Dei quasi 900mila abitanti della Provincia di Caserta, circa il 75% è concentrata nella parte meridionale, a confine con la provincia di Napoli, in quelli che il Piano Territoriale Provinciale definisce ambiti insediativi "Caserta" e "Aversa"[1]. Con una densità media di circa 613 ab/kmq il primo ambito, e addirittura di 1313 ab/kmq il secondo: in circa un terzo della superficie territoriale complessiva della Provincia di Caserta vivono oggi oltre i tre quarti degli abitanti (Provincia di Caserta, 2012). Questi dati demografici rispecchiano un incremento vertiginoso della superficie urbanizzata che è passata da circa il 9% del 1955 a quasi il 30% di oggi. In questo reticolo di urbanizzato, in buona parte spontaneo (circa il 25% di quanto costruito è abusivo) è oramai accertata la presenza di circa 200 siti inquinati e inquinanti, tra cave esaurite, aree ora dedicate all'agricoltura e discariche a cielo aperto. A Gomorra, il cui cuore amministrativo e principale agglomerato urbano è la città di Caserta, si vive male e si muore peggio. Gli ultimi dati del Ministero della Sanità confermano che la presenza di discariche abusive, l'incenerimento incontrollato dei rifiuti, il rapporto con l'agricoltura e l'alterazione generale della catena alimentare, sta oramai consolidando eccessi della mortalità per tutti i principali gruppi di cause, con eccessi di mortalità per il tumore polmonare, epatico e gastrico, del rene e della vescica. I risultati mostrano un trend di rischio in eccesso all'aumentare del valore dell'indicatore di esposizione a rifiuti. È evidente che il rischio è legato al territorio, è localizzato, e per questo si può identificare, forse curare, almeno circoscrivere e provare a risanarlo. Oltre la cronaca e la letteratura, è anche da queste questioni dimensionali e statistiche, che le sperimentazioni progettuali del Laboratorio hanno preso le mosse, per restituire la forma e le condizioni di fondo su cui operare. In particolare, in questi luoghi della discontinuità e del frammento, si è provato a ricostruire una "continuità" ed un "senso" ai luoghi, utilizzando i materiali espressi dal territorio: tracce di storia, residui infrastrutturali, nuove attrezzature, i bordi delle città consolidate, i suoli agricoli come memoria e futuro possibile. In particolare, il rapporto con le filiere di bonifica e di nuova gestione del ciclo dei rifiuti, come si vedrà in seguito, sono cruciali. Lo stesso Ptcp ritiene di fondamentale importanza la coerenza degli indirizzi di pianificazione con gli obiettivi del Piano regionale di bonifica, promuovendo il riequilibrio territoriale ed ambientale anche mediante la diffusione di colture non alimentari, di filiere agro-energetiche e di interventi di forestazione (Provincia di Caserta, 2012).

Progetti per territori senza luoghi

«Territoires sans lieux», direbbe Bourdieu (1993), territori senza luoghi, dove la storia, le stratificazioni, persino le bellezze storiche, paesaggistiche ed architettoniche sono state fagocitate da una modernità malintesa e da percorsi di sviluppo che hanno eroso e contaminato il suolo senza fornire nuovi modelli abitativi e di abitabilità (Guida, 2011), frammentando il passaggio dall'agricoltura, all'industria e, infine, al terziario di tipo commerciale che, attraverso diverse grandi "piattaforme" per la grande distribuzione, sta innescando l'ennesimo processo di modificazione di questi luoghi da erodere. Le indagini effettuate durante il Laboratorio e i dati disponibili hanno fatto emergere un territorio la cui identità, agricola, industriale e di paesaggi di eccellenza, è stata rapidamente alterata negli ultimi decenni, dai modi spontanei di abitare, da modelli produttivi rivelatisi in parte fallimentari e da un generale disordine, nel quale sono lasciati sullo sfondo piani, programmi e progetti pubblici, che hanno soltanto marginalmente inciso nell'evoluzione dei paesaggi, rappresentando il più delle volte un'inutile incombenza amministrativa, sistematicamente disattesa. Da queste premesse, i progetti-pilota per un'area significativa, hanno provato ad intercettare sia pratiche quotidiane di utilizzo del territorio (De Certeau, 2001), sia dinamiche e logiche di costruzione di parti di territorio insediato, suggerendo ibridazioni con l'emergenza, le "aree negate" (Provincia di Caserta, 2012)[2], gli ambiti inquinati e le nuove "occasioni" di regolare e normare. L'area di intervento si configura come un ampio ambito territoriale posto tra i comuni di S.Maria Capua Vetere, S. Tammaro ed Aversa. Il progetto prende le mosse dalla prevista localizzazione, in maniera baricentrica, di un nuovo impianto per la gestione dei rifiuti, un digestore anaerobico[3], di consistenti dimensioni, che sarà localizzato in adiacenza ad una centrale di trasformazione dell'Enel e il Carcere Circondariale, il tutto attraversato da importanti assi di collegamento come la SS7 Bis (Appia), la SP13 e il costruendo tratto della MetroCampania Nord Est che collega Aversa a S.Maria Capua Vetere provenendo da Napoli mediante un tratto già messo in funzione. La realizzazione del digestore viene individuata non come ulteriore detrimento del territorio, ma come possibilità di riorganizzarne la struttura, attraverso il riammaglio del tessuto insediato, il recupero dell'agricolutra e dei tracciati della centuriatio e della messa a sistema delle emergenze culturali, quali il Real Sito di Carditello, l'area archeologica (Anfiteatro) di S. Maria Capua Vetere e diverse aree di interesse storico e paesaggistico. In questo senso, i progetti urbani proposti si pongono come piani eminentemente strategici e intercomunali, in grado di coordinare le azioni che i diversi attori e gli enti pubblici coinvolti possono mettere in campo. Molte delle sperimentazioni progettuali hanno anche provato a ridefinire il ruolo delle diverse aree industriali (realizzate a più riprese e con diverse leggi nei decenni precedenti) ora in crisi e che rendono disponibili suoli, fabbricati, infrastrutture. Tutti i progetti hanno anche riflettuto sulla necessità di interrompere il progressivo consumo di suolo e su opzioni di densificazione per le previsioni di nuovo costruito, sia per servizi che per residenziale.

Epilogo

La crisi epocale di questo territorio oggetto della riflessione analitica e progettuale, tende inevitabilmente a mettere al margine le discipline urbanistiche e della pianificazione territoriale, sopraffatte delle emergenze e dalle criticità continue che ne sgretolano l'efficacia e la credibilità. Il Piano Territoriale di Coordinamento della Provincia di Caserta, in questo quadro, prova a ribaltare questo stato di cose, ponendosi come una struttura sia di regole, sia strategica, all'interno della quale gli enti pubblici e le amministrazioni locali possano riprendere percorsi di gestione e di governo del territorio. Il livello pianificatorio comunale appare il più debole e quello che viene continuamente messo in crisi. La speranza, e la necessità viste le condizioni attuali, è che alcune questioni, alcune parole d'ordine, diventino materiali comuni e imprescindibili di ogni azione sul territorio. Alcune di queste questioni possono essere qui suggerite: il riuso, di aree compromesse, di architetture rurali, persino di trame e di residui industriali, identità e fascino di questi paesaggi; il consumo di suolo zero, in un territorio che offre possibilità ampie di riuso e di recupero di quanto già compromesso la riduzione al minimo dell'erosione del suolo deve essere un principio centrale; il palinsesto della storia come recupero fisico ed identitario: assi centuriali, connessioni viarie storiche, emergenze architettoniche; inversione: collocate in una diversa prospettiva anche le grandi attrezzature del ciclo dei rifiuti e, in generale, le nuove infrastrutturazioni, possono essere occasioni per suggerire prospettive diverse e sostenibili (Moccia, 2011). È anche tra questioni come queste che la pianificazione può trovare un proprio senso persino in questi luoghi dell'incerto e del rischio, riducendo la norma a strategia e supportando l'immaginazione. Less planning, more visions[4].

Bibliografia

Bourdieu P. (1993), "Effets de lieu", in La misére du monde, sous la direction de Pierre Bourdieu, Edition du Seuil, Paris.
De Certeau M. (2001), L'invenzione del quotidiano, Edizioni Lavoro, Roma (orig. L'invention du quotidien, tome 1, Arts de faire, Paris, 1990).
Guida G. (2012), "Per la tutela dell'ambiente tante parole e tanti mattoni", in La Repubblica/Napoli, 7 maggio.
Guida G. (2011), Immaginare città. Metafore ed immagini per la dispersione insediativa, FrancoAngeli, Milano.
Guida G. (2006), "La metamorfosi territoriale del progetto urbano", in Casamonti M. (a cura di), 20.06 Overwiew sull'architettura italiana, MottaArchitettura, Milano.
Moccia F. D. (ed. 2011), Abitare la città ecologica. Housing ecocity, Clean Edizioni, Napoli.
Provincia di Caserta (2012), Piano Territoriale di Coordinamento – Relazione, Caserta.
Saviano R. (2006), Gomorra. Viaggio nell'impero economico e nel sogno di dominio della camorra, Mondadori, Milano.

---

1 Il Piano Territoriale della Provincia di Caserta, entrato in vigore nel luglio 2012, divide il territorio provinciale in sei "ambiti", necessari ad intercettare la varietà di situazioni insediative che lo caratterizzano. Essi sono: Aversa, Caserta, Mignano Monte Lungo, Piedimonte Matese, Litorale Domitio, Teano.
2. «Con il termine "area negata" si fa riferimento ad aree appartenenti sia al sistema urbano che al sistema dello spazio aperto, prive di una funzione univocamente definita e contrassegnate da evidenti segni di degradazione» (Provincia di Caserta, 2012).
3. Il digestore anaerobico è un impianto industriale utilizzato per trasformare, senza ossigeno, le sostanze organiche presenti nella parte umida dei rifiuti in un combustibile gassoso, chiamato biogas, e che genera come sottoprodotto finale un "fango", più o meno solido a seconda del tipo di processo adottato, chiamato digestato.
4. "Less Planning", è il titolo di un ciclo di conferenze tenutosi ad Aversa tra gennaio e febbraio del 2012 al Dipartimento di Architettura "Luigi Vanvitelli" della SUN. Alle conferenze, coordinate da Giuseppe Guida ed Enrico Formato, hanno partecipato Laura Lieto, Paolo Scattoni, Mosè Ricci, Francesco Gastaldi, Luigi Benevolo, Paola Viganò e Michelangelo Russo.

OPEN SOURCES

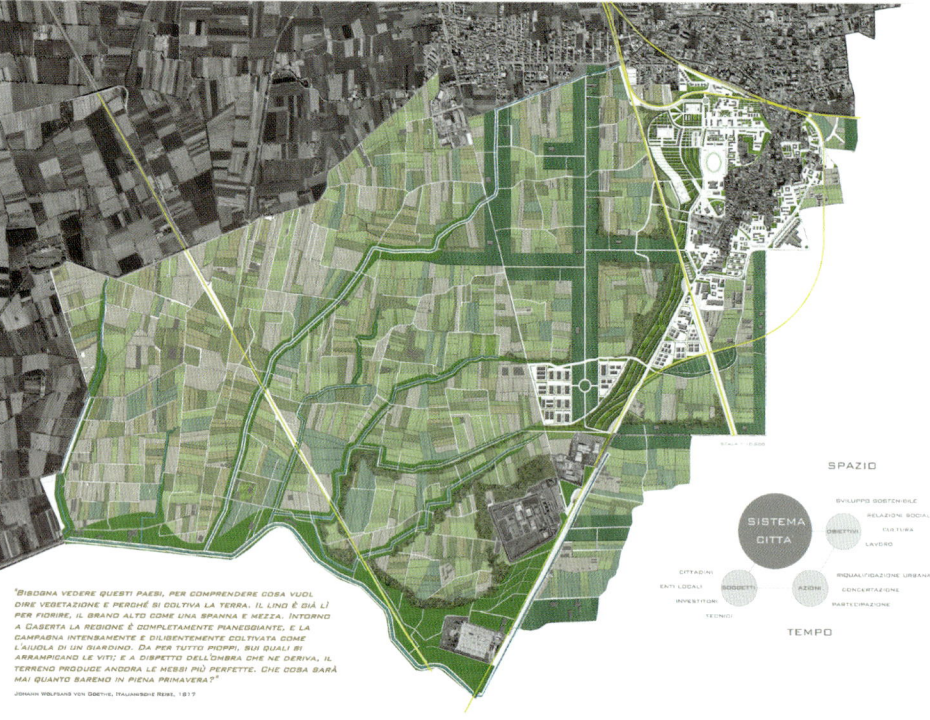
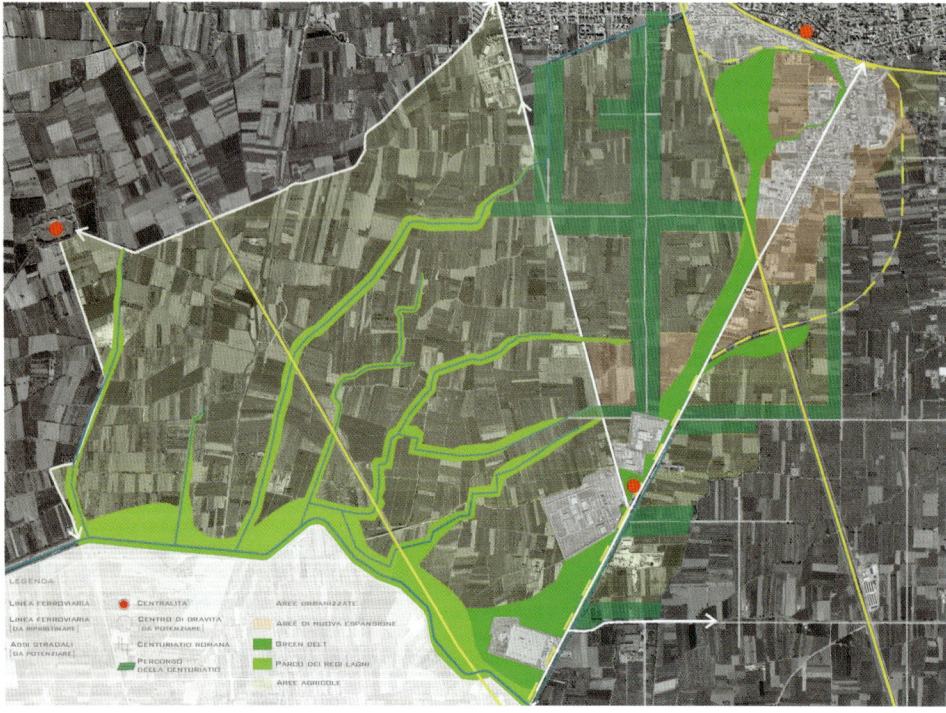
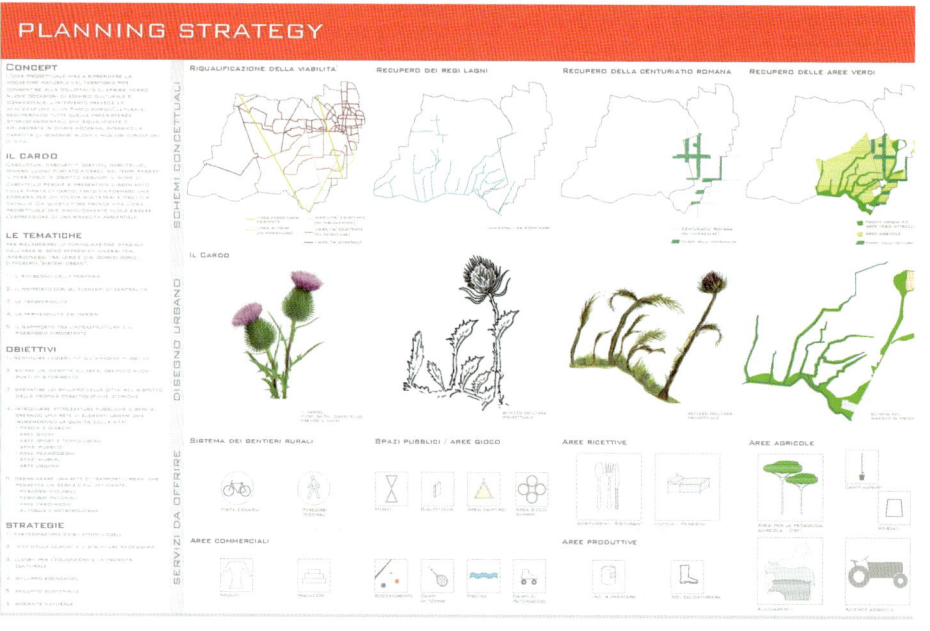

LO SVUOTAMENTO DELLE AREE PRODUTTIVE: STORIE E PRATICHE DI ABBANDONO, TRASFORMAZIONE E ADATTAMENTO

KW: TERRITORI DELLA PRODUZIONE, CITTÀ DIFFUSA, FENOMENI DI SVUOTAMENTO

La crisi fiscale ed economica e la stagnazione dei mercati internazionali sembrano aver drammaticamente aggravato la situazione delle piccole e medie imprese italiane, già interessate da importanti processi di riorganizzazione aziendale e riposizionamento competitivo nel contesto globalizzato.

Dall'inizio della crisi, acuti giornalisti (Di Vico, 2010) hanno cominciato a documentare lo stato di "svuotamento" e declino di molti contesti produttivi del Nord, dove il diffondersi di cartelli "vendesi" e "affittasi" diventa un indicatore dell'abbandono industriale.

La dismissione, dunque, non riguarda più soltanto la grande fabbrica fordista, ma anche le zone più ricche e solide del Paese: le numerose aree della specializzazione produttiva, i distretti industriali e le piattaforme territoriali ad elevato livello di integrazione interna, dove la manifattura si combina ai servizi, alla logistica, ai centri di ricerca e si affianca alla residenza e al commercio.

Il declino degli spazi produttivi consente, quindi, di tornare ad osservare i territori della dispersione insediativa, ripercorrendone le trasformazioni al fine di comprendere se l'attuale crisi sia davvero una "metamorfosi" dell'intero sistema (Bonomi, 2013), un'opportunità per ripensare non solo la pratica urbanistica ma anche lo stesso modello di sviluppo territoriale.

Gli alti costi collettivi di tipo sociale e ambientale, infatti, rimettono in discussione il modello dell'urbanizzazione diffusa, che la recente crisi (soprattutto edilizia) ha rallentato ma non del tutto arrestato. Un modello che si è appoggiato a tessuti agricoli e piccole città e si è sviluppato soprattutto come paesaggio produttivo disperso, «costruito attraverso la mobilitazione individualistica degli imprenditori, supportata dalle strategie dei governi locali e dei piccoli operatori immobiliari, nei confronti delle quali la progettazione non ha saputo articolare un discorso disciplinare compiuto» (Armondi, 2011: 20). Un paesaggio caratterizzato da una crescita poco controllata, quindi, ma anche dalla combinazione di processi spontaneistici e interventi monofunzionali esito della zonizzazione amministrativa. In questo contesto plurale (Lanzani, 1991; Tosi&Munarin, 2001), anche i fenomeni di "svuotamento" dei manufatti e delle aree industriali sembrano perseguire logiche individuali, differenziate, "molecolari".

Pertanto è attraverso tre "narrazioni" specifiche, rintracciate nel distretto ceramico di Sassuolo[1], che si è scelto di documentare le trasformazioni incrementali e i fenomeni di adattamento/innovazione che coinvolgono oggi le aree della produzione. Fra questi, i processi poco visibili, come il sottoutilizzo, o quelli che modificano radicalmente gli usi del territorio, come la sostituzione, impongono un'osservazione ravvicinata, capace di entrare negli spazi del lavoro e di ricostruirne le "biografie" attraverso i racconti di alcuni attori privilegiati (Zanfi, 2013).

1. Il territorio magazzino

Nonostante il forte ridimensionamento della produzione, le ceramiche del distretto di Sassuolo producono circa 400 milioni di mq di piastrelle l'anno. A causa della frammentazione e personalizzazione della domanda, i prodotti stazionano anche per lunghi periodi nei piazzali di stoccaggio, dando vita ad un paesaggio effimero in continua evoluzione. Se si aggiungono poi le tonnellate di piastrelle spagnole, turche, cinesi, che arrivano ogni giorno nel distretto, ci si può rendere conto dell'enorme carico che grava sul territorio. La combinazione della funzione produttiva e di quella di hub logistico di livello internazionale hanno trasformato il territorio in un grande magazzino diffuso. Gran parte dei capannoni sono oggi utilizzati come semplici contenitori. Questi spazi, quindi, non sono propriamente "vuoti"; piuttosto, sono spazi svuotati della funzione produttiva, sottoutilizzati o sottoposti a processi di dequalificazione.

L'uso estensivo del territorio a fini logistici e commerciali rende più complessa l'attività di lettura e mappatura dei fenomeni in atto. Capire quali aree ospitino la produzione, quali, invece, siano magazzini e quali, infine, siano completamente abbandonate, è un'operazione particolarmente ardua. Difficile anche dire chi usa gli spazi, con quali modalità e con quali tempi. Stock di piastrelle sono, infatti, visibili all'interno di complessi in stato di prolungato abbandono, in lotti residuali e in edifici che un tempo ospitavano piccole imprese di sub-fornitura, espulse dal mercato. Spesso, poi, i gruppi ceramici leader affittano spazi vuoti, capannoni più o meno vicini ai loro stabilimenti, per dare risposta ai problemi di saturazione dei loro magazzini. Sono, queste, soluzioni temporanee, che rivelano la flessibilità del sistema e del territorio stesso, o sono trasformazioni e ampliamenti incrementali degli spazi delle singole aziende?

2. Un sistema bloccato

Dagli anni '90, seguendo ottimistiche previsioni di crescita della popolazione residente e prescrizioni ambientali più restrittive, le amministrazioni locali hanno avviato processi di trasferimento delle attività produttive e successiva sostituzione funzionale. Palazzine residenziali, complessi comprendenti villette, commercio e terziario e, negli ultimi anni, centri della media distribuzione si localizzano dove un tempo sorgevano le prime ceramiche del distretto, in stretta prossimità con l'abitato. Negli ultimi anni, il calo della domanda di nuovi spazi residenziali ha reso questi processi, ormai consolidati anche all'interno delle amministrazioni locali, più incerti, spesso di difficile attuazione. Alcuni sono stati realizzati sono in parte; in

Cristiana Mattioli

Cristiana Mattioli, architetto, è dottoranda in Governo e Progettazione del Territorio presso il Politecnico di Milano, dove svolge attività di ricerca all'interno del Dipartimento in Architettura e Studi Urbani sul rapporto fra produzione e territorio nei contesti diffusi del Nord Italia.

1. Il distretto della produzione di piastrelle ceramiche di Sassuolo, che coinvolge 8 comuni nelle province di Modena e Reggio Emilia, è stato scelto come campo d'indagine per la contestuale presenza di fenomeni di "svuotamento" e di espansione. Infatti, nonostante il forte ridimensionamento della produzione – quasi dimezzata dal 2001 –, il distretto resiste grazie alla leadership mondiale di alcuni gruppi industriali innovativi, consolidatisi attraverso l'internazionalizzazione produttiva e la fusione aziendale.

2. Esperienze di questo tipo sono: temporiuso.com, impossibleliving.com, la mappa dell'abbandono in Toscana (esibisco.it), Ri-fabbrica a Genova, Manifetso2020.com a Trieste, Spaziindecisi.it in Romagna. Queste mappature, però, riguardano principalmente le aree urbane e, nel caso di edifici produttivi, segnalano solo esempi di archeologia industriale. Più sistemico, invece, il censimento attraverso il quale Salviamo il Paesaggio ha chiesto ai Comuni di documentare e quantificare gli edifici residenziali e produttivi sfitti presenti sul territorio, al fine di proporre il riutilizzo e limitare il consumo di suolo. Ad oggi, purtroppo, su 8056 Comuni, solo 517 hanno risposto al questionario, spesso in modo incompleto (www.salviamoilpaesaggio.it).

Immagini
1. Scarti di produzione. Demolizione di un'industria ceramica.
2. Senza tracce. Abbandono di una ceramica sulla via Emilia.
3. In attesa. Nuovi capannoni inutilizzati nel cuore del distretto ceramico.
4. Pieno e vuoto. Il magazzino diffuso sul territorio.

altri casi, la nuova edificazione è stata bloccata dalle difficoltà finanziarie, nonostante fossero già state portate a termine le fasi di demolizione e bonifica del terreno; spesso la funzione commerciale ha sostituito quella residenziale. Il rallentamento dei processi di rigenerazione ha colpito principalmente le imprese edili che, avendo acquistato le aree in un periodo di crescita ed espansione, hanno investito su di esse e oggi devono far fronte a ingenti perdite: gli appartamenti sono vuoti; non ci sono risorse per demolire gli "scarti" della precedente produzione; alcune aree già libere restano in attesa di essere inserite in un nuovo ciclo di vita.

La saturazione del mercato edilizio di tipo produttivo ha comportato, poi, l'emergere di situazioni di invenduto e incompiuto. Molti capannoni realizzati all'interno di aree artigianali, spesso marginali, sono stati completati e mai utilizzati. Scheletri in cemento armato di edifici non finiti sono soggetti a degrado, nell'attesa che un compratore ne porti a termine il cantiere.

Fino agli anni più recenti, dunque, la dismissione ha convissuto con l'espansione e con la realizzazione di ulteriori volumi, che oggi è impossibile occupare.

3. Il difficile riuso industriale

Le industrie ceramiche del territorio, che si sono consolidate e progressivamente espanse, hanno spesso deciso di aumentare la propria capacità produttiva acquisendo e ammodernando impianti esistenti. Oggi questa strategia di riuso e adattamento degli spazi della produzione sembra entrare anch'essa in crisi. La maggiore attenzione alla qualità dello stabilimento, alla sua immagine, al rispetto degli standard di sostenibilità energetica ed ambientale sono elementi che, abbinati all'obsolescenza delle strutture esistenti e all'alto costo di bonifica dei suoli, disincentivano il riuso di aree industriali a fini produttivi.

Più spesso le aziende leader preferiscono indirizzare gli investimenti verso la qualificazione dei propri spazi, demolendo e ricostruendo, o adottando strategie di densificazione e diversificazione funzionale interna (uffici, servizi, spazi di rappresentanza). Quando, invece, esiste una reale esigenza di espansione della superficie produttiva, si preferisce procedere per aggiunte e stratificazioni, occupando eventuali aree limitrofe, ad uso precedentemente agricolo.

Nonostante la specificità e diversità delle esperienze presentate, è evidente che la numerosità delle situazioni di svuotamento, abbinata all'esigenza di limitare il consumo di suolo, impone oggi una riflessione sugli spazi ordinari della produzione diffusa.

In primo luogo, le ricerche su questi temi si scontrano con la difficoltà di reperire dati e mappature ufficiali che documentino i fenomeni di abbandono e, ancor più, quelli di sottoutilizzo. In questo senso, alcune esperienze di crowd-mapping[2] sembrano proporre il coinvolgimento attivo, via web, della popolazione locale nei processi di conoscenza dei territori. Sicuramente l'Università può fornire un contributo importante in questo senso, indirizzando la propria azione verso l'indagine approfondita dei luoghi e dei processi in atto.

Una seconda riflessione è di tipo progettuale e strategico. Cosa può essere conservato, riutilizzato, riciclato? In che modo? È ancora possibile riproporre le consuete strategie di riuso?

Alcune interessanti proposte progettuali sembrano suggerire percorsi di ibridazione, capaci di mettere al lavoro le "felici coincidenze" (Viganò, 2011) offerte dalla prossimità funzionale tipica della città diffusa: progetti che integrano manifattura e agricoltura; politiche di diversificazione che incoraggiano la combinazione fra produzione e ricerca. L'abbondanza di spazi dismessi e il loro difficile riuso sembrano suggerire, tuttavia, un generale ripensamento concernente i processi di rigenerazione. Oggi occorre forse rimettere in discussione gli interventi di ricostruzione e densificazione e proporre, invece, riusi temporanei, processi di rinaturalizzazione che inseriscano le aree in sistemi di spazi aperti, modalità di gestione delle "rovine". E data la scarsità di risorse, è necessario scegliere in quali aree, a quali condizioni, sperimentare queste rinnovate strategie di rigenerazione, al fine di aumentare la vivibilità dei luoghi, anche di quelli della produzione.

Bibliografia

Armondi S. (2011), *Disabitare. Storie di spazi separati*, Maggioli, Sant'Arcangelo di Romagna (RN)

Bonomi A. (2013), *Il capitalismo in-finito. Indagine sui territori della crisi*, Einaudi, Torino

Di Vico D. (2010), "Sfilata di capannoni vuoti a Nord-est", in *Corriere della Sera*, 8 giugno

Lanzani A. (1991), *Il territorio al plurale. Interpretazioni geografiche e temi di progettazione territoriale in alcuni contesti locali*, Franco Angeli, Milano

Tosi M.C., Munarin S. (2001), *Tracce di città. Esplorazioni di un territorio abitato: l'area veneta*, Franco Angeli, Milano

Viganò P. (2011), "Riciclare città", in Ciorra P., Marini S. (ed.), *Re-cycle. Strategie per l'architettura, la città, il pianeta*, Mondadori Electa, Milano, pp. 102-119

Zanfi F. (2013), "Un adeguarsi difficile. Appunti sul cambiamento degli spazi produttivi in Brianza", in Lanzani A. et al., *Pedemontana. Infrastrutture, paesaggio, urbanistica*, Quodlibet, Macerata

CONDIVIDERE LE TRASFORMAZIONI

KW: COMMUNITY, RE-CYCLE, TRASFORMAZIONE

Giulia Menzietti

Roma 1981. Laureata in progettazione architettonica, nel 2012 consegue il titolo di Dottore di Ricerca presso lo IUAV di Venezia nel Dottorato Internazionale Villard d'Honnecourt con la tesi Amabili resti. Frammenti e rovine dell'architettura italiana tra gli anni Sessanta e Ottanta del Novecento. Svolge attività di ricerca e collaborazione alla didattica presso la SAD, Scuola di Architettura e Design Eduardo Vittoria di Ascoli Piceno.

Scenari

Il patrimonio di edifici dismessi e in disuso, il problema del consumo di suolo e lo scenario della crisi economica alimentano il dibattito sulla questione del recycle e sull'urgenza di ripensare i processi di crescita e trasformazione delle città. Nel territorio italiano emerge oggi una presenza consistente di edifici vuoti ed abbandonati. In molti casi si tratta di realtà prive di futuro, che vengono lasciate invecchiare in attesa di una possibile demolizione, di un eventuale progetto di recupero o di un lento consumarsi per deterioramento.

Tale scenario si complica ulteriormente quando i contenitori non sono capannoni, magazzini o costruzioni senza qualità, ma piuttosto architetture d'autore, disegnate da progettisti famosi e con una storia, se pur recente, da raccontare. Sono infatti numerosi, in Italia, i resti di alcune opere pubbliche, realizzate nel ventennio che va dagli anni Sessanta e Ottanta del Novecento, rimaste poi incompiute, o finite e mai usate, o abbandonate e in via di demolizione. A monte della complessità e della lentezza procedurale diffuse nei modelli d'intervento sul patrimonio da riqualificare, per questo tipo di materiali la valutazione e la capacità decisionale sembrano complicarsi ulteriormente. Il valore storiografico e la notorietà del progetto e dell'autore si sovrappongono allo status attuale di scheletri in cemento, aggravando la condizione di stasi e di attesa di tali edifici.

Riciclo temporaneo

In tale scenario, una possibilità di intervenire è quella del riciclo temporaneo: un'alternativa alle operazioni di demolizione e recupero, capace di eludere i veti e le tempistiche dei modelli formali e di riaccendere spazi depressi in maniera spontanea e provvisoria. Si tratta di una forma di occupazione gestita da associazioni culturali e gruppi di utenti interessati a smaltire e riciclare questo tipo di patrimonio. Allo stesso modo dei guerrilla stores, che appaiono e scompaiono per seguire le esigenze dei transumers, gli spazi in disuso vengono trasformati e utilizzati, per il tempo necessario, dalla comunità dei cityusers. Sulla scia delle T.A.Z, *Temporary Autonomous Zone*[1], la dimensione del mutevole e del provvisorio trova applicazione, in maniera crescente, nei processi di trasformazione urbana e riuso dell'esistente. Il carattere temporaneo, l'assenza di irrigidimenti normativi e di interventi strutturali rendono questa pratica agile e poco invasiva, particolarmente adatta a quei casi di architetture d'autore abbandonate o di spazi in disuso che conservano un valore di qualità, memoria e testimonianza. Gli spazi vengono estrapolati dalle funzioni, dai significati e dai contesti per cui sono stati pensati, valutati esclusivamente in base alla situazione attuale e alle relative possibilità di utilizzo. Il valore, la fortuna critica dell'opera, e allo stesso tempo la condizione di disuso vengono azzerati in una stima condotta in termini eminentemente operativi.

I nuovi city makers

In questo tipo di operazioni risulta fondamentale il ruolo svolto da alcune associazioni culturali che, a monte di indagini sulla domanda e sulle richieste dei possibili utenti, cercano di delineare un'offerta basata sugli usi e sulle attività da reinserire nell'edificio. Il progetto di riuso temporaneo si sostanzia nella prefigurazione e nell'attuazione di scenari proposti e condivisi dai city users. L'operazione di ascolto e traduzione di tali volontà e la mappatura di edifici inutilizzati sono le attività cruciali di alcune associazioni culturali italiane come Temporiuso e (Im)possible living, che condividono l'obiettivo di riattivare il patrimonio italiano di spazi dismessi, e ricoprono oggi il ruolo di attori principali delle trasformazioni urbane.

A partire dal 2008 i gruppi Cantieri Isola, Precare.it e alcuni ricercatori del laboratorio multiplicity.lab del DIAP del Politecnico di Milano si sono associati in Temporiuso, portando avanti un progetto di ricerca e sperimentazione dei processi di occupazioni temporanee di spazi dismessi. All'interno del proprio web site l'associazione mette a disposizione degli utenti un vero e proprio manuale per attivare, in 7 "mosse", dei possibili progetti di riuso. Si inizia con la ricognizione degli edifici inutilizzati per poi procedere alla mappatura della domanda dei relativi luoghi, ovvero la restituzione delle esigenze e delle proposte dei potenziali fruitori. Le informazioni raccolte vengono poi incrociate con i dati relativi alle risorse disponibili. L'indagine sugli indici di domanda e offerta diviene lo strumento cruciale per attivare, o ri-attivare nuovi cicli di vita. Temporiuso (www.temporiuso.org) elabora un modello di gestione delle pratiche di riuso temporaneo, ponendosi come soggetto intermediario tra il proprietario del contenitore e i possibili usufruttuari. Il ruolo dell'associazione stabilisce i termini contrattuali, definendo tempi e modalità del comodato d'uso temporaneo tra proprietario e usufruttuario, sia gli aspetti ideativi e progettuali.

Un'altra piattaforma web che si occupa dei processi di trasformazione degli spazi abbandonati è (Im)possibile living. La start-up, fondata nel 2011 da Andrea Sesta e Daniela Galvani, mira allo sviluppo di una consapevolezza condivisa del patrimonio in disuso e lancia un'applicazione per dispositivi mobili iPhone e Android che estende a chiunque la possibilità di raccogliere e segnalare opere in abbandono. Attraverso i blog e i canali di you tube, twitter e facebook viene creata una smart community che, munita di dispositivi mobili e spirito di partecipazione, viene messa nelle condizioni di poter osservare le foto di resti e scarti di architetture d'Italia e del resto del mondo, e di poter condividere una coscienza visiva e una sensibilità critica verso questo tipo di realtà. L'attività di (Im)possible living è tesa una strategia sociale, ovvero alla formazione di una rete di soggetti interessati che possa contribuire a trovare soluzioni amministrative ed economiche per trasformare i

OPEN SOURCES

contenitori in abbandono. Temporiuso, Alterazioniurbane, (Im)possible living, sono associazioni culturali che affrontano questioni legate alla crescita e alla trasformazione urbana a partire dalle persone, identificando negli utenti degli spazi il ruolo di attori principali della rigenerazione urbana. La mancanza di un utilizzo, di un ruolo e di un ciclo di vita alimenta un approccio autopoietico tra lo spazio e chi lo osserva, che si traduce poi in appropriazioni informali e autogestite degli spazi. È emblematica, in questo senso, l'ultima vicenda della Torre Galfa, un palazzo per uffici realizzato nel 1956 su progetto di Melchiorre Bega e abbandonato dalla metà degli anni Novanta. Nel Maggio del 2012 il collettivo MACAO, un gruppo di artisti e di lavoratori dell'arte, ha occupato, per una settimana, gli spazi della torre trasformando l'edificio in un nuovo centro di produzione creativa. L'esigenza di trovare spazi per l'arte e di mettere in luce alcuni aspetti critici nella gestione del patrimonio immobiliare ha spinto questo gruppo ad impadronirsi in maniera illegale e provocatoria di uno spazio pubblico inutilizzato. Successivamente alla Torre Galfa, MACAO ha poi occupato gli spazi del Palazzo Citterio e dell'Ex Borsa del Macello a Milano dimostrando come l'occupazione, in alcuni casi, possa essere l'unica soluzione per sbloccare nell'immediato situazioni di stasi e impasse, e come la capacità di riappropriarsi e prendersi cura di un bene comune possa non necessariamente essere compito esclusivo delle istituzioni.

Nuove pratiche per la trasformazione urbana

Il manuale di Temporiuso, le app di (Im)possible living e le polemiche suscitate da MACAO diventano gli strumenti fondamentali per partecipare ai processi di trasformazione urbana a partire dagli spazi in disuso. Gli interventi sulle strutture richiedono somme consistenti e tempi dilatati e, nel caso delle architetture in abbandono del Tardo Moderno Italiano, ogni operazione viene ulteriormente ostacolata dal disagio causato da tali materiali: troppo celebri per essere demoliti, troppo ambigui per essere conservati. Il riciclo temporaneo promoso dalle associazioni sopra descritte offre un'opportunità per riaccendere questo tipo di patrimonio sfruttando la condizione di attesa e sospensione del giudizio, e restituendo senso agli edifici senza modificarne le strutture. Una delle garanzie di questo tipo di operazioni risiede nel modello bootum up, una sovrapposizione di ruoli tra gli attori della trasformazione e i fruitori dello spazio rigenerato. Impostate su differenti cicli di utilizzo, queste pratiche di auto-organizzazione della città rimettono in discussione quei processi di pianificazione e quei modelli formali deputati alla riqualificazione del bene comune, ingessati dai rapporti tra utente e investitore, tra pubblico e privato. Il ruolo attivo di queste community mette in crisi la forza attribuita al progetto e al disegno dello spazio, prospettandosi, paradossalmente, come unica soluzione in grado di riattivare proprio quelle opere che sono state costruite in Italia tra gli anni Sessanta e Ottanta, ovvero nel momento di massima affermazione di un senso di autonomia dell'architettura.

Ripensare il patrimonio dismesso alla luce della dimensione spontanea e informale di tali occupazioni significa rimettere in discussione le categorie di "legale e illegale", di "antico e nuovo", di "monumentale e ordinario", la percezione delle quali sembra assumere, in tali scenari, contorni nebulosi e sfumati. Nell'applicazione di queste operazioni di riuso emerge l'urgenza di una normativa che possa orientare tali processi, anche alla luce della possibilità di trasferire tali pratiche ai modelli formali di Enti, Soprintendenze, Amministrazioni. Questi nuovi attori delle trasformazioni urbane operano oggi in una condizione di affiancamento, e allo stesso tempo di denuncia, agli organi deputati alla gestione del patrimonio pubblico; si potrebbe, in questo senso, ripensare al ruolo dei nuovi city makers, nella prospettiva di un eventuale inserimento delle loro attività all'interno delle agende delle politiche pubbliche.

Bibliografia

Hakim Bey (1995), *T.A.Z., Zone Temporaneamente Autonome*, Shake, Milano.

Zygmunt Bauman (1999), *La società dell'incertezza*, Il Mulino, Bologna.

Julia Maier (2008), *Acting In Public: Raumlaborberlin*, Jovis verlag GmbH.

Koolhaas, R. (1995), "Generic City" in Office for Metropolitan Architecture, Koolhaas, R., Mau, B. (a cura di), *S,M,L,XL*, 010 Publishers, Rotterdam.

Inti, I., Inguaggiato, V. (2011), "Riuso temporaneo" in *Territorio* n.56, Franco Angeli, Milano.

Linkografia

http://www.temporiuso.org
http://www.impossibleliving.com
http://www.macao.mi.it

1. Bey, H., *T.A.Z., Zone Temporaneamente Autonome*, Shake, 1995 Milano

RICICLO E NUOVA BONIFICA DEL XXI SECOLO.
LA VICENDA MATERANA RILETTA ALLA LUCE DI UNA STRATEGIA AGROURBANA

Mariavaleria Mininni, Cristina Dicillo, Rosanna Rizzi

01. Storyboard lucana: il racconto documentario di un paesaggio agro-urbano

Mariavaleria Mininni, architetto, specializzata in architettura del paesaggio, ricercatrice di ecologia, è professore di urbanistica al DiCEM (Dipartimento delle Culture Europee e del Mediterraneo: Architettura, Ambiente, Patrimoni culturali) presso l'Università degli Studi della Basilicata. Lavora sulla nozione e sul progetto di paesaggio sia nella sua declinazione di landscape e urban ecology sia nella dimensione dell'abitare contemporaneo. È nell'editorial board di «Urbanistica» e cura con Pierre Donadieu la collana "Le culture del progetto del paesaggio" per i tipi della Donzelli.

Laureata in Architettura nel 2009 presso la Facoltà di Architettura del Politecnico di Bari, e iscritta all'Ordine degli Architetti, PP.PP.CC. di Bari, risulta vincitrice nello stesso anno, per meriti accademici, di una borsa di studio per studenti laureandi. Dopo la laurea, tra il 2010 e il 2013, si dedica alla ricerca e al progetto sui temi dell'urbanistica e del progetto di paesaggio collaborando con il Dip. ICAR - Politecnico di Bari. Dal 2010 è dottoranda dell'International PhD in 'Architecture and Urban phenomenology' dell'Università degli Studi della Basilicata.

Laureata in Architettura nel 2008 presso il Politecnico di Bari, è iscritta all'Ordine degli Architetti, PP.PP.CC. della Provincia BAT. Vincitrice di Borsa Leonardo, dal 2009 al 2011 lavora a progetti di paesaggio e territorio a Barcellona e frequenta il Master di II livello in Architettura del Paesaggio presso la ETSAB UPC; dal 2011 ad oggi collabora con il DICAR del Politecnico di Bari per la redazione di piani urbanistici. Da settembre 2012 è assistente a corsi di Urbanistica presso il DICEM dell'Università degli Studi della Basilicata.

KW: RICICLO, QUARTIERI DELLA RIFORMA, MATERA

Abstract

Il lavoro che si presenta intende avviare una riflessione sul tema del riciclo inteso come dispositivo per una rielaborazione paesaggista -progettuale, simbolica, ecologica- del progetto della città contemporanea in chiave agrourbana. Il riciclo dei materiali e delle categorie d'uso della città e della campagna materana costituiscono una strategia per innescare nuovi cicli di vita di territori consumati sia dal punto di vista delle risorse che degli immaginari, interpretando la condizione di una ruralità periurbana come occasione per reperire soluzioni in termini spaziali e paesaggistici, di approvvigionamento della città e di sostenibilità e salubrità, sperimentando così un nuovo concetto di bonifica del XXI secolo per un territorio meridionale dove i patrimoni immateriali e i saperi contestuali possono giocare un ruolo importante per riavviare il progetto di modernizzazione. L'inedito episodio di urbanizzazione sperimentale delle campagne che ha avuto luogo a Matera, ricollocato dentro il filone critico della storia della progettazione urbanistica ispirata alle new towns e alle questioni della concentrazione e dispersione urbana, e riportato dentro una nuova condizione progettuale offre nuove suggestioni per orientare il presente.

OPEN SOURCES

Usi e riusi a Matera

La storia della città di Matera può essere letta come la ricerca continua di un processo di contaminazione nel corso del tempo tra riusi, ricicli e ridimensionamenti di processi e materiali tra natura, campagna e urbanità. Allo stesso modo in cui nella storia del Mediterraneo, come dice Braudel, si sono continuamente ricostruite, demolite e ricostruite fortificazioni. Le mura urbiche, uno sforzo enorme di edificazione per i cittadini, diventavano inutili come muri ma ancora utilizzabili, dopo averle abbattute, come cave di materiale, imprimendo nuove forme e nuovi spessori alle pietre. La trasformazione dei versanti di un solco carsico "gravina" in un habitat rupestre, grotte carsiche diventate case-stalle per uomini e animali, mostrano una strategia del riuso che perdura anche quando la città adatta i conventi di ordini monastici per le nuove funzioni urbane di capoluogo di provincia alle quali doveva dare forma. E oggi trasforma le case grotta in cartoline turistiche di un sottosviluppo diventato folkloristico oppure avvia un'innovativa iniziativa di ricettività e imprenditorialità rielaborando i luoghi e aggiornando gli immaginari. Il grande dilemma sul trasferimento dei cittadini-contadini dai Sassi in case che garantissero una dignità abitativa, 15.000 abitanti dei Sassi al 1951 su una popolazione totale di 30.000 abitanti (Restucci A., 1991), introduceva nella seconda metà del secolo scorso Matera nel vivo delle posizioni più avanzate del dibattito internazionale sulle modalità di accrescimento della città, (i) per continuità alla città storica, (ii) attraverso un principio di crescita interrotta o del trabatenprinzip, anche ispirandosi alla poetica verde del terzo magnete e del garden city moviment di howardiana memoria, (iii) oppure per polarità decentrate ad alta specializzazione urbana secondo dislocazioni in forte relazioni con il paesaggio, secondo i principi che si sperimentavano nei paesi scandinavi del design with circumstance (Gravagnolo B., 2001). A questa varietà di soluzioni urbane tenute insieme dal piano di Piccinato (1953-56) che sperimentava le potenzialità di controllo dello spazio attraverso griglie e norme introdotte della legge urbanistica all'epoca appena varata, si affianca una sperimentazione di materiali urbani selezionati in funzione della ricerca di una giusta distanza spaziale, tra città e campagna, e concettuale, tra quartiere e villaggio. Politiche sociali dell'abitare e riforma agraria saranno a Matera un teatro di confronto che punta palesemente, almeno culturalmente, sulla riorganizzazione combinata di residenza e lavoro perseguendo l'obiettivo di una «completa opera di urbanizzazione della campagna» costruita contrastando la ruvidezza urbana dei Sassi e l'eccessiva rarefazione della campagna, applicando un principio comune a entrambe dell'unità di vicinato mutuata dalla venatura comunitaria olivettiana e da quella del neighborhood units del garden cities moviment. La mancanza di una governance in chiave agrourbana e del fallimento della speranza della capacità irenica di un neoilluminismo pianificatore, ma soprattutto la totale impermeabilità dei frames cognitivi rispetto alla trasformazione del progetto iniziale a forte contenuto sperimentale in una forzata imposizione di un modello di azione abitativa decentrata (Giura Longo R., 1978), lì dove storicamente l'erogazione del lavoro avveniva dislocata rispetto all'abitare per un forte radicamento urbano della popolazione contadina, potrebbero essere per noi invece il punto di partenza di una nuova storia alla luce di nuove condizioni che possono offrirsi all'abitare decentrato.

Matera città-fabbrica e Matera agrotown

Sede, nel II Dopoguerra, di un inedito episodio di urbanizzazione sperimentale delle campagne portato avanti attingendo alle tendenze regionaliste basate sul decentramento e reinterpretando il paradigma olivettiano, la città di Matera ha dunque saputo elaborare un progetto di agrourbanità a partire dalla contingenza dell'emergenza Sassi e dal portato politico della Riforma Agraria. Le condizioni di una «popolazione tutta accentrata in "città" e pure tutta gravante per le risorse di vita sull'agro circostante» (Mininni M., Dicillo C., 2012) hanno costruito tra il nucleo urbano e la campagna deserta un paradossale vincolo d'interdipendenza che si è tradotto, storicamente, in una sostanziale integrità spaziale dell'intorno periurbano oggi in attesa di una nuova progettualità. In un territorio, come quello lucano, caratterizzato in prevalenza da insediamenti isolati a bassa densità e collocati sui crinali collinari (Pontrandolfi A., 2003), l'estensione del territorio agricolo è stata storicamente dominata da pratiche latifondiste e dalla contraddizione di una monocoltura estensiva del grano in una collocazione geograficamente e climaticamente non ideale. L'espansione cerealicola non ha in effetti giustificato investimenti stabili né favorito la costruzione di presidi sul territorio (Rossi Doria M., 1989), in misura addirittura inferiore rispetto alla stessa pastorizia e al pascolo, da parte di quei contadini residenti nei Sassi che, coltivando unicamente grano, non avevano modo di stabilirsi sulla terra, generando fenomeni di pendolarismo e arretratezza.

All'autonomia spaziale di una campagna storicizzata dalla Riforma, attraverso interventi di irreggimentazione dell'assetto fondiario e ristrutturazione territoriale, e preservata fino ad oggi nella sua integrità spaziale dai piani, corrisponde un'intensa relazione urbanità-ruralità che ha permeato la vita della città e dei suoi abitanti. Da tutto ciò è possibile oggi rileggere gli interventi che, attraverso il 'pretesto' del risanamento Sassi, hanno materialmente infranto la dicotomica contrapposizione tra la consistenza finita e concentrata del nucleo urbano e l'estensione quasi indifferenziata della campagna circostante, attivando un dispositivo integrato di produzione e residenza che ha saputo ricollocare i materiali della tradizione contadina meridionale in un sistema agrourbano concepito nella modernità: la costruzione di quartieri alle propaggini della città consolidata e dei nuovi borghi, come contenitori sussidiari della realtà rurale portata dagli abitanti dei Sassi, era funzione di un moto della "città che finalmente intende muovere incontro alla campagna, per sanare una frattura secolare" (Musatti R., 1956) declinando i suoi materiali secondo un gradiente di prossimità.

Questo laboratorio urbano sorto nella «zona intermedia delle argille, del grano e della fatica contadina» (Rossi Doria M., 1989) si raccorda con la presenza dei mulini per la macinazione del grano Cappelli, nell'ambito di una più ampia filiera produttiva agro-alimentare che immetteva sul mercato prodotti di alta qualità (pane e pasta) e i cui principali vettori erano gli stessi contadini residenti nei Sassi prima, e nella campagna dei Borghi poi. Vere e proprie banche del grano in cui si procedeva alla lavorazione delle materie prime, ma anche alla compravendita e alla distribuzione dei prodotti finiti, i mulini nella periferia cittadina rispondevano da un lato all'esigenza dei contadini di potersi muovere agevolmente tra campagna e città, dall'altro favorivano la vendita ai fornitori dei paesi limitrofi.

Il successo del commercio del grano duro ha consentito negli anni di incrementare la lavorazione procedendo alla costruzione di strutture più grandi e specializzate. Al Mulino Alvino, il primo in assoluto costruito nel 1884-85 su progetto di L. Ridola, si aggiunsero negli anni '40 e '50 i mulini Padula, Andrisani e Gagliardi. Le congiunture che hanno innescato la crisi del mercato agroalimentare dei prodotti della lavorazione cerealicola, a partire dagli anni '70 con la disposizione statale del blocco del prezzo del grano e con il successivo terremoto del 1980 e l'ingerenza delle grandi multinazionali, si intrecciano con un sostanziale insuccesso del progetto sperimentale di urbanizzazione delle campagne e degli interventi tesi al riordinamento della proprietà fondiaria: il conflitto tra le due modalità interpretative portate avanti rispettivamente dal gruppo olivettiano e dall'Ente Riforma nella grande ricostruzione ha penalizzato il successo della Matera agrotown, penalizzata dal vizio organico di un'economia fatta, ancora oggi, di frammentazione e dispersione (Ibid.). Allo stato attuale, fatta eccezione per i quartieri della ricostruzione, vere e proprie isole di qualità (Giura Longo T., 2003) articolate secondo il disegno del Piano e ancora oggi riconoscibili come esiti di una sperimentazione d'autore incredibilmente innovativa, mulini e borghi della riforma si presentano come manufatti da rileggere e ricollocare all'interno di un nuovo progetto che metta in campo le più avanzate issues della green economy: una strategia agrourbana da riprendere e riportare nella contemporaneità, attraverso il riciclo e la riattivazione di materiali della periurbanità che oggi si presentano come sottoprodotti del moderno.

Una ricerca in corso

Una possibilità di ritornare a lavorare su Matera nella chiave che ci siamo proposti è data dalla ricerca Ri-formare Matera Strategie di riciclo e progettualità agrourbane in Basilicata, nell'ambito della ricerca nazionale PRIN 2010 RECYCLING ITALY. Nuovi cicli di vita, dove l'unità materana sta portando avanti una serie di attività e progetti i cui risultati, organicamente messi a sistema, vanno a ricollocarsi secondo 3 assi di lavoro principali:
a) ricostruzione di un repertorio dei contesti significativi (una tappa lucana del viaggio in Italia) ed interpretazione degli spazi e dei processi che li investono, a partire dall'analisi del cambiamento sociale e produttivo della città e della campagna;
b) valutazione delle attuali strumentazioni di regolazione delle trasformazioni in termini di riuso e incentivo allo sviluppo, utile a determinare la compatibilità tra azioni messe in campo nei processi di pianificazione e quelle di attuazione delle politiche di sviluppo rurale all'interno del processo di co-pianificazione e, in prospettiva, di sviluppare modelli concettuali utili alla definizione delle strategie di sviluppo regionale nella nuova program-

mazione 2014-2020.

c) modelli agrourbani, all'interno del quale si collocano diverse direttici di ricerca:

c.1) forme e nuovi cicli di vita degli insediamenti rurali della Riforma. Le precedenti attività (repertorio e valutazione) vengono applicate agli insediamenti rurali realizzati dall'Ente Riforma di Puglia e Basilicata per avanzare una proposta di pianificazione territoriale, orientata alla sostenibilità sociale e ambientale, che ne prospetti un nuovo ciclo di vita.;

c.2) possibilità di riapertura di un sub-cycle per il rilancio della tradizione produttiva della città caratterizzata dalla specializzazione nella trasformazione di cereali (pane e pasta) consentita dal sistema di incentivazione previsto dal PSR 2007-2013, attraverso la realizzazione di Piani Integrati di Filiera, regionali e territoriali;.

c.3) diversificazione del reddito degli agricoltori che operano all'interno del Parco della Murgia Materana, che insieme al rione Sassi rientra nel perimetro del Sito Unesco, in termini di offerta di servizi turistici, di prodotti alimentari a Km0 alla città

c4) pratiche insediative della bassa densità e recupero di modelli agro-urbani storicamente consolidatisi da ripristinare in base ai principi del landscape and food planning.

Bibliografia

Mininni M., Dicillo C. (2012), Matera. Un laboratorio urbano all'aperto. in Villari A, Arena M.A.,(a cura di), PAESAGGIO 150. Sguardi sul paesaggio italiano tra conservazione, trasformazione e progetto in150 anni di storia, ROMA. Aracne, ISBN. 978-88-548-4480-3.

Viganò P. (2011), "Riciclare città" in Ciorra P. Marini S. (a cura di) Rycicling. Strategie per l'architettura, la città, il pianeta, Electa, Verona;

Mininni M., (a cura di) (2005), "Dossier: dallo spazio agricolo alla campagna urbana" in Urbanistica, n. 128;

Giura Longo T. (2003), "Matera: i Borghi e i Quartieri degli anni '50" in Siti n.02, Matera;

Pontrandolfi A., (2003), "Città e campagna" in Siti n.02, Matera;

Gravagnolo B. (2001), La progettazione in Europa. 1780-1960, Laterza Bari;

Ricklefts R., (2001), Economia della natura, Zanichelli, Bologna;

Pontrandolfi A. (1999), Storia della bonifica metapontina, Altrimedia - Matera;

Restucci A. (1991), Matera. I Sassi, Torino, Einaudi Editore;

Lynch K.(1990), Wasting away, Catherine, Davide, laura and Peter Lynch eds, Sierra Clubs Book - Tr. It. Southwortha M. e Andriello V. (a cura di), Deperire. Rifiuti e spreco nella vita di città e uomini. CUEN, Napoli;

Rossi Doria M. (1989), Cinquant'anni di Bonifica, Laterza - Bari;

Graziani A. (1979), L'economia italiana dal 1945 ad oggi, Il Mulino - Bologna;

Giura Longo R. (1978), "Sviluppo urbano e lotte popolari", in Storia della città n 6;

Musatti R. (1956), "Saggi introduttivi. Motivi e vicende dello studio" in Commissione per lo studio della città e dell'agro di Matera, UNRRA Casas, Roma;

Piccinato L. (1955), "Matera: i Sassi, i nuovi borghi e il piano regolatore" in Urbanistica n.15-16.

Legge Regionale 8 agosto 2012 N. 16 - ART. 32 - Dotazione del Fondo di Coesione Interna - Disciplina di applicazione ex art. 22 Legge Regionale n.10/2002 Programma Operativo FESR Basilicata 2007-2013

OPEN SOURCES

RINATURALIZZARE / REINVENTARE / RIPARARE. AZIONI PAESAGGISTICHE PER IL RIUSO DEL PAESAGGIO ESTRATTIVO. IL CASO STUDIO DELLA NUOVA PROVINCIA BAT[1]

Mariavaleria Mininni, Luigi Guastamacchia, Teresa Pagnelli

Luigi Guastamacchia
Professore a contratto di "Urbanistica" presso la Facoltà di Architettura di Bari, Diploma di Master in Restauro e Recupero dei Centri Storici, presso l'Università degli studi Facoltà di Architettura Roma Tre, si occupa di pianificazione urbana, territoriale e paesaggistica. Ha partecipato a ricerche scientifiche del Dipartimento ICAR - Politecnico di Bari, e collaborato con la segreteria tecnica per la redazione del PPTR della Puglia.

Teresa Pagnelli
Architetto, laureata presso la Facoltà di architettura di Bari, Diploma di Master in energia, territorio e ambiente conseguito al Politecnico di Bari. Dopo tirocinio formativo presso il dipartimento DICAR collabora con l'Unibas di Matera per progetti di ricerca.

KW: RIUSO, PAESAGGIO, PROGETTO

1. Premessa

Crescendo la consapevolezza dell'incompatibilità tra un uso indiscriminato di materia ed energia e una corretta gestione del patrimonio ambientale, strategia comune e soluzione ecologicamente corretta sembra essere quella del riciclo, riuso e recupero. Questi termini fanno ormai parte a pieno titolo del lessico comune; in ogni campo ed in ogni disciplina, dall'ecologia all'economia, dalla pianificazione all'architettura la 'regola delle 3R': Reduce, Reuse, Recycle costituisce un'approccio metodologico per la cosiddetta 'gerarchia dei rifiuti', basata sui concetti di riduzione della produzione di rifiuti inutilizzati, di riutilizzo dello scarto e di trasformazione materiale di questi attraverso operazioni di riciclo. Approccio metodologico questo mutuato nella maggior parte delle discipline tra cui la pianificazione che, riconoscendo nei processi di trasformazione territoriale il valore e le indiscutibili potenzialità del sistema urbano e ambientale dei luoghi in abbandono, si propone di indagare e prospettare quali possano essere i nuovi scenari connessi alle politiche e alla pratiche di riuso e riciclo di parti di territorio, di paesaggio o di città.

Il presente contributo propone sulla base del redigendo Piano Territoriale Provinciale di Coordinamento (PTCP[2] della nuova provincia Barletta – Andria – Trani (BAT)[3], e attraverso l'approccio metodologico della 'regola delle 3R', una nuova vision per l'importante storico e in parte dismesso bacino estrattivo[4], sofferente per le attuali condizioni economiche[5].

Partendo dall'atto di avvio del PTCP[6] che propone di incentivare il recupero di cave esaurite ed abbandonate e da dispositivi regolativi e normativi[7] messi in campo per la gestione dei bacini estrattivi, ci si auspica di trovare un punto d'incontro tra il processo di pianificazione e quello produttivo, al fine di individuare strategie con cui operare il ripristino e il riciclaggio, e quindi una restituzione degli usi, dei significati e dei valori ai siti estrattivi ormai dismessi attivando proattivamente e propositivamente processi virtuosi a servizio del territorio.

Scopo è dunque quello di definire un percorso metodologico e progettuale che, partendo dal presupposto di riacquisire nel territorio le cave esaurite collocandole in una visione identitaria e in un processo di sviluppo sostenibile, operi attraverso un atteggiamento paesaggista in cui il riuso non si riduca a semplici operazioni di "ripristino" o di "rinaturalizzazione" (come restituzione più possibile fedele dello status quo ante ovvero ancora come mimetizzate, ricostruendo un presunto paesaggio originario), ma siano concrete azioni definite da proposte strategiche che guidano al futuro i processi di trasformazione territoriale.

2. Paesaggi estrattivi nei processi in atto tra risorse e criticità

Il presente contributo si muove quindi sulla visione di sfondo del paesaggio inteso nelle strategie del PTCP della BAT come valore strategico in grado di dare una forte impronta e priorità per tutti i futuri mutamenti del territorio, contribuendo a migliorare in maniera decisiva il contesto di vita e la qualità dei requisiti di abitabilità per i suoi abitanti. I siti estrattivi esauriti sono segni dell'antropizzazione, parte di paesaggi complessi e di differente qualità, privi di valore e di significato che si confondono e perdono nel carattere profondo e dominante del paesaggio provinciale delle infrastrutture naturali e antropiche, (dell'urbanità, della campagna e della naturalità). Nelle strategie paesaggistiche della BAT, le attività estrattive a partire dalla lettura del paesaggio secondo le regole identitarie nelle quali sono visibili i processi della territorializzazione passata, insieme a quelli delle attuali trasformazioni attive nella contemporaneità, vengono attribuite e collocate nella loro componente valoriale e strutturale nei cinque paesaggi provinciali riconosciuti: (i) paesaggi costieri; (ii) paesaggi della piana; (iii) paesaggi della Murgia; (iv) paesaggio della Valle dell'Ofanto,(v) paesaggio della Valle del Locone (cfr. tav-01). A questa visione identitaria dei paesaggi assunti come forme sintetiche di lettura-interpretazione del territorio, la conseguente visione strategica dei paesaggi nei processi in atto, riconosce una fondamentale componente progettuale ai siti estrattivi (sia in attività sia dismessi) all'interno di sei categorie di paesagio intese come proposta/progetto per perseguire obiettivi di qualità: (i) paesaggi della trasformazione dell'armatura urbana e del contesto rurale a elevata infrastrutturazione; (ii) paesaggi della trasformazione tra ruralità e naturalità; (iii) paesaggi della transizione; (iv) paesaggi del conflitto; (v) paesaggi della tutela a valorizzazione; (vi) paesaggi lenti (cfr. tav-02). In queste sei forme di paesaggio le attività estrattive sono relazionate ai fenomeni e ai processi in atto che ne hanno motivato la definizione (persistenza usi agricoli, estensivizzazione colturale, intensivizzazione colturale, persistenza di condizioni di naturalità, valenza ecologica, tutela) attraverso una dimensione territoriale a gradienti articolata in tre transetti territoriali costa-entroterra, territorio costiero, territorio fluviale (cfr. tav-03). Le diverse forme di paesaggi così riconosciute indicano volta per volta quali sono i valori di contesto che le future azioni di progetto, tra cui quelle previste per siti estrattivi in abbandono, dovranno interpretare, problematizzando i processi in atto con l'obiettivo di costruire una proposta strategica che guidi al futuro i processi di trasformazione.

3. Paesaggi estrattivi. Azioni e strategie di riuso

Le strategie paesaggistiche individuate per il PTCP, operano quindi dentro un atteggiamento paesaggista per attivare azio-

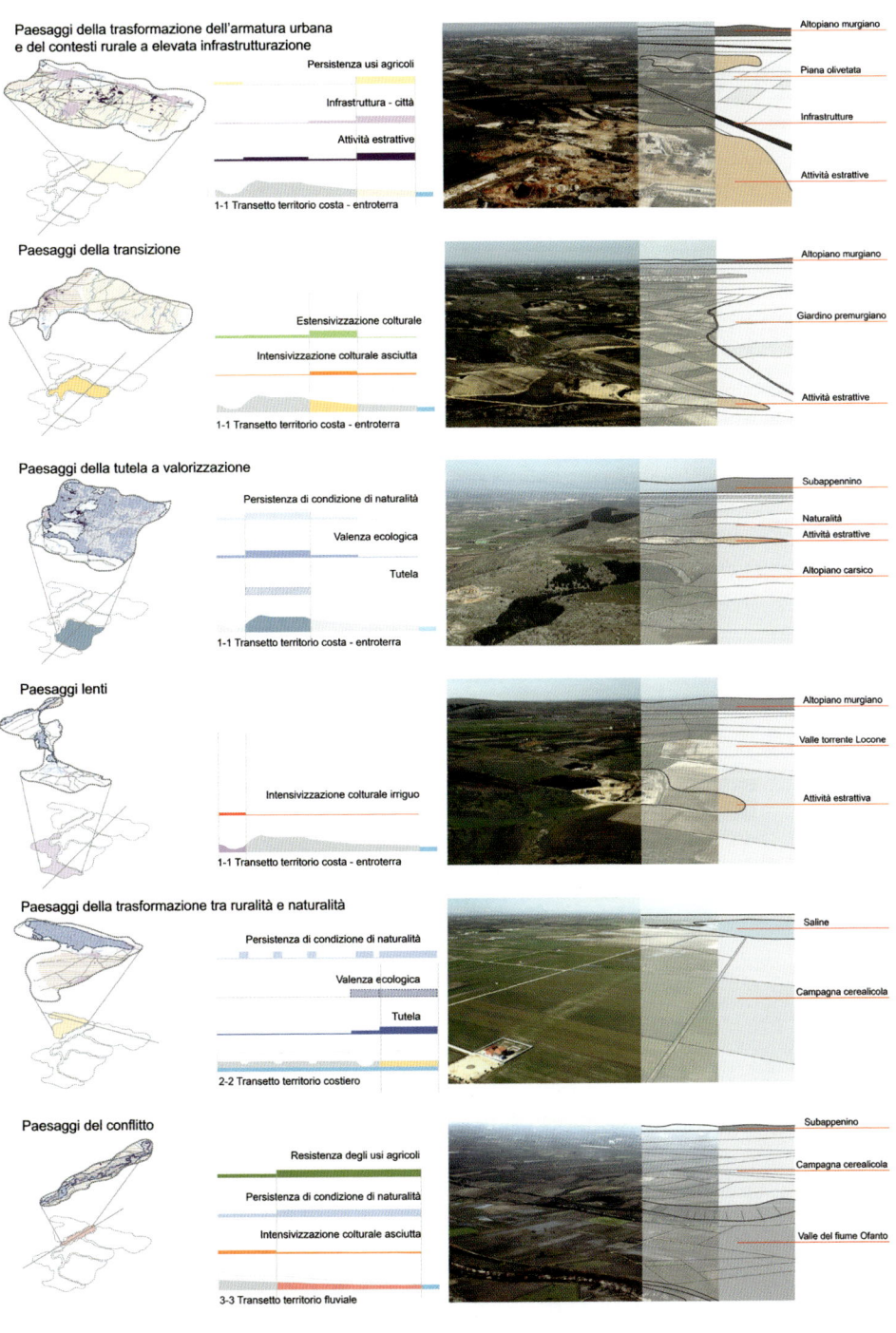

ni di progetto e di paesaggio nel senso di riproporlo dove c'era oppure inventarlo dove non c'è mai stato o si è perso. In particolare per le cave esaurite le azioni di paesaggio si articolano secondo tre diverse direzioni ripensate come le tre R per i progetti di cava: Rinaturalizzare, Reinventare, Riparare.

La Rinaturalizzazione, riconosce azioni paesaggistiche per "nuove idee di natura" che consentono una rinaturalizzazione spontanea dei luoghi, assicurandone una elevata qualità e valenza ecologica, ambientale e paesaggistica.

Reinventare i luoghi dei siti cavati comporta azioni paesaggistiche di risignificazioni con "nuovi significati in luoghi consumati", azioni che trasformano il sito estrattivo, reinterpretandolo e dando funzioni diverse. Del paesaggio di cava vengono colte potenzialità simboliche, sfruttando la configurazione del suolo per progettare nuovi luoghi e dare nuovo significato.

Infine Riparare i luoghi attraverso azioni paesaggistiche con "nuove idee di ripristino dei luoghi", azioni che consentono una volta terminate le operazioni di cava di risarcire il paesaggio creando o inventando nuove condizioni paesaggistiche oppure riacquisendo la memoria tattile ed esperienziale dei luoghi.

Queste tre azioni di paesaggio, future azioni di progetto, si muovono quindi trasversalmente intercettando, attraverso definite strategie, le sei categorie di proposta/progetto di paesaggio con l'obiettivo di consolidare le opportunità e rispondere alle criticità che derivano dai valori di contesto e dai processi di trasformazione in atto e perseguire obiettivi di qualità del paesaggio in accordo con le politiche di pianificazione del paesaggio regionale. In particolare le strategie progettuali definite per le tre azioni di paesaggio Rinaturalizzare/Reinventare/Riparare derivano dalla visione strategica della futura organizzazione territoriale dei cinque progetti di paesaggio[8] proposti del Piano Paesaggistico Territoriale Regionale (PPTR) al fine di elevare la qualità paesaggistica dell'intero territorio attraverso azioni di tutela, valorizzazione, riqualificazione e riprogettazione dei paesaggi della Puglia.

Si è quindi definito, un quadro metodologico, elaborato attraverso una matrice (cfr tav-05) che mettendo a sistema le tre azioni di paesaggio e le sei categorie di proposta/progetto di paesaggio con le criticità che derivano dai processi e conflitti in atto, indica le adeguate strategie d'intervento per perseguire, con il riuso delle cave esaurite, obiettivi di qualità del paesaggio consolidandone le opportunità e arginandone le criticità rilevate.

4. Conclusioni

In definitiva fine del lavoro è quello di trovare possibili linee guida che possano indirizzare le logiche di azione per le pratiche di riuso e riciclo dei siti estrattivi, ove con riciclo si intenda creazione di nuovi valori e significati per il territorio a servizio dei suoi processi sostenibili di trasformazione.

Gli strumenti per la definizione di questa strategia sono quelli di un'attenta analisi dello status quo, della peculiarità di ciascun paesaggio e della presa di coscienza delle sue criticità, per operare secondo nuove azioni che, valorizzando i caratteri di contesto-paesaggio, siano in grado di risignificare i luoghi.

1. Il presente paper è frutto di una riflessione collettiva degli autori, tuttavia è attribuibile a Mariavaleria Mininni la stesura del § 2, a Luigi Guastamacchia la stesura del § 3, a Teresa Pagnelli la stesura del § 1 e congiuntamente a tutti gli autori il § 4. Con riferimento all'apparato iconografico del presente contributo l'elaborazione delle Tavv 01, 02 sono attribuibili a Luigi Guastamacchia, Stefania Cascella, Teresa Pagnelli e Mariavaleria Mininni, l'elaborazione della Tav 03 è attribuibile a Luigi Guastamacchia, l'elaborazione della Tav 04 a Teresa Pagnelli, l'elaborazione della Tav 05 è attribuibile congiuntamente a Luigi Guastamacchia e Teresa Pagnelli.

2. Il programma operativo dell'Ufficio di Piano per l'elaborazione del Piano Territoriale di Coordinamento Provinciale della BAT è guidato dall'attività di coordinamento scientifico del Dipartimento DICAR con il prof. Nicola Martinelli.

3. La provincia BAT istituita con la Legge 148/2004 dell'11 giugno 2004, sesta della Puglia, e primo caso in Italia di provincia a tre teste, pur risultando destinata alla soppressione, prosegue il suo iter per la dotazione di un importante strumento di panificazione a scala intermedia quale il PTCP (Piano Territoriale di Coordinamento Provinciale).

4. Oltre al Bacino estrattivo della Pietra di Trani, in Puglia sono rilevanti i comprensori estrattivi del Bacino della Pietra di Apricena, del Bacino, del Bacino della Pietra Leccese, del Bacino della Pietra di Fasano e del Bacino di Ginosa.

5. Si assiste oggi ad una sempre più frequente dismissione ed abbandono dei luoghi di produzione e di lavorazione per problemi dovuti sia alla crisi del settore estrattivo ed alla mancata innovazione tecnologica delle tecniche produttive, sia ad una scorretta gestione del processo di coltivazione che dovrebbe preoccuparsi di prevedere e pianificare il riuso e recupero dei luoghi e dei materiali di scarto prima ancora di programmarne l'attività estrattiva.

6. Con Disposizione Presidenziale n. 19/DP del 5 luglio 2012 è stato approvato l'ATTO di AVVIO del Piano Territoriale di Coordinamento della Provincia di Barletta Andria Trani in conformità agli "Indirizzi, criteri e orientamenti per la formazione, il dimensionamento e il contenuto dei Piani Territoriali di Coordinamento Provinciale (PTCP)", approvati con DGR n. 1759 del 29 settembre 2009.

OPEN SOURCES

7. La vetusta normativa nazionale è ferma al Regio Decreto 1443 del 1923, dagli anni '70 però la competenza è passata alle regioni; in particolare la Regione Puglia si è dotata del Piano Regionale Attività Estrattive (PRAE) approvato nel 2006 e modificato nel 2009 è strumento che individua le zone favorevoli per le attività estrattive e dispone norme per l'apertura di nuove cave salvaguardando i valori paesistici ed ambientali del territorio e imponendo un progetto di riqualificazione e ripristino post-dismissione. Il Regolamento, che costituisce parte integrante delle Norme Tecniche di Attuazione del PRAE, al titolo dedicato al recupero delle cave, indica i contenuti del piano di coltivazione che deve prevedere la destinazione finale dei luoghi a coltivazione cessata. Tra le tipologie di recupero consentite si individuano: recupero ambientale; ripristino; sistemazione ambientale; riuso (recupero naturalistico, recupero produttivo, recupero urbanistico, recupero tecnico funzionale). I recuperi devono ovviamente essere compatibili con quanto previsto dalla pianificazione sovraordinata e dagli strumenti di pianificazione locale.

8. I cinque Progetti Territoriali per il paesaggio hanno per tema: 1) La valorizzazione e riqualificazione integrata dei paesaggi costieri; 2) Il Patto città-campagna; 3) La rete infrastrutturale per la mobilità lenta; 4) La rete ecologica regionale; 5) I sistemi territoriali per la fruizione dei beni patrimoniali.

Bibliografia

Monografie
Del Gaudio A., Vallario A. (2007), *Attività estrattive: cave, recupero, pianificazione*, Liguori ed., Napoli.
Lynch K. (1994), *Deperire rifiuti e spreco*, Cuen ecologia, Napoli.
Mininni M. (2013), *Approssimazione alla città*, Donzelli, Roma.
Zazzero E. (2010), *Progettare green cities*, List, Trento.

Saggi su volume
Mininni M. (2012), "Paesaggio, territorio, sviluppo. Il caso della Puglia" in Clemente A., (a cura di), *Progetti interrotti. Territorio e Pianificazione nel Mezzogiorno*, Donzelli, Roma.
Mininni M. (2012), "La prossimità come dispositivo interscalare delle sfere di azione nelle politiche del paesaggio. Azioni e reazioni sul paesaggio in Puglia", in Agnoletto M. e Guerzoni M. (a cura di) *La campagna necessaria. Un'agenda d'intervento dopo l'esplosione urbana*, Quodlibet Studio, Milano.

Atti di convegno
AA.VV. (2008), *Atti del convegno, Nuove ecologie*, Modena.
Martinelli N., Greco F., Marocco F., (in press 2013) "Riduzione/Riuso/Riciclo nei paesaggi estrattivi pugliesi: un'opportunità di progetto." *Atti della XVI Conferenza della Società Italiana degli Urbanisti, Urbanistica per una diversa crescita. Aporie dello sviluppo, uscita dalla crisi e progetto del territorio contemporaneo*, Napoli, 9-10 maggio 2013
Pagnelli T., Guastamacchia L., Mininni M. (in press 2013), "Il riciclo del paesaggio estrattivo. Un'opportunità di sviluppo?". *Atti della XVI Conferenza della Società Italiana degli Urbanisti, Urbanistica per una diversa crescita. Aporie dello sviluppo, uscita dalla crisi e progetto del territorio contemporaneo*, Napoli, 9-10 maggio 2013

Sitografia

http://ecologia.regione.puglia.it/
(Portale ambientale della Regione Puglia)
http://www.provincia.barletta-andria-trani.it/
(portale della provincia BAT)
http://www.sit.puglia.it/portal/sit_cittadino/Dati+Tematici/Carta+Giacimentologica
(sistema informativo territoriale, Regione Puglia per la gestione delle informazioni relative al territorio)
http://cartografia.sit.puglia.it/doc/NTA_PRAE_revisione_finale_BIS_281009.pdf
(Norme tecniche di attuazione del P.R.A.E.)
http://93.63.84.69/ae/frameview.phtml?winsize=large&language=en&config=
(Catasto regionale Attività estrattive e acque minerali e termali)
http://webcache.googleusercontent.com/search?q=cache:DaKdCaJJLY0J:www.sudnews.it/controller.php%3Fnome_modulo_corrente%3Drisorsa%26id%3D18+cave+autorizzate+portale+ambiente
(rapporto sulla situazione delle cave pugliesi)
http://www.tsm.tn.it/documenti/step/osservatorio_del_paesaggio/T6_Relazione%20sintetica_Recupero%20cave%20esaurite.pdf
(Tipizzazioni di Modellazioni per il recupero di cave esaurite- Tema 6 – Bando "Fondo Paesaggio" PAT
http://www.architetturadipietra.it
(sito con blog, schede e immagini riguardanti sperimentazioni, progetti e approfondimenti tecnici sui materiali litici)

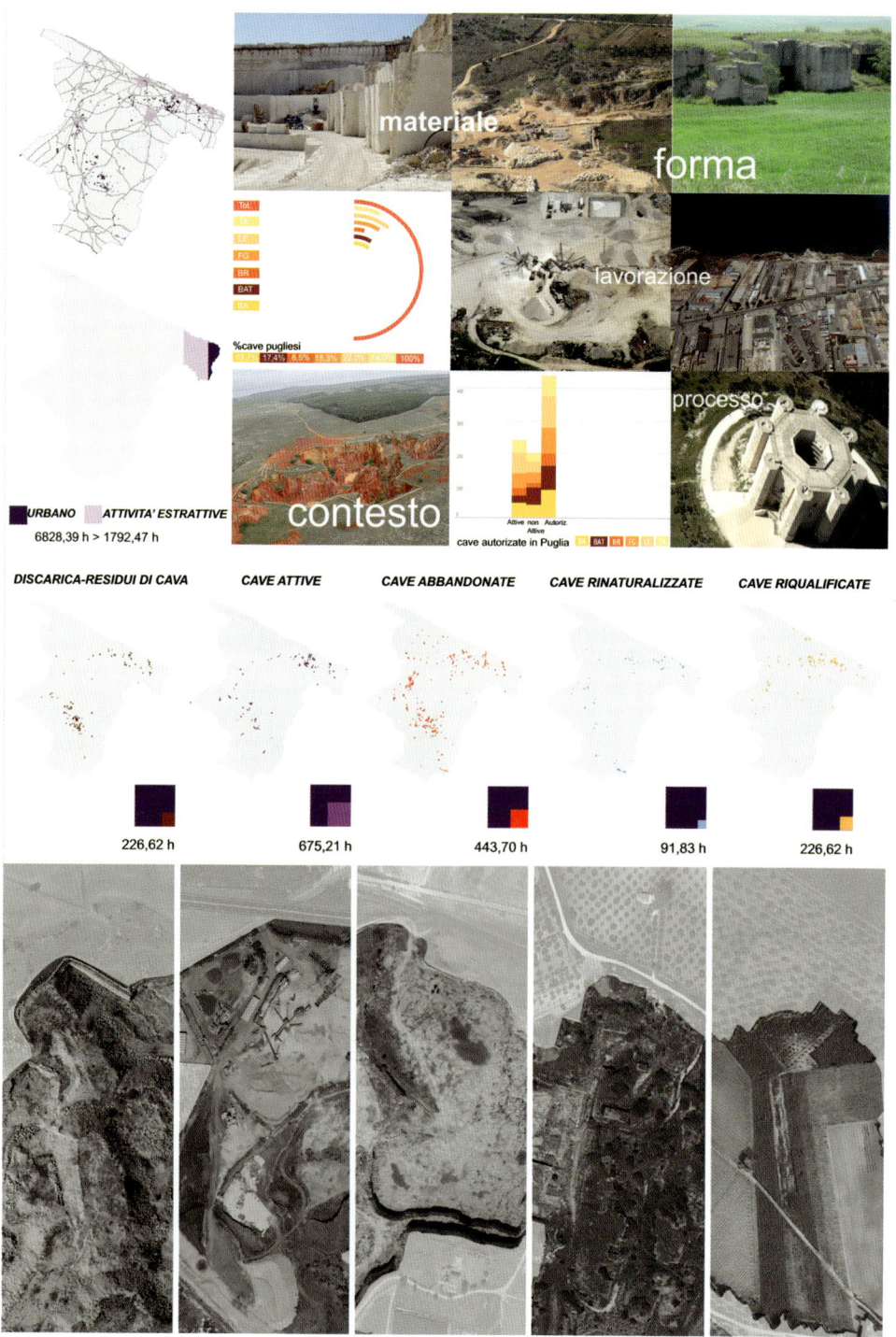

OPEN sS PER LA COMUNITÀ METROPOLITANA DI REGGIO CALABRIA
UN ATLANTE PER LE STRATEGIE PROGETTUALI SOSTENIBILI

KW: ECOLOGIA ARTIFICIALE, ENERGIA, ATLANTE

Consuelo Nava

Ricercatrice esperta in progettazione sostenibile ed ecotecnologie. Svolge attività di ricerca c/o l'Università degli Studi Mediterranea di Reggio Calabria, DArTe, centro interuniversitario ABITALab. Svolge attività di didattica all'Atelier di laurea in Architettura a Reggio Calabria ed insegna tecnologie per la progettazione ambientale ad Architettura Valle Giulia, Università sapienza di Roma.

...In questo senso la strategia del riciclo rappresenta lo sfondo concettuale e l'obiettivo generale di una serie di progetti che marcano una fase cruciale della cultura urbanistica contemporanea: quella del passaggio di un sistema di misure (il territorio) ad un sistema di valori (il paesaggio). Forse le esperienze più interessanti sono quelle che coinvolgono un'intera città e identificano un'impresa collettiva, non sporadica, che dimostrano la possibilità il consenso e la convenienza di uno sviluppo urbano di tipo diverso.(…) (M. Ricci, 2011)

In una visione metropolitana della città, nei suoi comportamenti e nelle sue risorse, è possibile costruire il rapporto generativo tra programmi per strumenti a-scalari di sviluppo architettonico e urbano ed i nuovi dispositivi perché ciò avvenga, solo attraverso una nuova condizione paradigmatica del rapporto tra disponibilità e consumo, tra luogo ed adattività, che è proprio delle strutture ecologiche di tipo pro-attivo. Occorre strutturare il disegno delle organizzazioni spaziali a qualsiasi scala (masterplan degli scenari) affinché si dichiari il programma delle strategie sostenibili dedicate, attraverso i livelli di funzionamento e relazioni (ambiente) e di valori (paesaggi). Tutte le modalità con cui ambiente e paesaggi trovano configurazioni utili e durevoli in scenari di contesto locale, necessitano di tecniche e strumentazioni atte a favorire le condizioni di vita di tutti i sistemi coinvolti; sono dispositivi che si caricano fortemente dei valori dei luoghi e della disponibilità delle risorse e per questo possono trovare condizioni di contestualità forti ma anche produrre o recepire modelli di riferimento di buone pratiche e di esperienze virtuose, così da costituire un apparato (Atlante delle strategie) di strategie riconoscibili ed identitarie in "la possibilità il consenso e la convenienza di uno sviluppo urbano di tipo diverso".

Nella sperimentazione progettuale per il caso della città metropolitana di Reggio Calabria[1], tale assunto culturale è divenuto modalità progettuale ed approccio a tutte le scale del progetto (open scales), attraverso l'uso efficiente della tecnica per l'efficacia dell'impiego delle risorse (open Sources). Nello specifico delle applicazioni di cui si riporterà l'esperienza, la costruzione paradigmatica tra Masterplan ed Atlante si manifesta con due obiettivi applicati sui temi del rapporto tra luoghi del degrado e processi di rigenerazione funzionale e di riciclo materiale, quindi per es:

(1) Generare anche con sistemi (eco-infrastutture) ad alta efficienza ambientale ed energetica, strutture e manufatti obsoleti, capannoni dismessi, aree portuali inutilizzate e ricollocarli in una nuova rete, nuovi sistemi di relazione per "monitorare" ogni livello di servizio e di consumo, nodi di flussi ecologici e produttivi fortemente connessi da processi di scambio, parassitismo e compensazione.

(2) Fabbricare, utilizzando tecniche e materiali provenienti da processi di riciclo al 100% (pre e post consumo), con forti ricadute ai loro impatti sul consumo del suolo e della sua gestione, capaci di utilizzare scavi di demolizione e costruzione di vecchie fabbriche ed infrastrutture dismesse, ma anche sfridi di produzione e materie prime - seconde anche da comparti diversi dall'edilizio, come quello agroforestale, al fine di garantirne la produzione anche a scopo rigenerativo e di sicurezza dei suoli (sanza delle olive, paglia, ginestra, etc)

Si affida questo nuovo sistema "ascalare", di strutture dell'ambiente e paesaggi configurati. alle comunità metropolitane, che devono ritrovarsi capaci di essere ecologicamente "pro-attive" e di misurare esse stesse il livello di necessità e consumo di detti nuovi scenari di "ecologia artificiale" e di "filiera corta".

Per tali premesse, la proposta per le comunità metropolitane di Reggio Calabria, trova una vera e propria "SMS" Soil Management Strategy, in cui il progetto quasi sempre "ricicla da azioni di riconversione", nuove utenze in ritrovati modelli dell'abitare ed in occasione della rigenerazione di aree ed organismi, questi scenari sostenibili configurano una nuova vita per nuovi funzioni e filiere produttive. Il processo si innesca sia che si amplifichi una funzione con una "esplosione urbana", dall'oggetto allo spazio pubblico-ricettivo, precedentemente inesistente (caso 1), sia che si proponga in occasione di una riconversione di un edificio, una "trazione urbana", capace di rendere necessaria ed urgente la rigenerazione dello spazio pubblico per dare maggiore valore agli stessi nuovi usi dell'oggetto recuperato (caso 2).

Entrambi i casi si possono riferire alle categorie di lettura e di informazioni dedicate delle tipologie di aree dismesse del costruendo Atlante[2]; il caso 1, corrisponde al tipo 5, proponendo una riqualificazione sostenibile dell'area urbana della collina degli Angeli a Reggio Calabria, con nuovi spazi ricettivo-culturali nel sito archeologico; il caso 2, corrisponde al tipo 7, con il progetto dell'edificio della Perla dello Stretto per funzioni miste pubblico-private.[3]

Nel caso del sito archeologico, in cui sono rinvenuti i resti del muro tardo-greco con mattoni in argilla cruda, si propone la produzione di una "nuova qualità urbana", ,che nel preservare i resti archeologici, restituisca al quartiere spazi verdi collettivi, nuove funzioni ricettive-educative ed organizzi un nuovo sistema tecnologico ed ambientale del recupero e del riciclo delle acque piovane in ambito urbano.

La metodologia del sustainable urban design, con cui si costruiscono le azioni possibili degli scenari, attraverso l'analisi di un tipo urbano esistente rintracciano nella lettura della sezione-

OPEN SOURCES

1. Il presente contributo con la partecipazione a REDS, racconta dell'esperienza progettuale affrontata con i laboratori di laurea e di ricerca di dottorati e si struttura all'interno delle ricerche in corso per il PRIN 2011-14, U.O. Reggio Calabria: Riciclare i paesaggi dello scarto. Progetti Sperimentali per la città metropolitana di Reggio Calabria

2. Per un Atlante delle aree dismesse nell'area metropolitana di Reggio Calabria. Tipologie dei casi: (tipo 1) di aree dismesse in contesti sensibili a forte valenza ambientale e paesaggistica (come per le aree di costa o di valore urbano); (tipo 2) di aree dismesse dove erano presenti cicli produttivi ormai interrotti, a causa di un cambiamento di mercato, di filiere produttive obsolete o di rilevanti impatti ambientali; (tipo 3) di aree dismesse con forte riconoscibilità ed attrattività dei caratteri urbani ed extraurbani "fuori sito produttivo" (per nuove centralità urbane, poli culturali etc.); (tipo 4) di aree dismesse a forte valenza energetico-ambientale per disponibilità di risorse naturali e contesto fisico-climatico favorevole; (tipo 5) di aree dismesse dove resiste una forte "cultura-materiale" per disponibilità di manufatti e strutture da recuperare e riciclare (tecnologie e tipologie connotanti); (tipo 6) di aree dismesse-discarica, dalla grande quantità di materiale-rifiuto in grado di riattivare processi di riciclo per materie prime-seconde (da filiere dell'edilizia e da altre filiere); (tipo 7) di aree dismesse che per "localizzazione" sono in grado di innescare processi di generazioni di flussi di energia, materiali e funzionamenti in rete con altri poli e con filiere produttive corte ed a basso consumo energetico-ambientale (aree terminali tipo siti logistici: porti, nodi viari, etc.).(C.Nava, ricerca PRIN Re_Cycle Italy in progress, 2013)

3. Caso 1: Progetto per la Tesi di Laurea di Giuseppe Mangano, Università degli Studi di Reggio Calabria; LSF02 Scenari Sostenibili in Contesti Mutevoli, Resp. Prof.Renato Nicolini, Relatore: Prof.ssa C.Nava, marzo 2013

Caso 2: Progetto per la Tesi di Laurea di Andrea Franco, Università degli Studi di Reggio Calabria; LSF02 Scenari Sostenibili in Contesti Mutevoli, Resp. Prof.Renato Nicolini, Relatore: Prof.ssa C.Nava, marzo 2013

tipo, caratteri connotanti e sequenze relative alle categorie: funzioni, tipo di mobilità, permeabilità del suolo. Ciò, si innesta nel masterplan d'intervento generale che definisce il programma funzionale e la localizzazione dei nuovi flussi relativi all'eco.infratruttura energetico-ambientale. Il tema dell'integrazione delle risorse e dei comportamenti bioclimatici dei nuovi impianti edilizi, di fatto caratterizza tutto il contesto urbano di riferimento, producendo una forte connessione tra tecnologie appropriate utilizzate per gli spazi confinati e le strategie e tecniche per aumentare le superfici permeabili, per raccogliere e riciclare l'acqua, al pari dell'uso delle risorse sole ed aria. Ciò produce un nuovo paesaggio urbano, un nuovo modello d'uso e di gestione da parte degli utenti del quartiere e dei visitatori.

Nel caso del progetto di riconversione dell'edificio denominato "perla dello stretto" a Villa San Giovanni (Reggio Calabria versante Nord), si opera una riconversione di un edificio di cui si erano già riciclate le funzioni, rispetto al suo assetto iniziale. Da filiale Fiat, a Centro commerciale ad ipotesi di stazione intermodale a servizio dell'area portuale, di terminal ferroviario e marittimo dello Stretto di Messina. Un edificio ad uso misto, che vuole massimizzare l suo rapporto tra uso/tempo, tra differenti funzioni commerciali/logistiche e ricettive-residenziali per addetti e che riesce a ritrovare una nuova logica strutturale e funzionale degli spazi, mantenendo l'esistente scheletro strutturale ed i piani di chiusura orizzontale. La riconversione dell'edificio così riciclato, "traina" nuove funzioni di organizzazione urbana, riorganizzando i flussi, la comunicazione tra i piani, il rapporto tra utenza pubblica/utenza privata e tra pieni e vuoti. (fig.2, Progetto di A.Franco). La logica dello schema distributivo risente della sensibilità dell'edificio al tema del rapporto con l'approvvigionamento delle risorse naturali, da cui emerge un concept energetico-ambientale molto declinato sui temi della produzione energetica FER, dei piani versi e della raccolta delle acque. Tali assetti tpici del sustainable building design che alla scala di edificio risolvono tecnologie e funzionamenti, alla scala urbana, descrivono nuovi scenari di uso compatibili. (fig.1, Progetto di A.Franco).

Bibliografia

AAVV, Commissione Europea, "Orientamenti in materia di buone pratiche per limitare, mitigare e compensare l'impermeabilizzazione del suolo", Lussemburgo: Ufficio delle pubblicazioni dell'Unione europea, 2012

NAVA Consuelo,(2012), Scenari sostenibili per Contesti Mutevoli: dall'urbano all'edificio attraverso l'ambiente per il paesaggio in NAVA Consuelo, GIOFFRÈ Vincenzo, Con_testi Sostenibili, LIStLab ed., Trento.

NAVA Consuelo, (2010), When Infra-energy and energy park measure the sustainability of Mediterranean spaces, in ULISSE Alberto, Energy-City; LIStLab ed., Trento.

RICCI Mosè,(20111), Nuovi paradigma: ridurre riusare riciclare la città (e i paesaggi) in CIORRA Pippo, MARINI Sara, Re-cycle. Strategie per l'architettura, la città e il pianeta, Electa ed., Milano

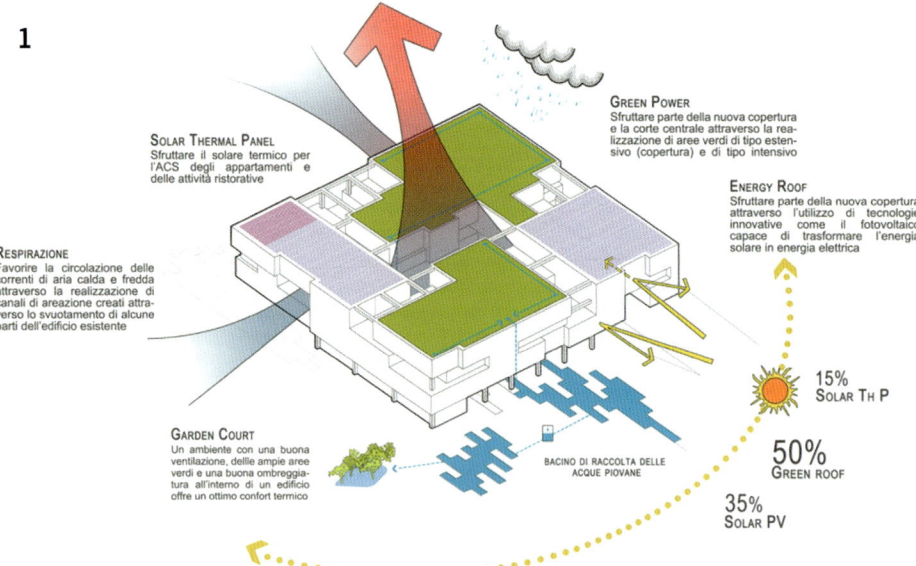

(fig.1, Progetto di A.Franco). Tecnologie appropriate, soluzioni bioclimatiche e strategie di uso delle risorse sito-edificio per l'Atlante delle soluzioni.

(fig.2, Progetto di A.Franco). Tecnologie appropriate, soluzioni bioclimatiche e strategie di uso delle risorse sito-edificio per l'Atlante delle soluzioni.

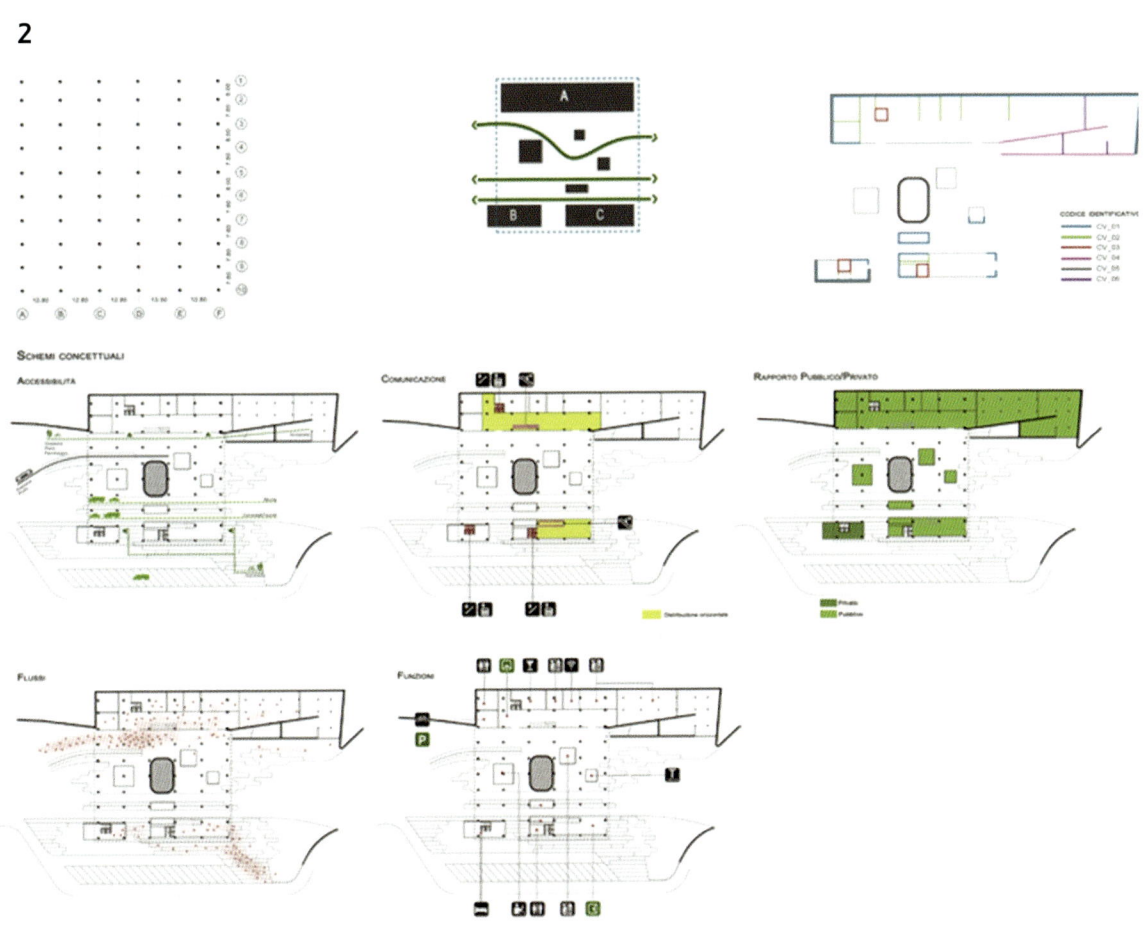

OPEN SOURCES

PAESAGGI LUCANI: IL DIMENSIONAMENTO ABITATIVO NEL PIANO STRUTTURALE PROVINCIALE DI POTENZA COME STRUMENTO PER GENERARE NUOVO SVILUPPO PER I TERRITORI A SVILUPPO LENTO

Daniele Ronsivalle

Daniele Ronsivalle (Catania, 1975) è ricercatore di Urbanistica della Facoltà di Architettura di Palermo.
Svolge attività di ricerca sulle questioni dell'integrazione delle identità culturali e paesaggistiche nei nuovi territori di sperimentazione dell'urbanistica: infrastrutture e territorio, riciclo urbano, territori a sviluppo lento.

KW: DENSIFICAZIONE, PAESAGGIO, PIANIFICAZIONE STRUTTURALE

Contesti territoriali e contesti normativi

Cercando un contesto territoriale particolarmente paradigmatico per le questioni della forza del locale rispetto al globale e alla capacità di rispondere alle sollecitazioni dei grandi sistemi economici e culturali, i territori interni della Basilicata – ed in particolare dell'attuale Provincia di Potenza – sono tra i luoghi più utili a sperimentare strumenti e occasioni di ri-generazione di paesaggi fondati non più sulla semplice conservazione dei sistemi insediativi storici ma sulla predisposizione di strumenti di sviluppo fondati sulla qualità del sistema territoriale.

La Provincia di Potenza è fuori dai flussi dello sviluppo, è sostanzialmente fuori dalle piattaforme territoriali, è storicamente fuori dalle connessioni delle Vie romane, ma è al centro di flussi e di questioni che vanno ben aldilà dei sistemi locali.

È, infatti, al centro delle questioni energetiche: le condizioni insediative e la bassissima densità di numerose aree della Provincia rendono più semplici le attività estrattive di petrolio e gas naturale, ma ovviamente il complesso sistema ecologico dell'area risente fortemente di questa presenza ingombrante; i Comuni interessati hanno un introito in royalties del 10% sul prezzo medio del barile, ma a fronte di ciò sono poveri di abitanti.

Il processo di pianificazione per la redazione di un piano di natura strutturale come il Piano Strutturale della Provincia di Potenza (PSP) prevede per legge la definizione di criteri e di indicazioni normative per il dimensionamento abitativo in un territorio in fase di riduzione della popolazione residente per il quale è necessario applicare strumenti per il riciclo dell'edificato abbandonato, la densificazione degli spazi urbanizzati e la riduzione della cubatura presente.

La redazione del PSP e, quindi, la conoscenza, interpretazione e valutazione delle risorse presenti all'interno del territorio della provincia rappresentano un passaggio molto importante verso la risoluzione della condizione di spopolamento che sussiste nei territori interni.

Si tratta, chiaramente, di una fase di estrema delicatezza in cui la visione puramente analitica viene integrata utilizzando al massimo le politiche d'incentivazione, sostegno e promozione delle azioni di sviluppo sostenibile.

Il problema della promozione dello sviluppo e quello della conservazione strutturale e funzionale degli ecosistemi restano distinti sia per gli interventi diversi cui mettono capo, sia per i tempi, necessariamente immediati quelli di molte politiche di protezione, a medio-lungo termine quelli dello sviluppo sostenibile.

In riferimento alle problematiche di sviluppo integrato con le azioni di tutela degli insediamenti storici, il territorio della Provincia di Potenza è sintomatico di una condizione diffusa: la protezione delle risorse e le azioni per lo sviluppo compatibile con

le identità fortemente radicate in questi luoghi si scontrano con la rilevanza strategica di alcuni luoghi lontani dalle centralità ma fortemente "centrali" per le politiche energetiche nazionali.

Sperimentazioni teoriche e metodologiche: i territori lucani come applicazione esemplificativa
La norma regionale lucana prevede che la Provincia sia il soggetto intermedio che provvede in via preventiva alla definizione delle linee di sviluppo edilizio e abitativo, in ragione di una taglia media dei centri urbani che rende necessaria una fase di coordinamento delle espansioni urbane in sede di pianificazione provinciale.
Inoltre, è presente nei comuni della Provincia di Potenza un forte processo di riduzione della popolazione residente che rende assai importante strutturare processi di addensamento e saturazione dell'edificato e di riduzione delle cubature di progetto.
La Scheda Strutturale di Assetto urbano prevista dalle prescrizioni della legge urbanistica regionale, contiene le indicazioni sulle quantità, sulle direttrici e sulle aree da adoperare in ciascun Comune per l'espansione edilizia: chi scrive sotto il coordinamento e la consulenza scientifica di Maurizio Carta e con la collaborazione interistituzionale dell'Ufficio di Piano per il PSP (Alessandro Attolico, dirigente del settore Pianificazione Territoriale e Protezione Civile e Vincenzo Moretti, responsabile dell'Ufficio di Piano) e del Servizio Pianificazione della Regione Basilicata (gruppo di lavoro coordinato da Remo Votta), ha avanzato una proposta scientifica per il dimensionamento del fabbisogno abitativo e delle aree di espansione che tiene conto del trend abitativo, del patrimonio edilizio presente e della sensibilità delle aree periurbane ovvero di variabili di grande rilevanza per i territori fragili della Provincia di Potenza.
Il dimensionamento delle espansioni urbane, quindi, si integra nel quadro strutturale provinciale e adotta la mappa strutturale come elaborato i riferimento in cui le politiche ambientali, energetiche e di connessione non fisica dei territori dei microinsediamenti dell'Appennino lucano, si integrano con le politiche culturali e del paesaggio per generare luoghi di nuova centralità su un territorio periferico rispetto ai flussi in transito sulle piattaforme regionali, nazionali e transnazionali che lambiscono il Potentino.
Data la forte necessità di produrre economie territoriali di scala che non lascino isolati territori troppo deboli per riprendersi dalla crisi economica e demografica della Regione Basilicata, il PSP interpreta la Scheda Strutturale di Assetto Urbano come uno strumento di integrazione delle identità e delle politiche.
Sulla base di questa considerazione, il dimensionamento è il frutto di una valutazione strutturale che incrocia la localizzazione degli interventi del quadro strutturale con lo stato dell'insediamento urbano e viene prodotto sulla base di tre tipi di intervento (riuso, completamento ed espansione) scelti in base alla sensibilità ambientale dei luoghi, alla prossimità di servizi e connessioni fisiche, alla disponibilità di aree per il completamento già previsto da precedenti piani e, ovviamente, dal trend demografico di centri in rapidissimo invecchiamento).

Il dettaglio metodologico
La fase di analisi e valutazione del dimensionamento è stata strutturata attraverso tre fasi:
1. la valutazione della domanda abitativa rispetto ai dati statistici più aggiornati, in riferimento ad abitanti e vani, sia allo stato attuale sia in una visione tendenziale con orizzonte temporale nel medio termine in termini di deficit e surplus abitativo;
2. la lettura delle foto aeree per la caratterizzazione fisica del dato di surplus, consistente nella individuazione di centri che allo stato attuale sono con o senza espansioni;
3. la lettura delle foto aeree per la valutazione dello stato di attuazione delle previsioni di espansione secondo gli strumenti urbanistici vigenti per i comuni che presentano espansioni in atto evidenti dalla fotointerpretazione delle immagini satellitari.

I tre gruppi di dati statistici e cartografici sono stati adoperati per definire un sistema di valutazione e individuazione dei criteri di espansione dei centri di tipo selettivo che vengono applicati in modo progressivo, via via che i vari criteri danno i risultati attesi.
La priorità di fabbisogno abitativo per i centri che richiedono domanda di riuso può anche essere modificata dalla presenza di progetti di rilevanza regionale o nazionale che prevedono il potenziamento dell'accessibilità. In questo caso le condizioni di riuso possono essere modificate in base a una domanda di nuova espansione derivante dal potenziamento dell'accessibilità fisica.
Si prenda ad esempio l'asse nord sud che potrebbe modificare in modo significativo l'attrattività dei centri di Trivigno, Castelmezzano, Guardia Perticara, Armento, Missanello, San Martino d'Agri, San Chirico Raparo che allo stato attuale presentano un forte surplus in quanto centri storici che hanno progressivamente perduto peso demografico.
Il metodo così definito – e proposto al tavolo tecnico-scientifico per il PSP - si propone come modello per territori a sviluppo lento e aree in cui i processi di invecchiamento e spopolamento aumentano la quantità di patrimonio edilizio presente e riducono la qualità degli spazi urbani risultati dell'abbandono.

La determinazione delle politiche di sviluppo del sistema insediativo dei singoli comuni va orientata in relazione a due fattori:
- il primo è relativo al consumo del suolo e alla possibilità di determinare, attraverso i trend demografici dei singoli comuni, in che modo costruire un approccio all'espansione urbana finalizzato all'uso sostenibile delle risorse;
- il secondo relativo alle politiche di sviluppo territoriale che un piano strutturale come il PSP vuole perseguire.

La compresenza di questi due fattori deve indirizzare i piani pensati per i territori a sviluppo lento verso la costruzione di un processo complesso di valutazione dei processi di sviluppo in modo che le risposte che si danno ai territori siano legati a processi di tipo propositivo e, quindi, non solo legati ad una valutazione dello stato attuale, ma soprattutto ad una attenzione al progetto come scelta che orienta le politiche localizzative.
Per sua natura, ad esempio, il PSP lucano non è un piano delle invarianti che deve solamente garantire l'equilibrio dei bilanci nell'uso del suolo, ma è un piano delle condizionanti che mira a riconoscere i temi, i luoghi, le risorse che possono orientare gli indirizzi di crescita, decidendo, a ragion veduta, come il territorio si dovrà sviluppare.
Per quel che riguarda, quindi, la specifica questione del dimensionamento abitativo, è stato proposto al PSP la costruzione di processi di premialità basati sull'integrazione delle politiche abitative, con quelle relative allo sviluppo dei grandi servizi di piattaforma e delle infrastrutture per il potenziamento dell'accessibilità.
Le politiche di potenziamento del sistema dei servizi, quindi, è soggetto ad un quadro decisionale che non è solo quello del singolo comune, ma attiene alla possibilità di produrre una visione di tipo sub-provinciale – alla scala del patto di piattaforma – alla scala provinciale o regionale, in relazione alla massima efficacia dell'intervento e al principio di sussidiarietà e cooperazione.

A partire da queste valutazioni, infatti, il processo di pianificazione dello sviluppo delle aree urbane e periurbane è soggetto primariamente alla risoluzione delle questioni legate all'attuale eccesso di offerta abitativa che si determina in molti dei territori a sviluppo lento, ma trova nella valutazione delle politiche di piattaforma una specifica condizione senza la quale non è possibile operare nessuna valutazione correttiva.

Bibliografia
Bonomi A. (1996), *Il trionfo della moltitudine. Forme e conflitti della società che viene*, Bollati-Boringhieri, Milano
Carta M. (2008), *Governare l'evoluzione. Principi, metodi e progetti per una urbanistica in azione*, Franco Angeli, Milano
Ronsivalle D. (2007), *Ri-generare il paesaggio*, FrancoAngeli, Milano
Toppetti F. (2011), *Paesaggi e città storica. Teorie e politiche del progetto*, Alinea, Firenze
Vinci I. (2010), *Pianificazione strategica in contesti fragili*, Alinea, Firenze
Clementi A., a cura di (2012), *Paesaggi interrotti. Territorio e pianificazione nel Mezzogiorno*, Donzelli editore, Roma

LA BIOMIMETICA COME STRUMENTO DI PROGETTO.
STRUTTURA IN PNEUMATICI RICICLATI BIO-ISPIRATA AL CACTUS

Ludovica Rossi, Fernando Juan Ramos Galino, Stefano Mancuso, Josep Ignasi de Llorens i Duran

KW: BIOMIMETICA, RICICLAGGIO, PROGETTO

Introduzione
La metodologia proposta inizia un percorso progettuale che s'ispira e "imita" la natura con lo studio dei tessuti portanti delle piante grasse. Nel verificare l'applicazione del progetto di una copertura tesa si definisco tre tipi di relazione in biomimesis:
- Analisi morfologica, come processo di generazione della forma naturale e progettata.
- Dimensione ecologica del progetto che applica il concetto di Technical Metabolism (McDonough, Braungart, 2002) all'analisi dei materiali.
- Sistema elastico ispirato al comportamento dei tessuti vivi.

La scelta dei materiali permette di passare dalla dimensione del modello alla scala di progetto sperimentale, uscendo quindi dal piano del disegno. Mentre la descrizione del progetto è legata al processo costruttivo che ne descrive il comportamento. Il quadro teorico si applica al progetto architettonico che diventa pretesto per verificare l'applicazione della biomimetica e i risultati finali condizionano le valutazioni a livello in generale.

Morfologia
Lo studio morfologico osserva il comportamento delle fibre ondulate del tessuto ligneo. Le cactacee hanno ottimizzato la struttura per adattarsi a climi aridi e in confronto a altre piante hanno modificato la loro fisiologia perdendo tessuti resistenti a favore di cellule non specializzate per l'accumulazione di acqua e nutrienti. La proprietà principale della struttura è descritta come il funzionamento della molla che consente alle fibre di aprirsi e chiudersi. Questo comportamento permette all'organismo vivo di rispondere e adattarsi ai cambi ambientali.

Lo studio morfogenetico porta alla configurazione di una maglia composta di fasce interpretate come continue. Definita la forma ondulata dell'insieme, con una distribuzione più o meno aleatoria nella relazione tra pieni e vuoti, esiste una differenza sostanziale nella scelta della fase dei tessuti alla quale ispirare il modello costruttivo: l'organismo vivo o la struttura secca.

Il tessuto secco, osservato nei campioni, mostra le fibre di lignina in uno stadio statico delle cellule non ancora decomposte, e riconducibile a sistemi rigidi in cui la resistenza e la staticità sono caratteristiche predominanti. A differenza la costruzione di modelli tesi è ispirata al tessuto vivo, e le fibre sono analizzate come elementi elastici che hanno bisogno di stabilire una relazione di forze interne ed esterne per determinare la forma generale. Per permettere alla maglia di cambiare e adattarsi alle sollecitazioni esterne le fibre sono costruite con bande di pneumatici per la loro elasticità.

Dimensione ecologica
La definizione del materiale modifica la dimensione teorica tra biomimetica e architettura. L'uomo, e quindi la costruzione, diventano e sono parte della natura e dei processi ecologici a essa relazionati; di conseguenza la valutazione dei materiali è strettamente legata a un'analisi eco-sistemica. L'attenzione del progetto si rivolge alla gestione delle risorse e alla conseguente produzione di residui. Insieme alle caratteristiche intrinseche della copertura tesa il progetto assume l'uso degli pneumatici usati come materiale principale, anche perché rappresentano un elemento flessibile che segue l'andamento sinusoidale delle fibre. La volontà è di reincorporare un materiale molto inquinante, non biodegradabile e con alti costi energetici nella fase di produzione rispondendo alla necessità di contribuire a un metabolismo tecnico che risponde al modello di un ciclo di vita chiuso e non lineare. Le risposte offerte dall'evoluzione dei sistemi biologici, come la simbiosi (Capra, 1996), aprono nuovi scenari per cercare interazioni tra ambiti diversi: costruzione e industria automotrice. L'integrazione di processi tra loro in apparenza separati offre una possibilità di cambiamento della tecnologia per lo sviluppo di modelli sostenibili e trasformare l'emergenza rifiuti in un'opportunità. Incorporare un prodotto che ha terminato la sua vita utile, valorizza il materiale che entra nuovamente nel ciclo produttivo.

Processi e comportamento
L'organismo vegetale è un sistema complesso il cui comportamento è legato a più aspetti fisiologici come l'accumulazione dei nutrienti, cambi di pressione dei liquidi interni, etc. (Altesor, Ezcurrawz, 2003). Nel progetto architettonico questi fattori sono rappresentati dall'introduzione di cilindri rigidi che sono un primo livello di organizzazione morfologica interna. Questi danno rigidità e ordinano la maglia aprendo tra loro le fasce prima della messa in tensione dell'insieme. La morfologia unita al materiale determina la costruzione del modello sperimentale che si lega al processo costruttivo e alle soluzioni tecnologiche a esso associate. Le fasce di pneumatico costituiscono la parte elastica e deformabile del sistema, i cilindri sono gli elementi rigidi e le unioni costituiscono i vincoli di movimento interni. La distribuzione delle sollecitazioni esterne rispetto al supporto fisico (naturale o progettato) definisce un secondo livello di modificazioni morfologiche. Con gli pneumatici che hanno terminato la loro vita utile, si utilizzano i macchinari presenti nel mercato per tagliare e separare le parti necessarie alla costruzione della struttura. Mentre gli attuali processi di riciclaggio separano le fibre tessili e metalliche impregnate e triturano la gomma per nuovi usi. L'ipotesi di progetto reincorpora parte della gomma prima degli attuali processi di riciclaggio ampliando la gamma dei riusi della ruota. Le fasi successive del processo produttivo si caratterizzano per operazioni essenzialmente semplici: lava-

Laureata in architettura nel 2004 presso l'Università degli Studi Roma 3. Da settembre 2010 è dottoranda nel Departamento di Costrucciones Arquitectonicas 1 (UPC – Barcellona) e professoressa assistente del programma dei corsi online Edificación y Sostenibilidad (UNAUS).

Laureata in architettura nel 2004 presso l'Università degli Studi Roma 3. Da settembre 2010 è dottoranda nel Departamento di Costrucciones Arquitectonicas 1 (UPC – Barcellona) e professoressa assistente del programma dei corsi online Edificación y Sostenibilidad (UNAUS).

Laureata in architettura nel 2004 presso l'Università degli Studi Roma 3. Da settembre 2010 è dottoranda nel Departamento di Costrucciones Arquitectonicas 1 (UPC – Barcellona) e professoressa assistente del programma dei corsi online Edificación y Sostenibilidad (UNAUS).

Laureata in architettura nel 2004 presso l'Università degli Studi Roma 3. Da settembre 2010 è dottoranda nel Departamento di Costrucciones Arquitectonicas 1 (UPC – Barcellona) e professoressa assistente del programma dei corsi online Edificación y Sostenibilidad (UNAUS).

re, tagliare, bucare o avvitare gli elementi tra loro. Il risultato è una maglia flessibile che assumerà forma definitiva nella fase di montaggio in loco dipendendo dal sistema di tensioni esterne applicato. L'analisi del processo costruttivo valuta, dunque, la proprietà di adattamento del sistema dove, grazie alle proprietà elastiche, la maglia bidimensionale messa in tensione dai tiranti modifica la sua curvatura acquistando maggiore resistenza per forma. La maglia permette ricevere altri elementi architettonici nelle unioni e, a differenza di altri sistemi tesi, si caratterizza per avere uno spessore (15 cm pneumatici standard) che offre maggior resistenza al sistema nel suo insieme. Il progetto, anche se in fase sperimentale, apre quindi la possibilità di poter lavorare con sistemi tesi che dialogano con elementi rigidi, come, per esempio, superfici collaboranti in legno, vetro, etc. Valutare il parametro del tempo nel processo costruttivo mostra un'altra relazione esistente tra organismo vivo e architettura: per le proprietà dei materiali utilizzati s'implementano le dinamiche naturali della crescita e l'adattabilità. La copertura è pensata non come sommatoria di elementi, ma come una struttura che modifica la sua morfologia mentre si costruisce. Sebbene la configurazione finale dovrà essere sufficientemente rigida rispetto all'uso (oltre che resistente), il processo di costruzione può non esserlo. È parte dell'analisi sviluppare un processo costruttivo capace di adattarsi all'ambiente circostante senza dover cambiare la soluzione costruttiva. O, in altri termini, la soluzione, il sistema e il dettaglio costruttivo permettono un processo che si adatta in diverse fasi di montaggio.

Conclusioni

Lo sviluppo di una metodologia di progetto centrata sulla biomimetica è legato all'analisi dei processi naturali, siano essi sullo studio della generazione della forma o sul pensiero ecosistemico che valuta l'interrelazione tra risorse e ambiente (naturale e antropico). Di conseguenza valutare il progetto e più in generale l'architettura sotto la dimensione dei processi a essa associati, implica considerare la tecnologia umana (tecno-sfera) in una dimensione temporale progressiva, non solo funzionale ma anche evolutiva. Esiste un cambiamento nella gestione dei livelli di complessità nel progetto architettonico all'aumentare l'implementazione di dinamiche naturali: morfologia, elasticità e deformabilità, adattabilità e meccanismi dinamici. Inoltre la scala di applicazione incide sui risultati, un modello valido per un intervallo dimensionale può non esserlo in un altro e viceversa. L'introduzione di materiali non convenzionali come gli pneumatici riciclati definisce due facce del progetto: da una parte l'incertezza per la mancanza d'informazione nel riscontro di esperienze precedenti e dall'altra il fascino di introdurre materiali non convenzionali.

Bibliografia

Altesor A., Ezcurrawz E. (2003), *Functional morphology and evolution of stem succulence in cacti*, in Journal of Arid Environments, n. 53, pp. 557–567

McDonough W., Braungart M. (2002), *Cradle to cradle*, North Point Press, New York

F. Capra, (1996), *The web of life*, Anchor Books, New York

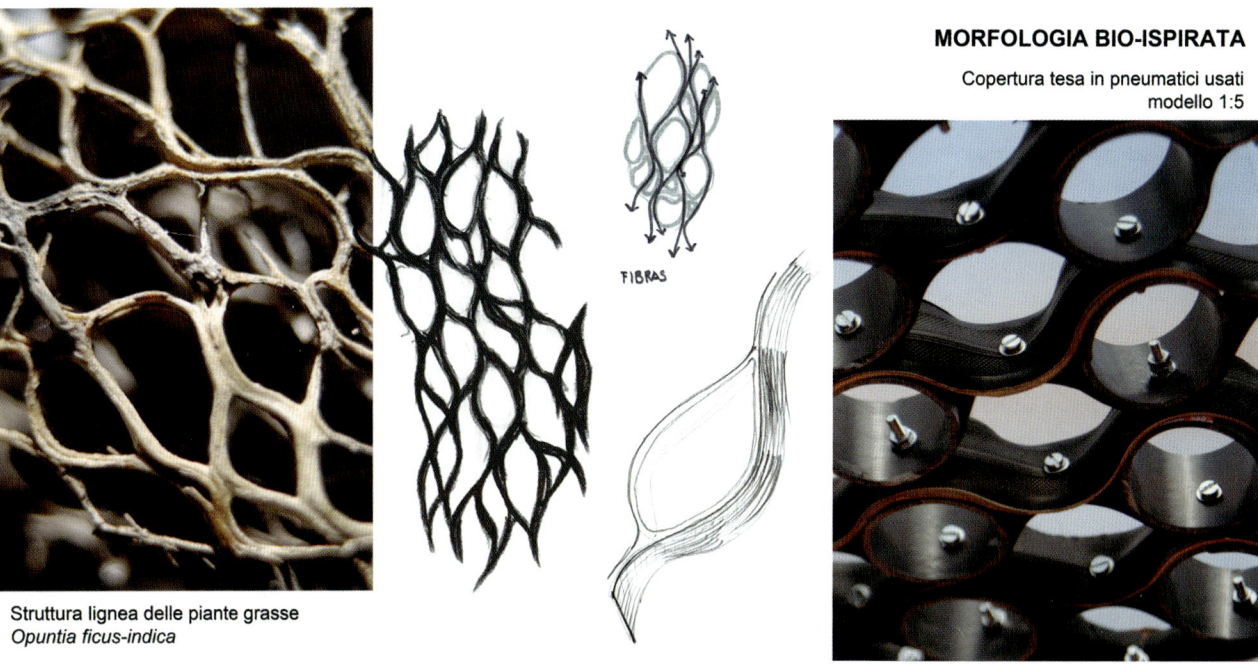

Struttura lignea delle piante grasse
Opuntia ficus-indica

MORFOLOGIA BIO-ISPIRATA
Copertura tesa in pneumatici usati
modello 1:5

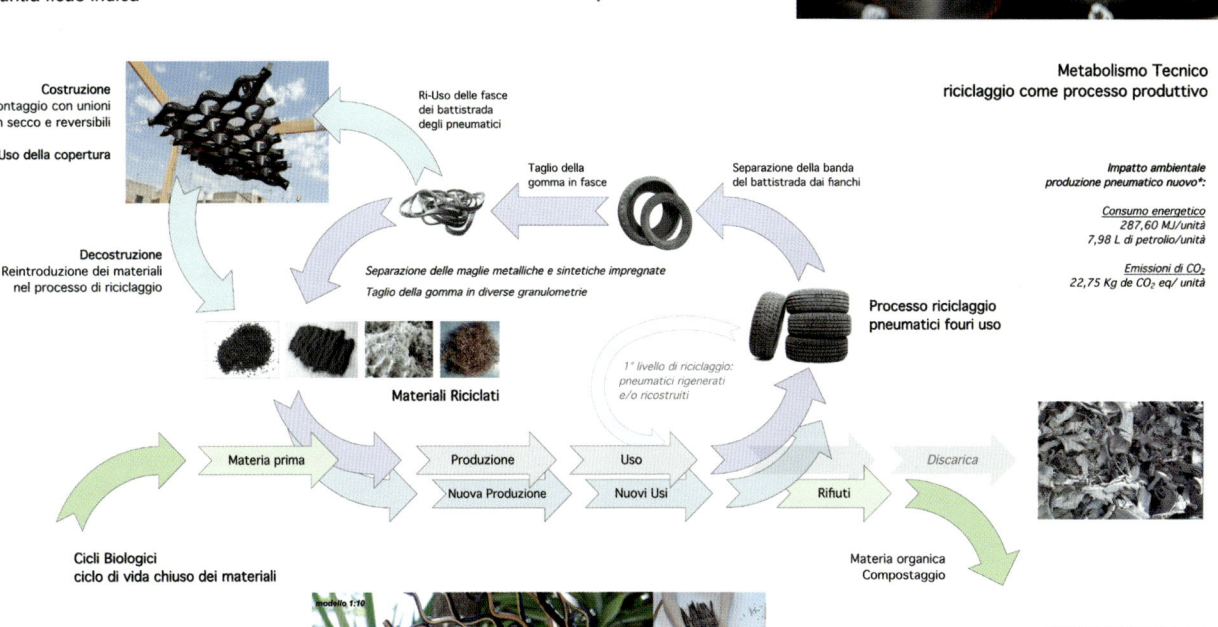

Metabolismo Tecnico
riciclaggio come processo produttivo

*Impatto ambientale
produzione pneumatico nuovo*:*

<u>Consumo energetico</u>
*287,60 MJ/unità
7,98 L di petrolio/unità*

<u>Emissioni di CO_2</u>
22,75 Kg de CO_2 eq/ unità

**Cátedra para la Investigación y
Formación Neumáticos Reciclados,
Universidad Miguel Hernández*

OPEN SOURCES

DEMALLING ITALIAN LANDSCAPE. STRATEGIE DI RIPARAZIONE DEI CENTRI COMMERCIALI DISMESSI

Vincenza Santangelo

Architetto, Dottore di ricerca all'interno del Dottorato Internazionale Quality of Design, attualmente assegnista presso lo IUAV di Venezia sul tema degli spazi del lavoro. Ha svolto attività di didattica e di tutoraggio presso diverse università italiane e straniere e all'interno di workshop nazionali e internazionali. Ha partecipato a progetti di ricerca, a concorsi e mostre di progettazione.

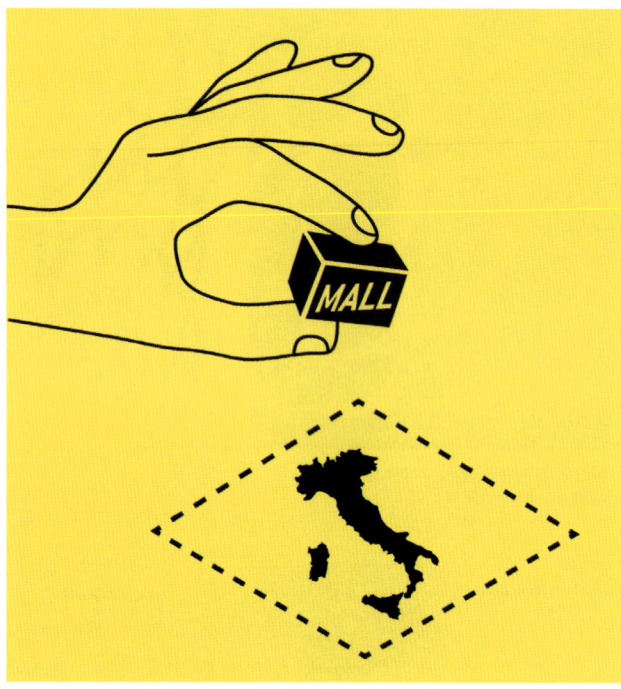
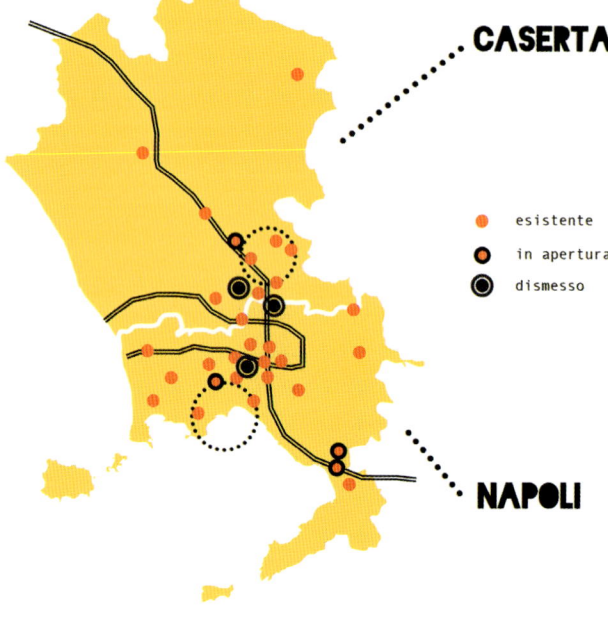

1. Demalling Italy
2. Centri commerciali in Campania
3. Vincenza Santangelo, Euromercato, Casoria 2012

KW: CENTRO COMMERCIALE, DISMISSIONE, DEMALLING

L'Italia conta 635 centri commerciali, 232 in apertura, 36 in ampliamento e 258 outlet. Sono localizzati per la maggior parte in Lombardia, Piemonte, Lazio, Campania, Sicilia, ma anche regioni come Marche, Abruzzo, Friuli Venezia Giulia cominciano a registrare dati significativi, confermandosi come i nuovi territori di conquista di una formula commerciale che in Italia nei fatti è piuttosto recente.

Nonostante i primi centri commerciali siano comparsi in Italia nei primi anni '70, la vera e propria proliferazione si è verificata all'inizio degli anni '90 quando si registra un incremento medio annuo di 50 nuovi centri commerciali e dimensioni superiori ai 2.000 mq di superficie. Dal punto di vista localizzativo-funzionale si replica il modello statunitense degli anni '70: collocazione in un territorio periurbano a prevalente vocazione agricola e vicinanza a svincoli autostradali; dispositivo commerciale con uno o più magneti, spesso supermercati, e un corollario di negozi specializzati e monomarca; inserimento di piazze coperte, strutture e servizi di intrattenimento e ristorazione; bacino di utenza a carattere provinciale e spesso anche regionale. Il centro commerciale cambia la sua natura: non è più solo un contenitore di merci, ma diventa un luogo che attrae e intrattiene, mimando il centro urbano replicandone all'interno spazi e funzioni.

Oggi i centri commerciali sono consolidati e potenti attrattori sociali, calamite per speculazioni immobiliari, dispositivi in grado di innescare incisive trasformazioni territoriali a ritmi sempre più accelerati. Un processo che comincia però a dare primi segni di cedimento.

Un'indagine nel territorio fra Napoli e Caserta, avviata in occasione del workshop Demalling Caserta svoltosi a Caserta nel giugno 2011, ha evidenziato l'esistenza di centri commerciali in crisi o già dismessi: l'Euromercato a Casoria, primo centro commerciale del Sud Italia aperto nel 1977, è parzialmente dismesso dopo l'apertura di numerosi parchi commerciali nell'intorno e cambi di gestione; i Giardini del Sole a Capodrise, nati nel 1992 e in breve motore di sviluppo e densificazione edilizia dell'area in cui ricadeva, sono in via di chiusura definitiva per lo spostamento del bacino d'utenza verso il vicino parco commerciale Campania; il Polo della Qualità, centro polifunzionale nel complesso commerciale-produttivo ASI di Marcianise, ha dichiarato fallimento nel giro di due anni dall'apertura. Campionature di un fenomeno che sta lentamente affiorando nel territorio campano, e non solo.

Le ragioni di questa crisi di questo format sono riconducibili a

una pluralità di questioni convergenti: l'incapacità di stare al passo con la rapida evoluzione delle esigenze dei consumatori, che alimentano una continua domanda di nuove esperienze di shopping e la ricerca di nuovi formati sempre più interessanti e vari, con localizzazioni facilmente raggiungibili; la saturazione e la sovrapposizione sullo stesso bacino di utenza di più centri commerciali, che innesca un insostenibile meccanismo di competizione basato sull'effetto novità e sulla crescente dimensione, mettendo in crisi i centri commerciali più piccoli e datati; la mancanza di differenziazione delle offerte dei vari centri commerciali, omologandoli a ciò che può offrire un centro cittadino o un aeroporto. Complessivamente emerge la carenza di una programmazione dell'obsolescenza del centro commerciale e quindi la relativa assenza di una previsione di dismissione, che fanno sì che un centro commerciale mediamente diventi "vecchio" dopo 10 anni dall'apertura o nasca già con difficoltà e che in caso di dismissione diventi un paesaggio scartato e abbandonato.

Questo fenomeno, ancora marginale e inesplorato nel paesaggio italiano, è una realtà riconosciuta e codificata negli Stati Uniti, essendo il luogo dove è nato il modello di città dispersa entro cui si sono localizzati i primi mall e dove ora questa formula commerciale è entrata in crisi, in parte proprio perché è in crisi il modello di città per cui era stata creata.

La riparazione dell'immensa città dispersa americana, caratterizzata dall'insostenibile impatto ambientale, da edifici con bassa densità e qualità, da infrastrutture realizzate in tempi fin troppo brevi e da centri commerciali in via di dismissione si sta connotando come uno dei temi più attuali con cui confrontarsi. Le strategie di Retrofitting Suburbia e Sprawl Repair Manual, le azioni del Tactical Urbanists, gli interventi di Incremental Sprawl Repair e Planned Densification, i progetti ambientali e sostenibili di Original Green, Rainwater-In-Context e Light Imprint, le teniche per una ri-zonizzazione di CATS e le iniziative di CNU Sprawl Retrofit sono le diverse voci che provano a ragionare su un ripensamento e sulla riparazione della città dispersa per fronteggiarne la crisi.

All'interno di questi filoni culturali si collocano i processi di de-malling che già da alcuni anni si stanno sperimentando negli Stati Uniti, ossia progetti, strategie e azioni per il riuso di questi paesaggi commerciali abbandonati, che provano a riflettere e confrontarsi da un lato con questi enormi contenitori obsoleti e vaste aree asfaltate sussidiarie, dall'altro con le complesse implicazioni urbanistiche, economiche e sociali. Sperimentazioni, che ibridano funzioni ed integrano lo spazio pubblico e quello privato, da cui prendere le mosse per provare a rintracciare alcuni orientamenti generali e delle categorie di intervento possibili. Questo crescente patrimonio di centri commerciali dismessi sono testimoni di un'economia obsoleta in crisi, ma anche un possibile tema sul quale intervenire con il progetto, ponendosi un duplice obiettivo: da una parte confrontarsi con i centri commerciali dismessi esistenti, ipotizzando indirizzi strategici e progettuali per l'intervento di riciclo dell'opera e del paesaggio in cui ricade; dall'altra intervenire nel dibattito attuale sulla realizzazione e sviluppo di nuovi centri commerciali, provando a individuare nuovi dispositivi in grado di prevederne l'eventuale dismissione e le possibili azioni di riciclo.

Bibliografia
Augè M. (1993), Nonluoghi, Eleuthera, Milano.
Augè M. (2004), Rovine e macerie. Il senso del tempo, Bollati Boringhieri, Torino.
Bailey R. (2008), "Mall over: a retail hybrid helps to revitalize an inner suburban ring in Chattanooga, Tennessee" in Urban Land, n.7.
Bauman Z. (1999), La società dell'incertezza, Il Mulino, Bologna.
Borsuk M. (1997), "The challenge of information technology to retail property", in Urban Land, febbraio 1997.
Chilton K. N. (2004), Greyfields: The New Horizon for Infill and Higher Density Regeneration, EPA Region 4 Southeastern Regional Environmental Finance Center.
Chung C. J., Inaba J., Koolhaas R., Leong S. T. (a cura di 2001), Harvard design school guide to shopping, Taschen, Koln.
Congress for the New Urbanism & PricewaterhouseCoopers, (2001), Greyfield Regional Mall Study [Online]. Disponibile su http://www.cnu.org/sites/files/Greyfield_Feb_01.pdf
Congress for the New Urbanism & U.S. EPA, (2005), Malls into Mainstreets [Online]. Disponibile su http://www.cnu.org/sites/files/mallsintomainstreets.pdf.
Criconia A. (2006), Architetture dello Shopping, Meltemi, Roma.
Dunham Jones E., Williamson J. (2008), Retrofitting Suburbia, Wiley & Sons, New York.
Erbani F. (2008). "Centri commerciali e outlet stanno invadendo il territorio", articolo pubblicato su Eddyburg il 27-05-2008. Disponibile su http://eddyburg.it/article/articleview/9995/0/149/
Gruen V. (1963), "Recipe for the ideal Shopping Center" in Stores, gennaio 1963.
International Council of Shopping Centers (2000), The SCORE 1999: ICSC's Handbook on Shopping Center Operations, Revenues, & Expenses, NY: International Council of Shopping Centers.
Ingersoll R. (2006), Sprawltonw: looking for the city on its edges, Princeton Architectural Press, New York.
Koolhaas R. (1995), "The Generic City", in R. Koolhaas, B. Mau, S, M, L, XL: Small, Medium, Large, Extra-large, 010 Publishers, Rotterdam.
Koolhaas R. (2006), Junkspace, Quodlibet, Macerata.
Kures M. (2007), Greyfields and Ghostboxes: Evolving Real Estate Challenges, Let's Talk Business. Retrieved 6/1/2007. Disponibile su http://www.uwex.edu/CES/cced/downtowns/ltb/lets/0503ltb.html.
Lynch K. (1992), Deperire. Rifiuti e spreco nella vita di uomini e città, Edizioni Cuen, Napoli.
Sobel L. S., Greenburg E., Bodzin S. (2002), Greyfields into Goldfields, PA: Geyer, Pittsburgh.
Sorkin M. (1992). The World in a Shopping Mall, in Variation on a Theme Park. The New American City and the End of Public Space, Hill and Wang, New York.
Thomas I. (2006), "The mall as resort" in Urban Land, agosto 2006.

OPEN SOURCES

LIBERARE GENOVA

Valter Scelsi

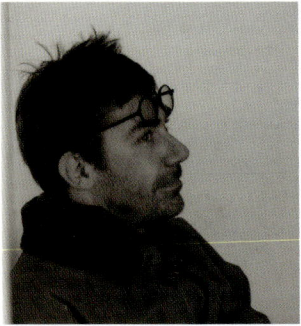

Valter Scelsi (Genova, 1964) architetto e ricercatore, insegna progettazione presso l'Università di Genova. Dal 2002 al 2011 la sua attività è legata a Sp10, studio di progettazione che cofonda. Nel 2012 partecipa alla XIII Biennale di Architettura di Venezia nell'ambito del progetto Collaborations di San Rocco.

KW: LIBERARE, GENOVA, LINGUAGGIO

GENOVA -1% è un progetto collettivo per Genova. Il manifesto di un progetto urbano per una antica città immaginata nuova, per un grande organismo in continuo adattamento. GENOVA-1% vuole un dibattito pubblico sul futuro di Genova, un dibattito libero. Perché un progetto deve essere capace di fissare i sogni un attimo prima di inseguire i bisogni, di comprendere prima di realizzare, di immaginare il futuro prima di consumare il presente. Il testo che segue è parte del progetto collettivo, ne è una voce, tra le molte possibili.

LIBERARE GENOVA

La sottrazione di volumi è un progetto di composizione generale del sistema dello spazio urbano, dove un piano organico delle demolizioni prefigura e consente una città in progressiva trasformazione, un organismo in continuo adattamento. Il prodotto della ricerca è una strada lungo la quale non fluiscono merci, ma solo persone. Esso può avere la forma di un parco lineare.

Il controllo della grande dimensione viene proposto, secondo tradizione, come il prodotto tecnico di una gestione specialistica e consapevole del territorio, quando nei fatti risulta, piuttosto, responsabilità quasi esclusiva delle scelte politiche, condividendone crisi strutturale e prospettiva corta. Alla ricerca del consenso, il ruolo dell'architettura nel campo della produzione di infrastrutture è da sempre concentrato sulla proposta di elementi facilmente portabili sul campo della comunicazione (ponti, stazioni, viadotti, tunnel).

Così le grandi opere, o la loro assenza e, più volentieri, la loro incompiutezza, tengono la ribalta del dibattito in materia di città e territorio. In un eterno e labile equilibrio tra necessità logistiche e salvaguardia ecologica si gioca lo sperpero delle risorse collettive. Ciò mentre, malgrado l'impegno critico e teorico prodotto nella seconda metà del '900 nel senso di una lettura del rapporto tra la città e i singoli eventi che la costituiscono, quella dello spazio urbano disponibile è ancora la dimensione residuale delle scelte urbanistiche, la zona incontrollata nella quale affiorano le principali tensioni e contraddizioni insite nell'attuale sistema economico e culturale, è un luogo dove ragioni individuali, identità civica e sentimento collettivo difficilmente coincidono. In questo senso, lo spazio disponibile non è quello che la pianificazione sottopone all'azione edificatoria, ma quello che per sua propria natura sembra sottrarvisi - residuato dagli ambiti di trasformazione o contenutovi senza un disegno puntuale - ricadendo in diverse forme di saturazione o spreco. Lo spazio disponibile, per sua natura alternativo a quello già altrimenti disposto dagli strumenti urbanistici, finisce per trasformarsi in spazio indisponibile, tanto all'uso pubblico, quanto alla concreta possibilità di ridefinizione. Privo di indice, di rendita, di funzione vive spesso una sola chance, altre volte nemmeno quella. È un genere di spazio-discarica che non possiede neanche l'estetica del junkspace tardo-novecentista. Niente che somigli all'orrido, ma riconoscibile, groviglio di impianti di condizionamento e pannelli di cartongesso. È uno spazio quasi invisibile, ma estesissimo; letale, ma discreto e mimetico. È quantificabile solo in numeri, in valori esatti, perde la propria finta innocenza solo se legato alla quantità. Altrimenti, è solo un impercettibile lentissimo spostarsi di legioni di dissuasori cementizi a forma di panettone sulla superficie dell'asfalto cittadino, sono gli edifici vuoti da sempre, i desolanti spartitraffico prodotti dagli standard urbanistici, sono le eterne incompiute e le mai risolte, i bordi delle piazze ingombri di oggetti dimenticati, la polvere tossica sotto il tappeto, le appropriazioni lente e implacabili dello spazio pubblico, i dehor di vetro con l'aria condizionata.

L'estensione lineare del territorio urbano genovese è oggi una collana di spazi resi indisponibili, in uno scenario che può rappresentare ancora, tuttavia, occasione per l'architettura, qualora se ne assuma il compito, di produrre relazioni di significato in ambiti territoriali complessi. Oggi, all'urgenza di una migliore riflessione sulle forme dello sviluppo nel paesaggio si affianca la necessità di confrontarsi con il progetto dello spazio comune di uso quotidiano, in un ragionamento che può ben cominciare dall'analisi della separazione che si è originata tra il progetto pubblico e il valore fondativo del disegno della città. Lo spazio disponibile e lo spazio disposto possono convivere in un modello di sviluppo urbano dove la reversibilità è una condizione comune a entrambi, estesa tanto agli ambiti vuoti, quanto ai pieni.

Nel definire l'infrastruttura come un insieme di elementi in grado di formare una struttura funzionante per uno scopo preciso, pensiamo, nel territorio urbano genovese, agli esempi storici della circonvallazione a monte e della strada sopraelevata litoranea, ma anche al complesso sistema di gallerie tranviarie ottocentesche o al percorso monumentale dell'antico acquedotto.

Organizzando lo sviluppo di una nuova infrastruttura realizzata per un traffico leggero, per flussi di soli individui umani, ci si confronta con il problema di ricercare, nei diversi elementi che compongono il territorio, un campo operativo entro il quali la costruzione della materia architettonica può assumere il giusto significato, anche oltre la retorica novecentesca dell'identificabilità formale e dell'emblema macro-strutturale.

A Genova, come in tutta Italia, la sostanza della dotazione infrastrutturale del territorio si è generata attraverso affrettati adeguamenti richiesti dalla sempre crescente esigenza di percorsi veicolari. È il caso delle reti maggiori, storiche, ma anche di quelle minori, le strade di lottizzazione nate sul sedime tortuoso dei tracciati dei cantieri edili delle grandi residenze popolari otto-novecentesche.

E con questo dato di fatto il progetto deve fare i conti, utilizzando come uno strumento consapevole la risorsa di liberare il territorio. È in questo scenario che la proposta sceglie di collocarsi. In questo senso, con intenzioni e modalità pienamente opposte allo spirito delle cosiddette grandi opere, la proposta si offre come un fatto producibile e governabile mediante il progetto di architettura condotto attraverso la gestione delle sequenze spaziali e tramite le relazioni tra estensione territoriale e dispositivi architettonici parziali, mettendo in campo, ad esempio, l'indagine di soluzioni di ambito vasto basate sui concetti di distanza e diradamento, ma anche di tipo e di linguaggio.

L'esperienza diretta del territorio tramite percorsi pedonali liberi e continui è una strategia che appare ancora in grado di rilevare e comprendere i nodi della situazione esistente, dove si sostituisce alla forma tradizionale di identità comune la prassi della gestione dello spazio praticata per sottrazione e non per somma. Sottrazione del significato del dominio pubblico, del ruolo rappresentativo degli edifici, del valore del tempo nella costruzione della città. La congestione genovese è fatta di divieti e di negazioni, di privazioni, di occlusioni.

In questo sistema complesso, della complessità "sopravvivente" dell'architettura urbana, il parco lineare si origina da un sistema combinato e minimo di demolizioni e di utilizzo di spazi inclusi, di verde pubblico di raccordo, di luoghi non utilizzati o solo parzialmente utilizzati, di vuoti residuati. Il sistema di funzionamento della macchina urbana progettata deve essere semplice e chiaro. In essa la gestione e il beneficio quotidiano vengono affidate alle proprietà distribuite sui fronti di affaccio, alle identità collettive interessate e coinvolte. In cambio, particolarmente nella sua parte centrale e lungo tutto il suo sviluppo, il parco consente un uso compiutamente pubblico. Il piano delle demolizioni forma e controlla lo sviluppo progressivo del parco, che si attua tramite un progetto del paesaggio generale che sia anche produttore di locali e puntuali interventi di ridisegno della città.

Il parco può ospitare un percorso di tranvia elettrica di raccordo urbano, ma esso è totalmente alternativo ai percorsi veicolari. Eredita e mette a sistema gli antichi percorsi interpoderali di villa, le vecchie "creuze" e mattonate, le strade in salita circondate da muri ciechi. L'utopia della città multilivello realizzata tramite l'uso del patrimonio urbano storico. Un'opera collettiva, un viadotto di architettura possibile tra l'architettura della città. La cultura dello spazio verde urbano in Italia conduce a problemi di gestione e di consapevolezza. La gestione di grandi parchi urbani di taglio ottocentesco, isole verdi dalla superficie concentrata in approssimate forme geometriche elementari (il cerchio, il quadrato), comporta la messa in gioco di risorse notevoli, di competenze spesso difficili da reperire. Il loro centro si allontana dalla città, non la rappresenta, non ne ospita la vita, è poco frequentato, poco sicuro.

Con l'estensione lineare del parco immaginiamo una città ricca di un verde gestito integralmente dai propri abitanti, per effetto della diffusione della superficie del parco sul territorio, in un sistema che preveda la manutenzione organizzata degli spazi vegetali e l'eliminazione altrettanto organizzata degli oggetti in eccesso lungo il percorso. Un'esistenza combinata di domini privati e domini pubblici, dove i primi offrono il proprio servizio ai secondi.

Svolgendosi da levante a ponete, il parco lineare acquista il senso della strada rinascimentale, ne persegue lo stesso obiettivo comune, il conferimento di valore urbano tramite il civile uso dell'abitare. Nella convinzione che lo strumento è linguaggio (e montaggio, anche), la sequenza degli spazi e degli oggetti che compongono la città si porta dietro le infinite letture possibili, le occasioni colte e quelle perdute, componendole con la prassi dell'architettura, che è forma civile di azione e luogo dell'identità comune.

Il parco lineare è un disegno che tende al compimento così come la città tende all'esistenza, con lo stesso grado di indeterminatezza.

OPEN SOURCES

foto © Anna Positano

FROM *LANDSCAPE* TO *ECOLOGICAL URBANISM*: ORIGINS, THEORIES AND OBJECTIVES OF ONE SCHOOL[1]

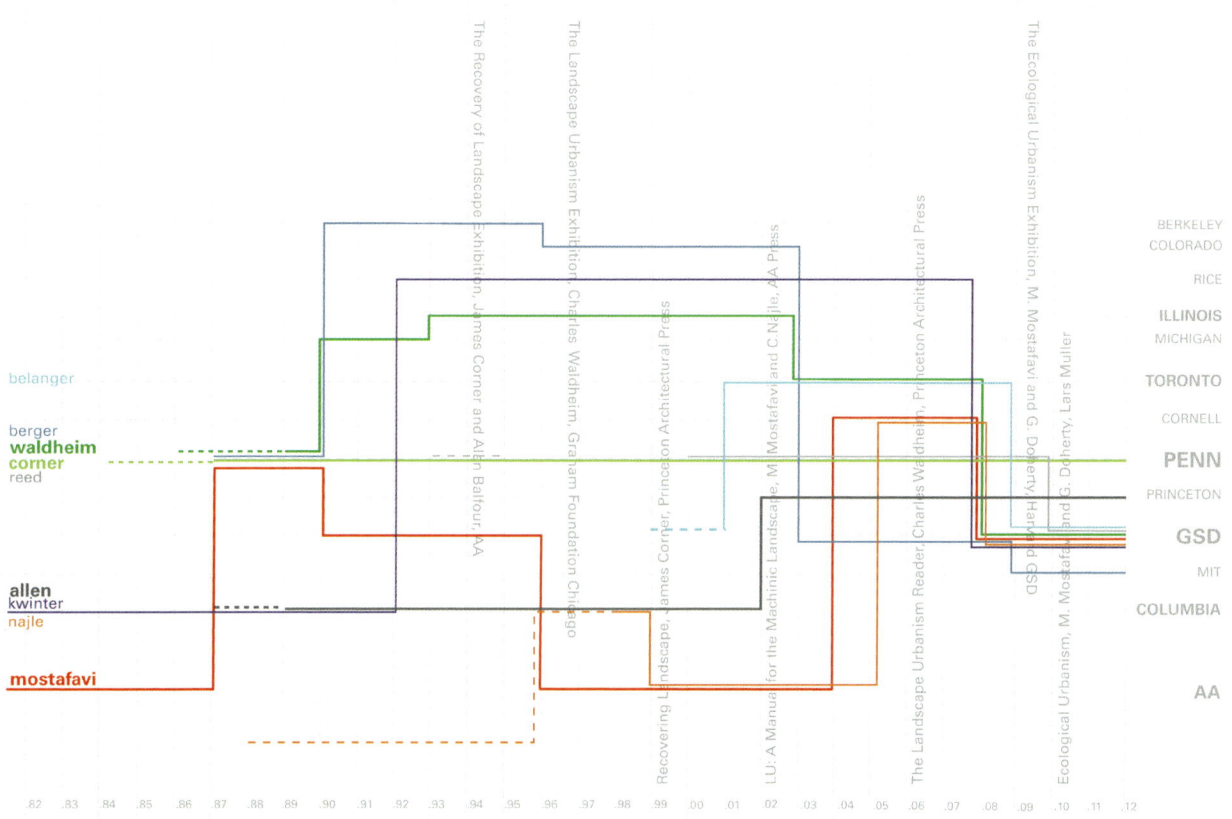

From Landscape to Ecological Urbanism (J. Sordi, 2013)

Jeannette Sordi is PhD Research Fellow at the University of Genoa (2013-2014) and has been PhD Special Student at the Harvard Graduate School of Design (2011-2012). Her research focuses on the investigation of recycling strategies for architecture, landscape and urbanism, and on the development of innovative planning instruments and devices based on recycling, landscape and ecology. Since 2010 she is collaborating to applied research projects in Lecce (Italy), Munich (Germany) and Zhaoqing (China), she teaches urban design studios at the University of Genoa and gives seminars and lectures in Italy and Europe.

KW: LANDSCAPE URBANISM, ECOLOGICAL URBANISM, NEW PARADIGMS

The new scale of the city and its ecological, social and economic challenges, lead us to consider architecture, landscape architecture and urban planning no longer as separate disciplines, but rather as a single field in which the different approaches can multiply and enhance urban strategies. In 1996 Charles Waldheim, coined the term "landscape urbanism" claiming that landscape had emerged as a model for organizing the contemporary city.[2] Since then, several publications, academic programs and projects have been developed under its banner. In 2009 Mohsen Mostafavi promised to update and renew this over ten-year old discourse, in which he was also involved, reframing it as "ecological urbanism."[3]

Is landscape urbanism hence over? What are its founding elements and legacy? Indeed, although rarely defined as a discipline, landscape urbanism gave rise to a theory and a school, whose origins, protagonists and programs can be recognized, and that have now conflated in the ecological urbanism project. What is then the promise of the new project?

The origins of landscape urbanism can be traced back to the late 1980s at the University of Pennsylvania where Mohsen Mostafavi, James Corner, Charles Waldheim and others were teaching or studying (Fig. 1). There, the European phenomenological approach and architectural and urban theories merged with the legacy of Ian McHarg's environmental planning, blurring the boundaries between disciplines and opening up to experimentations within the fields of architecture, landscape and ecology. In the meanwhile the theory of architecture was shifting from the post modern research on semiotics and form

towards an increasing interest in program and process, as best exemplified by the finalist proposal for the Parc the la Villette Competition (Paris, 1982) developed by Bernard Tschumi and OMA.
This paradigmatic shift did not only happen in the fields of architecture and urban design that, exploring phenomenology, layers and processual thinking (change over time) became closer to landscape architecture. It also happened in the field of landscape architecture itself, whose theory and practice had been influenced by geography, ecology, philosophy and urban theory. While during the XIX and XX century, landscape was mainly conceived as a background with a strong aesthetic connotation; in the 1980s it started to be reconsidered as a place for living, the context in which everyday life happens. Landscape assumed a symbolic value for social formation and for the interpretation of territories from a geographic perspective. At the same time, landscape architects such as James Corner, Elizabeth Meyer and Anne Whiston Spirn demonstrated how landscape architecture theory had always been expressing broader social and political agendas, and argued the reclamation of this tradition, both theoretically and practically. The publication of Corner's book Recovering Landscape, in 1999, clearly framed the field of action of the discipline in relation to the emerging landscapes of urbanization: not only urban parks but also suburban neighborhoods, brownfields, infrastructures and so on. The book soon became one of the most important references for landscape urbanists. The projects that Corner, together with Stan Allen, developed with his office Field Operations - Downsview Park Toronto, 1999, and Freshkills Landfill Staten Island, 2001 - represented the first examples of a new way of designing through ecological processes, and suggested new approaches to both landscape architects and urban designers.
In parallel to what was occurring in the field of landscape architecture, architects and urbanists were abandoning postmodern theories to better address the challenges of the contemporary city, especially due to the development and diffusion of digital technologies and communication networks. Influenced by philosophers such as Virilio, Delanda, Deleuze and Guattari, architects became interested in managing networks, speed and complexity. One of the most important hubs for such experimentations became Columbia University in New York where Bernard Tschumi, Stan Allen and FOA, along with others, were teaching. Among the most influential precedents was the work of Dutch and Spanish architects who first dealt with landscape and infrastructure as mediums for urban design. Landscape architects became a reference for architects and urban designers due to their disciplinary predisposition to deal with flows, surfaces and infrastructure. Many of the architects working at Columbia at that time conflated in the first master of Landscape Urbanism founded by Mohsen Mostafavi and Ciro Najle at the London Architectural Association in 1999. As was the case in Columbia, the Master's focus was mainly on the construction of landscapes and processes through architecture and digital design, exploring the potential of transferring tools and practices typical of landscape architecture to urban design.

Finally, landscape urbanism became a "retroactive manifesto" for the contemporary city. Starting from the 1970s urban theorists and geographers such as Henry Lefebvre, David Harvey and Edward Soja theorized that the expansion of urbanization as well as its crisis was the natural result of capitalist economic, social and political processes. These conditions were particularly evident in North American metropolises such as Atlanta, Los Angeles, Las Vegas, Houston and especially Detroit. It is working on Detroit - the city that better expressed the success but also the failure of capitalist development and planning - that Charles Waldheim developed the idea of landscape urbanism. As he claimed, building on David Harvey's theories, the failure of the postfordist metropolis could not be attributed to designers but instead should have been understood, by them, as the natural product of urbanization processes. Under such an economic system the growth and dispersion of urbanization are inevitable, and landscape was seen by Waldheim as a much more efficient medium for understanding and organizing it. The recess of architecture as the basic building block for urban design, resulted as a consequence.

But what are then the most important elements that, over the past fifteen years, have defined landscape urbanism theories, practices and approaches, as such? If one has to make a brief and concise list, there are three key points.[4]
Firstly, landscape shifted "from appearance to performance."[5] Challenging the view of landscape as a picture, projects of landscape urbanism embrace time, change and circumstances, building processes within a three-dimensional spatial continuum. Secondly, landscape is intended as "the lens through which to understand the contemporary city and the medium through which to transform it."[6] In the shift from centralized urban models to postmetropolitan ones, landscape replaced architecture as the most appropriate medium for urbanism;[7] which means that open space, urban infrastructures, dismissed lands, may be more important than the buildings themselves, both in ecological and economic terms. Thirdly, some tools, practices and strategies, can be imported from the landscape architecture discipline into the urban disciplines. This is the point from which Mohsen Mostafavi's research started, taking the "phenomenological experience" into the urban settlement,[8] and has been implemented by landscape architects typical methodologies such as the building of processes over time, the acceptation of indeterminacy, the staging of surfaces and the operational working method.[9]
As a transdisciplinary practice, landscape urbanism adopted landscape architecture's perspective and knowhow. As an interdisciplinary field, it encouraged a continuous dialogue with other disciplines – such as ecology, geography or cartography - necessary to understand changes in the urban environment.

Ecological urbanism, as a critique of that decade old discourse, promises to reframe it being more specific to ecological, economic and social conditions of the contemporary city. Ecology has always been in the backdrop of landscape urbanism, as a practice and a field. But, abandoning the symbolic and cultural meanings of the word "landscape," allows to extend the research context to developing countries and fast growing cities, as well as the whole ecosystem, i.e. the community of living organisms (plants, animals and microbes) in conjunction with the nonliving components of their environment (such as air, water and mineral soil). The meaning of "ecology" itself is also expanded, including social and mental ecologies.[10] New attention is therefore paid to sociology, technology, energy, and communication; all aspects that, although not necessarily material or extended in space, are design issues, and have an influence on space and on the way people use this space. Finally, ecology can be seen an "agency" for design, providing the spatial disciplines with a newly charged set of design practices: flexible, responsive and adaptable as projects evolve over time[11] (Fig. 2). There is one aspect that landscape urbanism rarely approached and that ecological urbanism promises to undertake, that is the relationship with planning. Although thought to replace architecture and urban design,[12] the project of landscape urbanism, in order to be effective, has to reach the governmental management and act on the rules and regulations. Ecology, for its scientific foundations but its qualitative outcome, may help in defining and evaluating new parameters for urban transformations based on environmental performances and ecological objectives. This would be particularly relevant when the models of growth that always drove planning and developers become obsolete, as it is happening now in Europe and happened in Detroit[13]. Based on ecological principles and evaluations, the project of landscape may give new meanings and better ecological performances to existent urban fabrics, challenging the contemporary environmental crisis and the widespread shrinking of public resources.

In this brief reconstruction of the (recent) history of the theory of landscape urbanism, two parallel claims overlap and interact: on one hand landscape urbanism appears to be a necessity, dictated by the spreading of the contemporary city, the development of technology and the urgency of dealing with the environmental question. On the other hand it is the project of a school, pursued by scholars who recognized the value of hybrid, complex and trans-disciplinary approaches, and promoted them. If the first point claims the "necessity" of landscape urbanism, as if was the natural outcome of the contemporary urban condition, the second demonstrates a clear intentionality, nonetheless strengthened and supported by the former.
As landscape urbanism did, ecological urbanism will hopefully enlarge and improve the discourse, avoiding the desire of defining a new disciplinary specificity but instead redefining concepts of landscape, urbanism, infrastructure and ecology in relation to actual contexts and uses; shifting paradigms in architecture, planning, landscape and urban design.

1. This essay is an extract of the author's PhD dissertation, entitled "Landscape ecological urbanism: shifting paradigms in the spatial disciplines" and developed at the University of Genoa and the Harvard University Graduate School of Design (April 2013, advisors: M. Ricci, M. Gausa, C. Waldheim). Sordi's work reassembled the body of knowledge of landscape and ecological urbanism in relationship to the contemporary geographies and challenges of urbanization. Publication is forthcoming (List, 2014).
2. Waldheim C (2002), "Landscape Urbanism: a Genealogy," in Praxis Journal, vol. 4, pp. 4-17.
3. Mostafavi M., Doherty G. (2010), Ecological Urbanism, Lars Mueller, Baden, Switzerland.
4. These three points have been individuated by the author and repeatedly discussed and refined with Charles Waldheim (personal conversations with the author, Harvard GSD, Cambridge, 2011-2012).
5. Czerniak J. (1997), "Challenging the Pictorial: recent landscape practice," in Assemblage, n. 34. Czerniak refers to James Corner and Alex McLean's Taking Measure Across the American Landscape (New Haven, Conn.: Yale University Press, 1996); Adriaan Geuze's WEST 8: landschapsarchitectuur = landscape architecture (Rotterdam, Uitgeverij: 010, 1995) and George Hargreaves' Landscape Works (Tokyo, Japan: Process Architecture Co., 1996).
6. Waldheim C. (2006), "Landscape Urbanism. Reference Manifesto," in The Landscape Urbanism Reader, Princeton Architectural Press, New York.
7. Charles Waldheim, interview with the author, Harvard GSD, January 25, 2012.
8. "Mohsen always talked about the phenomenal experience, the qualities of things. It's the intellectual history and phenomenological tradition of the AA," Charles Waldheim, interview with the author, Harvard GSD, January 25, 2012.
9. Corner J. (2006), "Terra Fluxus," in The Landscape Urbanism Reader, op. cit.
10. Guattari F. (2000), The Three Ecologies, The Athlone Press, London.
11. Reed C. (2010), "The agency of ecology," in Ecological Urbanism, op. cit.
12. In the United States designers and planners usually have two distinct roles. While urban design is the process of shaping cities, towns or neighborhoods, urban planning is mainly a technical and political process concerned with the control and organization of land use.
13. www.detroitworks.com; Chris Reed – Stoss Landscape Urbanism is consultant of the new Urban Plan of Detroit, approved in September 2012.

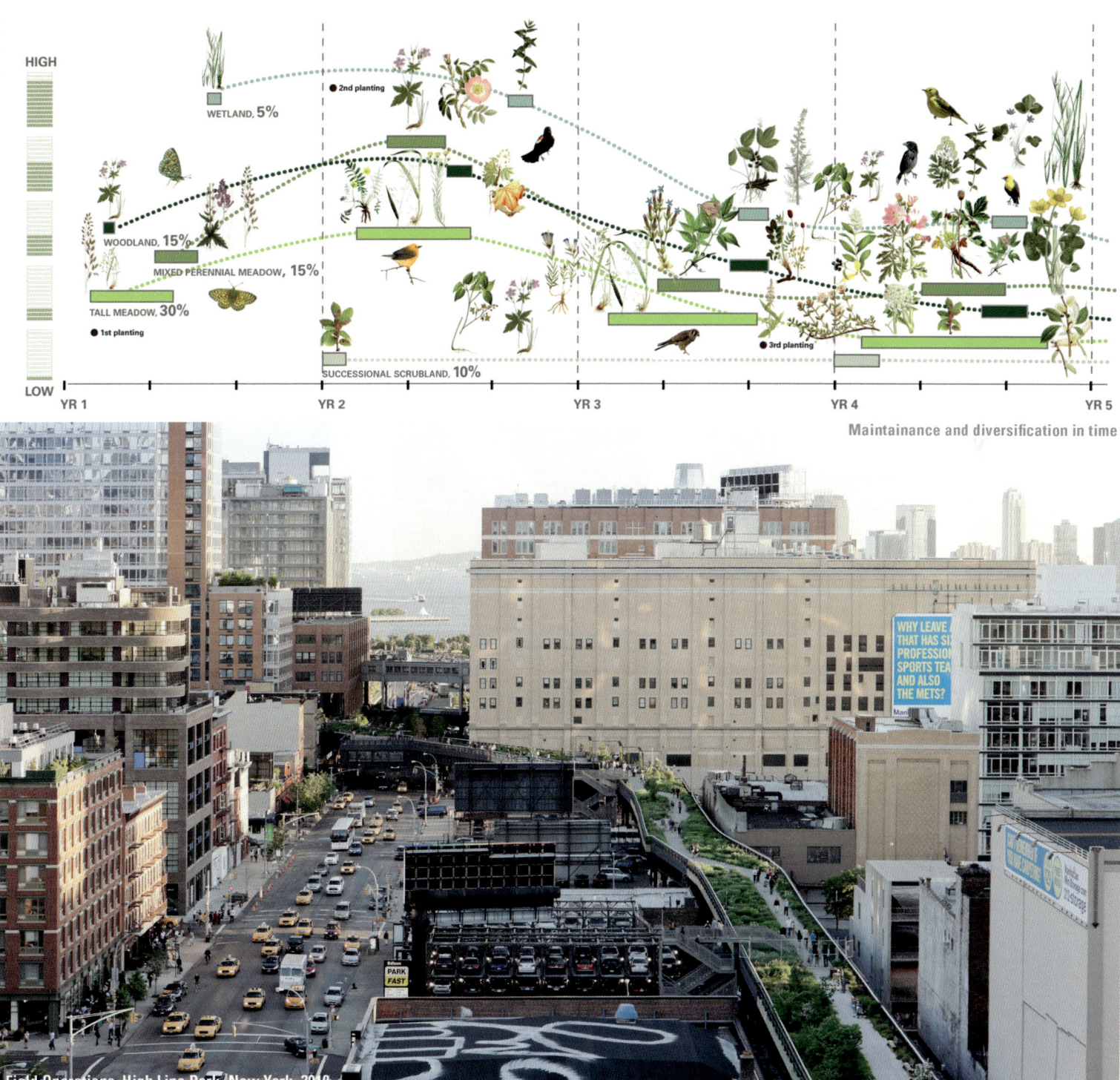

Field Operations, High Line Park, New York, 2010

photo © Joao Nunes, PROAP Studio

MONOGRAPH. RESEARCH

SESSIONE 4 | OPEN SCALES
SESSION 4 | OPEN SCALES

OPEN SCALES

LA METROPOLI SELVAGGIA

Andrea Branzi

Architect and designer, born in Florence in 1938, where he graduated in 1967, lives and works in Milano. From 1964 to 1974 he was a partner of Archizoom Associati, first vanguard group internationally known, whose projects are preserved at Centro Studi e Archivio della Comunicazione in Parma and at Centre Georges Pompidou in Paris.
Since 1967 he works in the fields of industrial and research design, architecture, urban planning, education and cultural promotion. He is Professor at the Third Faculty of Architecture and Industrial Design of Politecnico di Milano.

Su queste pagine ho parlato più volte di quella tendenza minoritaria che ha attraversato in contro-corrente l'ottimismo del progetto nel secolo scorso.
Una tendenza radicale che ha avuto origine dalle sacre radici delle prime avanguardie e ha attraversato come un fiume carsico, scomparendo e riapparendo, il lungo percorso di quella storia tragica che l'industrial design ha totalmente ignorato; un industrial design sempre elegante, ottimista, auto-referenziale, indifferente a due guerre mondiali, alle stragi razziali, alla bomba atomica, alle dittature di destra e di sinistra, assicurandosi il ruolo di garante di un "lieto fine" generale in un futuro di ordine e di razionalità.
La contro-tendenza di cui parlo è quella che, nella ricerca degli archetipi più profondi, è risalita alla "condizione animale" dell'uomo, interpretando la legge di Darwin come un processo reversibile: se l'uomo discende dalla scimmia, l'uomo può recuperare questa discendenza tornando al suo stato primordiale di animale, interpretato non come "regressione" ma come libertà e modernità estrema.
Su questa linea strategica si sono posti alcuni grandi innovatori come Kurt Switters che negli anni '30 cominciò a costruire e i suoi Metzbau, grotte di detriti e frammenti in continua evoluzione; Jackson Pollok che negli anni '50 affermava "la natura sono io"; Sir Francis Bacon dove nei suoi dipinti l'uomo-gorilla è prigioniero di una modernità chiusa in se stessa.
Negli anni '60 Pier Restany, dopo aver attraversato a piedi l'Amazzonia su incarico del governo brasiliano, scrisse il suo "Manifesto del Rio Blanco" dove paragonava la condizione dell'uomo contemporaneo a quella dell'Indios; entrambi vivono un ambiente totalmente saturo (la metropoli e la foresta) dove sogni, natura, magia, tecnica, culto dei morti, costituiscono un'unica realtà esperenziale. Entrambi, come pesci immersi nel mare, non hanno mai la visione "esterna" del proprio habitat, plancton che non ha confini né orizzonti.
Queste tematiche estreme stanno riemergendo oggi, nel momento in cui la cultura occidentale, dopo il fallimento del Socialismo sta constatando il fallimento del Capitalismo. In un sistema che "non si sviluppa ma si espande", il progetto è solo davanti a se stesso e risale alle sue radici antropologiche più profonde; a quella condizione primordiale da cui l'ambiente umano ha cominciato il suo lungo cammino.
Questi segni inquietanti e magici stanno apparendo spontaneamente nelle nostre inconoscibili metropoli che come foreste vergini ospitano gli Hikikomori, giovani eremiti della cultura Nerd, che vivono nudi nei loro micro-habitat, invasi come discariche di prodotti commerciali; circondati dai loro strumenti telematici che sostituiscono ogni collegamento diretto con il mondo esterno.
I Planking che ricercano le loro radici naturali collocandosi capovolti nelle tazze dei cessi, indifferenti al mondo che li circonda come gli antichi stiliti. Come i Owling che si collocano come gufi sui tetti e sulle staccionate, guardando immobili un universo senza senso. Le muraglie umane di Willi Dorner e Lisa Clusking, incastrate negli spazi interstiziali della città, colmandone gli ultimi micro spazi disponibili.
I Voguers che vivono come sciamani nell'universo mediatico che li circonda, imitandone religiosamente le icone e i sacri comportamenti.
Oppure i Traceurs che seguendo il loro fondatore David Bell che volava come da un albero all'altro, attraversano come scimmie sacre le nostre città, saltando nel vuoto, lanciandosi nei baratri come dentro a una foresta, posseduti da una inarrestabile energia animale.
Questi comportamenti, che rispondono all'emergere di una antichissima radice primordiale, non riconoscono l'ordine urbano e le gerarchie spaziali, ma le interpretano come un libero territorio selvaggio. Queste avanguardie che non teorizzano niente, testimoniano direttamente il fallimento e insieme la rifondazione umana della nostra civiltà urbana, senza contestarne i fondamenti, ma accettandoli e reinventandoli nella felicità della loro condizione animale.

Interni, novembre 2012

photo by Leo Finotti

OPEN SCALES

Willi Dorner
Bodies in Urban Spaces

RESEARCH | MONOGRAPH.IT | 327

OPEN SCALES

INVITATION TO WORK

COLOCO: Miguel Georgieff, Pablo Georgieff, Nicolas Bonnenfant

Formed in 1999 in Paris, COLOCO is a multidisciplinary team lead by two architects and a landscape architects, developing projects of open space and architecture in France, North Africa, South America. They have recently inaugurated the Centre for Contemporary Art in Montpellier, France.

Coloco's activities connect research, strategy, experimentation, artistic actions, gardening, project supervision and party – to celebrate life. We founded Coloco that refers to our double practice as landscape architects and a collective of artists and constructors. We face the challenge to maintain these practices in parallel to be able to adapt to different contexts of making the city.

This is the solution that we found to be able to realize a wide variety of projects and to host a large team that grows and renews itself over time. Our trio is responsible for the economic, artistic and legal aspects of the project coordination. Coloco's team is open and polymorphic, and reconfigures itself at every opportunity to realize a project.

It is not obvious to classify our work in a category, even for ourselves. We ended up saying that this is an opportunity. Because it forces us to discuss the relevance of each situation, each project, and to find out what connects them. Even though it draws a meandering path, our practice is guided by our desire to establish fertile relationships between urban space and living being in the very wide expression of their forms.

The sites of our actions are spread all over the world as we are essentially mobile. Mobile between fields of knowledge and fields of practice. Mobile also between all scales of landscape. We claim to be able to give value to all projects regardless of their magnitude and their geographical location.

Whether it comes unexpectedly or from a long process, we analyze the commission carefully in order to broaden the opportunities of decision-makers through our proposals for collective construction. We consider this questioning essential, because we have to act, individually and in groups, to change at all scales our predatory behavior, our relationship to consumption and our delegation of action to institutions that maintain the collective inertia. The right to appropriate public space, to build by weaving friendships or to meet in the street; we claim all this.

Since the first research for Skeletons to live and Aerial Gardens, we traveled the world to meet people who build their own homes and invent their gardens themselves. We recognized the geniality of DIY, the intelligence of the just effort and the wisdom of reuse. The results of the projects undertaken by informal communities in Rio de Janeiro, Havana or Jakarta are to be judged from the aspect of inventiveness, and not from the viewpoint of spending. With these lessons of ingeniousness rather than engineering, we understand that we control so little the most complex creation of humanity, the cities where we live: they are in perpetual transformation and hardly obey to projections.

Coloco develops both a reflection and practice on the transformation of public spaces, through projects for which we are invited as thinkers, designers, or constructors. Aware of the limitations of the modes of planning, we are questioning our approach to imagine broaderer possibilities. The current structure of public commissions hardly integrates the specificities of the use of places. The stiffness of the procedures and the strict documentation processes make it difficult to adapt the initiatives on site and in the construction. Therefore the development is not organized to maximize the collective investment in the production of the city but to produce indefinitely planning mechanisms. In our understanding, these procedures are dissipating the creative energy and financial resources.

We developed a practice of discovering the territories and meeting their inhabitants that cannot be formulated in a protocol, but is engaged in everyday spaces and everyday life. This recognition leads us to converge the forces in place in contributive actions where we support the realization of development imagined collectively.

These actions are sometimes adopting a command, acting as a catalyst and revealing the aspirations of citizens; in other cases, after an investigation, demonstrating and testing the developed hypotheses at a real scale. An essential part of our work is to establish a platform for negotiation where new possibilities are opened for the developers, institutions, and suitable to the desires of people who can speak their minds and hands about the transformation of their living spaces.

..

Image credits
Claudia Hernandez-Nass

Convinced that collective action plays the role of the engine in the dynamics of urban projects, we include these practices in the creative process.
Waking up the potential of dormant sites, these activations create desire, essential lever for change. In this context of appropriate construction, we wish to integrate the possibility of existing reuse of the available materials, together with the tools and local talents.

The passage to the action accept trial and error as the engine of transformation. The cities adjust according to a slow buildup of power coming by strategic operations. Active site locations, while maintaining capabilities to accommodate future relevant opportunities, remains an object of desire for the population. Considering the space from its processing capacity is dynamic planning and the creation of the city defines a collective action. In this sense, the adaptation capacity of actors and projects represents the best guarantee for living spaces. The operations using these processes are henceforth not only necessary and desirable. Programs can not be dictated by the assumptions of scholars and instrumentalized by politicians, they must be defined on the ground to enrich and increase accuracy and brevity. In the activation of these areas, our job is to give shape and meaning to poetic transformations, even for a brief time, to participate with enthusiasm in the evolution of our cities.

Coloco is an team of explorers of urban diversity through urban projects, landscapes, films and installations.
Further information: www.coloco.org

OPEN SCALES

DAL "DESIGN GRANDE" AL "DESIGN PICCOLO"

Kengo Kuma

Kengo Kuma was born in 1954. He completed his master's degree at the University of Tokyo in 1979. After studying at Columbia University as Visiting Scholar, he established Kengo Kuma & Associates 1990. In 2009, he was installed as Professor at the Graduate School of Architecture, University of Tokyo.
Among Kuma's major works are Kirosan Observatory (1995), Water/Glass (1995, received AIA Benedictus Award), Stage in Forest, Toyoma Center for Performance Arts (received 1997 Architectural Institute of Japan Annual Award), Bato-machi Hiroshige Museum (received The Murano Prize). Recent works include Nezu Museum (2009, Tokyo), Yusuhara Marche and Wooden Bridge Museum (2010), Asakusa Culture and Tourism Center (2012), Nagaoka City Hall Aore. (2012), and Kabukiza (2013). Outside Japan, Besancon Music Center and FRAC Marseilles have been recently completed.
Kuma is also a prolific writer and his books have been published in English, Chinese and Korean, gaining wide readership from around the world.

Io ritengo che l'eco design sia espressione di "piccoli design" e "piccole architetture". Per contro, l'orientamento dell'architettura e del design nel 20. secolo ha preso un andamento in termini di "forza e grandezza". Lo spunto iniziale che condusse il mondo in questa direzione fu il grande terremoto di Lisbona occorso l'1 novembre 1755. Tale calamità divenne il punto di svolta della storia europea. Si dice anche che l'Europa moderna abbia avuto inizio da quel momento. La teoria secondo cui l'illuminismo, la rivoluzione industriale, la scienza moderna, ecc. sono stati tutti provocati da questa tragedia, dimostra una sua persuasività.

Tra questi, i settori che subirono maggiormente l'influenza di Lisbona furono quello architettonico e urbano. In un'epoca in cui il mondo era popolato da 700 milioni di persone, questa grande calamità che ne uccise 50 – 60 mila fece sì che la gente pensasse a mettere in salvo le proprie vite costruendo architetture e città forti e grandi, facendo così virare il corso della storia. In altre parole, in quel momento la gente pensò che la causa di molti decessi fosse dovuta ai vicoli stretti e all'architettura piccola e disordinata della città di Lisbona.

La direzione presa dal design cambiò largamente, convergendo verso centri urbani e architetture forti e grandi. Parlando di città, la grande trasformazione di Parigi per mano di Napoleone III e Haussmann durante la metà del 19. secolo è un esempio rappresentativo di "città forte e grande".

Fino a quel momento Parigi era stata una città simile alla Lisbona messa in ginocchio dal terremoto: disordinata e pericolosa con stradine anguste e agglomerati di piccole architetture collocate alla rinfusa. Napoleone III e Haussmann trasformarono quella "Parigi piccola" in una "Parigi grande". Le forme della capitale francese che noi oggi siamo abituati a vedere ne sono il frutto. Strade ampie, piazze ubicate su punti di intersezione stradale e "architetture grandi" che si affacciano su piazzali rappresentano il vocabolario di base della "Parigi grande".

Parigi divenne così lo standard per le città di tutto il mondo. Il concetto che la pianificazione urbana equivalesse a disporre strade larghe, costruire piazze e rendere più corpose le città mediante "architetture grandi" dominò il 20. secolo.

Il movimento del Modernismo, che negava l'architettura decorativa precedente al 19. secolo, imperversò globalmente nella prima metà del 20. e la pianificazione urbana in stile modernista fece furore. Tuttavia, nell'ambito della propensione alla "grandezza", la trasformazione urbana attuata da Napoleone III nel 19. secolo e anche l'urbanistica di matrice modernista, che dava la priorità all'asse urbano ed era rappresentata dalle pianificazioni di Le Corbusier, non riportano grandi differenze. Dopo la calamità di Lisbona, il mondo continuò a muoversi a senso unico verso "città grandi" e "architetture grandi".

La mia percezione è che la calamità che ha colpito il Giappone l'11 marzo 2011 potrebbe diventare uno spunto per cambiare il corso di questa storia. Perché l'11 marzo ci ha messo con le spalle al muro di fronte alla manifesta vulnerabilità delle "architetture grandi" e delle "città grandi". Anche gli enormi edifici che trasudavano possanza, nulla hanno potuto di fronte all'immane forza della natura sotto forma di tsunami. Le correnti successive al grande terremoto di Lisbona, che hanno continuato la propria corsa in cerca di strutture forti e grandi, sono state tutte smentite. È sembrato quasi che un dio si fosse adirato.

La sensazione che ho avuto è che l'incidente delle centrali nucleari sia senza dubbio la manifestazione di una collera divina. Il genere umano ha continuato la propria corsa alla ricerca di forza e grandezza, ma il risultato è stato che senza l'aiuto delle centrali nucleari non sarebbe stato possibile costruire e gestire strutture forti e grandi. Le centrali nucleari sono la conseguenza inevitabile di una civiltà moderna che ha desiderato frettolosamente oggetti di forza e grandezza. Alla fine quelle centrali hanno rivolto le proprie zanne contro l'uomo. Il corso delle scelte operate dopo Lisbona è stato disconosciuto in modo netto e nella sua interezza. Ci è stata impartita una lezione su quanto arrogante e innaturale fosse tale corso. Gli uomini devono tornare alla debolezza. Dobbiamo rifare tutto, partendo dall'umile consapevolezza che l'essere umano non può assolutamente diventare forte.

Com'è dunque un'urbanistica che operi a favore della debolezza umana?

Lo spunto mi venne negli anni novanta durante un progetto nella regione del Tōhoku. Capita che gli anni novanta giapponesi vengano chiamati: "il decennio perduto". La bolla speculativa sviluppatasi nella seconda metà degli anni ottanta "scoppiò" e il Giappone piombò in un'epoca oscura di crisi economiche. Dopo essere tornato da New York nel 1986, aprii il mio studio di

architettura e, nonostante io fossi ancora sulla trentina, mi furono commissionati lavori di una certa importanza: fu un esordio così buono da stupirmene io stesso.

Tuttavia, nel 1991 la bolla scoppiò e i lavori subirono un arresto improvviso. Nel decennio degli anni novanta, a Tokyo non c'era nemmeno l'ombra di un lavoro. Rappresentò un "decennio perduto" anche per me. Ma nella realtà dei fatti, io sono qui oggi proprio perché si verificò quel decennio con le esperienze che ne derivarono.

Durante quegli anni io viaggiai. Cercavo qualunque ragione per andare in giro per il Giappone: i pretesti che più adducevo erano, per esempio, la raccolta di materiali per riviste di architettura, o una lezione presso un'università, o un incontro tra movimenti per la conservazione di beni architettonici e così via. I luoghi che più mi affascinavano erano il Tōhoku e lo Shikoku. Ci andavo di frequente e nel tempo si crearono vari contatti, facendo sì che io ricevessi l'opportunità di progettare alcune piccole architetture in quelle due regioni. I lavori lì erano di natura totalmente diversa da quelli che facevo a Tokyo durante il periodo della bolla speculativa.

Non era solo il fatto che fossero lavori piccoli, era proprio il modus operandi a creare uno splendido contrasto. Da qualche tempo io lo definisco: "design piccolo". Si potrebbe anche chiamare design da Tōhoku o design da Shikoku, ma per dargli un tono un po' più universale l'ho chiamato: "design piccolo". Non è una metodologia per il solo design architettonico, perché si applica anche alla pianificazione urbana e al product design. Per riassumerne le caratteristiche in un concetto: non è ricerca di grandezza. Invece di creare strutture voluminose, si dà importanza all'essenza del luogo che diviene base per la creazione delle cose. Significa porre l'attenzione non sull'oggetto pronto ma sul luogo che lo crea.

Credo che tale metodologia nutra un rapporto profondo con l'aspetto topografico del Tōhoku e dello Shikoku. Queste due zone hanno la conformazione più irregolare di tutto il Giappone. Sono un agglomerato di increspature, sotto forma di piccole vallate e insenature, al cui interno rimangono luoghi prosperi e difficilmente violabili. In quei luoghi esiste un flusso completo di economia, energia, risorse, materiali e uomini che fornisce a tutto ciò che si trova lì una dimensione piccola e accogliente, e un'intima bellezza. Il "design piccolo", che sostituisce il "design grande" del 20. secolo, prende ispirazione proprio da quella dimensione piccola.

Per contro, nei luoghi privi di increspature, come per esempio nelle ampie distese, l'essere umano ha il vizio di ricercare il grande. È facile che in mezzo a una pianura la mente segua la voglia di erigere una torre alta e imponente per attirare l'attenzione, radunare gente da lontano e ottenerne un ricavo. Ma tra le increspature, tali desideri non si fanno assolutamente percepire. La società industrializzata del 20. secolo rappresentava l'era delle pianure. Un'era in cui si appiattiva il mondo come un bassopiano su cui costruire grandi torri attorno alle quali generare forzatamente flussi di economia, energia, risorse e uomini. In quel periodo le increspature della terra furono abbandonate in favore delle pianure e lasciate in balia di sé stesse, private della propria vitalità. Nel frattempo l'11 marzo ci ha insegnato i limiti delle pianure e delle grandi strutture. Per attuare un'inversione di marcia dall'era delle pianure all'era delle increspature della terra, bisogna rivalutare queste ultime. Desidero attingere a queste increspature per ottenere spunti per una nuova era. Se mi guardo indietro, i piccoli progetti che ho fatto negli anni novanta andando in giro per vallate e insenature, sono stati per me un'occasione magnifica per pensare a una nuova era.

OPEN SCALES

YUSUHARA WOODEN BRIDGE MUSEUM

Photo Credit
Takumi Ota

Photo Credit
Takumi Ota

Photo Credit
Mitsumasa Fujitsuka

OPEN SCALES

Photo Credit
Takumi Ota

Photo Credit
Eriteta Attali

Photo Credit
Takumi Ota

PROJECTIVE ECOLOGIES

Chris Reed and Nina-Marie Lister

Chris Reed is the founding principal of Stoss. His innovative, hybridized approach to public space has been recognized internationally, and he has been invited to participate in competitions and installations in the United States, Canada, Europe, Israel, the Middle East, Taiwan, and China. Reed's research interests include the impact of ecological sciences on design thinking, and city-making strategies informed by landscape systems and dynamics; he is co-editor of an upcoming volume of research and drawing titled Projective Ecologies. Reed received a Master in Landscape Architecture from the University of Pennsylvania and an AB in Urban Studies from Harvard College. He is currently Associate Professor in Practice of Landscape Architecture at the Harvard University Graduate School of Design.
Photo by Joost Bataille.

1. Guattari, Félix. The Three Ecologies. London: Athlone Press, 2000. Print. 52.
2. Banham, Reyner. Los Angeles: The Architecture of Four Ecologies. Berkeley, Cal.: University of California Press, 2001. Print. 24.
3. Varnelis, Kazys. The Infrastructural City : Networked Ecologies in Los Angeles. Barcelona/New York: Actar / Columbia University Graduate School of Architecture, Planning and Preservation, 2008. Print. 15.
4. James Corner has long made the argument that drawing and representation are as much constructive and projective acts as they are representative of an idea already formed. See especially "Eidetic Operations and New Landscapes" in Corner, James, ed. Recovering Landscape: Essays in Contemporary Landscape Architecture. New York: Princeton Architectural Press. 1999.

The following is an excerpt from "Introduction / Ecological Thinking, Design Practices" of the book Projective Ecologies, edited by Chris Reed and Nina-Marie Lister, and jointly published by the Harvard University Graduate School of Design and ACTAR (2013).

The past two decades have witnessed a resurgence of ecological ideas and ecological thinking in discussions of urbanism, society, culture, and design. In science, the field of ecology has moved from classical determinism and a reductionist Newtonian concern with stability, certainty, and order in favor of more contemporary understandings of dynamic systemic change and the related phenomena of adaptability, resilience, and flexibility. Increasingly these concepts of ecological thought are found useful as heuristics for decision-making generally, models or metaphors for cultural production broadly, and for the design arts in particular. This places landscape architecture in a unique disciplinary and practical space, equally informed by ecological knowledge as an applied science, as a construct for managing change, and—in particular, within the context of sustainability—as a conceptual model of cultural production or design.

But ecology is not simply a project of the natural sciences. Many researchers and theorists and social commentators have used ecology as a broader idea or metaphor for a set of conditions and relationships with political, economic, and social implications—or even redefined the term ecology to include these realms from the inception. Félix Guattari, writing in *The Three Ecologies* for instance, argues that ecology is as much bound up in issues of social and economic power, demographics, political struggles and engagement as it is operating in relationship to environmental forces: "Ecology must stop being associated with the image of a small nature-loving minority or with qualified specialists. Ecology in my sense questions the whole of subjectivity and capitalistic power formations…" Reyner Banham, in seeking to create a new architectural and urban history book for Los Angeles, talks of a combination of "geography, climate, economics, demography, mechanics, and culture"—made evident only via movement on the city's characteristics roads and freeways—that constitutes four organizational "ecologies" for metropolitan Los Angeles (Surfurbia, The Foothills, The Plains of Id, and Autopia). Kazys Varnelis refers to the "networked ecologies" of Los Angeles as "a series of codependent systems of environmental mitigation, land-use organization, communication, and service delivery." Even ecologists themselves spoke to the broader implications of the emerging scientific discourse: Canadian ecologist C. S. Holling, writing about new ecological research and models in 1970, spoke as much of the planning and management implications of this new line of thinking than about the science behind it, while Eugene Odum drew direct connections to energy and economics in his 1977 paper "The Emergence of Ecology as a New Integrative Discipline."

Projective Ecologies takes stock of the diversity of contemporary ecological research and theory—embracing Guattari's broader definition of ecology as at once environmental, social, and existential—and speculates on potential paths forward for design practices. Where are ecological thinking and theory now? What do current trajectories of research suggest for future practice? How can advances in ecological research and modeling, in social theory, and in digital visualization inform with greater rigor, more robust design thinking and practice?

Here, the modifier *projective* is both important and suggestive: it recognizes the constructed nature of ecologists' models for the physical and dynamic aspects of the natural world. Stewart Pickett commented at the Critical Ecologies symposium (organized by Chris Reed at the GSD in Spring of 2010) that, in fact, all ecologists have to work with are their models of ecosystems, as they tend not to (nor can they typically) test ideas on and in the ecosystem itself. It also implicates the creative and projective ambitions of representation—the drawings and models that scientists, designers, and others use to help demonstrate and explain ideas. In many cases, it is through the work, through the modeling—whether in writing or in drawing—that ecological ideas have continued to emerge and are clarified.

Projective Ecologies, then, is an explicit recognition of a plurality of ecological theories and applied research underpinning contemporary understandings of cultural and natural living systems. It spans a broad spectrum from philosophy and the humanities to the social and biological sciences. Landscape ecology, human ecology, urban ecology, applied ecology, evolutionary ecology, restoration ecology, deep ecology, the ecology of place, and the unified theory of ecology (also called neutral theory of ecology) are but a few of the specialized areas of ecologically-oriented research that have emerged over the past decades and continue to inform our thinking about the various interrelationships between plants, animals, and the physical, biological, cultural, and experiential world in which live. In this regard, this collective body of work is a recognition of a growing alignment between these ideas and contemporary theories about the complex, unpredictable, and emergent nature of the world—a world which is increasingly recognized as a hybrid of culture **and** nature, where old dualisms are being supplanted by transdisciplinary thinking, uneasy synergies, complex networks and surprising collaborations.

This alignment is manifest in a range of scientific inquiries about human adaptation and evolution. It is demonstrated in the work of notable evolutionary biologists and ecologists such as Lynn Margulies, E.O. Wilson and Niles Eldridge, and social and physical anthropologists such as Jane Goodall, Margret Mead, and Richard Wrangham; in the characteristics of emergence documented through the mid to late twentieth century by systems theorists Ludwig Von Bertalanffy, Arthur Koestler, Buckminister Fuller, Gregory Bateson, Stafford Beer, Russell Ackoff and Donella Meadows; in the break-through work of physicists Illya Prigogine, Stu Kauffmann and Murray Gell-Man, and popularized in the science writing of Steven Johnson, Robert Lewin, Daniel Botkin and Fritjof Capra; and in the behavior of dynamic networks as in the work of Albert-Laszlo Barabasi and Kathleen Carley; and finally, about complex adaptive systems—among and between a broad range of disciplines.

The translation of these ideas into practice, while still nascent, has been similarly widespread across the disciplines. Evidence of the growing acceptance of a complex, adaptive systems paradigm can be seen in business (from management theory to social entrepreneurialism and network organization), in education (collective learning), in engineering (from systems design to asynchronous computing applications), and in cultural production (in digital media design, etc.). In addition, there has been an increase in transdisciplinary think tanks and institutes dedicated to the study of complex systems, emergence and uncertainty, including notable organizations such as the Santa Fe Institute for the study of complexity, the Wyss Institute for biologically inspired engineering, the Sustainability Institute, and the Center for Complex Network Research in the US; and the International Institute for Applied Systems Analysis in Austria, and the Max Planck Institute for Dynamics of Complex Technical Systems in Germany.

These institutes and the inquiries and speculations they foster point toward a multiplicity of informants to and democratization of ecological thinking in the last part of the twentieth century and into the twenty-first. The result is a collective representation of the different but parallel modes of research and vehicles for communication that have been and are being utilized to put these ideas forward. In this frame, then, the project of revolutionizing critical thinking in ecological research and design practices can be understood as much a project of the humanities and social sciences as it is a project of the natural sciences; and as much an instigation of new theory as it is of new applications and practices. New transdisciplinary theories such as post-normal science (Funtowicz and Ravetz, 1994), the unified theory of ecology (Hubbell 2001) and learning organizational theory (Senge 1990, 2000) are evidence of the outgrowth from and the push past discipline-centered reductionism towards integrative theories that operationalize synergistic modes of thinking and practice.

These overlapping developments have had significant impacts on the design disciplines broadly, especially as both landscape and ecological dynamics have re-emerged at the center of architectural theory and related design discourse. Adaptive building systems or elements—fenestration systems that automatically respond to changing light levels, keeping building interiors cooler—are now widespread. Ecological cyborgs, which hybridize infrastructural function and ecological responsiveness by diverting waste resources from industrial operations, are on the drawing tables of cross-disciplinary design practices like Stoss. Longer-term management and curatorial strategies for large-scale open space, infrastructure, and urban projects now allow for feedback loops and multiple possible outcomes (if/then scenarios, especially in work by Field Operations and others). Even the structure of multidisciplinary design team and academic alliances have been affected. Ecologists such as Steward Pickett and Richard Forman have important, long-standing relationships with design thinkers and design schools, while others such as Steven Handel and Stephen Apfelbaum have aligned themselves with design practice through applied ecological research.

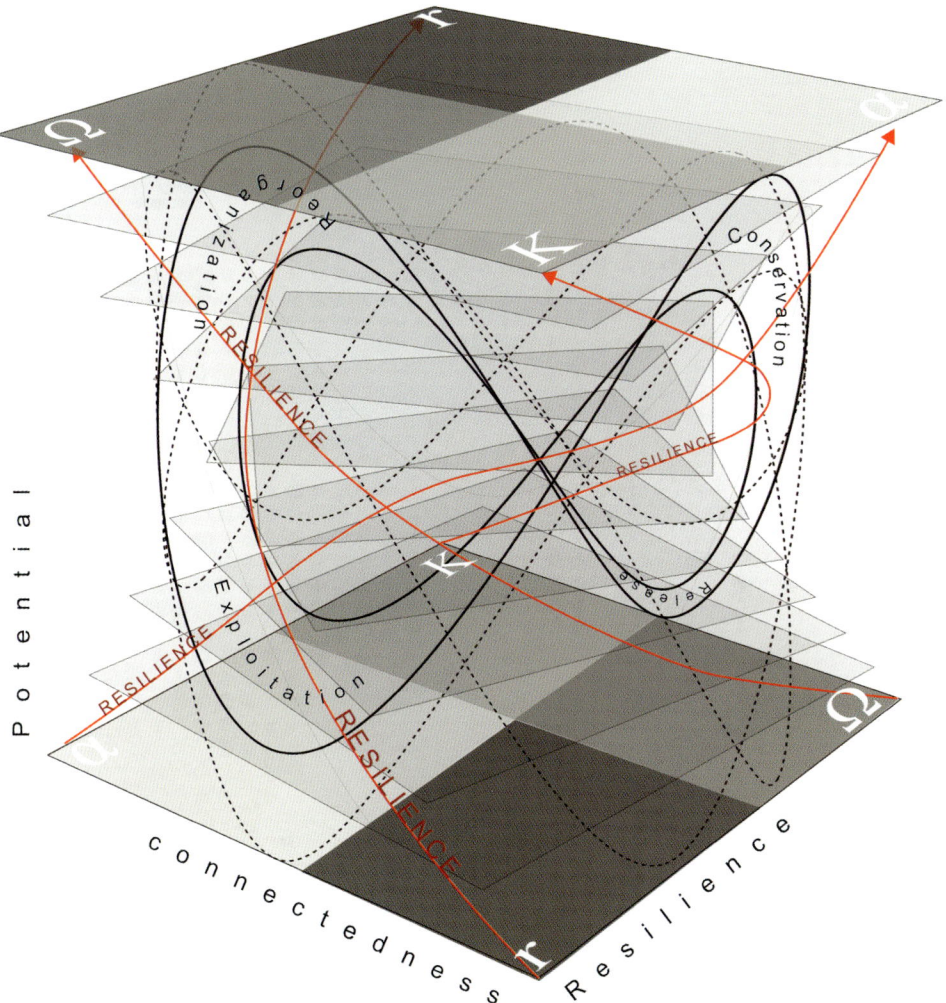

More recently, new modeling programs and visualization techniques offer another path forward for exploration and experimentation. Flow modeling, scripting, and processing software in particular offer time-based platforms for representing and programming change and evolution. Also, new applied research into the relationship of energy and atmosphere offer other potentials as well. But few designers have yet ventured beyond the metaphors and mechanics offered by these two-decades-old models in such a way to design effectively for adaption to change, or to incorporate learned feedback into the designs, or to work in transdisciplinary modes of practice that open new apertures for the exploration of new systems, synergies and wholly collaborative work. This is the project ahead: *Projective Ecologies* charts a course across the sciences, humanities and design culture towards a more rigorous, robust and relevant engagement across the domains of ecology and design—one to be fully explored and engaged in the coming years.

OPEN SCALES

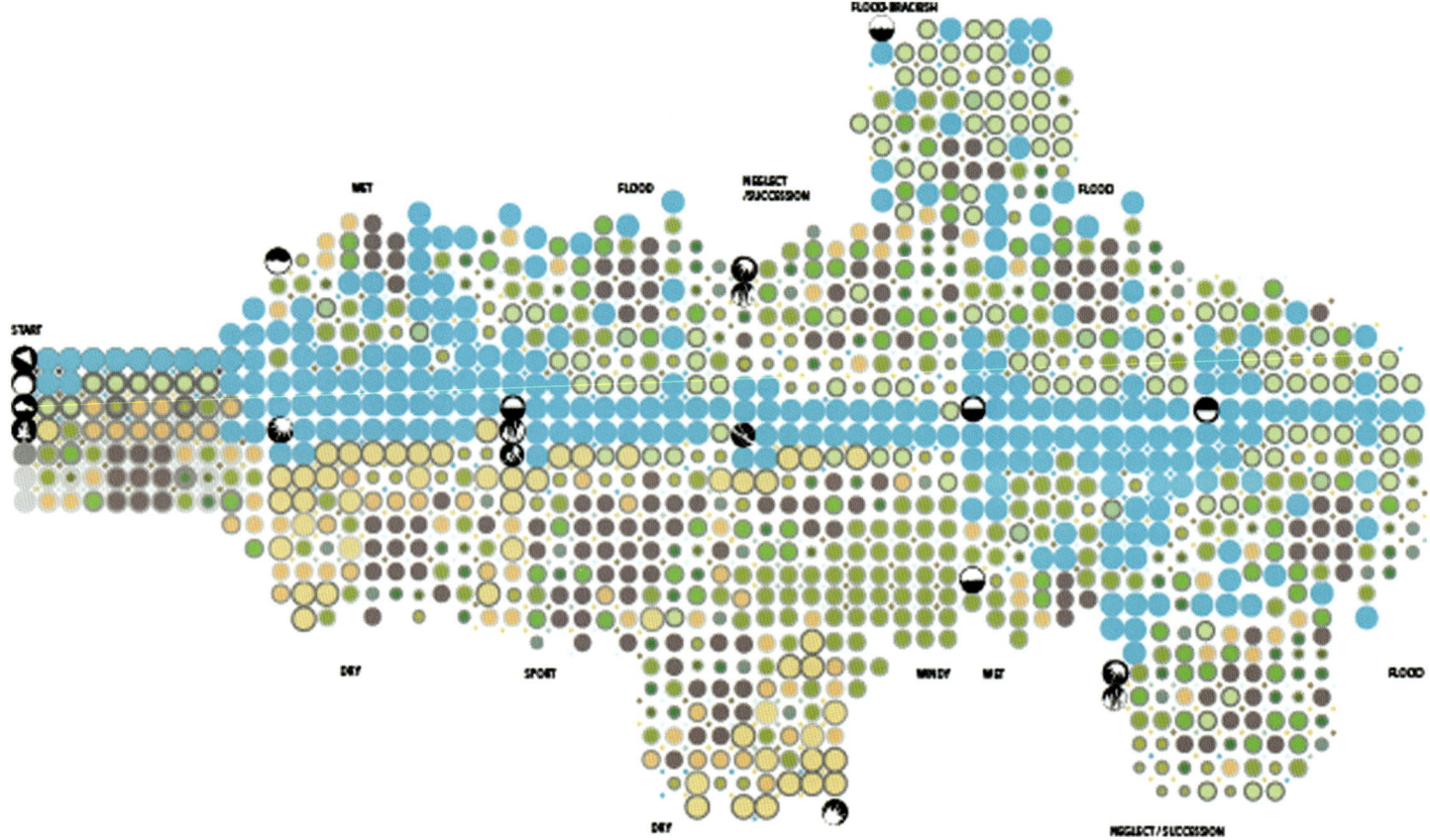

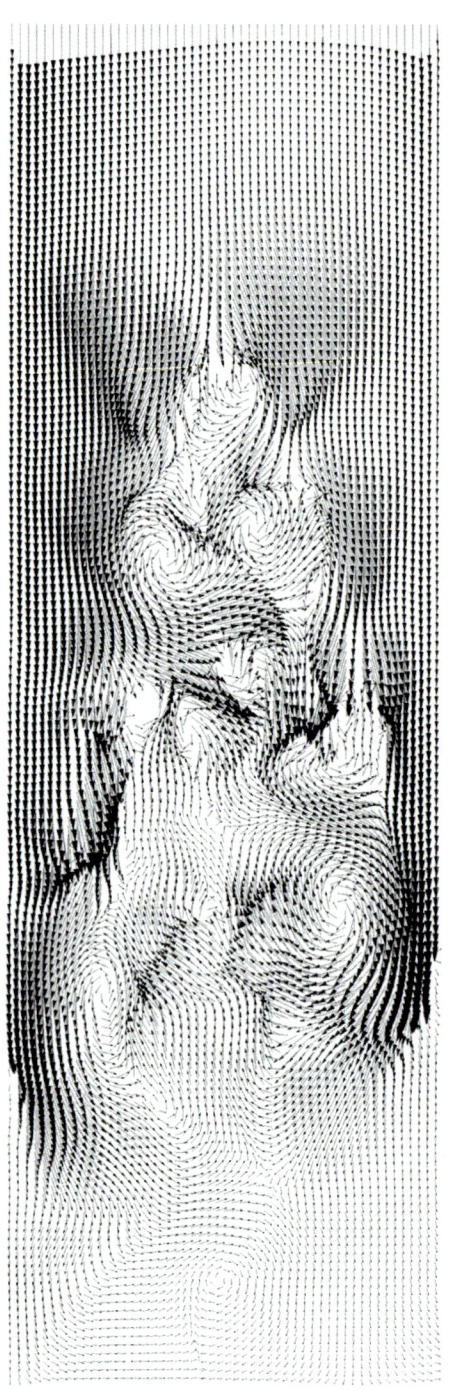

1. Tomas Folch, Nina-Marie Lister, and Chris Reed, after C.S. Holling. Four Ecosystem Functions. etc.
2. Chris Reed, Meg Studer / Stoss, and Tomas Folch. Shifting States, Bass River Park. Image copyright Stoss.
3. Chris Reed and Tomas Folch, after Tomas Folch, Sara Newey, Lauren McClure, and Amna Chaudhry, Oyster Reef Dynamics.
4. Robert Gerard Pietrusko. 71°51'43.971"W , 42°52'4.828"N Agent-based simulation of hydrological flows.

OPEN SCALES

L'eredità dello sprawl. Risorse territoriali e sviluppo urbano sostenibile: un problema multiscalare

Mauro Berta

Mauro Berta – Architetto e PhD - è Ricercatore Universitario e Professore Aggregato in Composizione Architettonica e Urbana presso il DAD del Politecnico di Torino. Si occupa di progettazione urbana, con particolare attenzione al rapporto tra caratteri morfologici, tipologie architettoniche e caratteri del paesaggio insediativo.

"Quand le bâtiment va, tout va". Ancora pochissimi anni fa, a crisi economica già conclamata, la celebre frase di Martin Nadaud - pronunciata a metà '800 in una Parigi che avrebbe conosciuto di lì a poco le radicali trasformazioni dei *grands travaux* haussmanniani – è stata rievocata più volte nel dibattito politico italiano; uno slogan potente e immediato, che se da un lato rimarcava un dato noto ed acquisito (la centralità del comparto dell'edilizia nella produzione di ricchezza nazionale), dall'altro continuava di fatto a riproporre, nelle sue traduzioni operative, un modello di sviluppo ancora fortemente improntato alla crescita quantitativa e soprattutto indirizzato all'innalzamento della variabile dei consumi, ancora una volta interpretata come principale, se non esclusivo, indicatore del livello di benessere della società.

È naturale chiedersi quanto sia ancora attuale oggi un orientamento di questo tipo; in particolar modo nel momento in cui segnali molteplici - provenienti non solo dalle discipline legate al governo del territorio, ma anche in modo più ampio, e forse ancora più preciso, dalle scienze economiche, sociali, ambientali ecc. – stanno portando alla luce trasformazioni radicali in atto nella società e nell'ambiente, ponendo in evidenza tutti i limiti delle politiche di sviluppo tradizionali. Ad entrare in crisi è oggi principalmente quello stesso paradigma "debole" di sostenibilità - formatosi negli ultimi decenni del secolo scorso - che si fonda sul principio della possibilità di compensazione tra perdite di risorse naturali ed incremento dello *stock* di capitali fissi territoriali; un paradigma a cui si cerca ora da più parti di sostituire, o quanto meno di affiancare laddove possibile, il modello alternativo di una sostenibilità "forte", più radicale e basato viceversa sul riconoscimento della non negoziabilità delle risorse comuni non rinnovabili. Come evidenziato nel rapporto finale della "Commission Stiglitz"[1], istituita in Francia nel 2008 dalla presidenza Sarkozy e presieduta, oltre che dallo stesso Joseph Stiglitz, da Amartya Sen e Jean-Paul Fitoussi, la sfida (quanto mai difficile nell'attuale congiuntura economica) è ora quella di spostare l'interesse dalle analisi esclusivamente economiche del benessere (segnatamente quelle basate sui PIL nazionali) ad indicatori più complessi, in grado di integrare le variabili ambientali - reti ecologiche, consumo di suolo ecc. - nella valutazione oggettiva dei modelli di sviluppo.

Si collocano in questa cornice i termini generali di quella "nuova questione urbana" che Bernardo Secchi ha definito con precisione negli ultimi anni[2]: ambiente, mobilità e disuguaglianze sociali; questioni aperte che disegnano sul territorio i contorni di una nuova possibile "modificazione", sicuramente affatto differente da quella già osservata negli anni '80 (quando la priorità della "terza generazione" dell'urbanistica erano soprattutto il problema del riuso dei grandi vuoti industriali e il contenimento della dispersione del costruito), ma comunque ancora leggibile come uno scollamento tra le caratteristiche sociali, funzionali e morfologiche del territorio urbanizzato, che sottende – nuovamente - una necessaria revisione degli strumenti progettuali e degli stessi schemi interpretativi applicati al governo delle trasformazioni.

I dati più recenti sui mutamenti fisici del territorio europeo paiono confermare, dal canto loro, la presenza di un radicale cambiamento in atto. La European Environment Agency registrava ancora nel decennio 1990-2000 - a partire dall'analisi della copertura dei suoli redatta sulla base del progetto Corine Land Cover – un ampliamento rilevante della crescita urbana dispersiva in ampie parti della cosiddetta "blue banana" (la regione urbanizzata dell'Europa centrale), in Spagna, Italia, Irlanda, Grecia e in tutti i Paesi dell'est[3]. Nel successivo periodo 2000-2006 (l'ultima scansione attualmente disponibile) il tasso di consumo di suolo, pur restando a livelli molto elevati, tende però a ridursi in percentuale in ampie zone, a fronte di un incremento significativo dello sviluppo urbano ottenuto per trasformazione di suoli già precedentemente urbanizzati[4].

È forse prematuro affermare che "lo sprawl sta rallentando"[5], ma quanto emerge in ogni caso con una certa chiarezza è che l'impronta urbana sul suolo ha toccato – dopo la fase esplosiva degli ultimi trent'anni – estensioni tali da far ritenere che si sia giunti, per ampie parti del territorio, in prossimità dei limiti teorici della sua espansione, oltre i quali la compromissione degli equilibri tra urbano, rurale e naturale (con tutti i limiti interpretativi che categorie così *tranchant* comportano) rischia di risultare irreversibile.

Pur senza contrarsi, la dispersione insediativa si sta profondamente riorganizzando al proprio interno. Già alla fine degli anni '90 era stata riconosciuta con una certa chiarezza la presenza di nuovi fenomeni di riconcentrazione urbana intorno a polarità locali, sovente caratterizzate da una marcata specializzazione funzionale; primi segnali di ciò che ora viene compiutamente identificato come una tendenza più generale ad una riorganizzazione reticolare del territorio, di impronta metropolitana. Una metropoli di carattere nuovo, evidentemente, non necessariamente vincolata alla presenza di un nucleo principale, ma comunque in grado di estendere il carattere di urbanità ad ampie zone del territorio, nelle quali – se da un lato emergono nuove tendenze alla ricentralizzazione insediativa e alla riorganizzazione dei comparti produttivi – dall'altro compaiono sovente processi di selezione e nuove marginalità.

Se la "città diffusa", era stata raccontata per anni come un territorio sostanzialmente isotropo e caotico, l'"arcipelago metropolitano"[6], in cui essa si è nel tempo evoluta, è oggi un territorio fortemente gerarchizzato e polarizzato, in cui coesistono e collidono logiche funzionali, istanze collettive, bisogni sociali e ragioni formali non solo profondamente conflittuali, ma anche e soprattutto appartenenti a ordini scalari radicalmente diversi. Tratto fondamentale di questa condizione postmoderna dell'urbanizzazione metropolitana – come già rilevava Edward Soja all'inizio dello scorso decennio[7] – è infatti proprio la ridefinizione continua dei fattori di scala a cui le questioni vengono ricondotte, e in cui esse vengono descritte ed affrontate in termini progettuali.

Ragionare sul territorio in termini di *open scales* - "aprirne" le scale - significa dunque in primo luogo forzarne i singoli perimetri di autonomia (politica, economica, tecnica, amministrativa ecc.) e intrecciarne le problematiche ai vari livelli, consapevoli del fatto che ogni singola azione si riverbera necessariamente sulla forma complessiva del territorio e sul suo funzionamento. Significa soprattutto riconoscere allo strumento progettuale un ruolo differente da quello tradizionale di dispositivo sovraordinato - atto a produrre soluzioni formalizzate a partire da richieste specifiche - per inserirlo *tra* gli attori coinvolti nelle trasformazioni e sfruttarne le prerogative di prefigurazione in un processo dialogico di identificazione e ricomposizione delle istanze, che materializza sui tavoli decisionali conflitti, opzioni e potenzialità, e ne svela possibili sinergie. Il progetto (architettonico, urbano, territoriale) diviene, in questo senso, procedimento euristico, in grado di far emergere dal territorio stesso figure progettuali in qualche modo "implicite"[8], inscritte cioè nelle strutturazioni di lunga permanenza, come i sistemi idrogeologici e orografici, le reti ecologiche ecc., ma anche nelle stesse forme antropiche che – nel tempo – con tali sistemi hanno costruito un rapporto stabile: i tessuti agrari, le forme insediative storicamente consolidate, le reti infrastrutturali (con particolare riferimento a quelle della mobilità sostenibile, come le ferrovie).

Cogliere questo nesso significa, come testimoniano alcune recenti attività di ricerca sul territorio piemontese, tuttora in corso nel Politecnico di Torino, gettare i presupposti per un'idea di crescita e di sviluppo che non si affida più necessariamente all'incremento quantitativo e a nuove espansioni del territorio urbanizzato, ma che rimette continuamente in gioco le diverse "ecologie" esistenti - naturali e artificiali - delle reti ambientali, dei tessuti insediativi e rurali, delle aree abbandonate o dismesse e dei sistemi infrastrutturali, all'interno di nuove figure ricompositive del territorio. Figure che rimandano, in ultima analisi, alla dimensione olistica ed inclusiva del *paesaggio*, che dopo la ratifica, nel 2000, della relativa Convenzione Europea (CEP) ha acquisito, anche a livello normativo e procedurale, un inedito connotato estensivo, che ne amplia virtualmente l'ambito di competenza ad ogni porzione del territorio. L'idea che "tutto sia paesaggio"[9], non sottende però in questo caso un principio di natura puramente conservativa o estetizzante ma diviene, viceversa, cornice e misura di opportunità reali di trasformazione e sviluppo. Soprattutto in considerazione della visione sistemica del territorio introdotta proprio dalla stessa CEP, la quale affianca al dato concreto e circoscritto degli "oggetti" quello diffuso - e sovente intangibile - delle "relazioni tra gli oggetti"; relazioni che giacciono su più livelli (storico-culturale, ambientale, fisico, percettivo) incompatibili con ogni forma di riduzionismo, e necessitanti - ora più che mai - di strumenti progettuali flessibili e dialogici, in grado di alimentare i dibattiti con raffigurazioni di scenari condivisi e di orientare consapevolmente le scelte dei decisori.

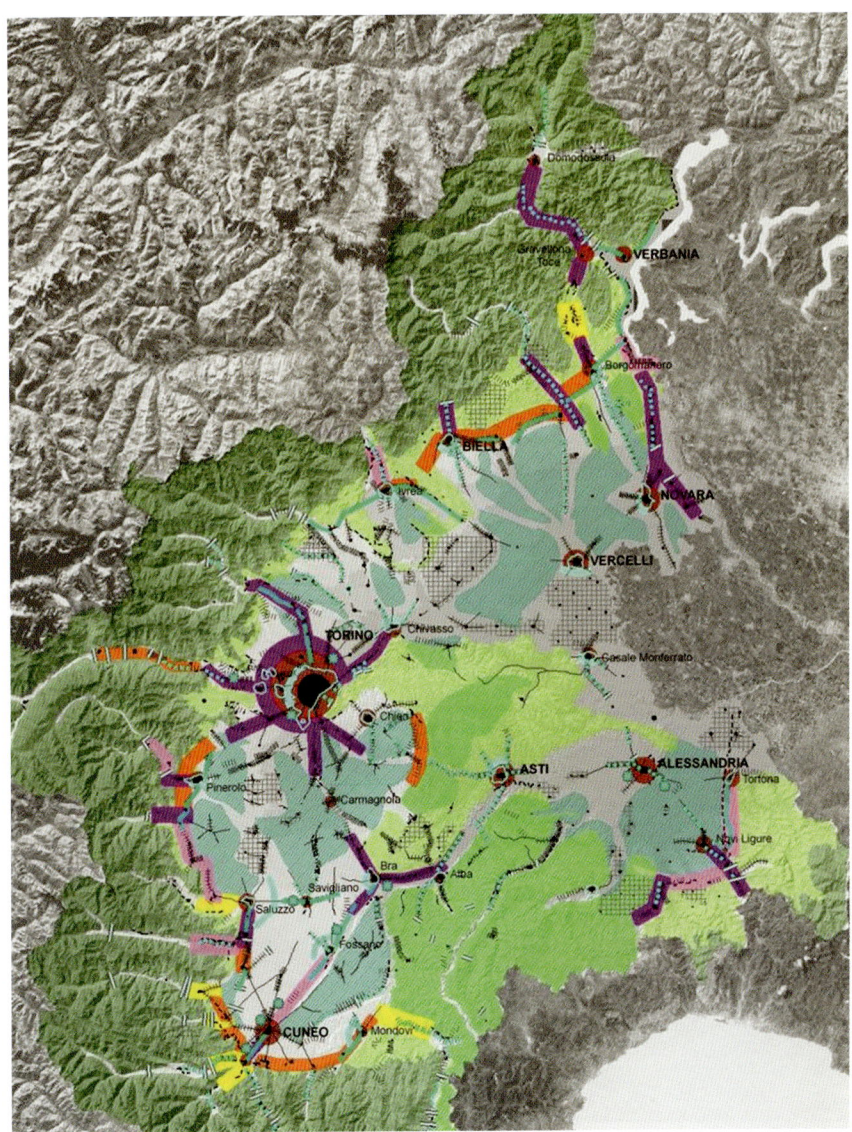

1. Stiglitz, J.E., Sen, A. e Fitoussi, J.P. (2009). *Rapport de la Commission sur la mesure des performances économiques et du progrès social*, Paris.
2. Secchi, B. (2013). *La città dei ricchi e la città dei poveri*, Roma-Bari: Laterza, pp. 3-9.
3. Cfr. EEA (2009). *Quality of Life in Europe's Cities and Towns*, EEA Report n. 5/2009, Copenhagen: EEA, p. 28.
4. Cfr. EEA (2013). *Changes Analysis in European Land Cover*. Assessment published in 2013, p. 3.
5. Ibidem.
6. Indovina, F. (2009). *Dalla città diffusa all'arcipelago metropolitano*, Milano: Franco Angeli.
7. Soja, E.W. (2000). *Postmetropolis: Critical Studies of Cities and Regions*, Oxford: Blackwell Publishing, p. 152.
8. Dematteis, G. (1995). *Progetto implicito: il contributo della geografia umana alle scienze del territorio*, Milano: Franco Angeli.
9. Kroll, L. (1998). "Tout est paysage", in: *Inter: art actuel*, n. 69, hiver 1998, pp. 20-23.

OPEN SCALES

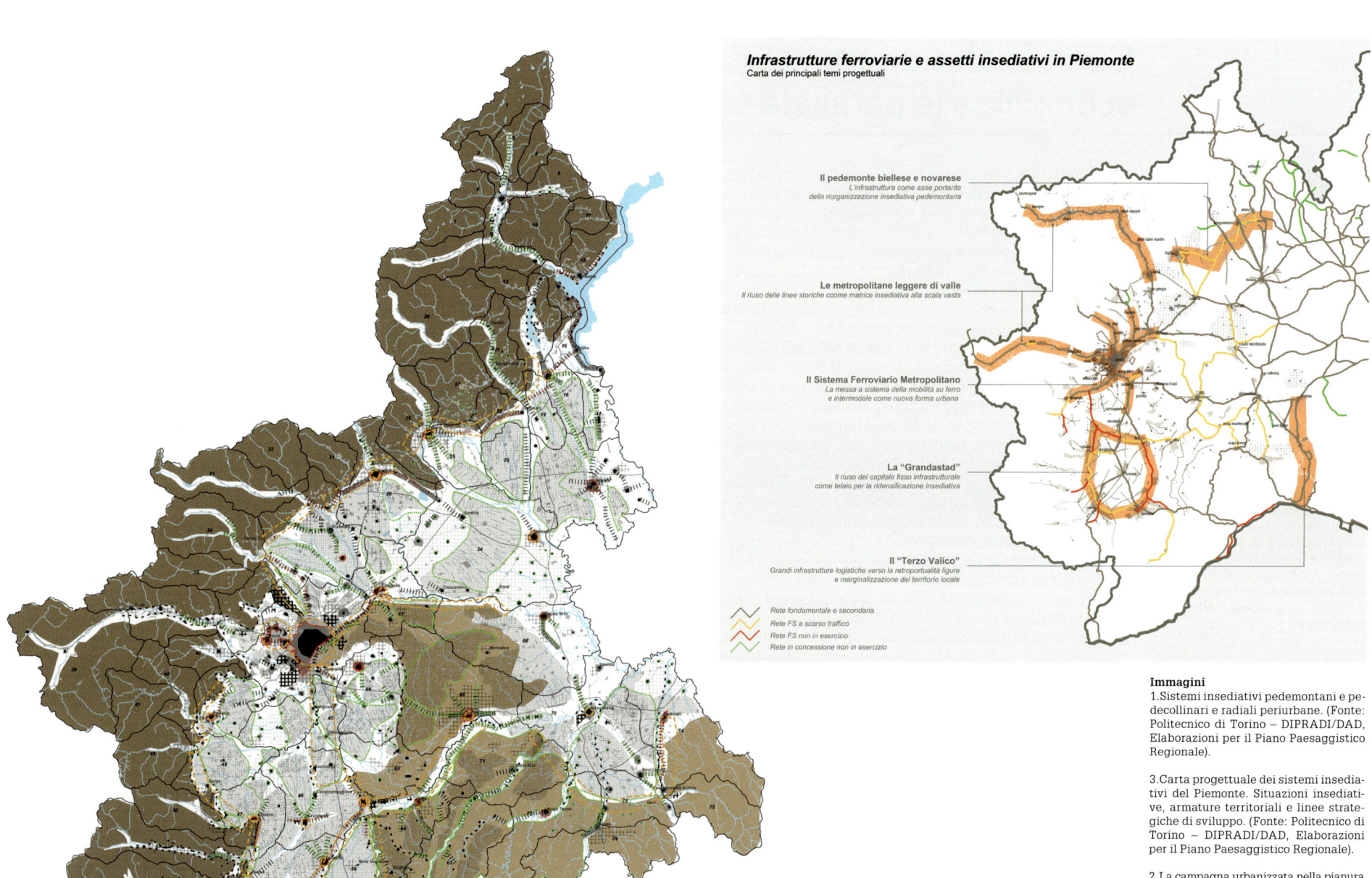

Immagini

1. Sistemi insediativi pedemontani e pedecollinari e radiali periurbane. (Fonte: Politecnico di Torino – DIPRADI/DAD, Elaborazioni per il Piano Paesaggistico Regionale).

3. Carta progettuale dei sistemi insediativi del Piemonte. Situazioni insediative, armature territoriali e linee strategiche di sviluppo. (Fonte: Politecnico di Torino – DIPRADI/DAD, Elaborazioni per il Piano Paesaggistico Regionale).

2. La campagna urbanizzata nella pianura piemontese (Foto: P. De Stefano, 2001).

4. Principali temi insediativi legati alla mobilità sostenibile in Piemonte e Valle d'Aosta. (Fonte: Politecnico di Torino – DAD).

Open Scales e GrandeScala: scomparsa (e parallela necessità) del progetto di spazio

Antonio De Rossi

Antonio De Rossi, architetto, è Professore ordinario di progettazione architettonica e coordinatore del PhD in "Architettura e Progettazione edilizia" presso il Politecnico di Torino. È inoltre vicedirettore dell'Urban Center Metropolitano di Torino. Suoi scritti e progetti sono apparsi sulla pubblicistica nazionale e internazionale, da "Lotus International" alla cinese "World Architecture".

Che si tratti di governare i processi inurbativi di milioni e milioni di persone nei paesi economicamente emergenti, di ripensare i modi con cui il welfare viene a inscriversi nelle città e nel territorio del vecchio mondo di fronte alla crisi strutturale di questi anni, o ancora (e questo riguarda tutti) di capire come la sostenibilità possa concretamente dare vita a nuove forme di progetto degli insediamenti e del paesaggio, una questione sembra alla fine unificare tutti questi fenomeni, ossia la centralità del termine *spazio* – in quanto luogo di interazione e mediazione delle problematiche sociali, economiche, fisiche – in rapporto alle intenzionalità di modificazione della realtà.

Eppure non sembra esserci oggi parola più desueta e marginale che quella di spazio, soprattutto nella sua accezione di spazio *fisico*, *materico* positivamente operabile. Questo paradosso (in realtà solo apparentemente un paradosso) è confermato da molteplici fatti ed elementi. Innanzitutto dai paradigmi che sempre più indirizzano le politiche o i grandi *asset* della ricerca internazionale. Parole e temi come riciclo, smart city, ecosostenibilità, condividono infatti la medesima concezione *liscia* e *adimensionale* dello spazio, nella quale l'efficienza è garantita da un'idea di progetto riconducibile al perseguimento di una performance tramite una dotazione tecnologica, e l'efficacia da procedure intese come messa in sequenza di buone pratiche.

Questo paradigma circolare tende sempre più spesso a espellere una concezione dello spazio fisico e sociale come *spazio spesso*, facendo perdere ai singoli territori il loro carattere di spazio individuale e specifico. La diversità viene lasciata a una visione ridotta e pacificata di paesaggio, in cui prevalgono esclusivamente elementi simbolici ed estetizzanti: una negazione di quella concezione per certi versi rivoluzionaria di paesaggio con cui 20-25 anni fa si era cercato di infrangere specializzazioni e modi separati di costruire lo spazio fisico.

Tutto questo ci spinge a porre una domanda: esiste oggi una *questione morfologica*, nel senso di una sorta di *conventio ad excludendum* nei confronti della spazializzazione dei fenomeni, delle progettualità, delle politiche? Che si tratti dello smart o della sostenibilità, dei modi con cui l'opinione pubblica ipostatizza il tema delle trasformazioni, o ancora del trattamento tecnico-amministrativo e politico dei progetti, l'assenza della forma, il venir meno dello *spazio delle cose* sembra quasi costituirsi come un'emergenza epistemologica contemporanea. Un venir meno esito di quel "prevalere delle procedure", di quelle "rigide regole d'uniformità" che fanno dire a Carlo Olmo, nel suo recente libro *Architettura e storia*, che agli architetti resta solamente – di fronte a una tendenza contemporanea crescente incentrata sulla "necessità di uniformare le parti" – l'"apparenza che si fonda su un'eccezione".

Ma dietro al tema dell'estinzione dello spazio, per come è perseguito da burocrazie e tecnocrazie che vorrebbero ridurre il problema del territorio a conformità procedurali e prestazionali, si coglie in fondo un attacco ancora più radicale e profondo, che ha come oggetto il progetto stesso, nel suo carattere ontologico di scelta intenzionale di trasformazione. Perché di fronte alla crisi di legittimità del sistema democratico delle rappresentanze, allo stallo dei processi decisionali, la risposta offerta è quella dell'oggettività tautologica delle procedure e dei parametri quantitativi. Cosa che non fa che riprodurre ulteriormente, *ad libitum*, i fattori di crisi che intessono oggi il legame tra territorio, sviluppo, democrazia.

Eppure, è sufficiente osservare temi come quelli ad esempio del *riciclo* per comprendere come nel momento in cui esso venga esteso al progetto urbano e alla dimensione territoriale – in un'ottica di non rinviabile oltrepassamento della mera crescita urbana – la natura morfologica, spaziale, relazionale delle cose si tramuti in fattore imprescindibile. Progettare per il riciclo significa infatti capire quali sono i cicli di vita delle diverse componenti territoriali, comprendere quali gli elementi stabili e strutturanti e invece quelli modificabili e transeunti. Da qui una nuova rilevanza strategica delle strutturazioni del *capitale fisso territoriale* e degli elementi che lo compongono, i quali rappresentano il primo materiale a disposizione del progetto di riciclo. Solo entrando nel merito della loro *spessa* natura di *fatti costruttivi* questi temi possono essere sottratti agli esiti riduzionisti del neofunzionalismo delle procedure e delle validazioni, e a un'idea di qualità come mero atto di conformità a un sistema di valori tutti interni al sistema stesso. L'intreccio tra capitali fissi territoriali e riciclo impone da questo punto di vista una revisione radicale della questione del progetto, sia nei confronti della sua dimensione critica e concettuale, sia rispetto ai suoi strumenti e alle sue figure.

Di fronte allo scenario attuale di crisi diventa quindi decisivo definire i termini generali di una *ritirata strategica* rispetto alle modalità costruttive del territorio degli ultimi decenni, tutte costruite sulla circolarità tra crescita urbana, consumi, processi di patrimonializzazione, fiscalità e salvaguardia del welfare. Ritirata intesa quindi come opportunità per ripensare i modi di progetto del territorio e per riorientare i modelli di sviluppo; ma anche come una possibilità di riformulare radicalmente la natura stessa del progetto, ponendo al centro il suo ruolo di possibile *mediazione culturale*, di *negoziazione dialogica*, piuttosto che quello di mera risposta tecnica dal presunto valore neutrale ed oggettivo. Una *natura ricompositiva* e al contempo di *costruzione di scenari* per noi oggi decisiva, intorno cui provare a ricostruire una legittimità sociale del progetto di architettura e anche un sistema di competenze. Un ruolo che è oggi tanto più centrale nel momento in cui emerge con chiarezza la necessità di affiancare alla tradizionale interpretazione estetico-culturale della conservazione del territorio (dei palinsesti, del paesaggio) una necessaria e complementare concretezza sul piano economico, sociale e produttivo, riciclando la risorsa del suolo, a lungo trattata come variabile dipendente dello sviluppo urbano, rimettendolo al centro dei sistemi economici e produttivi.

In tutto questo, la valenza morfologica e strutturante dei capitali fissi territoriali ha doppio significato: di materiale decisivo per declinare la figura del riciclo alla scala territoriale, ma anche di lente per il ripensamento delle ontologie del progetto. Per lunghi anni, durante la stagione di studi sulla dispersione insediativa, le configurazioni dei capitali fissi territoriali sono state viste in termini di tattiche resistenziali – attive o passive – di fronte ai meccanismi omologanti delle dinamiche diffusive. Oggi assumono valore ben diverso: un baricentro del progetto di territorio rispetto al quale traguardare contemporaneamente questioni ecologiche e costi economici delle trasformazioni, cicli di vita e funzionamento dello spazio. E non solamente meri assetti figurativi. Da questo punto di vista le interpretazioni costruttive della morfologia della sostruzione geologica, del ciclo delle acque, della pedologia del suolo, dell'energia, ecc. da un lato, e la dimensione dialogica del progetto diventano i due capisaldi di un possibile nuovo modo di pensare il tema della modificazione del territorio.

Rispetto a questi temi, le immagini di riferimento dell'*Open Scales*, della *GrandeScala* o del *jeu d'échelles* non sono indifferenti. Dove, per architettura della *GrandeScala*, qui non si vuole intendere un'architettura dalla grande forma o della grande dimensione, e nemmeno una mera dilatazione del progetto urbano alla scala territoriale. Se certamente le trasformazioni – ancora prima che fisiche o economiche, di natura concettuale – imposte dalla contemporaneità reintroducono la necessità di un pensiero anche geografico della modificazione, la *GrandeScala* cui qui si vuole fare riferimento non può e non vuole infatti prescindere dall'immagine del *jeu d'échelles*, da quell'idea di *scala spessa, inclusiva* cui si accennava prima. Esattamente il contrario, quindi, di una vocazione tecnocratica. Semmai il concetto di *GrandeScala* è utile per far riflettere sulla rimozione e negazione del *valore ordinativo* del progetto di architettura all'interno di una contemporaneità costituita da funzionalismi ridotti e semplificanti. Un valore ordinativo che ovviamente – forse non è così inutile ricordarlo – non concerne solo le forme e le morfologie, ma anche i processi di formazione e migrazione dei simboli, il determinarsi delle rendite e dei valori economici, l'intreccio tra storie e geografie, tra tempi veloci delle trasformazioni e stratificarsi dei fatti fisici nel realizzarsi del linguaggio delle pietre. Un valore ordinativo che non può essere dato neutrale.

Parallelamente il termine vuole attirare l'attenzione su un problema emergente della "grande scala" che sebbene non separabile concettualmente dal *jeu d'échelles* necessita sempre più di risposte puntuali e specifiche. Da questo punto di vista l'immagine della *GrandeScala* vuole servire per riportare al centro il tema della *morfologia* nel suo rapporto con la *politica*, la necessità di un ripensamento della dimensione territoriale e geografica in relazione con la dialettica tra accelerazione contemporanea delle mutazioni e ineludibili processi di stratificazione fisica nel corso del tempo. Un dato, quest'ultimo, sempre più sottovalutato e dimenticato.

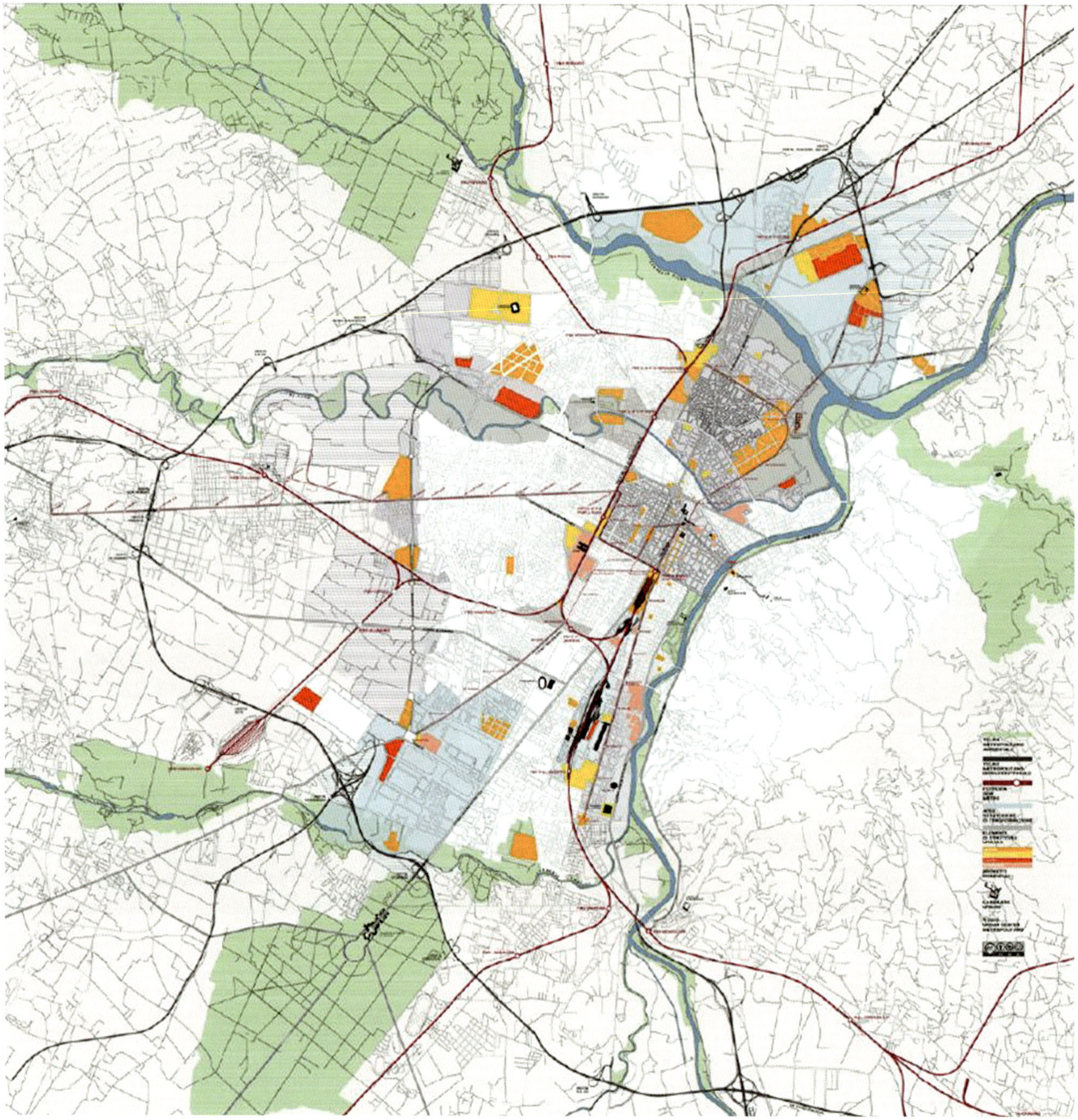

OPEN SCALES

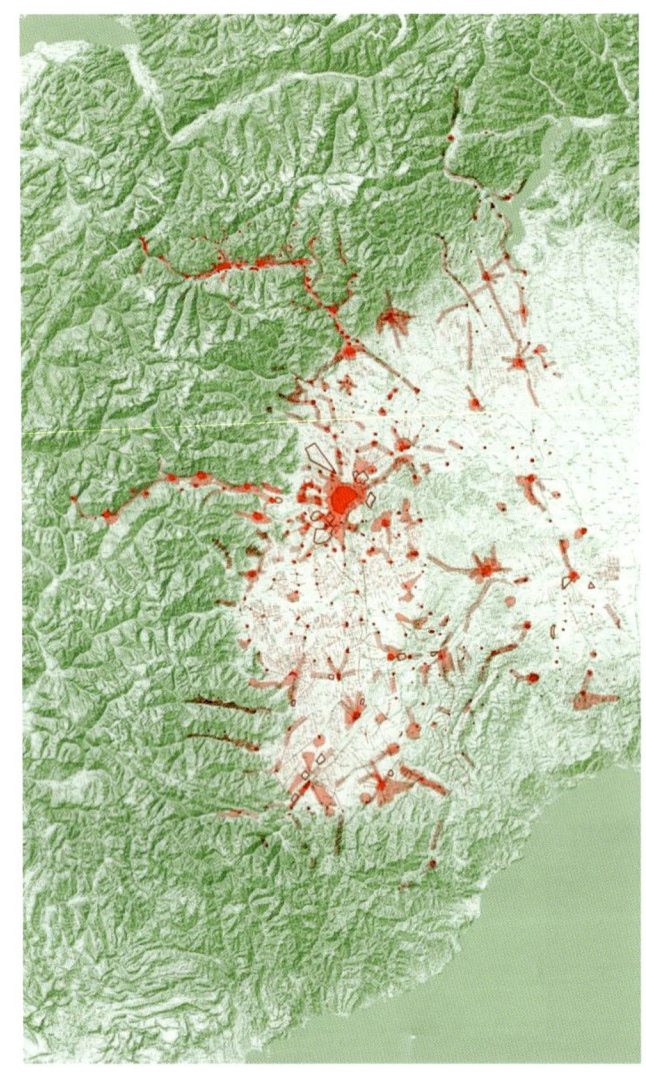

1. L'impronta sul territorio del palinsesto agricolo, un'immagine di Grande Scala.

2. Carta sintetica dei sistemi insediativi in Piemonte e Valle d'Aosta (Fonte: Politecnico di Torino – DAD, 2009)

3. Carta ricompositiva delle progettualità in corso in Area Metropolitana Torinese. (Fonte: Urban Center Metropolitano di Torino)

3. Telai insediativi, infrastrutturali ed ambientali nell'Area Metropolitana Torinese. (Fonte: Urban Center Metropolitano di Torino)

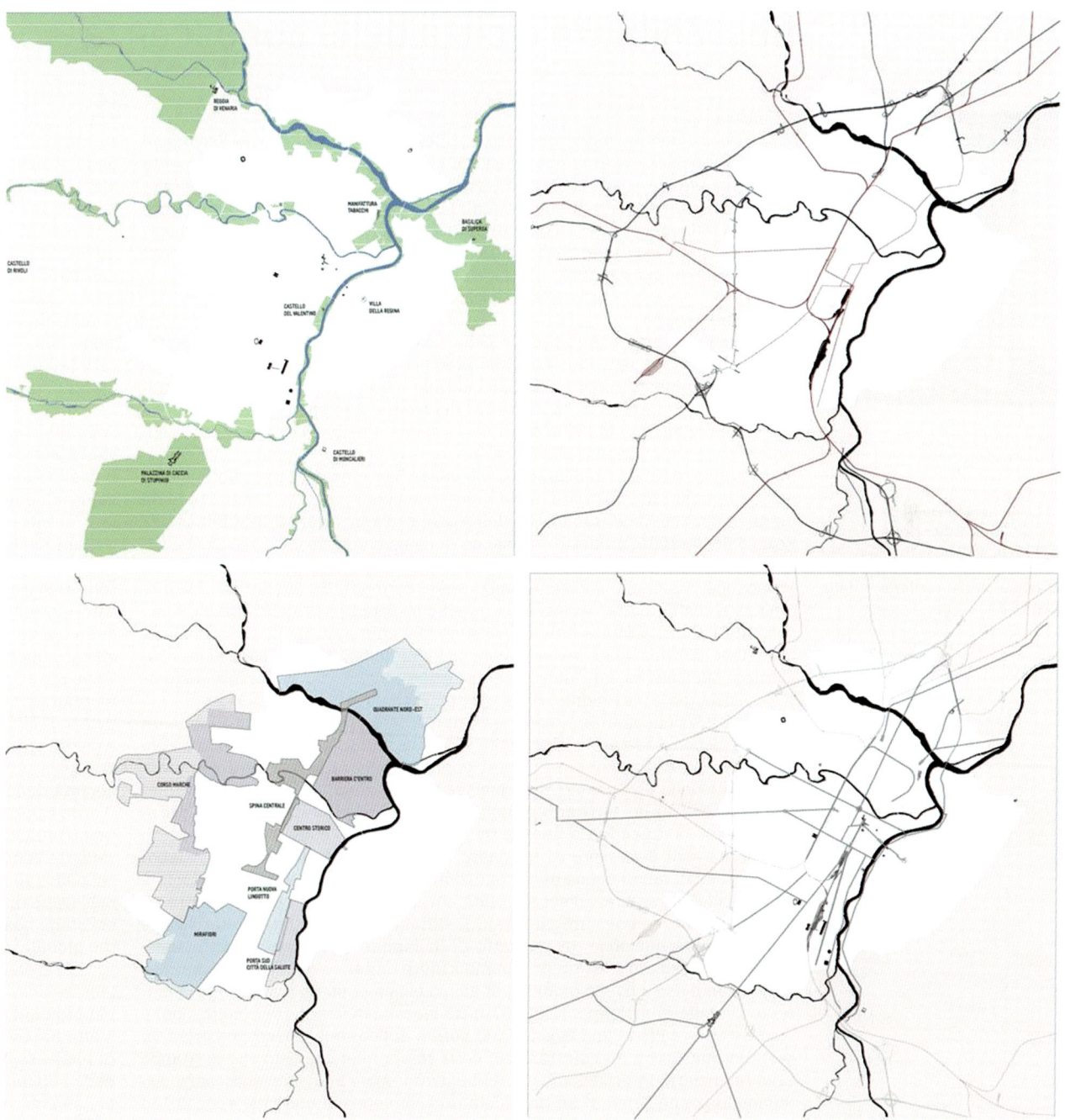

OPEN SCALES

Sostenibilità e città della conoscenza

Nicola Martinelli

Associato di urbanistica presso il Dipartimento Dicar del Politecnico di Bari, di cui è Prorettore con delega al Diritto allo Studio dal 2010. Svolge ricerche nel settore della pianificazione territoriale con particolare interesse per il paesaggio costiero, la rigenerazione delle periferie e della Smart City.

Premessa
Nell'articolazione delle due giornate di riflessione di REDS (Rome Ecological Design Simposium) la Sessione Open Scales si richiama programmaticamente ad un superamento delle scale di intervento territoriale ed urbano, che per decenni hanno ingabbiato gli approcci alla sostenibilità. Seguendo tale inedito indirizzo di lavoro le nuove agende urbane possono porre al centro delle loro attenzioni processi di innovazione in cui competitività e coesione vanno visti sullo sfondo di una società knowledge oriented.

Benessere urbano
Nella ridefinizione dei Paradigmi e nella ricerca di nuovi equilibri, che lentamente si fa strada nell'approccio alle problematiche riguardanti la città contemporanea emerge come questione centrale il benessere urbano, da intendersi non solo in termini di "abitabilità" della città contemporanea, ma anche quale condizione per lo sviluppo di una economia della conoscenza che consolidando le smart communities possa garantire una convergenza tra sostenibilità ambientale, economica e sociale nelle città e nei territori contemporanei. Si inquadra in questo dibattito internazionale il progetto italiano nato da un'iniziativa dell'Istat, del Cnel e dell'ANCI atto a misurare il BES Benessere Equo e Sostenibile, progetto "stimolato dalla convinzione che i parametri sui quali valutare il progresso di una società non debbano essere solo di carattere economico, ma anche sociale e ambientale, corredati da misure di diseguaglianza e sostenibilità" (www.misuredelbenessere.it). Gli indicatori BES che sono stati messi a punto dall'ISTAT sono 134 aggregati in 12 classi: salute, istruzione e formazione, lavoro e conciliazione tempi di vita, benessere economico, relazioni sociali, politica e istituzioni, sicurezza, benessere soggettivo, paesaggio e patrimonio, ricerca e innovazione, qualità dei servizi
Questa riflessione, peraltro, viene da lontano, se è vero che già nel 1968 in un famoso discorso tenuto all'Università del Kansas Robert Kennedy proponeva di mettere in discussione il PIL che, confinato alla misurazione della spesa pubblica e della produzione, non riusciva a distinguere tra quantità e qualità della crescita di un territorio e della sua comunità. Da allora si metteva in discussione la dipendenza lineare tra crescita del PIL e crescita dei livelli di Prosperità e di Benessere di un paese, proponendo in alternativa di elaborare sistemi di misurazione delle condizioni complessive di vita di una società che vanno dalla salute, all'accessibilità alle risorse (acqua, cibo, ambiente...), alla istruzione, ai consumi culturali. È diffusa una linea interpretativa che vede nella formulazione del concetto di Sviluppo Sostenibile della Commissione Bruntland del 1987 un primo importante tentativo di costruire un riferimento condiviso a livello globale per azioni concrete su un nuovo e più complesso modello di sviluppo. Nel 2007 tutto ciò veniva sintetizzato nello slogan Andare oltre il PIL al 2nd Oecd World Forum di Istanbul (www.oecd.org/site/worldforum06) con un carattere per certi versi profetico, visto che la grande crisi finanziaria internazionale avrebbe avuto inizio nell'anno successivo assumendo poi nell'arco di un quinquennio i connotati di una crisi epocale, ad un tempo economica e sociale.

Tralasciando la spinosa questione della misurazione del BES e dei suoi Indicatori, che ovviamente mutano nel tempo e rispetto ai luoghi nei quali vengono utilizzati - si pensi a tal proposito alle sperimentazioni su Indici Complessi come l'Impronta Ecologica, lo Human Development Index delle Nazioni Unite e ancora i Tassi di scolarizzazione – rimane, invece, di nostro maggior interesse la forte aspirazione che pervade i governi urbani di tutti i paesi, da quelli sviluppati a quelli in via di sviluppo, di misurare il benessere urbano per migliorare le proprie performance in termini ancora una volta di competitività internazionale, cercando di dare risposta a domande locali sempre più forti di qualità dell'ambiente urbano, di servizi e di equità, ovviamente in tale processo non è da trascurare il rischio di costruire set di Indicatori del BES utilizzati dai governi urbani per "costruire consenso" o come potenti strumenti di marketing territoriale.

Semplificando quindi una questione di peso scientifico e metodologico rilevante, sembrano oggi emergere 3 tipi di approcci per guardare e quantificare il livello di soddisfacimento del Benessere Urbano: tener conto delle Risorse materiali e immateriali di una città in termini di equità e di potenzialità, tentare di misurare i livelli di Happynes della comunità urbana, guardare alla Capability, intesa come sistema integrato di competenze culturali per riconoscere le risorse latenti necessarie a far crescere e sviluppare intelligenze collettive e abilità. In tal senso, si apre un grande campo di lavoro per Pianificatori interessati alla ricerca di Nuovi Paradigmi, in una fase in cui le priorità delle nuove Agende Urbane europee devono offrire utili soluzioni per l'uso efficace dei fondi comunitari 2014-2020 orientando le loro azioni in un contesto Open Scales perché caratterizzato da diverse dimensioni territoriali (aree metropolitane, middle cities, sistemi policentrici delle aree interne) che in Italia, peraltro, si caratterizza fortemente sulle specificità del Mezzogiorno e della Aree Interne.

Società della conoscenza
D'altro canto da Drucker (1969) in poi si sono descritti per la società contemporanea profondi mutamenti dei processi produttivi sempre più orientati alla cosiddetta economia della conoscenza i cui pilastri alla fine degli anni Novanta sullo sfondo di una economia globalizzata si sono definitivamente individuati nell'avanzamento tecnologico e nella centralità del capitale umano; This latest stage has been marked by the upheavals in technological innovations and the globally competitive need for innovation with new products and processes that develop from the research community (ie, R&D factors, universities, labs, educational institutes) infatti, in quegli anni si sono avuti i mutamenti più profondi dell'economia contemporanea dovuti all'innovazione tecnologica e alla necessità competitiva a livello globale per l'innovazione di prodotto e di processo determinati dagli impatti degli avanzamenti cognitivi sviluppati dalle comunità di ricerca, in una parola sono diventati determinanti per tali mutamenti i fattori della R & S che hanno avuto nelle università, laboratori di ricerca e istituti di formazione superiore i loro luoghi privilegiati.

Un modello Open Scales: i cluster produttivi e tecnologici

Volendo guardare ad uno dei tre approcci prima descritti per la determinazione dei Better Life Index, appare molto fertile per chi si interessa del progetto per la città contemporanea quello che cerca di misurare la Capability di una città e della sua comunità, in quanto non si possono ignorare i forti nessi che intercorrono tra quanto detto sul BES e quella che precedentemente si è definita Società della Conoscenza. È noto da decenni che i luoghi maggiormente attrattivi e produttivi siano oggi quelli dove si fa innovazione perché luoghi dove conviene vivere, lavorare e formarsi; molto spesso sono questi i contesti territoriali dove comunità con livelli di formazione elevata e dinamica sono capaci ad un tempo di esprimere domande sempre più sofisticate di beni e servizi, mobilitarsi per la difesa dell'ambiente e per l'aspirazione a spazi urbani sempre più significativi. Se partiamo dalla definizione che Michael Porter (1998) ha dato sui cluster tecnologici e produttivi per l'economia della competitività, il pensiero va ai grandi territori contemporanei dell'innovazione nei quali si sono strutturati negli ultimi decenni aggregati di centri di ricerca, università, aziende, istituti finanziari che hanno formato nuove geografie dei luoghi della conoscenza (Martinelli, 2012): la Sylicon Valley californiana, la Medicon Valley scandinava, alcuni Poles de Recherche et Enseignement Supérieur francesi, la rete multiclustered della pedemontana milanese, sistemi territoriali che superano le tradizionali scale territoriali per dislocarsi su ampie regioni urbane dove risiedono i soggetti attivi dell'innovazione (ricercatori, imprenditori) e al contempo generatori di nuovi stili di vita e consumi, divenendo essi stessi agenti che inducono l'innovazione produttiva dei clusters, e in ultima analisi stakeholders in processi di mobilitazione sociale per la tutela ambientale di questi territori.

L'Ocse (2001) ha stilato un'ampia lista di fattori che costituiscono il capitale territoriale, includendo tanto aspetti materiali, quanto asset intangibili. In particolare, oltre a quelli di tipo geografico e posizionale vengono inclusi: gli incubatori, le comunità di ricercatori, gli enti di formazione risultato di una combinazione di istituzioni, regole, decisori pubblici che rende possibile creatività e innovazione.

Peraltro, non è un caso che il Better Life Index elaborato dall'Ocse, sostiene che nei prossimi 20 anni i settori dominanti dell'economia non saranno nell'industria pesante e nel manifatturiero tradizionale, ma in produzioni innovative nei settori dell' Aerospazio, Biotecnologie, Farmaceutica, Telecomunicazioni, Strumenti di precisione, Energia, …. produzioni fortemente legate a R&S e alla capability di una comunità nella integrazione tra saperi, saper fare locale e capacità di governare la complessità della società contemporanea, afflitta da una crisi internazionale economica e finanziaria che non si presentava con tale gravità dagli anni Trenta.

Smart communities

È concetto diffuso che sulle Smart Cities che si giocherà la partita del futuro, pertanto l'obiettivo europeo di costruire entro il 2020 un network di città intelligenti non può che mostrare attenzione alle peculiarità delle identità locali e ai saperi contestuali di un città; non è un caso che Carlo Ratti indichi nelle città europee, con il peso della loro tradizione e la loro struttura architettonica definita come i luoghi di sperimentazione dell'innovazione e dove è più facile raggiungere un vero mutamento di abitudini di vita. In tal modo i vecchi centri di Copenhagen, Amsterdam, Friburgo, sono tra i luoghi di questa nuova stagione della città intelligente e sostenibile. E perché il concetto di Smart City non rimanga solo nella testa dei vendors ma si diffonda sempre più nelle menti delle communities (De Biase, 2012) si deve perseguire l'obiettivo di una città più o meno intelligente aldilà della tecnologia alla quale si affida per innovarsi; sarà intelligente se c'è una intelligenza collettiva tale da aiutare pezzi attivi della sua società a coordinarsi per condividere progetti per un modello di sviluppo sostenibile, garantendo alti livelli di benessere urbano.

Riferimenti bibliografici e siti

De Biase, L. (2012), Smart Cities, Lezione Magistrale agli Esami di Dottorato Tecnologie e Informazione Territorio e Ambiente , Parco Vega Venezia, 05.04.12
Drucker P., (1969), The age of discontinuity: guidelines to our changing, Harper & Row, New York ;
Martinelli, N. (2012), Spazi della Conoscneza, Adda, Bari;
Ocse,(2001), Territorial Outlook
Porter, M.E. (1998),îClusters and the new economics of competitionî in Harvard Bussines Review;
www.misuredelbenessere.it
www.oecd.org/site/worldforum06

OPEN SCALES

Mariavaleria Mininni

Mariavaleria Mininni, architetto, ricercatrice di ecologia, è professore di urbanistica al DiCEM (Dipartimento delle Culture Europee e del Mediterrano: Architettura, Ambiente, Patrimoni culturali) presso l'Università degli Studi della Basilicata. Lavora sulla nozione e sul progetto di paesaggio sia nella sua declinazione di landscape e urban ecology sia nella dimensione dell'abitare contemporaneo. È nell'editorial board di «Urbanistica» e cura con Pierre Donadieu la serie 'le culture del progetto del paesaggio' per i tipi della Donzelli.

1. Temi
Open scales è uno dei dispositivi del convegno REDS selezionato, al pari degli altri, perché mette bene a fuoco alcune questioni del progetto della contemporaneità.

Paradossi
Il progetto open scales ci fa capire che non può essere pensato tutto alla stessa scala e che gli effetti alla piccola scala hanno conseguenze più estese, perché c'è un'estensione che l'effetto di scala trascina con sé. Tante case formano un territorio, così come si producono processi di inclusione-esclusione sui pezzi di realtà che ogni operazione di messa a fuoco comporta.
Situazioni che a breve distanza attraversano spazio e tempo costruendo rotture e contrasti, a volte con esiti straordinari e creativi, altre volte deformati e dissonanti, mettendo a dura prova gli strumenti che ne regolano l'ordinamento dello spazio. Quando queste deformazioni non ne sono addirittura la conseguenza. Capire quanto il progetto della contemporaneità si sia mosso dentro strategie open scaling consente di assumerne le sue potenzialità presidiando gli esiti indesiderabili.

Ecological bias
Le questioni di scala sono sempre state presenti nel progetto ecologico poiché l'ecologia, abituata a lavorare sulla natura empirica e osservazionale dei fenomeni, ha imparato a controllare il trasferimento di modelli di analisi alla scala del landscape. Le operazioni di cross scaling, assicurano conoscenze non viziate dai problemi di messa a fuoco e di contrasto. Il flusso delle informazioni ha un andamento asimmetrico e il significato di una stessa conoscenza è differente a ogni scala dalla quale derivano discontinuità e asimmetrie. Fenomeni come la frammentazione, le resistenze, l'erosione e la scomparsa di paesaggi possono ricollocarsi, riapparire e ricomporsi in un paesaggio visto in un ordine diverso rispetto a quello in cui le entità sono state rilevante.
Ecological bias, pregiudizi che sono in realtà slittamenti tra realtà e rappresentazione della realtà.
Lo scaling up è il progetto di una spazialità che vacilla tra differenti livelli di messa a fuoco, territori a bassa risoluzione o fortemente a contrasto, molto o troppo poco progettati. Una spazialità che richiede una nuova razionalità ecologica, che si comprende facendo affidamento a concetti spaziali come grana, porosità, percolazione, gradiente, pattern attraverso i quali l'ecologia legge paesaggi che appaiono e scompaiono attraverso il confronto spazio-temporale.

Visioni
Ogni scala porta con sé un differente tema di progetto. Non è la scala la maniera per rappresentarlo ma la scala è il progetto stesso della visione, la taratura più adatta al modo in cui lo spazio periurbano si rende visibile, può essere misurato e problematizzato dentro un'idea progettuale. Guardare a una scala piccola un territorio molto grande può essere utile per capire come le tante periferie di un sistema urbano complesso costruiscano una nuova figura che al progetto è dato il solo compito di perimetrare.
La rappresentazione di una città o di un territorio cambia a seconda di quanto è grande il suo intorno. Se i confini sono incerti o ambigui ci vuole più spazio e un certo lasso di tempo per distinguere le parti.

Lascito del moderno
Uno spazio che nasce dentro una visione critica del progetto urbanistico. Uno spazio che si è costruito in un tempo contratto tra modernità e contemporaneità attraversando diversi livelli di intenzionalità che ne rendono sempre complessa l'interpretazione. Uno spazio che ancora si produce tra la grande scala eterodiretta delle trasformazioni urbanistiche e quella pulviscolare delle razionalità minimali che nascono e muoiono nella soggettività del locale.
Molti lasciti irrisolti del progetto del moderno sono, in molto casi, il prodotto di un errore di scala del progetto della città.
Pensare l'urbanistica alle diverse scale ha significato contemporaneamente ammettere il livello indefinito e mai concluso del progetto urbanistico del moderno non come un'incertezza o un difetto di definizione
ma come una condizione data. Questo progetto lascia aperte nella realtà le sue numerose possibilità; la sua indeterminatezza e incompiutezza è la possibilità di poter lavorare per continui aggiustamenti e adattamenti, per correzioni, addizioni e sottrazioni.

Open space
Open scale rilegge criticamente il tema dello spazio aperto, un materiale urbano che richiede una più complessa collocazione oltre lo spazio non costruito pensato non solamente alla scala di emanazione della città.
Scegliendo volta per volta qual è la scala dei temi da affrontare, quella dell'abitare o del lavorare, quella della prevenzione di un rischio o quella del carbon footprint, della ricomposizione di un margine, o della rigenerazione di spazi interstiziali che riassemblino i frammenti di campagna. Una nuova riforestazione urbana per costruire grandi riserve di natura attraverso la modificazione del land use alla scala del mosaico urbano o i giardini poetici dell'abitante paesaggista delle periferie.

2. Per un'agenda urbana open scaling
Al fine di preparare il nostro Paese alla programmazione dei fondi comunitari 2014-2020, si è insediato all'inizio di quest'anno il Comitato Interministeriale per le politiche urbane (CIPU), con l'obiettivo di avviare una politica organica per le città, integrando tra loro i diversi livelli di governo, le politiche di settore e le risorse finanziarie ordinarie e aggiuntive, con l'intento di scongiurare una

loro sovrapposizione confusa, com'è avvenuto finora in Italia nelle pratiche urbane correnti. Strategie che sottendono una forte visione progettauale in termini open scaling, in pieno accordo con la filosofia dello sviluppo urbano sostenibile integrato enunciata da tempo dalla commissione europea come chiave di volta per stimolare progetti innovativi, commisurati alle esigenze specifiche di aree particolarmente colpite da fenomeni di criticità tanto sociali che ambientali. Tra i contributi presentati in questa fase dalle diverse amministrazioni dello Stato, delle Regioni e dei Comuni, spicca per chiarezza d'intenti il documento proposto dal ministero dell'Ambiente, "Sviluppo sostenibile delle aree urbane nella programmazione 2014-20". Alcune delle riflessioni emerse dal documento, ci sembrano prefigurare strategie open scaling che alcuni contributi della nostra sessione hanno provato a esplorare. Esse potrebbero essere pensate in funzione della costruzione di un 'Agenda Urbana Nazionale, come preludio ai prossimi programmi operativi per lo sviluppo sostenibile delle aree urbane.

Riperimetrare le città
È un' esigenza sempre più emergente nel governo del territorio italiano, aggiornando quanto da tempo già avviene in altre realtà europee che da tempo elaborano strategie in scala di agglomerazione urbana. Questo significa superare la contraddizione, sempre più palese, fra confini progettuali e istituzionali (rapporto tra competenze e capacità di risoluzione dei problemi), superare le contraddizioni tra la tendenza all'aggregazione territoriale e sociale a livello di macro regioni e il livello locale.
Il futuro sviluppo dell'Europa si realizza sia sulla rete delle grandi aree urbane, la glocal city essendo il segno interpretativo di un modello che evidenzierà le connessioni fra bacini territoriali economici e sociali localizzati anche in territori nazionali diversi, ma anche valorizzando alla scala locale la rete delle 100 città italiane con la loro straordinaria storia e attrattività.

Transcalarità
L'aspetto essenziale per descrivere la complessità della città è l'intreccio ineliminabile
tra i luoghi e i flussi. I luoghi si definiscono per la loro natura localizzata, puntuale e fisico-spaziale e, come tali, riguardano pratiche e comportamenti che nascono e si affermano entro specifici ambiti territoriali. Il concetto di flussi richiama alla mente interconnessioni di economie e di culture. La distinzione tra luoghi e flussi descrive la grande trasformazione in corso: il passaggio da una società caratterizzata dalla scarsa mobilità di capitale, lavoro, culture, ad una società contrassegnata dalla fluidità dei ruoli, dalla mobilità geografica di persone, imprese e dalla velocità delle comunicazioni.
Questo non significa la fine della dimensione locale, l'esaurirsi delle ragioni per le quali vale la pena ancora operare sulle comunità locali, sui processi di sviluppo "dal basso", sulla qualità delle relazioni tra i soggetti di un luogo specifico: i flussi interconnettono, tra le altre cose, proprio i luoghi dentro una visione fortemente open scaling sound.

Mobilità
Un'Agenda urbana adeguata ai tempi non può non porsi il tema delle modalità del trasporto urbano e periurbano, come pure delle connessioni tra i comuni delle aree metropolitane, per sottrarre le cittadinanze al soffocamento temporale e ambientale che rischiano oggi; ma anche per valorizzare pienamente potenziali asset territoriali (turistici, culturali, abitativi) spesso penalizzati proprio da ragioni di accessibilità. Open scales è il dispositivo per il progetto di una connessione sostenibile per assecondare i tanti progetti di itineranze.

Ecologie
Le questioni ambientali e climatiche dovranno affrontare iniziative che abbiano l'obiettivo di favorire la de-carbonizzazione delle economie urbane e migliorare le prestazioni energetiche delle città, ridurre i fattori di rischio e razionalizzare la gestione delle risorse naturali (rifiuti, acqua e verde urbano), oltre che promuovere la riconversione ecologica delle aree industriali ricomprese o limitrofe alle aree urbane.

Interistuzionalità
Bisogna pensare ad un modello progettuale che si fonda su una organizzazione partenariale e di partecipazione multilivello, tale da favorire la compresenza e l'integrazione di politiche di programmazione dello sviluppo locale con le politiche di organizzazione del territorio, da quelle urbanistiche a quelle edilizie, ambientali, infrastrutturali, di difesa del suolo e delle opere pubbliche. In tal senso si rende necessaria una prassi "multilevel" per garantire tutte le necessarie sinergie "di sistema" tra gli attori pubblici coinvolti

Governance
Le complesse conurbazioni richiedono di essere governate con strumenti istituzionali più sofisticati. Anche il sistema ambientale, energetico e climatico ha raggiunto la necessaria attenzione interscalare, imponendo una corretta visione sovra locale che conferma e rafforza la necessità di adeguati modelli di governance.

Le discussioni che nasceranno all'interno della sessione open scale si pongono pienamente dentro questo dibattito nella consapevolezza che apportare un reale cambiamento alle "trappole del non sviluppo" è la sfida più difficile che lanciano le agende delle città italiane al futuro.

OPEN SCALES

INFRASTRUTTURE PERFORMATIVE. UNA SPERIMENTAZIONE PROGETTUALE SULLA RIQUALIFICAZIONE ENERGETICA E PAESAGGISTICA DEL TRACCIATO AUTOSTRADALE ROMA-SALERNO A2BF

Beniamino Fabio Arco, Rosario Badessa, Fabrizia Berlingieri, Giovanna Falzone

Beniamino Fabio Arco (Reggio Calabria, 1983). Laureato in Architettura presso l'Università 'Mediterranea' di Reggio Calabria, ha svolto attività di monitoraggio ambientale, territoriale, sociale e paesistico presso la Parsons Transportation Group. Ha partecipato a diversi concorsi e workshop, nazionali e internazionali, di progettazione architettonica e svolge attualmente attività libero-professionale.

Fabrizia Berlingieri 1979. Si laurea in Architettura presso l'Università Mediterranea di Reggio Calabria nel 2003 con Laura Thermes e nel 2007 consegue il titolo di Dottore di Ricerca in Architettura e Progettazione Urbana. Professore a contratto a Reggio Calabria, svolge ricerca di Post Dottorato presso il Dipartimento di Architettura, TU Delft.

Rosario Badessa 1986. Si laurea in Architettura con Laura Thermes presso l'Università degli Studi Mediterranea di Reggio Calabria nel 2012. Collaboratore per diversi studi di architettura in ambito nazionale e internazionale, attualmente svolge attività di internship presso lo studio EM2N, Zurigo.

Giovanna Falzone 1981. Si laurea in Architettura presso l'Università Mediterranea di Reggio Calabria nel 2007 con Laura Thermes e nel 2012 consegue il titolo di Dottore di Ricerca in Architettura e Progettazione Urbana. Collabora nei corsi di progettazione architettonica di Reggio Calabria dove svolge attività di ricerca.

KEY WORD: INFRASTRUTTURA, PAESAGGIO, ENERGIA

Una ricerca ai margini della disciplina

Alle porte del nuovo millennio, il tema infrastrutturale si pone nuovamente al centro del dibattito sulle contemporanee trasformazioni insediative, investendo in un dialogo multidisciplinare necessariamente anche il progetto architettonico, nel suo ruolo anticipatore di scenari futuri. La relazione tra Infrastruttura e Insediamento ha costituito, infatti, una costante delle ricerche urbane per tutto il corso del Novecento. Ricerche che hanno di volta in volta esplorato i confini disciplinari tra Ingegneria, Architettura, Territorio e le positive interferenze tra tracciato e modello insediativo, tra morfologia urbana e sistema delle comunicazioni, tra linguaggio dello spazio architettonico e alfabeto infrastrutturale. A partire dalla sua codificazione l'*infrastruttura*[1], che sancisce nell'acquisita autonomia figurativa il definitivo superamento del concetto di *strada* come interdipendenza tra edificato e vuoto urbano, è stata portatrice di nuove visioni insediative, rimodellando il concetto stesso dell'abitare[2], che si carica oggi, soprattutto in ambito europeo, di una concreta materializzazione, proiettando il continente verso l'idea di uno spazio metropolitano allargato e di natura transnazionale.

Proprio nel Moderno si rintracciano alcune profetiche anticipazioni. Nel 1941, a cavallo della Seconda Guerra Mondiale, Le Corbusier tratteggia in alcuni schizzi un'Europa territorialmente unificata ed avente nel sistema delle comunicazioni il proprio ineludibile nucleo strutturale[3]. Come una rete lanciata ad abbracciare i confini, dal Mediterraneo al Baltico, questi *corridoi intermodali* avrebbero definitivamente modificato il volto dell'Europa e le stesse ragioni localizzative degli insediamenti, orientati e sviluppati lungo gli assi di trasporto. Sul finire degli anni ottanta, in seno alla Commissione Europea, nasce il programma comunitario Trans European Network[4], finalizzato alla creazione di una rete trasportistica continentale unificata e concretizzando, seppure con differenti logiche e modalità, quella che fino a quel momento era stata considerata un'utopia irrealizzabile. Tuttavia rispetto alle formulazioni del Novecento, in cui le visioni infrastrutturali si orientavano verso la figura del corridoio come asse di urbanizzazione, oggi l'infrastruttura sembra essere soggetta ad una profonda revisione critica del suo statuto. Pur muovendosi ai margini della disciplina, nella contemporaneità la ricerca architettonica sulla interdipendenza tra infrastruttura e sistemi insediativi vede il mutare dei suoi interlocutori, aprendo un confronto spesso problematico e pressante con gli ambiti dell'ecologia, della sostenibilità ambientale e delle nuove tecnologie di comunicazione. Da tale intersezione emergono temi nuovi, in cui anche il ruolo del progetto è chiamato ad assumere significati altri nel descrivere e definire i caratteri innovativi di queste figure che, nel riscrivere il territorio europeo, presentano una propria specificità identificandosi come *Infrastrutture Performative*. Non più generatrici di forme urbane, ma elementi di un'armatura territoriale che ingloba nei suoi tracciati un plusvalore ecologico, divenendo vettori di relazioni virtuose con il territorio, contrari ad un suo approvvigionamento speculativo, interpreti di una nuova coscienza sul riequilibrio delle risorse collettive.

Il progetto "Infra-Water"

La proposta progettuale *Infra-Water*, del gruppo A2BF - Arco, Badessa, Berlingieri, Falzone - vincitrice del Concorso Internazionale "Green Boulevards: viali alberati del terzo millennio"[5], esplora le potenzialità della relazione tra infrastruttura e sostenibilità ambientale in un contesto specifico - l'area metropolitana compresa tra Roma e Salerno - e si occupa della riprogettazione del sistema autostradale RO-SA, all'incrocio dei due Corridoi Transeuropei[6], I (Helsinki-Palermo-La Valletta) e VIII (Napoli-Bari-Sofia-Varna), attraverso la costruzione di network per la produzione di energia da fonti rinnovabili. Il progetto trova il proprio terreno di riferimento nelle sperimentazioni progettuali su scala europea come, ad esempio, l'esperienza di riqualificazione infrastrutturale *Smart Highway*[7] in Olanda o l'impiego delle nuove tecnologie di comunicazioni (ICT) per la creazione di reti intelligenti, coerenti con gli obiettivi strategici europei *Horizon 2020*. Il progetto indaga la trasformazione del nastro autostradale per una lunghezza di circa 270 km attraverso la riqualificazione di 26 svincoli che connettono l'infrastruttura con il territorio. Finalità del progetto è, infatti, immaginare uno scenario possibile per la produzione energetica a basso impatto ambientale e ad alto contenuto di ricerca e innovazione, attraverso la realizzazione di una nuova rete strategica per lo sviluppo del Paese, orientata a sostenere e favorire la filiera della nuova *economia verde* nella quale l'Italia può essere particolarmente competitiva. L'infrastruttura è ripensata tanto nella sua configurazione fisica quanto nel suo valore concettuale, attraverso una ricerca sulla commistione tra le tecnologie energetiche, le qualità estetiche del paesaggio e la responsabilità sociale nei confronti dei territori attraversati. Si tratta di un modello capace di produrre energia pulita, generare benefici economici e sociali a livello locale e globale e instaurare un rapporto simbiotico con il paesaggio. L'analisi dei dati riguardanti l'elevata piovosità delle regioni Lazio e Campania[8] ha reso evidente, sin dalle prime fasi del progetto, la necessità di riutilizzare l'acqua piovana che ogni anno si deposita sul manto del tracciato autostradale delle due regioni. A questo scopo sono state individuate le aree inutilizzate di pertinenza dell'infrastruttura in prossimità degli svincoli per convogliare e accumulare le elevate quantità di acqua piovana, sottoposte a un processo di depurazione attraverso la coltivazione di grandi quantità di micro-alghe. Le alghe, oltre a purificare aria e acqua dalla principale sostanza inquinante, le molecole di CO_2 di cui si nutrono, si trasformano in olio combustibile, utilizzabile per la produzione di Bio-fuel. Gli scarti dell'intero processo possono essere, infine, riutilizzati come fertilizzanti o biomassa. La produzione di alghe avviene all'interno di speciali contenitori chiamati **fotobioreattori**, sistemi colturali ad alta resa studiati per la crescita di microrganismi fotosintetici. Per questi sistemi colturali il progetto propone una re-interpretazione dell'immagine dei fotobioreattori, che diventano grandi tubi luminosi composti da un nucleo centrale cavo per l'approvvigionamento di acqua e CO_2, e da un involucro cavo biodegradabile esterno che contiene le alghe. Quest'ultimo è una membrana plastica sensibile agli agenti atmosferici, un vero e proprio indicatore di dati climatici e ambientali che, da un lato, in base al livello del suo riempimento, indica la piovosità di quell'area in un dato periodo dell'anno e, dall'altro, attraverso la sua colorazione, indica il livello d'inquinamento dell'aria. Un sistema di pannelli fotovoltaici accumula l'energia solare necessaria per illuminare di notte gli svincoli e i fotobioreattori, ottimizzando così la produzione delle alghe. I fotobioreattori sono pensati come grandi *landmark* che misurano il paesaggio e ne accelerano la percezione. Attrattori di un turismo ecologico e di una produzione agricola ecosostenibile, questi grandi tubi verticali costituiscono una metafora dei viali alberati tecnologici del terzo millennio nel tentativo di ridefinire il paesaggio agricolo e di offrire un'immagine alternativa all'industrializzazione del Sud. Il progetto sostiene, dunque, una nuova concezione del sistema infrastrutturale immaginando "le reti delle mobilità come infrastrutture per la produzione di energia da fonti rinnovabili"[9].

Bibliografia

Berlingieri, F. (2013). « State Transitions: Infrastructure and Urban Form in XXIth century». In STUDIO, Transformation, n°4. Milano: RCC Studio Architetti.

Clementi, A. (2010). «Territorio: una risorsa per lo sviluppo». In XXI Secolo, Treccani on line. www.treccani.it.

Coppola, P. (1998). « Tra Mediterraneo e Europa. Assi del trasporto intermodale ». In Donzelli, C., a cura di (1998). Le vie del Mezzogiorno. Storia e Senari. Lamezia Terme: Meridiana Libri.

Graham, S.; Marvin, S. (2001). Splintering Urbanism. Networked infrastructures, technological mobilities and the urban condition. London: Routledge.

Gregotti, V. (2012). «Il territorio delle infrastrutture». In Ferlenga, A.; Albrecht, B.; Biraghi, M.; a cura di (2012). L'Architettura del Mondo. Infrastrutture, mobilità, nuovi paesaggi. Catalogo della Mostra alla Triennale di Milano. Firenze: Editrice Compositori.

Mosco V.P., « L'architettura delle infrastrutture », in Maffioletti, S.; a cura di (2005). I Paesaggi delle infrastrutture. Padova: Il Poligrafo, p.106.

Privileggio, N. (2006). «Infrastruttura, architettura: Alcune precisazioni». In Files, arch'it. www.archit.it.

Purini, F. (2005). «Questioni di infrastrutture», in Casabella, Dicembre-Gennaio, 739-740.

Shannon, K.; Smets, M.; a cura di (2010). The Landscape of Contemporary Infrastructure. Rotterdam: Nai Publishers.

Zonneveld, W. and Trip, J., (2003) «Megacorridors in North West Europe. Investigating a new transnational planning concept», in Housing and Urban Policy Studies 27. Delft:TU Delft.

---

1. Il termine Infrastruttura deriva dal composto latino infra e struttura: il prefisso infra "che sta sotto" semanticamente confuso in epoca tarda con intra, "dentro". Infra è primo elemento di composti formati modernamente, col significato di "più basso, sottostante, più interno". Infrastruttura, dunque, struttura gerarchicamente sottostante, sottoposta ad altra struttura, subordinata. Per i riferimenti al termine si rimanda al volume: Devoto, G.; Oli, G.C. (1971). Dizionario della Lingua Italiana. Firenze: Le Monnier.

2. Sul mutamento del concetto di abitare Aldo van Eyck scrive: « Si è scritto molto della circolazione - delle sue connotazioni meccaniche e numeriche: troppo spesso la si è considerata in maniera astratta, come una funzione urbana tra le tante. La circolazione, invece, non può essere compresa compiutamente in termini di funzione (...). I trasporti sono un aspetto particolare della comunicazione, la comunicazione un aspetto particolare della mobilità in generale. Oggi la mobilità non è un aspetto qualsiasi della vita delle città, ma è fatta dell'essenza stessa dei rapporti umani, mentre in teoria le città dovrebbero fornire la struttura per i rapporti umani nella loro forma più varia e complessa.» Aldo Van Eyck, Passi verso una disciplina configurativa, 1962. In Biraghi, M.; Damiani, G.; a cura di (2009). Le parole dell'architettura. Un'antologia di testi teorici e critici: 1945-2000. Torino: Einaudi, pp. 75-99.

3. In Le Corbusier (1941). Sur Les Quatre Routes. Paris: Editions Gallimard.

4. http://ec.europa.eu/ten/index_en.html.

5. Il concorso è stato indetto dall'Istituto Nazionale di Architettura (IN/ARCH). L'iniziativa fa parte del programma del Padiglione Italia alla 13. Mostra Internazionale di Architettura della Biennale di Venezia, patrocinata dal MiBAC, dalla Regione Campania, dal Comune di Salerno, da Roma Capitale, organizzata dal New Italian Blood e rivolto a professionisti under 40.

6. http://ec.europa.eu/ten/index_en.html, sulla recente ridefinizione della rete transeuropea e della Core Network.

7. http://studioroosegaarde.net/project/smart-highway/

8. Secondo i dati ISTAT 2009, Lazio e Campania sono, infatti, tra le regioni più piovose d'Italia, rispettivamente il Lazio registra 1025mm/anno e la Campania 1016 mm/anno.

9. Dal Bando del concorso internazionale online "GREEN BULEVARDS_Viali alberati del terzo millennio". http://greenboulevards.newitalianblood.com/doc/Bando-GreenBoulevards.pdf

OPEN SCALES

WATER GATHERING

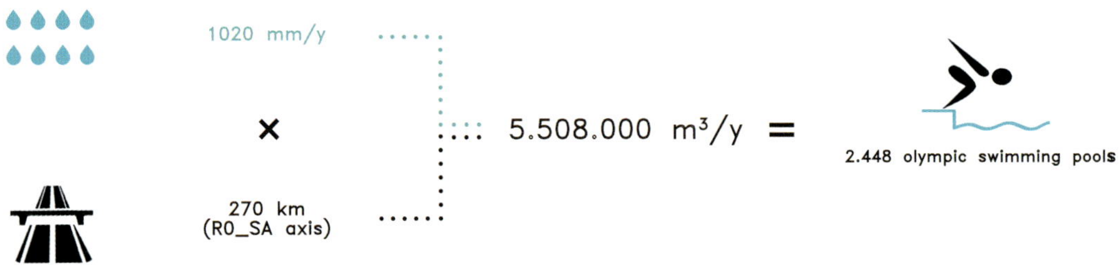

 1020 mm/y

× ⋮ 5.508.000 m³/y =

270 km (R0_SA axis)   2.448 olympic swimming pools

REGIONAL RAINFALL

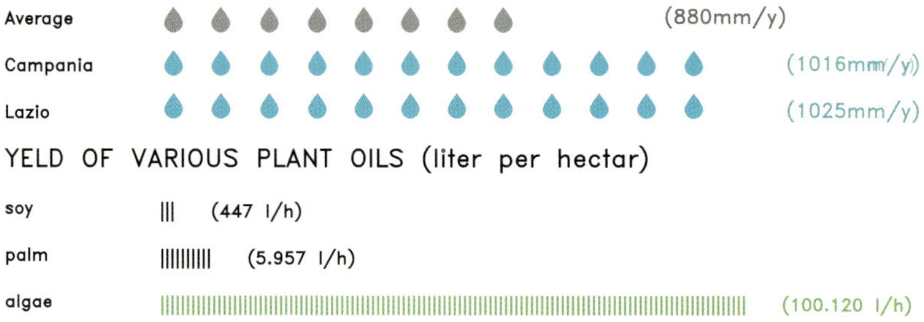

Average   (880mm/y)
Campania   (1016mm/y)
Lazio   (1025mm/y)

YELD OF VARIOUS PLANT OILS (liter per hectar)

soy   (447 l/h)
palm   (5.957 l/h)
algae   (100.120 l/h)

1. DIR. ROMA NORD
2.
3.
4.
5.
6.
7.
8.
9.
10.
11.
12.
13.
14.
15.
16.
17.
18.
19.
20.
21.
22.
23.
24.
25.
26. SALERNO

PRODUCTION CYCLE

FUNCTIONAL SYSTEM

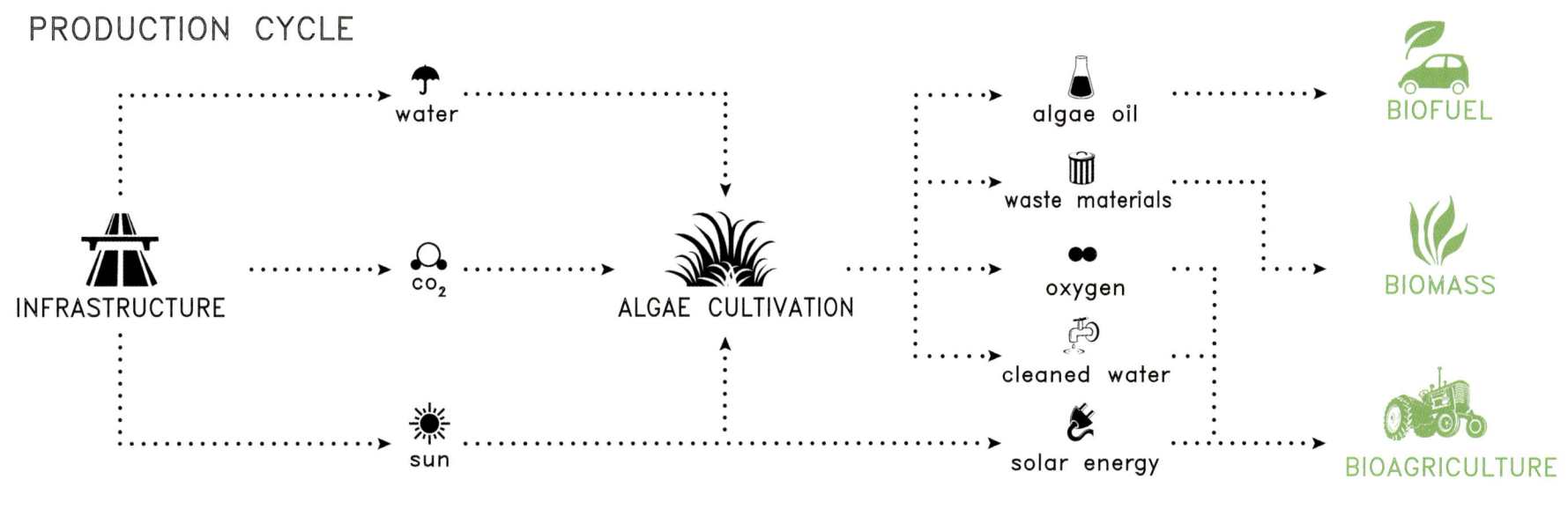

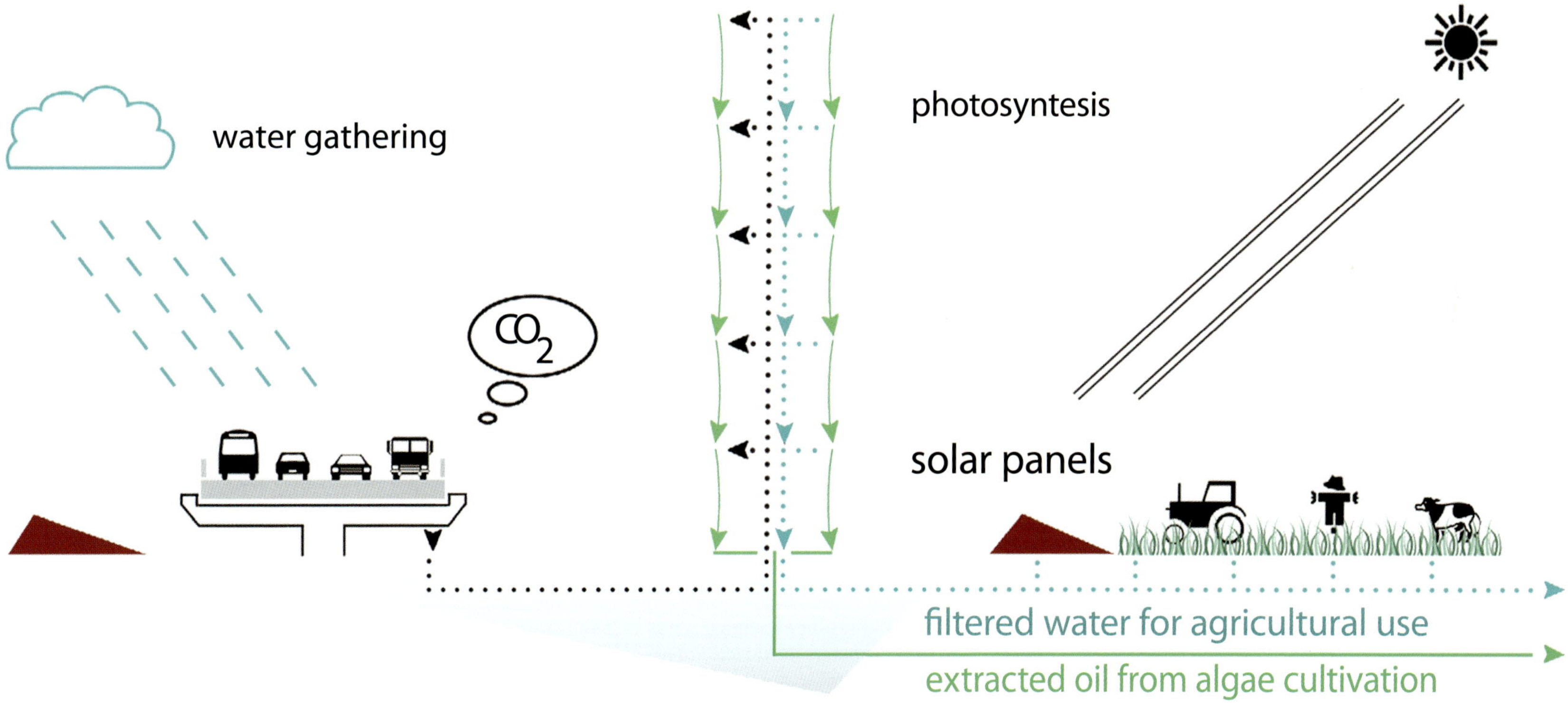

OPEN SCALES

TRANSFORMING TO DEFINE THE SUSTAINABLE URBAN FORM. PLANNING ECOLOGICAL URBAN QUARTERS INTO FLORENCE'S OLD BARRACKS

Dimitra Babalis

Dimitra Babalis is Senior Lecturer in Urban Design and Eco-sustainable Urban Design, Department of Architecture, University of Florence and an Architect-Engineer. She is Visiting Scholar at various European Universities; Co-ordinator and Chair of Erasmus Intensive Programmes. Her research interests lie on ecological design to sustainable urban form and masterplanning. È author of a number of scientific publications and author of books on national and international level.

1. Within the Design Laboratory of Urban Design and Eco-sustainable Urban Design, Master Course in Building Engineering, University of Florence, groups of students trained to develop a number of masterplans for the selected study areas Predieri and Donati. In detail the proposed ecological quarters of Predieri site has been proposed within the Academic Year 2008-2009 while the Donati site within the Academic Year 2011-2012. It is important to underline that other student's design concepts and masterplans were developed for different military areas in Florence (S. Salvi and Ponte a Greve barracks) within the Academic Years: 2005-2006/2006-2007/2007-2008. In addition a ten days Design Workshop was held in Florence in June 2007 (under the co-ordination of Dimitra Babalis within ECOPOLIS.Sustainable Planning and Design Principles Erasmus Intensive Programme) where students from several European Universities proposed masterplans for the S. Salvi military area in the outskirts of Florence.
2. The Oxford Charter is a draft manifesto, defining the most important design principles and values for schemes of more than 500 homes or 20 hectares each, presented by the Urban Design Group (UDG) to be adopted.

KW: URBAN REGENERATION, ECOLOGICAL URBAN QUARTER, SUSTAINABLE URBAN FORM

The paper describes future urban challenges on transforming old barracks of distinctive typology and strong identity located in core surrounding areas in Florence. It shows how relationship between old barracks and urban environment has to be considered as a key to understanding the significance of urban regeneration; How complexity of intervention has to be faced in transforming military areas into ecological and sustainable urban quarters. The paper is focuses on defining the "development form" according to the essential principles of sustainability to be adopted for a well-planned site. It is argued that potentiality of sites, city's policies and strategies should consider new functional and market requirements, possible preserving cultural and social value. Furthermore, the paper illustrates some major sustainability issues taking into consideration and how these are important to address masterplanning process. By contrast, the paper aims to ensure development policies and strategies at the various scales of intervention adopting sustainability parameters. It shows how the today's sustainable development concept and implementation is the consequence of advanced understanding of context, of culture and "ecological status" of a place. It shows how sustainable masterplanning on the site it could define better the "sustainable urban form" with a strong sense of place-making. Finally, to establish cultural value and development that calls sustainability is required a better consideration of potential values of existing spaces and buildings and local needs of people. In this perspective, urban transformation should be accepted as a way to ensure and define sustainable urban form.

Sustainable design thinking for urban regeneration

To make cities more sustainable is important to re-think properly to transform existing urban contexts and to regenerate them for a new urban living. Once this is fully recognised sustainable thinking is seeking towards a valuable meaning of successful interventions in specific sites. The best utilisation of existing areas, however, should create new scenarios of living and this includes environmental, urban, social and economic growth of a place. Cities therefore need to offer policies and strategies for sustainable planning and design. The way for sustainability covers a range of issues and scenarios to be faced properly. Re-development opportunities for change are issued to create sustainable communities setting out clearly aims and attractive development briefs. (CABE, 2009). The question is not whether we need or design good enough but is the way we decide how we want things to be transformed. It is important to be clearly understood that good preservation and reuse of building stock and built environment is not only foreseeable but it is needed more. On the other hand, appreciation of the beauty of the old have been plenty understood but may grow with time some new design principles to complement the existing. Attractive preserved historic sites with a mix of older buildings with new is considered a starting point for sustainable place-making. (CABE, 2009) In the last few years there is an over using of the sustainability term that needs to be systematically defined accordantly to the scale of intervention, to the contextual and social conditions. Significant transformative changes in neighbourhood improvement, where contextual conditions seem to be managed sensitively, need to be adopted sustainably. (Healey, 2010). The attention has to be focused on defining the *development form* according to the essential principles of sustainability. Existing buildings on the site have to be integrated in the development scheme in order to preserve the place character and some continuity with the past. There are many benefits to be gained from thinking coherently about the way places are designed. More recently, vision of sites as places of opportunity and sustainable growth is largely undertaken by urban change. This means to encourage good design in all aspects of development form, not only for inner urban areas, but everywhere. In detail, the aspects of the *sustainable development form* are: *Variety of activities and density* that can influence intensity and give diversity of a place; *Arrangement and dimension of blocks and streets* that can shape the urban form, in terms of relationship between buildings and open spaces. (Babalis, 2008, pp.65-69)

The issue of planning and design the ecological urban quarters

Planning and design of sustainable neighbourhoods in fringe areas with the paradigm of sustainability is essentially based on context evaluation and local climate conditions. The main intention is to provide cultural support for design-conscious. Environmental compatibility in the planning and design process is essential to urban character and energy saving. The development of a methodology for sustainable masterplanning has to determine the parameters of intervention at the different development scenarios that correspond to different urban visions. In this way, it is easier for local authorities to define the action plans that based on sustainability principles. Therefore, the need for a method that is based on the definition of sustainability and its implementation should be essential to both manage regeneration and new development. How can sustainable masterplanning better define the sustainable urban form with a strong sense of place-making? Good masterplans can create connections between urban districts and offer opportunities for development plans. It is reasonable also to allow phased implementation and able to respond to future changes. Therefore, the ecological masterplanning process to create urban quarters is mainly based on well-orientated *street pattern*, distinctive *urban spaces*, good *urban block* arrangement, providing flexibility in urban form. (Babalis, 2008, pp.19-26 and pp 41-52; BfL12, 2012)

The former barracks places. Methodology for masterplanning process
Training for making proposals into former barracks could become important for local authorities to undertake a new thinking for planning and design new residential areas. In detail, is important to create neighbourhoods where masterplans ensures the sustainable urban form with a clear street pattern; Good mobility management to facilitate public transport, pedestrian and cycling movement; Well-integrated landscape elements for micro-climate improvement. The main goal is to achieve urban design that respects the existing, providing an overview of policies and structural strategies of intervention and describing the scales of implementation. It is now important to understand how to make concrete proposals for new ecological quarters, how to define the problems since the very beginning and at the different scales of intervention, how to create availability on facing limits and potentiality of the context. Two distinctly former military sites in Florence are selected for masterplans proposals.[1] The Predieri study area, in the East of Florence is surrounded by natural resources and located next to the River Arno with a good external connectivity. The site it was a largely agricultural area when the barracks were established. The "Donati" area is located in Sesto Fiorentino, close to Florence and along the railway. The study area has gained a great deal of notoriety, after the decision of a partial demolition of some buildings because of the development of the speedy railway and thus it represents some difficulty. Both places have a wide range of urban potentiality but the regeneration process wanted to strengthen locality to attract new investments. The proposals concern about the future of both places and the overall view of having new housing development that would give weight to the aspirations of the local community whilst also fitting in with the Council's own existing local plans. The proposed ecological quarters, however, demonstrate that the differences in urban form can be appeared according to the differences of site's characteristics. A detailed townscape analysis was undertaken looking at the urban and architecture features in both sites, the landmarks and views. The analysis encouraged the working groups to think about the bigger picture of the sites, of the relationships between new housing, traffic and pedestrians.

The general urban design aims are the following: To preserve all local resources; To Improve environmental quality and urbanity; To encourage good public realm and core areas; To ensure diversity and local character; To develop cohesion and social equity. The Development Plan for both military areas was proposing to cover: *Density*, A total number of residents of 1000-2000, a density of 100-150 inhabitants per hectare; *Mixed land use:* An average of 60% residential and 40% non-residential use; *Mix of uses*, housing, shops, offices, accommodation facilities, education for primary school, community center, urban spaces for leisure and sport areas, urban parks; *Easy of movement*: sustainable local accessibility, sustainable car mobility to the site and to the city; *Accessibility in walking distance:* 400/600m to local services and facilities (including bus stops); 600/800/1000m to neighbourhood and district services facilities and services; *Urban and Landscape Form:* Considering local climate conditions, existing urban and rural structure, existing cultural heritage. Once understanding the context, the needs of both study areas and checked existing services, the urban design is focused on finding the solutions that would allow the best street grid and urban spaces, the good ventilation of urban blocks, the best solar orientation of the buildings, the suitable green infrastructure for good environmental benefits and wind management to safe energy consumption. Consequently, the masterplanning process is provided that not only takes into account functional, technical and energy aspects but also allows civility, urbanity and cultural value of sites. (Babalis, 2012 pp. 53-63;The Design Council, 2012)

Conclusion
The transformation of sensitive places can definite not only urban quality but social and economic improvements. The attempt is to enhance deprivation of existing sites with new functions while preserving dynamic dignity of local cultural heritage. Nowadays, the re-development of the former barracks is considered a great challenge for the achievement of urban fabric and society. In terms of sustainability's implementation a methodological approach should be developed for suitable urban design schemes. A cross-cutting approach should undertake decisions about where new housing, facilities, services and employment should be located, and how regeneration should be sustainable planned and implemented. Moreover, should be considered how sustainable urban form can achieve and preserve urban environment as well as human well-being. (Babalis, 2012) The concept of implementation of eco-sustainable criteria to the masterplanning process is gained major significance and become increasingly mainstream in policy-making. The two cases studies under consideration together with a systematically research knowledge on ecological design evaluation and implementation have to consider all key characteristics of context importance and the cultural values of site. Finally, according to the Oxford Charter[2] the definition of ten important and interdependent design principles and values (*Affordability, Civility, Inclusivity, Connectivity, Durability, Quality, Bio-diversity, Efficiency, Communality, Reasonability*) should be considered a valuable tool to create sustainably urban quarters. (UD, 2013).

References
Babalis D,(2008) URBAN DESIGN. The Ecological Thinking. A Compendium, Alinea International, Florence
The Design Council, (2012)The Design Wayfinder, London
CABE, (2009) Planning for Places. Delivering Good Design Through Core Strategies, London
CABE, (2009) Good Design: the Fundamentals, London
Healey P, (2010) Making Better Places: the planning project in the 21st century, Palgrave Macmillan, London
Building for Life Partnership, (2012) Building for Life, London
Babalis D, (2012) Urban Change and Sustainability, Alinea International, Florence
The Design Council ,(2012) The power to transform, London
UDG, (2013) "The Oxford Charter. A draft UDG manifesto for sub-urban design" In Urban Design, Issue 126, pp-36-38.

OPEN SCALES

DECLINAZIONE MEDITERRANEA DI UN'URBANISTICA SOSTENIBILE:
MARSEILLE EUROMÉDITERRANÉE II

Alessandra Badami

Alessandra Badami, PhD in Pianificazione urbana e territoriale, è ricercatore in Urbanistica presso la Facoltà di Architettura dell'Università di Palermo, dove insegna Pianificazione urbana e territoriale. I suoi interessi di ricerca scientifica sono rivolti verso la valorizzazione del patrimonio culturale e lo sviluppo urbano sostenibile.

1. A Marsiglia si sono concentrate dalla metà degli anni '90 ad oggi l'*Opération d'Intérêt National Euroméditerranée I* nel 1995; la Louis Vuitton Cup nel 2007; *Euroméditerranée II* nel 2007; il riconoscimento del Label EcoCitè nel 2009; la nomina come Capitale Européenne de la Culture nel 2013.
2. Établissement public d'aménagenet Euroméditerranée.
3. Opération d'Intérêt National.
4. Nel 2008 all'interno dell'organigramma dell'EPAM è stata inserita la figura di uno chef de projet "Aménagement et développement durables".
5. Programme d'amènagemet urbaine durable.
6. Il piano vincitore è stato redatto dall'equipe François Leclercq, Rémy Marciano, Jacques Sbriglio, TER e SETEC.
7. Schéma de Cohérence Territorial.
8. Il progetto, in cifre, prevede: di costruire 14.000 nuove abitazioni (SCoT 80.000); di ospitare 30.000 nuovi abitanti (SCoT e PLH 80-100.000); di creare 20.000 posti di lavoro (SCoT 80.000); di realizzare 50.000 m2 per uffici e 160.000 m2 di servizi pubblici; di recuperare e attrezzare 14 ha di spazi a verde. L'ammontare dell'operazione è stata stimata a circa 1 miliardo di euro, di cui 120 milioni di euro investiti dal partenariato pubblico costituito dallo Stato (33,3%), dalla Città di Marsiglia (21,4%), dalla Regione PACA (15,1%), dal Dipartimento Bouches-du-Rhône (15,1%) e dall'area metropolitana Marseille Prsovence Métropole MPM (15,1%).

KW: RISPARMIO ENERGETICO E DELLE RISORSE, CONTENIMENTO/RIDUZIONE DELLO SVILUPPO URBANO, RIUSO DEL PATRIMONIO

Declinare la sostenibilità nel progetto urbanistico
La sperimentazione di modelli di sviluppo sostenibile in un numero sempre crescente di città dimostra come questo sia divenuto uno degli impegni prioritari nel progetto urbanistico, richiedendo l'assunzione di nuovi paradigmi di riferimento, nuovi principi di progettazione e nuovi strumenti per l'azione. Se agli inizi del secolo scorso i materiali dell'urbanistica erano "il sole, lo spazio, il verde, l'acciaio, e il cemento armato, in questo ordine e in questa gerarchia" (Le Corbusier, 1933), adesso si assiste all'entrata in scena di nuovi materiali come l'inquinamento, i rifiuti, lo spreco di suolo, il congestionamento del traffico, l'abbandono di parti di città, l'utilizzo indiscriminato di fonti di energia non rinnovabili, la disoccupazione, la povertà, l'esclusione sociale, le sperequazioni nell'approvvigionamento di cibo sano e di acqua potabile.
Occorre rinnovare radicalmente i modelli di sviluppo in termini di sostenibilità, mantenendo in equilibrio l'efficacia economica, la coesione sociale e la protezione dell'ambiente.

Nuovi paradigmi del progetto urbano
Marsiglia, tra le città francesi in più rapida trasformazione grazie alla concorrenza di una serie di occasioni di riqualificazione e di grandi eventi mediatici e culturali[1], sta attraversando un percorso di profondo rinnovamento scandito da tappe che riflettono un progressivo cambiamento di paradigma.
Per fronteggiare la crisi del suo sistema industriale e portuale, la città – sostenuta dallo Stato, dalla UE e in collaborazione con le collettività territoriali – ha avviato un programma di sviluppo economico basato sulla riqualificazione urbana e l'attrazione di nuova imprenditoria esterna per cambiare la propria immagine e inventare un nuovo ruolo di capitale euromediterranea.
A partire dal 1995 l'EPAEM[2], istituita per gestire l'OIN[3] organizzando le interrelazioni tra i soggetti e supportando le operazioni di pianificazione e progettazione, ha dato l'avvio ad un ambizioso progetto urbano – improntato su modelli di sviluppo sperimentati con successo da città come Bilbao, Valencia, Parigi, Londra, etc. – basato prevalentemente su un'idea di rinnovamento come ridisegno dello *skyline* urbano attraverso il richiamo ad un linguaggio architettonico internazionale.
L'espressione formale della *Cité de la Méditerranée* è partita inizialmente come gioco creativo-innovativo attraverso una reinterpretazione più o meno libera del patrimonio edilizio e identitario marsigliese: ampio risalto è stato dato ad architetture firmate da Rudy Ricciotti (*MUCEM*) e Stefano Boeri (*Villa Méditerranée*, fig. 5), Kengo Kuma (*FRAC*, fig. 2), Zaha Hadid (*Tour CMA-CGM*, fig. 1); molti degli edifici industriali e residenziali del primo perimetro *Euroméditerranée* sono stati demoliti per lasciare il posto a nuovi edifici in una sistemazione più razionale e 'moderna' del tessuto urbano (fig. 3). In questi quartieri l'identità mediterranea, a discapito della titolazione dell'operazione, non è più riscontrabile. Altri edifici residenziali fatiscenti e industriali dismessi, di grandi dimensioni e di alto valore simbolico, sono stati invece recuperati, reinterpretati e rifunzionalizzati: le *Môle J4* e il *Fort Sait-Jean*, la piattaforma della cattedrale *de la Major*, il *Sylo du Quais d'Arenc*, l'ex sede dell'Ufficio d'igiene per l'immigrazione sul *Quai de la Tourette*, il grande hangar *J1*, i *Docks de la Joliette* (fig. 4), la caserma *du Muy*, la *friche* della *Belle-de-Mai*, l'asse della *Rue de la République* con i suoi edifici haussmaniani (figg. 6 e 7), in una strategia di riconquista urbana che ha permesso di ridare vita ad un patrimonio edilizio esistente, con costi più contenuti rispetto alle nuove realizzazioni e con una modernizzazione delle funzioni capace di esaltare in termini attuali l'identità storica dei luoghi.

Dai *Grands Travaux* alle *EcoCitès*
Nel 2007 l'EPAEM lancia un progetto di espansione del perimetro urbano di intervento (*Euroméditerranée II*); sulla scorta del maggior successo riscontrato con il recupero di architetture e spazi urbani, l'obiettivo è quello di costruire *la ville sur la ville* attraverso la riqualificazione (ove possibile) del patrimonio esistente e la valorizzazione dell'identità della città, evitando di occupare gli ultimi spazi vergini con nuova urbanizzazione, aumentando la densità dei quartieri situati vicino l'ipercentro di Marsiglia, sempre nel rispetto dei principi della sostenibilità[4].
Ogni progetto di rinnovamento urbano è stato improntato al risparmio energetico e allo sviluppo sostenibile: il nuovo quartiere *Les Quais d'Arenc* sta nascendo nell'ex-area industriale retroportuale tra la torre CMA-CGM e *Le Silo*, ospitando edifici ecologicamente concepiti come l'*Horizon* (Yves Lion), *La Marseillaise* (Jean Nouvel), *H99* (Jean-Baptiste Pietri) e *Le Baltazar* (Roland Carta) (fig. 8).
La vision della *villa durable* che si è venuta formando è quella di una città che rispetta il suo ambiente naturale e utilizza fonti di energia rinnovabile (sole, vento, mare, legno, acqua, terra, etc.); una città solidale, accessibile a tutti, dove ci si sposta a piedi, in bicicletta o con i mezzi pubblici; dove ogni parte di città ha una sua *mixitè* funzionale, attrezzata con locali commerciali, uffici e servizi pubblici e culturali di prossimità per ridurre al minimo gli spostamenti ed evitare fasce orarie di sottoutilizzo; dove gli edifici sono ad energia positiva e concorrono al risparmio energetico e al riciclo delle acque; dove la gestione responsabile dei rifiuti li trasforma da problema in risorsa; dove la diversità etnica e culturale costituisce una ricchezza e le occasioni di incontro, scambio, vita in comune sono favorite dalla presenza di spazi pubblici attraenti, di attrezzature sociali, culturali, per il tempo libero e lo sport.

Low cost, easy tech, high welfare: un approccio "mediterraneo"
Pur costituendo valide *best practices*, la maggior parte delle sperimentazioni di sviluppo urbano sostenibile elaborate nel centro-nord Europa nei fatti non sono esportabili nelle città mediterranee per le loro differenze geoclimatiche, ambientali e culturali.
La città di Marsiglia sta sperimentando un approccio più 'mediterraneo' allo sviluppo sostenibile. Le componenti naturali

sono state preferite rispetto a soluzioni tecnologicamente più avanzate, e a volte più dispendiose, e riscoperte come risorse: il mare come riserva di frigorie; i 300 giorni di sole per gli impianti fotovoltaici e gli 80 di maestrale per gli eolici; sono in corso studi per utilizzare sul piano energetico anche gli episodi di pioggia violenta, o per ricercare materiali e essenze vegetali capaci di resistere all'impatto della salsedine.
La verifica della sostenibilità viene sperimentata anche dal punto vista 'economico', ricercando soluzioni meno costose, e 'gestionale', ponendo il problema non soltanto della realizzazione di spazi pubblici di qualità ma anche della loro realizzazione, del corretto utilizzo da parte dei cittadini e della manutenzione nel tempo.
Per la redazione del PAUD[5] di *Euroméditerranée II*, la città ha bandito nel 2008 un concorso internazionale di urbanistica; il piano vincitore[6] realizza anche il 20% degli obiettivi fissati dallo SCoT[7] nel rispetto delle direttive dello sviluppo sostenibile[8]. Grazie al piano, la città ha ricevuto nel 2009 il *Label EcoCité* (Badami, 2012).

Un piano per un'EcoCité mediterranea

Il piano, finalizzato a lanciare *Euroméditerranée II* come locomotiva di accelerazione metropolitana, prevede di realizzare una nuova parte di città senza consumare nuovo suolo, utilizzando le aree dismesse più prossime all'ipercentro e già servite da infrastrutture, rinaturalizzando aree dismesse e impermeabilizzate. La grande sfida che si vuole affrontare è quella di sperimentare un modello di sviluppo sostenibile declinato sulla dimensione mediterranea, sia da applicare alla scala della metropoli che da esportare nelle altre città del Mediterraneo, tenendo conto delle specificità/risorse della città mediterranee sul piano climatico, geografico, culturale e dei cambiamenti climatici in atto[9].
Le parole chiave attorno alle quali il piano ha costruito le sue azioni sono:
- utilizzare le risorse naturali (sole, vento, mare, etc.) come fonti di energia;
- compensare le emissioni di calore prodotte dalle attività urbane rinaturalizzando aree di urbanizzato;
- ridurre le emissioni di gas ad effetto serra costruendo edifici bioclimatici ad energia positiva (fig. 9) e ricorrendo a sistemi di trasporto ecosostenibili;
- prevenire e contenere i rischi naturali;
- favorire la *mixité* sociale, funzionale e intergenerazionale;
- rimettere in circolo il patrimonio esistente, utilizzando i riferimenti culturali dell'identità mediterranea e valorizzando la storia urbano-portuale della città.
Si tratta di un approccio innovativo che rimette al centro del progetto di città i caratteri del territorio e l'identità locale. La progettazione del nuovo quartiere include la conservazione e il recupero di parte del nucleo urbano dell'antico villaggio di *Crottes*, raggiunto e inglobato dall'espansione della città moderna: magazzini e fabbriche dismessi, testimoni del passato industriale di Marsiglia, saranno rifunzionalizzati come residenze, servizi, attrezzature collettive; il ridisegno del quartiere valorizzerà la piazza della chiesa di San Giovanni di Gerusalemme come centralità dell'aggregazione sociale (fig. 10). Lo spostamento della popolazione residente, necessario per interventi di recupero o di demolizione, sarà curato da un apposito team dedicato ai trasferimenti che farà da interlocutore con i residenti interessati. Il torrente Aygalades, oggi interrato, verrà riportato alla luce e diverrà l'asse portante di un parco urbano che percorrerà tutto il quartiere.
Nel ridisegno generale dell'impianto urbano, il piano propone cinque progetti innovativi: *l'îlot démonstrateur, la boucle de thalassothermie, le Parc de Aygalades, la Station Capitaine Gèze e la plateforme mutualisée de dépollution* (fig. 12).
L'approccio sotteso dal nuovo progetto di sviluppo urbano per Marsiglia prevede che l'urbanistica torni ad utilizzare il sole, il vento, il verde e il mare, tutte risorse che nelle città del Mediterraneo costituiscono una straordinaria ricchezza disponibile ed ecosostenibile.
I migliori progetti per una città sostenibile, tuttavia, non bastano a realizzarla. È indispensabile il coinvolgimento di tutti, della popolazione residente come di ogni fruitore dello spazio urbano. A Marsiglia le autorità locali, in particolare attraverso l'EPAEM, stanno curando con particolare attenzione la sensibilizzazione del pubblico verso un comportamento responsabile, una concertazione solidale e una partecipazione fattiva; i cittadini devono essere coinvolti non soltanto come destinatari dei progetti, ma soprattutto come attori del cambiamento.

Bibliografia
Badami A. (2012), *Metamorfosi urbane. Politiche culturali in Francia e mutamenti nel paradigma urbanistico*, Alinea, Firenze.
Betoncello B., Dubois J. (2010), *Marseille Euroméditerranée. Accélérateur de Métropole*, Collection la ville en train de se faire, Parenthèses, Marseille.
EPA Euroméditerranée (2011), *Ecocité Marseille-Euroméditerranée*, Dossier de presse, Marseille.
Le Corbusier (1933), *Commento alla carta di Atene dei CIAM*.

9. Le caratteristiche geo-naturali di Marsiglia che il piano ha individuato come risorse sono: 300 giorni di sole l'anno; 80 giorni di maestrale; regime torrentizio dei fiumi; presenza del mare.
10. L'isolato è esteso 2,4 ha sui quali è prevista la realizzazione di 58.000 m2 di edifici ad energia positiva di cui 30.000 m2 residenziali e 28.000 m2 di uffici e alberghi.

OPEN SCALES

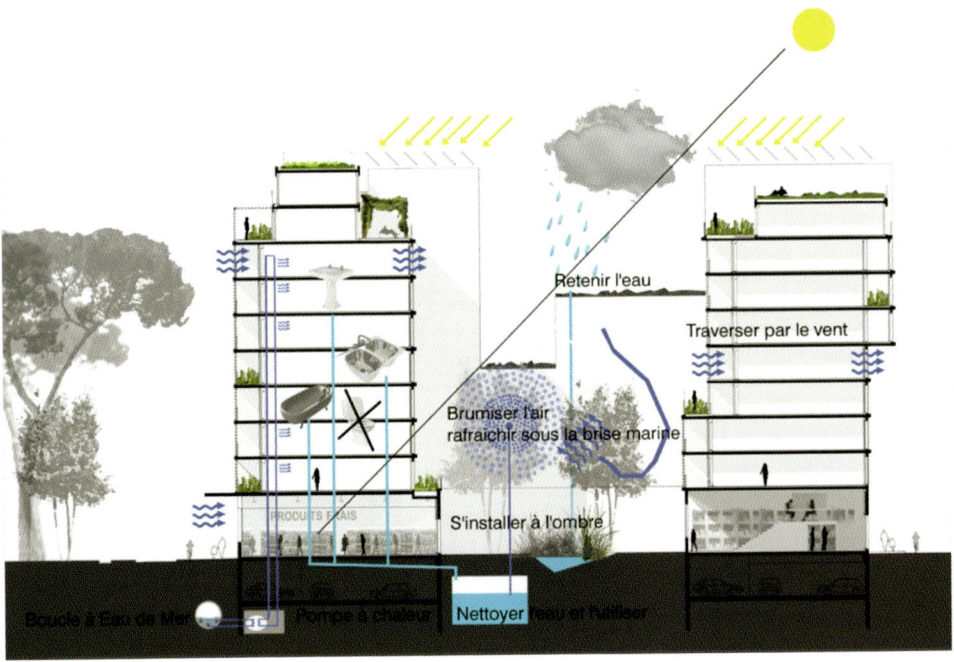

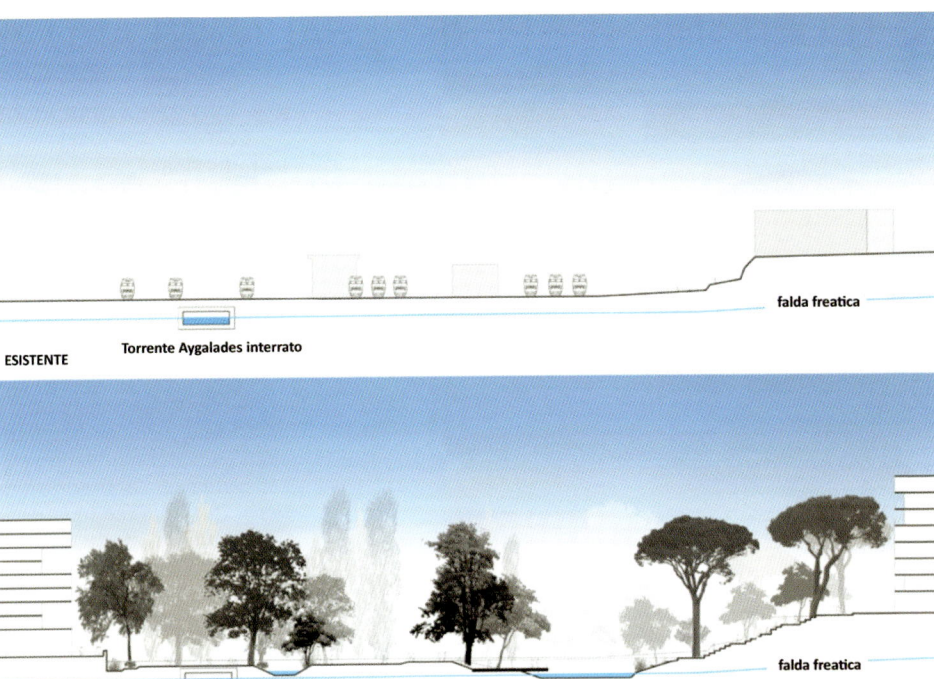

1. La Tour CMA-CGM, prima grande realizzazione architettonica nel nuovo quartiere direzionale di Marsiglia, è stata concepita senza tener conto dei parametri HQE e successivamente adattata con interventi a posteriori.
2. Il FRAC risponde a criteri di risparmio energetico con la coibentazione delle murature e la schermatura delle facciate con pannelli di vetro riciclato.
3. Edifici realizzati su un impianto urbano ridisegnato nel quartiere retro-portuale de La Joliette.
4. Il recupero dell'isolato dei *Dock de la Joliette*. Gli edifici in fig. 4 e 5 si fronteggiano lungo la stessa strada.
5. Il MUCEM (a sinistra) è rivestito da una seconda pelle che funge da brise soleil sui lati maggiormente soleggiati (sud, ovest, copertura). La Villa Méditerranée (a destra) ripropone in modalità inedite e creative il rapporto tra edificio e mare, enfatizzando l'identità portuale della città. Entrambi gli edifici, costruiti sull'Esplanade du J4, condividono un sistema di approvvigionamento energetico basato sulla risorsa naturale del mare.
8. Il progetto del nuovo skyline di Marsiglia. Al centro i nuovi edifici del quartiere Quais d'Arenc tra la Tour CMA-CGM e Le Silo.
9. Concezione bioclimatica dei nuovi edifici nel quartiere Quais d'Arenc.
10. Dispositivi di gestione idraulica del Parc de Aygalades. Source: EPA Euroméditerranée, 2011.

RETROFITTING THE PERIPHERAL LOW LAND AREA - IN A FAST GROWING CITY 'DHAKA'

Balayet Hossain

PhD Scholar, Department of Architecture and Urban Studies Politecnico di Milano
Former Lecturer
Faculty of Architecture and Planning
Ahsanullah University of Science and Technology, Dhaka, Bangladesh
Memberships
Member 'Institute of Architects Bangladesh' (MIAB), H-129. Associate member of "Bangladesh Institute of Planners", (MBIP), AM-807

KW: GROWTH, POPULATION, WETLAND

Introduction

Wetlands are one of the most important ecosystems where water and biodiversity of life is well connected. Wetlands all over the world are considered as precious natural asset. According to the Ramsar Convention, 'Wetlands are areas of marsh, fen, peat land or water, whether natural or artificial, permanent or temporary, with water that is static or flowing, fresh, brackish or salt, including areas of marine water the depth of which at low tide does not exceed six meters'. On the other hand The Resource Management Act (1991) definition of a wetland is broad and includes permanently or intermittently wet areas, shallow water, and land water margins that support a natural ecosystem of plants and animals that are adapted to wet conditions. But from the functional point of view wetlands could be distinguished in different types like bog, fen, swamp, marsh and shallow water, where shallow water wetlands are formed a part of other types and this kind of wetland are usually located in shallow, open water lake, estuary, river margins and also which is in gently flowing to river channels (Peters, & Clarkson, 2010). In this respects wetlands of Dhaka city could be characterized as a shallow water wetlands for the presence of its open standing intermediate size of water bodies which leads water channels to the open water bodies like river. Seasonal conversions of wetlands in this area of the city is characterized by subtle changes of color, not only color but also fragrance and sound; which also make this land unique in a productive and diverse way. This area in wet season remains under shallow water and during this period of time boating and fishing turn into a supporting income source for low income people. Also verities of seasonal vegetables are yield in wet and dry season in this peripheral area of wetland where existing hydrological system work as a driving force. But the unfit activity in the dry season change the whole scenario in dramatic way through the booming character of brick fields and sand infilling for rapid urban extension. In this situation an intelligent management of existing wetlands could be an essential part to bring social, economic and environmental benefit for the contemporary city like Dhaka, where "conservation minded landscape plans and community designs also limit development in sensitive ecosystems such as wetlands, riparian corridors and critical habitat" (Farr, 2008).

Spatial ecology

Dhaka city is now a home of approximately more than 7.0 million inhabitants. The city, in combination with localities forming the wider metropolitan area, is home to an estimated 16.6 million as of 2011. The population of the city is growing by an estimated 4.2% per year, one of the highest rates amongst Asian cities. More recently, the city's population has been grown with the expansion of its boundaries, a process that added more than a million people into this city. According to Far Eastern Economic Review, Dhaka will become a home of 25 million people by the year 2025. By the World Bank (2007), Dhaka is probably the fastest growing mega city in the world today. The city is surrounded by three rivers, Buriganga in the south, Balu in the east, Turaq in the west and north. Dhaka is now dried up with all most all contemporary difficulties, respectively high density, over population, settlement problem, water crisis, urban flood, lack of land management, environmental hazard, and human quality degradation and so on. All of those issues make the civic life unreadable and which adversely affect its territorial character by grabbing wetland for spreading out the city; without any definition and considering its environmental phenomena. The spatial relationship of water and land use pattern in this area are widely conquered by its wetlands or low land area in the east and north-west part of the city, which almost 50% of the total land area. Nevertheless the city is not completed any kind of spatial relationship with this productive spaces, where it is reflected as a leftover or backyard land of spaces of the city. Residential planned area is nearly half of the private residential area; where the private residential area is embedded as a largest informal layout pattern in the city with its continuous land consumption character towards the low land area. And this sort of unrestrained character, clutching the wetlands which are ecologically and physically valuable for standing structure of the city. On the other hand, urban green areas occupied only 1.31%, and this figure is a matter for reconsidering city's residual spaces for increasing green structure and open spaces in the city. Beside the lack of urban parks in the city, 21.43% of total land area is consumed by the restricted area (cantonment) in the geometric center of the city where people of the city cannot get any access through this control land. Most of the industrial zones are located in the historical part of the city which is close to the river Buriganga and few of them are located near urban water body in the east part of the city, where their settings continuously polluted the urban environment. But in reality it gets an epidemic pattern around the territorial area where water body decreased by 16.2 % and wetlands 11.5% (Dewan, & Yamaguchi, 2009). And in a result each day Dhaka city is losing 160.72 Square meter of wetland. Urban boarder of this city is conspicuously spreading out without any definition by way of arising two distinct realities of Dhaka city, one is man-made concrete floor and another one is nature-made territory or periurban area. But, how to reconcile of this duality in the contemporary period of living where it is flattering a key issue for this city redevelopment; while around the territorial wetlands are endlessly occupied by new settlements, brick fields, industry and so forth. Here the territorial fluxes of wetlands are highly characterized by fluid dynamics of untouched natural quality of landscape. The devastating density of the central core of the city, is affecting its supernatural territorial appeal by grabbing land thru constant sand filling for urban expansion. In this case, Sustaining Spatial ratio could be a magnitude for achieving city's growth in a balance way. From the above analysis of space fraction diagram, water is used as a base structural element for better understanding the spatial land use structure of the city, where wetlands are characterized with a ratio of 22:126. Which indicates proportion of water is 1/16 of the total land area of the city (360 kilometer squares). Consequently, Living culture in the territory is mainly based on hydrological system which is supporting biodiversity, agriculture and farming activities. And local settlements are shaped with different curvilinear character along the wetlands hydrology which is totally beautified with diverse organisms related to each other and to their environment. Thus the life is here interwoven by the capital of ecological harmonization, where ecological landscape supports native plants and native plants support our biodiversity. And also "Native and adapted plants were used to reflect the local ecosystem and to minimize maintenance need" (Palazzo, & Steiner, 2011). Changing the color of land thru seasons by means of everyday life and activities with territorial materials are making their livelihood resourceful, and then everywhere water is nurturing their life with its flow of currents.

Conclusion

The city is surrounded by approximately 109.23 Kilometer of water body in length and 126.33 square kilometer of wetlands in area where it is statically the biggest ration in this area of land use. Therefore, instead of continuous loss of wetlands through landfilling, city could be regenerated by the advantages of this spatial structural element. And also wetlands could be retrofitted for as an urban agriculture and aquaculture system; detention zone for flood water, flow of storm water and retention of water in monsoon time; and overall recreational open space for the city dwellers. So, functionally and aesthetically [re]structuring the wetlands by integrating with the city structure could decline the existing complexity of spatial living pattern of this city towards a sustainable growth of urban development.

References
Peters M., Clarkson B. (2010), Wetlands restoration: a handbook for New Zealand freshwater systems, Manaaki Whenua Press, Lincoln, N.Z.
Farr D. (2008), Sustainable Urbanism: Urban Design with Nature, John Wiley &Sons, Inc., New Jersey, USA.
Palazzo D., Steiner F. (2011), Urban Ecological Design: A Process for regenerative Places, Island Press, New York, USA.
Dewan A.M., Yamaguchi Y.(2009), Land use Land use and land cover change in Greater Dhaka, Bangladesh: Using remote sensing to promote sustainable urbanization, Applied Geography, no. 3, vol. 29, pp. 390 - 401.
The World Bank (2007), Dhaka: Improving living conditions for the urban poor, Sustainable Development Unit, South Asia Region, Report No. 35824-BD

Websites
The Ramsar Convention on wetlands : http://www.ramsar.org/cda/en/ramsar-activities-cepa- classification-system/main/ramsar/1-63-69%5E21235_4000_0__

1. Surviving conditions of peripheral wetlands of Dhaka city.
2. Dhaka city land use pattern in square kilometer.
3. The Land use structure of Dhaka city.

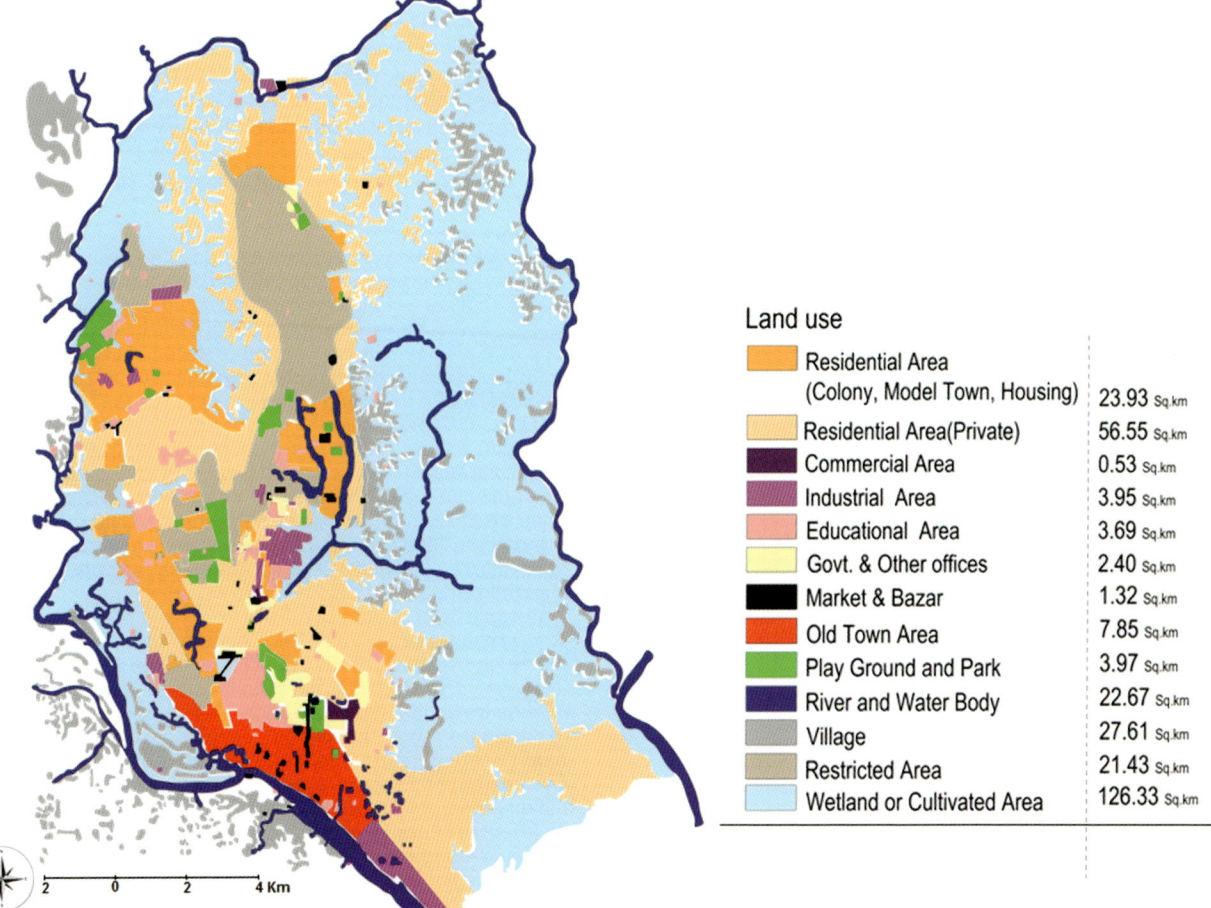

Land use
- Residential Area (Colony, Model Town, Housing) — 23.93 Sq.km
- Residential Area (Private) — 56.55 Sq.km
- Commercial Area — 0.53 Sq.km
- Industrial Area — 3.95 Sq.km
- Educational Area — 3.69 Sq.km
- Govt. & Other offices — 2.40 Sq.km
- Market & Bazar — 1.32 Sq.km
- Old Town Area — 7.85 Sq.km
- Play Ground and Park — 3.97 Sq.km
- River and Water Body — 22.67 Sq.km
- Village — 27.61 Sq.km
- Restricted Area — 21.43 Sq.km
- Wetland or Cultivated Area — 126.33 Sq.km

OPEN SCALES

NUOVE FORME DI METABOLISMO URBANO

Pepe Barbieri, Alberto Ulisse

Pepe Barbieri architetto, professore ordinario di Composizione Architettonica presso la Facoltà di Architettura di Pescara, direttore del DART Dipartimento Ambiente Reti Territorio. Si occupa delle questioni inerenti il rapporto tra progetto di architettura e trasformazioni urbane. Tra le principali ricerche recenti: l'analisi e la descrizione delle trasformazioni delle forme insediative nella città estesa adriatica (PRIN 2006-2008); i nuovi temi del progetto di architettura in rapporto alla infrastrutturazione dei sistemi metropolitani: dirige per ANAS la ricerca sugli aspetti architettonici e territoriali per l'adeguamento della Ss 16 Adriatica nei territori di Marche, Abruzzo, Molise e Puglia fino a Foggia.

Alberto Ulisse architetto (1978), Ricercatore in Composizione architettonica ed urbana (Pescara); 2006 progettista invitato alla X Biennale di Architettura di Venezia; nel 2011 selezionato per la Biennale dello spazio pubblico a BatYam – Israele; nel 2013 progetto per un'allestimento urbano al Mart di Rovereto; dal 2005 è cofondatore, a Pescara, di UNOAUNO_spazioArchitettura - www.unoaunostudio.it - spazio di sperimentazione e riflessione sullo spazio urbano e l'architettura.

KW: COMBINAZIONE ENERGETICA, SCARTO/RISORSA, GEO_CITTÀ

La tesi

È necessario esplorare il rapporto tra nuovi dispositivi energetici e i diversi assetti configurativi dei territori urbani, cogliendo le potenzialità di relazioni, anche inedite, tra natura ed artificio nel disegno dei paesaggi della trasformazione, attraverso il riconoscimento delle qualità formali e di funzionamento di un "fondo" divenuto esso stesso "figura". Si compie così il superamento di una tendenziale concezione puramente policentrica – una luminosa moltiplicazione di fuochi - a favore della possibile esplorazione di una diversa qualità relazionale dello spazio geografico in quanto polimaterica integrazione tra vuoti e pieni, tra reti e centralità, tra superfici e linee. Una esplorazione da condurre per mezzo di una analisi critica dell'esistente per descrivere ed evidenziare opportunità e criticità, ricorrenze e soprattutto preziose differenze. È la *terra* stessa nelle sue forme e nelle sue stratificazioni, nel suo funzionamento complesso – e non solo come superficie a supporto delle modificazioni - che deve essere interpretata quale principale e "grande" infrastruttura. Una *geo_città* che utilizza la natura come materiale *attivo* della città contemporanea, in quanto ormai "interno", piuttosto che esterno ed inerte sfondo, alla contemporanea organizzazione dei territori urbani.

Il campo tematico

Nelle incessanti *mutazioni urbane* – dovute ai cambiamenti che la società contemporanea ci chiede di reinterpretare, anche in *chiave anticrisi* – si riconosce nella *combinazione energetica* (tra *scarto e risorsa*) una delle occasioni di rilancio, di riorganizzazione e di rigenerazione per la crescita delle città e la costruzione di un *benessere durevole* collettivo (obiettivo in continuità con quanto stabilito dal *Piano nazionale per le Città* – "Cresci Italia" – D.L. n. 83/2012).
Le *piccole e grandi metropoli* debbono riconfigurare i distretti urbani come *land stocks*, con la definizione di interventi di sviluppo e saturazione urbana, in base ad una razionalizzazione delle risorse e degli scambi energetici nel territorio. L'adeguamento del "patrimonio" alle necessità imposte da *nuove norme* - soprattutto da nuove consapevolezze sui temi dell'*ecologia urbana*, del risparmio e della produzione decentrata di energia - implica l'introduzione di un diverso quadro di esigenze e obiettivi inediti. Le strategie di riqualificazione del "costruito" nascono, anche, dalla percezione sempre più diffusa del fatto che le *risorse ambientali* (*territorio, acqua ed energia*) sono "scarse". È necessario, quindi, attivare un *metabolismo urbano* con cui reinterpretare le reti di relazioni – specialmente energetiche – dei diversi *materiali urbani*. Occorre produrre *mappature* che consentano di individuare e visualizzare tali reti in contesti in continua evoluzione, con mobili *diagrammi* che mostrino i cicli di vita di una città, evidenziando le fonti e i flussi di energia e di informazione: le *energie guida* ("*driving energies*", come le chiamava Odum).
Una strategia fondata sulle "compensazioni energetiche" consente di mettere a rete le potenzialità di sfruttamento combinato tra le risorse e gli scarti energetici urbani (IMM 01); ad esempio: il calore proveniente dai gruppi frigoriferi di alcune funzioni, tipo market, può divenire *materia energetica attiva* per il riscaldamento delle acque di una piscina o di una scuola o per un complesso residenziale; la biomassa della filiera delle serre florovivaistiche o della manutenzione del verde urbano possono essere reimmesse nel ciclo produttivo delle fattorie urbane o delle centrali urbane per il riscaldamento di quartieri di città; e così via.

Nuovi paesaggi dell'energia

È in atto un *cambiamento* nei nostri territori, che sono chiamati a processi di *re-infrastrutturazione* attraverso l'innesto di dispositivi auto- organizzati (o eco-organizzati).
I principali *parametri* che influenzano le *relazioni energetiche* sono: i dispositivi "*sorgente*" e i "*serbatoi di scarico*"; le relazioni di "*autonomia*" e/o "*dipendenza*"; i processi di competitività e di scambio (*energy sharing*). Nella proposta di un modello *de-centralized* vengono individuate delle "*aree dedicate*" per la produzione energetica, intese come zone strategiche all'interno dei territori capaci di attivare le prime *relazioni di dipendenza energetica tra le comunità* e le altre parti della città (attraverso i "*vettori energia*").
I distretti "*sorgente*", dopo aver raggiunto un *primo grado di autonomia propria* (primo *stadio di saturazione*, dove i consumi sono assicurati dalla produzione in situ), cominciano a definire le regole per *lo scambio con i territori "serbatoi"*, tracciando così quelle *relazioni di dipendenza* capaci di assicurare *autonomia diffusa* nei territori della città. In questa fase le utenze energetiche cominciano già a diversificarsi, differenziando quelle elettriche da quelle termiche e considerando che le *conversioni energetiche* sono assicurate nei *punti di contatto* (*scambiatori o hub urbani*).
In questo scenario "zero" si riconosce ancora una *relazione di dipendenza legata al modello di scambio centralizzato*, ma avvertiamo un primo ed importante processo di diffusione: la specializzazione delle comunità energetiche come *hub urbani*, territori *energeticamente autarchici*, capaci di costruire la rete innescando un meccanismo tipico del mercato, attraverso un *processo di competitività tra le comunità*.
Cambiano, così, i modi di *pensare il progetto*, si coglie *una dilatazione dei materiali possibili del progetto d'architettura*, delle strumentazioni a disposizione, dei quadri di riferimento (*di regole, norme e buone pratiche*). È necessario apprendere come *interrogare il territorio* per pensarlo dal punto di vista dell'energia (IMM 02).

Verso una geo_città

La *complessità* – la città come una entità formata da molteplici *pieghe* - è tutt'altro che un carattere già dato della città contemporanea, fatta di parti monofunzionali puramente giustapposte, frutto dello *zoning*. È, piuttosto, una qualità cui tendere. Una complessità da raggiungere con l'esercizio di una *composizione aperta* fondata sull'utilizzazione strategica dei flussi e del movimento e che si ottiene attraverso azioni riferibili ad alcune parole chiave: **porosità -stratificazione – spessore – sequenza**. È una complessità da ricercare nella dimensione della *geo_città*: quella a cui si allude è una nuova entità urbana, a funzionamento metropolitano, non solo fondata sulla natura, ma costruita per suo mezzo, con una concezione che fa avanzare il "landscape sensitive design" da interpretazione critica e creativa, *attenta ai contesti ad una progettazione multidisciplinare dei contesti stessi*.

Il territorio può, quindi, essere interpretato come un *laboratorio* dove sperimentare le implicazioni di una *"visione termodinamica"* dei paesaggi urbani, senza consumo del suolo produttivo e con attenzione alle identità e qualità dei diversi contesti. Oggi si producono Piani Energetici Ambientali e si va diffondendo una pratica di intervento di inserimento di dispositivi energetici (essenzialmente di fotovoltaico) in manufatti edilizi, concepiti tradizionalmente e che non hanno "memoria" di tali tecnologie e mal si adattano a supportarle. Questi due percorsi, a scala diversa, non sono tra loro integrati e non sviluppano le opportunità che i nuovi approcci progettuali interdisciplinari, nella dimensione del territorio, potrebbero consentire (IMM 03). Si deve, invece, verificare la possibilità di individuare nuovi criteri progettuali e nuovi prodotti energetici in grado di rispondere alla crisi ambientale ed energetica attuale e futura, considerando tutte le opportunità e gli effetti nella forma urbana della *geo_città* .

Si può superare il concetto di *hub* centralizzato a servizio di grandi aree territoriali, prefigurando uno scenario di produzione energetica distribuita (diffusa/polverizzata), differenziata (micro-meso-macro) e consumata in loco (auto-prodotta/consumata).

Nelle ricerche sulla città medio-adriatica, ad esempio, si è ipotizzata una *città arcipelago*, coerente, anche dal punto di vista energetico, con quella lettura che ne modifica l'immagine consolidata per fasce affiancate sostituendola con un organizzazione più porosa ed articolata. Si delineano così i tratti rizomatici della *cell-city*, formata da congegni spaziali territoriali (cluster o piattaforme) concepiti come isole dell'energia dalla variabile dimensione e configurazione (IMM 04). Ogni isola-distretto, autonoma dal punto di vista energetico e a bilancio ambientale nullo, farà parte di un network territoriale formato da dispositivi e si relazionerà in maniera aggregata, sotto forma di legami e dipendenze, con i cluster limitrofi.

Le isole all'interno di uno stesso distretto metteranno a fattor comune tutte le risorse disponibili, diversificate sulla base della disponibilità di ogni contesto: energia solare, eolica, biomasse, cogenerazione. Tutto il *surplus* di un'isola verrà utilizzato dall'isola dello stesso distretto prima di essere riversata sulla rete esterna.

La questione energetica può rappresentare una delle chiavi strategiche per il disegno e la organizzazione della città medio-adriatica. Si sono definite alcune modalità di azione che, in rapporto alle potenzialità delle diverse aree, possono definirsi di *ri-generazione* o *coltivazione energetica*. Le sperimentazioni condotte nella Val Pescara hanno considerato l'area metropolitana come unico distretto energetico composto da differenti e specifici sistemi di approvvigionamento e produzione energetica, letti anche dal punto di vista configurativo secondo un'articolazione in sistemi puntuali, lineari ed areali. Grandi aree urbane oggi monofunzionali (come l'area portuale o l'ex Scalo merci di Porta Nuova, di Pescara) possono trasformarsi in dispositivi urbani complessi, a supporto di una strategica mixitè di funzioni territoriali e di spazi e sistemi per la produzione energetica: affiorano così, da una trasformazione dell'esistente, nuovi episodi di spazialità pubblica - *piattaforme energetiche, infra-green, infra-void*.

Bibliografia

Barbieri P. (2009), *Hyperadriatica – Opere pubbliche e città adriatica. Indirizzi per la qualificazione dei progetti urbani e territoriali*, List-Actar, Barcellona.
Barbieri P., Pavia R., Morante M., Ulisse A. (2010), *Rap-porti urbani. Esperienze di un Laboratorio Integrato – ambito Progetto e Contesto*, Sala editori, Pescara.
Capra F. (1997), *La rete della vita*, Rizzoli. Milano.
De Santoli L. (2005), *Energia e architettura*, Kappa, Roma.
Droege P. (2008), *La città rinnovabile*, edizioni Ambiente, Milano.
Gottman J. (1991), *La città prossima futura*, Laterza, Roma-Bari.
Mitchell W. J. (1999), *E-topia: Urban Life, Jim – But Not As We Know It*, MIT Press.
Patterson W. (1999), *Transforming Electricity*, Earthscan, London.
Pulselli R. M., Tiezzi E. (2008), *Città fuori dal caos. La sostenibilità dei sistemi urbani*, Donzelli editore, Roma.
Rifkin J. (2000), *L'era dell'accesso. La rivoluzione della new economy*, Mondadori, Milano.
Rogers R. (1997), *Città per un piccolo pianeta*, ed. Kappa, Roma.
Ulisse A. (2010), *Energycity – An experimental process of new energy scenarios Pescara – architecture and public space*, List-Actar, Barcellona.

1. PAESAGGI EX-INDUSTRIALI, Concorso di progettazione RiusIndustriali Confindustria Bergamo – 1° classificato; Alberto Ulisse (capogruppo), Marino la Torre, UNOAUNO_spazioArchitettura (www.unoaunostudio.it), consulenti: Pepe Barbieri, Fabio Rizzo, Vincenzo Moretti, collaboratori: Sara Consorte, Tommaso Sciullo, Piera Verdecchia.

2. DINAMICROOF, Concorso di progettazione Comune di Rovigo; Alberto Ulisse (capogruppo), Marino la Torre, UNOAUNO_spazioArchitettura (www.unoaunostudio.it), consulenti: Pepe Barbieri, Giorgio Caizzi (Ater Pescara).

3. MICRO-SERVICE AGRO-URBANO, Concorso di Progettazione Comune di Miglionico (MT), 2° classificato; Marino la Torre (capogruppo), Alberto Ulisse, UNOAUNO_spazioArchitettura (www.unoaunostudio.it), collaboratori: Giulio Mandrillo, Chiara Pirro, Piera Verdecchia.

4. ENERGY-space Un modello abitativo adattivo, Concorso di Progettazione Barcellona, 2° classificato; Alberto Ulisse (capogruppo), Marino la Torre, UNOAUNO_spazioArchitettura (www.unoaunostudio.it).

OPEN SCALES

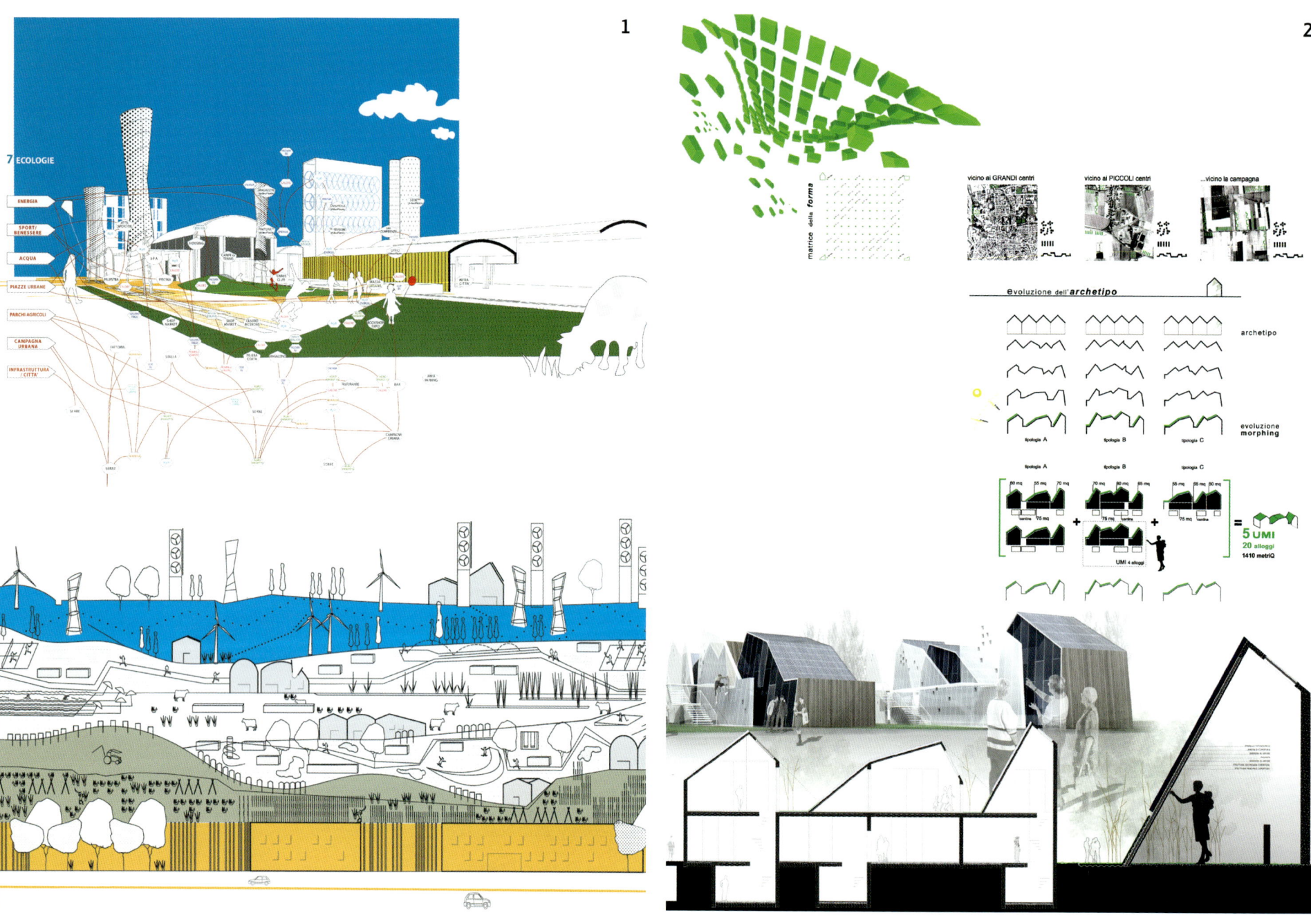

MONOGRAPH.IT | RESEARCH

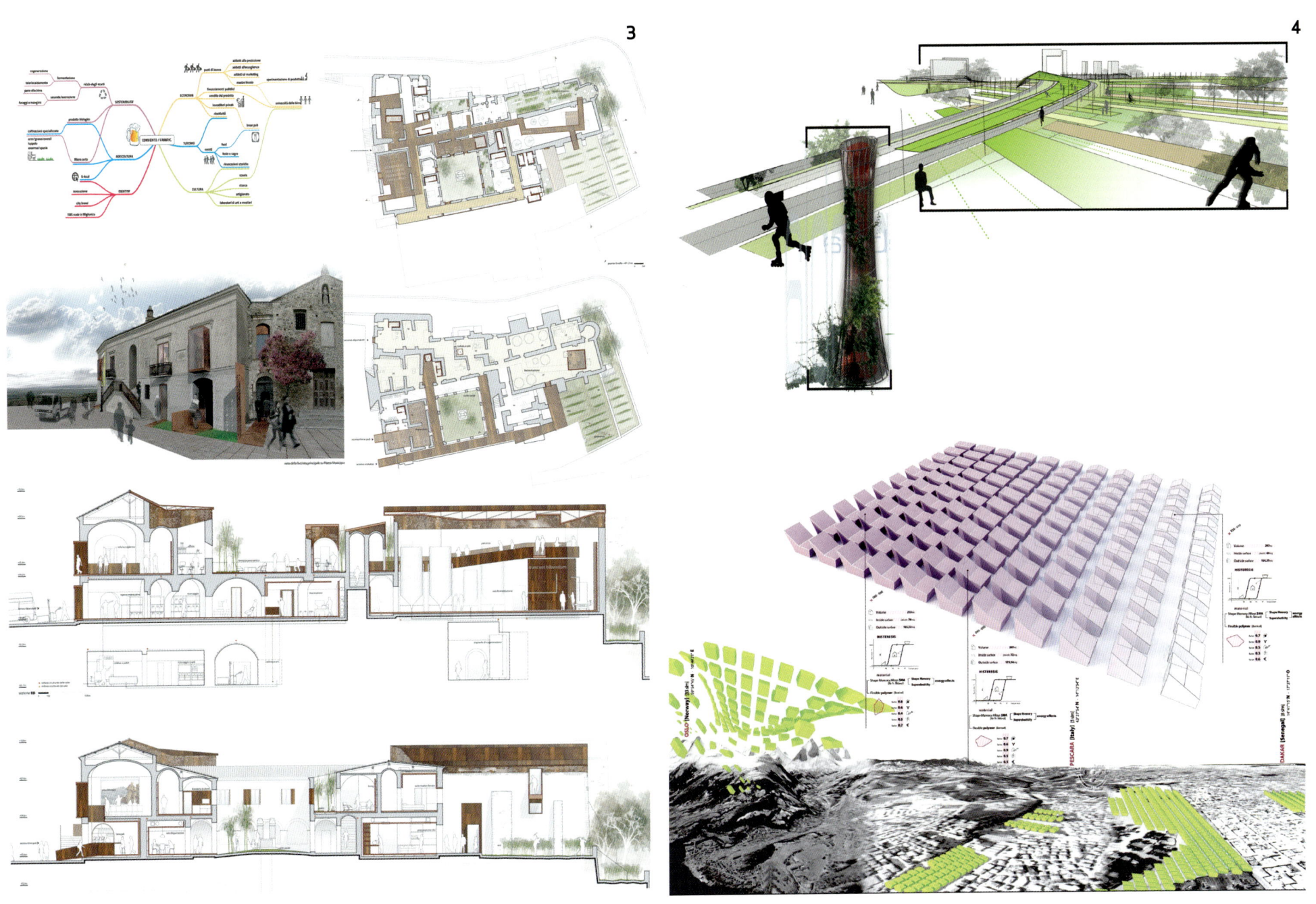

OPEN SCALES

TECNONATURA: PROCESSI DI LAND ART COME GENERATORI DI ENERGIA

Elisa Cristiana Cattaneo

Laureata con lode in Architettura presso il Politecnico di Milano, ove svolge attivita' didattica nel Dipartimento di Architettura e Studi Urbani, nel 2004 frequenta il Master europeo in Progettazione strategica per lo sviluppo del territorio, e nel 2009 ottiene il titolo di Dottore di Ricerca con Merito con la tesi Densita' del Vuoto: il valore relazionale nel progetto urbano.
Nel 2010 e' Visiting Scholar al Massachusetts Institute of Technology, con una ricerca sul rapporto tra teoria e progetto. Nel 2011-2012 alla Graduate School of Design, Harvard University, ove orienta la propria indagine sul rapporto teoria/citta' con la Weakcity, strategia di Landscape Urbanism per le nuove condizioni urbane.
Dal 2002 esercita la libera professione e dal 2011 e' founder di Weakcircus.

KW: TECNONATURA, LAND ART, ENERGIA

*"Puo' darsi che non succeda soltanto a me,
ma anche a tutti coloro che la civilta' ha fatto nascere per la seconda volta. Eppure ho l'impressione che per me,
o per coloro che sentono come me,
l'artificialita' sia diventata una cosa naturale,
ed e' il naturale che sembra strano.
Mi correggo:
l'artificialita' non e' diventata naturale:
il naturale e' diventato diverso".*
F. Pessoa, Il libro dell'inquietudine

0. Tecnonatura. Una parola, un pretesto. Parentesi scientifica di riferimento

La ricerca relativa alla tecnonatura s'inserisce nella parentesi di riferimento piu' generale definita weakcity[1] che, partendo dall'analisi della parola weak (debole) e, attraverso la sua fattorizzazione e trasposizione, intende delineare un approccio teorico-pratico per un rinnovato progetto urbano. L'obiettivo è quello di sperimentare come, nella 'costruzione' del paesaggio contemporaneo, un approccio debole[2] possa essere in grado di opporsi all'oggetto/evento architettonico e alle metodologie 'appurate' degli studi urbani, oltrepassando il valore designativo/oggettuale (teorico e formale) dell'oggetto architettonico e dello spazio costruito. Inoltre, con un linguaggio debole, in contesti deboli, con materiali deboli e 'riciclati' (riconcettualizzati), il tema identifica nel progetto la 'decorazione' (retorica di superficie) come abile a trasformare gli scenari urbani, a vantaggio di spazi (pattern) relazionali ed aperti, piuttosto che costruiti. In questa direzione, la nozione di Landscape Ecology[3], intesa come specificazione del Landscape Urbanism[4], diventa l'infrastruttura del progetto. Ove tuttavia l'ecologia diventa tecnonatura, ossia un'evoluzione della natura in termini artificiali e tecnologici, traslando il metodo progettuale sul valore della transdisciplinarietà come possibile momento di trasformazione dei codici e degli strumenti del progetto.

1. Potenzialità metodologiche

La possibilita' della tecnonatura di specificarsi secondo strategie specifiche di Landscape Ecology, s'istruisce operativamente nell'individuazione delle sue potenzialità teorico-metodologiche (come nuova modalità ecologica di pensare il progetto urbano e territoriale), operative (come strategia specifica per produrre energia), linguistiche (come ibridazione transdisciplinare di rinnovo in correlazione ai processi di Land Art), allestendosi come possibile risposta alla crisi del progetto (e dei suoi strumenti) all'avanzare delle nuove necessità ecologiche e formali della città contemporanea. Operativamente e trasversalmente, il pensiero sulla tecnonatura si innesta in un quadro metodologico generale delineato dai seguenti passaggi di relazione teoria/progetto:
1. un processo teorico definito da: un pensiero orizzontale[5], complesso[6], transdisciplinare, barocco[7], di diversione barocca[8];
2. una strumentazione di collegamento tra la teoria e il progetto: basata sul gioco ed il paradosso[9] come strategie di risignificazione;
3. una strategia urbana con caratteristiche: relazionali e sovradiacenti[10], notazionali[11], molecolari[12], reversibili, provvisorie, non resistenti[13], non figurative[14], energetiche ed evolutive[15];
4. una propria aggettivazione a strumento operativo del progetto: declinandosi in spazi/dispositivi deboli e diffusi[16].
Radicata nella filosofia della scienza[17], la tecnonatura si propone come modalità sperimentale d'interpretazione/progettazione del paesaggio contemporaneo, secondo un rinnovamento dell'idea stessa di Natura, in grado di superare sia i rapporti dicotomici legati al pensiero su di essa, sia ogni tentativo di vernacolarismo, di ibernazione immanentistica, o di conciliazione, quali l'estetica della sparizione, il camouflage, la metafora e, soprattutto, di ogni devianza della sostenibilità o dell'ambientalismo come sistemi riparatori. Essendo prospettiva ecologica antidialettica, essa intende la natura come continuo rinnovo della propria capacità di genesi, di creazione e soprattutto di adattamento, "assorbendo la materia artificiale come sua componente, azzerando le anemiche categorie di appartenenza e ambendo a quella meravigliosa fluidità rigenerativa che elide i contrari e li fa suoi", ove "va osservata una sfumatura paradigmatica: ciò che potrebbe sembrare frutto di un'ibridazione tra naturale e il suo contrario, l'artificiale, è invece un compenetrarsi avvicendato che ci fa leggere la realtà trasformativa della natura. È, più semplicemente, il concetto stesso di natura che si sta snaturando dalla fissità secolare producendo uno dei cambiamenti più rivoluzionari che siano mai avvenuti nella storia"[18]. Scongelandosi concettualmente, essa finalmente "si scioglie dall'ibernazione immanentistica che l'ha sempre perseguitata"[19]. Nel suo essere provocazione e trasfigurazione, essa diviene la possibilita' di un nuovo pensiero sull'etica dell'ambiente, lontano da ogni tentativo di vernacolarismo, di ritorno al passato, di nostalgia, di simbolo. La natura, in questa direzione, si propone infatti come momento di massima produttivita', di massima potenzialita' nella propria modificazione integrazione con la cultura, con la tecnologia, con il sapere artificiale. In questo suo modificarsi, essa rinnova la propria capacita' di genesi, di creazione, di adattamento. Come gia' Pessoa: "l'artificialita' e' un modo di assaporare la naturalita' ... la civilta' e' l'educazione della natura. L'artificialita' e' la strada per un avvicinamento al naturale". Al punto di limite, essa si avvicina al concetto di spazi immateriali. Come

sostiene Nicolescu infatti: "Virtual reality has produced a veritable Technonature which now coexists with cosmic processes that have been developing since the dawn of time, even before the appearance of humans. The latest result to emerge from techno nature is cyberspace, which has a unique role because it reaches a new barrier of human intelligence ... civilization of immaterial"[20]. Uno spostamento verso una nuova condizione di ambiguita' quindi, in una parentesi scientifica che intravede nuovi paradigmi transdisciplinari basati su identita' mutevoli e occultamenti delle condizioni appurate, verso nuove sinestesie

2. Processi ecologici di sfondo

Associandosi ai processi ecologici, la tecnonatura promuove una condizione che supera quella della di eco-compatibilità e bio-sostenibilità. Oltre il fatto che l'ecologia[21] sia condizione ormai uniformante imprescindibile, secondo un'idea di ecosofia di cornice antropologica, come gia' sottolineato sia da M. Mostafavi[22] che da E. Glissant[23], la visione che vogliamo introdurre e' quella di un'ecologia tecnologica che si unisca alla etno-tecnica, in grado di definirsi secondo le seguenti qualita' spaziali, riprendendo i contenuti dell'Ecological Art e dell'Enivronmental Art, delle quali condivide la commistione di discipline differenti e contaminate:

- un approccio non esclusivamente antropocentrico;
- in grado di produrre differenziati effetti di sinergia e non di scala[24], sviluppando scale spazio-temporali differenziate ed ibridate, che implichino nuovi 'indicatori' di commistione tra le necessita' ecologiche e antropiche, attraverso processi di sovrapposizioni non consequenziali;
- acquisizione di progettazioni processuali e non formali;
- acquisizione di 'materiali' ecologici come materiali fattuali del progetto urbano;

3. Strategie operative: l'energia come produzione di spazio collettivo

"La crisi energetica riguarda le potenze industriali, il sistema economico, lo Stato, molto piu' del "primo che capita"... e non vedo alcuna ragione perche' l'uomo qualunque debba essere messo in mezzo a queste astrazioni".
Y. Friedman, *Alternative energetiche*

"Energy needs Space"
R. Ghosn

La frase di Friedman implica una cascata di domande che si innestano inizialmente sul "come produrre e produrre partendo da che cosa?"[25] ma che successivamente cambiano il concetto di efficienza in primis e, successivamente, gli altri paradigmi coinvolti dall'energia come materia del progetto. Termine transdisciplinare e algoritmico[26], in essa ci disponiamo ampliandone le caratteristiche di "Strong in connotation e weak in denotation"[27], in cui la 'debolezza' denotativa[28] dell'energia si specifica:

- nel suo ripensamento di concetto globalizzante[29], da rielaborare secondo scale prima etiche e poi fisiche di sinergia soprattutto locale, allontanandola dalla sua declinazione di prodotto di esportazione concettuale ed economico, a vantaggio di una rinnovata condizione di efficienza in grado di assolvere a necessita' parziali/locali;
- in una nuova ricerca tecnologica in grado di supportare la nuova "societa' della sussistenza"[30], abile nel riattivare multiple opzioni tecnologiche lontane dalle tendenze dominanti. Centrale quindi la proposta di "Low energy Consumption", ove "While people have begun to accept ecological limits on maximum per capita energy use as a condition for physical survival, they do not yet think about the use of minimum feasible power as the foundation of any of various social orders that would be both modern and desirable"[31];
- in questa direzione, essa si produce attraverso dispositivi minimi, deboli, diffusi ed infrafree.

L'energia prodotta da microdispositivi deboli quindi, che la sollevino dalla concezione 'virile' dei grandi manufatti per avvicinarla a microgenerazioni in grado di rispondere ad un nuovo concetto di efficienza, lontano dall'idea dell'energia come spinta colonizzatrice di territori. Il progetto diventa allora orientato su dispositivi slegati dal potere antropocentrico, come delineato nelle ricerche sulla Soft Energy Technology[32] e Soft Energy Path[33].

4. Declinazioni linguistiche

Nella propria affermazione estetica, la tecnonatura si presentifica in territori a Land Art Generator[34], ove dispositivi di microgenerazione energetica si associano a manufatti di Land Art, unendo qualita' performative ed estetiche. In particolare, della Land Art assumono i seguenti aspetti:

- ecologici
- evolutivi
- effimeri
- entropici
- cinetici

Tra di essi, acquisisce maggiore spessore il concetto di entropia. Etimologicamente 'dentro la trasformazione' (ἐν + τροπή), essa non solo si riferisce alla dissoluzione dei manufatti di land art nel tempo, attraverso un processo di non resistenza formale (secondo una linea gia' appurata da Smithson e dall'ampia sperimentazione americana), ma introduce anche nel progetto la possibilita' di lavorare continuamente con linguaggi non fissativi, removibili, dissipativi, e lontani dalla stabilita' dell'equilibrio. Nella corrispondenza tra metodo e linguaggio: "The common understanding of the word refers to the growing internal disorder of organised systems. This disorder and unpr dictability not only affect the microcosms of physics or mathematics but also our everyday reality. In entropy we can notice the desire to disrupt the stability of order, to break the rules, and the associated feeling of uncertainty. In this sense entropy becomes the synonym of change, leading to unpredictable results ... Entropy, after all, is nothing but the constant departure from schemes, the abandonment of conventions, the search for originality, the destruction of stereotypes, and ageless revolt. Yet, when defined as the vocabulary of thermodynamics or comm nication theory, entropy also means 'expansion'. This word relates to the world of art, and not necessarily only contemporary art"[35]. Potremmo quindi sintetizzare il processo generale dell'entropia, come sperimentazione della tecnonatura, secondo le sue disposizioni metodologiche e formali, come Nabokov: "the future is but the obsolete in reverse".

Bibliografia

A.A. V.V., (2009), *Ecological Urbanism*, Harvard University Graduate School of Design, Lars Muller Publisher;

A.A.V.V. (2010), *New Geographies 2: Landscapes of Energy*, Cambridge: Harvard GSD;

S. Allen (1999), *Infrastructural Urbanism, Contextual Tactics and Field Condition*, in Points+Lines: Diagrams and Project for the City, ed. Princeton Architectural Press, New York;

A. Boetzkes (2010), *Ecotecnology and the Receptive Surface*, in The Ethics of Earth Art, University of Minnesota Press;

A. Branzi (2004), *Modernita' debole e diffusa*, ed. Skira, Milano;

J. Corner (1996), *Taking Measures Across the American Landscape*, ed. CT:Yale University Press, New Haven;

J. Corner (1999), *The Agency of Mapping Speculation, Critique and Invention*, in Mapping, a cura di D. Cosgrove, ed. Reakton Bppks, London;

E. Glissant (2007), *Poetica della relazione*, ed. Quodlibet;

R. Goshn (2012), "Where are the Missing Spaces?The Geography of Some Uncommon Interests", in Perspecta 45: Agency, Cambridge: MIT Press, pp. 109-116;

R. Goshn (2012), "Move Along. There is Nothing to See", in Thresholds 40, Cambridge: MIT Press, pp. 33-38;

S. Hubacher (1999), "Weak Urbanism: Weakness(es) with a Future", in Daidalos n. 72;

B. Nicolescu (2012), *Manifesto of Transdisciplinarity*, ed. Suny;

M. Ponty (1996), *La Natura*, ed. Cortina;

J. Salomon (1970), *Science et politique*, ed. Le Seuil;

R. Smithson (1996), *The Collected Writings*, University of California Press;

I. De Solà-Morales (1997), *Weak Architecture*, in Differences, Topographies of Contemporary Architecture, ed. The Mit Press, Cambridge; traduzione italiana: Architettura debole, in Ottagono n. 92, 1989;

I. De Solà-Morales (1997), *Introduction*, in Differences, Topographies of Contemporary Architecture, ed. The Mit Press, Cambridge;

I. De Solà-Morales (1995), *Terrain Vague*, in Anyplace, ed. The Mit Press, Cambridge;

J. E. Thornes (2008), "A Rough Guide to Environmental Art", in Annu. Rev. Environ. Resour. 33;

A. Vidler, "What Happened to Ecology? John McHale and the Bucky Fuller", in Architectural Design, Special Issue;

C. Waldheim (2006), *The Landscape Urbanism Reader*, New York:, Princeton Architectural Press;

M. White (2010), "The Productive Surfaces", in Bracket 1:On Farming, Actar;

http://landartgenerator.org/

OPEN SCALES

1 E. Cattaneo, ricerca effettuata alla Graduate School of Design, Harvard University, a.a.2011-2012;
2 Secondo la metodologia individuata da I. Prigogine, in particolare i processi di non equilibrio e i sistemi dissipativi;
3 In particolare nella posizione di Almo Farina;
4 L'esordio del Landscape Urbanism, avviene in concomitanza con la conferenza di Chicago alla Graham Fondation, nell'aprile del 1997. Tra i relatori, Charles Waldheim, Mohsen Mostafavi, James Corner, Alex Wall, e Adriaan Geuze, spiccano per riuscire a sintetizzare le teorie tracciate in precedenza presso la University of Pennsylvania alla fine degli anni '80, ove un gruppo di ricerca, comprendendo James Corner e Mohsen Mostafavi, stava esplorando i confini disciplinari tra l'architettura del paesaggio, tra la progettazione urbana e l'ecologia, ricercando una via più coerente e complessa rispetto alle trasformazioni in atto e alle questioni emergenti della sostenibilità. La conferenza, genera un circolo ermeneutico di ricerche che comprende inizialmente le più importanti scuole di stampo europeo ed americano, tanto da formalizzarne accademicamente gli studi, e che coinvolgono, in una fase iniziale, la Oslo School of Architecture, la Catholic University in Leuven, l'University of Illinois di Chicago, l'University of Toronto, l'Harvard Graduate School of Design, e il Massachusetts Institute of Technology, per poi generare una rete di sviluppi tematici dislocati in ambiti più globali. Già nel 2000 la London's Architectural Association ne riporta i primi esiti, attraverso la pubblicazione Landscape Urbanism: A Manual for the Machinic Landscape. Tracciando la propria linea di ricognizione nella critica postmoderna verso la pianificazione e l'architettura di stampo Moderno, Charles Waldheim redige, nella conferenza e nel suo successivo testo The Landscape Urbanism Reader, un manifesto che ne delinea le principali linee tematiche. 5Come generato da G. Deleuze e F. Guattari, 1980;
6 Inserito nella teoria della complessita' come indicata particolarmente nella ricerca di E. Morin. In questa direzione, se ne acquisiscono le accezioni di processo dialogico, non lineare;
7 Come pensiero in generale sul progetto, ne permette una relativizzazione (anti enfasi), deformandolo in decorativo e retorico. Il barocco anche per il valore della molteplicita' che esso comporta, il lavoro tra le pieghe, tra le discontinuita' concettuali e formali che esso implica; infine, in senso più strettamente disciplinare, nel fare in modo che l'architettura si ponga realmente come decorativa, come 'non essenziale' o non fissativa rispetto ad un'idea di spazio urbano;
8 Che accentui il ruolo del pensiero minoritario e minore, enfatizzando il concetto di meticciato, il diritto all'opacita, il divenire minore (Glissant, 2007);
9 Essi posseggono le seguenti funzioni: da un lato, rivendicano la possibilità di trovare nuove forme di 'legittimazione provvisoria' alle condizioni progettuali; dall'altro, e a presupposto dell'affermazione precedente, rimettono in discussione i 'principi di autorità' considerati come lungamente validi. Permettendo quindi un processo: rizomatico e non strutturale; eterogeneo, non assiologico, immaginifico;
10 Attraverso la costruzione di 'situazioni' e 'ambienti' differenziati;
11 I molteplici racconti del progetto diventano note a latere delle grandi narrazioni. Racconti autonomi o racconti nel Racconto. Indipendenti, minori, slegati. Accenti tra lo spazio disegnato. Intuizioni a margine;
12 Il piccolo modifica il grande. La successione di elementi minori determina una città nella città, influenzandone le caratteristiche, inglobandola nelle proprie dinamiche;
13 Niente di fissativo. Apertura al futuro, alla dinamica, all'ecologia intesa come processo mai determinato, sempre in evoluzione;
14 Con una prevalenza dello spazio senza figure pre-costituite, metaforiche o simboliche. Sfondo su sfondo.
15 Progetti come batterie regolatrici di energia, in grado di collaborare con l'esistente in una nuova sinergia;
16 A. Branzi, Modernita' debole e diffusa, 2004;
17 In particolare nella ricerca di M. Ponty (1996), La Natura, ed. Cortina;
18 M. Ponty, La Natura, Op. Cit.;
19 M. Ponty, Op. Cit.;
20 B. Nicolescu (2012), Manifesto of Transdisciplinarity, ed. Suny;
21 B. Fuller e J. McHale, The ecological Context: Energy and materials, 1968: "Accompanying these various expansions of the level of conceptual awareness is a significant recourse to ecology, or ecologically oriented thinking, as a defining framework for their cointainment or inter-relation. Beginning in botany with the study of the interaction of plants with other organisms, and with their environs, the transidisciplinary apporach now begins to encompass the study of large scale regional ecosystem and global interactions and distributions. The role of man, both a symbiotic component and distruptive agency has been particularly focussed upon in recent years ... human ecology involves finding out what resources are avaible in our environment and how to make the best use of them. We have to think, first of all, of all the material resources - mineral, water power, soil, forest, agricultural production - but we must also think of the non-material or enjoinment resources of the habitat, such as natural beauty or enjoinment, as interest and adventure, wild scenery and wild life...If man is responsible for the future of this planet, he must pay more attention to ecology - the scene of relation between orgnaism and their environment";
22 M. Monstafavi, "Why Ecological Why now", in Ecological Urbanism, 2009: "Gregory Bateson arguments that, in contradistinction to the Darwinian theory of natural selection, "the unit of survival is organism plus the environment". A broader articulation of Bateson's ideas can be found in Felix Guattari The three Ecologies, a profound yet concise manifestation of a relational and holistic approach to our understanding of ecological issues. Guattari's ethico-political concept of 'Ecosophy' is developed in the form of three ecological 'register' (environment, social relations, and human subjectivity) ... According to him, the appropriate response to the ecological crisis can only be achieved on a global scale, "provided that it brings about an authentic political, social and cultural revolution, reshaping the objectives of the production of both material and immaterial assets";
23 E. Glissant (2007), Poetica della Relazione: "Aldila' delle preoccupazioni riguardanti cio' che si definisce 'ambiente', l'ecologia ci appare come una pulsione con la quale gli uomini estendono al pianeta Terra l'antico pensiero sacro del Territorio. Essa ha quindi un duplice orientamento: o la si concepisce come una derivata di quel sacro, nel qual caso la si vivra' come una mistica; oppure questa estensione portera' in germe la critica di quel pensiero del territorio (della sua sacralita', della sua esclusiva). E l'ecologia si volgera' in politica ... l'immaginazione e l'espressione di un'estetica della terra, libera dalle ingenuita' folcloristiche ma rizomante nella conoscenza delle nostre culture, diventano qui preziose. Di sicuro non si lavora piu' la terra, non si e' piu' contadini con la stessa istintiva pazienza di un tempo. Troppi parametri internazionali sono intervenuti in questo rapporto. L'agricoltore e', automaticamente, un uomo di cultura: non puo' piu' produrre innocentemente ... Morira' o si trasformera' in riserva di manodopera per tecnologie di punta? ... Estetica della terra, si. Ma estetica del rovesciamento e dell'intrusione. Trovare febbrili equivalenti per l'idea di "ambiente" (che io preferisco chiamare "intorno") e per l'idea di "ecologia", che sembrano cosi' oziose ... estetiche della rottura e del raccordo ... Integrare questo avere, anche se e' fatto di mare e di sole, all'avventura di una cultura da condividere e di cui essere responsabili. Ne' l'autosufficienza applicata, ne' l'interdipendenza consenziente, ne' un'etnotecnica padroneggiata possono servire, se non sono contemporaneamente scarto da e accordo con (e in riferimento a) cio' che serve loro da referente: l'altrove multiforme, qui (ovvero in un paese controllato) sempre riproposto come una necessita' monolitica";
24 N. Brenner, Rescaling Urban Questions, in New Geogrphy 2, Harvard University, 2010;
25 Y. Friedman, Alternative energetiche, 2012;
26 come sostiene Illich: "There is little in common between 'e' when a physicist writes it and 'energy' when the word is used by an economist, politician, or windmill fan. 'È is an algorithm, 'energy' is a loaded word. 'È is meaningful only within a formula, 'energy' is charged with hidden implications: it refers to a subtle something that has the ability to make nature do work. Even the engineer who routinely handles megawatts talks of 'energy' when he speaks to his client. Energy now, as work formerly, has become something that individuals and societies need. It is a symbol that fits our age, the symbol of that which is both abundant and scarce". ancora Illich:" The theoretical notion and the social construct were born as Siamese twins. By the end of the nineteenth century, aged barely fifty, they had become antagonistic look-alikes. "E" had matured in the hothouse of labs. Each new trick "e" learned to play, each new twist it was taught, has been carefully monitored. In the course of its history, "e" has embedded into its own theory the rules by which the symbol may be used. In Einstein's words, it became part "of the theory which decides what the physicist sees." "Energy" in the meantime rose to the throne of the Almighty, and became the metaphor for what is now called "basic needs." "E" became abstract, beyond imagination. "Energy" became both mysterious and trivial, beyond examination and seemingly unworthy of it.Today the twinbom determine two types of discourse, so strange that they just barely translate into each other". I. Illich e Jean Robert, in New Geography n. 2, op. cit;
27 I. Illich e Jean Robert, op. cit;
28 I. Illich e Jean Robert, op. cit.;
29 Mark Jarzombek, "Sustainability: Fuzzy Systems and Wicked Problems," in Log 8, Summer 2006;
30 Y. Friedman, Alternative energetiche, op. cit.;
31 Illich, Le monde, 1973;
32 In modo piu' specifico, sono cosi' definite: "soft energy technologies have five defining characteristics... They rely on renewable energy resources, are diverse and designed for maximum effectiveness in particular circumstances, are flexible and relatively simple to understand; are matched to end-use needs in terms of scale, and are matched to enduse needs in terms of quality. An energy technology must satisfy all five of these criteria to be soft";
33 Termine coniato da Amory Lovins nel 1976, il soft energy path descrive un futuro alternativo nel quale l'efficienza energetica e l'uso appropriato di risorse rinnovabili possano sostituire il sistema energetico centralizzato;
34 Vedi la ricerca in corso di Lagi, in http://landartgenerator.org/.
35 R. Smithson (1973), Entropy Made Visible, Interview with Alison Sky;

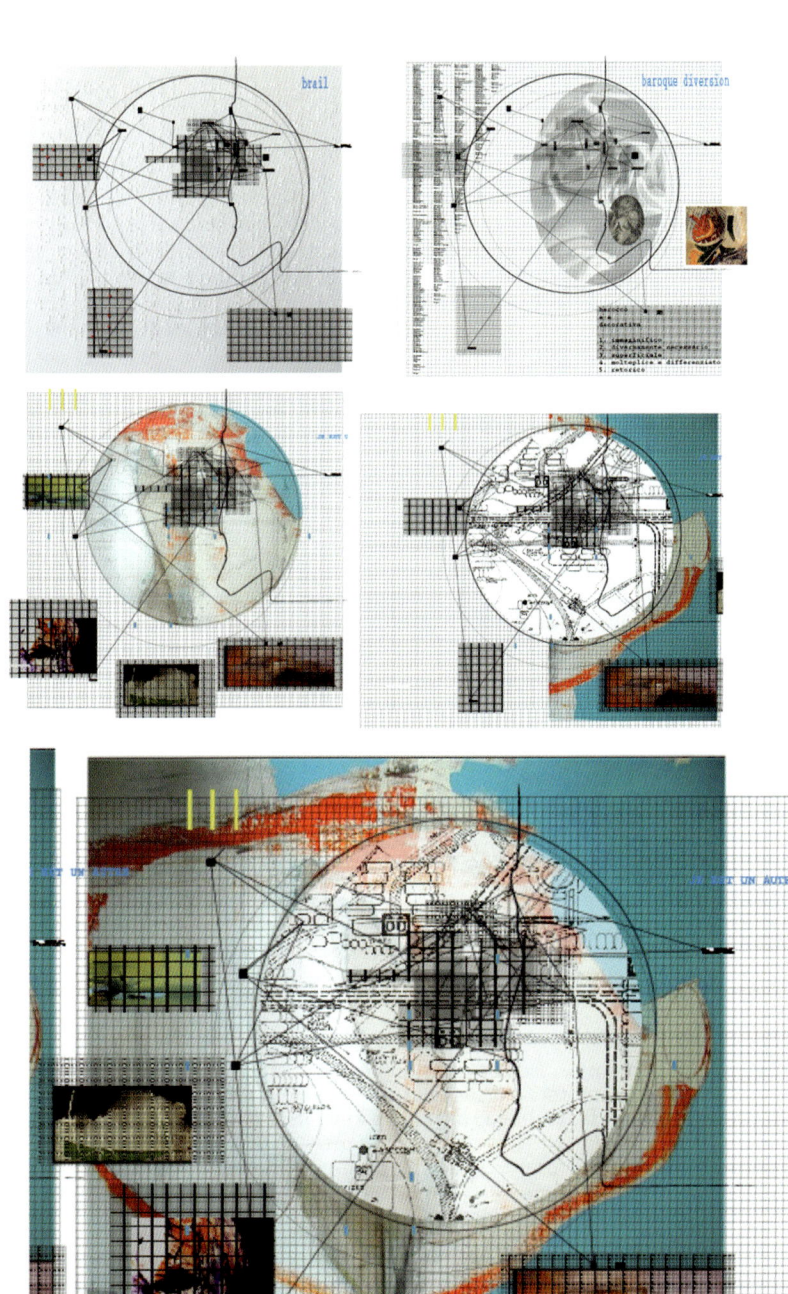

brail
baroque diversion

b
A
System n. 3:
Infrastructural limits
Agricultural as Energy production

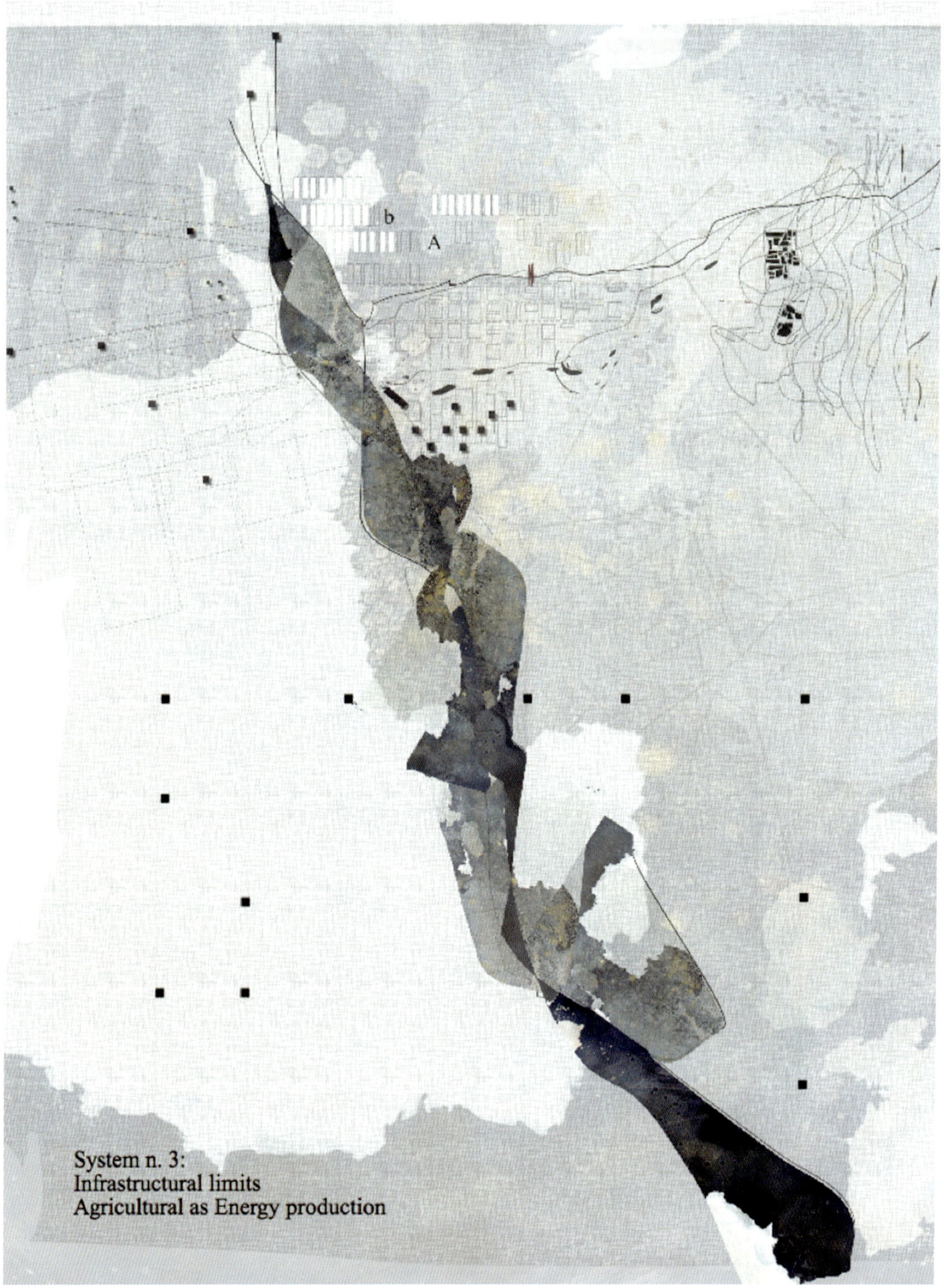

OPEN SCALES

PAESAGGI RIFIUTATI - PAESAGGI RICICLATI. I LUOGHI DI RACCOLTA E SMALTIMENTO RIFIUTI, PROSPETTIVE E APPROCCI CONTEMPORANEI

Silvia Dalzero

Silvia Dalzero è dottore di ricerca in architettura con una tesi sulle trasformazioni urbane in relazione ai sistemi di smaltimento rifiuti. Ha poi conseguito una ricerca presso IUAV in tema di Rovine, detriti e macerie dei teatri di guerra. Dai problemi di decontaminazione e smaltimento alla configurazione di nuovi paesaggi. Collabora alla didattica della Facoltà di Architettura di Venezia nei corsi di progettazione architettonica-urbana ed è docente di Teoria e tecnica della progettazione architettonica al Politecnico di Milano.

KW: PROSPETTIVA RIFIUTI

La domanda prima per dare inizio a questo studio è come il paesaggio si trasforma sotto l'influenza dei rifiuti della loro raccolta, smaltimento e pure di come li percepiamo nella nostra quotidianità, nel nostro immaginario e in che modo vengono rielaborati attraverso i linguaggi della creatività come dimostrano artisti, scrittori, registi... che, di fatto, proprio nei rifiuti trovano materia e sentimento... per le loro opere. Si ricorda, allora: *La bambina spazzatura* di Tim Burton; oppure il lungometraggio d'animazione *WALL-E* oppure, andando indietro di più di mezzo secolo, anche Michelangelo Antonioni che, nel 1948, raccontava del "mondo della spazzatura" nel documentario *La nettezza urbana* in cui metteva in scena la vita degli spazzini della città di Roma così rivelando una dimensione urbana tanto singolare quanto insolita. Anche Pier Paolo Pasolini, al di là e al di fuori del tempo, dei luoghi, dei giudizi perentori e pregiudizi sommari è stato poeta del "rifiuto" e dei "rifiutati". Il mondo da lui descritto era, infatti, un ammasso e magma indistinto d'infiniti rifiuti materiali, fisici come dimostrava, per esempio, nel 1967 in uno degli episodi di *Capriccio all'italiana*, *Che cosa sono le nuvole?* La cui scena finale, di fatti, si svolgeva proprio in una discarica d'immondizie da dove i protagonisti scorgevano per la prima volta la "struggente bellezza del creato". Ebbene, ma allora è proprio attraverso questi straordinari sguardi che si sono andati prefigurando insoliti aspetti, distinti pensieri e particolari giudizi di questa realtà tanto presente quanto nascosta qual è, per l'appunto, quella della spazzatura. D'altra parte i rifiuti sono al tempo stesso: in primo piano e sullo sfondo, "indipendenti" e contemporaneamente collegati al contesto cittadino, sono il "lato oscuro" di una realtà unica che accomuna indissolubilmente risorsa e rifiuto, una realtà che con l'incremento della produzione e dei consumi ha, oltretutto, portato a enormi squilibri sociali, ambientali, politici, economici. I rifiuti, sono, allora, stati allontanati, spesso, ben al di là dei confini municipali persino entro Stati confinanti e gli scarti tossici esportati in Paesi del Terzo mondo. I rifiuti si sono andati così accumulando ai margini degli insediamenti, in aree dove vive chi non ha potere, dove i diritti sul suolo sono deboli e i controlli insufficienti, di conseguenza, dando forma a realtà sgradevoli, ostili e persino catastrofiche sin anche a configurare vere e proprie "città spazzatura". Uno scenario preoccupante, complesso e articolato, uno scenario che, ogni giorno, è dimostrato dalle perdite misteriose di rifiuti pericolosi, dalle "città spazzatura", dai mercati illeciti e persone senza scrupoli, da tutto questo e molto altro ancora. È vero però che, esistono, anche altri scenari architettonici, paesaggistici legati alla gestione e allo smaltimento rifiuti. All'estremo si potrebbero citare progetti sperimentali a tratti utopici come per esempio *Mastar city* città esente da emissioni inquinanti oppure più comunemente si rilevano: impianti di incenerimento e discariche controllate le quali, diffuse e sempre più vicine ai centri urbani, si fanno, talvolta, oggetto di interessanti piani di recupero che in vero cercano di riscattare un ruolo attivo e reattivo all'interno della città fisica e sociale. In particolare esistono interessanti progetti, realizzati e non, di "recupero" e fra tutti si distingue *Fresh Kills* nello Stato di New York perché, al momento, costituente la discarica più grande al mondo e quindi il progetto di recupero più ampio e complesso. Trasformare un siffatto orrore, di oltre 2200 ettari di terra inquinata in uno spazio a servizio della città di NY è stato un compito affidato allo studio *Field Operations* con a capo James Corner il cui paradigma progettuale, sin dalle prime battute, dimostrava l'eccezionalità del pensiero compositivo che avrebbe, di fatto, evitato ogni imposizione razionale sulla natura o tentativo di nascondere la storia passata con immagini pastorali altrettanto artificiali. Si è elaborata allora un'idea di parco innovativo, mutevole, vario... un'area verde attrezzata con impianti per la produzione di energie rinnovabili e anche un parco attento alla sperimentazione, alla ricerca scientifica e ambientale. Si è andato in questo modo prefigurando uno sviluppo dinamico e differito nel tempo che, con modalità e tempi diversi, la pubblica utenza ha potuto conoscere e sentire pacificato.

Proseguendo nella ricerca si è andata poi definendo una valutazione statistico-quantitativa sulla produzione di spazzatura in Europa in generale e in Italia in particolare così evidenziando le condizioni sorprendenti che contraddistinguono l'attuale società e avvalorando, conseguentemente, la necessità d'indagine. D'altra parte il problema della raccolta e dello smaltimento rifiuti è antico ma è aumentato enormemente d'importanza in tempi relativamente recenti per l'incremento quantitativo, per i problemi di recupero delle risorse, per la novità e varietà dei materiali da distruggere e delle tecniche di smaltimento, per la complessità della progettazione e della gestione economico-politica. Ecco perché, come dimostrano le indagini statistico-quantitative, sulle nostre teste incombe una montagna di rifiuti di cui dobbiamo assolutamente disfarci. D'altra parte, ogni volta che buttiamo un oggetto, per scelta o per obbligo, produciamo un rifiuto. Da quel momento l'oggetto scompare dalla nostra vista, ma la sua vita non è finita. Il processo di dismissione è articolato: è legato alla tipologia di rifiuto, ai materiali di cui è composto e agli impianti di trattamento e smaltimento presenti sul territorio. In linea di massima le soluzioni adottate per la loro eliminazione sono espedienti per sottrarli ai nostri sensi: alla vista e all'olfatto... I rifiuti allora: si "interrano" nelle discariche; si sciolgono nelle acque meteoriche o nei corsi d'acqua; si affidano al catarsi del fuoco oppure si abbandonano in discariche a cielo aperto alle cure degli agenti atmosferici. Si ha, dunque, bisogno di spazio: di uno spazio "vuoto", sia esso di terra, di acqua o di cielo, in cui poter depositare tutto ciò che non vogliamo più vedere e, in particolare, ogni Paese usa in percentuali diverse le tecniche di smaltimento con, in genere, un ricorso maggiore allo stoccaggio in discarica e a impianti di incenerimento. Ebbene, ma allora grazie a uno studio cartografico si è andata dimostrando l'effettiva distribuzione degli impianti di smaltimento rifiuti presenti in Italia, rivelando, in questo modo, la loro ampia e pressoché uniforme diffusione in tutto il Paese e denunciando poi una loro intensificazione in Regioni quali: la Puglia, il Veneto e la Lombardia. È stata, quindi, scelta, per essere meglio indagata, una sezione territoriale particolarmente interessata dal fenomeno: la Regione Lombardia e si è andato prefigurando un tempo di ricerca atto a definire la vastità sorprendente di spazi soggetti alla presenza di spazzatura che, oggi, cercano di integrarsi al sistema urbano contemporaneo sia pur, quasi sempre, si palesino solo quali sistemi chiusi, del tutto inaccessibili e come tutti i fatti urbani difficilmente ordinabili in analogie pseudo tipologiche. Ciò nonostante, la loro distribuzione territoriale si è dimostrata essere, il più possibile, rispondente a criteri logici, corretti, in linea al carattere di luogo e persino tratteggianti un'articolata struttura di azioni e reazioni capaci di disegnare un sistema territoriale riconoscibile, chiaro e, conseguentemente base per potenziali future pianificazioni. In definitiva, lo studio di tali aree, oltre a costituire un percorso singolare per l'osservazione e la valutazione della struttura urbana contemporanea nella quale, al momento, è chiara, indispensabile e obbligatoria una corretta, valida e compiuta loro localizzazione, dà inizio, anche e soprattutto, a movimenti di cambiamento territoriale, in forme e pesi diversi. Prende quindi forma una guida esemplificativa e interpretativa di questi potenziali, presenti o futuri, scenari territoriali sia pur senza voler costituire un pensiero unico, una tassativa soluzione e tanto meno cercare l'*incipit* di un'eventuale regolamento, quanto piuttosto dare inizio a un vivace confronto fra plurimi soggetti: politici, tecnici, gestionali o ambientali e delineare possibili relazioni territoriali fra gli impianti stessi e fra gli impianti e il sistema urbano nel suo insieme. Ebbene, ma allora, questi spazi si fanno, perché numerosi e ovunque necessari, struttura o meglio frammenti attivi nel tessuto urbano, collegandosi ad altri spazi urbani, edificati e non, annessi all'uso e non, a cui potersi riferire assumendo identità, ruolo e senso altro. Impianti di smaltimento rifiuti, dunque, quali capitale geografico sfruttabile, quali componenti indispensabili nel progetto di riconfigurazione e riqualificazione territoriale.

Bibliografia
Braungart Michael, McDonough William (2002) *Cradle to Cradle. Remaking the way, we make things*, Water proof, Durabook
Jackson John Brinckerhoff (1994), *A sense of place, a sense of time*, Yale University Press
Jackson J. B. (1980), *The necessity for ruins and other topics*, Univ. of Massachusetts Press
Koolhaas Rem (2006), *Junkspace*, Quodlibet
Lynch Kevin (1990), *Wasting Away: an exploration of waste: what it is, how it happens, why we fear it, how to do it well*, ed. Michael Southworth, Sierra Club; traduzione Michael Southworth (1994), *Deperire. Rifiuti e spreco nella vita di uomini e città*, ed. Legambiente e CUEN
Lynch Kevin (1977), *What time is this place*, traduzione Giuliana De Carlo, *Il tempo dello spazio*, Milano, Il Saggiatore
Rathje W., Murphy C. (1992), *Rubbish! The archaeology of garbage*, New York, Harpercollins
Zingari Guido (2006), *Ontologia del rifiuto. Pasolini e i rifiuti dell'umanità in una società impura*, Le Nubi

OPEN SCALES

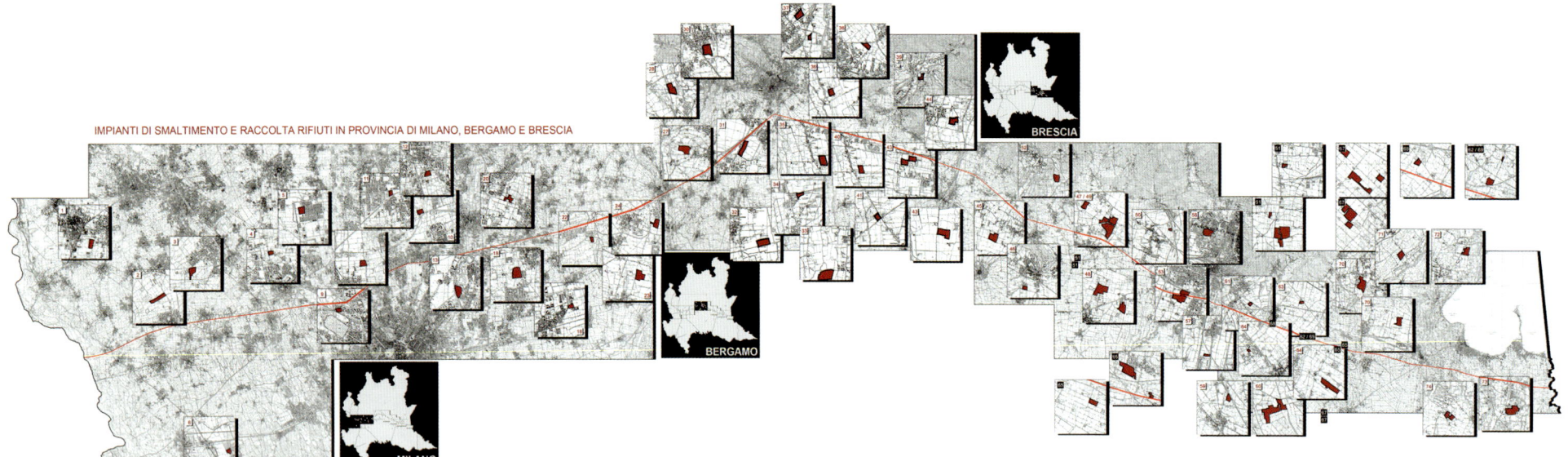

IMPIANTI DI SMALTIMENTO E RACCOLTA RIFIUTI IN PROVINCIA DI MILANO, BERGAMO E BRESCIA

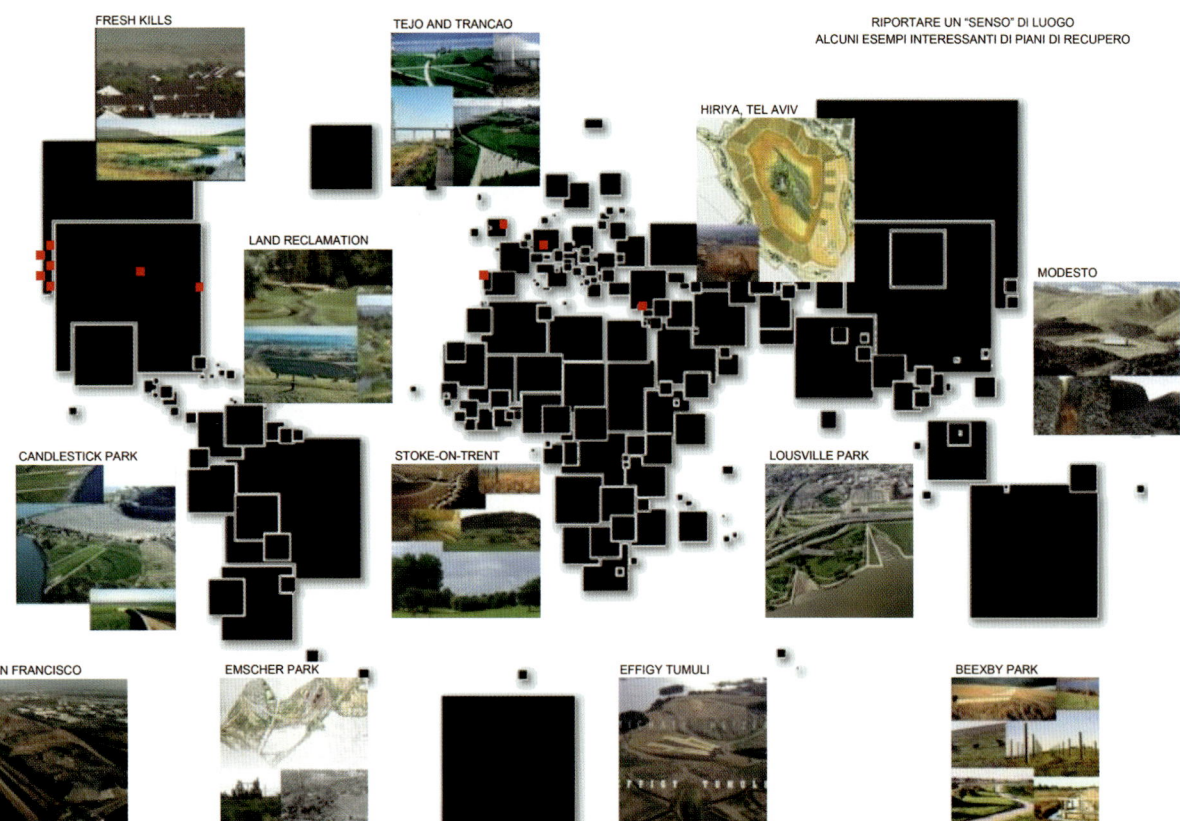

RIPORTARE UN "SENSO" DI LUOGO
ALCUNI ESEMPI INTERESSANTI DI PIANI DI RECUPERO

1. Discorso intorno al rifiuto «[...]e se l'inassimilabile, l'indigesto giocasse un ruolo fondamentale nel sistema? Quale riscatto teorico avremmo per ciò che resta? [...]» G. W. Friedrich Hegel.

2. Rilievo dei principali impianti di raccolta e smaltimento rifiuti lungo l'asse autostradale Milano-Brescia.

3. Riportare un "senso" di luogo. Alcuni esempi di interessanti piani di recupero.

4. Scenari. Ipotetici piani di recupero per alcuni impianti a discarica in Provincia di Brescia.

RISCATTO DI UN SINGOLARE, SOVENETE INASPETTATO, RUOLO E "SENSO" URBANO
UNA POSSIBILE STRATEGIA DI INTERRELAZIONE FRA GLI IMPIANTI STESSI E FRA GLI IMPIANTI E IL TERRITORIO

STATO DI FATTO

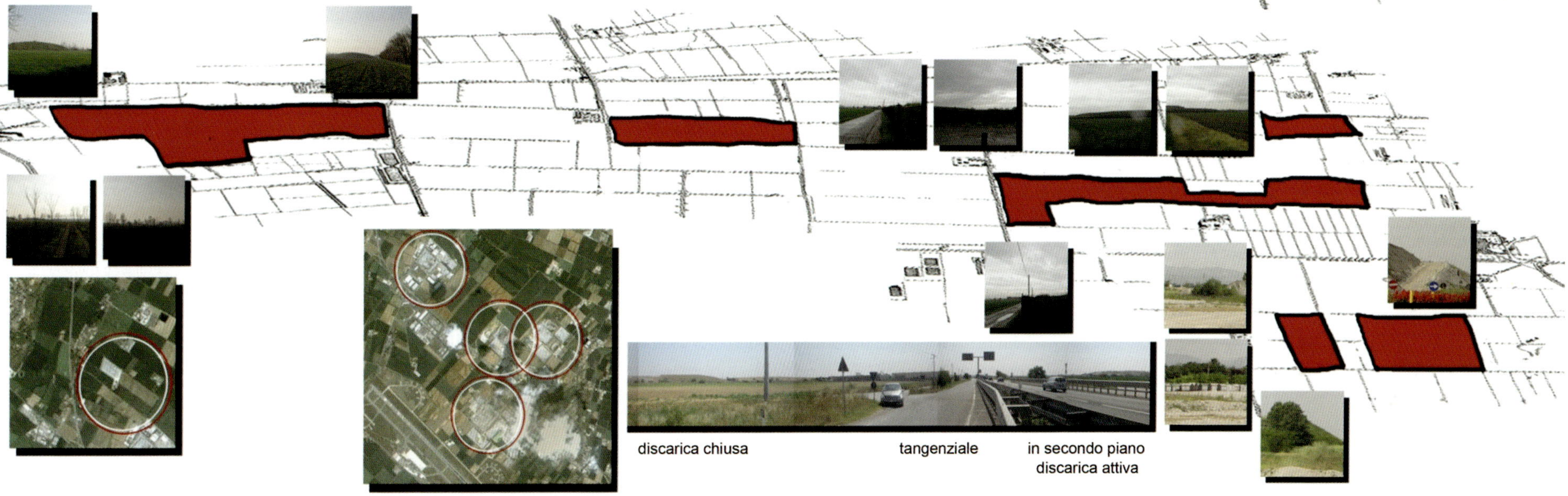

discarica chiusa   tangenziale   in secondo piano discarica attiva

STRADA — ENERGIA RINNOVABILE — GIARDINI

ENERGIA RINNOVABILE — RECUPERO ENERGETICO

AESTHETICS AS AN ADAPTIVE SYSTEM.
AN EVOLUTIONARY APPROACH ON AESTHETICS AND SUSTAINABLE CITY DESIGN

Ilaria Di Carlo

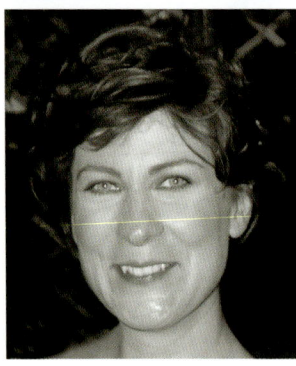

Architect and urbanist, graduated with Honors at Milan Polytechnic. Master in Landscape Urbanism at the Architectural Association. She has been an Associate at SOM London and since 2009 been appointed UCL Teaching Fellow in the Master in Urban Design at the Bartlett, London. PHD candidate at the Faculty of Environmental Engineering, Trento University.

1. *The fourth human metabolic system, meaning as first human metabolic system the hunters-gathers society, as second human metabolic system the agricultural society and as third one the industrial revolution.*
2. *F.Guattari, The three Ecologies, Continuum International Publishing Group – Athlone, July 2000*
3. *F.Guattari, The three Ecologies, Continuum International Publishing Group – Athlone, July 2000*
4. *Professor Emeritus of Biology at the University of Washington, USA.*
5. *Senior Scientist at the International Institute for Applied Systems Analysis in Laxemburg, Austria*
6. *C. Marchetti, Notes on the limits of knowledge explored with Darwinian logic. Complexity 3, 22-35, 1998*
7. *M. Batty, Darwinism, Evolution and the Development of cities, Talk to 2nd Year UG Bartlett Planning Students Thursday, 25 November 2010*
8. *J.Jacobs, Death and Life of Great American Cities, Random House, New York, USA,1961*
9. *Franzini Elio e Mazzocut-Mis Maddalena, Estetica, Mondadori, Milano 1996*
10. *See note 1*
11. *This was due to the fact that the biosphere was not able to metabolize the unwanted waste coming from consumption of the lithosphere materials.*
12. *S. Rueda, Climate Change: urban projects to mitigate greenhouses gases, paper from web, 2008*
13. *Professor of Geographic Information Science at the Bartlett, University College London, UK*
14. *Professor of Planning at the Bartlett, University College London and Director of the Centre for Advanced Spatial Analysis, UK*
15. *C. Alexander, The Nature of Order, Book 2: The Process of Creating Life, Center for Environmental Structure, Berkeley, CA*

KW: AESTHETIC, SUSTAINABILITY, SELF-ORGANIZATION

At the moment on the international level there would not seem to be a clear and coded position in order to recognize a specific language and/or aesthetic in the sustainable design of city and territory. More specifically Sustainability, while being definitely a new form of humanity[1], in many urban and landscape projects, often lacks of an essential characteristic of the anthropic space: **seduction**. It has developed a series of rules more similar to a 'best practice' approach, rather than a solution with clearly recognizable aesthetic values. Manifestos like '*One Planet Living Community*' or the '*Triple Bottom Line*' and many others exist, but, apart from being too many, they just encode a series of points, a dogmatic and little seductive vision of a sustainability expressed more through new technological performance rather than through a new urban language. I believe that '*Sustainablecity*' has to find its own power of seduction if it is to compete successfully with the ambiguous but established charms of the unsustainable city. Talking about it as an ethical necessity is a given, but while dealing with this theme, we should also care about aesthetics, style and emotions, the essential elements of seduction that have historically made the city so attractive, particularly the capitalistic city, and have much to do, paradoxically, with excess and exuberance, with surplus production, conspicuous consumption and with waste. In formal terms when we deal with Sustainability we deal as well with a sort of radicalization: a logic based on composition and tectonic-morphogenetic research has been replaced by one aesthetically impoverished and diminished, where functional rigidity, codified by a series of norms, place the ethic as the ultimate irreplaceable value. From all the above it is clear the importance of the 'Aesthetic of Sustainability' as fundamental for the success of a **new model of green planning** and not just from an environmental and economic point of view. In the Ecosophical treatise '*The three Ecologies*' Guattari was advocating a similar position: the increasingly deteriorating condition of human relationships with its surroundings is due not only to the pollution and the objective damage that belongs to this, but to the most worrying praxes of regarding '*action on the psyche, the socius, and the environment as separate*'[2]. Guattari condemns the notion of ecology simply related to the environment in a sort of synonymic equation as too reductive and too dangerous. He adds: "*We need to apprehend the world through the interchangeable lenses of the three ecologies*." Such ecologies are governed by a logic of intensities which '*concerns itself solely with the movement and intensity of EVOLUTIVE PROCESSES*'[3]. This line of thought is important because introduces the idea of ecologies within the neo-Darwinian framework of Evolution, where a link between ecology and aesthetic already exist. According to G.H. Orians[4], in fact, results from existing studies have undoubtedly demonstrated the power of an evolutionary approach to aesthetics: "Humans have strong emotional responses to living organisms and to natural and human-modified environments. […]These powerful emotions, which are the foundations of aesthetics, […] have been designed by evolutionary processes". He specifies that 'aesthetic emotions are a major component of how humans solve problems'. Even C. Marchetti[5] shares the idea that aesthetic responses are 'fundamental to the ways in which organisms know about and adapt to the world'[6]. If aesthetic responses evolved because they enabled people to better solve life's problems, exposure to high quality environments should, at least, be restorative and this brings us back to the link between aesthetics and ecologies. Hence, within the evolutionary approach, it seems to be possible to define **aesthetics as an adaptive system**. The same approach, interestingly enough, is at the base of the birth of the sustainable agenda in city planning. When in 1915 Patrick Geddes published '*Cities in Evolution*', where he first introduced the concept of ecology and sustainability within city design and planning, he was trying to fight against the social and environmental chaos and evil of the spontaneous (read: Bottom–UP) sprawl of the city after the industrial revolution. He was the first one to consider the city as an environment which could influence, positively or negatively, the organism it contained and in doing so he was promoting a certain aesthetic quality of the city space and at the same time he was linking social evolution to spatial design and quality of the environment as in 'The Three Ecologies'. Even though his method can be clearly described as a TOP DOWN approach to planning, his book was also the first publication to shift the accent from a developmental paradigm to an evolutionary one, following the neo-Darwinian framework where **small changes can lead to big effects**: from predictable to unpredictable, from form to function, from structure to process[7]. The Top Down approach promoted by Geddes was challenged for the first time in the 60's by people like Jane Jacobs and Christopher Alexander, who both had rediscovered the potential of small incremental and spontaneous changes on a vast scale as per the evolutionary paradigm. Jacobs in 1961 declared that "*the diversity of cities that marked their quality is the diversity that was formed from countless individual decisions, generated from the bottom up*"[8]: a logic association between quality, hence aesthetic, if we consider proper the definition according to which there is aesthetic 'anywhere the qualitative processes of reception and production, of pleasure and making are examined'[9], and the evolutionary bottom up model. The trend towards the re-appropriation of the Bottom Up model had a final push in the '80s with the formulation of the Complexity Theory and the need to incorporate the 'uncertainty factor' about the outcome of the process of change. The physical trace of such complexity is the hallmark of **self-organization**. Such a passage becomes even more remarkable if seen in concomitance with the interest for clean and renewable energies which seems to flourish in about the same years. If we look at history as a sequence of different human metabolic systems we see that the type of energy resource men used to draw on in the first two metabolic systems[10] by acting on the biophysical matrix processes in their territory was always a cycle of production and consumption limited to the biosphere[11]. With the access to mineral resources, the lithosphere, the sustainable cycle of production and consumption got broken. Curiously enough the type of prevailing city models in the first two cases was a Bottom Up one, which was substituted by a Top Down one after the Industrial revolution[12]. The research towards new types of energies, shifted again in the biosphere realm, seems to have been accompanied by a renewed awareness of the potential of the Bottom up model of city planning, a more complex and emerging mode of action. In this light we could consider the Bottom Up/Self Organized approach as a possible morphogenetic process for sustainable city design. But what is exactly the self-organized city and how is this model suitable with the sustainable agenda and its possible aesthetics? According to Peter Langley[13] "*self-organized cities are cities that seek to fill their space in the most efficient manner following rules of self-similarity that show how they arrange their parts to conserve and utilize the transport of their energy in the most efficient way*". On the same line Michael Batty[14] argues: "*[The self–organized cities are] models of cities simulating morphologies that are surprising in that their form cannot be anticipated from the assumptions and processes adopted in their representation. [...]It is a consequence of the complexity approach that appropriate models should provide "information" rather than "solutions," should "inform" rather than "solve."*"

The main differences between a 'Self Organized-Bottom Up' model and an 'Organized-Top Down' one could be summarized in eight couples of opposite modes: apart from the tautological Self organized Vs Organized ,we could add Stochastic Vs Deterministic, Far from Equilibrium Vs In Equilibrium, Characterized by a Decentralized decision making Vs Characterized by a Centralized Decision making, Surprise and Novelty expressed in the language of transition Vs Predictability, Emergent Vs Founded, Topologic Vs Discreet, Heterogeneous Vs Homogeneous. The notion that cities are always 'out of equilibrium' and are constituted by a multitude of bottom up decisions leads to the recognition of the need to offer solutions which would allow various elements of design to self-organize, guaranteeing a margin of improvisation, so that architecture, city and anthropic landscape could be understood and designed as 'amalgams of processes' ,spaces of vectorial flows which modify and adjust themselves according to some inputs, as self-generating systems, open languages of fluid and dynamic aesthetic based on the logic of biotopes, ecosystems and 'loop structures'. There is a need for a new hermeneutics which would bring along a new aesthetic according to the 'fundamental law about the creation of complexity: highly successful [systems] are generated structures, not fabricated structures'[15]. New models are required in order to digitally breed cities, models that can be borrowed by other disciplines like biology, genetics, economy: *sugar-scape models, allometric models, stigmergic models*. As form of self-organization they produce intelligent structures and support efficient collaboration. In this light good design can emerge from continual feedback, strengthening the best within the design process and deleting the worst: back to the concept of **Aesthetics as adaptive systems, major component of human problem solving behavior.**

Bibliography
-Abalos Iñaki, "Aesthetic and Sustainability: Alternatives",2008,http://webcache.googleusercontent.com/search?q=cache:RKe5XfwQSycJ:www.abalos-sentkiewicz.com/files/Aesthetics_and_Sustainability.pdf+&cd=1&hl=en&ct=clnk&gl=it
-Alexander Christopher, Notes on the synthesis of form, Harvard University press, Cambridge, MA,1964
-Alexander Christopher, the Nature of Order, CES Publishing, Berkley, CA, 2004
-Allen Stan, From object to Field, AD/After Geometry, Architectural Design, 1987
-Bateson Gregory, Steps towards an ecology of mind, Wildwood house Limited, London, 1979
-Batty Michael, Darwinism, Evolution and the Development of cities, Talk to 2nd Year UG Bartlett Planning Students Thursday, 25 November 2010
-Bergson Henri, Creative Evolution, University Press of America
-Bettini Virginio, Ecologia urbana:L'uomo e la città, UTET universitá, 2004
-Brown Lester R., Plan B 4.0. Mobilizing to save Civilization, W.W. Norton & Company, NY, 2009
-Brown Lester R., Post carbon Cities. Come affronatre l'incertezza energetic e climatica, Post carbon press, sebastopol, California, 2008
-Cacciari Massimo, La Cittá, Pazzini editore, Quarta edizione, Villa Verrucchio, 2009
-Cuff Dana, "WPA 2.0: working public architecture", in Harvard Design Magazine 33, fall/Winter 2010/11
-D'Arcy Thompson, On growth and Form, Cambridge University Press, 1997
-Deleuze Gilles and Guattari Felix, A thousand plateaus: Capitalism & Schizophrenia, The Athlone Press, London, 1999
-De Landa Manuel, A thousand year of nonlinear history, Swerve Editions, MIT Press, Cambridge, Massachusetts, 1997
-Desiderio Fabrizio, La percezione riflessa. Estetica e filosofia della mente, Cortina Raffaello editore, 2011
-Diamond Jared, Collasso: come le societa' scelgono di morire o vivere,Einaudi,Torino, 2005
-Di Carlo Ilaria, L'estetica nella definizione di Sostenibilità, in Scaglione Pino (a cura di), Cities in Nature, Ecourbanism Landscape Architecture,List Lab, Trento, pp 87-94, 2012
-Gausa Manuel, Open: Espacio Tiempo Informacion, Actar, Barcelona, 2010
-Gausa Manuel, Guallart Vicente, Muller Willy, Soricano Federico ed altri, The Metapolis Dictionary of Advanced Architecture, Actar, Barcelona, 2003
-Franzini Elio e Mazzocut-Mis Maddalena, Estetica, Mondadori, Milano 1996
-Guattari Felix, The Three Ecologies, Athlone Press, London, 2000
-Johnson Steven, Emergence, Penguin group, London, 2001
-Leach Neil, Schumacher Patrick e altri, Digital cities, AD/digital cities, Architectural Design, 2009
-Lee Sang edited, Aesthetics of Sustainability, 010 Publishers, Rotterdam, 2011
-Leist Anton & Holland Alan, "Conceptualizing Sustainability", in Policy Research Brief 5, Environmental Valuation Europe, Spash &Carter editors, Zurich, 2000
-Maas Winy, a cura di, T?F, the Why Factory, Green Dream. How future Cities can outsmart Nature, NAI Publishers, Rotterdam, 2010
-MacKay David JC, Sustainable Energy – without the hot air, UIT Cambridge, 2009
- Marchetti C., "Notes on the limits of knowledge explored with Darwinian logic" in Complexity 3, 22-35, 1998.
-Migayrou Frédéric, "Generic Architecture", in Archilab - Radical experiments in Global architecture, Thames & Hudson Ltd, London , 2001
-Migayrou Frédéric, "Non standard City planning", in Archilab 2000, Orleans, 2000, available on internet
-Migayrou Frédéric, "Non standard orders: 'nsa codes", in Archilab - Urban Experiments, Thames & Hudson Ltd, London , 2005
-Mitchell William J., Me++: the cyborg self and the networked city, MIT Press, Cambridge, Massachusetts, London England, 2003
-Mostafavi Mohesen edited, Ecological Urbanism, Harvard University GSD, Lars Muller Publishers, Baden, 2010
-Najle Ciro, Material Discipline: The Engineering of life in material systems, Princeton Architectural Press, 2009
-Najle Ciro and others, Landscape Urbanism: a manual for the machinic Landscape, AA Publications, London, 2004
-OMA, WWF & Ecofys, "The Energy report: 100% renewable energy by 2050", Report 2011, available on internet
-Jacobs Jane, The death and life of great American cities, Random House, NY, 1964
-Portoghesi Paolo, Natura e Architettura, Skira, Milano 1999
-Rueda Salvador, "Climate Change: urban projects to mitigate greenhouses gases", paper from web, 2008
-Tiezzi Enzo, La bellezza e la scienza, Raffaello Cortina Editore, Milano 1998
-Vigano' Paola, La città elementare, Skira . Milano 1999.
-Vogel Steven, Cat's Paws and Catapults: Mechanical Worlds of Nature and People, W.W. Norton, London, 1998
-Vogel Steven, Live in Moving Fluids: the Physical biology of flow, Princeton University Press, 1994
-Zaera-Polo Alejandro e Moussavi Farshid, FOA Code Remix 2000, 2G/Foreign Office Architects,Nexus,Barcelona, 2000
-Zoja Luigi, Giustizia e Bellezza, Bollati Boringhieri Editore, Torino, 2009

OPEN SCALES

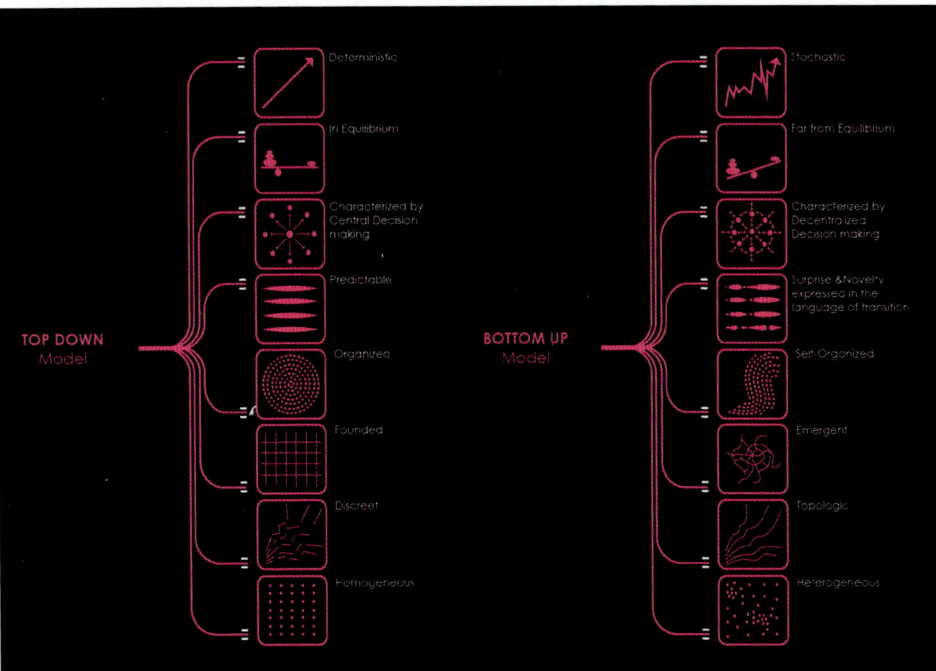

1. Aesthetics as an adaptive system

2. Barcelona: Top Down planning Versus Bottom Up (Eixample Vs Barrio Gotico)

3. Top Down vs Bottom Up modes

4. Aerial view of a primitive village, Sokota (Africa): typical example of spontaneous Bottom Up urban growth (in Open, Espacio tiempo Informacion, by M.Gausa), + Emerging, self organized, urban patterns generated by an algorithm (©Shi Qui Ng_Intermidiate10_AA)

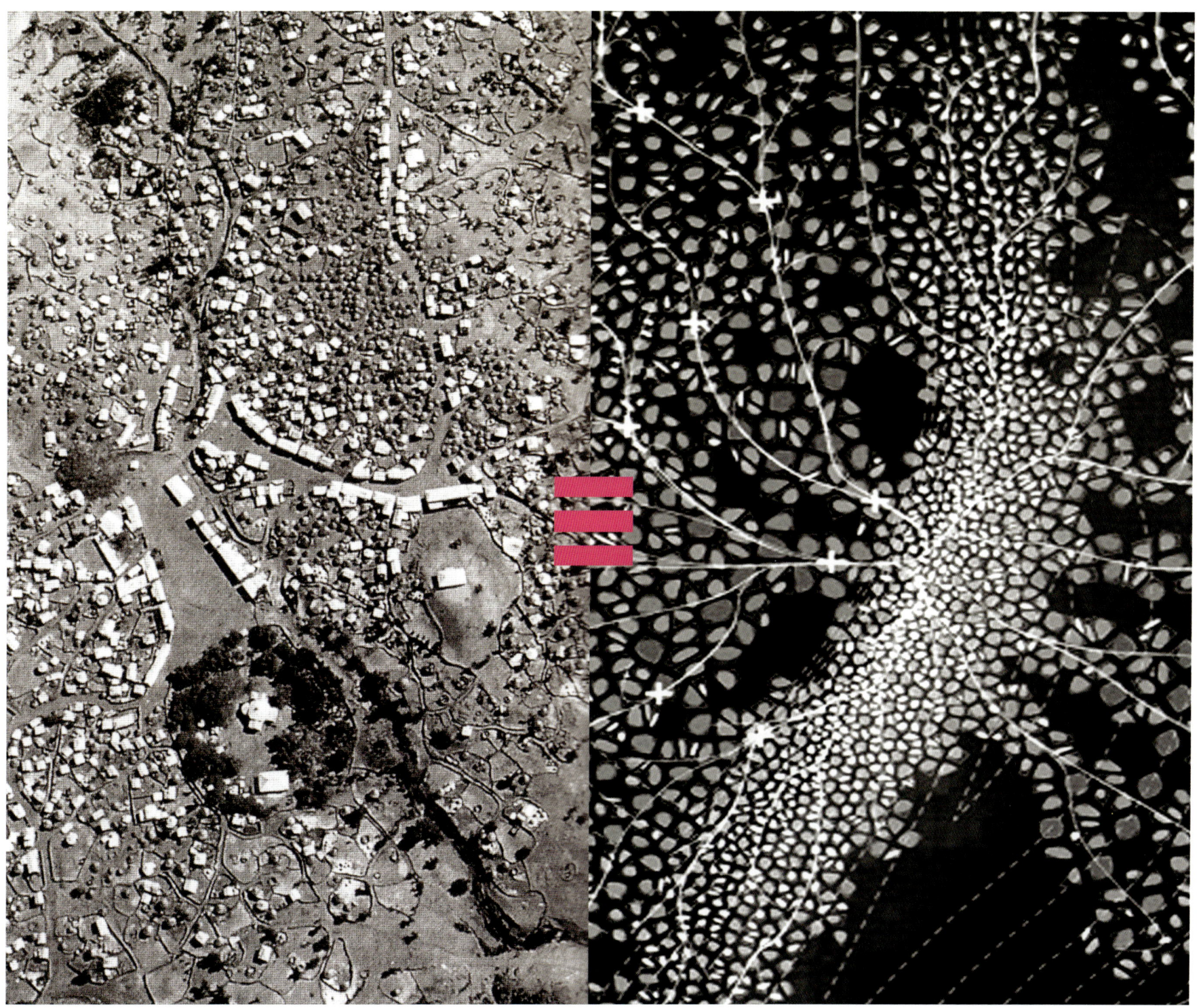

OPEN SCALES

PROGETTO MULTISCALARE. PROVE DI INNOVAZIONE

Matteo Di Venosa

Matteo di Venosa (Bisceglie, 1966) is a researcher and professor in Urban Planning at the Faculty of Architecture in Pescara. His academic work and research focus on the relationship between infrastructure and territory, the coastal and port planning and, more recently, the risk management planning.

KW: MULTISCALARITÀ, PROGETTO DI TERRITORIO, RETI INFRASTRUTTURALI

Territori multiscalari

I processi evolutivi dei sistemi insediativi contemporanei mettono in luce il salto di scala delle trasformazioni urbane e territoriali. Ciò che emerge, in particolare, è che la città perde tendenzialmente i suoi tradizionali confini fisici ed istituzionali dissolvendosi in uno spazio dilatato e continuo (R. Burdett, D Sudjic, 2007); un *territorio urbano* dai caratteri incerti ed ibridi: isotropo e frammentato, denso e diffuso, rurale ed urbano (L. Benevolo, 2011; B. Secchi 2005; S. Boeri, 2011).
Numerosi studi (F. Indovina 2005; A. Lanzani G., Pasqui 2011) hanno sottolineato come alcune tensioni socio-economiche (riconducibili principalmente alle dinamiche di ristrutturazione del settore manifatturiero e di localizzazione di imprese, servizi ed abitazioni), siano l'origine di fenomeni di contrazione, polarizzazione e diffusione dei sistemi urbani che tendono sempre più a configurarsi come conurbazioni estese e molecolari, embrionali *città infinite*, apparentemente caotiche in realtà caratterizzate da specifiche razionalità e dinamiche organizzative.
Il processo di *metropolizzazione* (Bagasco A., 1999; Indovina F., 2005) della città contemporanea evidenzia un'inedita transizione *geo-urbana* (M. Gausa, 2009) dei sistemi insediativi che definitivamente rompono il rapporto di isomorfismo tra dimensione demografica e *forma urbis* che ha connotato l'evoluzione della città europea fino alla prima metà del secolo scorso. (S. Vicari Haddock, 2004).
Tali dinamiche, con tutte le loro contraddizioni sociali e criticità ambientali (Danzelot J. 2008; Cremaschi M., 2008; Secchi, 2013), accomunano numerosi contesti geografici. In Italia, è possibile osservarne gli effetti territoriali lungo la dorsale adriatica (tra l'Emilia-Romagna e l'Abruzzo settentrionale-FIG 1), nell'ampio reticolo insediativo che si estende da Ivrea ad Udine (la *megalopoli padana* di E. Turri), lungo la via Emilia e l'arco Ligure.
In Europa, le *magacities* coincidono con le vaste regioni della *Northen Western Metropolitan Area*, della *Hiper Catalunya*, della *Great Northen City* (tra Liverpool ed Hull) ma, anche, con gli arcipelaghi metropolitani che si sviluppano attorno alla grandi città capitali (Parigi, Londra, Atene). Le analisi di queste vaste aree urbanizzate permettono di evidenziare non solo le modificazioni profonde intervenute negli assetti originari delle città ma, anche, la densità e la dinamicità dei flussi relazionali (materiali e virtuali) che tendono ad orientare uno sviluppo fortemente differenziato dei contesti territoriali
Alcune recenti ricerche sulle dinamiche di trasformazione del nostro Paese hanno dimostrato, infatti, come il territorio italiano, pur evolvendo nelle forme dell'urbanizzazione continua e diffusa, tenda a strutturarsi per *nuclei spazialmente concentrati* o per *sistemi urbani* entro cui è possibile riconoscere i differenti effetti territoriali delle dinamiche in atto. (Ministero delle Infrastrutture e Trasporti, 2007; G. Boatti, 2008).
Reti, flussi e relazioni multiscalari organizzano dunque una nuova forma di città -*città delle reti*- che rivoluziona lo spazio fisico e sociale della città tradizionale (M. Castells 2004, W.J Mitchell, 1995). In particolare, la *città delle reti* appare dominata da un doppio livello di campi e spazi relazionali. Da un lato, gli *spazi dei flussi* che, inclusi nei *networks* degli scambi trans-territoriali (nodi infrastrutturali, centri finanziari, direzionali e di ricerca avanzata), articolano una nuova forma di *città globale e competitiva* (S. Sassen, 1997); dall'altro, gli *spazi fisici* rappresentati da quei luoghi che di fatto risultano tagliati fuori dalla nuova geografia delle reti primarie (territori agricoli, periferie periurbane, aree della *inner city* degradate e dismesse) ma che esprimono i valori di vicinanza della città ed il tempo lento della sua trasformazione. Lo *spazio dei flussi* è radicato nello *spazio fisico* ma tra le due logiche e forme di spazio si consuma un'irriducibile tensione e dicotomia.
Tali considerazioni assumono come sfondo quelle posizioni emergenti nel dibattito disciplinare che interpretano le strutture urbane contemporanee come sovrapposizione di più livelli e strati relazionali, come *arcipelaghi e regioni metropolitane* (Castells, 2004; P. Velz, 1996), come *concatenazione di flussi* differenti (A. Amin, N. Thrift, 2005), come incontro-scontro tra i *territori area*, radicati localmente ai valori identitari dei luoghi, ed i *territori rete* che proiettano tali valori in circuiti transregionali ed internazionali (A. Clementi, M. di Venosa, 2007). All'interno di tali immagini di città, la nozione di muliscalarità del progetto contemporaneo assume una sua specificità e rilevanza.

Multiscalarità e progetto

Il riconoscimento della natura multiscalare della città contemporanea mette in crisi gli attuali strumenti di governo del territorio che, soprattutto nel nostro Paese, si sono mostrati spesso incapaci di intervenire sulle disfunzioni di un modello di sviluppo insostenibile (*metropolizzazione della città*) ma, anche, di cogliere pienamente il potenziale competitivo insito nelle nuove organizzazioni territoriali.
La natura più instabile e molteplice della realtà urbana richiama la necessità di concepire logiche progettuali trasversali, anch'esse più flessibili ed aperte, più estroverse e relazionali, in cui la qualità configurativa di un progetto risulta l'esito di un processo di interpretazione critica del contesto e delle sue multiformi dinamiche trasformative. La multiscalarità rappresenterebbe, quindi, un valore di qualità del progetto contemporaneo che ne restituisce il grado di interazione con i fattori contestuali e con i loro variabili campi relazionali. Una *qualità diffusa* che esalta i rapporti di sintonia e di consonanza tra le parti piuttosto che le proprietà intrinseche di opere eccezionali ed isolate (P. Gabellini, 2010).
Assumere la centralità di questi temi significa tentare di riscattare l'autoreferenzialità disciplinare che spesso connota

molti progetti (soprattutto nel campo delle opere pubbliche, delle reti infrastrutturali e tecnologiche), affermando al contrario la necessità di indagare, attraverso un approccio progettuale multiscalare ed intersettoriale, i molteplici significati relazionali che ogni luogo esprime e che il progetto ha il compito di interpretare attraverso specifici codici e valori formali.
In tale prospettiva acquista importanza il *progetto di suolo* che ricompone multiscalarmente la frammentazione delle strutture urbane contemporanee (B. Secchi 1986, P. Gabellini 2010). Un progetto di suolo che opera per instaurare *un nuovo ordine combinatorio, generando spazi di relazione versatili meno impositivi- in sintonia con le dinamiche sregolate che si vanno producendo; non contrapponendo più spazio naturale a spazio artificiale, bensì facendoli coabitare in nuovi dispositivi, sensibili alla definizione di possibili movimenti di tra nsizione* (M. Gausa 2009). (FIG2)
Posta in questi termini la nozione di multiscalarità tende ad allontanarsi dalle desuete e iperstatiche categorie di *scala intermedia* (M. Solà Morales, 1990) ed *area vasta* che tendono ad identificare preminentemente le modalità metriche di rappresentazione del progetto. Al contrario, risalta l'attitudine multiscalare ad interpretare e progettare la città, a *riconoscere le sue forme e gli usi che le sostanziano, a proporre grammatiche e sintassi urbane (...) più appropriate ai suoi molteplici livelli organizzativi* (C. Gasparrini, 2010). Un'attitudine multiscalare che rivela una predisposizione del progetto contemporaneo a leggere la complessità dei fenomeni territoriali ed a progettarne la multidimensionalità. Propensione ed attitudine multiscalare che connotano in modo particolare le scienze ecologiche abituate a lavorare con operazioni di *cross scaling* per mettere a fuoco, di volta in volta, i criteri e i temi di progetto che mutano rispetto al livello dell'osservazione empirica dei fenomeni naturali, all'ordine dei problemi ed alla posizione occupata nel mosaico ambientale di riferimento.
Il rapporto tra l'urbanistica e le sciente ecologiche appare particolarmente denso di implicazioni concettuali ed operative. Nella razionalità ecologica, infatti, *non è la scala la maniera di rappresentare un progetto, ma la scala è il progetto stesso della visione (...) che si intende perseguire* (M. Mininni, 2012). La nozione di scala del progetto si identifica, quindi, con quella di contesto all'interno del quale ogni progetto di modificazione dell'esistente acquisisce senso e significato (R. Pavia, 2010). Contesto inteso non solo come spazio fisico ma anche come ecosistema, come l'intreccio degli attori e dei livelli decisionali, come l'insieme degli aspetti normativi, sociali e culturali che condiziona il progetto ed i suoi esiti configurativi.
Cum-textere, tessere-insieme, connettere, dare continuità, tramare: il contesto nella sua natura multiscalare rappresenta una strategia del progetto contemporaneo.

Prove di innovazione
La multiscalarità rappresenta quindi un valore di qualità del progetto che prescinde dalla sue impostazioni dimensionali (scala intermedia, scala vasta) e si misura con la capacità di ogni azione trasformativa di interpretare l'identità topologica del proprio contesto di intervento.
Tale prospettiva trova un esemplare campo di sperimentazione nei *progetti di territorio* ed, in particolare, nei *progetti di paesaggio* e *di infrastru*tture che ne rappresentano per molti versi i nuclei fondativi (P.C. Palermo, 2006; A. Clementi, 1999). Da un lato la nozione di paesaggio, inteso come valore contestuale in grado di orientare la qualità dello sviluppo di un territorio, richiama la centralità dei processi ecologici e delle relazioni multiscalari tra le differenti risorse identitarie (storico-culturali, fisico-naturalistiche, sociali e simboliche) (A. Clementi, 2002); dall'altro le reti infrastrutturali, considerate non solo come *opere tecniche*, ma come articolati dispositivi spaziali, evocano i molteplici livelli relazionali (storici, sociali, ambientali, urbanistici ed insediativi) di cui risultano parte integrante (A. Moretti, 1996).
Alcuni recenti esperienze di ricerca applicata condotte nella Facoltà di Architettura di Pescara hanno interpretato i temi della multiscalarità del progetto di territorio associato alla riorganizzazione delle reti infrastrutturali. I risultati di tali esperienze, saranno illustrati durante il convegno R.E.D.S.
In particolare si farà riferimento allo *Studio di Fattibilità per la variante della ss.16 tra le Marche e la Puglia settentrionale* (2010) ed al progetto della *città dei due mari*, Lamezia Terme e Catanzaro. Esperienze sviluppate rispettivamente per il Ministero delle Infrastrutture-Anas e per la Regione Calabria.
Le due esperienze si contraddistinguono in particolare per alcuni motivi di interesse. In primo luogo, il progetto delle infrastrutture si configura come nucleo chiave di una visione di sviluppo condivisa del territorio rispetto alla quale si tenta di valutare la coerenza e la valenza strategica delle numerose azioni puntuali promosse dai differenti soggetti istituzionali e privati. In secondo luogo, il progetto di territorio associato alle reti della mobilità aspira ad organizzare conurbazioni estese e metropolitane che grazie al progetto integrato delle infrastrutture tentano di innalzare i loro livelli di competitività, abitabilità e coesione interna.
Le visioni guida, sia nel caso adriatico sia calabro, si configurano come quadri di coerenza e di indirizzo, che promuovono una serie di progetti strategici, multiscalari e multifattoriali, attraverso i quali si tenta trascinare lo sviluppo sostenibile dei differenti contesti attraversati dalle infrastrutture di trasporto.

Bibliografia
A. Amin, N. Thrift, *Città. Ripensare la dimensione urbana*, Il Mulino, Bologna 2005
A. Bagasco, *Tracce di comunità*, Il Mulino, Bologna 1999
L. Benevolo, *La fine della città*, Laterza, Roma-Bari 2011
S. Boeri, *L'anticittà*, Laterza, Roma-Bari 2011
R. Burdett, D Sudjic, *The edless city*, Phaidon, 2007
M. Castells, *La città delle reti*, Marsilio, Venezia 2004
A. Clementi (a cura di), *Infrastrutture e progetti di territorio*, Palombi, Roma 1999
A. Clementi, M. di Venosa, *Infracity*, List-Actar, Trento-Barcellona 2007
A. Clementi, *Interpretazioni di paesaggio* (a cura di), Meltemi, Roma 2002
M. Cremaschi, *La nuova questione urbana*, in "Territorio", n.46/2008
J. Danzelot, *Il neo liberismo sociale*, in "Territorio", n.46/2008
P. Gabellini, *Fare Urbanistica*, Carrocci, Roma 2010
C. Gasparrini, *Fare urbanistica. Esperienze, comunicazione,memoria. Presentazione del testo di Patrizia Gabellini*, in "Planum", Dicembre 2010
M. Gausa, *Multi-Barcellona, Hiper-Catalunya. Strategie per una nuova geo-urbanità*, List-Actar, Trento 2009
F. Indovina (a cura di), *L'esplosione della città*, Editrice compositori, Bologna 2005
ITATER 2020, *Reti ed infrastrutture al futuro*, Ministero delle Infrastrutture e Trasporti 2007
A. Lanzani, G. Pasqui, *L'Italia al futuro*, F. Angeli, Milano 2011
M. Mininni, *Approssimazioni alla città*, Donzelli, Roma 2012
W.J. Mitchell, *La città dei bits*, Electa, Milano 1995
A. Moretti, *Le strade. Un progetto a molte dimensioni*, F. Angeli,

OPEN SCALES

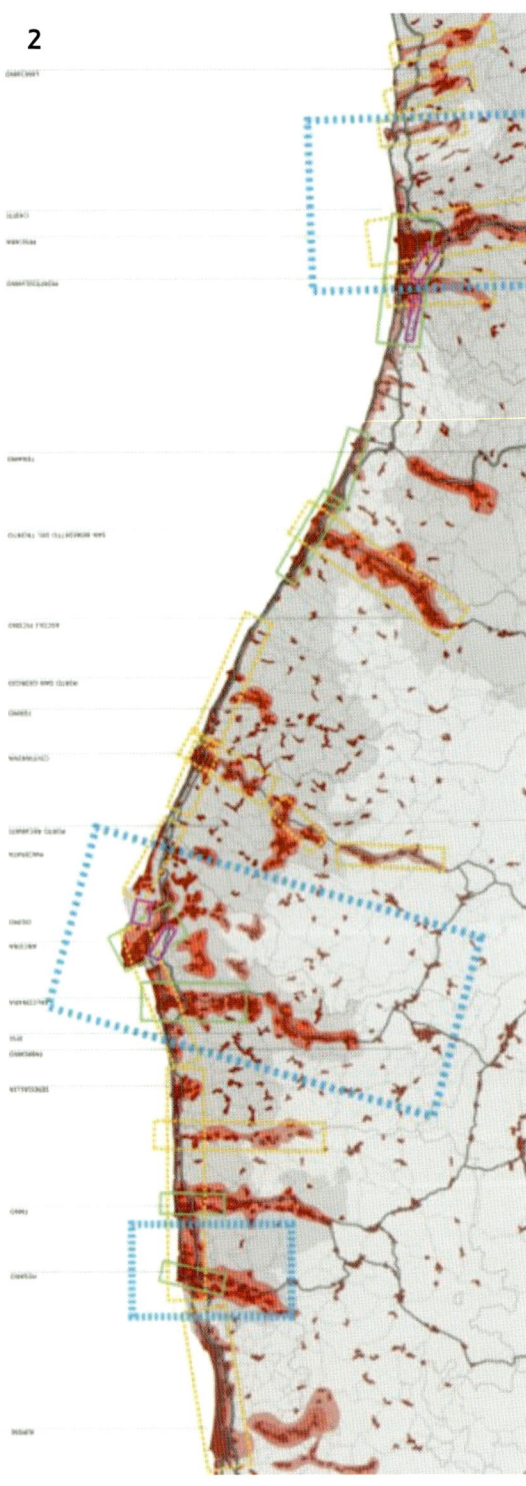

1. Cordoba, Piano Speciale del Parco del Levante e del Molino, M. Ocana

2. La città adriatica tra Pesaro e Pescara

3. Lamezia-Catanzaro, La città tra i due mari. Progetto di territorio

4. Progetti di paesaggio associati al nuovo corridoio della ss. 16 adriatica

5. Studio di fattibilità per la variante ss. 16 tra le Marche e la Puglia. Visione guida

6. La città tra i due mari, Progetti strategici

4

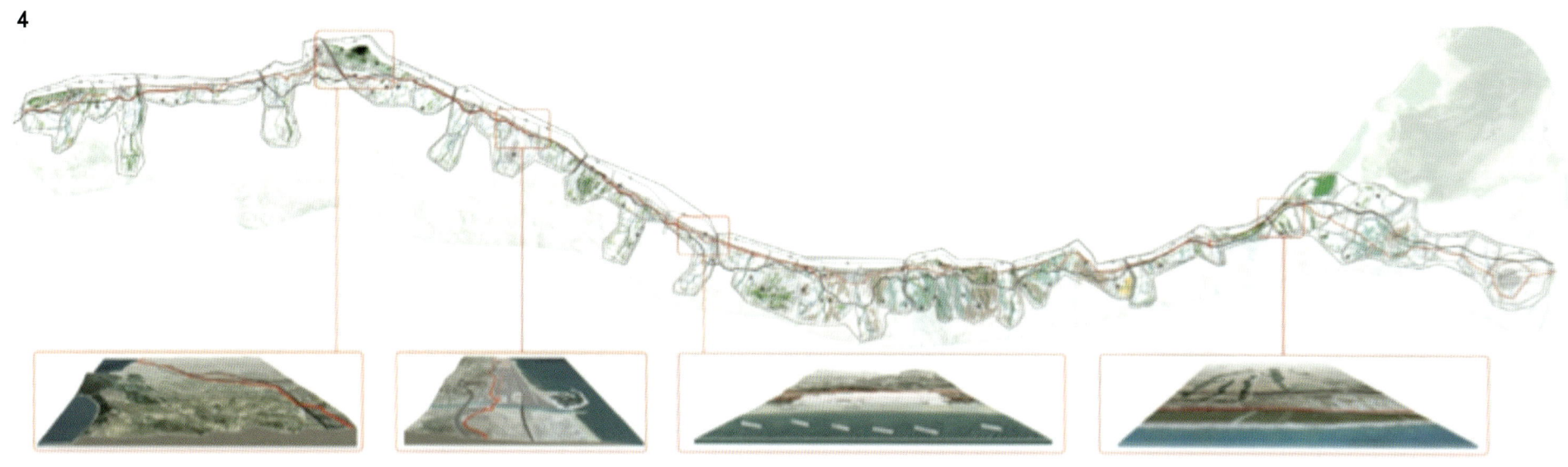

5

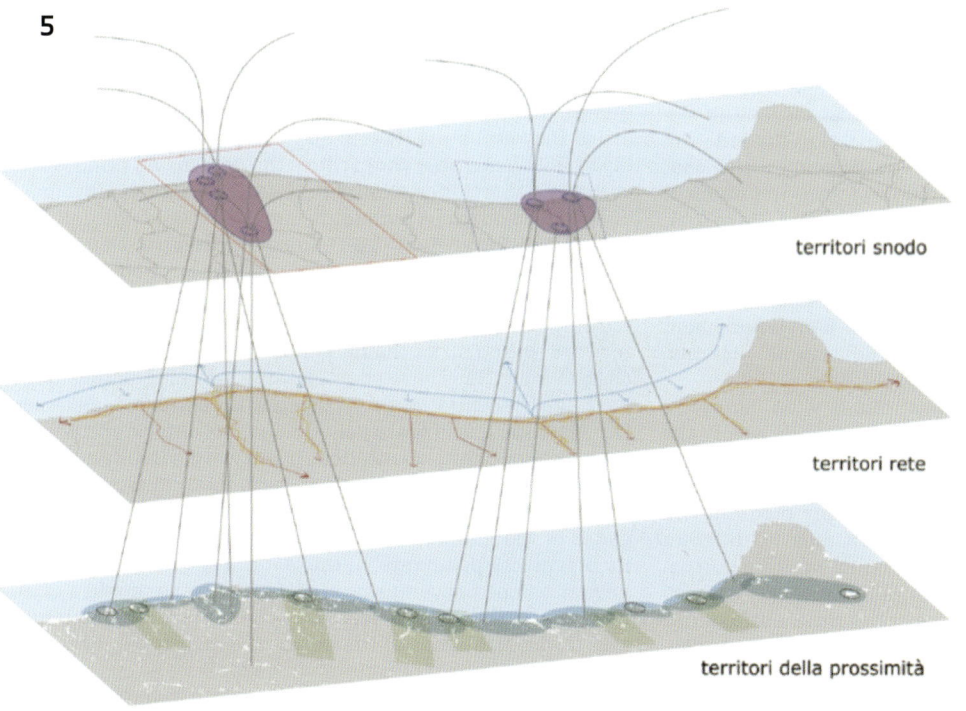

territori snodo

territori rete

territori della prossimità

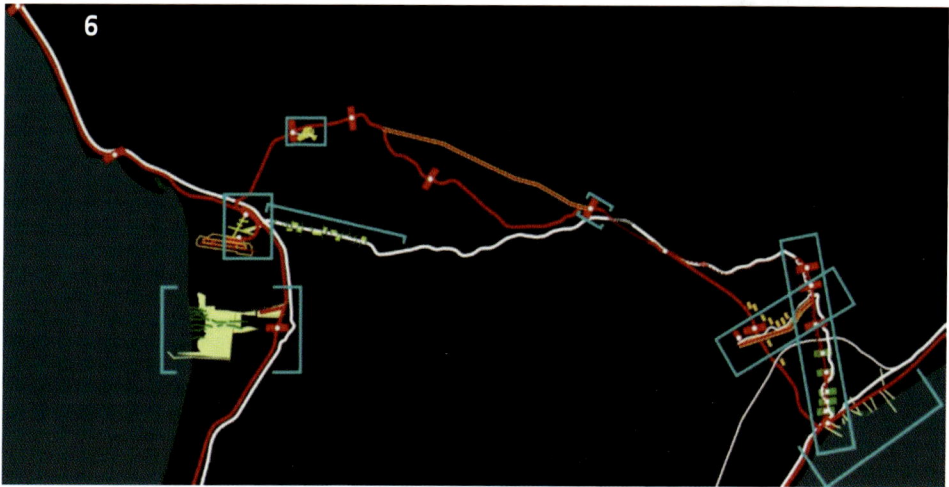

BEIJING ECOLOGICAL DESIGN FOR AIR QUALITY

Chiara Farinea, Gianluca Cassulo, Marco Cremonini

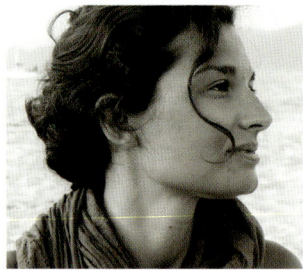

Chiara Farinea
Architect with Master in Advanced Architecture earned at IAAC Institute (Barcelona, ES), she is currently attending the Urban Planning Phd Course at IUAV University (Venice, IT). She has 10 years of experience in the field of sustainable development and planning and holds the position of Project Manager at D'Appolonia S.p.A.

Gianluca Cassulo
Environmental Engineer with over 10 years of experience in the field of sustainable development and emission reduction. He has worked for public and private institutions in several countries, in particular in South East Europe, Asia and Africa. He is Head of the Sustainability and Carbon Management Unit at D'Appolonia S.p.A.

Marco Cremonini
Civil Engineer with Master of Science degree earned at the Carnegie Institute of Technology, Carnegie Mellon University (Pittsburgh, USA), he has over 30 years of international experience in the field of environmental engineering, energy efficiency and sustainable development. He currently holds the position of General Manager of D'Appolonia S.p.A.

KW: AIR QUALITY, INTEGRATION PARADIGM, ROADMAP

The world is experiencing a significant urbanization process: nowadays more than 50 per cent of the global population lives in cities and, by 2030, the world will have almost 5 billion city residents – about 60 percent of the global population. These concentrations of people and activity are exerting increasing stress on the natural environment, with impacts at urban, regional and global levels. In recent decades, air pollution has become one of the most important problems in megacities,. Air pollution has serious impacts on public health, causes urban and regional haze, and significantly contributes to climate change. Several world cities have initiated a thorough commitment to enhance air quality. To this aim, cities can efficiently address the abatement of the emissions through a creative redefinition of well-consolidated paradigms, integrating different disciplines that have been apart so far.

This paper presents the results of the First Year "World City Environmental Target" Study Program, one of the several endeavors pursued through the Sino-Italian Cooperation Program for Environmental Protection, launched by the Italian Ministry for the Environment, Land and Sea and the Chinese Ministry of Environmental Protection, aimed at providing strategic advices to Beijing Municipal Government towards the implementation of a city environmental roadmap.

Through the analysis of the trends over time of air pollution and comparing the environmental policies of a group of selected world cities during the last decades, the multi-year study program has the aim of improving the quality of citizens life through the transformation of urban spaces, respecting the environment. Several World Capitals are acting towards the implementation of urban sustainability principles and can, therefore, provide important case studies for the definition of the multi-year plan for Beijing. The cities analyzed (New York, Los Angeles, Tokyo, Seoul, Milan, London, Paris) has been chosen since they are distributed geographically distributed, are the most populated or most densely populated cities in the world, faced a strong economical and urban development in the past with a long experience in fighting air pollution through specific policies and measures.

Air pollution in urban areas comes from a wide variety of sources. The single most significant source is generally the combustion of fossil fuels, specifically for road transport,for electricity and thermal energy generation. While the multi-year "World City Environmental Target" study program will investigate the actions taken by World Cities in different fields, the First Year program focus mainly on transport issues. To date, nearly 3000 different anthropogenic air pollutants have been identified, and most of them are organic. However the present study investigates the pollutants usually monitored in urban areas: carbon monoxide (CO), particulate matter (PM), ozone (O_3), nitrogen oxides (NO_x) and sulfur dioxide (SO_2). Despite a relevant population increase and economic development, in World Cities most of pollutants concentrations show a significant decrease in the last twenty years. Some of the causes of this decrease are common to more than one pollutant, others depends on peculiar characteristics of each of them. It follows a brief overview of the main pollutants behaviour in World Cities in the last twenty years:

NO_x - In World Cities the main emission sources for nitrogen oxides are vehicles, accounting nearly for a 70% share, while minor shares come from power plants and heating systems. The concentration of this pollutant is difficult to reduce, because it is producd during the combustion process independently from the fuel used: in fact, in cities with high vehicles and population densities, high NO_x concentrations is detected. In general in World Cities the decreasing trend is due to industrial facilities closure in urban areas, to improvement of vehicles emissions standards and the modal shift from private to public transport, pushed by the enhancement of public transport and discouraging the use of private vehicles.

CO - Carbon monoxide concentrations are mainly related to vehicles emissions and trends are strongly influenced by technological improvements. Therefore this pollutant can be easily reduced and its concentrations are acceptable in all cities. PM - Particulate matter concentrations are strongly related with the fuel used and their solid particles production during combustion: coal, fuel oil and diesel fuel are the main sources of pollution, while natural gas do not contribute to PM10 emissions. In spite of a strong decreasing trend, the concentration in air of this pollutant is still above local air quality standards in the majority of the cities analyzed, because they still strongly rely on fuels responsible for its production. In general in World Cities the decreasing trend is due to industrial facilities closure in urban areas, to improvement of vehicles emissions standards and the modal shift from private to public transport. SO2 - Since coal and petroleum often contain sulfur compounds, their combustion generates sulfur dioxide unless the sulfur compounds are removed before burning the fuel. Therefore, its concentrations can be easily reduced with a strict regulation on sulphur content in fuels; as the World Cities have adopted this kind of regulation in the past, the concentrations are currently acceptable in all cities. O3 - Ozone is a secondary pollutant, which depends on weather conditions and concentrations of precursors (NO2 and VOC). Most of the Cities do not comply with air quality standards: the concentration in air of this pollutant is hard to control because of the difficulties in the reduction of the emissions of its precursory pollutants. In the last thirty years World Cities have developed several actions for solving the problem of air pollution, mainly adressing 3 key sectors: industry, buildings and transport. Most of the cities have combined actions to enhance the public transportation networks (i.e. bus, railway, subway), to discourage the use of private vehicles (i.e. low

emission zones, parking charges), to increase the soft mobility share (i.e. bike sharing, pedestrian and bicycles networks) and to improve vehicles emissions performances (i.e. vehicles emission standards, green fleets). Depending on its own characteristics, each city has focused its efforts in reducing air pollution on different strategies: for example, Tokyo because of its high density has developed mainly the integration and expansion of its railway and subway systems, while Los Angeles, with its high dispersed urban texture that must rely on private transport, has applied a strict regulation on vehicles emissions, incentivized technology improvement and traffic management systems.

Based on the actions undertaken by the World Cities, the Action Plan is a comprehensive program of integrated actions needed for the air pollution decrease in Beijing. As the First Year Study Program focus mainly on transport sector the part of this action plan regarding this key thematic sector is more detailed. As emerging from the study outcomes, it is crucial to combine different actions to enhance air quality. Concerning industry, it is necessary to rethink the most pollutant activities location, to "clean" the fuel used and to enhance regulations and control systems on emissions. As regards to the buildings, the heating and cooling systems have to be improved developing district heating and cooling networks, enhancing regulations and control systems and putting a strong effort in fostering the use of natural gas. Finally, regarding transport system, the focus of this work, it is fundamental to develop public transport and to discourage the use of private vehicles. -Travelling with public transport has to result more convenient both in terms of costs and time, while keeping the trip confortable. To this purpose, it has to enhanced the integration of different public transport means (i.e. timetables, tickets, etc.) and the communication systems (i.e. signalling, smart and info mobility, etc.), at the same time the transport stops have to be well distributed in the city area, reducing the time to reach them and the overcrowding. For this reason it is necessary to extend the public transport network and to enhance the frequency. The spread of mixed private/public transport systems, like cars sharing and carpooling, has also to be fostered. At the same time it is important to boost soft mobility, extending the cycling network, implementing bike sharing systems and making walking pleasant improving street conditions. Those action could be the starting poiont to to discourage private transport use through localized congestion and parking charge programs. To support the operation of public transport and the management of roads regulatory devices, it is necessary an efficient traffic management system. The improvement of the existing systems has to start in the first phase of the application of the Action Plan. During the whole process of shift in modal share from private to public transport it is necessary to implement actions to enhance the private and public vehicles performances regarding emissions. Regulations, control and incentives are the key strategies in order to replace polluting transport means and boost the spreading of cleaner fuels. Finally public participation in decision making and communication campaigns are the tools to understand population opinion and to spread awareness regarding sustainability.

What we learn from the World Cities analysis is that while each city - its problems, resources, and outlook - is unique, the need for a holistic approach to the complex environmental problems is the same. There is no single strategy in reducing air pollution in megacities; for Beijing a complex mix of policy measures is needed to improve air quality and to establish a new sustainable model for the feature of the city.

References

CERC (Cambridge Environmental Research Consultants), 2009, *Street Level Air Quality Forecasts for Beijing*.
Qidong Wang, Kebin He, Tiejun Li, Lixin Fu, 2005, *Strategies for controlling pollution from vehicular emissions in Beijing*.
ISTAT (Istituto Nazionale di Statistica, Italian National Institute of Statistics), *ISTAT website* (http://www.istat.it).
Comune di Milano, 2005/2007, *Rapporto qualità dell'aria, energia e agenti fisici*.
European Commission, *EUROSTAT database* (http://epp.eurostat.ec.europa.eu/).
Transport for London, 2010, *Travel in London, Report 3*.
London King's College, *Air quality in London, Report 14*.
Greater London Authority, 2002, *50 years on*.
EPA (United States Environmental Protection Agency), *EPA website* (http://www.epa.gov/).
US Census Bureau, *Census Bureau website* (http://www.census.gov/).
US Department of Transportation, 2009, *National Household Travel Survey*.
CARB (California Air Resources Board), *CARB website* (http://www.arb.ca.gov/).
Municipality of New York City, *Municipality of New York City website* (http://www.nyc.gov/)
New York City Department of Transportation, 2008, "*Sustainable Streets Index 2008*" and "*Sustainable Streets Strategic Plan for the New York City*".
Los Angeles County Metropolitan Transportation Authority, *LA Metro website* (http://www.metro.net/).
Municipality of Los Angeles, *Municipality of Los Angeles website* (http://www.lacity.org/).
Catherine Witherspoon, 2010, *Cleaning the Air and Reducing Greenhouse Gases in California*.
Mazmanian (Bedrosian Center), 2006, *Achieving Air Quality: The Los Angeles Experience*.
Paula Restrepo Cadavid, 2010, *Energy for Megacities*;
Governor of Tokyo, *Governor of Tokyo website* (www.chijihon.metro.tokyo.jp).
Tokyo Metropolitan Government, *Tokyo Metropolitan Government website* (www.tokyometro.jp).
IGES, 2002, *Comparative Study of Beijing, Seoul, Tokyo and Shanghai*.
Ministry of Environment of Republic of Korea, *Ministry of Environment website* (http://eng.me.go.kr/).
Jang, Choi, Kim, Hong , 2003, *1981-2000 Emission Trends and the influence by Economic Crisis in Korea*.
SEI UNEP KEI, , *Benchmarking Urban Air Quality Stage I*.
In-Keun Lee, 2004, *Experiences in Seoul Subway Development*.
Gywngchul Kim, Jeewook Rim, 2000, *Seoul's Urban Transportation Policy and Rail Transit Plan – Present and Future*.
Joonho Ko (Seoul Development Institute), 2010, *Seoul Bus Reform and Transportation Policies*.
Air Parif, *www.airparif.asso.fr*
L'Observatoire des deplacements a Paris, 2009, *Le bilan des deplacements en 2009 a Paris*

OPEN SCALES

IMPARARE DALLA TRADIZIONE: SVILUPPARE CIÒ CHE ABBIAMO - IL CONCORSO PER LA RIQUALIFICAZIONE DELL'AREA DI PIAZZA LALLA YEDDOUNA A FEZ

Laura Valeria Ferretti

KW: CITTÀ SOSTENIBILE, QUALITÀ URBANA, SPAZIO URBANO

Svolge la sua attività presso la Facoltà di architettura Valle Giulia dal 2004. Nell'ambito del Corso di Laurea Quinquennale UE insegna Progettazione Architettonica al quarto anno. È membro del Collegio dei Docenti del dottorato di Progettazione e Gestione dell'Ambiente e del Paesaggio. Svolge ed ha svolto attività di ricerca e professionale in campo urbanistico ed architettonico in Italia e all'estero. Negli ultimi anni si è occupata in particolare di due percorsi di ricerca.

Il primo riguarda il Progetto Urbano come modalità di trasformazione della città contemporanea in Italia ed in Europa, affronta le questioni poste dal passaggio dal piano al progetto, il tema della progettazione alla scala intermedia e la progettazione del paesaggio urbano e degli spazi pubblici. Su questi temi, oltre che nella professione, opera nel quadro del Dottorato di Ricerca, lavora nel Corso ed ha seguito numerose tesi di laurea.

Il secondo percorso riguarda l'intervento in contesti insediativi e culturali fragili ma fortemente connotati - insediamenti ed architetture con tradizioni locali permanenti - attraverso la valorizzazione ed innovazione delle caratteristiche insediative e tecnologiche tradizionali.

In quest'ambito oltre al coordinamento della ricerca interfacoltà sull'emergenza abitativa delle popolazioni Sinti e Rom, svolge ricerca ed ha seguito tesi di laurea nell'area del Maghreb e dell'Africa sub-sahariana ed ha svolto attività di consulenza in qualità di esperto per la Comunità Europea in questi paesi.

Tra le pubblicazioni recenti: "Progettare nella savana sub-sahariana" in Archivio di Studi urbani e Regionali n.83, 2005. Franco Angeli, Milano; "Lo schema di assetto preliminare" in "Un progetto urbano per la Romanina". Urbanistica n. 130, 2006; "Qualche riflessione sulle politiche urbane a Roma" in Archivio di Studi urbani e Regionali n.93, 2007, Franco Angeli; L'architettura del progetto urbano – procedure e strumenti per la costruzione dello spazio urbano, 2012, Franco Angeli.

---

1. Chevallier D. (1979), L'espace social de la ville arabe, Maisonneuve et Larose, Paris; Fusaro F. (1986) La città islamica, Laterza, Bari; Bianca S. (2000) Urban form in the arab world, ORL ETHZ, Zurich.

La crisi globale, l'uso sconsiderato di risorse, il consumo di suolo ed energia riportano in primo piano la necessità di tornare a considerare quei modi di costruire spazio urbano e fare architettura che tradizionalmente minimizzano gli sprechi di spazio ed energia e che possono costituire un'alternativa valida ed un modello metodologico e di riferimento. Gli insediamenti dell'area nord africana, come la maggior parte delle culture tradizionali dell'abitare, hanno una consolidata tradizione architettonica ed urbana organicamente strutturata per sfruttare al meglio le risorse locali. È su questi temi che il progetto per la riqualificazione dell'area di piazza Lalla Yeddouna che si presenta ha vinto il secondo premio del concorso internazionale in due fasi « Place Lalla Yeddouna - A Neighborhood in the Medina of Fez, Morocco ».

Il concorso aveva come tema la riconfigurazione di uno spazio urbano fortemente degradato dal punto di vista fisico, ma vivace dal punto di vista delle funzioni e della vita locale. Tra gli obiettivi vi era il mantenimento e l'ampliamento delle attività artigianali esistenti, migliorando le condizioni di lavoro e inserendo attività culturali, di loisir e turistiche che contribuissero al miglioramento economico degli abitanti assicurando un miglioramento della qualità di vita locale. Il progetto ha innanzi tutto previsto una riorganizzazione del sistema dei flussi della mobilità e della accessibilità inserendo in modo semplice e non costoso l'area nell'intero sistema della medina. Il miglioramento dell'accessibilità dà alla zona un nuovo grado di attrattività che supporta la localizzazione di nuove funzioni culturali, di loisir e ricreative, fruibili tanto dalla popolazione locale che dai visitatori e integrate con le attività tradizionali consolidate dalla collocazione di una scuola dell'artigianato.

L'area, nel cuore di una delle medine più grandi e complesse del Nord Africa, è caratterizzata dalla presenza di un tessuto tradizionale ordinario, di alcuni manufatti di valore architettonico e dalla presenza dell'oued Fez. I tessuti medinali tradizionali sono espressione di un modello sociale-culturale-politico e religioso, ma anche di un rapporto con l'ambiente e con il clima. Da un punto di vista morfologico il tessuto delle medine può essere rappresentato come un sistema di recinti successivi e di elementi lineari che allontanano per gradi ciò che è più pubblico da ciò che è più privato, ciò che appartiene alla comunità da ciò che le è estraneo, ciò che è impuro da ciò che è puro[1]. La cellula base è la dar, la corte, il luogo più privato, che si differenzia per dimensione e ricchezza nelle diverse tipologie funzionali (case, palazzi, moschee, funduq). Intorno alla dar si dispongono in modo gerarchico i diversi ambienti chiusi verso l'esterno ed aperti verso la corte. L'accesso agli edifici è nascosto da sistemi di ingresso a baionetta che minimizzano l'introspezione.

I muri esterni sono compatti, spessi e quasi privi di bucature. Dall'interno si può vedere l'esterno ma non viceversa. Accanto alle tipologie a corte e spesso a sua protezione vi sono tipologie lineari legate soprattutto al commercio: negozi, suq, atelier artigianali. La struttura urbana ripropone questo schema: le strade maggiori, commerciali, conducono dalle porte urbane al suq e sono connettivo degli edifici pubblici, da queste, quasi sempre con un impianto a baionetta si dipana la trama, progressivamente più fitta verso l'interno, che da accesso alle abitazioni. Come nel caso della dar, luogo più intimo e prezioso e quindi anche più decorato, ciò che è più importante viene celato e portato all'interno. Questa macchina che è espressione di una cultura e di un modo di vivere è anche una efficacissima macchina bioclimatica. Le poche aperture e i muri spessi verso l'esterno in pietra o adobe proteggono dal calore; la corte e l'acqua, quasi sempre presente al suo interno, sono un efficacissimo sistema di ventilazione e raffrescamento; le strade strette, e spesso coperte, proteggono dalla luce e dal calore e incanalano l'aria.

Partendo da queste premesse, il progetto si è configurato come un progetto urbano integrato con il contesto architettonico, sociale e economico della città antica che individua l'area come una micro centralità urbana progettata secondo criteri bioclimatici e basata su una strategia di evoluzione e sviluppo delle caratteristiche architettoniche ed insediative locali. Le scelte adottate dal progetto sono state quindi:

- proporre un'immagine contemporanea e non vernacolare del tessuto medinale, al quale si riconosce la capacità di garantire un notevole comfort bioclimatico, reinterpretando gli elementi morfo-tipologici degli spazi e garantendo livelli di comfort indoor e outdoor;
- utilizzare tecniche e materiali locali con standard contemporanei, facilitando il mantenimento ed il rafforzamento delle culture tecniche già presenti e migliorandone le prestazioni;
- valorizzare le abilità artigianali locali presenti;
- restituire all'oued un ruolo nel sistema ecologico; minimizzare il consumo di risorse e ridurre i carichi ambientali.

La nuova immagine contemporanea della medina viene costruita assumendo il footprint dell'edificato esistente proponendo al contempo però un'immagine caratterizzata e qualificante dei nuovi edifici che restituisca dignità architettonica ai luoghi nel rispetto delle architetture di valore preesistenti. I percorsi, in assonanza con lo spazio della medina non sono mai diretti ma articolati in passaggi coperti ora silenziosi ora pieni di attività commerciali e sempre ricchi di ombra in virtù della sezione stretta e della presenza di parti coperte. Le vie sono spazi contratti che non consentono ampie prospettive ma permettono di scoprire lo spazio a poco a poco assecondano l'orografia del terreno, come nei passaggi di progetto che dalla piazza portano all'oued. La riconfigurazione dello spazio urbano si struttura inoltre su due sistemi lineari: il fiume e il nuovo edificato lungo il suo bordo e le loro connessioni trasversali che generano coni visivi che consentono la relazione dei due sistemi. Si è inoltre cercata una differente caratterizzazione dei due fronti sul fiume : un fronte compatto monumentale da un lato e un fronte libero - spazio aperto e di sosta - da cui godere del fiume e del fronte monumentale. Nodo centrale di questo sistema : la piazza. I nuovi edifici mantengono come riferimento le tipologie caratteristiche del tessuto della medina. I nuovi edifici, a seconda delle funzioni, si organizzano intorno ad una corte centrale che rappresenta l'elemento ordinatore dello spazio o si costituiscono secondo le modalità distributive del souk. I prospetti esterni hanno aperture limitate sia per consentire un buon comfort interno, sia per riproporre l'aspetto tipico dell'introversione dell'architettura medinale.

La scarsezza delle aperture esterne è compensata dalla presenza di elementi lignei aggettanti e di alcune bucature particolari per decoro a segnalare particolari funzioni e spazi retrostanti. Dal punto di vista della tecnologia il progetto utilizza quanto più possibile materiali tradizionali sia per le murature esterne, la cui tessitura ricorda le belle trame dei muri esistenti, sia per le finiture e gli interni realizzati nei materiali e nelle tecniche tradizionali ancora molto utilizzate in modo da favorire quanto più possibile la mano d'opera locale.

Da un punto di vista del comfort indoor si è lavorato in più direzioni: i muri sono spessi in blocchi di terra stabilizzata con un'intercapedine ventilata collegata agli ambienti interni che, a seconda delle temperature esterne e interne, immette aria fresca o estromette aria calda; semplici sistemi di chiusura ed apertura delle corti maggiori permettono in inverno il mantenimento del calore diurno e, in estate, la protezione dalla luce e dal calore e l'espulsione di aria calda; le fontane, per le quali la città è famosa, contribuiscono al raffrescamento.

Un meccanismo di ricircolo dell'acqua dall'oued alle fontane e di raccolta delle acque bianche e piovane contribuisce al risparmio delle risorse naturali già messo in atto con gli accorgimenti costruttivi. Per aumentare il comfort outdoor l'acqua viene fatta scorrere sotto il pavimento della piazza che per la sua dimensione è più esposta al sole, raffrescandola in un combinato disposto con sistemi di ombreggiamento e con i passaggi coperti che dall'oued incanalano aria raffrescata dall'acqua. Le strade sono talvolta coperte e sempre protette dalla sezione ristretta. L'utilizzazione di sistemi quali pannelli solari o fotovoltaico integrati nel disegno delle coperture è limitata alle funzioni ricettive per rinforzare il comfort comunque in larga parte già garantito e per il sistema delle reti, dei servizi primari, degli standard, delle barriere architettoniche sono stati naturalmente assunti gli standard contemporanei. L'esito finale ha confermato come un'attento studio delle modalità insediative, dei materiali, delle tipologie tradizionali, dalla scala urbana a quella architettonica e il miglioramento delle loro caratteristiche possono avere ricadute positive sull'ambiente, sull'economia locale, sulla qualità urbana e sul tessuto sociale in grado di aprire la strada verso un nuovo "sviluppo senza crescita" e incentivare la cultura di un turismo "morbido" più rispettoso delle culture locali e dell'ambiente e quindi complessivamente più sostenibile.

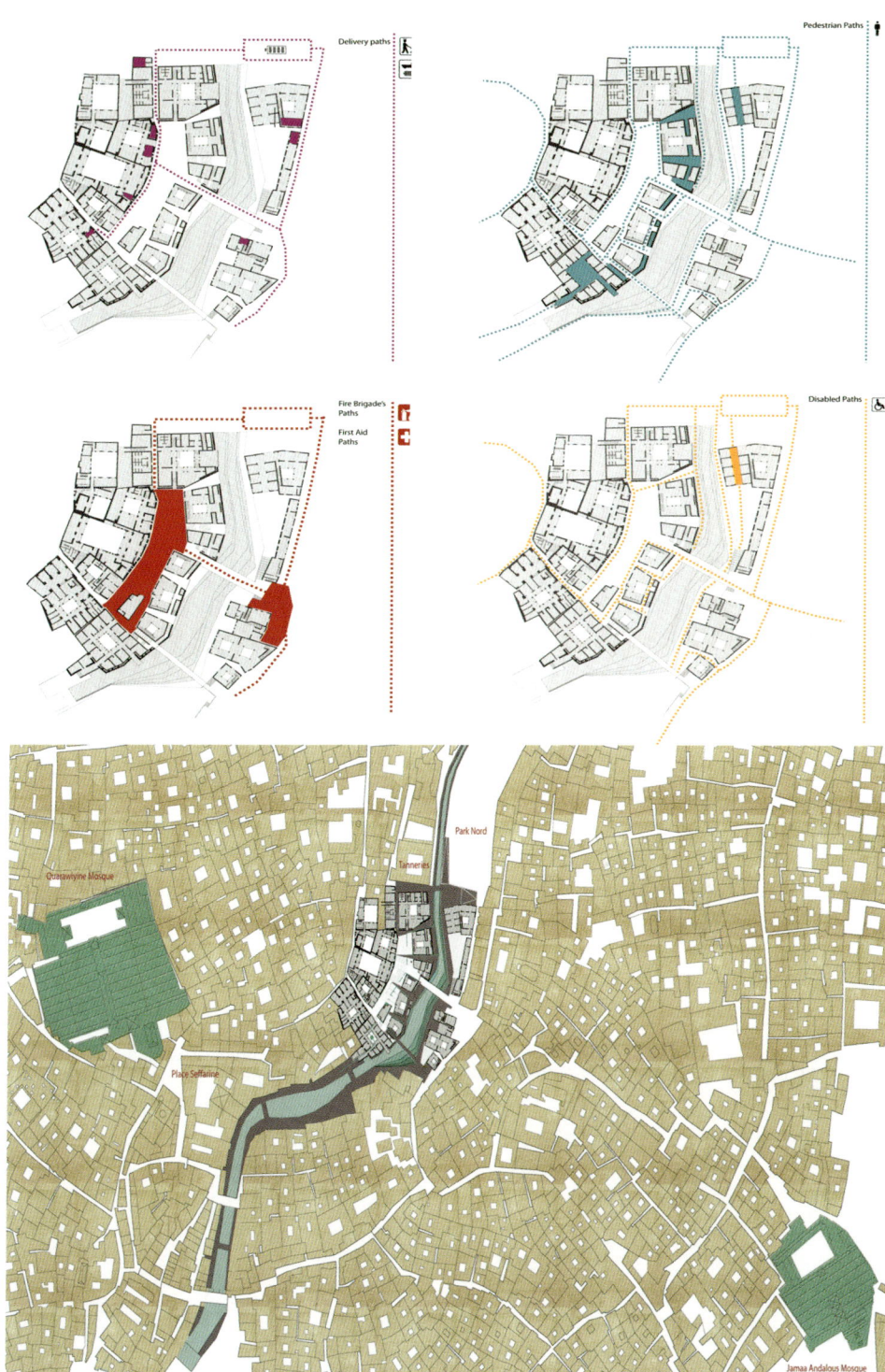

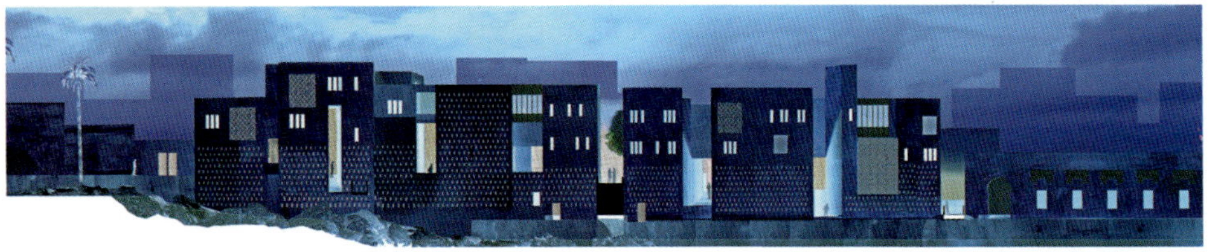

The contemporary image of the *Medina* : a nocturnal view - scale 1:200

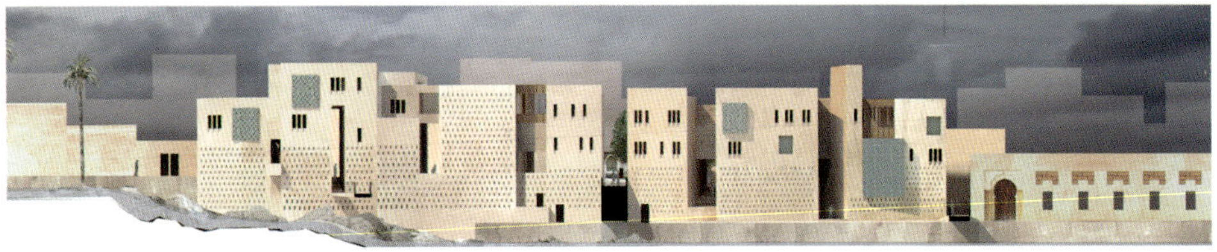

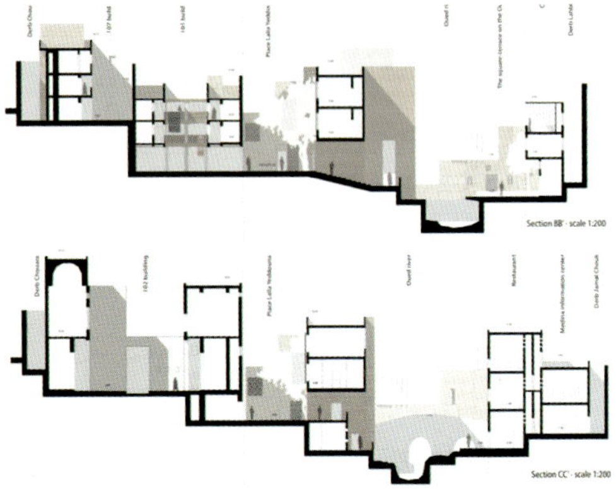

Section BB' - scale 1:200

Section CC' - scale 1:200

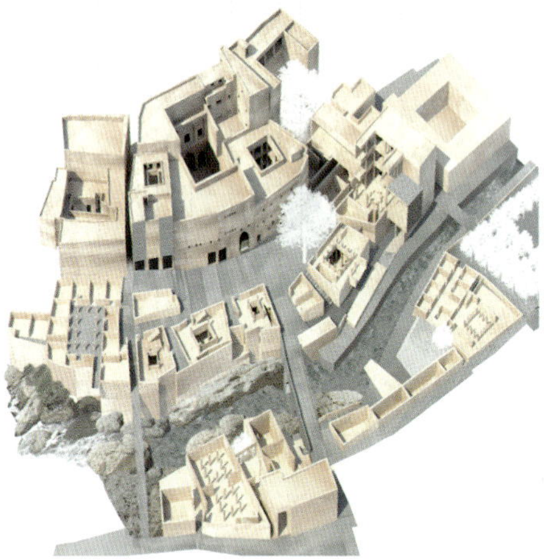

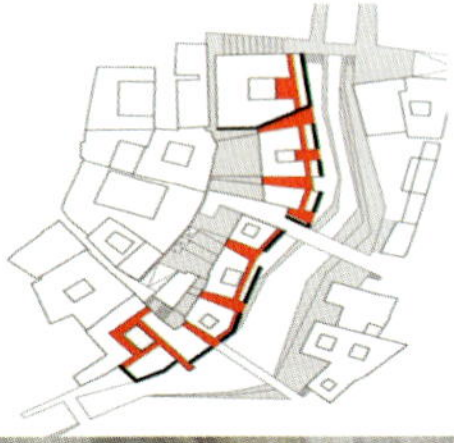

Several oued's shapes

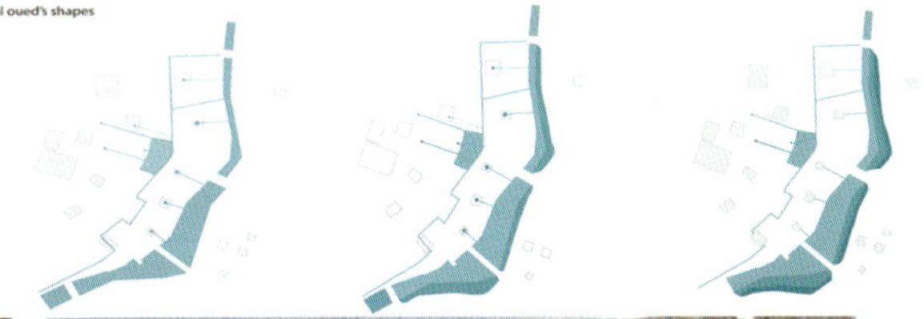

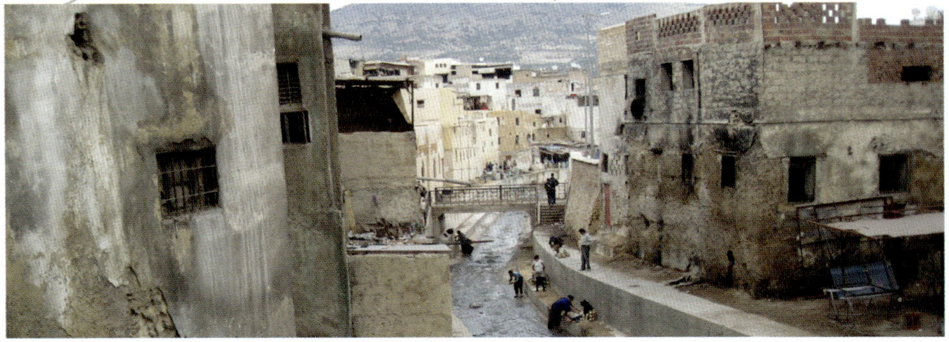

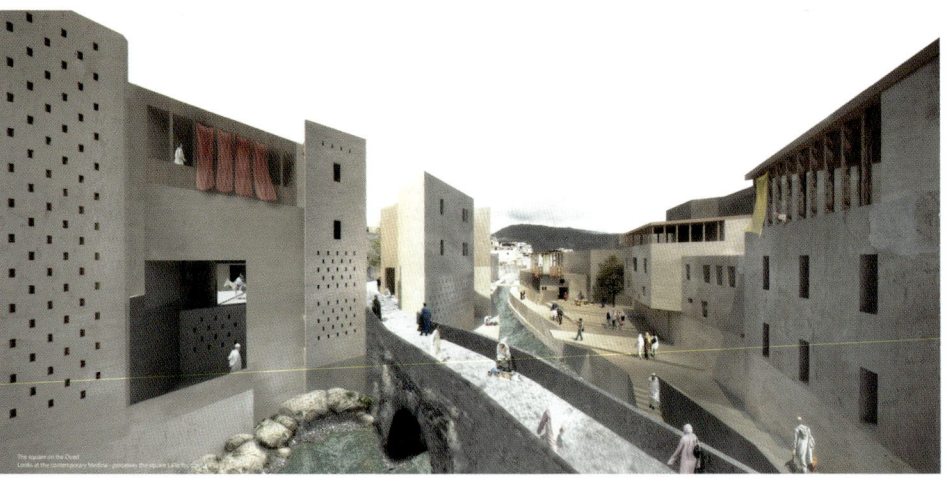

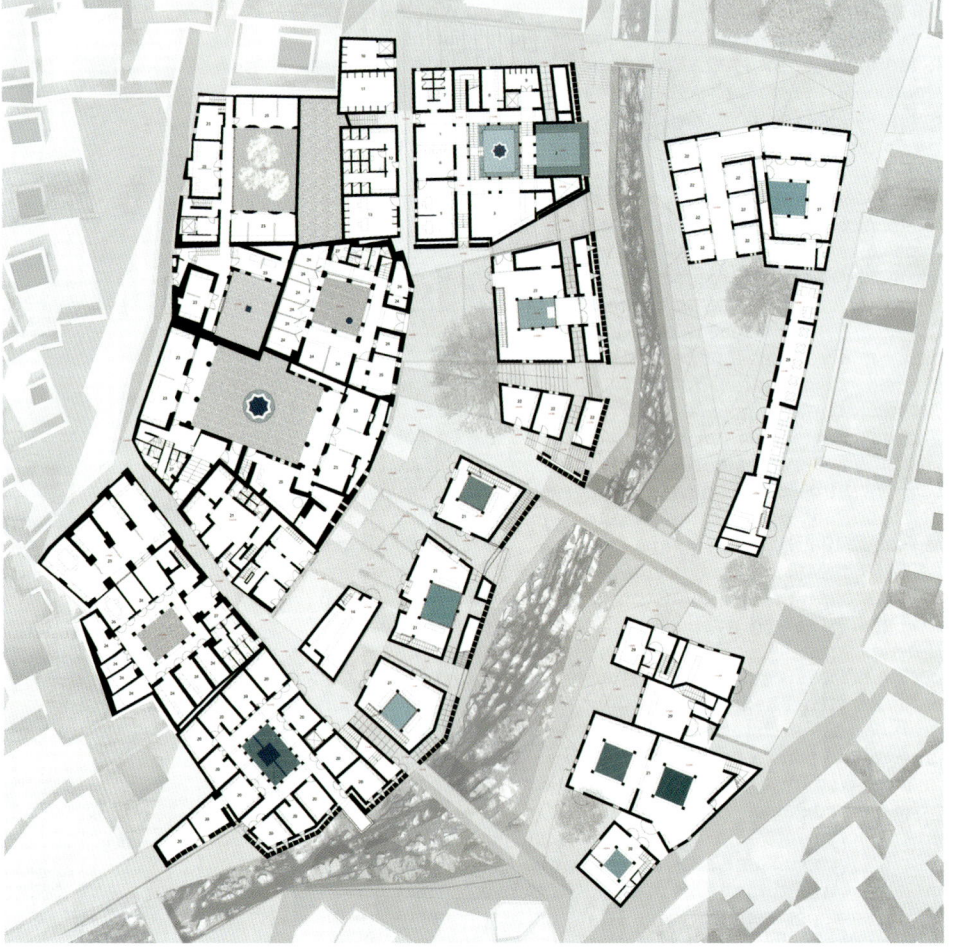

POST CAR-CITY. INTEGRATION BETWEEN GOVERNMENT OF THE URBAN TRANSFORMATIONS AND GOVERNMENT OF THE MOBILITY

KW: SUSTAINABLE MOBILITY, SUBURBS, "POST CAR-CITY"

Eleonora Giovene

Eleonora Giovene di Girasole, architetto, dottore di ricerca in "Metodi di valutazione per la conservazione integrata del patrimonio architettonico, urbano ed ambientale". È assegnista di ricerca presso l'IRAT-CNR nell'ambito del progetto "Strategie urbanistiche per la città contemporanea: multiculturalismo, identità, recupero e valorizzazione".

In the last years, the issue of mobility[1] sparked much interest in urban and territorial policies. The demand for transport is a derived demand, namely the outcome of activities (work, sports, entertainment, etc.) which citizenry needs to carry out and the places where these activities take place become an essential factor in determining how and where users will move.

Against the attempt of great cities to satisfy this mobility demand, by going through more or less virtuous paths, through the improvement of public transport offer (road or railway transport, etc.) and the development of integrated solutions, such as the restricted access to the town centre, pricing strategies, collective transportation policies (car-sharing, car-pooling, etc.), the experience shows a general worsening of the data related to the urban and environmental quality (Fiorillo et al., 2012), both in the town centre and in the suburban districts (Giamo, 2008, AA.VV., 2013).

Later on, a crisis of the mobility demand was added to the growing list of negative research data. 2012 was, indeed, the «fourth consecutive year characterized by a contraction of displacements which decreased, in the average weekday, from 123 million in 2008 to 97,5 million last year, with a reduction amounting to nearly a quarter of the total amount» (AA.VV., 2013, p.2).

Moreover, this great recourse to mobility planning, focused all functions and services in the greatest centres, keeping suburbs out (when served by inefficient public transport networks) or making them dependent anyway (when a valid transport network is expected), often turning them into urban traps, places where public spaces, attraction centres, shops and services have not been contemplated. These elements, so, point out how the response to the mobility demand has not given effective results up to now.

What is put into question is the model of urban sprawl with "single use" or segregated zoning. Indeed, if you analyse the mobility demand, you may notice that the reasons behind it depend on several factors, such as the territorial dispersion of workplaces and residences, often characterized by poor quality.

All that led to a greater development of road transportation, both the freight and the people one, with the saturation of urban and suburban networks and the increase in pollution which, in turn, further increased the distribution of assets and residential buildings in the area (centre, suburbs, sprawl). Therefore, to contribute to the quality of territorial systems, a new methodology seems to be needed, acting on the demand front and abandoning the too strict sector/transport view in the approach to the mobility issue. Mobility has to be set in a territorial-urban context, by highlighting the relations occurring between the spatial and functional organization of the area and the mobility demand.

We should be aiming at achieving a strong integration between the different standpoints at stake: the city planning and the techno-transport ones. The former, acting on the poles and the activities determining the mobility demand and the latter, still working on the development of alternatives to car transport.

In searching for alternatives to our current mobility system, the concept of "access by proximity" may be more useful than the mobility one, by reshaping the compact urban redesign and reorganizing activities along the territory.

The compact "post-car city" is the city that offers both social and functional *mixité*: social (through the presence of diversified residential typologies, assuring the possibility of access to the district to all social groups) and functional (offering daily social services, for the leisure time, etc., reachable without using private cars or public transport system).

At the same time, it is a city linked to the greatest centralized services, job places and the town centre by an efficient transportation network. That allows, on one hand, to reduce mobility, getting both social and ecological benefits, on the other hand to give dignity back to degraded areas.

In Europe, according to these theory, they are realizing «new districts designed for a lower rate of private motorization, where the use of private cars, their circulation and parking, their diffusion and predominance in the streets are harshly controlled» (Legambiente, 2009, p.4).

These car-free policies are aimed at clearing the cars off of the urban areas or districts, and they represent experimentations which, subverting the traditional zoning, try to realise compact settlements based on collective transport, characterized by an elevated functional mix and high quality public space and ecological standards. We are aimed, so, at realizing a balanced local offer of functions and job occasions, nearby residential buildings.

Thanks to some regulations, car-free quarters expect very low indexes of parking lots (0-0.2), designed for car-sharing, guests, crippled people or emergencies. In this kind of districts, using cars is strictly forbidden (except for emergencies and deliveries), while parking spaces are relegated to the borders of the quarter. Reduction in costs due to the presence of cars (construction costs, making roads, etc.) allows to use them for the construction of residential buildings, giving the

1. *The paper presents the results, in progress, of the Interdepartmental research "Sustainable Mobility - Hermes" conducted by the "Urbanistic" research group of the Institute for Service Industry Research (IRAT) in the National Research Council of Italy (CNR).*

2. *To analyse these experiences, have been prepared records through which have been detected on the basis of the arguments set out, the actions and interventions for both the "sustainable mobility" - through the development and planning of sustainable transport systems, the limitation of private circulation and innovative mobility policies - and the "interventions to a polycentric urban structure and compact" - highlighting the actions carried out to the environmental quality of the settlement system and public spaces, the functional complexities and the socio-economic aspects.*

chance for cheaper rentals and sale price, with important social benefits and support to social *mixité*. In these quarters, apart from a good transport connection, complementary mobility offers are considered, such as the car-sharing, cycling lanes, storage areas, a convenient fare system for public transport, on call transportation and so on.

Interesting examples of car-free areas in Europe are in Germany (Fribourg, Hamburg, Tubingen, Munich, Bremen), in Sweden (Malmö), in different cities of the United Kingdom (Edinburgh, Camden district in London), in Holland (Amsterdam) and in Austria (Vienna)[2].

By means of an innovative urban and mobility planning, in these cities, local government administrations are striving to create an eco-friendly traffic management. All that is attempted through mobility systems which take into account both building development and upgrading of suburbs, and, in so doing, giving rise to a sustainable urban development.

In the district of Vauban, rising on an ex-military zone three kilometres away from Fribourg, an exemplary project of eco-quarter has been realized. Sustainability is sought in each aspect: job places, housing for different social users, a mobility system endorsing pedestrian, public and cycling transportation at the expense of car transport, protection of preexisting green areas, creation of public squares and spaces, passive or low energy consumption buildings.

The project of the Derendingen quarter (Eble, 2006), south of Tubinga, created under the European project "Ecocity" (Urban structures for sustainable transport), drew much attention to the integration of sustainable transport systems, quality of settlements and public spaces, functional and social *mixité* (Ecocity, 2006). Citizens actively took part in the project definition, afterwards elaborated by the Eble Architektur Studio.

In the Netherlands, the ecological GWL Terrein neighborhood, has been realised in an area designed for the town water main, in the west part of Amsterdam town centre. The area is completely car-free; only the 20% of its 1500 inhabitants owns a car and a parking spot. They firstly focused on satisfying residential needs, minimizing the environmental impact and maximizing the presence of green spaces inside the areas. The landscape and public spaces project is by West8 studio.

The analysis of the European experience shows then, how the development of "post-car cities", may occur by the integration of the urban transformation government and the mobility one. Strategies and, particularly, actions to be made have been identified both for the sustainable mobility and the creation of a polycentric and compact urban frame, searching for and experimenting new actions for the quality of the environment, the settlement system and public spaces, for the functional complexity and the socio-economic aspects.

References

AA.VV. (2013), *10° Rapporto sulla mobilità in Italia*, http://www.isfort.it.

Eble J. (2006), *ECOCITY Tübingen-Derendingen,* Abschlussbericht des EU-Forschungsprojekts, Tübingen Stadtplanungsamt/Umweltbeauftragte.

Fiorillo A., Laurenti M., et al. (2012), *Ecosistema urbano. XIX Rapporto sulla qualità ambientale dei comuni capoluogo di provincia*, Rapporto Legambiente, Arti Grafiche Agostini, website http//www.legambiente.it.

ECOCITY, *Urban development towards appropriate structures for sustainable transport*, website http://www.ecocityprojects.net.

Giamo C. (2008), "Mobilità sostenibile", in *Urbanistica Informazioni*, n. 218, INU Edizioni.

Legambiente (2009), *Costruire città senza auto. Dossier 2009*, website http//www.legambiente.eu.

I-MOVE MOVIMENTI INTELLIGENTI ALL'INTERNO DEL TERRITORIO ITALIANO

KW: SISTEMI URBANI, AREE METROPOLITANE, RIQUALIFICAZIONE URBANA

Gaia Grossi

Il progetto dell'Alta Velocità ha portato un rinnovato interesse per la questione della stazione ferroviaria, intesa come "articolazione sensibile tra rete e città" (Peny, 1990) tra il sistema ferroviario ed il sistema territoriale; interesse connesso con il riconoscimento delle potenzialità della nuova rete che si traduce in progetti non solo di riorganizzazione di strutture esistenti ma anche di ridisegno di interi quartieri. L'Alta Velocità, focalizzandosi sul nodo e sul quartiere in cui il nodo si localizza, è in grado di modificare le relazioni con il tessuto urbano, proponendosi come catalizzatore di sviluppo e di rivitalizzazione urbana. Le stazioni ferroviarie sono infatti da sempre luoghi in grado di attrarre grandi flussi ma anche diverse funzioni urbane legate al settore trasportistico, questo aspetto è però anche stato causa di situazioni di dismissione o di isolamento fisico rispetto alla città, che hanno trasformato la stazione in un luogo simbolo del degrado urbano. Con il potenziamento della rete e dei nodi, la stazione ferroviaria ha perso la forma negativa per assumere un ruolo centrale all'interno dell'intero sistema urbano, in cui si concentrano funzioni e servizi di diverso livello, in grado di indurre uno sviluppo urbano sostenibile. Le politiche condotte dalle società ferroviarie italiane negli ultimi decenni hanno cercato di unire insieme da un alto la necessità di rinnovamento e di riorganizzazione del servizio ferroviario, dall'altro la volontà di rilanciare la relazione tra sistema ferroviario e città, tema fortemente penalizzato nelle passate gestioni politiche e finanziarie, in cui le stazioni diventano punti cardine di questa trasformazione. Questo avvicinamento ai temi di integrazione con la città e il territorio ebbe inizio negli anni novanta, in concomitanza con l'avvio di un primo processo di ristrutturazione interna alle Ferrovie dello Stato, resosi necessario non solo per allineare il sistema nazionale alle direttive europee ma anche per poter rendere più efficiente l'azienda dal punto di vista della competitività nel settore dei trasporti. Nello stesso periodo infatti si stava preconfigurando l'avvento della fase attuativa sul territorio italiano del progetto Alta Velocità, che avrebbe riguardato la riorganizzazione strutturale delle stazioni ferroviarie per trasformarle da semplici destinazioni a nodi di interconnessione tra i diversi livelli del sistema ferroviario e i diversi sistemi di mobilità locale. La realizzazione delle nuove infrastrutture ferroviarie veloci ha costretto sia gli enti ferroviari sia le amministrazioni locali ad affrontare il tema dell'integrazione del sistema ferroviario nel tessuto urbano e a considerare i possibili effetti positivi indotti dalla presenza dei nodi nel contesto territoriale locale, iniziando un periodo di iniziative volte a delineare la funzione urbana delle stazioni ferroviarie e nel gestire le trasformazioni dei nodi ferroviari e delle aree ad essi collegate.

La proiezione delle potenzialità dei nodi ferroviari sul territorio costituisce un fattore importante per l'accelerazione dei processi di densificazione o di riqualificazione territoriale e un'occasione per rigenerare tessuti urbani e creare nuove centralità, soprattutto in zona già altamente densificate come il territorio italiano dove l'infrastruttura è già radicata nel territorio e nel paesaggio, ma dove spesso viene sottostimata come risorsa utile per l'efficienza del territorio.

Le infrastrutture che sono infatti in grado di diventare catalizzatori di processi di trasformazioni operano attraverso la capacità delle aree urbane di entrare in relazione e di effettuare scambi, materiali e non, tra diversi territori che portino alla creazione di risorse competitive altrimenti non disponibili e di ridistribuire le potenzialità positive generate dagli interventi infrastrutturali e dallo sviluppo dei sistemi urbani. Dato che infatti il volume di investimenti che gli interventi di trasformazione strutturale generano può essere convertito in uno strumento di attuazione di strategie pubbliche e di collaborazioni tre enti di diversa provenienza, così come tra pubblico e privato, che può far salire il ruolo del territorio oltre il semplice livello di piattaforma di ingresso e di spostamento di persone e merci.

Il territorio italiano si presta ad essere utilizzato come porta d'accesso al mercato europeo e ne è una dimostrazione il numero di corridoi TEN-T (Trans European Network) presenti ed attivi, ma è necessario rafforzare la competitività delle reti italiane sul mercato europeo affinché sia possibile, come già detto prima, attivare i collegamenti locali con il settore produttivo, necessari se si vuole evitare di trovarsi in posizione marginale rispetto al nastro cinematico principale (L. Senn, 2011). Una delle più importanti caratteristiche dell'infrastruttura ferroviaria dell'Alta Velocità è la capacità di tenere insieme scale territoriali diverse, dalla macro scala europea alle politiche locali, mantenendo aperta la possibilità di costituire un "progetto di prossimità" (M. Ricci, 2011) che si concentra sulla connettività (intesa come prossimità nel tempo) tra i diversi poli urbani, e su questa stessa linea si indirizzano infatti anche i finanziamenti europei previsti per il periodo 2014-2020, che prediligono lo sviluppo delle interconnessioni tra i grandi sistemi legati all'alta velocità con la rete della mobilità locale e quindi la connessione con i campi economici e sociali del territorio.

Per ottenere questo risultato è necessario lo sviluppo delle opportunità derivanti dalle linee ferroviarie legate all'Alta Velocità e lo sviluppo dei nodi intermedi in termini di mobilità di merci e persone e di accessibilità alle risorse locali, siano esse appartenenti alla sfera territoriale, culturale, economica e ambientale. Infatti i nodi infrastrutturali sono quella parte dell'intera rete infrastrutturale che risulta direttamente in contatto con il tessuto urbano e territoriale ed è pertanto in grado di effettuare le necessarie connessioni a livello locale che rendono però più tangibile la presenza della rete sul territorio, deformando il percorso lineare a sezione costante dell'infrastruttura in un'area

**Laureata nel luglio del 2010 presso la facoltà di Architettura di Genova con la tesi dal titolo "LIGHTSCAPE. Luci tra le sponde" sulla ristrutturazione e riintegrazione nel territorio del sistema costiero dei fari con il prof. Manuel Gausa, tesi esposta nella 7° Biennale del paesaggio di Barcellona, anno 2012.
Dal 2011 è cultore della materia presso la Facoltà di Ingegneria Edile-Architettura e nel Gennaio del 2012 viene ammessa alla Scuola di Dottorato in Architettura e Design dell' Università di Genova, ciclo XXVII, con la tesi "I-MOVE. Movimenti intelligenti all'interno del territorio italiano" sulle relazioni urbane instaurate dalle stazioni dell'Alta Velocità nel tessuto urbano. All'interno della facoltà collabora come assistente al corso di progettazione III C del prof. Manuel Gausa e del corso di composizione I del prof. Gianandrea Barreca affrontando in entrambi i corsi temi di riqualificazione urbana, a diverse scale di progettazione, e di rapporto tra il tessuto urbano e le infrastrutture. Inoltre fa parte del GIC_Lab – Genova Intelligent Coast_Lab, laboratorio di ricerca che si occupa del confronto tra le diverse aree urbane della città ed i conflitti che si possono generare al loro interno.
Dal 2010 è abilitata alla professione di architetto e collabora con diversi studi di progettazione, tra cui GOAGROUP e Officina Architetti, per la realizzazione di spazi pubblici e commerciali.**

ibrida che è prolungamento allo stesso tempo della funzione di collegamento che dello spazio e delle funzioni urbane. L'intento è quello di realizzare non solo infrastrutture trasportistiche ma "opere territoriali" (De Matteis, 2001) capaci di stabilire un forte legame con il territorio attraversato rendendosi dei moltiplicatori delle risorse del territorio stesso.

A livello locale è necessario che le trasformazioni siano correlate da un progetto di compensazione che sia complementare all'impatto dell'infrastruttura sul territorio e attenta ai temi del paesaggio, e che pertanto affronti lo sviluppo della comprensione dei fenomeni e dei comportamenti degli utenti e delle amministrazioni coinvolte e un sostegno ai sistemi locali presso le aree che saranno avvicinate dai nuovi sistemi di trasporto per redistribuire le esternalità positive. La frase "Think Globally, Act Locally" ha avuto un grande successo in numerosi contesti, sia economici che creativi, e sicuramente ha trovato una sua applicazione nella pianificazione urbanistica dove esemplifica la necessità di unificare gli intenti e di mettere a fuoco le possibili strategie d'intervento partendo dalla grande e grandissima scala per poi arrivare al territorio locale cercando di evitare uno scollamento tra l'infrastruttura e i possibili scenari territoriali attraverso un'interazione, il più possibile diretta, tra figure tecniche con diverse competenze, tra diversi livelli istituzionali e con gli utenti finali. Affinchè lo sviluppo dei sistemi urbani in relazione all'introduzione di nuovi nodi urbani sia in grado di sfruttare gli effetti positivi generati dalle opere pubbliche è necessario individuare strategie per l'integrazione tra le politiche infrastrutturali e la trasformazione del paesaggio che porti alla corrispondenza dei piani a livello regionale e provinciale che prenda in considerazione la nuova e diversa ripartizione della mobilità locale in relazione all'inserimento di nuovi generatori di flussi ferroviari.

Il continente europeo si caratterizza per la presenza di di un'elevata densità territoriale ed urbana, con una ridotta distanza media tra i diversi centri abitati, in cui le relazioni tra i diversi centri abitati sono caratterizzate da complementarietà funzionali o affinità di servizi offerti più che dalla vicinanza fisica, e pertanto le città che si configurano dunque in una struttura urbana policentrica dotata di elevati livelli di accessibilità e nodalità, che diventano i nuovi fattori in grado di gerarchizzare il territorio costruito e individuano le nuove potenzialità.

Il paradigma trasportistico, in cui l'efficienza del sistema viene costruita a partire dalle connessioni tra il sistema ad Alta Velocità e il sistema di trasporto urbano locale porta a pensare che la rete dell'Alta Velocità sia di fatto "la linea metropolitana della città infinita italiana" (M. Ricci, 2011) che permette di ridefinire il sistema urbano nazionale come sistema policentrico e diffuso in cui l' accessibilità però non può essere considerato un fine ultimo da perseguire, ma è una leva utile allo sviluppo della città o del territorio che deve a sua volta saper capitalizzare questa risorsa inserendola nei propri piani di mobilità e di sviluppo economico al fine di creare un'equilibrio dei flussi sul territorio. La nuova geografia urbana tracciata dalla velocità delle nuove connessioni porta ad una rappresentazione spaziale relativa del territorio italiano, come dell'intero territorio europeo se inserito in una visione più ampia, che appare deformata rispetto ad una visione cartografica tradizionale in cui città geograficamente vicine risultano in realtà distanti tra loro in termini di percorrenza, per cui alcuni territori, se interessati da opere infrastrutturali, risultano promossi e altri invece vengono marginalizzati e il compito di generare nuova centralità urbana è affidato ai nuovi nodi ferroviari.

BIBLIOGRAFIA
AAVV, *Infra. Forme insediative e infrastrutture. Atlante,* Marsilio, Venezia, 2009
AAVV, *Le infrastrutture fisiche e telematiche per la città del XXI secolo,* Giannini, Napoli 1995
Boeri S., *Multiplicity USE Uncertain States of Europe*, Skira, Milano, 2002
Cassatella C., *Landscape to be. Passaggio al futuro,* Marsilio, Venezia, 2010
Clementi A., *Infracity. Strategie infrastrutturali,* List, Trento, 2007
Clementi A., *Infrascape. Infrastrutture e paesaggio-Infrastructure and the landscape,* Mandragora, Firenze, 2003
Clementi A., *EcoGeoTown*, LIST, Trento-Barcellona, 2010
Mafioletti S. e Rocchetto S., *Paesaggi delle infrastrutture*, Il poligrafo, Padova, 2005
Pavia R., *Territori e spazi delle infrastrutture,* Maltemi, Ancona, 1998
Pavia R., *Strade paesaggi,* Maltemi, Roma, 2004

HOUSING UPGRADE

KW: SPAZIAL UPDATING, STRUCTURAL UPDATING, ENERGETIC UPDATING

Gianluigi Mondaini, Costantino Carluccio, Claudio Tombolini

Introduzione
Il lavoro che proponiamo suggerisce una strategia basata sulla rigenerazione del patrimonio urbano ed edilizio esistente; si tratta di una tematica centrale ai nostri giorni, basti pensare all'expo 2015 di Milano, il cui tema principale sarà legato alla rigenerazione della città attraverso l'agricoltura urbana, o ancora alla Biennale di Venezia 2012, diretta da David Chipperfield, il cui campo di azione è stato quello del Common Ground, declinato anche nel rapporto tra spazio privato della residenza e spazi comuni generati dall'edificio.
La nostra ricerca si basa sulla fusione tra stati e discipline, tra scale e modalità operative che riusano e riattivano materiali e spazialità esistenti. Un intervento fondato su una logica progettuale interdisciplinare, che muove cioè sia da un punto di vista prettamente architettonico che da uno più specialistico ingegneristico, in grado di affrontare efficacemente i temi tecnologici coinvolti nel ripensamento di un edificio complesso: Spazial Updating; Structural Updating; Energetic Updating; direttrici di azione che prevedono una conoscenza approfondita del materiale esistente, sul quale agire per ibridazione e addizione di dispositivi spaziali e tecnologici in grado di sviluppare nuova vita, bellezza e stimolante identità.

Housing Upgrade
Il nostro sforzo progettuale si concentra in particolare sulla grande mole di edilizia residenziale pubblica realizzata dal dopoguerra alla fine degli anni '80; si tratta di un patrimonio consistente, caratterizzato da una generale omologazione, particolarmente inadatto sia alle esigenze abitative contemporanee sia al controllo dei consumi energetici.
Pur convivendo con le proprie intrinseche debolezze e criticità, questi edifici costituiscono una grande opportunità indissolubilmente legata alla loro potenziale rigenerazione; si propone perciò un cambiamento di paradigma che vada a spezzare la logica espansiva degli ultimi anni, premiando una nuova idea di progresso basata sulla densificazione, sul recupero dell'esistente, sulla riattivazione di processi virtuosi di vicinato, su quello che in sintesi abbiamo definito housing upgrade.
Interventi di retrofit su complessi residenziali esistenti sono già stati sperimentati con successo; la ricerca compositiva di Lacaton & Vassal ad esempio, muove da tempo in questa direzione, intervenendo in maniera non invasiva sull'edificio tramite una strategia dicotomica di addizione/sottrazione, svuotamento/densificazione, riuscendo ad aumentare la qualità spaziale dei singoli alloggi da un lato, e a contenere i costi di lavorazione dall'altro, come nel progetto per un complesso di edilizia residenziale a Trignac (Francia), qui rappresentato.
Un altro esempio di buona pratica è il recupero del complesso popolare di Park Hill, Sheffield (UK), recentemente portato a termine dagli studi Hawkins/Brown e Egret/West: emblematica in questo caso la trasversalità delle singole operazioni di recupero, con attività di consolidamento e risanamento strutturale che hanno allo stesso tempo influenzato le scelte di carattere architettonico e funzionale.
Partendo da queste premesse ed ispirandoci alle buone pratiche già portate a termine, abbiamo testato il nostro processo rigenerativo interdisciplinare su di un complesso abitativo in via Maestri del Lavoro ad Ancona (le immagini di progetto che seguono sono tratte da "Upgrading Public Housing – methods od sustainable retrofitting of public housing built from world war II to the end of 80's", Tesi di dottorato di C.Carluccio, UNIVPM, tutor G.Mondaini).

A - Spatial Updating
Aggiornare un edificio esistente significa, puntare ad un generale innalzamento della qualità spaziale dell'abitare, cercando ove possibile l'ampliamento degli alloggi e la possibilità della loro personalizzazione da parte dell'utenza.
Per raggiungere questo obiettivo sono state messe in campo diverse strategie: innanzitutto è stata rivista l'organizzazione funzionale del complesso, convertendo spazi di servizio e locali inutilizzati a luoghi destinati all'abitare o a servizi collettivi. Successivamente si è pensato allo sviluppo di un diverso modello abitativo, declinato attraverso spazialità più aperte e fluide, ottenute tramite il ripensamento del layout degli appartamenti esistenti da un lato, e con operazioni di addizione dall'altro. Sono state infatti poste in adiacenza alle facciate nuove strutture autoportanti in acciaio; gli spazi generati dalla sovrapposizione di questo telaio all'esistente, rappresentano una immediata estensione dell'alloggio fornendo a ciascun appartamento uno spazio coperto attrezzato con aree verdi. Allo stesso tempo lo scheletro di acciaio funge da vero e proprio sistema di ancoraggio per elementi prefabbricati in legno: nuclei funzionali personalizzabili dall'utente – cucine, bagni, camere, ripostigli - concepiti come elementi temporanei da aggiungere o rimuovere in base alle proprie esigenze.
Se l'apertura delle facciate esistenti e l'aggiunta di nuove superfici abitabili ha provveduto ad aumentare esponenzialmente la relazione diretta di ciascun alloggio con l'esterno, allo stesso tempo si è cercato di migliorare le dinamiche che intercorrono tra l'utente e gli spazi comuni.
La qualità dell'abitare è infatti influenzata anche della presenza di luoghi destinati alla socialità e alla vita comunitaria; sono stati perciò ricavati ad ogni livello del complesso sale comuni e luoghi destinati allo svago e alla socializzazione, ed è stata totalmente ripensata la copertura dell'edificio, trasformandola in uno spazio produttivo di energia ed agro-alimenti,

Architetto dal 1989. Ha collaborato all'attività didattica e di ricerca nelle Facoltà di Architettura di Pescara, di Roma "La Sapienza", dell'Environmental Faculty della Waterloo University e dal 1999 insegna presso la Facoltà di Ingegneria di Ancona, dove è Professore Associato di Composizione Architettonica e presidente del Corso di Laurea di Ingegneria Edile-Architettura. Realizza in varie formazioni diverse architetture, partecipa a concorsi nazionali e internazionali ottenendo premi e segnalazioni. Principali pubblicazioni: Figure Urbane, Firenze 2004; Ri-Composizioni, Roma 2008; Links, Ancona 2009; Microcities, Firenze 2011; Tierra y Agua, Santa Fe, Argentina 2012; Behnisch Architekten, Roma 2012.

Laurea in Ingegneria Edile-Architettura presso l'Università Politecnica delle Marche e Dottore di Ricerca in Composizione Architettonica e Urbana presso la stessa università con tesi: Upgrading Public Housing – Methods of sustainable retrofitting of public housing built from world war II to the end of'80s. Svolge attività professionale dal 2008, dal 2010 è partner dell'ufficio di progettazione B+C Laboratorio di Architettura&Ingegneria, con sede a Termoli (CB).

Dopo un semestre di studi alla Escuela Superior de Arquitectura de Valencia si laurea in Ingegneria Edile-Architettura presso la facoltà di Ingegneria di Ancona , dove è oggi iscritto alla scuola di Dottorato in Scienze dell'Ingegneria. Dal 2011 svolge la libera professione, collaborando con studi italiani ed internazionali, tra cui MCP Arquitectura (Valencia), OFIS (Ljubljana), e SeveriniAssociati.

1- Cfr. la proposta compositiva è suffragata da numerose sperimentazioni e applicazioni in campo ingegneristico – antisismico, tra cui si cita il brevetto internazionale delle "Torri Dissipative" di A. Balducci, Classificazione internazionale ed europea E04H9/02 – concessione italiana n.0001395591.
2- Aldo Rossi, "La città analoga", Lotus n.13, Milano 1976

attraverso la realizzazione di una serie di serre fotovoltaiche e superfici a verde pensile.

B - Structural Updating

Il concetto di "esoscheletro", preso in prestito dalla biomedica e dalla robotica, è utile per spiegare una modalità possibile di adeguamento sismico di un edificio, basata sulla realizzazione di elementi strutturali autoportanti affiancati alla struttura esistente, con l'obiettivo di migliorarne il comportamento sotto l'azione del sisma[1].
Tali strutture, equipaggiate con appositi dispositivi, permettono di dissipare l'energia prodotta dalle azioni sismiche, proteggendo così il fabbricato esistente.
Il caso studio proposto mostra una possibile applicazione di questa soluzione progettuale e allo stesso tempo la implementa e la ibrida, rendendo l'esoscheletro sia dispositivo strutturale che elemento compositivo, funzionale al miglioramento del comportamento energetico e spaziale.
Una di queste strutture è stata installata sul fronte est per una lunghezza pari al fabbricato esistente ed una profondità di 3,00 m, mentre sul fronte ovest sono previste una serie di strutture puntuali affiancate all'edificio, di diversa altezza, che servono solo alcuni degli alloggi, creando dinamicità compositiva e varietà dimensionale nelle unità abitative.
Gli esoscheletri affiancati all'edificio sono realizzati in acciaio con un sistema a telaio; all'interno delle maglie in corrispondenza dei vani scala, sono previsti dei controventi di irrigidimento.
Essi sono poi collegati piano per piano all'edificio esistente mediante pendoli rigidi in prossimità delle campate controventate. La fondazione del telaio è costituita da una platea in cemento armato collegata alla struttura superiore mediante delle cerniere sferiche ed una serie di dispositivi dissipativi (dumper), concentrati alla base dell'esoscheletro. Con questi accorgimenti è stato realizzato un telaio "sismoresistente dissipativo", che mette in sicurezza l'edificio riducendo enormemente i costi rispetto agli interventi di adeguamento tradizionali.

C - Energetic Updating

L'interdisciplinarietà dell'approccio progettuale, ha fatto sì che gran parte degli elementi compositivi recitino un ruolo di primo piano anche nel miglioramento del comportamento energetico dell'edificio. Primo fra tutti l'esoscheletro costituisce una nuova pelle, di fatto una facciata ventilata dotata di cappotto esterno che aumenta il comfort igrometrico interno degli alloggi; sono stati inoltre realizzati patii di ventilazione che favoriscono la circolazione naturale dell'aria anche negli appartamenti monoaffaccio.
La copertura diventa parte integrante del processo di ripensamento dell'edificio: i patii di ventilazione che partendo dall'alto alimentano la circolazione naturale dell'aria nel cuore dell'edificio, le serre fotovoltaiche, gli orti dedicati all'agricoltura urbana, aumentano le capacità isolanti dell'ultimo solaio e rendono il tetto giardino un mini-hub tecnologico destinato alla produzione di energia pulita e di prodotti biocompatibili a

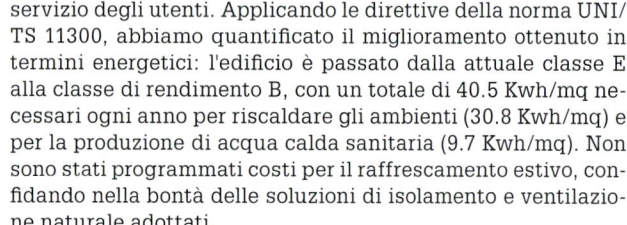

servizio degli utenti. Applicando le direttive della norma UNI/TS 11300, abbiamo quantificato il miglioramento ottenuto in termini energetici: l'edificio è passato dalla attuale classe E alla classe di rendimento B, con un totale di 40.5 Kwh/mq necessari ogni anno per riscaldare gli ambienti (30.8 Kwh/mq) e per la produzione di acqua calda sanitaria (9.7 Kwh/mq). Non sono stati programmati costi per il raffrescamento estivo, confidando nella bontà delle soluzioni di isolamento e ventilazione naturale adottati.

Conclusioni

Basandoci su un approccio multidisciplinare che riavvicini il progetto d'architettura a tutte le discipline coinvolte nel suo processo produttivo, la nostra strategia propone ri-composizioni architettoniche ed urbane meno altere e più processuali prodotte dall'inventivo riutilizzo del già noto, che tendano ad avvicinare maggiormente rispetto al passato, l'azione dell'utente all'organismo edilizio, contribuendo probabilmente a diminuire l'interesse per forme sempre più isolate e autoreferenziali che nulla hanno a che fare con la cultura urbana alla quale tutti noi partecipiamo. Uno schema procedurale che si inserisce nel continuo rinnovamento di forma e significato della città, intesa come "fenomeno urbano, che si risolve volta per volta, accogliendo e sviluppando le proprie contraddizioni, giorno per giorno, direttamente" senza quegli eroismi ideologici che hanno vincolato nel recente passato uno sviluppo concreto e sostenibile del pensiero architettonico nel nostro paese.

BIBLIOGRAFIA

Boeri S. (2011), L'anticittà, Laterza, Roma-Bari
AA.VV. (2011), Dense><rarefied, The plan urban development n.47, Centauro Edizioni Scientifiche, Bologna.
AA.VV. (2007), Innesti – Sovrapposizioni - Estensioni, L'industria delle costruzioni n.396, Edilstampa edizioni, Roma
AA.VV. (2008), Innesti – Sovrapposizioni – Estensioni 2, L'industria delle costruzioni n.403, Edilstampa edizioni, Roma

OPEN SCALES

LA "RI-NATURACTIVAZIONE" ENERGETICA DELLA NUOVA GREEN DIMENSION DEI TERRITORI MEDITERRANEI

Emanuela Nan

2012 Ottiene il Dottore in Architettura con qualifica Europea. Lavora alla Scuola Politecnica di Genova collaborando alla didattica di diversi corsi di Ingegneria, Architettura e Design ed attività culturali e di ricerca sui temi del progetto della città e del territorio.

KW: ENERGIA, RI-NATURACTIVAZIONE, MEDITERRANEO

I nuovi parametri di definizione rispetto a cui, oggi, i territori si riconoscono, articolando configurazioni, non concluse e immutabili, ma, al contrario, variabili ed aperte sono sempre più derivazioni, non del posizionamento delle funzioni, ma dell'interazione e cognizione di soggettività, dati reali e spinte collettive: sociali, culturali, politiche ed economiche…

Il trionfo della dimensione informazionale ha prodotto, così, un dilagare e un continuo ridefinirsi di geografie spesso determinate più dai desideri e le scelte particolari dei fruitori che da strategie e prospettive generali e quindi, per gran parte, legate a mode e tendenze vaghe e momentanee. Tuttavia la rinnovata dimensione di concezione, spaziale e territoriale, dinamica e travalicante, in congiunzione anche all'aggravarsi della diffusa crisi economica e sociale, ha posto l'attenzione su alcune questioni fondamentali, per cui ritrovando, in e rispetto a questi temi regole e rapporti d'insieme, la definizione del e del territorio sembra essersi evoluta da una giustapposizione di parti a un intreccio flessibile d'interdipendenze, fluttuazioni e scambi.

La comprensione e la gestione del territorio o meglio forse dovremmo dire dei paesaggi, considerando la perdita di senso stesso del concetto di territorio, ormai frammentato e disciolto in una moltitudine di scenari e possibilità, alternative o equivalenti, non dipende più tanto, così, dal tracciare mappe e stabilire tempistiche futuribili, quanto dall'individuare e comprendere i cambi di logica rispetto a cui, in risposta alle nuove esigenze e sensibilità, progressivamente mutano, componendosi e intersecandosi i dispositivi che concorrono via via a trasformare e rinnovare quel sistema di scenari, interfacciando permanenze, immanenze, desideri, sogni e necessità.

Una dimensione aumentata e a-scalare, a cui l'idea di territorio è, in questo contesto logico, riconducibile solo nell'accezione di network o rete e in cui le connessioni verticali e trasversali hanno assunto molto più forza e valenza di quelle orizzontali, così che, oggi incide di più una trasformazione puntuale sull'intero sistema che il contrario.

La micro-scala, riscopre e riacquisisce in questo senso la centralità in qualche modo persa e nel trionfo dei localismi l'idea di territorio ritrova, in parte, logica e senso nella definizione, intreccio e correlazione di paesaggi differenti, non sempre reali o presenti, ma comunque riconosciuti, riciclandosi ed arricchendosi di nuove istanze e valenze.

Nella nuova dimensione del territorio-paesaggi ritrova mescolate e sovrascritte, così, nature eterogenee che si distinguono e organizzano non più rispetto a distanze e tempi, ma in relazione alle proprie valenze:

- propulsiva, come generatore di nuovi assetti, configurazioni;
- potenziale, come rafforzativo di situazioni e processi già in atto;
- connettiva, come legante articolatore non solo a livello fisico, ma anche cognitivo;
- sospensiva, come pausa o cuscinetto.

Non si tratta, tuttavia, semplicemente di un cambiamento nel modo di percepire o di decifrare il reale perché, di fatto, questa trasformazione implica un ribaltamento logico di ruolo e di peso dei circuiti e degli scenari rispetto alle reti e alle polarità. È il particolare che vince sul sistema arrivando a determinarlo e ridefinirlo in modo più versatile e funzionale di quanto il sistema riesca a fare sul particolare.

L'energy dream come strategia di revisione, indirizzo e scelta

La questione energetica, in questo senso, non per i cambiamenti formali o funzionali, benché sostanziali, in atto rispetto ai modi di produzione, distribuzione e utilizzo dell'energia, quanto più profondamente in relazione all'idea stessa di energia di e per il territorio.

La crescente attenzione all'ecologia e il diffondersi del desiderio di sostenibilità, infatti, non solo o tanto, per la volontà di rinunciare alle risorse inquinanti in favore di nuove fonti e forme energetiche, ma soprattutto grazie e per alla riscoperta ed esaltazione delle specificità e del valore intrinseco e potenziale di ciascun contesto, spingono a un evoluzione e rinnovo della concezione energetica: da sistemicamente consumistica a organismicamente rinaturactivante, cioè basata non più sulla risposta a mere necessità speculative, ma sulla rilettura di spazi, contesti e sistemi, in una logica di interfaccia costante tra tutte le scale, ed in particolare tra locale e globale, e di ibridazione tra vecchie e nuove tipologie e tecnologie.

L'energia e le sue fonti, in questa nuova prospettiva, non sono più, dunque, da intendersi come un mezzo, un'applicazione genericamente e uniformemente introdotta, prodotta e sfruttata, sui e nei territori, per il loro funzionamento, ma bensì come una valenza, come tale variabile sia per forme che distribuzione, dei territori stessi. La ridefinizione energetica si configura, così, come uno strumento di revisione e critica della pianificazione passata e, al contempo, di proposizione e proiezione per future azioni e interventi di trasformazione.

Rinaturactivazione e ambiti urbani mediterranei

In territori come quelli mediterranei, dove la possibilità di attingere a enormi risorse energetiche rinnovabili e pulite, si trova a confrontarsi con la realtà di contesti secolarmente stratificati e saturi, in cui, forse come in nessun altro luogo, paesaggi e scenari di pregio e valore ambientale e storico si trovano mescolati e intrecciati a situazioni di degrado, disvalore e abbandono, il riassetto energetico costituisce, in questo senso, un'incredibile occasione di ripensamento e rilancio.

Il bacino del mediterraneo, infatti, per la sua posizione geografica e le sue condizioni climatiche risulta particolarmente idoneo ad adattarsi a questa nuova tendenza. Tuttavia benché questo tema sia oggi largamente discusso a livello mondiale le regioni mediterranee sembrano non sfruttare a pieno le proprie potenzialità. Le ragioni di questo gap dipendono dalla condizione stessa di questi territori. Se la sponda sud in particolar modo è bloccata da una situazione economica, sociale e politica ancora in ritardo e spesso instabile, la sponda nord pur disponendo dell' avanzamento tecnologico adeguato si trova a fare i conti con un territorio caratterizzato da un patrimonio largamente costruito, stratificato, diffuso e spesso saturo e con un'economia ancora fortemente legata all' utilizzo delle risorse energetiche tradizionali. Ciò nonostante bisogna ricordare che, secondo il rapporto statistico del 2011 del GSE (Gestore Servizi Energetici), la Spagna e l'Italia sono rispettivamente al secondo e terzo posto a livello europeo per la produzione da fonti di energia rinnovabili (FER). Questa semplice osservazione rivela le reali possibilità della regione mediterranea, che convertendosi pienamente a un rinnovato approccio energetico sostenibile potrebbe diventare a livello globale un'area esemplare per un nuovo modello territoriale, socio-economico e politico. Tuttavia in questo percorso vanno distinte le soluzioni da adottare tra le due regioni sopra individuate per superare i loro rispettivi deficit.

Per la sponda nord si tratta di instaurare nuove logiche di relazione, scambio e di sistema, rispetto alle diverse dimensioni e all'interfaccia tra locale e globale, sempre più verso la così detta "green economy", traguardando il singolo interesse immediato a favore di soluzioni capaci di potare i propri benefici a una scala più ampia sia in termini di spazio che di tempo. (In quest'ottica diventa impensabile per uno stato europeo comprare merce dall'oriente a un prezzo ritenuto più vantaggioso non considerando l'energia utilizzata per il trasporto e imballaggio). Nella regione meridionale, al contrario, non esistendo ancora un sistema di produzione energetica consolidato e diffuso esiste la possibilità di strutturare, da subito, i territori e le reti energetiche in modo sostenibile, ciò che manca sono le adeguate risorse economiche e le conoscenze tecnologiche.

La riorganizzazione ottimale dal punto di vista energetico del Mediterano deve dunque tendere a una collaborazione sinergica delle singole parti per il tutto. In questo senso si impone una vision sempre più democratica in cui il locale riacquista la propria rilevanza. La velocità delle reti e delle connessioni ha reso superati i tradizionali concetti di spazio-tempo, ogni realtà in quanto parte di un sistema può giocare un ruolo di primo piano esprimendo al massimo le proprie potenzialità, condividendo i propri benefici con gli altri ricevendo però in cambio quello di ha bisogno.

La nuova concezione dell'energia come un abito a-scalare e a-perimetrale su misura ridefinisce questo tema, in relazione all'ambito mediterraneo, prima di tutto dunque come un problema sociale e culturale di interazione, scambio e condivisione, in quanto: da un lato, le energie rinnovabili sono di fatto figlie dell'ambiente e, dipendono da esso, non possono essere standardizzate, ma come un abito su misura, vanno di volta in volta tarate, calate e progettate nel contesto di applicazione, dall'altro, le possibilità di applicazione delle tecniche e fruizione delle risorse sono, altresì, legate e condizionate all'avanzamento culturale e tecnico, nonché alla disponibilità economica e alla sensibilità politica delle diverse popolazioni stanziate.

In questo senso lavorare sulla riorganizzazione energetica dei territori mediterranei significa:
- sostituire le vecchie forme di produzione energetica tradizionale con nuove basate su un uso ottimale di ciascun luogo sia rispetto all'uso delle fonti rinnovabili presenti che delle caratteristiche storicamente stratificate;
- sviluppare un nuovo modello di pianificazione rispetto a cui le scelte tecnologiche e tipologiche siano pensate e tarate per funzionare in simbiosi come parti di un unico organismo;
- individuare nuove strategie per la rivitalizzazione del patrimonio esistente individuando soluzioni capaci calarsi nei contesti già costruiti, migliorandone e innovandone l'efficienza, in una parola riciclandoli, salvaguardando da un lato l'immagine delle aree di pregio e dando nuova definizione a quelle degradate;
- definire relazioni e scambi di riequilibrio della rete, alle e tra le diverse scale e distanze, secondo un'ottimizzazione organica e interagente dei territori.

Questi processi mirano e conducono, in un contesto complesso e stratificato come il Mediterraneo, a una ridefinizione radicale non solo dei rapporti tra gli spazi, ma di tutti gli spazi in quanto tali, sia in termini funzionali che concettuali. Ridefiniti a un tempo come produttori e consumatori energetici nel network d'interscambi generali, senza tuttavia che questo significhi annullarne le valenze preesistenti, i diversi contesti si trovano, dunque, ad arricchirsi di nuovi significati e scopi: i centri storici medioevali, per esempio, così come le medine, con la loro grande densità si riconoscono come perfetti accumulatori, mentre gli ambiti naturali infiltrati acquisiscono nuova centralità candidandosi a divenire i nuovi nuclei urbani di produzione energetica.

La *rinaturactivazione* quale strategia di trasformazione e sviluppo applicata ai territori della regione mediterranea si definisce, così, da un lato, forse, come la strada per l'ammodernamento e il rilancio di questi ambiti per troppo tempo o sacrificati a un immobile tutela o distrutti in nome del progresso e, dall'altro, per e rispetto la soluzione di problemi complessi in situazioni multifacettate, come un laboratorio ideale per stabilire e testare indirizzi e tattiche di azione estendibili ed esportabili anche in altre realtà.

Riferimenti bibliografici
M. Gausa (2010) Open. Espacio Tiempo Informaciòn, ACTAR, Barcellona.
R. Vigotti (2011) Energia dal Deserto. I grandi progetti per le rinnovabili nel Mediterraneo, Edizioni Ambiente, Milano.
E. Marchigiani, S. Prestamburgo (2010), Energie rinnovabili e paesaggi. Strategie e progetti per la valorizzazione delle risorse territoriali, Franco Angeli, Milano.

OPEN SCALES

DEGROWTH SOCIETY AND ITS URBAN EFFECTS

Jason Rebillot

KW: DEGROWTH, ECOLOGY, AUTONOMY

While the periodic recurrence of crises in the social, economic, and environmental realms should foreground the need for a fundamental rethinking of our urban trajectory, it seems it has not. Within the urban disciplines in particular, we blindly frame our operations in relation to a persistent intellectual framework undergirded by assumptions of continued growth and capital accumulation. In doing so, we are only engaging half the issue: although we recognize the broad implications of finite natural resources, very little thought is given to questioning the fundamental ambition of *growth itself*. In other words, a vast majority of 'sustainable' responses to urban problems attempt, with varying degrees of success, to deftly mitigate (or negate) the effects of inevitable, further growth- a condition accepted as axiomatic. Rather than seeing growth as the cause of our problems, we see it as an inherent right- and any detrimental effects it produces are simply another set of problems that we then seek to overcome. In this sense, we can understand sustainable urbanism and development as hopelessly coupled with classical modernity in its desire to 'fix' our self-generated crisis through techno-progressive solutions.

By contrast, the recent emergence of 'degrowth' in economic and political discourse seems to hold great potential for re-imagining society, once our faith in the distant horizon of exponential growth has been tempered. Arguing for a downscaling of production and consumption- the contraction of economies- degrowth posits that over-consumption lies at the root of long-term social and environmental issues. The idea symbolizes what economics professor and degrowth advocate Serge Latouche refers to as "a banner that can rally those who have made a radical critique of development, and who want to outline the contours of an alternative project for a post-development politics" (Latouche, 2009, p. 9). Historically, degrowth emerged out of discussions in the field of economic theory in the early 1970's, at the outset of the environmental movement. Its core values represented a particular strain of thought on the relationship between political economy, ecology, and sociology- in particular the negative effects that the first was having on the latter two. Two publications from this time deserve mention for their influences on the idea of degrowth. In response to the perceived crisis, *Blueprint for Survival* (Goldsmith, et al, 1972) suggested a radical program of decentralization and deindustrialization, restructuring the urban field into a diffuse model of ecologically-sensitive settlement patterns consisting of small-scaled, self-sufficient, and self-regulating communities. In an even more extreme position, Romanian economist Nicholas Georgescu-Roegen published *The Entropy Law and the Economic Process* a year prior, effectively laying out the intellectual framework for what is now degrowth thinking. His introduction of the concept of thermodynamic entropy to economic models foregrounded the temporal aspects of energy systems- and even more so, the fundamental, mathematical "impossibility of infinite growth in a finite world" (Latouche, 2009, p. 15). This singular deathblow to the idea of a steady-state society (still present in *Blueprint for Survival*) has greatly informed the essential ambitions of degrowth as an alternative bioethical, biopolitical, and bio-economic paradigm.

At its core, degrowth is an economic theory, rooted in "both culturalist and ecological critiques of economics" (Latouche, 2009, p. 13). It presents a direct challenge to capitalism, modernity, globalization, consumerism, and expansionism, and is opposed to all forms of growth- even so-called sustainable development, which is still predicated on assumptions of growth and reliant on technologies of 'overcoming' to cover its tracks. The sentiments behind degrowth echo those of other critical theories such as post-development and post-colonialism, and are largely geared toward a contraction of economies.[1] Politically, it draws resonance with both the left and the right in different registers, but it is certainly socially and ecologically acute, and whole-heartedly opposed to global flows of capital and the neoliberal economic paradigm. Ultimately, degrowth might be best understood as *apolitical* in the sense that it locates its allies (and its efforts) squarely in the camps of those who distinguish between ecological degradation and economic expansion, regardless of their particular color. Consequently, and as Latouche tells us, although degrowth is above all a political project, it is not served well by electoral politics. Rather, he and others suggest it is most effective as a reformist cultural revolution.

Against this background, this essay seeks to initiate an early conversation on degrowth and its relation to future models of urbanism. The implications that degrowth society would have for urbanism and those who define it are certain to be multitudinous and complex. With the entire professional undercarriage of the urban disciplines in question, the concept of downshifting urbanization presents a dangerous option. The very idea marks a significant rupture from any historical or disciplinary framework that we currently recognize. However, it also goes without saying that an urbanism of degrowth implies a strategic process with evident spatial, scalar, and distributional dimensions- certainly enlisting the agency of design to play a central role. It might even allow design to again discover its natural propensity for speculation and innovation, extracting itself from its current modalities of apology and complicity.[2] Degrowth will obviously present a set of spatial patterns that run contrary to many we are currently observing in an era of rapid, widespread urbanization. Such a scenario would surely disrupt the existing analytical and projective systems of the urban disciplines- necessitating new conceptual and methodological tools, new modes of spatial analysis, and new frameworks- all of them grappling with the emergence of a set of phenomena not seen before; a set that is absolutely counter-intuitive to our way of thinking about urbanism. But despite all these implications, explorations of urbanism and degrowth remain largely uncharted waters, thus far receiving minimal (if any) treatment from within design culture.

Perhaps the most polyvalent dimension of an urbanism of degrowth would be the *cultivation of autonomy*- a wrestling away from the mechanisms of global capital, and the re-establishment of local procedures ('re-localization' being another common theme in degrowth theory, see Latouche, 2009, p. 37). Autonomy is meant here in primarily economic terms, but it also suggests similar attitudes in terms of energy production, agriculture, durable goods, and various other sectors which are typically associated (in a growth society) with models of trade based on import/export, and the inequalities and destructive behavior we already know this model fosters.[3] Urbanistically speaking, autonomy in this sense also suggests a scalar reading that- and much of the literature on degrowth thus far supports this- inscribes clear, non-coincident territorial/juridical bounds. Serge Latouche and others have indicated that these units might be best thought of as 'bioregions' (2009, p. 44), each with their own attendant administrative structures and procedures of governance. His articulation of a "municipality of municipalities" and a "commune of communes" (in reference to the Italian and French administrative units) resonates with the *Blueprint for Survival's* call for a decentralized pattern of small-scaled, self-sufficient, and self-regulating communities (Latouche, 2009, p. 44). The 'new communes' movement in Italy, and the 'slow city' and 'urban village' elsewhere also receive mention by Latouche, and they deserve further study as laboratories for degrowth thinking. Clearly, the idea of autonomy is associated with that of decentralization, and a brief survey of the literature on degrowth shows a consistent belief that territorial decisions ought to be made exclusively at the scale of the territory in question; i.e., discussions about infrastructural improvements that only affect one juridical unit should be made solely by members of that jurisdiction. What this ultimately implies is a drastic decentralization, meant spatially and governmentally- a move away from federalist governmental structures to a drastically more lateral arrangement of territory without nested scales of authority. Autonomy in economic terms of course implies a decoupling from the pervasive culture of competitive profiteering on local, regional, and global scales. Turning away from capital accumulation of any kind, an urbanism of degrowth would see the disappearance of things such as the competitive cities/competitive regions model of development (entirely a product of capitalist logics), most legibly perhaps at the larger of the two scales.

At the risk of stating the obvious, degrowth suggests a number of points of entry for the urban disciplines, and it represents a fertile ground for both scholarly research and speculative, experimental design work. In summary, a brief mention of potential vectors of work for an urbanism of degrowth might include: new models of smaller-scaled communal living, local and self-sufficient agricultural practices, decentralized systems of energy and infrastructure, bioregional territorial organization, logistical operations for locally-derived natural resources, and the reinvention of what Serge Latouche labels the "commons", implying (among other things) new modes of public space (2009, p. 44). As a nascent discourse, degrowth presents us with an open field of possibilities. This brief essay only begins to scratch the surface of the topic; nevertheless, it argues that an urbanism of degrowth represents a viable, tractable, and meaningful project for those interested in exploring social and ecological health over the trappings- and dangers- of global markets.

References
Georgescu-Roegen, Nicholas (1971), *The Entropy Law and the Economic Process*, Harvard University Press, Cambridge, MA
Goldsmith, Edward, et al. (1972), *Blueprint for Survival*, Penguin Books, London, UK
Latouche, Serge (2009), *Farewell to Growth*, Polity Press, Cambridge, UK

---

[1]. *Some have even suggested the deployment of a local, non-convertible currency system (Latouche, 2009).*

[2]. *Following a notable post-critical turn in the late 1990's, it seems that much of urban practice today is apolitically committed to either apologizing (remediating) for past indiscretions, or in full, knowing complicity with consumerist urbanism.*

[3]. *For an excellent account of autonomy and its relation to Italian architectural culture in the 1960's and 70's, see Pier Vittorio Aureli's The Project of Autonomy (MIT Press, 2008); see also a recent issue on the concept of autonomy in the Dutch journal Open (Volume 11, No. 23, 2012).*

OPEN SCALES

Artista digitale giapponese, TokyoGenso

Condominium   Città di concentramento   Città

SITI.GRAFIE DI IMMAGINARI[E] FUTURI

KW: MULTISCALARITÀ, GRAFIE, CITTÀ

Anna Terracciano

Architetto. Laurea con lode nel 2006. Nel suo corso di studi è borsista ERASMUS presso l' ETSAB di Barcellona, partecipa a VILLARD 5 e al CP-Housing di Roma Tre. È attualmente dottoranda in Urbanistica alla Federico II. La sua ricerca investiga modi e forme della visualizzazione progettuale per la città contemporanea. Ha partecipato alla redazione di piani, progetti urbani e numerosi concorsi.

L'esplosione urbana costruisce ovunque paesaggi generici ed equivalenti. Omologa, perché riduce il territorio ad una grammatica elementare di *enclaves* l'una accostata all'altra, condizione che riflette la nostra società in cui l'individualismo dimentica lo spazio collettivo e frammenta territori diversissimi rendendoli tutti uguali (Boeri, 2011). Il cambiamento imprevisto negli stili di vita costruisce nuove geografie e nuove centralità, il continuo riorganizzarsi delle attività, dismissioni, riusi, abbandoni, mescolano di continuo materiali e rapporti consegnandoci una città sotto le sembianze del caos. Da un lato l'architettura e l'ingegneria hanno fornito il vocabolario visivo della riconoscibilità e dell'omologazione rimodellando significative parti di città, dall'altro sacche sempre maggiori di povertà e degrado sono cresciute ai margini dei grattacieli. Ricerca dell'attrattività ed esclusione sono divenute i due volti dell'inarrestabile competitività tra le città. La periferia non è più un concetto geografico che si misura nella sua distanza dal centro (Boeri, 2011), ma *drosscapes* (Berger, 2007) e *brownfields* costruiscono un *arcipelago* (Cacciari, 1997) di spazi ormai incuneati nei tessuti della città consolidata e della dispersione disegnando una imprevista porosità del sistema insediativo. Sono questi i materiali di un sistema aperto da scomporre e ricomporre all'interno di una nuova dimensione della città. **Come?** Forse ricercando un nuovo rapporto tra urbanistica ed architettura che si misuri nella capacità di attraversare le scale all'interno di una tensione positiva che produce idee e progetti; nell'importanza degli spazi aperti e della sintassi che ne regola il disegno come struttura spaziale della città; nella responsabilità che l'urbanistica che si assume di fronte alla questione urbana contemporanea[1]. Il tema è ora quello di dare senso e futuro alla città e ciò implica una modifica dei metodi progettuali che consenta di recuperare la capacità di vedere, prevedere e di controllare. È infatti dalla visione che dobbiamo cominciare. Agire sulle aree intermedie reinterpretando parti malleabili e parti dure tra cui stabilire nuove legature, nuovi punti di aggregazione e una molteplicità di progetti puntuali capaci di sostanziarla (Secchi, 1984). Lavorare implementando le condizioni esistenti senza sostituire un'altra idea di città a quella esistente. Aprire (fisicamente e psicologicamente) la città e le sue *enclaves* restituendole la porosità della città antica (Secchi, 2010). E per farlo dobbiamo lavorare con l'esistente alla costruzione di una nuova identità urbana, affrontando i problemi dell'architettura della città anziché dell'architettura dei singoli edifici. C'è dunque un tipo di situazione urbana che abita tra la realtà delle strutture imponenti e la realtà dei luoghi semiabbandonati, che deve diventare centrale nell'esperienza del progetto contemporaneo. **Quali grafie?** Il processo necessario per catturare questa qualità sfuggente che le città producono per renderla leggibile non è facilmente attuabile ed è ciò che questo lavoro si propone, attraversando esperienze fatte, in contesti differenti, su territori differenti[2]. La complessità degli attuali fenomeni, impone un ripensamento del disegno che sia più aderente allo spazio e ai materiali contemporanei. Una ipotesi questa rafforzata dalla consapevolezza che *la descrizione non svela solo il reale, ma anche immagina* (Secchi, 1988) e che dunque, costruire nuove e aggiornate interpretazioni della città contemporanea *(fig.1)* richieda anche operazioni selettive e di prefigurazione (Gasparrini, 2002). Immagini capaci di restituire una mutata condizione del territorio attraverso nuove categorie di lettura che disegnano *un altro tipo di cartografie, evidenti o latenti e, al loro interno, possibili zone di incrocio, incontro e frizione: nuove mappe, reali e mentali, grazie alle quali favorire nuovi scenari urbani* (Gausa, 2009). Luoghi e materiali disponibili ad essere modificati per costruire un futuro più giusto e possibile *(fig.2)*. Tali mappe vanno oltre la descrizione geografica dello spazio, raccontando il territorio in tutte le sue dimensioni, non solo fisiche. Un primo livello di lettura riconosce la dualità tra morfologia e modi di abitare attraverso figure che rappresentano fenomeni e cose difficilmente conoscibili o comunicabili. Disegni a carattere schematico capaci di imprimersi nell'immaginario collettivo (Gabellini, 1999). Un secondo livello di lettura riconosce la dualità tra forma fisica dello spazio, il suo uso e la sua percezione. La mappa diventa allora un potente strumento non solo di rappresentazione spaziale ma anche di racconto. Si supera il tema della neutralità scientifica e queste carte divengono rappresentazione di un contesto sociale/politico/territoriale. Il linguaggio, i dati, i colori e il segno grafico raccontano il contesto e una storia ulteriore rispetto al primo livello informativo (Lupi, 2012). Il linguaggio della rappresentazione passando dal primo al secondo livello di lettura (che è descrizione, interpretazione ma già ri-scrittura poiché lo sguardo verso l'esistente reca *in nuce* il potenziale del progetto) si muove con differenti gradienti lungo l'asse che va dal realismo all'astrattismo (Gabellini, 1999). **Immaginari[e] futuri?** Occorre poi *redefine our relationship with the city* (Polak, 1961) per costruire un nuovo senso sociale all'attività progettuale tornando a riflettere sulle relazioni tra immagini del futuro e futuro stesso. Lavorare su una struttura che già esiste nelle sue dinamiche ma non ancora come forma fisica (Calafati, 2010). Una costellazione di nodi più o meno densi -tenuti insieme da una rete fitta di relazioni fisiche e immateriali- traccia una possibile struttura *geo-urbana in rete* in cui nuove relazioni tra trame, città esistenti e in formazione, infrastrutture e paesaggi, sono materiali dello spazio sociale. Reti ambientali e infrastrutturali divengono i *network paesaggistici* che si contrappongono ad una condizione frammentaria del territorio e della sua fruizione e la natura diviene la nuova infrastruttura al servizio della città. Intercetta un mosaico denso di spazi aperti capaci di rigenerare i tessuti e dalla

---

1. I temi ambientali (cambiamenti climatici, corretta gestione dell'ambiente, delle acque, dei problemi energetici, etc.) di cui oggi la città si deve occupare anche attraverso dispositivi architettonici e di reti, attraverso strategie di mitigazione e di contrasto al consumo dei suoi territori. Il tema delle disuguaglianze sociali crescenti negli ultimi anni in tutte le grandi città, in cui 'competitività' ed esclusione sono divenute le due facce della stessa medaglia (incrementando la distanza tra i ricchi e i poveri) e che ha trasformato molte parti della città in 'enclaves', zone chiuse da barriere fisiche (autostrade, ferrovie, canali, aree industriali, gli spazi verdi, etc.). Nella consapevolezza che l'architettura e l'urbanistica non eliminano la povertà, ma molto spesso alcuni dispositivi architettonici ed urbanistici fanno sì che sia molto difficile uscirne. Il tema della mobilità come 'accessibilità'. L'ingegneria dei trasporti, che è stata pervasiva dagli anni '60 in poi, ha generato conseguenze disastrose nelle nostre città, costruendo l'idea che per progettare la mobilità bisognava lavorare ad un livello gerarchico alto, dimenticando che la città è e deve essere un corpo poroso, permeabile, dove ognuno si può muovere in ogni direzione seguendo le proprie scelte, smettendo (come hanno fatto gli urbanisti negli ultimi decenni) di voler dettare i comportamenti degli altri cercando di costruire il supporto fisico per le libertà di azione. Cfr. Secchi B. (2010), Metropoli e Piani: Roma-Parigi, Atti della XIII Conferenza Società Italiana degli Urbanisti, Roma.

OPEN SCALES

cui articolazione formale e funzionale dipende la nuova forma della città *(fig.3)*. Suolo, acqua e verde, materiali fondativi ma in grado di dare risposte a domande forti connesse ai cambiamenti climatici, all'accessibilità diffusa e all'inclusività. E i disegni, attraversando le scale del progetto, racconteranno storie e costruiranno visioni *(fig.4)*.

Bibliografia

Monografie
Boeri S. (2011), L'Anticittà, Editori Laterza
Cacciari M. (1997), L'arcipelago, Adelphi,
Calfati G. A. (2010), Economie in cerca di città, Donzelli Editore
Clément G. (2005), Il Manifesto del Terzo Paesaggio, Quodlibet
Gabellini P. (2010), Fare Urbanistica, Carocci
Gasparrini C. (2002) , Prime visioni. Attraverso le scale di piani e progetti, Clean Edizioni, Napoli
Gausa M. (2009), Multi-Barcelona Hyper-Catalunya, Actar, Barcelona
Polak F. (1961), The image of the future, Elsevier, Amsterdam Londra New york
Secchi B. (1984), Il racconto urbanistico, Einaudi, Torino
Viganò P. (2010), I territori dell'urbanistica, Officina Edizioni

Saggi su volume
Lupi G. (2012), Intercettare il futuro, Paesaggi di informazione e narrative del possibile in Tools for Culture: frontiere culturali in Italia, cosa succede, cosa succederà, a cura di Michele Trimarchi e Stefano Monti, Il Mulino, Bologna
Sassen S. (2006), Perchè le città sono importanti, in Città. Architettura e Società, Catalogo della Biennale di Venezia
Secchi B. (2010), Metropoli e Piani: Roma-Parigi, Atti della XIII Conferenza Società Italiana degli Urbanisti, Roma

Articoli su rivista
Gabellini P. (1999), Schizzi e schemi dell'urbanistica, CRU 11/12
Gasparrini C. (2012) Città da riconoscere e reti eco-paesaggistiche, in ECO-LOGICS PPC, n. 25-26, Pescara
Secchi B., Le condizioni sono cambiate, in Casabella: Architettura come modificazione, n° 498/9, Electa periodici, 1984
Secchi B. (1986), Progetto di Suolo, in Casabella, n. 520/521
Secchi B. (1988), Dispersione Normativa, in Urbanistica n°90/1988

Giugliano Re-cycle.net
Il patchwork territoriale

Zurich GlobalCity
Parti di città e stratificazione del tessuto urbano

Napoli WaterCity
Grana dei materiali urbani

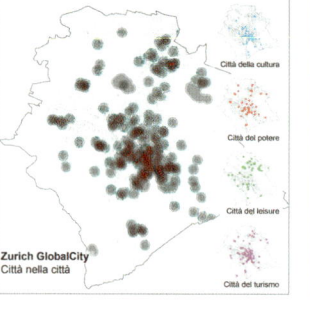
Zurich GlobalCity
Città nella città

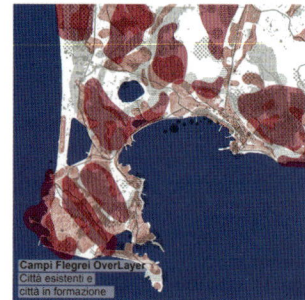
Campi Flegrei OverLayer
Città esistenti e città in formazione

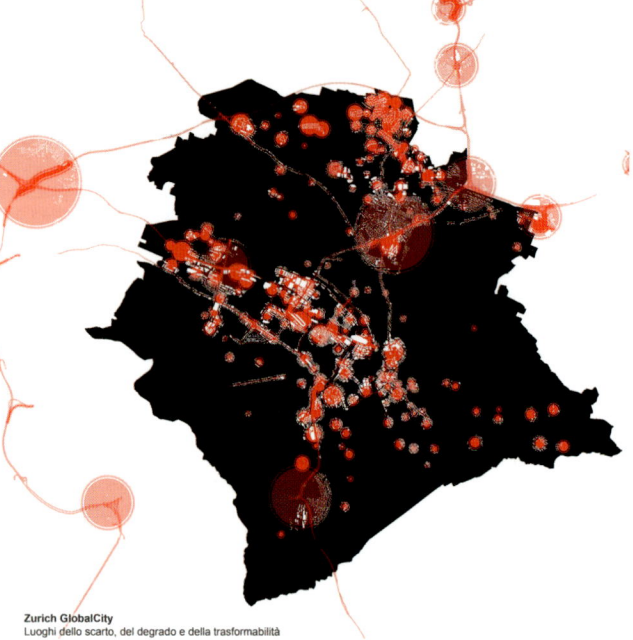
Zurich GlobalCity
Luoghi dello scarto, del degrado e della trasformabilità

Napoli WaterCity
Malleabilità e strategie di costruzione della nuova forma della città

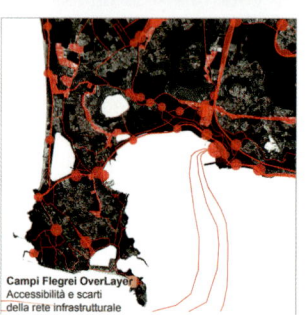
Campi Flegrei OverLayer
Accessibilità e scarti della rete infrastrutturale

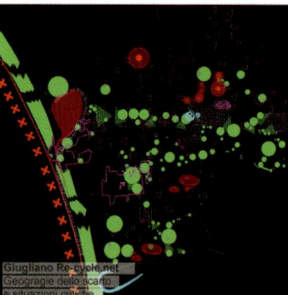
Giugliano Re-cycle.net
Geografie degli scarti e situazioni critiche

Campi Flegrei OverLayer
Paesaggi del rifiuto e della sospensione

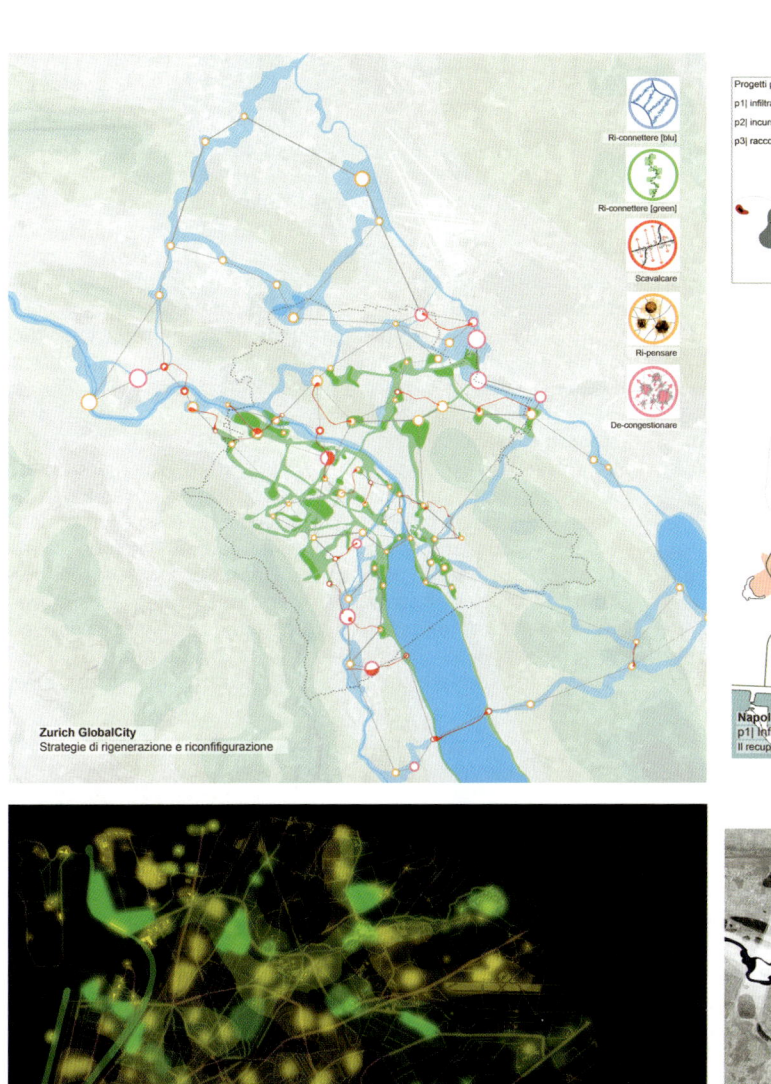
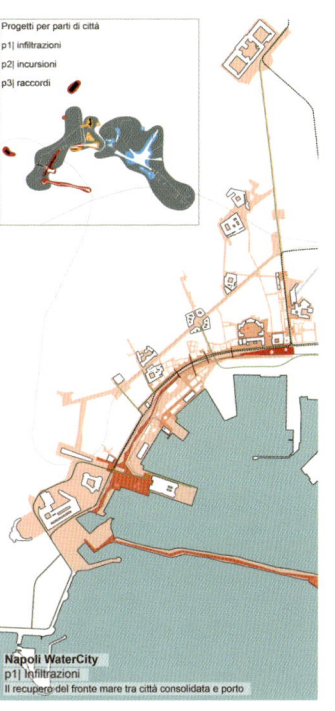
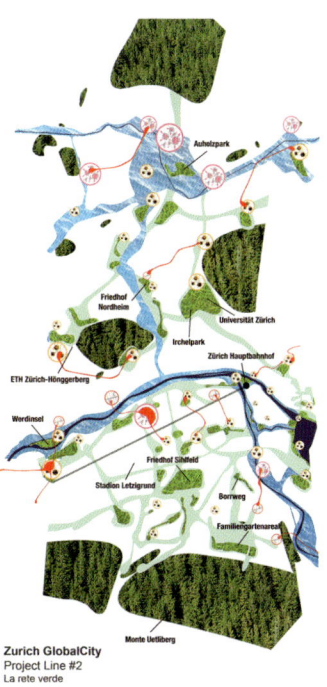

2. *Le immagini presentate a corredo di questo articolo sono state prodotte all'interno delle seguenti esperienze di ricerca:* Cervone M., Miccio A., Senatore A., (2013), Giugliano Re-Cycle. net. Progetti di ri-definizione e ri-significazione. Tesi di Laurea in Urbanistica. Relatore: Carlo Gasparrini, Co-relatore: Anna Terracciano
Sammarco F., Sepe C., Vinaccia D., (2013), Zurich Global City. Nuove Indetità urbane tra reti di territori interconnessi. Tesi di Laurea in Urbanistica. Relatore: Carlo Gasparrini, Co-relatore: Anna Terracciano
Caldarazzo C., (2012), Siviglia CityGalaxy, lavoro prodotto all'interno del ciclo di seminari "Forme e disegni della città contemporanea" a cura di Anna Terracciano, Corso di Laurea in Urbanistica, Dipartimento di Architettura, Università degli studi di Napoli Federico II
Terracciano A., (2012), Campi Flegrei OverLayer. Nuove archeologie per vecchie modernità, Workshop "Paesaggi dell'archeologia, regioni e città' metropolitane", Dottorato di ricerca in progettazione urbana e di urbanistica XXVI ciclo. Dipartimento di Architettura, Università degli studi di Napoli Federico II
Terracciano A., (2011), Napoli WaterCity. Metafore e reti di paesaggio disegnano la città futura, Seminario internazionale e Workshop "Trasformazioni e progetto della città waterfront", Dottorato di ricerca in progettazione urbana e di urbanistica XXVI ciclo. Dipartimento di Architettura, Università degli studi di Napoli Federico II

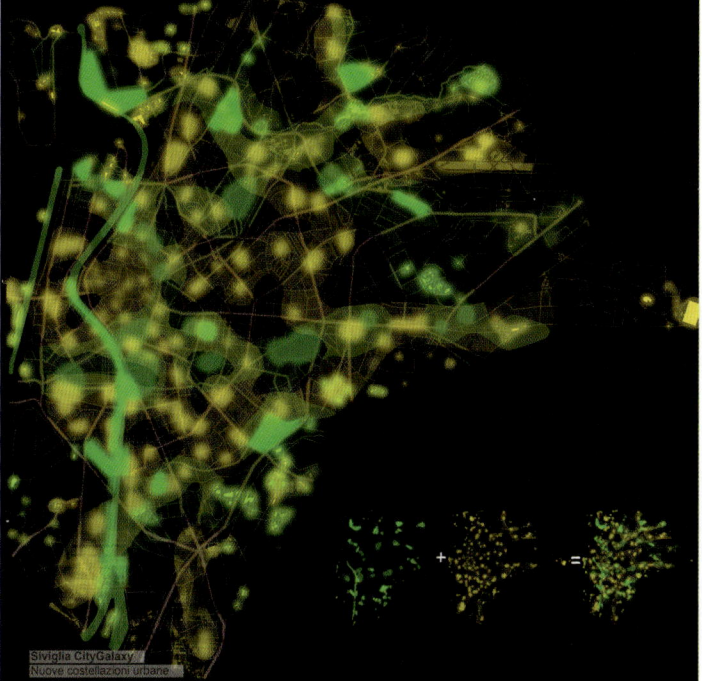
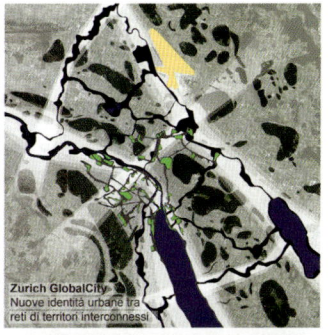
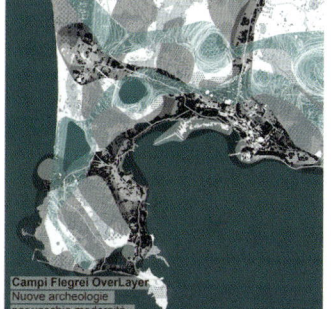
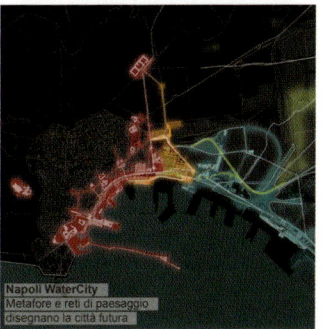
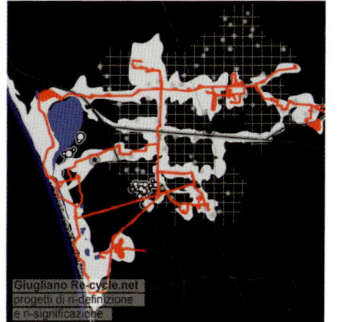

VIVIR EN LA VEGA: A DEVELOPMENT MODEL IN THE PERIURBAN GRANADA COUNTRYSIDE

Paola Zanotto

Paola Zanotto was born in 1985 in Verona, Italy. She master graduated at the IUAV university of Venice with a thesis on new settlement patterns in the countryside of Granada, Spain. Worked as architect assistant in architect offices in Italy from 2010 to 2013. Is a PhD student in the international program Villard d'Honnecourt at the IUAV in Venice. She currently lives in London to continue her doctoral research on the English town planner Jaqueline Tyrwhitt.

KW: PRODUCTIVE TERRITORY, SETTLEMENT PATTERN, COUNTRYSIDE

1. Vivir en la vega

The subject of the thesis project is the development of the Granada urban conurbation in the Genil river valley, in Andalusia, Spain. Starting from the analysis of the historical evolution of the conurbation, with a distinction between the main city and the satellite towns, the aim of the work is to define the relationship between the urban settlements and the geographical context. I studied the relationship between the urban settlements and the geographical context in order to design a new scenario for the future development of the Metropolitan area of Granada. In particular the project focused on the countryside around the city, a cultivated territory called La Vega. This countryside was the thing that merged all the satellite towns of the city into one system, because it was farming that produced food for all the towns since the foundation of the towns. My thesis started from the statement that the satellite towns in the Granada countryside are part of a system that works together with the cultivation pattern. First of all the work looked at the environmental problems affecting the state of the cultivated land, and the imbalance between the satellite towns and the capital city; then the project designed a proposal for a settlement model in order to achieve an unique complex system where all the issues could be included in a comprehensive scenario: a metropolitan area. The issues included population growth, the main road transport infrastructure system, the physical limits of expansion for the Granada capital city, the public leisure and facilities provided in the local centres, the protection of a environmental heritage and the need to value it.

The project aims imply detailed study of the trasformation that human activity made to this landscape, changing it profoundly in many different aspects. It was fundamental to understand, before that, the identity of La Vega: its presence constitutes a part of the city past and has been declared as protected landscape heritage; moreover it is still one of the most productive soils in Europe. My project avoids superimposing further human intervention, instead the approach is more close to restoration, planning solutions for the matters found within the same structure that permitted La Vega to evolve until the present day.

The project highlights an opportunity to get over the current critical state of this territory, that is the result of a bad management between the urban settlements expansion needs and the ecology links that try to protect the cultivated soil without any development perspectives. This current state is unsustainable on various aspects and it still doesn't offer a real well-planned solution. The consumption of the countryside soil caused strikes and protests by students and citizens of Granada, and the topic is still hotly debated. In order to face this conflict of interests, the project tries to change the point of view of the planner: first of all it is necessary to recognize the different systems that already exist in the site, and then use them for planning a new development in harmony between the two main forces. The masterplan is based on a scheme of the present state and the future tendencies of different parts of of the Valley, shaping the new evolution of every part. The work then focuses on single case-study, with the design of an intervention applied on a four-towns subsystem in the middle of La Vega at a more detailed scale.

2. Macro system

The infrastructures and transport system, the geographical context, the long-term relationship between the satellite towns and Granada are the main elements the project deals with. For example the roads that connected the town were located where the soil composition changes, and so coincides with the changes of argriculture. From the analysis the project delineates some territory figures and develops a system: the strategy is to distinguish the main characteristics of every figure and use these to build a structure for the new development.

3. The river

A new path designed on the Genil river banks provide a different way to move in the Vega with a different velocity, coming across all the environmental variations and enjoying all the different landscapes, from the mountain chain of Sierra Nevada through the Granada city center to the olive tree plantations. This linear park is conceived as a whole infrastructure but it can work firstly in independent sections that can be merged in a next phase; little squares offer shelter from the sun and rain for the visitor that would like to take a break. The main goal of this part of the project is not just to create an alternative mobility network, but also to create an opportunity to have a more close perception of La Vega: at present most of the people in Granada observe it from the hills in the arabe neighbourhood of Albaicìn, or from the windows of their houses. At the same time the dry weather and the geographical condition could permit to travel easily along the new path: the river is the first of the macrosystems that can contribute to define the new identity of the Granada Metropolitan Area.

4. The linear cities

Along three infrastructural axis the masterplan project develops the potentialities of the existing railway, that today is used mainly for goods and not for public transport. New extensions of the urban pattern and the collocation of service spaces for sport, leisure, health centers or industrial sites are located close to the railway station in order to make them available for all the citizen of the linear system, in few minutes by train.

5. The atolls

This model is named atoll for the circular configuration of the urbanized space which includes a sort of small "green lagoon", a bolsa country still intact but separated from the great Vega. The masterplan project structures the conurbation with a ring that connects all the different towns of the "atoll" with a public transport system.

5.1 The case study

The case study focuses on one atoll, constituted by ancient rural settlements then expanded as company towns from the 90s: Cullar Vega, Belicena, El Ventorillo, Purchil, Ambroz. The pattern of these towns is almost all composed by residential buildings, without any leisure facilities and services provided for the citizens. The urbanization shape and enclose an area of land that is still cultivated, even if its condition is now different from the open country. The first step is to define and reinforce the circular configuration of the site, working on a loop defined by three existing roads, where the masterplan proposes a public transport service by bus; the project intervention works then through three different actions.

5.1.1 The border treatment

The center of the atoll is constituted by a unoccupied space, that can be cultivated by the farmers and used by the citizen as a leisure park. The distances between the different settlement could be covered in few minutes by bike across the "green lagoon" and less than 30 minutes by walk, so the facilities set in one town are available for all the atoll system, in order to save money, space and improve a sustainable mobility in that area. In order to preserve the park little interventions protect the borders of the urbanization and the internal part of the atoll.

5.1.2 Infiltration: new spaces within the urban pattern

An accurate mapping of the empty spaces, building plots left empty due to the financial crisis and the open spaces, show a strong presence of this kind of little neglected areas. The project connects some of them to the main ring, transforming them, with few temporary interventions, into extensions of the looping main street as public spaces. Some empty plots could be bought by the city council in order to build the public facilities that could serve all the atoll system.

5.1.3 The new extensions

The new residential building is conceived as unitary plates which are arranged within the existing agricultural matrix, attached to the central loop. Instead of designing the models for housing, the project defines a set of rules that the new houses must respect: the number of stores, the typology, the plots are marked by walls that follow the planting system of the olive trees around. The access to the single dwelling is provided by a street in a cluster set, at the center of the plate little playgrounds and spaces available for held little commercial activities, open markets, funfairs, local festivals. That ap-

proach intend to finds the most suitable and flexible policy that could have good effects in an ecologegical and economic way at the same time.

6. Conclusion

The thesis work started from two fundamental questions: can people nowadays live in the Vega? And how it could make it beneficial, sustainable and convenient? The Vega is a land constructed by man and for its redevelopment his presence is essential. The study of settlement models can and should use and exploit this resource area to give quality and value to new environments designed in a logic of mutual enhancement.

7. Post scriptum: a model from the past

In order to support of the project dsign for the future conurbation in the Genil river Valley, an in-depth collateral research was done on a two historical examples that are concerned with planning in countryside contexts: The Pueblos de colonizaciòn in Andalusia. The huge campain of reclaimation done during the Franco's dictatorship included the involvement of all the most popular architects at that time, called to design and create small new settlement for housing the farmers who moved from the poorest regions of the country to cultivate that land. The quality of the space of some of these towns was the result research and cross fertilization between models of the vernacular tradition and the modern theories of urban design, and were a strong reference point for the current transformation study and planning of La Vega.

OPEN SCALES

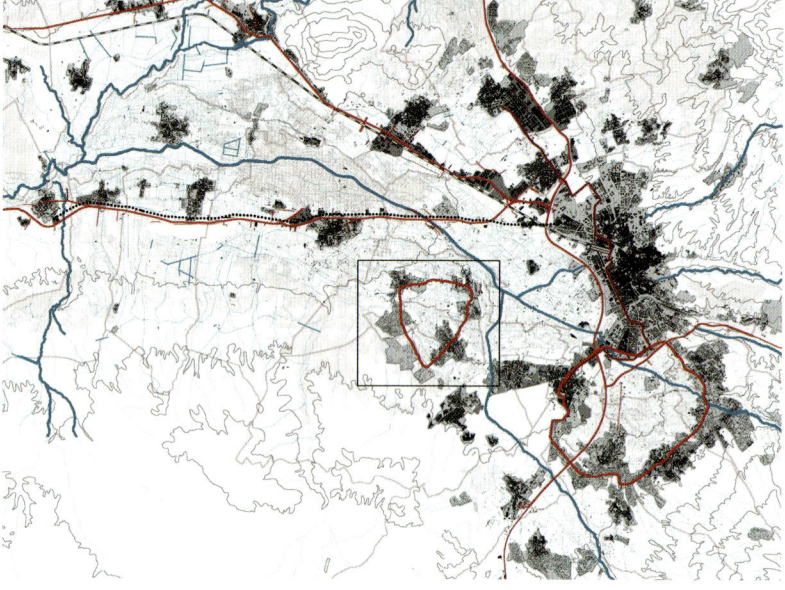

Belicena
1400 abitanti
Purchil
2753 abitanti
Ambroz
608 abitanti
Cullar-Vega
4707 abitanti
El Ventorillo
1550 abitanti

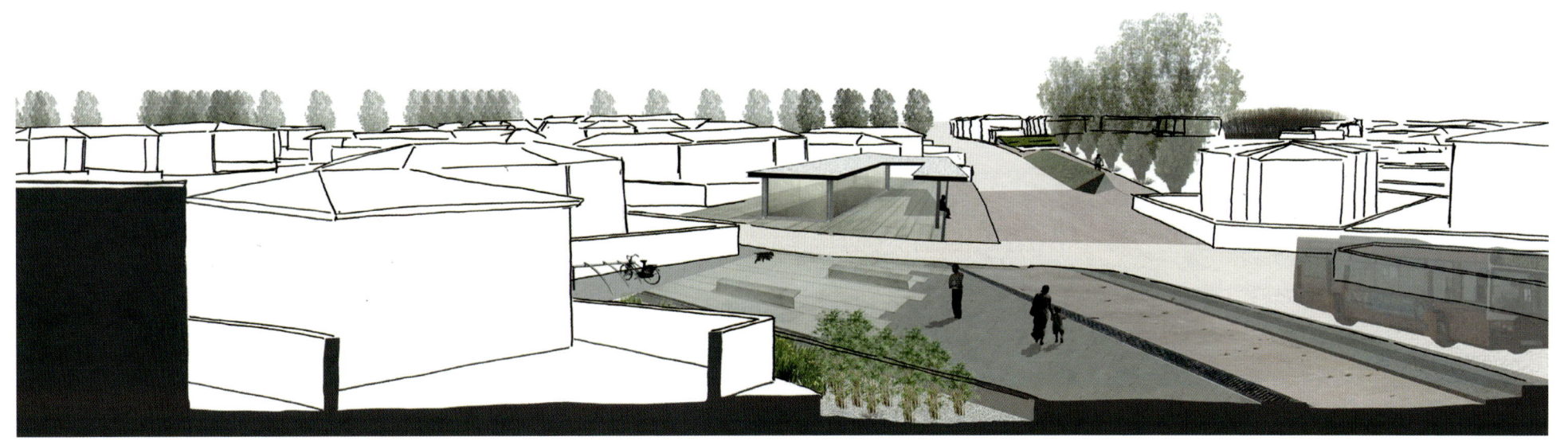

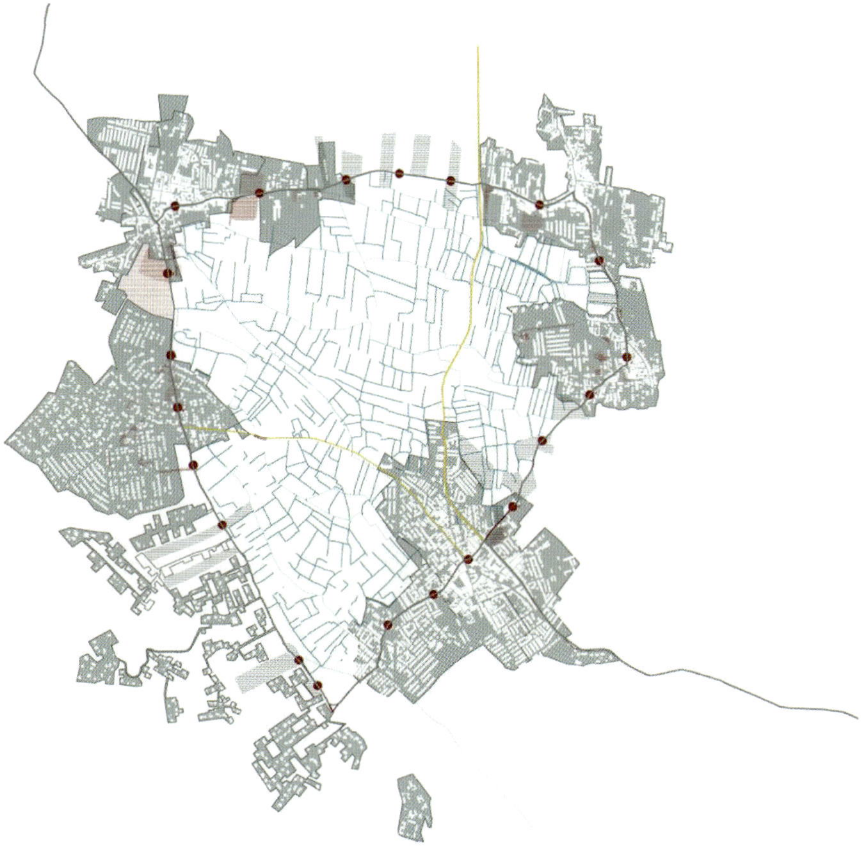

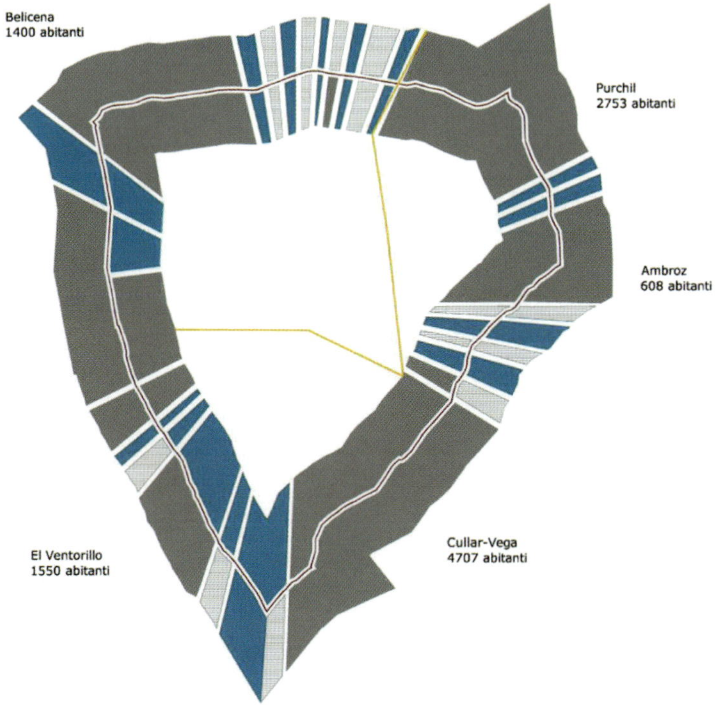

OPEN SPACES — ABSTRACTS

Il progetto dei nuovi paesaggi della dispersione

Libera Amenta

Nella città contemporanea l'urbanizzato continua a crescere in forme diverse, minute, estensive e frammentate che rendono necessario andare oltre le sempre più frequenti tassonomie descrittive delle infinite tipologie di aggregazione urbana e porsi invece il problema dell'interpretazione delle relazioni tra modelli insediativi dispersi, territorio e società, per una possibile riqualificazione della città dispersa (Russo, 2011:115).

Nel paesaggio della dispersione i nuovi insediamenti, spesso privi di qualità architettonica, autocostruiti o abbandonati, contribuiscono alla dissoluzione dei valori paesaggistici e ambientali che storicamente si sono stratificati nel territorio.

Le urbanizzazioni diffuse a bassa densità, costituite da enclave residenziali, complessi produttivi, infrastrutture, spazi agricoli interstiziali, aree commerciali, drosscapes si sovrappongono nei territori intermedi tra città e campagna senza un disegno unitario e rappresentano importanti elementi di criticità per la costruzione di nuovi paesaggi.

Le recenti trasformazioni hanno prodotto periferie urbane dalla scarsa qualità urbanistica e ambientale, paesaggi dell'abiezione urbana (Formato, 2010), conurbazioni che sono uscite dai confini urbani senza divenire apparentemente null'altro. Separazione funzionale e mancanza di efficienti reti di trasporto pubblico generano negli abitanti la dipendenza dall'automobile per la mobilità territoriale con conseguenti impatti socio-culturali e ripercussioni sulla qualità della vita.

Tra le strategie e le politiche antisprawl adottate dai paesi europei volte a contrastare i fenomeni di diffusione urbana e a riqualificare l'esistente, un'importante lezione proviene dall'Olanda, attraverso il Programma Vinex, propone una politica abitativa, avviata negli anni '90, che consiste nella costruzione di nuovi insediamenti come "addizioni" alla città esistente, al fine di ricompattare le aree urbanizzate. L'Olanda, paese caratterizzato da un'alta densità di popolazione in continua crescita e da una forte urbanizzazione, allo scopo di combattere la diffusione urbana negli spazi liberi, ha inaugurato una politica di compact city in cui la natura e le zone verdi hanno il ruolo di compensare lo sviluppo urbano. Il principale obiettivo è l'incremento di mobilità sostenibile attraverso la riduzione del traffico automobilistico prevedendo la localizzazione dei nuovi quartieri in connessione con le principali infrastrutture. Gli strumenti utilizzati dal programma Vinex prevedono la possibilità per il governo di regolare l'uso del suolo, stimolando lo sviluppo di aree già urbanizzate e penalizzando lo sviluppo di territorio ancora rurale. Nella progettazione dei nuovi quartieri vi è una forte attenzione alla qualità del paesaggio come spazio pubblico, risultato della grande varietà architettonica e tipologica delle nuove abitazioni, reinterpretazioni della classica casa a schiera olandese, e dell'equilibrato rapporto tra architettura e paesaggio d'acqua.

Bibliografia
Bianchetti C. (2003), *Abitare la città contemporanea*, Skira, Milano.
Boeijenga J., Mensink J. (2008), *Vinex Atlas*, Rotterdam: 010 Publishers.
Formato E. (2010), *Paesaggi dell'abiezione urbana*, Atti del Convegno "Abitare il futuro", Napoli.
Galle M. M. A., Modderman E. J. E. (1997), *Vinex: National Spatial Planning Policy in the Netherlands during the nineties*, "Netherlands journal of housing and the built environment", Volume 12, Issue 1, pp.9-35.
Russo M. (2011), *Città – Mosaico. Il progetto contemporaneo oltre la settorialità*, CLEAN, Napoli.

Né pubblico, né privato. Lo spazio comune come risposta alla crisi

Chiara Belingardi

La crisi economica iniziata nel 2008 si è andata ad aggiungere ad altre crisi (economica, della rappresentanza, urbana e dello spazio pubblico, ecologica e climatica) che si erano manifestate negli anni, di fatto mettendole in secondo piano (tutte le politiche che vengono attuate hanno come obiettivo principale la risoluzione della crisi economico – finanziaria, anche a costo di peggiorare le altre).

Andare in cerca di soluzioni per tutto questo significa innanzitutto affrontare le crisi da un punto di vista olistico e integrato e cambiare alcuni paradigmi che sono alla base del nostro sistema culturale e sociale. È quanto avviene già da molte parti che tentano di reagire mettendo in discussione (attraverso pratiche e nuovi sistemi di pensiero) le politiche comunali, nazionale e internazionali, dando centralità all'umano, alla diversità, ai legami sociali e all'autorganizzazione e intelligenza collettiva.

Questo si riflette senza dubbio in ambito urbano, dove un assottigliarsi delle politiche pubbliche locali e la messa in discussione sempre più accentuata del diritto alla città hanno generato una risposta "dal basso" che mira alla riconquista e messa in comune dello spazio (inteso come risorsa, che come l'acqua e come l'aria può essere considerata un bene comune), come luogo di organizzazione, socializzazione, manipolazione e auto-rappresentazione.

Questo paper parte dalla messa in discussione del paradigma della dicotomia dello spazio urbano (diviso tra pubblico e privato) per valorizzare l'esistenza di un terzo spazio -quello comune, di comunanza- caratterizzato dall'uso e non dalla proprietà, dall'auto-organizzazione, dall'essere realmente open (non solo in senso fisico, ma soprattutto per quanto riguarda l'accesso e le possibilità di uso e di manipolazione) e dall'essere la risposta concreta degli abitanti all'espropriazione dello spazio urbano. Il secondo paradigma che si intende mettere in discussione è quello della proprietà come sistema di regolazione dello spazio, proponendo la valorizzazione dell'uso e del comune come risposta alla crisi dell'urbano e dello spazio pubblico.

La riparazione della città diffusa

Massimo Carta

La città contemporanea è solo parzialmente costruita: una enorme mole di edifici, infrastrutture, modificazioni antropiche che occupano territori e spazi non finiti. Alcuni di questi spazi conservano un ritmo da ciò che sono stati in precedenza, come alcuni brani di territorio rurale più segnato in passato da modificazioni, adattamenti, bonifiche. Più frequentemente, siamo di fronte alla concretizzazione di un non-progetto pervasivo che si è dilatato enormemente negli spazi aperti, cambiandone il significato, e spesso cancellando la possibilità di fare appello al "prima" anche solo per trovare un senso al progetto del contemporaneo. Oggetti immensi ci interrogano sul prossimo passo da fare: sia che si tratti delle distese di aree produttive e commerciali prefabbricate fortemente infrastrutturate e poco qualificate, sia che si tratti di enormi brani di periferie monche di servizi, o di centri storici svuotati e/o museificati, o di territori rurali abbandonati, sovra sfruttati, banalizzati.

L'architettura e l'urbanistica, i cui progetti hanno potuto creare solo alcuni brani di ordine entro questo cantiere aperto, hanno di fronte a sé il difficile compito di orientarne un completamento che gli dia senso, che ricomponga questa potente serie cumulativa di parti permettendole di funzionare come un ambiente ben costruito. Ciò somiglia al progetto di retrofitting di una macchina costruita male e che non ha mai funzionato, progetto che agisce per aggiunta, sottrazione e rifinitura, lavorando su materiali vivi e prevedendo nuovi elementi solo dove servono a ri-significare quelli esistenti. Questa operazione di riparazione coinvolge tutti i modi dell'abitare e comporta l'integrarsi delle dimensioni dell'urbano e del rurale, in una interazione che permetta ad entrambi di riqualificarsi e trovare senso e forza.

Su questo sfondo la ricerca che si presenta indaga modi di qualificazione del margine dei tessuti urbanizzati ricorrenti nelle porzioni pianeggianti di più denso insediamento della Toscana, in coerenza con le elaborazioni in corso per il nuovo Piano Paesaggistico; ipotizza azioni per l'elevamento della qualità paesaggistica dei tessuti urbanizzati e ne rappresenta alcune configurazioni spaziali avanzando l'ipotesi di nuovi tipi di margine, dove siano esaltate le relazioni con i caratteri morfotipologici e funzionali dei sistemi agroambientali dei paesaggi rurali.

Il tessuto connettivo come supporto alla costruzione di città resilienti. Interventi di trasformazione sulla rete infrastrutturale della città di Parigi.

Giulia Chiummineto

Lo studio dell'ambiente urbano porta a considerare le trasformazioni del paesaggio naturale in cui l'uomo si è insediato e ad analizzare come la natura, inglobata nella città, si sia trasformata per resistere a condizioni artificiali (Gisotti, 2007). Tali considerazioni sono alla base di una riflessione circa l'equilibrio tra sistemi naturali e artificiali e le potenzialità che avrebbe un rafforzamento del sistema ecologico all'interno degli insediamenti. Alla luce di tali osservazioni si individua il tessuto connettivo della città quale ambito di indagine. Tale tessuto è definito come la rete urbana degli spazi aperti del movimento e della sosta. Esso si compone di elementi lineari di connessione (rete stradale per la mobilità veicolare e la mobilità dolce, rete ferroviaria urbana); elementi puntuali (piazze, giardini, parchi urbani); elementi filtro (fasce di protezione dal disturbo, aree di sosta, aree di margine a uso misto). Tale patrimonio instaura una molteplicità di interazioni con l'ambiente urbano e rappresenta un'area di intervento prioritaria per il recupero paesaggistico/naturalistico degli ambiti urbani e periurbani interessati da fenomeni di degrado (Strategia Nazionale per la Biodiversità, 2010). L'indagine ha origine dall'ipotesi che tale tessuto, continuo e diffuso all'interno della matrice urbana, possa assumere caratteri di integrazione tra i sistemi, regolazione dei flussi e resilienza urbana.

L'obiettivo di tale studio è indagare le potenzialità di recupero ambientale del tessuto connettivo nei contesti urbani, attraverso l'analisi di operazioni progettuali di integrazione tra sistemi naturali e artificiali per un riequilibrio sociale ambientale ed economico del sistema urbano.

L'indagine avverrà attraverso la lettura di specifici interventi che attualmente interessano la città di Parigi. Gli ambiti urbani esaminati sono il Boulevard Périphérique e la Petite Ceinture Ferroviaire. Tali aree sono interessate da trasformazioni che tentano una ricucitura del sistema ecologico anche all'interno del paesaggio urbano. Lavorare sull'integrazione di sistemi biotici e abiotici influenza la qualità ambientale, sociale ed economica di una città, definendo nuove modalità di intervento sull'ambito in esame e nuovi paradigmi progettuali che considerano l'ambiente urbano in una prospettiva dinamica e processuale.

OPEN SPACES

Infrastrutture innogenetiche. Spazi catalitici per uno sviluppo urbano sostenibile

Claudia Di Girolamo

Il contributo affronta un tema frequentato abbastanza spesso nella ricerca universitaria, e tuttavia raramente approfondito sotto l'aspetto specifico qui trattato: la capacità delle infrastrutture di produrre innovazione urbana. L'idea di considerare l'infrastruttura come progetto urbano capace presenta molteplici potenzialità di sviluppo nei diversi contesti in cui l'architettura e l'urbanistica sono chiamate ad operare. L'ipotesi sottesa da questa strategia è che le opere pubbliche possano configurarsi come attivatori di contesto, ovvero come motore della trasformazione urbana, coinvolgendo in modo dinamico le aree circostanti e, in particolare, gli interventi privati sollecitati dalla evoluzione del mercato fondiario e immobiliare. Le valenze innogenetiche delle infrastrutture non sono studiate in considerazione dei mutamenti che riguardano i loro caratteri interni, ovvero la spazialità, la tipologia, la funzionalità e i modi d'uso. E neanche in riferimento alle nuove tecnologie digitali che rendono possibile l'avvento di un nuovo mondo di relazioni urbane, grazie al funzionamento smart delle reti tecniche. L'oggetto d'indagine è delimitato, e concerne più precisamente le relazioni che lo spazio delle reti viarie e ferroviarie istituisce con la città, con l'obiettivo di apprendere dai processi virtuosi di propagazione degli effetti positivi, e di generalizzare - per quanto possibile - gli indirizzi progettuali mirati al conseguimento delle innovazioni positive di contesto. Il potenziale potere innogenetico delle infrastrutture viene problematizzato nei confronti delle strumentazioni di piano urbanistico vigenti in Italia, e del loro ruolo nell'incentivare i miglioramenti concomitanti del contesto interessato direttamente dalle infrastrutture in progetto. La proposta è di possibile miglioramento delle pratiche urbanistiche finalizzate al dispiegamento delle innovazioni urbane indotte dalle infrastrutture di nuovo impianto o di riciclo dell'esistente, accompagnandole con alcune riflessioni di metodo sul modo d'impostare una strategia programmatica di Context Sensitive Network Design, finalizzata a indurre processi localizzati d'innovazione urbana. Ripercorrendo le teorizzazioni della prima modernità, quando la fiducia sulle nuove reti di infrastrutturazione urbana era alla base delle proposte di nuovi assetti urbani commisurati alle potenzialità dei nuovi mezzi di trasporto, e tenendo in dovuta considerazione le problematicità di quei programmi che in Italia hanno cercato di collegare direttamente interventi infrastrutturali e trasformazioni urbane, le successive riflessioni hanno spostato il centro tematico in considerazione della maggiore importanza attribuita all'innovazione urbana e in particolare al ruolo delle opere pubbliche come agenti dell'innovazione. A questo scopo è stato possibile mettere a punto alcune categorie interpretative che individuano come rilevanti le innovazioni per così dire di prodotto e le innovazioni di processo, intese come organizzazione dei procedimenti e delle strumentazioni che presiedono alla realizzazione delle infrastrutture. Alla luce della lettura in profili dell'innovazione, si è provato a individuare le condizioni più favorevoli alle esperienze di successo, dimostrando come le innovazioni più incisive provengono spesso dalla convergenza tra le diverse dimensioni dell'innovazione, osservando peraltro che una convergenza totale è rarissima, al punto da essere considerata una prospettiva di lavoro di grande interesse per il futuro. Altrettanto interessanti appaiono le considerazioni sulla necessità di adattare mutuamente i contenuti del piano urbanistico e i progetti urbani costruiti a partire dal ruolo determinante di un'opera infrastrutturale, ciò che apre una promettente possibilità di adeguare le strumentazioni di piano vigenti, effettivamente poco funzionali allo sviluppo delle innovazioni. Ma anche estendere l'attenzione ai temi della sostenibilità ambientale, considerando in particolare le reti della sostenibilità come luogo dell'innovazione oltre la tradizionale concezione delle opere infrastrutturali. Il tema diventa esplorazione dei rapporti tra innovazione e città attraverso il ruolo dell'infrastruttura. Alla luce di queste riflessioni saranno prospettate possibili innovazioni assumendo le infrastrutture come vettori del progetto urbano finalizzato all'integrazione delle diverse strategie in gioco, come spazi catalitici per uno sviluppo urbano sostenibile. Saranno approfonditi i temi delle reti della sostenibilità sotto il profilo della convergenza tra opere per la mobilità sostenibile, per il verde, per l'energia e per gli spazi pubblici, con l'obiettivo di innescare processi di rigenerazione urbana.

Orientare lo shrinkage, progettare nuovi paesaggi ibridi

Enrico Formato

Il tema dello shrinkage urbano può assumere una certa rilevanza anche in Italia dove il sobborgo a bassa densità costituisce una fase dell'urbanizzazione molto recente, separata dai nuclei storici da una sorta di "corona di cemento" (la città moderna dell'espansione del dopoguerra).
Le diverse fasi dell'urbanizzazione moderna, pur se diverse tra loro, costituiscono un unico materiale di riflessione: se la "corona di cemento" si contrae è perché – secondo la tesi di Beauregard (When America became suburban, 2007) – la città/bordo (ovvero la suburbia in espansione) agisce in modo parassitario, sottraendo le risorse al nucleo compatto e consolidato delle città.
In questo processo agiscono in modo concomitante diversi fattori: le politiche fiscali su di un estremo (sarebbe interessante analizzare l'esito delle ultime politiche governative); un diffuso desiderio di naturalità, di nuovi rapporti tra insediamenti e natura dall'altro (una delle ragioni della Città del XX secolo, Secchi, 2005).
La tendenza alla rarefazione e allo svuotamento d'uso del centro compatto delle città sembra condurre i centri cittadini verso una condizione inedita. D'altro canto i modelli di città diffusa, dispersione insediativa e campagna urbana paiono rappresentare solo parzialmente una più generale rivoluzione in corso.
Se l'urbanesimo è in crisi, del resto, affrontare la condizione dispersiva mediante un puro approccio densificativo potrebbe dar luogo ad un metodo non adatto all'intera geografia (post-)urbana in costituzione. Un approccio innovativo esplora invece una sostenibilità ambientale inedita, un'ecologia ibrida che integra edificio e natura, suolo ed impianti, infrastrutture e natura. Una post-città in cui assumono importanza concetti come continuità, missaggio, isotropia, a fronte di una certa "anomalia" (nel senso usato da T. Kuhn) di nozioni come: densità, urbanesimo, gerarchia. Un nuovo metabolismo in cui suolo, spazio pubblico, edificazione e paesaggio diventano elementi di analoga importanza. Dalla cui dialettica potrebbe derivare il carattere di una nuova condizione urbana, sia per la "corona di cemento", sia per la città esterna a bassa densità (accumunate dunque da un comune futuro ibrido). Una città che assume a dato di fatto la carie di Benjamin e l'eterotopia di Foucault.
Nella conformazione di questo spazio l'acqua, il prato, gli alberi si caricano di ruoli tradizionalmente propri dei materiali da costruzione, verso una sorta di sostenibilità attiva che reinterpreta la ricerca moderna sull'asse elio-termico e il giusto irraggiamento solare. Ma che anche può imparare dal brutalismo architettonico (dalla poetica del beton a quella del prato verde o dell'albero), dalla land art (per l'importanza del suolo, la dialettica tra natura ed artificio) e dall'arte minimale (serialità, definizione di pattern). E che, al contempo, riporta al centro della riflessione, pur se fuori dalla prospettiva urbana tradizionale, le ricerche del Team X (De Carlo, Bakema, gli Smithson) sui percorsi complessi, i condensatori di urbanità, gli ibridi funzionali.

The Thick Topography of Athens. An Analysis of Post-Capitalistic Cities in Southern Europe

Cristiano Lippa, Fabiano Micocci

The urban landscape of Athens is characterized by a horizontal multi-layered structure, resulting from a practice of accumulation of architectural interventions. This organization had been determined by the ground and its topography as unavoidable local features of the site, regulating its development and influencing social and political traits. The informal sector and the absence of political intervention have driven an unlimited sprawl and the dominance of private spaces (institutional, commercial and residential) against the creation of collective spaces. The image of Modern Athens has been always dominated by the transitions market and the high cost of land, driving the construction sector as one of the most important in the country. The counterpart is the absence of a political and democratic intervention in the city to great a city for a community instead then a city of individuals. A geographical social and economical imbalance between the city center and the dispersed marginal areas are the actual consequences of the proto-capitalist governance of the territory.

In this situation urban settings become progressively blurred and camouflaged. The actual difficulty of description and comprehension of each specific location leads to the use of topography as a design tool. Topographical approach provides a description of the complexity of reality in a phenomelogical way, and can be used as an operative model for urban design. The ground floor can express geographical and social characteristics, as well as horizontal relations. Through topographical practice the ground floor of a city can be intended as a unity of objects, functions and forces in action. This "thick topography" can become a model of renovated horizontal and democratic environment bringing a natural use of soil and resources, while stimulating the development of local identities and communities.

Today Athens can be considered a wide scale geographical artifact with regional relevance. The ground floor is the level of social relations, urban administration, economical management and collective occupation and is strictly related with the regional skyline and geographical matters. This new hybrid landscape can drive new methods of intervention, requalification and revaluation of actual contested regions.

Ri-Costruire (nuovi) paesaggi. "diagnosi" e "cura"

Andrea Oldani

La conoscenza riguardo ai rischi che sono derivati dall'approccio disinteressato rispetto all'ambiente che ha contraddistinto il nostro operare nei decenni trascorsi, è ormai patrimonio comune e sta conducendo verso la completa maturazione di una nuova sensibilità che necessita però di essere orientata, specialmente nel campo delle discipline del progetto, rispetto alla giusta interpretazione del nesso natura-cultura e conservazione-sviluppo. L'impostarsi di una nuova scala di valori comporta infatti una fase di profonda revisione che se in prima istanza ha teso a "guardare indietro", conducendo alla parziale cristallizzazione su posizioni conservatrici, deve ora virare e "guardare avanti" favorendo una nuova fase, consapevole, di crescita in cui il tema della sostenibilità deve essere declinato all'interno di una serie più ampia di accezioni.

Questo tema assume particolare rilievo rispetto alle questioni che riguardano il paesaggio in quanto è il concetto stesso ad essere messo in discussione in un momento, come quello presente, in cui si intuisce una profonda incertezza relativa alla possibilità dell'esistenza di un paesaggio del futuro.

Il paesaggio, infatti, come stabilisce la Convenzione Europea, è frutto della percezione condivisa, non è un dato stabile, e la sua qualità, dipende da un sistema di valori che devono poter essere percepiti e quindi iscritti nell'attualità. Intendere il paesaggio come un archivio di forme storiche congelate porterebbe alla sua musealizzazione, alla perdita di contatto con la contemporaneità e quindi di senso. Il paesaggio del futuro deve invece esistere, anche rispetto alle previsioni della Convenzione ed attuarsi attraverso la creazione di paesaggi che possano derivare dal ripristino o dalla creazione di nuovi valori riconoscibili, soprattutto entro situazioni di degrado, scarto, abbandono, spesso legate ai contesti delle infrastrutture, la cui determinazione deve essere condotta attraverso operazioni di tipo modificativo, che coinvolgono in vario modo le discipline del progetto.

In questo senso è indispensabile la ridefinizione dei paradigmi e degli strumenti del progetto di architettura in funzione di una sensibilità rinnovata.

La volontà è di considerare ogni trasformazione come parte di un processo sostenibile di "cura" che permetta non solo di riconoscere e conservare i valori esistenti, ma di integrarli attraverso un processo modificativo che permetta di creare nuovi paesaggi. Per fare ciò l'architetto deve essere in grado di produrre una precisa "diagnosi" delle condizioni di "salute" del paesaggio. Questo parte dalla costruzione di mappe descrittive ed interpretative, in grado di riassumere i valori, le forme e le questioni problematiche, strumenti per costruire un processo modificativo attraverso cui interpretare, prefigurare e dar forma ai luoghi.

Lo scopo del contributo che si propone è di indagare gli argomenti teorici brevemente descritti e di concentrarsi sulla descrizione del nesso che esiste tra gli strumenti di descrizione ed interpretazione (diagnosi) e di modificazione (cura).

OPEN SPACES

Un margine di sviluppo. Il sistema degli spazi "in between" come il luogo per una rigenerazione ambientale, sociale ed economica.

Federico Orsini

Influenzata perlopiù da esigenze demografiche (Sinopoli 2004), la crescita urbana incontrollata che ha caratterizzato l'ultimo secolo è una delle cause principali alla base della trasformazione del rapporto città-ambiente naturale. Tale processo ha dato origine a nuovi fenomeni urbani: sono nate nuove forme di insediamento che possono essere perlopiù considerate come agglomerazioni generiche (Koolhaas 2006), città prive di qualità e servizi, espansioni che hanno dato origine a quella città diffusa (Ingersoll 2006) oggi ragionevolmente ritenuta una delle principali cause del consumo delle risorse primarie. La consapevolezza dell'insostenibilità di tale modello ha portato all'individuazione di metodologie d'intervento alternative. Il recupero di aree di margine o aree dismesse all'interno della città, la ridefinizione di un sistema di trasporto pubblico, il recupero dei quartieri residenziali privi di servizi, gli interventi di retrofit sull'esistente sono solo alcune delle politiche messe in atto al fine contenere l'espansione urbana, densificando in maniera più sostenibile (Cretton 2000). All'interno di tali dinamiche gli spazi aperti assumono un ruolo fondamentale per determinare la qualità della città (COSTaction2012): lo spazio pubblico diviene uno dei fattori principali per la costruzione di città più vivibili, in coerenza con gli obiettivi d'incremento di equità e socialità dettati dallo sviluppo sostenibile. Il progetto degli spazi aperti permette anche un riequilibrio tra sistema artificiale e sistema naturale.

Alla luce di questo quadro generale, il presente contributo intende indagare le potenzialità degli spazi aperti come ambiti di rigenerazione urbana. Mutuando la definizione di J. Gehl, si considera lo spazio "in between", ovvero quello spazio sospeso a metà tra l'edificato (privato) ed il sistema delle strade (pubblico), come ambito di una possibile rigenerazione ambientale, sociale ed economica. Tale linea, oggi troppo spesso adibita a mero parcheggio lineare, viene considerata non più limite, ma margine dotato di uno spessore variabile (Clement 2003). In tale spessore ancora indefinito risiede la possibilità della trasformazione.

Definito un quadro generale di problematiche ambientali, sociali ed economiche, il presente lavoro isola il fenomeno specifico dell'isola di calore e le problematiche ad esso collegate. Individuati alcuni esempi di best practices, si prenderanno in considerazione soluzioni tecnologiche afferenti al sistema del paesaggio, quali piantumazioni, pavimentazioni verdi, pavimentazioni fredde, ecc, al fine di definire la potenziale capacità rigenerativa dello spazio in beetween.

Eno-parking riqualificazione delle aree centrali di Custoza di Sommacampagna-VR

L. Carlo Palazzolo

La realizzazione di una strada e di un parcheggio sono l'occasione per riconnettere le due parti di Custoza. L'area coltivata che si insinua tra il nucleo storico e l'insediamento recente è un luogo ricco di memorie risorgimentali, ma è anche il "centro" in cui la comunità si riconosce: qui all'Epifania si accende il brujèl, si svolge la sagra del Vino Bianco, e si inscena il "Sego de la Vecia", con più di quattrocento figuranti che cercano, scoprono, inseguono, catturano ed infine giustiziano – segandola in due – la strega. Il muro di contenimento della nuova strada protegge l'unico frammento di territorio agricolo storico conservatosi dopo la diffusione dei vigneti, e lo trasforma in un "brolo urbano" ritmato da quinte arboree come nella tradizione del paesaggio veneto; una sequenza accompagnata dalla modellazione del suolo. Proprio il lavoro sulla sezione ha permesso di collocare in una posizione centrale rispetto ai servizi pubblici del paese, senza stravolgere il carattere di Custoza, un parcheggio che in occasione di feste, fiere o altre manifestazioni si fa piazza, e che introduce all'area verde. Il passaggio dall'abitato alla campagna è scandito da precise specie arboree: tigli tipicamente urbani, siepi di carpini, mandorli, noci, filari di ciliegi che quando fioriscono fanno riapparire i bianchi battaglioni austriaci… pergole di viti che lambiscono campi dove fioriscono i papaveri. Le quinte arboree mettono in relazione gli elementi notevoli del territorio: recuperando e completando assi e tracciati storici costruiscono una sequenza di inquadrature che da vita ad un nuovo paesaggio. Il carattere "aperto" del progetto ha permesso di adattarlo continuamente alle esigenze emerse di volta in volta. Grazie a una struttura semplice gli elementi funzionali richiesti da amministratori o associazioni si sono trasformati nelle parti di un giardino: il sottopasso pedonale, la pensilina, la fontana, il parcheggio sono diventati la porta, la grotta, il padiglione, il rudere, la piazza… in una costruzione a ritroso dove all'inizio si è data forma ad una rovina, e man mano che crescevano le richieste il progetto si è completato fino a tornare ad uno stato di compiutezza. Il progetto per Custoza ha però acquisito il suo carattere solo quando si è concretizzato in un preciso materiale. Fasce e superfici di pietra di Prun bianca costruiscono un reticolo geometrico, e guidano lo sguardo; ma sono i muri che avvolgono e ritmano lo spazio a conferire un carattere preciso al progetto… e al luogo. La scelta di una "pietra d'artificio" che riutilizza lo spezzato di porfido (uno scarto di produzione), ha permesso di dare vita a superfici "rustiche" che sembrano cristallizzare lo scavo da cui ha origine l'intervento; dello stesso colore di muri a secco e fortificazioni del basso Garda di ciottoli di porfido. Frutto di una tecnologia recente, questo materiale esita tra il colore del terreno e la condizione di rovina e appartiene inequivocabilmente al mondo dei giardini – come i padiglioni di rocaille dei parchi storici. Ma l'effetto più significativo prodotto dall'intervento è la nascita di una associazione di cittadini che a più di sessant'anni dall'ultima rappresentazione ha deciso di rimettere in scena il "Sego de la Vecia". Il grande balcone offerto da via Erta è pronto per accogliere gli spettatori

What policy for the no man's land? Regulatory/fiscal instruments for the sustainable use of land in suburban and marginal areas in the South of Italy[1]

Biagio Perretti, Mariafara Favia, Antonio Gennaro Gatto

The use and impact of alternative policy instruments for the promotion of a sustainable use of land in suburban and marginal areas will be discussed.

Some theoretical models will be used to discuss recent policy proposal and reforms, like that for a regulatory intervention, proposed to limit at national level the use of agricultural land for urban and industrial infrastructures and to promote at the same time restoration and reuse of existing brown fields and abandoned agricultural land. Also, the impact of the reform of the fiscal policy for the property tax (IMU) has been discussed.

The main thesis that will be elaborated is that all policy instruments will be doomed to failure if based on a model of the market for land not sufficiently articulated to take in to account the extreme heterogeneity of the Italian territory.

In fact, the basic economic model behind most of these policy proposals is that of two competing demands for a limited amount of land, on one side the demand for land for agricultural productions, on the other that for constructions, of residential buildings, industrial plants, public infrastructures. According to the most simplified model this competition happens at the "border" of towns.

Based on the analysis of recent demographic and economic trends in the South of Italy, we will try to argue that many suburban areas and marginal territories are better described by other, more realistic models.

First of all we will consider some phenomena that clearly differentiate the dynamic of the land market of these marginal areas from the classical model of the direct competition for land between rural and urban uses:
the abandonment of agricultural land, due to the decline of farmers incomes.
the strong growth of the urban sprawl.
the decline of demand for housing due to the stagnation or decline of demographic trends.
the inefficiency of the market for house renting, that leads specially in rural areas to a demand for "new houses" paradoxically associated to a growing stock of unused houses.
the financial crisis of municipalities and regions, that is leading to the worsening of quality and quantity of services provided specially in marginal areas.

These parallel phenomena are leading to the detachment of the urban boundaries from the agricultural boundaries, leaving in the middle a growing extension of "no man's land" with no significant land market, no urban services and no agricultural production.

Therefore we will discuss possible policy alternatives, tailored to the marginal areas in the South of Italy.

Instruments could be the modulation of the property tax, and of tariffs for public services, and the design of innovative systems of service provision for transport, waste treatment, commerce infrastructures. The strategic objective could be to reduce the "no man's land" surface, promoting a new model of sustainable settlement

1. This paper is one of the outputs of the Research project of National Interest : (PRIN) RE-CYCLE Italy. Nuovi cicli di vita per architetture e infrastrutture della città e del paesaggio (New life cycles for urban architectures , infrastructures and for the landscape.)

Acqua-infrastruttura.

Paola Sabbion

Nel documento conclusivo della Conferenza delle Nazioni Unite Rio +20 si ribadisce che: «l'acqua è al centro dello sviluppo sostenibile poiché legata a una serie di importanti sfide globali». Nel rinnovare gli impegni per quanto riguarda il diritto all'acqua, in tale documento si ribadiscono l'urgenza e la necessità di misure per: la protezione e gestione sostenibile degli ecosistemi; la prevenzione di inondazioni, siccità e scarsità d'acqua; la riduzione di inquinamento e aumento della qualità idrica; l'incremento dell'efficienza e la riduzione di perdite e sprechi del sistema idrico.

Un sistema idrologico sano dovrebbe essere in grado di regolare il tempo di deflusso delle acque meteoriche e di provvedere alla ridistribuzione e ricarica delle falde, e soprattutto dovrebbe avere una buona connettività, intesa come capacità di trasferimento di materia, energia e/o organismi all'interno del ciclo idrologico. Al contrario, nella città moderna spesso i corsi d'acqua sono pesantemente irreggimentati e artificializzati, ridotti a collettori degli scarichi cittadini, concepiti come un sistema unidimensionale, caratterizzato da un estremo impoverimento degli aspetti ecologici. Gli attuali modelli insediativi sono la causa principale di destrutturazione del sistema idrologico, impermeabilizzazione dei suoli urbani, inondazioni, crisi idrica, percezione errata da parte della popolazione dell'acqua come di una risorsa inesauribile. In definitiva, manca una visione dei sistemi d'acqua come di "infrastrutture ecologiche" capaci di offrire servizi ecosistemici essenziali per la conservazione della vita e di provvedere al una molteplicità di funzioni.

È necessario quindi ribadire la necessità di coniugare secondo obiettivi di sostenibilità gli aspetti ambientali ed ecologici legati ai sistemi dell'acqua con quelli connessi alle attività umane (trasporto, produzione di energia, agricoltura), con particolare attenzione alla soluzione di problemi connessi ad una cattiva gestione (alluvioni, scarsità di acqua potabile ed equità sociale), attraverso l'integrazione di approcci diversi, per riconnettere le diverse discipline che si occupano della materia (ecologia, ingegneria, urbanistica e pianificazione territoriale), alla ricerca non soltanto di soluzioni tecnico-ingegneristiche, ma con uno sguardo più ampio rivolto al contesto.

In questo quadro l'obiettivo delle discipline del progetto dovrebbe orientarsi ad individuare azioni volte ad armonizzare le trasformazioni provocate dai processi di sviluppo, attraverso strategie in grado di cogliere la complessità degli aspetti multi-dimensionali sistemici e temporali, integrando funzioni di riciclo e depurazione dell'acqua, recupero di habitat naturali, avvio di nuove economie sostenibili, produzione di energie rinnovabili e fruizione attiva dello spazio pubblico.

OPEN SPACES

Una piazza lineare ai margini del Parco.

Valeria Scavone

Le infrastrutture viarie che caratterizzano l'urbanizzazione di Agrigento - insieme alla conformazione orografica articolata e ai "vincoli" ambientali e antropici - non sembrano garantire "ordine sociale" (Farinelli, 2003). Attorno all'area archeologica si è sviluppata, infatti, una complessa città frammentata e abusiva, totalmente avvolta da infrastrutture di trasporto sovrabbondanti. Tra questi frammenti, Villaggio Mosè - vivace realtà commerciale sviluppatasi "spontaneamente" lungo una Strada Statale a pochi passi dall'area archeologica della Valle dei Templi - costituisce un fenomeno paradossale in quanto interamente "organizzata" per soddisfare le esigenze di chi si sposta utilizzando l'automobile e non garantisce chi vuole esercitare il "diritto di muoversi liberamente" (Cecchini, Talu, 2011)
Il contesto richiede interventi risolutivi, non solo in termini di standard urbanistici (come proposto dal nuovo PRG), nell'intento di migliorare la "qualità della vita nelle città" (UE, Comunicazione n.60, 2004, 29). Questa dipende, infatti, fortemente dall'efficacia del sistema di mobilità: forme diversificate di mobilità permettono di ridurre congestione e inquinamento, di aumentare la sicurezza di automobilisti, ciclisti e pedoni, di risparmiare su tempi e costi degli spostamenti. Tale riqualificazione urbana è da intendersi soprattutto in termini di riscoperta dello "spazio pubblico", quale obiettivo irrinunciabile per fare diventare anche questa parte della città luogo "vivibile" e non solo "carrabile". Richiamando la "calma nell'azione" che caratterizza il "grande uomo d'azione" (Nietzsche, 1878) e Illich quando afferma che "relazioni sociali produttive" si possono avere solo "alla velocità di una bicicletta" (1973), il progetto mira a "rallentare" la fruizione di questo paesaggio urbano che diviene 'da attraversare', non più 'di attraversamento'. Il recupero della dimensione slow, ricorda esperimenti urbanistici di ritorno alla lentezza delle 150 città nel Cittaslow International Network.
L'intervento proposto a Villaggio Mosè agisce su due scale: da un lato attribuisce alla strada statale, asse portante dell'insediamento, dignità di "strada urbana" mediante una sostanziale modifica alla mobilità del contesto urbano; dall'altro - a piccola scala - opera sull'ampia sezione stradale con la progettazione di una "piazza lineare" attrezzata con piste ciclabili, alberature, ampi spazi di aggregazione. La scelta di adoperare il modello rambla, stravolge l'attuale concezione dello spazio pubblico, inesistente, per renderlo espressione più diretta della partecipazione alla "vita cittadina" (La Cecla, 2008), rilanciando la sua capacità di essere luogo di aggregazione sociale, migliorando la sicurezza di chi vi si reca, armonizzando le istanze urbanistiche con quelle produttivo-commerciali.

Area 24
Mobilità Sostenibilità Responsabilità

Claudia Tombini, Daniela De Filippis

Il livello di insostenibilità ambientale, economica e sociale dell'attuale sistema di mobilità urbana, ancora incentrato sull'automobile, impone un cambiamento di rotta radicale. Inoltre l'automobile è da tempo una schiavitù: il traffico, parte integrante della vita urbana, condiziona le nostre abitudini sottraendo tempo a relazioni sociali e affetti, causando stress e nuocendo alla salute con incidenti e inquinamento. Bisogna allora salvaguardare il diritto ad una mobilità più sicura, equa e sostenibile, ispirata al concetto di "bene comune": nuovi paradigmi devono sostituire quelli in crisi. Londra ha già aperto la strada con il pedaggio d'ingresso in città per tutte le auto; Parigi ha innovato con "Vélib", il parco-biciclette da affittare, sistema poi copiato nel mondo intero; Pechino ha costruito sei linee di metrò nuove per le Olimpiadi; e Roma?
La sostenibilità è lo sviluppo che risponde ai bisogni delle generazioni attuali senza pregiudicare il soddisfacimento di quelle future. A lungo termine la sostenibilità forte sarà l'unica strategia in grado di assicurare alle attività umane ed economiche di poter continuare ad esistere.
Preso atto di tutto questo proponiamo una ricerca a carattere sperimentale che esplora l'area interna al quadrante est di Roma che, tra la via Tiburtina e la via Prenestina, caratterizza l'intero settore urbano grazie alla presenza dell'autostrada A24 anche detta "strada dei parchi". Percorso rapido di ingresso alla città, di cui ne evidenzia la struttura radiale, l'A24 rappresenta una situazione eccezionale per la città di Roma restando ancora oggi testimone di disordine urbano e stratificazioni non risolte. Zone dal carattere agricolo si alternano infatti alla città pianificata, aree industriali e terziarie a quella spontanea, paesaggi rurali a infrastrutture come quella della linea ferroviaria dell'alta velocità. Accesso per chi arriva, margine per chi ci vive e vuoto per la città, l'"Area24", così come noi la chiamiamo, fa della diversità esistente il suo punto di partenza per una visione futura.
Se la Cristoforo Colombo rimane ancora l'unica grande arteria moderna di ingresso alla città, l'A24 può esserne definita la contemporanea?
Tra i più durevoli segni di trasformazione del centro storico si colloca la sua stessa molteplicità d'uso; può questa diventare una potenzialità anche per aree periferiche come "Area 24"?
Immaginando un ipotetico prossimo disuso dell'autostrada, e conseguenti nuove multifunzionalità, il progetto di "Area24" rivendica la necessità di tornare a progettare tempi lunghi, sviluppi durevoli e grandi ambizioni, capaci di accrescere il pensiero critico e la responsabilità sociale.
"Area 24" diventa allora, per noi in quanto architetti e non solo, l'occasione di affidare finalmente la questione della sostenibilità alla scala urbana e ad una sua interezza ambientale, economica, istituzionale e sociale.

Design possibilities for the redevelopment of Rotterdam Central District – towards Urban Ecology in the transformation of the high speed station area

Manuela Triggianese

Within the next forty years, two-thirds of the world's population will be living in cities. The study of urban ecology carries increasing importance because of the growth of population, that is predicted to reach 9 billion by 2050, as well as the rapid growth of resource consumption associated with migration to urban areas[1].

Then the proliferation of high-speed infrastructure has contributed to an explosion in the size of the urban environment and to the creation of a vast quantity of left-over spaces, which have not been incorporated into the traditional urban design formulas. Railways, separated junctions, viaducts etc, configure a great proportion of our landscape, which is nowadays considered the backyard of our cities and still today awaits a critical consideration within the management and design of urban landscape.

In the area surrounding Rotterdam Central station a large scale program of multiple functions determines future visions, without any idea of how this is supposed to develop over the next twenty years. The vacant spaces left in the margins of the high speed station represent the creative force for a renewed image of the city. Design connectivity and avoid fragmentation with open spaces (principles of ecological design[2]), create places for pedestrian walkways, bikeways, and recreation and they are the alternative design solutions in Rotterdam Central District. Main examples are the design initiatives for the transformation of Hofbogen viaduct, the first electric railway line in the Netherlands now replaced by the RandstadRail that runs from Rotterdam Central to The Hague, and the project Test site Rotterdam.

Reinventing urban projects in Rotterdam and searching for a new credibility for Architecture and Planning after the financial crisis of 2008 is the purpose of the 4th International Architecture Biennale Rotterdam (IABR) Maakbaarheid. Crimson Architectural Historians present alternative "design possibilities" via "reference concepts", where the site is no longer designated, instead, the design potential of the open spaces are explored. The upper deck of the abandoned Hofbogen viaduct is transformed into a new public and collective space, turning the train line from a barrier into a connective element; the High Line in New York and Promenade Plantée in Paris are the references.

Test Site Rotterdam[3] project includes alternative design in the immediate surroundings of the central station, such as the Roof Gardens, Park Pompenburg and an elevated walkway (the Luchtsingel). It runs until 2014, up to the 6th IABR "URBAN by NATURE" that will concentrate on the sustainability and the urban ecology of Rotterdam Central District as well as the vital corridor connecting this area with Rotterdam North. The curator Dirk Sijmons argues, "looking at the city through the lens of landscape architecture allows us a clear view of the situation. There is just one course of action available to us: if we are to resolve the world's ecological problems we first need to resolve the problems facing our cities."[4]

1. The United Nations, World Urbanization Prospects: The 2007 Revision, United Nations Publication, http://www.un.org/esa/population/publications/wup2007/2007WUP_Highlights_web.pdf, (26 February 2008).
2. Williams D.E. (2007) Sustainable Design: Ecology, Architecture, and Planning. Wiley & Son. New Jersey.
3. Test Site Rotterdam is a project by the 5th International Architecture Biennale Rotterdam (IABR) and the architecture office ZUS – Zones Urbaines Sensible based in Rotterdam city.
4. interview to Dirk Sijmons in Dirk Sijmons to curate International Architecture Biennale Rotterdam. De Zeen on-line magazine, 23 June 2012.

Lo spazio aperto nella città in estensione: nuovi dispositivi regolatori

Francesca Bruni, Giovanni Zucchi

"Possiamo dunque affermare che ogni territorio abitato di ampiezza sufficiente, prima o poi si trasformerà in una città in estensione, integrando le due parti che sempre la compongono: quella formata da nuclei edilizi più o meno grandi, ma non grandissimi, e l'altra formata dalla campagna agricola, che include questi nuclei e le case isolate che vi sono sparse"
(G.Samonà, La città in estensione, in « Spazio e società», n. 2, ottobre 1975, pag. 81)

Il modello di "città in estensione" prefigurato da Samonà, individua un rapporto inedito tra città e campagna, integrate nel ricoprire un analogo ruolo strutturante nel dare forma alla città.
A tale possibilità di sviluppo non è però corrisposta una crescita adeguata né tanto meno la campagna ha assunto un ruolo determinante nella nuova condizione insediativa. Si è determinato invece un fenomeno di diffusione urbana pulviscolare che ha prodotto diverse densità, prevalenza del vuoto sul pieno e spazi aperti scarsamente progettati, residuali e senza identità.
La tesi che si sostiene è che la dimensione insediativa si debba fondere con quella agricola e che gli strumenti ed i modelli di crescita vadano ricercati nell'assegnare una nuova centralità al progetto dello spazio aperto, come veicolo per rafforzare le identità locali attraverso una nuova cultura dell'abitare.
Il territorio agricolo, con il suo carattere di reversibilità, dinamicità e variabilità, si presta ad essere investito da un sistema aperto di urbanizzazione, un dispositivo territoriale flessibile e non deterministico, che sperimenti un nuovo rapporto tra architettura ed agricoltura mediante nuove tipologie dell'abitare in relazione all'uso produttivo del suolo.
Le linee di ricerca che si legano a questo tema interessano ambiti diversi: la densità, come giusta misura della città diffusa; il ruolo degli spazi aperti come principale materiale della trasformazione urbana contemporanea; lo spazio agrario come ambito multifunzionale ed identitario degli insediamenti; lo studio di nuove tipologie dell'abitare come matrice compositiva della città in estensione.
Queste tematiche trovano un'applicazione specifica nel caso studio del Vallo di Diano a Salerno, approfondito nell'ambito della ricerca Prin 2009 "Le forme della città in estensione. Caratteri e metodologie di intervento nel territorio campano", responsabile scientifico unità operativa di Napoli prof. F. Rispoli. Caso particolare di "città in estensione" per la sua vocazione agricola, l'area del Vallo si caratterizza come ambito di una proposta di Parco Agricolo come sistema aperto, strutturato secondo una "logica di estensione" data dal disegno dei campi, e da una "logica di condensazione" attraverso il dispositivo del filamento entro cui si compongono spazi collettivi, produttivi e abitativi. Il modello agrourbano proposto prefigura modalità aggregative ed un ordine possibile dello spazio aperto secondo un processo di "densificazione strategica", come canovaccio interpretativo dei luoghi.

OPEN SYSTEMS

Urban & Housing Identity: Quali sono gli spazi che si posso riattivare. Come si può fare, e in quali casi ha senso ed è giusto farlo?

Jacopo Avenoso, Matteo Zallio

La riattivazione dell'identità Urbana è diventata una tematica ricorrente nel campo del Design territoriale, tanto da porlo spesso come obiettivo delle politiche urbane. Parallelamente all'Urban Reactivation si sviluppa un ambito complementare all'interno dell'Housing Design, riferito alla rifunzionalizzazione del patrimonio residenziale costruito. Entrambi i campi che viaggiano su scale differenti, assumono una rilevante importanza nella ricerca scientifica, nei dibattiti e nelle politiche socio-urbane.! Il primo approccio si rifà ad un linguaggio innovativo, che adotta sia trasformazioni estremamente veloci, per lo più legate a grandi interventi pubblici o a grandi operazioni immobiliari e finanziarie, sia a trasformazioni che determinano un radicale cambiamento non solo nell'aspetto urbanistico-architettonico, ma anche sociale e culturale. Il fenomeno della riattivazione urbana come sostiene anche M. Carta, Full Professor all'università di Palermo, nel libro "Creative Cities", non è solo un progetto, ma è anche un impegno per l'azione, un'alternativa che rompe lo schema statico di alcuni sistemi di pensiero a vantaggio di una fluidità di idee e di risorse. È una possibilità "per attivare le risorse della creatività urbana, di mettere in valore la cultura, stimolare la comunicazione e incentivare la cooperazione". La riattivazione degli spazi urbani deve nascere dalle intersezioni tra il Design, l'Architettura, l'Urbanistica, la Public Art e l'Urban Intervention. Nel secondo approccio riferito all'Housing, sono presenti numerose tecnologie per innovare radicalmente le abitazioni integrandole con ICT e "Smart Grids", le quali dovranno nel futuro più prossimo interfacciarsi efficacemente con l'ecosistema urbano. "Proprio quando ci sarà più tecnologia dappertutto, la nostra vita migliorerà e solo allora avremo più tempo per fare quello che di più naturale ci piace fare: incontrarci, camminare, avere relazioni", è il pensiero di C. Ratti, direttore dell'MIT di Boston, il quale attraverso il paradigma della "Senseable City" sostiene che l'utilizzo della tecnologia integrata su varie scale porterà a notevoli miglioramenti nella fruizione dell'ambiente costruito. Lo scopo è quello di esprimere richieste intuitive della gente, invenzioni che possono creare nuove visioni nei confronti di tutti quegli spazi indefiniti, ma ancora presenti all'interno di alcuni quartieri del tessuto urbano, o all'interno delle realtà domestiche. L'obiettivo è portare la gente a incontrarsi e a socializzare senza costrizioni interagendo con gli operatori delle amministrazioni ed i creative-designer, sviluppando nuove tattiche progettuali capaci di riattivare spazi degradati, e di riadattare alle nuove esigenze della popolazione in continuo mutamento gli spazi abitativi all'interno della città del XXI Secolo.

Sistemi di conoscenza, prevensione e patrimonializzazione: strategie per il social housing a Pompei

Fabio Converti

Il presente lavoro di ricerca fa riferimento, in particolare, anche a due aspetti apparentemente antitetici, ma semplicemente da troppo tempo in contrapposizione "ideologica" e "dialogica": città e periferia, rappresentati emblematicamente dal centro storico e dalle aree metropolitane.
La conoscenza del contesto urbano della città di Pompei è di notevole importanza anche perché ricadente all'interno di un'area ad elevato rischio sismico. Quindi la conoscenza del capitale architettonico, storico-culturale, umano e sociale che lo compone, e la successiva individuazione dei relativi valori materiali ed immateriali, è la base per qualsiasi processo di conoscenza, pianificazione e modificazione.
L'obiettivo principale della pianificazione delle realtà urbane europee è quello di coniugare la sicurezza del patrimonio edilizio con l'esigenza di sviluppo misurato.
La tutela, non solo dei singoli beni ma dell'intero tessuto urbano, ha come fine ultimo quello di preservare l'identità del contesto urbano, mentre lo sviluppo, non solo economico, dovrebbe essere finalizzato al raggiungimento di alti livelli di benessere sociale e quindi di qualità della vita.
Tale dicotomia tra tutela e sviluppo può essere risolta tramite strategie di conoscenza e conservazione integrata. Con questi obiettivi è stato sviluppato un progetto finalizzato alla configurazione di una metodologia integrata per la gestione del processo conoscitivo, catalogativo e, infine, di recupero del patrimonio edilizio, il quale, mediante l'utilizzazione di nuove tecnologie, che permettono di strutturare ambienti di "sintesi delle conoscenze".
Il tema del social housing in relazione al riuso del patrimonio immobiliare ai fini sociali si integra perfettamente all'interno delle più ampie strategie di conservazione integrata per i centri storici delle città europee.
La struttura delle città storiche, l'aggregazione degli edifici di antico impianto e la configurazione degli spazi, incoraggiano un equilibrato sviluppo della società offrendo luoghi adatti alla promozione di molteplici attività e funzioni, tra cui anche quella abitativa, coniugando e garantendo un'integrazione/partecipazione più ampia delle popolazioni, evitando forme di divisione sociale.

Food Urbanism Models and Methods. Prototipi ed esperimenti di Agricoltura per contesti urbani contemporanei

Carmela Coviello

L'obiettivo della ricerca Food Urbanism (Programma NPR65 promosso dalla Swiss National Science Foundation) congiuntamente al Dottorato Internazionale in Architecture and Urban Phenomenology del DiCEM di Matera si pone come obiettivo quello di indagare possibili modelli non site-specific a diverse scale (dal cucchiaio alla città) insieme con la definizione di linee guida e progetti pilota per le città di Roma, Matera e Losanna. Il fenomeno dell'Agricoltura Urbana (UA) in Italia deve affrontare numerose sfide nel suo percorso verso lo sviluppo. La gente è scettica e critica su molte questioni: la sicurezza alimentare, l'impegno, la qualità del cibo. Numerosi inoltre gli ostacoli legislativi a impedire l'accesso alle terre pubbliche, in primis l'art.66 del decreto-legge n.1 del 24 gennaio 2012 (Legge di Stabilità) che prevede la vendita dei terreni agricoli demaniali. Nonostante le oggettive difficoltà che impediscono il radicarsi di tale pratica a una scala nazionale sistematizzata e riconosciuta, i movimenti che sorgono intorno all'agricoltura urbana sono giovani, innovativi e, seppure non s'impongono con una forza tale da poter cambiare le forme e le economie della città, cercano sempre più frequentemente un dialogo con le amministrazioni locali per istituzionalizzare e riconoscere il movimento quale risorsa sociale ed economica ecosostenibile. Negli ultimi anni un movimento fiorente è emerso allo scopo di reintegrare l'agricoltura nella vita della città. C'è attualmente un entusiasmo diffuso, comune tra i progettisti per il concetto di agricoltura urbana che introduce un'altra visionaria utopia: tetti verdi e viadotti stradali in disuso convertiti in pascolo, sterili facciate di grattacieli del secolo scorso trasformate in lussureggianti fattorie verticali. Queste e altre reali difficoltà minacciano di distruggere queste visioni ecotopiche per cui i progettisti tutti sul piano urbanistico come su quello architettonico sono chiamati a inventare modelli e metodi in grado di ripensare la relazione tra l'agricoltura e la città. L'obiettivo è quindi quello di poter collaborare alla sistematizzazione dei contenuti e alla progettazione di prototipi non-site specific che possano essere di supporto al costituirsi di spazi verdi produttivi all'interno del contesto urbano, utilizzando parametri di riferimento spaziali (scala, accesso, elementi architettonici, contesto urbano) sociali (obiettivi sociali, sicurezza, obiettivi ecosostenibili) agronomici (tecniche colturali, possibilità produttive) economici (costi d'impianto, costi in corso d'opera, obiettivi economici). In particolare un esperimento in questo senso è stato condotto nella città di Matera con la realizzazione di un prototipo idroponico urbano in scala 1:1. L'idroponica è una tecnica colturale che utilizza l'acqua come mezzo di sostentamento e crescita delle piante con l'aggiunta dei nutrienti necessari. Idroponia in Aulide risulta essere un esperimento scientifico, un prototipo agricolo urbano, architettonico e sociale.

Behind the scenes of the augmented design process: sustainable development and heritage

Giovanni De Paoli, Nada El-Khoury

The objective of this paper is to present the results of our inter-university research (Lebanese American University and University of Montreal) on the issue of design process in the context of sustainable development.
It is argued that in this case, the design process is not only a graphic gesture, but also a human reality and the architect and the designer must have an absolutely multidisciplinary and transversal role; this role is conceivable by using the virtual space created by information and communication technologies (ICTs) to reinterpret the design process as a dynamic augmented activity.
Naturally this "augmented design" process dimension must consider architecture as "an architectural design space wherein the human and the design space are clearly regarded as a whole."
So it is not a proposition for a paradigm shift, but rather a change of the parametric role of the design process that modifies the relationship between areas of expertise and the role of architecture and design as disciplines.
By referring to these premises we present a case study of two cities: "Beirut and Montréal: Two cities, two perspectives, same challenges : Heritage and Sustainable Development."
The objective of this research is to present a complimentary, rather than comparative, panorama between two different cities of varied pasts that are moving in the same direction. It also seeks to consider heritage as a model for sustainable development, whereby its appreciation contributes to the well-being of the city's citizens that we call ecocity or smart city.
Therefore what are, and what should be the factors to be considered in order to guarantee the development towards a smart city?
The development challenges of Beirut and Montreal highlights the objectives of both cities: to create a link between heritage conservation, which considers the built environment and its functions, and sustainable development.
In fragile urban environments such as Beirut and Montreal, heritage must be considered as an inheritance to be at once preserved and encouraged to thrive. The city is at once a material and immaterial space which benefits from a global vision. The smart city is then the result of a balance, ever unstable, between the built environment and human requirements that alter over time.
This balance is possible, but we need to change the format model of design process and build a virtual-web-human space to create a new augmented city space.
These reflections have the capacity to pave the way for a reinterpretation of heritage conservation as a dynamic augmented activity based on virtual space and viewing sustainable development as a contribution to growth of smart cities and develop a panorama between different cities of varied pasts that consider heritage as a model for sustainable development.

OPEN SYSTEMS

Web – GIS user – friendly: condivisione e progetto di una nuova immagine di territorio

Elena Giannola

Nell'era di internet e del Web 2.0 l'immagine spaziale ha subito trasformazioni notevoli. La diffusione di mappe informatizzate e di web – GIS user – friendly ha consentito lo sviluppo di un modo alternativo ed assolutamente informale di interpretare il territorio.

Il concetto secondo cui per l'uomo "esiste" solo ciò che per lui ha un significato è emerso in modo estremamente evidente: la compresenza di diversi strati, di città parallele ciascuna originata dall'esperienza e dal vissuto di determinate categorie di users, è materializzata sul supporto informatico attraverso la costruzione di mappe personalizzate, che prevedono collegamenti (links) tra determinati elementi, ignorandone altri.

L'immaginazione relativa ad un luogo specifico ne determina una nuova veste, una diversa forma, una rinnovata identità: quest'ultima, rivelandosi complessa e frammentata, rispecchia la percezione che i cittadini stessi hanno del territorio in cui vivono (Lynch, 1960; Lefebvre, 1968). Il potere performativo della mappa (Harley, 2001), teorizzato da numerosi studiosi nel campo della geografia e dell'urbanistica, oggi acquista un significato diverso. Esprimendo l'immagine che gli abitanti hanno dei luoghi vissuti, esso infatti può contribuire a gestire la complessità e ad indirizzare le scelte in termini di pianificazione territoriale, promuovendo la creatività, la coesione sociale, il raggiungimento di un adeguato livello di qualità di vita (Rossi, Vanolo, 2010).

La condivisione del progetto di territorio è dunque garanzia minima di successo in un momento di crisi della disciplina e di crisi culturale in senso ampio, anche e soprattutto nell'ottica dell'individuazione di una smart politic per una smart city (Poletti, 2001).

Per raggiungere questo obiettivo appare necessario operare attraverso un approccio WIKI (What I Know Is), includendo il contributo di amministratori, tecnici e cittadini, valorizzando i "saperi non esperti" ed instaurando processi partecipativi che possano avvalersi dei nuovi strumenti.

Il dibattito disciplinare in merito a tali questioni risulta quindi indispensabile per un utilizzo sempre più consapevole e democratico dei nuovi strumenti.

Bibliografia
Harley B., 2001, "Decostruire una mappa", in C. Minca (a cura di), Introduzione alla geografia postmoderna, CEDAM, pp. 237 – 258;
Lefebvre H., 1968, Le droit à la ville, Anthropos, Paris;
Lynch K., 1960, The image of the city, Massachussets Institute of Technology and the President and Fellows of Harvard College;
Poletti A., 2001, GIS, metodi e strumenti per il nuovo governo della città e del territorio, Maggioli Editore, Rimini;
Rossi U., Vanolo A., 2010, Geografia politica urbana, Bari, Laterza.

Smart cities mediterranee. Punti di forza e punti di debolezza

Silvana Kuhtz, Giovanna Mangialardi, Teresa Pagnelli

Spesso si usa il termine smart city per riferirsi ad un modello urbano di città ideale ripensata in chiave tecnologica, sostenibile, innovativa, competitiva in cui la disponibilità di informazioni, la facilità di comunicazione e mobilità semplifichino e migliorino la qualità della vita dei suoi cittadini.

Il tema è ostico e spesso non trova il consenso tra i pianificatori e gli urbanisti tradizionali perché visto come processo astratto e futuribile, decontestualizzato e non partecipativo. E' importante dunque, porre attenzione alla contestualizzazione della pianificazione strategica a supporto delle azioni di una Smart City, allo studio "intelligente" di ogni strategia, dove per intelligente si intende l'attenzione alle politiche locali, ed alle esigenze economiche e sociali dei luoghi.

Ma tutti i casi di smart city rispettano questi principi? Siamo sempre in presenza di piani strategici attenti al contesto o spesso sono calati dall'alto senza il consenso cittadino o comunque di difficile diffusione? Per rispondere a questo interrogativo si dovrebbero analizzare diversi contesti di smart city mediterranei, e mettere in luce i punti di forza delle azioni intraprese e radicate sul territorio e i punti di debolezza, evidenziando le azioni che difficilmente troveranno applicazione e diffusione in un determinato contesto e in una determinata comunità previa l'educazione e la formazione a tale azione. Si vuole quindi ribaltare il punto di vista: valutare non se le azioni intraprese hanno successo nel contesto locale di analisi, ma al contrario capire le necessità del luogo e intraprendere solo le iniziative realmente fattibili.

In particolare risulta utile guardare i cambiamenti in atto nelle nuove candidate smart cities dell'area Mediterranea, tra cui Istanbul che è riuscita a cambiare il suo volto grazie ad azioni virtuose di riqualificazione e ridisegno urbano, tenendo come punto centrale per il suo rinnovamento la sua forte caratterizzazione identitaria, a confronto con le azioni intraprese da Barcellona, e le difficoltà che invece riscontra una comunità, come quella di Bari, che ha difficoltà ad accettare uno stile di vita smart e tecnologica.

Insurgent Cartography

Fabio Lucchesi, Matteo Massarelli, Massimo Tofanelli

Many things have changed because of the Big Crisis which had a start in 2008.
In large part of the western society, some concepts had almost been forgotten in the last decades: poverty and needs, feelings of insecurity and uncertainty about the future, etc.; on the contrary, they have recently hit a large number of people. Therefore, it is evident that the consumerist society is in crisis, impoverished, and facing a radical renewal. Economic and social changes are erasing some previous certainties, which are presently perceived as ephemeral. Meanwhile, other certainties appear, defining a new ethic and social dimension.
The 2012 Censis report says that Italians reacted to the crisis with retrenchment, saving, postponement: 42% of them renounced to travel, 2,7 millions cultivate vegetables for family- and self-consumption, 11 millions prepare food at home.
A new social landscape is the result of these dramatic changes: the world is changing and the way it could be described is changing too. A new kind of places is needed: places where people could meet, exchange their views, share their knowledges and skills. Therefore, a representation of the new world, city, and society is more and more urgent: a representation able to respond to new demands, claims, and needs.
Cartography has always been the favored instrument to represent, to explore, to transform the physical world. Geographic maps were originally in paper: they were instruments of overcoming and conquering. On the contrary, presently they are digital and accessible to anybody at every moment thanks to mobile devices. Therefore, people are more and more connected and spatially oriented.
New cartographies are often made by the grassroots and are more and more digitalized and shared in order to connect and coordinate people: in web-based cartographies, people find energies and resources to create relations and collaborations, to participate themselves, and to modify reality with innovative, experimental practices. New self-made representations help the search for solutions, knowledges and skills. Moreover, they depict a city which is particularly active, even if invisible, made up for example of innumerable associations of bicycle repairers, community gardens, places where food and clothes are distributed and shared, guerrilla gardening places, homeless shelters, etc.
The paper aims at describing the new cartographies deriving from the present-day situation. These cartographies are different from traditional and institutional ones. Indeed, in general, they lack of hierarchy and institutional control, and are built by non-experts, common people. Summing up, "friendship seems [...] to hold cities together" (Aristotle). This seems particularly true in the present-day city, where new relations emerge every day, as a result of evolving economic and social bases.

Urbanistica Parametrica: una nuova frontiera delle Smart Cities

Paolo Fusero, Lorenzo Massimiano, Arturo Tedeschi, Sara Lepidi

Il fenomeno Smart Cities si sta imponendo, nell'opinione pubblica e nelle politiche internazionali, come risposta innovativa per aumentare l'efficienza delle città del futuro: incrementarne le prestazioni diminuendone i consumi. La mole di dati e di rilevazioni in tempo reale che le nuove tecnologie ci mettono a disposizione per studiare i fenomeni urbani (mobile phone, videocamere, reti di sensori, navigatori satellitari, centraline digitali, GIS, WiFi, etc.) fatica a trovare riscontro in un utilizzo sistematico e finalizzato da parte di architetti e urbanisti, quasi come se le innovazioni ICT fossero più veloci della nostra capacità di saperle utilizzare.
In questo scenario una frontiera di ricerca può essere rappresentata dall'utilizzo nella progettazione urbanistica di software parametrici, ovvero di strumenti in grado di generare la forma come risultato di processi logici adattivi, a partire dall'elaborazione di dati selezionati. Attraverso l'utilizzo di piattaforme parametriche, il progetto non rappresenta una risposta univoca ad un insieme prestabilito di condizioni, ma diventa un modello dinamico in grado di adattarsi rapidamente agli input del progettista.
Obiettivo del paper è quello di delineare un possibile percorso di ricerca che applichi le tecniche e le metodologie parametriche in campo urbanistico, non solo per simulare alla scala urbanistica quanto si sta cominciando a fare nel campo architettonico e del design, ma per coadiuvare il planner e le pubbliche amministrazioni nel processo di decision making per la formazione di strumenti urbanistici.
Cosa significa adottare un modello parametrico in campo urbanistico? Quali contributi possono essere dati ai processi decisionali di governo del territorio? In che modo ciò può contribuire alla realizzazione di Smart Cities?
Queste domande indicano il percorso di ricerca sull'Urbanistica Parametrica che ci accingiamo ad intraprendere. Siamo naturalmente ben consapevoli delle difficoltà che ci attendono a cominciare da quelle puramente tecniche, come lo sviluppo di piattaforme digitali idonee ai nostri scopi, oppure l'accesso agli Open Data, quasi mai realmente pubblici, o anche la diffidenza, dovuta in gran parte al gap tecnologico, di una parte (piccola per fortuna) della comunità scientifica legata a procedure e tecniche più tradizionali.
È nostra convinzione che questo percorso possa diventare fertile, soprattutto se riuscirà a mantenere viva la dialettica tra le qualità dei contesti urbani e quelle che possono derivare dall'utilizzo di modelli parametrici. Senza timori preconcetti nell'avventurarsi su campi di sperimentazioni inconsueti, e senza neppure avallare aseticamente derive "algoritmiche" che potrebbero far perdere di vista gli obiettivi fondativi della nostra disciplina. Semplicemente cercando di utilizzare al meglio le enormi potenzialità che le tecnologie ci mettono oggi a disposizione per governare i processi di trasformazione delle città e dei territori del futuro.

OPEN SYSTEMS

SMART per una nuova definizione delle città intelligenti nell'ambito delle politiche europee verso il 2020

Maira Luna Nobile

A fronte di una nuova domanda di architettura legata al contesto di crisi economica attuale le città si trovano sempre più spesso di fronte all'incapacità delle amministrazioni pubbliche di affrontare quelli che sono i problemi quotidiani di un contesto sempre più complesso e difficile. In Europa intanto si pensa a quali possibili nuove indicazioni per il periodo futuro di finanziamenti 2014-2020, la strategia denominata Europa 2020 punta essenzialmente alle nuove tecnologie, ai cambiamenti climatici, alla sostenibilità ambientali da attuarsi anche attraverso le strategie innovative, in particolar modo puntando sull'approccio integrato degli interventi e sulla necessità di uno sviluppo a tre dimensioni, senza dimenticare che le città sono fatte dai cittadini. L'attenzione quindi alle pratiche di rigenerazione urbana con una maggiore attenzione alle pratiche di inclusione sociale, all'energia, all'innovazione, alla coesione sociale e alla comunicazione, apre la strada a quelle che sono tematiche già discusse nell'ultimo periodo.
In particolare con lo strumento denominato Horizon 2020 si sta discutendo attualmente degli orientamenti della futura ricerca in Europa, puntando soprattutto sullo sviluppo delle nuove tecnologie e della ricerca a sevizio delle PMI, ma anche alla sicurezza ambientale, ai cambiamenti demografici, all'agricoltura sostenibile e ai trasporti ecologici, efficienti ed integrati. In una parola la città intelligente, per una società innovativa, inclusiva e sicura.
Con il termine Smart Cities1 si introduce una tematica ampia, tale termine tiene insieme una complessità legata alla attuale condizione che guarda ad un futuro in cui l'accessibilità, diventa parte integrante di quella ricerca della qualità di cui le città oggi necessitano. Inevitabile un confronto tra progetto urbano infrastrutture, mobilità e nuove tecnologie.
Il termine Smart Cities solo negli ultimi tempi è stato associato all'ambito delle discipline strettamente urbane, in primo luogo si indica con questo termine l'abilità di una città a voler educare i propri cittadini ad un approccio più vicino alle nuove tecnologie, in modo da rendere più "facile" la vita dei singoli e delle collettività che abitano le nostre città. I campi da cui la disciplina prende vita sono essenzialmente legati all'economia e al lavoro, e in particolare al campo dell'ICT (Information and Communication Technologies). Si intende riflettere sul significato di Smart Cities e sulle diverse accezioni che questo termine può avere in base alle ampie tematiche che affronta (accessibilità, infrastrutture, mobilità, sviluppo dei sistemi informatici, inclusione sociale, nuovi strumenti di comunicazione, accoglienza, turismo, energia) e con particolare riguardo ai campi di applicazione nei diversi contesti europei: città come Napoli, Copenhagen, Helsinki, quale futuro e quali strumenti sono stati messi in campo? In che modo le Aministrazioni locali hanno puntato sulla costruzione di un bene comune in vista di un miglioramento della qualità della vita? Quali strumenti il progetto urbano ha messo in campo? Quali interventi previsti? Le città europee comprendono contesti molto diversi per cui è quasi impossibile a volte parlare di trasferimento di buone pratiche, o di applicazione di casi di studio. E' necessario un confronto più legato ai caratteri proprio di ogni contesto, delle leggi nazionali e regionali che le regolano, delle realtà politiche che li accolgono. Il progetto urbano ha un ruolo, quello indicare le possibili strategie adatte ad ogni contesto, di mettere in luce le peculiarità, ma lavorando a stretto contatto con le altre discipline.

1. Si fa riferimento allo studio condotto all'interno del progetto *Smart Cities. Ranking of European medium-sized cities*, portato avanti nell'ambito del 7°programma quadro dall'Università di Delft, Vienna e Ljubljana.

Riuso urbano intelligente: design e spazio comune.

Silvia Pericu

Nuove identità open source
Nell'attuale periodo di forte riduzione delle risorse economiche, le città sono chiamate ad ideare e attuare una profondo ripensamento del proprio territorio attraverso processi di rigenerazione urbana e riattivazione dello sviluppo urbano basato su di una nuova e più forte coesione sociale capace di apportare nuove energie (Imbesi, 2011). Riattivare le città, veri e propri attori competitivi (Carta, 2007), significa compiere una profonda riflessione sulla loro identità, la cui definizione coinvolge spazi di ricerca che si aprono naturalmente ad approcci multidisciplinari innovativi, che interpretino il cambiamento sociale, per rappresentare e narrare adeguatamente i luoghi della vita e le dinamiche che in essi si svolgono. In questo senso l'accessibilità e il valore d'uso dello spazio comune della città rappresentano un punto chiave nel dibattito contemporaneo, in quanto componenti irrinunciabili per la definizione di una qualità urbana quale motore di sviluppo sostenibile ed elementi di attrattività di un contesto urbano.

Attivismo e design
Il design, grazie alla natura multidisciplinare e con la progressiva affermazione di ambiti di ricerca legati ad una visione strategica del progetto, ha costruito nella sua recente storia un approccio alle problematiche della riattivazione e alla valorizzazione dei contesti urbani e territoriali, capace di connettere tra loro livelli e ambiti diversi di varie discipline, di apportare innovazione sia tecnologica che sociale, e di attivare processi di co-progettazione condivisa con abitanti e territorio, grazie alla propria capacità di mettere mano a prodotti, tecnologie, immagini, informazioni, segni, dispositivi e sistemi di comunicazione, che costituiscono l'universo artificiale nel quale l'uomo cittadino è totalmente immerso (Branzi, 2006).

Operatività
Mettere in gioco dimensioni profonde nell'interazione delle persone con i luoghi significa ricorrere a nuovi linguaggi capaci di affrontare aspetti semantici e culturali in rapporto con la storia e le tradizioni, con le relazioni e i sentimenti per intervenire positivamente sulla fruizione dei luoghi da parte dei cittadini e sulla diffusione di pratiche di partecipazione attiva, un'area che merita attenzione soprattutto se si parla delle possibilità legate alle nuove tecnologie di comunicazione e alle infrastrutture delle città intelligenti. In questo contesto nasce il nuovo profilo del designer attivatore o facilitatore di processo (Manzini, 2009), che agisce attraverso piccoli progetti e azioni che cercano risposte immediate a domande semplici, esprimendo richieste intuitive della gente, e andando alla ricerca di nuovi linguaggi, narrazioni e comunità, per instaurare un processo virtuoso in cui gli abitanti stessi diventano attori della trasformazione, grazie a progetti di comunicazione di significati condivisi e alla definizione di strategie e servizi innovativi, con modalità operative che si stanno sempre più diffondendo.

Bibliografia
Branzi A. (2006), *Modernità debole e diffusa. Il mondo del progetto all'inizio del XXI secolo*, Skira, Milano.
Carta, M. (2007), *Creative City. Dynamics, Innovations, Actions*, Barcelona, List.
Imbesi L.(2011), *Territori e valori in Paris T., Cristallo V., Lucibello S., Il design italiano.20.00.11 Antologia*, Rdesignpress, Roma.
Manzini E. 2009. *Prefazione In Rizzo F., Strategie di codesign*, Milano, Franco Angeli.

Il progetto di processo: creatività giovanile e coesione sociale per lo sviluppo urbano

Giuliana Quattrone

La sfera della democrazia locale, in conseguenza dell'odierna crisi globale che i sistemi di governo stanno attraversando, è stata investita di rinnovata fiducia nelle capacità concrete dei cittadini di governare se stessi e di decidere del proprio futuro. Così, sempre più spesso, le politiche urbane sono dirette a mobilitare non solo le risorse economiche ma anche quelle umane attingendo al "capitale sociale" e cercando di dare risposta alle esigenze della vita della popolazione. Gli approcci partecipativi trovano ampio spazio nella costruzione di politiche, soprattutto riferite alla pianificazione e alla governance urbana, sul presupposto di un ideale di cittadinanza attiva che costituisce un elemento imprescindibile dell'implementazione delle stesse procedure democratiche. Questi approcci si rivelano coerenti per dare risposte alle istanze giovanili di coesione urbana e di partecipazione alla definizione di aree urbane che rispettino maggiormente i bisogni di chi le vive.

Per altro il coinvolgimento dei giovani al processo decisionale è auspicabile perché questi possono attivare processi di creatività per trasformare la città. In Italia, non sempre però la loro creatività viene considerata una risorsa produttiva e come tale promossa dalle istituzioni.

La partecipazione dei giovani nella pianificazione urbana è invece di grande attualità in Europa ed è promossa da varie iniziative internazionali, anche nel tentativo di rispondere al deficit di cittadinanza giovanile derivante dal fatto che i giovani non si identificano nel politiche perchè non scaturiscono da processi di mediazione tra i destinatari delle politiche e i decisori politici, diventa ancora più immediata se si pone l'accento sulla città che risente in modo diretto della divaricazione tra cittadini ed istituzioni e della assenza di rappresentatività.

Il paper rendiconta di un progetto di ricerca volto alla sperimentazione di iniziative di progettazione urbanistica partecipata da parte dei giovani che hanno condotto al ridisegno di un ambito territoriale specifico della città di Reggio Calabria in funzione delle esigenze giovanili. Il progetto di riqualificazione sviluppato con azioni di micro pianificazione, nate dal confronto reciproco e dalla raffigurazione di futuri desiderabili espressi dai giovani nel processo di partecipazione, ha inteso sviluppare un nuovo paradigma di processo basato su una miscela di modalità di intervento urbanistico, diversificate sulla dimensione fisica, architettonica e sociale in base alle esigenze del contesto, e tutta una serie di iniziative per stimolare la capacità della popolazione locale, e in particolare dei giovani, di diventare protagonisti del processo di trasformazione urbana combattendo fenomeni di emarginazione e creando nuove opportunità di sviluppo territoriale.

Design della comunicazione per lo spazio comune. Nuovi scenari del "pubblico" e dell'"utile" contemporaneo

Clarissa Sabeto

Gli sviluppi tecnologici e sociologici del contemporaneo hanno reso necessario avvalorare la funzione della comunicazione come strumento decisivo per attivare nuovi processi di sviluppo e crescita. L'economia dell'esperienza, che vede come "nuovi prodotti" immateriali esperienza e conoscenza[1], e di conseguenza nuove relazioni e reti di scambio, ci offre la prospettiva di una maggiore diffusione delle informazioni, della cultura, della democrazia e del benessere. In questo contesto è fondamentale che il design della comunicazione ridefinisca il suo ruolo sociale ed etico; un approccio più consapevole -che invita all'azione, che trasmette valori e produce cultura- diventa strategica per progettare il benessere sociale e allargare la base delle risorse, sia umane che economiche, di una società e di un territorio. Appare necessaria, -facendo riferimento allo storico movimento progettuale e di pensiero noto come grafica di pubblica utilità-, una riflessione su una possibile ridefinizione contemporanea di design della comunicazione utile e pubblico, in grado di fare della cultura, della felicità e della qualità della vita nuove "merci" di consumo e di fruizione e di spingere il singolo e la collettività all'azione, rendendoli partecipi dei problemi ma anche delle possibili soluzioni. La città rappresenta il servizio primo, cioè la vita cittadina; l'utente, da un lato, necessita di essere istruito su come poter fruire e avere accesso al servizio, dall'altro deve poter avere un ruolo attivo e interattivo, di coautore nel disegnare la coreografia dei comportamenti della città[2]. Il territorio valoriale del progetto verte oggi più che mai sui concetti di condivisione, spazio pubblico e comune[3]. La comunicazione sta tentando di raccontare, avvalorare e dare identità a questo spazio comune; il sostanziale contributo del design è quello di attivare, creare, trasformare lo spazio e la percezione che si ha di esso, collaborando nell'intento con altre discipline e i cittadini stessi. Progettando per e con l'utente e costruendo con lui una narrazione, la disciplina può diventare uno strumento utile per un cambiamento. La sfida di oggi è quella di lavorare sulla produzione di immaginari differenti, più rispondenti alla realtà della vita e non proiezioni di una società uniforme e senza conflitti, analizzando e raccontando un territorio, uno spazio comune, sia esso tangibile o immateriale, rendendo visibili e concreti i suoi valori e cambiandone la percezione. Ridandone una identità. La comunicazione può essere è fondamentale mezzo di creazione e divulgazione di cultura e di sapere sociale, in grado di formare e trasformare il singolo e la collettività. Ha la capacità di creare connessioni tra individui e il territorio, rivelare scenari possibili. Dovrebbe diventare una pratica utile non per convincere, ma piuttosto per formare e informare gli individui, tentando di rendere coerente la società all'individuo, essendo essa il luogo deputato alla crescita culturale dell'uomo.

1. Cfr. Rifkin, J. (2001), L'era dell'accesso. La rivoluzione della new economy. Milano: Oscar Mondadori.
2. Cfr. Anceschi, G. (2011), Progettare il contesto. [http://issuu.com/giovannianceschiteoria/docs/5.3-progettare-ilcontesto-def].
3. Nel testo La grafica è un luogo comune in Progetto Grafico, n. 22, autunno 2012, Brovelli, Farrauto e Sfligiotti parlano di spazio comune come lo spazio che è di tutti, insieme, a differenza di spazio pubblico, che riguarda tutti.

OPEN SOURCES

Valore economico del suolo libero e costo collettivo del suolo impermeabilizzato

Ilario Abate Daga

La COM 231 (2006) definisce il degrado del suolo quale problema serio in tutta Europa, causato o acuito dalle attività umane. L'antropizzazione dei suoli riduce l'insieme delle funzioni e di servizi che normalmente il suolo fornisce gratuitamente agli esseri umani e agli ecosistemi.
Il Progetto Europeo OSDDT-MED, avente come capofila la Provincia di Torino, evidenzia come negli ultimi anni, seppur alla presenza di regole stringenti in materia, non si è saputo limitare il consumo di suolo. Spesso le pressioni degli operatori privati non sono ostacolate dagli soggetti pubblici. Ciò deriva dalla sproporzione tra il valore economico del suolo quale supporto per l'attività umana e il valore economico del suolo per le funzioni agricole e naturali cui si aggiungono quelle gratuite proprie dei suoli liberi. Secondo la teoria economica classica il valore del bene primario deriva differenziale di rendita; non viene però mai valutato il valore collettivo del suolo libero, irreversibilmente compromesso, che andrebbe a pieno titolo conteggiato come costo poiché surplus negativo sottratto alla disponibilità collettiva. Dato per assunto il ruolo della "pianificazione urbanistica quale operazione di interesse collettivo" (Cederna) il primo tema che l'urbanistica dovrebbe affrontare è una corretta valutazione economica del valore collettivo dei suoli. Inoltre, vi sono altri costi consequenziali alla perdita delle funzioni di cui sopra; quali quelli sostenuti per ristabilire la funzionalità del sistema terra. Persa la funzione di trattenere l'acqua, la collettività interviene: nei casi migliori creando le condizioni affinché la funzione persa naturalmente sia assorbita da interventi idraulici atti a impedire la corrivazione dell'acqua, nei peggiori agendo nel post alluvione in contesti emergenziali con costi ancora maggiori. Altro esempio arriva dall'agroalimentare: un'analisi del Centro Comune di Ricerca UE (CCR) (Gardi et al., 2012) ha dimostrato che, tra il 1990 e il 2006, 19 Stati membri hanno perso un potenziale produttivo agricolo totale pari a 6,1 milioni di tonnellate di frumento. A fronte di un consumo di materia prima sempre in aumento, per ovviare a ciò l'industria importa la materia prima con conseguenti aumenti dei costi, direttamente rincarati sul prodotto alimentare finito. La disciplina urbanistica dovrebbe conteggiare i costi per ristabilire l'equilibrio del sistema terra a carico dell'operatore economico e non della collettività alla quale oggi vengono versati solamente gli esigui "oneri di urbanizzazione" e contributo al "costo di costruzione", utilizzati tra l'altro impropriamente per la spesa corrente e non in conto capitale come previsto in assenza di deroghe. La recente crisi economica in Europa ha colpito prevalentemente Nazioni in cui l'uso della risorsa suolo è stata dissennata senza conteggiare adeguatamente i costi collettivi generati sui bilanci pubblici. Dopo la Valutazione di Impatto Ambientale ci vorrebbe anche una Valutazione di Impatto Economico Collettivo.

HYBRID WATERspaceFRONT. Un edificio industriale dismesso come soglia tra la città e il mare.

Francesca Avitabile

Nelle città d'acqua, i grandi edifici-macchina del porto sono spesso coinvolti in dinamiche di cambiamento, nella perdita di funzione che trasforma gli spazi della specializzazione funzionale in vuoti sovradimensionati privati del loro significato. Tali spazi non costituiscono elementi di stabilità, bensì la caratteristica principale risiede nella capacità della loro configurazione di evolversi e di adattarsi, per essere ripensata e ridefinita attraverso una dialettica tra permanenza e trasformazione.
Ragionare sulla possibilità di risignificazione di questi vuoti all'interno della città contemporanea, offre la possibilità di interpretarli come spazi della sovrapposizione, soglie estese tra il porto e la città.
La specificità del Porto di Napoli risiede nel costituire un territorio in gran parte attivo ma che allo stesso tempo è investito dalla dismissione di alcuni significativi edifici a carattere produttivo che possono assumere un ruolo chiave nei processi di trasformazione come punti di equilibrio nella guerra di posizione tra città e porto: riferimenti architettonici capaci di generare una nuova rete di relazioni strategica per l'intero processo di sviluppo urbano.
L'imponente edificio dei Silos del Grano identifica il terminale ad est di una sequenza lineare di edifici notevoli disposti lungo la linea di costa del porto monumentale di Napoli. Tale posizione strategica consente all'edificio di agire come filtro interno/esterno, favorendo la permeabilità della vita urbana nel porto. La sperimentazione condotta mira a preservarlo come elemento identitario del waterfront che, attraverso interventi graduali alternativi o temporalmente differenziati, che variano dalla semplice fruizione estetica alla più radicale trasformazione, può costituire un'architettura capace di sopravvivere ai cambiamenti di funzione. Si sperimentano in questo modo le potenzialità organiche interne dei Silos e le potenzialità di connessione degli spazi attorno ad esso che mostrano una vocazione a essere trattati come spazi pubblici, a formare un continuum tra interno ed esterno[1].
La sperimentazione suggerita dalla specificità del luogo, attraverso parziali liberazioni, decostruzioni e sovrapposizioni, si inserisce nella ricerca di un nuovo sistema di spazi altri, che derivano il loro valore strategico dalla condizione di ambiguità che li caratterizza, che porta a rivedere l'approccio tradizionale incentrato su una separazione netta tra spazi pubblici e privati. L'architettura di questi spazi è un'architettura di connessioni, di relazioni fisiche e percettive, in grado di includere diversi livelli e scale di intervento. Il risultato è una sequenza di spazi ibridi che integrati alla rete degli spazi pubblici consolidati cambiano il tradizionale rapporto tra città e aree portuali agendo come nodi urbani e innescando meccanismi di trasformazione interna della città.

1. A. Massarente, Da archeologia a patrimonio industriale, in Costruire in laterizio, n°105, 2005

Invenduto e gestione del consumo del territorio: il caso spagnolo

Sara Bindo

Il paper avanza l'ipotesi di poter fare ricerca attorno al fenomeno dell'invenduto, non solo come problema economico e immobiliare, ma soprattutto nella sua dimensione territoriale. Si tratta, infatti, di un fenomeno visibile (per quanto di non ben definite dimensioni) effetto di un progressivo disimpegno e mancato presidio disciplinare su un'importante attività tecnica di indirizzo e regolazione. Negli ultimi decenni si è lasciato molto spazio alle aspettative di investimento e al di là delle implicazioni etiche che comporta un approccio eccessivamente orientato agli aspetti economici, ciò che questo contributo vuole mettere in evidenza sono le implicazioni territoriali, il cui risultato più evidente può essere descritto attraverso le grandi quantità di invenduto lasciate come pesanti orme sul territorio.

Lo studio di questo fenomeno sembra essere rilevante al fine di poter sviluppare indirizzi per la definizione di buone pratiche di pianificazione territoriale. Appare evidente, infatti, che continuare su questa linea di sviluppo delle città impedisce un uso corretto e sostenibile della risorsa suolo e implementa il processo di diffusione delle città. A guardare le modalità di sviluppo dei nostri centri urbani, quindi, sembrerebbe importante ricercare elementi utilizzabili a supporto di più opportune scelte di crescita dimensionale delle città e di uso razionale del territorio.

Questa condizione sembra suggerire la necessità di una nuova definizione di strumenti, come il dimensionamento, in modo da renderli più efficaci e in grado di affrontare adeguatamente questioni complesse. Appare evidente, infatti, che il dimensionamento del piano così come è definito non sembra assolvere al suo compito. Di fronte a questa inadeguatezza un possibile spazio di azione a disposizione dell'operatore pubblico sembra praticabile attraverso l'inclusione di saperi e strumenti provenienti da altre discipline da sempre legate a vicende urbanistiche come quella fiscale, giuridica ed economica.

Il paper si svilupperà attraverso la ricostruzione e lo studio degli strumenti attivati nell'ultimo decennio in Spagna per affrontare il fenomeno dell'invenduto. Considerando la somiglianza della struttura del mercato immobiliare con quella che caratterizza l'Italia, si ritiene che questo sia un caso interessante da studiare per la dimensione che il fenomeno ha assunto, per le strategie, di natura non necessariamente urbanistica, applicate al fine di reimmettere nel mercato le case vuote in generale, e per il tentativo fatto di comprendere il fenomeno ma anche e soprattutto di formalizzarlo e quantificarlo ai fini di un suo trattamento. L'obiettivo è quello di avere un ventaglio di pratiche di pianificazione (e non solo) e di individuare, quindi, possibili innovazioni delle pratiche urbanistiche per poter restituire capacità di regolazione e controllo dei fenomeni urbani all'operatore pubblico al fine di reagire ad una situazione che sembra essere sfuggita al suo controllo.

Urban Areas Recovery

Greta Brugnoli

Fino ad oggi le aree dimesse sono state il risultato della cessazione di attività industriali in ampie aree semicentrali dell'area urbana. Contestualmente anche quelle ferroviarie, altrettanto ampie, sono state liberate da attività di servizio alle industrie, mantenendo solo piccole e medie aree delle stazioni a servizio del trasporto passeggeri.

In questi anni su molte di queste aree sono stati sviluppati progetti di valorizzazione immobiliare, proposti dai privati e approvati dalle Amministrazioni Locali che, cavalcando la bolla immobiliare, hanno cercato di trarre il maggior profitto finanziario da questi interventi. Per le aree ferroviarie si è anche aggiunta la ritrovata centralità delle stazioni passeggeri che normalmente esistono accanto ai grandi scali merci dimessi. Queste possono portare in dote anche i grandi volumi del trasporto pubblico, costituendo ulteriore valore economico e commerciale.

La stessa società, oggi, esprime bisogni e deficit in ambiti diversi rispetto a quelli verso cui si è orientata l'attività immobiliare del recente passato, comportando disequilibri che hanno generato espulsione di attività artigianali e produttive da aree vaste delle città e il sovraffollamento nell'offerta direzionale e di quella residenziale e commerciale.

Le scelte urbanistiche che nascono dalla lettura delle esigenze della collettività e del territorio propongono una varietà e diversificazione delle destinazioni d'uso che tende a ricreare una città artigiana e produttiva al fianco di quella mercantile e degli affari.

Il riuso come parola d'ordine della città sostenibile: del territorio, dei prodotti e delle infrastrutture. Partendo dal presupposto che la città è più che un mero mercato immobiliare, la ricerca si pone l'obiettivo di individuare gli elementi e le variabili che possono caratterizzare l'intervento di valorizzazione di un' area oramai non utilizzata, come contributo allo sviluppo economico della città, al miglioramento della qualità della vita, alla migliore distribuzione delle funzioni sul territorio.

Oggi vi sono profondi cambiamenti nei concetti di mobilità, città compatta e uso del territorio, efficienza energetica e produzione urbana di energia, information technology e smart grid.

Partendo da questa considerazione, è stata sviluppata una metodologia di valutazione basata sull' analisi "multicriteria e multiobiettivo", con lo scopo di far emergere per ciascun progetto la sua maggiore o minore propensione a preservare il proprio valore sociale ed economico nel tempo. Tramite l'analisi "multicriteria e multiobiettivo" è stato costruito un modello valutativo che può rappresentare uno strumento per il policy maker interessato con il progetto di valorizzazione a soddisfare interessi diversi, senza perdere di vista le finalità generali dell'intervento in linea con la visione di città futura.

OPEN SOURCES

Paesaggio come Passaggio (tra Paesi)

Daniel Screpanti, Piernicola Carlesi

Le scoperte scientifiche e tecnologiche dell'ultimo secolo hanno consentito la creazione di dispositivi che consentono all'uomo contemporaneo una nuova conquista individuale: il soddisfacimento di infiniti bisogni.
Le nuove libertà di scambio economico e di relazione sociale, rendendo incessante la domanda di beni e servizi, avrebbero dovuto teoricamente potenziare e stabilizzare la capacità di produzione del globo.
Tuttavia, nella pratica, ciò non è avvenuto, ed attualmente la produzione si presenta sfasata nello spazio ed incerta nel tempo.
Nei sistemi urbanizzati contemporanei è possibile registrare una dissociazione tipica della crescita quando la produzione del benessere, nello stesso momento in cui assolve ai bisogni degli uomini "estensibili indefinitamente"[1], crea precarietà del lavoro.
Il valore del lavoro, sebbene sia una condizione essenziale per antropizzare un'ambiente, nelle ultime decadi è stato troppo spesso dimenticato nella costruzione concettuale dei problemi e nella prassi della progettazione urbana.
Una ipotesi della ricerca trova nell'attuale profondo divario tra ricchezza e povertà piuttosto che una causa, una conseguenza dal "carattere pluridimensionale" dell'instabilità produttiva in un "territorio che non è specchio della società" e in una società che non è "puro specchio dell'economia"[2].
La ricerca di condizioni di continuità per il lavoro nei sistemi urbanizzati contemporanei comporta conseguentemente una verifica della capacità dell'urbanistica di costruire, affrontare e risolvere le problematiche generate dalle attuali modalità con le quali la produzione si territorializza.
Finora, i dispositivi analitici e progettuali proposti per ridurre le forme di ingiustizia spaziale, affrontare le conseguenze del cambiamento climatico e ripensare la mobilità come una parte fondamentale dei diritti di cittadinanza hanno dimostrato una scarsa incidenza sul contemporaneo confronto tra capitale e lavoro, sia in termini di catalizzazione dei rapporti che di diminuzione dei conflitti.
E ciò è riscontrabile soprattutto nei contesti dove è più evidente l'instabilità produttiva.
Nei sistemi urbanizzati dotati di piccoli centri, per esempio, il passaggio da un'economia preindustriale o di industrializzazione senza fratture all'attuale circuito economico è stato radicale e le criticità negli attuali rapporti tra produzione e territorio urbanizzato sono osservabili con una nitidezza a tratti sorprendente.
Questi rapporti, dall'inizio della rivoluzione industriale in poi, hanno sempre comportato l'emergenza di nuove questioni urbane e di conseguenti e differenti politiche e progetti per la città.
Probabilmente, nella situazione attuale, si tratterà di esplorare il potenziamento e la stabilizzazione del lavoro prospettando ricomposizioni della continuità dell'arte nello spazio.
Questa ulteriore ipotesi della ricerca indaga le potenzialità di nuovi sviluppi in sequenza, piuttosto che in successione, della capacità produttiva nel territorio per stabilire nell'attuale complesso sistema di relazioni e scambi antropici la condizione per eccellenza di abitabilità di uno spazio: la certezza della sopravvivenza.

1. L. EINAUDI, 1933, "Il mio piano non è quello di Keynes", in La Riforma sociale, marzo-aprile, pp. 129-142.
2. B. SECCHI, 2013, La città dei ricchi e la città dei poveri, Bari, Gius. Laterza & Figli Spa, pag. IX.

Diversified Tectonics Ecological design as a process

Paolo Cascone

This paper argues that environmental dynamics and constraints can play the role of design drivers in ecological design exploration through the analysis and the comprehension of ecosystems. The emergence of ecological design as an established discipline requires an adequate architectural advance that operatively bridges biology and information based design process in order to approach problems and to evaluate solutions at different scales. Surpassing the green notion of sustainable architecture this approach is inspired by the analytical studies of the morphology, physiology and evolution of biological systems. As in natural morphogenesis, the process of evolutionary development and growth in ecological design generates material systems that obtain their complex organization and shape from the interaction of system-intrinsic material capacities and external environmental forces. This suggests a design technique that utilizes the self-organization of material systems "under the influence of extrinsic forces. The resulting differentiated systems of this cause-effects relations, in morphology and structural organization, provides material optimization and energy efficiency through gradient of correlated responsiveness. In order to achieve such ambition architects are asked to explore multi-parametric design approach using computational tools in a generative way developing cause effects relations between forms and performances. This dynamic relation needs an interdisciplinary approach to architecture introducing data processing techniques in order to develop site-specific generative diagrams. Generative diagrams informs the design strategy driving a parametric and evolutionary approach to design. The use of such parametric tools open up to the possibility of creating evolutionary way of form finding in architecture, in which complexity doesn't responds to a formal capriccio but to the aim of developing differentiated and inter- articulated systems . The differentiation of one system is correlated with variations in the other systems. Culturally speaking the possibility of using computational tools, taking inspiration from biology and biomimetic engineering, to generate catalogues of configurations (phenotypes) out of an initial prototype (genotype) will inject new aspects into ecological design agenda. The stage of development of such parametric approach within ecological design is related to the continuous advancement of industrial process in the field of construction and digital fabrication. Further developments of such discipline will be also related to the use of parametric approach to high tech design / low tech construction as well as for large scale sustainable projects. If in the first case designers will be confronted with the question of how to combine advanced design techniques and local technologies for sustainable habitat, in the second one they will be asked to explore an associative approach to large scale project generating new urban ecologies, integrating sustainable infrastructural systems and urbanization solutions.

Agri urbani ecoredditizi open source

Lorenzo Cellini

Se vivete in un lotto di terreno postmoderno, snaturato, dove pesanti macchinari hanno triturato il paesaggio costringendolo a sottomettersi, rimpiazzando la riottosa flora indigena con un obbediente tappeto erboso e una vegetazione uniforme, e lastricando gli acquitrini nel santo nome della lotta alle zanzare, in questo caso entrarci significa renderci conto di quanto ci siamo assuefatti a una pallida copia di quello che la natura voleva essere. Gestire queste situazioni con interdisciplinarità e sapienza permetterebbe di superare l'annosa dicotomia tra le due realtà finora considerate mutualmente esclusive: la salvaguardia del patrimonio e dell'eredità naturale da una parte, e rendimento e produzione dall'altra. Questo percorso si fonda su alcune dinamiche chiave del XXI secolo, quali le trasformazioni urbano-rurali, il ruolo degli ecosistemi, la dimensione dello sviluppo post-industriale, la pervasiva e diffusa mobilità. Le città crescono e crescerà anche la pressione per l'approvvigionamento alimentare. La globalizzazione e le grandi aziende legate all'agro-business hanno profondamente cambiato il rapporto di tutti i giorni con gli alimenti. La perdita di relazione con il territorio è costante e i cibi sono contaminati a causa dei metodi di produzione e lunghi trasporti. Come possono gli architetti e i designer di oggi utilizzare l'applicazione delle loroconoscenze professionali per contribuire a sostenere gli agricoltori locali? Comepossiamo collaborare con loro in una maniera conveniente per affrontare i loro problemi economici, attraverso il processo di progettazione sostenibile?Gli strumenti veramente appropriati, low-cost, di cui abbiamo bisogno per avviareuna fattoria o uno stabilimento sostenibile li possiamo costruire da soli, strumenti prototipati, costruiti, testati e pubblicati su una wiki.
http://vimeo.com/16106427#
L'open source ha avuto grande successo con strumenti per la gestione della conoscenza e della creatività, possiamo utilizzarla per l'hardware perché è questo che può cambiare la vita delle persone in modi davvero tangibili. Se possiamo abbassare le barriere alla coltivazione, costruzione e produzione, allora potremo scatenare enormi quantità di potenziale umano. Il nostro obiettivo è un deposito di progetti pubblicati cosi chiari, così completi che un singolo DVD è un kit per iniziare la civilizzazione. Se questa idea è buona le implicazioni sono significative: una maggiore distribuzione dei mezzi di produzione e dei metodi di costruzione, una catena logistica nel rispetto dell'ambiente e una nuova rilevante cultura del fai da te. Usi temporanei e azioni reversibili nel tempo introducono dinamicità contro lo stallo. Usi misti offrono opportunità per fasce deboli della popolazione poiché consentono di rischiare con investimenti modesti: orti urbani, fattorie urbane, cultura, educazione, commercio e produzione, il tutto riunito in una sola immagine, l'agro urbano.

Ecological Airport Urbanism.
Airports and landscape planning for the unexpected

Laura Cipriani

By their nature, use, from and size, airports are often considered as spaces extraneous to the landscape and difficult to integrate into the local context.Yet airport infrastructure is playing an ever more important role in local development, modifiying not just the aspect, but also the social structure, economy and environmental quality of the surrounding area.
Infrastructure on this scale benefits society as a whole, but the environmental effects are a particularly heavy burden on the communities directly involved.
How is the landscape modified by air transportation? What is meant by "ecological airport urbanism"? Can the landscape an airport infrastructure be integrated following ecological criteria? How can an airport be integrated into the local context? What design devices can be used? How can we combine today's technological requirements with the need for unforeseen new functions in the future? In the future, how might disused airport infrastructure possibly be "recycled"?
This study aims to make an initial contribution to research on the airport system in North East Italy in relation to current landscape transformation dynamics. Particular attention is given to the study of Venice airport, identifying the environmental risks and scenarios deriving from the urgent effects of climate change.
Te study aims to develop a method to orient planning and design of an "ecological" airport system, identifying possible alternative development scenarios on multiple scales. The final section of the study therefore presents a series of designed projects proposing targeted design devices able to guide definition of the strategies and decisions to be taken today for the future.
In a era dominated by uncertainty about tomorrow and by a race towards real or presumed sustainability, infrastructure must be re-planned, not just to accommodate today's technological functions or contingent needs, but also with a view to possible future re-cycle, generating a method for re-inventing the landscape and thus becoming fertile ground for the unexpected.

OPEN SOURCES

I sistemi cellulari di cavi: la leggerezza della sostenibilità

Elisabetta Gaglio, (supervisione scientifica Prof. Arch. P. Rossi)

La ricerca sui "Sistemi cellulari di cavi" ha l'obbiettivo di proporre un sistema leggero, in cui l'uso dei materiali sia minimizzato. Lo studio è articolato in due parti, la prima sviluppa il sistema costruttivo attraverso l'utilizzo dei modelli fisici e la manipolazione del materiale; la seconda si concentra sull'analisi del comportamento strutturale, approfondendo il fenomeno dello scorrimento tra i cavi e attrito. Tali strutture appartengono alla tipologia delle reti di cavi, con la particolarità che la maglia è generata dall'aggregazione di elementi monodimensionali discontinui, uniti tra loro da nodi scorrevoli attraverso un processo reiterativo. La rete bidimensionale viene portata ad uno stato di tensione (o pre-tensione), definendo il sistema tridimensionale della struttura resistente: la maglia ricorda o riproduce le cellule dei tessuti vegetali e le relative modalità di aggregazione.

L'interesse per le tensostrutture si è maturato grazie anche alla partecipazione a Laboratori di auto-costruzione internazionali organizzati dalle Facoltà di architettura di Roma Tre, Mendoza (Argentina) e Asunción (Paraguay). L'organizzazione di questi workshop nasce dalla volontà di integrare la ricerca sperimentale e la didattica, coinvolgendo direttamente gli studenti universitari e le comunità locali dove sia più forte l'esigenza di utilizzare tecnologie a basso costo e basso impatto. Attraverso l'autocostruzione di strutture leggere, le persone coinvolte hanno scoperto differenti forme di comunicare attraverso la manualità. Queste esperienze hanno un valore culturale intrinseco, rappresentando un momento d' incontro e scambio tra persone diverse per sostituire l' "IO " con il "NOI". In particolare sono state realizzate alcune coperture basate sulla tensione, formate da sistemi di cavi tendenzialmente auto-organizzati e progettati per adattarsi all' ambiente circostante, riducendo al minimo il loro impatto. La ricerca sui "Sistemi cellulari di cavi" oggetto della presentazione è figlia del laboratorio di auto-costruzione "Tecnologie facili" tenutosi presso il Villaggio indigeno MAKÀ ad Asuncion (Py).

La sperimentazione ha portato alla formulazione di vari modelli che, pure seguendo differenti schemi aggregativi, rispondono alle medesime regole generative. Come accennato il riferimento principale sia in termini morfologici sia costruttivi è costituito dai tessuti vegetali che suggeriscono una molteplicità di soluzioni per ridurre la quantità di materiale impiegato, valorizzare la flessibilità e la ridondanza, consentire alle forme di auto-organizzarsi.

La ricerca sulle tecnologie a basso impatto ambientale e i laboratori di auto-costruzione sono quindi due parti dello stesso percorso, in alcuni casi una emerge sopra l'altra in altri si fondono e si incontrano per la sua diffusione di una cultura ambientale e sociale più equa e sostenibile.

Riciclo/emergenza/temporaneità: insediamenti "leggeri" in cartone

Giulia Santarelli

La riflessione proposta si pone all'interno di un più ampio discorso inerente i temi del riciclo, del riuso dei materiali e, più in generale, dell'attenzione all'ambiente. Riguarda l'uso del cartone riciclato come materiale da costruzione. Il cartone infatti, con opportuni accorgimenti (dall'irrigidimento all'impermeabilizzazione, dalla conformazione alle giunzioni) risulta inaspettatamente appropriato ad offrire soluzioni costruttive - innovative e paradossalmente adatte pur nella loro precarietà - alla domanda di alloggi provvisori e a basso costo. Alloggi che possano rispondere con efficacia e rapidità alle emergenze abitative causate da catastrofi naturali, ma anche ad una richiesta altrettanto più immediata, generata dai crescenti flussi migratori e dall'allargarsi delle fasce di povertà nelle nostre città.

Crisi finanziaria ed emergenza ambientale richiedono un attenzione sempre maggiore alla sostenibilità, al risparmio delle risorse, all'ecologia. Il cartone riciclato è una delle possibili risposte che unisce sotto questo punto di vista numerose caratteristiche: l economicità, la facile reperibilità, la semplicità produttiva, la leggerezza, la trasportabilità, la possibilità di alimentare soluzioni esteticamente valide incrementando così anche la qualità complessiva dell'abitare.

Da Buckminster Fuller a Shigeru Ban, prototipi e realizzazioni portano in primo piano l'utilizzo di un materiale forse insolito e leggero, ma capace di acquisire una inaspettata resistenza meccanica.

Nell'offrire un contributo teorico ed uno sguardo sistematico all'analisi di un tema che richiede con urgenza un ventaglio di soluzioni pratiche, presentiamo un'ipotesi progettuale che è allo stesso tempo una verifica ed una ricerca sul campo. Si tratta di un sistema di alloggi in cartone riciclato, semplici, economici, ecologici, facili da montare e smontare, riciclabili e confortevoli, inserito in un contesto semi-urbanizzato. Nell'intento di ricucire un tessuto che non è solo urbano ma anche sociale viene valorizzato il rapporto tra spazi interni ed esterni, tra pubblico e privato, ricreando la dimensione del villaggio. Si vuole indicare una soluzione capace di rispondere in maniera efficace alle prerogative necessarie di un alloggio d emergenza e di incrementare la qualità dell'abitare: la riconoscibilità, la possibilità di personalizzazione, la modularità, la flessibilità degli spazi interni, l ampliabilità e il senso di domesticità ne costituiscono i caratteri. Non solo, si vuole anche individuare una strategia tesa al rispetto dell'ambiente, attenta agli sprechi, al riciclo dei materiali e al riutilizzo degli elementi costruttivi o dell'intero alloggio.

Tra presenze e assenze.
Riqualificazione e rinnovo dell'urbano stagionale

Silvia Vespasiani

Gli insediamenti costieri costruiti per il turismo balneare negli anni Cinquanta-Settanta rappresentano oggi, in Italia e nel Mediterraneo, un'eredità piuttosto consistente del boom economico e della conseguente esplosione edificatoria.
Finora gli studiosi che hanno esaminato gli spazi turistici prodotti in quegli anni si sono riferiti all'opera degli architetti più prestigiosi, tralasciando la copiosa produzione rivolta alla villeggiatura di massa perché associata ad un ambito disciplinare obbediente a logiche speculative di mercato e, pertanto, al margine degli approfondimenti di tipo intellettuale.
Fu proprio tale produzione edilizia che assunse un ruolo fondamentale durante la 'grande trasformazione' dei litorali e delle città costiere. In primo luogo, essa costituì il settore di punta di un mercato edilizio in grande espansione, basato sulla riproduzione di pochi tipi architettonici che rispondevano alle esigenze di un numero sempre più elevato di abitanti stagionali in cerca di "beach & sun"; al tempo stesso, essa rappresentò uno dei punti di riferimento della pianificazione urbanistica di espansione e delle politiche di gestione dei processi di sviluppo urbano, anche se fortemente condizionata da pratiche di governo sbilanciate sull'idea della "valorizzazione turistica" come catalizzatore di crescita economica piuttosto che come occasione di trasformazione in termini di qualità dello spazio urbano ed architettonico. Infine, divenne uno degli elementi portanti di un immaginario collettivo che tendeva, in modo crescente, ad associare l'identità dei gruppi sociali a determinati stili di vita legati ai modelli di consumo che si andavano affermando di pari passo con il processo di modernizzazione.
Se analizziamo la condizione attuale degli insediamenti "fronte mare" nati per il turista stagionale, possiamo intercettare brani di edificato che hanno a che fare con il consumo di risorse non rinnovabili, con il degrado ambientale e sociale, con l'occupazione di suoli dove il frazionamento della proprietà privata è andata a discapito dell'interesse generale. Tutti questi luoghi costituiscono un bagaglio di esperienze materiali da metabolizzare, ma soprattutto offrono una reale opportunità per adattare alle nuove condizioni i mille pezzi di un'eredità ingombrante e per svincolare lo spazio costiero da un discorso edificatorio ormai sterile, ancora troppo legato a forme urbane quasi esclusivamente dedicate alla residenza senza servizi e disegnate secondo anacronistiche segregazioni di funzioni e di pratiche.
Svuotamento, innesto e scambio diventano, dunque, i dispositivi elementari per un'opera di "riparazione" in cui l'atto di creazione vero e proprio non viene licenziato, bensì diventa più che mai necessario per articolare risposte concrete alle istanze contemporanee.

1. Il contributo è relazionato alla tesi di Dottorato (discussa in luglio 2012) in Conoscenza e Progetto delle Forme dell'Insediamento - Architettura e Turismo, Università degli Studi di Camerino - School of Advanced Studies (S.A.S.); titolo della tesi: "*Città stagionali. Nuove interpretazioni dell'urbano balneare*".

La Città dei Commons. un'esplorazione sull'applicabilità dei Commons al disegno della città

Michele Vianello

Nel mondo contemporaneo sempre più sfumano le differenze tra città e territorio e le infrastrutture innervano un continuum abitato. Sebbene l'interpretazione del fenomeno sia ricca di contributi (LEFEBVRE 1970, MERRIFIELD 2012), nuove questioni si affacciano con insistenza nella riflessione sul progetto della città con l'obiettivo di affrontare la gestione delle risorse scarse e il cambiamento climatico (SASSEN 2009). Alcune, fondamentali, sono quelle di natura ecologica, economica e istituzionale e la loro rilevanza per il disegno.
A partire dalla fine degli anni '60 (HARDIN 1968) si è sviluppata una maggiore consapevolezza della finitezza delle risorse ed è emersa la necessità di regolamentare il loro utilizzo. Dopo decenni di dibattito relativo a quali istanze potessero informare più efficacemente la loro gestione, se quelle del mercato o quelle statali, una terza via si è andata costituendo grazie a Elinor Ostrom (OSTROM1990, 2010): la via dei Commons.
I Commons sono situazioni territoriali in cui gli attori che "si appropriano" delle risorse sono riusciti a raggiungere un equilibrio per produrre uno sviluppo basato su di esse (acqua, boschi, etc) e garantire la loro rigenerazione nel tempo. Lo studio comparativo di casi ha permesso ad Ostrom e i suoi successori di elaborare alcuni linee guida utili alla definizione dei Commons.
Il paper, appoggiandosi all'esempio di ricerche contemporanee (AGRAWAL 2001, RABINOWITZ 2012) intende prendere in esame l'applicazione dei principi guida dei Commons al contesto urbano. I Commons fanno riferimento a una giustizia di natura ecologica in cui l'equità è raggiunta attraverso sforzi di azione collettiva. Ma essi sono anche un dispositivo ambiguo: da un lato prevedono un controllo dell'accesso allo spazio, sebbene condiviso tra attori uguali, dall'altro si muovono nella cornice di rapporti istituzionali ispirati a principi di autogoverno.
Il paper propone di indagare uno scenario composto che, per analogia con i Commons tradizionali, dia indicazione su che tipo di spazi, tecniche di pianificazione e assetti istituzionali possano sostanziare una riflessione sui Commons nel progetto della città e del territorio contemporanei, esplorandone potenzialità e contraddizioni, in particolare a partire dalla riflessione teorica italiana sui Commons [Beni Comuni].

Bibliografia
A. Agrawal, Commons Property Institutions and Sustainable Governance of Resources, in World Development, vol. 29, n. 10, p. 1649-1672, 2001.
G. Hardin, The Tragedy of the Commons, in Science, v. 162, p. 1243-1248, 1968.
H. Lefebvre, La Révolution Urbaine, Gallimard, Paris, 1970.
A. Merrifield, The Urban Question under Planetary Urbanization, in International Journal of Urban and regional Research, vol.2, Wiley, 2012.
E. Ostrom, Governing the Commons, Cambridge University Press, New York, NY, 1990.
A. R. Poteete, M. Janssen, E.Ostrom, Working Together, Princeton University Press, Princeton, NJ, 2010.
D. Rabinowitz, Residual Residential Space as Commons, International Journal of Commons, vol. 6, n°2, 2012.
S. Sassen, Bridging the Ecologies of Cities and Nature, in L. QU, C. Yang, X.Hui, D. Sepulveda (ed. by), The New Urban Question, Urbanism Beyond Neo-Liberalism (Proceedings from the 4th Conference of International Forum on Urbanism, IFoU, Rotterdam, 2009.

OPEN SCALES

Albedo increase and new urban scenarios: the "white cars" strategy

Niccolò Casiddu, Saverio Giulini

Despite some former controversy, global warming is now unequivocal. It is well known that raising levels of the albedo have a cooling effect on global temperatures, but global warming caused polar ice caps receding and the albedo is decreasing. Emission reduction has been the most widely proposed policy response to this problem. However simple ideas such as cool roofs and cool pavements seem successful remedies to counter the threat. The Lawrence Berkeley National Laboratory has contributed the most detailed studies on what is today known as passive air conditioning as well as many other technologies for the achievement of consistent energy saving. In order to estimate the potential energy saving achieved by brightening roof surfaces of both commercial and residential buildings, LBLN examined more than a thousand buildings in USA. Similar studies have been led on road surfacing. They deduced that, if the "cool roofs, cool pavements" strategy is put into practice on a global scale the effect would be equal to a reduction of CO2 concentration that would totally counterweight the CO2 emissions, estimated for 2025. However in Italy the average solar reflectance of the roofs in urban conglomerations is higher than in U.S.A., hence another strategy appears more effective. The 59th Dupont Global Automotive Color Popularity 2011 shows a substantial increase in the popularity of very light colours, but not in Europe where dark colours dominate. By changing from dark to pastel bright colours a considerable increase of the albedo can be hypothesized. It is well known that the Italian vehicle fleet, which with a density of more than 608 cars per every 1000 inhabitants is the richest inthe world. Therefore weestimate that a colour conversion of cars in Italy could likely increase the effect from a little bit less than 32% tonearly 50% of the results that could be obtained withan extensive application ofthe "cool roofs" strategy, which would be difficult to apply to European urban contexts with their strong historical consolidation. Moreover, the "white cars" strategy would not bear additional costs to the community, it could be attempted in a reasonably shortperiod of time and it could have a positive impact both on the automotive and varnish industry, in that, apart from the extreme and unlikely solution of an entirely white car fleet, it would lead to the production of a wide range of pastel colours. The idea of changing the colour of the Italian vehicle fleet in white, involves the creation of new, unexpected and futuristic cityscapes, carriers of messages and impalpable suggestions. The city, the place created bypeople for people, is not only structred by the architecture and spaces interposed between them (roads, squares, etc.), but it is above all a place where the perception of space changes. The dynamics are induced by the users and are determined by the evolution of culture and codes of interaction with the surroundings. The car, by definition, is an object in motion, in transit, but still present, so looming, sometimes chaotic and redundant in the urban landscape. What will be the perceived relationshipwith the buildings, the streets, the squares where the cars were all white or light- coloured? How would change the colour of facades, advertising signs, window displays and billboards? New compositive paradigms to redefine new balances are shown: an action motivated from the search of immediately realizable solutions to the problem of the global heating has as consequence a pleasant new perception of the city spaces, regenerated in the sign of the sustainability.

Sostenibilità e progetto urbano

Oriana Codispoti

I 'quartieri sostenibili' realizzati in Europa negli ultimi vent'anni - come Vauban a Friburgo, Hammarby Sjöstad a Stoccolma, Ecolonia e GWL Terrein in Olanda, BedZED in Inghilterra, solarCity a Linz, CasaNova a Bolzano, de Bonne a Grenoble, solo per citarne alcuni - rappresentano esperimenti di notevole interesse sulle possibili interpretazioni della sostenibilità alla scala urbana. La scala del quartiere, oltrepassando quella del singolo edificio, offre infatti grandi potenzialità per fronteggiare problematiche urbane legate, ad esempio, al consumo di suolo e al sistema della mobilità. Una riflessione sulle pratiche progettuali sostenibili alla scala urbana, tuttavia, mette in luce come le ricadute formali legate alle istanze di sostenibilità possano talvolta essere in conflitto con la qualità urbana dei luoghi. In tali realizzazioni, infatti, è spesso possibile riscontrare alcune difficoltà nella capacità di sintesi tra le strategie rivolte alle diverse sostenibilità e l'urbanità: le prime legate alle questioni ambientali, economiche e sociali; la seconda incentrata sia sul carattere delle configurazioni spaziali dato dal rapporto tra edifici e spazi aperti sia sulla complessità relazionale e dei modi d'uso che tale carattere può promuovere. Ad esempio, l'attenzione alla performance di risparmio energetico dei singoli edifici sembra talvolta essere prevalente sul disegno urbano complessivo; la creazione di nuovi insediamenti in aree non ancora urbanizzate alimenta il consumo di suolo, mentre lo sviluppo di un edificato a bassa densità non persegue l'obiettivo di una dimensione propriamente urbana degli insediamenti; altre realizzazioni sembrano invece mancare di un ragionamento su nuovi possibili rapporti tra edifici e spazi aperti, privilegiando una disposizione seriale dell'edificato volta all'ottimizzazione dell'utilizzo della fonte solare. Occorre dunque mettere in luce quali implicazioni morfologiche legate alla sostenibilità siano in conflitto con l'urbanità e tentare di perseguire una sintesi tra elementi attualmente controllati separatamente. Attraverso lo strumento del disegno urbano potrebbero essere messe in campo nuove strategie in grado di considerare, accanto alle istanze di sostenibilità ambientale, economica e sociale, altri fattori - ad esempio: la forma dell'edificato, il rapporto tra edifici e spazi aperti, tra spazi pubblici e privati, l'attacco a terra degli edifici, la permeabilità (rapporto interno-esterno), le connessioni, il trattamento degli spazi aperti, le attività e i modi d'uso - mirando così alla costruzione di luoghi dotati di qualità urbana.

Fill Ecologies: ecosystems as by-products of urban interventions

Chiara Geroldi

Man has altered landscape to such an extent that today we refer to anthropocene -a new geological era- and Planetary Urbanization (Brenner, 2012), a hypothesis first expressed by Henry Lefebvre suggesting that even remote places have now become parts of the urban fabric. Within the context of landscape alteration, man is acting also as a "geological agent", an accumulating and a denuding agent. According to the geologist Bruce Wilkinson, the amount of sediment moved by man is today greater than the one moved by natural processes. The soil movement is due to agricultural operations, resource extraction, infrastructure and urban development. Fill can create new habitats, provide the ground for new parts of cities or used as construction material. On the other side, fill can cause major ecological damage or increase social inequalities.
My focus is the movement of fill from infrastructure excavation and dredging operations and, particularly, the landscapes they create: by-products of urban interventions and consequences of land disturbance. Paradoxically, these landscapes can spontaneously evolve into ecologically rich and diverse environment. Some interesting examples are Leslie Street Spit in Toronto, a headland today identified as an important bird area, originally created as a breakwater, then expanded through the disposal of rubble and fill materials from underground tunnels excavation and Spectacle Island in Boston, a public park designed on the top of an island previously used as garbage dump and later shaped by large amounts of soil obtained from excavations from the Central Artery/Tunnel Project.
These landscapes represent a potential place for designer to intervene, within a highly collaborative environment, in terms of aesthetic, ecology and culture, going beyond the mere necessity to accomplish one mega function (disposal). They are part of what Alan Berger defines as Drosscape, waste landscapes where he advocates for the role of the designer (Berger, 2006).
Soil, sometimes contaminated, is often disposed of in areas far from the city and made invisible. This disposal could be re-thought in relation to the city in the terms proposed by Landscape Urbanism discourse of processes (Waldheim, 2006). Given the necessity to give shape to significant amounts of material, the use of fill could offer the additional opportunity to engage in terms of form –both two and three dimensionally- with Landscape Urbanism. As Kenneth Frampton underlines, in fact, the idea of unifying the chaos of the megalopolis through the use of landform has not been emphasized by Landscape Urbanism (Frampton, 2011).
The scale moves from the micro one of the material and the bacteria, to the large one of ecological systems, shifting between the biological and the geological dimension.

Bibliografia
Alan Berger, 2006, "Drosscape" in Charles Waldheim (ed.), 2006, The Landscape Urbanism Reader, New York, NY, Princeton Architectural Press, 197-217
Neil Brenner and Christian Schmid, 2012, "Planetary Urbanization" in Matthew Gandy (ed.) Urban Constellations, Berlin: Jovis, 11-13.
Kenneth Frampton, 2011 in Stan Allen and Marc McQuade (Eds.), Landform building: architecture's new terrain, Baden, Lars Muller Publisher, p.254
Charles Waldheim, 2006 (ed.), The Landscape Urbanism Reader, New York, NY, Princeton Architectural Press.

Trasformazione qualitativa. Tra le scale del progetto e nel rapporto fra uomo, suo comportamento e intorno.

Sabrina Leone

La questione ambientale coinvolge oggi in modo radicale l'architettura, le possibili ricadute di questo fenomeno hanno entità tale che non trovano precedenti paragonabili negli ultimi cinquant'anni. A partire da questi ultimi decenni si è infatti assistito alla messa in pratica nei primi progetti di scala di quartiere delle strategie della sostenibilità nelle forme più complete, poiché dalla dimensione intermedia arrivano a quella più circoscritta dei componenti edilizi, con esiti e riscontri positivi a tutti i livelli. Si è così avviata la tendenza – spesso ancora confinata nei progetti più che nelle realizzazioni - a combinare nuove strategie, materiali, tecnologie, filosofia di vita e comportamenti sociali etici - applicati in ogni progetto sostenibile - con una ricerca estetico-formale che va dal design dei componenti, al progetto di scala architettonica, a quello di scala intermedia di quartiere fino a raggiungere quello più propriamente di scala urbana e di dimensione territoriale.
Si tratta in generale di dare impulso ad un nuovo approccio progettuale. Un obiettivo ambizioso che molti architetti stanno perseguendo (spesso proprio in collaborazione con il mondo della ricerca e della produzione scientifica e tecnologica) al fine di evitare che si realizzino opere quali meri risultati di sovrapposizioni posticce di sistemi, e tecnologie sostenibili, al progetto tradizionale d'architettura; quindi un impegno volto ad evitare che si banalizzino e vanifichino occasioni di intervento qualitativo nel territorio, a tutte le scale, attraverso la promozione di nuove strategie e sistemi che, a partire da una stessa logica, siano orientati verso una modificazione del consueto processo progettuale, con l'obiettivo del miglioramento qualitativo del nostro intorno. Ciò include anche un coinvolgimento e un'induzione ad orientare verso nuovi stili di vita più etici e funzionali ad un recupero qualitativo anche del rapporto fra uomo e intorno.
Dove è possibile iniziare ad immaginare di applicare queste strategie di progetto architettonico-urbano? Nella riconfigurazione del nuovo, nella modificazione/trasformazione/recupero dell'esistente (compreso il patrimonio più recente) fino al restayling degli edifici e agli interventi temporanei o per le emergenze. Si tratta, infatti, anche di un recupero di materiali e strutture, e una riconversione, che attraversa l'urbano e la produzione di oggetti immaginando continue ricombinazioni, migrazioni, ricollocazioni a tutte le scale: materie prime intese non più solo nel senso comune del termine.
L'efficacia dei progetti attraversa le scale di intervento e gli ambiti di applicazione per dare una risposta adeguata e di qualità, anche formale, all'esigenza ambientale a partire proprio dal centro degli agglomerati urbani. Così intesa la sostenibilità può essere un nuovo motore di trasformazione su più livelli di lavoro - sociale, territoriale, urbano, architettonico, di design - e può costituire una nuova opportunità creativa.

OPEN SCALES

Fitting territories

Raffaella Massacesi

Il progetto di ricerca si propone di mettere a punto modalità di intervento nelle aree di pertinenza delle stazioni ferroviarie, delle zone industriali e dei "cluster" insediativi attraverso l'inserimento di funzioni, di apparati tecnologici-energetici e di servizi per la rivitalizzazione del tessuto produttivo e sociale del territorio aquilano.
La proposta finale si articola in un concept masterplan che individua e seleziona ambiti, luoghi, e manufatti e suggerisce azioni da intraprendere attraverso singoli progetti e a diverse scale.
L'obiettivo generale è prevedere una dotazione di servizi e centralità di tipo insediativo, commerciale, infrastrutturale e sociale nel territorio aquilano all'interno del quale gli interventi edificatori post-sisma hanno generato un nuovo assetto della rete insediativa.
L'obiettivo specifico è costituire una rete di centri minori, dare forza e sostenibilità ad un sistema insediativo policentrico, tramite l'interconnessione, l'insediamento di nuove centralità urbane e dei servizi, il riconoscimento e rafforzamento delle reti ambientali, lo sviluppo di una rete energetica alternativa e della sicurezza sismica.
I nuovi insediamenti residenziali CASE e MAP, costruiti per sopperire all'emergenza abitativa causata dal terremoto de L'Aquila del 2009, sorgono in prossimità dei centri minori e nelle aree periferiche della città consolidata non dotati di servizi adeguati né di rete viaria o trasporto pubblico efficiente. Gli effetti del sisma e gli interventi realizzati in emergenza hanno prodotto una struttura insediativa decentrata, priva sia di un grande centro di riferimento come di un sistema di piccole e medie centralità. Il territorio, pur avendo molteplici risorse dal punto di vista morfologico e ambientale, e sulla capacità di generare impresa, è a rischio spopolamento e depauperamento. Il nuovo modello insediativo si realizza intervenendo sull'infrastruttura e sull'ambiente (ferrovia, strade statali, aree industriali, il corridoio verde come parco fluviale, i nuovi sistemi insediativi). Il progetto di ricerca propone di considerare la rete ferroviaria come tracciato in grado di riconnettere i comuni esistenti, le nuove aree residenziali, le aree industriali e le centralità e i servizi da insediare. Il nodo de L'Aquila, ma anche una pluralità di centri abitati sono attraversati da questa struttura lineare dove si propone di localizzare (in relazione alle interconnessioni ferrovie-strade) alcune centralità territoriali, gli impianti fotovoltaici (sulle coperture degli edifici industriali), gli impianti di raccolta e di riciclo dei rifiuti, le centrali di cogenerazione, gli impianti per lo sport, il tempo libero e il turismo.

I temi affrontati:
Studi e piani per il rilancio turistico ed economico dei territori in aree protette o vincolate; studi ed esperienze sulle reti dei centri minori; territori di raccordo contro lo spopolamento e il depauperamento; studi sulla mobilità sostenibile e l'accessibilità; studi sulle fonti di energia rinnovabili tradizionali e nuove; studi sulla progettazione urbana in aree sismiche; esperienza delle "Transition Town".

Note
Il presente contributo fa riferimento al progetto di ricerca dal titolo "Strategie per la ricostruzione del territorio aquilano: mobilità sostenibile, sviluppo e qualità urbana" finanziato a fine 2011 con un assegno di ricerca di durata biennale, (Progetto speciale multiasse "Reti per l'alta formazione" P.O. F.S.E. 2007 – 2013). Il prodotto finale della ricerca prevede l'individuazione di un'area omogenea di intervento, la redazione di un Masterplan con approfondimenti progettuali alla scala urbana, la definizione di criteri e modalità di realizzazione degli interventi, lo sviluppo di progetti pilota.

Applicazione dei principi della Green economy alle procedure di gestione degli edifici esistenti

Cherubina Moddafari

The research project that proposes is in progress within the framework of Grants - post-doc abroad[1], part of a working hypothesis that wants to connect the phenomenon of the "green economy" theme to the management of buildings. The aim is to study and acquire, through a period of time (12 months) to stay in an organism and/or research institution, european[2] methodologies related to management and energy upgrading of Existing buildings, whereas the programming maintenance interventions can, in certain cases, request, in line with the legislative references in the field of energy saving (Eu Directive 2010 /31/Ue on energy performance in buildings), integration with interventions aimed at improving and building requalification.
The objective of research project is to study and implement methodologies to manage the complex system of an existing building. In other words, we want to investigate the potential of the relationship of an approach that targets goals that are consistent with the strategy of affirmation of the "green economy" with the policies of building management following the principles of maintainability, energy efficiency and environmental protection. The procedure should be a stimulus for the emergence of new ways of business combining both areas of management and rehabilitation of buildings, the creation of new businesses, and specialization of existing ones. Then trigger a virtuous circle that will stimulate the green economy at the local level, through the implementation of new procedures for the management of existing buildings, and can contribute to the creation of new occupations, new experts and new construction products.
The expected result is therefore a procedure for managing existing buildings useful for maintenance and energy upgrading, and support for the preparation of the maintenance plan, but compared to the past, create the conditions for establishing the temporal planning of new systems high energy efficiency within the plan.
The management procedure will be applied to buildings managed by the University Mediterranea of Reggio Calabria and Chania (Crete / Greece), and will also include the collection identicative registers, functional and technical (systematise the information) of the data relating to heritage education. The methodology can be useful to streamline the programming in time of the interventions, with the aim to heal or prevent the forms of degradation and failure problems, maintain the good economic and evaluate energy performance.
Potential users could include: the managing body of the building university, designers, which could make use of data for energy certification and for the maintenance and / or retraining. Companies that have an incentive to convert their production system and products oriented towards a green economy.

1. POR Calabria FSE Operational 2007/2013-Obiettivo M2 "support the achievement of individual pathways to higher education for graduate students and young researchers at institutions of recognized national and international prestige." Research fellow-Cherubina Modaffari at DARTE (Department of Architecture and Land)-Mediterranean University University of Reggio Calabria. Responsible Scientific-Prof. Massimo Lauria
2. Technical University of Crete-Environmental Engineering Department-Tutor .Assistant Professor Kolokotsa Dionysia

Smart Shading. Façade's Finishing for the Requalification and the Energy Efficiency of Buildings

Alessandro Premier

As it is well known the Italian building heritage includes a great number of social housings in a state of severe degradation. Following the research which has produced the book "L'involucro rivestito", published by Maggioli in 2012, dedicated to the technologies for the requalification, regeneration and valorization of social housings built in the second half of the twentieth century through the intervention on their architectural skin, the research called "Smart Shading" aimed to show how an intervention on the last layer of finishing of the exterior walls can lead to a significant increase in the value of the asset in terms of environmental quality and improvement of energy performance.

The research has been carried out by the author, research fellow at IUAV University of Venice and "Color and Light in Architecture" Research Unit in collaboration with Regione Veneto, Settef-Materis Paints Italia SpA (a company that produces colors and finishes for the building industry) and CERT-Treviso Tecnologia (product certification company).

The research has developed a particular system of façade finishing, particularly suitable for the application over an external layer of expanded polystyrene thermal insulation and able to redraw the chromatic appearance of the building, reducing at the same time the negative effects of solar radiation on the external walls in the summer period. This special finish works on two aspects: high reflectance of the pigments and a special three-dimensional configuration with a shading effect. Thanks to the special pigments and to a micro ribbed surface it is able to increase the reflection coefficient of the wall and shade it at the same time, reducing the internal surface temperature, and thereby maintaining the interior walls at a lower temperature.

The new "Smart Shading" finish applied over polystyrene panels has been tested at CERT laboratories of Treviso Tecnologia through a special cell capable of measuring its thermal insulation capability by comparing it with other standard finishes. The new finish showed a difference of surface temperatures higher than the standard ones (+ 3÷6 °C). Its ribbed surface, realized by the means of a special trowel for the application of stucco, acts as the heat sinks used in electronics: the special finish increases the surface area in contact with the cooling medium surrounding it (the air), enhancing the heat dissipation of the wall.

The new façade finish will be produced by Materis Paints Italia SpA in different "metallic" colors: silver grey, electric blue, copper red, copper green, gold yellow, bronze etc. The guidelines for the use of the new finish allow the designers to avoid the possible adverse effects due to the high reflectance of the pigments. For example the new finish will be used mainly in the upper parts of the façade.

The new finish is part of a broader overall framework, aimed to improve the performance of the existing buildings of the new smart cities.

Le aree industriali dismesse: una possibile soluzione al consumo di suolo e alla dislocazione sul territorio delle fonti di energia rinnovabile

Gerlandina Prestia

La seguente riflessione origina da una ricerca, in fase iniziale e quindi ancora in fieri, sull'opportunità rappresentata dal recupero delle aree industriali dismesse o (brownfields) di configurarsi come alternativa nella problematica ricerca di spazi idonei ad ospitare l'impalcatura strutturale propria degli impianti di energia rinnovabile di fronte alla (ri)scoperta del suolo quale bene comune irriproducibile. «Un'immagine che viene in mente riflettendo sulle aree dismesse è quella di una crepa, di un'irregolare lacuna nella crosta antropica corrispondente all'insediamento» (Manieri M.E., 1980); in esse devono essere riconosciuti elementi di positività individuabili qualora vengano verificate le possibili relazioni tra il concetto di territorio e quello di patrimonio. Tuttavia, vi sono alcuni interrogativi: quali le modalità di riconoscimento delle potenzialità endogene di sviluppo insite nelle aree dismesse? Come avviene tale riconoscimento? Un valido supporto teorico-metodologico, ritenuto adatto a risolvere tali questioni, è il concetto di milieu che si configura, innanzitutto, come stratificazione delle proprietà e delle caratteristiche locali nonché patrimonio comune di una certa collettività locale. I brownfields, se riscattati dal ruolo di vuoti urbani che vivono in stand-by e privi di identità, costituiscono un patrimonio di notevole interesse in quanto offrono una risorsa di spazi importantissima cui ricorrere evitando/riducendo il consumo di suolo. Quest'ultima espressione definisce il processo di conversione di terreni agricoli o seminaturali in aree residenziali, industriali o infrastrutture, con la conseguente perdita permanente delle sue funzioni a causa dei materiali che lo ricoprono. L'UE affronta il problema del soil sealing, attraverso proposte di riconversione di aree già impermeabilizzate, ad esempio, proprio bonificando le aree industriali dismesse come previsto dalla strategia Europa 2020 che caldeggia, altresì, l'adozione di misure relative anche alle nuove energie. Due degli aspetti più delicati della disciplina delle fonti rinnovabili sono proprio quelli connessi alla localizzazione dei relativi impianti sul territorio ed ai conseguenti impatti sullo stesso. Si tratta di considerazioni necessarie in rapporto alla (ri)scoperta del territorio- un tempo mero supporto inerte- quale valore su cui innestare una programmazione accurata finalizzata a stabilire quantità di energia da istallare e qualità di paesaggio da salvaguardare, nonché del suolo quale bene comune e risorsa vitale irriproducibile. La pianificazione delle fonti di energia rinnovabile dovrà quindi valutare, non solamente le relazioni con il contesto e le caratteristiche tecnico-fisiche delle reti di distribuzione, privilegiando soluzioni compatibili con le vocazioni territoriali ma, altresì, le aree industriali dismesse nel ruolo di realistica soluzione alternativa alla realizzazione degli impianti di energia rinnovabile senza consumare ulteriore suolo.

Bibliografia
ALKER S., JOY V., ROBERTS P., SMITH P. (2000), The Definition of Brownfield, Journal of Environmental Planning and Management, vol. 43, no. 1, ed. Carfax.
ARAGOSA A., PETRAROIA M. (2006), Dalle aree dismesse verso nuovi paesaggi, ed. Aracne, Roma.
ARCIDIACONO A., SALATA S. (2012), Il rapporto 2012 del Centro di Ricerca sui Consumi di Suolo, in Urbanistica Informazioni, rivista bimestrale gennaio-febbraio, Ed. INU, Roma.
BIANCHETTI C. (2004), Dismesse e sfruttate, in Il Giornale dell'Architettura n°23, novembre, ed. Aallemandi & C.
D'ANNA M.L. (2011), Le aree industriali dismesse tra crisi e ambiente: degrado o opportunità?, in Urbanistica Informazioni, rivista bimestrale, settembre-dicembre, Ed. INU, Roma.
DANSERO E., GIAIMO C., SPAZIANTE A. (2000), Aree industriali dismesse: vuoti da non perdere, in
GAMBINO R. (2001), Aree dismesse. Da problemi a risorse in DANSERO E., GIAIMO C., SPAZIANTE A. (a cura di) Se i vuoti si riempiono. Aree industriali dismesse: temi e ricerche, ed. Alinea, Firenze.
GARGIULO C., PAPA R. (2001), Aree dismesse e processi di trasformazione urbana, in Processi di trasformazione urbana e aree industriali dismesse: esperienze in atto in Italia. Atti dei Convegni Audis, ed. Audis Venezia. http://www.audis.it .
MANIERI M.E. (1980), La crisi della metropoli e la sfida delle aree dismesse, in Archeologia industriale a Roma. Recupero urbanistico e sviluppo industriale nelle aree dismesse, ed. Carocci, Roma.

OPEN SCALES

(ri)Scalare la progettazione: (ri)Dimensionare il costruito

Cristina Hurtado, Federico Scaroni

L'espansione illimitata è un concetto economico che ha trovato in quasi tutti gli ambiti dell'umano moderno, un'applicazione spietata e ovviamente senza confini. La decadenza economica attuale, sommata alla crisi ecologica strisciante da decenni, ci mostra come i nostri territori non siano in grado di sopportare troppo a lungo un modello di sviluppo basato su una crescita costante. Interi distretti industriali arrugginiscono abbandonati e solo parzialmente riutilizzati da esploratori urbani, artisti e vagabondi. L'Occidente guarda al suo costruito disperso a macchia d'olio, complessi edilizi grandiosi pensati per una creazione della ricchezza senza fine. La ricchezza è però finita e il territorio rimane violato, talvolta contaminato da un modello di sviluppo che ha fatto il suo tempo. Ogni paese dell'Occidente ha i suoi problemi, i suoi scheletri nell'armadio e la scala degli interventi falliti sono spesso fuori dal contesto che li doveva accogliere. Da molto tempo una delle parole chiave del contemporaneo progettuale è recupero: recupero urbano, recupero del Moderno, recupero dell'archeologia industriale, recupero delle aree dismesse. Un'operazione progettuale tanto importante da un punto di vista filosofico e concettuale, quanto ancora elitaria e poco incisiva nel suo reale intento di trasformazione del territorio, urbano e non. Il recupero del nostro territorio non regge ancora il passo rispetto al suo continuo consumo, consumo a tutt'oggi dettato da una malintesa ricerca di benessere. La quantità e la dimensione dell'eccesso di scala in abbandono producono un problema Eco-sistemico in virtù della loro sola esistenza. Il consumo di territorio si traduce inoltre spesso in consumo eccessivo di risorse non rinnovabili. Ciò che è più grande e disperso è più difficilmente sostenibile rispetto a ciò che è più compatto. I centri storici europei hanno vissuto e prosperato nel loro sviluppo raccolto, schema urbano che ha permesso un risparmio di risorse a fronte di tecnologie antiquate. Non è un paradosso che molte di queste tecnologie, spesso decisamente low-tech, vengano riutilizzate oggi nella riprogettazione di questi spazi da recuperare. Fabbriche, miniere, caserme, grandi spazi aperti che si offrono oggi a una suddivisione, una riproposizione di scala che tenga conto delle mutate esigenze. Un cambio di scala che è un forte mutamento progettuale. Una vera inversione di una tendenza che ha spesso visto prevalere il dimensionamento verso un gigantismo affamato di nuove risorse. Oggi, molte istanze stanno cambiando e la scala di progetto è ripensata per un nuovo uso più sostenibile, anche a costo di una ridistribuzione delle risorse costruite e in rovina. L'obiettivo oggi è focalizzare l'attenzione su questa riproposizione di scala del costruito, ripensamento dall'interno di tutto il modello di sviluppo Occidentale.

L'analisi multicriterio per la stima della modificabilità dei sistemi edilizi storici nel processo di retrofit energetico del patrimonio esistente

Maria Vitiello

Accertata la scalarità del sistema architettonico, diviene sempre più doveroso interrogarsi sulla sostenibilità degli interventi diretti all'incremento delle caratteristiche energetiche e alla compensazione delle discrepanze esistenti tra i livelli di prestazionali reali, quelli richiesti dai nuovi usi in funzione della compatibilità delle azioni restaurative sul costruito storico. Rispetto all'edilizia storica, questi parametri necessitano di essere stabiliti intorno a dei parametri non comuni, diversi, particolari: questi sono i livelli modificabilità delle componenti d'involucro dell'edilizia storica, che devono essere individuati sulla base di indicatori capaci di caratterizzare quanto nella materia esistente sia già stato trasformato dal tempo, da sostituzioni o da alterazioni apportate alla sua consistenza morfologica, per poter di intendere quante e quali manipolazioni l'edificio o la struttura urbana nel suo insieme, siano ancora capace di assorbire ulteriori trasformazioni.

La metodologia predisposta, dunque, si articola intorno alla dialettica tra innovazione e conservazione. La proposta di metodo che di vuole presentare è quella che si appoggia alle tecniche di assessment, normalmente utilizzate per lo studio unitario di fattori diversi, multidimensionali e difficilmente quantificabili: ovvero le MCDA, Multi-Criteria Decision Aid. Queste, sono state individuate per costituire uno strumento di supporto al processo decisionale dal quale non scaturiscono scelte preconfezionate, tipiche di una certa manualistica, ma tracce metaprogettuali che si accostano alla molteplicità delle conformazioni dell'edilizia storica.

Attraverso questo sistema si è riusciti a sviluppare delle linee guida per la progettazione del retrofit energetico capaci di accompagnare il restauratore nelle scelte progettuali; queste non sono scritte una volta per tutte, ma attraverso l'impiego delle MCDA sono sviluppate in forma interattiva. Così la selezione delle azioni restaurative avviene sulla base di un archivio di tecniche continuamente implementabile, come nella realtà è in continuo aggiornamento e in funzione di nuove misure e termini di raffronto, così che il percorso di affiancamento al progetto si cali effettivamente nell'alveo dell'individualità dell'edificio storico, quello che nel campo del restauro si definisce il "caso per caso".

In tal modo, ogni macroelemento costruttivo, considerato nello specifico rapporto d'interfaccia con l'ambiente, è valutato in funzione della quantificazione e qualificazione delle alterazioni già presenti nell'edificio, del sistema percettivo posto in atto nella relazione tra sistema urbano ed edificato ed è misurato in rapporto alla compatibilità figurativa, fisica e chimica, alla removibilità, all'effettivo incremento prestazionale e alla fattibilità economica dell'intervento.

Integrating Planning and Architecture

Roberta Ingaramo, Angioletta Voghera

Sustainable development is part of large-scale governance policies, that implies re-orientation of the entire design process from policies to concept and building design.
The paper will present a design methodology based on the integration between the disciplines of urban planning and architectural and urban design.
Our methodological proposal currently being tested, the integrated multiscale project, with no scale limits, can be applied to an extensive area - regional, provincial and local - as in the architecture and design project.
It uses an instrument to provide decision-making support (action contract) and an operational technique (transecting sections technique).
The integrated multiscale project can help in decision-making with a continuous process that links the various scales of action and operating modes. It is also an attempt to overcome the, also temporal, hierarchical vision of urban and architectural planning, immediately correlating structural and strategic decisions with the project decisions for individual nodes, and the interaction of scales and thematic areas, traditionally dealt with in a sectorial way in the planning process.
The Action Contract was created as a means of supporting strategic operational decisions in local projects, the result of consultation between public and private institutions and economic operators, through which bureaucratic decision-making difficulties can be overcome also when they arise in meetings of service providers, to establish not only competences, but also individual responsibilities for the implementation of established policies.
The method uses our technique the transecting sections technique, three-dimensional sections useful for planning complex territorial and landscape systems, integrating various scales of action (the extensive area, boundaries between areas of different uses, disputed territories, focus areas and architectural-technological detail) creating visions and projects for the valorisation of extensive and local areas, to be discussed with process stakeholders (institutional, economic, public and private social) to define overall strategies and single common actions for transformation.
The methodology has been developed and tested in a series of project experiences that have shown the difficulties when dealing with complex issues such as the reorganization of the territory, landscape and architectural forms, with the aim to interpretate, understand, and communicate "all" places, opening new paths for the project.

Ecological landscape design

Pier Paolo Balbo

Total architecture lays its foundation on ecology, no longer "defended" but "aggressively implemented". Green architecture "sees the planet" as a building, internalising the concept of natural resources compensation pursuing an empathic approach to landscape (both "means and end"). Science and culture, logic and emotion will be channelled into a "total compensatory array".
The biotic crisis requires the dwelling-transforming centre of gravity be shifted through post-regulatory creativity at the hands of the ecological-anthropological "settlement conflict"
Dwellers, natural "ecological-cultural" fortresses of territories, must come to terms with the defeat of the West: the spirit of capitalism (Weber) will turn into "spirit of resistance" by re-establishing (through Landscape) the affectivity of "primitive" (oriental-savage) cultures.
Fearing the ecological-settlement devastation characterizing mega-cities-slums of 1 billion people leads to Pietas: feeling the clash between natural processes and anthropic devastation.
Betting on emotional subjectivity can face the anthropological challenge. The social subjects, "accountable for Habitat" (Alain Touraine) rethink the predatory and cruel story of "Cain": farmer, murderer of forests (generating atmosphere), murderer of civilizations (Maya, Incas, Aztec, Indians), slaver in Africa (Jared Diamond), eventually technologist polluting the atmosphere, the sea and the land (Gaia lost its capacity for regeneration).
An Abel will "grieve" with a listening project focusing on places. It needs rethinking of strategies, policies, philosophies, sociologies in the light of a post-capitalist theory at the local level; and more: social and individual lifestyles (Emanuele Severino) releasing an oppositional feeling of the world (Michel Beaud), synthesis of rationality and emotion.
The landscape of the 3rd millennium is organized on three levels: 1. The economic action man earth aligns growth/degrowth by "governing" the population in excess (Rio 1992) and ensures agroforestry balance through landscapes characterised by local cooperating communities and local consumption (slow food, Carlo Pietrini). 2. The social action man cultures raises collective awareness of East (emergency) and West (decadence) mutual dependence by relying on subjects who carry collective feelings. 3. The politic action man places, the "emotional governance" to "foster common Landscapes restoration" through "collective purchasing bodies", opposing individualist building.
Reunified visions (projects) contrast delegate policies by putting governance before the plan – project. The governance "laboratories" rediscover rooted religions full of Pietas (in the roots and "lares") for the place, which has a soul (Genius loci of rooting).
In the era of "individualist fragmentation", Pietas lay in landscape positive longing: interweaving of lost and new countries, of self-consciousness and settled community (against mass consumption removal, Touraine).
The "stories" of landscape craftsmen, creative editors "guardians of the places", promote desirable "transfiguration epiphanies". They settle experiences and teach interactive languages spoken in the living places, in the eco laboratories of universities.

LANDSCAPE ARCHITECTURE
AN INTEGRATED PROJECT FOR THE VALORISATION OF THE PARCO DELLE MURA IN PIACENZA (2012/2013)[1]

Carmen Andriani

This project for the valorisation of the north-west section of the Parco delle Mura in Piacenza raises a number of important questions: the role of the Park as a territorial centrality, the constructive role of agriculture and open spaces in defining this portion of the urban landscape, the progressively more relevant role of slow infrastructural (bicycle-pedestrian) and environmental systems.
In Piacenza the north-west section of the city walls possesses the qualities to become an extraordinary environmental, cultural, ludic and tourist (not to mention productive) system. Its position straddles the historic centre inside the ring of the walls and an equivalent area extra moenia comprised of infrastructures, countryside and the river. The proposal works in this direction, beginning with a reconsideration of agriculture and its diverse meanings: from the minute grain of urban agriculture to the pattern of land holdings in the extra-urban territory, passing through the large void of the valley.
This structure leads to a consideration not only of the longitudinal system of the walls, but also its transversal counterpart, intended as a vaster section through the territory, to all effects regarded as an integral part of the urban landscape. The project deals with all open spaces, prevalently public and varying in nature (residual, decommissioned, the object of remediation, of crossing, for farming, sport, recreation, parkland, etc.). These spaces are attributed a constructive and relational character as part of a functional and physical system; the project encourages the creation of spaces of social interaction and exchange. It creates new functions and new uses (the large vault of the 'agricultural plane' of the market, the pattern of greenhouses, gardens, playing fields and services in the area of the former factory, currently being recuperated). It proposes new uses for selected existing buildings, increasing hospitality services and connecting brownfields and leftover spaces within a unique and fully requalified environmental system.
The prevalence of farmland in the north-west area of Piacenza ties this section of the Parco delle Mura to themes of agriculture and urban gardens. There is also a consideration of the cultural and social value that particular cultivations continue to possess in these contexts. The project proposes a reflection on the possible coexistence of agriculture at the territorial dimension of the contemporary city, in its twofold role as a portion of the urban landscape and simultaneously an source of productive activity. The valorisation of this section of the city walls will affect the spontaneous and fragmentary presence of agriculture, contributing to its modification. It is possible to imagine principles of transformation (through hybridisation, extrusion, the rethinking of the 'pattern' of farmland) that clarify the principles of cohabitation with built spaces. One example is its inscription within a vaster notion of the 'park' – simultaneously productive, ludic, cultural – an idea of the park (the Parco delle Mura in this specific case) that, in a similar single homogenous context, links fringe city and agricultural territory, historic elements and infrastructural bands.

Notes
1. Ideas Competition (winning project) December 2012
Carmen Andriani (group leader) + João Nunes (PROAP) with C. Anselmi, C. Bertoli, J.C. Dall'Asta, V. Fortini, V.M. Marinaccio, C. M. Ribas da Silva (PROAP), J. I. Zoilo Sanchez (PROAP) collaborators A. Agresta, M. Argiolas, S. S. Basilio do Rosario (PROAP), M. Fea (PROAP), F. Ferlicca, D. Giordanelli, M. Merigo, V. Piacentini, A. Revolti, B. Bagherzadeh Saffarin, C. Tomasi (PROAP), M. consultants T. Bertoli (renewable energies) G. Fontana (agro-environmental and eco-landscape aspects)

Architect | PhD in Architecture and building design | Adjunct Professor - Faculty of Architecture, Polytechnic University of Turin

Paolo Antonelli

The current erosion of a system based on consumption - of opportunities , resources, soil, ... - urgently requires a paradigm shift from the point of view of design disciplines . Even if extending beyond a perspective of growth is perhaps too extreme a hypothesis, nowadays a reflection about its ways and forms is indeed necessary. This way, some themes and words gain new relevance: the issue of duration, of the resistance things oppose in the world, the inertia of the big amounts of material and non-material stock and equipment that build our cities and landscapes. Items that can become "operable" , when re-included within a modification project based on by successive waste . One might say, a fixed territorial capital waiting to be restructured, which could be brought back in the game within a real prospect of change, capable of looking at the palimpsest of signs and meanings, but also to the changes of contemporary living.
The contribution will address some key issues: _the erosion of the system of consumption from an economic point of view , which requires and necessitates a selection and a hierarchy in the planning process ; _ the theme of the paradigm shift from the idea of "heritage" in that of " fixed territorial capital "as material operable within a process of modification of the city and the landscape; _ the theme of "deposits" or stock material " that make up our territories , whose inertia and resistance can be validated again and reinterpreted within a project that investigates unusual potential and criticality _ the reverberations that the aforementioned paradigm shifts can introduce into territory modification practices. These issues will be investigated in the light of some families, which correspond to as many possible operative moves that relate to: _ marginal materials - the small and large scale - that are "enlightened" and re-included within a given project ; _ supports and elements of continuity that are reactivated or that reactivate planning in particular settings _ old " containers " that are filled with new " content " , _ build within what has already been built in the perspective of a different way of understanding "density" . The contribution is part of a broader research work , which will become part of two books by the authors themselves and will be published by Actar - List in 2013.

References
Augè M., Futuro, Bollati Boringhieri, Torino, 2012. Lanzani A., In cammino nel paesaggio, Carocci, Roma, 2011. Latouche S., Come si esce dalla società dei consumi. Corsi e percorsi della decrescita, Bollati Boringhieri, Torino, 2011. Andriani C. (a cura di), Il patrimonio e l'abitare, Donzelli, Roma, 2010. Vattimo G. Rovatti P., Il pensiero debole, Feltrinelli, Milano, 1987.

Reversible technologies for new models of temporary urbanization

Francesca Balena Arista

The research fits into the context of environmental issues and investigates the possibility of using temporary structures to build connecting infrastructure such as bridges and roads, which have a low impact on the landscape.
Traditional streets, in fact, are among the most permanent sign that can be left on a territory, and their impact is devastating.
The concept of "permanent" with respect to the function or to the layout of a building is obsolete: nowadays buildings should be flexible and designed to be easily adaptable. The project for the city and its infrastructure should also be reversible and non- rigid.
Reversible means sustainable, responsive to current needs, easy and fast to build, easy adaptable to situations of emergency.
This research focuses in particular on the domain of agro-food, where the problem of infrastructures becomes particularly critical.
The agro-food producing territories, like all other functional territories, require service infrastructures. These are normally built using urban criteria, so rigid that they cause permanent scars on the landscape. The urban fabric is stiff, characterized by irreversible structures and dominated by the rules of planning, while the agricultural fabric is reversible and is dominated by the cycles of nature. The question is: is it possible to provide it with new structures based on a new logic, closer to nature?
To answer this question we analyzed vernacular architecture, which gives examples of temporary structures, as well as other technologies ranging from military to emergency technologies, and new industrial patents.
To conclude our research, we analyzed the territory of the city of L'Aquila, historically characterized by the persistence of a strong link between town and country, and hypotheses have been made about the use of reversible infrastructures to serve the new post-earthquake settlements. Therefore, the proposal is an integration of existing infrastructures with new micro- interventions of a transitional nature. In this way, it would be possible to redevelop the ancient system based on tractors, important pre-existing tools for mobility, and to preserve the agro-biodiversity of the area.

OPEN SPACES

Theoretical contribution to character (Research)

Daniela Buonanno

The integration of agricultural areas in urban spaces (Ruralurbanism) is a topic of great interest, especially during the economic, social and environmental crisis that we are currently experiencing . The demand for food and food products continue to increase, while the fertile lands where it is possible to grow are becoming less and less, due to new buildings and an extremely intensive use of agricultural areas, that will eventually be impoverished to the point of becoming barren, sterile , some real deserts (Piscopo , 2010). Therefore, contemporary urban sciences have to be able to detect and prevent, through specific responses in terms of planning, the effects of a radical change that will completely transform the way we live and perceive urban space. From these premises, there is a need to return to work on our projects with an old material, the earth, to transform potentially fertile urban areas in productive spaces, in terms of food production, but also economic, social and cultural production. The objective of the future will be to subtract the urban 'voids' to the processes of traditional urbanization […] to turn them into habitable and arable landscapes , public space and productive space at the same time (Ciorra, 2011). The " decomposition " of a finite form of the city, following its explosion (Indovina, 2004) in the territory, can be considered positive, if presented as a possibility for the creation of new forms of integration , in which the agricultural "void" and the construction "full" are both involved in a project that will unite them forever (Donadieu, 1998). In this way, it is possible to define a new kind of urban public space , the productive space, whose main component is represented by the land and by its multi-functional value. Every urban void of any shape, size or location, big, small, inclined, vertical , triangular, rectangular , irregular, abandoned or inhabited can become productive and generate new forms of identity, community, as well as economy . A theoretical experimentation of the concept has been applied to the archaeological area in the centre of Pozzuoli, Campania . In an area where the earth keeps the signs and memories of a glorious past, the implementation of a CPUL, Continous Productive Urban Landscape (Bohn&Vilijoen, 2005) could give back life and economic strength to the current, widespread "monumentality minority". The public space production project, through the ability to regenerate itself, can be considered an active and dynamic system, which can create new connections and relationships, including virtual ones. All this without, however, refute or deny the identity of the place where it belongs. The discussed topics are all part of a PhD research still in progress at the PhD in Urban Planning and Urban Sciences at the DiArch of Naples "Federico II", titled "Ruralurbanism : producing land

Bibliography
Ciorra P. (2011), Senza architettura. Le ragioni di una crisi, Laterza, Roma-Bari.
Donadieu P. (1998), Campagnes urbaines, Actes sud; Mininni M. V. (ed. it., 2006) Campagne Urbane. Una nuova proposta di paesaggio della città, Donzelli, Roma.
Indovina F. (2004), curated by, "L'esplosione della città", Ed. Compositori, Bologna.
Piscopo C. (2010), "Deserti", in Molinari L., Ailati. Riflessi dal futuro, XIIa Biennale di Venezia, Skira, Milano.
Vilijoen A., Bohn K.(2005), Continuous Productive Urban Landscapes: designing urban agriculture for sustainable cities, Architectural Press, London.

Micro architecture and urban places of aggregation as ways of living in the "city villages" of Southern China

Marianna Calia

State of the art and argument
In recent decades in China, the urban and industrial expansion has resulted in deep changes in both the countryside and the cities. The villages and the river cities , including Guangzhou, until a few years ago were dotted with canals, rivers and trails often used as the primary means of communication.
Each house had its own small boat moored nearby , but with the incredible development of the automobile , most channels were turned into paved roads and the entire urban and agricultural river system was completely destroyed.
In addition to the network of canals, the network of streets and open spaces, where most urban life took place, was particularly important within the Chinese urban system.
 The alternance of private and public spaces (streets and courtyards), gave the city form a complex structure, very accessible from a social architectural and climatic point of view. The change recorded in Europe over more than a century, is happening much more quickly in China and has serious repercussions on the development of urban forms and architecture.
The "city village" appeared for the first time in the Pearl River Delta, an area that is located in the southern part of China and that competes with the economic viability of Shanghai and Beijing. The difference is that the Pearl River Delta is a "region of the network": it is not possible to compare just one city within this network to Shanghai or Beijing, but the set of urban centers who persist on the PRD, may even beat them in different sectors.
Visiting a city village, one is absorbed by its vitality: there are many people, many small shops, narrow streets, densely built multi-storey houses.
If you have never visited a village inside the above cities, during the first visit you will not be able to have a clear idea of what it really is: you wonder wheter it is a form of speculation , a product of an architectural concept, or an urban accident .
All the villages inside the city were once agricultural villages . In a short time, the dramatic urban sprawl has replaced and incorporated the surrounding farmland . The village within the city represents a social transformation rather than a physical phenomenon.
Guangzhou is one of the oldest cities in China, surrounded by many farming villages, which currently has nearly 140 villages within the city. This number will increase in relation to the steady growth of the city itself.

Field of investigation
The field of investigation is divided into the southern and coastal cities in China, with particular attention to the case study of the city of Guangzhou (Canton).

Proposal for future research and expected results
The research aims to explore the reasons for the increasingly frequent disappearance of these "villages in the city": urban places (urban voids) of social aggregation, they represent the ways of living of villages and cities in China, which are likely to disappear under the bulldozers due to new modern urban expansion.

The Thick Topography of Athens. An Analysis of Post-Capitalistic Cities in Southern Europe

Canta Antonietta, Loconte Pierangela, Piscitelli Claudia, Selicato Francesco

The current erosion of a system based on consumption - of opportunities, resources, soil, ... - urgently requires a paradigm shift from the point of view of design disciplines. Even if extending beyond a perspective of growth is perhaps too extreme a hypothesis, nowadays a reflection about its ways and forms is indeed necessary. This way, some themes and words gain new relevance: the issue of duration, of the resistance things oppose in the world, the inertia of the big amounts of material and non-material stock and equipment that build our cities and landscapes. Items that can become "operable", when re-included within a modification project based on by successive waste. One might say, a fixed territorial capital waiting to be restructured, which could be brought back in the game within a real prospect of change, capable of looking at the palimpsest of signs and meanings, but also to the changes of contemporary living.

The contribution will address some key issues: _the erosion of the system of consumption from an economic point of view, which requires and necessitates a selection and a hierarchy in the planning process; _ the theme of the paradigm shift from the idea of "heritage" in that of " fixed territorial capital "as material operable within a process of modification of the city and the landscape; _ the theme of "deposits" or stock material " that make up our territories, whose inertia and resistance can be validated again and reinterpreted within a project that investigates unusual potential and criticality _ the reverberations that the aforementioned paradigm shifts can introduce into territory modification practices. These issues will be investigated in the light of some families, which correspond to as many possible operative moves that relate to: _ marginal materials - the small and large scale - that are "enlightened" and re-included within a given project; _ supports and elements of continuity that are reactivated or that reactivate planning in particular settings _ old " containers " that are filled with new " content ", _ build within what has already been built in the perspective of a different way of understanding "density". The contribution is part of a broader research work, which will become part of two books by the authors themselves and will be published by Actar - List in 2013.

References
Augè M., Futuro, Bollati Boringhieri, Torino, 2012. Lanzani A., In cammino nel paesaggio, Carocci, Roma, 2011. Latouche S., Come si esce dalla società dei consumi. Corsi e percorsi della decrescita, Bollati Boringhieri, Torino, 2011. Andriani C. (a cura di), Il patrimonio e l'abitare, Donzelli, Roma, 2010. Vattimo G. Rovatti P., Il pensiero debole, Feltrinelli, Milano, 1987.

NEW PUBLIC SPACE – Policies and projects of the present time

Daniela Corsini

The Today, public space management can be seen from a double point of view. On the one hand, urban planning, by enhancing its working tools, highlights how this topic cannot be dealt with using quantitative assessments. The public areas are actually capable to meet citizens' needs, according to qualitative assessments. However, urban management-related topics raise controversial issues. Which is, public administrations find many urban planning's proposals hardly feasible; moreover, many "public" areas are not proper places: often underused, misused as parking lots or, even worse, inaccessible.

In this framework, the feasible approaches to public space planning are two:
1. Endeavoring to integrate public space in the physical dimension of the city. Public spaces are complex spaces, capable to enhance various urban issues, such as environmental sustainability, urban safety, liveliness, marginal areas. Eventually, these are key elements to (re) outline the urban structure, thus contributing to enhance the city's quality in aesthetical and cultural terms.
2. Extending the project's scope to involve the intangible objects, thus transforming a space into a proper place. Public space ought to be busy and lively, which is why it is fundamental to identify the target subjects thus favoring the citizens' participation. Projects for public space can't limit to any re-shaping operation, yet significant, but take steps to deal with space management and maintenance, thus rendering it practicable in time.

Lately, the crisis of the welfare state hampered the path to public space management and structuring. Tailored actions, often on the medium term, are being rethought in the light of the current economic condition, bringing about a change in the nature and quality of public intervention.
A third relevant operational dimension is emerging: studying and referring to the success stories in a framework characterized by lack of resources. Research focuses on multiple-utilities projects, aimed at simultaneously tackling numerous issues, light and low-cost actions, minimal interventions targeted at responding to several current needs, up to the Pop-Up City experience, which organizies temporary single events in vacant places.

OPEN SPACES

The great territorial design: new alliances.

Pietro Currò

Since the disastrous economic and cultural changes occurring nowadays, new reflections on knowledge's complexity and the need to restore knowledge complementarity, particularly in our relevant subject matter realm, are naturally being pursued. In this context, mankind is the bio-psycho-anthropological-social unit.
In the general scientific framework, the complex intertwinement between mind and language, culture and reality, ecology and philosophy, geography and cosmology, combined with the development of techno-science and the information society, ought to be taken into account.
The challenge of this cognitive democracy is emphasized by the internet and its huge neurocerebral semi-artificial system characterized by a strong connection between human and artificial realms.
Looking at the current knowledge content, the planet earth's future appears increasingly tied to human action.
Territory, environment and landscape (see the European Landscape Convention) are a "common heritage" and form part of the learning-planning framework our studies are focused on.
In the last three decades, the categorical imperative of growth has led to the current crisis: decline of the city (fragments and dissemination), landscape destruction, traffic disaster, depletion of resources; fraying of urban areas, demission of productive activities (which often gives way to new homes and new roads), abandonment of farm land and environmental depletion.
Territories and landscapes were offered for sale, to become individual property, thus destroying the identity and sense of belonging with a decadence that prior to being economical, it is of civilization and democracy.
The crisis is now a structural and not cyclical one, mainly caused by natural energy sources' depletion.
The divide between rural and technological civilization has already reached the greatest possible self-satisfaction. The value system had to be changed instead, building a new alliance with the rural and humanistic culture.
Only the rural civilization is complete, since it refers to the common home. The return to agriculture is not just avoiding disasters, mudslides and landslides caused by abandonment: it may bring forth innovative sources of investment and employment.
Solar energy, " biomass " produced by forests and the "outsourcing" of rural workers are likely to bring about employment and environmental benefits. These processes can be implemented by enhancing the knowledge system, by learning to know and produce knowledge, and how to translate it into information and communication.
Energy savings or smaller amount of land used can not be called in to question when it comes to state the discontinuity with the past: it is necessary to accept the earth culture, canceled in the progressive crisis of knowledge, expertise, crafts and democracy.
The new territorial design can only be based on the concepts of system and network: system as a balance between elements, actions and different relationships; network as connecting elements attempting to give the territory (also compromised) a linking role back, through restoring and enhancing processes, in addition to the interconnection between visual and functional fragments with rural values' restoration and defense of the territory .
This is found also in the creative ability, assisted by three-dimensional tools to generate spatial and landscape scenarios imagined but now, even implementable .
The paper is mainly theoretical and will be supported by arguments of studies and research.

Valladolid as a crossroads of landscapes: from intermediate-scales evaluation to planning

Luis De las Rivas Sanz Juan, Mario Paris

The current European urban condition requires that those who study it do it through new paradigms. These are needed to effectively explain the development of the city and to found the project proposals on the reality of the territory rather than following obsolete disciplinary mantra. This paper is focused on a planning experience whose territorial perspective is based on a geographical intermediate scale and on landscape approach. These are key aspects to understand and explain the specific characteristics of an area. Which is why overcoming the very local scale of administrative boundaries is necessary to describe ever-changing, transient phenomena.
Landscape's intermediate geography proves the most effective tool to study the relation between contemporary urban concepts (territory metropolisation, metapolis) and the regional ecological structure.
Our study focuses on Valladolid (Spain): a medium-sized city with an important historical profile and an industrial and administrative center. To work in this field as engineers and planners (PGOU, 2012 and DOTVaEnt, 1998 and rev. 2006) new strategies had to be thought, both for the city and its metropolitan area, tackling urban problems in a singular context of crisis. The work is based on the potential of the city location: the intersection of two productive corridors at territorial scale.
On the one hand, the industrial corridor follows an inter-modal east-west axis and represents the most important production area of the region; the River Duero on the other hand, with the characteristic vineyards landscape and agricultural productions of excellence.
Failing to understand this structure would prevent causes and growth processes' analysis, regarding the city and its role in the territory at different scales (a double centrality is at stake: in the emerging urban area and in the region).
Strong contrasts characterize the territory of Valladolid but it is also a mediation space between recognizable elements belonging to the two corridors (the industrial estates and major infrastructures, the vineyards) that juxtapose and influence each other in the urban area of Valladolid. This case study sets out to show that only an unconventional landscape vision is indispensible to analyse the inter-scalar condition of some phenomena. In the contemporary territory, these may influence the urban structure, and can be drivers of the future development's quality.

From landscape-saving agriculture to agriculture-saving landscape. The Wine Road project on the island of Pantelleria.

Giorgia De Pasqule

The agricultural practice is closely connected with territorial integrity protection and with landscape's beauty and health. For decades, European and national policies have allocated funds for the protection of agricultural landscapes and the recovery of uncultivated lands. Yet, for decades, Italian land has been constantly left fallow, not to mention the crisis of small and widespread agricultural production and the farmers going extinct.

As opposed to Carlo Petrini's best hopes, according to whom farmers will save the world (Carlo Petrini, Terra Madre), agricultural land is continuously being lost, decomposing the relief in geometric elements, materializing the contour lines. The story is set on a Mediterranean island characterised by stone architecture, enduring, protective, that imposes within the natural environment, perfecting it for dwelling purposes, according to the physical needs of local residents and the associated symbolic aspirations. The story is about a centuries-old work of man over nature in order to transform it, by interpreting and harmonically balancing its rhythms, its conditions. Currently, this balance is disrupted: farmers have abandoned their lands, the majority of dry stone walls – representing the supporting frame of this landscape – are also subjected to abandonment and consequent collapse. In the past 60 years, the hillsides of Pantelleria, that our ancestors had endeavoured to render suitable for farming, have been abandoned too. New plantations occupy the few plains and dilate the space of a changing landscape, as regards proportions and shapes. The farming land has been abandoned, partly offset by urbanization and partly owing to reforestation.

If agriculture is no longer able to provide the typical Mediterranean landscape's harmonic balance, can we entrust landscape (so far mere common law to be protected) with the salvific role of our identity? The project here presented leverages the growing interest in environmental and landscape issues that targets a certain kind of tourism (eco-tourism, gastronomic tourism, green tourism) endeavouring to promote it on the island. This is implemented by outlining an educational course that provides a systemic mapping of the various hydrogeological, cultural, physical and morphological characteristics of the territory.

In addition to its educational purpose, the new course serves as an instrument for connecting and promoting local activities, linking all farms in the area with the help of the Administration, pursuing the common goal of rendering future investments on the territory more realistic. The course, to be implemented with different speeds depending on specific landscape features, sets out to rediscover the close ties between territory and economy, landscape and identity, climate and crops, including stone, water harvesting and erosion control.

Urban and rural landscape in Naples: the case study of the Metropolitan Park of Naples hills.

Cecilia Di Marco

The evolutionary dynamics of urban settlement systems, particularly in Europe, determine strong impacts from the environmental and residential points of view, mainly due to sprawl and land use. Consequently, protecting local agriculture is of paramount importance, not just as a sustainability factor of the settlement pattern, but also as realm where innovative and self-sustainable forms of local development can be generated by the urban-rural relationship.

The areas in between the urban and the rural landscapes can produce new forms both of heritage and social economies' care, through experimental design strategies leading to rediscover a relationship between city and countryside and to create a new balance between the living and the agricultural space.

Having said this, the paper aims to explore the green belt surrounding the city of Naples, in particular the rural areas of the Metropolitan Park of Naples hills. The only outcome of this park has been to stop land and resources' use as well as illegal practices that took place in these areas of high natural interest, failing to trigger a truly integrated approach to restoration and enhancement of natural resources.

The area under protection, located on the border between the historic city and the suburban residential housing settlements, is made up of sections of the compact city, small tracts of territory, which in most cases were preserved uniquely owing to their inconvenient morphology or poor accessibility. In spite of this, these areas are rich in resources and in some cases have developed informal economies useful to the city. As an example, small farmers sell their products in the local markets.

The residents of the neighbouring urban areas can benefit from these areas' potential, but the same applies for the entire metropolitan area, which could find and propose new settlement patterns, strategies targeted to the park multifunctionality aimed at the establishment of leisure greenbelts, educational experiences and agricultural production for the city through the sale of locally grown products.

In this framework, the research sets out to analyse the areas in between urban and peri-urban spaces that could trigger new economic and social relations based on the environmental landscape value of the territories and on the protection of their identity. Only a sustainably managed lively and productive land, can ensure green corridors and natural areas' conservation along with biodiversity protection.

References
Donadieu P. Campagne urbane. Una nuova proposta di paesaggio della città, Donzelli editore (2006)
L Recchia, R Ruotolo, Parco Metropolitano delle colline di Napoli. Guida agli aspetti naturalistici storici ed artistici, Regione Campania (2009)
A.Clementi, Paesaggi interrotti. Territorio e pianificazione nel Mezzogiorno, Donzelli editore (2012)
A. Lanzani, I paesaggi italiani, Maltermi Roma (2003)

OPEN SPACES

"Essential" voids. Experiments in the Grand Paris project

Orfina Fatigato

Often, our urban landscapes look miserable: on the one hand, the spectral sequence of architectural ghosts that, however well preserved, are often "useless" and, on the other hand, the jumble of empty spaces alternating with huge amounts of disused/underused cubes.
These landscapes of waste, Berger's drosscapes (2007), are marginal empty spaces, different from each other but equally "pending". P. Vasset in the région parisienne explored and studied these white spaces; Perrault puts these vides, lieu de tous les possible at the centre of Metropolis?. Open unbuilt spaces whose privileged status of being free, non-decoded, hence available to new contemporary contamination has to be protected. They are contemporary ruins, (Clément 2012), bearing their interrupted or incomplete history. The cities seem Cronocaos where possible reconciliations occur through a new interpretation of the "pathological" remains.
The vacuum offers itself as a valuable material for imagining the 21th century megacity's sustainable development.
The Kyoto Protocol has radically changed the meaning of sustainable development at the global level. As a consequence, the empty space has gained a new "global" value. France, through the Grand Paris, has fostered a discussion on how to link the "global" post-kyoto issues with the "local" Parisian identity.
The G.P. is designed as a complex process that aspires to change the relationship between Paris and its banlieue, and to turn the capital into a "fair" and "sustainable" megacity. Among the five questions that AIGP[1] placed at the base of the long process started in 2008, there is one - Les espaces ouvertes sont-ils l'avenir du Grand Paris? – that calls into question the interest towards the open space as an instrument for new urban relationships.
Since 2009, ten multidisciplinary teams, now fifteen, have put forward different scenarios regarding the possible transformation of the capital's metropolitan dimension. The innovative feature of the Grand Paris lies in the aspiration to outline the "identity" of the 21th century megacity through the optimization of existing resources, namely by land restructuring, densifying neighbourhoods, preserve and systematise soils, intensify urban relationships.
The G. P's project promotes the transformation of the vacuum from scrap into active urban material, which is variously interpreted and the update of its aesthetic value's definition terms, thus contributing to disseminate a new "idea of beauty" for the 21th century megacity's open spaces.
Among the various projects under way, without the ambition to provide a comprehensive summary, a few remarks are further proposed, relating to various design scenarios developed by different teams involved, which have translated the need for land use reduction into the restoration of underused empty spaces as an act of exploration, conquest and reactivation.

Notes
1. Atelier International du Grand Paris, n.d.t.

Land stocks. Recycling for the future city

Maddalena Ferretti

I wonder which urban transformations are we going to witness in the next 50 years? The contemporary urban planning debate is increasingly focused on the definition of the city of the future. Ecological, sustainable, efficient, functional, cosmopolitan, global, it will have to meet the needs and the new demand for quality that have arisen in recent years owing to the current crisis– which is ecological, economic and social– and to the unfulfilled expectations of the metropolitan development model. Confronted with this issue, we can resort to a range of possible design solutions, and new paradigms, which vary according to the contexts of reference.
Speaking of Europe, the keyword is recycling. It became a customary word, in our working field too, after the exhibition Recycle. The German pavilion at the XIII Biennale of Architecture in Venice, where the exhibition "Reduce, Reuse, Recycle" took place, focused on the same topic. Even architecture, cities, territories can be recycled; they actually are a valuable resource to be protected, especially in the European urban tissue, which is highly densified. In this sense, open spaces and urban voids are fundamental values that can foster the future city's physical change. As Rem Koolhaas points out, "the Generic City is held together … by the residual" (Koolhaas 1994, p. 1253), the residue connects otherwise unrelated objects on a meaningless level. The empty space is therefore a fundamental value for the contemporary city. Perhaps then, rather than a "new urban question", what needs to be addressed today is a new charter of open spaces, an issue that affects landscapes and dwelling at the same time.
Land stocks is the term that describes the new operational framework of contemporary architecture and urban planning and represents a new resource for the city's transformation, characterized by waste residual spaces, stuck in the middle of the built environment's dispersion, such as landscapes that lag behind. Land stocks are not being invented today. They are a figure of the post-crisis city. They embody the weakness of the metropolitan model and the need to search for different possible transformation strategies.
By analyzing recent projects, this paper sets outs to assess the possibility to imagine the city of the future as the result of a complex, flexible and adaptable strategy, in which the land stocks are recycled through new operational instruments of urban planning and gain a new meaning if associated with the new paradigms of ecology, sustainability and sensitivity to the landscape.

Notes
1. Mosé Ricci, Nuovi Paradigmi, Listlab, Trento- Barcellona, 2012, ISBN 9788895623535
2. Recycle. Strategie per l'architettura, la città e il pianeta, exhibition held at the MAXXI Architettura- Museo Nazionale delle Arti del XXI sec., Roma, 1.12.2011 – 29.04.2012
3. Rem Koolhaas, The Generic City, in S,M,L,XL, edited by O.M.A., Rem Koolhaas, Bruce Mau, 010 Publishers, Rotterdam 1995, pp.1253
4. Bernardo Secchi, La nuova questione urbana, introduction to GRANDE SCALA. Architettura Poltica Forma, a cura di Antonio De Rossi, published by List Lab Laboratorio, Barcellona 2009, pp. 4- 6

Guinaw Rail, Senegal.
Ecologia di un villaggio urbano

Robero Filippetti

This work presents the results of a research, both theoretical and experimental, focusing on Guinaw Rail, one of the many informal settlements that form the outermost peripheral surroundings of Dakar, the capital of Senegal.
Long seen as places without history, tradition, rules; sometimes even without a name, these neighbourhoods appear today, paradoxically, one of the most lively contexts in the area.
Though still largely unexplored, these territories – real open air laboratories – are home to over two million people: mainly farmers and villageoises, recent immigrants from the countryside.
Here, they experience autonomous urban models, alternative to the "official" ones that are currently afflicted by endemic problems (speculation, congestion, lack of identity) that no administration seems able to solve.
In this context, Guinaw Rail is one of the most interesting realities, however among the poorest.
Founded at the beginning of the eighties in an abandoned area sitting on the edge of the planned city, this neighbourhood is home to over 70,000 residents in a piece of land of just 200 hectares.
Here the population managed to organize, with poor or second hand tools, a cohesive and compact ad-hoc urban fabric: a true urban village, where local traditions mingle with modern civilization.
The settlement's open spaces organization, keystone of community life, has been interpreted in relation to the economic, social and cultural development of its people. The neighbourhood has thus proved to be a vital and complex urban ecosystem, though fragile, where the survival of its inhabitants is constantly reinvented through various activities of self- subsistence (farming, herding, small businesses) put in place at every street corner.
The local government's decision to construct a highway passing through this site in the immediate future provided the incentive to rethink the settlement's identity and find a solution for some of its longstanding problems. It has been therefore suggested to implement an urban regeneration action to renovate the most degraded dwellings and improve the dramatic sanitary conditions of the area by integrating "green infrastructures" in the new public spaces.
Architectural and urban design traditional tools are thus intertwined with environmental engineering to improve, with minimal impact, the functionality of a complex environment, taking into account some of the invisible forces that have shaped it: politics, economics, ecology but also culture, memories and dreams of its inhabitants.

Recycling The Wrecks Of The Motorway A3 Napoli-Reggio Calabria For A Linear Park In The Tyrrenian Coast (Costa Viola)

Vincenzo Gioffrè

Abandoned infrastructures recycling is an effective device to produce valuable new public space without further land consumption avoiding the environmental costs of demolition, positively regarding slowness to measure the timing of nature, reveal the beauty of landscape, rediscover the ecological dimension of everyday life
This is the case of the Promenade Plantée in Paris and the High Line in New York. Two obsolete railway tracks that, instead of being demolished, have been reinterpreted in a contemporary way, turned into an elevated pedestrian path with an unusual view of the surrounding neighbourhoods. In both cases, the original structure remains as a memory of the recent past but vegetation is all over the spaces, almost as a compensation of thick and mineral cities. The first case, in Paris, involves a conventional sequence of flowerbeds and benches, enhancing an almost intimate walk with inviting and reassuring spaces.
In New York, a sophisticated design interprets Gilles Clément's theories of the third landscape and enhances the value of biodiversity in the urban public space. The practice of recycling disused infrastructures is spreading in Italy too. This is the case, among others, of the cycle path created in the former railway track Caltagirone-Piazza Armerina in Sicily. The low cost project is based on punctual actions implying few materials; a colourful ribbon of asphalt serves as narrative device to comment on the Sicilian hinterland landscape crossed by bicycles.
Referring to the vast repertoire of experiences in the field of disused infrastructures re-signification, the research project proposes ** to recycle the remains (wrecks) of the A3 motorway stretch Sant'Elia-Scilla (Reggio Calabria), in order to realise the Costa Viola linear park.
These are fragments of the original route, dating back to the seventies, and now discontinued and demolished, consisting in some cases by artefacts of absolute value as the viaduct Chianalea by Riccardo Morandi overlooking the village of Scilla.
The linear park measures 12 km, the road axis serves as a central thread around which the surrounding site's roads and trails are engaged to create a network of trails to be explored on foot, by bicycle, on horseback, where to buy local products, meet the local inhabitants, discover the landscape.
The scenic route offers a spectacular sequence of frames: the view of the Stretto, the rock of Scylla, the skyline of the Aeolian islands, cliffs and terraces, the slopes of Aspromonte, the eddies of Charybdis and, in the spring, birds of prey, swordfish, tuna, dolphins. It is the discovery of a landscape-schedule that must be told and lived with only minimal work to enhance the signs of ancient beauty, the rough and wild nature, the lingering traces of myths and legends.
* PhD in Landscape Architecture, Mediterranea University of Reggio Calabria, Department dArTe.
e-mail: enzo.gioffre@unirc.it; tel. 3476299763
* The recycling of the A3 motorway remains is one of the case studies addressed in the research project "RE-CYCLE Italy. New lifecycles for urban and landscape architectures and infrastructures", co-financed by MIUR PRIN 2011 (Italian Ministry of Education) for the years 2011 to 2014, Research Unit: IUAV Venice (coordination), Universities of Camerino, Chieti-Pescara, Genoa, Naples Federico II, Palermo, Polytechnic University of Milan, Polytechnic University of Turin, Mediterranea University of Reggio Calabria, the Sapienza University of Rome, Trento.

OPEN SPACES

Relational potential and design of open public spaces

Sabrina Leone

The open collective space is built on relationships, activities and exchanges. Historically, it is their scenario or acts as a support, as well as it supports the relationship between man, his behavior and his natural or constructed surroundings.

The contemporary city, once crossed the borders of the historical city, has spread in the area, continuing to multiply the facets of public spaces in a landscape-territorial dimension, only partly oriented towards the idea of developing the relational potential of these areas or enhancing its contribution in terms of qualitative transformation. In fact, in this way, the size to which it refers is multiplied, but its physical expression modalities are often trivialized by new homologation procedures, or by re-proposing old design models, unable to give adequate answers to modern societies / cityscapes / territories in their complexity and criticality.

It should not be overlooked that public spaces today are also faced with new roles: they have to be engines of urban transformation, generators of quality of urban life, like new fabrics of regeneration of the city (at several levels: physical, social, economic, energy / sustainable / ecological, etc.)..

At a glance, it can be said that traditional public spaces such as streets, squares, parks, and gardens have been implemented in the public hear / imagery of all those who, more generally, started from the non-places, the atopy, and then reached other areas of heterotopias, e-topias, ranging from airports, outlets, theme parks, holiday villages, buildings or cultural buildings etc. .... from these physical spaces, they have then reached the non-material spaces of cities that are electronically assisted and universally interconnected through networks. Spaces that are difficult to categorize and to recognize, very often unable to respond to the issues and problems of contemporary society, and therefore unable to make an active contribution to the transformation of the quality of social, urban and environmental modern life.

The relational potential (defined as the relationship between man, his behavior and his natural and artificial surroundings) is a challenging aspect to analyse: it requires further investigation about real and operative prospects for development that, nowadays, are giving new life to the collective / public / open space of our landscape in all its possible forms.

Where can we already find these relational spaces, to be activated with the project? What are the features of this potential relationship that should be developed? What role and what effect are these project areas capable of producing? What mechanisms can they trigger within the urban landscape or in a man-modified territory? Is it already possible to find contemporary projects where these mechanisms are applied?

This proposal focuses on these issues.

Formal and informal "Urban commons". Designing a new common space and a shared awareness of common urban culture.

Barbara Lino

The structural crisis experienced by the majority of European cities require a new view of the urban space adopting a different development pattern as well as a far reaching planning and design patterns' reorientation.

As a matter of fact, the economic crisis and the financial-related problems it brought about, caused a major structural decline in investment and public welfare.

The "urban commons" local management, developed at an international level by studying experiences of recovery and "care" of unused spaces, puts forward new design processes by raising a shared awareness of community, thus paving the way to possible changes in lifestyle and to different uses of the public space which may contribute to pursue the three goals: "Reduce, Reuse, Recycle".

Such experiences, stemming from an approach whose patterns are rapidly changing, seems to be fuelling a form of "local resilience" based on alternative methods of spaces' rehabilitation aimed at new lifestyles and at using public resources so that they can flexibly withstand the dramatic cut in welfare.

This context implicates such issues as the concept of "care", of social accountability and sustainability, not to mention the opposition between a "designed" public space (a means of representation being led from outside) and one which is "experienced", consequently transformed by use and daily activities.

By describing a few international experiences and analysing spontaneous practices of care and common spaces rehabilitation in social housing estates in Palermo, this paper sets out to address the role that the recovering of common spaces may play by influencing new projects. Such projects, regarding the common space, function as "incorporators" of meaning and quality "thickeners", thus highlighting problems and issues which are likely to arise when it comes to planning processes and to the dichotomous interaction between the private and the public sector.

The Turin metropolitan rail system: a project device for scenarios and narrative, and the transformation of territorial armours.

Danilo Marcuzzo

The current global crisis necessarily requires a new awareness, to overcome the paradigm of perpetual incrementalism - nowadays anachronistic - in favour of a redefinition of balance and development models. The rethinking of the "territorial armours" represents an opportunity, with extensive potential in matter of design and added values, conveyed by questioning the practice of the infrastructure project in a sustainable way. The new challenges imply a rethinking of the strategic approach in toto, in a long-term scenario in which integrated transport networks will inevitably supplant the spaces dedicated to private, individual mobility.
The Metropolitan Railway System, in the context of the changes currently taking place in Turin, provides a potential project device to work on a broad landscape of settlement and territorial transformations. The project involves "system implementation" of local, existing rail services, cadenced and reorganized along the new Passante light railway, on 5 lines on metropolitan railway, designed for mobility in the medium-short range, facilitating the interchange between different modes of transport. Therefore, the theme of integration can potentially take various forms: intermodality, interference between speed, hybridization of functions, contamination between disciplines.
The scientific community clearly needs to adopt different design strategies for the Grand Scala, according to the different contexts and complex spatial relationship; it needs to abandon the idea of isolation and extend the research project to external realities, from social issues to the world of dedicated decision-making processes to implement territorial transformations; it needs to subtract the design of network systems based on quantitative logic, related to specific disciplinary areas of reduction of impacts a posteriori - shifting the point of view from the artifact to the whole context - by searching the quality of such design as a fundamental complement to technical intervention. Subsequently, the question of the specificity of infrastructure, arises: often admitted to the category of 'non-places', which could be residual bearers of identity. They could design the representation of ties and sequences in a narrative dimension; build plots with a "general direction", in a system of similarities and differences: unity and seriality, rules and exceptions. A new role for the railroad, from physical or percepual caesura to "tool" to read and interpret - as a large section of land – the mutations and the potential of the programming : a privileged view, in which the exclusivity of the track is able to offer an objective look and allows us to understand the structure of the territorial settlement matrices. An "archive" to represent the values existing in that territorial area, to record the progress within the metropolitan area and analyse the possible scenarios for long-term projects.

The potential of "residual material" in the contemporary city: a project for the functional re-conversion of the former Fiera of Rome

Carmela Mariano

The economic, environmental and social crisis that we are experiencing in recent years has exacerbated the need to find solutions to urban diseconomies, in terms of mobility and accessibility, social cohesion and more generally of urban quality, produced by urban sprawl.
Metropolisation processes and the dynamics of urban sprawl, which have dominated the process of urban transformation in recent decades, have left the city a number of places that are sometimes marginal, and sometimes placed in the fabric of the consolidated city, abandoned places, variously defined under-used spaces (terrain vague, drosscapes, Junkspace), which today represent, by virtue of their widespread presence in the metropolitan area and of the opportunity to rethink them within a territorial network of open spaces, a great potential in the process (the opposite of urban sprawl) of urban regeneration and compaction of the fabric of the contemporary city.
Designing places dedicated to the waste, the rubbish, the disposal means dealing with a situation that is already established, where the project performs the task of seeking dialogue with the physical and social context in order to define a comprehensive set of interventions on the city, starting from the opportunities that the place offers and that must be identified.
Unlike many other Italian and European cities, Rome does not have a vast and widespread territory of unused, potentially productive assets. However, a few available areas of this kind have an exceptional strategic importance from a location point of view, for two reasons: they are located within that broad context that the new regulation plan has defined as the "fabric of the historic city," and this context is is often characterized by chaotic development after World War II and lack of adequate infrastructures. Hence, a contradiction with a strong character of "provocation" for those who must take action today: a historically qualified context, that has been partly dequalified on a formal an functional level during the 50s and 60s.
The urban plan for the former Fiera of Rome complex is part of the political conversion of the functional sites where operations have been discontinued. This paper presents a critical overview of the two proposals, with regards to settlement weight, functional mix and possible effects on a highly urbanized environment, made by different municipalities that were in charge in recent years.

OPEN SPACES

Mining landscape and drosscapes: a landscape rehabilitation and recycle opportunity

Nicola Martinelli, Federica Greco, Francesco Marocco, Michele Mundo

Modern cities are home to dynamic transformations producing continuous refused and fragmented interstices. Here, projects ought to be implemented as a new challenge for architecture, facing the current economic crisis, which affects cities too.
Today, urban design mobilises economic, social, technological and ecological synergies focusing on landscape recycling.
When it comes to drosscapes, to quote Alan Berger, mining landscapes are a fertile ground for testing new reuse and rehabilitation strategies as well as technologies.
Landscapes produced by the quarrying of stone are among the drosscapes with the strongest sense of identity in Puglia, given the importance of the mining sector in the region and, above all, its key role when it comes to political strategies and research at the Centres of Research and Universities (Prin Recycle Poliba – Unina).
State of the art:
Recent land management reforms in Puglia highlighted the need to implement land requalification operations and enhance the mining sector, as a key production activity. Both the Piano Paesaggistico Territoriale Regionale (Landscape Regional Plan), still underway, and the Piano Regionale Attività Estrattive (Regional plan for mining operations), in force since 2007, ensure productivity and sustainability by identifying negatively affected areas where to test new planning instruments, such as the Piani Particolareggiati.
Moreover, the Distretto Produttivo Lapideo (stone sector) could be the ideal place for meeting the regional demand for innovation in a sector that lags behind when it comes to process and production dynamics by promoting, along with Universities and Research Centres, sustainable projects, thus positively affecting exports and establishing a brand named Pietre di Puglia (stones of Puglia), closely linked with the rehabilitation of mining landscapes.
Case study
In this context, the inter-municipal mining centre comprising Apricena, Lesina and Poggio Imperiale, at the base of Gargano, is one of the widest drosscapes at regional level, namely a landscape where mining stops having a negative impact on the environment to become a landscape opportunity.
In particular, in the last few years the municipality of Apricena has implemented a number of plans and projects setting the example as urban design "factory".
Apricena is thus the perfect setting for testing rehabilitation, recovery and reuse alternatives following well established and widespread methods and best practices based on the feasibility ensured by the urban instruments of the region.
The study focuses on the potential of the mining sector to mobilize new economies in the region by rationalising the chain extraction-processing-marketing of natural stone products with the involvement of all actors of the mining landscape, from the quarryman to the buyers, the product manufacturers and the designers.

From the panoramic view to the landscape: the Tourist Park of Punta Corona in Agerola

Pasquale Miano, Eugenio Certosino, Felice De Silva, Bruna Di Palma, Giuseppe Ruocco

The project for the Tourist Park Punta Corona, winner of the design competition launched by the Municipality of Agerola in the Province of Naples , starts from the interpretation of that particular area as the point of observation of a very charming panorama, but above all as part of an interesting and articulate landscape, to be reconfigured through the project .
Punta Corona is in fact characterized by a specific morphology and a configuration of the landscape that derives from the particular shape of the valley, crowned on three sides by the Lattari Mounts, which takes a huge positional value as an extraordinary "terrace" on the Amalfi Coast. Its set of glimpses and views is enhanced by the paths that define conditions of continuity, often underestimated. The project proposal has taken into account the situation of constraint for integral protection which characterizes the entire area of intervention, a situation which in fact led to a deadlock condition and in some ways has also favoured the abandonment of this part of the territory. Nevertheless, the clarity and particularity of the morphology allow us to highlight the layers of a recognizable palimpsest landscape. In this case, the preservation of the landscape is only, to some extent, the preservation of the physical conformation of the territory: more than anything else, it is the preservation of a process.
That is why we have identified three components of the landscape, each one representative of a part of the intervention on the Park of Punta Corona, divided into three lots of intervention:
- Terracing , as a system of anthropization of the steep slopes towards the coast , - the path , as a system of crossing of the woods ;
- The Ager , the cultivated field of medium size, is embedded in a mostly flat environment, with slightly staggered levels .
The three identified components , properly recomposed , have become the elements of the project, or, in other words, have become the building elements of the park project .
For the panoramic viewpoint, a lot of work has been carried out on the theme of terracing , building a system of points of view over the landscape. The viewpoint is connected to the various areas of intervention through the network of paths inside the chestnut grove , structured through a network of trails and picnic areas . For the widest area , arranged around one of the towns of Agerola , we followed the trend of the soil clods in staggered dimensions , " the ager " , assigning them specific functions.

The Park La Palomba in Matera (Basilicata): mise en paysage

Mariavaleria Mininni, Cristina Dicillo, Rosanna Rizzi

Contemporary visual art has become a social sculpture, as Beyus said, meaning that it carries an ethical message; suggests a critical relationship with reality; helps to direct the sight; and to poetically say more than what urban reality (considered by Latour as a self-defining entity) can communicate to the inhabitants. In this sense, Palomba sculpture park is a place that could synthesize and amplify Matera's cultural values system; that could describe, better than words, its geology and landscape; and that provide us an explanation of his emblematic relationship with history: a lightweight, changing idea of heritage, which traverses our everyday life, is subjected to continuous hybridization of meaning, showing its paradoxes and conflicts; an heritage scenario that does not speak to the past, but enters the stream of changes to critically relocate Matera in the present without constraining its future to the past.

We adopted two reading keys to interpret an emblematic place, with multilayered meanings, located in the periurbanity of Matera: a former tuff quarry converted into an outdoor sculptures museum. (i) The former concerns the relationship between art, social transformation and public sphere. (ii) The latter relates to the "mise en paysage", i.e. the ability to create a Landscape act, defining more than narrating the essence of a site.

Palomba sculpture park is an evocative synthesis of the complex relationships that characterize the Matera landscape, where the natural and geological legacy of the Gravina and of the paleo-anthropological layers of the cave settlements are regenerated by landscape artistic approach. Converting the quarry into an outdoor museum measures the ability of a contemporary project to establish links between different places and times.

Aim of our work is understanding how the planning process could affect social transformations when operating with a landscape-oriented reading key; finding the message underlying the rehabilitation of an abandoned space, sited behind an orographic cut in the same stones in which Matera built its unusual relationship with the nature. As De Certeau said, Palomba Park produces either a second geography or an unknown poetry, that arts could better communicate.

Tools for a phenomenological investigation of suburban space: the story and the novel

Francesco Morocco, Mariavaleria Mininni

Argument
The proposed study will search the notion of landscape to find interpretation tools for sensitive, contemporary reality, and to help to outline proposals for their transformation . The proposal moves from the very challenging territory of the contemporary, to the peripheral urbanity, an area that demands its own statute of space because it is more extensive than any other territory in most of the geographies of the world. The suburban space is the most inhabited and shows new practices which are calling for a taking of responsibility and pose a fundamental question : should we design peripheral urbanity or will it remain the outcome of a project without an author? The present study investigates the validity of the narrative modes (photographic, cinematographic, documentary and, most important, literary) that concentrate on suburban space, which have helped to create an open cognitive map of the landscape, in which not only important the physical size of the places is important, but also the way in which they are perceived . The design of the suburban space cannot be carried out properly without a correct representation and depiction of such space.

State of the art
This work tried to explore the conditions in which peripheral urbanity could be considered a territory halfway between urban and rural space, a third party that is unprecedented and has a reason to exist only within a strong project option. The thesis finds arguments and confutations from : (i) the construction of a well-defined set of disciplinary studies on the city, in the search for a comparison between the story (authors and works) and the re-construction of the urban phenomenon enclosed within those visions, (ii) the positions of Augustin Berque and the French school of landscape to which he refers, and the correspondence of certain conditions (four postulates) according to which a place can be considered a landscape we can discuss about, and outline future transformations.

Case study
This study uses a phenomenological approach to understand the perception of the urban phenomenon, taking into account other cultural products as well as those made available through the techniques of spatial relief just to give depth to the phenomenological dimension that links the city to the countryside .
The reading and the correct interpretation of peripheral urbanity, made through the use of the short story and the novel as phenomenological survey devices, can be useful tools for the design of the contemporary city.
This innovative research stems from an unprecedented attempt to read some cultural products (novels, documentaries, films), aimed at exploring their power to evoke a space, while detecting some useful devices for the project.

OPEN SPACES

Public space in the age of I_PAD

Laura Montedoro

This paper wants to propose a reflection on the implications of the increasing use of technology by the inhabitants of metropolitan areas and on their potential, with particular reference to devices that tend to affirm a liberation from the localization of people and activities .
The changes in contemporary society – and along with them the changes in social practices , trends settlement , modes of use of the urban space and territory - have led the experts to wonder about the persistance of some established models of urban life and the exploration of new housing practices and lifestyles . The public space, an irreplaceable setting of urban life, is the center of a renewed interest from those who make the city the object of their work : politicians, administrators , architects and urban planners. Therefore, alongside anthropological and sociological readings of the change in the contemporary world, a disciplinary thought takes shape: it aims at investigating how urban design can interpret the change, and still convey inalienable values of civilization. What we intend to investigate is the tight relationship between the physical configuration of the space and social practices , giving urban design a potential that is often denied in current urban practice, often not attentive to the quality of the sites. We question, therefore, the technical, formal and symbolic requirements that the new practices involve or require for the spaces of the consolidated city, and the regulatory and disciplinary design tools that necessary to address this issue.
The proposal is to avoid an antinomy between smart cities and traditional cities , 'efficient ' cities and ' beautiful' cities, between economic logic and quality of public space. On the contrary , we try to prove that a city beloved by the people, that offers plenty of relational opportunities , and boasts aesthetic qualities is often a virtuous example of operation, of containment of social problems and economic sustainability , where technological devices can provide important support , to promote the search for new synergies.

Unauthorized building in the Appia Antica area park

Federica Morgia

The Appia area's development was closely tied to the city of Rome from the first half of the 17th century to the creation of the Park in 1998. Analyzing this place is like carrying out an urban biopsy of the inner city, from the Castelli Romani (Roman castles) to the city centre. Thousands of people live and work around its edges and borders: the park stretches along 3.500 hectares, the 85% of which is private property, which is why going behind the fundamental protection of its archaeological heritage to transform the area in a modern landscape is needed.
In this context, the park is different from the city when it comes to unauthorized building. While until the end of the 1980's unauthorized building in the area was synonymous with luxurious houses; from the 80's onwards, unauthorized construction dealt with service sector and commercial buildings. The park hosts sheds, rooms for the storage of goods, agricultural and sport equipment, deckhouses, tennis, bocci and archery courts, football grounds and more.
Unauthorized building has brought about a morphogenetic change, which mirrors the way the city uses the park. The extremely wide green area that extends to the municipalities of Marino and Ciampino to reach the heart of the city looks like a large stretch mark in the body of Rome, subjected to rapid and undisciplined crossing. A more comprehensive and self-aware use is the most efficient instrument to tackle the decay and incorrect use of the park.
A comprehensive and inclusive network system comprising archaeological heritage, agricultural landscape and urban fabric is needed, which focuses on the interstices between the ruins and the built-up areas. Such a system's access ought to be regulated by establishing points of interconnection, paths shared between cycles and pedestrians at the underground and train stations. Above all, it is recommended that the archeological heritage is not handled as a defense bulwark, at the risk of being inaccessible. Our suggestion is to develop a series of narratives, on the basis of the park's vocations: the agro1 natural landscape, the evocative landscape, the artificial landscape dominated by infrastructure. A shared and widely enjoyed area becomes a key common good to be defended, loved, passed and to identify with.

Bibliografia
Branzi A. (2006), Modernità debole e diffusa. Il mondo del progetto all'inizio del XXI secolo, Skira, Milano.
Carta, M. (2007), Creative City. Dynamics, Innovations, Actions, Barcelona, List.
Imbesi L.(2011), Territori e valori in Paris T., Cristallo V., Lucibello S., Il design italiano.20.00.11 Antologia, Rdesignpress, Roma.
Manzini E. 2009. Prefazione In Rizzo F., Strategie di codesign, Milano, Franco Angeli.

About the extra-ordinary architecture of the street. Regeneration principles for the public space in Rome

Caterina Padoa Schioppa

Nowadays, urban regeneration is a major urban challenge as it can consistently respond to the global crisis affecting economies and ecologies too.
The paper focuses on the research, carried out by a small group of architects into the High Streets of Rome's suburbs. "Streets are the main result of urban culture" according to many urban theorists, from Georg Simmel to Richard Sennett.
However, just as occurs with the majority of infrastructures, streets have also undergone a profound metamorphosis during the last decades.
They used to be a third space in between: dedicated to challenge, improvisation and fertile entropy. Now they are but a contended space, insecure, where an invisible power is displayed. Rosalind Williams describes it as a "corridor of power", with power being understood in both its technological and political senses.
A no man's land, quintessence of banality, arrogantly mono-functional; even Robert Venturi would find it difficult to catalogue it to reveal what lay behind the ordinary becoming architecture.
Notwithstanding this, suburbs can still rely on an emerging material, which can trigger self-sustainable, virtuous and prolific mechanisms. They are hesitant places, which do have a history but have never been sufficiently enhanced. Actually, such material suggests possible uses as well as spatial organizations.
The approach is phenomenological, selfless, never guided by ideologies or by obsolete philological analysis. It led to the creation of a depth of knowledge which, based on rounding up and overlapping, has taken the shape of a system of policy strategies and scenic rules, aiming at turning corridors of power into ecological corridors.
By adopting landscape instruments and patterns characterized by interaction among different time-space dimensions and creating short, medium and long term adaptable but not generic scenarios, this research suggests to re-create a public eco-landscape, referring to a territorial dimension, not only for "recovery" purposes, but also to render the urban design understandable and strengthen local identities.
Such instruments allow a deep understanding of the adaptation-based approach, too often forgotten, relying on mutual exchanges between the anthropic principle and the natural system, thus reestablishing the street-architecture relationship.
The High Streets are used as a pretext for re-interpreting the current evolutionary momentum not to command speed, nor time, but the space and its complex geometries. Slow travel times are more than an eco-device to render congestion a creative and social occurrence. They might be understood by quoting Giorgio Agamben as a counter-apparatus to transform public spaces from homologation prisons to immensely wide territories of the otherness.

The water infrastructure network in the 21th century

Nicola and Carlo Pavan

This works aims at outlining the potential and impact of water resources' sustainable management on urban and territorial design

Cities are the proper field where urban areas' rehabilitation projects can be tested, through guidelines and strategy-based plans or exemplary actions, which transform the city's image with a view to implementing a new "environmental" balance, based on climate change.
Our work focuses on Venice mainland, identifying the damages caused by the recent pluviometric coefficient change (namely, the main cause of the significant floods occurred in the Veneto region lately) and the related issues. Tackling these occurrences, which are increasingly likely to manifest owing to climate change, provides the occasion to rethink the function of public spaces. Underused urban and extra-urban areas that are available for rehabilitation may turn into places characterized by fruitful interaction between citizens and water management.
The increase in precipitation during given months of the year, along with black and greywater distribution
(sewage, canals, river banks) causes significant floods in the area, particularly in the lower areas of the bacino scolante1.
In order to prevent flooding, three issues have to be taken into consideration:
1 hydrogeological disruption
2 inefficiency of the sewage system
3 soil sealing
Clearly, water management needs to be redeveloped in order to properly tackle these problems. Our work stems from the natural disaster that hit Venice mainland on the 26th of September 2007 causing floods in the city of Mestre and its conurbation. Three possible actions are taken into consideration, whose efficiency will be further tested.
1 "hydrological-landscape": actions to recover and enhance the environmental quality of the minor hydrographic network of Mestre mainland. Such actions aim at reducing the amount of water volume in the city by mitigating and rehabilitating the land.
2 Various actions at urban level aiming at the runoff management and at a significant flooding risk reduction through a decrease in rainwaters infiltrations in the combined sewer system.
3 A new approach to water infrastructure, providing it with the capacity to mitigate the runoff impact and to simultaneously manage the water cycle producing energy from the wastewaters, thus allowing food production in "purifying glasshouses".

OPEN SPACES

The ambiguous space. Paradigms and strategies of subversion for the transitional territories of disposal

Giorgia Aquilar

The hymn to the imperfection of the contemporary city, where the decline of the paradigm of order and beauty pushes the project to deal more and more with the "ambiguous" dimension of space, takes on a symbolic meaning at the " border" of the (many) suburbs between the consolidated city and the open land . Designing landscapes of disposal in these "wastelands " (Lynch, 1990) , requires a profound revision of the traditional rules of order, which confirm the oxymoron define / expand . The identity of such landscapes has been compromised by the clash between the rigidity of urban programs that search for a hierarchical (sometimes geometric) order and fragmentation resulting from the incompleteness and the lack of planning.

The recognition of the inexorable transformation of the canons of a city in constant metamorphosis requires the tools with which to intervene to be involved in the process of re-reading and re-signification, seeking new paradigms to act strategically within the "disorder" of the border areas . Through the experimentation of strategies that assign the ambiguity of these spaces the role of a potentially "fertile " tool, we intend to investigate the potential of this urban and micro-architectural project as a spatial experience (Maas, 2005) capable of triggering mechanisms of "subversion " that can involve the entire urban portions , starting from actions confined to some more malleable " fences ".

The experimentation of new architectural and urban design strategies that assign the ambiguous space of transition the role of "potentially fertile tool of urban subversion " is investigated through the illustration of some results of a teaching experience with Planning Workshop fourth year students, on the topics of the Competition of ideas for the new Auditorium Acilia - Dragona , in the outskirts of Rome . This " ground in between" the capital and the sea plays a paradigmatic role as an example of the dynamics of the project, aimed at overcoming the separation between architecture and open space. Starting from the consideration that both in the urban and suburban contemporary space traditional types of squares, parks, and roads are perhaps no longer sufficient to describe the dynamic identity of the territories at the border , the results of these experiments suggest, with different and sometimes contrasting solutions , the breakage of this rigid distinction and, more generally, of the boundaries dictated by pairs such as inside / outside , closed / open , public / private. Architecture and open space intersect and interpenetrate, and two urban elements such as the square and the park also cease to be separate , working on a comprehensive urban center that can meet functional and complex spatial needs. In this context, the concave space previously statically confined in closed forms can expand dynamically, configure articulated sections, bend and distort its limitations, and go through the "thickness " of the landscape, attaching a new meaning to it.

Modern city living. Complementarity and Osmosis: from public space to dwellings

Matilde Plastina

In the era of globalization, human sciences (sociology, in particular) are acknowledging the "revival" in small groups based on cooperation and shared expertise.

Groups are small environments where the conflicts of the "liquid" world can be solved, where the social system can no longer retain its own identity as it is continuously displaced by a new reality. In this context, community becomes an overwhelming relief from the difficulties posed by the modern world. Having said this, city design and planning ought to reconsider its foundation. The new identity of the urban suburbs – characterized by social exclusion, disrepair and homologation – is to be taken into consideration when designing public spaces.

Cities are mostly composed of buildings: "urban" quality should therefore be based on a renewed design of dwellings, in order to enhance urban spaces' quality by overcoming the "empty" spaces resulting from "seas" of repetition and project levelling.

Over the years, the dimension of public space based on neighbourhoods, where the dwelling related to the street network and contributed itself to enhance the quality of life both on the micro-scale and on the macro spatial level, seems to have gone missing, probably due to the increasing economic speculation.

The paper analyses some contemporary architectural experiences, some of which date back to the 20th century, to set the example as regards strategies and approaches to design, aimed at a renewed conception of the urban space.

As a matter of fact, it gets rid of obsolete patterns to become informal, often invading the private space.

At times, specific spaces of the neighbourhood are seamlessly interspersed with daily life: yards open to the city through parks and squares; buildings are "pierced" by means of off-scale huge holes, accessible from the street, which offer new lookout points. Small balconies also become meeting places. The study, carried out as a doctoral thesis, sets out to give the dwelling and the public space their key role back, when it comes to solving urban everyday life problems. Therefore, it regains its ethic and social significance that has gone missing in the last few years.

A Comparative Study on contemporary scenarios;
"Full Fathom Five" by Jackson Pollock: identification of a contemporary landscape. Insights on the terms. "Long live the suburbs"

Stefan Ruhle

Through Emilio Sereni's work "History of the Italian agricultural landscape" one experiences a new method of investigation, based on the iconographic study of paintings.
The landscapes, representative of different eras, are explored through paintings by various authors.
What is the contemporary pictorial representation, that features the elements we need to analyze the landscapes of the present.
Is it possible, nowadays, to think about new landscape, discussing topics from a contemporary author and his work, basing our research on a double comparative reading that follows both an iconographic analysis of the painting, and the meanings attached to the landscapes of contemporary life.
The author on which this experiment focuses is Jackson Pollock, and the subject of this anatomic investigation is "Full Fathom Five", 1947.
The analysys will provide an in-depth view over alternate painting techniques and practices for the identification of landscapes.
• Pollock's work is carried out and painted on a plane surface, parallel to the earth's crust like a very detailed territorial chart.
• the canva, covered in color, hides a figure: an x-ray technology investigation of the picture, reveals a figure standing with one arm raised, hence the title: five arms from the bottom ("Full Fathom Five") . Shakespeare in "The Tempest":

"Full fathom five thy father lies, of his bones are coral made.
Those are pearls that were his eyes;
nothing of him that doth fade,
but doth suffered a sea-change
into something rich and
[Strange]
Sea nymphs hourly ring his
[Knell]
Ding, Dong

In urban or rural landscapes nothing is destined 'to fade',but everything becomes something else: "his bones are coral made."
The author "enters" the painting to produce such work, he walks on it, there is contamination: he is a citizen of its landscape.
Walking and using his painting, his space / landscape, Pollock leaves traces: caps, cigarette butts, buttons, matches, pins, caps, tubes of paint. They are stuck and difficult to detect: their removal would change the work. In the same way, communities that settle leave different traces, with the difficult task of bring out some and overshadow others, and decide which ones are truly identifying the actors of the community.
And then come the performance techniques, which are varied: the dripping (the "dripping"), which leaves tracks, drops, lines, filaments. (Andre Corboz: the territory, so overloaded with traces and past readings, looks more like a palimpsest)
The Action Painting (The action) of the author, as well as the Action of the authors that are aware, but also unaware (anthropology) of settled communities and contemporary landscapes.

Abandoned landscapes: a new generation of ideas. The railway warehouse in Naples

Michelangelo Russo, Enrico Formato

Since the 1980's, abandoned places have been an extensively debated topos, given the window of opportunities offered by the progressive closure of industrial sites from the 20th century. Occasions and contexts of post-industrial redevelopment raise new issues and require a renewed analysis of the phenomenon, the role played by the actors involved and the public administrations, as well as the principles and the characteristics of the project.
Landscape has a conceptual, non-rhetorical dimension when it comes to abandoned areas' rehabilitation, and not only when it carries a site's memory. When it comes down to defining the new identity carried by industrial closures, the idea of landscape helps identifying the specific relationship between land and production. As for the project, a comprehensive and enriching landscape-based approach is advisable. Landscape tools can be employed to develop a city whose shape not only relies on the space but on new different-scale ecological relationship, characterised by different components and by new network connections.
The abandoned place can not be dealt with as an object since it allows a potential ecological rehabilitation through the enhancement of available resources as, last but not least, the relationship between memory and the built environment. The resources are: soil, rock layering, bodies of water, groundwater, agriculture, vegetation, interactions among organisms and their environment – city included.
Such resources require (and target) specific actions, namely: land reclamation and land preparation for the intended functions, re-definition of the ecological rules, ecosystem protection (urban drainage and flood control, vegetation management and protection of the high-value natural resources).
Abandoned industrial sites, brownfields in an urban and periurban context, are often undergoing changes that increase their redevelopment potential; their reclamation can therefore be a major asset to a city.
The concept of "multifunctional landscape", for example, recalls the economic aspect of landscape usability, given its potential and attractiveness.
The goals of redeveloping landscape and environment's foundation to create a public space can be met through abandoned sites by reshaping their morphology and value and by "systemizing" different objectives thus promoting sustainability (enhancing the compatibility between various functions and minimising the environmental impact), social inclusion and economic growth (through the establishment of attractive functions), thus eventually improving the quality of life.
This paper will be presented with the project carried out by Uap studio for the Magazzini di approvvigionamento redevelopment: a disused area previously owned by the Ferrovie dello Stato[1], which extends over 25 hectares n the eastern part of Naples (a large declining production cluster).

Notes
1. government-owned holding company that manages infrastructure and services on the Italian rail network, n.d.t.

OPEN SPACES

CIDADE and SOCIEDADE: the experience of São Paulo in Brasil

Francesca Sarno

"Somos os responsáveis por nossa própria existência" says Paulo Mendes da Rocha. And indeed we are today because, even in the architectural realm, scientific breakthroughs and technology development lead to question ourselves about "what to do" instead of "how to do it". How are we to act, therefore, to continue to ensure life on our planet, to protect the environment, to optimize resources, improve human habitat, render our cities liveable, secure infrastructures, public spaces, schools, hospitals and homes.
The research carried out by the architects of the School of São Paulo shows a common approach, which links the city to the issue of society, connects the architectural scale to both urban and social transformation without the possibility of parting.
The paper sets out to present the outcome of a comprehensive study, which focuses on the architecture of São Paulo, to be proposed as a possible model of moral integrity – characteristic of the School – able to generate formal clarity and structural rigor, simplicity and rejection of the unnecessary.
The critical assessment and the comparison of some projects stimulates a broader reflection regarding simplicity - volumetric and material - and a visual and spatial continuum between inside and outside, building and cities, as architecture elements providing it with a collective character The vacuum system design ensures the achievement of this continuity: the road becomes square; the building defines it, overtakes without occupying it, the building is thus lifted from the ground, demarcates but does not close.
A ground-based volumetry is an object "imposed" on the city. When detaching and lifting it from the ground, a plan of physical and visual connection is created between the building and the context from which an architecture made less of objects and more of relationships originates. The São Paulo's projects are able to translate thoughts and ideals in architecture; they may be sometimes obliterated today but still necessary to give architecture a role is not merely functional.
Architecture is here understood as the cultural expression of a people, leading the designer to become aware of its role in the society and to recognize the great privilege he/she is given: act consistently with his/her ideals to improve the community life by planning public places because, as Mendes da Rocha always says, a planner ought to desire "a cidade para todos".

The requalification of public spaces : innovative tools for an integrated approach to bioclimatic design in an urban context

Francesco Selicato, Giovanna Mangialardi

The topic of renewable sources and their employment, with a view to meet European and national goals, is deeply controversial.
In specific contexts, mostly relating to Apulia, for a medium to long-term, renewables' development has turned into unauthorised use of agricultural land for production purposes, thus modifying the soil.
Renewable sources, as wind and solar energy, are the quintessence of "distribution". Yet, owing to longstanding lax norms and strong incentives, they are being dealt without control. While large areas of land are being occupied, incompatible energy elements are introduced in the landscape. The approximate 2.400 MW and 32.700[1] functioning plants of Apulia hold the record for installed power capacity and for being a bad example when it comes to integrated plants: the region has the highest number of ground-base plants[2] according to GSE data.
Given the loss of fertile soil the region has suffered, and the long-term consequences of plants' closure[3], an urgent change in energy policies is needed.
A decentralised, low-impact approach implying a major emphasis on local development is advisable. A clever energy employment requires that both land planning and local administrations allocate spaces, policies and advanced technologies for an adaptation and mitigation approach producing guidelines, which have to imply the introduction of renewables in the landscape.
Future planning objectives and design provisions referring to renewables location ought to promote the local realm, support self-consumption, distributed generation and abandoned sites.
To make just an example, abandoned quarries, which currently pose an environmental threat, could be considered for renewables' location. Starting from these remarks, the address puts forward a landscape architecture project based on an integrated photovoltaic plant in a quarry near Brindisi. The place, already significantly impaired by use, lends itself to the establishment of environmentally sound future energy landscapes, which will host a number of social attractors.

Notes
1. Dati GSE-Atlasole, Dicembre 2012.
2. Impianti integrati pari al 6%, impianti a terra pari all'87%.
3. Vita utile impianti fotovoltaici 25-30 anni.

Micro-projects of urban transformation in the suburbs: the rehabilitation of two schoolyards in Sassari

TaMaLaCà (Francesca Arras, Elisa Ghisu, Paola Idini, Valentina Talu)

Suburbs are miserable places, yet they present unique regeneration opportunities. As a matter of fact, they are proper "urban gradient generators ": here, individual and collective survival practices and actions of resistance take place. These are key elements to trigger real, longstanding and participatory empowerment paths and to promote urban life quality in the city as a whole. Thes "urban gradient generators" transform themselves through the energy they produce, thus transforming the entire city.
The most effective way to act in these contexts might be through large urban regeneration projects.
Yet, in our opinion, a "micro" and "low cost" approach is more effective, relevant and ensures tangible results in the short to medium term, by allowing to receive, understand and positively channel the often dissipated energy.
The article explores the qualities of a "microscale" project, by describing significant project experiences concerning two schoolyards in the city of Sassari: Portacolori and the Il Giardino che non c'è. The projects' outcomes are different but they share the same goal, which is of collectively rethink the school spaces. These are offered to the city, encouraging multiple uses and pave the way to new recovery and regeneration projects, as well as providing the space with a new significance. Such interventions immediately affect and target the suburban quality of life, but not only: when conceived in relation to each other, they can offer various opportunities to restore the public dimension of the entire city.

Landscape and the innovation of territorial paradigms "New link road south of Rome, Tor de 'Cenci - San Cesareo"

Carlo Valorani

The bursting of environmental issues in the "Sustainable Masterplanning" dates back over a decade, yet topics as excessive land consumption, places standardization and inadequate dwelling quality remain high on the agenda. Today, rural areas' urbanization is often seen as the unique development opportunity at the local level. In this framework, adding new infrastructures is seen as an issue requiring specific patterns of territorialization analysis.
Our study sets out to suggest and assess a paradigm shift for transportation corridors design, characterized by the priority objective of " minimizing irreversible changes and protecting intact areas". The research was divided into three stages and focuses on the following main objectives: (I) understanding the sites' characteristics, (II) comparing different strategies for tracking infrastructure corridors, (III) applying innovative modes of infrastructures' territorialization.
The first stage of (I) "landscape study", carried out in a wide area, concluded with a multidisciplinary classification of the land's tracts.
The second stage (II) of infrastructure "landscape insertion" seen as a " generator of new territorial attitudes ", is based on two main steps: identifying (a) alternative corridors and consequent comparison (b) between them in order to identify the preferential corridor.
The project activity, led by various working groups, has selected eight alternative "compositions". Among them, some corridors were mapped precisely by following the model called the " next alternative strategy ", i.e. according to the goal of " minimizing irreversible changes and protecting intact areas ."
The suggestion of a new paradigm is placed within a perspective that includes four frameworks of socio-economic responses to infrastructural demands. Subsequently, the tracking criteria, useful to define the operational paradigm, are outlined.
To conclude with, through the prior achievement of (1) the tracking paradigm of the "next" corridor (2) the assessment of its feasibility, based on (3) formalization and assessment of specific landscape indicators, (4) the research has led to tracking the preferential infrastructural corridor, which is currently being subjected to consultation. We can therefore state that a new generation of tracks has been activated, according to the next alternative strategy paradigm.

OPEN SYSTEMS

Planning the City in the Age of Metamorphosis

Maurizio Carta

Metamorphosis is the new, powerful keyword of contemporary life. Numerous hints had suggested it and just as many clues had showed the necessary path to be taken during globalization's leading years, but we ignored them insensitively. Today, however, we are forced to implement and manage it, given the economic downturn. The economic crisis is not just a period and requires a paradigm shift leading to an ecological, cultural, economic, social and political metamorphosis.
In order to be more creative smart and green, the cities of the future shall be able to rethink their role, reactivate their capital (spatial, relational and human) and reuse their own resources. Urban planning, playing a leading role, shall be able to synchronize with the metamorphosis to ensure new forms of convergence between cultural economic, environmental and social sustainability, both by adopting renewed visions of the future, taking valuable decisions and through the projects' effectiveness.
The metamorphosis will be mainly urban as we live in the Urban Age where cities, the main dwelling form, produce more than 50% of global GDP, consume 90% of resources, being accountable for 80 % of greenhouse gas emissions, and require almost 80% of the national energy demand of OECD countries.

In times of metamorphosis, the city cannot be a growth machine only: it has the responsibility to generate innovative, intelligent and creative sustainable lifestyles. In Europe, the most dynamic cities are no longer just the megalopolis, which are joined by the network of 25 second-tier cities: the mesopolis, able to play an important role in the production of new social capital at the international level.
Planning more sustainable cities to generate intelligent communities requires new planning and organization patterns that will reduce urban pressure and diseconomies. Above all, it requires creative reuse of urban materials and the ability to " recycle the city " reconnecting disconnected urban cycles so that they can contribute to the shift from a dissipative to a generative model. The cycle of resilience, the cycle of identity, the knowledge cycle, the cycle of participation, the digital cycle, the cycle of polycentricism and the cycle of innovative opportunities.
Therefore, rethink, recharge and recycle the city requires a different vision and an action chain for the times to come, able to re- imagine urban planning. The joint impact of the new ecological, technological and creative paradigms not only affects our social actions in relation to the environment, but also, and deeply, the principles, methods and tools of the disciplines that contribute to manage and shape the environment we live in: land planning, urban planning and urban design. Why poets during hard times? Wondered Hölderlin in one of his elegies. Why planners in metamorphosis times? We wonder, and we must find a convincing answer.

Ecological Airport Urbanism. Airports and landscape planning for the unexpected

Manuel Gausa

In the recent past, the post-modern city was the stage for the development of a series of city models based on rebuilding (revisionist), décor (aesthetical), governance (technical), marketing (economic), sustained thanks to a formal design, a catalogue of punctual commercial franchising, glamour images, a tertiary appeal, and a collection of imported icons.
Some "visions" (and some passages) were particularly lucky, others slightly less.
The question is not only to rebuild, design or govern, but also to <re>vitalise.
To <re>activate the city.
To encourage incentive and references: productive energies and collective, economic, spatial, social and cultural illusion.
Moving from a rebuilding model to a re-impulsive (striving to regenerate impulse), linked with a new empathic and interactive urbanism: urbanism that positively interacts with the inhabitants (evermore involved), with the landscape (evermore sustainable), and with the context (evermore sensitive), but also with the contemporary culture (that is the new informational, exchange and innovation society).
A <re>active urbanism (and >re>activator), finally complementary: a 7RE+ urbanism.
1–Urban <Re>cycling.
2–Local and Global <Re>connection.
3–Functional (and residential) <Re>equilibrium.
4–Central (and environmental) <Re>naturalization:
5–Collective and social (relational) <Re>affirmation.
6–Economic and entrepreneurial <Re>generation.
7–Investigative, innovative, informational <Re>search.

In a new scenario of encounters, exchange and crossroads, the biggest challenge of the antique spatial disciplines, today, is possibly this dual desire to "coincide" with the current reality in which we find ourselves and, contemporarily, to develop a "positive action" (critically positive) on this reality: accept it and go beyond it.
The question becomes how to acknowledge this reality and, at the same time, qualitatively transform it?
Probably acting through a combined action of both collaborationa nd modification.

In a new informational context –real and digital – this character of a possible transversal architecture, formulated beyond time, place and scale, would therefore depend on this new and implicit condition of interaction.
The interest in exploring this new and possible "re-active" character of the contemporary apparatus is that of a technological, and cultural, action, that would take to the etreme this "design" wish of a requalificatory intervention (both a new information and a new impulse) evidentiating both this relational and this positively active (and activateing) character

PO (Project Observer)

Alberto Bertagna

The following proposal is a fragment of a new active dictionary, an unstable vector of transformation that while redefining those continuous modifications that occur in most territories becomes part of them at the same time: not only as an agent of awareness but also as a logical operator of intervention . In the same way, every tentative theory that takes part in the time on which it intervenes, to search keys of categorization, can only draw itself in a form that is notationally exact but precarious , proposing in the way it is arranged the sense itself of
what it says : the indifferent substitutivity of the elements . An operator that detects and while he detects he projects . A Project Observer, that becomes the reflection of what architecture represents in and for the city. Every voice and
every locution allowed can be overcome from what every open system allows and provides: the arrival of what will result necessary, of what the change in culture will require, of what the landscape as a set of a relative truth will become.
Every dictionary adds or subtracts terms that are incidentally and temporarily
present in language, after identifying the reason for doing it in terms of sense or usage. Every dictionary, in order to di this, observes and influences at the same time. Any of its lemma, as in Bataille, can have different definitions, redundant or contradictory.
The representation is the subjective mental image that the speaker associates to a name.
 The sense is the cognitive, objective, public content of a name.
The name expresses its own sense: an objective / cognitive content.
The sense of the name is given by the way it presents the object to which it relates.
The sense of a statement is the thought that it expresses.
The reference of a statement is its value of truth.
A statement that does not contain denoting terms has no value of truth.
The principle of contextuality asserts that it is only in the context of a sentence that words have any meaning.
The principle of compositionality asserts that a statement can be understood on its constituents and from the rules of composition .
 The principle of substitutivity states that two co-referencial expressions are replaceable in a statement, maintaining unchanged the value of truth : this is
the semantic counterpart of the principle of identity of the indiscernible, corollary of the principle of sufficient reason.
The project of a process deconstructs from the inside every sense of the
project: the process is not an extension of its capacity , nor it is an adequate adaptation to contemporaneity. In the equivalence of contexts within
which the statements are currently exposed, the process can only neglect any linear consecutiveness that belongs to the project to be really open even to the
replacement of proper expressions of truth.

Creative + Smart Cities .
Living in the touristy cities

Nicola Valentino Canessa

In times of post- globalization crisis, the relationship between the concepts of space, culture and movement is always changing. The same ideas of dimension and time require new cities that can absorb and be absorbed by the people who live in them and walk them.
The city today can be considered an entity, able to relate on both a local and a global scale with people and / or users, more and more differentiated and specialized, looking for new references, seduction and experiences within its territory. A new city is probably the one that after processing its own history, is able to convert it into a new reading of its spaces, in unprecedented ways in which users today are able to reconfigure themselves and see the area not only as a chain of events, but as a set of clusters or specialized levels that overlap, making the urban fabric rich and favouring fluid mobility within such fabric.
Big cities are now complemented by unprecedented values: they have acquired a new economic productivity and have started to establish themselves in political arenas. However, this resulted in an open competition between cities for access to markets and global activities, which seems to have given rise to hierarchical relational systems made up of 'winning' towns and / or towns with a systematic delay in development.
Cities are, therefore, key moments of the cultural, social and economic processes within which they have experienced the growth of settlements and the explosion of the territorial and economic diversity . Estimates indicate, in fact, that the urban population of the city has increased progressively over a period of time ranging from 1960 to 2012, on the total Mediterranean population, resulting in too much concentration in housing and "gross urban product."
Cities are increasingly required to convert , or rather start again Smart. Using this approach, European cities can rely on a common structural system, also facilitated by European Community programs such as Smart Cities and Creative Cities .
The key to understanding may be considering tourism as a " non-renewable source", intended as the need to identify new strategies for urban maintenance and new intervention methods, so that we can manage, and qualitatively guide and enhance the development of new scenarios to be proposed to city users.
.

OPEN SYSTEMS

Open Systems: the physical effects of non-spacial systems or policies, the project of the process

Fabio Ciavarella

The article will propose a reflection on the problem of creating beauty and formal recognition from social needs that emerge in participatory approaches to the design of public spaces. The relationship between society, beauty and participation favours contamination and comparison between the two practices: because today's public art , particularly the kind of art defined as "socially engaged" which derives from the American model, gave some concrete solutions to the problem , and also because the Italian art scene is dedicating attention to the social theme and to the public space issue . The scenarios that we are presented with in relation to the issue can strengthen the relationship of identification of the inhabitants with the public space and lead to an improvement of the quality of life of the communities. The contribution tends to providean overview, through recent experiences of Italian and international participatory art, on collaborations between artists and architects for the public space and the analysis of poetic contemporary art , new professional roles on architecture, to enrich the research on the city and the landscape using a trans-disciplinary approach.
* The contemporary project requires a clear position with respect to social issues that
relate to the contexts of intervention . The strategies of participation, through which it is possible to meet such requirements, provide a direct involvement of the dweller, generally aimed at providing useful data to give functional responses . It follows , however, a substantial division of form and function that is manifested in the difficulty to transform the relationship with the inhabitants even in a formal reference, a difficulty to create a collective imagination that reflects the democratic conviction .
Fabio Ciavarella raises therefore the question whether the democratic - participatory principle, the attention towards society, can also be a point of reference in the formal research and in the search for beauty in architecture. This is what happened in the past and keeps on happening today for the top-down social conceptions , in which the " strong powers" tend to affirm their social vision through space .
The creation of an symbolic imagery for bottom-up dynamics is still under discussion, therefore it is useful that architecture seeks other forms of knowledge to develop models and methods of intervention in this direction. The art outside conventional spaces, the public art, the landscape art and the latest linguistic directions , can be a field of confrontation because they have long accepted this challenge managing to make the "social and political datum " one of the main inspiring beauty.
* A collaboration between new forms of expression and architecture can open the way to the observation of some contemporary complexities, including the ones involved in the evaluations on the intangible and indescribable space that are part of the intimate aspects
of everyday life.

Urban systems in transition : the crisis , the effects , the visions

Annaisa Contato

The era of post- Fordism , the advent of the society of knowledge, globalization (as a cause of changes in spatial order), the global economy and the economy of information (which increases the opportunities for the mobilization of capitals and creates flows that cross the entire globe and cut down distances), are all elements that , besides affecting social, economic and relational dynamics, are producing significant changes in urban transformations, on both a relational and spatial level, making the structure of the city an increasingly complex system in constant reorganization.
In this scenario, there is a twofold manner in which territorial systems are changing : on the one hand, the continuous development of the communications industry and the expansion of the information industry produce a tendency towards territorial dispersion of economic activities. On the other hand, an opposite trend can be noticed: a territorial concentration of highly specialized activities, higher functions of the control, which are generating centralized territorial sets, characterized by a hyper- concentration of material structures , which act as global strategic places of the city and that, interconnected with one another, draw new geographies and networks within which the world economy is territorialized.
Therefore, cities are once again playing a key role in the processes of development and transformation, and are the subject of new spatial infrastructural and logistical configurations, decisive for the definition of the hierarchy, roles, opportunities , development potential, and rank in the international system .
Starting from these considerations, and assessing the effects of the global dynamics on territorial systems , it can be said that the current patterns of development are not equipped to handle the new forms of spatial organization of the territory and, therefore, need to be rethought .
Considering the city a place where global dynamics are territorialised and where the integration between local and global takes place, a study currently in progress is creating a new model of development and governance of cities, with the objective of reconfiguring the area to create multi-level competitive spaces in which territories can interact and relate, where the paradigm of the "network " becomes the way we interpret and intercept the new spatial logic of the flows .
Starting from the polycentric settlement model and applying the concept of poly- decentricity , we propose a "model of reticular, multi-level polycentricity " , which intertwines the potential of a functionally specialized polycentric territory with the advantages offered by the network (space-time operator, flexible and able to interconnect heterogeneous situations) and identifies in the gateway city the strategic hub where connections are made between the local and the global.

Inventing regeneration paths in times of crisis. The case of Raibosola, Comacchio

Milena De Matteis, Alessandra Marin

The paper presents some features of the Living Urban Scape research and, in particular, one of its case studies: the neighborhood Peep of Raibosola, Comacchio.
Living Urban Scape is an ongoing research Firb 2008[1], which sets out to identify, investigating targeted application cases, significant urban regeneration strategies specifically targeted for Italian public housing estates, which date back to the 60s onwards.
The idea behind these strategies is to transform these neighborhoods, providing them with new roles and relationships within the city, in line with recent definitions of "smart city", exploiting the resources already present in these contexts:
- On a physical level, where the wide-open spaces designed in compliance with the required planning standards, then only partially implemented, have often become "urban voids"
- On a social scale, where the inhabitants (increasingly more diversified) are often interested in being involved in participatory processes and introduce spontaneous practices of use that enhance these spaces.
Therefore, the research focuses not only on open spaces design, important indicator of urban quality – too often overlooked by management policies – but also on the definition of real processes that can be activated in a period of strong economic and cultural crisis, and must consider inclusiveness as the basic sine qua non regeneration strategy. At the end of the day, these are the recent trends at the European level, where social cohesion (see Leipzig Charter 2007) is one of the basic principles for a renewed concept of sustainability.
Within the articulated case study of Raibosola in Comacchio, the main object of the paper, the topic is dealt with from the double point of view of the project and the process. There are many topics at stake (speaking of the project): socio-economic and physical regeneration; connection with the city, enhancement of the environment; recovery of large unused spaces, creation of meeting places and new services, residential densification; social and involvement practices
These are tackled by activating a participatory process that, inter alia, proposes an innovative role for universities. Processes of this kind require the establishment of fruitful synergies between decisions and planning, environmental and social policies, joined together in a creative and experimental path where the established techniques of participatory planning go hand in hand with local economic actors, promotion and self-management strategies; and where specific design solutions are taken through participatory calls of ideas.

Notes
1. Fund for investment in basic research, Ministry of Education, Universities and Research (MIUR), n.d.t.

Open systems and environmental requalification: smart materials for new facades

Roberta De Monte, Veronica Brustolon

The social, environmental and economic transformations that characterize the contemporary era and the crisis of established values, have a significant impact on the community goals and, as a consequence, on the territorial array. All this is reflected on architecture, which has always mirrored social transformations and complexities. The current cultural debate is mainly focused on such issues as sustainability, energy efficiency and overbuilding.
The actions can be summarized as follows: enhancement, reconstruction or envelope requalification, using low environmental and energy impact systems and technologies.
A careful and timely planning of architectural and functional requalification of existing buildings could limit the damages brought about by the indiscriminate expansion of built-up area. The buildings that are already included in the Code of Cultural Heritage and Landscape (Legislative Decree 42/2004) will have to be regulated, along with the industrial and service sectors' buildings.
The requalification of these buildings, for the pursuit of higher environmental quality, can also be pursued with a few steps aimed at enhancing the building's outer shell.
A recent research carried out within the RU "Color and Light in Architecture" at the University IUAV of Venice, has investigated the issue of functional and environmental architecture rehabilitation with smart materials and zero energy systems.
The analysis, focusing on 50 case studies, highlighted interesting data regarding a number of interventions made in the built environment. In more than 30% of the cataloged buildings, the goal was to improve environmental quality and energy efficiency, and enhance the surrounding landscape.
Most of these interventions has been implemented by placing insulating panels between the existing structure and the new envelope and, in some cases, innovative technological solutions have been adopted, stemming from research of intelligent and nanostructured materials.
One of the common features of these communication-oriented interventions has been the relationship with the surroundings (environment and user), characterized by dialogue and contrast as well: we are faced with a never-ending metamorphosis of the visual, color, bright aspects that create a link with the context and emphasise the building envelope's peculiarities.
The paper will outline the detailed results of the research by describing the outcomes and impact on the built environment, through the implementation of an environmental requalification project –whose results will be further explored– for an industrial building located in an area under environmental conservation order in the province of Verona.

OPEN SYSTEMS

[In]action. The design ways

Raffaella Fagnoni

Through the analysis of different cases, the text illustrates the approach to the project of a future-present in action: designers, activists and creative talents, champions of social practices and radical forms of production, are engaged in every field, often beyond the boundaries of [in] discipline. Through the analysis of direct or indirect experiences, possible criteria, instruments and strategies emerge and highlight a shift in the development paradigm that attaches more importance to the patterns of life, values and processes rather than the artifacts.

A cultural change
#consumerism era #search for meaning #connectivity
An open in action community contrasts conservative fundamentalism and blurs, in a cooperative way, the distinction between production and consumption, material and virtual, process and product. The new generations are living in mass consumerism –"the only available electricity all over the world", "the only model of well-being elaborated so far" (Branzi, 1996) – unboundedly free.However, today the attention to concepts such as authenticity, slowness, care, connectivity, leads to interpret consumption in a different way and makes it free from an unnatural celebration of possession, in favor of new relationships with things among individuals. Free access to information aims to create connections rather than segregation, through a collective process of building that consists in relationships and "re-culture": re-use, re-saving, re-publication, re-cycling and not only of materials, but also of knowledge and concepts.

Design vision
#sensitive activism #bottom-up processes #do it yourself
Activism becomes meaningful through actions and moral ambitions: inventing and experimenting in order to create culture, influence behaviors, live better. Creating something –from an immaterial product to an urban compound- means reflect on the value of work, the nature of intellectual properties, the ethics of consumption, the limits of technology, the input of power. The authorship does no longer consist in the exclusive individual sphere, but a collective space of sharing, alternative to the top-down approach of the hierarchical industrialism: production networks involving consumers in defining the final product and open systems.
DIY practices are not only a professional exercise and trend, but also a need and reaction to crises. In other words, they are a technological as well as ecological, cultural and social revolution crossing the project boundaries and penetrating the mass culture.

 # People acting
Bearers of an eclectic sensitivity, they look at the project in terms of performance rather than structure and perceive the project as an evolution related to cordiality, ecological perspective, caring. They propose themselves as a phenomenon relevant in terms of strength and do involve an increasing number of people. Most of experiences set technology first, but at the same time express a cultural revolution promoted by humanity, not only intelligence.

Traces of Governance in the Northeast Italy cities: for a place-making approach to urban landscape

Claudia Faraone, Elisa Polo

The paper presents a part of the ongoing research on the public city of the Triveneto carried out by the research unit of the University of Architecture IUAV of Venice, within the FIRB 2008 project founded by the Italian Ministry of Education (MIUR). In particular, it describes the case study of the public housing neighbourhood "Circus", in Venice.
Starting from existing environmental and human resources. The research LUS-Living Urban Scape investigates the ways in which open spaces in the public housing districts can be a territorial resource, an element whose transformation increases the quality of life of the inhabitants, even and especially in times of crisis. The presence of public spaces renders the city more prosperous and attractive (see UN-Habitat State of the World's Cities 2012/13 - Prosperity of Cities).
The L.U.S. research investigates how to "kick-start" some urban transformation processes that have stopped due to the lack of resources. This stalemate reveals itself in urban voids, unoffered services, interrupted cohesion processes.
The hypothesis is that these processes can be reactivated by following different trajectories from the initial ones, enhancing what is already there –physical and governance traces– hence less costly and more "horizontal" in their effort to change the situation. This approach requires a shift in the point of view from which these tracts of land are observed, emphasising the living space, in addition to the "physical" one.
Place-making and assignation of new meanings to the urban sprawl. These "residual spaces and opportunities" that fall in the public initiative become an instrument for public administrations to improve the comfort and well-being of its citizens. Looking positively to these areas, they represent an opportunity for urban and territorial regeneration. The context is in fact typical of sprawling territories, where the public housing has followed the same rules as the private as for spread, localization with respect to existing urban centres and size of the buildings.Therefore, through a place-making approach that leverages the available resources for the production of a shared urban landscape, this paper aims to produce images for a landscape that takes into account several factors; integrating actors, resources and spaces. The definition and approach to place-making is taken from Patsy Healey, who defines it as a process in which we consider the tools to enable proactive development strategies, based on agreements as to what the places should be, and the limits and opportunities to transform them. This is implemented by looking at what is happening around in terms of territorial projects, such as the claim of the landscape heritage by associations and individual citizens or social housing construction in the surrounding areas, and in terms of empowerment among urban and social policies.

Governing the transformations: towards a model of participatory planning

Maurizio Imperio

This paper aims at providing a contribution in the specific field that deals with the new modes of urban planning, summarized by the modern concept of urban governance and planning.
In recent decades, the discipline of urban planning has evolved both in terms of analysis methods (thanks to the introduction of environmental values and modern technical support tools) and in terms of procedures.
In this essay I will deal with these topics and, more specifically, I will analyse the introduction of social participation in urban planning practice.
The participation and the concrete involvement of different social actors is now recognized by various industry laws, regulations and European conventions (in addition to those specific to the field of landscape, environmental and urban planning, see for example the Aarhus Convention) as a basic element of the strategies of sustainable development at an international level.
It should be mentioned, however, that the current political institutional system is centered on representative democracy and therefore contrary to the new operational procedures: institutions are not organized in ways that encourage participation, whose processes, however, are not defined by specific rules.
In addition, institutions are reluctant to use true participatory practices, mistakenly viewed as a loss of role by the democratically elected representatives.
Participation is proposed and accepted in cultural terms, but remains devoid of proper procedures that produce deliberative acts binding the concerned administration.
In this scenario, also urban planning practice must be renewed.
The concept of governance has significant implications for the discipline of urban planning, that needs to be re-read according to this new interpretation, if it is intended to effectively govern the processes of territorial transformation.
There are no more regulatory and disciplinary excuses: procedures should be carried out to set up local, stable laboratories where to promote participation in the government of the territory.
Such places should be appointed to manage these processes on a technical level and, through the involvement of social and economic actors, in ways that involve social participations.
There is now a large literature on methods and techniques of participatory planning. The introduction of modern information and communication technologies (Information and Communication Technology - ICT) in the territorial governance laboratories can be a valuable support.
This paper, based on the results of the PRIN 2008 research on these specific e-Governance tools, wants to propose an original model derived from a critical analysis of the various cases analysed in the Italian panorama.

Urban heritage: a common good. Participatory design vs. Project financing at Forte Marghera, Venice

Alessandra Marin, Sergio Pratali Maffei

The address highlights how inclusion strategies and a bottom-up participatory approach to joint decisions regarding the future of Forte Marghera in Venice may be an efficient alternative to the private sector, usually involved by public administrations through such instruments as project financing, uniquely based on profit-driven urban regeneration patterns. Such patterns are obsolete, given their inability to implement the project in the shortest possible time and efficiently manage the areas and activities. The Forte, with its 48 hectares and 66 buildings dating back to the 19th and the 20th century, is a key element of the Venice lagoon waterfront revitalization project. Therefore, it represents an unique architectural and environmental heritage, as well as a development opportunity for the city.
Its redevelopment's possibility has nurtured speculators' and real estate agents' greed, some of which are even backed by the local administrations. Such actors, by obtaining the concession and the possibility to use the space for a single purpose, even denied the public nature of the area. However, the last few years saw the opposition of associations and citizens who collected signatures and called on the local authorities: Their opposition led to the creation of the "Gruppo di lavoro per Forte Marghera" (Forte Marghera workgroup). It consists of self-convened citizens and adopts a bottom-up approach to participatory design, aiming at issuing a set of alternative guidelines and feasibility studies for the administration to follow when it comes to the reuse of the Forte area.

The workgroup's organization is an exceptional one: self-organized, self-financed, backed by the knowledge deployed by two Universities; it has encouraged the involvement of administration staff, stakeholders and citizens. The experience is resolved to issue a tangible and realistic proposal for the use of the area, aimed at protecting the Forte (in primis the fact that it is common good), at identifying financing and management arrangements, ruling out the privatization de facto that, at first, seemed the only viable option.
This approach aims at identifying the two main strengths and weaknesses of the process, emphasizing the efficiency of any participatory approach, which is not "guided" (often with purposes of control) by shareholders and administration but rises from the awareness and self-determination of citizens.

OPEN SYSTEMS

Energy will promote urban renewal (Energy will drive urban renewal)

Paolo De Pascali

Despite being predicted and hoped for some decades, the development of widespread urban renewal programs still encounters considerable difficulty in starting . Moreover, the current situation of deep economic crisis does not seem to create favourable conditions for this to happen in the near future. In fact, the crisis does nothing but highlight the ongoing decline in the construction sector, that seem to irreversibly lose its role of economic drive, not only on a general level but also in local circumstances. In this context the push for change coming from the real estate market appears to have considerably weakened. Therefore, following other, more contemporary engines for urban regeneration seems necessary, and to some extent can not be postponed. Because of its significant economic potential, the energy sector seems to possess the requirements to become one of these engines.

The two powerful processes of change taking place, regarding the devolution of powers in matter of management of the territory and the liberalization of the energy market, tend to converge towards the enhancement of energy localism and the role it plays within the process of settlement reorganization. This change of register from central to local provides the opportunity to establish a more intense relationship than the existing one between settlement planning and energy programming, enhancing the valence of settlement transformative hypotheses in matter of energy. That is, trying to drive the focus of the planning process on the energy issue.

The energy component can be the element that pulls the strings in the project and in the plan, due to its systemic importance, in order to achieve quality settlements outputs, social inclusion and models of economic proximity that are combined with energy proximity .

The article briefly outlines the interesting field of planning research, so far little explored, that deals with the definition of the spatial characters that organize settlement transformations on the basis of local collimation between demand and supply of energy, as well as with the participatory and inclusive models that can characterize the plan / process energy driven.

Reduce / Reuse / Recycle. New paradigms of urban planning?

Massimo Angrilli

The rule of the 3Rs , adopted in ecological policies affecting especially the cycle of waste and the world of industrial production , seems to have produced a positive effect on urban planning . The recent plans for the Olympic Park in London, the German Pavilion at the 13th Venice Biennale, the Recycle exhibition at the MAXXI and the increasing research carried out within our disciplines (see PRIN 2013/16 Re-Cycle Italy) aim at investigating the possibilities that arise from these new and unconventional practices of urban transformation.

The paper will attempt to provide answers to questions researchers and designers are often asking themselves, about the themes of recycling and life cycle, trying to better define the meanings that they assume in the disciplines of the project.
The first question which the paper attempts to answer is: how does it architecture and urban planning change if you take a 'life cycle thinking' approach , based on the life cycle of an architectural work , an infrastructure or an urban area ?
To answer this question we will look at some of the best practices that come from the world of design, analyzing those experiences that, consciously or unconsciously, have been faced with the concepts of recycling and life cycle.

The second question is, why should the strategies of recycling be used in urban areas?What prospects do they offer? The paper will reflect on the appropriateness of adopting these strategies in contexts where you can no longer count on the supporting role traditionally played by the central government in economic recovery campaignes. By agreeing to apply some interpretative paradigms currently in use in urban economy to explain the arrest of population growth and of the manufacturing industry in large urban areas , in particular the one that links life cycle to the life cycle of its industrial products (model " stages of development " or " urban life cycle "), we will reflect on the possibility of initiating new cycles of life in urban territories by giving a prominent role to the ability to invent new " products " , adopting the mindset of the bricoleur , (the meaning assigned to this word by Claude Lévi - Strauss) that when faced with a problem finds a solution addressing " an already established set of tools and materials , [...] to start with it a sort of dialogue to inventory , before choosing one, all the possible answers to the problem that he is faced with. " Like for the bricoleur, the rule of the game to design new cycles of life for urban areas is to adapt to the situation that you are in: therefore, the problem should be solved without using pre-established models, continually revising what the context can provide us with, and exploring ever new combinations and creative possibilities.

Open City, the town of cum- cives, ecological city

Stefano Aragona

By now it's evident that the urban planning theory requires urban settings: the territory and the cities should be functioning together, consistent and integrated (Leipzig Charter , 2007). This implies forms, namely the morphology of construction and nature, or morphology of the associated anthropogenic processes (Scandurra, 1995) .
It is therefore necessary to take local conditions as planning suggestions, to minimize the resources used: first the ground (this means prioritizing the transformation of the existing sources) , then the economic - constructive ones, to repair what has been damaged. But not only: this should be done to reduce risks that, remember, depends on hazard (on a macro and micro scale), of vulnerability (related to the construction) and of exposure, that is, how many people , goods (including the not reproducible art-historical ones) , services and infrastructure are present.
Last but not least, one should take into account the management of the territory and of the city, inspired by the km0 in the use of space, and also the choice of the materials to achieve it.
All this, aiming at proposing inclusive Communities as mentioned in Smart Cities (EU, 2012).
In response to these needs, in our country there is a very remarkable situation of incongruity between cities and rural areas, towns and cities, physical and social non-sustainability at the urban scale and non-consideration of the relationship with natural resources. Meanwhile, most risk situations in many major and small towns are ignored.
With this paper we intend to suggest operative intervention strategies designed to address this discrepancy between "necessity" theory and the "facts" that actually dominate the dynamics of urbanization. Hence, this proposal to develop an ecology-focused urban planning that must characterize contemporary reality, as Appold and Kasarda have been suggesting for a long time (1990).

References
S.J Appold , J.D. Kasarda , "Fundamentals for the reinterpretation of models and urban processes " , in A. Gasparini , P. Guidicini (eds.) Innovazione tecnologica e nuovo ordine urbano, F. Angeli Milano, 1990
Aragona S. "Progettare città senza petrolio significa riprogettare la città 'tout-court'" in Moccia F.D. (a cura di) Città senza petrolio, Edizioni Scientifiche Italiane, 2011
E. Scandurra , L'ambiente dell'Uomo, ETAS Books, 1995
EU , the Leipzig Charter , 2007
EU , Smart Cities , 2012

Applicazione dei principi della Green economy alle procedure di gestione degli edifici esistenti

Vincenzo Bagnato, Spartaco Paris

In recent years, the theme of the redevelopment of the quarries has gained an increasing interest by both specialists and the general public in accordance with the emergence of a new and shared system of values that has extended the concept of " environmental sustainability" from the mere recovery of abandoned quarries to a definition of "sustainable" criteria inherent to the entire management of the mining process .
Even architectural research , as is the case for its archaeological sites , has abandoned the approach of "environmental restoration " and "camouflage ", to shift the focus of its disciplines and its interest from the redevelopment of the quarry to the "planning process" of mining and quarrying and to the theme of integration in the public system landscape.
The methods of integration of quarries into the network of public spaces are today the khora of the investigation in both the economic / management and urban planning / architectural field: quarries (both active and non-operational) are now far away from human activity but, most important, have also lost their direct connection with the "construction " dimension of the territory. In Puglia the extraction materials, from limestone to clay , have played a central role in the construction of the city during the nineteenth century until the 60s, as both building materials and ornamental elements. Currently, due to the emergence of new technologies, of new aesthetic-formal paradigms and also due to the reduction of transport costs in construction budget, this connection has weakened, resulting in cultural and economic degradation of the landscape and of the territorial system in general.
This paper proposes an interpretation of the relationship between landscape and places of extraction based on the implementation of new operational methods. Such methods allow the revision and the innovation of the principles upon which the relationship between mining techniques and construction technologies concerning building envelopes and architectural decoration is based.
In particular, two possible areas of reflection have been identified: the optimization and the specialization of "productive" processes through new "sustainable" extraction techniques and the enhancement and innovation of the building material production process.

OPEN SOURCES

Favela Calling, Strategies for the Development of the Informal City, The case study of Morro da Providência_ Rio de Janeiro

Francesca Borrelli

Slum, semi- slum, and superslum ... to this has come the evolution of cities. Patrik Geddes

The world is growing rapidly towards the highest urbanization". The formation of mega-cities with more than 10 million inhabitants, is an ever-changing phenomenon, to such an extent that the pace of growth and development of these metropolitan areas is almost completely out of control. The Challenge of Slums, a report published by the United Nations Programme, UN- Habitat, and the recent book by Mike Davis The Planet of Slums, consider the study of informal settlements the basis for a new theory of the evolution of contemporary cities. 924 million people, about 30% of the world population, lives and dwells in slums. It is possible to achieve integration between the city and the informal neighborhoods through a conventional design practice that takes social participation into account? Can the informal city propose itself as a generator of creative values and spacial-morphological complexity, synonymous with modernity and spontaneity? Nowhere is this phenomenon more dramatically evident than in the spatial conformations of the great cities of the southern hemisphere.
Rio de Janeiro, the capital of Latin America, is now a pluralistic and complex city. Compared to other cities in Brazil, Rio can not be considered simplistically divided into two: the legal city and the favelas, the city of the rich and the city of the poor, the "asphalt" and "morro ". The favelas of Rio are not located on the edge of the inhabited area, but in the city center. Almost every neighborhood has its own favela often of ancient foundation (the Morro da Providencia, the oldest, dates back to the early 900).
The informal settlements do not obey a single scheme: they can be located on slopes or plans, develop straight or crooked, or constitute complex conglomerates. However, the lack of minimum levels of urbanization, the predominance of private areas over public ones, the ambiguity of collective spaces and circulation are some of the constant characteristics.
The Favela Morro da Providencia has a population of 5500 and is historically considered the first favela in Rio. The favela da Providência is a community that grows and changes according to its own mechanisms. A social microgroup that gives life to a microurban space.
The intervention starts from the analysis of a portion of land that extends to the urban context.
The favela is located in the centre of the port area, currently experiencing large transformation processes, such as the ongoing project Maravilha and the Olympic Project, which could enable strategies of integration of the informal fabric.
The project, in accordance with the resilient character of the urban landscape, proposes an improvement of the living conditions of the place through a new mobility system, to be integrated to the existing one. It also proposes the replacement of the degraded spontaneous fabric, and the creation of new public spaces.
The study of a path inside the favela is the starting point for this research.

Bibliography
M. Angélil, R. Hehl, Building Brazil. Proactive Urban Renewal of Informal Settlements, Ruby Press, Berlin, 2011
The Challenge of Slums. Global Report on Human Settlement, UN-Habitat, 2003
M. Davis, The Planet of Slums. Urban Involution and the Informal Proletariat, London ,Verso, 2006
P. B. Jacques, Estetica da Ginga. A Arquitetura das Falevals Através da Obra de Hélio Oiticica, Rio de Janeiro, Casa da Palavra, 2001
R. Koolhaas, Fragments of a lecture on Lagos, In Enwezor, op. cit. 2003
« Lotus. Favelas, learning from », n.143, Milano, novembre 2010
F. Lucarelli, Ruolo dell'edilizia pubblica in Brasile, 1992
J.E. Perlman, The Myth of Marginality. Urban Poverty and Politics in Rio de Janeiro, University of California, Berkeley, 1976
L. do Prado Valladares, A invenção da favela. Do Mito de Origem a Favela, Rio de Janeiro, FGV Editora, 2005
A. Zaluar, M. Alvito, Um século de favela, Rio de Janeiro, FGV Editora, 2004

LANDSCAPE INFRASTRUCTURE, new urban ecologies for a quality area

Paola Cannavò

Although the international scientific community does not yet agree on the level of the maximum global average temperature, everyone recognizes that climate change is occurring, that this is happening now, that anthropogenic emissions contribute to this change and that humanity can and must radically mitigate this through the reduction of emissions of greenhouse gases.
Urban areas are the places that most contributes to climate change and, at the same time, the places that are the most affected by its negative consequences: pollution will continue to increase, traffic will be increasingly congested and urban heat islands will be increasingly unbearable.
It is therefore necessary to implement urban policies aimed at both reducing emissions in urban areas and increase their resilience. Cities will have to contribute to mitigating climate change and at the same time adapt to climate change.
The difference between these two actions is significant: the mitigation aims to prevent further climate change, adaptation involves a change in the habits and in current reality, considering that climate change will inevitably occur.
While mitigation is a global action that requires substantial changes to individual behaviour and important technological innovations, adaptation has an impact mainly on a local scale and is linked to the specific context of intervention.
The city should be socially prepared to deal with emergencies and the urban form will have to adapt to climate variability.
The "new planning devices for development" can not today avoid this issue. Improving the quality of existing buildings and build new ones that are designed to withstand climate variability, avoid urbanization in areas at risk, protect the natural systems of environmental protection and minimize degradation, can increase the energy efficiency of buildings and networks transport, mitigate the urban climate extremes such as ' heat islands ', increase the percentage of draining surfaces, continuously update risk maps and development plans to subsequently communicate them effectively to local communities, working on the major infrastructure networks to ensure safety and quality. Nowadays, these must be the objectives of each project of urban transformation. Building the resilience of the city is a professional duty.
Some cities are already aiming for the achievement of these goals: the few quoted examples demonstrate how a project aimed at mitigating climate change while adapting to it leads to an improvement in the quality of the urban form and makes cities more sustainable.

Recycling East Naples

Davide Di Martino

Over the past thirty years a protracted and longstanding socio-ecological crisis has led to an increase in waste territories and the pollution of vast ecological resources in the Campanian plain. The removal of the significant interdependence between man made and ecological systems conbrought about the Campanian territorial crisis, which paved the way to the contrast between global and local development realms. A territorial schizophrenia that reflects the hybrid nature of the machine-territory.Hence, the need for an adaptation project and regional restructuring, a comprehensive and integrated solution to environmental issues, inextricably linked to space production. Soils, water, land or contaminated vast areas are the face of territorial crisis, the epicentres where the ecological and social implications of the crisis are extremely felt.
The aquifers, reservoirs, hydrological basins and the Campanian Plain reclamation make up a large water machine that, together with the urban sewage basins, forms the region's major and most complex infrastructure. It is a resource and an actor influencing farming practices, urban settlements and structures at the same time. While defining a (potential) ecological armour at the regional level, it stretches into the sea to embrace the gulf islands. A marshy soil for a long time, the plain east of Naples has become, in the course of the twentieth century, the most developed industrial area in the region. Industrial development has gone hand in hand with the implantation of a widespread system of pumping machinery and the systemization of surface and deep waters that have profoundly changed the hydrological structure of the plain, allowing its intensive colonization. At the end of the century, the industrial disposal, as well as leaving behind polluted soil and groundwater, triggered renaturation processes promoting the restoration of the original hydrological regime. As a result, large urbanized areas and urban transit lines are subjected to increasingly frequent flooding. A decontamination draft has been approved, involving new specialized fences, invasive and expensive machines that contribute to over-fragment an already saturated area. The implementation of a treatment plant and a hydraulic barrier is likely to worsen the hydraulic crisis without changing or improving the area's spatial arrangement. Overcoming a restorative approach to reclamation, the paper will opt for a different scenario. The plain will undergo a territorial transformation, triggered through decontamination, understood as remediation. The operation is open, interdisciplinary and has the capability to support complex projects focusing on the hybrid territory and its transformation. The spread of natural-artificial drainage devices recreates a multifunctional territory: performative and purifying,

PLANNING GOMORRA
Urban and landscape reuse strategies in the Campanian metropolis

Giuseppe Guida

In Southern Italy there is only one urban system approachable in size, criticality, and potential, to the great western metropolis: the Neapolitan-Caserta system. It is increasingly urbanized, insecure, abusive, but also partly planned, and encompasses all key issues and challenges contemporary urban planning and urban design are faced with.
Drosscapes, unauthorized landscapes, environmental crisis, striking cultural excellence in which the margin of maneuver of the disciplines related to the project and the plan are reduced, but not canceled, and in any case require paradigm shifts not yet to be found in current regulations, in national and regional urban laws, or in the concrete outcomes of the many planning processes that are also constantly carried out.
In this metropolitan context of "exception" design devices can only be based on issues of densification, recycling, reuse of the huge territorial fragments of "waste", volume and zero ground consumption. Such themes are still marginal, in politics, in the many public "agendas", and in current regulations that, although recent, remain unnecessarily and dangerously influenced by fake urban planning models that have remained the same for decades and are often made unnecessarily complicated by new, confused analyses , complicated processes of "strategic assessment", economic and demographic checks that only tangentially intercept the real problems and inevitably lead to failure of plans, programs and projects.
It is clear that the solution can only be found in an experimental, trans-disciplinary horizon, which must necessarily refer to previous experiences and academic research, as well as public politics and professional practices.
This paper will outline the most important critical elements of this great metropolitan context, highlighting its potential, defining the limits of the current planning procedures and policies. As a synthesis and verification of issues that have arisen, we propose some design experiments on significant pieces of land, to be developed within the Laboratory of Urban Planning at the Faculty of Architecture of Aversa, a town located in a center of gravity in the Campanian metropolis.

OPEN SOURCES

Urban sprawl and industrial closure scenarios and practices of degrowth, adaptation and regeneration

Cristiana Mattioli

Today, great emphasis is attached to closure-related topics, as well as to (scarce) resources' protection and efficient use. This study focuses on underuse, abandonment and post-fordist industrial crisis, both as regards the diffused production network and larger enterprises.
Over the years, the brand Made in Italy and the expanding small enterprises and production districts experienced a significant success– based on decentralization and self-management processes – which is currently undergoing a sharp decline in the Northern industrial areas.
Indeed, the recent financial crisis and the consequent austerity measures (IMU is an example[1]) hit the SMEs very hard, though Italy's main concern seems to be due to longstanding processes of a structural nature.
Globalization led to general work reorganization, thus increasing competitiveness between Italy and developing countries. Which is why several businesses delocalisated their production, benefiting from cheaper labour.
Due to the environmental crisis, countervailing measures also had to be taken.
At the same time, the traditional settlement pattern of urban sprawl is not adequately responding to social issues: mobility costs are no longer sustainable (the increase in the cost of petrol highlighted Italians' dependence on automobiles). The family structure has changed and citizens need more services and public spaces for socializing.
Moreover, closures have changed too. In the 1970s and 1980s things were different. Large enterprises close, and so do individual local businesses. Working places undergoing closure today are, among others: industrial districts, the diffused production network and the new plants opened after the Tremonti Incentive[2], often unfinished and unsold.
Using relevant case studies, this study (work in progress of the P.h.D thesis) sets out to identify significant ongoing changes in Northern Italy. Some individual adaptation practices allow identifying useful examples of alternative local development, as opposed to the main development pattern, which is rather based on "growth" and necessary redevelopment of disused sites.

Notes
1. an unpopular property tax, n.d.t.
2. A tax incentive, as it has been labeled after the Italian Finance Minister Giulio Tremonti.

Arousal therapy for the landscape of abandonment

Giulia Menzietti

The large amount of landscapes of abandonment is increasingly emerging in urban contexts. Italy is experiencing the fading of an extremely recent past, witnessed by contemporary ruins and remains. These landscapes may appear as: abandoned and disused buildings in disrepair, brownfield, greyfield land, dead malls. These realities have been "outclassed", not because of special events/disasters, but owing to the fading of their purpose and subsequent inability to adapt to the present time and its requirements.
This work deals with an array of architectural ruins and some "works of authorship", built in Italy between the 1970s and 1980s, that have fallen into a state of partial or complete disrepair. The following are just a few examples: the Marchiondi Spagliardi institute (1954-57) by Vittoriano Viganò, the Theatre "Teatro Popolare di Sciacca" (1976) by Giuseppe and Alberto Samonà, the student housing (1976) by Giorgio Grassi and Antonio Monestiroli, the Parish church in Gibellina, by Ludovico Quaroni and Luisa Anversa etc. These contemporary ruins, all fallen in disrepair, constitute the heritage of a significant phase of Italian architecture, which provides a stimulus for thinking about the reasons and cultural context behind their commissioning. The amount of ruins is significant, and so is the increasing awareness towards these phenomena. Abandoned or underused existing building stock is the starting point of various recent experiences set up in Italy by artists, architects and communities. The address also analyses a series of events, performances, projects and social network, distant and heterogeneous voices that share a common goal, which is reactivation of decaying places. A particular emphasis is put on Temporiuso, a research project that explores various uses and temporary reuse practices, and on (Im)possible living. Rethink the abandoned world, a global community that collects abandoned places' profiles in Italy and around the world with the aim to reactivate them. The above experiences show how this reality is increasingly spreading through strategies of reactivation focusing on spaces in state of disrepair. Their goal is not to physically transform the object, but to restore the old building's meaning, providing it with the necessary network of conditions, which will allow it to perform new uses and play new roles.

Recycling and land reclamation in the 21th century. The vicissitudes of Matera in the light of an agro-urban strategy.

Mariavaleria Mininni, Cristina Dicillo, Rosanna Rizzi

The present work aims to critically reflect on recycling, taken as a periurban project device allowing a landscape-based, ecological and symbolic revision of urban land cover and land use patterns for the post-modern city project.

The strategy based on recycling materials and changing urban and rural land uses categories triggers new life cycles for territories stripped both from resources than from the imaginary point of view. This new rurality condition, restored in peri-urban areas is an opportunity to raise solutions in spatial and landscape terms, city's supplying, sustainability and health, thus experiencing a new concept of XXI century reclamation.

Matera, by virtue of its significant rural component which still survives despite the tertiarization processes, appears today as an extraordinary urban laboratory, that allow to reread issues that concern the relationship between the contemporary city and territory, focusing on peri-urban and rural areas and the conditions of a new project. A project which would revise functions, productions and materials of that particular phenomenological condition of Southern Italy's cities that historians called agrotown.

By comparing new urbanization patterns and peri-urban contexts in rural areas, a complex working condition emerges, which requires to resize case-studies to a homogeneous reality as for character, materials and dynamics involved.

Basilicata condition could be considered as an exemplifying and synthetic model of the Southern Italy conditions (for numbers, extent and heterogeneity of situations and phenomena), in a project that aims to start over from the spaces disposing and regeneration models through territories and populations recycling, recovering the reformist tradition of moving people on earth.

First of all, the unusual experimental case of rural urbanization that took place in Matera has been analyzed in the light of the critical branch of urban planning history, as inspired by the new towns experience and by high and low density urban development. Subsequently, a recycling experience seen as an agro-urban infrastructure like a new inspiring design condition, offers new suggestions to guide the present.

Re-naturalise / Reinventing / Repair Landscape actions for the mining landscape reuse The case study of the new BAT province

Mariavaleria Mininni, Luigi Guastamacchia, Teresa Pagnelli

For centuries, mining activity has been an important driver of economic and productive development for the Apulia region, representing a land use inextricably linked to its historical and constituting tradition. In particular, the mining basin of the comprehensive province Barletta - Andria - Trani (BAT), north of Bari, is now undergoing a crisis and has been partly dismissed. However, it has always been an important driving force for the local economy of the region. The consequent problems associated with landscape modification and alteration, land use, waste and sludge proper disposal have never been sufficiently taken into account

This paper aims to investigate a possible meeting point between the planning and the production processes, in order to identify recovery and recycling strategies, as well as identifying how to return the dismissed extraction sites their former uses, meanings and values by proactively activating virtuous processes capable of triggering a better landscape management on the one hand and, on the other hand, the necessary innovation of the mining management system, allowing it to be a territorial resource again.

Starting from the implementation of the PTCP (The Provincial Territorial Coordination Plan), which aims to encourage the recovery of exhausted and abandoned quarries, and through regulatory devices put in place for the management of extraction areas, we will try to outline a methodological and design path. It will assume that regaining exhausted quarries to place them in a framework of identity and in a process of sustainable development, can be implemented through a landscape approach according to which reuse does not coincide with "restoring" or "naturalization" operations: these have to be translated into concrete actions based on policy proposals to guide the future of territorial transformation processes.

As for exhausted quarries, landscape will be divided into three different directions thought as the "3Rs" for quarry projects: Re-naturalise, Reinventing, Repair, each associated with a particular landscape action, able to outline future scenarios for the territory.

The landscape strategies task is to highlight opportunities or problems to be respectively consolidated and tackled in order to govern the conflicts.

The definition of guidelines that are able to create and systemise the three landscape actions with the critical issues that arise from ongoing processes and conflicts, along with territorial projects for the regional landscape, will guide the appropriate intervention strategies. The objectives to pursue are: reuse of exhausted quarries, quality landscape objectives consolidating and enhancing the characteristics of each context, creating new values and restore the places' meaning.

OPEN SOURCES

Open sS for Reggio Calabria
A map of sustainable design strategies

Consuelo Nava

...In this sense, recycling strategy is the conceptual background and the general objective of a series of projects marking a key phase of contemporary urban planning culture, which has gone from a measuring system (territory) to a value system (landscape). Probably, the most interesting experiences are those that involve an entire city and constitute a collective, not occasional, endeavor. They witness the implementability, the advisability and consensus of a different urban development (M. Ricci, 2011)

A generative relationship involving the development of non-scalar urban/architectural tools and new devices can be implemented through a metropolitan approach to the city, its behavior and resources. A new paradigm of the relationship between availability and consumption, space and adaptation – typical of pro-active ecological structures – is the fundamental prerequisite.

The design of spatial organizations ought to be structured at each scale (masterplan of the scenarios) allowing sustainable strategies to be planned through relationships, functions (environment) and values (landscapes). Whenever environment and landscape are usefully and continually employed at the local level, technics and adequate tools are needed to enhance the conditions of all the systems involved.

These devices absorb places and resources' value, which is why they are highly likely to depend on the context, but not necessarily. They are also likely to produce or acknowledge best practices and exemplary experiences, thus creating a "folder" (a strategy map) of recognizable and identity-giving strategies as in "the implementability, the advisability and consensus of a different urban development".

At cultural level, the experimental approach employed in the case of Reggio Calabria embraces the entire variety of design scales (Open Scales) through an efficient use of techniques and resources (Open Sources). As for the implementation, which will be further detailed, the paradigm comprising masterplan and strategies' map is reflected in two objectives concerning the relationship between degraded areas and functional processes of redevelopment, along with materials recycling. Just a few examples:

(1) Replacing obsolescent structures and artifacts, dismissed sheds and disused port areas through highly energy and environmentally efficient systems, with new networking systems that "monitor" each service and consumption level.

(2) Using 100% recycled (pre and post consumer) materials and techniques when building, considering demolition and construction sites of former industries and disused infrastructures, industrial leftovers and raw and secondary raw materials from construction, but not only: the agroforestry sector, for example, to ensure sustainable production and soil security (olive husk, straw, broom etc.)

This work and the participation to REDS witness the experience of design, which has been carried out by the university and P.h.D courses. It is part of the ongoing research for the PRIN 2011-14, U.O. Reggio Calabria: Recycling waste landscapes. Experimental design for Reggio calabria. (1) (2).

The landscapes of Lucca: housing dimension process in the Structural Plan of the province of Potenza as a tool to generate new development for slow development territories.

Daniele Ronsivalle

The planning process for the preparation of the Structural Plan of the Province of Potenza provides the definition of criteria for the housing dimension, in an area undergoing reduction of the resident population, in which it is necessary to find strategies to recycle abandoned buildings , for the densification of the urbanized spaces and the reduction of current cubic capacity .

The rule provides that the regional Lucan Province is the subject that provides intermediate in advance to the definition of policies for development and construction of housing, on the basis of an average size of urban centers which necessitates a phase of co-ordination of urban expansions .

There is also in the municipalities of the Province of Potenza a strong process of reduction of the resident population which makes it very important to structure the processes of densification and saturation dell'edificato and reducing space requirements of the project.

The card Structural Alignment of the city is developed that contains the information on the quantity, on the guidelines and the areas to employ in each municipality for the building expansion : who writes under the coordination and the scientific advice of Maurizio Carta , with the Office Plan for the PSP and the Planning Service of the Basilicata Region , has pioneered a method of sizing of the housing needs and areas of expansion that takes into account the trend of housing, the housing stock and the sensitivity of this peri-urban areas that are highly relevant variables for the weak areas of the Province of Potenza.

The design of the urban expansions , then , is integrated into the structural framework of provincial and adopts the structural map prepared as a reference in environmental policies , energy and non-physical connection of the territories of microinsediamenti Lucania Apennines , integrate with cultural policies and landscape to create a new central places in an area peripheral to the transits on the platforms regional , national and transnational lapping the Potentino .

Based on this consideration, the sizing is the result of a structural assessment that intersects the location of operations of the structural framework with the state of the urban settlement and is produced on the basis of three types of intervention (reuse , completion and expansion) chosen depending on the environmental sensitivity of the area, the proximity of services and physical connections , the availability of areas already planned for completion by previous plans and the demographic trend of centers in rapid aging) .

The method is proposed as a model for slow developing territories and areas in which the processes of aging and depopulation increase the amount of housing stock and this will reduce the quality of urban spaces results of abandonment.

Biomimetics as a design tool: bio-inspired structure made of recycled tyres

Ludovica Rossi, Fernando Juan Ramos Galino, Stefano Mancuso, Josep Ignasi de Llorens Duran

This work explores the potential of biomimetics as a methodological design tool. The project develops a plot for tensile structures, resorting to biomimetic analysis.

At a close scale, a morphologic analysis allows to observe the behaviour of succulent plants' wood tissue, characterised by wavy fibres. The cactus family is known for having modified its characteristics by loosing resistant tissue in favour of cells that are able to retain water and nutrients to cope with the arid climate.

The morphogenetic analysis creates a plot composed of sinusoidal bands whose behaviour is inspired by the live tissue of plants. The main property works as a spring, allowing the living organism to respond and cope with environmental changes.

Human activities are part of an ecosystem where, in a wider sense, materials modify the theoretical dimension between biomimetics and architecture.

The answers offered by symbiotic systems provide a new framework for the interaction among diverse technological realms, and the development of new sustainable patterns. Specifically, the project involves the use of recycled tyres to build structures that respond to such issues as: change in the resources' exploitation, their optimization and how to transform waste emergency into an opportunity.

Morphology, combined with materials, determines the establishment of an experimental model that will be combined with the building process and the relevant technological solutions.

Tyres sections constitute the elastic and malleable part of the system. Intertwined cylinders are the first level of internal morphological organization.

These provide stiffness and order the plot, opening the bands before the system is tensed.

The result is a flexible plot whose ultimate shape is taken during assembly according to external influence.

As for the second level of external morphologic modification, the energizing process modifies the bending and makes the system stronger.

The building project analysis assesses the system's adapting capacity in terms of elastic properties. The structure is thought not only as a sum of different elements, but also as a structure that modifies its morphology as it is built. The analysis implies developing a building process that is capable to cope with the environment without ever having to change its building solution.

Demalling italian landscape. Redevelopment strategies for dying shopping malls

Vincenza Santangelo

Italy has 659 shopping malls, 232 opening soon, 36 undergoing extension. Malls are powerful social attractors, not to mention real estate speculation and their ability to trigger increasingly rapid and significant territorial transformations. However, this process is – often imperceptibly – diminishing to some extent.

The topic of greyfields and dying malls was extensively dealt with by an analysis focusing on the territory between Naples and Caserta, carried out on the occasion of the workshop Demalling Caserta that took place in June 2011 in Caserta.

Euromercato, the first mall ever opened in Southern Italy in 1977, is now partially closed due to the opening of other retail centres nearby and to management changes. The Giardini del Sole, formerly a driver for the development and densification of the area, opened in 1992 and is now closing due to a shift of its catchment area towards the nearby mall Campania; the Polo della Qualità, a mixed-use centre located in the industrial area ASI in Marcianise, which declared bankruptcy two years after opening.

These are just a few examples of a trend that is slowly surfacing in the Campania region and elsewhere. Yet, quantitative and qualitative documentation concerning these vicissitudes is missing. A detailed reconstruction of the crisis and the reasons behind it would be a starting point for a potentially enriching redevelopment project.

Dying malls are a minor occurrence that still remains to be explored in Italy. To the contrary, in the United States (where the urban sprawl concept and the first malls were born) it is widespread and rife, precisely because the model of city this business method refers to is no longer viable.

Stemming from acknowledgement of the facts at qualitative and quantitative level, demalling is currently underway, meaning projects, strategies and actions aiming at redeveloping dying malls.

Such projects are faced with huge obsolescent empty shells left behind, seas of empty asphalt on the one hand and with their complex urban, economic and social consequences on the other hand.

The increase in dying malls witnesses an obsolescent economy faced with a crisis, which can turn into an opportunity to take action with a double goal: dealing with existent dying malls by identifying strategies and projects for the renovation of greyfields together with the moribund surrounding land. Secondly, intervening in the current debate about the development of new shopping malls focusing on closure prevention and on potential land recycling plans.

OPEN SOURCES

FREEING GENOA

Valter Scelsi

The subtraction of volumes is a project of general composition of the urban space system, where an organic plan of demolitions prefigures and allows the existence of a city in progressive transformation, i.e. a continuously adapting organism. The product of this research is a road along which it is not goods that flow, but just people. It can take the shape of a linear park.

The direct experiencing of territory, through free and uninterrupted foot-paths, is a strategy which seems still able to allow the detecting and comprehension of the problem knots of the existing situation, to fly, as it were, above the urban aphasia brought about by a management of space practised through subtraction instead of addition. Subtraction, that is, of the meaning of public dominion, of the representative role of buildings, of the value of time in the building of the city. The congestion of the city of Genoa is made up of prohibitions and negations, deprivations and closures - plus of cynical slogans, inexplicable invitations to build in places which are already built-up, to kick in mercilessly even where mistakes have already been made, to renounce all responsibility for design and architecture.

The park may house an electric tramway route as an urban junction, but it is otherwise a complete alternative to vehicle routes. It represents what is left of the utopia of a multi-level city, realised by using the city's historical patrimony. It is conceived as a collective work, a possible architectural viaduct within the architecture of the city. The linear park, developing from East to West, takes on the same meaning as that of a Renaissance street and follows the same common aim: that of conferring an urban value through the civil custom of inhabiting a town. In the firm belief that the instrument is language (as well as assemblage), the sequence of spaces and objects making up the city brings with it all the infinite possible readings, the opportunities that were taken and those that were lost, putting them together with the practice of architecture, which is a civil form of action and a place of common identity.

The linear park is a project bent towards completion, just as the city is bent towards its own existence: with the same degree of indefiniteness.

GENOVA -1% is a collective project for Genoa, the manifesto of an urban project for an ancient town imagined as new, for a great organism in continuous adaptation. GENOVA-1% aims at starting a public debate on the future of Genoa, a free debate. For a project should be able to fix dreams an instant before following needs, to understand before carrying out, to imagine the future before consuming the present. This text is part of that collective project; it represents one voice, among the many ones that are possible.

OPEN SCALES

OPEN SCALES

Mariavaleria Mininni

Open scales is one of the REDS' devices that focuses on a number of issues relating to the PROGETTO DELLA CONTEMPORANEITà.

PARADOX. Open scales explains why working on a single scale is not an adequate options, why the small scale's consequences are more extended since extension and scale are intertwined. Territories are composed by a number of dwellings, which determine exclusion-inclusion processes in the target realities.
Understanding the extent to which the PROGETTO DELLA CONTEMPORANEITà has used open scaling strategies allows to grasp its potential opportunities preventing possible side effects.
ECOLOGICAL BIAS. Ecology is based on empirical observation of the phenomena, which is why it learned to employ analysis schemes based on the landscape scale. As a matter of fact, scale has always mattered to ecological projects. Ecological bias are prejudices, shifting between reality and its representation.
Scaling up is a space-related project with different focusing: low-resolution or high-contrast territories, extremely or barely designed. This concept of space requires a new ecological rationality, which is explained through spatial concept as grain, porosity, percolation, gradient. Ecology uses these patterns to conceptualize landscapes that appear and disappear through space and time.
VISION. Whereas each scale relates to a different project topic, these are not represented by scale since it is the vision project itself, the most adequate calibration as regards the periurban space, its measurement and conceptualization inside a project idea.
The representation of a city/territory changes according to the outskirts' extension. Whenever borders are "blurred", more time and space are needed.
MODERN LEGACY. A space that stems from a critical analysis of the urban planning. A space that originates between the modern and the contemporary era through various intentionality levels preventing its easy interpretation. A space, which is still being created by urban transformations' large scale – led from outside – and the minuscule scale of minimal rationalities, which originate and die in the subjective local realm.
Many of the unfinished legacies of the PROGETTO DEL MODERNO are, in many cases, due to a scale mistake in the urban planning.
Rethinking urban planning on various scales led to openly admit the uncertain and indefinite nature of the modern urban project, not as a defect marked by uncertainty but as an immanent condition.
OPEN SPACE. Open scale critically rethinks the topic of open space, which is urban material requiring a more complex collocation beyond the building-free space and the city-scale.
Some remarks emerging from the report "Sviluppo sostenibile delle aree urbane nella programmazione 2014-20" (sustainable urban development for the 2014-2020 programming period) issued by the Italian Ministry of the Environment to prepare the country for the 2014-2020 EU funds allocation, begin to outline open scaling strategies, as explored by some papers in this session. They could be useful in the view of an Urban National Agenda, prelude to the next operational programs for urban sustainable development.

The sprawl legacy. Territorial resources and sustainable urban development: a multiscalar matter

Mauro Berta

Many times, in the last years, various attempts have been made to deal with the outcomes of the global economic crisis by means of possible relaunch policies for the construction industry; almost always following a neo-classical growth model, mostly grounded on a quantitative interpretation of development and primarily aimed to raise again the consumption variable, constantly seen as the main index of social well-being.
But is it still advisable today – we could ask - to follow such a tendency? Especially in the present circumstances, when multiple signals coming from the economy, the social and the environmental sciences, as well as from the urban and territorial studies, are revealing some ongoing radical transformations, showing all the limits of traditional growth policies.
The "weak" sustainability paradigm - appeared in the last decades of the XXth Century and based on a possible balance between the loss of natural resources and the increase of fixed capitals - is now meant to be replaced by a "strong" interpretation of it, more radical and grounded on a non-negotiability principle of the common finite resources; additionally some of the more recent studies, about the relationships among economic policies, social progress and territorial development, are recommending explicitly a necessary substitution of the only economic evaluations (such as the GDP-based ones) with more complex indicators, coming also from the ecology field, such as land take, landscape fragmentation, level of biodiversity etc.
Moreover the physical changes recently observed in the European territory seem to confirm – from a general point of view – a significant slowdown of the sprawl processes in many regions and a collateral increase of transformations in already urbanized areas.
Our cities and countryside are rapidly evolving in new metropolitan-like systems, very different from the traditional ones, but anyway able to extend the urban characters to wide parts of the territory, where opposite functional logics, social needs and morphological structures coexist at different scales, continuously variable and mutually intertwined.
Reasoning about a sustainable future for cities and regions in terms of "open scales" means, therefore, mainly to break their individual boundaries of autonomy (political, economic, technical, administrative etc.) to reassemble all of these matters in large, holistic recomposing figures; it means most of all to assign to the project a role quite different from the traditional one – (a superimposed device, aimed to produce univocal solutions to specific questions) – and to place it among the stakeholders and decision makers as a dialog catalyser, taking advantage of its prefiguration capabilities.

Open Scales and Large Scale: Vanishing (hence, need for) space design

Antonio De Rossi

The word "space" – in the sense of a physical area, actually existing, sounds today more obsolete and marginal than ever. This (apparent) paradox is supported by a number of facts and elements. First of all, the paradigms at the basis of policies and research assets at the international level. Words and topics like recycling, smart city, sustainability, share the same concept of space: smooth and dimensionless, where efficiency is ensured by a design concept whose successful implementation relies on technology and best practices.

This leads to a question: is there a morphological issue today? A conventio ad excludendum relating to the "spatialization" of phenomena?
Be it "smart" or "sustainable", the way public opinion implement the topic of transformations or the way it deals with technical-administrative and political projects, the lack of shape and of space seems to be an epistemological emergency of the present time.

Behind the dying of space, at the hands of technocracies and red tape, which are resolved to see land as a standard performance/procedure, an even more radical and deeper "attack" to the project itself is hidden, to its ontological nature characterised by intention and transformation.
As a matter of fact, the crisis of democratic legitimacy, with the decision-making process at a deadlock, is dealt with the tautological objectivity of procedures and quantitative patterns. Which does nothing but presenting the same problem once again, ad libitum, concerning the ties between land, development and democracy.

The current structural crisis requires that a tactical withdrawal be put in place, with respect to the building methods of the last decades. Withdrawal as opportunity to rethink land design and development patterns, but also as an opportunity to change the very nature of design, focusing on its key role of cultural mediator and dialogic negotiator, rather than mere neutral and objective technical solution.

Design has a chance to rebuild and capacity to create simultaneous scenarios, which is fundamental when it comes to restoring the social legitimacy of architectural projects, as well as a skills system.
As for these issue, Open Scales, Large Scale or jeu d'échelles are pertinent instruments when it comes to removing and denying the arraying value of architectural projects in an era characterised by reduced and simplified functions.

OPEN SCALES

Sustainability and cities of knowledge

Nicola Martinelli

TheOpen Scales session refers to an overcoming of the scales of territorial intervention which have restricted approaches to sustainability for decades. Following this unprecedented method of operation, new urban agendas can focus their attention on processes of innovation in which competitiveness and cohesion can be seen against the backdrop of a knowledge-oriented society. In the redefinition of the paradigms that is gradually progressing in the approach towards problems concerning the contemporary city, the matter of urban wellbeingemerges, seen not only in terms of the "habitability" of cities. Simplifying an important scientific and methodological matter, three types of approach seem to emerge for measuring the level of satisfaction of urban wellbeing: taking into account the tangible and intangible resources of a city in terms of equity and potential; attempting to measure the levels of happiness of the urban community; looking at capability, seen as cultural competence to recognise the latent resources needed to grow and develop smart communities. In this sense, a large field of work opens up for planners interested in seeking new paradigms in a phase in which the priorities of the recent European urban agendas have to offer useful solutions for the effective use of EU funds in 2014-2020, orienting their actions in an Open Scales context, characterised by different territorial dimensions (metropolitan areas, middle cities and polycentric systems of inner areas) which, in Italy, are also strongly characterised in consideration of the specific situations of Southern Italy.
If we think of the definition Porter proposes for technological and productive clusters, we see the huge contemporary territories of innovation that have been built up in recent decades. These house territorial poles which have formed new geographies of places of knowledge, flanking the intangibility of productions, characterised by a high level of knowledge, with considerable attention to the quality and innovation of working spaces, which often reflect dynamic organisational structures characterised by smart lifestyles, oriented towards energy savings, new settlement models, extended uses of the landscape and sophisticated cultural consumptions.

Performing infrastructure. An experimental project for the requalification of the energy efficiency and the landscape of the Rome - Salerno highway route

Beniamino Fabio Arco, Rosario Badessa, Fabrizia Berlingieri, Giovanna Falzone

The abstract refers to the presentation of a recent project related to the subject of mobility as infrastructure for the production of energy from renewable sources. The project, which was awarded the first prize in the international competition "Green Boulevard - Tree-lined boulevards in the third millennium ", proposes the transformation of the current infrastructure network in an intelligent, ecological and productive system. In particular, the project deals with the rethinking of the Rome - Salerno motorway. This route covers a length of about 270 km in which there are exits to connect the infrastructure to the territory. The project, based on data relating to the rainfall in the two regions that the motorway goes through (according to data from ISTAT, 2009, Lazio and Campania are among the rainiest regions of Italy) identifies all unused and unusable area close to the exits, to convey and accumulate high amounts of rainwater in special tanks , purify it and then reuse it for irrigation of the agricultural fields that characterize the landscape along the highway. The rainwater is filtered through a micro- algae cultivation system which, besides purifying the air and the water from the main pollutant (the CO_2 molecules are eaten by the alga), produces large quantities of fuel oil that can be used to for produce Bio -fuel and Bio- gas. The waste produced during the whole process can be reused as fertilizer or as biomass for energy production. The algae production occurs within photo-bioreactors, highly efficient cropping systems designed for the growth of photosynthetic microorganisms. The project proposes a reinterpretation of the image of photo-bioreactors, large luminous tubes made up of a central core cable for the supply of water and CO_2, lined by a hollow biodegradable plastic membrane containing the algae. The plastic membrane is also an indicator of climate and environmental data: in fact, the level of the liquid contained indicates the rainfall in that area at any given time of the year, and its colour indicates the level of air pollution. The production of algae is optimized through a system of panels that accumulates solar energy during the day to illuminate the photo-bioreactors at night so that they become lanterns for the illumination of the junctions. The photo-bioreactors are thought of as signs on a large scale, landmarks that measure the landscape and accelerate its perception. They are designed to attract tourism and an environmentally sustainable agricultural production: these large vertical pipes are a metaphor for technologic tree-lined boulevards. They are an attempt to redefine the agricultural landscape and offer an alternative image to the industrialization in Southern Italy.

A Mediterranean declination of sustainable urban planning : Marseille Euroméditerranée II

Alessandra Badami

The testing of models of sustainable development in a growing number of cities shows that this has become one of the priority tasks in urban planning, requiring the use of new paradigms of reference, new design principles and new tools for action.
At the beginning of the last century the materials used in urban planning were "the sun, space, nature, steel, and reinforced concrete, in that order and in this hierarchy" (Le Corbusier , 1933).
Nowadays, we are witnessing the appearance of new materials such as pollution, waste, land waste, traffic congestion, the abandonment of parts of the city, the indiscriminate use of non-renewable energy sources, unemployment, poverty, social exclusion , inequality in the supply of healthy food and drinking water .
How to channel sustainability in urban planning? We need a radical change in development model in terms of sustainability, to keep a balance between economic effectiveness, social cohesion and environmental protection.
Marseille, one of the French cities currently undergoing the fastest transformation, is going through a process of profound renewal that occurs in different phases, reflecting a gradual paradigm shift. The initial ambitious project started in the mid-90s (Euromediterranée), mainly based on an idea of urban renewal as re-design of the urban skyline based on an international architectural language , has gradually been replaced by the testing of sustainable development models declined in concordance with the Mediterranean dimension (Euromediterranée II , 2007) , using the characters / resource of the Mediterranean city from a climate , geographical, cultural and social point of view.
The new plan for Marseille Mediterranean EcoCité has adopted a low cost, easy tech, high welfare approach. The proposal is to build a new part of the city without consuming any new ground, using non-operational areas that are close to the hypercentre and already served by infrastructure, and restoring the natural environments in abandoned and impermeable areas. On the basis of the great success achieved through the recovery of architecture and urban spaces rather than through the cancellation of the urban fabric for the implementation of 'next generation' architectural projects, the goal became to build la ville sur la ville, requalifying existing assets , enhancing local identity , saving free residual space, and densifying the urban fabric.
The transition from the Grands Travaux , in which the Mediterranean identity dissolved in the creative – innovative game of reinterpreting (more or less freely) the architectural heritage and identity of Marseille, to the dimension of the EcoCitè , which focuses its project on the character of the area and local identity, marks the turning point where urban planning goes back to using the sun, the wind, nature and the sea: such resources , particularly available in Mediterranean cities, are an extraordinary, naturally eco-friendly wealth.

New forms of Urban Metabolism

Pepe Barbieri, Alberto Ulisse

Within the continuous urban mutations - due to changes that contemporary society asks us to reinterpret using an anti crisis approach - the energy combination (including waste and resource) represents an opportunity for recovery, reorganization and regeneration, for the growth of a city and the construction of a durable collective well-being (objective in concordance with the guidelines of the national Plan for Cities - "Italy, grow" - DL n . 83/2012) .
The small and large metropolis must accept the challenge of reconfiguring urban districts (parts of the polycentric system) as land stocks for the collective interest and the definition of development interventions and urban saturation , designed and compensated in a unitary thought of rationalization of resources and energy exchange in the territory. The quality of urban landscapes is not dictated by the radical decision not to build , but the urgent need to adjust the "heritage" to the necessities imposed by new rules - especially by new awareness of the issues of urban ecology , energy saving and decentralized production of energy - involves the introduction of a different, new set of needs and objectives.
A strategy that places the redevelopment of what has previously been built as a primary goal stems from the increasingly widespread perception that environmental resources are " scarce " (land , water and energy * - activating processes that combine energy waste and new resources) . The city needs its territory as an "ecological support" from which to draw resources and where to place devices for the cycles of urban waste treatment .
Through a systemic vision of the urban landscape and its networks of relationships - especially concerning energy - urban systems, like biological systems, acquire characteristics of complexity and uncertainty. Being able to understand and govern these new possible relationships between the parties is the challenge. This is useful to develop new, different urban maps: to build an urban map means to compose a representation of the urban-territorial space, capable of detecting and displaying the networks of material relationships - and therefore the flows of energy , information, data ... - Confronting the complexity of the changing environment . The diagram that comes out is a system capable of observing the life cycles of a city, and it examines the sources of energy, matter and information : it analyzes the "driving energies ," as Odum called them, offering a vision that provides an overview of the dynamics of a city (energy systems) .
Starting from the "energy compensation" theme, the tendency is to use the potential of a combined use of resources and urban energy waste, for example: the heat from the refrigeration units of some functional place, such as a market, may become active energy to warm up the water of a swimming pool or a school or a residential complex. Through the re-use of an environmental resource, such as the water wasted in the process of air conditioning, you can activate a combined use of waste and resource: the biomass coming from the floricultural greenhouses or from the maintenance of urban green spaces can be fit back into the production cycle of urban farms, or for the heating of urban neighborhoods in the city , and so on . In this way an urban device, starting from energy waste, can build active and complementary relationships.

OPEN SCALES

Technonature : processes of Land Art as energy generators

Elisa Cristiana Cattaneo

" Perhaps it does not happen only to me but also to all those who civilization has given birth for the second time . Yet I feel that for me, or for those who feel like me, artificiality has become a natural thing, and it's the natural which seems odd. I correct myself: artificiality has not become natural : the natural has become different . " F. Pessoa, The Book of Disquiet

This research focuses in the interpretation of the word Technonature, to identify its theoretical and methodological potential (as a new ecological mode of thinking about urban design and planning) , operational potential (as a specific strategy to produce energy), language potential (as a transdisciplinary hybridization, in renewal if applied to the processes of Land Art), acting as a possible response to the crisis of the project (and its means) following the advance of new ecological and formal needs in the contemporary city.

With regard to the theoretical and methodological conditions, rooted in the debate about the theory of complexity [1] and in the philosophy of science [2], it is proposed as an experimental mode of interpretation / planning of the contemporary landscape, according to a renewal of the idea of Nature, capable of overcome the dichotomous relationships related to the reflection on the city (nature / artifice , city / countryside ...), as well as any attempt to vernacularism, immanentist hibernation, or conciliation, such as the aesthetics of disappearance[3], of camouflage , of metaphor [4] and, especially, of each deviance of sustainability or environmentalism as reparative systems .

Representing an ecological, anti-dialectical approach, Technonature intends nature as a continuous renewal of its ability 'to generate, create, and especially to adapt, "absorbing the artificial material as its component, eliminating the anemic categories of belonging, and aiming to achieve that wonderful regenerative fluidity that elide the opposites and makes them its own", where "one should notice a subtle paradigm:what might seem the result of interbreeding between the natural and its opposite, the artificial, is instead an alternated interpenetration that makes us read reality as transformative of nature. It is, more simply , the very concept of nature that is losing its secular fixity, producing one of the most revolutionary changes that have ever occurred in history "[5].

From a more specific point of view, together with the models of Technoscience, the performative potential of nature is investigated as an opportunity to absorb the productive and performing capacities of the artificial space, becoming a strategy for the production of urban resources , in terms of energy and on a formal and social level.

In particular, the "emptiness" of open spaces on a different scale becomes "dense" in terms of ecological and formal quality. We then proceed to analyze a design method of hybridization between territories of energy[6] and Land Art, then discuss spaces at Land Art Generator[7], ie projects that combine the characteristics of the Land Art project (evolutive, based on entropy, kinetic, ephemeral) with the technological performativity of areas of energy, with the aim of defining a new aesthetic of urban design, towards a renewed expression of the aesthetics of a city.

Notes
1 In particular, the definition of Basarab Nicolescu in the Manifesto of Transdisciplinarity , ed. Suny , 2012;
2 in particular, in the research of M. Ponty , La Natura (Nature), ed. Cortina , 1996;
3. The aesthetics of disappearance ehnances the Virgilian concepts of informative and perceptual excess that produces an absence, where the time of the show does not work in terms of story, but in those of representation , replacement, simulation that are now already saturated ;
4. An idea already tested in the naturalistic field, this inclination reverses the attempt of diffusion of the project, bringing it back to a dimension of total introversion and inclusion. With the metaphor , architecture emulates the natural forms, almost in an attempt to exorcise its own responsibility for the degeneration of the built areas.
5. M . Ponty La Natura , Op cit. ;
6. see research done by Rania Gosnh and summarized in Various Authors, New Geographies 2 : Landscapes of Energy , Cambridge : Harvard GSD , 2010; 7 View the ongoing research by Lagi, in http://landartgenerator.org/

Refused landscapes - Recycled landscapes
Areas of waste collection and disposal. Perspectives and contemporary approaches

Silvia Dalzero

This research investigates how the more or less controlled invasion of waste affects the territory. Such invasion occurs in strikingly different ways over time and space. At first, the issue has been dealt with from a creative point of view, ranging from literature to art and cinema ... Then, the paper explores the new, unexpected landscapes inevitably designed by waste accumulation. In short, how waste can turn into proper places.

Then, a list of recovery projects for the waste-altered areas explains how the current territorial dimension is stormed by waste, hence the substantial environmental and social transformation it is subjected to. As a consequence, a sort of "guidance" is drafted, in which several exemplary recovery plans are illustrated; New York's Fresh Kills landfill in particular. Then, various statistical and quantitative aspects regarding waste production are further clarified, in order to highlight the amazing state of the city today.

Provided with an informed insight, the first analysis stage is eventually over, which is a critical and as objective as possible assessment allowing to denounce, through a cartographic survey, the current situation and the relevant spread of waste disposal plants, in Italy in particular, and, more generally, at the European level.

Then, a territorial section particularly affected by the phenomenon is eventually identified: the Lombardy region whose altered territorial morphologies are further considered.

As a result, the analysis becomes increasingly detailed, purposeful and conscious of a state of affairs, which needs substantial improvements and experimental developments. The survey insists in examining the territorial section along the 'A4 highway between Milan and Brescia, and more specifically the Province of Brescia where the concentration of such plants is becoming more intense, unique and absolutely extraordinary.

A careful study of the current territorial status reveals conceptual patterns, indicative of possible, probable and potential future and present scenarios regarding similarly affected areas. It also explains how their spreading is in line with logical and correct criteria, based on the character of the place. It even explains how a complex actions-reactions structure is created, able to design a recognizable territorial system, which is clear and, consequently, lays future planning foundations. Ultimately, other than being a singular path for the observation and evaluation of contemporary urban structures where the areas being studied need to be adequately collocated, this analysis fosters, inter alia and above all, territorial changes, different in shapes and weights

A multiscale project. Innovation rehearsals. II

Matteo Di Venosa

Recognizing the multiscale nature of the contemporary city undermines the existing instruments of land management that, especially in Italy, have often proved unable to address the dysfunctions of the unsustainable development model (metropolization of the city) but, also, to fully grasp the competitive potential of new territorial organizations.
The unstable and manifold nature of the urban reality emphasises the need to conceive transversal approaches to the project, more flexible, open, extroverted and relational, in which the configuration-related quality of a project is the outcome of a process of critical interpretation of the context and its varied transformation dynamics.
Multiple scales are therefore a quality value of contemporary design that restores the interaction with contextual factors and their variables relational fields. A widespread quality that enhances the harmony and consonance between the parties rather than the significance of exceptional isolated works.
Understanding the importance of these issues means overcoming the self referential nature of many projects (especially in the field of public works, infrastructure networks and technology), stating, as opposite, the need to investigate, through a cross-sectoral and multiscale approach to design, the multiple relational meanings that any place can express and that the project has the task of interpreting through specific codes and formal values.
The land project that resorts to multiple scales to reassemble contemporary urban structures' fragmentation becomes increasingly important (B. Secchi 1986 P. Gabellini 2010). A land project as qualification of the space between things, as criticism of the desert planning, of a design practice which is regardless of the context.
In this sense, multiple scales are independent from dimensional settings (intermediate scale, large scale) and are measured by the ability of each transformative action to interpret the topological identity of its field of operation.
This perspective can be exemplarily implemented in the territory projects and, in particular, in landscape and infrastructure projects that represent in many ways its foundations (PC Palermo, 2006; A. Clementi, 1999).
Some recent applied research experiences carried out at the Faculty of Architecture of Pescara have interpreted the territorial project multiscale approach in association with the reorganization of infrastructure networks. The results of these experiences will be presented during the R.E.D.S. conference.
In particular, emphasis will be attached to the Feasibility Study for the state road ss.16 variation project between the Marche and northern Apulia (2010) and the two seas city's project, Lamezia Terme and Catanzaro. These experiences have been developed respectively for the Ministry of Infrastructure-Anas and for the Calabria region.

Learning from tradition: to develop what we have – the competition for the redevelopment of Lalla Yeddouna square in Fez

Laura Valeria Ferretti

The global economic crisis, the reckless use of resources, land use and energy emphasise the need to restore urban planning and architecture methods that traditionally minimize space and energy waste, and can be a feasible alternative and a reference methodological pattern.
The North African settlements, just as the majority of traditional dwelling cultures, have a long-standing architectural and urban tradition, which is organically organised to make the best use of local resources.
A comprehensive study of the settlements, materials, traditional typologies (from the urban scale to the architectural) and the contemporary reinterpretation of their characteristics fits well in the good path of a "growthless development" capable of positively affecting the environment, the local economy, urban quality and the social fabric.
The redevelopment project of the square Lalla Yeddouna, which we set out to present, was awarded the second prize of the international competition in two phases "Place Lalla Yeddouna - A Neighborhood in the Medina of Fez, Morocco," whose strategy focuses on the evolution and development of architectural features and traditional local settlement.
The competition theme was the rehabilitation of a strongly degraded urban space, from the physical point of view, whose functions and local life are lively though. The aim was to ensure the maintenance and expansion of the existing activities, improving working conditions and introducing cultural, loisir and touristic activities, thus contributing to enhance the quality of local life. These are extremely timely topics – assets and social fabric's maintenance and the simultaneous "soft" development of touristic activities. An ordinary traditional fabric, some artefacts of architectural value and the oued Fes, all significantly degraded, characterized the area.
Having said this, the project has been outlined as an urban project integrated with the physical, social and economic context, which transformed the area into an urban centre designed according to bioclimatic criteria.

The choices adopted were:

- Propose a contemporary image of the tissue of the medina, which was recognized to have the ability to deliver significant bioclimatic comfort, reinterpreting the morpho-typological elements of the spaces
- Use local techniques and materials with contemporary standards, facilitating the maintenance and strengthening of existing technical cultures and improving the performances.
- Enhance the local craftsmanship as well as proposing compatible innovative elements
- Return the oued a role in the ecological system,
- Bioclimatic design of buildings and of the open spaces' system: indoor and outdoor facilities,
- Minimize the resources' consumption and reduce environmental loads

Planners: L. V. Ferretti (groupleader), M. Marcelloni, B. Nohu,
With : V. Botti, S. Brunetti, B. Di Donato, F. De Dominicis, M. Gabay, L. Senni.
Technology: G. Vanin landscape consulting: OSA ; advice for restoration: Mutzuko Sato

OPEN SCALES

I - - - MOVE
Intelligent mobility in the Italian territory.

Gaia Grossi

The High Speed rail project has triggered a renewed interest in the issue of train stations, understood as a "sensitive articulation between network and city" (Peny, 1990), between the railway and the territorial system. It goes hand in hand with the acknowledgement of the new network's potential, which is translated into projects that focus on the redevelopment of existing structures and on the redesign of entire neighborhoods.

The High Speed focused on the node and its neighborhood, thus gaining the capacity to change the relationship with the urban fabric, so as to be a catalyst for development and urban regeneration. Train stations have always attracted large flows as well as various urban functions related to the transport sector, which have often placed train stations in a miserable situation, physically isolated from the city, responsible for turning the station into a symbol of urban decay.

The policies pursued by Italian railway companies in recent decades have tried to join together the need for renewal and reorganization of the railway service on the one hand, and the desire to reactivate the relationship between the rail system and the city – heavily penalized by the former political and financial administrations – on the other hand. Therefore, railway stations become cornerstones of this transformation.

Implementing new fast rail infrastructures has forced both rail companies and local administrations to consider the railway system's integration in the urban fabric and the positive effects of nodes' presence in the local territorial context. Initiatives are needed, aimed at outlining the function of urban railway stations and at managing the transformation of railway junctions and related areas. It is particularly interesting to analyze how the enhancement of an already existing railway reflects on the entire urban area of relevance but also on a wider urban context. High speed transformations of historic stations are an opportunity to solve infrastructure-related conflicts at an urban scale and can trigger densification and polarization processes, thus enhancing accessibility and transport sector services in the affected areas. When implementing the high-speed railway project, it is necessary to establish a cognitive framework that is able to focus on the tools and methodologies supporting rail system-related urban transformations.

HOUSING UPGRADE

Gianluigi Mondaini, Costantino Carluccio, Claudio Tombolini

This work outlines different strategies for an architectural project based on reuse and urban rehabilitation, being the only options for a sustainable development today. In particular, it focuses on residential housing from the post-war period until the end of the 1970s. The built-up amount is significant and mainly characterized by homologation. It is not fit for modern dwellers' needs, nor is energy efficient. Suburbs are mainly dominated by concrete buildings -both prefabricated and cast-in-place - rapidly built without technical accuracy; characterized by seriality, standardization and rigidity.

The urgent need for housing brought about real estate speculation: such buildings are still in use and their legacy presents technological problems jeopardizing structural security and sustainability.

Our work sets out to produce a change by reversing the no longer sustainable expansion in favor of a new progress, which would thicken, reactivate and upgrade the built-up available material. The research is based on experimental assumptions, random checked on various housing estates among Erap[1]-owned houses and private apartment blocks in the province of Ancona. Our regeneration options are: Spatial Updating; Structural Updating; Energetic Updating; all are based on a deep knowledge of the available material that will be first worked by hybridization and then by adding spatial and technological devices, thus reviving the places with a new charm and identity.

A – Spatial Updating

Updating an existing building means enhancing dwelling quality from a spatial point of view by expanding the dwellings, thus promoting their personalization. Removing facades and adding open spaces and wider holes will significantly enhance the housing livability and the relation with the surrounding environment.

Functions and volumes will be eventually added; self-supporting structures will coexist with the existing ones with the aim to host common spaces, glasshouses, labs, playgrounds and working centers.

B – Structural Updating

Based on the regularization of the buildings at the structural level (identifying how) and the enhancement of housing livability by adding steel, laminated-wood or micro-concrete structures that will exist in symbiosis with the pre-existing. The concept of exoskeleton (borrowed from biomedical sciences and robotics) is an example of how new structures can be juxtaposed to the pre-existing with the aim to monitor the seismic action; expanding, raising and rehabilitating without affecting the main structure.

C – Energetic Updating

Enhancing energy efficiency cannot be postponed. Active and passive mechanisms will be implemented just as the existing systems will be modified. The building envelope is a key element inasmuch shading devices (expanded facades, building skin or green surfaces) ensure sustainable energy and enhance the aesthetic potential. Network rationalization through materials, heat or water recycling brings about a new communication system and aesthetic paradigm.

Nots
1. *Public housing body in the Marche region, n.d.t.*

Energy renaturactivation of the mediterranean region new green dimension

Emanuela Nan

During the post-globalization crisis, the collapse of growth obsessions gives room to a controversial, confusing and complex saturated reality. In this context, new logics, times and use patterns are dramatically emerging, bringing about significant land transformations, in terms of relationships and balances.
The hypertrophy of information caused a continual rise and rethinking of geographies that often stem from personal wishes and single users' choices, more than from comprehensive strategies and perspectives, thus referring to "blurred" and temporary trends. However, the new territorial-spatial dimension/concept, dynamic and going-beyond, together with the worsening of the economic and social crisis, emphasized a number of key issues. These are no longer concerned with the human environment's development only but, more worryingly, with mankind survival on the planet.
These norms and relationships lead to a rethinking of land/lands' meaning, which seems to be passing from a juxtaposition of different tracts to a flexible intertwinement of dependencies, fluctuations and exchanges. In particular, emphasis is on energy and its substantial – rater than formal or functional – changes that are currently underway with respect to production, distribution and use: the very idea of energy, of and for the territory, is being considered. Recently, the interest for ecology and sustainability is growing, out of resolve to replace polluting resources in favor of green solutions and, above all, thanks and owing to the enhancement of each context's inner and potential value, which promotes an increasingly innovative energy approach. Hence, energy is organism-renaturactivating rather than systemically consumerist.
According to this new perspective, energy and energy sources – seen as instruments – are no longer generally and thoroughly introduced, produced and operating in the territory itself: they stand on their own instead. Hence, their diversity, both in terms of form and distribution. Energy redefinition is therefore a tool for rethinking past decisions and, at the same time, puts forward and promotes future actions and endeavors.
If applied to the Mediterranean region, where the huge availability of renewable and green energy sources clashes against age-old saturated and fragmented contexts where, probably more than anywhere else, areas of great historical, landscape and environmental value are often disvalued, decayed and abandoned. The new conception of tailor-made non-scalar and non-perimeter energy highlights the potential of renaturactivation, as development and territorial transformation strategy for the present time.

Web.ography of imaginary [and] future

Anna Terracciano

The explosion of the contemporary city gives us the image of an immense, lost archipelago (Cacciari, 1997), whose constant dynamics draw a porous and unstable structure. Fragmentation and dispersion reject projects and plans that are all-inclusive and purely prescriptive, but that does not mean that the contemporary city can not and should not get involved in a project that features conceptual unity (Secchi, 2000). The hypothesis is that the dissolution of many theories of modern urbanism, requires a new and intense imaginative and conceptual effort. The complexity of the current phenomena, in fact, requires a rethinking of the methods and techniques of description of the city, in an attempt to capture those elusive qualities that are not immediately evident, although they are present in our city. These hypotheses are reinforced by the awareness that the description does not only reveals the real, but also imagines (Secchi, 1988), and therefore, building new and updated interpretations of the contemporary city also requires selective operations and foreshadowing. Describing a territory is, in fact, already re-writing it, as the look that reinterprets and select places and relational dynamics, already bears the seeds of the potential value of the project. Therefore we consider designs in urban planning as devices capable of bringing out those hybrid situations – areas of overlapping and contamination, drosscape (Berger, 2007) and brownfields, rural areas more or less urbanized, sites of disposal and elimination, that must become a priority in building a strategic framework for the contemporary city. And from the re-appropriation of these situations depends the future of our cities, as here you play a very important game that will determine the construction of new urban landscapes capable of giving answers to issues related to climate change, pollution, widespread accessibility and inclusiveness. Environmental networks and infrastructure intercept this mosaic, rich of open spaces in which to build a concatenation of specific projects capable of regenerating fabrics, of building new ties between existing and developing cities, and on whose articulation of form and function the new shape of the city thus depends (Gasparrini, 2012), The city becomes a constellation of nodes, more or less dense, held together by a thick network of physical and non-material relationships. And while telling the story of these projects, the drawings that represent them become more and more dense, able to attract attention as communicative acts. The project design of the contemporary city is, therefore, the story of a continuous shift from the general to the detail, from the construction of global visions to the awareness of the grain of the materials. Drawings that encompass all the different scales of the town- the project, the social scale and the power scale (Secchi, 2012) - while moving among realism, abstraction and allusion, tracing the lines of imaginary future scenarios.

PHOTO GALLERY | Alberto Muciaccia
ROMA/ROME

Alberto Muciaccia nato a Bari il 19.5.54

Inizia ad occuparsi di fotografia a Bari nel 1973. Nel 1980 si trasferisce a Roma e fa le sue prime esperienze professionali inizialmente nel cinema con Tonino Delli Colli e Mario Barsotti e in seguito con Giovanna Piemonti nella fotografia di studio e di interni. Nel 1984 apre un proprio studio occupandosi di fotografia per lo spettacolo e ritratto, successivamente per la pubblicità e la foto industriale.
Dal 1992 si dedica quasi esclusivamente alla fotografia di architettura realizzando servizi per numerosi studi privati, istituzioni pubbliche, gruppi editoriali. Sue fotografie fanno parte della collezione del MAXXI di Roma(Centro Nazionale per le Arti Contemporanee) e della collezione della Galleria Nazionale d'Arte Moderna. Ha Pubblicato con : Abitare - Case d'abitare - D'A-Casabella – Area -Domus - Disegno Interior – Bauwelt - Architecture d'aujourd'hui - ha curato numerose edizioni monografiche d'architettura per Motta ed Electa.

MONOGRAPH.IT
architecture, city and urban cultures monomagazine
monomagazine di architettura, città e culture urbane
conceived and edited by
ideata e diretta da
Pino Scaglione

issue number 5. Editor
numero 5 a cura di
Stefania Staniscia
September | Settembre 2013

Symposium Editorial staff
Staff di redazione del Simposio |
Sara Favargiotti, Chiara Rizzi
Jeannette Sordi

PUBLISHED by
PUBBLICATO da
LISt Lab Laboratorio
Internazionale Editoriale
TN, BCN, RTM
Italy
Spain
Nederland
www.listlab.eu
www.momboo.net

copublished by
in coedizione con
Wolters Kluwer Italia
Strada 1 Pal. F6
20090 Milanofiori Assago (MI)
www.wki.it

ISBN 9788895623924
ISSN 2279-6886 02

PRODUCTION | PRODUZIONE
GreenTrenDesign Factory
Piazza Manifattura, 1
38068 Rovereto (TN) - ITALY
T: +39 0464 443427
www.greentrendesign.it

dedicated to | dedicato a
R.E.D.S.
Rome Ecological Design
Symposium
edited by/a cura di Mosè Ricci,
Manlio Vendittelli

Scientific Board
Comitato Scientifico:
Manlo Vendittelli/Antonio Paris/
Pierpaolo Balbo/Paolo De Pascali
(Uniroma), Manuel Gausa/Mosè
Ricci (Unige), Mariavaleria Mininni
(Unibas), Nicola Martinelli (Poliba),
Valeria Erba (Polimi), Michelangelo
Russo (Unina), Maurizio Carta
(Unipa), Alberto Cecchetto (IUAV),
Mauro Berta/Antonio De Rossi
(Polito), Pino Scaglione (Unitn).

EDITORIAL ASSISTANT
ASSISTENTE EDITORIALE
Gioia Marana

ART DIRECTOR
DIRETTORE ARTISTICO
Massimiliano Scaglione
Cover concept

GRAPHIC DESIGN
DISEGNO GRAFICO
LISt Lab, Massimiliano Scaglione
with/con Simone Iovacchini,
Marc Sanchez Tora, Gioia Marana

DIGITAL PRODUCTION
PRODUZIONE DIGITALE
Simone Iovacchini

EDITORIAL STAFF
Valeria Sassanelli (coordinator)
Maria Vittoria Capitanucci
Massimo Faiferri
Bebo Ferlito
Sabrina Leone
Nicola Canessa
Stefania Staniscia
Chiara Rizzi
Jeannette Sordi

CONTRIBUTING EDITOR
Pepe Ballesteros (Madrid)
Maurizio Carta (Palermo)
Alberto Cecchetto (Venezia)
Carlo Gasparrini (Napoli)
Manuel Gausa (Barcellona)
Josè Luis Esteban Penelas (Madrid)
Mosè Ricci (Roma)
Diego Peruzzo (Vicenza-special events/ART)

TRANSLATIONS
TRADUZIONI
Arianna Zandonati
Giovanni Gervasio per il testo
di Kengo Kuma

All right reserved
Tutti i diritti riservati
© of the edition, LISt Lab
© dell'edizione, LISt Lab
© of the texts, the authors
© dei testi, gli autori

**Printed and bound in the
European Union, 2012**
Stampato e rilegato in
Unione Europea, 2013

PRINTING
STAMPA
PrinterTrento (Italy)
Quality and Printing Certifications:
**ISO 12647-2:2004*-* Fogra®
PSO (ProcessStandard Offset)
CERTIprint
Environmental Certifications:
* ISO 14001:2004 *
FSC®(C015829) **Carbon Trust
Standard*

LIST'S SCIENTIFIC BOARD
BOARD SCIENTIFICO DI LIST
Eve Blau (Harvard GSD), Pepe
Barbieri (Università di Chieti), Eva
Castro (Architectural Association,
London), Maurizio Carta (Università di Palermo), Alberto Clementi
(Università di Chieti), Alberto
Cecchetto (Università di Venezia),
Stefano De Martino (Università
di Innsbruck), Corrado Diamantini
(Università di Trento), Antonio De
Rossi (Università di Torino), Franco
Farinelli (Università di Bologna),
Carlo Gasparrini (Università di
Napoli), Manuel Gausa (Università
di Barcellona/ Genova), Giovanni
Maciocco (Università di Sassari/
Alghero), Antonio Paris (Uniroma,
Roma La Sapienza), Vanni Pasca
(Università di Palermo) Josè Luis
Esteban Penelas (Università di
Madrid), Mosè Ricci (Università di
Genova), Roger Riewe (Università
di Graz), Pino Scaglione (Università
di Trento), Rosario Pavia (Università
di Chieti).

PROMOTION AND DISTRIBUTION
PROMOZIONE E DISTRIBUZIONE
NAZIONALE
(inclusa la Svizzera)
Messaggerie Libri, Spa, Milano
Numero verde 800.804.900
Per richieste relative a ordini e consegne:
assistenza.ordini@meli.it
fax 02.84406056
Per richieste relative a condizioni
commerciali, fatture,
note credito, depositi e rese:
amministrazione.vendite@meli.it
fax 02.84406057

INTERNATIONAL DISTRIBUTION
DISTRIBUZIONE INTERNAZIONALE

Actar New York, USA

Representaciones Editoriales
Publishers Liaison/Relaciones
editoriales
+34 639825342
www.nicolasfriedmann.com
https://twitter.com/RepEditorialLA
Barcelona

ÀGORA SOLUCIONS
LOGÍSTIQUES
Catalunya, Andorra, Catalunya del
Nord
Polígon Can Simó - Carretera de
Síls, S/N
17430, Sta. Coloma de Farners, La
Selva
Tel. 902109431 - Fax 972843168
info@agorallibres.cat

Deposito Legale
DPR 3 maggio 2006, n. 252/Legge
106/2004

CONTACT CONTATTI
Italy-Italia
38100, Trento/Rovereto
tel.T: +39 0464 443427
info@listlab.eu

LISt Lab is an editorial workshop, based in Europe, that works on the contemporary issues. LISt Lab not only publishes, but also researches, proposes, promotes, produces, creates networks.
LISt Lab è un Laboratorio editoriale, con sedi in Europa, che lavora intorno ai temi della contemporaneità. LISt Lab ricerca, propone, elabora, promuove, produce, mette in rete e non solo pubblica.

greentrendesign factory

GreenTrenDesign Factory, member of Progetto Manifattura, multiplatform structure, provides advanced design services. In the balance between sustainability and quality, craftsmanship and digital experimentation, the company operates in partnership with LISt Lab.

GreenTrenDesign Factory, member of Progetto Manifattura, struttura multipiattaforma, offre servizi avanzati di design. In equilibrio tra sostenibilità e qualità, manualità e sperimentazione digitale, la società opera in partnership con LISt Lab.

LISt Lab editoriale è una società sensibile ai temi del rispetto ambientale-ecologici. Le carte, gli inchiostri, le colle, le lavorazioni in genere, sono il più possibile derivanti da filiere corte e attente al contenimento dell'inquinamento. Le tirature dei libri e riviste sono costruite sul giusto consumo di mercato, senza sprechi ed esuberi da macero. LiSt Lab tende in tal senso alla responsabilizzazione di autori e mercato e ad una nuova cultura editoriale costruita sulla gestione intelligente delle risorse.
LISt Lab is a green company committed to respect the environment. Paper, ink, glues and all processings come from short supply chains and aim at limiting pollution. The print run of books and magazines is based on consumption patterns, thus preventing waste of paper and surpluses. LiSt Lab aims at the responsibility of the authors and markets, towards the knowledge of a new publishing culture based on an intelligent resource management.